A NEW
TRI-LINGUAL DICTIONARY

Compiled by
GOVINDAGOPAL MUKHOPADHYAYA
M.A., PH.D, SĀṀKHYATĪRTHA, PRAJNĀRATI

Formerly, Professor & Head of the Department of Sanskrit
Burdwan University

PILGRIMS BOOK PVT. LTD.
DELHI - 110033

A NEW TRI-LINGUAL DICTIONARY

Pilgrims corrected Reprint - 1999

Published by
PILGRIMS BOOK PVT. LTD.
416, Express Tower, Azadpur Commercial
Complex, Delhi-110 033
Phone: 7132459 Fax: 91-11-7249674
E-mail: pilgrim@ndb.vsnl.net.in

Distributed by
PILGRIMS BOOK HOUSE
P.O. Box 3872, Kathmandu, Nepal
Tel.: 424942, 425919
Fax: 977-1-424943
E-mail: pilgrims@wlink.com.np
Web Site: http://gfas.com/pilgrims

Varanasi Branch
PILGRIMS BOOK HOUSE
P.O. Box 38, Durga Kund,
Nababganj, Varanasi

ISBN 81-7624-066-4

Produced by Graphic Prints House, Delhi

EDITOR'S NOTE

To make it useful to a wider circle of students and scholars the work has been planned and made tri-lingual in character with suitable derivations of words as far as practicable. The words and their derivations are printed in Nāgarī script to the advantage of readers in different parts of the country and abroad. Then follows the Bengali equivalents for the adventure of students in Bengal and after that the English equivalents, drawn mostly from Monier-Williams and V.S. Apte's wonts. It will thus serve the purpose of both Bengali and non-Bengali students and scholars.

So far as the signs are concerned, the etymological structures are given in brackets [ ]; the suffixes added to verbs have been put after the minus sign (-) and those added to the nouns come after the plus sign (+). Alternative forms are shown under brackets [ ] and while supplying their corresponding derivative character the suffixes are put in brackets ( ).

When a particular word in its feminine gender carries a completely different sense its corresponding meaning and the derivation in feminine form are shown separately in Nāgarī script. The semi-colon sign (;) used between English meanings indicates the difference in gender in the corresponding Sanskrit term.

TRI-LINGUAL DICTIONARY

अ

अ पु० [अव–ड] বিষ্ণু। অব্য০ অভাব, নিষেধ, সম্বোধন, বর্ণমালার আদিবর্ণ। Name of Viṣṇu ; negation, first letter of the Indian alphabet.

अंश पु० [अनूश–घञ्] বিভাগ, অবয়ব, খণ্ড, স্কন্ধ। Part, shoulder.

अंशु पु० [अनूश–उ] কিরণ, সূতার সূক্ষ্ম অংশ। Ray, fibre-end.

अंशुक क्ली० [अंशु+क] বস্ত্র, সূক্ষ্ম বস্ত্র, শুভ্র বস্ত্র, উত্তরীয়। Garment, fine or white cloth.

अंशुमालिन् पु० [अंशु+माला+इनि] সূর্য। Sun.

अंस पु०, क्ली० [अम्–स] স্কন্ধ, অবয়ব। Shoulder, part.

अंसल त्रि० [अंस+लच्] বলবান্। Strong.

अंहति [-ती] स्त्री०[अंह–अति] রোগ, দান। Illness, gift.

अंहस् क्ली० [अंह–असि] পাপ। Sin.

अकच पु० [न+कच] কেতুগ্রহ। त्रि० কেশশূন্য। Name of Ketu ; bald.

अकरणि स्त्री० [न+करणि] বৈফল্য, শাপ। Failure, curse.

अकर्तन त्रि० [न+कर्तन] খর্ব, বামন। Dwarf.

अकस्मात् अव्य० [न+कस्मात्] হঠাৎ, অকারণ। Suddenly, without cause.

अकाण्ड पु० [न+काण्ड] অসময়। Unexpected.

अकिञ्चन त्रि० [न+किञ्चन] দরিদ্র। Destitute.

अकुप्य क्ली० [न+कुप्य] স্বর্ণ, রৌপ্য। Gold, silver.

अकूपार पु० [न+कूपार] সমুদ্র, কচ্ছপ, প্রস্তর, সূর্য। Ocean, tortoise, Sun.

अकृष्टपच्य त्रि० [न+कृष्टपच्य] বিনা কর্ষণে উৎপন্ন। Grown in untilled land.

अक्का स्त्री० [अक–कन्+टाप्] মাতা। Mother.

अक्त त्रि० [अञ्ज–क्त] লেপিত, ব্যাপ্ত। Smeared, covered.

अक्रूर पु० কৃষ্ণের পিতৃব্য। त्रि० [न+क्रूर] সরল। Name of Kṛṣṇa's uncle ; kind.

अक्ष पु० [अक्ष–घञ्] পাশা, রথের অবয়ব, চক্র। क्ली० [अक्ष–अच्] ইন্দ্রিয়, রুদ্রাক্ষবীজ, তুঁতে, বৃক্ষবিশেষ। Dice, axis, wheel of the chariot ; sense-organ, seed of which rosaries are made, Terminalia Belerica.

अक्षत क्ली० [न+क्षत] আতপ চাউল, যব, ক্লীব। त्रि० আঘাতশূন্য, অখণ্ডিত। Thrashed rice, barley, eunuch ; unhurt.

अक्षधुरा स्त्री० [अक्ष+धुर्+टाप्] চক্রের অগ্রভাগ। Forepart of a wheel.

अक्षधूर्त पु० [अक्ष+धूर्त] যে পাশা খেলে। Gambler.

अक्षपाद पु० [अक्ष+पाद] ন্যায়দর্শন প্রণেতা গোতম, চক্রের অঙ্গ। Name of the propounder of the Nyāya system of philosophy, part of a wheel.

अक्षमाला स्त्री० [अक्ष+माला] রুদ্রাক্ষের মালা, অরুন্ধতী। Rosary.

अक्षय पु०, क्ली० [न+क्षय] নাশরহিত। Imperishable.

अक्षय्य त्रि० [न+क्षय्य] অবিনাশী। क्ली० শ্রাদ্ধশেষে দেয় ঘৃত ও মধুযুক্ত জল। Imperishable.

अक्षर त्रि० [न+क्षर] অবিনশ্বর। क्ली० অকারাদি বর্ণ, ব্রহ্ম, মোক্ষ, তপস্যা, আকাশ। Indestructible ; letter.

अक्षरचण त्रि० [अक्षर+चणप्] লিপিকর্মে পটু, সুলেখক। A good scribe.

अक्षरचुञ्चु त्रि० [अक्षर+चुञ्चुप्] লিপিকর্মে পটু, সুলেখক। A good scribe.

अक्षरजीवक त्रि० [अक्षर+जीव–ण्वुल्] লিপিকর্মই যাহার জীবিকা। A professional scribe or copyist.

अक्षरवाट पु० [अक्षर+वट–घञ्] কুস্তীর আখড়া। Wrestling ground.

अक्षसूत्र क्ली० [अक्ष+सूत्र] জপমালা, যজ্ঞসূত্র, উপবীত। Rosary, holy thread.

अक्षान्ति स्त्री० [न+क्षान्ति] অসহিষ্ণুতা, ঈর্ষা। Intolerance, envy.

अक्षारलवण क्ली० [न+क्षार+लवण] সৈন্ধব লবণ, গব্যঘৃত, দুগ্ধ, আতপ তণ্ডুল, তিল, যব প্রভৃতি হবিষ্য দ্রব্য। Natural salt.

अक्षि क्ली० [अश–क्सि] চক্ষু। Eye.

अक्षिपुटक क्ली० [अक्षि+पुटक] চক্ষুর গোলক বা তারকা। Eyeball, pupil of the eye.

अक्षिगत त्रि० [अक्षि+गत] নয়নগোচর, রিপু। Visible, enemy.

अक्षिव [-क्षीव] क्ली० [न+क्षिव] সমুদ্রলবণ। त्रि० অপ্রমত্ত। Natural salt ; not mad.

अक्षुण्ण त्रि० [न+क्षुण्ण] অক্ষুব্ধ, অক্ষত। Unbroken, unperturbed.

अक्षोट पु० [अक्ष+ओट] আখরোট গাছ। Walnut tree.

अक्षोड पु० [अक्ष+ओड] আখরোট গাছ। Walnut tree.

अक्षोभ पु० [न+क्षोभ] হস্তিবন্ধনের স্তম্ভ (আলান)। त्रि० ক্ষোভশূন্য। Post to which an elephant is tied ; unagitated.

अक्षोभ्य त्रि० [न+क्षोभ्य] অবিচলনীয়। Imperturbable.

अक्षौहिणी स्त्री० [अक्ष+ऊह+इनि+ङीप्] বিশেষ-সংখ্যাবিশিষ্ট সেনানী। A large army.

अखट्ट पु० [न+खट्ट] পিয়াল গাছ। Name of a tree.

अखट्टि [-ट्टी] पु०, स्त्री० [न+खट्टि] অশিষ্ট ব্যবহার, আবদার। Impudence.

अखण्ड त्रि० [न+खण्ड] সমগ্র, সম্পূর্ণ। Whole, entire.

अखात क्ली० [न+खात] দেবখাত, স্বাভাবিক হ্রদ। Natural lake.

अखिल त्रि० [न+खिल] সমগ্র, সমুদয়। Entire, complete.

अख्याति स्त्री० [न+ख्याति] অপবাদ, অজ্ঞান। Infamy, non-cognition.

अग पु० [न+गम–ड] বৃক্ষ, পর্বত, সর্প। Tree, mountain, snake.

अगच्छ पु० [न+गम–श] বৃক্ষ। Tree.

अगज त्रि० [अग+जन–ड] পর্বতজাত, বৃক্ষজাত। Mountainous.

अगण्य त्रि० [न+गण्य] অসংখ্য, অগ্রাহ্য। Innumerable, insignificant.

अगति त्रि० [न+गति] গতিহীন। स्त्री० উপায়ের অভাব। Helpless ; absence of resource.

अगद पु० [न+गद] ঔষধ। त्रि० নীরোগ, স্বাস্থ্যকর। Medicine ; healthy.

अगदङ्कार पु० [अगद+कृ–अण्] চিকিৎসক। Physician.

अगम पु० [न+गम–अच्] বৃক্ষ। त्रि० গতিহীন। Tree ; without movement.

अगम्य त्रि० [न+गम्य] গমনের অযোগ্য, দুর্গম। Inaccessible.

अगस्ति पु० [अग+अस्–ति], **अगस्त्य** [अग+स्त्यै–क] অগস্ত্য নামক মুনি। Name of sage Agastya.

अगाध त्रि० [न+गाध] অতলস্পর্শ। Unfathomable.

अगार क्ली० [अग+ऋ–अण्] গৃহ। House.

अगु पु० [न+गौ] রাহু। Name of a planet.

अगुरु क्ली० [न+गुरु] অগুরুচন্দন ; শিংশপা (শিশু) বৃক্ষ। Fragrant aloe-wood.

अगोचर पु० [न+गोचर] অতীন্দ্রিয়, অজ্ঞাত। Unknown.

अगौकस् पु० [अग+ओकस्] পক্ষী, সিংহ। Bird, lion.

अग्नायी स्त्री० [अग्नि+ङीष्] অগ্নিপত্নী, স্বাহা, ত্রেতাযুগ। Wife of Agni.

अग्नि पु० [अग–नि] আগুন, স্বর্ণ, কোণবিশেষ। Fire, south-east corner.

अग्निकण पु० [अग्नि+कण] স্ফুলিঙ্গ। Spark.

अग्निकुक्कुट पु० [अग्नि+कुक्कुट] জ্বলন্ত নুড়া। Firebrand.

अग्निगर्भ पु० [अग्नि+गर्भ] সূর্যকান্তমণি, আতসী কাঁচ। Sun-gem.

अग्निगर्भा स्त्री० [अग्नि+गर्भ+टाप्] শমীবৃক্ষ। Name of Śamī plant.

अग्निचयन पु० [अग्नि+चयन] যজ্ঞীয় অগ্নি প্রজ্বালন। Arranging or keeping the sacred fire.

अग्निचित् पु० [अग्नि+चि–क्विप्] অগ্নিহোত্রী ব্রাহ্মণ। A brahmin who preserves the sacred fire.

अग्निचित्या स्त्री० [अग्नि+चित्या] অগ্নিচয়ন। Arranging the sacred fire.

अग्निदग्ध पु० [अग्नि+दग्ध] পিতৃলোক। त्रि० অগ্নিতে দগ্ধ। The world of the Fathers ; burnt in fire.

अग्निप्रस्तर पु० [अग्नि+प्रस्तर] চকমকি পাথর। Flint.

अग्निबाहु पु० [अग्नि+बाहु] ধূম। Smoke.

अग्निबीज क्ली० [अग्नि+बीज] স্বর্ণ, অগ্নির রেতস্।

Gold, seed of Agni.

अग्निमुख पु० [अग्नि+मुख] দেবতা, ব্রাহ্মণ। God, brahmin.

अग्निवल्लभ पु० [अग्नि+वल्लभ] শালবৃক্ষ, সহজে দাহ্য। ত্রি০ অগ্নিপ্রিয়। Śāla tree ; favourite of Agni.

अग्निवाह पु० [अग्नि+वह–अण्] ধূম, ছাগ। Smoke, goat.

अग्निभू पु० [अग्नि+भू–क्विप्] কার্ত্তিকেয়। Name of Kārttikeya.

अग्निशिख पु० [अग्नि+शिखा] কুঙ্কুম বৃক্ষ, কুসুম্ভ। ত্রি০ অগ্নিতুল্য শিখা যাহার। A Safflower plant, saffron.

अग्निष्टुत् पु० [अग्नि+स्तु–क्विप्], **अग्निष्टोम** पु० [अग्नि+स्तु–मन्] যাগবিশেষ। A kind of sacrifice.

अग्निसख पु० [अग्नि+सखि+टच्] বায়ু। Wind.

अग्निसम्भव पु० [अग्नि+सम्भव] অরণ্যকুসুম্ভ। ত্রি০ অগ্নি হইতে উৎপন্ন। Saffron ; born from Agni.

अग्निसहाय पु० [अग्नि+सहाय] বায়ু, বনকপোত। Wind, wild dove.

अग्निहोत्र क्ली० [अग्नि+होत्र] প্রাত্যহিক হোম। Daily sacrifice.

अग्नीध्र पु० [अग्नि+इन्ध–रक्] অগ্নিরক্ষায় নিযুক্ত ব্রাহ্মণ, ব্রহ্মা নামে অভিহিত ঋত্বিক্। A class of priests.

अग्न्यागार क्ली० [अग्नि+आगार] হোমগৃহ। Sacrificial chamber.

अग्न्याधान क्ली० [अग्नि+आधान] বেদমন্ত্রের দ্বারা বহ্নিস্থাপন। Placing of fire.

अग्न्याहित पु० [अग्नि+आहित] সাগ্নিক ব্রাহ্মণ। A brahmin who worships the fire.

अग्न्युत्पात पु० [अग्नि+उत्पात] পর্বত হইতে অগ্নিপতন, উল্কাপাত, ধূমকেতু। Meteor, comet.

अग्न्युपस्थान त्रि० [अग्नि+उपस्थान] বহ্নির উপস্থান মন্ত্র। ক্লী০ বহ্নির উপস্থান ক্রিয়া। The mantra with which fire is invoked ; the ceremony of placing fire.

अग्र त्रि० [अङ्ग–रक्] আদ্য, অধিক, প্রধান, প্রাপ্য। ক্লী০ উপরিভাগ, অবলম্বন, সমূহ, পলপরিমাণ। First, foremost ; tip.

अग्रकाय पु० [अग्र+काय] দেহের পূর্বভাগ। Forepart of the body.

अग्रग त्रि० [अग्र+गम–ड] পুরঃসর, অগ্রগামী। Forward.

अग्रगण्य त्रि० [अग्र+गण–यत्] প্রধান, শ্রেষ্ঠ। Chief, foremost.

अग्रगामिन् त्रि० [अग्र+गम–णिनि] পুরঃসর। Forward.

अग्रज त्रि० [अग्र+जन–ड] পূর্বে জাত। পু০ জ্যেষ্ঠ ভ্রাতা, ব্রাহ্মণ। First-born ; elder brother, brahmin.

अग्रजन्मन् पु० [अग्र+जन–मनिन्] জ্যেষ্ঠভ্রাতা, ব্রাহ্মণ। ত্রি০ অগ্রে যাহার জন্ম। Elder brother, brahmin ; first-born.

अग्रजाति पु० [अग्र+जन–क्तिन्] ব্রাহ্মণ। Brahmin.

अग्रणी त्रि० [अग्र+नी–क्विप्] প্রথম, শ্রেষ্ঠ, অধ্যক্ষ। First, foremost, leader.

अग्रतस् अव्य० [अग्र+तसिल्] পূর্বভাগে, প্রথমে, সম্মুখে। In front, before.

अग्रतःसर त्रि० [अग्रतस्+सृ–ट] অগ্রগামী। Forerunner.

अग्रदानिन् पु० [अग्र+दान+इनि] শ্রাদ্ধে প্রেতোদ্দিষ্ট দ্রব্য যিনি গ্রহণ করেন। A degraded brahmin who accepts offerings presented to the dead.

अग्रपर्णी स्त्री० [अग्र+पर्ण+ङीप्] আলকুশী গাছ। A kind of tree.

अग्रपाणि पु० [अग्र+पाणि] হস্তের অগ্রভাগ, দক্ষিণ হস্ত। Forepart of a hand, right hand.

अग्रभाग पु० [अग्र+भाग] প্রথম অংশ, শ্রাদ্ধে প্রথম দেয় দ্রব্য। First part, the primary offering in a Śrāddha ceremony.

अग्रभुक् त्रि० [अग्र+भुज–क्विप्] পেটুক। Glutton.

अग्रभूमि स्त्री० [अग्र+भूमि] প্রধান আশ্রয়, প্রাপ্য স্থান বা বস্তু। Chief resort.

अग्रमांस क्ली० [अग्र+मांस] হৃদয়ের মাংস। Flesh of the heart.

अग्रयान क्ली० [अग्र+यान] অগ্রগামী সৈন্য। Forward army.

अग्रसन्ध्या स्त्री० [अग्र+सन्ध्या] পূর্বসন্ধ্যা, ঊষা। Early dawn.

अग्रसर त्रि० [अग्र+सृ–ट] অগ্রগামী। Forward.

अग्रह पु० [न+ग्रह] পরিগ্রহের অভাব। Non-acceptance.

अग्रहायण पु० [अग्र+हायन] হেমন্ত ঋতুর প্রথম মাস। Name of the month Mārgaśīrṣa.

अग्रहायणी स्त्री० [अग्रहायण+ङीप्] মৃগশিরা নক্ষত্র। Name of a star.

अग्रहार पु० [अग्र+हार] ব্রহ্মচারী, ব্রহ্মোত্তর ভূমি। A Brahmacārin.

অগ্রাহ্য ত্রি° [ন+গ্রাহ্য] গ্রহণের অযোগ্য। Unacceptable.

অগ্রিম ত্রি° [অগ্র+ডিমচ্], **অগ্রিয়** ত্রি° [অগ্র+ঘ], **অগ্রীয়** [অগ্র+ছ] প্রথম, পূর্বে উৎপন্ন, প্রধান। First, foremost.

অগ্রেদিধিষু পু° [অগ্রে+দিধিষু] অপরের বিবাহিতা স্ত্রীকে বিবাহকারী। A man who marries a woman already married.

অগ্রেদিধিষূ স্ত্রী° [অগ্রে+দিধিষু] অবিবাহিতা জ্যেষ্ঠা সহোদরা থাকিতে যিনি বিবাহিতা। A married woman whose elder sister is still unmarried.

অগ্রেবণ ক্লী° [অগ্রে+বন] বনের অগ্রভাগ। Forepart of the forest.

অগ্রেসর ত্রি° [অগ্রে+সৃ–ট] অগ্রগামী, প্রধান। Forward, foremost.

অগ্র্য পু° [অগ্র+যৎ] জ্যেষ্ঠভ্রাতা। ত্রি° প্রধান, শ্রেষ্ঠ। Elder brother ; chief, best.

অঘ ক্লী° [অঘ–অচ্] পাপ, দুঃখ, ব্যসন। পু° অসুর। Sin ; demon.

অঘমর্ষণ ত্রি° [অঘ+মর্ষণ] পাপনাশন মন্ত্র। পু° সেই মন্ত্রপ্রণেতা ঋষি। Expiatory prayer.

অঘোর পু° [ন+ঘোর] মহাদেব। ত্রি° শান্ত। স্ত্রী° ভাদ্রের কৃষ্ণচতুর্দশী। Name of Śiva ; beneficent.

অঘোষ পু° [ন+ঘোষ] বর্ণোচ্চারণের বাহ্য প্রযত্নবিশেষ। Hard sound of a consonant.

অঘ্ন্য পু° [ন+হন–যক্] প্রজাপতি ব্রহ্মা। ত্রি° বধের অযোগ্য। Creator Brahmā ; not to be killed.

অঙ্ক পু° [অঙ্ক–ঘঞ্] চিহ্ন, ক্রোড়, সংখ্যাসংস্থান, কলঙ্ক, অপরাধ, পর্বত, নাটকের অংশবিশেষ, শরীর, স্থান, যুদ্ধ, রেখা, দৃশ্যকাব্যবিশেষ, সমীপ। Mark, lap, numerical figure, an act of a drama, a type of drama.

অঙ্কন ক্লী° [অঙ্ক–ল্যুট্] চিহ্নকরণ, সংখ্যালিখন। Marking, figure-writing.

অঙ্কপালী [-লি] স্ত্রী° [অঙ্ক+পাল+ঙীপ্] আলিঙ্গন, ধাত্রী। Embrace, nurse.

অঙ্কিত ত্রি° [অঙ্ক–ক্ত] চিহ্নিত, চিত্রিত, গণিত। Marked, painted, counted.

অঙ্কুর পু° [অঙ্ক–উরচ্] বীজ হইতে সদ্য উৎপন্ন উদ্ভিদ, লোম, জল, রক্ত। Sprout, water, blood.

অঙ্কুরক পু° [অন্চ–ঘুরচ্+ক] পাখার বাসা। Nest.

অঙ্কুরিত ত্রি° [অঙ্কুর+ইতচ্] অঙ্কুররূপে পরিণত, রোমাঞ্চিত। Sprouted, thrilled.

অঙ্কুশ [অঙ্কূষ] পু°, ক্লী° [অঙ্ক–উশচ্] হস্তিতাড়ন দণ্ড বা ডাঙ্গশ। A hook to check the elephant.

অঙ্কূর পু° [অঙ্ক–ঊরচ্] অঙ্কুর শব্দ দ্রষ্টব্য। See অঙ্কুর।

অঙ্ক্য পু° [অঙ্ক–যৎ] মৃদঙ্গবিশেষ, যাহা ক্রোড়ে রাখিয়া বাজান হয়। A sort of drum, tabour.

অঙ্গ ক্লী° [অঙ্গ–অচ্] দেহ, মন, অবয়ব, গৌণ, অপ্রধান, উপায়। অব্য° সম্বোধন, স্বীকার। Limb, part; invocation, acceptance.

অঙ্গগ্রহ পু° [অঙ্গ+গ্রহ] দেহের বেদনা। Spasm.

অঙ্গজ পু° [অঙ্গ+জন–ড] পুত্র, কেশ, কাম, রোগ। ক্লী° রুধির। Son, hair, lust ; blood.

অঙ্গদ ক্লী° [অঙ্গ+দৈ–ক] বাহুভূষণ। পু° বালিরাজার পুত্র। Armlet ; son of Bāli—the monkey-king.

অঙ্গন ক্লী° [অঙ্গ–ল্যুট্] চত্বর বা উঠান। Courtyard.

অঙ্গনা স্ত্রী° [অঙ্গ+ন+টাপ্] নারী, উত্তরদিগ্‌গজের স্ত্রী, কন্যারাশি। Woman, Virgo.

অঙ্গপ্রায়শ্চিত্ত ক্লী° [অঙ্গ+প্রায়শ্চিত্ত] অশৌচান্তে অঙ্গের শুদ্ধির জন্য অনুষ্ঠেয় প্রায়শ্চিত্ত। Expiatory rite.

অঙ্গমর্দ পু° [অঙ্গ+মৃদ+ণিচ–অচ্], **অঙ্গমর্দক** পু° [অঙ্গ+মর্দক], **অঙ্গমর্দিন্** ত্রি° [অঙ্গ+মৃদ+ণিচ্–ণিনি] অঙ্গসংবাহক, সেবক। Massager.

অঙ্গরাগ পু° [অঙ্গ+রাগ] কুঙ্কুমাদির দ্বারা দেহের অনুলেপন। Application of cosmetics to the body.

অঙ্গরাজ পু° [অঙ্গ+রাজ–ক্বিপ্] অঙ্গদেশের রাজা কর্ণ। King of the Aṅgas.

অঙ্গরুহ পু° [অঙ্গ+রুহ–ক] লোম, পশম, পালখ। Hair.

অঙ্গব ক্লী° [অঙ্গ+বা–ড] শুষ্ক ফল। Dry fruit.

অঙ্গবিক্ষেপ পু° [অঙ্গ+বিক্ষেপ] অঙ্গভঙ্গ, নৃত্যাদিকালে অঙ্গচালন। Gesticulation.

অঙ্গবৈকৃত ক্লী° [অঙ্গ+বিকৃত+অণ্] অঙ্গবিকার, অঙ্গভঙ্গী, ইসারা। Sign, gesture.

অঙ্গসংস্কার পু° [অঙ্গ+সংস্কার] চন্দনাদির দ্বারা অঙ্গের ভূষণ। Decoration of the body.

অঙ্গহার পু° [অঙ্গ+হার] অঙ্গবিক্ষেপ। Gesticulation.

অঙ্গাঙ্গিভাব পু° [অঙ্গ+অঙ্গিন্+ভাব] গৌণমুখ্য ভাব। Relation of the subordinate to the principal.

অঙ্গাধিপ পু° [অঙ্গ+অধিপ] অঙ্গদেশের অধিপতি।

King of the Aṅgas.

अङ्गार क्लीं० [अङ्ग–आरन्] কয়লা। পুং মঙ্গল গ্রহ। ত্রিং রক্তবর্ণ। Coal.

अङ्गारक पु० [अङ्गार+कन्] মঙ্গল গ্রহ, করঞ্জক বৃক্ষ, ভৃঙ্গরাজ বৃক্ষ, স্ফুলিঙ্গ। পুং, ক্লীং কয়লা। ক্লীং তৈলবিশেষ। Spark ; charcoal.

अङ्गारकमणि पु०, क्ली० [अङ्गारक+मणि] প্রবাল। Coral.

अङ्गारधानिका स्त्री० [अङ्गार+धानिका] আঙটা, ধুনুচি। Fire-pan.

अङ्गारमञ्जरी स्त्री० [अङ्गार+मञ्जरी] রক্তবর্ণ, করমচা বৃক্ষ। Red, name of a plant.

अङ्गारवल्ली स्त्री० [अङ्गार+वल्ली] গুঞ্জালতা, করমচা বৃক্ষ। Name of various plants.

अङ्गारशकटी स्त्री० [अङ्गार+शकट+ङीप्] ধুনুচি। Fire-pan.

अङ्गारि स्त्री० [अङ्गार+ठन्] আঙটা, ধুনুচি। Fire-pan.

अङ्गारित त्रि० [अङ्गार+क्विप्–क्त] দগ্ধপ্রায়, পলাশ-কলির উদ্গম। Half-burnt.

अङ्गिका स्त्री० [अङ्ग+इनि+कन्+टाप्] অঙ্গরক্ষিণী, আঙিয়া। Bodice, jacket.

अङ्गिन् त्रि० [अङ्ग+इनि] অবয়ববিশিষ্ট, প্রধান। Corporal, chief.

अङ्गिरस् पु० [अग–असि] সপ্তর্ষির একজন। Name of a seer.

अङ्गीकार पु० [अङ्ग+च्वि+कृ–घञ्] স্বীকার, প্রতিজ্ঞা। Acceptance, promise.

अङ्गीकृत त्रि० [अङ्ग+च्वि+कृ–क्त] স্বীকৃত, প্রতি-শ্রুত। Accepted, agreed.

अङ्गुरि, अङ्गुरी स्त्री० [अङ्ग–उलि] পায়ের বৃদ্ধাঙ্গুষ্ঠ। Toe.

अङ्गुरीय क्ली० [अङ्गुरि+छ], **अङ्गुरीयक** क्ली० [अङ्गुरीय+कन्] আংটি। Ring.

अङ्गुल पु० [अङ्ग–उल] আঙ্গুল, বাৎস্যায়ন মুনির নাম। Finger.

अङ्गुलि[-ली] स्त्री० [अङ्ग–उलि] আঙ্গুল, গজকর্ণিকার বৃক্ষ। Finger.

अङ्गुलितोरण क्ली० [अङ्गुलि+तोरण] ললাটে অর্ধ-চন্দ্রাকার চন্দনতিলক। Crescent-like sandal mark on the forehead.

अङ्गुलित्र क्ली० [अङ्गुलि+त्रै–क], **अङ्गुलित्राण** क्ली० [अङ्गुलि+त्रै–ल्युट्] চামড়ার দস্তানা। Glove.

अङ्गुलिमुद्रा स्त्री० [अङ्गुलि+मुद्रा] নামাঙ্কিত আংটি। Seal-ring.

अङ्गुष्ट पु० [अङ्गु+स्था–क] বৃদ্ধাঙ্গুলি। Thumb.

अङ्घस् क्ली० [अघ–असुन्] পাপ। Sin.

अङ्घ्रि पु० [अघ–क्रिन्] চরণ, বৃক্ষমূল, চতুর্থাংশ। Foot, root of a tree.

अचक्षुस् क्ली० [न+चक्षुस्] কুৎসিত চক্ষু। ত্রিং নেত্রহীন। Bad eye ; eyeless.

अचण्डी स्त्री० [न+चण्डी] শান্ত গাভী। A mild cow.

अचर त्रि० [न+चर–अच्] স্থাবর, স্থিতিশীল। Immovable.

अचल पु० [न+चल–अच्] পর্বত, গোঁজনামক শঙ্কু, শিব, ব্রহ্মন্। Mountain.

अचलत्विष् पु० [अचल+त्विट्] কোকিল। ত্রিং স্থির কান্তি যাহার। Cuckoo.

अचिन्त्य त्रि० [न+चिन्त्य] অচিন্তনীয়, চিন্তার অতীত। Inconceivable.

अचिर त्रि० [न+चिर] শীঘ্র। Shortly.

अचिरद्युति स्त्री० [न+चिर+द्युति], **अचिरप्रभा** स्त्री० [न+चिर+प्रभा], **अचिररोचिस्** स्त्री० [न+चिर+रोचिस्] বিদ্যুৎ। Lightning.

अचिरस्थायिन् त्रि० [न+चिर+स्थायिन्] ক্ষণিক। Transitory.

अचिरांशु स्त्री० [न+चिर+अंशु] বিদ্যুৎ। Lightning.

अचिरात् अव्य० শীঘ্র, অবিলম্বে। Quickly.

अचिराभा स्त्री० [न+चिर+आभा] বিদ্যুৎ। Lightning.

अचेतन त्रि० [न+चेतन], **अचैतन्य** त्रि० [न+चैतन्य] চেতনাহীন। Inanimate, senseless.

अच्छ त्रि० [न+छो–क] নির্মল। অব্যং আভিমুখ্য। পুং ভল্লুক, স্ফটিক। Clear, transparent ; bear.

अच्छभल्ल पु० [अच्छ+भल्ल+अच्] ভল্লুক। Bear.

अच्छावाक पु० [अच्छ+आ+वच–घञ्] ঋত্বিগ্-বিশেষ। Name of a priest.

अच्छिद्र त्रि० [न+छिद्र] ছিদ্রহীন, নির্দোষ, অঙ্গহানি-শূন্য। Faultless.

अच्छिद्रावधारण क्ली० [न+छिद्र+अवधारण] বৈদিক কর্মের অঙ্গহানিশূন্যতা বিধান। Expiatory rite.

अच्छोद त्रि० [अच्छ+उद] স্বচ্ছজলবিশিষ্ট। ক্লীং সরোবরের নাম। Having clear water ; name of a lake.

अच्युत पु० [न+च्युत] বিষ্ণু। ত্রিং চ্যুতিশূন্য, বিনাশশূন্য। Name of Viṣṇu ; imperishable.

अच्युताग्रज पु० [अच्युत+अग्रज] কৃষ্ণের জ্যেষ্ঠভ্রাতা বলদেব, ইন্দ্র। Name of Balarāma or Indra.

अच्युताङ्गज पु० [अच्युत+अङ्गज], **अच्युतात्मज** [अच्युत+आत्मज] কামদেব। Name of Cupid.

अच्युतावास पु० [अच्युत+आवास] অশ্বত্থবৃক্ষ। Sacred fig-tree.

अच्युति स्त्री० [न+च्युति] চ্যুতিশূন্যতা। Faultlessness.

अज पु० [न+ज-नड] ব্রহ্মা, বিষ্ণু, শিব, রঘুরাজার পুত্র, কন্দর্প, ছাগ। त्रि० জন্মরহিত। Name of Brahmā, Viṣṇu or Śiva, the father of king Daśaratha, goat ; unborn.

अजकव [-गव] क्ली० [अज+क+वा+क] পিণাক, শিবের ধনুক। Pināka, Śiva's bow.

अजक्षीर क्ली० [अज+क्षीर] ছাগদুগ্ধ। Goat's milk.

अजग पु० [अज+गम-ड] বিষ্ণু, অগ্নি। Viṣṇu, fire.

अजगन्धा स्त्री० [अज+गन्ध+टाप्] ছাগগন্ধী, জোয়ান। Goat-scented, a jawan.

अजगर पु० [अज+गॄ-अच्] বৃহৎ সর্প। Boa constrictor.

अजटा स्त्री० [न+जटा] ভুঁই আমলা নামক বৃক্ষ বিশেষ। A kind of tree.

अजडा स्त्री० [न+जड+णिच्-अच्+टाप्] আলকুশী নামক বৃক্ষবিশেষ। A kind of tree.

अजथ्या स्त्री० [अज+थ्यन्+टाप्] ছাগসমূহ। Herd of goats.

अजदण्डी स्त्री० [अज+दण्ड+ङीष्] যজ্ঞার্থ বৃক্ষ। A tree used for sacrificial staff.

अजननि स्त्री० [न+जन-अनि] অনুৎপত্তি। Absence of birth.

अजप पु० [न+जप-अच्], त्रि० [अज+पा-क] কুপাঠক, ছাগপালক। A brahmin who does not properly repeat prayers, keeper of goats.

अजपा स्त्री० [न+जप-अच्+टाप्] শ্বাস-প্রশ্বাস দ্বারা মন্ত্রজপ। Natural or involuntary japa.

अजभक्ष पु० [अज+भक्ष-घञ्] বাবুই নামক বৃক্ষ। A kind of tree.

अजमीढ पु० [अज+मिह-क्त] যুধিষ্ঠির, আজমীঢ় দেশ। Name of the place Ajmer.

अजम्भ पु० [न+जम्भ] ভেক ; দন্তহীন। Frog; toothless.

अजय पु० [न+जय] অজয় নদবিশেষ। त्रि० জয়শূন্য। Name of a river ; unconquerable.

अजय्य त्रि० [न+जय्य] দুর্জয়। Invincible.

अजर पु० [न+जरा] দেবতা। त्रि० জরাশূন্য। God ; evergreen.

अजर्य क्ली० [न+जर्य] সৌহার্দ্য। Friendship.

अजवीथी स्त्री० [अज+वीथी] ছায়াপথ। Milky way.

अजस्त्र क्ली० [न+जस-र] নিরন্তর, সতত। Perpetual.

अजहत्स्वार्था स्त्री० [न+जहत्+स्वार्थ+टाप्] যাহা নিজের অর্থকে পরিত্যাগ করে না, স্বার্থলক্ষণা। A type of lakṣaṇā in which the primary meaning is retained.

अजहल्लिङ्ग पु० [न+जहत्+लिङ्ग] যাহার লিঙ্গ পরিবর্তিত হয় না, নিয়তলিঙ্গক। A noun not changing its gender even when used as an adjective.

अजहः स्त्री० [न+हा-श] আলকুশী নামক বৃক্ষ। A kind of tree.

अजागर पु० [न+जागर] ভৃঙ্গরাজ। Sleep-removing drug.

अजाजी स्त्री० [अज+आज+ङीप्] জীরা বৃক্ষ। Cumin seed.

अजाजीव पु० [अज+आ+जीव-अच्] ছাগব্যবসায়ী। A goat-herd.

अजातशत्रु पु० [न+जात+शत्रु] যুধিষ্ঠির। त्रि० শত্রুহীন। Name of a king ; having no enemy.

अजाति स्त्री० [न+जाति] অনুৎপত্তি। त्रि० জাতিশূন্য। Absence of birth ; without a generic attribute.

अजादनी स्त्री० [अज+अद-ल्युट्+ङीप्] বৃক্ষবিশেষ। A kind of tree.

अजानि पु० [न+जाया+निङ्] স্ত্রীরহিত। Widower.

अजानेय पु० [अज+आ+नी-यत्] উত্তম অশ্ব। Horse of high breed.

अजाप्रिया स्त्री० [अजा+प्रिया] কুলগাছ। Plum tree.

अजि पु० [अज-इन्] তেজ। त्रि० গতিমান্। Power; moving.

अजित पु० [न+जित] বিষ্ণু, শিব, বুদ্ধ। त्रि० অপরাজিত। Unconquered.

अजिन क्ली० [अज-इनच्] মৃগচর্ম। The skin of a black antelope.

अजिनपत्रा स्त्री० [अजिन+पत्र+टाप्] চামচিকা। A bat.

अजिनफला स्त्री० [अजिन+फल+टाप्] ট্যাপারী

नामक বৃক্ষবিশেষ। A kind of tree.

अजिनयोनि पु० [अजिन+योनि] মৃগ। A deer, antelope.

अजिर क्ली० [अज–किरन्] উঠান, চত্বর, শরীর, বায়ু, ভেক। Courtyard.

अजिह्म त्रि० [न+जिह्म] অবক্র, অকুটিল। Straightforward, honest.

अजिह्मग पु० [न+जिह्म+गम–ड] বাণ। त्रि० সরলগামী। Arrow ; going straight.

अजीर्ण क्ली० [न+जीर्ण] রোগবিশেষ। त्रि० যাহা জীর্ণ নয়। Indigestion ; undigested.

अजीव त्रि० [न+जीव–घञ्] নির্জীব, প্রাণহীন। Lifeless.

अजीवनि स्त्री० [न+जीव–अनि] অভিশাপজন্য মৃত্যু। Death due to curse.

अजेय त्रि० [न+जेय] জয়ের অযোগ্য। Invincible.

अजैकपाद पु० [अज+एक+पाद] রুদ্রবিশেষ। One of the Rudras.

अज्जुका स्त्री० [अर्ज्ज–ऊक+टाप्] নাট্যোক্তিতে বেশ্যা। The public woman as addressed in a drama.

अज्झटा स्त्री० [अज–क्विप्+झट–अच्+टाप्] ভুঁই আমলা নামক বৃক্ষ। A kind of tree.

अज्ञ त्रि० [न+ज्ञा–क] মূর্খ, অজ্ঞান। Ignorant.

अज्ञान क्ली० [न+ज्ञान] অবিদ্যা, জ্ঞানাভাব। Ignorance.

अञ्चल पु० [अञ्च–अलच्] বস্ত্রের প্রান্তভাগ। Border, skirt.

अञ्चित त्रि० [अञ्च–क्त] আকুঞ্চিত, পূজিত, ভূষিত। Curved, worshipped.

अञ्चितभ्रू स्त्री० [अञ्चि+तभ्रू] বঙ্কিমভ্রূ। Curved eye-brow.

अञ्जन क्ली० [अञ्ज–ल्युट्] কজ্জল, মিশ্রণ, গমন, মালিন্য। Collyrium.

अञ्जना स्त्री० [अञ्जन+टाप्] হনুমানের মাতা, উত্তরদিগ্‌হস্তিনী। Name of the mother of Hanumat, name of a female elephant presiding over the north.

अञ्जनावती स्त्री० [अञ्जन+मतुप्+ङीप्] ঈশান কোণ হস্তিনী। Female elephant presiding over the north-eastern quarters.

अञ्जनिका स्त्री० [अञ्जना+कन्+टाप्] আজনাই নামক কীটবিশেষ। A kind of worm.

अञ्जनी स्त्री० [अञ्जन+ङीप्] কুঙ্কুম। Saffron.

अञ्जलि पु० [अञ्ज–अलि] সংযুক্ত করপুট, আঁজলা। Folded palm.

अञ्जस त्रि० [अञ्ज–असच्] সরল। Not crooked.

अञ्जसा अव्य० শীঘ্র, যথার্থ। Truly.

अटनि [-नी] स्त्री० [अट–अनि] ধনুকের অগ্রভাগ। Notched extremity of a bow.

अटरुष पु० [अट+रुष–क] বাসক বৃক্ষ। Name of a medicinal plant.

अटवि [-वी] स्त्री० [अट–अवि] বন, জঙ্গল। Forest.

अटाट्या स्त्री० [अट–यङ्+अ+टाप्] পর্যটন, বৃথা ভ্রমণ। Useless roaming.

अट्ट पु० [अट्ट–घञ्] প্রাসাদের উপর গৃহ। High-mansion.

अट्टट्ट अव्य० [अट्ट+अट्ट] অতীব উচ্চ(হাস্য)। Loud.

अट्टहास पु० [अट्ट+हास] অতীব উচ্চ হাস্য। Loud laughter.

अट्टहासक पु० [अट्टहास+कै–क] শুভ্র কুন্দ পুষ্প। White Kunda flower.

अट्टालक पु० [अट्ट+अल–अच्+कन्] প্রাসাদের উপর উচ্চ গৃহ। Upper storey.

अट्टालिका स्त्री० [अट्टालक+टाप्] উচ্চ গৃহ। Lofty mansion.

अणक त्रि० [अण–अच्+क] নীচ, নিন্দনীয়। Insignificant.

अणव्य त्रि० [अणु+यत्] সর্ষপাদি উৎপাদনের ক্ষেত্র। Field for reaping fine corn.

अणि [-णी] पु० [अण–इन्] সূচের অগ্রভাগ, রথচক্রের আরা। Point of a needle.

अणिमन् पु० [अणु+इमनिच्] সূক্ষ্মতা, ঐশ্বর্যবিশেষ। Minuteness, a yogic power.

अणीयस् त्रि० [अणु+ईयसुन्] অতি সূক্ষ্ম। Smaller.

अणु त्रि० [अण–उन्] সূক্ষ্ম, ক্ষুদ্র। पु० চীনাধান্য। Minute.

अणुक त्रि० [अणु+कन्] সূক্ষ্ম, অল্প, নিপুণ। Very small.

अणुभा स्त्री० [अणु+भा] বিদ্যুৎ। Lightning.

अण्ड क्ली० [अम–ड] ডিম্ব, শুক্র, মৃগনাভি। Egg, semen.

अण्डक क्ली० [अण्ड+कन्] ছোট ডিম্ব। Small egg.

अण्डकोष पु० [अण्ड+कोष] মুষ্ক। Scrotum.

अण्डज पु० [अण्ड+जन–ड] পক্ষী, সর্প, মৎস্য, কৃকলাস। A bird.

अण्डालु पु० [अण्ड+आलुच्] ডিম্ববিশিষ্ট মৎস্য। A fish with eggs.

अण्डीर पु० [अण्ड+ईरन्] বলবান্ পুরুষ, সমর্থ। A full-developed man.

अतट पु० [न+तट] পর্বতাদির নিরালম্ব উচ্চস্থান। Precipice.

अतल क्लीº[न+तल] পাতাল, ভূগর্ভ। ত্রিº তলশূন্য। Nether region ; bottomless.

अतलस्पर्श त्रिº [न+तल+स्पर्श] গভীর, অগাধ। Unfathomable.

अतस् अव्यº [इदम्+तस्] অতএব, এই হেতু। Therefore.

अतस पुº [अत–असच्] বায়ু। Wind.

अतसी स्त्रीº [अतस+ङीप्] পুষ্পবিশেষ, তিসি গাছ। A kind of flower, linseed.

अति अव्यº পূজা, উৎকর্ষ, অতিক্রম, অতিশয়, প্রশংসা। Excessive.

अतिकथ त्रिº [अति+कथा] কথনের অযোগ্য, অশ্রদ্ধেয়। Unutterable, meaningless talk.

अतिकन्दक पुº [अति+कन्द+कप्] বৃক্ষবিশেষ। A kind of tree.

अतिकाय पुº [अति+काय] রাক্ষসবিশেষ। ত্রিº প্রকাণ্ড দেহবিশিষ্ট। Of huge form.

अतिकृच्छ्र क्लीº[अति+कृच्छ्र] অত্যন্ত কষ্ট। Extreme hardship.

अतिकृति स्त्रीº [अति+कृति] ছন্দোবিশেষ। A kind of metre.

अतिक्रम पुº [अति+क्रम–घञ्] উল্লঙ্ঘন, বিপর্যয়, অনাদর। Transgression.

अतिक्रान्त त्रिº [अति+क्रान्त] অতীত, লঙ্ঘিত, আক্রান্ত, অনাদৃত। Past, transgressed.

अतिगन्ध पुº [अति+गन्ध] চম্পক বৃক্ষ। The Champaka tree.

अतिचरा स्त्रीº [अति+चर–अच्+टाप्] বৃক্ষবিশেষ। A kind of tree.

अतिचार पुº [अति+चर–घञ्] গ্রহাদির অন্য-রাশিতে সংক্রমণ। Planetary movement.

अतिचारिन् त्रिº [अति+चर–णिनि] রাশ্যন্তরে সংক্রমিত গ্রহ। A planet moved to another zodiacal sign.

अतिछत्र पुº [अति+छत्र] ব্যাঙের ছাতা। A mushroom.

अतिजगती[-ति] स्त्रीº [अति+जगती] ছন্দোবিশেষ। A type of metre.

अतिजव त्रिº [अति+जव] দ্রুতগামী। Fast-moving.

अतिथि पुº, स्त्रीº [न+तिथि] অভ্যাগত, আগন্তুক। A guest.

अतिदेश पुº[अति+देश] অন্য ধর্মের অন্যত্র আরোপ। Transfer of one attribute to another.

अतिपतन क्लीº [अति+पतन] অতিক্রম। Transgressing.

अतिपत्ति स्त्रीº [अति+पत–क्तिन्] অনিষ্পত্তি, অতিক্রম। Non-performance, failure.

अतिपत्र पुº [अति+पत्र] বৃক্ষবিশেষ। The Teak.

अतिपथिन् पुº [अति+पथिन्] উত্তম পথ। Best way.

अतिपातक क्लीº [अति+पातक] ঘোর পাপ। Grave sin.

अतिप्रश्न पुº [अति+प्रश्न] নিরুত্তর প্রশ্ন। An unanswerable question.

अतिप्रसक्ति स्त्रीº [अति+प्रसक्ति], **अतिप्रसङ्ग** पुº [अति+प्रसङ्ग] অত্যন্ত আসক্তি, অলক্ষ্যে লক্ষণের গমন, পুনঃ পুনঃ উক্তি। Excessive attachment, too wide.

अतिबल त्रिº [अति+बल] অতি বলবান্। क्लीº সামর্থ্য, সৈন্য। Very strong ; great power, army.

अतिभूमि स्त्रीº [अति+भूमि] আধিক্য, মর্যাদা অতিক্রম। Excess, transgression of limits.

अतिमात्र त्रिº [अति+मात्र] অত্যন্ত। Excessive.

अतिमुक्त त्रिº [अति+मुक्त] নিঃসঙ্গ, কৈবল্যপ্রাপ্ত, বন্ধ্য। পুº মাধবীলতা। Finally emancipated, barren ; a kind of creeper.

अतिरथ पुº [अति+रथ] অসংখ্য শত্রুর সহিত যুদ্ধে সমর্থ বীর। A great hero.

अतिरात्र पुº [अति+रात्रि+अच्] যজ্ঞবিশেষ। A kind of sacrifice.

अतिरिक्त त्रिº [अति+रिक्त] অতিশায়িত, শ্রেষ্ঠ, উন্নত, ভিন্ন, শূন্য। Excessive, elevated.

अतिरेक पुº [अति+रिच–घञ्] অতিশয়, ভেদ, প্রাধান্য, আধিক্য। Excess.

अतिरोग पुº [अति+रोग] ক্ষয়রোগ। Tuberculosis.

अतिलङ्घन क्लीº [अति+लङ्घन] অতিক্রম। Transgressing.

अतिवर्तिन् त्रिº [अति+वर्तिन्] অতিক্রমকারী। Transgressor.

अतिवाद पुº [अति+वाद] অত্যুক্তি, অপ্রিয় উক্তি, কঠোর বাক্য। Harsh, abusive or insulting language.

अतिवाहित त्रिº[अति+वाहित] অতিক্রান্ত, যাপিত Passed, spent.

अतिविकट पुº [अति+विकट] দুষ্ট হস্তী। ত্রিº অতি-করাল। Wild elephant ; very fierce.

अतिवृत्ति स्त्रीº [अति+वृत्ति] অতিক্রম। Surpassing.

अतिवृष्टि स्त्रीº [अति+वृष्टि] অধিক বর্ষণ। Excessive rain.

अतिवेल त्रि॰ [अति+वेला] অধিক, অসীম, সীমাতিক্রান্ত। অব্য॰ বেলা অতিক্রম। Excessive.

अतिव्याप्ति स्त्री॰ [अति+व्याप्ति] অলক্ষ্যে লক্ষণগমন। Too wide.

अतिशक्करी स्त्री॰ [अति+शक्करी] পঞ্চদশাক্ষর ছন্দ। A metre of sixteen syllables.

अतिशक्ति स्त्री॰ [अति+शक्ति] বিক্রম। Prowess.

अतिशय पु॰ [अति+शीङ्–अच्] আধিক্য। Excess, excellence.

अतिशयित त्रि॰ [अति+शयित] অধিক, অতিক্রান্ত। Surpassing.

अतिशयोक्ति स्त्री॰ [अतिशय+उक्ति] অর্থালঙ্কারবিশেষ। Hyperbole.

अतिशायन क्ली॰ [अति+शीङ्–ल्युट्] প্রকর্ষ, আধিক্য। Excellence, superiority.

अतिशायिन् त्रि॰ [अति+शीङ्–णिनि] প্রকৃষ্ট। Superior.

अतिसन्धान क्ली॰ [अति+सन्धान] বঞ্চনা। Deception, cheating.

अतिसर्ग पु॰ [अति+सर्ग] দান, উৎসর্গ। Gift, dedication.

अतिसर्जन क्ली॰ [अति+सर्जन] দান, বধ, বিপ্রলম্ভ, বিসর্জন। Giving, killing.

अतिसार पु॰ [अति+सार] উদরাময়। Dysentery.

अतिसारकिन् त्रि॰ [अतिसार+किन्] অতিসাররোগী। One suffering from dysentery.

अतिसृष्ट त्रि॰ [अति+सृष्ट] প্রেরিত, নিযুক্ত, দত্ত। Sent, appointed.

अतिसौरभ पु॰[अति+सौरभ] আম্রবৃক্ষ। त्रि॰ অতিসুগন্ধযুক্ত বস্তু। Mango tree ; excessively scented.

अतिहसित क्ली॰ [अति+हसित] অতিশয় হাস্য। Loud laughter.

अतिहास पु॰ [अति+हास] অতিশয় হাস্য। Loud laughter.

अतीत त्रि॰ [अति+इण्–क्त] অতিক্রান্ত, ভূত, মৃত। Gone beyond, past.

अतीन्द्रिय त्रि॰ [अति+इन्द्रिय] অপ্রত্যক্ষ, ইন্দ্রিয়াতীত। Beyond the senses.

अतीव अव्य॰ [अति+इव] অত্যন্ত। Extremely.

अतुल त्रि॰ [न+तुला], **अतुल्य** त्रि॰ [न+तुल्य] অনুপম, অত্যন্ত শোভমান। पु॰ তিলবৃক্ষ। Peerless, incomparable ; sesamum plant.

अतृप्ति स्त्री॰ [न+तृप्ति] অসন্তোষ। Discontent.

अत्ता स्त्री॰ [अत–तक्+टाप्] (নাট্যোক্তিতে) মাতা ও শ্বশ্রূ। Mother, mother-in-law (in dramatic use).

अत्यन्त क्ली॰ [अति+अन्त] অধিক, অতিশয়। Excessive.

अत्यन्तसंयोग पु॰ [अत्यन्त+संयोग] ব্যাপ্তি। Universal concomitance.

अत्यन्ताभाव पु॰ [अत्यन्त+अभाव] সম্পূর্ণ অভাব, ত্রৈকালিক অভাব। Absolute negation.

अत्यन्तीन त्रि॰ [अत्यन्त+ख] অত্যন্ত গতিশীল, অধিক। Going too fast.

अत्यय पु॰ [अति+इण्–अच्] অতিক্রম, বিনাশ, দোষ, দণ্ড, দুঃখ, অভাব। Surpassing, destruction, absence.

अत्यर्थ क्ली॰ [अति+अर्थ] অত্যন্ত, অধিক। অব্য॰ অর্থাভাব। Excessive, exorbitant.

अत्यल्प त्रि॰ [अति+अल्प] যৎকিঞ্চিৎ। Very small.

अत्यष्टि स्त्री॰ [अति+अष्टि] সপ্তদশাক্ষর ছন্দ। A metre of seventeen syllables.

अत्याचार पु॰ [अति+आचार] অন্যায় আচরণ, আচারভ্রংশ। Improper conduct.

अत्याधान क्ली॰ [अति+आधान] অতিক্রম। Surpassing.

अत्यारूढ़ क्ली॰ [अति+आरूढ़] অতিবৃদ্ধি। त्रि॰ প্রবৃদ্ধ। Excessive growth ; grown to excess.

अत्यारूढ़ि स्त्री॰ [अति+आरूढ़ि] অত্যুন্নতি, অতিবৃদ্ধি। Excessive growth.

अत्याहित त्रि॰ [अति+आहित] অমঙ্গল, মহাভয়। Calamity, a great danger.

अत्युक्ति स्त्री॰ [अति+उक्ति] অতিশয়োক্তি, আরোপিত উক্তি। Exaggeration.

अत्युकथा स्त्री॰ [अति+उकथा] দুই অক্ষরের ছন্দ। A metre of two syllables.

अत्यूह पु॰ [अति+ऊह] অতিশয় বিতর্ক। Great dispute.

अत्र अव्य॰ এই স্থানে, এখানে। Here.

अत्रत्य त्रि॰ [अत्र+त्यन्] এতদ্দেশীয়। Belonging to this place.

अत्रभवत् त्रि॰ [अत्र+भवत्] মান্য, পূজ্য। Reverod Sir.

अत्रि पु॰ [अद–त्रिन्] সপ্তর্ষির অন্যতম ঋষি। Name of a celebrated sage.

अथ अव्य॰ অনন্তর, মঙ্গল, সংশয়, সমুচ্চয়, প্রশ্ন, বিকল্প, প্রকরণ। Afterwards, and, interrogation.

अथकिम् अव्य॰ [अथ+किम्] স্বীকার, হাঁ। Yes,

exactly so.

अथच অব্য০ আরও। Moreover.

अथर्वन् পু০ [अथ+ऋ–वनिप्] চতুর্থ বেদ, মুনি বিশেষ। The fourth Veda, name of a sage.

अथर्वणि পু০ [अथर्वन्+इनि] অথর্ববেদজ্ঞ। One versed in the Atharva Veda.

अथर्वविद् পু০ [अथर्व+विद–क्विप्] অথর্ববেদজ্ঞ। One versed in the Atharva Veda.

अथवा অব্য০ পক্ষান্তরে। Or.

अदत्त ত্রি০ [न+दत्त] অসমর্পিত। Not given.

अदत्ता স্ত্রী০ [न+दत्ता] অবিবাহিতা। Unmarried girl.

अदन ক্লী০ [अद–ल्युट्] ভক্ষণ। Eating.

अदभ्र ত্রি০ [न+दम्भ–रक्] অনল্প, অধিক। Plentiful.

अदर्शन ক্লী০ [न+दर्शन] তিরোভাব, বিনাশ, দর্শনের অভাব, লোপ। Disappearance, elision.

अदस् ত্রি০ [न–दत्+क्विप्] উহা, অপুরোবর্তী, দূরস্থ। That, yonder.

अदाह्य ত্রি০ [न+दाह्य] দাহের অযোগ্য। Incombustible.

अदिति স্ত্রী০ [न+दिति] দক্ষকন্যা, দেবমাতা, পৃথিবী, বাক্। Goddess Aditi, mother of the gods.

अदितिनन्दन পু০ [अदिति+नन्दन] দেবতা। Gods.

अदीन ত্রি০ [न+दीन] অকাতর, ধনী। Magnanimous, rich.

अदृष्ट ক্লী০ [न+दृष्ट] ভাগ্য, ধর্মাধর্ম, পাপপুণ্য। ত্রি০ যাহা দেখা যায় না। Fate ; unseen.

अदृष्टपूर्व ত্রি০ [न+दृष्ट+पूर्व] যাহা পূর্বে দৃষ্ট হয় নাই। Not seen before.

अदृष्टि স্ত্রী০ [न+दृष्टि] বিরক্তিসূচক দৃষ্টি, ক্রূর দৃষ্টি। ত্রি০ দৃষ্টিশূন্য। Evil or malicious look ; blind.

अद्धा অব্য০ সত্য, যথার্থ। Truly, surely.

अद्भुत ক্লী০ [अत+भा–डुतच्] বিস্ময়, আশ্চর্য। পু০ রসবিশেষ। ত্রি০ বিস্ময়জনক, আকস্মিক। Wonder, surprise ; the marvellous sentiment ; wonderful.

अद्मनि পু০ [अद–मनिन्] অগ্নি। Fire.

अद्मर ত্রি০ [अद–क्मरच्] ভোজনপ্রিয়। Voracious.

अद्य অব্য০ আজ, এখনই। Today, just now.

अद्यतन ত্রি০ [अद्य+ट्युल्] অদ্যকার, আধুনিক। Of today, modern.

अद्यत्वे অব্য০ অধুনা, আজকাল। In these days, presently.

अद्यप्रभृति অব্য০ আজ হইতে। From today, this day forward.

अद्यश्वीन ত্রি০[अद्य+श्वस्–ख] যাহা আজকাল হইবে। Likely to happen today or tomorrow.

अद्यश्वीना স্ত্রী০ [अद्य+श्वस्–ख+टाप्] আসন্নপ্রসবা। A female near delivery.

अद्यापि অব্য০ [अद्य+अपि] এখনও। Still, even now.

अद्यावधि অব্য০ [अद्य+अवधि] আজ হইতে, আজ পর্যন্ত। From today, till today.

अद्रि পু০ [अद–क्रिन्] পর্বত, বৃক্ষ, সূর্য, পরিমাণ-বিশেষ। Mountain.

अद्रिकर्णी স্ত্রী০ [अद्रि+कर्ण+ङीष्] অপরাজিতা লতা। A kind of creeper.

अद्रिकीला স্ত্রী০ [अद्रि+कील+टाप्] ভূমি। The earth.

अद्रिज ক্লী০ [अद्रि+जन–ड] শিলাজতু, গিরিমাটি। ত্রি০ পর্বতে জাত। স্ত্রী০ পার্বতী। Red chalk ; born in mountain ; name of Pārvatī.

अद्रितनया স্ত্রী০ [अद्रि+तनय+टाप्] পার্বতী। Name of Pārvatī.

अद्रिभिद् পু০ [अद्रि+भिद्–क्विप्] ইন্দ্র। Epithet of Indra.

अद्रिभू স্ত্রী০ [अद्रि+भू–क्विप्] অপরাজিতা লতা। Name of a creeper.

अद्रिराज পু০[अद्रि+राजन्+टच्]হিমালয়, গিরিরাজ। The Himalayas.

अद्रिसार পু০ [अद्रि+सार] লৌহ। Iron.

अद्रीश পু০ [अद्रि+ईश] হিমালয়, শিব। The Himalayas, Śiva.

अद्वय ক্লী০ [न+द्वय] ব্রহ্ম। পু০ বুদ্ধের নামবিশেষ। ত্রি০ দ্বয়শূন্য। Brahman ; without a second.

अद्वयवादिन् পু০ [अद्वय+वद–णिनि] বৌদ্ধ। ত্রি০ অদ্বৈতবাদী। One who professes non-dualism.

अद्वितीय ত্রি০ [न+द्वितीय] দ্বিতীয়রহিত। ক্লী০ ব্রহ্ম। Without a second ; Brahman.

अद्वैत ত্রি০ [न+द्वैत] দ্বৈতশূন্য। ক্লী০ ব্রহ্ম। Non-dual ; Brahman.

अद्वैतवादिन् ত্রি০ [अद्वैत+वद–णिनि] অদ্বৈত মতাবলম্বী। An Advaitin.

अधःकृत ত্রি০ [अधस्+कृत] নিক্ষিপ্ত, পরাভূত।

Thrown, defeated.

अधःक्षिप्त त्रি০ [अधस्+क्षिप्त] নিম্নে নিক্ষিপ্ত। Thrown down.

अधन ত্রি০ [न+धन] নির্ধন, অল্পধন। Poor.

अधन्य ত্রি০ [न+धन्य] মন্দভাগ্য। Unfortunate.

अधन्यता স্ত্রী০ [न+धन्य+तल्+टाप्] দুর্ভাগ্য। Misfortune.

अधम ত্রি০ [अवर+अम] অপকৃষ্ট, নীচ, নিন্দিত, হীন, কুৎসিত। The lowest, meanest.

अधमर्ण ত্রি০ [अधम+ऋण] ঋণী। Debtor.

अधमाङ्ग ক্লী০ [अधम+अङ्ग] চরণ। Feet.

अधर পু০ [न+धृ–अच्] নিম্ন ওষ্ঠ। ত্রি০ নীচ, অধম, নিম্ন। Lower lip ; mean, low.

अधरतः অব্য০ [अधर+तस्], **अधरस्तात्** [अधर+अस्ताति], **अधरात्** [अधर+आत्], **अधरेण** [अधर+एनप्] নীচে, নিম্নে। Below, beneath

अधरामृत ক্লী০ [अधर+अमृत] অধররস। The nectar of the lips.

अधरीकृत ত্রি০ [अधर+च्वि+कृत] অধঃকৃত, পরাভূত। Subdued, defeated.

अधर्म পু০ [न+धर्म] পাপ। Sin, unrighteousness.

अधश्चर ত্রি০[अधस्+चर–ट] অধোগামী। পু০ চোর। Falling down ; thief.

अधःशय्या স্ত্রী০ [अधस्+शय्या] ভূমিশয়ন। Lying on floor.

अधस् অব্য০ [अधर+असि] অধোভাগে, নিম্নে, পশ্চাৎ। Below, down.

अधस्तन ত্রি০ [अधस्+ट्युल्] নিম্নগত। Lower, placed beneath.

अधस्तात् অব্য০ [अधर+अस्ताति] নিম্নে, পশ্চাৎ। Beneath, below.

अधि অব্য০ [न+धा–कि] উপরি, আধিক্য, অধিকার, ঐশ্বর্য, আধিপত্য, অতিশয়, অধীনতা। Above, excess, authority.

अधिक ত্রি০ [अधि+क] অতিরিক্ত, উত্তম, অনেক। ক্লী০ অর্থালঙ্কারবিশেষ। More, greater.

अधिकर्द्धि ত্রি০ [अधिक+ऋद्धि] সর্বাংশে সুখী। Prosperous.

अधिकर्मिक পু০ [अधि+कर्म+ठ] হাটের অধ্যক্ষ। The overseer of a market.

अधिकरण ক্লী০ [अधि+करण] কারকবিশেষ, বিচারালয়, আধার, স্থান, মীমাংসাশাস্ত্রের অধ্যায়সমূহ। Locative, court of justice, locus, place.

अधिकाङ्ग ক্লী০ [अधिक+अङ्ग] কটিবন্ধন। ত্রি০ অধিক অঙ্গবিশিষ্ট। Belt ; having a redundant limb.

अधिकार পু০ [अधि+कृ–घञ्] স্বামিত্ব, আধিপত্য, নিয়োগ, আরম্ভ, অনুষ্ঠান, স্বীকার, দখল করা, প্রকরণ, ব্যাকরণে প্রসিদ্ধ অনুবৃত্তি, রাজাদের ছত্র-চামরাদি ধারণ। Authority, jurisdiction, topic, governing rule in grammar.

अधिकारिन् ত্রি০ [अधि+कृ–णिनि] স্বামী, অধ্যক্ষ। Owner, possessed of authority.

अधिकृत পু০ [अधि+कृत] অধ্যক্ষ, অধিকারী। ত্রি০ নিযুক্ত, আয়ত্ত। One in charge of anything, authorised ; appointed.

अधिक्षिप्त ত্রি০ [अधि+क्षिप्त] নিন্দিত, তিরস্কৃত, নিক্ষিপ্ত, স্থাপিত। Insulted, dismissed.

अधिक्षेप পু০[अधि+क्षेप] তিরস্কার, প্রেরণ। Abuse, sending.

अधिगत ত্রি০ [अधि+गत] প্রাপ্ত, জ্ঞাত, স্বীকৃত। Acquired, learnt.

अधिगम পু০ [अधि+गम–घञ्] প্রাপ্তি, লাভ, স্বীকার, জ্ঞান। Acquisition, knowledge.

अधिज्य ক্লী০[अधि+ज्या] জ্যা আরোপিত। Strung (bow).

अधित्यका স্ত্রী০ [अधि+त्यकन्+टाप्] পর্বতের উপর সমতল দেশ। Plateau.

अधिदेव [अधि+देव], **अधिदेवता** [अधि+देवता], **अधिदैवत** [अधि+दैवत] অধিষ্ঠাত্রী দেবতা, অন্তর্যামী পুরুষ, হিরণ্যগর্ভ। Presiding deity.

अधिनाथ পু০[अधि+नाथ]পরম দেবতা। Supreme lord.

अधिनाय পু০ [अधि+नी–घञ्] গন্ধ। Fragrance.

अधिप ত্রি০ [अधि+पा–क] প্রভু, রাজা, অধিকারী। Lord, ruler.

अधिपति পু০ [अधि+पति] রাজা, প্রভু। King, master.

अधिभू পু০ [अधि+भू–क्विप्] রাজা, প্রভু। King, master.

अधिमास পু০[अधि+मास] মলমাস। Intercalary month.

अधिराज [अधि+राजन्+टच्] সম্রাট্, সার্বভৌম। Sovereign king, emperor.

अधिरूढ ত্রি০[अधि+रूढ] আরূঢ়, আক্রান্ত, আক্রমণকারী। Mounted, aggressor.

अधिरोपण ক্লী০ [अधि+रोपण] আরোহণ করান, ধনুকে শরযোজনা। To make one ascend, fixing an arrow to a bow.

अधिरोहण ক্লী০ [अधि+रोहण] আরোহণ। Ascent.

अधिरोहणी স্ত্রী০ [अधि+रोहणी] আরোহণী, সিঁড়ি।

Staircase.

अधियज्ञ पु० [अधि+यज्ञ] বিষ্ণু, প্রধান যজ্ঞ। Viṣṇu, principal sacrifice.

अधियोग पु०[अधि+योग] যাত্রার শুভ লগ্ন। Auspicious time for journey.

अधिवास पु० [अधि+वास] গন্ধাদির দ্বারা সংস্কার, স্থাপন, নিবাস। Consecration, abode.

अधिवासन क्ली० [अधि+वासन] গন্ধাদির দ্বারা সংস্কার, যজ্ঞারম্ভের পূর্বে দেবতা স্থাপন। Consecration.

अधिवासित त्रि० [अधि+वासित] গন্ধাদির দ্বারা কৃতসংস্কার। Consecrated.

अधिविन्ना स्त्री० [अधि+विद्–क्त+टाप्] দ্বিতীয়বার বিবাহিত পুরুষের জীবিতা প্রথম স্ত্রী। The first wife of one who marries a second time.

अधिवेदन क्ली० [अधि+वेदन] প্রথম স্ত্রী সত্ত্বে দ্বিতীয়বার বিবাহ করা। To marry a second time while the first wife is alive.

अधिशयित त्रि० [अधि+शयित] অধিষ্ঠিত, শায়িত। Placed, laid.

अधिश्रयण क्ली० [अधि+श्रयण] পাকের জন্য চুল্লীর উপর স্থাপন। Cooking.

अधिश्रयणी[-श्रयिणी] स्त्री०[अधि+श्रयणी] পাককরণ চুল্লী, উনুন। Fireplace, oven.

अधिश्रित त्रि० [अधि+श्रित] প্রাপ্ত, স্থাপিত। Acquired, placed.

अधिष्ठातृ त्रि० [अधि+स्था–तृच्] অধ্যক্ষ, অবস্থিতিকারী। Presiding over.

अधिष्ठान क्ली० [अधि+स्था–ल्युट्] সন্নিধান, স্থিতি, অধিকরণ। Position, location.

अधीत त्रि० [अधि+इङ्–क्त] পঠিত। क्ली० অধ্যয়ন। Studied ; study.

अधीति स्त्री० [अधि+इङ्–क्तिन्] অধ্যয়ন। Study.

अधीतिन् त्रि० [अधीत+इनि] যিনি অধ্যয়ন করিয়াছেন। Proficient.

अधीन त्रि० [अधि+ख] আয়ত্ত, আশ্রিত। Subservient, dependent.

अधीयान त्रि० [अधि+इङ्–शानच्] অধ্যয়নকারী। A student.

अधीर त्रि० [न+धीर] চঞ্চল। Unsteady.

अधीश त्रि० [अधि+ईश], **अधीश्वर** त्रि० [अधि+ईश्वर] মহারাজ, প্রভু। Supreme lord, sovereign ruler.

अधीष्ट क्ली० [अधि+इष्ट] সম্মানের সহিত নিয়োগ। Honorary office.

अधुना अव्य० ইদানীং, সম্প্রতি। Now.

अधुनातन त्रि० [अधुना+ट्यु ल्] আধুনিক, ইদানীন্তন। Modern, belonging to the present time.

अधृष्ट त्रि० [न+धृष्ट] লজ্জাশীল, বিনীত, অপ্রগল্ভ। Modest.

अधृष्य त्रि० [न+धृष्य] অধর্ষণীয়, অপরাজেয়। Invincible.

अधोंशुक क्ली० [अधस्+अंशुक] অধোবস্ত্র। Lower garment.

अधोक्षज पु० [अधस्+अक्ष+जन–ड] বিষ্ণু; অতীন্দ্রিয়। Viṣṇu; infra-sensible.

अधोभुवन क्ली० [अधस्+भुवन] পাতাল। The nether world.

अधोमुख त्रि०[अधस्+मुख] নতমুখ ; নক্ষত্রগণবিশেষ। With face turned downwards.

अधोलोक पु० [अधस्+लोक] নিম্নলোক, পাতাল। The nether world.

अधोवदन त्रि० [अधस्+वदन] নতমুখ ; নক্ষত্রগণবিশেষ। With face turned downwards.

अध्यक्ष त्रि० [अधि+अक्ष–अच्] প্রত্যক্ষ। पु० অধিকৃত, প্রধান কর্মকারী। Perception ; chief.

अध्यग्नि अव्य० [अधि+अग्नि] অগ্নির সমীপে। क्ली० বিবাহকালে কন্যাকে দত্ত ধন। Near the nuptial fire ; marriage gift to a girl.

अध्ययन क्ली० [अधि+अयन] পঠন। Study.

अध्यर्ध पु० [अधि+अर्ध] সার্ধ, দেড়। One and a half.

अध्यवसाय पु०[अधि+अवसाय] নিশ্চয়, যত্ন, উৎসাহ। Determination, perseverance.

अध्यात्म अव्य० [अधि+आत्मन्] আত্মবিষয়ক, পরব্রহ্ম। Concerning the Self, Supreme Being.

अध्यापक त्रि० [अधि+इङ्+णिच्–ण्वुल्] শিক্ষক, আচার্য। Teacher, preceptor.

अध्यापन क्ली०[अधि+इङ्+णिच्–ल्युट्] পাঠন, শিক্ষাদান। Teaching, instructing.

अध्याय पु० [अधि+इङ्–घञ्] গ্রন্থের অংশবিশেষ, পরিচ্ছেদ, অঙ্ক, সর্গ, আহ্নিক প্রভৃতি। Chapter of a book.

अध्यारूढ त्रि० [अधि+आरूढ] যে আরোহণ করিয়াছে, অধিক। Mounted.

अध्यारोप पु० [अधि+आरोप], **अध्यारोपण** क्ली० [अधि+आरोपण] আরোপ করণ বা স্থাপন। Raising, placing.

अध्यावाहनिक क्लী০ [अधि+आ+वह–ल्युट्+ठन्] স্ত্রীধন। Dowry.

अध्याशन ক্লী০ [अधि+आ+अशन] ভোজনের উপর ভোজন। Eating over again.

अध्यास পু০ [अधि+अस–घञ्] আরোপ, এক বস্তুতে অন্য বস্তুর জ্ঞান। False attribution.

अध्यासन ক্লী০ [अधि+आसन] অধিষ্ঠান, উপবেশন। Sitting down.

अध्यासित ত্রি০ [अधि+आस–क्त] অধিষ্ঠিত, অধিষ্ঠাপিত। Placed.

अध्यासीन ত্রি০ [अधि+आसीन] উপবিষ্ট। Sitting.

अध्याहार পু০ [अधि+आहार] বাক্যপূরণের জন্য পদান্তর যোজনা, উহ্যকরণ, তর্ক। Supplying an ellipsis.

अध्याहार्य ত্রি০ [अधि+आहार्य] উহ্য, অনুসন্ধেয়। To be supplied.

अध्युषित ত্রি০ [अधि+उषित] যে স্থানে বা যে দিকে বাস করা যায়। Place lived in.

अध्युष्ट ত্রি০ [अधि+वस–क्त] প্রসিদ্ধ। Well-known.

अध्यूढ ত্রি০ [अधि+ऊढ] সমৃদ্ধ। স্ত্রী০ অধিবিন্না স্ত্রী। Prosperous.

अध्येतृ ত্রি০ [अधि+इङ्–तृन्] অধ্যয়নকর্তা, পাঠক। Reader.

अध्येषणा স্ত্রী০ [अधि+एषणा] প্রার্থনা, বিনয়পূর্বক জিজ্ঞাসা। Solicitation.

अध्रुव ত্রি০ [न+ध्रुव] অনিশ্চিত, অনিত্য। Uncertain, unstable.

अध्वग পু০ [अध्वन्+गम–ड] সূর্য, উষ্ট্র। স্ত্রী০ গঙ্গা। ত্রি০ পথিক। Traveller.

अध्वगामिन् পু০ [अध्वन्+गम–णिनि] পথিক। Traveller.

अध्वन् পু০ [अद–क्वनिप्] পথ, কাল, অবয়ব, উপায়, আক্রমণ। Way, time.

अध्वनीन ত্রি০ [अध्वन्+ख] পথিক। Traveller.

अध्वन्य ত্রি০ [अध्वन्+यत्] পথিক। Traveller.

अध्वर পু০ [अध्वन्+रा–क] যজ্ঞ, বসুবিশেষ। ত্রি০ [न+ध्वृ–अच्] সাবধান। A sacrifice.

अध्वरथ পু০ [अध्वन्+रथ] পথজ্ঞ দূত, পথে গমনোপযুক্ত রথ। A messenger who knows the way.

अध्वर्यु পু০ [अध्वर+क्यच्–यु] যজুর্বেদজ্ঞ ঋত্বিক্। A priest.

अध्वशल्य পু০ [अध्वन्+शल्य] আপাঙ নামক বৃক্ষবিশেষ। A particular kind of tree.

अनंश ত্রি০ [न+अंश] ভাগের অযোগ্য, অনধিকারী। Incapable of division.

अनक्ष ত্রি০ [न+अक्ष] চক্রশূন্য, চক্ষুহীন। Eyeless.

अनक्षर ক্লী০ [न+अक्षर] নিন্দাবাক্য, কুবাক্য। ত্রি০ বর্ণহীন। Without letter.

अनक्षि ক্লী০ [न+अक्षिन्] কুৎসিত চক্ষু। Bad eye.

अनग्नि ত্রি০ [न+अग्नि] অগ্নিহীন, দাহকার্যরহিত। Without fire.

अनघ ত্রি০ [न+अघ] পাপশূন্য, দুঃখহীন, মনোজ্ঞ, নির্মল। Sinless.

अनङ्ग পু০ [न+अङ्ग] কন্দর্প। ত্রি০ অঙ্গশূন্য। ক্লী০ আকাশ, চিত্ত। Name of Cupid ; without limb.

अनच्छ ত্রি০ [न+अच्छ] কলুষিত, অপ্রসন্ন। Turbid.

अनञ्जन ক্লী০ [न+अञ्जन] পরব্রহ্ম। The Brahman.

अनडुह् পু০ [अनस्+वह–क्विप्] বৃষ। Bull.

अनड्वाही স্ত্রী০ [अनडुह्+ङीप्] গাভী। Cow.

अनतिक्रम পু০ [न+अतिक्रम] অতিক্রম না করা। Not transgressing.

अनधिकार পু০ [न+अधिकार] স্বত্বাভাব, অধিকারের অভাব। Absence of right.

अनधिकारिन् ত্রি০ [न+अधिकारिन्] অধিকারের অযোগ্য। Not entitled to.

अनध्याय পু০ [न+अध्याय] অধ্যয়নের অভাব, যে কালে অধ্যয়ন বিহিত নাই। Cessation from study.

अनन्त পু০ [न+अन्त] বিষ্ণু, মেঘ, বলদেব, সিন্দুবার বৃক্ষ। ক্লী০ ব্রহ্ম, আকাশ। স্ত্রী০ পৃথিবী, পার্বতী, দূর্বা, হরীতকী। ত্রি০ অন্তহীন। Name of Visnu ; endless.

अनन्तचतुर्दशी স্ত্রী০ [अनन्त+चतुर्दशी] ভাদ্রশুক্লা চতুর্দশী। An auspicious day in the month of Bhādra.

अनन्तव्रत ক্লী০ [अनन्त+व्रत] ভাদ্রশুক্লা চতুর্দশীতে অনুষ্ঠেয় ব্রত। A particular vow.

अनन्तर ক্লী০ [न+अन्तर] পশ্চাৎ, অব্যবহিত। Later, contiguous.

अनन्तरज ত্রি০ [अनन्तर+जन–ड] পশ্চাৎ জাত, অনুজ। Born later, younger brother.

अनन्तविजय পু০ [अनन्त+विजय] যুধিষ্ঠিরের শঙ্খ। Name of Yudhiṣthira's conch.

अनन्यज পু০ [न+अन्यज] কামদেব। Cupid.

अनन्यवृत्ति ত্রি০ [न+अन्य+वृत्ति] একান্তচিত্ত। Closely attentive.

अनन्वय পু০ [न+अन्वय] অর্থালংকারবিশেষ। ত্রি০ অন্বয়রহিত। A kind of alaṁkāra.

अनन्वित त्रि॰ [न+अन्वित] অন্বয়রহিত, অসঙ্গত। Unconnected.

अनपराध पु॰ [न+अपराध] নির্দোষতা। Absence of guilt.

अनपराधिन् त्रि॰ [न+अपराधिन्] নির্দোষ, নিরপরাধ। Not guilty.

अनपायिन् त्रि॰ [न+अपाय+इनि] অবিনাশী। Undecaying.

अनपेक्ष त्रि॰ [न+अपेक्षा] নিরপেক্ষ। Regardless, independent.

अनपेत त्रि॰ [न+अप+इण्–क्त] যুক্ত, বিদ্যমান, বিশিষ্ট। Not devoid of, possessed of.

अनभिज्ञ त्रि॰ [न+अभिज्ञ] অনিপুণ। Inexperienced.

अनभिभूत त्रि॰ [न+अभिभूत] অপরাজিত, অব্যাহত। Not overpowered.

अनम पु॰ [न+नम–अच्] বিপ্র ; যে নত হয় না। A Brahmin.

अनय त्रि॰ [न+नय] নীতিশূন্য। पु॰ দুর্নীতি, অশুভ, দৈব, ব্যসন। Unjust ; bad policy.

अनर्गल त्रि॰ [न+अर्गल] অর্গলহীন, বন্ধনহীন। Not bolted.

अनर्घ त्रि॰ [न+अर्घ] অমূল্য। Invaluable, priceless.

अनर्थ पु॰ [न+अर्थ] অনিষ্ট। त्रि॰ অর্থশূন্য। Danger ; meaningless.

अनर्थक त्रि॰ [न+अर्थ+कप्] ব্যর্থ। क्ली॰ অসম্বদ্ধপ্রলাপ। Useless.

अनर्ह त्रि॰ [न+अर्ह] অযোগ্য। Undeserving.

अनल पु॰ [न+अल] বহ্নি, পিত্ত, পঞ্চবস্তু। Fire.

अनल्प त्रि॰ [न+अल्प] অধিক। Much.

अनवद्य त्रि॰ [न+अवद्य] অনিন্দনীয়। Faultless, irreproachable.

अनवधान क्ली॰ [न+अवधान] অমনোযোগ। Carelessness.

अनवधानता स्त्री॰ [न+अवधानता] অমনোযোগ, প্রমাদ। Inadvertence.

अनवरत त्रि॰ [न+अव+रम–क्त] নিরন্তর, অজস্র। Incessant.

अनवराध्यं त्रि॰ [न+अवर+अर्ध्य] প্রধান। Chief, best.

अनवलोभन क्ली॰ [न+अवलोभन] চতুর্থমাসে কর্তব্য গর্ভসংস্কার। A purificatory ceremony for a pregnant woman.

अनवसर त्रि॰ [न+अवसर] অবসররহিত। Without leisure.

अनवस्था स्त्री॰ [न+अवस्था] অবিশ্রান্তি, অনিশ্চয়, তর্কের দোষবিশেষ। Instability, *reductio ad absurdum.*

अनवहित त्रि॰ [न+अवहित] অবধানশূন্য। Careless.

अनशन क्ली॰ [न+अशन] উপবাস। Fasting.

अनस् क्ली॰ [अन–असुन्] শকট, প্রাণী, অন্ন। स्त्री॰ মাতা। A cart, boiled rice ; mother.

अनसूय त्रि॰ [न+असूया] অসূয়াশূন্য। स्त्री॰ অত্রিপত্নী, শকুন্তলার সখী। Free from malice ; name of Atri's wife.

अनाकुल त्रि॰ [न+आकुल] অব্যগ্র, একাগ্র, স্থির, অসংকীর্ণ। Calm.

अनाक्रान्त पु॰, त्रि॰ [न+आक्रान्त] কণ্টকারী বৃক্ষ ; আক্রমণের অযোগ্য। Unassailable.

अनागत त्रि॰[न+आगत] অনুপস্থিত, ভাবী, অজ্ঞাত। Not arrived, future.

अनागतार्तवा स्त्री॰ [अनागत+ऋतु+अण्+टाप्] অঋতুমতী। A maiden who has not attained puberty.

अनाचार पु॰ [न+आचार] কদাচার। त्रि॰ আচারহীন। Improper conduct.

अनातप पु॰, त्रि॰ [न+आतप] ছায়া ; রৌদ্রশূন্য। Shade ; free from heat.

अनातुर त्रि॰ [न+आतुर] অরুগ্ণ, অক্লিষ্ট। Not sick, healthy.

अनात्मन् त्रि॰ [न+आत्मन्] আত্মভিন্ন। Different from self.

अनाथ त्रि॰ [न+नाथ] ভর্তৃহীন। Helpless.

अनादर पु॰ [न+आदर] অযত্ন। Disregard.

अनादि त्रि॰ [न+आदि] আদিশূন্য। Eternal.

अनादीनव त्रि॰ [न+आदीनव] নির্দোষ। Faultless.

अनामन् क्ली॰, त्रि॰ [न+नामन्] অর্শরোগ ; নামশূন্য। Nameless.

अनामय पु॰ [न+आमय] আরোগ্য, কুশল। Health, well-being.

अनामा स्त्री॰ [न+नामन्+टाप्], **अनामिका** स्त्री॰ [अनामन्+वुञ्+टाप्] অঙ্গুলীবিশেষ। The ring-finger.

अनायत त्रि॰ [न+आयत] অবিস্তৃত, অসংযত। Not extended.

अनायत्त त्रि॰[न+आयत्त] অবাধ্য, অবশীভূত, স্বাধীন। Not brought under control.

अनायास पु॰ [न+आयास] অল্পপ্রয়াস। Ease.

अनायासकृत त्रि॰ [अनायास+कृत] সহজসাধ্য।

Done easily.

अनारत त्रि० [न+आ+रम–क्त] অবিরত। Incessant.

अनार्जव क्ली० [न+आर्जव] অসারল্য, বক্রতা। ত্রি০ বক্র। Crookedness.

अनार्तवा स्त्री० [न+आर्तव+टाप्] অজাতরজস্কা। A girl who has not attained puberty.

अनार्य त्रि० [न+आर्य] অভদ্র, শূদ্র। Not respectable, a Śūdra.

अनार्यक क्ली० [न+आर्य+क] অগুরু কাষ্ঠ। Aloe wood.

अनालम्ब त्रि० [न+आलम्ब] অবলম্বনশূন্য। Without support.

अनालोचित त्रि० [न+आलोचित] অবিবেচিত, অদৃষ্ট। Not discussed.

अनाविल त्रि० [न+आविल] অকলুষ, অসন্দিগ্ধ। Not turbid, clear.

अनावृत्ति स्त्री० [न+आवृत्ति] অপুনরাগমন, মুক্তি, অনভ্যাস। Non-return, liberation.

अनावृष्टि स्त्री० [न+आवृष्टि] বৃষ্টির অভাব। Draught.

अनाशक पु० [न+आ+अश–घञ्+कप्] উপবাস, যথেচ্ছ ভোগের অভাব। Fasting.

अनाश्रमिन् त्रि० [न+आश्रम+इनि] যিনি চতুরাশ্রমের অন্তর্ভুক্ত নন। One who does not belong to the four orders of life.

अनाश्रय त्रि० [न+आश्रय] আশ্রয়শূন্য, অশরণ। Supportless.

अनाश्वन् त्रि० [न+अश–क्वसु] অভুক্ত। Unfed.

अनास त्रि० [न+नास] নাসিকাহীন। Noseless.

अनासन्न त्रि० [न+आसन्न] অসন্নিহিত, দূরস্থ। Not impending.

अनासादित त्रि० [न+आसादित] অপ্রাপ্ত। Not met with.

अनास्था स्त्री० [न+आस्था] অনাদর, অবিশ্বাস। Want of confidence.

अनाहत क्ली० [न+आहत] তন্ত্রশাস্ত্রে প্রসিদ্ধ হৃদয়স্থিত দ্বাদশদল পদ্ম। ত্রি০ আঘাতরহিত। Unbeaten.

अनाहार पु० [न+आहार] অনশন। Fasting.

अनिकेत त्रि० [न+निकेत] নিয়ত বাসশূন্য, পরিব্রাজক। Homeless.

अनिच्छा स्त्री० [न+इच्छा] অনভিলাষ। Indifference.

अनिर्देश्य त्रि० [न+निर्देश्य] নির্দেশের অযোগ্য। Indefinable.

अनिमेष पु० [न+निमेष] বিষ্ণু, মৎস্য। ত্রি০ নিমেষশূন্য। Viṣṇu; without twinkling.

अनियत त्रि० [न+नियत], **अनियन्त्रित** त्रि० [न+नियन्त्रित] অসংযমিত। Uncontrolled.

अनिरुक्त त्रि० [न+निरुक्त] অনুচ্চারিত। Unuttered.

अनिरुद्ध पु० [न+निरुद्ध] প্রদ্যুম্নের পুত্র। ত্রি০ অপ্রতিরুদ্ধ। Son of Pradyumna; unobstructed.

अनिरुद्धपथ क्ली० [न+निरुद्ध+पथिन्+अच्] আকাশপথ। ত্রি০ অবারিত-গতি। Of free movement.

अनिर्वचनीय त्रि० [न+निर्वचनीय] বর্ণনার অসাধ্য। Indescribable.

अनिर्वाण त्रि० [न+निर्वाण] অনির্বাপিত, অমুক্ত। Unextinguished.

अनिल पु० [अन–इलच्] বায়ু, বসুবিশেষ। Air.

अनिलसख पु० [अनिल+सखि+टच्] অগ্নি। Fire.

अनिलान्तक पु० [अनिल+अन्तक] বৃক্ষবিশেষ। The plant Iṅgudī.

अनिलामय पु० [अनिल+आमय] বাতরোগ। Flatulence, rheumatism.

अनिवार त्रि० [न+निवार] অবিচ্ছিন্ন, সতত, অনিবার্য। Always, irresistible.

अनिश त्रि० [न+निशा] অবিরত, নিরন্তর, সর্বদা Incessant.

अनिष्ट त्रि० [न+इष्ट] সুখবিরোধী, প্রতিকূল। ক্লী০ পাপ, বিষাদ, অপকার। Undesirable; evil.

अनीक क्ली० [अन–ईकन्] সৈন্য, যুদ্ধ। Army.

अनीकस्थ पु० [अनीक+स्था–क] যুদ্ধগত সৈন্য। Warrior.

अनीकिनी स्त्री० [अनीक+इनि+ङीप्] সেনা, সৈন্যদল। An army.

अनीदृश् त्रि० [न+ईदृश्] যাহা এইরূপ নহে। Unlike, dissimilar.

अनीश त्रि० [न+ईश] যাহার প্রভু নাই। পু০ বিষ্ণু। One who has no master; Viṣṇu.

अनीहा स्त्री० [न+ईहा] নিস্পৃহা। Indifference.

अनु अव्य० পশ্চাৎ, সদৃশ, অধীন, নিকৃষ্ট, সহিত, অংশ, পরস্পর, বহির্ভাগ, সমীপ। After.

अनुक त्रि० [अनु+कम–ड] কামুক, কামাসক্ত। Voluptuous.

अनुकम् अव्य० বিতর্ক। Debate.

अनुकम्पा स्त्री० [अनु+कम्प–अ+टाप्] কৃপা, দয়া, অনুগ্রহ। Pity, compassion.

अनुकरण क्ली० [अनु+करण] সদৃশীকরণ। Imitation.

अनुकल्प पु० [अनु+कल्प] গৌণকল্প, প্রতিনিধি।

Permission to adopt an alternative.

अनुकर्ष पु० [अनु+कृष–घञ्] আকর্ষণ। Attraction.

अनुकामीन त्रि०[अनु+काम+ख] স্বেচ্ছাচারী। One who acts as he pleases.

अनुकार पु० [अनु+कृ–घञ्] সদৃশীকরণ, অনুকরণ। Imitation.

अनुकीर्ण त्रि०[अनु+कॄ–क्त] ব্যাপ্ত, বিস্তৃত। Spread.

अनुकूल त्रि० [अनु+कूल] পক্ষপাতী, হিতকারী, সহায়। Favourable.

अनुक्रम पु० [अनु+क्रम–घञ्] যথাক্রম, আনুপূর্বী। Succession, order.

अनुक्रमणिका स्त्री० [अनु+क्रमणिका] মুখবন্ধ, গ্রন্থের অবতরণিকা। Preface.

अनुक्रोश पु० [अनु+क्रुश–घञ्] দয়া, অনুকম্পা। Compassion.

अनुक्षण क्ली० [अनु+क्षण] সর্বদা। Perpetually.

अनुग त्रि०[अनु+गम–ड], **अनुगत** त्रि० [अनु+गम–क्त] সহচর, পশ্চাদ্‌গামী ভৃত্য, সঙ্গত। Follower.

अनुगम पु० [अनु+गम–घञ्], **अनुगमन** क्ली० [अनु+गम–ल्युट्] পশ্চাদ্‌গমন, অনুসরণ। Following.

अनुगव क्ली० [अनु+गो+अच्] গোরুর উপযুক্ত। Suiting the cow.

अनुगवीन पु० [अनु+गो+ख] গোযূথ। A cow-herd.

अनुगामिन् त्रि० [अनु+गम–णिनि] সঙ্গী, পশ্চাদ্‌গামী। A companion.

अनुगुण त्रि० [अनु+गुण] অনুকূল, অনুগত। Congenial.

अनुग्रह पु० [अनु+ग्रह–अप्] দয়া, উপকার, অন্যের অভীষ্টসাধন, প্রসঙ্গ। Kindness, favour.

अनुग्राहिन् त्रि० [अनु+ग्रह–णिनि] অনুগ্রহকারী। Gracious, favourable.

अनुचर त्रि० [अनु+चर–ट] সহচর, ভৃত্য, পশ্চাদ্‌গামী। Companion, follower.

अनुचारिन् त्रि० [अनु+चर–णिनि] অনুগামী। Following, attending.

अनुचित त्रि० [न+उचित] অন্যায্য। Improper.

अनुज, अनुजन्मन् त्रि० [अनु+जन–ड] ছোট ভাই বা ভগিনী। Younger brother or sister.

अनुजिघृक्षा स्त्री० [अनु+जिघृक्षा] অনুগ্রহেচ্ছা। Desire to show kindness.

अनुजीविन् त्रि०[अनु+जीव–णिनि] সেবক, আশ্রিত। Dependent.

अनुज्ञा स्त्री० [अनु+ज्ञा–अङ्] অনুমতি, আদেশ, আজ্ঞা। Command.

अनुज्ञात त्रि० [अनु+ज्ञात] অনুমত, আদিষ্ট। Permitted, ordered.

अनुतप्त त्रि० [अनु+तप्त] অনুতাপযুক্ত। Repentant.

अनुतर्ष क्ली० [अनु+तृष–घञ्] তৃষ্ণা, পিপাসা, স্পৃহা, অভিলাষ, পানপাত্র, মদ্যপান। Thirst, desire.

अनुताप पु० [अनु+ताप] অনুশোচনা। Repentance.

अनुत्तम त्रि० [न+उत्तम] অত্যুত্তম, সর্বশ্রেষ্ঠ। Unsurpassed, best.

अनुत्तर त्रि० [न+उत्तर] সর্বশ্রেষ্ঠ, উত্তরদানে অসমর্থ, দক্ষিণাদি দিগ্‌বর্তী। Best.

अनुदक त्रि० [न+उदक] বারিহীন। Waterless.

अनुदर त्रि० [न+उदर] কৃশ। Thin.

अनुदात्त पु० [न+उदात्त] স্বরভেদ, নীচস্বর। A kind of accent.

अनुदित पु०, त्रि० [न+उदित] ঊষাকাল, অনুক্ত। Dawn, unsaid.

अनुदिन क्ली० [अनु+दिन] প্রতিদিন। Everyday.

अनुद्रुत त्रि० [अनु+द्रुत] পশ্চাদ্ধাবিত। क्ली० দ্রুত অর্ধমাত্রা। Followed.

अनुधावन क्ली०[अनु+धावन] পশ্চাদ্‌গমন, অনুসন্ধান। Chasing, pursuing.

अनुधावित त्रि० [अनु+धावित] পশ্চাদ্ধাবিত। Pursued.

अनुध्या स्त्री० [अनु+ध्यै–अङ्+टाप्] আসক্তি, অনুচিন্তন, অনুগ্রহ। Attachment.

अनुध्यान क्ली० [अनु+ध्यान] চিন্তা। Contemplation.

अनुनय पु० [अनु+नी–अच्] প্রার্থনা, বিনয়। Entreaty.

अनुनासिक पु० [अनु+नस+ठञ्] মুখ ও নাসিকার দ্বারা উচ্চার্য বর্ণ। Nasal.

अनुनीत त्रि०[अनु+नीत] বিনীত, প্রার্থিত। Disciplined, solicited.

अनुपद क्ली० [अनु+पद] পশ্চাৎ, পদে পদে। त्रि० পশ্চাদ্‌গামী। Following, closely.

अनुपदिन् त्रि० [अनु+पद–इनि] অনুগামী। A follower.

अनुपदीना स्त्री० [अनुपद+ख+टाप्] পদাচ্ছাদন, মোজা, বুটজুতা। A boot, buskin.

अनुपपत्ति स्त्री० [न+उपपत्ति] অসিদ্ধি, অনুৎপত্তি, অসঙ্গতি। Non-accomplishment, failure of proof, irrelevancy.

अनुपपन्न त्रि० [न+उपपन्न] অসিদ্ধ, অযুক্ত, অনুৎপন্ন। Unaccomplished, unproved.

अनुपम त्रि० [न+उप+मा–अङ्] উপমাশূন্য অত্যুৎ-

कृष्ट। Incomparable, matchless.

अनुपयुक्त त्रि० [न+उपयुक्त] অযোগ্য। Unsuited.

अनुपरत त्रि०[न+उपरत] অবিরত, অনিবৃত্ত। Uninterrupted.

अनुपलब्धि स्त्री० [न+उपलब्धि] প্রত্যক্ষের অভাব। Non-perception.

अनुपसंहारिन् पु० [न+उपसंहार+इनि] ন্যায়মতসিদ্ধ হেত্বাভাসবিশেষ। A type of pseudo-reason.

अनुपाकृत त्रि० [न+उपाकृत] যজ্ঞে অনুপযুক্ত। Not rendered fit for sacrificial purposes.

अनुपात पु० [अनु+पत-घञ्] ত্রৈরাশিক, পশ্চাৎ পতন, তুলনামূলক সম্বন্ধ। Proportion.

अनुपातक क्ली० [अनु+पातक] মিথ্যা-বঞ্চনাদি গুরুতর পাপ। A grave crime.

अनुपान क्ली० [अनु+पान] ঔষধের সহিত পেয়। A drink taken with medicine.

अनुपूर्व त्रि० [अनु+पूर्व] অনুক্রমিক। Regular, orderly.

अनुप्रवेश पु० [अनु+प्रवेश] অন্তঃপ্রবেশ। Entrance into.

अनुप्रस्थ त्रि० [अनु+प्रस्थ] প্রস্থানুগত। Latitudinal.

अनुप्रास पु० [अनु+प्रास] শব্দালংকারবিশেষ। Alliteration.

अनुप्लव पु० [अनु+प्लव] অনুচর, দাস। Companion, follower.

अनुबन्ध पु० [अनु+बन्ध-घञ्] বন্ধন, সম্বন্ধ, অনুবৃত্তি, অনুরোধ, ব্যাকরণের 'ইৎ'। Connection, continuity.

अनुबन्धिन् त्रि० [अनु+बन्ध-णिनि] অনুবর্তী, অবিচ্ছিন্ন। Continued.

अनुबन्ध्य त्रि० [अनु+बन्ध-ण्यत्] প্রধান, মুখ্য। Principal, primary.

अनुबोध पु० [अनु+बोध] পশ্চাৎজ্ঞান। Recollection.

अनुभव पु० [अनु+भव] উপলব্ধি, জ্ঞান। Apprehension, experience.

अनुभाव पु० [अनु+भाव] প্রভাব, মহিমা, তেজস্, মনোগতভাব-প্রকাশক ভ্রূভঙ্গী প্রভৃতি। Dignity, gestures indicating feeling.

अनुभूत त्रि० [अनु+भूत] জ্ঞাত, উপলব্ধ। Perceived, apprehended.

अनुभूति स्त्री० [अनु+भू-क्तिन्] উপলব্ধি, জ্ঞান। Apprehension.

अनुमत त्रि० [अनु+मत] সম্মত, জ্ঞাত। Approved.

अनुमति स्त्री० [अनु+मति] সম্মতি, অনুজ্ঞা। Permission.

अनुमनन क्ली० [अनु+मनन] সম্মতি। Assent.

अनुमरण क्ली० [अनु+मरण] সহমরণ। Following in death.

अनुमा स्त्री० [अनु+मा-अङ्], **अनुमान** क्ली० [अनु+मा-ल्युट्], **अनुमिति** स्त्री० [अनु+मा-क्तिन्] হেতুর মাধ্যমে সাধ্যের নির্ণয়, পরোক্ষ জ্ঞানবিশেষ। Conclusion from premises, inference.

अनुमापक त्रि० [अनु+मा+णिच्-ण्वुल्] অনুমানের কারণ। That which causes an inference.

अनुमित त्रि० [अनु+मा-क्त] অনুমানের দ্বারা জ্ঞাত। Inferred.

अनुमृत त्रि० [अनु+मृत] পশ্চাৎ মৃত, সহমৃত। Died after.

अनुमेय त्रि० [अनु+मेय] অনুমানের দ্বারা জ্ঞেয় বস্তু। Inferrable.

अनुमोदन क्ली० [अनु+मोदन] সম্মতিদান। Approval, assent.

अनुमोदित त्रि० [अनु+मोदित] সম্মত, প্রোৎসাহিত। Approved.

अनुयाज पु० [अनु+यज-घञ्] দর্শপৌর্ণমাসযাগের অঙ্গযাগ। Secondary sacrifice.

अनुयात त्रि० [अनु+यात] অনুগত। Followed.

अनुयायिन् त्रि० [अनु+या-णिनि] অনুগামী, সদৃশ। A follower.

अनुयुक्त त्रि० [अनु+युक्त] জিজ্ঞাসিত। Questioned.

अनुयोग पु० [अनु+योग] জিজ্ঞাসা, প্রশ্ন। Enquiry, question.

अनुयोगिन् त्रि० [अनु+युज-घञ्+इनि] সম্বন্ধাধার। Connected with.

अनुरक्त त्रि० [अनु+रक्त] অনুরাগী। Attached.

अनुरक्ति स्त्री० [अनु+रम-क्तिन्] অনুরাগ। Attachment.

अनुरञ्जन क्ली० [अनु+रञ्जन] রঙ্ করা, অনুরাগ জন্মান। Painting, causing love.

अनुरञ्जित त्रि० [अनु+रञ्जित] অনুরাগযুক্ত। Attached.

अनुरणन क्ली० [अनु+रणन] প্রতিধ্বনি, অনুগত স্বর। Resonance.

अनुरत त्रि० [अनु+रत] অনুরক্ত। Fond of, attached to.

अनुराग पु० [अनु+राग] আসক্তি, স্নেহ। Attachment, love.

अनुरागिन् त्रि० [अनुराग+इनि] আসক্ত। Attached.

अनुराधा स्त्री० সপ্তদশ নক্ষত্র। A star.

अनुरुद्ध त्रि० [अनु+रुद्ध] অপেক্ষিত, উপরুদ্ধ। Wanted, requested.

अनुरूप त्रि० [अनु+रूप] সদৃশ, যোগ্য। Like, fit.

अनुरोध पु० [अनु+रोध] অনুবর্তন, উপরোধ, অভীষ্ট-সাধনেচ্ছা। Compliance, request.

अनुलाप पु० [अनु+लप–घञ्] পুনঃ পুনঃ কথন। Repetition.

अनुलिप्त त्रि० [अनु+लिप्त] অনুরঞ্জিত। Smeared, anointed.

अनुलेप पु० [अनु+लेप], **अनुलेपन** क्ली० [अनु+लेपन] লেপন, লেপনসাধন চন্দনাদি। Anointing (the body).

अनुलोम क्ली०[अनु+लोमन्+अच्] অনুক্রম। Succession.

अनुलोमज त्रि० [अनुलोम+जन–ड] নিম্নক্রমে উৎপন্ন, উত্তম বর্ণের ঔরসে অধমবর্ণজাত। Born of a mother inferior in caste to the father.

अनुवर्तन क्ली० [अनु+वर्तन] পশ্চাদ্‌গমন, অনুবৃত্তি, সেবা। Following, compliance.

अनुवर्तिन् त्रि०[अनु+वृत्–णिनि] অনুগামী। Follower.

अनुवाक पु० [अनु+वच–घञ्] বেদের অংশ-বিশেষ। A chapter of the Vedas.

अनुवाक्या स्त्री० [अनु+वच–ण्यत्+टाप्] দেবতাহ্বানী ঋক্। The verse to be recited in which the god is invoked.

अनुवात पु० [अनु+वात] বায়ুর অনুকূলে। Windward.

अनुवाद पु० [अनु+वाद] পশ্চাৎ কথন, পুনঃ কথন, ভাষান্তরকরণ, অনুকরণ। Saying after, translation.

अनुवाद्य त्रि० [अनुवाद+यत्] উদ্দেশ্য, অনুকথনীয়, অনুকরণীয়। To be explained through translation.

अनुवासन क्ली० [अनु+वस–ल्युट्] বাসস্থল। Residence.

अनुविद्ध त्रि० [अनु+विद्ध] সম্পৃক্ত, যুক্ত, গুম্ফিত, খচিত, তাড়িত। Connected, penetrated.

अनुवृत्त त्रि० [अनु+वृत्त] পূর্ব হইতে আগত। Following, obeying.

अनुवृत्ति स्त्री० [अनु+वृत्ति] পশ্চাৎগমন, সেবা, অনুবন্ধ, অনুরোধ, অনুকরণ, ব্যাকরণে পূর্বসূত্র হইতে পরসূত্রে অধ্যাহার। Following, compliance.

अनुवेल क्ली० [अनु+वेला] প্রতিক্ষণ, নিরন্তর, উপকূলে। Constantly.

अनुव्याध पु० [अनु+व्याध] সংসর্গ, সংযোগ। Contact.

अनुव्रज्या स्त्री० [अनु+व्रज–क्यप्+टाप्] অনুসরণ। Following.

अनुशय पु० [अनु+शीङ्–अच्] অনুতাপ, দুঃখ অত্যন্ত দ্বেষ, পূর্ববৈর। Repentance, regret.

अनुशयिन् त्रि० [अनुशय+इनि] অনুতাপযুক্ত। Repentant, penitent.

अनुशासन क्ली० [अनु+शासन] আজ্ঞা, নিয়োগ, উপদেশ, ব্যুৎপাদন। Command, instruction.

अनुशिष्ट त्रि० [अनु+शिष्ट] অনুজ্ঞাত, কথিত, উপদিষ্ট, ব্যুৎপাদিত। Permitted, taught.

अनशीलन क्ली० [अनु+शील+ल्युट्] পুনঃ পুনঃ আলোচন, অভ্যাস, আন্দোলন। Constant practice.

अनुशोचन क्ली० [अनु+शुच–ल्युट्] শোক, পশ্চাত্তাপ। Sorrow, repentance.

अनुश्रव पु० [अनु+श्रु–अप्] বেদ। The Vedas.

अनुषङ्ग पु० [अनु+सनृज–घञ्] দয়া, আসক্তি, সম্বন্ধ, প্রসঙ্গ। Compassion, connection.

अनुष्टुभ् स्त्री० [अनु+स्तुम्भ–क्विप्] অষ্টাক্ষর ছন্দোবিশেষ, সরস্বতী। A kind of metre.

अनुष्ठान क्ली० [अनु+स्था–ल्युट्] কর্ম সম্পাদন, আরম্ভ। Performance.

अनुष्ठित त्रि० [अनु+स्था–क्त] সম্পাদিত, আরব্ধ। Performed.

अनुष्ठ्यूत त्रि० [अनु+ष्ठिव–क्त] পরস্পর সম্বদ্ধ, অবিচ্ছিন্ন। Mutually related.

अनुष्ण त्रि० [न+उष्ण] শীতল, অলস। क्ली० পদ্ম। Cold.

अनुसन्धान क्ली० [अनु+सन्धान] অন্বেষণ, চিন্তন। Investigation, enquiry.

अनुसरण क्ली० [अनु+सृ–ल्युट्], **अनुसार** पु० [अनु+सृ–घञ्] অনুগমন, অনুবর্তন, অনুকরণ, আচার। Following, imitating.

अनुस्यूत त्रि० [अनु+सिव–क्त] গ্রথিত, সতত সম্বদ্ধ। Strung together.

अनुस्वर पु० [अनु+स्वर], **अनुस्वार** पु० [अनु+स्वृ–घञ्] বিন্দুমাত্র অনুনাসিক বর্ণবিশেষ। A nasal sound.

अनुहरण क्ली० [अनु+हरण], **अनुहार** पु० [अनु+हृ-घञ्] সদৃশীকরণ, সদৃশগমন। Resemblance, imitation.

अनूक क्ली० [अनु+उच-क] কুল, শীল। পু০ বিগত জন্ম। Former state of existence.

अनूचान पु० [अनु+वच-कानच्] সাঙ্গ-বেদাধ্যায়ী। Proficient in the Vedas.

अनूढ त्रि० [न+ऊढ] অবিবাহিত। Unmarried.

अनूदित त्रि० [अनु+उदित] পশ্চাৎ কথিত, ভাষান্তরিত। Spoken after.

अनूद्य त्रि० [अनु+वद-क्यप्] অবক্তব্য। পু০ গুরুজন, যাঁহাদের নাম উচ্চারণ অনুচিত। Not to be uttered.

अनून त्रि० [न+ऊन] পূর্ণ, সমগ্র। Entire.

अनूप त्रि० [अनु+अप्+अच्] জলপ্রায় স্থান, ঋষির নাম। Marshy land, name of a sage.

अनूपधा स्त्री० [अनु+उपधा] অতিরিক্ত। In addition to.

अनूरु पु० [न+ऊरु] অরুণ, সূর্যসারথি। Charioteer of the Sun.

अनूरुसारथि पु० [अनूरु+सारथि] সূর্য। The Sun.

अनूह त्रि० [न+ऊह] বিবেচনাহীন। Thoughtless.

अनृच पु० [न+ऋच्+अ] ঋক্‌শূন্য, অনুপনীত বালক। Hymnless.

अनृजु त्रि० [न+ऋजु] কুটিল, বক্র, শঠ। Not straight, crooked.

अनृण त्रि० [न+ऋण], **अनृणिन्** त्रि० [अनृण+इनि] ঋণশূন্য। Free from debt.

अनृत त्रि० [न+ऋत] অসত্য। ক্লী০ কৃষিকর্ম, বাণিজ্য। Not true; agriculture.

अनेक त्रि० [न+एक] একভিন্ন, দুই, বহু ইত্যাদি। Not one, many.

अनेकधा अव्य० [अनेक+धाच्] নানা প্রকারে। In many ways.

अनेकप पु० [अनेक+पा-क] হস্তী (যে মুখ ও নাসিকা উভয় দ্বারা পান করে)। An elephant.

अनेकविध त्रि० [अनेक+वि+धा-क] নানাপ্রকার। Of many kinds.

अनेकशः अव्य० [अनेक+शस्] বহুবার। Many times.

अनेकान्त त्रि० [न+एकान्त] অনিয়তরূপ। Variable.

अनेकान्तवादिन् त्रि० [अनेकान्त+वद-णिनि] যিনি একান্তবাদী নহেন, জৈন দার্শনিক। A Jaina philosopher.

अनेडमूक त्रि० [न+एड+मूक] মূর্খ, বাক্ ও শ্রুতিরহিত। Foolish, a deaf and dumb.

अनेहस् पु० [न+हन-असि] কাল। Time.

अनैकान्त त्रि० [न+ऐकान्त] ব্যভিচারী, অস্থির, চঞ্চল। Occasional, variable.

अनैकान्तिक पु० [न+एकान्त+ठक्] ব্যভিচারী (হেতু)। The fallacy of undistributed middle.

अनोकह पु० [अनस्+अक+हन-ड] বৃক্ষ। A tree.

अन्त पु० [अम्-तन्] শেষ, অবসান, নিশ্চয়, অবয়ব, সীমা, প্রান্ত। ক্লী০ স্বরূপ। ত্রি০ নিকট, মনোহর। End, limit, boundary.

अन्तःकरण क्ली० [अन्तर्+करण] অন্তরিন্দ্রিয়, মন, বুদ্ধি, The internal organ, mind.

अन्तःपातिन् त्रि० [अन्तर्+पत-णिनि] মধ্যবর্তী। Inserted, included in.

अन्तःपुर क्ली० [अन्तर्+पुर] অন্দরমহল। The female apartment.

अन्तःसंज्ञ त्रि० [अन्तर्+संज्ञा] আভ্যন্তরীণ জ্ঞানযুক্ত। Internally conscious.

अन्तःसत्त्वा स्त्री० [अन्तर्+सत्त्व+टाप्] গর্ভিণী। A pregnant woman.

अन्तःस्वेद पु० [अन्तर्+स्वेद] মদস্রাবী হস্তী। An ichorous elephant.

अन्तःस्थ त्रि० [अन्तर्+स्था-क] মধ্যস্থিত। Being in the midst.

अन्तक पु० [अन्त+णिच्-ण्वुल्], **अन्तकर** त्रि० [अन्त+कृ-ट] যম, নাশকারক। Yama, destroyer.

अन्तग त्रि० [अन्त+गम-ड] মৃত, প্রান্তবর্তী। Dead.

अन्ततः अव्य० [अन्त+तस्] ন্যূনকল্পে, শেষে। At least.

अन्तर् अव्य० মধ্যে, চিত্ত, স্বীকার। Within, between, the mind.

अन्तर क्ली० [अन्त+रा-क] অবকাশ, অবসর, মধ্য, অবধি, ছিদ্র। An interval, hole.

अन्तरङ्ग त्रि० [अन्तर+अङ्ग] আত্মীয়, মধ্যস্থিত, (ব্যাকরণে) প্রকৃত্যাশ্রিত কার্য। A close relative.

अन्तरा अव्य० [अन्तर्+इण्-डा] মধ্যে, নিকটে, ব্যতিরেক। Inside, near.

अन्तरात्मा पु० [अन्तर्+आत्मा] অন্তঃকরণ, আত্মা। The mind, inner self.

अन्तरापत्या स्त्री० [अन्तर्+अपत्य+टाप्] গর্ভিণী। A pregnant woman.

अन्तराय पु० [अन्तर्+अय-अच्] প্রতিবন্ধ, বিঘ্ন। Obstacle.

अन्तराल ক্লী০ [অন্তর্+আ+রা–ক] মধ্যবর্তী স্থান, আড়াল। Intermediate space.

अन्तरिक्ष, अन्तरीक्ष ক্লী০ [অন্তর্+ইক্ষ–ঘঞ্] আকাশ। The sky.

अन्तरित ত্রি০ [অন্তর্+ইণ্–ক্ত] মৃত, ব্যবহিত, অন্তর্গত। Departed, separated.

अन्तरीप পু০ [অন্তর্+অপ্+অ] দ্বীপ। An island.

अन्तरीय ক্লী০ [অন্তর+ছ] অধোবস্ত্র, ধুতি। A lower garment.

अन्तरे অব্য০ মধ্যে। Within, in the meantime.

अन्तरेण অব্য০ বিনা, মধ্যে, প্রতি। Without, between.

अन्तर्गडु পু০ [অন্তর্+গড] আভ্যন্তরিক গলগণ্ড। ত্রি০ অপ্রয়োজনীয়, অলস। A kind of disease; useless.

अन्तर्गत ত্রি০ [অন্তর্+গত] মধ্যগত। Included within.

अन्तर्गृह ক্লী০ [অন্তর্+গৃহ] অভ্যন্তরস্থিত গৃহ। Inner apartment.

अन्तर्घन পু০ [অন্তর্+ঘন] সাবকাশ প্রদেশ, গৃহের অভ্যন্তর প্রদেশ। A place between the entrance door and the house.

अन्तर्जल ক্লী০ [অন্তর্+জল] জলমধ্যে। Inside water.

अन्तर्ज्योतिस् ক্লী০ [অন্তর+জ্যোতিস্] অন্তরাত্মা। Inner soul.

अन्तर्दाह পু০ [অন্তর্+দাহ] শরীরমধ্যে সন্তাপ, আন্তর দহন। Internal heat.

अन्तर्द्वार ক্লী০ [অন্তর্+দ্বার] গৃহমধ্যগত গুপ্তদ্বার। Private door.

अन्तर्धान ক্লী০ [অন্তর্+ধা–ল্যুট্] তিরোধান। Disappearance.

अन्तर्धि পু০ [অন্তর্+ধা–কি] তিরোধান। Concealment.

अन्तर्भाव পু০ [অন্তর্+ভাব] অন্তর্নিবেশ। Inclusion.

अन्तर्भूत ত্রি০ [অন্তর্+ভূত] অন্তর্গত, মধ্যস্থিত। Included.

अन्तर्मनस् ত্রি০ [অন্তর্+মনস্] সমাহিতচিত্ত, গূঢ়চেতা, ব্যাকুল। Concentrated, perplexed.

अन्तर्मुख ত্রি০ [অন্তর্+মুখ] যে বাহিরে যায় না। Inward.

अन्तर्यामिन् পু০ [অন্তর্+যম+ণিচ্–ণিনি] অন্তরাত্মা। ত্রি০ আন্তরিক ভাববেত্তা। Inner Self.

अन्तर्वंशिक পু০ [অন্তর্+বংশ+ঠক্] অন্তঃপুরে অধিকৃত। One in charge of the inner apartment.

अन्तर्वत्नी স্ত্রী০ [অন্তর্+মতুপ্+ঙীপ্] গর্ভিণী, অন্তঃসত্ত্বা। A pregnant woman.

अन्तर्वर्तिन् ত্রি০ [অন্তর্+বৃত্–ণিনি] মধ্যস্থিত। Situated in between.

अन्तर्वाणि ত্রি০ [অন্তর্+বাণী] শাস্ত্রবেত্তা। Proficient in the scriptures.

अन्तर्वासस् ক্লী০ [অন্তর্+বাসস্] অন্তঃপরিধেয় বস্ত্র। Inner garment.

अन्तर्वेदी স্ত্রী০ [অন্তর্+বেদী] দুই নদীর মধ্যস্থ দেশ। A country between two rivers.

अन्तःशय्या স্ত্রী০ [অন্তর্+শয্যা] মৃত্যুকালে ভূমিশয্যা, মৃত্যু, শ্মশান। Last bed, death.

अन्तर्हित ত্রি০ [অন্তর্+হিত] তিরোহিত, আবৃত। Departed, concealed.

अन्तावसायिन् ত্রি০ [অন্ত+অব+সো–ণিনি] নাপিত, চণ্ডাল। A barber, a caṇḍāla.

अन्तिक ত্রি০ [অন্ত+ঠন্] সান্নিহিত। ক্লী০ সামীপ্য। স্ত্রী০ চুল্লী, নাট্যোক্তিতে জ্যেষ্ঠা ভগিনী। Near.

अन्तिकाश्रय পু০ [অন্তিক+আশ্রয়] নিকটস্থ, অবলম্বনস্থান। Contiguous, support.

अन्तिम ত্রি০ [অন্ত+ডিমচ্] চরম। Final, ultimate.

अन्तेवासिन्, अन्तवासिन् ত্রি০ [অন্তে+বস–ণিনি] শিষ্য, ছাত্র, চণ্ডাল, সমীপবর্তী, নীচ। A disciple, student.

अन्त्य ত্রি০ [অন্ত+যত্] অন্তিম, নিকৃষ্ট, চণ্ডালাদি। ক্লী০ পরার্ধের শতভাগ সংখ্যা। Final, last.

अन्त्यज ত্রি০ [অন্ত্য+জন্–ড], **अन्त्यजन्मन्** ত্রি০ [অন্ত্য+জন্মন্] শূদ্র, চণ্ডালাদি। An outcast.

अन्त्यावसायिन् ত্রি০ [অন্ত্য+অব+সো–ণিনি] সংকীর্ণ বর্ণ। One of mixed caste.

अन्त्येष्टि স্ত্রী০ [অন্ত্য+যজ–ক্তিন্] মৃতের দাহাদি সংস্কার। Funeral ceremony.

अन्त्र ক্লী০ [অত–ষ্ট্রন্] আঁতড়ি। Entrail, intestine.

अन्दुक পু০ [অদ–কু+ক], **अन्दू** স্ত্রী০ [অদ–কু] হস্তিনিগড়, নিগড়, স্ত্রীলোকের পাদভূষণ। A chain, an ornament.

अन्ध ক্লী০ [অন্ধ–অচ্] অন্ধকার, জল। Darkness, water.

अन्धक পু০ [অন্ধ–ণ্বুল্] দেশবিশেষ, মুনিবিশেষ, অসুরবিশেষ, যদুবংশীয় নৃপবিশেষ। ক্লী০ অন্ধকার। ত্রি০ অন্ধ। Name of a country, sage or demon.

अन्धकरिपु पु० [अन्धक+रिपु] শিব, সূর্য। Śiva, the Sun.

अन्धकार पु० [अन्ध+कृ–अण्] তিমির, তমঃ। Darkness.

अन्धकूप पु० [अन्ध+कूप] আবৃত অন্ধকারময় কূপ। A hidden well.

अन्धतमस क्ली०[अन्ध+तमस्+अच्] নিবিড় অন্ধকার। Blinding darkness.

अन्धतामिस्र क्ली० [अन्ध+तामिस्र] নিবিড় অন্ধকার, নরকবিশেষ। त्रि० নিবিড় অন্ধকারময়। Deep darkness.

अन्धस् क्ली० [अद्–असुन्] ওদন, অন্ন। Food.

अन्धिका स्त्री० [अन्ध+ण्वुल्+टाप्] রাত্রি, চক্ষুরোগ বিশেষ। Night, a disease of the eye.

अन्धु पु० [अन्ध+कु] কূপ। A well.

अन्धुल पु० [अन्ध+उल] শিরীষ বৃক্ষ। The tree Acacia.

अन्ध्र पु० [अन्ध+र] ত্রৈলিঙ্গ দেশ, জাতিবিশেষ। Name of a region and the people living therein.

अन्न क्ली० [अद्–क्त] ওদন, ভক্ষ্যদ্রব্য। त्रि० ভক্ষিত। Food; eaten.

अन्नकोष्ठक पु० [अन्न+कोष्ठ+क] ধান্য রক্ষার স্থান। Granary.

अन्नगन्धि पु० [अन्न+गन्ध+इ] অতিসার, উদরাময় রোগ। Dysentry.

अन्नद त्रि० [अन्न+दा–क] অন্নদাতা। स्त्री० अन्नदा —অন্নপূর্ণা। Giver of food; Annapūrṇā.

अन्नपूर्णा स्त्री० [अन्न+पूर्ण+टाप्] বিশ্বেশ্বরী। A form of Goddess Durgā.

अन्नप्राशन क्ली० [अन्न+प्र+अशन] সংস্কারবিশেষ। The rice-giving ceremony.

अन्नमय पु० [अन्न+मयट्] স্থূলশরীর। The material body.

अन्य त्रि० [अन–यत्] ভিন্ন। Other, different.

अन्यतम त्रि० [अन्य+तमप्] বহুর মধ্যে একজন। One of the many.

अन्यतर त्रि० [अन्य+तरप्] দুইয়ের মধ্যে একজন। One of the two.

अन्यतरेद्युस् अव्य० [अन्यतर+एद्युस्] দুইয়ের একদিনে, অন্যদিনে। On either of two days.

अन्यतस् अव्य० [अन्य+तस्] অন্য হইতে, অন্যত্র। From another.

अन्यत्र अव्य० [अन्य+त्रल्] ভিন্নস্থানে, ভিন্নবিষয়ে, বিনা। Elsewhere.

अन्यथा अव्य० [अन्य+थाल्] অন্যপ্রকারে, বিনা, নতুবা। Otherwise.

अन्यथासिद्धि स्त्री० [अन्यथा+सिद्धि] কারণ-দোষ, অন্যপ্রকারে সিদ্ধি। Pseudo-cause.

अन्यदा अव्य० [अन्य+दाच्] অন্য সময়ে। At another time.

अन्यपुष्ट पु० [अन्य+पुष्ट] কোকিল। A cuckoo.

अन्यपूर्वा स्त्री० [अन्य+पूर्व+टाप्] যে বাগ্‌দত্তা কন্যার ভাবী পতি মৃত। A girl whose proposed husband is dead before marriage.

अन्यभृत् पु० [अन्य+भृ–क्विप्] কাক। A crow.

अन्यभृत पु० [अन्य+भृ–क्त] কোকিল। A cuckoo.

अन्यमनस् त्रि० [अन्य+मनस्], **अन्यमनस्क** त्रि० [अन्य+मनस्+कप्] অন্যাসক্তচিত্ত। Whose mind is attached elsewhere.

अन्यादृश् त्रि० [अन्य+दृश–क्विन्], **अन्यादृश** त्रि० [अन्य+दृश–टक्] অন্যপ্রকার। Of another sort.

अन्याय पु० [न+न्याय] অবিচার, অনৌচিত্য। Injustice.

अन्याय्य त्रि० [न+न्याय्य] অনুচিত। Improper.

अन्यून त्रि० [न+न्यून] সমগ্র, ন্যূন নয়। Not less.

अन्येद्युस् अव्य० [अन्य+एद्युस्] অন্যদিনে। On another day.

अन्योदर्य त्रि०[अन्य+उदर+यत्] বৈমাত্রেয়। Step-brother.

अन्योन्य त्रि० [अन्य+अन्य] পরস্পর। Mutual.

अन्योन्याभाव पु० [अन्योन्य+अभाव] পরস্পরের অভাব। Mutual non-existence.

अन्योन्याश्रय पु०[अन्योन्य+आश्रय] তর্কদোষবিশেষ। Mutual dependence, a vicious circle.

अन्वक्ष त्रि० [अनु+अक्षि+टच्] অনুগামী। क्ली० অক্ষিসমীপে। Following; near the eyes.

अन्वच् त्रि० [अनु+अञ्च–क्विन्] অনুগামী। Follower.

अन्वर्थ त्रि० [अनु+अर्थ] প্রকৃত্যর্থযুক্ত, যথার্থ। Having the derivative meaning, true.

अन्वय पु० [अनु+इण्–अच्] বংশ, সন্তান, অনুবৃত্তি, সম্বন্ধ, পদের পরস্পর সম্বন্ধ, বিদ্যমানতা। Family, offspring, relation.

अन्वयबोध पु० [अन्वय+बोध] সম্বন্ধ জ্ঞান, ন্যায়মতে শাব্দবোধ। Awareness of relation or meaning.

अन्वयव्यतिरेक पु० [अन्वय+व्यतिरेक] তাহা থাকিলে তাহা থাকা, তাহা না থাকিলে তাহা না থাকা। Agreement and difference, positive and negative assertion.

अन्वयव्यतिरेकिन् त्रि० [अन्वय+व्यतिरेक+इनि] সাধ্য-সাধক (হেতু)। A cause (in logic).

अन्वयव्याप्ति स्त्री० [अन्वय+व्याप्ति] একটি থাকিলে অন্যটি থাকিবে—এইরূপ নিয়ম। Concomitance in presence.

अन्ववसर्ग पु० [अनु+अव+सर्ग] কামচারানুজ্ঞা। Permission to do as one likes.

अन्ववाय पु० [अनु+अव+अय–घञ्] বংশ, সন্তান। Family, lineage.

अन्वष्टका स्त्री०[अनु+अष्टका] অষ্টকার পরবর্তী তিথি। The ninth day of the dark-half of the three months following the full moon in Mārgaśīrṣa.

अन्वह क्ली०[अनु+अहन्+अच्] প্রত্যহ, অহরহ, প্রতিদিন। Everyday.

अन्वाचय पु० [अनु+आ+चि–अच्] অনুষঙ্গ, আনুষঙ্গিকতা। Being secondary.

अन्वाजे अव्य० [अनु+आ+जि–डे] দুর্বলের বলাধান। To assist the weak.

अन्वादेश पु०[अनु+आदेश] কথিত কথন। Repeated or subsequent mention.

अन्वाधेय क्ली० [अनु+आ+धा–यत्] বিবাহের পর ভর্তৃকুল বা পিতৃকুল হইতে লব্ধ স্ত্রীধন। A sort of woman's property.

अन्वासन क्ली०[अनु+आसन] উপাসনা, অনুশোচনা। Worship, regret.

अन्वासित त्रि०[अनु+आस+णिच्–क्त] পশ্চাৎ উপবিষ্ট, সেবিত। Seated after, served.

अन्वाहार्य क्ली० [अनु+आहार्य] পিতৃলোকের মাসিক শ্রাদ্ধ। The monthly Śrāddha.

अन्वाहित त्रि० [अनु+आहित] গচ্ছিত। Deposited.

अन्विच्छा स्त्री० [अनु+इच्छा] অন্বেষণ। Search.

अन्वित त्रि० [अनु+इण–क्त] যুক্ত। Connected, related.

अन्विष्ट त्रि० [अनु+इष्ट] যাহার অন্বেষণ করা যায়। That which is sought.

अन्वीक्षण क्ली० [अनु+ईक्षण] অন্বেষণ। Search.

अन्वीक्षा स्त्री० [अनु+ईक्षा] অনুমান। Inference.

अन्वेषण क्ली० [अनु+एषण] অনুসন্ধান। Seeking.

अन्वेषित क्ली० [अनु+इष+णिच्–क्त] অন্বিষ্ট। The object sought.

अप् स्त्री० [आप–क्विप्] জল। Water.

अप अव्य० [न+पा–ड] অপকর্ষ, অপগম, বর্জন, বিয়োগ, বৈপরীত্য, বিকৃতি, হর্ষ, নির্দেশ, চৌর্য। Deterioration, exclusion, opposition.

अपकर्मन् क्ली० [अप+कर्मन्] কুকর্ম। त्रि० দুষ্কর্মকারী। Misdeed; miscreant.

अपकर्ष पु० [अप+कृष–घञ्] অপকৃষ্টতা, হীনতা, নিম্নাকর্ষণ। Deterioration, inferiority.

अपकार पु० [अप+कृ–घञ्] অনিষ্ট, হানি, দ্বেষ। Harm, injury.

अपकारक त्रि० [अप+कारक], **अपकारिन्** त्रि० [अप+कृ–णिनि] অনিষ্টকারী। Injurious, an evil-doer.

अपकारगिर् स्त्री० [अपकार+गिर्] ভর্ৎসনা বাক্য। Abusive words.

अपकृत त्रि० [अप+कृत] যাহার অপকার করা হয়। क्ली० অপকার। Harmed; harm.

अपकृति स्त्री० [अप+कृति] অপকার। Harm.

अपकृष्ट त्रि० [अप+कृष–क्त] নিকৃষ্ট, অধম, নিম্নাকৃষ্ট। Low, vile

अपक्रम पु० [अप+क्रम–घञ्] পলায়ন, পশ্চাদপসরণ। Escape, retreat.

अपक्रिया स्त्री० [अप+क्रिया] অপকার, কুকর্ম। Harm, misdeed.

अपक्रोश पु० [अप+क्रुश–घञ्] নিন্দা। Blame.

अपगत त्रि० [अप+गत] মৃত, প্রস্থিত, পলায়িত, রহিত। Dead, departed, disappeared.

अपगम पु० [अप+गम–अच्], **अपगमन** क्ली०[अप+गम–ल्युट्] নাশ, প্রস্থান। Loss, departure.

अपग्रह पु० [अप+ग्रह] প্রতিকূল গ্রহ। A bad star.

अपघन पु० [अप+घन] অঙ্গ, শরৎকাল। त्रि० নির্মেঘ। A limb, the autumn; cloudless.

अपघात पु० [अप+घात] অপকৃষ্ট মৃত্যু। A violent or accidental death.

अपघातक त्रि० [अप+घातक], **अपघातिन्** त्रि० [अप+घात+णिनि] অপঘাতকারী। A murderer.

अपघृण त्रि० [अप+घृणा] নির্দয়, নির্লজ্জ। Rude, intrepid.

अपचय पु० [अप+चि–अच्] ক্ষতি, ক্ষয়, ব্যয়। Waste, decay.

अपचायित त्रि० [अप+चि+णिच्–क्त] পূজিত. অপব্যয়িত। Honoured, squandered.

अपचार पु० [अप+चर–घञ्] অহিতাচরণ, স্বধর্মব্যতিক্রম, কুপথ্যসেবা। Misdeed, unwholesome regimen.

अपचिकीर्षा स्त्री०[अप+चिकीर्षा] অপকারের ইচ্ছা। Desire to do harm.

अपचित त्रि० [अप+चित] ব্যয়িত, ক্ষীণ, পূজিত।

Spent, honoured.

अपचिति स्त्री० [अप+चिति] পূজা, ক্ষয়, ব্যয়, নিষ্কৃতি। Honour, destruction.

अपच्छाय त्रि० [अप+छाया] ছায়াশূন্য। স্ত্রী০ আবছায়া, বিকৃত ছায়া। Shadowless; dim.

अपटान्तर त्रि० [न+पट+अन्तर] অব্যবহিত, সংসক্ত। Close, attached.

अपटी स्त्री० [न+पट+ङीष्] বস্ত্রাবরণ, পর্দা। A veil, screen.

अपटीक्षेप पु० [अपटी+क्षिप-घञ्] নাট্যে—পর্দা সরাইয়া সসম্ভ্রম পাত্রপ্রবেশ। Sudden entrance by tossing aside the curtain in a drama.

अपटु त्रि० [न+पटु] অক্ষম, রোগী। Infirm, sick.

अपत्य क्ली० [न+पत-यत्] যদ্দ্বারা বংশলোপ হয় না, পুত্রকন্যা। Offspring, child.

अपत्रप त्रि० [अप+त्रपा] নির্লজ্জ। Shameless, impudent.

अपत्रपा स्त्री० [अप+त्रप-अङ्+टाप्] (পর হইতে জাত) লজ্জা, ধৃষ্টতা। Impudence.

अपत्रपिष्णु त्रि० [अप+त्रप-इष्णच्] লজ্জাশীল। Bashful.

अपत्रस्त त्रि० [अप+त्रस्त] ভীত। Afraid.

अपथ क्ली० [न+पथिन्+अच्], **अपथिन्** पु० [न+पथिन्] কুপথ, পথাভাব। A bad or wrong road, absence of a way.

अपथ्य त्रि० [न+पथ्य] কুপথ্য। Unwholesome food.

अपदान्तर त्रि०[न+पद+अन्तर] অব্যবহিত, সংযুক্ত। Adjoining.

अपदिश क्ली० [अप+दिशा] অগ্ন্যাদি কোণ, বিদিক্। Intermediate quarters.

अपदेश पु० [अप+देश] ছল, নাম, নিমিত্ত, স্থান, লক্ষ্য, নির্দেশ। A pretext, name.

अपध्वंस पु० [अप+ध्वन्स-घञ्] পতন, নিন্দা, ধিক্কার, ত্যাগ, অপঘাত। Degradation, disgrace.

अपध्वस्त त्रि० [अप+ध्वस्त] ধিক্কৃত, ত্যক্ত, নিন্দিত, চূর্ণিত, পতিত। Reviled, abandoned, cursed.

अपनय पु० [अप+नय], **अपनयन** क्ली० [अप+नयन], **अपनोदन** क्ली० [अप+नुद-ल्युट्] দূরীকরণ, খণ্ডন, অপচয়। Removal, refutation.

अपनीत त्रि० [अप+नीत] দূরীকৃত, খণ্ডিত, অপচিত। Removed, refuted.

अपभय त्रि० [अप+भय] নির্ভয়। Bold, fearless.

अपभाषा स्त्री० [अप+भाषा] অপকৃষ্ট ভাষা। A corrupt form of language.

अपभ्रंश पु० [अप+भ्रंश] ব্যাকরণদুষ্ট শব্দ, অপভাষা, স্খলন, পতন। A corrupted word, fall.

अपमर्श पु०[अप+मृश-घञ्] অপহরণ, নিন্দা। Stealing, blame.

अपमान क्ली० [अप+मान] অবজ্ঞা, অনাদর, মানহানি। Disrespect, disgrace.

अपमृत्यु पु० [अप+मृत्यु] অপঘাত মৃত্যু, আকস্মিক মরণ। Sudden or accidental death.

अपयशस् क्ली० [अप+यशस्] অখ্যাতি। Infamy, disgrace.

अपयान क्ली० [अप+यान] পলায়ন, পশ্চাদপসরণ। Flight, retreat.

अपर त्रि० [न+पृ-अप्] অন্য, প্রতিকূল, শত্রুভিন্ন, পশ্চাদ্‌বর্তী। क्ली० হস্তীর পশ্চাৎভাগ বা পদ। स्त्री० अपरा—পশ্চিমদিক্, জরায়ু। Another.

अपरक्त त्रि० [अप+रक्त] বিরক্ত, বিরাগী। Discontented.

अपरति स्त्री० [अप+रति] বিরাগ, নিবৃত্তি। Dissatisfaction.

अपरत्र अव्य० [अपर+त्रल्] অন্যত্র, অমুত্র, পরকালে। Elsewhere.

अपरपक्ष पु० [अपर+पक्ष] কৃষ্ণপক্ষ। The dark fortnight.

अपररात्र पु० [अपर+रात्रि+टच्] রাত্রিশেষ। The last part of the night.

अपरवक्त्र क्ली० [अपर+वक्त्र] অর্ধসম বৃত্ত-বিশেষ। A type of metre.

अपराग पु० [अप+राग] বিরাগ, দ্বেষ। Discontent, hatred.

अपरस्पर त्रि० [न+परस्पर] সতত। Continued.

अपराजित त्रि० [न+पराजित] অপরাভূত। पु० শিব, বিষ্ণু, ঋষিবিশেষ। स्त्री० अपराजिता—দূর্বা, দুর্গা, লতাবিশেষ, ছন্দোবিশেষ। Unconquered.

अपराद्ध त्रि० [अप+राध-क्त] অপরাধী, স্খলিত, ভ্রান্ত। Sinned, offended.

अपराद्धपृषत्क त्रि० [अपराद्ध+पृषत्क], **अपराद्धेषु** त्रि० [अपराद्ध+इषु] যাহার বাণ লক্ষ্য হইতে চ্যুত হয়। One whose arrow fails to hit the mark.

अपराध पु० [अप+राध-घञ्] দুষ্কর্মজন্য দোষ। Fault, offence.

अपराधिन् त्रि० [अप+राध-णिनि] দুষ্কর্মজন্য দোষী। Offender, guilty.

अपरान्त पु० [अपर+अन्त] পশ্চিম দিগন্ত। त्रि०

পাশ্চাত্য। The western direction.

अपराह्ण পু০ [अपर+अह्न] দিনের শেষভাগ, বৈকাল। Afternoon.

अपरिग्रह পু০ [न+परिग्रह] অস্বীকার, পরিব্রাজক। Non-acceptance.

अपरिहार्य ত্রি০ [न+परिहार्य] অত্যাজ্য। Indispensable.

अपरूप ত্রি০[अप+रूप] অতিরমণীয়। Wonderful.

अपरेद्युस् অব্য০ [अपर+एद्युस्] অন্য দিনে। On another day.

अपर्ण ত্রি০ [न+पर्ण] পত্রহীন। স্ত্রী০ অপর্ণা—উমা। Without leaves; Umā.

अपर्याप्त ত্রি০ [न+पर्याप्त] পর্যাপ্তাধিক, অপ্রচুর, অসমর্থ। Unlimited, insufficient.

अपल ক্লী০ [अप+ला–ड] কীলক, আলপিন। A bolt, pin.

अपलाप পু০ [अप+लप–घञ्] অপহ্নব, অস্বীকার, প্রেম। Negation, disowning.

अपवरक পু০ [अप+वृ–वुन्] অন্তর্গৃহ, গর্ভগৃহ, ছিদ্র। An inner apartment.

अपवर्ग পু০ [अप+वर्ग] মুক্তি, দান, ত্যাগ, নিষ্পত্তি, ফলসিদ্ধি, সমাপ্তি, বিশেষ বিধি। Liberation, donation, abandonment.

अपवर्जन ক্লী০ [अप+वर्जन] দান, ত্যাগ, মুক্তি। A gift, final beatitude.

अपवर्जित ত্রি০ [अप+वर्जित] ত্যক্ত, পরিহৃত, অপচিত। Forsaken, abandoned.

अपवर्तन ক্লী০ [अप+वर्तन] পরিবর্তন, বিচলন। গণিতশাস্ত্রে তুল্যরূপ অঙ্ক দ্বারা ভাজ্য-ভাজকের বিভাজন। Change, movement.

अपवर्तित ত্রি০ [अप+वृत+णिच्–क्त] পরিবর্তিত। Changed.

अपवाद পু০ [अप+वाद] নিন্দা, অপহ্নব, বিশেষ বিধি, আজ্ঞা, বেদান্তশাস্ত্রে বস্তুভূত ব্রহ্মের বিবর্ত যে প্রপঞ্চ তাহার বস্তুমাত্ররূপতা। Blame, refutation.

अपवारण ক্লী০ [अप+वारण] আচ্ছাদন, অন্তর্ধান, ব্যবধান। Covering, disappearance.

अपवारित ত্রি০ [अप+वारित] আচ্ছাদিত, ব্যবহিত, অন্তর্হিত। ক্লী০ অপবারণ, নাট্যে মুখ ফিরাইয়া উক্তি। Covered; disappearance.

अपविद्ध ত্রি০ [अप+विद्ध] ত্যক্ত, প্রক্ষিপ্ত, চূর্ণিত, প্রেরিত। পু০ মাতা-পিতা দ্বারা পরিত্যক্ত অপরগৃহীত পুত্র। Dismissed, removed.

अपव्यय পু০ [अप+व्यय] অপকৃষ্ট ব্যয়। Extravagant expenditure.

अपशंक ত্রি০ [अप+शंका] নির্ভয়। পু০ শঙ্কা। স্ত্রী০ অপশংকা—অপকৃষ্ট শঙ্কা। Fearless.

अपशब्द পু০ [अप+शब्द] অপকৃষ্ট শব্দ, ব্যাকরণদুষ্ট শব্দ। A bad or ungrammatical word.

अपशोक ত্রি০ [अप+शोक] শোকরহিত। Free from grief.

अपष्ठु ত্রি০ [अप+स्था–कु] বিপরীত, প্রতিকূল। পু০ কাল। অব্য০ নির্দোষ, শোভন। Opposite, unfavourable.

अपसद পু০ [अप+सद–अच्] সঙ্করবিশেষ, নীচ, অধম। An outcast, vile, wretched.

अपसरण ক্লী০ [अप+सरण] অপগমন। Removal.

अपसर्जन ক্লী০ [अप+सर्जन] দান, ত্যাগ, বধ। A gift, abandonment.

अपसर्प পু০ [अप+सृप–अच्] গুপ্তচর। A secret agent, spy.

अपसव्य ত্রি০ [अप+सव्य] দক্ষিণ, প্রতিকূল। Not left, right, contrary.

अपसारण ক্লী০ [अप+सृ–ल्युट्] চালন, সরান। Driving, expelling.

अपसारित ত্রি০[अप+सृ+णिच्–क्त] চালিত, দূরীকৃত, বিস্তারিত। Driven, expelled.

अपसृत ত্রি০ [अप+सृ–क्त] অপগত। Removed.

अपस्कर পু০ [अप+कृ–अच्] রথাঙ্গ, বিষ্ঠা, গুহ্যদেশ। Part of a carriage, excretion.

अपस्नात ত্রি০ [अप+स्नात] মৃত্যুর পর স্নাত, জননে মরণে বা অশৌচান্তে স্নান। Bathed after mourning.

अपस्पश ত্রি০ [न+पस्पश] চরশূন্য। Free from spies.

अपस्मार পু০[अप+स्मृ–घञ्] মৃগীরোগ। Epilepsy.

अपहत ত্রি০ [अप+हत] বিনষ্ট। Destroyed.

अपहन् ত্রি০ [अप+हन–क्विप्] বিনাশক। Destroyer.

अपहरण ক্লী০ [अप+हरण] চুরি, অপচয়। Theft, decay.

अपहसित ক্লী০ [अप+हसित] অশ্রুৎপাদক উচ্চহাস্য। Loud laughter causing tears.

अपहस्त ত্রি০ [अप+हस्त] বেহাতী। পু০ অপহরণ। Removed.

अपहस्तित ত্রি০ [अपहस्त+क्त] পরিত্যক্ত, নিরস্ত হস্তবহির্ভূত। Discarded.

अपहार পু০ [अप+हार] চুরি, অপচয়। Stealing.

अपहारक ত্রি০ [अप+हारक] চোর, ক্ষতিকারক। A thief.

अपहृत ত্রি০ [अप+हृत] চোরিত, অপচিত। Stolen.

अपह्नव त्रि० [अप+ह्नु–अप्] অপলাপ, চৌর্য, স্নেহ। Denial, concealment, affection.

अपह्नुति স্ত্রী০ [অপ+হ্নু–ক্তিন্] অপলাপ, অলঙ্কার-শাস্ত্রে অর্থালঙ্কারবিশেষ। Denial, concealment, a figure of speech.

अपांनाथ পু০ [অপাম্+নাথ], **अपांनिधि** পু০ [অপাম্+নিধি], **अपांपति** পু০ [অপাম্+পতি], সমুদ্র, বরুণ। The ocean, Varuṇa-the lord of ocean.

अपाक পু০ [ন+পাক] অজীর্ণরোগ, অপক্কাবস্থা। ত্রি০ অজীর্ণ, অপক্ক। Indigestion, immaturity.

अपाकरण ক্লী০ [অপ+আ+করণ] দূরীকরণ। Removal.

अपाकृति স্ত্রী০ [অপ+আকৃতি] নিরাকরণ, প্রশমন, বিকৃতি, পরিশোধ, উল্লঙ্ঘন। Rejection, removal.

अपाङ्क्तेय ত্রি০ [ন+পঙ্ক্তি+ঢক্] এক পংক্তিতে বসিয়া ভোজনের অযোগ্য, অশ্রেণীবদ্ধ। Not in the same row or line.

अपाङ्ग পু০ [অপ+অঙ্গ] চক্ষুর প্রান্ত, তিলক। ত্রি০ অঙ্গহীন। The outer corner of the eye.

अपाङ्गदर्शन ক্লী০ [অপাঙ্গ+দর্শন] কটাক্ষ। Side-glance.

अपाटव ক্লী০ [ন+পাটব] অপটুতা, অসুস্থতা। Unskilfulness, infirmity.

अपात्र ক্লী০ [ন+পাত্র] কুপাত্র, অধমপাত্র। An unworthy person.

अपात्रीकरण ক্লী০ [ন+পাত্র+চ্বি+কৃ–ল্যুট্] (১) নিন্দিত ব্যক্তি হইতে ধনগ্রহণ, (২) বাণিজ্য, (৩) শূদ্রসেবা, (৪) মিথ্যাকথন—ব্রাহ্মণের এই চারিটি দোষ। The four faults of a Brahmin.

अपादान ক্লী০ [অপ+আদান] ব্যাকরণে কারকবিশেষ যাহাতে পঞ্চমী বিভক্তি হয়। The ablative case.

अपान পু০ [অপ+অন–ঘঞ্] অধোদেশস্থ বায়ু। ক্লী০ গুহ্যদেশ। The lower wind of the body ; the anus.

अपामार्ग পু০ [অপ+আ+মার্গ] আপাঙ্‌ নামক বৃক্ষ-বিশেষ। A kind of tree.

अपाय পু০ [অপ+ইণ্–অচ্] বিনাশ, অপগম, বিশ্লেষ, অদর্শন। Destruction, separation.

अपार ত্রি০ [ন+পার] অকূল। ক্লী০ অপর তীর। Shoreless ; the other bank.

अपावृत ত্রি০ [অপ+আবৃত] অনাচ্ছাদিত, উদ্ঘাটিত, স্বেচ্ছাপ্রবৃত্ত, স্বাধীন। Uncovered, open.

अपावृत्त ত্রি০ [অপ+আবৃত্ত] লুণ্ঠিত, প্রত্যাবৃত্ত। Robbed, returned.

अपाश्रय পু০ [অপ+আশ্রয়] চন্দ্রাতপ। ত্রি০ নিরাশ্রয়। A canopy ; helpless.

अपासङ्ग পু০ [অপ+আসঙ্গ] তূণ। A quiver.

अपासन ক্লী০ [অপ+আসন] মারণ, দূরীকরণ। Killing, discarding.

अपास्त ত্রি০ [অপ+অস–ক্ত] নিরস্ত, অপগত, দূরীকৃত। Removed.

अपि অব্য০ সমুচ্চয়, সম্ভাবনা, অবধারণ, প্রশ্ন, নিন্দা, অবজ্ঞা, সন্দেহ, অল্পপদার্থ, কামচারানুজ্ঞা, পুনঃ। Also.

अपिगीर्ण ত্রি০ [অপি+গীর্ণ] স্তুত, কথিত। Praised, told.

अपितु অব্য০ কিন্তু, যদি। But, if.

अपिधान ক্লী০ [অপি+ধা–ল্যুট্] আচ্ছাদন, তিরোধান। A covering.

अपिनद्ध ত্রি০ [অপি+নহ–ক্ত] পরিহিত। Dressed, covered.

अपुत्र ত্রি০ [ন+পুত্র] পুত্রহীন। One without a son.

अपुनर्भव পু০ [ন+পুনর্+ভব] নির্বাণ, মুক্তি। ত্রি০ পুনরুৎপত্তিহীন। Absence of rebirth, final liberation.

अपुनरावृत्ति স্ত্রী০ [ন+পুনর্+আবৃত্তি] অপুনরাগমন, অপুনর্জন্ম। Non-return, freedom from rebirth.

अपूप পু০ [ন+পূপ] পিষ্টক। A cake.

अपूर्व ত্রি০ [ন+পূর্ব] যাহা পূর্বে ছিল না, আশ্চর্য। ক্লী০ অদৃষ্ট। Unprecedented; unseen desert.

अपेक्षा স্ত্রী০ [অপ+ঈক্ষ–অঙ্+টাপ্] প্রতীক্ষা, অনুরোধ, আকাংক্ষা, সম্বন্ধ, সম্যগ্দর্শন, বিবেচনা, নির্ভরতা। Awaiting, dependence.

अपेक्षाबुद्धि স্ত্রী০ [অপেক্ষা+বুদ্ধি] ন্যায় শাস্ত্রে 'এই একটি, এই একটি' এইরূপ অনেকবস্তু সম্বন্ধে জ্ঞান। A discriminative cognition of many things one by one.

अपेक्षित ত্রি০ [অপ+ঈক্ষ+ণিচ্–ক্ত] আকাংক্ষিত, বিবেচিত, পর্যবেক্ষিত, সম্বদ্ধ। Expected, considered.

अपेत ত্রি০ [অপ+ইণ্–ক্ত] অপগত। Removed.

अपोगण्ड ত্রি০ [ন+পোগণ্ড] শিশু, বিকলাঙ্গ, ভীরু, বলিযুক্ত। A child.

अपोढ ত্রি০ [অপ+ঊহ–ক্ত] ত্যক্ত, নিরস্ত, উদ্ঘাটিত, নির্ণীত। Removed.

अपोह पु० [अप+ऊह] তর্ক, নিরাস। ন্যায়শাস্ত্রে প্রতিবাদিতর্ক-নিরাসার্থ বিপরীত তর্ক। Reasoning, refutation.

अपोहित त्रि० [अप+ऊह–क्त] নিরাসিত, তর্কিত। Reasoned, refuted.

अप्पति पु० [अप्+पति] সমুদ্র, বরুণ। The ocean, Varuṇa.

अप्पित्त क्ली० [अप्+पित्त] অগ্নি। Fire.

अप्यय पु० [अपि+इण्–अच्] বিনাশ, লয়। Destruction, dissolution.

अप्रकाश पु० [न+प्रकाश] অনুদয়, গোপন। त्रि० গুপ্ত। Concealment.

अप्रगुण त्रि० [न+प्र+गुण] আকুল। Perplexed.

अप्रज त्रि० [न+प्र+जन–ड], **अप्रजस्** त्रि० নিঃসন্তান, প্রজাশূন্য। Without issue.

अप्रतिभ त्रि० [न+प्रतिभा] প্রতিভাশূন্য, দীপ্তিহীন। Not ready-witted, dull.

अप्रतिम त्रि० [न+प्रतिमा] তুলনাশূন্য, অনুপম। Peerless.

अप्रतिरथ त्रि० [न+प्रतिरथ] অতুল্য, অপ্রতিদ্বন্দ্বী। पु० যাত্রাকালীন সামোক্ত মন্ত্র। क्ली० যুদ্ধযাত্রা। Unrivalled.

अप्रतिष्ठ त्रि० [न+प्रतिष्ठा] স্থিতিহীন, যশোহীন। Without stability, disreputable.

अप्रत्यक्ष त्रि० [न+प्रत्यक्ष] প্রত্যক্ষের অগোচর, অতীন্দ্রিয়। Invisible.

अप्रधान क्ली० [न+प्रधान] গৌণ। Subordinate.

अप्रमाद पु० [न+प्रमाद] অবধান। त्रि० অপ্রমত্ত, অবহিত। Care, vigilance ; careful.

अप्रस्तुतप्रशंसा स्त्री० [न+प्रस्तुत+प्रशंसा] অলংকারবিশেষ—অপ্রাকরণিক অর্থের দ্বারা প্রাকরণিক অর্থের স্তুতি। A figure of speech.

अप्रहत त्रि० [न+प्र+हत] অনাহত। पु० অকৃষ্ট ভূমি। Unhurt.

अप्राकरणिक त्रि० [न+प्रकरण+ठक्] অপ্রাস্তাবিক, যাহা প্রস্তুত নহে। Not belonging to the subject-matter.

अप्राकृत त्रि० [न+प्राकृत] অসাধারণ, অলোকসামান্য। Extraordinary, celestial.

अप्राग्र त्रि० [न+प्राग्र] অপ্রধান, গৌণ। Secondary.

अप्रिय क्ली० [न+प्रिय] অনিষ্ট, নিন্দা। त्रि० অমিত্র, অনভিমত। Disagreeable.

अप्राप्तव्यवहार पु०, स्त्री० [न+प्राप्त+व्यवहार] নাবালক, দায়াধিকারের অযোগ্য। A minor.

अप्सरस् स्त्री० [अप्+सृ–असि], **अपसरा** स्त्री० [अप्+सृ–असि+टाप्] অপ্সরা, স্বর্বেশ্যা, স্বর্গকামিনী। Celestial nymph.

अफल त्रि० [न+फल] নিষ্ফল, বন্ধ্যা। Fruitless.

अफेन क्ली० [न+फेन] আফিঙ্। त्रि० ফেনশূন্য। Opium ; without foam.

अबद्ध क्ली० [न+बद्ध] নিরর্থক বাক্য। त्रि० সম্বন্ধহীন, অসংযত। Nonsensical utterance.

अबद्धमुख त्रि० [न+बद्ध+मुख] দুর্মুখ। Scurrilous.

अबध्य त्रि० [न+बध्य] বধের অযোগ্য। क्ली० অনর্থক বাক্য। Not fit to be killed.

अबन्ध्य त्रि० [न+बन्ध–यत्] সফল, ফলবান্। Fruitful.

अबल त्रि० [न+बल] দুর্বল। स्त्री० अबला—স্ত্রীলোক। Weak.

अबाध त्रि० [न+बाधा] বাধাহীন, পীড়াশূন্য। Unobstructed.

अबाध्य त्रि० [न+बाध्य] বাধা দিবার অযোগ্য। Unrestrainable.

अबिन्धन क्ली० [अप्+इन्धन] বাড়বাগ্নি, বজ্রাগ্নি। The submarine fire.

अबोध त्रि० [न+बोध] বোধশূন্য, অজ্ঞান। Ignorant, stupid.

अब्ज क्ली० [अप्+जन–ड] পদ্ম। Lotus.

अब्जभोग पु० [अब्ज+भोग] পদ্মবীজকোষ। The seed-vessel of a lotus.

अब्जयोनि पु० [अब्ज+योनि] ব্রহ্মা। Brahmā (sprung from the lotus).

अब्जिनी स्त्री० [अब्ज+ङीप्] পদ্মসমূহ, পদ্মিনী। A collection of lotuses.

अब्जिनीपति पु० [अब्जिनी+पति] সূর্য। The Sun.

अब्द पु० [अप्+दा–क] জলদ, মেঘ, বৎসর, পর্বতবিশেষ, মুস্তক (মুথা)। Cloud, year.

अब्धि पु० [अप्+धा–कि] সমুদ্র, জলধি। The ocean.

अब्भ्र क्ली० [अप्+भृ–क] মেঘ। Cloud.

अब्रह्मण्य क्ली० [न+ब्रह्मन्+यत्] নাট্যোক্তিবিশেষ। In dramas an exclamation meaning 'help', 'help'.

अब्राह्मण पु० [न+ब्राह्मण] অপকৃষ্ট বিপ্র। A degraded Brahmin.

अब्रुवाण त्रि० [न+ब्रू–शानच्] বাক্‌শক্তিহীন; বালক। Speechless.

अभय क्ली० [न+भय] ভয়াভাব। स्त्री० अभया—দুর্গা, হরীতকী। Absence of fear.

अभाव पु० [न+भाव] অবিদ্যমানতা, ন্যায়মতসিদ্ধ পদার্থবিশেষ। Non-existence.

अभावनीय त्रि० [न+भावनीय] অচিন্তনীয়। Inconceivable.

अभाषण क्ली० [न+भाषण] মৌন। Silence.

अभि অব্য০ আভিমুখ্য, অভিলাষ, বীপ্সা, লক্ষণ, সমন্তাৎ, সাদৃশ্য, উৎকর্ষ। Towards.

अभिक त्रि० [अभि+कम-ड] কামুক, লম্পট। Lustful.

अभिक्रम पु० [अभि+क्रम-घञ्] যুদ্ধযাত্রা, আরম্ভ, আরোহণ। Beginning.

अभिक्षेप पु० [अभि+क्षेप] অভিভব। Overpowering.

अभिख्या स्त्री० [अभि+ख्या-अङ्] শোভা, অভিধান, কীর্তি, নাম। Beauty, name.

अभिगम पु० [अभि+गम-अच्], **अभिगमन** क्ली० [अभि+गम-ल्युट्] প্রত্যুদ্গমন, প্রাপ্তি, সেবা, আশ্রয়। Approaching.

अभिग्रस्त त्रि० [अभि+ग्रस्त] আক্রান্ত, লুণ্ঠিত। Attacked.

अभिग्रह पु०[अभि+ग्रह-अच्] আক্রমণ, স্পর্ধা, লুণ্ঠন, গৌরব। Attack, assault.

अभिग्रहण क्ली० [अभि+ग्रहण] লুণ্ঠন। Robbing.

अभिघात पु० [अभि+घात] প্রহার, আঘাত, নিঃশেষে হনন, সংযোগবিশেষ। Striking.

अभिघातिन् त्रि० [अभि+हन-णिनि] শত্রু। Enemy.

अभिघार पु० [अभि+घृ-घञ्] হোম, সিচ্যমান ঘৃত। Pouring clarified butter in a sacrifice.

अभिचार पु० [अभि+चर-घञ्] মারণ, উচ্চাটন, স্তম্ভন প্রভৃতি তান্ত্রিক কর্ম। Black magic for malevolent purposes.

अभिजन पु० [अभि+जन-घञ्] কুল, খ্যাতি, জন্মভূমি। त्रि० কুলশ্রেষ্ঠ। Family.

अभिजात त्रि० [अभि+जात] কুলীন, পণ্ডিত, শ্রেষ্ঠ, সদ্বংশজাত। Of noble descent.

अभिजित् क्ली० [अभि+जि-क्विप्] শত্রুজয়ী, যাত্রার অনুকূল লগ্ন, নক্ষত্রবিশেষ, প্রায়শ্চিত্ত-বিশেষ, স্মৃতিশাস্ত্রপ্রসিদ্ধ কুতপলগ্ন। One of the lunar mansions.

अभिज्ञ त्रि० [अभि+ज्ञा-क] নিপুণ, পণ্ডিত। Experienced.

अभिज्ञा स्त्री० [अभि+ज्ञा-अङ्] প্রথম জ্ঞান। First knowledge.

अभिज्ञान क्ली० [अभि+ज्ञान] নিশ্চিতজ্ঞান, স্মৃতিকারক চিহ্ন। Recognition, a token.

अभिज्ञात त्रि० [अभि+ज्ञात] চিহ্নদ্বারা জ্ঞাত। Known through a sign.

अभितप्त त्रि० [अभि+तप्त] অগ্নিসন্তপ্ত, দুঃখিত। Burnt, tormented.

अभितस् अव्य० [अभि+तसिल्] সমীপে, সমন্তাৎ, অভিমুখে, শীঘ্রতা, সাকল্য। Near, around.

अभिद्योतित त्रि०[अभि+द्योतित] উল্লাসিত, প্রকাশিত। Manifested.

अभिद्रवण क्ली० [अभि+द्रु-ल्युट्] বেগে গমন। A charge.

अभिद्रोह पु० [अभि+द्रोह] আক্রোশ, অনিষ্টচিন্তা, অপকার। Harm.

अभिधा स्त्री० [अभि+धा-अङ्] অভিধান, পদনিষ্ঠ শক্তিবিশেষ। A name, denotation.

अभिधान क्ली० [अभि+धा-ल्युट्] কথন, সংজ্ঞা, কোশগ্রন্থ। Denotation, a dictionary.

अभिधावन क्ली० [अभि+धावन] অনুসরণ। Following.

अभिधेय त्रि० [अभि+धा-यत्] অর্থ, বাচ্য, বক্তব্য। क्ली० নাম। Significance.

अभिध्या स्त्री० [अभि+ध्यै-अङ्] পরদ্রব্যে স্পৃহা, চিন্তা। Coveting.

अभिनन्द पु० [अभि+नन्द-घञ्] সন্তোষ, প্রশংসা। Praise.

अभिनन्दन क्ली०[अभि+नन्दन] সন্তোষপূর্বক প্রশংসা, অনুমোদন। Welcome.

अभिनय पु० [अभि+नय] শরীর-চেষ্টাদির দ্বারা নাটকীয় চরিত্রের রূপদান, প্রসাধন। Acting.

अभिनव पु० [अभि+नव] স্তবন। त्रि० নূতন। Novel.

अभिनिर्मुक्त त्रि० [अभि+निर्मुक्त] পরিত্যক্ত, সূর্যাস্তকালে নিদ্রিত। Abandoned.

अभिनिर्याण क्ली० [अभि+निर्+यान] যুদ্ধযাত্রা। A march.

अभिनिविष्ट त्रि० [अभि+निविष्ट] প্রবিষ্ট, আগ্রহযুক্ত, মনোযোগী। Attentive.

अभिनिवेश पु०[अभि+निवेश] আগ্রহ, প্রবেশ, আবেশ, মৃত্যুভয়, প্রণিধান। Attention, devotion.

अभिनिष्पतन क्ली० [अभि+निष्पतन] নির্গমন। Issuing.

अभिनीत त्रि० [अभि+नीत] যুক্ত, সহিষ্ণু, বিনীত, ভূষিত, অভিনয়ের বিষয়ীভূত। Patient, humble, performed in a drama.

अभिनीति स्त्री० [अभि+नीति] অভিনয়, প্রিয়যুক্তি। Gesture.

अभिनेतृ त्रि० [अभि+नी-तृच्] অভিনয়কারী। An actor.

अभिनेय त्रि० [अभि+नी-यत्] অভিনয়ের বিষয়ীভূত। To be dramatically represented.

अभिपन्न त्रि० [अभि+पद-क्त] অপরাদ্ধ, স্বীকৃত,

বিপন্ন, শরণাগত, অভিগ্রস্ত, সরল। Unfortunate, distressed.

अभिप्रणीत त्रि० [अभि+प्रणीत] মন্ত্রসংস্কৃত, আরাধিত, সম্যক্ রচিত। Consecrated.

अभिप्राय पु० [अभि+प्र+इण्–अच्] আশয়, সম্মতি। Purpose, desire.

अभिप्रेत त्रि० [अभि+प्र+इण्–क्त] অভীষ্ট, সম্মত। Intended.

अभिभव पु० [अभि+भव] পরাজয়, তিরস্কার, অনাদর। Defeat, subjugation.

अभिभाव पु०[अभि+भाव] তিরস্কার, অবমান, আক্রমণ, আকুলীভাব। Overpowering, attack.

अभिभावक त्रि० [अभि+भू–ण्वुल्] রক্ষক, তত্ত্বাবধায়ক, অভিভবকারী। Guardian, assailant.

अभिभूत त्रि० [अभि+भूत] পরাভূত, আকুল, আবৃত, অজ্ঞান। Overpowered.

अभिभूति स्त्री० [अभि+भूति] অভিভব। Conquering.

अभिमत त्रि० [अभि+मत] সম্মত, আদৃত, অভীষ্ট। Desired, beloved.

अभिमनस् त्रि० [अभि+मनस्] তৃপ্ত, তুষ্ট। Contented.

अभिमन्त्रण क्ली०[अभि+मन्त्र–ल्युट्] মন্ত্রপাঠের দ্বারা সংস্কারকরণ, নিমন্ত্রণ, আহ্বান। Consecrating.

अभिमन्यु पु० [अभि+मन्यु] অর্জুনপুত্র। Son of Arjuna.

अभिमर पु० [अभि+मृ–अप्] যুদ্ধ, বধ। War, killing.

अभिमर्द पु० [अभि+मृद–घञ्] যুদ্ধ, মদ্য, পীড়ন। War, liquor.

अभिमर्षण क्ली० [अभि+मृष–ल्युट्] অভ্যুক্ষণ, ওষ্ঠাধর লেহন দ্বারা অপরাধ জ্ঞাপন। Sprinkling.

अभिमान पु० [अभि+मान] গর্ব, অহংকার, প্রতীতি, প্রণয়, হিংসা। Pride, self-respect.

अभिमुख त्रि० [अभि+मुख] সম্মুখ। Facing.

अभिमृष्ट त्रि०[अभि+मृष–क्त] মিলিত, সম্বদ্ধ, সংস্পৃষ্ট। Compounded.

अभियात त्रि० [अभि+यात] গত, আক্রান্ত। Attacked.

अभियान क्ली० [अभि+यान] যুদ্ধযাত্রা, অভিগমন। March.

अभियुक्त त्रि० [अभि+युक्त] আক্রান্ত, আসক্ত, প্রতিবাদী, কথিত, ভর্ৎসিত। Attacked, accused.

अभियोक्तृ त्रि० [अभि+युज–तृच्] অভিযোগকর্তা, বাদী, আক্রমণকারী। A complainant, an enemy.

अभियोग पु० [अभि+योग] যুদ্ধার্থে আহ্বান, আগ্রহ, শপথ, উদ্যোগ, যুদ্ধ, বিবাদ, নালিশ, অভিনিবেশ, ভর্ৎসনা। Attack, accusation.

अभिरत त्रि० [अभि+रत] প্রীত, নিযুক্ত। Pleased, engaged.

अभिराद्ध त्रि० [अभि+राद्ध] প্রসাদিত। Propitiated.

अभिराम त्रि० [अभि+राम] সুন্দর, প্রিয়, মনোহর। Lovely.

अभिरुचि स्त्री० [अभि+रुचि] অভিলাষ, দীপ্তি। Desire.

अभिरूप त्रि० [अभि+रूप–अच्] মনোহর, প্রিয়, পণ্ডিত। पु० শিব, বিষ্ণু, চন্দ্র, কন্দর্প। Pleasing.

अभिरोध पु० [अभि+रोध] পীড়ন। Assault.

अभिलषित त्रि० [अभि+लष–क्त] বাঞ্ছিত। Desired.

अभिलाप पु० [अभि+लप–घञ्] সংকল্পবাক্য, শব্দ। Declaration of a vow.

अभिलाव पु० [अभि+लू–घञ्] ছেদন। Cutting.

अभिलाष पु० [अभि+लष–घञ्] ইচ্ছা, লোভ। Desire.

अभिलाषिन् त्रि० [अभि+लष–णिनि], **अभिलाषुक** त्रि०[अभि+लष–उकञ्] লোলুপ, লুব্ধ। Desirous, greedy.

अभिवाद पु० [अभि+वद–घञ्] বন্দনা, অপবাদ, অপ্রিয়বাক্য। Salutation.

अभिवादन क्ली०[अभि+वादन] বন্দনা। Salutation.

अभिविधि पु० [अभि+विधि] ব্যাপ্তি, অতিব্যাপ্তি। Complete comprehension.

अभिव्यक्त त्रि० [अभि+व्यक्त] প্রকাশিত, স্পষ্ট। Expressed.

अभिव्यक्ति स्त्री० [अभि+व्यक्ति] প্রকাশ। Expression.

अभिव्याप्ति स्त्री० [अभि+व्याप्ति] সর্বাবয়ব সম্বন্ধ। Universal pervasion.

अभिशप्त त्रि० [अभि+शप–क्त] অভিশাপগ্রস্ত। Cursed.

अभिशस्त त्रि० [अभि+शन्स–क्त] মিথ্যা অপবাদগ্রস্ত। Calumniated.

अभिशस्ति स्त्री० [अभि+शन्स–क्तिन्] মিথ্যা অপবাদ। Calumny.

अभिशाप पु० [अभि+शप–घञ्] অভিসম্পাত, শাপ, মিথ্যা অপবাদ। Curse.

अभिषङ्ग पु० [अभि+सन्ज–घञ्] পরাভব, বাসন, মিথ্যা অপবাদ, আক্রোশ, শোক, শপথ, আলিঙ্গন, সম্পর্ক। Defeat.

अभिषव पु० [अभि+सु–अप्], **अभिषवण** क्ली० [अभि

+सु–ल्युट्] যজ্ঞাঙ্গ স্নান, স্নান, সোমরস পান, মদ চোয়ান, যজ্ঞ। Consecratory bath.

अभिषिक्त त्रि॰[अभि+सिच्–क्त] বিধিপূর্বক স্নাপিত। Bathed according to rites.

अभिषुत क्ली॰[अभि+सु–क्त] সোমরস। The Soma juice.

अभिषेक पु॰[अभि+सिच–घञ्] স্নান, রাজ্যের অধিকারের জন্য মস্তকে জলসিঞ্চন। Bath, sprinkling of water during coronation.

अभिषेणन क्ली॰ [अभि+सेन+णिच्–ल्युट्] সসৈন্যে শত্রুর অভিমুখে গমন। March against enemy.

अभिष्टुत त्रि॰ [अभि+स्तु–क्त] বর্ণিত, স্তুত। क्ली॰ স্তব। Praised.

अभिष्यन्द [-स्यन्द] पु॰ [अभि+स्यन्द–घञ्] ক্ষরণ, অতিবৃদ্ধি, শ্রবণ, আধিক্য। त्रि॰ অধিক, উদ্বৃত্ত। Oozing.

अभिष्यन्दनगर क्ली॰ [अभिष्यन्द+नगर] নবস্থাপিত নগর, শাখানগর, প্রধান নগরের উদ্বৃত্ত লোকের দ্বারা নির্মিত নগর। Newly founded city.

अभिष्वङ्ग पु॰[अभि+स्वन्ज–घञ्]আলিঙ্গন, আসক্তি। Embrace.

अभिसन्ताप पु॰ [अभि+सन्ताप] যুদ্ধ, তাপ, অভিশাপ, সন্তাপ। War, torment.

अभिसन्धान क्ली॰ [अभि+सन्धान], **अभिसन्धि** पु॰ [अभि+सन्धि] বঞ্চনা, প্রতারণা, উদ্দেশ্য, উদ্যোগ। Cheating.

अभिसम्पात पु॰ [अभि+सम्+पत–घञ्] অভিশাপ, যুদ্ধ, পতন। Curse.

अभिसर त्रि॰[अभि+सृ–ट] অনুচর, সহায়। Attendant.

अभिसरण क्ली॰ [अभि+सरण] অনুসরণ, অভিসার। Following.

अभिसर्जन क्ली॰ [अभि+सर्जन] দান, বধ, বিসর্জন। A gift.

अभिसार पु॰ [अभि+सृ–घञ्] যুদ্ধ, সংকেতস্থানে গমন, বল, সাহায্য, সাধন। Attack, going to meet a lover.

अभिसारिका स्त्री॰ [अभि+सृ–ण्वुल्+टाप्] নায়কের সহিত মিলনার্থে সংকেতস্থানগামিনী। A woman going to meet her lover.

अभिसारिन् त्रि॰ [अभि+सृ–णिनि] সংকেতস্থানগামী। One going to meet a beloved.

अभिसृष्ट त्रि॰ [अभि+सृष्ट] দত্ত, উৎসৃষ্ট, ত্যক্ত। Given, abandoned.

अभिहत त्रि॰ [अभि+हत] আহত, নষ্ট। Struck.

अभिहरण क्ली॰ [अभि+हरण] আহরণ, চৌর্য। Fetching, robbing.

अभिहार पु॰ [अभि+हार] আক্রমণ, চৌর্য, অভিযোগ, কবচাদিধারণ। Attack, stealing.

अभिहित त्रि॰ [अभि+हित] কথিত, উক্ত। Said.

अभी त्रि॰ [न+भी] নির্ভয়। Without fear.

अभीक त्रि॰ [अभि+कम–ड] কামুক, ক্রূর, নির্ভয়। Lustful, fearless.

अभीक्ष्ण त्रि॰ [अभि+क्ष्णु–ड] নিত্য, সতত, অতিশয়, পুনঃ পুনঃ। Constant, excessive.

अभीप्सित त्रि॰[अभि+ईप्सित] অভিলষিত, বাঞ্ছিত। Desired.

अभीप्सु त्रि॰ [अभि+ईप्सु] ইচ্ছুক। Desirous.

अभीशु पु॰ [अभि+अश–कु] লাগাম, কিরণ। स्त्री॰ অঙ্গুলি। Rein, ray of light.

अभीषङ्ग पु॰ [अभि+सन्ज–घञ्] শাপ, আক্রোশ। Curse.

अभीषु पु॰ [अभि+इष–कु] লাগাম, কিরণ, কাম, অনুরাগ। Rein, ray of light.

अभीषुमत् पु॰ [अभीषु+मतुप्] রবি। त्रि॰ দীপ্তিশালী, কামুক। Resplendent.

अभीष्ट त्रि॰ [अभि+इष्ट] বাঞ্ছিত, দয়িত, হৃদ্য, প্রিয়। Desired, darling.

अभूतपूर्व त्रि॰ [न+भूतपूर्व] যাহা পূর্বে হয় নাই। Unprecedented.

अभूततद्भाव पु॰ [न+भूत+तत्+भाव] যাহা পূর্বে ছিল না তাহা হওয়া। The becoming of that which was not before.

अभूमि स्त्री॰ [न+भूमि] অপাত্র, অবিষয়। Unfit place or object.

अभेद पु॰[न+भेद] অবিশেষ, তাদাত্ম্য। Identity.

अभेद्य क्ली॰[न+भेद्य] হীরক। त्रि॰ ভেদের অযোগ্য। Diamond ; impenetrable.

अभ्यक्त त्रि॰ [अभि+अक्त] সর্বাঙ্গ তৈলাক্ত। Smeared with oil all over.

अभ्यग्र त्रि॰ [अभि+अग्र] আসন্ন, অগ্রবর্তী, অভিনব। Imminent.

अभ्यङ्ग पु॰ [अभि+अङ्ग] তৈলাদিমর্দন। Smearing with oil.

अभ्यधिक त्रि॰ [अभि+अधिक] সর্বোত্তম, অত্যধিক। Best, excessive.

अभ्यनुज्ञा स्त्री॰ [अभि+अनुज्ञा] আদেশ, সম্মতি। Command, consent.

अभ्यन्तर क्ली॰ [अभि+अन्तर] ভিতর। Inside.

अभ्यमित त्रि॰ [अभि+अमित] অভিগত, আতুর। Diseased.

अभ्यमित्र त्रि° [अभि+अमित्र] শত্রুর সম্মুখীন। Facing the enemy.

अभ्यमित्रीण त्रि° [अभि+अमित्र+ख] শত্রুর মুখোমুখী যুদ্ধকারী। A warrior boldly encountering the enemy.

अभ्यर्ण त्रि° [अभि+अर्द–क्त] সমীপস্থ। Near.

अभ्यर्थन क्ली° [अभि+अर्थन], स्त्री° अभ्यर्थना—প্রার্থনা। Request.

अभ्यर्हित त्रि° [अभि+अर्ह–क्त] পূজিত, সম্মানিত, উচিত, শ্রেষ্ঠ। Honoured, fit.

अभ्यवकर्षण क्ली° [अभि+अव+कृष–ल्युट्] উৎপাটন, উদ্ধারণ। Extraction.

अभ्यवस्कन्द पु° [अभि+अव+स्कन्द–घञ्], **अभ्यवस्कन्दन** क्ली° [अभि+अव+स्कन्द–ल्युट्] প্রহার, আক্রমণ, অবরোধ। Striking, attack.

अभ्यवहरण क्ली° [अभि+अव+हृ–ल्युट्], **अभ्यवहार** पु° [अभि+अव+हृ–घञ्] ভোজন। Eating.

अभ्यवहृत त्रि° [अभि+अव+हृत] ভক্ষিত। Eaten.

अभ्यसन क्ली° [अभि+असन] অভ্যাস। Repetition, repeated practice.

अभ्यसूय त्रि° [अभि+असू–यक्] অসূয়াযুক্ত। स्त्री° अभ्यसूया—অপরের গুণে দোষারোপ, ঈর্ষা, দ্বেষ। Jealous.

अभ्यस्त त्रि° [अभि+अस–क्त] শিক্ষিত, ব্যাকরণ শাস্ত্রে দ্বিরুক্ত। Learnt, repeated.

अभ्याख्यान क्ली° [अभि+आख्यान] মিথ্যা অভিযোগ। A false charge.

अभ्यागत पु° [अभि+आगत] অতিথি। त्रि° সম্মুখে আগত। A guest.

अभ्यागम पु° [अभि+आगम] নিকটে বা সম্মুখে আগমন, ভোগ, স্বীকার, বিরোধ, যুদ্ধ। Coming near, acceptance.

अभ्यागारिक त्रि° [अभि+आगार+ठक्] পরিবার পোষণে পটু। Diligent in supporting a family.

अभ्यादान क्ली° [अभि+आदान] আরম্ভ। Beginning.

अभ्यान्त त्रि° [अभि+अम–क्त] আতুর, অভিগত। Sick.

अभ्यापात पु° [अभि+आपात] বিপৎপাত। Calamity.

अभ्यामर्द पु° [अभि+आमर्द] যুদ্ধ। War.

अभ्यावृत्ति स्त्री° [अभि+आवृत्ति] বার বার, পুনঃ পুনঃ। Repetition.

अभ्याश पु° [अभि+अश–घञ्] আবৃত্তি, নিকট। Repetition.

अभ्यास पु° [अभि+अस–घञ्] আবৃত্তি, পুনঃ পুনঃ কথন, নিকট, বাণক্ষেপ, ব্যাকরণে দ্বিত্ব, দ্বিরুক্ত ধাতুর পূর্বভাগ। Repetition, practice.

अभ्यासादन क्ली°[अभि+आसादन] আক্রমণ, প্রহার। Attack.

अभ्याहार पु° [अभि+आहार] আক্রমণ, ভোজন, বার বার। Attack, eating.

अभ्युक्षण क्ली°[अभि+उक्षण]প্রোক্ষণ। Sprinkling.

अभ्युच्चय पु°[अभि+उच्चय] সমুচ্চয়, রাশি। Bringing together.

अभ्युच्छ्रित त्रि° [अभि+उच्छ्रित] অতিশয় উন্নত, সমর্থ। Elevated.

अभ्युत्थान क्ली°[अभि+उत्थान] উন্নতি, উদ্যম, উদয়। Rise, elevation.

अभ्युत्थित त्रि°[अभि+उत्थित] উদিত, প্রবৃত্ত, উত্থিত, উদ্‌যুক্ত, উদ্ভূত, প্রজ্বলিত। Arisen.

अभ्युदय पु° [अभि+उदय] উত্থান, উন্নতি, মঙ্গল, বৃদ্ধি। Rise, prosperity.

अभ्युदित त्रि° [अभि+उदित] উদিত, উন্নত, মঙ্গলার্থে প্রবৃত্ত, প্রকাশিত, সূর্যোদয়েও নিদ্রিত। Risen, elevated, asleep at sunrise.

अभ्युदीरित त्रि° [अभि+उदीरित] কথিত, বিক্ষিপ্ত। Told.

अभ्युद्धत त्रि° [अभि+उद्धत] সম্মুখে উদ্ধত। Raised in front.

अभ्युद्यत त्रि° [अभि+उद्यत] উদিত, উত্থিত। Raised, lifted.

अभ्युपगत त्रि° [अभि+उपगत] স্বীকৃত, প্রাপ্ত, নিকটে আগত, আসক্ত, নির্ণীত। Granted, accepted.

अभ्युपगम पु° [अभि+उपगम] স্বীকার, মত, নিকটে গমন, আসক্তি, নির্ণয়, প্রাপ্তি। Acceptance, approach.

अभ्युपपत्ति स्त्री° [अभि+उपपत्ति] অনুগ্রহ, উপকার, স্বীকার, রক্ষা। Favour, acceptance.

अभ्युपाय पु° [अभि+उपाय] স্বীকার, সদুপায়। Acceptance, an expedient.

अभ्युपेत त्रि° [अभि+उपेत] স্বীকৃত, প্রাপ্ত। Accepted, got.

अभ्यु[-भ्यू]ष पु° [अभि+उष(ऊष)-क] ঈষৎ ভৃষ্ট শস্যাদি। A sort of cake.

अभ्र क्ली° [न+भृ–क] আকাশ। [अप्+भृ–क] মেঘ। [अभ्र+अन्] ধাতুবিশেষ। The sky, cloud, mica.

अभ्रंलिह पु° [अभ्र+लिह–खश्] বায়ু। त्रि° গগনস্পর্শী। Touching the sky.

अभ्रक क्ली° [अभ्र+कन्] ধাতুবিশেষ। Mica.

अभ्रङ्कष पु० [अभ्र+कष–खश्] বায়ু। Wind, air.

अभ्रपिशाच पु० [अभ्र+पिशाच] রাহু। Name of Rāhu.

अभ्रपुष्प क्ली० [अभ्र+पुष्प] আকাশকুসুম, জল। পু০ বেতসলতা। A sky-flower, an illusion.

अभ्रमातङ्ग पु० [अभ्र+मातङ्ग] ঐরাবত হস্তী। The elephant of Indra, king of gods.

अभ्रमु स्त्री० [अभ्र+मा–डु] ঐরাবত-স্ত্রী, পূর্বদিগ্-হস্তিনী। Wife of Airāvata.

अभ्रमुवल्लभ पु० [अभ्रमु+वल्लभ] ঐরাবত। Airāvata.

अभ्रि [-भ्री] स्त्री० [अभ्र–इन्] নৌকা পরিষ্কারের জন্য কাষ্ঠনির্মিত কুড়াল। A wooden scraper for cleaning boats.

अभ्रिय त्रि० [अभ्र+घ] মেঘসম্বন্ধীয়। Relating to the cloud.

अभ्रेष पु० [न+भ्रेष–घञ्] ন্যায্য, উচিত। Fit, proper.

अम पु० [अम–घञ्] রোগ। Disease.

अमङ्गल क्ली० [न+मङ्गल] মঙ্গলাভাব। পু০ এরণ্ড বৃক্ষ। Absence of auspiciousness.

अमत पु० [अम–अत] রোগ, মৃত্যু, কাল। ত্রি০ [न+मत] অসম্মত। Disease, death; disliked.

अमत्र क्ली० [अम–त्रल्] ভোজনপাত্র। Utensil.

अमन्त्र त्रि० [न+मन्त्र] মন্ত্রশূন্য। Without mantra or spell.

अमर पु० [न+मृ–अच्] দেবতা, অমরসিংহ নামক কবি, পারদ। A god.

अमरा स्त्री० [न+मृ–अच्+टाप्] দূর্বা, গুড়ূচী, স্থূণা, জরায়ু, বটবৃক্ষ, ঘৃতকুমারী, দেবনগরী। Womb, a celestial city.

अमराद्रि पु० [अमर+अद्रि] সুমেরু পর্বত। The Sumeru mountain.

अमरालय पु० [अमर+आलय] স্বর্গ। Heaven.

अमरावती स्त्री० [अमर+मतुप्+ङीप्] ইন্দ্রনগরী। The city of Indra.

अमर्त्य पु० [न+मर्त्य] দেবতা। ত্রি০ মরণশূন্য, অমর, স্বর্গীয়। God; celestial.

अत्मर्यभुवन क्ली० [अमर्त्य+भुवन] স্বর্গ। Heaven.

अगर्ष पु० [न+मृष–घञ्] অসহিষ্ণুতা, কোপ। Intolerance, anger.

अमर्षण त्रि० [न+मर्षण] অসহন, ক্রোধী। Intolerance, unforgiving.

अमल त्रि० [न+मल] নির্মল, দোষরহিত, পরিষ্কৃত। স্ত্রী০ অমলা—লক্ষ্মী, নাভিনাড়ী। Pure, stainless.

अमलक पु०, क्ली० [अम+लू–कण्] আমলকী, অধিত্যকাস্থ বাসস্থান। The myrobalan fruit.

अमा अव्य० [न+मा–क्विप्] সহিত, নিকট। স্ত্রী০ অমাবস্যা, চন্দ্রকলাবিশেষ। With; the day of the new moon.

अमांस त्रि० [न+मांस] দুর্বল। Thin, weak.

अमातृक त्रि० [न+मातृ+कप्] মাতৃহীন। One who has lost one's mother.

अमात्य पु० [अमा+त्यक्] মন্ত্রী। Minister.

अमानव त्रि० [न+मानव], **अमानुष** त्रि० [न+मानुष] অলৌকিক। Supernatural, superhuman.

अमानस्य क्ली० [न+मानस+यत्] মনঃপীড়া। Pain.

अमावस्या [-वास्या] स्त्री० [अमा+वस–यत्–टाप्] কৃষ্ণপক্ষের শেষতিথি। The 15th day of the dark-half of every lunar month.

अमाय त्रि० [न+माया], **अमायिक** त्रि० [न+मायिक] অকপট, সরল, অবঞ্চক, মায়াশূন্য। Guileless, sincere.

अमावास्य त्रि० [अमावस्या+ण्यत्] অমাবস্যায় জাত। Born on the day of the new moon.

अमृतदीधिति पु० [अमृत+दीधिति] চন্দ্র। Moon.

अमृतप पु० [अमृत+पा–क] দেবতা। God.

अमृतफला स्त्री० [अमृत+फला] দ্রাক্ষা। Grape.

अमृतयोग पु० [अमृत+योग] জ্যোতিষশাস্ত্রপ্রসিদ্ধ নক্ষত্রবিশেষযুক্ত তিথি। An auspicious time.

अमृतसू पु० [अमृत+सू–क्विप्] চন্দ্র। স্ত্রী০ দেবমাতা, অদিতি। Moon; mother of the gods.

अमृतस्रुत् त्रि० [अमृत+स्रु–क्विप्] অমৃতক্ষরণযোগ্য। Pouring nectar.

अमृतान्धस् पु० [अमृत+अन्धस्], **अमृताशन** पु० [अमृत+अशन] দেবতা, অমৃতভোজী। God, partaker of nectar.

अमेधस् त्रि० [न+मेधस्] মূর্খ, অল্পবুদ্ধিযুক্ত। Fool, stupid.

अमेध्य त्रि० [न+मेध्य] অপবিত্র। ক্লী০ পুরীষ। Impure.

अमेय त्रि० [न+मेय] অপরিমেয়, অপরিচ্ছেদ্য। Immeasurable.

अमोघ त्रि० [न+मोघ] অব্যর্থ, সফল। Infallible.

अम्ब अव्य० সম্বোধন, গমন। A mere interjection.

अम्बक क्ली० [अम्ब–ण्वुल्] নেত্র, তাম্র। पु० [अम्ब

–घञ्+क] পিতা। Eye; father.
अम्बर क्ली० [अम्ब+रा–क] আকাশ, বস্ত্র, অভ্র, গন্ধ-দ্রব্যবিশেষ। Sky, cloth.
अम्बरमणि पु० [अम्बर+मणि] সূর্য। The Sun.
अम्बरलेखिन् त्रि० [अम्बर+लिख–णिनि] গগনস্পর্শী। Touching the sky.
अम्बरिष क्ली० [अम्ब+अरिष] ভর্জনপাত্র (ভাজনা-খোলা)। **अम्बरीष** पु० সূর্য, বিষ্ণু, শিব, বালক, অনুতাপ, নরকবিশেষ, অনুতাপ, আমড়া, সূর্য-বংশীয় নরপতি। A frying pan ; name of a King.
अम्बष्ठ पु० [अम्ब+स्था–क] দেশবিশেষ, চিকিৎসক, ব্রাহ্মণের ঔরসে বৈশ্যস্ত্রীগর্ভজাত বর্ণ। Name of a country.
अम्बा स्त्री० [अम्ब–घञ्+टाप्] মাতা, দুর্গা, কাশী-রাজকন্যা। Mother, goddess Durgā.
अम्बाला स्त्री० [अम्ब+ला–क+टाप्] মাতা, দুর্গা। Mother, Durgā.
अम्बालिका स्त्री० [अम्बाला+क+टाप्] মাতা, দুর্গা, পাণ্ডুমাতা। Mother, Durgā, mother of king Pāṇḍu.
अम्बिका स्त्री० [अम्बा+कन्+टाप्] মাতা, দুর্গা, ধৃতরাষ্ট্রমাতা। Mother, Durgā, mother of Dhṛtarāṣtra.
अम्बिकेय पु० [अम्बिका+ढक्] কার্ত্তিকেয়, গণেশ, ধৃতরাষ্ট্র। Name of Kārttika, Gaṇeśa, Dhṛtarāṣtra.
अम्बु क्ली० [अम्ब–उ] জল। Water.
अम्बुकणा स्त्री० [अम्बु+कणा] জলবিন্দু, শীকর। Water-drop.
अम्बुकण्टक पु० [अम्बु+कण्टक], **अम्बुकिरात** पु० [अम्बु+किरात] কুম্ভীর। Crocodile.
अम्बुकीश पु० [अम्बु+कीश] শুশুক। Porpoise.
अम्बुचामर क्ली० [अम्बु+चामर] শৈবাল। Moss.
अम्बुज क्ली० [अम्बु+जन–ड] পদ্ম, বজ্র, জলজ। पु० চন্দ্র, নিচুল বৃক্ষ। पु०, क्ली० শঙ্খ। Lotus.
अम्बुजन्म क्ली० [अम्बु+जन्म] জলজ, পদ্ম। Lotus.
अम्बुद पु० [अम्बु+दा–क] মেঘ। Cloud.
अम्बुदागम पु० [अम्बुद+आगम] বর্ষাকাল, মেঘের আগমন। Rainy season, coming of the clouds.
अम्बुधर पु०[अम्बु+धृ–अच्] মেঘ, জলধর। Cloud.
अम्बुधि पु० [अम्बु+धा–कि] সমুদ্র। Ocean.
अम्बुनिधि पु० [अम्बु+निधि] সমুদ্র। Ocean.
अम्बुभृत् पु० [अम्बु+भृ–क्विप्] মেঘ, সমুদ্র। Cloud, ocean.
अम्बुमत् पु० [अम्बु+मतुप्] কূল, কক্ষ। Shore.
अम्बुमात्रज पु० [अम्बु+मात्र+जन–ड] শামুক। Conch-shell.
अम्बुमुच् पु० [अम्बु+मुच–क्विप्] মেঘ। Cloud.
अम्बुर पु० [अम्बु+रा–क] দ্বারের নিম্নকাষ্ঠ। The lower wood of a door.
अम्बुराशि पु० [अम्बु+राशि] সমুদ্র। Ocean.
अम्बुरुह क्ली० [अम्बु+रुह–क] পদ্ম, জলজ। Lotus.
अम्बुरोहिणी स्त्री०[अम्बु+रोहिणी] পদ্মিনী। Lotus.
अम्बुवाची स्त्री० [अम्बु+वच+णिच्–अण्+ङीप्] ব্রত-বিশেষ। A kind of vow observed during the first advent of the rainy season.
अम्बुवाह पु० [अम्बु+वह–अण्] মেঘ। Cloud.
अम्बुवाहनी [–वाहिनी] स्त्री० [अम्बु+वह+णिच्–णिनि+ङीप्] কাষ্ঠরচিত জলসেচনের পাত্র। A wooden vessel for carrying water.
अम्बुवाहिन् त्रि० [अम्बु+वह–णिनि] যে জল বহন করে। पु० মেঘ। Carrying water ; cloud.
अम्बुसर्पिणी स्त्री०[अम्बु+सृप–णिनि+ङीप्] জলৌকা (জোঁক)। Leech.
अम्बूकृत त्रि० [अम्बु+च्वि+कृ–क्त] অস্পষ্টোচ্চারিত বাক্য। Pronounced indistinctly.
अम्भस् क्ली० [अभि–असन्] জল। Water.
अम्भोज क्ली० [अम्भस्+जन–ड] পদ্ম। पु० চন্দ্র। पु०, क्ली० শঙ্খ। त्रि० জলজমাত্র। Lotus.
अम्भोजचामर क्ली० [अम्भोज+चामर] শৈবাল। Moss.
अम्भोजिनी स्त्री० [अम्भोज+इनि+ङीप्] পদ্মিনী, পদ্মের ঝাড়। A group of lotus flowers.
अम्भोद पु०[अम्भस्+दा–क] মেঘ, জলধর। Cloud.
अम्भोधर पु० [अम्भस्+धृ–अच्] মেঘ, জলধর। Cloud.
अम्भोधि पु० [अम्भस्+धा–कि] সমুদ্র। Ocean.
अम्भोनिधि पु० [अम्भस्+निधि] সমুদ্র। Ocean.
अम्भोरुह क्ली० [अम्भस्+रुह–क] পদ্ম। Lotus.
अम्मय त्रि० [अप्+मयट्] জলময়। Full of water.
अम्र पु० [अम–रन्] আম্রবৃক্ষ। Mango tree.
अम्रात क्ली० [अम्ल+अत–अण्] আমড়া। Hog-plum.
अम्रातक क्ली०[अम्रात+कन्] আমড়া। Hog-plum.
अम्ल पु० [अम–क्त] টক রস। क्ली० ঘোল। Acid ; whey.
अम्लवृक्ष पु० [अम्ल+वृक्ष] তেঁতুল গাছ। Tamarind tree.

अम्लसार क्লী० [अम्ल+सार] কাঞ্জিক। The lime tree.

अम्लान পু० [न+म्लै—क्त] আমলা বৃক্ষ। ত্রি० অমলিন। Unfaded, pure.

अम्लिका[-म्लीका] স্ত্রী० [अम्ल+क+टाप्] তেঁতুল গাছ। Tamarind tree.

अय পু० [इण्—अच्] সৌভাগ্য, শুভদায়ক দৈব। Good fortune.

अयत्न পু० [न+यत्न] অনায়াস। Easy.

अयथा অব্য০ [न+यथा] অন্যায়রূপে। Improperly, wrongly.

अयन ক্লী० [अय—ल्युट्] গতি, পথ, স্থান, আশ্রয়, জন্ম, শাস্ত্র। Way, going.

अयशस्कर ত্রি० [न+यशस्कर] অকীর্তিকর। Disgraceful.

अयस् ক্লী० [इण्—असुन्] লৌহ। পু০ বহ্নি। Iron.

अयस्कान्त পু০ [अयस्+कान्त] চুম্বক লৌহ বা প্রস্তর। Magnet.

अयस्कार পু০ [अयस+कृ—अण्] লৌহকার, জঙ্ঘার উর্দ্ধ্বভাগ। Blacksmith.

अयाचित ত্রি০ [न+याच—क्त] অপ্রার্থিত। পু০ উপবর্ষ নামক মুনি। Unsolicited.

अयि অব্য০ [इण्—इन्] প্রশ্ন, সম্বোধন, বিনয়, উৎসাহ, অনুনয়, অনুরাগ। A vocative particle.

अयुक्छद পু০ [न+युज—क्विप्+छद] সপ্তপর্ণ, ছাতিম গাছ। A tree having an odd number of leaves.

अयुक्त ত্রি০ [न+युक्त] অনুচিত, পৃথক্। Improper, separate.

अयुक्ति স্ত্রী০ [न+युक्ति] অন্যায়, অসৎযুক্তি, বিয়োগ। Improper, a bad argument.

अयुग्म ত্রি০ [न+युग्म] বিযোড়, পৃথক্। Odd, separate.

अयुग्मच्छद পু০ [अयुग्म+छद] সপ্তপর্ণ বৃক্ষ। A tree having an odd number of leaves.

अयुज् ত্রি০ [न+युज—क्विप्] অযুগ্ম। Single.

अयुत ত্রি০ [न+युत] অসংযুক্ত। ক্লী০ দশসহস্র সংখ্যা। Disjoined; ten thousand.

अये অব্য০ [इण्+एच्] কোপ, বিষাদ, সংভ্রম, ভয়, ক্লান্তি, সম্বোধন। A vocative particle.

अयोग পু০ [न+योग] যোগের অভাব, বিয়োগ, যোগ্যতাভাব, কষ্ট, অননুরাগ। [अयस्+गम—ड] স্বর্ণকারের কূট। Separation, unfitness.

अयोगव পু০ [अयस्+गौ+अच्] শূদ্রের ঔরসে বৈশ্যার গর্ভজাত। The son of a Śūdra man and a Vaiśya woman.

अयोगवाह পু০ [अयोग+वाह—अच्] অনুস্বার বিসর্গাদি বর্ণ। Letters like anusvāra and visarga.

अयोग्य ত্রি০ [न+योग्य] অনুপযুক্ত। Unfit.

अयोग्र ক্লী০ [अयस्+अग्र] লৌহযুক্ত অগ্রভাগবিশিষ্ট মুষল, লগুড় প্রভৃতি। Iron-tipped weapon.

अयोघन পু০ [अयस्+हन—अप्] লৌহমুদ্গর, হাতুড়ি। Iron-hammer.

अयोध्य ত্রি০ [न+युध—ण्यत्] যুদ্ধের অযোগ্য। Unfit for fight.

अयोध्या স্ত্রী০ [न+योध्य+टाप्] দশরথের রাজধানী। Name of the capital city of king Daśaratha.

अयोनि ত্রি০ [न+योनि] জন্মরহিত। Without birth.

अयोनिज ত্রি০ [न+योनि+जन—ड] অগর্ভজাত। স্ত্রী০ अयोनिजा—সীতা। Not born of the womb ; name of Sītā.

अयोमल ক্লী০ [अयस्+मल] লোহার মরিচা। Rust.

अयोमुख ক্লী০ [अयस्+मुख] লৌহাগ্র, বাণ। পু০ রাক্ষসবিশেষ। Tip of iron, arrow.

अर পু০ [ऋ—अच्] চক্রের নাভি ও নেমির মধ্যস্থ কাষ্ঠখণ্ডবিশেষ। ত্রি০ শীঘ্রগামী। Spoke.

अरघट्ट পু০ [अर+घट्ट] কূপ, কূপ হইতে জল তুলিবার কাষ্ঠবিশেষ। Well, wooden wheel to draw water from a well.

अरघट्टघाटिका স্ত্রী০ কূপের পাড় অথবা ভিত্তিগর্ত। The sides of a well.

अरजस् স্ত্রী০ [न+रन्ज—असुन्] অনার্তবা স্ত্রী। ত্রি০ রজোরহিত। A girl before menstruation.

अरणि[-णी] পু০ [ऋ—अनि] অগ্নিমন্থন কাষ্ঠ, চকমকি পাথর। A piece of wood for kindling the sacred fire.

अरण्य ক্লী০ [ऋ—अन्य] বন। Forest.

अरण्यधान्य ক্লী০ [अरण्य+धान्य] নীবার। Wild corn.

अरण्यवायस পু০ [अरण्य+वायस] দাঁড়কাক। Raven.

अरण्यश्वन् পু০ [अरण्य+श्वन्] নেকড়ে বাঘ। Wolf.

अरण्यषष्ठी স্ত্রী০ [अरण्य+षष्ठी] জ্যৈষ্ঠশুক্লা ষষ্ঠী। An auspicious day in the bright fortnight of the month of Jyaiṣṭha.

अरण्यानी স্ত্রী০ [अरण्य+ङीष्] গভীর অরণ্য। A dense forest.

अरतत्रप पु० [न+रत+त्रप] কুক্কুর। A dog.

अरति पु० [ऋ-अति] ক্রোধ। স্ত্রী০ [न+रम-क्तिन्] অনুরাগের অভাব, অনবস্থিত চিত্ত, উদ্বেগ। Anger ; dissatisfaction.

अरत्नि पु० [न+ऋ-कत्नि] কনুই হইতে কনিষ্ঠাঙ্গুলি পর্যন্ত। From elbow to the little finger.

अरर त्रि० [ऋ-अरन्] কবাট। Panel of a door.

अररु पु० [ऋ-अरु] শত্রু। Enemy.

अररे अव्य० শীঘ্র প্রত্যুত্তর লাভের জন্য অতি ব্যগ্রতার সহিত সম্বোধন। A vocative particle expressing great haste.

अरविन्द क्ली० [अर+विद-श] পদ্ম। Lotus.

अरविन्दिनी स्त्री० [अरविन्द+इनि+ङीप्] পদ্মবৃক্ষ, পদ্মসমূহ। Lotus plant, a group of lotuses.

अराजक त्रि० [न+राजक] রাজাশূন্য। Without a king.

अराति पु० [न+रा-क्तिच्] শত্রু। Enemy.

अराल त्रि० [ऋ-विच्+आ+ला-क] বক্র, কুটিল। পু০ মত্তহস্তী, ধুনা। স্ত্রী০ অসতী স্ত্রী। Curved, crooked.

अरि पु० [ऋ-इन्] শত্রু, কামক্রোধাদি ছয় রিপু, রথাঙ্গ, চক্র, জ্যোতিষশাস্ত্র প্রসিদ্ধ ষষ্ঠস্থান। Enemy.

अरित्र क्ली० [ऋ-इत्र] নৌকাচালানো কাষ্ঠবিশেষ, হাল। Oar, rudder.

अरिन्दम त्रि० [अरि+दम-खच्] শত্রুদমনকারী। One who subdues the enemy.

अरिष्ट पु० [न+रिष्ट] অশুভ, নিম্ব, বৃষভাসুর, কাক, কঙ্ক, বৃক্ষবিশেষ, সূতিকাগার, মদ্য, দধি। Unlucky omen.

अरिष्टताति त्रि० [अरिष्ट+तातिल्] শুভঙ্কর। Auspicious.

अरिष्टदुष्टधी त्रि० [अरिष्ट+दुष्ट+धी] মরণভীত। Afraid of death.

अरिष्टसूदन पु० [अरिष्ट+सूद-ल्यु] বিষ্ণু। ত্রি০ অশুভনাশক। Viṣṇu ; dispeller of evil.

अरिहन् त्रि० [अरि+हन-क्विप्] শত্রুনাশক। Killer of enemy.

अरुचि स्त्री० [न+रुचि] অনভিলাষ। Aversion.

अरुज त्रि० [न+रुज-क] রোগমুক্ত। Free from disease.

अरुण पु० [ऋ-उनन्] সূর্যসারথি, সূর্য, সন্ধ্যারাগ, নিঃশব্দ, দানববিশেষ, কুষ্ঠবিশেষ, পুন্নাগ বৃক্ষ, কৃষ্ণমিশ্রিত রক্তবর্ণ। ক্লী০ কুমকুম, সিন্দূর। The charioteer of the Sun, the Sun, ruddy colour.

अरुणलोचन पु० [अरुण+लोचन] পারাবত। Pigeon.

अरुणसारथि पु० [अरुण+सारथि] সূর্য। The Sun.

अरुणात्मज पु० [अरुण+आत्मज] অরুণ-পুত্র, জটায়ু পক্ষী। Son of Aruṇa, name of Jaṭāyu.

अरुणानुज पु० [अरुण+अनुज] গরুড় পক্ষী। Name of Garuḍa.

अरुणावरज पु० [अरुण+अवरज] গরুড় পক্ষী। Name of Garuḍa, the younger brother of Aruṇa.

अरुणित त्रि० [अरुण+इतच्] রক্তবর্ণ প্রাপ্ত। Reddened.

अरुणिमन् पु० [अरुण+इमनिच्] রক্তিমা। Reddishness.

अरुणोदय पु० [अरुण+उदय] সূর্যোদয়ের পূর্বকাল। Dawn.

अरुणोपल पु० [अरुण+उपल] পদ্মরাগমণি, চুনি। Ruby.

अरुन्तुद त्रि० [अरुस्+तुद-खश्] ক্লেশদায়ক, মর্মপীড়াদায়ক। Painful.

अरुन्धती स्त्री० বশিষ্ঠের পত্নী। Name of Vaśiṣṭha's wife.

अरुन्धतीजानि पु० [अरुन्धती+जाया+निङ्] বশিষ্ঠ। Name of sage Vaśiṣṭha.

अरुष्कर त्रि० [अरुस्+कृ-ट] মর্মপীড়াকারী। Wounding.

अरुस् पु० [ऋ-उसि] সূর্য, রক্ত খদির। ক্লী০ মর্মস্থান, ক্ষত। The Sun ; vital part.

अरूष् पु० [ऋ-ऊषन्] সূর্য। The Sun.

अरे अव्य० [ऋ-ए] রোষাহ্বান, নীচ সম্বোধন, অসূয়া, হুঙ্কৃতি। A vocative particle.

अरेऽरे अव्य० [अरे+अरे] নীচসম্বোধনাদি। A vocative particle.

अरोक त्रि० [न+रुच-घञ्] ছিদ্রশূন্য, দীপ্তিশূন্য। Without holes, without splendour.

अरोग पु० [न+रोग] রোগের অভাব। ত্রি০ রোগশূন্য। Absence of disease ; free from disease.

अरोगिन् त्रि० [न+रोग+इनि] রোগহীন। Healthy.

अर्क पु० [अर्च-घञ्] সূর্য, ইন্দ্র, রবিকর, তাম্র, স্ফটিক, পণ্ডিত, বিষ্ণু, আকন্দবৃক্ষ, জ্যেষ্ঠভ্রাতা। The Sun, a kind of tree.

अर्कचन्दन पु० [अर्क+चन्दन] রক্তচন্দন। The red sandal.

अर्कतनय पु० [अर्क+तनय] সুগ্রীব, কর্ণ, যম, শনি, বৈবস্বত মনু। (দ্বিবচন) অশ্বিনীকুমারদ্বয়। স্ত্রী০

अर्कतनया—यमुना। Name of Sugrīva, Karṇa, Yama, Saturn and Manu.

अर्कपादप पु॰ [अर्क+पादप] निम्ब वृक्ष। The Neem tree.

अर्कप्रिया स्त्री॰ [अर्क+प्रिया] जबा पुष्प। The hibiscus flower.

अर्कबन्धु पु॰ [अर्क+बन्धु] সূর্যবংশীয় বৌদ্ধধর্মপ্রণেতা গৌতম। Name of the Buddha.

अर्कव्रत पु॰ [अर्क+व्रत] মাঘমাসের শুক্লপক্ষের সপ্তমী প্রভৃতি তিথিতে কর্তব্য ব্রত। A particular vow taken in the month of Māgha.

अर्कोपल पु॰ [अर्क+उपल] সূর্যকান্তমণি। The sun-stone.

अर्गल क्ली॰ [अर्ज-कलच्], स्त्री॰ अर्गला—কপাট, খিল, হুড়কা। त्रि॰ কল্লোল। Door, bolt.

अर्गलिका स्त्री॰ [अर्गल+कन्+टाप्] ক্ষুদ্র কপাট। A small door.

अर्घ पु॰ [अर्घ-घञ्] মূল্য। [अर्ह-घञ्] পূজা; দূর্বা, অক্ষত প্রভৃতি পূজোপচার। Value; worship, materials of worship.

अर्घ्य त्रि॰ [अर्घ+यत्] পূজ্য। पु॰, क्ली॰ পূজার উপচার। Adorable ; respectful offering.

अर्चक त्रि॰ [अर्च-ण्वल्] পূজক। Worshipper.

अर्चन क्ली॰ [अर्च-ल्युट्] পূজা। Worship.

अर्चना स्त्री॰ [अर्च-युच्+टाप्] পূজা। Worship.

अर्चा स्त्री॰ [अर्च-अङ्+टाप्] পূজা। Worship.

अर्चि स्त्री॰ [अर्च-इन्] অগ্নি প্রভৃতির শিখা। Flame.

अर्चित त्रि॰ [अर्च-क्त] পূজিত। Worshipped.

अर्चिष्मत् पु॰ [अर्चिस्+मतुप्] সূর্য, বহ্নি। त्रि॰ দীপ্তিমান্, প্রজ্বলিত। Sun, fire.

अर्चिस् पु॰ [अर्च-इसि] অগ্নি প্রভৃতির শিখা। Flame.

अर्च्य त्रि॰ [अर्च-यत्] পূজ্য। Deserving worship.

अर्जक त्रि॰ [अर्ज-ण्वुल्] উপার্জনকারী। One who earns.

अर्जन क्ली॰ [अर्ज-ल्युट्] উপার্জন, লাভ, রোপণ। Earning, gain.

अर्जुन पु॰ [अर्ज-उनन्] তৃতীয় পাণ্ডব, বৃক্ষ-বিশেষ, ময়ূর, কার্তবীর্য, শ্বেতবর্ণ। त्रि॰ শ্বেতবর্ণ-যুক্ত। क्ली॰ তৃণ, চক্ষুরোগবিশেষ। स्त्री॰ अर्जुनी—উষা, গাভী, করতোয়া নদী, কুট্টনী। Name of the third Pāṇḍava, name of a tree, white.

अर्ण पु॰ [ऋ-न] বর্ণ, সেগুন গাছ। क्ली॰ জল। त्रि॰ পীড়িত। A letter of the alphabet.

अर्णव पु॰ [अर्णस्+व] সমুদ্র। Ocean.

अर्णस् क्ली॰ [ऋ-असुन्] জল। Water.

अर्तन क्ली॰ [ऋत-ल्युट्] নিন্দা। Blame.

अर्ति स्त्री॰ [अर्द-क्तिन्] পীড়া, যাতনা, ধনুকের অগ্র-ভাগ। Pain, grief.

अर्तिक पु॰ [अर्ति+कन्] আস্কে পিঠে। त्रि॰ পীড়া-যুক্ত। Diseased.

अर्थ पु॰ [अर्थ-घञ्] অভিধেয়, ধন, বস্তু, প্রয়োজন, নিবৃত্তি, বিষয়, হেতু, প্রকার, অভিলাষ, উদ্দেশ্য। Meaning, wealth, object, purpose.

अर्थकर त्रि॰ [अर्थ+कृ-ट] ধনোৎপাদক। Enriching.

अर्थतस् अव्य॰ [अर्थ+तसिल्] বস্তুতঃ, ফলতঃ, অর্থাৎ। In fact, really.

अर्थतत्त्व क्ली॰ [अर्थ+तत्त्व] বিষয়ের যথার্থতা। Fact of the matter.

अर्थदूषण क्ली॰ [अर्थ+दूषण] অপব্যয়। Extravagance.

अर्थन क्ली॰ [अर्थ-ल्युट्] প্রার্থনা। Entreaty.

अर्थना स्त्री॰ [अर्थ-युच्+टाप्] প্রার্থনা। Entreaty.

अर्थपति पु॰ [अर्थ+पति] কুবের, রাজা, ধনী। Name of Kuvera, king.

अर्थपर त्रि॰ [अर्थ+पर] কৃপণ, ধনলোভী। Miser.

अर्थप्रयोग पु॰ [अर्थ+प्रयोग] বৃদ্ধিলাভের জন্য ধন-প্রয়োগ। Usury.

अर्थवत् त्रि॰ [अर्थ+मतुप्] অর্থযুক্ত, ধনী। Wealthy.

अर्थवाद पु॰ [अर्थ+वद-घञ्] বৈদিক বিধিবাক্যের তাৎপর্যব্যাখ্যা। Explanation of the meaning of a precept.

अर्थविज्ञान क्ली॰ [अर्थ+विज्ञान] অর্থনীতিবিষয়ক শাস্ত্র, শব্দশক্তিগ্রহ। Economics.

अर्थविद् त्रि॰ [अर्थ+विद-क्विप्] অর্থজ্ঞ। One who knows the meaning.

अर्थशास्त्र क्ली॰ [अर्थ+शास्त्र] নীতিশাস্ত্র, অর্থজনক-শাস্ত্র। Political science.

अर्थशौच क्ली॰ [अर्थ+शौच] ধনব্যাপারে সাধুতা। Honesty in financial matters.

अर्थसिद्धि स्त्री॰ [अर्थ+सिद्धि] সফলতা। Success, fulfilment of purpose.

अर्थहर त्रि॰ [अर्थ+हर] চোর, ধনাধিকারী। Thief.

अर्थागम पु॰ [अर्थ+आगम] আয়, ধনলাভ। Income.

अर्थान्तर क्ली॰ [अर्थ+अन्तर] অন্য অর্থ, ভিন্নার্থ। A different meaning.

अर्थान्तरन्यास पु० [अर्थान्तर+न्यास] কাব্যালংকারবিশেষ। A figure of speech.

अर्थापत्ति स्त्री० [अर्थ+आपत्ति] কাব্যালংকারবিশেষ, ভারতীয় দর্শনে প্রমাণবিশেষ। A figure of speech, one of the six pramāṇas.

अर्थिक त्रि० [अर्थिन्+कन्] ভিক্ষুক। পু০ বৈতালিক। Beggar.

अर्थित त्रि० [अर्थ–क्त] প্রার্থিত। Desired, sought.

अर्थिता स्त्री० [अर्थिन्+तल्+टाप्] প্রার্থনা, অর্থীর ধর্ম। Supplication.

अर्थित्व क्ली० [अर्थिन्+त्व] প্রার্থনা, অর্থীর ধর্ম। Supplication.

अर्थिन् त्रि० [अर्थ+इनि] যাচক, সেবক, বাদী। Supplicant.

अर्थे अव्य० নিমিত্তে। For the purpose of.

अर्थ्य त्रि० [अर्थ+यत्] ন্যায্য, প্রার্থনীয়, বুদ্ধিমান্, অর্থযুক্ত। ক্লী০ গৈরিক, শিলাজতু। Proper, fit to be sought.

अर्दन क्ली० [अर्द–ल्युट्] পীড়া, প্রার্থনা, বধ, গমন। Torment, prayer.

अर्दित त्रि० [अर्द–क्त] পীড়িত, প্রার্থিত, হত, গত। ক্লী০ বাতরোগ। Tormented, sought.

अर्ध पु० [ऋध–घञ्] খণ্ড। ক্লী০ তুল্যাংশ। ত্রি০ খণ্ডিত। Part; half.

अर्धगङ्गा स्त्री० [अर्ध+गङ्गा] কাবেরী নদী (গঙ্গাস্নানের অর্ধফলদায়িনী)। Name of the river Kāverī.

अर्धचन्द्र पु० [अर्ध+चन्द्र] চন্দ্রের অর্ধভাগ, গলহস্ত, বাণবিশেষ, ময়ূরপুচ্ছের চিহ্ন। Half-moon, to seize by the neck and turn out, an arrow with a crescent.

अर्धनारीश्वर पु० [अर्ध+नारी+ईश्वर] হরগৌরীরূপ, মহাদেব। The united form of Hara and Gaurī, name of Śiva.

अर्धनाव क्ली० [अर्ध+नौ+टच्] অর্ধনৌকা। Half a boat.

अर्धपाद क्ली० [अर्ध+पाद] কপাট বিশেষ, আধফুট পরিমাণ। A small door.

अर्धपुलायित क्ली० [अर्ध+पुलायित] অশ্বের গতিবিশেষ। A particular movement of the horse.

अर्धभाज् त्रि० [अर्ध+भज–ण्वि] অর্ধাংশভাগী। Deserving half of a share.

अर्धमाणवक पु० [अर्ध+माणवक] বারনরী হার। A necklace of twelve strings.

अर्धमात्रा स्त्री० [अर्ध+मात्रा] অর্ধপরিমাণ। ত্রি০ ব্যঞ্জনবর্ণ। Half measure; consonant.

अर्धरात्र पु० [अर्ध+रात्रि+टच्] নিশীথ, মধ্যরাত্রি। Midnight.

अर्धर्च पु०, क्ली० [अर्ध+ऋच्+अच्] বেদমন্ত্রের অর্ধাংশ। Half of a Vedic verse.

अर्धहार पु० [अर्ध+हार] চৌষট্টি-নরী হার। A necklace of sixtyfour strings.

अर्धाङ्ग क्ली० [अर्ध+अङ्ग] দেহের অর্ধাংশ। Half of the body.

अर्धार्ध पु० [अर्ध+अर्ध] এক চতুর্থাংশ। One-fourth.

अर्धशफर पु० [अर्ध+शफर] দণ্ডপাল মৎস্য। A kind of fish.

अर्धाशन क्ली० [अर्ध+अशन] অর্ধভোজন। Half of a meal.

अर्धासन क्ली० [अर्ध+आसन] আসনের অর্ধাংশ, স্নেহপ্রকাশ, নিন্দামোচন। Half of a seat.

अर्धेन्दु पु० [अर्ध+इन्दु] অর্ধচন্দ্র। Half-moon.

अर्धोक्त त्रि० [अर्ध+उक्त] অর্ধকথিত। Half-said.

अर्धोदित त्रि० [अर्ध+उदित] অর্ধোত্থিত, অর্ধকথিত। Half-uttered.

अर्धोदय पु० [अर्ध+उदय] মাঘমাসে অমাবস্যা তিথিতে বিশেষ নক্ষত্র ও বিশেষ বারের সংযোগ। An auspicious planetary conjunction.

अर्धोरुक क्ली० [अर्ध+उरु+काश–ड] কঞ্চুক, পরিধেয় বস্ত্রবিশেষ, কাঁচ। A short petticoat.

अर्पण क्ली० [ऋ+णिच्–ल्युट्] দান, নিক্ষেপ, স্বত্বত্যাগ, স্থাপন। A gift.

अर्पित त्रि० [ऋ+णिच्–क्त] দত্ত, স্থাপিত, ন্যস্ত। Given, entrusted.

अर्पिस पु० [ऋ+णिच्–इसन्] হৃদয়, অগ্রমাংস। Heart.

अर्बुद[-र्व्बुद] क्ली० [अर्ब+उद्+इण्–ड] দশকোটি সংখ্যা, আব্। পু০ পর্ব্বতবিশেষ। Ten crores, name of a mountain.

अर्भ पु० [ऋ–भ] বালক, শিশির, ওষধি। ত্রি০ অল্পতেজা। A boy.

अर्भक पु० [अर्भ+कन्] বালক, শাবক। ত্রি০ অল্প, মূর্খ, কৃশ, সদৃশ। A boy, a cub; a little.

अर्म पु०, क्ली० [ऋ–मन्] চক্ষুরোগ। Eye disease.

अर्य पु० [ऋ–यत्] স্বামী, বৈশ্য। ত্রি০ শ্রেষ্ঠ। স্ত্রী০ অর্যাণী—বৈশ্যজাতীয়া স্ত্রী; অর্যা—বৈশ্যপত্নী। Lord, a Vaiśya.

अर्यमन् पु० [अर्य+मा–कनिन्] সূর্য, অর্ক বৃক্ষ, পিতৃলোকবিশেষ, উত্তরফল্গুনী নক্ষত্র। The Sun.

अर्वन् पु० [ऋ–वनिप्] ঘোটক, ইন্দ্র, গোকর্ণ পরিমাণ। স্ত্রী० अर्वती—ঘোটকী, কুট্টনী। ত্রি० অধম। Horse, name of Indra.

अर्वाच् अव्य० [अवर+अञ्च–क्विन्] পশ্চাৎ, আদি, সমীপ। ত্রি० পরবর্তী, নিকৃষ্ট। Behind ; after.

अर्वाचीन त्रि० [अर्वाच्+ख] আধুনিক, বিপরীত, পরবর্তী। Modern, reverse.

अर्श, अर्शस् क्ली० [ऋ–असुन्] রোগবিশেষ। Piles.

अर्शस त्रि० [अर्शस्+अच्] অর্শরোগী। One suffering from piles.

अर्शिन् त्रि० [अर्श+इनि] অর্শরোগী। One suffering from piles.

अर्ह पु० [अर्ह–घञ्] আরাধ্য, ঈশ্বর, ইন্দ্র। ত্রি० [अर्ह–अच्] পূজ্য, যোগ্য। Adorable.

अर्हण पु० [अर्ह–ल्यु] বুদ্ধবিশেষ। ক্লী० পূজা, পূজার উপকরণ পুষ্পাদি, উপায়ন। Name of a Buddha ; worship.

अर्हणा स्त्री० [अर्ह–युच्+टाप्] পূজা, যোগ্যতা। Worship, fitness.

अर्हत् त्रि० [अर्ह–शतृ] পূজ্য, যোগ্য, প্রশংসার্হ। পু० বৌদ্ধ, বুদ্ধবিশেষ। Adorable; a Buddhist monk, name of a Buddha.

अर्हन्त पु० [अर्ह–झच्] বুদ্ধবিশেষ, বৌদ্ধ ক্ষপণক। Name of a Buddha, a Buddhist monk.

अर्हा स्त्री० [अर्ह–अङ्+टाप्] পূজা। Worship.

अर्हित त्रि० [अर्ह–क्त] পূজিত। Worshipped.

अल क्ली० [अल–अन्] হুল, বৃশ্চিকপুচ্ছ, হরিতাল। The sting in the tail of a scorpion.

अलक पु० [अल–क्वुन्] চূর্ণকুন্তল। স্ত্রী० अलका—কুবেরপুরী, অষ্টম হইতে দশম বয়স্কা বালিকা। Curly hair; city of Kuvera.

अलकनन्दा स्त्री० নদীবিশেষ, গঙ্গা, বালিকা। Name of a river, the Ganges.

अलकाधिप पु० [अलका+अधिप] কুবের। Kuvera, the lord of wealth.

अलक्त पु० [न+रक्त], **अलक्तक** पु० [अलक्त+कन्] লাক্ষা, আলতা। Red lac.

अलक्षण क्ली० [न+लक्षण] দুর্লক্ষণ। ত্রি० দুর্লক্ষণযুক্ত, লক্ষণহীন, অননুমেয়। Ill-omen ; inauspicious.

अलक्षित त्रि० [न+लक्ष–क्त] অজ্ঞাত, অদৃষ্ট, লক্ষণের দ্বারা অননুমিত। Unnoticed.

अलक्ष्मी स्त्री० [न+लक्ष्मी] দুর্ভাগ্য, দুর্দশা, দুষ্ট লক্ষ্মী। Bad luck, poverty.

अलक्ष्य त्रि० [न+लक्ष्य] অদৃশ্য, অচিহ্নিত। Invisible.

अलगर्द पु० [न+लग–क्विप्=अलग्; अलग्+अर्द–अच्] বিষশূন্য সর্প, জলসর্প, ঢোঁড়াসাপ। A water-serpent.

अलघु त्रि० [न+लघु] গুরু। Heavy, not light.

अलङ्करण क्ली० [अलम्+कृ–ल्युट्] সাজান, ভূষণ। Ornamentation.

अलङ्करिष्णु त्रि० [अलम्+कृ–इष्णुच्] অলঙ্করণ-প্রিয়, ভূষক, মণ্ডনকরণশীল। Fond of decoration.

अलङ्कर्तृ त्रि० [अलम्+कर्तृ] প্রসাধক, ভূষক। Decorator.

अलङ्कर्मीण त्रि० [अलम्+कर्म+ख] কর্মদক্ষ। Skilful in action.

अलङ्कार पु० [अलम्+कृ–घञ्] ভূষণ, সাহিত্যবিষয়ক দোষ, গুণ প্রভৃতি প্রতিপাদক শাস্ত্র, শব্দালঙ্কার অনুপ্রাসাদি, অর্থালঙ্কার উপমাদি। Ornament, book on rhetoric, figure of speech.

अलङ्कृत त्रि० [अलम्–कृत] ভূষিত। Ornamented.

अलङ्क्रिया स्त्री० [अलम्+कृ–श+टाप्] ভূষিতকরণ। Adorning.

अलङ्घ्य त्रि० [न+लङ्घ–यत्] অনতিক্রমণীয়। Insurmountable.

अलन्तराम् अव्य० [अलम्+तरप्+आमु] অপেক্ষাকৃত অধিক বা সমর্থ। Relatively more capable.

अलब्ध त्रि० [न+लब्ध] অপ্রাপ্ত। Unrealised.

अलम् अव्य० [अल–अमु] ভূষণ, পর্যাপ্তি, নিবারণ, নিষেধ, শক্তি, অত্যর্থ, অবধারণ, সমর্থ। Ornament, enough, no need of (prohibitive sense), capable.

अलम्पुरुषीण त्रि० [अलम्+पुरुष+ख] পুরুষযোগ্য, প্রতিমল্লের সহিত যুদ্ধে সমর্থ। Fit for a man in a challenge.

अलम्बुष पु० [अलम्+पुष–क] বমন, প্রহস্ত নামক রাক্ষস, দেশবিশেষ। স্ত্রী० अलम्बुषा—স্বর্গবেশ্যা, লজ্জাবতী লতা, মঞ্জিষ্ঠা। Vomiting.

अलर्क पु० [अल+अर्क–अच्] উন্মত্ত কুকুর, অসুরবিশেষ। A mad dog.

अलवाल क्ली० [न+लव+आ+ला–क] আলবাল বৃক্ষসেচনের জন্য বৃক্ষমূলে মৃত্তিকানির্মিত জলাধার। A basin for water at the base of a tree.

अलस त्रि० [न+लस–अच्] আলস্যযুক্ত, জড়, পাদরোগবিশেষ, বৃক্ষবিশেষ। স্ত্রী० अलसा—হংসপদী লতা। Idle.

अलसक पु० [न+लस–वुन्] উদরাময় রোগ। Flatulence.

अलात पु०, क्लो० [न+ला–क्त] ज्वलन्त अङ्गार। Burning fuel.

अलावु [-बू] स्त्री० [न+लव–ड] लाउ, तुम्बी। Bottle-gourd.

अलार पु० [ऋ+यङ्लुक्–अच्] द्वार। Door.

अलि पु० [अल–इन्] भ्रमर, কোকিল, কাক, বৃশ্চিক, মন্ত্র। Bee, cuckoo, crow.

अलिक क्लो० [अल–इकन्] ললাট। Forehead.

अलिगर्द पु० [अलि+गर्द–अच्] সর্পবিশেষ। A kind of snake.

अलिजिह्वा स्त्री० [अलि+जिह्वा] আলজিভ। The uvula.

अलिञ्जर पु० [अल–इन्+जॄ–अच्] মৃণ্ময় জলাধার, বৃহৎ কলস। Water-jar.

अलिन् पु० [अल+इनि] ভ্রমর, বৃশ্চিক। Bee.

अलिन्द पु० [अल–किन्दच्] বারান্দা, দ্বারের বহির্ভাগের চত্বরাকার স্থান। Terrace.

अलिपक, अलिम्पक पु० [न+लिप (लिम्प)–वुन्] ভ্রমর, কোকিল। Bee, cuckoo.

अलिप्रिय क्लो० [अलि+प्रिय] রক্তপদ্ম। स्त्री० अलिप्रिया—পাটলাবৃক্ষ। Red lotus (a favourite of the bees).

अलिमक पु० [अलि+मक्क–अच्] ভ্রমর, কোকিল, ভেক, পদ্মকেশর, মধুবৃক্ষ। Bee, cuckoo, frog.

अलीक त्रि० [अल–ईकन्] মিথ্যা, অপ্রিয়। क्लो० ললাট, আকাশ, সর্গ। False.

अलोकसामान्य त्रि० [न+लोक+सामान्य] অসাধারণ। Extraordinary.

अलौकिक त्रि० [न+लोक+ठक्] লোকাতীত, লৌকিক প্রত্যক্ষের অযোগ্য। Supernatural.

अल्प त्रि० [अल–प] ক্ষুদ্র, ঈষৎ, সুক্ষ্ম, মর্ত্য। Small, little.

अल्पतनु त्रि० [अल्प+तनु] খর্ব, দুর্বল, স্বল্প অস্থিযুক্ত। Weak.

अल्पधी त्रि० [अल्प+धी] অল্পবুদ্ধি। Foolish.

अल्पशस् अव्य० [अल्प+शस्] অল্পে অল্পে। Slowly.

अल्पसरस् क्लो० [अल्प+सरस्] পল্বল, ছোট পুষ্করিণী। A small pond.

अल्पायुस् त्रि० [अल्प+ आयुस्] অল্পকালজীবী। पु० ছাগ। Short-lived ; goat.

अल्पाल्प त्रि० [अल्प+अल्प] অতি অল্প, অল্পে অল্পে। Slowly, very little.

अल्पिष्ठ त्रि० [अल्प+इष्ठन्] অতি অল্প, অতি ক্ষুদ্র। Very little or small.

अल्पीयस् त्रि० [अल्प+ईयसुन्] অতি ক্ষুদ্র, অত্যল্প। Very little.

अल्ला स्त्री० [अल्+ला–क+टाप्] মাতা, পরম দেবতা। Mother.

अव अव्य० নিশ্চয়, ব্যাপ্তি, অনাদর, অসাকল্য, অবলম্বন, শুদ্ধি, পরিভব, নিয়োগ, নিম্নতা, বিয়োগ। Determination, pervasion, disrespect, depreciation.

अवकट त्रि० [अव+कटच्] নিম্ন, বিপরীত। क्लो० বৈপরীত্য। Downwards; contrariety.

अवकर पु० [अव+कॄ–अप्] জঞ্জাল। Sweepings.

अवकर्षण क्लो० [अव+कृष–ल्युट्] আকর্ষণ, অধোনয়ন। Extraction.

अवकलित त्रि० [अव+कल–क्त] দৃষ্ট, সংকলিত, জ্ঞাত। Observed.

अवकाश पु० [अव+काश–घञ्] অবসর, স্থান, অবস্থান। Occasion, space.

अवकीर्ण त्रि० [अव+कॄ–क्त] চূর্ণিত, ধ্বস্ত, ন্যস্ত, বিক্ষিপ্ত। Smashed, scattered.

अवकीर्णिन् त्रि० [अवकीर्ण+इनि] ক্ষতব্রত, ব্রত উল্লঙ্ঘনকারী। One who violates the vow of incontinence.

अवकृष्ट त्रि० [अव+कृष–क्त] দূরীকৃত, অপসারিত, বহিষ্কারিত, অধম। Removed.

अवकेशिन् त्रि० [अवक+ईश–णिनि] বন্ধ্যা, নিষ্ফল অল্পকেশযুক্ত। Barren, unfruitful.

अवकोटक पु० [अव+कोटक] বক। A heron.

अवक्रय पु० [अव+क्री–अच्] মূল্য, ভাড়া। Price, rent.

अवक्रिया स्त्री० [अव+क्रिया] অকর্ম, অনাদর। Censurable deed, neglect.

अवक्रुष्ट पु० [अव+क्रुश–क्त] ভর্ৎসিত, কুশব্দিত। Abused.

अवक्रोश पु० [अव+क्रुश–घञ्] চীৎকার, শাপ, ভর্ৎসনা। Discordant noise, curse, abuse.

अवक्षिप्त त्रि० [अव+क्षिप–क्त] নিক্ষিপ্ত, উপহাসোক্ত। Thrown down.

अवक्षुत त्रि० [अव+क्षु–क्त] যাহার উপরে কেহ হাঁচিয়াছে। Sneezed upon.

अवक्षेप पु० [अव+क्षिप–घञ्], **अवक्षेपण** क्लो० [अव+क्षिप–ल्युट्] নিন্দা, তিরস্কার, ভর্ৎসনা। Blaming, reviling.

अवगणित त्रि० [अव+गण–क्त] তিরস্কৃত, অবজ্ঞাত। Disregarded, insulted.

अवगण्ड पु० [अव+गम–ड] গণ্ডস্থ ব্রণ। A boil on the cheek.

अवगत त्रि० [अव+गम–क्त] জ্ঞাত, নিম্নগত, প্রস্থিত। Known.

अवगति स्त्री० [अव+गम–क्तिन्] জ্ঞান। Knowledge.

अवगथ त्रि० [अव+गा–थ] প্রাতঃস্নাত। Bathed in the morning.

अवगदित त्रि० [अव+गद–क्त] কহুক্ত, অনুক্ত। Badly spoken, unspoken.

अवगन्तव्य त्रि० [अव+गम–तव्य] বোদ্ধব্য, ত্যাজ্য। To be known.

अवगम पु० [अव+गम–अच्] জ্ঞান, প্রস্থান, বোধ। Knowledge.

अवगाढ त्रि० [अव+गाह–क्त] নিবিড়, অন্তঃপ্রবিষ্ট, নিমগ্ন। Deep, plunged.

अवगाद पु० [अव+गम–आदक्] নৌকার জলসেচনী। An instrument for throwing off water from a boat.

अवगाह पु० [अव+गाह–घञ्], **अवगाहन** क्ली० [अव+गाह–ल्युट्] স্নান, অন্তঃপ্রবেশ, স্নানস্থান। Bath.

अवगीत त्रि० [अव+गै–क्त] নিন্দিতরূপে গীত। क्ली० অপবাদ, মন্দ গীত। Censured; blame.

अवगुण पु० [अव+गुण–क] দোষ। Fault.

अवगुण्ठन क्ली० [अव+गुण्ठ–ल्युट्] মুখাচ্ছাদন বস্ত্র। Veil.

अवगुण्ठिका स्त्री० [अव+गुण्ठ–ण्वुल्+टाप्] মুখাবরণ বস্ত্র, যবনিকা। Veil.

अवगुण्ठित त्रि० [अव+गुण्ठ–क्त] কৃতাবগুণ্ঠন, আচ্ছাদিত। Veiled.

अवगृह्य क्ली० [अव+ग्रह–क्यप्] ব্যাকরণে প্রগৃহ্য-সংজ্ঞক পদ। A term in Sanskrit grammar to signify the pragṛhya.

अवगोरण क्ली० [अव+गुर–ल्युट्] বধের জন্য অস্ত্রাদি উত্তোলন। To raise up arms to kill.

अवग्रह पु० [अव+ग्रह–घ] অবরোধ, অনাবৃষ্টি, তিরস্কার, ভ্রমজ্ঞান, নিগ্রহ, ব্যাকরণে পদচ্ছেদ, হস্তিকপাল। Obstacle, draught, punishment.

अवग्रहण क्ली० [अव+ग्रह–ल्युट्] প্রতিরোধ, অবজ্ঞা। Obstacle, disregard.

अवघट्ट पु० [अव+घट्ट–घञ्] বন্ধ, জাঁতা। Grindstone.

अवघात पु० [अव+हन–घञ्] অবহনন, অপহত্যা, তণ্ডুলাদির বিতুষীকরণ। Threshing corn.

अवघातिन् त्रि० [अवघात+इनि] অবঘাতকর্তা। One who threshes corn.

अवचनीय त्रि० [न+वचनीय] অবক্তব্য, অনিন্দ্য। Not to be spoken, not censurable.

अवचय [-चाय] पु० [अव+चि–अच् (घञ्)] চয়ন, সংগ্রহ। Gathering, collecting.

अवचित त्रि० [अव+चि–क्त] আহৃত, সঞ্চিত, অপ-ব্যয়িত। Collected.

अवचूड[-ल] पु०[अव+चूड] ধ্বজের অধোলম্বমান বস্ত্র, চামর। A piece of cloth hanging downwards from the banner.

अवचूर्णित त्रि० [अव+चूर्ण–क्त] পিষ্ট, ক্ষিপ্ত, চূর্ণীকৃত। Pounded.

अवचूलक पु० [अव+चूड+कन्] চামর। Chowrie.

अवच्छिन्न त्रि० [अव+छिद–क्त] সঙ্কুচিত, বিশিষ্ট, ইতরব্যাবৃত্ত। Limited, excluded.

अवच्छुरित क्ली० [अव+छुर–क्त] অট্টহাস। त्रि० মিশ্রিত। Mixed.

अवच्छेद पु० [अव+छिद–घञ्] পরিচ্ছেদ, একদেশ, খণ্ড, সীমা, বিরাম, কর্তন। Determination, boundary.

अवच्छेदक त्रि० [अव+छिद–ण्वुल्] ব্যাবর্তক, বিশেষণ। Determinant.

अवजय पु० [अव+जि–अच्], **अवजिति** स्त्री० [अव+जि–क्तिन्] পরাজয়। Defeat.

अवज्ञा स्त्री० [अव+ज्ञा–अङ्] অনাদর, হেয়জ্ঞান। Neglect, contempt.

अवज्ञात त्रि० [अव+ज्ञा–क्त] অনাদৃত। Neglected, ignored.

अवज्ञान पु० [अव+ज्ञान] অনাদর। Neglect, disrespect.

अवट पु० [अव–अटन्] গর্ত, কূপ, কুহকী। Hole, well.

अवटि स्त्री० [अव+अटि] গর্ত, কূপ। Hole, well.

अवटीट त्रि० [अव+टीट–अच्] অবনত নাসিকা, খাঁদা। Flat-nosed.

अवटु पु० [अव+टीक–डु] বৃক্ষবিশেষ, গর্ত, কূপ। स्त्री० গ্রীবা, ঘাড়। A kind of tree, hole, well; neck.

अवडीन क्ली० [अव+डी–क्त] পক্ষীর অবরোহণ। Descent of a bird.

अवतंस पु०, क्ली० [अव+तन्स–घञ्] কর্ণপূর, কর্ণভূষণ, কিরীট, শিরোভূষণ। Ear-ring, crest.

अवतति स्त्री० [अव+तन–क्तिन्] সংহতি, সমূহ। Collection, assemblage.

अवतमस क्ली० [अव+तमस्+अच्] অল্পান্ধকার। Dim darkness.

अवतर पु० [अव+तृ–अप्], **अवतरण** क्ली० [अव+तृ–ल्युट्], অবরোহণ, উত্তরণ, উল্লিখন, উৎপত্তি, অবতার। Descent.

अवतान पु० [अव+तन-घञ्] বিস্তার, বিতান, প্রসারণ। Stretching.

अवतार पु० [अव+तॄ-घञ्] দিব্যপুরুষের মর্ত্যলোকে প্রকাশ, অবরোহণ, উৎপত্তি, নদী প্রভৃতির ঘাট। Descent, incarnation, rise, bathing place.

अवतारण क्ली० [अव+तॄ+णिच्-ल्युट्] অবরোপণ, প্রস্তাবনা, অর্চনা, ভূতাদিগ্রহ, নামান। स्त्री० अवतारिणि[-णी]-का, সিঁড়ি। To bring down, worship.

अवतारित त्रि० [अव+तॄ+णिच्-क्त] অবরোপিত। Brought down.

अवतीर्ण त्रि० [अव+तॄ-क्त] আবির্ভূত, উত্তীর্ণ, নিম্নগত। Appeared, descended.

अवतोका स्त्री० [अव+तोक+टाप्] স্রবদ্‌গর্ভা স্ত্রী। A miscarrying woman.

अवदंश पु० [अव+दन्श-घञ्] উত্তেজক খাদ্য। A stimulant food.

अवदात पु० [अव+दै-क्त] শ্বেতবর্ণ। त्रि० নির্মল, সুন্দর। White; beautiful.

अवदान क्ली० [अव+दै(दो)-ल्युट्] সম্পাদিত কর্ম, মহৎ কর্ম, খণ্ডন, পরাক্রম, অতিক্রম, মনোনীত ব্যবসায়। An accomplished act, a great act.

अवदारक त्रि० [अव+दृ+णिच्-ण्वुल्] খনিত্র। A spade.

अवदारण क्ली० [अव+दृ+णिच्-ल्युट्] খনিত্র, খন্তা, শাবল, খনন। Spade, digging.

अवदाह पु० [अव+दह-घञ्] দগ্ধ করা। Burning.

अवदीर्ण त्रि० [अव+दॄ-क्त] গলিত, দ্রবীভূত, ভগ্ন। Melted, broken.

अवद्य त्रि० [न+वद-यत्] নিন্দনীয়, নীচ, হীন। क्ली० অনিষ্ট, দোষ। Censurable, low; sin, fault.

अवधान क्ली० [अव+धा-ल्युट्] মনোযোগ, অভিনিবেশ। Attention.

अवधारण क्ली० [अव+धृ+णिच्-ल्युट्] নিশ্চয়, স্থিরীকরণ। Determination, ascertainment.

अवधारित त्रि० [अव+धृ+णिच्-क्त] নির্ণীত, স্থিরীকৃত। Fixed, determined.

अवधि पु० [अव+धा-कि] সীমা, পর্যন্ত, গর্ত, সময়, অবসান, অবধান। Limit.

अवधीरण क्ली० [अव+धीर-ल्युट्], स्त्री० अवधीरणा—[अव+धीर-युच्+टाप्] অবজ্ঞা, হেয়জ্ঞান। Disrespect.

अवधीरित त्रि० [अव+धीर-क्त] অবজ্ঞাত, অনাদৃত। Disregarded, insulted.

अवधूत त्रि० [अव+धू-क्त] তিরস্কৃত, ত্যক্ত, নিরস্ত, অভিভূত, কম্পিত। Despised, insulted, shaken.

अवध्वंस पु० [अव+ध्वन्स-घञ्] পরিত্যাগ, নিন্দা। Forsaking, blame.

अवध्वस्त त्रि० [अव+ध्वन्स-क्त] নষ্ট, নিন্দিত। Destroyed.

अवन क्ली० [अव-ल्युट्], পালন, তৃপ্তি, বেগ, গতি, প্রীত করা। Protection, gratifying.

अवनत त्रि०[अव+नम-क्त] নত, আনত। Modest, bowed.

अवनति स्त्री०[अव+नम-क्तिन्] আনতি। Bowing.

अवनद्ध त्रि० [अव+नह-क्त] বদ্ধ, বেষ্টিত, খচিত। क्ली० ঢক্কা, বসন, ভূষণ, পরিধান। Fastened, fixed; a kind of musical instrument.

अवनाय [-नाय] पु० [अव+नी-अच् (घञ्)] নিম্নে প্রক্ষেপ। Throwing down.

अवनयन क्ली० [अव+नी-ल्युट्] নিম্নে প্রক্ষেপ। Throwing down.

अवनाट त्रि० [अव+नासिका (=नाट)+अच्] খাঁদা। Flat-nosed.

अवनाह पु० [अव+नह-घञ्] বন্ধন, পরিধান। Binding, putting on.

अवनि [-नी] स्त्री० [अव-अनि] ভূমি, পৃথিবী। Earth.

अवनि [-नी]-पति पु० [अवनि+पति] ভূপতি, রাজা। King.

अवनेजन क्ली० [अव+निज-ल्युट्] প্রক্ষালন। Washing.

अवन्ति पु० মালব দেশ। The country of Mālava.

अवन्तिका स्त्री० [अवन्ति+कन्+टाप्] উজ্জয়িনী। Name of the city of Ujjayinī.

अवन्तिसोम क्ली० [अवन्ति+सोम] কাঞ্জিক। Sour gruel.

अवपतन क्ली० [अव+पत-ल्युट्] অধোগমন, অবরোহণ। Downward motion.

अवपन्न त्रि०[अव+पद-क्त] দূষিত, অধোগত, পতিত। Polluted, fallen down.

अवपात पु० [अव+पत-घञ्] পতন, হস্তি-ধারণার্থ তৃণাদির দ্বারা আচ্ছন্ন গর্ত। Falling.

अवप्लुत त्रि० [अव+प्लु-क्त] হঠাৎ অবতীর্ণ, অপগত, ভ্রষ্ট, চ্যুত। Suddenly appeared.

अवबोध पु० [अव+बुध-घञ्] পরিজ্ঞান। Knowledge.

अवभास पु० [अव+भास-घञ्] প্রকাশ, স্ফুরণ, সাক্ষাৎকার। Manifestation.

अवभृथ पु० [अव+भृ–क्थन्] যজ্ঞ শেষে স্নান, যজ্ঞ, দীক্ষান্ত কর্ম। A purificatory bath after a sacrifice.

अवभ्रट त्रि० [अव+नासिका (=भ्रट)+अच्] খাঁদা। Flat-nosed.

अवम त्रि० [अव+अमच्] অধম, নিকৃষ্ট, ন্যূন। Contemptible, low.

अवमत त्रि० [अव+मन–क्त] অনাদৃত, অবজ্ঞাত। Despised.

अवमति स्त्री० [अव+मन–क्तिन्] অবজ্ঞা। पु० প্রভু। Disregard; master.

अवमर्द पु० [अव+मृद्–घञ्] পীড়ন, দলন। Oppression.

अवमर्ष[-र्श] पु० [अव+मृष (-श)–घञ्] আলোচনা। Consideration.

अवमर्ष[-र्श]ण क्ली० [अव+मृष (-श)–ल्युट्] অসহনশীলতা। Intolerance.

अवमान पु० [अव+मन–घञ्], **अवमानना** स्त्री० [अव+मन–युच्+टाप्] অনাদর, অপমান। Disrespect.

अवमानित त्रि० [अव+मन+णिच्–क्त] অবজ্ঞাত। Insulted.

अवमार्जन क्ली० [अव+मृज–ल्युट्] শোধন, প্রক্ষালন। Cleaning.

अवमूर्धशय त्रि० [अव+मूर्धन्+शी–अच्] যে অধোমুখে (উবুড় হইয়া) শয়ন করে। Lying with the face down.

अवमोचन क्ली० [अव+मुच–ल्युट्] পরিত্যাগ, ছাড়িয়া দেওয়া। Release.

अवमोटन क्ली० [अव+मुट+णिच्–ल्युट्] মোচড়ান। Wringing.

अवयव पु० [अव+यु–अप्] অঙ্গ, হস্তপদাদি, অংশ। Part.

अवयविन् त्रि० [अवयव+इनि] অঙ্গী, অবয়বযুক্ত। Whole.

अवर त्रि० [न+वृ–अप्] নিকৃষ্ট, পরবর্তী। Low.

अवरज त्रि० [अवर+जन–ड] অনুজাত, কনিষ্ঠ। Born later, younger.

अवरति स्त्री० [अव+रम–क्तिन्] বিরতি, বিশ্রাম, ত্যাগ। Cessation.

अवरत त्रि० [अव+रम–क्त] নিবৃত্ত, বিরত। Stopped.

अवरवर्ण पु० [अवर+वर्ण] শূদ্র। The Śūdra caste.

अवरस्तात अव्य० [अवर+अस्ताति] নিম্নে। Below.

अवरीण त्रि० [अव+रि–क्त] নিন্দিত, ধিক্কৃত। Censured, vilified,

अवरुग्ण त्रि० [अव+रुज–क्त] ভগ্ন। Broken.

अवरुद्ध त्रि० [अव+रुद्ध] বদ্ধ, আচ্ছাদিত, ব্যাহত, কয়েদী। Confined, impeded.

अवरूढ त्रि० [अव+रूढ] অবতীর্ণ। Descended.

अवरोध पु० [अव+रोध] অন্তঃপুর, আটক, প্রতিবন্ধ। Inner apartment, confinement.

अवरोधक त्रि० [अव+रोधक] নিরোধকারী। क्ली० বেড়া। पु० অন্তঃপুররক্ষক। Besieger.

अवरोधन क्ली० [अव+रुध–ल्युट्] নিরোধ, প্রতিবন্ধ, অন্তঃপুর। Besieging, harem.

अवरोधिक त्रि० [अवरोध+ठन्] অন্তঃপুররক্ষক। One in charge of the inner apartment.

अवरोपण क्ली० [अव+रोपण] অবতারণ, নামান, উৎপাটন। Bringing down, uprooting.

अवरोपित त्रि० [अव+रोपित] অবতারিত, উৎপাটিত। Brought down.

अवरोह पु० [अव+रुह–घञ्] নিম্নে আগমন, নামা, পরিত্যাগ, গাছের ঝুরি। Coming down.

अवरोहण क्ली० [अव+रुह–ल्युट्] অবতরণ, নীচে আগমন, নামান, পরিত্যাগ। Descent.

अवरोहिन् त्रि० [अव+रुह–णिनि] অবতরণকারী। पु० বটবৃক্ষ। One who descends; banian tree.

अवर्ण पु० [न+वर्ण–घञ्] নিন্দা, অযশ, অপবাদ। [अ+वर्ण] 'অ'-কার। त्रि० বর্ণহীন, নীচজাতি। Censure; casteless.

अवलक्ष पु० [अव+लक्ष–घञ्] শ্বেতবর্ণ। त्रि० শ্বেতবর্ণযুক্ত। White colour.

अवलगित क्ली० [अव+लग–क्त] নাটকের প্রস্তাবনা বিশেষ। A kind of prelude to a drama.

अवलग्न पु० [अव+लग्न] কটিদেশ। त्रि० সংলগ্ন, দৃঢ়সংযুক্ত। Waist; attached.

अवलम्ब पु० [अव+लम्ब–घञ्], **अवलम्बन** क्ली० [अव+लम्बन] আশ্রয়, শরণ, আলম্বন, স্থাপন। Support, refuge.

अवलम्बित त्रि० [अव+लम्बित] শরণাগত, আশ্রিত, ধৃত, গৃহীত। Taken shelter, seized.

अवलम्बिन् त्रि० [अव+लम्ब–णिनि] আশ্রয়কারী। One who takes refuge.

अवलिप्त त्रि० [अव+लिप्त] প্রলিপ্ত, গর্বিত। Besmeared, proud.

अवलीढ त्रि० [अव+लीढ] যাহা চাটা হইয়াছে, ভক্ষিত, ব্যাপ্ত, দগ্ধ। Licked, eaten, pervaded.

अवलीला स्त्री० [अव+लीला] অনায়াস, অনাদর। Ease, contempt.

अवलेप पु० [अव+लिप-घञ्] গর্ব, বিদ্বেষ, দূষণ, অধিক্ষেপ, ক্ষেপণ, প্রলেপ, ভূষণ। Vanity, spite.

अवलेपन क्ली० [अव+लेपन] প্রলেপ। Besmearing.

अवलेह पु० [अव+लिह–घञ्] জিহ্বাদ্বারা আস্বাদন, ঔষধ। Licking.

अवलोक पु० [अव+लोक–घञ्] দর্শন। Seeing.

अवलोकन क्ली० [अव+लोक–ल्युट्] দর্শন, দৃষ্টিপাত, অনুসন্ধান। Beholding, search.

अवलोकित त्रि० [अव+लोक–क्त] দৃষ্ট। पु० বুদ্ধ বিশেষ। क्ली० দর্শন। Seen; The Buddha.

अववाद पु० [अव+वद–घञ्] নিন্দা, আদেশ, বিশ্বাস। Censure.

अवश त्रि० [न+वश] অনায়ত্ত, পরবশ। Out of one's control.

अवशिष्ट त्रि० [अव+शिष्ट] বাকি, পরিশিষ্ট। Residue.

अवशेष पु०, क्ली० [अव+शेष] অবশিষ্ট, বাকি, পরিশেষ। Remainder.

अवश्य त्रि० [न+वश्य] অবাধ্য, অদম্য। Uncontrollable.

अवश्यम् अव्य० নিশ্চিত, সর্বথা, অনিবার্য। Certainly.

अवश्यम्भाविन् त्रि० [अवश्यम्+भाविन्] যাহা নিশ্চয় হইবে। Inevitable.

अवश्या स्त्री० [न+वश्या] কুজ্ঝটিকা, অবাধ্য স্ত্রী। Fog.

अवश्याय पु० [अव+श्यै–ण] নীহার, শিশির, হিম, গর্ব। Frost.

अवश्रयण क्ली० [अव+श्रि–ल्युट्] চুল্লী হইতে নামান। Bringing down from the oven.

अवष्टब्ध त्रि० [अव+स्तन्भ–क्त] বদ্ধ, বেষ্টিত, অবলম্বিত, আক্রান্ত। Bound, surrounded, resting on.

अवष्टम्भ पु० [अव+स्तन्भ–घञ्] আলম্বন, থাম, আরম্ভ, উৎকর্ষ, স্থিরতা, রোধ, আক্রমণ, সৌষ্ঠব, স্বর্ণ। Support, pillar, assault, gold.

अवसक्थिका स्त्री० [अव+सक्थि+कप्+टाप्] যোগপট্টিকা, পর্যঙ্কবন্ধ বস্ত্র, বস্ত্রাদির দ্বারা পৃষ্ঠ, জানু ও জঙ্ঘাদ্বয় বন্ধনপূর্বক উপবেশন। The cloth thrown over the back and knees of a devotee during meditation.

अवसथ पु० [अव+सो–कथन्], **अवसथ्य** पु० [अवसथ+यत्] নিলয়, গ্রাম, পাঠশালা, মঠ, আবাস। Residence, village.

अवसन्न त्रि० [अव+सद–क्त] বিষণ্ণ, দুর্বল, বিনষ্ট, ম্রিয়মাণ, অবনত, বলহীন। Depressed.

अवसर पु० [अव+सृ–अच्] অবকাশ, সুযোগ, বৃষ্টি, বৎসর, প্রারম্ভ, ক্ষণ, প্রবেশ, গুপ্তমন্ত্রণা। Recess, respite.

अवसर्ग पु० [अव+सृज–घञ्] স্বেচ্ছাচার। Acting freely.

अवसर्प पु० [अव+सृप–अच्] দূত, গুপ্তচর, প্রণিধি। Spy.

अवसव्य त्रि० [अव+सव्य] বামেতর, দক্ষিণ, প্রতিকূল। Other than the left, the right.

अवसाद पु० [अव+सद–घञ्] দৌর্বল্য, অবসন্নতা, বিনাশ, বিষাদ। Dejection.

अवसादन क्ली० [अव+सद+णिच्–ल्युट्] বিনাশ করা, দুর্বল করা, শেষ করা। Destroying.

अवसान क्ली० [अव+सो–ल्युट्] শেষ, সমাপ্তি, মৃত্যু, সীমা, নিশ্চয়। End, limit.

अवसाय पु० [अव+सो–घञ्] শেষ, সমাপ্তি, নিশ্চয়। End, certainty.

अवसारण क्ली० [अव+सृ–ल्युट्] সরান, দূরীকরণ। Removing.

अवसित त्रि० [अव+सो–क्त] সমাপ্ত, সমাপিত, নিঃশেষিত, গত, জ্ঞাত, পরিণত, বর্ধিত, নিশ্চিত, বদ্ধ। Finished, determined.

अवस्कन्द पु० [अव+स्कन्द–घञ्] শিবির, অবরোধ, আক্রমণ, অবগাহন, অবতরণ। Camp, assault.

अवस्कन्दन क्ली० [अव+स्कन्द–ल्युट्] অবগাহন, অবতরণ, রোধ, আক্রমণ। Plunging, attack.

अवस्कर पु० [अव+कृ–अप्] জঞ্জাল, আবর্জনা, মল, গুহ্যদেশ। Sweepings, dirt.

अवस्तार पु० [अव+स्तॄ–घञ्] যবনিকা, পর্দা, আস্তরণ। Curtain.

अवस्था स्त्री० [अव+स्था–अङ्] দশা, স্থিতি, কালবৈলক্ষণ্য। Plight, condition.

अवस्थान क्ली० [अव+स्थान] স্থিতি, আবাস। Residing, residence.

अवस्थापन क्ली० [अव+स्थापन] স্থাপিতকরণ। Placing.

अवस्थायिन् त्रि० [अव+स्था–णिनि] স্থিতিকারী। One who stays.

अवस्थित त्रि० [अव+स्थित] যে অবস্থান করিয়াছে, নিবিষ্ট। Resided.

अवस्यन्दन क्ली० [अव+स्यन्दन] ক্ষরণ, হিংসা। Oozing.

अवस्रंसन क्ली० [अव+स्रंसन] অধঃপতন। Downfall.

अवस्रस्त त्रि० [अव+स्रस्त] পতিত, চ্যুত। Fallen.

अवहस्त पु० [अव+हस्त] হাতের উল্টা পিঠ। The back of the hand.

अवहार पु० [अव+हार] চোর, জলজন্তুবিশেষ, নিমন্ত্রণ, সমীপ, ধর্মান্তরগ্রহণ, উপহার। Thief, a present.

अवहित त्रि० [अव+हित] জ্ঞাত, অবধানযুক্ত। Attentive.

अवहित्थ क्ली० [न+वहिस्+स्था–क] হৃদয়গত ভাবের গোপন। Concealment of feeling.

अवहीन त्रि० [अव+हीन] পশ্চাৎ, পতিত। Afterward, degraded.

अवहेल[-ला] स्त्री० [अव+हेल–अङ्], **अवहेलन** क्ली० [अव+हेल–ल्युट्] অনাদর, অনায়াস। Disregard.

अवाक्शिरस् त्रि० [अवाक्+शिरस्] অধোমস্তক। With head hung down.

अवाङ्मुख त्रि० [अवाक्+मुख] অধোমুখ। With face turned downwards.

अवाग्र त्रि० [अव+अग्र] নতমুখ, অবনত। Stooping.

अवाच् त्रि० [अव+अन्च–क्विप्] অধঃকৃত। अव्य० নিম্নদেশ। स्त्री० अवाची—দক্ষিণদিক্। त्रि० [न+वाच्] বাক্যহীন। Turned downwards.

अवाचीन त्रि० [अवाच्+ख] দক্ষিণদেশীয়, অধোমুখ। Southern, downward.

अवाच्य त्रि० [न+वाच्य] অবক্তব্য। क्ली० निन्दित-বাক্য। त्रि० দক্ষিণদেশীয়। Not fit to be uttered; filthy word; southern.

अवान्तर त्रि० [अव+अन्तर] অন্তঃপাতী, প্রধানের অঙ্গভূত। Included, subordinate.

अवाप्त त्रि० [अव+आप्त] প্রাপ্ত। Attained.

अवापित त्रि० [अव+आप+णिच्–क्त] প্রাপিত। Made to get.

अवार क्ली० [अव+ऋ–घञ्] নিকটবর্তী তীর, এপার। त्रि० [न+वृ–घञ्] অবারণীয়। The near bank of a river, this side; irresistible.

अवारणीय [न+वारणीय] দুর্বার। Irresistible.

अवारपारीण त्रि० [अवारपार+ख] পারগামী। One who crosses a river.

अवारिका स्त्री० [न+वारि+कप्+टाप्] জলহীন স্থান। A place without water.

अवि पु० [अव–इन्] মেষ, প্রভু, রক্ষক, সূর্য, পর্বত, কম্বল, ছাগ, মূষিক, প্রাচীর, বায়ু। स्त्री० রজস্বলা স্ত্রী। Sheep, blanket, goat, rat.

अविकट पु० [अवि+कटच्] মেষসমূহ। त्रि० [न+विकट] সৌম্য। A flock of sheep.

अविकत्थन त्रि० [न+विकत्थन] যে আত্মশ্লাঘাকারী নয়। Not self-bragging.

अविकल त्रि० [न+विकल] সম্পূর্ণ, অভগ্ন। Entire, unimpaired.

अविकृत त्रि० [न+विकृत] যাহা বিকৃত নয়। Unchanged.

अविगीत त्रि० [न+विगीत] অনিন্দিত, অবিগর্হিত। Unblamed, fair.

अविग्न पु० [न+विज–क्त] করমচা গাছ। त्रि० অনুদ্বিগ্ন। A kind of tree.

अविघ्न अव्य० [न+विघ्न] বিঘ্নের অভাব। त्रि० নিরাপদ। Absence of impediment; safe.

अविचार पु० [न+विचार] অসঙ্গত বিচার। त्रि० বিচাররহিত। Unfair judgment.

अवित त्रि० [अव–क्त] রক্ষিত। क्ली० রক্ষণ। Protected.

अवितथ त्रि० [न+वितथ] সত্য। True.

अविथ्य त्रि० [अवि+थ्यन्] মেষযোগ্য। Fit for a sheep.

अविदूर त्रि० [न+विदूर] নিকট; Near.

अविदून क्ली० [अवि+दून] মেষদুগ্ধ। The milk of a sheep.

अविद्य स्त्री० [न+विद–क्यप्] বিদ্যাহীন, মূর্খ। One without learning, fool.

अविद्या स्त्री० [न+विद्या] অজ্ঞান, বিদ্যার অভাব, বেদান্তমতে মায়া। Ignorance, māyā or illusion (in Vedānta).

अविन पु० [अव–इनन्] অধ্বর্যু, সমুদ্র, বায়ু, রাজা, বহ্নি। The Adhvaryu priest.

अविनय पु० [न+विनय] ধৃষ্টতা। त्रि० অবিনীত। Insolence.

अविनाभाव पु० [न+विना+भाव] না থাকিলে না থাকা, তদ্-অসত্ত্বে তদ্-অসত্তা, ব্যাপ্তি। Non-separation, concomitance.

अविनीत त्रि० [न+विनीत] উদ্ধত, ধৃষ্ট, অশিক্ষিত। स्त्री० অবিনীতা—অসতী। Immodest, arrogant.

अविप्लुत त्रि० [न+विप्लुत] বাধাহীনরূপে প্রবর্তিত, আচরিত। Unobstructed.

अविभक्त त्रि० [न+विभक्त] যাহা বিভক্ত নয়। Undivided.

अविमुक्त क्ली० [न+विमुक्त] বারাণসী। त्रि० অপরিত্যক্ত। Name of the city of Vārāṇasī; not forsaken.

अविमुक्तेश्वर पु० [अविमुक्त+ईश्वर] শিব, কাশীনাথ। Name of Śiva.

अविमृष्य त्रি০ [न+वि+मृष–यत्] অবিবেচক, নিঃসন্দিগ্ধ। Inconsiderate, undoubted.

अविमृष्यकारिता স্ত্রী০ [अविमृष्यकारिन्+तल्+टाप्] বিবেচনা না করিয়া কার্য করা। Acting without forethought.

अविमृष्यकारिन् ত্রি০ [अविमृष्य+कृ–णिनि] যিনি বিবেচনাপূর্বক কার্য করেন না। One who acts without discrimination.

अविरत ত্রি০ [न+विरत] অবিশ্রান্ত। Incessant.

अविरति স্ত্রী০ [न+विरति] অনিবৃত্তি। Non-cessation.

अविरल ত্রি০ [न+विरल] নিরন্তর, নিবিড়। Continuous, dense.

अविरोध পু০ [न+विरोध] বিরোধাভাব, সমন্বয়। ত্রি০ বিরোধরহিত। Absence of contradiction, consistency.

अविलम्बित ত্রি০ [न+विलम्बित] ত্বরিত। Quick.

अविवेक পু০ [न+विवेक] বিবেকাভাব, ভ্রম। ত্রি০ বিবেচনাশূন্য। Absence of discrimination.

अविवेकिन् ত্রি০ [न+विवेकिन्] অবিবেচক। Thoughtless.

अविशङ्का স্ত্রী০[न+विशङ्का] অভয়, বিশ্বাস। Fearlessness, confidence.

अविशेष পু০ [न+विशेष] অভেদ। ত্রি০ তুল্য, অভিন্ন। Non-distinction, identity.

अविश्रान्त ত্রি০ [न+विश्रान्त] সতত, নিয়ত, অবিরত। Incessant.

अविष পু০ [अव–टिषच्] সমুদ্র, নৃপ, আকাশ। ত্রি০ [न+विष] বিষহীন। স্ত্রী০ अविषी—পৃথিবী, নদী। Ocean; free from poison.

अविस्पष्ट ত্রি০ [न+विस्पष्ट] অস্পষ্ট, অস্ফুট। Not clear, indistinct.

अवीचि পু০ [न+वीचि] নরকবিশেষ। ত্রি০ তরঙ্গরহিত। Name of a hell; waveless.

अवीत ক্লী০ [न+वीत] ন্যায়শাস্ত্রপ্রসিদ্ধ ব্যতিরেকানুমান। A type of inference.

अवीरा স্ত্রী০ [न+वीर+टाप्] পতিপুত্রহীনা স্ত্রী। A woman having neither husband nor sons.

अवृद्धिक ত্রি০ [न+वृद्धि+कप्] বৃদ্ধিহীন, সুদরহিত। Non-increasing.

अवेक्षण ক্লী০ [अव+ईक्षण], **अवेक्षा** স্ত্রী০ [अव+ईक्षा] দর্শন, আলোচনা, মনোযোগ, বিচার, অনুসন্ধান, অনুরো..., প্রতীক্ষা, পালন। Observation, attention,

अवेक्षित ত্রি০ [अव+ईक्षित] আলোচিত, দৃষ্ট, পালিত। Considered, observed.

अवेद्य ত্রি০ [न+वेद्य] অজ্ঞেয়। পু০ গোবৎস। Unknowable.

अवेल পু০ [अव+इला] অপলাপ। স্ত্রী০ अवेला [न+वेला] অসময়। Concealment of knowledge.

अवैध ত্রি০ [न+वैध] নিয়মবিরুদ্ধ। Unlawful.

अवोद ত্রি০ [अव+उन्द–घञ्] ভিজা। ক্লী০ নিরর্থক বাক্য। Wet.

अव्यक्त পু০ [न+व्यक्त] শিব, বিষ্ণু, মূর্খ, কন্দর্প। ক্লী০ ব্রহ্ম, প্রকৃতি, কারণ। ত্রি০ অস্পষ্ট, সূক্ষ্ম, অজ্ঞাত। Śiva; Prakṛti (in Sāṃkhya philosophy), cause; indistinct.

अव्यथ পু০ [न+व्यथ–अच्] সর্প। ত্রি০ ব্যথাশূন্য। স্ত্রী০ अव्यथा—হরীতকী। Free from pain.

अव्यथिन् পু০ [न+व्यथ–णिनि] অশ্ব। Horse.

अव्यभिचारिन् ত্রি০ [न+व्यभिचारिन्] ব্যভিচারশূন্য, ব্যতিক্রমরহিত। True in all cases.

अव्यय পু০, ক্লী০ [न+व्यय] সর্ববিভক্তিতে একরূপ শব্দ। ক্লী০ ব্রহ্ম। পু০ বিষ্ণু, শিব। ত্রি০ পরিবর্তনরহিত, অক্ষয়, অবিকৃত। Indeclinable (word); immutable.

अव्ययीभाव পু০ [अव्यय+च्वि+भाव] সমাসবিশেষ, অপরিণামিতা। Name of a samāsa in Sanskrit grammar, immutability.

अव्यर्थ ত্রি০ [न+व्यर्थ] সফল। Unfailing.

अव्यवस्था স্ত্রী০ [न+व्यवस्था] অনিয়ম, অস্থৈর্য। Irregularity.

अव्यवस्थित ত্রি০ [न+व्यवस्थित] অস্থির, অনিয়মিত। Irregular.

अव्यवहार्य ত্রি০ [न+व्यवहार्य] যাহা ব্যবহারের অযোগ্য, অনাচরণীয়। Unusable.

अव्यवहित ত্রি০ [न+व्यवहित] সন্নিহিত, নিকটস্থ। Close, near.

अव्याकृत ত্রি০ [न+व्याकृत] অব্যক্ত। Unmanifest.

अव्याज ত্রি০ [न+व्याज] অকপট, অবাধ। Guileless.

अव्याप्ति স্ত্রী০ [न+व्याप्ति] দোষবিশেষ, লক্ষ্যে লক্ষণের অগমন। Too narrow (definition).

अव्याप्यवृत्ति ত্রি০ [न+व्याप्य+वृत्ति] যাহা সর্বতো ব্যাপ্ত নয়, একদেশে স্থিত। Of limited application.

अव्याहृति स्त्री० [न+व्याहृति] ব্যাঘাতের অভাব। Absence of obstruction.

अव्युत्पन्न त्रि० [न+व्युत्पन्न] ব্যুৎপত্তিহীন, প্রকৃতি-প্রত্যয়ভাগশূন্য। Not proficient.

अशङ्क त्रि० [न+शङ्का] নির্ভয়, অভয়, নিশ্চিত। Fearless.

अशन क्ली० [अश-ल्युट्] ভক্ষণ। Eating.

अशनाया स्त्री० [अशन+क्यच्-अ+टाप्] ক্ষুধা, ভোজনের ইচ্ছা। Hunger.

अशनायित त्रि० [अशन+क्यच्-क्त] ক্ষুধিত, বুভুক্ষিত। Hungry.

अशनि पु०, स्त्री० [अश-अनि] বজ্র, বিদ্যুৎ, উল্কা। Thunder.

अशरण त्रि० [न+शरण] আশ্রয়হীন, নিরাশ্রয়, অনাথ। Helpless.

अशरीर त्रि० [न+शरीर] দেহশূন্য। पु० কন্দর্প। Bodiless.

अशरीरिन् त्रि० [न+शरीर+इनि] দেহহীন। Bodiless.

अशर्मन् क्ली० [न+शर्मन्] দুঃখ, শোক। त्रि० দুঃখিত। Sorrow, grief.

अशान्त त्रि० [न+शान्त] উদ্বিগ্ন, অধীর, অস্থির। Disturbed.

अशास्त्र क्ली० [न+शास-ष्ट्रन्] বেদাদিবিরুদ্ধ শাস্ত্র। त्रि० শাস্ত্রবিরুদ্ধ। Heterodox.

अशास्त्रीय त्रि० [अशास्त्र+छ] শাস্ত্রবিরুদ্ধ। Not prescribed by the Śāstras, illegal.

अशित त्रि० [अश-क्त] ভক্ষিত, তৃপ্ত। Eaten.

अशितङ्गवीन त्रि० [अशित+गो+ख] পূর্বকালীন গোচারণক্ষেত্র। Formerly grazed by cattle.

अशित्र पु० [अश-इत्र] চোর, চর। Thief.

अशिर पु० [अश-इरच्] বহ্নি, সূর্য, রাক্ষস, বায়ু। Fire, Sun.

अशिव त्रि० [न+शिव] অমঙ্গল, অশুভ। Inauspicious.

अशिश्वी स्त्री० [न+शिशु+ङीप्] শিশুহীনা স্ত্রী। Childless woman.

अशीति स्त्री० [अष्ट+दशन्+ति] আশী। Eighty.

अशुभ क्ली० [न+शुभ] অমঙ্গল, পাপ। त्रि० অমঙ্গলযুক্ত। Inauspicious, sin.

अशून्य त्रि० [न+शून्य] পূর্ণ, যাহা শূন্য নয়। Full.

अशेष त्रि० [न+शेष] সম্পূর্ণ, শেষরহিত, সমুদয়। Complete.

अशोक पु० [न+शोक] অশোক বৃক্ষ, বকুল। त्रि० শোকশূন্য। क्ली० পারদ। Name of a tree; free from grief.

अशोचनीय त्रि० [न+शुच-अनीयर], **अशोच्य** त्रि० [न+शुच-ण्यत्] শোকের অযোগ্য। Not fit to be lamented.

अशौच क्ली० [न+शौच] অশুদ্ধি, স্মৃতিশাস্ত্রে প্রসিদ্ধ শুচিত্বের অভাব। Impurity, defilement due to birth or death of some relation.

अश्मगर्भ पु० [अश्मन्+गर्भ] পান্না, মরকত মণি। Emerald.

अश्मज क्ली० [अश्मन्+जन-ड] প্রস্তরজাত শিলাজতু, লৌহ, গিরিমাটী। Red chalk.

अश्मदारण पु० [अश्मन्+दृ+णिच्-ल्यु] পাষাণভেদক অস্ত্রবিশেষ। क्ली० প্রস্তর বিদারণ। An axe for breaking stones.

अश्मन् पु० [अश-मनिन्] পাষাণ। Stone.

अश्मन्त क्ली० [अश्मन्+अन्त] অগ্নিস্থান, চুল্লী, মরণ। Fire-place, death.

अश्मपुष्प क्ली० [अश्मन्+पुष्प] শিলাজতু, পর্বতজাত গন্ধদ্রব্য। Bitumen.

अश्मभाल क्ली०[अश्मन्+भज+णिच्-अण्] লৌহপাত্র। A mortar of iron.

अश्मरी स्त्री० [अश्मन्+रा-क+ङीष्] পাথরীরোগ। A disease known as stone in the bladder.

अश्मसार पु०, क्ली० [अश्मन्+सार] লৌহ। Iron.

अश्र क्ली० [अश-रक्] চক্ষুর জল, রক্ত, কোণ। Tears, blood.

अश्रप त्रि० [अश्र+पा-क] রাক্ষস। Demon.

अश्रान्त त्रि० [न+श्रान्त] সতত, সন্তত, নিবৃত্তি-রহিত, অবিরত। Incessant, unceasing.

अश्रि [-श्री] स्त्री० [अश-क्रि] অস্ত্রাদির অগ্রভাগ, গৃহাদির কোণ। End of a weapon.

अश्रु क्ली० [अश-क्रुन्] চক্ষুর জল। Tears.

अश्रेयस् क्ली० [न+श्रेयस्] অমঙ্গল, অনর্থ। Inauspicious.

अश्लील क्ली० [न+श्लील] লজ্জাজনক গ্রাম্যতা। त्रि० লজ্জাকর। Obscene.

अश्लेषा स्त्री० [न+श्लिष-घञ्+टाप्] নবম নক্ষত্র। त्रि० শ্লেষালংকারের অভাব। Name of a nakṣatra.

अश्व पु० [अश-क्वन्] ঘোটক। स्त्री० अश्वा— ঘোটকী। Horse.

अश्वकर्ण पु० [अश्व+कर्ण] সালবৃক্ষ। Name of a tree.

अश्वगन्धा स्त्री० [अश्व+गन्ध+टाप्] ক্ষুদ্র বৃক্ষবিশেষ। A kind of medicinal plant.

अश्वतर पु० [अश्व+ष्टरच्] অশ্বী বা গর্দভীর গর্ভে গর্দভ বা অশ্বের ঔরসজাত প্রাণী, সর্পবিশেষ, গন্ধর্ববিশেষ। ত্রি০ দ্রুতগামী। Mule.

अश्वत्थ पु० [न+श्व+स्था–क] বৃক্ষবিশেষ। স্ত্রী০ অশ্বত্থা—পূর্ণিমা। ক্লী০ জল। The fig tree.

अश्वत्थामन् पु० দ্রোণাচার্যের পুত্র। Name of the son of Droṇācārya.

अश्वन्त क्ली० [अश्व+अन्त] অশুভ, চুল্লী। Inauspicious.

अश्वपाल पु० [अश्व+पाल], **अश्वपालक** पु० [अश्व+पालक] অশ্বরক্ষক। Horse-groom.

अश्वमुख पु० [अश्व+मुख] কিন্নর। A Kinnara or celestial chorister.

अश्वमेध पु० [अश्व+मेध–घञ्] যজ্ঞবিশেষ। Horse-sacrifice.

अश्वमेधीय त्रि० [अश्वमेध+छ] অশ্বমেধ যজ্ঞ-সম্বন্ধীয়। Relating to the horse-sacrifice.

अश्वयुज् स्त्री० [अश्व+युज–क्विप्] অশ্বিনী নক্ষত্র, আশ্বিন মাস। Name of a constellation, the month of Āśvina.

अश्ववार पु० [अश्व+वृ–अण्], **अश्ववाह** पु० [अश्व+वह+णिच्–अण्] অশ্বারোহী। Horseman.

अश्वस्तन त्रि० [न+श्वस–ट्यु] যাহা আগামীকাল-সম্বন্ধীয় নয়। Not relating to tomorrow.

अश्वारि पु० [अश्व+अरि] মহিষ। Buffalo.

अश्वारोह पु० [अश्व+रुह–अण्] অশ্ববাহক। Horseman.

अश्वासन पु० [अश्व+असन] তক্ষকপুত্র সর্পবিশেষ। A kind of serpent.

अश्विन्[-न] पु० [अश्व+इनि] স্বর্গবৈদ্য, অশ্বিনীর গর্ভে সূর্যের ঔরসজাত যমজসন্তানদ্বয়। Celestial physician, the twin sons of Aśvinī, the Sun's wife.

अश्विनी स्त्री० [अश्विन्+ङीप्] প্রথম নক্ষত্র, অশ্বিনী-রূপধারিণী সূর্যপত্নী। The first of the lunar mansions.

अश्विनीकुमार पु० [अश्विनी+कुमार], **अश्विनीसुत** पु० [अश्विनी+सुत] স্বর্গবৈদ্য। The two physicians of the gods.

अश्वीय क्ली० [अश्व+छ] অশ্বসমূহ। ত্রি০ অশ্ব-সম্বন্ধীয়। Relating to the horse.

अश्वोरस् क्ली० [अश्व+उरस्] মুখ্য অশ্ব, প্রধান অশ্ব। ত্রি০ বিস্তৃত বক্ষোবিশিষ্ট। Best horse; broad-chested (like a horse).

अषडक्षीण त्रि० [न+षड्+अक्षि+ख] ছয় ইন্দ্রিয়ের অগোচর, গুপ্ত। Secret.

अषाढ पु० [अषाढा+अण्] মাসবিশেষ, দণ্ড, পলাশ দণ্ড। The month of Āṣāḍha.

अष्टक क्ली० [अष्टन्+कन्] অষ্ট শ্লোক বা অষ্ট অধ্যায়ের সমষ্টি, বৈদিক সূক্তবিশেষ। Collection of eight parts.

अष्टका स्त्री० [अश–तकन्+टाप्] শ্রাদ্ধবিশেষ, সপ্তমী হইতে তিনটি তিথি। A śrāddha ceremony.

अष्टधातु क्ली० [अष्ट+धातु] স্বর্ণ, রজত, তাম্র, সীসা, পারদ, রাঙ্, লৌহ, তীক্ষ্ণলৌহ—এই আটটি ধাতু। The eight metals taken collectively.

अष्टन् त्रि० [अश–कनिन्] আট সংখ্যা। The number eight.

अष्टनाग पु० [अष्ट+नाग] অনন্ত, বাসুকি, পদ্ম, মহাপদ্ম, তক্ষক, কুলীর, কর্কট, শঙ্খ—এই আট প্রকারের সর্প। Eight types of serpent.

अष्टपाद पु० [अष्ट+पाद] মৃগবিশেষ, শরভ। A type of deer.

अष्टम त्रि० [अष्टन्+डट्+मट्] অষ্টসংখ্যার পূরণ। স্ত্রী০ অষ্টমী—অষ্টমী তিথি বিশেষ। Eighth.

अष्टमङ्गल पु० [अष्ट+मङ्गल] সিংহ, বৃষ, হস্তী, জলকুম্ভ, ব্যজন, ধ্বজ, শঙ্খ, দীপ—এই আটটি পদার্থ। A collection of eight lucky things.

अष्टमूर्त्ति पु० [अष्ट+मूर्त्ति] শিব; পৃথিবী, জল, অগ্নি, বায়ু, আকাশ, সূর্য, চন্দ্র ও যজমান—এই আটটি রূপ। Name of Śiva (the eight-formed).

अष्टाङ्ग पु० [अष्टन्+अङ्ग] যোগবিশেষ; জানু, পাদদ্বয়, হস্তদ্বয়, বক্ষ, বুদ্ধি, মস্তক, বাক্য ও দৃষ্টি—এই আটটি অঙ্গ। A type of yoga.

अष्टादश त्रि० [अष्टन्+दशन्+डट्] আঠার সংখ্যা। ত্রি০ আঠার সংখ্যার পূরণ। Eighteen.

अष्टापद पु० [अष्टन्+आ+पद–अच्] মাকড়সা, শরভ, বানর, কৈলাস পর্বত। ক্লী০ স্বর্ণ, সতরঞ্চ ফলক। স্ত্রী০ অষ্টাপদী—বনমল্লিকা। Spider; gold.

अष्टावक्र पु० [अष्टन्+वक्र] মুনিবিশেষ। Name of a sage.

अष्टि स्त्री० [अस–क्तिन्] আঁটি, ছন্দোবিশেষ। Kernel.

अष्ठीवत् पु०, क्ली० [अस्थि+मतुप्] জানু, হাঁটু। Knee.

असंशय क्ली० [न+संशय] নিঃসন্দেহ। Undoubtedly.

असंसृष्ट त्रि० [न+संसृष्ट] যে সংসৃষ্ট নহে। Unconnected.

असंस्कृत त्रि० [न+संस्कृत] সংস্কারহীন। Unrefined.

असकृत् अव्य० [न+सकृत्] বারংবার। Repeatedly.

असक्त त्रि० [न+सक्त] অনাসক্ত, বিষয়বিরাগী। Unattached.

असङ्कुल त्रि० [न+सङ्कुल] বিস্তীর্ণ, অমিশ্র, পরস্পর অবিরুদ্ধ। Broad.

असंख्य, असंख्येय त्रि० [न+सम्+ख्या–यत्] সংখ্যাতীত। Innumerable.

असङ्ग त्रि० [न+सङ्ग] সঙ্গরহিত। Unattached.

असङ्गत त्रि० [न+सङ्गत] অনুচিত। Improper.

असङ्गति स्त्री० [न+सङ्गति] সঙ্গতির অভাব। Incongruity.

असंज्ञ त्रि० [न+संज्ञा] চেতনারহিত। Insensible.

असत् त्रि० [न+सत्] অসাধু, অবিদ্যমান। अव्य० অনাদর। Dishonest, non-existent.

असती स्त्री० [असत्+ङीप्] কুলটা, ভ্রষ্টা। An unchaste woman.

असन पु० [अस–युच्] সর্জবৃক্ষ। क्ली० ক্ষেপণ। Throwing.

असभ्य त्रि० [न+सभ्य] যে সভ্য নয়, খল। Vulgar.

असमञ्जस त्रि०[न+समञ्जस] অসঙ্গত। Improper.

असमय पु० [न+समय] অযোগ্যকাল। Not proper time.

असमर्थ त्रि० [न+समर्थ] অশক্ত, দুর্বল। Incapable.

असमवायिकारण क्ली०[न+समवायी+कारण] ন্যায়মতে কারণবিশেষ। Non-inherent cause.

असमीक्ष्यकारिन् त्रि० [न+समीक्ष्य+कृ–णिनि] যে বিবেচনা না করিয়া কাজ করে। One who acts without deliberation.

असम्बद्ध त्रि० [न+सम्बद्ध] সম্বন্ধহীন। Unconnected.

असंवर त्रि० [न+संवर] অনিবার্য। Unpreventible.

असम्बाध त्रि० [न+सम्बाधा] বাধাশূন্য, অধিগম্য, বিরল, সংঘর্ষরহিত। Free from resistance.

असम्मत त्रि० [न+सम्मत] অনভিমত, শত্রু, প্রতিকূল। Disapproved.

असह त्रि० [न+सह] অসহিষ্ণু। Intolerant.

असहन पु० [न+सहन] শত্রু। त्रि० অসহিষ্ণু, ক্ষমাশূন্য। Enemy; impatient.

असह्य त्रि० [न+सह्य] যাহা সহ্য করা যায় না। Unbearable.

असाक्षिक त्रि० [न+साक्षिक] সাক্ষিহীন। Unattested.

असाधारण त्रि० [न+साधारण], **असामान्य** त्रि० [न +सामान्य] যাহা সকলের নাই। Uncommon.

असाधु त्रि० [न+साधु] অসৎ। Wicked.

असाध्य त्रि० [न+साध्य] সাধ্যাতীত, যাহা প্রমাণের দ্বারা নির্ণেয় নয়। Beyond one's capacity.

असामयिक त्रि० [न+सामयिक] আকালিক। Unseasonal.

असाम्य क्ली० [न+साम्य] সাম্যের অভাব, বিভিন্নতা। Inequality.

असाम्प्रतम् अव्य० [न+साम्प्रतम्] অযুক্ত। Improper.

असार त्रि० [न+सार] সারহীন, দুর্বল। Useless.

असि पु० [अस–इन्] খড়্গ। Sword.

असिक क्ली० [असि–कन्] অধর ও চিবুকের মধ্যস্থান। Part of the face between the lower lip and the chin.

असिक्नी स्त्री० [न+सित+क्न+ङीप्] অন্তঃপুরচারিণী। A maid of the harem.

असित पु० [न+सित] কৃষ্ণবর্ণ, কৃষ্ণপক্ষ। Black.

असितफल पु० [असित+फल] মিষ্ট নারিকেল। Sweet cocoanut.

असितार्चिस् पु० [असित+अर्चिस्] অগ্নি। Fire.

असिदंष्ट्र पु० [असि+दंष्ट्र] হাঙ্গর, মকর। A type of crocodile.

असिद्ध त्रि० [न+सिद्ध] অসম্পূর্ণ, অনিষ্পন্ন, অপক্ক। Unaccomplished.

असिद्धि स्त्री० [न+सिद्धि] অনিষ্পত্তি। Failure.

असिधारक पु० [असि+धारक] অস্ত্রপরিষ্কারক। A cleaner of arms.

असिधेनुका स्त्री० [असि+धेनु+कप्+टाप्] ছুরিকা। Knife.

असिपत्र पु० [असि+पत्र] খড়্গের ন্যায় পত্রযুক্ত বৃক্ষ, ইক্ষুবৃক্ষ। स्त्री० খড়্গকোষ। Sugarcane.

असिपुत्री [-त्रका] स्त्री० [असि+पुत्री] ছুরিকা। Knife.

असिहेति पु० [असि+हेति] খড়্গযোদ্ধা। Swordsman.

असु पु० [अस–उन्] প্রাণ। Life.

असुख क्ली० [न+सुख] দুঃখ, ক্লেশ। Misery, unhappiness.

असुभृत् त्रि० [असु+भृ–क्विप्], **असुमत्** त्रि० [असु+ मतुप्] প্রাণী। Living being.

असुर पु० [न+सुर] দৈত্য। [अस–उरच्] সূর্য। Demon.

असूक्षण क्ली० [न+सूक्ष–ल्युट्] অনাদর। Disregard.

असूया स्त्री० [असू–यक्+अ+टाप्] দ্বেষ, ঈর্ষা, ক্রোধ। Malice.

असूर्यम्पश्य त्रि० [न+सूर्य+दृश-खश्] যে সূর্যকেও দেখে না। One who does not look even at the sun.

असृग्धरा स्त्री० [असृक्+धृ-अच्+टाप्] চর্ম, ত্বক্। Skin.

असृज् क्ली० [न+सृज-क्विन्] রক্ত। Blood.

असेचनक त्रि० [न+सिच-ल्युट्+कन्] অতি প্রিয়দর্শন। Lovely looking.

अस्खलित त्रि० [न+स्खलित] দৃঢ়, অব্যাহত। Firm, undeviating.

अस्त पु० [अस-क्त] পশ্চিমাচল। क्ली० অস্তগমন, অবসান, মৃত্যু। Sunset.

अस्तम् अव्य० [अस-तमि] নাশ, অদর্শন। End.

अस्तमन क्ली० [अस्तम्+अन-अप्], **अस्तमय** पु० [अस्त+मिन-अच्] অস্তগমন। Setting.

अस्तमित त्रि०[अस्तम्+इत] অস্তগত, নষ্ট। Set, lost.

अस्तव्यस्त त्रि० [अस्त+व्यस्त] অত্যন্ত ব্যতিব্যস্ত, অস্তাচলে নিক্ষিপ্ত। Very busy.

अस्ताचल पु० [अस्त+अचल] অস্তগিরি, পশ্চিমাচল। Setting or western mountain.

अस्ति अव्य० [अस-श्तिप्] বিদ্যমানতা, বিদ্যমান। Existence, existent.

अस्तु अव्य० [अस-तुन्] আদেশ, প্রশংসা, পীড়া, লক্ষণ, অসূয়া। Let it be.

अस्त्र क्ली० [अस-ष्ट्रन्] খড়্গ, ধনুক, তীর প্রভৃতি যাহা ছুঁড়িয়া মারা হয়। Missiles which are hurled.

अस्त्रविद् त्रि० [अस्त्र+विद-क्विप्] অস্ত্রজ্ঞ। One who is proficient in the missiles.

अस्त्रिन् त्रि० [अस्त्र+इनि] অস্ত্রধারী। One who carries a weapon.

अस्थान क्ली० [न+स्थान] কুস্থান, অযোগ্যস্থান। A bad or unfit place.

अस्थावर त्रि० [न+स्थावर] জঙ্গম। Movable.

अस्थि क्ली० [अस-क्थिन्] হাড়। Bone.

अस्थिज पु० [अस्थि+जन-ड] মজ্জা। Marrow.

अस्थितुण्ड पु० [अस्थि+तुण्ड] পক্ষী। Bird.

अस्थिपञ्जर पु० [अस्थि+पञ्जर] কংকাল। Skeleton.

अस्थिभक्ष पु० [अस्थि+भक्ष-अण्] কুক্কুর, হাড়গিলা পক্ষী। Dog.

अस्थिमालिन् [अस्थि+माला+इनि] শিব। त्रि० অস্থিমালাধারী। Name of Śiva.

अस्थिर त्रि० [न+स्थिर] অস্থায়ী, অধীর। Fleeting.

अस्थिसञ्चय पु० [अस्थि+सञ्चय] অস্থিসংগ্রহ। Collection of bones.

अस्मद् त्रि० [अस-मदिक्] আমি। I.

अस्मदीय त्रि० [अस्मद्+छ] আমাদের সম্বন্ধীয়। Relating to us.

अस्मि अव्य० [अस-मिन्] আমি। I.

अस्मिता स्त्री० [अस्मि+तल्+टाप्] অহংকার, অভিমান। Egoism.

अस्र पु० [अस-रन्] কোণ। क्ली० চক্ষুর জল, রক্ত। A corner; tears.

अस्रप पु० [अस्र+पा-क] রাক্ষস। स्त्री० अस्रपा—জলৌকা। Demon.

अस्रु क्ली० [अस-रु] চক্ষুর জল। Tears.

अस्वतन्त्र त्रि० [न+स्वतन्त्र] পরাধীন। Dependent.

अस्वन्त क्ली० [असु+अन्त] চুল্লী। पु० মরণ। त्रि० পরিণামে অশুভ। Fire-place; death; ending ill.

अस्वप्न पु० [न+स्वप्न] দেবতা। त्रि० নিদ্রারহিত। A god; dreamless.

अस्वाध्याय पु० [न+स्वाध्याय] অনধ্যায়কাল। त्रि० অধ্যয়নরহিত। Not a time for study; one who has not commenced his studies.

अस्वामिक त्रि० [न+स्वामिक] স্বামিহীন। Without a master.

अस्वाम्य क्ली० [न+स्वाम्य] স্বত্বরাহিত্য। Absence of right to property.

अस्वास्थ्य क्ली० [न+स्वास्थ्य] অসুস্থতা। Sickness.

अह अव्य० [अह-घञ्] প্রশংসা, নিন্দা, বিরহ, নিগ্রহ ও পূজা অর্থে ব্যবহৃত। A particle denoting praise, blame, separation etc.

अहःपति पु० [अहः+पति] সূর্য। The Sun.

अहस्कर पु० [अहन्+कृ-ट] সূর্য। The Sun.

अहङ्कार पु० [अहम्+कृ-घञ्] গর্ব। Pride.

अहङ्कारिन् त्रि० [अहङ्कार+इनि] গর্বিত। Proud.

अहङ्कृत त्रि० [अहम्+कृ-क्त] গর্বিত। Proud.

अहङ्कृति स्त्री० [अहम्+कृ-क्तिन्] গর্ব। Pride.

अहंयु त्रि० [अहम्+युस्] গর্বযুক্ত। Proud.

अहत त्रि० [न+हत] অক্ষত। क्ली० নূতন বস্ত্র। Unhurt.

अहन् क्ली० [न+हा-कनिन्] দিবস। Day.

अहम् अव्य० [अह-अमु] অহংকার, অভিমান। Egoism.

अहमहमिका स्त्री० [अहम्+अहम्+ठन्+टाप्] পরস্পরের প্রতি অহংকার। Assertion of superiority.

अहमिका स्त्री० [अहम्+ठन्+टाप्] অহংকার। Conceit.

अहम्पूर्विका स्त्री० [अहम्+पूर्विका] আমিই আগে, আমিই আগে—এইরূপ উক্তি। Desire of being first.

अहम्मति स्त्री० [अहम्+मति] অবিদ্যা, অজ্ঞান। Ignorance.

अहर्गण पु० [अहन्+गण] মাস। Month.

अहर्दिव क्ली० [अहन्+दिवा] প্রতিদিন। Everyday.

अहर्निश क्ली० [अहन्+निशा] দিবারাত্রি। Day and night.

अहर्पति पु० [अहन्+पति], **अहर्मणि** पु० [अहन्+मणि] সূর্য। The Sun.

अहर्मुख क्ली० [अहन्+मुख] প্রত্যুষ। Morning.

अहल्य त्रि० [न+हल+यत्] হলের দ্বারা কৃষ্ট নহে এমন ক্ষেত্র। Untilled ground.

अहस्पति पु० [अहन्+पति] সূর্য, অর্কবৃক্ষ। The Sun.

अहह अव्य० [अहम्+हा—क] খেদ, সম্বোধন, আশ্চর্য, ক্লেশ, প্রকর্ষ ইত্যাদি-বোধক অব্যয়। A vocative particle implying sorrow etc.

अहार्य पु० [न+हृ—ण्यत्] পর্বত। त्रि० যাহা হরণ করা সম্ভব নহে, অভেদ্য। Mountain; irremovable, invincible.

अहि पु० [आ+हन—डिन्] সর্প, বৃত্রাসুর, সূর্য, সীসা, রাহু, পথিক, খল, অশ্লেষা নক্ষত্র। Serpent, name of a demon.

अहिंसा स्त्री० [न+हिंसा] হিংসার অভাব, অপরকে পীড়া না দেওয়া। Non-violence.

अहिका स्त्री० শাল্মলী বৃক্ষ। The silk-cotton tree.

अहिजित् पु० [अहि+जि—क्विप्] বিষ্ণু, ইন্দ্র, গরুড় নকুল, ময়ূর। Name of Viṣṇu or Indra.

अहिजिह्वा स्त्री० [अहि+जिह्वा] নাগজিহ্বা লতা। Name of a creeper.

अहित पु० [न+हित] শত্রু। त्रि० যাহা মঙ্গলকর নয়। Enemy; not beneficial.

अहितुण्डिक पु० [अहि+तुण्ड+ठन्] সাপুড়ে, সর্প-খেলক। Snake-catcher.

अहिद्विष् पु० [अहि+द्विष—क्विप्] গরুড়, ময়ূর, ইন্দ্র, নকুল, বিষ্ণু। Name of Garuḍa, peacock, Indra.

अहिनिर्लयनी स्त्री० [अहि+निर्+ली—ल्युट्+ङीप्] সর্পনির্মোক, খোলস। The slough of a snake.

अहिपुत्रक पु० [अहि+पुत्रक] ক্ষুদ্র সর্প-সদৃশ নৌকা। A serpent-shaped boat.

अहिफेन पु० [अहि+फेन] আফিঙ্। Opium.

अहिबुध्न पु० [अहि+बुध्न] শিব, রুদ্র, উত্তরভাদ্রপদ নক্ষত্র। Name of Śiva.

अहिभुज् पु० [अहि+भुज—क्विप्] গরুড়, ময়ূর, নকুল। Garuḍa, peacock.

अहिमतेजस् पु० [न+हिम+तेजस्] সূর্য। The Sun.

अहीन पु० [अहन+ख] কতিপয়-দিনব্যাপী যজ্ঞ। त्रि० [न+हीन] যাহা হীন নহে। A sacrifice lasting several days; not inferior.

अहीश्वर पु० [अहि+ईश्वर] অনন্ত সর্প। Ananta, the king of serpents.

अहे अव्य० [अह+ए] নিন্দা, বিয়োগ ইত্যাদি সূচক অব্যয়। A particle denoting censure, separation etc.

अहेतुक त्रि० [न+हेतु+कप्], **अहैतुक** त्रि० [न+हेतु+ठञ्] অকারণ। Without cause.

अहेरु पु० [न+हि—रु] শতমূলী। Name of a plant.

अहो अव्य० [न+हा—डो] শোক, বিষাদ, বিস্ময়, সম্বোধন, প্রশংসা, বিতর্ক, অসূয়া, নিন্দা ও দয়া-সূচক অব্যয়। A particle indicati g grief, wonder etc.

अहोरात्र पु० [अहन्+रात्रि+टच्] দিবারাত্রি। Day and night.

अहोवत अव्य० [अहो+वत] সম্বোধন, অনুকম্পা, আশ্চর্য ও খেদ-সূচক অব্যয়। A vocative particle.

अह्नाय अव्य० [न+ह्नु—घञ्] তৎক্ষণাৎ। Instantly.

अहुत पु० [न+हुत] হোম-বর্জিত বেদপাঠ। The mere reading of the Vedas without a sacrifice.

आ

आ अव्य० [आप—क्विप्] স্মরণ, অনুকম্পা, হাঁ, নিশ্চয় ও স্বীকারাদি-সূচক অব্যয়। A particle implying recollection, compassion etc.

आः अव्य० কোপ, স্পর্ধা, পীড়া। A particle indicating anger, vaunting etc.

आङ् अव्य० সীমা, ঈষৎ, সম্যক্, ব্যাপ্তি। A particle indicating limit etc.

आंशिक त्रि० [अंश+ठक्] একদেশ-সম্বন্ধীয়। Partial.

आकम्पित त्रि० [आ+कम्प—क्त] কম্পযুক্ত, ঈষৎ কম্পিত। Shaken.

आकर पु० [आ+कृ—अप्] উৎপত্তিস্থান। [आ+कृ—घ] সমূহ, শ্রেষ্ঠ। Source.

आकरिक त्रি० [আকর+ঠঞ্] খনিতে নিযুক্ত, খনিজাত। A person employed in mines.

आकर्णन ক্লী০ [আ+কর্ণন] শ্রবণ। Hearing.

आकर्षक পু০ [আ+কৃষ-ণ্বুল্] চুম্বক। ত্রি০ আকর্ষণকারী। Magnet.

आकर्षण ক্লী০ [আ+কর্ষণ] টানিয়া লওয়া। Drawing, attracting.

आकर्षणी স্ত্রী০ [আকর্ষণ+ঙীষ্] আঁকশি, আকর্ষণকারিণী। Hook.

आकलन ক্লী০ [আ+কল-ল্যুট্] সংগ্রহ, আকাংক্ষা, গণন, বন্ধন। Gathering.

आकलित ত্রি০ [আ+কল-ক্ত] সংগৃহীত, আকাংক্ষিত, গণিত, বদ্ধ। Collected.

आकल्प পু০ [আ+কৃপ+ণিচ্-ঘঞ্] সজ্জা, বেশ, ভূষণ, কল্পনা, উন্নতি। ক্লী০, অব্য০ কল্পান্তপর্যন্ত। Dress; till the doomsday.

आकल्पक পু০ [আ+কৃপ+ণিচ্-ণ্বুল্] দুঃখের সহিত স্মরণ। Remembering with regret.

आकष পু০ [আ+কষ-অচ্] কষ্টিপাথর। Touchstone.

आकस्मिक ত্রি০ [অকস্মাৎ+ষ্ণক্] হঠাৎ উৎপন্ন। Sudden.

आकाङ्क्षा স্ত্রী০ [আ+কাঙ্ক্ষ-অঙ্+টাপ্] ইচ্ছা, স্পৃহা, বাক্যার্থজ্ঞানের কারণবিশেষ। Desire.

आकाय পু০ [আ+চি-ঘঞ্] নিবাস, চিতা। Residence.

आकार পু০ [আ+কৃ-ঘঞ্] আকৃতি, মূর্তি, দেহ, 'আ' বর্ণ, ইঙ্গিত, শোকহর্ষাদিসূচক মুখভঙ্গী, চিহ্ন। Form.

आकारगुप्ति স্ত্রী০ [আকার+গুপ্তি] হৃদ্গত ভাবের গোপন, লজ্জাদিবশতঃ ভোগচিহ্নগোপন। Concealing one's feeling.

आकारण ক্লী০ [আ+কারণ] আহ্বান। Call.

आकारित ত্রি০ [আ+কারিত] আকারপ্রাপ্ত, আহূত। Having the shape of, called.

आकालिक ত্রি০ [অকাল+ঠঞ্] অসময়ে উৎপন্ন। Sprung out of season.

आकाश পু০, ক্লী০ [আ+কাশ-অচ্] গগন। Sky.

आकाशवाणी স্ত্রী০ [আকাশ+বাণী] আকাশে উৎপন্ন শব্দ, দৈববাণী, বেতার। Voice from heaven, radio.

आकाशसलिल ক্লী০ [আকাশ+সলিল] বৃষ্টি। Rain.

आकीर्ण ত্রি০ [আ+কীর্ণ] ব্যাপ্ত, বিক্ষিপ্ত। Strewn.

आकुञ्चन ক্লী০ [আ+কুঞ্চন] সংকোচন, বাঁকান। Contraction, curving.

आकुञ्चित ত্রি০ [আ+কুঞ্চিত] ঈষৎ বক্র, সংকোচিত। Slightly contracted.

आकुल ত্রি০ [আ+কুল-ক] ব্যাকুল, অস্থিরচিত্ত, ব্যগ্র, বিহ্বল, চকিত, চলিত, ক্ষুভিত, সংকীর্ণ, সন্দিহান, অস্বস্থ, অস্পষ্ট। Perturbed, anxious.

आकुलाकुल ত্রি০ [আকুল+আকুল] অতিশয় আকুল। Extremely perturbed.

आकूत ক্লী০ [আ+কূ-ক্ত] অভিপ্রায়, মনের ভাব। Intention.

आकृति স্ত্রী০ [আ+কৃ-ক্তিন্] আকার, অবয়ব, সংস্থান, বপু, প্রকার, রূপ, ছন্দোবিশেষ। Form.

आकृष्ट ত্রি০ [আ+কৃষ্ট] যাহাকে আকর্ষণ করা হইয়াছে, বশীকৃত, গৃহীত। Drawn, attracted.

आकृष्टि স্ত্রী০ [আ+কৃষ-ক্তিন্] আকর্ষণ। Drawing.

आकेकर ত্রি০ [আ+কেকর] ঈষৎ নিমীলিত, কিঞ্চিৎ অপাঙ্গ (দৃষ্টি)। Half-closed (eyes).

आक्रन्द পু০ [আ+ক্রন্দ-ঘঞ্] চীৎকার, রোদন, আহ্বান, ভয়ানক যুদ্ধ, ভ্রাতা, মিত্র, নীতিশাস্ত্রোক্ত দ্বাদশ নৃপের অন্যতম। Shout, cry.

आक्रन्दित ক্লী০ [আ+ক্রন্দ-ক্ত] আর্তনাদ, ক্রন্দন। Shout, cry.

आक्रम পু০ [আ+ক্রম-ঘঞ্], **आक्रमण** ক্লী০ [আ+ক্রম-ল্যুট্] অভিভব, আরোহণ, অধিষ্ঠান, উদয়, অতিক্রম। Assault, attack, ascend.

आक्रान्त ত্রি০ [আ+ক্রম-ক্ত] অতিক্রান্ত, অভিভূত, অধিষ্ঠিত, অধিগত, ব্যাপ্ত। Surpassed, overpowered.

आक्रान्ति স্ত্রী০ [আ+ক্রম-ক্তিন্] আক্রমণের দ্বারা উপর স্থান প্রাপ্তি। Placing upon.

आक्रीड পু০ [আ+ক্রীড-ঘঞ্] ক্রীড়াস্থান, ক্রীড়া উদ্যান। Play-ground.

आक्रुष्ट ত্রি০ [আ+ক্রুষ্ট] ভর্ৎসিত, নিন্দিত, অভিশপ্ত। Blamed, cursed.

आक्रोश পু০ [আ+ক্রুশ-ঘঞ্], **आक्रोशन** ক্লী০ [আ+ক্রুশ-ল্যুট্] ভর্ৎসনা, শাপ, গালি দেওয়া, আহ্বান, নিন্দা। Rebuke, curse, blame.

आक्षार পু০ [আ+ক্ষর+ণিচ্-ঘঞ্] অগম্য-গমনের দোষারোপ। Charge of adultery.

आक्षिक পু০ [অক্ষ+ঠক্] অক্ষক্রীড়াকারী, রঞ্জক বৃক্ষ। A dice-player, a kind of tree.

आक्षीव পু০ [আ+ক্ষীব+ণিচ্-অচ্] শোভাঞ্জন বৃক্ষ। ত্রি০ ঈষৎ বা সম্যক্ মত্ত। A kind of tree.

आक्षेप পু০ [আ+ক্ষিপ-ঘঞ্] নিন্দা, দূষণ, ভর্ৎসনা, বিক্ষেপ, আকর্ষণ, অবসান, কাব্যালংকারবিশেষ। Blame, defilement.

आक्षेपक त्रि० [आ+क्षिप–ण्वुल्] निन्दাকারক। One who blames.

आक्षोड पु० [आ+अक्ष–ओड] আখরোট গাছ। A kind of tree.

आख पु० [आ+खन–ड] খনিত্র, খন্তা, শাবল প্রভৃতি। A digging instrument.

आखण्डल पु० [आ+खडि–डलच्] ইন্দ্র। Name of Indra.

आखनिक त्रि० [आ+खन–इकन्] খননকর্তা। পু০ চোর, মূষিক, শূকর। A digger; a thief.

आखनिकवक पु० [आ+खन–इकवक] খনিত্র, খন্তা। A digging instrument.

आखु पु० [आ+खन–डु] মূষিক, শূকর, চোর, কৃপণ-বিশেষ। Mouse.

आखुकर्णी स्त्री० [आखु+कर्णी] লতা-বিশেষ। A kind of creeper.

आखुग पु० [आखु+गम–ड] মূষিকবাহন গণেশ। Name of Gaṇeśa.

आखुपर्णिका स्त्री० [आखु+पर्ण+कप्+टाप्] লতা-বিশেষ। A kind of creeper.

आखुभुज् पु० [आखु+भुज–क्विन्] বিড়াল। Cat.

आखुविषहा स्त्री० [आखु+विष+हन–ड+टाप्] মূষিক-বিষহর বৃক্ষবিশেষ। A kind of tree.

आखेट पु० [आ+खिट–घञ], **आखेटक** [आखेट+कन्] মৃগয়া। Hunting.

आखेटिक पु० [आखेट+ठक्] মৃগয়াকুশল কুক্কুর। Hunting dog.

आखोट पु० [आख+उट] আখরোট। A kind of dry fruit.

आख्या स्त्री० [आ+ख्या–अङ्+टाप्] নাম, কথন, সংজ্ঞা। Name.

आख्यात त्रि० [आ+ख्यात] কথিত, সূচিত। ক্লী০ ক্রিয়াপদ। Said; a verb.

आख्यातृ त्रि० [आ+ख्या–तृच्] আখ্যানকর্তা। One who narrates.

आख्यान क्ली० [आ+ख्या–ल्युट्] কথন, ইতিহাস, উপন্যাস। Saying, a story.

आख्यायिका स्त्री०[आ+ख्या–ण्वुल्+टाप्] কাহিনী, উপাখ্যান, গদ্যকাব্যের প্রকারবিশেষ। A story, a type of prose-kāvya.

आगत त्रि० [आ+गत] উপস্থিত, প্রাপ্ত। ক্লী০ আগমন। Come, got; arrival.

आगन्तु पु० [आ+गम–तुन्] অতিথি। ত্রি০ আগমনশীল। A guest; adventitious.

आगन्तुक पु० [आगन्तु+कन्] অতিথি। A guest.

आगम पु० [आ+गम–घञ्] বেদাদিশাস্ত্র, আগমন, উপদেশ, আশ্রয়, ব্যাকরণে প্রকৃত্যাদিকে বিনাশ না করিয়া উপস্থিত বর্ণ। ক্লী০ [आ+गम–अच्] তন্ত্রশাস্ত্র। The scriptures—specially the Vedas and the Tantras.

आगस् क्ली० [इण्–असुन्] পাপ, অপরাধ। Sin.

आगामिन् त्रि० [आ+गम–णिनि] যাহা আসিবে, ভবিষ্যৎ। Coming, future.

आगार क्ली० [आग+ऋ–अण्] গৃহ। House.

आगू स्त्री० [आ+गम–क्विप्] প্রতিজ্ঞা। Promise.

आग्नीध्र क्ली० [अग्नीध्र+अण्] অগ্নীধ্র-সম্বন্ধীয়। ক্লী০ [अग्नीध्+रण्] যজ্ঞাগ্নিস্থান। Belonging to the priest who kindles the fire; the place where the sacred fire is kindled.

आग्नेय त्रि० [अग्नि+ढक्] অগ্নিসম্বন্ধীয়, অগ্নিজনক। ক্লী০ স্বর্ণ, ঘৃত, শোণিত, অগ্নিপুরাণ, ভস্ম দ্বারা স্নান। স্ত্রী০ আগ্নেয়ী—স্বাহা, অগ্নিপত্নী, অগ্নিকোণ। Relating to the fire.

आग्रयण क्ली० নবান্নশ্রাদ্ধ। A kind of Śrāddha.

आग्रहायण पु० [अग्रहायण+अण्] অগ্রহায়ণ মাস। The month of Agrahāyaṇa.

आग्रहायणिक पु० [आग्रहायण+ठञ्] অগ্রহায়ণ মাস-সম্বন্ধীয়। Relating to the month of Agrahāyaṇa.

आग्रहायणी स्त्री० [आग्रहायण+ङीप्] অগ্রহায়ণ পূর্ণিমা, মৃগশিরা নক্ষত্র। The full-moon in the month of Agrahāyaṇa.

आग्रहारिक पु० [अग्रहार+ठञ्] অগ্রদানীয় ব্রাহ্মণ, রাজাদিপ্রদত্ত ভূমিভোগকারী ব্রাহ্মণ। A degraded Brahmin.

आघट्ट पु० [आ+घट्ट–अच्] গতি, আঘাত। Movement, striking.

आघाट पु० [आ+हन–घञ्] সীমা। Limit.

आघात पु० [आ+हन–घञ्] প্রহার, হনন, বধ, তাড়ন, বধস্থান। Assault.

आघार पु० [आ+घृ+णिच्–अच्] ঘৃত, হোম, পাক। Clarified butter.

आघूर्णित त्रि० [आ+घूर्णित] ভ্রামিত, যাহাকে ঘোরানো হইয়াছে। Revolved.

आघ्राण क्ली० [आ+घ्राण] গন্ধগ্রহণ, তৃপ্তি। ত্রি০ যাহা আঘ্রাণ করা হইয়াছে। Smelling, satiety.

आघ्रात त्रि० [आ+घ्रा–क्त] যাহা ঘ্রাণ করা গিয়াছে, আক্রান্ত, তৃপ্ত। Smelt.

आङ्गिक त्रि० [अङ्ग+ठक्] অঙ্গভঙ্গী দ্বারা সূচিত। পু০ মৃদঙ্গবাদক। Expressed by bodily actions.

आङ्गिरस पु० [अङ्गिरस्+अण्] বৃহস্পতি, প্রবর-বিশেষ। Name of Bṛhaspati.

आचमन क्ली० [आ+चम-ल्युट्] পূজাদির পূর্বে জল-দ্বারা বিধিপূর্বক দেহশোধন, ভোজনের পর মুখ-প্রক্ষালন। Sipping of water.

आचमनक पु० [आचमन+कन्] নিষ্ঠীবন-পাত্র, পিকদানি। Spittoon.

आचमनीय क्ली० [आ+चम-अनीयर्] আচমনের জল। Water used for आचमन.

आचाम पु० [आ+चम-घञ्] আচমন, ভাতের মণ্ড। Sipping water, gruel.

आचार पु० [आ+चर-घञ्] আচরণ, রীতি। Conduct.

आचारी स्त्री० [आचार+ङीष्] হেলঞ্চা লতা। A kind of creeper.

आचार्य पु० [आ+चर-ण्यत्] বেদাধ্যাপক, শিক্ষা-গুরু। A teacher of Vedas, spiritual guide.

आचार्यक क्ली० [आचार्य+वुञ्] আচার্যের কর্ম, উপদেশ। The work of a teacher.

आचित त्रि० [आ+चि-क्त] সঞ্চিত, রাশীকৃত, গ্রথিত, ব্যাপ্ত, আচ্ছন্ন। पु०, क्ली० দশ 'ভার' পরিমাণ। Collected.

आच्छन्न त्रि० [आ+छद-क्त] আবৃত, ঢাকা। Covered.

आच्छाद पु० [आ+छद+णिच्-घञ्] আবরণ, আবরণবস্ত্র, ঢাকনি। Covering, a cloth for covering the body.

आच्छादन क्ली० [आ+छद+णिच्-ल्युट्] আচ্ছাদন বস্ত্র। A covering cloth.

आच्छिन्न त्रि० [आ+छिद-क्त] বল দ্বারা গৃহীত। Seized through force.

आच्छुरित क्ली० [आ+च्छुर-क्त] সশব্দ হাস্য, নখে নখে বাদ্য। त्रि० ব্রক্ষিত। A loud laughter.

आच्छोदन क्ली० [आ+च्छिद-ल्युट्] মৃগয়া। Hunting.

आज क्ली० [आ+अनुज-क] ঘৃত। पु० [अज-घञ्] গমন। Clarified butter; movement.

आजक क्ली० [अज+वुञ्] ছাগসমূহ। A herd of goats.

आजन्मसुरभिपत्र पु० [आजन्मन्+सुरभि+पत्र] মরুবক বৃক্ষ। A kind of tree.

आजानेय पु० [आज+आनेय] উত্তমজাতীয় অশ্ব। A high-bred horse.

आजि स्त्री० [अज-इण्] গমন, যুদ্ধ, আক্ষেপ। Going.

आजीव पु० [आ+जीव-घञ्] জীবিকা। Livelihood.

आजु स्त्री० [आ+जु-क्विप्] বিনা পারিশ্রমিকে কাজ। Honorary work.

आज्ञप्ति स्त्री० [आ+ज्ञप्ति] আজ্ঞা। Command.

आज्ञा स्त्री० [आ+ज्ञा-अङ्+टाप्] আদেশ, অনুজ্ঞা, হুকুম। Command.

आज्य क्ली० [आ+अनुज-क्यप्] যজ্ঞীয় ঘৃত। Clarified butter.

आज्यप त्रि० [आज्य+पा-क] ঘৃতপায়ী। पु० পিতৃ-বিশেষ। Drinker of clarified butter.

आज्यभाग पु० [आज्य+भाग] যজ্ঞে ঘৃতের আহুতি-বিশেষ, ঘৃত। An offering of clarified butter in a sacrifice.

आञ्जनेय पु० [अञ्जना+ढक्] অঞ্জনাপুত্র হনুমান। Name of Hanumat.

आञ्जिनेय पु० [अञ्जनी+ढक्] সরীসৃপ, টিকটিকি-জাতীয় জীব। Reptile.

आटविक त्रि० [अटवी+ठक्] আরণ্যক, সৈন্যবিশেষ। Wild.

आटि [-डि] पु० [आ+अट-इण्] পক্ষিবিশেষ। A kind of bird.

आटोप पु० [आ+तुप-घञ्] গর্ব, সম্ভ্রম, উদরস্ফীতি। Pride.

आडम्बर पु० [आ+डम्ब-अरन्] বাহুল্য, জাঁকজমক, ঘটা, আরম্ভ, ক্রোধ, পক্ষ্ম, হর্ষ, গর্ব, রণবাদ্য, তূর্যধ্বনি, মেঘধ্বনি। Pomp.

आढक पु० [आ+ढौक-घञ्] ধান্যাদি পরিমাণ-বিশেষ। A form of measure.

आढकिक त्रि० [आढक+ठञ्] কর্ষণযোগ্য ক্ষেত্র। A field fit for cultivation.

आढकी स्त्री० [आढक+ङीष्] অরহর নামক শমী-ধান্য। A kind of corn.

आढ्य त्रि० [आ+ध्यै-क] ধনী, সমৃদ্ধ, সম্পন্ন, পূর্ণ। Rich, prosperous.

आण पु० [अण-घञ्] শব্দ। Word.

आणवीन त्रि० [आणव+खञ्] ক্ষুদ্র ধান্য বপনের যোগ্য ক্ষেত্র। Fit for sowing small grain.

आणि पु० [अण-इण्] রথচক্রের অগ্রভাগস্থ কীলক। The axle to the forepart of the wheel of the chariot.

आण्डीर त्रि० [आण्ड+ईरच्] বহু ডিম্বযুক্ত। With many eggs.

आतङ्क पु० [आ+तकि-घञ्] ভয়, রোগ, বিভীষিকা, শংকা, সন্তাপ, মুরজধ্বনি। Fear, disease.

आतञ्चन क्ली० [आ+तनूच-ल्युट्] বেগ। Speed.

आतत त्रि० [आ+तन–क्त] বিস্তৃত, প্রসারিত, আরোপিত। ক্লী০ বাদ্যবিশেষ। Spread.

आततायिन् त्रि० [आतत+अय–णिनि] বধে উদ্যত, অনিষ্টকারী শত্রু। Assailant.

आतप पु० [आ+तप–घ] রৌদ্র। Sunshine.

आतपत्र क्ली० [आतप+त्रै–क] ছত্র। Umbrella.

आतपाभाव पु० [आतप+अभाव] ছায়া। Shadow.

आतर पु० [आ+तृ–अप्] নদীপারের জন্য নৌকার ভাড়া। Boat-fare.

आतर्पण क्ली० [आ+तृप+णिच्–ल्युट्] প্রীতি, আলিপনা। Love.

आतापिन् पु० [आ+तप–णिनि], **आतायिन्** पु० [आ+ताय–णिनि] চিলপক্ষী। Name of a bird (kite).

आतिथेय क्ली० [अतिथि+ढक्] অতিথিসেবার বস্তু। ত্রি০ অতিথিপরায়ণ, অতিথিসেবক। Objects for serving the guest; hospitable.

आतिथ्य क्ली० [अतिथि+ञ्य] অতিথিসেবা। Service to the guest.

आतिदेशिक त्रि० [अतिदेश+ठक्] অন্যত্র আরোপিত। Imposed elsewhere.

आतिवाहिक त्रि० [अतिवाह+ठक्] ইহলোক হইতে পরলোক-প্রাপণে নিযুক্ত। Engaged in carrying from this world to the other.

आतिशय्य क्ली० [अतिशय+ष्यञ्] আধিক্য। Excess.

आतुर त्रि० [आ+अत–उरच्] রোগী, কাতর, আর্ত। Sick.

आतृप्य पु० [आ+तृप–क्यप्] আতা গাছ। A kind of tree.

आतोद्य क्ली० [आ+तुद–ण्यत्] বীণা প্রভৃতি বাদ্য। Stringed instrument.

आत्त त्रि० [आ+दा–क्त] গৃহীত। Accepted.

आत्तगन्ध त्रि० [आत्त+गन्ध] পরাভূত, হতগর্ব। Overpowered, humiliated.

आत्तगर्व त्रि० [आत्त+गर्व] হৃতগর্ব। Vanquished.

आत्मगत त्रि० [आत्मन्+गत] স্বগত, মনে মনে, আত্মনিষ্ঠ। Aside.

आत्मगुप्ता स्त्री० [आत्मन्+गुप्त+टाप्] আলকুশী লতা। A kind of creeper.

आत्मघातिन् त्रि० [आत्मन्+घातिन्] আত্মহত্যাকারী। One who commits suicide.

आत्मघोष पु० [आत्मन्+घोष] কাক, কুক্কুট। Crow.

आत्मज पु० [आत्मन्+जन–ड] পুত্র। স্ত্রী০ আত্মজা—কন্যা। Offspring.

आत्मजन्मन् पु०, स्त्री० [आत्मन्+जन्मन्] পুত্র, কন্যা। Son, daughter.

आत्मज्ञ त्रि० [आत्मन्+ज्ञा–क] যিনি আত্মার স্বরূপ জানেন, পণ্ডিত। Knower of the self.

आत्मदर्श पु० [आत्मन्+दृश–घञ्] দর্পণ, আদর্শ। Mirror.

आत्मद्रोहिन् त्रि० [आत्मन्+ द्रुह–णिनि] আত্মনিগ্রহকারী। One who harms oneself.

आत्मन् पु० [अत–मनिण्] স্বয়ং, স্বভাব, দেহ, ব্রহ্ম, জীব, যত্ন, সূর্য, বহ্নি, বায়ু, ধৃতি। Self.

आत्मनीन त्रि० [आत्मन्+ख] নিজের মঙ্গলকারী। পু০ পুত্র। Beneficial to oneself; son.

आत्मनेपद क्ली० [आत्मने+पद] আত্মগামি-ফলবোধক প্রত্যয়বিশেষ। Middle personal ending.

आत्मबन्धु पु० [आत्मन्+बन्धु] মাতা, পিতা, ভাগিনেয়, ভাগিনেয়ী, মাতুলপুত্র প্রভৃতি ঘনিষ্ঠ আত্মীয়বর্গ। Near relations.

आत्मभू पु० [आत्मन्+भू–क्विप्] ব্রহ্মা, বিষ্ণু, শিব, মদন। An epithet of Brahmā, Viṣṇu, Śiva and Cupid.

आत्ममूली स्त्री० [आत्मन्+मूल+ङीष्] দুরালভা লতা। A kind of creeper.

आत्मम्भरि त्रि० [आत्मन्+भृ–खि] স্বার্থপর, অহংসর্বস্ব। Selfish.

आत्मयोनि पु० [आत्मन्+योनि] ব্রহ্মা, বিষ্ণু শিব, মদন। An epithet of Brahmā, Viṣṇu, Śiva and Cupid.

आत्मरक्षा स्त्री० [आत्मन्+रक्षा] নিজেকে রক্ষা। Self-protection.

आत्मलाभ पु० [आत्मन्+लाभ] উৎপত্তি, নিজের লাভ। Coming into being.

आत्मवत् त्रि० [आत्मन्+मतुप्] সত্ত্ববান্, মনস্বী। অব্য০ [आत्मन्+वतिच्] আপনার ন্যায়। One possessing personality; like oneself.

आत्मविद् त्रि० [आत्मन्+विद–क्विप्] আত্মজ্ঞ। Knower of the self.

आत्मविद्या स्त्री० [आत्मन्+विद्या] ব্রহ্মবিদ্যা অধ্যাত্মবিদ্যা। Knowledge of the self.

आत्मसात् अव्य० [आत्मन्+सात्] নিজের অধীন, কবলিত, হস্তগত। Made one's own.

आत्महन् पु० [आत्मन्+हन–क्विप्] আত্মঘাতী, অজ্ঞ। Killer of oneself.

आत्माधीन त्रि० [आत्मन्+अधीन] নিজের অধীন। Depending on one's own self.

आत्माश्रय पु० [आत्मन्+आश्रय] ন্যায়শাস্ত্রে দোষ-বিশেষ। Fallacy of self-dependence.

आत्मीय त्रि० [आत्मन्+छ] স্বজন, জ্ঞাতি-কুটুম্ব, অন্তরঙ্গ। Relative.

आत्मीयता स्त्री० [आत्मीय+तल्+टाप्] বন্ধুত্ব, অন্তরঙ্গতা, হৃদ্যতা। Friendship.

आत्मोद्भव पु० [आत्मन्+भू-अच्] পুত্র, মদন। Son.

आत्मोपम त्रि० [आत्मन्+उपमा] নিজের তুল্য। Like oneself.

आत्यन्तिक त्रि० [अत्यन्त+ठञ्] অসীম, অশেষ, অত্যন্ত, অতিশয়িত। Unlimited, absolute.

आत्ययिक त्रि०[अत्यय+ठक्] নাশ-সম্বন্ধীয়, বিপজ্জনক, প্রাণান্তকর। Relating to destruction.

आत्रेय पु० [अत्रि+ढक्] অত্রিমুনির পুত্র। Son of sage Atri.

आत्रेयी स्त्री० [आत्रेय+ङीप्] অত্রিপত্নী, ঋতুমতী স্ত্রী। Wife of Atri.

आथर्वण त्रि० [अथर्वन्+अण्] অথর্ববেদজ্ঞ, অথর্ববেদবিহিত। क्ली० অথর্বমুনিপ্রণীত সূক্ত। Proficient in or relating to the Atharvaveda.

आथर्वणिक त्रि० [अथर्वन्+ठक्] অথর্ববেদ পাঠক। A student of the Atharvaveda.

आदर पु० [आ+दृ-कप्] সম্মান, স্নেহ, যত্ন, মর্যাদা, প্রীতি, আসক্তি, আরম্ভ। Respect, love, care.

आदर्श पु० [आ+दृश-घञ्] দর্পণ, নমুনা, অনুকরণীয় শ্রেষ্ঠ বিষয়। Mirror, model, ideal perfection.

आदान क्ली० [आ+दा-ल्युट्] গ্রহণ। Acceptance.

आदि पु० [आ+दा-कि] প্রথম, উৎপত্তিস্থান, কারণ, মূল, প্রকার। First, source.

आदिकारण क्ली०[आदि+कारण] প্রথম কারণ। The first cause.

आदितस् अव्य० [आदि+तसिल्] প্রথম হইতে, প্রথমে। From the beginning.

आदितेय पु० [अदिति+ढक्] দেবতা। God.

आदित्य पु० [अदिति+ण्य] সূর্য, দেবতা। Sun.

आदित्यपत्र क्ली० [आदित्य+पत्र] অর্কবৃক্ষপত্র। Leaf of a kind of plant.

आदित्यपुष्पिका स्त्री० [आदित्य+पुष्पिका] অর্কবৃক্ষের রক্তপুষ্প। Red flower of a kind of plant.

आदित्यसूनु पु० [आदित्य+सूनु] যম, শনি, সুগ্রীব, কর্ণ, মনু প্রভৃতি সূর্যপুত্র। Son of the Sun.

आदित्सु त्रि० [आ+दा-सन्+उ] গ্রহণে ইচ্ছুক। Desiring to accept.

आदिदेव पु० [आदि+देव] শিব, বিষ্ণু। Śiva, Viṣṇu.

आदिपुरुष पु० [आदि+पुरुष] বিষ্ণু। Viṣṇu.

आदिम त्रि० [आदि+डिमच्] প্রথম, আদ্য। First.

आदिमत् त्रि० [आदि+मतुप्] আদিযুক্ত, উৎপত্তিশীল। With a beginning.

आदिराज पु० [आदि+राजन्+टच्] পৃথু। Pṛthu —the first king.

आदिवराह पु० [आदि+वराह] বিষ্ণু। Viṣṇu.

आदिष्ट त्रि० [आ+दिश-क्त] আজ্ঞাপ্রাপ্ত, কথিত, নিযুক্ত, উপদিষ্ট। Commanded.

आदीनव पु० [आ+दी-क्त+वा-क] ক্লেশ, দোষ। Affliction, fault.

आदीपन क्ली० [आ+दीप+णिच्-ल्युट्] উদ্দীপন, প্রজ্বালন, আলিপনা। Kindling.

आदृत त्रि० [आ+दृ-क्त] পূজিত, সমাদৃত। Adored.

आदेश पु०[आ+दिश-घञ्] আজ্ঞা, অনুমতি, ব্যাকরণ শাস্ত্রে একের স্থানে অন্যের নির্দেশ। Command.

आदेष्टृ त्रि० [आ+दिश-तृच्] আদেশ-দাতা, উপদেষ্টা। One who commands.

आद्य त्रि० [आदि+यत्] প্রথম, আদিম, আদিভূত। First.

आद्यून त्रि० [आ+दिव(अद)-क्त] ঔদরিক, বিজিগীষাশূন্য। [आदि+ऊन] আদি-রহিত। Voracious; without beginning.

आधमन क्ली० [आ+धा-कमनन्] বন্ধক দেওয়া। Mortgaging.

आधर्षित त्रि० [आ+धृष-क्त] আক্রান্ত, অপমানিত, পরাভূত, নিগৃহীত, নির্যাতিত। Assaulted.

आधान क्ली० [आ+धा-ल्युट्] স্থাপন, গ্রহণ, সম্পাদন, উৎপাদন, বন্ধক দেওয়া। Placing.

आधार पु० [आ+धृ-घञ्] স্থান, পাত্র, যাহাতে কিছু থাকে, আলম্ব, আলবাল, ব্যাকরণশাস্ত্রে অধিকরণ-কারক। Locus.

आधि पु० [आ+धा-कि] মানসিক ব্যাধি, পীড়া, বিপদ্, স্থান, আশা। Mental pain.

आधिक्य क्ली० [अधिक+ष्यञ्] আতিশয্য, অতিরেক, প্রাবল্য। Excess.

आधिदैविक त्रि० [अधिदेव+ठञ्] দৈবজাত, বজ্রপাতাদিজনিত (দুঃখ)। Caused by fate.

आधिपत्य क्ली० [अधिपति+यक्] প্রভুত্ব, কর্তৃত্ব। Lordship.

आधिभौतिक त्रि० [अधिभूत+ठञ्] ব্যাঘ্রসর্পাদি-জনিত (দুঃখ)। Caused by animals.

आधिराज्य क्ली० [अधिराज+ष्यञ्] আধিপত্য, অধিকার। Lordship.

आधिवेदनिक त्रि० [अधिवेदन+ठञ्] দ্বিতীয়বার বিবাহকালে প্রথমা স্ত্রীকে দত্ত (ধনাদি)। (Wealth) offered to the first wife when marrying a second.

आधुत त्रि० [आ+धु–क्त] ঈষৎ কম্পিত। Slightly shaken.

आधुनिक त्रि० [अधुना+ठञ्] ইদানীন্তন, নব্য, সাম্প্রতিক। Modern.

आधेय त्रि० [आ+धा–यत्] যাহা রাখা হয়, স্থাপন-যোগ্য, বন্ধকীয়, উৎপাদ্য। That which is placed.

आधोरण पु० [आ+धोर+ल्युट्] মাহুত, হস্তিপক। A driver of an elephant.

आध्मात त्रि० [आ+ध्मा–क्त] শব্দিত, নিনাদিত, বায়ুপূরিত, স্ফীত, দগ্ধ। Sounded, puffed.

आध्मान पु० [आ+ध्मा–ल्युट्] বায়ুর দ্বারা স্ফীতি। Inflation.

आध्यात्मिक त्रि० [अध्यात्म+ठञ्] মানসিক, আত্মসম্বন্ধীয়, ব্রহ্মবিষয়ক। Relating to the mind or the self.

आध्यान क्ली० [आ+ध्यै–ल्युट्] উৎকণ্ঠার সহিত স্মরণ। Sorrowful recollection.

आध्वर्यव त्रि० [अध्वर्यु+अञ्] অধ্বর্যুর কর্তব্য। The duty of an Adhvaryu priest.

आन पु० [अन–घञ्] প্রাণবায়ুর উচ্ছ্বাস। Breathing.

आनक पु० [अन+णिच्–ण्वुल्] পটহ, ঢাক, মৃদঙ্গ, মেঘ। Drum, bugle.

आनकदुन्दुभि पु० [आनक+दुन्दुभि] ঢাক, বসুদেব। Kettledrum, father of Kṛṣṇa.

आनत त्रि० [आ+नत] প্রণত, বিনীত, ঈষৎ নত। Prostrated.

आनति स्त्री० [आ+नति] প্রণাম, নমন। Salute.

आनद्ध क्ली० [आ+नह–क्त] মৃদঙ্গ প্রভৃতি বাদ্যযন্ত্র, ভূষণাদি। त्रि० সজ্জিত। Musical instrument.

आनन क्ली० [आ+अन–ल्युट्] মুখ, বদন। Face.

आनन्तर्य क्ली० [अनन्तर+ष्यञ्] অব্যবধান, অনন্তরত্ব। Proximity.

आनन्त्य क्ली० [अनन्त+ष्यञ्] অসীমতা, বাহুল্য। Infinitude.

आनन्द पु० [आ+नन्द–घञ्] হর্ষ, আহ্লাদ, সন্তোষ, তৃপ্তি। Joy.

आनन्दथु पु० [आ+नन्द–अथुच्] হর্ষ। Joy.

आनन्दन क्ली० [आ+नन्द+णिच्–ल्युट्] আনন্দ দেওয়া, অভিনন্দন। Causing delight.

आनन्दमय त्रि० [आनन्द+मयट्] আনন্দপূর্ণ। Full of joy.

आनन्दि पु० [आ+नन्द–इन्] কৌতুক, হর্ষ। Joy.

आनन्दित त्रि० [आ+नन्द–क्त] হৃষ্ট, উৎফুল্ল। Glad.

आनयन क्ली० [आ+नी–ल्युट्] আনা, লইয়া আসা। Bringing.

आनर्त पु० [आ+नृत–घञ्] দেশবিশেষ, নৃত্যশালা, জল, যুদ্ধ। Name of a country.

आनर्तित त्रि० [आ+नृत+णिच्–क्त] ঈষৎ নর্তিত। Slightly tossed.

आनाय पु० [आ+नी–घञ्] জাল, আনয়ন। Net, bringing.

आनायिन् त्रि०[आनाय+इनि] ধীবর। Fisherman.

आनाय्य पु० [आ+नी–ण्यत्] দক্ষিণাগ্নি। The dakṣiṇa fire.

आनाह पु० [आ+नह–घञ्] দৈর্ঘ্য, বন্ধ, কোষ্ঠবদ্ধতা রোগ। Length, binding.

आनिल पु० [अनिल+अण्] হনুমান, ভীম। Hanumat, Bhīma.

आनीत त्रि० [आ+नीत] যাহা আনা হইয়াছে। Brought.

आनील त्रि० [आ+नील] ঈষৎ নীল। Bluish.

आनुकूल्य क्ली० [अनुकूल+ष्यञ्] সাহায্য, সহায়তা, পোষকতা। Help.

आनुगत्य क्ली० [अनुगत+ष्यञ्] বাধ্যতা, বশ্যতা, অনুবর্তন, অনুসরণ। Allegiance.

आनुपदिक त्रि० [अनुपद+ठक्] পশ্চাদ্‌গামী। Follower.

आनुपूर्व्य क्ली० [अनुपूर्व+ष्यञ्] যথাক্রম, পরিপাটী। Sequence.

आनुमानिक त्रि० [अनुमान+ठक्] অনুমানসিদ্ধ, আন্দাজী। Inferred.

आनुरूप्य क्ली० [अनुरूप+ष्यञ्] সাদৃশ্য। Likeness.

आनुश्रविक त्रि० [अनुश्रव+ठक्] বেদবিহিত। Enjoined by the Vedas.

आनुषङ्गिक त्रि० [अनुषङ्ग+ठक्] মূল বিষয়ের সহিত সংশ্লিষ্ট, গৌণ। Closely adherent, auxiliary.

आनृण्य क्ली० [न+ऋण+ष्यञ्] ঋণমুক্তি। Acquittance from debt.

आनृत त्रि० [अनृत+अण्] মিথ্যাবাদী। Liar.

आनृशंस्य क्ली० [न+नृशंस+ष्यञ्] অক্রূরতা, দয়া, করুণা। Absence of cruelty.

आनेतृ त्रि॰ [आ+नी–तृच्] आनयनकारी। Bringer.

आन्त त्रि॰ [अन्त+अण्] সমাপ্তি-বিষয়ে। Relating to the end.

आन्तर त्रि॰ [अन्तर्+अण्] অভ্যন্তর, ভিতর। Internal.

आन्तरिक त्रि॰ [अन्तर्+ठक्] অন্তর্গত, মনোগত, হার্দিক। Internal.

आन्त्र क्ली॰ [अन्त्र+अण्] নাড়ী। Intestine.

आन्त्रिक त्रि॰ [अन्त्र+ठक्] অন্ত্র-সম্বন্ধীয়। Relating to the intestine.

आन्दोलन क्ली॰ [आन्दोल–ल्युट्] কম্পন, দোলান, আলোড়ন, অনুশীলন। Shaking.

आन्दोलित त्रि॰ [आन्दोल–क्त] কম্পিত, দোলায়মান, অনুশীলিত। Shaken.

आन्धसिक त्रि॰ [अन्धस्+ठक्] পাচক। Cook.

आन्वीक्षिकी स्त्री॰ [अन्वीक्षा+ठञ्+ङीप्] ন্যায়শাস্ত্র, তর্কবিদ্যা। Logic.

आप क्ली॰ [अप्+अण्] জলরাশি। A quantity of water.

आपक्क त्रि॰ [आ+पक्क] ঈষৎপক্ক, ডাঁসা। Nearly ripe.

आपगा स्त्री॰ [आपग+टाप्] নদী, স্রোতস্বতী। River.

आपण पु॰ [आ+पण–घ] বিপণি, হাট, বিক্রয়ের স্থান। Shop.

आपणिक त्रि॰ [आपण+ठक्] দোকানী, বিক্রেতা। Shop-keeper.

आपतन क्ली॰ [आ+पत–ल्युट्] ধাবন, আগমন, প্রাপ্তি, অবরোহণ। Running.

आपतित त्रि॰ [आ+पत–क्त] আগত, উপস্থিত। Arrived.

आपत्ति स्त्री॰ [आ+पद–क्तिन्] বিপদ, বিরুদ্ধে উক্তি, প্রাপ্তি, অনিষ্টপ্রসঙ্গ। Danger, objection.

आपद् स्त्री॰ [आ+पद–क्विप्] বিপদ। Danger.

आपदा स्त्री॰ [आपद्+टाप्] বিপদ। Danger.

आपद्धर्म पु॰ [आपद्+धर्म] বিপদ্‌কালের ধর্ম। A practice allowable at the time of extreme calamity.

आपन क्ली॰ [आप–ल्युट्] প্রাপ্তি। Gain.

आपन्न त्रि॰ [आ+पद–क्त] বিপন্ন, প্রাপ্ত। Endangered.

आपन्नसत्त्वा स्त्री॰ [आपन्न+सत्त्व+टाप्] গর্ভিণী। A woman who has conceived.

आपमित्यक त्रि॰ [अपमित्य+कक्] বিনিময়ের দ্বারা লব্ধ। Got through barter.

आपस् क्ली॰ [आप–असुन्] জল। Water.

आपस्कार क्ली॰ [अपस्कार+अण्] গাত্রমূল। Extremity of the body.

आपस्तम्ब पु॰ ধর্মশাস্ত্র-প্রণেতা ঋষি। Name of a sage.

आपाक पु॰ [आ+पच–घञ्] ঈষৎপাক, কুম্ভকারের পোয়ান। Slight baking, potter's kiln.

आपाण्डर त्रि॰ [आ+पाण्डर] ঈষৎ পাণ্ডুবর্ণ। Slightly pale.

आपात पु॰ [आ+पत–घञ्] পতন, আগমন। Fall.

आपाततस् अव्य॰ [आपात+तसिल्] অকস্মাৎ, বিনা কারণে। Suddenly.

आपात्य त्रि॰ [आ+पत–ण्यत्] আক্রমণার্থ আগত। Approaching for attack.

आपान क्ली॰ [आ+पा–ल्युट्] মদ্য বিক্রয়ের স্থান, মদ্যপানগোষ্ঠী। Bar for drinks.

आपिञ्जर क्ली॰ [आ+पिञ्जर] স্বর্ণ। Gold.

आपीड पु॰ [आ+पीड–अच्] কিরীট, শিরোভূষণ। A chapilet.

आपीत त्रि॰ [आ+पीत] ঈষৎ পীতবর্ণযুক্ত, পিঙ্গল। Yellowish.

आपीन क्ली॰ [आ+प्याय–क्त] গবাদির স্তন। त्रि॰ ঈষৎ স্থূল। पु॰ কূপ। Udder.

आपूपिक त्रि॰ [अपूप+ठक्] পিষ্টক প্রস্তুতকারী। Breadmaker.

आपूप्य पु॰ [अपूप+ञ्य] ময়দা, ছাতু। Flour.

आपूर्त क्ली॰ [आ+पूर्त] পূর্তাদি খনন। Irrigation.

आपृच्छा स्त्री॰ [आ+पृच्छा] বিদায়কালীন সম্ভাষণ, জিজ্ঞাসা। Address on the occasion of bidding farewell.

आप्त त्रि॰ [आप–क्त] বিশ্বস্ত, প্রাপ্ত, অভ্রান্ত। Trustworthy.

आप्तकाम त्रि॰[आप्त+काम] যাহার ইচ্ছা পূর্ণ হইয়াছে। One whose desires have been fulfilled.

आप्ति स्त्री॰ [आप–क्तिन्] প্রাপ্তি, সম্বন্ধ, উপযোগিতা। Getting.

आप्य त्रि॰ [आप–यत्] প্রাপ্য। [अप्+ष्यञ्] জলময়। Obtainable; full of water.

आप्यान क्ली॰ [आ+प्याय–क्त] বৃদ্ধি, প্রীতি। Increase, pleasure.

आप्यायन क्ली॰ [आ+प्याय–ल्युट्] তৃপ্তি, প্রীতি, বৃদ্ধি। Satisfaction.

आप्यायित त्रि॰ [आ+प्याय+णिच्–क्त] প্রীত, তৃপ্ত। Pleased.

आप्रच्छन क्ली॰ [आ+प्रच्छ–ल्युट्] বিদায় দান ও গ্রহণ। To bid farewell and take leave.

आप्रपद अव्य० [आ+प्र+पद] পাদাগ্রপর্যন্ত। Reaching to the foot.

आप्रपदीन ত্রি০ [আপ্রপদ+খ] পাদাগ্রপর্যন্ত লম্বমান (বস্ত্রাদি)। (Clothes) hanging down to the foot.

आप्लव, आप्लाव পু০ [আ+প্লু–অপ্ (ঘঞ্)] জল-প্লাবন, স্নান, উল্লম্ফন, গতি। Flood.

आप्लुत ত্রি০ [আ+প্লু–ক্ত] স্নাত, সিক্ত, প্লাবিত। Bathed.

आप्लवव्रतिन् পু০ [আপ্লব+ব্রতিন্], **आप्लुतव्रतिन्** পু০ [আ+প্লত+ব্রতিন্] স্নাতক, ব্রহ্মচর্যের পর গৃহস্থাশ্রমে প্রবেশের জন্য স্নাত। Bathed at the end of the period of brahmacarya.

आबद्ध ত্রি০ [আ+বদ্ধ] বদ্ধ, অবরুদ্ধ, সংলগ্ন, বিজড়িত ব্যাপৃত। Bound.

आबन्ध পু০ [আ+বন্ধ–ঘঞ্] দৃঢ়বন্ধন, ভূষণ, প্রেম। Deep tie.

आबाधा স্ত্রী০ [আ+বাধা] পীড়া, ক্লেশ। Torment.

आबिल ত্রি০ [আ+বিল–ক] কলুষিত, অস্বচ্ছ, মলিন, ঘোলা। Turbid.

आबुत्त পু০ নাট্যে ভগিনীপতি-বাচক শব্দ। Brother-in-law (in a drama).

आभरण ক্লী০ [আ+ভৃ–ল্যুট্] ভূষণ, অলংকার, গহনা। Ornament.

आभा স্ত্রী০ [আ+ভা–অঙ্] দীপ্তি, প্রভা, শোভা, কান্তি, সাদৃশ্য। Lustre.

आभाष পু০ [আ+ভাষ–ঘঞ্] মুখবন্ধ, ভূমিকা। Preface.

आभाषण ক্লী০ [আ+ভাষণ] আলাপ, উক্তি, সম্ভাষণ, অভিভাষণ। Conversation.

आभाषित ত্রি০ [আ+ভাষ–ক্ত] উক্ত, কথিত। Said.

आभाष्य ত্রি০ [আ+ভাষ্য] কথনের যোগ্য, জিজ্ঞাস্য। Fit to be said.

आभास পু০ [আ+ভাস–অচ্] প্রতিবিম্ব, দীপ্তি, সাদৃশ্য, অভিপ্রায়। Reflection.

आभास्वर ত্রি০ [আ+ভাস্বর] অতিশয় দীপ্তিমান্। পু০ গণদেবতা-বিশেষ। Excessively bright.

आभिजन ত্রি০ [অভিজন+অণ্] বংশসম্বন্ধীয়। ক্লী০ কৌলীন্য। Relating to family; nobility.

आभिजात्य ক্লী০ [অভিজাত+ষ্যঞ্] বংশমর্যাদা, কৌলীন্য, পাণ্ডিত্য। Pedigree, nobility.

आभिधानिक ত্রি০ [অভিধান+ঠক্] অভিধান বা কোষ-সম্বন্ধীয়। Relating to the lexicon.

आभिमुख्य ক্লী০ [অভিমুখ+ষ্যঞ্] সম্মুখে থাকা। Being in front of.

आभीक्ष्ण ত্রি০ [অভীক্ষ্ণ+অণ্], **आभीक्ष्ण्य** ক্লী০ [অভীক্ষ্ণ+ষ্যঞ্] পৌনঃপুন্য। Continued repetition.

आभीर পু০ [আ+ভী+রা–ক] গোপ। Milkman.

आभीरपल्ली স্ত্রী০ [আভীর+পল্লী] গোপগ্রাম। A village of milkmen.

आभील ত্রি০ [আ+ভী+লা–ক] ভয়ানক। ক্লী০ ক্লেশ। Fearful; pain.

आभुग्न ত্রি০ [আ+ভুজ–ক্ত] ঈষৎবক্র, আকুঞ্চিত। Slightly curved.

आभोग পু০ [আ+ভোগ] পরিপূর্ণতা, বিস্তার, প্রয়াস, সর্পের ফণা। Entirety, range, hood.

आभ्युदयिक ত্রি০ [অভ্যুদয়+ঠক্] মাঙ্গলিক, উন্নতি-দায়ক, সমৃদ্ধি-সাধক। ক্লী০ বৃদ্ধিনিমিত্তক শ্রাদ্ধ। Auspicious.

आम ত্রি০ [আ+অম–ঘঞ্] অপক্ক, কাঁচা। পু০ রোগ-বিশেষ। Raw; disease.

आमगन्धि ত্রি০ [আম+গন্ধ+ইত্] কাঁচা মাংসের ন্যায় দুর্গন্ধবিশিষ্ট। Smelling musty.

आमनस्य ক্লী০ [আমনস্+ষ্যঞ্] দুঃখ। Sorrow.

आमन्त्रण ক্লী০ [আ+মন্ত্র–ল্যুট্] সম্বোধন, অভিনন্দন, সম্বর্ধনা, বিদায় গ্রহণ। Addressing, reception, bidding adieu.

आमन्त्रित ত্রি০ [আ+মন্ত্র–ক্ত] সম্বোধিত, অভিনন্দিত. নিয়োজিত। Addressed, honoured.

आमय পু০ [আম+যা–ক] রোগ। Disease.

आमयाविन् ত্রি০ [আময+বিনি] রোগযুক্ত। Diseased.

आमर्श পু০ [আ+মৃশ–ঘঞ্], **आमर्शन** ক্লী০ [আ+মৃশ–ল্যুট্] চিন্তা, ভক্ষণ, স্পর্শ, ধর্ষণ, পরামর্শ। Thinking, eating, touch.

आमर्ष পু০ [আ+মৃষ–ঘঞ্] ক্রোধ। Anger.

आमलक[-की] পু০ (স্ত্রী০) [আ+মল–ক্বুন্] বৃক্ষ-বিশেষ। A kind of tree.

आमवात পু০ [আম+বাত] রোগবিশেষ। A kind of disease.

आमान्न ক্লী০ [আম+অন্ন] অপক্ক অন্ন। Uncooked rice.

आमावास्य ত্রি০ [অমাবাস্যা+অণ্] অমাবস্যা-সম্বন্ধীয়। Belonging to the new moon.

आमाशय পু০ [আম+আশয়] রোগবিশেষ। A kind of disease.

आमिक्षा, आमीक्षा স্ত্রী০ [আ+মিষ–সক্+টাপ্] ছানা। Coagulated milk.

आमिक्षीय क्ली० [आमिक्षा+छ] ছানার উপকরণ দধি। Curd suitable for the preparation of coagulated milk.

आमिष क्ली० [आ+मिष–क] মাংস, ভোগ্যবস্তু, উৎকোচ। Flesh, an object of enjoyment.

आमिषभुज् त्रि० [आमिष+भुज–क्विप्], **आमिषाशिन्** त्रि० [आमिष+अश–णिनि] মাংসভক্ষক। Meat-eater.

आमुक्त त्रि० [आ+मुच–क्त] পরিহিত, মুক্ত। Dressed, released.

आमुख क्ली० নাটকের প্রস্তাবনা। Prologue.

आमुष्मिक त्रि० [अदस्+ठक्] পারলৌকিক। Relating to the other world.

आमुष्यायण त्रि० [अमुष्य+फक्] সদ্বংশোৎপন্ন। Born of a good family.

आमृष्ट त्रि० [आ+मृष्ट] মর্দিত। Rubbed.

आमोचन क्ली० [आ+मोचन] মুক্তি, পরিধান। Release, dress.

आमोद पु० [आ+मुद्–घञ्] সুগন্ধ, আনন্দ। Fragrance, delight.

आमोदित त्रि० [आ+मोदित] সুরভিত, আনন্দিত। Scented, delighted.

आमोदिन् त्रि० [आमोद+इनि] সৌরভযুক্ত, হর্ষযুক্ত। Fragrant, delighted.

आम्नात त्रि० [आ+म्ना–क्त] কথিত, বর্ণিত, অভ্যস্ত। পরম্পরাক্রমে শাস্ত্রে উপদিষ্ট। Said, mentioned, repeated, handed down in sacred texts.

आम्नाय पु० [आ+म्ना–घञ्] বেদ, আচার, উপদেশ, সম্প্রদায়। The Vedas.

आम्बिकेय पु० [अम्बिका+ढक्] কার্ত্তিকেয়, ধৃতরাষ্ট্র। Kārttikeya, Dhṛtarāṣṭra.

आम्र पु० [अम–रन्] আমগাছ। क्ली० ঐ ফলবিশেষ। The mango tree.

आम्रात पु० [आम्र+अत–अच्], **आम्रातक** पु० [आम्र+अत–ण्वुल्] আমড়া। The hog-plum.

आम्रेडित त्रि० [आ+म्रेड–अच्; आम्रेड+क्विप्–क्त] পুনঃ পুনঃ উক্ত, ব্যাকরণশাস্ত্রে দ্বিরুক্ত শব্দের দ্বিতীয়টি। Repeatedly said, the second word in a reiteration.

आम्ल त्रि० [अम्ल+अण्] অম্লযুক্ত। Sour.

आय पु० [आ+इण्–अच्] অর্থাগম, লাভ, প্রাপ্তি। Income, gain.

आयत् त्रि० [आ+इण्–शतृ] আগমনশীল। Coming.

आयत त्रि० [आ+यम–क्त] বিস্তৃত, দীর্ঘ, সংযত। Extended.

आयतन क्ली० [आ+यत–ल्युट्] বিস্তার, যজ্ঞবেদী, আলয়। Extension.

आयति स्त्री० [आ+या–डति] উত্তরকাল, প্রভাব। [आ+यम–क्तिन्] দৈর্ঘ্য, প্রাপ্তি, মিলন, যত্ন। Future time; length.

आयतीगव अव्य० [आयती+गो] যে সময়ে গোসকল গৃহে ফিরিয়া আসে, গোধূলিকাল। Twilight.

आयत्त त्रि० [आ+यत–क्त] অধীন, বশীভূত। Depending on, controlled.

आयत्ति स्त्री० [आ+यत–क्तिन्] অধীনতা, দৈর্ঘ্য, অনুরাগ, সীমা, প্রভাব, সামর্থ্য। Subordination, breadth.

आयस क्ली० [अयस्+अण्] লৌহময়, লৌহনির্মিত বাণের ফলক। Made of iron.

आयस्त त्रि० [आ+यस–क्त] নিক্ষিপ্ত, আহত, কুপিত, শ্রান্ত। Hurled.

आयान क्ली० [आ+या–ल्युट्] আগমন, স্বভাব। Coming.

आयाम पु० [आ+यम–घञ्] দৈর্ঘ্য, বিস্তার, সংযম। Length.

आयास पु० [आ+यस–घञ्] পরিশ্রম, অতিযত্ন, পীড়া। Labour.

आयु पु० [इण–उण्] জীবিতকাল, প্রাণ, জীবন, পুরূরবার জ্যেষ্ঠ পুত্র। Duration of life.

आयुक्त त्रि० [आ+युज–क्त] ব্যাপারিত, নিযুক্ত, নিপুণ, সংযুক্ত, সংশ্লিষ্ট। Engaged.

आयुध क्ली० [आ+युध–क] অস্ত্র। Missile.

आयुधिक त्रि० [आयुध+ठञ्], **आयुधीय** त्रि० [आयुध+छ] অস্ত্রধারী, শস্ত্রজীবী, সৈনিক। One carrying a missile, a soldier.

आयुर्वेद पु० [आयुस्+विद–घञ्] চিকিৎসা শাস্ত্র। The science of medicine.

आयुर्वेदिन् त्रि० [आयुर्वेद+इनि] চিকিৎসক, বৈদ্য। Physician.

आयुष्कर त्रि० [आयुस्+कृ–ट] আয়ুর্বৃদ্ধিকারক, দীর্ঘায়ুঃপ্রদ। Promoting long life.

आयुष्मत् त्रि० [आयुस्+मतुप्] চিরজীবী। Long-lived.

आयुष्य त्रि० [आयुस्+यत्] আয়ুষ্কর। Promoting life.

आयुस् क्ली० [इण–असि] জীবিতকাল। Period of life.

आयोग पु० [आ+युज–घञ्] সম্যক্ সংযোগ, ব্যাপার, উপহার, রোধ। Association, event.

आयोगव पु० [अयोगव+अण्] शूद्रের ঔরসে বৈশ্যাজাত। Born of a Śūdra in the womb of a Vaiśya woman.

आयोजन क्ली० [आ+युज-ल्युट्] উদ্যোগ, আহরণ, যোগ। অব্য০ যোজন পর্য্যন্ত। Preparation.

आयोधन क्ली० [आ+युध-ल्युट्] যুদ্ধ, বধ। War.

आर पु० [आ+ऋ-घञ्] মঙ্গলগ্রহ, শনিগ্রহ। ক্লী০ কোণ, প্রান্তভাগ, পিতল। Mars, Saturn; brass.

आरकूट पु०,क्ली०[आर+कूट-अच्] পিতলের আভরণ, পিতলরাশি। Ornament made of brass.

आरक्ष पु० [आ+रक्ष-अच्] থানা, ঘাঁটি, গজকুম্ভের নিম্নভাগ। ত্রি০ রক্ষক। A police-station; police.

आरग्वध पु० [आरग्+हन-अच्] সোঁদাল বৃক্ষ। Cassia Fistula.

आरट्टज पु० [आरट्ट+जन-ड] পাঞ্জাব দেশীয় অশ্ব। A horse of Punjab breed.

आरणि पु० [आ+ऋ-अनि] জলাবর্ত। Whirlpool.

आरण्य त्रि० [अरण्य+ण] বন্য, বনজাত, অরণ্য-সম্বন্ধী। Wild.

आरण्यक त्रि० [अरण्य+वुञ्] বন্য। পু০ বনপথ, বন-হস্তী। ক্লী০ বেদের অংশবিশেষ। Wild; part of the Vedas.

आरति स्त्री० [आ+रम-क्तिन्] নিবৃত্তি, বিরতি। Stopping, cessation.

आरनाल क्ली० [आर+नल-घञ्] কাঞ্জিক। Gruel.

आरब्ध त्रि० [आ+रभ-क्त] অনুষ্ঠিত, উপক্রান্ত, উদ্যুক্ত। Commenced.

आरभटी[-टि] स्त्री० [आ+रभ-अटि+ङीप्] নাট্যে বৃত্তিবিশেষ। A mode of dramatic representation.

आरम्भ पु० [आ+रभ-घञ्] উদ্যোগ, উপক্রম, প্রস্তাবনা, অনুষ্ঠান, উৎপত্তি। Beginning.

आरम्भक त्रि० [आ+रभ-ण्वुल्] উৎপাদক, জনক। Producer.

आरम्भवाद पु० [आरम्भ+वद-घञ्] ন্যায়দর্শনে কার্যকারণ সম্বন্ধে মতবাদ-বিশেষ। A theory of cause and effect in Nyāya philosophy.

आरव पु० [आ+रु-अप्], **आराव** पु० [आ+रु-घञ्] শব্দ। Sound.

आरा स्त्री० [आ+ऋ-अच्+टाप्] চর্মভেদক অস্ত্র-বিশেষ, অংকুশ। Awl.

आरात् अव्य० [आ+रा-आति] দূর, সমীপ। Far, near.

आराति पु० [आ+रा-क्तिच्] শত্রু। Enemy.

आरात्रिक क्ली० [अरात्रि+ठञ्] আরতি, নীরাজন-কর্ম। Waving light as a part of image-worship.

आराधन क्ली० [आ+राध-ल्युट्] উপাসনা, সেবা, অভ্যাস, প্রাপ্তি। Worship, sacrifice.

आराधना स्त्री० [आ+राध+णिच्-युच्+टाप्] উপাসনা, সেবা। Worship, sacrifice.

आराधित त्रि० [आ+राध+णिच्-क्त] সেবিত উপাসিত, অভ্যস্ত, প্রাপ্ত। Served, worshipped.

आराम पु० [आ+रम-घञ्] উপবন, বাগান, বিশ্রাম। A pleasure-grove, rest.

आरालिक त्रि० [अराल+ठक्] পাচক। Cook.

आरिका स्त्री० [आर-कन्+टाप्] গতি, আহ্বান। Movement.

आरु पु० [ऋ-उन्] বৃক্ষবিশেষ, কর্কট, শূকর। A kind of tree.

आरुरुक्षु त्रि० [आ+रुह-सन्+उ] আরোহণেচ্ছু। One desiring to ascend.

आरूढ त्रि० [आ+रुह-क्त] যে আরোহণ করিয়াছে। Ascended.

आरोग्य क्ली० [अरोग+ष्यञ्] রোগের অভাব, স্বাস্থ্য। Cure, health.

आरोप पु० [आ+रुह+णिच्-घञ्] এক বস্তুতে অন্য বস্তুর ধর্মের মিথ্যাজ্ঞান। Imposing the quality of something on another.

आरोपण क्ली० [आ+रुह+णिच्-ल्युट्] আরোহণ-করান, আরোপ করা। To make ascend.

आरोपित त्रि०[आ+रुह+णिच्-क्त] কল্পিত, উত্থাপিত। Imposed, raised.

आरोह पु० [आ+रुह-घञ्] উচ্চতা, দৈর্ঘ্য, ভার, উপরে গমন, স্ত্রীকটি। Height, hip.

आरोहण क्ली० [आ+रुह-ल्युट्] উপরে উঠা। স্ত্রী০ আরোহণী—সিঁড়ি। Ascent.

आरोहिन् त्रि० [आ+रुह-णिनि] আরোহী। One who mounts.

आर्क्ष त्रि० [ऋक्ष+अण्] নক্ষত্র-সম্বন্ধীয়। Stellar.

आर्चिक त्रि० [ऋच्+ठञ्] ঋগ্বেদ-সম্বন্ধীয়। ক্লী০ সামবেদের সংজ্ঞাবিশেষ। Relating to the Ṛgveda; an epithet of the Sāmaveda.

आर्जव क्ली० [ऋजु+अण्] ঋজুতা, সরলতা। Straightness, simplicity.

আর্ত ত্রি০ [আ+ঋ–ক্ত] পীড়িত, দুঃখিত, বিপন্ন, কাতর। Sick.

আর্তব ক্লী০ [ঋতু+অণ্] স্ত্রীরজঃ। ত্রি০ ঋতুসম্বন্ধীয়। Menses; seasonal.

আর্তি স্ত্রী০ [আ+ঋ–ক্তিন্] রোগ, পীড়া, বিপত্তি, ধনুকের অগ্রভাগ। Disease, sickness.

আর্ত্বিজ ক্লী০ [ঋত্বিজ্+অণ্] পৌরোহিত্য। The function of a priest.

আর্ত্বিজীন ত্রি০[ঋত্বিজ্+খঞ্] ঋত্বিককর্মের যোগ্য। Deserving the work of a priest.

আর্ত্বিজ্য ক্লী০ [ঋত্বিজ্+ষ্যঞ্] পুরোহিতের কর্ম। The duties of a priest.

আর্থ ত্রি০ [অর্থ+অণ্] অর্থসম্বন্ধীয়। Relating to meaning.

আর্থিক ত্রি০ [অর্থ+ঠক্] অর্থসম্বন্ধীয়, অর্থগ্রাহী। Relating to a thing.

আর্দ্র ত্রি০ [অর্দ–রক্] ভিজা, মৃদু, নূতন, শিথিল। স্ত্রী০ আর্দ্রা—নক্ষত্রবিশেষ। Wet.

আর্দ্রক ক্লী০ [আর্দ্র+বুন্] আদা। Ginger.

আর্য ত্রি০ [ঋ–ণ্যৎ] স্বামী, গুরু, সদাচারপরায়ণ, সুহৃদ্, শ্রেষ্ঠ, পূজ্য, সঙ্গত, মান্য। Lord, noble.

আর্যক পু০ [আর্য+কন্] পিতামহ, মাতামহ। ত্রি০ শ্রেষ্ঠ, মাননীয়। Grandfather; noble.

আর্যপুত্র পু০ [আর্য+পুত্র] স্বামী, গুরুপুত্র। Husband.

আর্যমিশ্র ত্রি০ [আর্য+মিশ্র] মাননীয়, প্রসিদ্ধ। Honourable.

আর্যলিঙ্গিন্ ত্রি০ [আর্য+লিঙ্গ+ইনি] আর্যের লক্ষণযুক্ত। Having the signs of a nobleman.

আর্যা স্ত্রী০ [আর্য+টাপ্] সম্মানিতা স্ত্রী, ছন্দোবিশেষ। Respectable lady, a kind of metre.

আর্যাবর্ত পু০ [আর্য+আবর্ত] হিমালয় ও বিন্ধ্যপর্বতের মধ্যবর্তী ভূভাগ। The country between the Himālayas and the Vindhya.

আর্ষ ত্রি০ [ঋষি+অণ্] ঋষিপ্রণীত। পু০ বিবাহ-বিশেষ। Composed by the Ṛsis.

আর্হত ত্রি০ [অর্হৎ+অণ্] বুদ্ধবিশেষ, জৈনসম্বন্ধীয়। Name of a Buddha, belonging to Jainism.

আল ক্লী০ [আ+অল–অচ্] হরিতাল। ত্রি০ বহু। Yellow, arsenic.

আলভন ক্লী০ [আ+লভ–ল্যুট্] হিংসা, স্পর্শ, লেপন। Sacrificing, touch.

আলম্ব পু০ [আ+লম্ব–ঘঞ্] অবলম্বন, আশ্রয়। Support.

আলম্বন ক্লী০ [আ+লম্ব–ল্যুট্] আশ্রয়। Support.

আলম্বিত ত্রি০ [আ+লম্ব–ক্ত] আশ্রিত, ধৃত। Supported.

আলম্ভ পু০ [আ+লভ–ঘঞ্] বধ, স্পর্শ, যুদ্ধ। Killing.

আলয় পু০ [আ+লী–অচ্] গৃহ, নিকেতন, ভবন, আধার, আশ্রয়। অব্য০ লয়-পর্যন্ত। Home.

আলয়বিজ্ঞান ক্লী০ [আলয়+বিজ্ঞান] বৌদ্ধমতে আত্মসম্বন্ধীয় জ্ঞান। A concept in Buddhist philosophy.

আলর্ক ক্লী০ [অলর্ক+অণ্] ক্ষিপ্ত কুক্কুর সম্পর্কিত। Relating to a mad dog.

আলবাল ক্লী০ [আ+লব+আ+লা–ক] বৃক্ষমূলে জলাধার। Water-basin at the root of trees.

আলস্য ক্লী০ [অলস+ষ্যঞ্] অলসের ভাব। Sloth.

আলাত ক্লী০ [অলাত+অণ্] জ্বলন্ত অঙ্গার। Burning coal.

আলান ক্লী০ [আ+লী–ল্যুট্] গজবন্ধনস্তম্ভ, বন্ধন। The post to which an elephant is tied.

আলাপ পু০ [আ+লপ–ঘঞ্] কথোপকথন, উচ্চারণ, রাগরাগিণীর স্বরসাধন। Conversation.

আলি স্ত্রী০ [আ+অল–ইন্] সখী, শ্রেণী, শস্যক্ষেত্রের জলরোধক আল। পু০ ভ্রমর, বৃশ্চিক। ত্রি০ সরল। Female friend; bee.

আলিঙ্গন ক্লী০ [আ+লিঙ্গ–ল্যুট্] পরস্পরের আশ্লেষ। Embrace.

আলিঙ্গ্য ত্রি০ [আ+লিঙ্গ–ণ্যৎ] আশ্লেষ-যোগ্য। পু০ মৃদঙ্গবিশেষ। Fit to be embraced.

আলিম্পন ক্লী০ [আ+লিপ–ল্যুট্] আলিপনা। Decoration of floors, walls etc.

আলীঢ ক্লী০ [আ+লিহ–ক্ত] শর উৎক্ষেপনকালে বিশেষ ভঙ্গীতে উপবেশন। ত্রি০ চাটা, ভক্ষিত, ক্ষত। A posture in shooting an arrow; licked.

আলীন ত্রি০ [আ+লী–ক্ত] আশ্লিষ্ট, বিগলিত। Clinging to, melted.

আলু পু০ [আ+লী–ডু] পেচক। স্ত্রী০ কলসী। পু০, ক্লী০ ভেলা। An owl; a jar.

আলেখ্য ক্লী০ [আ+লিখ–ণ্যৎ] চিত্র। ত্রি০ লেখন-যোগ্য। Picture.

আলেখ্যশেষ ত্রি০ [আলেখ্য+শেষ] মৃত, চিত্রাবশিষ্ট। Dead.

আলেপ পু০ [আ+লিপ–ঘঞ্] লেপন, আলিপনা। Smearing.

आलोक पु० [आ+लुक(लोक)–घञ्] दर्शন, দীপ্তি। Seeing.

आलोकन क्ली० [आ+लुक(लोक)–ल्युट्] দর্শন। Seeing.

आलोचन क्ली० [आ+लुच+णिच्–ल्युट्] চর্চা, দর্শন, নিরূপণ। Discussion.

आलोडन क्ली० [आ+लुड–ल्युट्] মন্থন, বিলোড়ন। Churning.

आलोडित त्रि० [आ+लुड–क्त] মথিত। Churned.

आलोल त्रि० [आ+लोल] চঞ্চল। Moving.

आलोलिका स्त्री० [आ+लोलिका] উলুধ্বনি। An auspicious sound.

आवपन क्ली० [आ+वप–ल्युट्] ক্ষেত্রে বীজাদি বপন, ধান্যস্থাপন পাত্র। Act of sowing, a vessel for keeping corn.

आवरक त्रि० [आ+वृ–अप्+वुन्] আচ্ছাদক। That which covers.

आवरण क्ली० [आ+वृ–ल्युट्] আচ্ছাদন, অবরোধ। Covering.

आवर्जित त्रि० [आ+वृज+णिच्–क्त] দত্ত, প্রক্ষিপ্ত, ঈষৎ অবনমিত, আহৃত, সংযমিত। Given, thrown, slightly bent.

आवर्त पु० [आ+वृत–घञ्] ঘূর্ণী, চিন্তা, মেঘবিশেষ। Whirlpool, anxiety.

आवर्तक पु०[आवर्त+कन्] ঘূর্ণী, মেঘবিশেষ। Whirlpool, a form of cloud.

आवर्तन क्ली० [आ+वृत–ल्युट्] আলোড়ন, দ্রবীকরণ, বেষ্টন। Churning, turning round.

आवर्तित त्रि० [आ+वृत+णिच्–क्त] অভ্যস্ত, আলোড়িত। Repeated, churned.

आवर्ह पु० [आ+वृह–घञ्] উৎপাটন। Uprooting.

आवर्हित त्रि० [आ+वृह+णिच्–क्त] উৎপাটিত। Uprooted.

आवली[-लि] स्त्री० [आ+वल+ङीप् (-इन्)] বংশ, শ্রেণী। Family.

आवल्गित त्रि० [आ+वल्गित] চঞ্চল। Springing.

आवश्यक त्रि० [अवश्य+वुञ्] প্রয়োজনীয়। Necessary.

आवसथ पु०, क्ली० [आ+वस–अथच्] বাসস্থান, বিশ্রামস্থান, ব্রতবিশেষ। Residence.

आवसथ्य क्ली० [अवसथ+ञ्य] গার্হস্থ্যাশ্রম। The order of a householder.

आवसित त्रि० [आ+अव+सो–क्त] রাশীকৃত, অবধারিত। Heaped, determined.

आवह त्रि० [आ+वह–अच्] বহনকারী। पु० বায়ুবিশেষ, জনক, দাতা। Carrier; one of the seven winds.

आवहन क्ली० [आ+वह–ल्युट्] বহন, উৎপাদন। Carrying.

आवहमान त्रि० [आ+वह–शानच्] ক্রমাগত। Bringing in succession.

आवाप पु० [आ+वप–घञ्] বীজবপন, নতোন্নত ভূমি, শত্রুরাজ্যচিন্তা, বিক্ষেপ, আলবাল, ভাণ্ড। Sowing, undulating land.

आवापक पु०[आ+वप–घञ्+कन्] বলয়। Bracelet.

आवापन क्ली० [आ+वप+णिच्–ल्युट्] তাঁত, সূত্রযন্ত্র। A loom.

आवाल क्ली० [आ+वल+णिच्–अच्] আলবাল। A basin for water.

आवास पु० [आ+वस–घञ्] গৃহ, বাসস্থান। Residence.

आवाहन क्ली० [आ+वह+णिच्–ल्युट्] আহ্বান, দেবতার আহ্বান। Calling, invocation.

आविक त्रि० [अवि+ठक्] কম্বল। Blanket.

आविग्न त्रि० [आ+विज–क्त] উদ্বিগ্ন। Anxious.

आविद्ध त्रि० [आ+व्यध–क्त] বিদ্ধ, বক্র, নিক্ষিপ্ত, প্রেরিত, ভগ্ন, অভিভূত। Pierced.

आविध पु० [आ+व्यध–क] বেধনাস্ত্র, তুরপিন। A boring instrument.

आविर्भाव पु० [आविस्+भाव] প্রকাশ, জন্ম, উদ্ভব। Manifestation, birth.

आविर्भूत त्रि० [आविस्+भूत] প্রকাশিত, উদ্ভূত, জাত। Manifested, born.

आविल त्रि० [आ+विल–क] কলুষিত, আকুল, সন্দিগ্ধ। Turbid.

आविष्करण क्ली० [आविस्+करण] প্রকাশন। Discovering.

आविष्कार पु० [आविस्+कृ–घञ्], **आविष्क्रिया** स्त्री०[आविस्+क्रिया] নূতন প্রকাশ। Discovery.

आविष्कृत त्रि० [आविस्+कृत] প্রকাশিত। Discovered.

आविष्ट त्रि० [आ+विष–क्त] ভূতাদিগ্রস্ত, অভিনিবিষ্ট, ব্যাপ্ত। Possessed as by a ghost, absorbed.

आविस् अव्य० [आ+अव–इसुन्] প্রকাশ, উদ্ভব। Manifestly.

आवीत त्रि० [आ+व्ये–क्त] অতীত, উৎক্ষেপণ করিয়া ধৃত। [आ+वी–क्त] উপবীত। Past.

आवीर क्ली० [आ+वि+ईर–घञ्] ফাগ। A kind of red powder.

आवुक पु० [अव-उन+कन्] নাট্যোক্তিতে পিতা। Father as addressed in a drama.

आवुत्त पु० [आ+अप्-उत्त] নাট্যোক্তিতে ভগিনীপতি। Brother-in-law as addressed in a drama.

आवृत् स्त्री० [आ+वृत्-क्विप्] আবর্তন, ঘূর্ণন, জাতকর্মাদি। Whirling.

आवृत त्रि० [आ+वृ-क्त] আচ্ছাদিত, বেষ্টিত, নিভৃত, রক্ষিত, পরিব্যাপ্ত। Covered, encompassed.

आवृति स्त्री० [आ+वृ-क्तिन्] আবরণ, প্রাচীর। Covering.

आवृत्त त्रि० [आ+वृत-क्त] পুনঃ পুনঃ পঠিত, ঘূর্ণিত, আগত, পুনঃ পুনঃ সংঘটিত। Repeated.

आवृत्ति स्त्री० [आ+वृत-क्तिन्] পুনঃ পুনঃ অভ্যাস, আবর্তন, প্রত্যাবর্তন, পুনর্জন্মগ্রহণ। Repetition.

आवेग पु० [आ+विज-घञ्] ত্বরা, চিত্তের বিক্ষেপ, ব্যভিচারিভাববিশেষ। Hurry, distraction of mind, emotion.

आवेदन क्ली० [आ+विद+णिच्-ल्युट्] নিবেদন, বিজ্ঞাপন, অভিযোগ, নালিশ। Petition.

आवेश पु० [आ+विश-घञ्] প্রবেশ, অভিনিবেশ, গর্ব, কোপ, আসক্তি, অধিষ্ঠান। Entry, absorption, possession by devils.

आवेशन क्ली० [आ+विश-ल्युट्] প্রবেশ, ক্রোধ, গৃহ। Entry, anger, dwelling.

आवेशिक पु० [आवेश+ठञ्] অতিথি, আগন্তুক। A guest.

आवेशित पु० [आ+विश+णिच्-क्त] প্রবেশিত। Caused to enter.

आवेष्टक पु० [आ+वेष्ट-ण्वुल्] প্রাচীর, বেড়া, বেষ্টন। Wall, fencing.

आशंसन क्ली० [आ+शंस्-ल्युट्], **आशंसा** स्त्री० [आ+शन्स्-अ+टाप्] কথন, উক্তি, ইচ্ছা, আশা। Utterance, wishing, hope.

आशंसित त्रि० [आ+शन्स्-क्त] উক্ত, কথিত, ইষ্ট, অপেক্ষিত। Uttered, desired.

आशंसितृ त्रि० [आ+शन्स्-तृच्] বাচক, কথয়িতা, ইচ্ছুক। Announcer.

आशंसु त्रि० [आ+शन्स्-उ] অভিলাষী, ইচ্ছুক। Desirous.

आशङ्का स्त्री० [आ+शङ्का] সন্দেহ, ভয়। Doubt, fear.

आशङ्कित त्रि० [आ+शङ्कित] ভীত, সন্দিগ্ধ, চিন্তিত। Afraid, doubtful.

आशन पु० [अशन+अण्] বৃক্ষবিশেষ। त्रि० [अश+णिच्-ल्यु] ভোজয়িতা। A kind of tree.

आशय पु० [आ+शी-अच्] অভিপ্রায়, তাৎপর্য, আধার, আশ্রয়, শয়নস্থান, মন। Purpose, purport.

आशर पु० [आ+शॄ-अच्] অগ্নি, রাক্ষস। Fire, demon.

आशा स्त्री० [आ+अश-अच्+टाप्] আকাঙ্ক্ষা, দিক্। Desire, quarters.

आशाबन्ध पु० [आशा+बन्ध] আশ্বাস, আশারূপ বন্ধন। Consolation, bond of hope.

आशास्य त्रि० [आ+शास-ण्यत्] প্রার্থনীয়, আশংসনীয়, আশীর্বাদসাধ্য। To be prayed for or desired.

आशित त्रि० [आ+अश-क्त] ভক্ষিত, ভুক্ত, ভোজনে তৃপ্ত। Consumed.

आशितङ्गवीन त्रि० [आशित+गो+खञ्] প্রচুর ঘাসযুক্ত গোচারণ-ভূমি। A pasture.

आशितम्भव त्रि० [आशित+भू-खच्] যাহা ভোজন করিয়া প্রাণিগণ তৃপ্ত হয়, অন্নাদি। Food which causes satisfaction.

आशिस् स्त्री० [आ+शास-क्विप्], **आशी** स्त्री० [आ+शॄ-क्विप्] আশীর্বাদ, সাপের বিষদাঁত। Blessings, serpent's fang.

आशीर्वचन क्ली० [आशिस्+वचन] আশীর্বাদ, শুভবাক্যের কথন, মঙ্গলকামনা। Blessings.

आशीर्वाद पु० [आशिस्+वद-घञ्] শুভকামনা, শুভবাক্য। Blessings.

आशीविष पु० [आशी+विष] বিষধর সর্পবিশেষ। A kind of venomous serpent.

आशु त्रि० [अश-उण्] শীঘ্র, দ্রুত, ক্ষিপ্র, আউসধান্য। Quick, a kind of rice.

आशुग त्रि० [आशु+गम-ड] শীঘ্রগামী। पु० বায়ু, বাণ। Quickly going; wind, arrow.

आशुशुक्षणि पु० [आ+शुष-सन्+अनि] অগ্নি, বায়ু। Fire, wind.

आशौच क्ली० [अशुचि+अण्] অপবিত্রতা, মালিন্য, অশুদ্ধি। Impurity.

आश्चर्य क्ली० [आ+चर-यत्] অদ্ভুত, বিস্ময়। Wonder.

आश्मन पु० [अश्मन्+अण्] অরুণ, সূর্যের সারথি। Aruṇa, the charioteer of the sun.

आश्यान त्रि० [आ+श्यै-क्त] শুষ্কপ্রায়। Almost dried.

आश्रम पु० [आ+श्रम-घञ्] ব্রহ্মচর্য, গার্হস্থ্য, বানপ্রস্থ ও সন্ন্যাস—এই চতুর্বিধ অবস্থা মুনিগণের বাসস্থান, তপোবন। The four orders of life, hermitage.

आश्रमिक त्रि० [आश्रम+ठन्], **आश्रमिन्** त्रि० [आश्रम+इनि] তপোবনবাসী। Hermit.

आश्रय पु० [आ+श्रि-अच्] অবলম্বন, গ্রহণ, সামীপ্য, বিষয়, স্থিতি, প্রাপ্তি, আধার, অধীন। Refuge, acceptance.

आश्रयण क्ली० [आ+श्रि-ल्युट्] আশ্রয়, অবলম্বন, গ্রহণ, স্বীকরণ। Taking refuge, accepting.

आश्रयणीय त्रि० [आ+श्रि-अनीयर्] অবলম্বনীয়। To be resorted to.

आश्रयाश पु० [आश्रय+अश-अण्] অগ্নি, কৃত্তিকা-নক্ষত্র। ত্রি० আশ্রয়নাশক। Fire.

आश्रयासिद्धि पु० [आश्रय+असिद्धि] ন্যায়শাস্ত্রে হেতুর দোষ-বিশেষ। A kind of fallacy.

आश्रव पु० [आ+श्रु-अच्] স্বীকার, প্রতিজ্ঞা। ত্রি० কথার বাধ্য। Acceptance, promise.

आश्रित त्रि० [आ+श्रि-क्त] আশ্রয়প্রাপ্ত, গত, ব্যাপ্ত, অধ্যাসীন, অপেক্ষমাণ, অনুপ্রবিষ্ট। Sheltered.

आश्रुत त्रि० [आ+श्रु-क्त] অঙ্গীকৃত, শ্রুত, পরিভাষিত। Accepted.

आश्लिष्ट त्रि० [आ+श्लिष-क्त] আলিঙ্গিত, পরিব্যাপ্ত, সংগ্রথিত, আনদ্ধ, আক্রান্ত। Embraced.

आश्लेष पु० [आ+श्लिष-घञ्] আলিঙ্গন, মিলন, সম্বন্ধ, একদেশসম্বন্ধ। Embrace, union.

आश्व क्ली० [अश्व+अण्] অশ্বসমূহ। ত্রি० অশ্বসম্বন্ধী। A number of horses; relating to a horse.

आश्वयुज पु० [अश्वयुज+अण्] আশ্বিনমাস। The month of Āśvina.

आश्वलायन पु० [अश्वल+फक्] অশ্বলের গোত্রাপত্য ঋষিবিশেষ, শৌনক-শিষ্য, বৈদিক শাখার প্রবর্তয়িতা, শ্রৌতসূত্র ও গৃহ্যসূত্রের প্রণেতা। Name of a sage, the writer of the Śrauta-sūtras.

आश्वास पु० [आ+श्वस-घञ्] সান্ত্বনা, শান্ত করা, বুঝান, অভয় দেওয়া, গদ্যকাব্যের পরিচ্ছেদ। Comforting, pacifying.

आश्वासित त्रि० [आ+श्वस+णिच्-क्त] প্রবোধিত, অনুনীত। Comforted.

आश्विन पु० [अश्विनी+अण्] আশ্বিনী নক্ষত্র যুক্ত মাস-বিশেষ। The month of Āśvina.

आश्विनेय पु० [अश्विनी+ढक्] অশ্বিনীকুমারদ্বয়। The two Aśvinī-kumāras, the divine physicians.

आश्वीन पु० [अश्व+खञ्] অশ্বের গম্য স্থান। A resort for horses.

आश्वीय क्ली० [अश्व+छ] অশ্বসমূহ। A group of horses.

आषाढ पु० [आषाढ+अण्] মাসবিশেষ, পলাশ দণ্ড। The month of Āṣāḍha.

आसक्त त्रि० [आ+सन्ज-क्त] অনুরক্ত, অভিনিবিষ্ট, সংলগ্ন, ন্যস্ত, ব্যাপ্ত। Attached.

आसक्ति पु० [आ+सन्ज-क्तिन्], **आसङ्ग** पु० [आ+सन्ज-घञ्] অভিনিবেশ, তৎপরতা, সংসর্গ, সংশ্লেষ। Attachment.

आसञ्जन क्ली० [आ+सन्ज-ल्युट्] আসক্তি, সংশ্লেষ, বিন্যাস। Attachment.

आसत्ति स्त्री० [आ+सद-क्तिन्] সংযোগ, প্রাপ্তি, সান্নিধ্য, নৈকট্যসম্বন্ধ। Contact, proximity.

आसन क्ली० [आस+ल्युट्] উপবেশন, স্থিতি, হস্তীর স্কন্ধদেশ, সন্ধি প্রভৃতি ষাড়্গুণ্যের অন্যতম। Sitting, station; one of the six kinds of royal policy.

आसनबन्ध पु० [आसन+बन्ध] পদ্মাসন প্রভৃতি উপবেশনের বিচিত্র বিন্যাস। Sitting postures.

आसनी स्त्री० [आस-ल्युट्+ङीप्] বিপণি। Shop.

आसन्दी स्त्री० [आ+सद-ङीष्] আসন, চৌকী। Seat.

आसन्न त्रि० [आ+सद-क्त] সন্নিহিত, নিকটস্থ, উপস্থিত, আশ্রিত। Near, close.

आसव पु० [आ+सू-अण्] মদ্য, তাড়ি, মধু, যাহা চোয়ান হয়। Wine.

आसवनीय त्रि० [आ+सू-अनीयर्] অভিষবণীয়। Fit to be extracted out (juice).

आसादन क्ली० [आ+सद+णिच्-ल्युट्] প্রাপ্তি, সন্নিধাপন, আক্রমণ। Acquirement.

आसादित त्रि० [आ+सद+णिच्-क्त] প্রাপ্ত, গত, সন্নিকৃষ্ট, আক্রান্ত। Acquired.

आसार पु० [आ+सृ-घञ्] মুষলধারে বৃষ্টি, জলকণা, শত্রুকে বেষ্টন, সম্পাত, প্রসরণ। A heavy shower.

आसित त्रि० [आस-क्त] উপবিষ্ট, নিষণ্ণ। Seated.

आसिधार क्ली० [असिधारा+अण्] ব্রতবিশেষ, যুবক-যুবতীর একত্রে অবিকৃতচিত্তে অবস্থানরূপ ব্রত। A particular vow.

आसीन त्रि० [आस-शानच्] উপবিষ্ট। Seated.

आसुर त्रि० [असुर+अण्] অসুরসম্বন্ধীয়। पु० বিবাহ-বিশেষ। Relating to demons.

आसेचन त्रि० [असेचन+अण्], **आसेचनक** त्रि० [आसेचन+कन्] অতিশয় তৃপ্তিদায়ক। Extremely pleasing.

आसेदिवस् त्रि० [आ+सद-क्वसु] আসন্ন, প্রাপ্ত। Imminent.

आसेध पु० [आ+सिध-घञ्] অবরোধ, প্রতিষেধ। Besieging.

आसेवा स्त्री०[आ+सेव-अ+टाप्] সম্যক্ সেবা, ক্রিয়ার পৌনঃপুন্য। Proper service.

आस्कन्दन क्ली० [आ+स्कन्द-ल्युट्] আক্রমণ, তিরস্কার, ধাবন, বধ, যুদ্ধ। Attack.

आस्कन्दित क्ली० [आ+स्कन्द+णिच्-क्त], **आस्कन्दितक** क्ली० [आस्कन्दित+कन्] অশ্বের দ্রুতগতিবিশেষ। Quick movement of horses.

आस्तर पु० [आ+स्तॄ-अप्] আচ্ছাদন, শয্যা, মাদুর, চাদর, প্রসার। Wrapper.

आस्तरण क्ली० [आ+स्तॄ-ल्युट्] আচ্ছাদনের বস্ত্র, শয্যাধার, আসন, বিস্তার, প্রসারণ। Wrapping cloth.

आस्तिक त्रि० [अस्ति+ठक्] বেদপ্রামাণ্যবাদী, পরলোকের অস্তিত্বে বিশ্বাসী, শ্রদ্ধাবান্। पु० জরৎকারুমুনির পুত্র। A believer in the Vedas.

आस्तिक्य क्ली० [आस्तिक+ष्यञ्], **आस्तिकता** स्त्री० [आस्तिक+तल्+टाप्] পরলোক আছে—এইরূপ নিশ্চয়, শ্রদ্ধা, বৈদিকধর্মে বিশ্বাস। The state of a believer.

आस्तीक पु० জরৎকারুমুনির পুত্র। The name of a sage's son.

आस्तीर्ण त्रि० [आ+स्तॄ-क्त] বিস্তীর্ণ, প্রসারিত, ব্যাপ্ত, আবৃত। Strewn, covered.

आस्तृत त्रि० [आ+स्तृ-क्त] আচ্ছাদিত, বিস্তৃত। Covered.

आस्था स्त्री० [आ+स्था-अङ्] বিশ্বাস, আলম্বন, আশ্রয়, অপেক্ষা, যত্ন, আদর, শ্রদ্ধা, প্রতিষ্ঠা, স্থিতি। Faith, prop, support.

आस्थान क्ली० [आ+स्था-ल्युट्] বিশ্রামস্থান, ভূমি, প্রতিষ্ঠা, সভা। Place of rest.

आस्थित त्रि० [आ+स्था-क्त] আশ্রিত, অধিষ্ঠিত, প্রাপ্ত, গত, অবস্থিত, আক্রান্ত, ব্যাপ্ত, অনুষ্ঠিত। Rested, placed.

आस्पद क्ली० [आ+पद-घ] স্থান, প্রতিষ্ঠা, প্রভুত্ব, পদ, কার্য, আশ্রয়। Place.

आस्पर्धा स्त्री० [आ+स्पर्ध-अ+टाप्] আস্ফালন, স্পর্ধা, পরিভবেচ্ছা। Bragging.

आस्पर्धिन् त्रि० [आ+स्पर्ध-णिनि] পরিভবেচ্ছু, স্পর্ধাকারী। One who brags.

आस्फाल पु० [आ+स्फल+णिच्-अच्] তাড়ন, হস্তীর কর্ণচালন। Goading, the flapping motion of an elephant's ears.

आस्फालन क्ली० [आ+स्फल+णिच्-ल्युट्] গর্ব, অহংকার, তাড়ন, সঞ্চালন, গাত্রমর্দন, আকর্ষণ। Conceit.

आस्फोट पु० [आ+स्फुट+णिच्-अच्], **आस्फोटन** क्ली० [आ+स्फुट+णिच्-ल्युट्] আস্ফালন, মল্লগণের বাহুতাড়ন শব্দ। Challenge, slapping the arms of wrestlers.

आस्य क्ली० [अस-ण्यत्] মুখ, মুখবিবর। Mouth.

आस्यपत्र क्ली० [आस्य+पत्र] পদ্ম। Lotus.

आस्रव पु० [आ+स्रु-अप्] ক্ষরণ, প্রবাহ, ক্লেশ, অন্নের মণ্ড, রক্ষণ। Dripping, flow.

आस्वनित त्रि० [आ+स्वन-क्त] শব্দিত। Sounded.

आस्वाद पु० [आ+स्वद-घञ्], **आस्वादन** क्ली० [आ+स्वद+णिच्-ल्युट्] উপভোগ, রসগ্রহণ, পান, ভোজন, মাধুর্যাদি রস। Enjoyment, tasting.

आस्वादित त्रि० [आ+स्वद+णिच्-क्त] অনুভূত, ভক্ষিত। Enjoyed.

आस्वान्त त्रि० [आ+स्वन-क्त] শব্দিত। Sounded.

आह अव्य० আক্ষেপ, নিয়োগ। An interjection implying reproof, severity etc.

आहत त्रि० [आ+हन-क्त] তাড়িত, নিহত, প্রহৃত, অভিভূত, আক্রান্ত। क्ली० নূতন বস্ত্র, পুরাতন বস্ত্র। पु० ঢাক। Stuck, killed.

आहतलक्षण त्रि० [आहत+लक्षण] যাহার গুণাবলী প্রখ্যাত। One whose qualities are well known.

आहर पु० [आ+हृ-अच्] আনয়ন। Bringing.

आहरण क्ली० [आ+हृ-ल्युट्] আনয়ন, সংগ্রহ, অনুষ্ঠান, অপসারণ, আহৃত ধন। Fetching, collection.

आहर्तृ त्रि० [आ+हृ-तृच्] সংগ্রাহক, সংকলয়িতা, অনুষ্ঠাতা। Collector.

आहव पु० [आ+ह्वे-अप्] যুদ্ধ, যজ্ঞ। War, sacrifice.

आहवनीय पु० [आ+हु-अनीयर्] অগ্নিত্রয়ের অন্যতম. বেদীর পূর্বদিকে স্থাপিত যজ্ঞাগ্নি। A sacrificial fire.

आहार पु० [आ+हृ-घञ्] ভোজন, আহরণ, পান। Eating.

आहार्य त्रि० [आ+हृ-ण्यत्] ভোজ্য, কৃত্রিম, কৃতক, বেশরচনার দ্বারা নিষ্পাদ্য, আহরণীয়। Eatables, artificial.

आहाव पु० [आ+ह्वे-घञ्] যুদ্ধ, আহ্বান, পশুদিগের জন্য কূপসমীপে জলপানস্থান। War, call, a trough near a well for watering cattle.

আহিত ত্রি০ [আ+ধা–ক্ত] স্থাপিত, নিহিত, সম্পাদিত, প্রণীত (অগ্নি), প্রখ্যাত। Placed.

আহিতাগ্নি ত্রি০ [আহিত+অগ্নি] সাগ্নিক, যিনি বৈদিক মন্ত্রদ্বারা যথাবিধি অগ্নিস্থাপন করিয়াছেন। One who is a worshipper of the Vedic fires.

আহিতুণ্ডিক পু০ [অহিতুণ্ড+ঠক্] সাপুড়ে, ব্যালগ্রাহী। A snake-charmer.

আহুত ত্রি০ [আ+হু–ক্ত] সম্যক্ হুত, অতিথিপূজা। Properly sacrificed.

আহুতি স্ত্রী০ [আ+হু–ক্তিন্] হোম, হবন, আহ্বান। Sacrifice.

আহূত ত্রি০ [আ+হ্বে–ক্ত] যাহাকে আহ্বান করা হইয়াছে। Called.

আহৃত ত্রি০ [আ+হৃ–ক্ত] সঞ্চিত, আয়োজিত। Collected.

আহেয ত্রি০ [অহি+ঢক্] সর্প-সম্বন্ধীয়। Relating to serpents.

আহো অব্য০ প্রশ্ন, বিকল্প, বিচার, বিতর্ক, কিংবা, অথবা। A particle denoting question, alternative etc.

আহোপুরুষিকা স্ত্রী০ [অহোপুরুষ+বুঞ্+টাপ্] আত্মশ্লাঘা। Self-bragging.

আহোস্বিত্ অব্য০ [আহো+স্বিত্] প্রশ্ন, বিকল্প, বিতর্ক, আশ্চর্য। A particle indicating question, alternative etc.

আহ্ন ক্লী০ [অহন্+অঞ্] দিবসসমূহ। A series of days.

আহ্নিক ত্রি০ [অহন্+ঠঞ্] দৈনিক, দিবসে সম্পাদিত, প্রত্যহ কর্তব্য। Daily.

আহ্লাদ পু০ [আ+হ্লদ–ঘঞ্] আনন্দ। Delight.

আহ্বয পু০ [আ+হ্বে–শ], **আহ্বা** স্ত্রী০ [আ+হ্বে–অঙ্+টাপ্] সংজ্ঞা, নাম, আহ্বান। Name.

আহ্বান ক্লী০ [আ+হ্বে–ল্যুট্] সম্বোধন, আবাহন, নিমন্ত্রণ, স্পর্ধা, নাম। Call.

আহ্বায পু০ [আ+হ্বে–ঘঞ্] আহ্বান, নাম, সংজ্ঞা। Call.

আহ্বাযক ত্রি০ [আ+হ্বে–ণ্বুল্] আহ্বানকর্তা, দূত। One who calls.

ই

ই পু০ [অ+ইঞ্] তৃতীয় স্বরবর্ণ, কামদেব। অব্য০ অবধারণ, নিশ্চয়, বাস্তবিক, খেদ, কোপ, নিন্দা বিস্ময়, নিরাকরণ, সম্বোধন, বস্তুত:। The third vowel.

ইক্ষু পু০ [ইষ–ক্সু] আখগাছ। Sugar-cane.

ইক্ষুকাণ্ড পু০ [ইক্ষু+কাণ্ড] ইক্ষুদণ্ড, কাশবৃক্ষ, মুঞ্জতৃণ। Sugar-cane stick.

ইক্ষুচ্ছায ক্লী০ [ইক্ষু+ছায়া] ইক্ষুসমূহের ছায়া। The shadow of sugar-canes.

ইক্ষুর পু০ [ইক্ষু+দৃ–ক] শরবৃক্ষ। A kind of tree.

ইক্ষুবাটিকা স্ত্রী০ [ইক্ষু+বাটিকা] ইক্ষুক্ষেত্র। Sugar-cane field.

ইক্ষুশাকট ক্লী০ [ইক্ষু+শাকটচ্], **ইক্ষুশাকিন** ক্লী০ [ইক্ষু+শাকিনচ্] ইক্ষুক্ষেত্র। Sugar-cane field.

ইক্ষুসার পু০ [ইক্ষু+সার] ইক্ষু গুড়। Molasses.

ইক্ষ্বাকু পু০ [ইক্ষু+আ+কৃ–ড্বু] বৈবস্বত মনুর পুত্র সূর্যবংশীয় রাজা, ইক্ষ্বাকুবংশীয়। Name of a king and the epithet of others born in his family.

ইঙ্গন ক্লী০ [ইঙ্গ–ল্যুট্] গমন, চলন, কম্পন, চেষ্টা, জ্ঞান। Going, movement.

ইঙ্গিত ক্লী০ [ইঙ্গ–ক্ত] হৃদয়ের ভাবপ্রকাশক চেষ্টাবিশেষ, হস্তপদাদি-সঞ্চালন, অভিপ্রায়সূচক বাক্যাদি, অধোনিরীক্ষণ। Gesture.

ইঙ্গু পু০ [ইঙ্গ–উণ্] রোগ। Disease.

ইঙ্গুদ পু০ [ইঙ্গু+দো–ক] তাপস বৃক্ষ। Terminalia Catappa.

ইচ্ছা স্ত্রী০ [ইষ–শ+টাপ্] কামনা, অভিলাষ, মনোরথ। Desire, wish.

ইচ্ছিত ত্রি০ [ইচ্ছা+ইতচ্] অভীষ্ট, বাঞ্ছিত, স্পৃহাযুক্ত। Desired.

ইচ্ছু ত্রি০ [ইষ–উ], **ইচ্ছুক** ত্রি০ [ইচ্ছু+কন্] অভিলাষী, ইচ্ছাশীল, কামী। Desirous.

ইজ্য পু০ [ইজ্যা+অচ্] গুরু, বৃহস্পতি, বিষ্ণু। ত্রি০ পূজ্য। Preceptor ; adorable.

ইজ্যা স্ত্রী০ [যজ–ক্যপ্+টাপ্] দান, যজ্ঞ, ধেনু, প্রতিমা। ত্রি০ পূজ্য। Sacrifice; adorable.

ইডা[-লা] স্ত্রী০ [ইল–অচ্+টাপ্] পৃথিবী, ধেনু, মনুর কন্যা, দক্ষকন্যা ও কশ্যপপত্নী, বাক্য, স্বর্গ। [ইল–ক+টাপ্] মেরুদণ্ডের বামভাগস্থিত নাড়ীবিশেষ। Earth ; name of a nāḍī.

ইত্ ত্রি০ [ইণ+ক্বিপ্] লোপ, ব্যাকরণে প্রক্রিয়াবিশেষ। Elision.

ইত ত্রি০ [ইণ–ক্ত] গত, প্রাপ্ত, প্রত্যাগত, অন্বিত, লব্ধ, জ্ঞাত। ক্লী০ জ্ঞান। Gone.

ইতর ত্রি০ [ইন্+তৃ–অপ্] নীচ, পামর। [ইত+রা–ক] অন্য, অপর, অন্যতর, একতর, অবশিষ্ট, ত্যক্ত, বর্জিত, তদ্ভিন্ন। Vile, other.

ইতরতস্ অব্য০ [ইতর+তসিল্] অন্যপ্রকারে, অন্যভাবে, অন্যতরস্থানে। In other ways.

इतरेतर त्रि० [इतर+इतर] অন্যোন্য, পরস্পর। Mutual.

इतरेद्युस् अव्य० [इतर+एद्युस्] অন্যদিনে। On another day.

इतस् अव्य० [इदम्+तसिल्] ইহাতে, ইহা হইতে, এই পথ দিয়া, এই স্থান হইতে, এই কারণে। From here, hence.

इतस्ततस् अव्य० [इतस्+ततस्] এদিকে ওদিকে, সকল দিকে, কর্তব্যাকর্তব্য-বিচার, দ্বিধা করা। Hither and thither.

इति अव्य० [इण–क्तिच्] এই হেতু, এই প্রকার, ইহা, সমাপ্তি, প্রকাশ, প্রসিদ্ধি, প্রকর্ষ, এবংবিধ, তাৎপর্য, স্বরূপ, উপক্রম, পরিমাণ। A particle denoting 'therefore', 'this', 'end' etc.

इतिकथा स्त्री० [इति+कथा] পূর্বকথা, অর্থশূন্য বাক্য। An old narrative.

इतिकर्तव्यता स्त्री० [इति+कर्तव्यता] এই প্রকার কর্তব্য—এইরূপ জ্ঞান। The sense of duty.

इतिवृत्त क्ली० [इति+वृत्त] ইতিহাস-পুরাণাদি, প্রত্যক্ষ-সংঘটিত। Historical narrative.

इतिह अव्य० [इति+ह] ঐতিহ্য, এইরূপ, বার্তা, পরম্পরাগত উপদেশ, প্রবাদপরম্পরা। Tradition.

इतिहास पु० [इति+ह+आस–घञ्] ইতিবৃত্ত, পুরাবৃত্ত, যাহা উপদেশ-পরম্পরারূপে আছে, পৌরাণিক বিষয় বা উপাখ্যান। Traditional account, legend.

इत्थम् अव्य० [इदम्+थमु] এইপ্রকার, ঈদৃশ। Thus.

इत्थम्भूत त्रि० [इत्थम्+भूत] এই প্রকার প্রাপ্ত, তদবস্থ, এই প্রকারে জাত। Having become thus.

इत्वर त्रि० [इण–क्वरप्] গমনশীল, পথিক, নীচ, নিষ্ঠুর। स्त्री० इत्वरी—অসতী, কুলটা। Moving.

इदम् त्रि० [इन्द–कमि] এই, ইনি, সন্নিকৃষ্ট, পুরোবর্তী। This.

इदमीय त्रि० [इदम्+छ] এতৎ-সম্বন্ধীয়। Related to this.

इदानीम् अव्य० [इदम्+दानीम्] অধুনা, সম্প্রতি। Now, lately.

इद्ध त्रि० [इन्ध–क्त] দীপ্ত, উজ্জ্বল, উগ্র, অব্যাহত, নির্মল, আশ্চর্য। क्ली० দীপ্তি। Kindled, shining.

इध्म क्ली० [इन्ध–मक्] ইন্ধন, জ্বালানী কাঠ, যজ্ঞিয় সমিধ। Fuel.

इन पु० [इण–नक्] প্রভু, পতি, স্বামী, সূর্য, নৃপ, হস্তানক্ষত্র। Lord.

इन्दि[-न्दी] स्त्री० [इन्द–इन्] লক্ষ্মী। A name of Lakṣmī.

इन्दिन्दिर पु० [इन्दि–किरच्] ভ্রমর। Bee.

इन्दिरा स्त्री० [इन्द–किरच्+टाप्] লক্ষ্মী। A name of Lakṣmī.

इन्दिरालय पु० [इन्दिरा+आलय] পদ্ম, লক্ষ্মীর গৃহ। Lotus, the abode of Lakṣmī.

इन्दिवर, इन्दीवर क्ली० [इन्दि+वर], **इन्दीवार** क्ली० [इन्दी+वार], **इन्दिरावर** क्ली० [इन्दिरा+वर] নীলপদ্ম, পদ্ম। Blue lotus.

इन्दु पु० [उन्द–उ] চন্দ্র, কর্পূর, সোমলতা, এক সংখ্যা, মৃগশিরা নক্ষত্র। Moon.

इन्दुकलिका स्त्री० [इन्दु+कलिका] কেতকী। The Ketakī flower.

इन्दुकान्त पु० [इन्दु+कान्त] চন্দ্রকান্তমণি। स्त्री० इन्दुकान्ता—কেতকী, নিশা, অশ্বিনী প্রভৃতি নক্ষত্র। Moonstone.

इन्दुकिरीट पु० [इन्दु+किरीट] শিব। Name of Śiva.

इन्दुज पु० [इन्दु+जन–ड], **इन्दुपुत्र** [इन्दु+पुत्र] বুধগ্রহ, চন্দ্রপুত্র। स्त्री० इन्दुजा—নর্মদা নদী। Name of Mercury.

इन्दुनिभ त्रि० [इन्दु+निभ] চন্দ্রোপম। Like the moon.

इन्दुभृत् पु० [इन्दु+भृ–क्विप्] শিব, চন্দ্রমৌলি। Name of Śiva.

इन्दुमती स्त्री० [इन्दु+मतुप्+ङीप्] পূর্ণিমা, অজ রাজার পত্নী। The full-moon, name of the wife of king Aja.

इन्दुमौलि पु० [इन्दु+मौलि] শিব। त्रि० যাহার মস্তকে চন্দ্র। Name of Śiva.

इन्दुलेखा स्त्री० [इन्दु+लेखा] চন্দ্রকলা, সোমলতা। A digit of the moon.

इन्दुलोहक क्ली० [इन्दु+लौह+कन्] রৌপ্য। Silver.

इन्दुवल्ली स्त्री० [इन्दु+वल्ली] সোমলতা। The Soma creeper.

इन्दुव्रत क्ली० [इन्दु+व्रत] চান্দ্রায়ন। Name of the vow of Cāndrāyaṇa.

इन्द्र पु० [इन्द–रन्] দেবরাজ, সূর্য, আত্মা, শ্রেষ্ঠ, কুটজবৃক্ষ, দ্বীপবিশেষ, জ্যেষ্ঠানক্ষত্র, চতুর্দশসংখ্যা, জ্যোতিষ-শাস্ত্রে যোগবিশেষ। Lord of the gods.

इन्द्रक क्ली० [इन्द्र+क] সভাগৃহ। Meeting-hall.

इन्द्रकील पु० [इन्द्र+कील] মন্দর পর্বত। Name of the Mandara mountain.

इन्द्रकोष पु० [इन्द्र+कोष] মঞ্চ, খট্টা। A rostrum.

इन्द्रगोप पु० [इन्द्र+गोप] বর্ষাকালে জাত রক্তবর্ণ কীটবিশেষ। A red insect.

इन्द्रजाल क्ली० [इन्द्र+जाल] ভোজবাজী, কুহক, মায়া। Magic.

इन्द्रजालिक त्रि० [इन्द्रजाल+ठन्] বাজীকর, কুহকী, মায়াবী। Magician.

इन्द्रजित् पु० [इन्द्र+जि–क्विप्] মেঘনাদ, দনুপুত্র অসুরবিশেষ। Name of a demon.

इन्द्रदारु पु० [इन्द्र+दारु] দেবদারু গাছ। Name of the Deodar tree.

इन्द्रद्रुम पु० [इन्द्र+द्रुम] অর্জুনবৃক্ষ। Name of the Arjuna tree.

इन्द्रधनुस् क्ली० [इन्द्र+धनुस्] ইন্দ্রচাপ, রামধনু। Rainbow.

इन्द्रध्वज पु० [इन्द्र+ध्वज] ভাদ্র শুক্লা দ্বাদশীতে বৃষ্টি ও শস্যবৃদ্ধির জন্য অনুষ্ঠেয় উৎসববিশেষ, ইন্দ্রের প্রীতির জন্য ধ্বজাকৃতি কাষ্ঠখণ্ড। A festivity for rain and harvest, Indra's banner.

इन्द्रनील पु० [इन्द्र+नील] মরকতমণি, নীলমণি। Sapphire.

इन्द्रप्रस्थ पु० [इन्द्र+प्रस्थ] যুধিষ্ঠিরের রাজধানী—প্রাচীন দিল্লী। Name of Yudhiṣṭhira's capital—old Delhi.

इन्द्रमहकामुक पु० [इन्द्र+मह+कामुक] কুক্কুর। Dog.

इन्द्रयव पु०, क्ली० [इन्द्र+यव] কুটজবৃক্ষের যবাকৃতি তিক্ত বীজবিশেষ। A bitter seed of the Kuṭaja tree resembling barley.

इन्द्रलुप्त क्ली० [इन्द्र+लुप्त] টাক। Baldness.

इन्द्रवंशा स्त्री० [इन्द्र+वंश+टाप्] দ্বাদশাক্ষরপাদ ছন্দোবিশেষ। A metre of twelve syllables.

इन्द्रवज्रा स्त्री० [इन्द्र+वज्र+टाप्] একাদশাক্ষরপাদ ছন্দোবিশেষ। A metre of eleven syllables.

इन्द्रवृक्ष पु० [इन्द्र+वृक्ष] দেবদারু গাছ। The Deodar tree.

इन्द्रशत्रु पु० [इन्द्र+शत्रु] বৃত্রাসুর। Name of the demon, Vṛtra.

इन्द्रसावर्णि पु० [इन्द्र+सावर्णि] চতুর্দশ মনু। The fourteenth Manu.

इन्द्रसुत पु० [इन्द्र+सुत] জয়ন্ত, পার্থ, বালী, অর্জুনবৃক্ষ। Jayanta, Arjuna, Vālin.

इन्द्राणी स्त्री० [इन्द्र+ङीष्] শচী, শিরা, সিন্দুবার বৃক্ষ, বড় এলাচ, রতিবন্ধ। Śacī, wife of Indra.

इन्द्रानुज पु० [इन्द्र+अनुज], **इन्द्रावरज** पु० [इन्द्र+अवर+जन–ड] ইন্দ্রের কনিষ্ঠ, উপেন্দ্র, বামনদেব। The younger brother of Indra, Vāmana.

इन्द्रायुध क्ली० [इन्द्र+आयुध] ইন্দ্রধনু, ইন্দ্রচাপ। Rainbow.

इन्द्रिय क्ली० [इन्द्र+घ] কর্ম ও জ্ঞান-সাধন চক্ষুরাদি ও মন। The sense-organs.

इन्द्रियनिग्रह पु० [इन्द्रिय+निग्रह] ইন্দ্রিয়দমন, ইন্দ্রিয়সংযম। Control of the senses.

इन्द्रियवृत्ति स्त्री० [इन्द्रिय+वृत्ति] ইন্দ্রিয়ের স্ববিষয়ে ব্যাপার, দর্শনাদি ক্রিয়া। The function of the senses.

इन्द्रियार्थ पु० [इन्द्रिय+अर्थ] ইন্দ্রিয়ের বিষয়, ইন্দ্রিয়গ্রাহ্য বস্তু। The object of the senses.

इन्द्रियायतन क्ली० [इन्द्रिय+आयतन] শরীর, ইন্দ্রিয়ের আধার। The body.

इन्द्रियासङ्ग पु० [इन्द्रिय+असङ्ग, इन्द्रिय+आसङ्ग] ইন্দ্রিয়ের বিষয়ে অনাসক্তি অথবা আসক্তি। Non-attachment or attachment to sense-objects.

इन्धन क्ली० [इन्ध–ल्युट्] জ্বালানী কাষ্ঠ, তোতক, দীপয়িতা। Fuel.

इभ पु० [इण–भ] হস্তী, অষ্টসংখ্যা, শ্রেষ্ঠ, প্রধান। Elephant.

इभराज पु० [इभ+राजन्+टच्] মহাগজ, ঐরাবত হস্তী। The king of elephants.

इभ्य त्रि० [इभ+यत्] ধনী। Wealthy.

इयत् त्रि० [इदम्+वतुप्] এই পরিমাণ, এতাবৎ। This much.

इयत्ता स्त्री० [इयत्+तल्+टाप्] সীমা, নির্দিষ্ট পরিমাণ বা সংখ্যা। Limit, a particular measure or number.

इरम्मद पु० [इरा+मद–खच्] হস্তী, বজ্রাগ্নি, বাড়বানল। Elephant, lightning.

इरा स्त्री० [इण–रक्+टाप्] জল, সুরা, বাক্য, পৃথিবী, সরস্বতী, কশ্যপপত্নী। Water, wine.

इराचर पु० [इरा+चर–ट] করকা। त्रि० জলচর। Hail, aquatic.

इरावती स्त्री० [इरा+मतुप्+ङीप्] পাঞ্জাবের নদীবিশেষ। पु० ইরাবৎ—সমুদ্র, মেঘ। Name of a river.

इरिण क्ली० [ऋ–इन] ঊষর ভূমি, নিরালম্ব, শূন্য। A barren land.

इरेश पु० [इरा+ईश] বরুণ, বাগীশ, বিষ্ণু, ভূমিপতি। Name of Varuṇa.

इलविला स्त्री० কুবেরজননী, পুলস্ত্যমুনির পত্নী। Name of the mother of Kuvera, name of the wife of sage Pulastya.

ইলা স্ত্রী° [ইল–ক+টাপ্] ভূমি, মনুর কন্যা, গরু, বাক্য। Land, name of the daughter of Manu, cow.

ইলাবৃত ক্লী° [ইলা+আবৃত] জম্বুদ্বীপের বর্ষবিশেষ। One of the nine divisions of the world.

ইলী স্ত্রী° [ইল–ক+ঙীষ্] ছুরিকা। Knife.

ইলীশ পু° [ইলী+শুভ–ড] মৎস্যবিশেষ। A kind of fish.

ইল্লিশ পু° মৎস্যবিশেষ। A kind of fish.

ইল্বল পু° [ইল–বলচ্] অসুরবিশেষ, নক্ষত্রবিশেষ। A particular demon.

ইব অব্য° সাদৃশ্য, উৎপ্রেক্ষা, ঈষৎ, বাক্যালংকার, যথার্থ। A particle indicating like, as if, etc.

ইষ পু° [ইষ–ক্বিপ্+অচ্] আশ্বিনমাস। The month of Āsvina.

ইষি[-ষী]-কা স্ত্রী° [ইষ–ক্বুন্ (ইকন্)+টাপ্] কাশ-তৃণ, হস্তীর অক্ষিগোলক, শরের ডাঁটা, মুঞ্জতৃণ, বাণ, তুলিকা। A kind of grass.

ইষির ত্রি° [ইষ+কিরচ্] গতিশীল। পু° অগ্নি। Moving, fire.

ইষু পু°, স্ত্রী° [ইষ–উ] বাণ, পঞ্চসংখ্যা, যজ্ঞবিশেষ। Arrow.

ইষুধি পু°, [ইষু+ধা–কি] বাণাধার, তূণ, তূণীর। Quiver.

ইষ্ট ত্রি° [ইষ–ক্ত] অভিলষিত, প্রিয়, পূজিত, প্রশংসিত, বাঞ্ছিত। পু°, ক্লী° যজ্ঞাদি কর্ম। Desired, dear; sacrifice.

ইষ্টকা স্ত্রী° [ইষ–তকন্+টাপ্] ইট। Brick.

ইষ্টকাপথ পু° [ইষ্টকা+পথিন্+অচ্] পাকা রাস্তা, ইষ্টকা-নির্মিত পথ। A metalled road.

ইষ্টগন্ধ ত্রি° [ইষ্ট+গন্ধ] সুগন্ধযুক্ত। ক্লী° বালুকা। Of good flavour; sand.

ইষ্টা স্ত্রী° [যজ–ক্ত+টাপ্] শমীবৃক্ষ। Name of Śamī tree.

ইষ্টাপত্তি স্ত্রী° [ইষ্ট+আপত্তি] প্রতিবাদীর আপত্তি যখন বাদীর ইষ্ট বা স্বীকৃত। Taking for granted.

ইষ্টাপূর্ত ক্লী° [ইষ্ট+পূর্ত] যজ্ঞ, কূপাদি খনন। Sacrifice, works of charity, such as digging of wells.

ইষ্টি স্ত্রী° [যজ–ক্তিন্] যাগ, দর্শপৌর্ণমাসের অঙ্গযাগ। [ইষ–ক্তিন্] অভিলাষ। Sacrifice.

ইষ্বসন ক্লী° [ইষু+অস–ল্যুট্] ধনুক। Bow.

ইষ্বাস পু° [ইষু+অস–ঘঞ্] ধনুক। Bow.

ইহ অব্য° [ইদম্+হ] এইস্থানে, এই সময়ে। Here, now.

ইহত্য ত্রি° [ইহ+ত্যপ্] এই স্থানের, ইহলৌকিক Belonging to this place.

ইহলোক পু° [ইহ+লোক] এই পৃথিবী। This world.

ইহামুত্র অব্য° [ইহ+অমুত্র] ইহলোকে ও পরলোকে। In this world and in the next.

ঈ

ঈ স্ত্রী° [অ+ঙীষ্] চতুর্থ স্বরবর্ণ, লক্ষ্মী, বিষ্ণুর পত্নী। The fourth vowel, name of Lakṣmī.

ঈক্ষক ত্রি° [ঈক্ষ–ণ্বুল] দ্রষ্টা। Seer.

ঈক্ষণ ক্লী° [ঈক্ষ–ল্যুট্] দর্শন, পর্যবেক্ষণ, নেত্র। Seeing.

ঈক্ষণিক ত্রি° [ঈক্ষণ+ঠন্] দৈবজ্ঞ, সামুদ্রিক। Fortune-teller.

ঈক্ষা স্ত্রী° [ঈক্ষ–অ+টাপ্] দর্শন, দৃষ্টি, পর্যালোচনা। Seeing, cogitation.

ঈক্ষিত ত্রি° [ঈক্ষ–ক্ত] দৃষ্ট, রক্ষিত। ক্লী° দর্শন। Seen.

ঈক্ষিতৃ ত্রি° [ঈক্ষ–তৃন্] দ্রষ্টা, দর্শক, বিচারক। Seer.

ঈডা স্ত্রী° [ঈড–অ+টাপ্] স্তুতি, স্তব। Prayer, praise.

ঈডিত ত্রি° [ঈড–ক্ত] স্তুত, যাহার উদ্দেশ্যে স্তব করা হইয়াছে। Praised.

ঈড্য ত্রি° [ঈড–যৎ] স্তুত্য, স্তবনীয়। Praise-worthy, adorable.

ঈড্যমান ত্রি° [ঈড–শানচ্] স্তূয়মান। Being praised.

ঈতি স্ত্রী° [ঈ–ক্তিচ্] অতিবৃষ্টি, অনাবৃষ্টি, শলভ, মূষিক, খগ, আসন্ন রাজা প্রভৃতি ছয়প্রকার কৃষির উপদ্রব, উপপ্লব, ডিম্ব, প্রবাস। The six impediments to agriculture like draught etc.

ঈদৃক্ষ ত্রি° [ইদম্+দৃশ–ক্স] ঈদৃশ। Such.

ঈদৃশ ত্রি° [ইদম্+দৃশ–ক্বিন্] এইরূপ। Such.

ঈদৃশ ত্রি° [ইদম্+দৃশ–কঞ্] এইরূপ। Such.

ঈপ্সা স্ত্রী° [আপ–সন্+অ] প্রাপ্তির ইচ্ছা, লিপ্সা। Desire.

ঈপ্সিত ত্রি° [আপ–সন্+ক্ত] অভিলষিত, ইষ্ট, অপেক্ষিত, বাঞ্ছিত। ক্লী° ইচ্ছা, মনোরথ। Desired.

ঈপ্সু ত্রি° [আপ–সন্+উ] ইচ্ছুক। Desirous.

ঈরণ ক্লী০ [ঈর্-ল্যুট্] গতি, প্রেরণ। Movement.
ঈরিত ত্রি০ [ঈর্-ক্ত] কম্পিত, কথিত, প্রেরিত, বিক্ষিপ্ত। Shaken, told, despatched.
ঈর্ম ক্লী০ [ঈর্-মক্] ক্ষত, ব্রণ। পু০ বাহু। Scar; arm.
ঈর্ষ্যা স্ত্রী০ [ঈর্ষ্য-অ+টাপ্] পরশ্রীকাতরতা। Jealousy.
ঈর্ষ্যালু ত্রি০ [ঈর্ষ্যা+লা-ডু] পরশ্রীকাতর, ঈর্ষা-যুক্ত। Jealous.
ঈলা স্ত্রী০ [ঈড-ক+টাপ্] পৃথিবী, ধেনু, বাক্য। Earth.
ঈশ্ ত্রি০ [ঈশ-ক্বিপ্] স্বামী। ত্রি০ নিয়ন্তা, শ্রেষ্ঠ, সমর্থ। Lord.
ঈশ পু০ [ঈশ-ক] ঈশ্বর, শিব, ঈশ্বর। Lord.
ঈশান পু০ [ঈশ-চানশ্] মহেশ্বর। ত্রি০ শ্রেষ্ঠ, সমর্থ। The Supreme Lord, Śiva.
ঈশিতা স্ত্রী০ [ঈশিন্+তল্+টাপ্], **ঈশিত্ব** ক্লী০ [ঈশিন্+ত্ব] ঈশ্বরত্ব, সামর্থ্য। Lordship.
ঈশিতৃ পু০ [ঈশিন্+তৃচ্] ঈশ্বর। ত্রি০ সমর্থ, শ্রেষ্ঠ। Lord.
ঈশ্বর পু০ [ঈশ-বরচ্] ভগবান্, শিব। স্ত্রী০ ঈশ্বরা, ঈশ্বরী—দুর্গা, লক্ষ্মী, সরস্বতী, শক্তি। ত্রি০ স্বামী, শ্রেষ্ঠ, সমর্থ। God; lord.
ঈষৎ অব্য০ [ঈষ-অতি] অল্প, কিঞ্চিৎ। Slightly.
ঈষৎকর ত্রি০ [ঈষৎ+কৃ-খল্] অল্পায়াসসাধ্য। ক্লী০ অল্প। Easy to be accomplished.
ঈষা স্ত্রী০ [ঈষ-ক+টাপ্] লাঙ্গলের দণ্ড। The pole of a plough.
ঈষাদন্ত পু০ [ঈষা+দন্ত] লাঙ্গল-দণ্ডের ন্যায় দীর্ঘদন্ত-বিশিষ্ট হস্তী। An elephant with long tusks.
ঈষি[-ষী]-কা স্ত্রী০ [ঈষা+কন্+টাপ্] হস্তীর চক্ষু-গোলক, তূলি, কাশতৃণ। An elephant's eyeball, painter's brush, reed.
ঈহা স্ত্রী০ [ঈহ-অ+টাপ্] ইচ্ছা, চেষ্টা, উদ্যম। Wish, effort.
ঈহামৃগ পু০ [ঈহা+মৃগ-অণ্] নেকড়ে বাঘ, রূপক, দৃশ্যকাব্যবিশেষ। Wolf, a type of drama in four acts.
ঈহিত ক্লী০ [ঈহ-ক্ত] চেষ্টা, ইচ্ছা, উদ্যোগ, উদ্যম। ত্রি০ চেষ্টিত, ইষ্ট, উদ্যত। Effort, wish; sought, wished.

উ

উ পু০ [অত-ডু] পঞ্চম স্বরবর্ণ, শিব। The fifth vowel, Śiva.
উক্ত ত্রি০ [বচ-ক্ত] কথিত। Said.
উক্তি স্ত্রী০ [বচ-ক্তিন্] বচন, কথন, বাক্য। Saying.
উক্থ ক্লী০ [বচ-থক্] সামবেদের অংশ। পু০ যজ্ঞবিশেষ। স্ত্রী০ একাক্ষর ছন্দ। A part of the Sāmaveda.
উক্থশাস্ পু০ [উক্থ+শন্স-ণিব] যাজ্ঞিক, যজমান। A sacrificer.
উক্ষণ ক্লী০ [উক্ষ-ল্যুট্] সেচন। Sprinkling.
উক্ষতর পু০ [উক্ষা+তরপ্] অল্পবয়স্ক বৃষ। Young bull.
উক্ষন্ পু০ [উক্ষ-কনিন্] বৃষ। Bull.
উক্ষাল ত্রি০ [উক্ষ+অল-অচ্] উন্নত, মহৎ, উৎকট, শ্রেষ্ঠ, ত্বরিত, বিকট শব্দকারী। Lofty, noble.
উক্ষিত ত্রি০ [উক্ষ-ক্ত] সিক্ত। Sprinkled.
উখা স্ত্রী০ [উখ-ক+টাপ্] পাকপাত্র। A vessel for cooking.
উখ্য ত্রি০ [উখা+যত্] স্থালীপক। Boiled in a pot.
উগ্র পু০ [উচ-রক্] শিব, শূদ্রার গর্ভে ক্ষত্রিয়ের ঔরসজাত। ত্রি০ উৎকট, তীব্র, ক্রুদ্ধ। Śiva; fierce.
উগ্রচণ্ডা স্ত্রী০ [উগ্র+চণ্ডা] চণ্ডিকা। Name of Caṇḍikā.
উগ্রচয় পু০ [উগ্+চয়] ইচ্ছা। Desire.
উগ্রধন্বন্ পু০ [উগ+ধন্বন্] ইন্দ্র। Name of Indra.
উগ্রম্পশ্য ত্রি০ [উগ্+দৃশ-খশ্] ভয়ংকর-দর্শন। Fierce-looking.
উগ্রশেখরা স্ত্রী০ [উগ্+শেখর+টাপ্] গঙ্গা। The Ganges.
উগ্রশ্রবস্ পু০ [উগ্র+শ্রবস্] রোমহর্ষণপুত্র সৌতি। ত্রি০ তীক্ষ্ণকর্ণবিশিষ্ট। Name of the son of Romaharṣaṇa.
উগ্রসেন পু০ কংসের পিতা। Name of the father of Kaṃsa.
উচিত ত্রি০ [উচ-ক্ত] ন্যায্য। Proper.
উচ্চ ত্রি০ [উত্+চি-ড] উন্নত। High.
উচ্চৈস্ অব্য০ উচ্চ, প্রচুর। High.
উচ্চণ্ড ত্রি০ [উত্+চণ্ড] প্রচণ্ড, উদ্দাম, ত্বরিত। Fierce, very passionate.
উচ্চন্দ্র পু০ [উত্+চন্দ্র] রাত্রিশেষ। The last part of the night.
উচ্চ[-চ্চা]-য় পু০ [উত্+চি-অচ্] চয়ন, পুঞ্জ, নীবি। Collection.
উচ্চরণ ক্লী০ [উত্+চরণ] ঊর্ধ্বগমন, উচ্চৈঃস্বরে কীর্তন। Upward movement.

উচ্চরিত ত্রি° [উৎ+চর-ক্ত] কীর্তিত, শব্দিত। Uttered.

উচ্চলিত ত্রি°[উৎ+চলিত] নির্গত, প্রস্থিত। Moved.

উচ্চাটন ক্লী° [উৎ+চট+ণিচ্-ল্যুট্] উন্মূলন, অভিচার কর্মবিশেষ, চঞ্চলকরণ। Uprooting, a form of black magic.

উচ্চার পু° [উৎ+চর+ণিচ্-ঘঞ্] উচ্চারণ, বিষ্ঠা। Utterance.

উচ্চারণ ক্লী° [উৎ+চর+ণিচ্-ল্যুট্] কণ্ঠতালু প্রভৃতির অভিঘাতের দ্বারা শব্দোৎপাদন। Pronunciation.

উচ্চাবচ ত্রি° [উদক্+অবাক্] উন্নত-অবনত, ভালমন্দ, নানাবিধ। Undulated.

উচ্চিঙ্গট পু° [উৎ+চিঙ্গট] উচ্চিংড়ী, কোপন-স্বভাব ব্যক্তি। A kind of insect.

উচ্চূল পু° [উৎ+চূড] ধ্বজপট। The banner-cloth.

উচ্চৈঃশ্রবস্ পু° [উচ্চৈঃ+শ্রবস্] ইন্দ্রের অশ্ব। ত্রি° বধির, উচ্চবর্ণ-বিশিষ্ট। Name of the horse of Indra.

উচ্চৈস্ অব্য° উন্নত, অধিক, প্রচুর। Elevated, high.

উচ্ছলিত ত্রি° [উৎ+শল-ক্ত] উদ্গত, উত্থিত। Sprung.

উচ্ছাস্ত্র ত্রি° [উৎ+শাস্ত্র] অশাস্ত্রীয়, শাস্ত্রবিরুদ্ধ। Contrary to the Śāstras.

উচ্ছিখ ত্রি° [উৎ+শিখা] উদ্গত শিখা যাহার, উন্নত অগ্র। Flaming.

উচ্ছিত্তি স্ত্রী° [উৎ+ছিদ্-ক্তিন্] বিনাশ, উচ্ছেদ। Destruction, uprooting.

উচ্ছিন্ন ত্রি° [উৎ+ছিদ্-ক্ত] বিনাশিত, উৎপাটিত। Destroyed, uprooted.

উচ্ছিলীন্ধ্র ত্রি° [উৎ+শিলীন্ধ্র] উদ্গত-শিলীন্ধ্র। Full cf mushrooms.

উচ্ছিষ্ট ত্রি° [উৎ+শিষ-ক্ত] ভুক্তাবশিষ্ট, দত্তাবশিষ্ট, ত্যক্ত। Food left out after eating.

উচ্ছীর্ষক ক্লী° [উৎ+শীর্ষ+কপ্] বালিশ, তাকিয়া। Pillow.

উচ্ছুষ্ক ত্রি° [উৎ+শুষ্ক] উপরিভাগে শুষ্ক। Dry at the top.

উচ্ছূন ত্রি° [উৎ+শ্বি-ক্ত] স্ফীত, উন্নত, উচ্ছ্বসিত। Swollen.

উচ্ছৃঙ্খল ত্রি° [উৎ+শৃঙ্খলা] বিশৃঙ্খল, স্বেচ্ছাচারী। Unbridled.

উচ্ছেদ পু° [উৎ+ছেদ] উৎপাটন, বিনাশ। Uprooting, destruction.

উচ্ছোষণ ত্রি° [উৎ+শোষণ] সন্তাপক, ঊর্ধ্বশোষক। Causing to dry up.

উচ্ছ্রয় পু° [উৎ+শ্রি-অচ্]; **উচ্ছ্রায়** পু° [উৎ+শ্রি-ঘঞ্] উচ্চতা, উৎকর্ষ, উন্নতি। Height, elevation.

উচ্ছ্রিত ত্রি° [উৎ+শ্রি-ক্ত] উন্নত, উদিত, উৎপন্ন। Exalted, raised.

উচ্ছ্রিতি স্ত্রী° [উৎ+শ্রি-ক্তিন্] উচ্চতা, উৎকর্ষ। Height, elevation.

উচ্ছ্বসন ক্লী° [উৎ+শ্বসন] উচ্ছ্বাস। Breathing.

উচ্ছ্বসিত ত্রি° [উৎ+শ্বস-ক্ত] স্ফীত, বিকশিত, কম্পিত, জীবিত, বিশিষ্ট, শিথিলীভূত। Swollen, full-blown.

উচ্ছ্বাস পু° [উৎ+শ্বাস] নিঃশ্বাস, স্ফীতি, বিশ্লেষ, বিকাশ, পরিচ্ছেদ। Breath, heaving.

উচ্ছ্বাসিত ত্রি° [উৎ+শ্বস+ণিচ্-ক্ত] উন্মেষিত, বিশ্লেষিত। Made manifest.

উজ্জয়িনী স্ত্রী° [উৎ+জি-ল্যুট্+ঙীপ্] অবন্তী নগরী। Name of the city of Avantī.

উজ্জাসন ক্লী° [উৎ+জস+ণিচ্-ল্যুট্] মারণ, বধ। Killing.

উজ্জিহীর্ষা স্ত্রী° [উৎ+জিহীর্ষা] উদ্ধারের ইচ্ছা। Desire to rescue.

উজ্জৃম্ভ পু° [উৎ+জৃম্ভ-ঘঞ্], **উজ্জৃম্ভিত** ক্লী° [উৎ+জৃম্ভ-ক্ত] বিকাশ। ত্রি° বিকসিত, উন্মিষিত। Manifestation; manifested.

উজ্জ্বল ত্রি° [উৎ+জ্বল-অচ্] প্রদীপ্ত, ভাস্বর, নির্মল, শোভমান। পু° শৃংগার রস। ক্লী° স্বর্ণ। Shining, splendid; erotic sentiment.

উজ্ঝিত ত্রি° [উজ্ঝ-ক্ত] ত্যক্ত। Forsaken.

উঞ্ছ পু° [উঞ্ছ-ঘঞ্], **উঞ্ছন** পু° [উঞ্ছ-ল্যুট্], **উঞ্ছশিল** ক্লী° [উঞ্ছ+শিল-ক] ক্ষেত্রে পরিত্যক্ত ধান্যাদি খুঁটিয়া লওয়া। Gleaning grains of corn.

উট পু° [উ-টক্] তৃণ, পর্ণ, কূট। Grass, leaf.

উটজ পু° [উট+জন-ড] পর্ণশালা, তৃণকুটীর। Hut, cottage.

উডু ক্লী°, স্ত্রী° [উড-কু] নক্ষত্র, জল। Star.

উডুপ পু°, ক্লী° [উডু+পা-ক] ভেলা। পু° চন্দ্র। Raft; moon.

উডুপতি পু° [উডু+পতি] চন্দ্র, বরুণ। Moon.

উডুপথ পু° [উডু+পথ] আকাশ। Sky.

উডুম্বর পু° যজ্ঞডুমুর বৃক্ষ, তাম্র। ক্লী° যজ্ঞডুমুর, কুষ্ঠরোগবিশেষ। Name of a fig-tree.

উড্ডয়ন ক্লী০ [উত্+ডী–ল্যুট্] উড়া, ঊর্ধ্ব গতি। Upward flight.

উড্ডয়মান ত্রি০ [উত্+ডী–শানচ্] আকাশে বিচরণকারী। One soaring in the sky.

উড্ডামর ত্রি০ [উত্+ডামর] প্রচণ্ড, অতি উৎকৃষ্ট। Terrific.

উড্ডীন ক্লী০ [উত্+ডী–ক্ত] পক্ষীদের ঊর্ধ্বগমন। Flying up.

উড্ডীয়মান ত্রি০ [উত্+ডী–চানশ্] গগনচারী। Moving in the sky.

উত অব্য০ সমুচ্চয়, বিকল্প, সন্দেহ, বিতর্ক, প্রশ্ন, পাদপূরণ। A particle indicating 'also' 'or', etc.

উতথ্য পু০ বৃহস্পতির জ্যেষ্ঠভ্রাতা। An elder brother of Bṛhaspati.

উতথ্যতনয় পু০ [উতথ্য+তনয়] গৌতম মুনি। The sage Gautama.

উতথ্যানুজ পু০ [উতথ্য+অনুজ], **উতথ্যাবরজ** পু০ [উত্তথ্য+অবরজ] বৃহস্পতি। Bṛhaspati, the teacher of the gods.

উতাহো অব্য০ [উত+আহো] প্রশ্ন, বিকল্প, বিচার, চিন্তা। A particle denoting question, alternation, etc.

উতাহোস্বিত্ অব্য০ [উতাহো+স্বিত্] সন্দেহ, প্রশ্ন। A particle denoting doubt, question etc.

উত্ক ত্রি০ [উত্+ক] উদ্বিগ্ন, উৎসুক, উন্মনা। Anxious, pining.

উত্কট ত্রি০ [উত্+কট–অচ্] উদগ্র, অধিক, তীব্র, দুঃসাধ্য, বিষম। পু০ মত্তহস্তী। Fierce.

উত্কণ্ঠা স্ত্রী০ [উত+কণ্ঠ–অ+টাপ্] উদ্বেগ, বেদনা, ঔৎসুক্য। Anxiety.

উত্কণ্ঠিত ত্রি০ [উত্কণ্ঠা+ইতচ্] উদ্বিগ্ন, উৎসুক। স্ত্রী০ উত্কণ্ঠিতা—নায়িকাবিশেষ। Anxious.

উত্কন্ধর ত্রি০ [উত্+কন্ধর] উন্নতগ্রীব। Of uplifted neck.

উত্ক[-কা]-র পু০ [উত্+কৃ–অপ্] রাশি, পুঞ্জ, প্রসারণ, বিক্ষেপ। Heap.

উত্কর্ষ পু০ [উত্+কৃষ–ঘঞ্] শ্রেষ্ঠতা, অতিশয়, আধিক্য। Excellence.

উত্কল ত্রি০ [উত্ক+লা–ক] ভারবাহক, ব্যাধ। পু০ উড়িষ্যা দেশ। Porter; modern Orissa.

উত্কলিকা স্ত্রী০ [উত+কল–বুন্+টাপ্] ফুলের কুঁড়ি, উৎকণ্ঠা, তরঙ্গ। Bud.

উত্কলিত ত্রি০ [উত+কল–ক্ত] উৎকণ্ঠিত, প্রবুদ্ধ, উদ্ধত Anxious,

উত্কার পু০ [উত্+কৃ–ঘঞ্] ধান্যকে রাশীকৃত করা, ঊর্ধ্বক্ষেপণ। Piling up corn.

উত্কাশ[-স] পু০ [উত্+কাশ] কাশরোগবিশেষ। Cough.

উত্কির ত্রি০ [উত্+কৃ–শ] উৎক্ষেপক, বিক্ষেপক। Scatterer.

উত্কীর্ণ ত্রি০ [উত্+কৃ–ক্ত] উৎক্ষিপ্ত, খোদিত, উদ্ধৃত, উল্লিখিত। Scattered, inscribed.

উত্কুণ পু০ [উত্+কুণ–ক] উকুন। Louse.

উত্কুল ত্রি০ [উত্+কুল] যে কুলের মর্যাদাকে অতিক্রম করে, স্বচ্ছন্দচারী। One who transgresses the prestige of the family.

উত্কূলিত ত্রি০ [উত্+কূল–ক্ত] কূলে উন্নীত। Lifted to the shore.

উত্কৃতি স্ত্রী০ [উত্+কৃতি] ছাব্বিশ অক্ষর-বিশিষ্ট ছন্দ। A metre of twenty-six syllables.

উত্কৃত্ত ত্রি০ [উত্+কৃত্ত] ছিন্ন, উৎখাত। Torn.

উত্কৃষ্ট ত্রি০ [উত্+কৃষ্ট] উত্তম, শ্রেষ্ঠ, ঊর্ধ্বে আকৃষ্ট। Excellent, best.

উত্কোচ পু০ [উত্+কুচ–ঘঞ্] ঘুষ। Bribe.

উত্ক্রম পু০ [উত্+ক্রম–ঘঞ্] ব্যতিক্রম, ব্যভিচার, ঊর্ধ্বগতি। Deviation.

উত্ক্রান্ত ত্রি০ [উত্+ক্রম–ক্ত] অতীত, অতিক্রান্ত, মৃত, উদ্গত, উত্তীর্ণ। Passed, dead.

উত্ক্রান্তি স্ত্রী০ [উত্+ক্রম–ক্তিন্] ঊর্ধ্বে গমন, মৃত্যু। Going up, death.

উত্ক্রান্তিদা স্ত্রী০ [উত্ক্রান্তি+দা–ক+টাপ্] যমের শক্তি অস্ত্র, যমদণ্ড। The sceptre of Yama.

উত্ক্রোশ পু০[উত্+ক্রুশ–অচ্] উচ্চৈঃক্রন্দন, চিৎকার। Wailing.

উত্ক্ষিপ্ত ত্রি০ [উত্+ক্ষিপ–ক্ত] ঊর্ধ্বক্ষিপ্ত, উদ্ধৃত, উৎপাটিত, সঞ্চালিত। Thrown up.

উত্ক্ষেপ পু০ [উত্+ক্ষিপ–ঘঞ্], **উত্ক্ষেপণ** ক্লী০ [উত্+ক্ষিপ–ল্যুট্] ঊর্ধ্বে ক্ষেপণ, উন্নমন, ঊর্ধ্বচালন, নিক্ষেপ। Throwing up.

উত্খাত ত্রি০ [উত্+খন–ক্ত] উৎপাটিত, বিদারিত, উদ্ধৃত। Uprooted, drawn out.

উত্ত ত্রি০ [উন্দ–ক্ত] আর্দ্র। Wet.

উত্তংস পু০ [উত্+তন্স–অচ্] কর্ণাভরণ, শিরোভূষণ। Ear-ring, crest.

উত্তপ্ত ত্রি০ [উত্+তপ–ক্ত] সন্তপ্ত, উষ্ণ, দগ্ধ, তাপে দ্রবীভূত। ক্লী০ শুষ্কমাংস। Burnt, hot.

উত্তম ত্রি০ [উত্+তমপ্] উৎকৃষ্ট, শ্রেষ্ঠ, প্রধান, চরম, মুখ্য, গুণসম্পন্ন। Excellent, best.

উত্তমর্ণ ত্রি০ [উত্তম+ঋণ] ঋণদাতা, মহাজন। A creditor.

उत्तमसाहस क्লী০ [उत्तम+साहस] উচ্চতম দণ্ড—মনু ও বিষ্ণুর মতে সহস্র পণ। The highest punishment.

उत्तमाङ्ग ক্লী০ [उत्तम+अङ्ग] মস্তক, শ্রেষ্ঠ অবয়ব। Head.

उत्तम्भ পু০ [उत्+स्तन्भ–घञ्] উত্তোলন, স্তম্ভীভাব, নিবৃত্তি, বর্ধন। Upholding.

उत्तम्भन ক্লী০ [उत्+स्तन्भ–ल्युट्] আশ্রয়, নিরোধ, অবলম্বন, ঊর্ধ্বে স্তম্ভন। Support, prop.

उत्तर ক্লী০ [उत्+तॄ–अप्] প্রতিবচন, প্রতীকার। পু০ বিরাট রাজার পুত্র। স্ত্রী০ उत्तरा—বিরাট রাজার কন্যা, উত্তর দিক্। ত্রি০ শ্রেষ্ঠ, অনন্তর। Answer; the north.

उत्तरकुरु পু০, ক্লী০ [उत्तर+कुरु] জম্বুদ্বীপের অন্তর্গত নয়টি বর্ষের অন্যতম। One of the nine divisions of the world, the country of the northern Kurus.

उत्तरकोशल পু০ [उत्तर+कोशल] কোশল দেশ। স্ত্রী০ उत्तरकोशला—অযোধ্যানগরী। The Kośala country.

उत्तरक्रिया স্ত্রী০[उत्तर+क्रिया] অন্তিম কার্য, শ্রাদ্ধাদি পিতৃকার্য। Last rites.

उत्तरङ्ग ত্রি০ [उत्+तरङ्ग] উদ্গততরঙ্গ, তরঙ্গসংকুল। ক্লী০ [उत्तर+अङ्ग] দ্বারের উপরি কাষ্ঠ, সরদাল। Surging waves.

उत्तरच्छद পু০ [उत्तर+च्छद] শয্যার উপরি আস্তরণ বস্ত্র। Bed-cover.

उत्तरण ক্লী০ [उत्+तॄ–ल्युट्] উল্লঙ্ঘন, অতিক্রম। Crossing, surpassing.

उत्तरतस् অব্য০ [उत्तर+तसिल्] উত্তর দিক হইতে, উত্তর দিক, উত্তর দিকে, পশ্চাৎ, বামে। From the north.

उत्तरत्र অব্য০ [उत्तर+त्रल्] পরবর্তী কালে, পরে। Subsequently.

उत्तरपक्ष পু০ [उत्तर+पक्ष] চান্দ্রমাসের শেষপক্ষ (কৃষ্ণপক্ষ), সিদ্ধান্ত পক্ষ। The dark fortnight.

उत्तरफ[-फा]-ल्गुनी স্ত্রী০ [उत्तर+फल्गुनी] দ্বাদশতম নক্ষত্র। The twelfth lunar mansion.

उत्तरभाद्रपद्[-दा] স্ত্রী০ [उत्तर+भाद्रपद्] ষড়্বিংশ নক্ষত্র। The twenty-sixth lunar mansion.

उत्तरमीमांसा স্ত্রী০ [उत्तर+मीमांसा] বেদান্তদর্শন। The Vedānta system of philosophy.

उत्तरा অব্য০ [उत्तर+आति] উত্তর দিক্। স্ত্রী০ বিরাট-রাজকন্যা, অভিমন্যু-পত্নী। Northern quarter; name of the wife of Abhimanyu.

उत्तरात् অব্য০ উত্তর দিকে, উত্তরকালে। To or from the north.

उत्तराधिकारिन् ত্রি০ [उत्तर+अधिकारिन्] পরে অধিকারী। Successor.

उत्तरापथ পু০ [उत्तरा+पथिन्+ष्ट] উত্তর দেশ। The northern country.

उत्तराभास পু০ [उत्तर+आभास] অসৎ উত্তর। A false answer.

उत्तरायण ক্লী০ [उत्तर+अयन] সূর্যের উত্তর দিকে গতি। The movement of the sun towards the north.

उत्तराषाढा স্ত্রী০ [उत्तर+आषाढा] একবিংশতিতম নক্ষত্র। The twenty-first lunar mansion.

उत्तरासङ्ग পু০ [उत्तर+आसङ्ग] উত্তরীয় বস্ত্র। An upper garment.

उत्तराहि অব্য০ [उत्तर+आहि] উত্তর দিকে, উত্তর দিক্। Towards the north.

उत्तरीय ক্লী০ [उत्तर+छ] দেহের ঊর্ধ্বভাগ আচ্ছা-দনের বস্ত্র, চাদর। An upper garment.

उत्तरेण অব্য০ [उत्तर+एनप्] উত্তর দিকে। Northward.

उत्तरेद्युस् অব্য০ [उत्तर+एद्युस्] পর দিনে। Next day.

उत्तान ত্রি০ [उत्+तान] ঊর্ধ্বমুখ, চিৎ হওয়া। Lying flat on the back.

उत्तानपाद পু০ [उत्तान+पाद] ধ্রুবের পিতা, স্বায়ম্ভুব মনুর পুত্র। Name of the father of Dhruva.

उत्तानशय ত্রি০ [उत्तान+शी–अच्] চিৎ হইয়া শায়িত। পু০, স্ত্রী০ অতি শিশু। One lying flat on the back; a little child.

उत्ताप পু০ [उत्+ताप] উষ্ণতা, সন্তাপ। Heat.

उत्तार পু০ [उत्+तॄ+णिच्–अच्] উত্তরণ, বমন। [उत्+तारा] উদ্গত নেত্রতারক। ত্রি০ [उत्+तार] উচ্চ, শ্রেষ্ঠ। Transporting over, vomiting.

उत्तारक ত্রি০ [उत्+तॄ+णिच्–ण्वुल्] উদ্ধারকর্তা। পু০ শিব। Saviour; Śiva.

उत्ताल ত্রি০ [उत्+तल–अच्] শ্রেষ্ঠ, উন্নত, উৎকট, বিকট শব্দকারী। Great, fierce.

उत्तिष्ठमान ত্রি০ [उत्+स्था–शानच्] উত্থানশীল। Rising.

उत्तीर्ण ত্রি০ [उत्+तॄ–क्त] পারংগত, অতিক্রান্ত, মুক্ত, নির্গত, উপস্থিত, উত্থিত। Crossed, passed.

उत्तुङ्ग ত্রি০ [उत्+तुङ्ग] অতি উচ্চ। Very high.

उत्तेजना স্ত্রী০ [उत्+तिज+णिच्–युच्+टाप्] উদ্দীপনা, প্রোৎসাহন, প্রবর্তনা। Excitement.

উত্তেজিত ত্রি০ [উত্‌+তিজ+ণিচ্‌-ক্ত] উদ্দীপিত, প্রবর্তিত, শানিত। Excited.

উত্তোলন ক্লী০ [উত্‌+তুল-ল্যুট্‌] উত্থাপন। Lifting up.

উত্তোলিত ত্রি০ [উত্‌+তুল-ক্ত] উৎক্ষিপ্ত, উন্নমিত। Lifted up.

উত্ত্যক্ত ত্রি০ [উত্‌+ত্যজ-ক্ত] পরিত্যক্ত, বিরক্ত, উৎক্ষিপ্ত। Abandoned, disgusted.

উত্‌ত্রাস পু০ [উত্‌+ত্রাস] সন্ত্রাস। Terror.

উত্থ ত্রি০ [উত্‌+স্থা-ক] উত্থিত, উৎপন্ন। Arisen, born.

উত্থান ক্লী০ [উত্‌+স্থা-ল্যুট্‌] উদয়, উন্নতি, উৎপত্তি, উৎসাহ, হর্ষ, পৌরুষ, যুদ্ধ। Rising, prosperity.

উত্থাপন ক্লী০ [উত্‌+স্থাপন] উত্তোলন, প্রবোধন, প্রেরণ। Raising, rousing.

উত্থিত ত্রি০ [উত্‌+স্থিত] উৎপন্ন, উদ্‌গত, উচ্ছৃত, বর্ধিত। Risen.

উত্‌পত পু০ [উত্‌+পত-অচ্‌] পক্ষী। ত্রি০ উর্ধ্বগামী। Bird.

উত্‌পতন ক্লী০ [উত্‌+পতন] উর্ধ্বগমন, উত্থান, উৎপত্তি। Upward flight.

উত্‌পতিত ত্রি০ [উত্‌+পতিত] উত্থিত, উদিত, উদ্‌গত। Risen.

উত্‌পতিষ্ণু ত্রি০ [উত্‌+পত-ইষ্ণুচ্‌] উৎপতনশীল। Rising.

উত্‌পত্তি স্ত্রী০ [উত্‌+পদ-ক্তিন্‌] জন্ম, আবির্ভাব। Birth, manifestation.

উত্‌পথ পু০ [উত্‌+পথিন্‌+অচ্‌] কুপথ। A bad way.

উত্‌পন্ন ত্রি০ [উত্‌+পদ-ক্ত] জাত, উদ্‌ভূত, উত্থিত। Born, produced.

উত্‌পল ক্লী০ [উত্‌+পল-অচ্‌] পদ্ম। স্ত্রী০ উত্‌পলী—ভূষির রুটি। Lotus.

উত্‌পলিনী স্ত্রী০ [উত্‌পল+ইনি+ঙীপ্‌] পদ্ম-সমূহ, পদ্মিনী। A group of lotuses.

উত্‌পবন ক্লী০ [উত্‌+পু-ল্যুট্‌] জলপ্রোক্ষণ। Sprinkling of water.

উত্‌পশ্য ত্রি০ [উত্‌+দৃশ-শ] উর্ধ্বদৃষ্টি, উন্মুখ। Looking upward.

উত্‌পাটন ক্লী০ [উত্‌+পট+ণিচ্‌-ল্যুট্‌] উন্মূলন। Uprooting.

উত্‌পাটিত ত্রি০ [উত্‌+পট+ণিচ্‌-ক্ত] উন্মূলিত। Uprooted.

উত্‌পাত পু০ [উত্‌+পত-ঘঞ্‌] উপদ্রব, ভূকম্পন প্রভৃতি দৈব অমঙ্গল। Calamity, portent.

উত্‌পাদক ত্রি০ [উত্‌+পদ+ণিচ্‌-ণ্বুল্‌] জনক। পু০ শরভ। Generator.

উত্‌পাদশয়ন পু০ [উত্‌+পাদ+শয়ন] টিট্টিভ পক্ষী। A kind of partridge.

উত্‌পাদিত ত্রি০ [উত্‌+পদ+ণিচ্‌-ক্ত] জনিত। Produced.

উত্‌পিঞ্জল ত্রি০ [উত্‌+পিন্‌জ-কলন্‌] অতিশয় আকুল, পিঞ্জর হইতে বহির্গত। Excessively confused, uncaged.

উত্‌পিতসু ত্রি০ [উত্‌+পত+সন্‌-উ] উৎপতনেচ্ছু। Desirous to fly upwards.

উত্‌পীড পু০ [উত্‌+পীড-ক] ফেন। Foam.

উত্‌পীডন ক্লী০ [উত্‌+পীড-ল্যুট্‌] বাধা, উত্তেজন, আধিক্য। Obstacle, causing to excite.

উত্‌প্রাস পু০ [উত্‌+প্র+অস-ঘঞ্‌] উপহাস, উচ্চ হাস্য, উৎক্ষেপ। Jest, violent burst of laughter.

উত্‌প্রেক্ষা স্ত্রী০ [উত্‌+প্র+ঈক্ষ-অ+টাপ্‌] অর্থালংকার-বিশেষ, বিতর্ক, অনুমান, উপেক্ষা, অনবধান। A figure of speech.

উত্‌প্লব পু০ [উত্‌+প্লু-অচ্‌], **উত্‌প্লবন** ক্লী০ [উত্‌+প্লু-ল্যুট্‌] উল্লম্ফন, সন্তরণ, ভাসা, উদ্রেক। Jump.

উত্‌প্লবা স্ত্রী০ [উত্‌প্লব+টাপ্‌] নৌকা। Boat.

উত্‌ফাল পু০ [উত্‌+ফল-ঘঞ্‌] উল্লম্ফন। Jump.

উত্‌ফুল্ল ত্রি০ [উত্‌+ফল-ক্ত] প্রফুল্ল, বিকসিত। Cheerful, full-blown.

উত্‌স পু০ [উন্দ্‌-স] প্রস্রবণ। Fountain.

উত্‌সঙ্গ পু০ [উত্‌+সন্‌জ-ঘঞ্‌] ক্রোড়, উপরিভাগ পর্বতের সানুদেশ। ত্রি০ নিঃসঙ্গ। Lap.

উত্‌সঙ্গিত ত্রি০ [উত্‌সঙ্গ+ইতচ্‌] সম্পৃক্ত। Associated, joined.

উত্‌সন্ন ত্রি০[উত্‌+সদ-ক্ত] নষ্ট, ধ্বস্ত। Destroyed.

উত্‌সর্গ পু০ [উত্‌+সৃজ-ঘঞ্‌] ত্যাগ, দান, যাগবিশেষ, ব্যাকরণ-শাস্ত্রে সামান্যবিধি। Abandoning, gift.

উত্‌সর্জন ক্লী০ [উত্‌+সৃজ-ল্যুট্‌] ত্যাগ, দান। Abandoning, gift.

উত্‌সর্পণ ক্লী০ [উত্‌+সৃপ-ল্যুট্‌] উর্ধ্বগমন, উল্লঙ্ঘন। Going upwards.

উত্‌সর্পিন্‌ ত্রি০ [উত্‌+সৃপ-ণিনি] উর্ধ্বগামী, উল্লঙ্ঘনকারী, প্রবর্ধমান। Moving upwards.

উত্‌সব পু০ [উত্‌+সূ-অপ্‌] আনন্দজনক ব্যাপার, প্রসব, কোপ, ইচ্ছা। Festivity.

উত্‌সবসংকেত পু০ [উত্‌সব+সংকেত] পার্বতীয় জাতিবিশেষ। A wild tribe.

উত্‌সাদন ক্লী০ [উত্‌+সাদন] বিনাশ, উদ্বর্তন। Destruction.

उत्सादित त्रि० [उत्+सादित] বিনাশিত, উৎপাটিত, নির্মূলীকৃত। Destroyed, uprooted.

उत्सारण क्ली० [उत्+सारण] দূরীকরণ, চালন। Removing, driving away.

उत्साह पु० [उत्+सह–घञ्] উদ্যম, উদ্যোগ, অধ্যবসায়, হর্ষ। Effort, perseverance, happiness.

उत्साहवर्धन पु० [उत्साह+वर्धन] বীররস। त्रि० উৎসাহবর্ধক। Heroic sentiment; encouraging.

उत्साहित त्रि० [उत्+सह+णिच्–क्त] উত্তেজিত। Encouraged.

उत्सिक्त त्रि० [उत्+सिच–क्त] গর্বিত, উদ্ধত, উপরি সিক্ত। Proud, haughty, sprinkled over.

उत्सुक त्रि० [उत्+सु–ङु+कन्] উৎকণ্ঠিত, উদ্যুক্ত, ব্যগ্র, অনুরক্ত। Anxiously desirous, restless, attached.

उत्सूत्र त्रि० [उत्+सूत्र] সূত্রবহির্ভূত। Unstrung, out of sūtra.

उत्सृष्ट त्रि० [उत्+सृज–क्त] ত্যক্ত, বিসৃষ্ট, দত্ত, প্রযুক্ত। Forsaken, given.

उत्सेक पु० [उत्+सिच–घञ्] গর্ব, উদ্রেক। Conceit, overflow.

उत्सेचन क्ली० [उत्+सेचन] উপরি সেক, উত্তেজন। Showering upwards.

उत्सेध पु० [उत्+सिध–अच्] উচ্চতা, ঔদ্ধত্য। क्ली० দেহ। Height.

उत् अव्य० ঊর্ধ্ব, উৎকর্ষ, প্রাবল্য, প্রকাশ, প্রাধান্য, বিভাগ, প্রাকট্য, বন্ধন, মোচন। A particle denoting 'upwards', 'excellence' etc.

उदक क्ली० [उन्द–ण्वुल्] জল। Water.

उदकुम्भ पु० [उदक+कुम्भ] জলপূর্ণ কলস, কমণ্ডলু। Water-jar.

उदक्त पु० [उत्+अन्च–क्त] উত্তোলিত, ঊর্ধ্বগত। Uplifted.

उदक्या स्त्री० [उदक+यत्+टाप्] ঋতুমতী স্ত্রী। A woman in her courses.

उदगद्रि पु० [उदक्+अद्रि] হিমালয়। The Himalayas.

उदग्र त्रि० [उत्+अग्र] উচ্চ, উন্নত, তীব্র, দীর্ঘ। Tall, lofty.

उदङ्क पु० [उत्+अन्च–घञ्] চর্মপাত্র, কুঁপা। A leather vessel.

उदच् अव्य० [उत्+अन्च–क्विप्] উত্তর দিক, দেশ বা কাল। त्रि० উত্তরদিকে। The northern direction.

उदज त्रि० [उद(क)+जन–ड] জলজাত। पु० [उत्+अज–अच्] পশুপ্রেরণ। Born of water.

उदञ्चन क्ली० [उत्+अन्च+णिच्–ल्युट्] ঊর্ধ্বক্ষেপণ, উদ্গমন, আচ্ছাদন পাত্র, ঢাকনি, জল তুলিবার পাত্র। Throwing upward, bucket.

उदञ्चित त्रि० [उत्+अन्च–क्त] উদ্গত, উৎক্ষিপ্ত, পূজিত, আকুঞ্চিত। Ascended, worshipped.

उदधि पु० [उद(क)+धा–कि] সমুদ্র। Ocean.

उदन्त पु० [उत्+अन्त] বৃত্তান্ত, ঘটনা, সাধু। News, happening.

उदन्या स्त्री० [उदक+क्यच्–अ+टाप्] পিপাসা। Thirst.

उदन्वत् पु० [उदक+मतुप्] সমুদ্র। Ocean.

उदपान पु०, क्ली० [उद(क)+पा–ल्युट्] কূপ-সমীপস্থ চৌবাচ্চা। A reservoir.

उदय पु० [उत+इ–अच्]. উৎপত্তি, বৃদ্ধি, উত্থান, উৎকর্ষ, আবির্ভাব, প্রাদুর্ভাব, পূর্বপর্বত, লাভ, ফলসিদ্ধি, লগ্ন। Rising, prosperity.

उदयन पु० [उत्+इ–ल्यु] বৎসরাজ, নৈয়ায়িক উদয়নাচার্য, অগস্ত্য। क्ली० উদয়। Name of the King of Vatsa, name of a logician.

उदर क्ली० [उत्+दॄ–अप्] জঠর, অভ্যন্তর, যুদ্ধ। स्त्री० उदरी—উদরস্ফীতি রোগ। Belly, inside; dropsy.

उदरम्भरि त्रि० [उदर+भृ–खि] পেটুক, আত্মম্ভরি। A glutton.

उदरामय पु० [उदर+आमय] উদর-রোগ। Dysentery, diarrhoea.

उदरावर्त पु० [उदर+आवर्त] নাভি। Navel.

उदरिणी स्त्री० [उदरिन्+ङीप्] গর্ভবতী। Pregnant woman.

उदरिन् त्रि० [उदर+इनि], **उदरिल** त्रि० [उदर+इल] স্থূলোদর-বিশিষ্ট। One with a fat belly.

उदर्क पु० [उत्+अर्क–घञ्] ভাবিকাল, ভাবি ফল। Future time.

उदर्चिस् पु० [उत्+अर्चिस्] অগ্নি, শিব, কন্দর্প। त्रि० প্রজ্বলিত। Fire.

उदवसित क्ली० [उत्+अव+सो–क्त] গৃহ, বসতবাটি। House.

उदवास पु० [उद(क)+वास] জলের মধ্যে বাস। Living under water.

उदविन्दु पु० [उद(क)+विन्दु] জলকণা। Water-drops.

उदश्वित् क्ली० [उद+श्वि–क्विप्] ঘোল। Whey.

उदस्त त्रि० [उत्+अस्त] বিকীর্ণ, উৎক্ষিপ্ত। Scattered, strewn.

उदात्त पु० [उत्+आ+दा–क्त] স্বরবিশেষ। ত্রি০ মহান্, দাতা। ক্লী০ অর্থালংকার-বিশেষ। The acute accent; noble; figure of speech.

उदान पु० [उत्+अन–घञ्] কণ্ঠস্থ বায়ু, নাভি, সর্পবিষ। One of the five vital airs.

उदार त्रि० [उत्+आ+रा–क] মহাত্মা, দাতা, গম্ভীর, দক্ষিণ, উৎকৃষ্ট, সরল। पु० কাব্যের গুণবিশেষ। Noble, generous.

उदावर्त पु० [उत्+आ+वृत–घञ्] বাতরোগ। Rheumatism.

उदास त्रि० [उत्+अस–घञ्] উদাসীন, বিরাগী। पु० উচ্চতা। Indifferent.

उदासीन त्रि० [उत्+आसीन] মধ্যস্থ, তটস্থ। Neutral.

उदास्थित पु० [उत्+आ+स्थित] চর, দ্বাররক্ষক। ত্রি০ উল্টা। Spy, door-keeper.

उदाहरण क्ली० [उत्+आ+हृ–ल्युट्], **उदाहार** पु० [उत्+आ+हृ–घञ्] নিদর্শন, দৃষ্টান্ত। Example.

उदाहृत त्रि० [उत्+आहृत] কথিত, দৃষ্টান্তরূপে উল্লিখিত। Told.

उदित त्रि० [वद–क्त] উক্ত। [उत्+इण–क्त] উৎপন্ন, উত্থিত, প্রাদুর্ভূত, উন্নত। ক্লী০ উদয়। Told; risen.

उदित्वर त्रि० [उत्+इण–क्वरप्] উদ্গত, উদয়শীল। Rising.

उदीक्षण क्ली० [उत्+ईक्षण] উপরে দেখা, প্রতীক্ষা। Looking up, awaiting.

उदीची स्त्री० [उदच्+ङीप्] উত্তরদিক্। The northern direction.

उदीचीन त्रि० [उदीची+ख], **उदीच्य** क्ली० [उदच्+यत्] উত্তরদিকসম্বন্ধীয়। Northern.

उदीरण त्रि० [उत्+ईर–ल्युट्] উচ্চারণ, কথন, প্রেরণ, উদ্দীপন, প্রকাশন। Utterance, speaking.

उदीरित त्रि० [उत्+ईर–क्त] উচ্চারিত, কথিত, উদ্দীপিত, প্রেরিত। Uttered, spoken.

उदीर्ण त्रि० [उत्+ॠ–क्त] উদ্গত, উদ্রিক্ত, উদ্ধত, উদার। Grown, risen.

उदुम्बर पु० যজ্ঞডুমুর গাছ। ক্লী০ দেহলী, ক্লীব, কুষ্ঠরোগবিশেষ, ডুমুরফল, তাম্র। The fig tree; fig.

उदूखल क्ली० [उत्+उ+ख+ला–क] ধান্যাদি পেষণের পাত্রবিশেষ, গুগ্‌গুল। A wooden mortar.

उदूढ त्रि० [उत्+वह–क्त] বিবাহিত, ধৃত, উন্নত স্থূল। Married.

उद्वेजय त्रि० [उत्+एज+णिच्–खश्] ভয়প্রদ। Terrifying.

उद्गत त्रि० [उत्+गत] উৎপন্ন, উদিত। Sprung, risen.

उद्गम पु० [उत्+गम–घञ्], **उद्गमन** क्ली० [उत्+गमन], **उद्गति** स्त्री० [उत्+गति] উৎপত্তি, উত্থান। Springing out, rising.

उद्गमनीय क्ली० [उत्+गम–अनीयर्] ধৌত বস্ত্রযুগল। ত্রি০ আরোহণীয়। A pair of washed cloths.

उद्गाढ त्रि० [उत्+गाह–क्त] অতিমাত্র। Excessive.

उद्गातृ पु० [उत्+गै–तृच्] সামবেদ-গায়ক। ত্রি০ উচ্চৈঃস্বরে গানকর্তা। One who chants the Sāma hymns.

उद्गार पु० [उत्+गॄ–घञ्] উদ্বমন, উচ্চারণ। Vomiting.

उद्गीत त्रि० [उत्+गीत] উচ্চৈঃস্বরে গীত। Sung aloud.

उद्गीति स्त्री० [उत्+गै–क्तिन्] উচ্চৈঃস্বরে গান, আর্যাচ্ছন্দোবিশেষ। Singing aloud.

उद्गीथ पु० [उत्+गै–थक्] সামবেদের অংশবিশেষ, সামগান। A part of the Sāmaveda.

उद्गीर्ण [उत्+गॄ–क्त] বান্ত, নির্গত, উচ্চরিত, উৎসৃষ্ট, অনুরঞ্জিত, অনুবিদ্ধ। Vomited.

उद्गूर्ण त्रि० [उत्+गुर–क्त] উদ্যত, উত্তোলিত। Raised, uplifted.

उद्ग्रथित [उत्+ग्रन्थ–क्त] ঊর্ধ্বে সংগৃহীত। Collected upwards.

उद्ग्रह पु० [उत्+ग्रह] গ্রহণ। Acceptance.

उद्ग्रहण क्ली० [उत्+ग्रहण] গ্রহণ। Acceptance.

उद्ग्राह पु० [उत्+ग्राह] গ্রহণ, তর্কনির্বন্ধ। Acceptance, replying in argument.

उद्ग्राहित त्रि० [उत्+ग्रह+णिच्–क्त] গ্রাহিত, উন্নমিত, উপন্যস্ত, বদ্ধ, আক্রান্ত, প্রত্যায়িত। Made to accept, raised.

उद्घ पु० [उत्+हन–अप्] করপুট, বায়ু, প্রশংসা। ত্রি০ প্রশস্ত, প্রকাণ্ড। Palm of the hand; excellent, huge.

उद्घट्टन क्ली० [उत्+घट्टन] উন্মোচন, আঘাত। Unveiling, striking.

उद्घट्टित त्रि० [उत्+घट्टित] উন্মোচিত, আহত। Unveiled, struck.

उद्घन पु० [उत्+हन–अप्] লৌহনির্মিত বা কাষ্ঠনির্মিত আধার। A vessel made of iron or wood.

उद्घर्षण क्ली० [उत्+घर्षण] উপরি ঘর্ষণ। Rubbing upon.

উদ্‌ঘস ক্লী০ [উৎ+ঘস–অচ্] মাংস। Flesh.

উদ্‌ঘাট পু০ [উৎ+ঘট+ণিচ্–অচ্] প্রচ্ছাদিত পণ্য-দ্রব্যের উদ্‌ঘাটন স্থান। A place for exhibiting concentrated merchandise.

উদ্‌ঘাটক ত্রি০ [উৎ+ঘট+ণিচ্–ণ্বুল্] উন্মোচনকারী। পু০, ক্লী০ চাবি, কূপ হইতে জল তুলিবার যন্ত্র। One who opens; key.

উদ্‌ঘাটন ক্লী০ [উৎ+ঘট+ণিচ্–ল্যুট্] উন্মোচন, উল্লেখ, কূপ হইতে জল তুলিবার যন্ত্র। Opening.

উদ্‌ঘাটিত ত্রি০ [উৎ+ঘট+ণিচ্–ক্ত] উন্মোচিত, প্রকাশিত। Opened, revealed.

উদ্‌ঘাত পু০ [উৎ+হন–ঘঞ্] উপক্রম, গ্রন্থের পরিচ্ছেদ, অস্ত্রবিশেষ, প্রতিঘাত। Beginning, chapter of a book.

উদ্‌ঘাত্যক পু০ নাটকের প্রস্তাবনা-বিশেষ। A form of prologue in a drama.

উদ্দংশ পু০ [উৎ+দংশ] উকুণ। A louse.

উদ্দণ্ডপাল পু০ [উৎ+দণ্ডপাল] মৎস্য-বিশেষ, সর্প-বিশেষ, দণ্ডকর্তা। A kind of fish or serpent, punisher.

উদ্দন্তুর ত্রি০ [উৎ+দন্তুর] উৎকট দন্তবিশিষ্ট, করাল, উত্তুঙ্গ। One with large teeth, terrible.

উদ্দান ক্লী০ [উৎ+দো–ল্যুট্] বন্ধন। পু০ চুল্লী, বাড়বানল, কটিদেশ। Bondage.

উদ্দাম ত্রি০ [উৎ+দামন্+অচ্] উচ্ছৃঙ্খল, বন্ধনমুক্ত, স্বেচ্ছাচারী, উৎকট। পু০ বরুণ, যম। Despot, unbound, unbridled.

উদ্দাল পু০ [উৎ+দল+ণিচ্–অচ্] বৃক্ষবিশেষ। A kind of tree.

উদ্দিষ্ট ত্রি০ [উৎ+দিশ–ক্ত] উপদিষ্ট, লক্ষ্যীকৃত, অভিপ্রেত। Instructed, meant, desired.

উদ্দীপন ক্লী০ [উৎ+দীপ+ণিচ্–ল্যুট্] উত্তেজন, প্রজ্বলন, বর্ধিতকরণ। Exciting, inflaming.

উদ্দীপিত ত্রি০ [উৎ+দীপিত] উত্তেজিত, বর্ধিত, প্রজ্বলিত। Excited, inflamed.

উদ্দেশ পু০ [উৎ+দিশ–ঘঞ্] প্রদেশ, স্থান, অন্বেষণ, অনুসন্ধান, উল্লেখ। ত্রি০ সম্বন্ধীয়। Region, place.

উদ্দেশ্য ত্রি০ [উৎ+দিশ–ণ্যৎ] লক্ষ্য, অভিপ্রেত, অনু-বাদ্য। Aim, intended, the subject of an assertion.

উদ্দ্যোত পু০ [উৎ+দ্যুত–ঘঞ্] প্রকাশ, আতপ। Light.

উদ্দ্রাব পু০ [উৎ+দ্রু–ঘঞ্] পলায়ন, অস্থৈর্য। Flight.

উদ্দ্রুত ত্রি০ [উৎ+দ্রুত] পলায়িত। Fled.

উদ্ধত ত্রি০ [উৎ+হত] উৎক্ষিপ্ত, উৎকট, ধৃষ্ট, প্রগল্‌ভ। Raised, rude.

উদ্ধতি স্ত্রী০ [উৎ+হন–ক্তিন্] উন্নতি, গর্ব, ধৃষ্টতা। Elevation, pride.

উদ্ধরণ ক্লী০ [উৎ+হৃ–ল্যুট্] উদ্ধার, উত্তোলন, ঋণ-শোধ। Rescuing, lifting, acquittance of debt.

উদ্ধর্ষ পু০ [উৎ+হর্ষ] উৎসব। Festivity.

উদ্ধর্ষণ ক্লী০ [উৎ+হৃষ+ণিচ্–ল্যুট্] আনন্দিত করা, প্রোৎসাহন, রোমাঞ্চ। Gladdening, encouraging, thrill.

উদ্ধব পু০ [উৎ+হু–অপ্] উৎসব, কৃষ্ণের সুহৃৎ, যজ্ঞাগ্নি। Festivity, name of Kṛṣṇa's friend, sacrificial fire.

উদ্‌ধান ক্লী০ [উৎ+ধা–ল্যুট্] বমন, উদ্গমন। Vomiting.

উদ্ধার পু০ [উৎ+হৃ–ঘঞ্] মোচন, উত্তোলন, ঋণশোধ, ভাগ। Deliverance, lifting.

উদ্ধুর ত্রি০ [উৎ+ধুর্+অচ্] দৃঢ়, দুঃসহ, উৎসুক, ভার-শূন্য। Firm, unbearable, cheerful, free from burden.

উদ্‌ধূত ত্রি০ [উৎ+ধূ–ক্ত] উৎক্ষিপ্ত, কম্পিত, নিরস্ত। Thrown up, shaken off.

উদ্ধূনন ক্লী০ [উৎ+ধূ+ণিচ্–ল্যুট্] উৎক্ষেপণ। Throwing upwards.

উদ্ধূলন ক্লী০ [উৎ+ধূলি+ণিচ্–ল্যুট্] ধূলির দ্বারা অঙ্গলেপন। Besmearing limbs with dust.

উদ্ধৃত ত্রি০ [উৎ+ধৃত] উত্তোলিত, গৃহীত। [উৎ+হৃত] মোচিত। Raised; released.

উদ্‌ধ্মান ক্লী০ [উৎ+ধ্মা–ল্যুট্] চুল্লী। Fire-place.

উদ্ধ্র পু০ [উজ্‌ঝ–ক্যপ্] নদ-বিশেষ। Name of a river.

উদ্‌বন্ধন ক্লী০ [উৎ+বন্ধন] গলায় দড়ি দিয়া ঊর্ধ্বে বন্ধন। ত্রি০ বন্ধনমুক্ত। Hanging.

উদ্‌বাহু ত্রি০ [উৎ+বাহু] ঊর্ধ্ববাহু। One with upraised arms.

উদ্‌বুদ্ধ ত্রি০ [উৎ+বুধ–ক্ত] বিকশিত, প্রবুদ্ধ। Full-blown, aroused.

উদ্‌বোধ পু০ [উৎ+বুধ–ঘঞ্] উদ্দীপন। Rousing up.

উদ্‌ভট ত্রি০ [উৎ+ভট–অপ্] প্রসিদ্ধ, উৎকৃষ্ট, শ্রেষ্ঠ, গ্রন্থবহির্ভূত। পু০ কচ্ছপ, সূর্য। Well-known, excellent; tortoise.

উদ্‌ভব পু০ [উৎ+ভব] উৎপত্তি, জন্ম, অভ্যুদয়। Production, birth.

उद्भावन क्ली० [उत्+भावन] উৎপাদন, জনন, সৃষ্টি, কল্পন, চিন্তন। Production, generation.

उद्भास पु० [उत्+भास–घञ्] দীপ্তি, মহাজ্যোতিঃ। Radiance, effulgence.

उद्भासित त्रि० [उत्+भास–क्त] উদ্দীপ্ত, উজ্জ্বল, প্রকাশিত। Bright, revealed.

उदभिज्ज त्रि० [उद्भिद्+जन–ड] ভূমিভেদপূর্বক উৎপন্ন। Sprouting.

उद्भिद् त्रि० [उत्+भिद–क्विप्], **उद्भिद** त्रि० [उत्+भिद–क] উদ্‌ভেদক, ভূমিভেদক। Sprout.

उद्भूत त्रि० [उत्+भूत] উৎপন্ন, জাত, প্রত্যক্ষযোগ্য, ইন্দ্রিয়গোচর। Produced, born.

उद्भेद पु० [उत्+भेद] প্রকাশ, রোমাঞ্চ, উৎপত্তি, উদ্‌ভেদন, নির্বাণ, বিস্তার। Manifestation, horripilation.

उद्भ्रम पु० [उत्+भ्रम–घञ्] উৎকণ্ঠা, ভয়, আবর্তন, উদ্‌ভ্রমণ, উদ্বেগ, পর্যটন। Anxiety, fear, rotation.

उद्भ्रान्त त्रि० [उत्+भ्रान्त] বিমূঢ়, ভ্রান্ত, আঘূর্ণিত, ব্যস্ত, উচ্ছৃঙ্খল। Perplexed, whirled.

उद्यत त्रि० [उत्+यम–क्त] উদ্‌যুক্ত, প্রবৃত্ত, উত্থিত। Intent, risen.

उद्यति स्त्री० [उत्+यम–क्तिन्] উদ্যম, উদ্যোগ। Effort, enterprise.

उद्यम पु० [उत्+यम–घञ्] উদ্‌যোগ, উৎসাহ, উত্থান। Effort, exertion.

उद्यान क्ली० [उत्+या–ल्युट्] উপবন। Pleasure-garden.

उद्यापन क्ली० [उत्+यापन] ব্রত-সমাপন। Completion of a vow.

उद्युक्त त्रि० [उत्+युक्त] উৎসাহিত, চেষ্টিত। Active.

उद्योग पु० [उत्+युज–घञ्] চেষ্টা, যত্ন, উদ্যম, উৎসাহ, আয়োজন। Effort, exertion.

उद्योगिन् त्रि० [उद्योग+इनि] উৎসাহী, যত্নশীল। Active.

उद्र पु० [उन्द–रक्] উদ্‌বিড়াল। A kind of aquatic animal.

उद्रथ पु० [उत्+रथ] রথের কীল। The pin of the axle of a carriage.

उद्राव पु० [उत्+राव] উচ্চধ্বনি। Uproar.

उद्रिक्त त्रि० [उत्+रिच–क्त] উত্তেজিত, অতিশয়িত। Excited, excessive.

उद्रेक पु० [उत्+रिच–घञ्] বৃদ্ধি, উপক্রম। Excess, overflow.

उद्वर्त पु० [उत्+वृत–घञ्] অতিরেক। Surplus.

उद्वर्तन क्ली० [उत्+वृत+णिच्–ल्युट्] উৎপতন, ঘর্ষণ, চন্দনাদির দ্বারা শোধন। Going up, rubbing, cleaning the body with fragrant unguents.

उद्वह पु० [उत्+वह–अच्] নায়ক, সন্তান, বর। Hero, son.

उद्वहन क्ली० [उत्+वहन] বিবাহ, বহন। Marriage, carrying.

उद्वान्त त्रि० [उत्+वान्त] উদ্‌গীর্ণ, উদ্‌গত। पु० মদশূন্য গজ। Vomited; an elephant without rut.

उद्वासन क्ली० [उत्+वस+णिच्–ल्युट्] বধ, বিসর্জন। Killing.

उद्वाह पु० [उत्+वह–घञ्] বিবাহ। Marriage.

उद्वाहन क्ली० [उत्+वह+णिच्–ल्युट्] বিবাহ। स्त्री० उद्वाहनी—রজ্জু। Marriage; cord.

उद्वाहु त्रि० [उत्+वाहु] ঊর্ধ্ববাহু। One with uplifted arms.

उद्विग्न त्रि० [उत्+विज–क्त] ভীত, উৎকণ্ঠিত, ক্ষুভিত। Afraid, anxious.

उद्वीक्षण क्ली० [उत्+वीक्षण] ঊর্ধ্বে দর্শন। Looking up.

उद्वृत्त त्रि० [उत्+वृत्त] দুর্বৃত্ত, উৎক্ষিপ্ত, ঊর্ধ্বে ঘূর্ণিত, অতিরিক্ত। Ill-mannered, thrown up.

उद्वेग पु० [उत्+वेग] উৎকণ্ঠা, ত্বরা। क्ली० সুপারী। त्रि० বেগবান্। Anxiety, haste.

उद्वेजक त्रि० [उत्+विज–ण्वुल्] উদ্বেগজনক। Causing concern.

उद्वेजयितृ त्रि० [उत्+विज+णिच्–तृन्] উদ্বেগজনক। One who causes concern.

उद्वेजित त्रि० [उत्+विज+णिच्–क्त] ক্লেশিত, উত্যক্ত, ভীত। Tormented, afraid.

उद्वेल त्रि० [उत्+वेला] কূলাতিক্রান্ত, সীমাতিক্রান্ত। Overflowing the banks.

उद्वेष्ट पु० [उत्+वेष्ट–अच्] অবরোধ, আক্রমণ। Besieging.

उद्वेष्टन क्ली० [उत्+वेष्टन] উষ্ণীষ, আবরণ, বন্ধন। त्रि० বেষ্টন-রহিত, বন্ধন-মুক্ত। Head-gear, enclosure; unfettered.

उधस् क्ली० [वह–अस्] পালান, গো প্রভৃতি প্রাণীর স্তন। Udder.

उन्दुर पु० [उन्द–उर] মূষিক। Mouse.

उन्न त्रि० [उन्द–क्त] আর্দ্র, সিক্ত, দয়ালু। Wet.

उन्नत त्रि० [उत+नत] উচ্চ, স্ফীত, গৌরবান্বিত। Undulated, eminent.

উন্নতানত ত্রি০ [উন্নত+আনত] উঁচু-নীচু, বন্ধুর। Elevated and depressed, uneven.

উন্নতি স্ত্রী০ [উৎ+নতি] বৃদ্ধি, অভ্যুদয়, উচ্চতা, গরুড়পত্নী। Rise, prosperity, height.

উন্নদ্ধ ত্রি০ [উৎ+নহ-ক্ত] ঊর্ধ্বে সংযত, স্ফীত, উৎকট। Collected upwards.

উন্নমিত ত্রি০ [উৎ+নম+ণিচ্-ক্ত] উত্তোলিত। Lifted up.

উন্নয় পু০ [উৎ+নী-অচ্], **উন্নায়** [উৎ+নী-ঘঞ্] উন্নতি, উত্থান, সাদৃশ্য। Elevation, rising.

উন্নয়ন ক্লী০ [উৎ+নী-ল্যুট্] উত্তোলন, উন্নতি, বিতর্ক, অনুমান। Raising, elevation, deliberation.

উন্নস ত্রি০ [উৎ+নাসা] উন্নত নাসিকা-বিশিষ্ট। One with a prominent nose.

উন্নাহ পু০ [উৎ+নহ-ঘঞ্] কাঞ্জিকা। Gruel.

উন্নিদ্র ত্রি০ [উৎ+নিদ্রা] নিদ্রাহীন, বিকসিত। Sleepless, full-blown.

উন্নীত ত্রি০ [উৎ+নীত] উত্তোলিত, অনুমিত। Raised up, inferred.

উন্মগ্ন ত্রি০ [উৎ+মগ্ন] জলাদি হইতে উত্থিত। Risen from water.

উন্মজ্জন ক্লী০ [উৎ+মজ্জন] জলাদি হইতে উত্থান। Rising from water.

উন্মত্ত ত্রি০ [উৎ+মত্ত] পাগল। পু০ ধুতরা, মুচুকুন্দ বৃক্ষ। Mad ; a kind of tree.

উন্মথ পু০ [উৎ+মথ], **উন্মথন** ক্লী০ [উৎ+মথন] মন্থন, মর্দন, হত্যা। Churning, killing.

উন্মদ ত্রি০ [উৎ+মদ] পাগল। Mad.

উন্মদিষ্ণু ত্রি০ [উৎ+মদ-ইষ্ণুচ্] পাগল। Insane.

উন্মনস্ ত্রি০ [উৎ+মনস্] অন্যমনস্ক, উৎসুক, ব্যাকুল, উৎকণ্ঠিত। Absent-minded, anxious.

উন্মন্থ পু০ [উৎ+মন্থ-ঘঞ্], **উন্মন্থন** ক্লী০ [উৎ+মন্থ-ল্যুট্] মন্থন, হনন। Churning, killing.

উন্মাথ পু০ [উৎ+মথ-ঘঞ্] ফাঁদ, আলোড়ন, খেদ, হনন। Snare, churning.

উন্মাদ পু০ [উৎ+মদ-ঘঞ্] পাগল, রোগ-বিশেষ। Mad, a mental disease.

উন্মাদন পু০ [উৎ+মদ+ণিচ্-ল্যু] কন্দর্পের বাণ। The shaft of Cupid.

উন্মাদিন্ ত্রি০ [উন্মাদ+ইনি] উন্মাদযুক্ত, পাগল। Insane.

উন্মান ক্লী০ [উৎ+মা-ল্যুট্] পরিমাণবিশেষ। A particular measure.

উন্মার্গ পু০ [উৎ+মার্গ] কুপথ। ত্রি০ কুপথগামী। Wrong road ; going along a wrong way.

উন্মিষৎ ত্রি০ [উৎ+মিষ-শতৃ] উন্মীলৎ। Opening.

উন্মিষিত ত্রি০ [উৎ+মিষ-ক্ত] উন্মীলিত, বিকসিত। ক্লী০ উন্মীলন। Opened, blown.

উন্মীলন ক্লী০ [উৎ+মীল-ল্যুট্] বিকাশ, উন্মেষ। Unfolding.

উন্মীলিত ত্রি০ [উৎ+মীল-ক্ত] বিকসিত, উন্মিষিত। Unfolded, opened.

উন্মুক্ত ত্রি০ [উৎ+মুক্ত] মুক্ত। Free, released.

উন্মুখ ত্রি০ [উৎ+মুখ] ঊর্ধ্বমুখ, উৎসুক। One with face uplifted, keen.

উন্মুদ্র ত্রি০ [উৎ+মুদ্রা] বিকসিত। Unfolded.

উন্মূলন ক্লী০ [উৎ+মূল+ণিচ্-ল্যুট্] উৎপাটন। Uprooting.

উন্মূলিত ত্রি০ [উৎ+মূল-ক্ত] উৎপাটিত। Uprooted.

উন্মৃষ্ট ত্রি০ [উৎ+মৃষ্ট] মার্জিত। Cleansed.

উন্মেষ পু০ [উৎ+মিষ-ঘঞ্] উন্মেলন। Unfolding.

উন্মোচন ক্লী০ [উৎ+মোচন] মোচন। Releasing.

উপ অব্য০ সামীপ্য, আধিক্য, সাদৃশ্য, হীনতা, সামর্থ্য, আরম্ভ, দান, মারণ, ভূষণ, ইচ্ছা, ব্যাপ্তি, পূজা, আনুকূল্য, উদ্যোগ, নিদর্শন। A particle indicating proximity, excess, resemblance etc.

উপকণ্ঠ ত্রি০ [উপ+কণ্ঠ] সমীপ। ক্লী০ কণ্ঠসমীপে। Near ; near the throat.

উপকরণ ক্লী০ [উপ+করণ] প্রধানের সাধক অঙ্গ, ছত্র-চামরাদি পরিচ্ছদ। Auxiliary to the principal, insignia of royalty.

উপকর্তৃ ত্রি০ [উপ+কর্তৃ] উপকারী। Benefactor.

উপকার পু০ [উপ+কৃ-ঘঞ্] সহায়তা, অনুকূল কার্য। Help.

উপকারক ত্রি০ [উপ+কারক] উপকারী। স্ত্রী০ উপকারিকা—উপকারকর্ত্রী, রাজবাটী। Beneficial.

উপকারিন্ ত্রি০ [উপ+কৃ-ণিনি] উপকারী। Beneficial.

উপকারিতা স্ত্রী০ [উপকারিন্+তল্+টাপ্] উপকার। Beneficence, help.

উপকার্য ত্রি০ [উপ+কৃ-ণ্যৎ] উপকারের যোগ্য। স্ত্রী০ উপকার্যা—রাজার বাসযোগ্য ভবন। Deserving help.

উপকুর্বাণ পু॰ [উপ+কৃ-শানব্] নির্দিষ্ট কালের জন্য ব্রহ্মচর্য-ব্রতধারী। One who observes celibacy for a certain period.

উপকৃত ক্লী॰ [উপ+কৃ-ক্ত] উপকার। ত্রি॰ উপকার-প্রাপ্ত। Help ; helped.

উপক্রম পু॰ [উপ+ক্রম-ঘঞ্] বিবেচনাপূর্বক আরম্ভ, গমন, চিকিৎসা, বশীকরণ। Beginning after deliberation.

উপক্রিয়া স্ত্রী॰ [উপ+ক্রিয়া] উপকার। Help.

উপক্রোশ পু॰ [উপ+ক্রুশ-ঘঞ্] নিন্দা, অপবাদ। Blame.

উপক্রোষ্টৃ পু॰ [উপ+ক্রুশ-তৃচ্] গর্দভ। Ass.

উপক্লৃপ্ত ত্রি॰ [উপ+ক্লৃপ-ক্ত] রচিত, উৎসর্গীকৃত। Made, dedicated.

উপক্ষেপ পু॰ [উপ+ক্ষেপ] উল্লেখ, প্রস্তাব। Mention, proposal.

উপগত ত্রি॰ [উপ+গত] স্বীকৃত, প্রাপ্ত, উপস্থিত, জ্ঞাত। Accepted, got, come.

উপগম পু॰ [উপ+গম-ঘঞ্] স্বীকার, প্রাপ্তি, উপস্থিতি, আসক্তি, জ্ঞান। Acceptance, acquisition, presence.

উপগীতি স্ত্রী॰ [উপ+গৈ-ক্তিন্] আর্যাচ্ছন্দোবিশেষ। A kind of metre.

উপগূঢ ত্রি॰ [উপ+গুহ-ক্ত] আলিঙ্গিত, গুপ্ত। ক্লী॰ আলিঙ্গন। Embraced; embrace.

উপগূহন ক্লী॰ [উপ+গুহ-ল্যুট্] আলিঙ্গন, গোপন। Embrace, concealment.

উপগ্রহ পু॰ [উপ+গ্রহ-অপ্] প্রার্থনা, আনুকূল্য, রোধ। ত্রি॰ কারারুদ্ধ। Prayer, generosity.

উপগ্রাহ্য ত্রি॰ [উপ+গ্রহ+ণিচ্-যৎ] উপঢৌকন। Presents.

উপঘাত পু॰ [উপ+হন-ঘঞ্] আঘাত, ক্ষতি, বিকৃতি। Striking, harm.

উপঘ্ন পু॰ [উপ+হন-ক] সমীপে আশ্রয়। Contiguous shelter.

উপঘ্র ত্রি॰ [উপ+ঘ্রা-ড] সম্বন্ধীয়। Related.

উপচয় পু॰ [উপ+চি-অচ্] বৃদ্ধি, উন্নতি, পুষ্টি, সংগ্রহ, সমূহ। Excess, growth.

উপচরিত ত্রি॰ [উপ+চর-ক্ত] সেবিত, লক্ষণার দ্বারা বোধিত। Served, conveyed through implication.

উপচর্যা স্ত্রী॰ [উপ+চর-ক্যপ্+টাপ্] সেবা, চিকিৎসা। Place for holding service, treatment.

উপচায্য পু॰ [উপ+চি-ণ্যৎ] যজ্ঞের অগ্নি-ধারণার্থ স্থানবিশেষ। Sacrificial fire.

উপচার পু॰ [উপ+চর-ঘঞ্] সেবা, চিকিৎসা, সজ্জা, ব্যবহার, উৎকোচ, লক্ষণার দ্বারা অর্থবোধ। Service, treament, decoration.

উপচিত ত্রি॰ [উপ+চি-ক্ত] সঞ্চিত, বর্ধিত, রচিত, দগ্ধ। Collected, increased.

উপচ্ছন্দ পু॰ [উপ+ছন্দ-ঘঞ্] প্রার্থনা, অনুরোধ, সান্ত্বনা। Prayer, request.

উপজনন ক্লী॰ [উপ+জনন] উৎপত্তি, উৎপাদন। Creation, creating, producing.

উপজাতি স্ত্রী॰ [উপ+জাতি] ছন্দোবিশেষ। A kind of metre in eleven syllables.

উপজাপ পু॰ [উপ+জপ-ঘঞ্] বিচ্ছেদ, ভেদ। Separation, division.

উপজিহ্বা স্ত্রী॰ [উপ+জিহ্বা] আলজিভ। The uvula.

উপজীবিকা স্ত্রী॰ [উপ+জীবিকা] জীবিকা। Livelihood.

উপজীবিন্ ত্রি॰ [উপ+জীব-ণিনি] আশ্রিত, অধীন। Subservient.

উপজীব্য ত্রি॰ [উপ+জীব-ণ্যৎ] আশ্রয়। Shelter.

উপজোষম্ অব্য॰ আনন্দ। Delight.

উপজ্ঞা স্ত্রী॰ [উপ+জ্ঞা-অঙ্] প্রাক্ কথন। Preface.

উপঢৌকন ক্লী॰ [উপ+ঢৌক-ল্যুট্] উপহার, উৎকোচ। A present, bribe.

উপতাপ পু॰ [উপ+তাপ] সন্তাপ, পীড়া, ত্বরা। Torment, sickness.

উপত্যকা স্ত্রী॰ [উপ+ত্যকন্+টাপ্] পর্বতের মধ্যস্থিত সমতল ভূমি। Valley.

উপদংশ পু॰ [উপ+দন্শ-ঘঞ্] রোগবিশেষ, ভক্ষ্যদ্রব্য। Syphilis.

উপদর্শক পু॰ [উপ+দৃশ+ণিচ্-ণ্বুল্] দ্বারপাল। ত্রি॰ দর্শয়িতা। A door-keeper; a guide.

উপদা স্ত্রী॰ [উপ+দা-অঙ্] উৎকোচ, উপহার। Bribe, a present.

উপদিষ্ট ত্রি॰ [উপ+দিশ-ক্ত] আদিষ্ট, কথিত। ক্লী॰ উপদেশ। Instructed, told; instruction.

উপদেশ পু॰ [উপ+দিশ-ঘঞ্] শিক্ষাদান, নাম, উদ্দেশ। Instruction, name.

উপদেষ্টৃ ত্রি॰ [উপ+দিশ-তৃচ্] উপদেশদাতা। পু॰ গুরু। Instructor; teacher.

উপদেহ পু॰ [উপ+দিহ-ঘঞ্] অঙ্গরাগ। Cosmetics.

উপদ্রব পু॰ [উপ+দ্রু-ঘঞ্] উৎপাত, দৌরাত্ম্য, বিকার-বিশেষ। Trouble.

উপদ্রুত ত্রি॰ [উপ+দ্রু-ক্ত] ব্যাকুল, উপদ্রব-গ্রস্ত। Troubled.

उपद्वीप পু০, ক্লী০ [উপ+দ্বীপ] ক্ষুদ্র দ্বীপ। Small island.

उपधा স্ত্রী০ [উপ+ধা–অঙ্] ছল, উপায়, পদের শেষ বর্ণের পূর্ব-বর্ণ। Deceit, means.

उपधातु পু০ [উপ+ধাতু] কাংস্য, পিতল প্রভৃতি ধাতু-জাতীয় পদার্থ। Metals like brass etc.

उपधान ক্লী০ [উপ+ধা–ল্যুট্] বালিশ, ধারণ, প্রণয়, ব্রতবিশেষ, বিষ। Pillow, holding.

उपधानीय ক্লী০ [উপ+ধা–অনীয়র্] বালিশ। Pillow.

उपधायक ত্রি০ [উপ+ধা–ণ্বুল্] উৎপাদক। Producer.

उपधि পু০ [উপ+ধা–কি] ভয়, কপট, রথচক্র। Fear, deceit, wheel.

उपधूपित ত্রি০ [উপ+ধূপ–ক্ত] সন্তাপযুক্ত, মুমূর্ষু। Tormented, dying.

उपधृति স্ত্রী০ [উপ+ধৃ–ক্তিন্] কিরণ। Ray.

उपनत ত্রি০ [উপ+নত], **उपनम्र** ত্রি০ [উপ+নম্র] উপস্থিত, শরণাগত, প্রাপ্ত। Come, got.

उपनति স্ত্রী০ [উপ+নম–ক্তিন্] উপস্থিতি। Presence.

उपनय পু০ [উপ+নী–অচ্],**उपनयन** ক্লী০ [উপ+নী–ল্যুট্] যজ্ঞসূত্র-ধারণরূপ সংস্কার-বিশেষ, আগমন। The ceremony of sacred thread, coming.

उपनाह পু০[উপ+নহ–ঘঞ্] প্রলেপ, বীণার তন্ত্রী-বন্ধন স্থান। Anointment.

उपनिधि পু০ [উপ+নি+ধা–কি] গচ্ছিত দ্রব্য, ন্যাস। A deposit.

उपनिबन्ध পু০ [উপ+নিবন্ধ] প্রতিজ্ঞা, সময়। Promise, time.

उपनिर्गम পু০ [উপ+নির্+গম–অচ্] নির্গমন পথ, নির্গমন। Exit.

उपनिषद् স্ত্রী০ [উপ+নি+সদ–ক্বিপ্] ব্রহ্মবিদ্যা, বিদ্যাবিশেষ। The knowledge of Brahman.

उपनिष्कर ক্লী০ [উপ+নিস্+কৃ–ঘ] নগরীর মধ্যস্থ পথ। A city highway.

उपनीत ত্রি০ [উপ+নী–ক্ত] যাহার উপনয়ন হইয়াছে, আনীত, প্রাপিত। Consecrated, brought.

उपनेतृ ত্রি০ [উপ+নেতৃ] উপনয়নকর্তা, আনয়নকর্তা, প্রাপক। One who consecrates, one who brings.

उपनेत्र ক্লী০ [উপ+নেত্র] চসমা। Spectacles.

उपन्यस्त ত্রি০ [উপ+ন্যস্ত] দত্ত, বিন্যস্ত, উল্লিখিত। Presented, given.

उपन्यास পু০ [উপ+ন্যাস] উল্লেখ, দান, প্রস্তাব, বাক্যের আরম্ভ। Reference, gift, proposal.

उपपति পু০ [উপ+পতি] জার। A paramour.

उपपत्ति স্ত্রী০ [উপ+পদ–ক্তিন্] সঙ্গতি, সিদ্ধি, কারণ, উৎপত্তি। Propriety, achievement, cause.

उपपद ক্লী০ [উপ+পদ] পদের নিকটস্থ পদ, উপাধি। Surname.

उपपन्न ত্রি০ [উপ+পদ–ক্ত] যুক্তিযুক্ত, সঙ্গত, সিদ্ধ, সম্পন্ন, উৎপন্ন, আগত। Proper, achieved.

उपपातक ক্লী০ [উপ+পাতক] পাপবিশেষ। A kind of sin.

उपपादन ক্লী০ [উপ+পদ+ণিচ্–ল্যুট্] যুক্তির দ্বারা সমর্থন। Supporting through logic.

उपपादित ত্রি০ [উপ+পদ+ণিচ্–ক্ত] যুক্তির দ্বারা সমর্থিত। Logically supported.

उपपाद्य ত্রি০[উপ+পদ+ণিচ্–যত্]যুক্তির দ্বারা সমর্থ-নীয়। To be proved through argument.

उपपुर ক্লী০ [উপ+পুর] শাখা-নগর। A branch-city.

उपपुराण ক্লী০ [উপ+পুরাণ] গৌণ পুরাণ (১৮টি) Minor purāṇas (numbering 18).

उपप्लव পু০ [উপ+প্লু–অপ্] উৎপাত, উপদ্রব, বিপদ, বাধা, চন্দ্র বা সূর্যগ্রহণ, ভয়। Trouble, danger, opposition.

उपप्लुत ত্রি০ [উপ+প্লু–ক্ত] উপদ্রুত, পীড়িত, রাহু-গ্রস্ত, ভীত, বাধিত। Troubled, assailed.

उपभुक्त ত্রি০ [উপ+ভুজ–ক্ত] ভক্ষিত, যাহা ভোগ করা হইয়াছে। Eaten, enjoyed.

उपभोग পু০ [উপ+ভুজ–ঘঞ্] ভোগ। Enjoyment.

उपमर्द পু০ [উপ+মৃদ–ঘঞ্] পীড়ন, হিংসা, আলোড়ন। Molesting, churning.

उपमा স্ত্রী০ [উপ+মা–অঙ্] অর্থালংকার-বিশেষ, সাদৃশ্য। Simile, similarity.

उपमातृ স্ত্রী০ [উপ+মাতৃ] ধাত্রী। ত্রি০ [উপ+মাতৃচ্] উপমানকর্তা। A nurse ; one who compares.

उपमान ক্লী০ [উপ+মা–ল্যুট্] যাহার সহিত উপমা দেওয়া হয়, ন্যায়শাস্ত্রে প্রমাণবিশেষ। The thing compared to, similarity.

उपमिति স্ত্রী০ [উপ+মি–ক্তিন্] উপমা, সাদৃশ্যজ্ঞান, উপমান-প্রমাণ-জন্য জ্ঞান। Simile, the knowledge due to similarity.

उपमेय ত্রি০ [উপ+মি–যত্] যাহার উপমা দেওয়া হয়। The thing compared.

উপযন্তৃ পু০ [উপ+যম-তৃচ্] বিবাহকর্তা, বর। Bridegroom.

উপযম পু০ [উপ+যম-অপ্] বিবাহ। Marriage.

উপযমন ক্লী০ [উপ+যম-ল্যুট্] বিবাহ, বিবাহের মন্ত্র, বন্ধন। Marriage.

উপযাচক ত্রি০ [উপ+যাচ-ণ্বুল্] যিনি স্বয়ং যাচ্ঞা করেন। One who himself seeks.

উপযাচিত ত্রি০ [উপ+যাচ-ক্ত] প্রার্থিত। Sought.

উপযাচিতক ক্লী০ [উপযাচিত+কন্] প্রার্থিত বস্তু। The object prayed for.

উপযাত ত্রি০ [উপ+যা-ক্ত] উপগত, প্রাপ্ত। Come, got.

উপযুক্ত ত্রি০ [উপ+যুজ-ক্ত] ন্যায্য, ভুক্ত। Proper.

উপযোগ পু০ [উপ+যুজ-ঘঞ্] আনুকূল্য, ভোগ, উপযোগিতা, নিকট, কারণ। Usefulness.

উপযোগিতা স্ত্রী০ [উপযোগিন্+তল্+টাপ্] প্রয়োজন, আনুকূল্য, উপযুক্ততা। Usefulness.

উপযোগিন্ ত্রি০ [উপ+যুজ-ঘিণুন্] উপকারী, অনুকূল, উপযুক্ত। Helpful, proper.

উপযোষম্ অব্য০ আনন্দ। Delight.

উপরক্ত ত্রি০ [উপ+রন্জ-ক্ত] অনুরক্ত, পীড়িত, রাহুগ্রস্ত। Attached.

উপরত ত্রি০ [উপ+রম-ক্ত] মৃত, নিবৃত্ত। Dead, ceased.

উপরতি স্ত্রী০ [উপ+রম-ক্তিন্], **উপরম** [উপ+রম-ঘঞ্] মৃত্যু, নিবৃত্তি, বৈরাগ্য। Death, cessation.

উপরাগ পু০ [উপ+রন্জ-ঘঞ্] চন্দ্রগ্রহণ বা সূর্যগ্রহণ, অপবাদ, বিপদ্, বিরাগ, প্রবৃত্তি, সম্বন্ধ। Solar or lunar eclipse, blame.

উপরি, **উপরিষ্টাৎ** অব্য০ ঊর্ধ্বে, উপরে, অনন্তর। Up, upward, thereafter.

উপরুদ্ধ ত্রি০ [উপ+রুধ-ক্ত] অনুরুদ্ধ, আবৃত, প্রতিবদ্ধ, উৎপীড়িত। Requested, concealed.

উপরোধ পু০ [উপ+রুধ-ঘঞ্] অনুরোধ, আবরণ, পীড়া। Request, concealment.

উপরোধক ক্লী০ [উপ+রুধ-ণ্বুল্] গৃহ। ত্রি০ অনুরোধকর্তা। House ; one who requests.

উপল পু০ [উপ+লা-ক] প্রস্তর, রত্ন। স্ত্রী০ উপলা—প্রস্তরময় ভূমি, শর্করা। Stone, gem.

উপলক্ষক ত্রি০ [উপ+লক্ষক] লক্ষণার দ্বারা অন্য অর্থের বোধক। Conveying a suggested meaning.

উপলক্ষণ ক্লী০ [উপ+লক্ষণ] লক্ষণার দ্বারা অন্য অর্থের জ্ঞাপন। Meaning through suggestion.

উপলক্ষিত ত্রি০ [উপ+লক্ষিত] সূচিত, অনুমিত, যুক্ত, বিশিষ্ট। Indicated, inferred.

উপলব্ধ ত্রি০ [উপ+লব্ধ] জ্ঞাত, প্রাপ্ত। Known, acquired.

উপলব্ধি স্ত্রী০ [উপ+লভ-ক্তিন্] জ্ঞান, প্রাপ্তি। Knowledge, acquirement.

উপলভ্য ত্রি০ [উপ+লভ-যৎ] জ্ঞেয়, প্রাপ্য। Knowable, acquirable.

উপলম্ভ পু০ [উপ+লভ-ঘঞ্] উপলব্ধি, তিরস্কার। Knowledge, scolding.

উপলম্ভ্য ত্রি০ [উপ+লভ-ক্যপ্] প্রশংসনীয়, স্তুত্য। Praiseworthy.

উপলেপ পু০ [উপ+লিপ-ঘঞ্], **উপলেপন** ক্লী০ [উপ+লিপ-ল্যুট্] লেপন। Anointing.

উপবন ক্লী০ [উপ+বন] উদ্যান। Garden.

উপবর্তন ক্লী০ [উপ+বৃত-ল্যুট্] ক্ষুদ্র দেশ। A small country.

উপবর্হ পু০ [উপ+বৃহ-ঘঞ্] বালিশ। Pillow.

উপবসথ পু০ [উপ+বস-অথ] গ্রাম। Village.

উপবস্ত ক্লী০ [উপ+বস-ক্ত] উপবাস। Fasting.

উপবাদ পু০ [উপ+বদ-ঘঞ্] অপবাদ, নিন্দা। Bad name.

উপবাস পু০ [উপ+বস-ঘঞ্] অনাহার, বাস। Fasting.

উপবাহ্য পু০ [উপ+বহ-ণ্যৎ] রাজবাহক হস্তী। An elephant for carrying the king.

উপবিষ্ট ত্রি০ [উপ+বিশ-ক্ত] আসীন। Seated.

উপবীত ক্লী০ [উপ+ব্যে-ক্ত] যজ্ঞসূত্র, পৈতা। The sacred thread.

উপবীতিন্ ত্রি০ [উপবীত+ইনি] যজ্ঞোপবীতধারী। One who holds the sacred thread.

উপবৃংহিত ত্রি০ [উপ+বৃন্হ+ণিচ্-ক্ত] বর্ধিত, উচ্ছ্বসিত। Increased, overflowed.

উপবেদ পু০ [উপ+বেদ] আয়ুর্বেদ। The science of medicine.

উপব্যাঘ্র পু০ [উপ+ব্যাঘ্র] নেকড়ে বাঘ। The wolf.

উপশম পু০ [উপ+শম-ঘঞ্] নিবৃত্তি, শান্তি, ইন্দ্রিয়-নিগ্রহ। Cessation, peace.

উপশয পু০ [উপ+শী-অচ্] ক্রোড়, গর্তবিশেষ। Lap, hole.

উপশল্য ক্লী০ [উপ+শল্য] গ্রামান্ত। Village-end.

উপশায পু০ [উপ+শী-ঘঞ্] প্রহরীদিগের পর্যায়ক্রমে শয়ন। Sleeping of the night-guards in due order.

উপশ্রুত ত্রি০ [উপ+শ্রু-ক্ত] অঙ্গীকৃত। Accepted.

उपश्रुति স্ত্রী০ [उप+श्रु–क्तिन्] উপকার, শুভাশুভ প্রশ্ন। Help.

उपश्लेष পু০ [उप+श्लेष] একদেশ সম্বন্ধ, আশ্লেষ, বঞ্চনা। Partial contact, embrace.

उपष्टम्भ পু০ [उप+स्तम्भ–घञ्] উপক্রম। Beginning, prelude.

उपसङ्ख्यान ক্লী০ [उप+सङ्ख्यान] সংগ্রহ, গণনা, ব্যাকরণশাস্ত্রে সমানার্থক পদ। Collection, counting.

उपसंग्रह পু০ [उप+संग्रह] পাদস্পর্শপূর্বক প্রণাম, অভিবাদন। Salutation.

उपसंव्यान ক্লী০ [उप+संव्यान] পরিধেয় বস্ত্র। Garment.

उपसंहरण ক্লী০ [उप+संहरण], **उपसंहार** পু০ [उप+संहार] সমাপ্তি, মৃত্যু, সংগ্রহ, আক্রমণ। End, death.

उपसंहृति স্ত্রী০ [उप+संहृति] উপসংহার। End.

उपसत्ति স্ত্রী০ [उप+सद्–क्तिन्] উপাসনা, উপস্থিতি, দান। Prayer, presence, gift.

उपसन्न ত্রি০ [उप+सद्–क्त] আসন্ন। Imminent.

उपसम्पन्न ত্রি০ [उप+सम्+पद–क्त] পক্ব, পর্যাপ্ত, মৃত। Ripe, sufficient, dead.

उपसर পু০ [उप+सृ–अच्] নির্গমন। Exit.

उपसर्ग পু০ [उप+सृज–घञ्] উপদ্রব, ব্যাকরণশাস্ত্রে প্র, পরা প্রভৃতি বিশিষ্ট শব্দ। Symptom, prefixes.

उपसर्जन ক্লী০ [उप+सृज–ल्युट्] গৌণ, অপ্রধান, ত্যাগ, ব্যাকরণশাস্ত্রে সমাসে প্রথমান্ত-নির্দিষ্ট পদ। Secondary, gift.

उपसर्पण ক্লী০ [उप+सृप–ल्युट्] উপাসনা, নিকটে উপস্থিতি। Prayer, coming near.

उपसर्या স্ত্রী০ [उप+सृ–यत्+टाप्] ঋতুমতী স্ত্রী। A woman with puberty.

उपसूर्यक ক্লী০ [उप+सूर्य+कन्] সূর্যমণ্ডল, চন্দ্রমণ্ডল। The orb of the sun or the moon.

उपसृष्ट ত্রি০ [उप+सृज–क्त] যুক্ত, সৃষ্ট, আক্রান্ত, ব্যাপ্ত, কামুক, উপসর্গযুক্ত। Connected, created.

उपसेक পু০ [उप+सेक] সেচন। Sprinkling.

उपस्करण ক্লী০ [उप+कृ–ल्युट्], **उपस्कर** পু০ [उप+कृ–अप्], **उपस्कार** পু০ [उप+कृ–घञ्] ব্যঞ্জনের মসলা, উপকরণ, অধ্যাহার। Spices, ingredients.

उपस्थ পু০ [उप+स्था–क] পুরুষ বা স্ত্রীচিহ্ন, ক্রোড়। ত্রি০ সমীপস্থ। Male or female sex-organ; contiguous.

उपस्थातृ ত্রি০ [उप+स्था–तृच्] উপাসক, উপস্থিত। Devotee, present.

उपस्थान ক্লী০ [उप+स्था–ल्युट्] উপাসনা, উপস্থিতি। Prayer, presence.

उपस्थित ত্রি০ [उप+स्थित] আগত, নিকটে স্থিত, প্রাপ্ত, জ্ঞাত, উপাসিত। Come, present.

उपस्थिति স্ত্রী০ [उप+स्थिति] নিকটে আগমন, প্রাপ্তি, অবগতি। Presence, knowledge.

उपस्नुत ত্রি০ [उप+स्नु–क्त] ক্ষরিত। Dripped, oozed.

उपस्पर्श পু০ [उप+स्पृश–घञ्], **उपस्पर्शन** ক্লী০ [उप+स्पृश–ल्युट्] স্পর্শ, স্নান, পান, আচমন। Touch, bath.

उपस्पृष्ट ত্রি০ [उप+स्पृश–क्त] স্নাত, সংস্পৃষ্ট। Bathed, touched.

उपस्वत्व ক্লী০ [उप+स्वत्व] আয়, লাভ। Income, gain.

उपहत ত্রি০ [उप+हन–क्त] আহত, দূষিত, বিঘ্নিত। Struck, impeded.

उपहव পু০ [उप+ह्वे–अप्] আহ্বান। Call.

उपहसित ক্লী০ [उप+हस–क्त] হাস্য। Laughter.

उपहस्तिका স্ত্রী০ [उप+हस्त+कन्+टाप्] পানের ডিবা। Betelnut-box.

उपहार পু০ [उप+हृ–घञ्] উপঢৌকন। Presents.

उपहास পু০ [उप+हस–घञ्] পরিহাস। Ridicule.

उपहास्य ত্রি০ [उप+हस–ण्यत्] উপহাসাস্পদ। Object of ridicule.

उपहित ত্রি০ [उप+धा–क्त] অর্পিত, দত্ত, উপলক্ষিত। Offered, given, conditioned.

उपहृत ত্রি০ [उप+हृ–क्त] আহৃত, আনীত, অর্পিত, উৎসৃষ্ট। Collected, brought, offered.

उपह्वर ক্লী০ [उप+ह्वृ–घ] নির্জনস্থান, নিকট। Lonely place, near.

उपांशु অব্য০ [उप+अन्श–उ] নির্জন, গোপন। পু০ অপরের শ্রবণের অযোগ্য জপ। Lonely; japa inaudible to others.

उपाकरण ক্লী০ [उप+आ+कृ–ल्युट्] সংস্কারপূর্বক বেদগ্রহণ। Acceptance of the Vedas with due rites.

उपाकृत ত্রি০ [उप+आ+कृ–क्त] আরব্ধ, দেবতার উদ্দেশ্যে হন্তব্য। Commenced, to be killed for the gods.

उपाख्यान ক্লী০ [उप+आख्यान] আখ্যান, ইতিবৃত্ত, কথন। Story.

उपागत त्रि० [উপ+আ+গম–ক্ত] আগত, উপস্থিত, প্রাপ্ত, স্বীকৃত, অনুভূত। Arrived, present, owned.

उपागम পু০ [উপ+আ+গম–ঘঞ্] প্রাপ্তি, উপস্থিতি, স্বীকার, অনুভব। Gain, presence, acceptance.

उपाङ्ग ক্লী০ [উপ+অঙ্গ] প্রধানের উপযোগী, বেদাঙ্গ-সদৃশ শাস্ত্রবিশেষ। Subsidiary, ancillary text.

उपाचार्य পু০ [উপ+আচার্য] সহকারী আচার্য। Assistant teacher.

उपाजे অব্য০ দুর্বলের বলাধান। Adding strength to the weak.

उपात्त ত্রি০ [উপ+আ+দা–ক্ত] গৃহীত, প্রাপ্ত, স্বীকৃত। Accepted, owned.

उपात्यय পু০ [উপ+অত্যয়] নাশ, আচারের অতিক্রম। Destruction, transgression of a code of conduct.

उपादान ক্লী০ [উপ+আ+দা–ল্যুট্] গ্রহণ। Acceptance.

उपादेय ত্রি০ [উপ+আ+দা-যত্] গ্রাহ্য, উৎকৃষ্ট। Acceptable, excellent.

उपाधान ক্লী০ [উপ+আ+ধা–ল্যুট্] বালিশ, শিরোধান। Pillow, head-rest.

उपाधि পু০ [উপ+আ+ধা–কি] উপনাম, ভেদক ধর্ম, সম্বন্ধ, আধার, ধর্ম, চিন্তা, ছল, কারণ, ন্যায়শাস্ত্রে সাধ্যের ব্যাপক ও হেতুর অব্যাপক ধর্ম। Surname, distinctive feature, adjunct.

उपाध्मानीय পু০ [উপ+আ+ধ্মা–অনীয়র্] প বা ফ পরে থাকিলে বিসর্গস্থানে উচ্চার্যমাণ ওষ্ঠবর্ণবিশেষ। Labials.

उपाध्याय পু০ [উপ+অধি+ইঙ্–ঘঞ্] বেদাধ্যাপক। স্ত্রী০ উপাধ্যায়া(-য়ী)—বেদাধ্যাপিকা। (-য়ানী, -য়ী) উপাধ্যায়পত্নী। Teacher; female-teacher; wife of teacher.

उपानह् স্ত্রী০ [উপ+নহ–ক্বিপ্] চর্মপাদুকা। Leather-sandal.

उपान्त পু০ [উপ+অন্ত] সমীপ, প্রান্ত, পরিসর। Near, outskirt.

उपाय পু০ [উপ+অয়–ঘঞ্] সাম, দান, ভেদ ও দণ্ড-রূপ চতুর্বিধ সাধন, সাধন। Four expedients in politics, viz, sāma, dāna, bheda, and daṇḍa, means.

उपायन ক্লী০ [উপ+অয়–ল্যুট্] উপঢৌকন, উপহার, সমীপে গমন। Presents, going near.

उपारत ত্রি০ [উপ+আ+রম–ক্ত] বিরত, নিবৃত্ত। Ceased, desisted.

उपार्जन ক্লী০ [উপ+অর্জন] অর্জন। Earning.

उपारूढ ত্রি০ [উপ+আরূঢ] আরূঢ়, প্রাপ্ত। Mounted, got.

उपालब्ध ত্রি০ [উপ+আ+লভ–ক্ত] তিরস্কৃত। Rebuked.

उपालम्भ পু০ [উপ+আ+লভ–ঘঞ্] তিরস্কার, রোষযুক্ত বাক্য। Rebuke, angry words.

उपावर्तन ক্লী০ [উপ+আবর্তন] প্রত্যাগমন, পার্শ্ব-পরিবর্তন, ভূমিতে লুণ্ঠন। Return, change of sides.

उपावृत्त ত্রি০ [উপ+আ+বৃত–ক্ত] প্রতিনিবৃত্ত। Ceased.

उपाश्रय পু০ [উপ+আশ্রয়] আশ্রয়, আস্পদ। Shelter, refuge.

उपासक ত্রি০ [উপ+আস–ণ্বুল্] উপাসনাকারী, সেবক। Devotee.

उपासङ्ग পু০ [উপ+আ+সন্জ–ঘঞ্] তূণ, আসক্তি। Quiver, attachment.

उपासन ক্লী০ [উপ+আস–ল্যুট্], **उपासना** স্ত্রী০ [উপ+আস–যুচ্+টাপ্] আরাধনা, সেবা। Worship, service.

उपासित ত্রি০ [উপ+আস–ক্ত] সেবিত, আরাধিত। Served, worshipped.

उपास्ति স্ত্রী০[উপ+আস–ক্তিন্] উপাসনা। Prayer.

उपास्य ত্রি০ [উপ+আস–ণ্যত্] আরাধ্য। Adorable.

उपाहित ত্রি০ [উপ+আহিত] আরোপিত, যোজিত। পু০ [উপ+আহিত] উল্কাপাতাদি উপদ্রব। Imposed; meteoric disturbance.

उपाहृत ত্রি০ [উপ+আহৃত] সংগৃহীত। Collected.

उपेक्षक ত্রি০ [উপ+ঈক্ষ–ণ্বুল্] উদাসীন। Indifferent.

उपेक्षा স্ত্রী০ [উপ+ঈক্ষ–অ+টাপ্] ঔদাসীন্য, অনাদর, ত্যাগ, অস্বীকার। Indifference, neglect.

उपेक्षित ত্রি০ [উপ+ঈক্ষ–ক্ত] অনাদৃত। Neglected.

उपेत ত্রি০ [উপ+ইণ–ক্ত] প্রাপ্ত, উপস্থিত, মিলিত। Achieved, come.

उपेन्द्र পু০ [উপ+ইন্দ্র] ইন্দ্রের কনিষ্ঠ, বিষ্ণু, বামন। Younger of Indra, Viṣṇu.

उपेन्द्रवज्रा স্ত্রী০ একাদশাক্ষর ছন্দোবিশেষ। A metre of eleven syllables.

उपेय ত্রি০ [উপ+ইণ–যত্] প্রাপ্য, সাধ্য। Goal.

उपेयिवस् ত্রি০ [উপ+ইণ–ক্বসু], **उपेयुस्** [উপ+ইণ–উস্] প্রাপ্ত, উপগত। Achieved, got.

उपोढ त्रि० [उप+वह–क्त] বিবাহিত, অধিক, নিকট, শ্রেণীবদ্ধ। Married, excessive, near.

उपोद्घात पु० [उप+उत्+हन–घञ्] উপক্রম, উদাহরণ, গ্রন্থসঙ্গতি, প্রকৃতার্থের উপযোগী চিন্তা। Introduction, example.

उपोष पु० [उप+उष–घञ्], **उपोषण** क्ली० [उप+उष–ल्युट्] উপবাস। Fasting.

उपोषित त्रि० [उप+वस–क्त] অভুক্ত। क्ली० উপবাস। Fasted; fasting.

उप्त त्रि० [वप–क्त] যাহা বপন করা হইয়াছে। Sown.

उप्तकृष्ट त्रि० [उप्त+कृष्ट] অগ্রে বপন করিয়া পরে কৃষ্ট। Sown and later tilled.

उप्ति स्त्री० [वप–क्तिन्] বপন। Sowing.

उप्त्रिम त्रि० [वप–क्ति+मप्] বপনপূর্বক উৎপন্ন। Sprung through sowing.

उभ त्रि० [उभ–क] উভয়, দুইজন। Both.

उभय त्रि० [उभ+अयच्] দুই, দুইজন। Both.

उभयतस् अव्य० [उभय+तसिल्] দুই পক্ষে, দুই দিকে। On both sides.

उभयत्र अव्य० [उभय+त्रल्] দুই স্থানে। At both places.

उभयथा अव्य० [उभय+थाच्] দুই প্রকারে। In both ways.

उभयद्युस् अव्य० [उभय+द्युस्], **उभयेद्युस्** अव्य० [उभय+एद्युस्] দুই দিনে, উভয় দিনে। On both days.

उम् अव्य० [उ–डुमि] কোপ, প্রশ্ন, আমন্ত্রণ, স্বীকার। A particle indicating anger, question, invitation and acceptance.

उमा स्त्री० [उ+मा–क+टाप्] পার্বতী, গৌরী, দুর্গা, হিমালয় ও মেনকার কন্যা। [उ+मा–क्विप्] কীর্তি, শান্তি, কান্তি, অতসীপুষ্প। A name of Pārvatī or goddess Durgā; fame, peace.

उमाकट पु० [उमा+कटच्] অতসীপুষ্পের পরাগ। Pollen of Atasī flower.

उमाधव पु० [उमा+धव], **उमापति** पु० [उमा+पति] শিব, উমার স্বামী। Śiva, the husband of Umā.

उमेश पु० [उमा+ईश] শিব, উমাপতি। Śiva.

उरःसूत्रिका स्त्री० [उरस्+सूत्रिका] বক্ষোদেশ পর্যন্ত লম্বমান মুক্তার হার। A pearl-necklace extending to the chest.

उरग पु० [उरस+गम–ड] সর্প। Serpent.

उरङ्गम पु० [उरस्+गम–खच्] সর্প। Serpent.

उरगारि पु० [उरग+अरि], **उरगाशन** पु० [उरग+अशन] গরুড়, নকুল, ময়ূর। A name of Garuḍa, mongoose, peacock.

उरगेन्द्र पु० [उरग+इन्द्र] বাসুকি। Vāsuki, the lord of serpents.

उरण पु० [ऋ–क्यु], **उरभ्र** पु० [उरु+भ्रम–ड] মেষ। Sheep.

उररी अव्य० [उर–अरीक्] স্বীকার, বিস্তার। Acceptance.

उररीकृत त्रि० [उररी+कृत] স্বীকৃত, বিস্তারিত। Accepted, admitted, extended.

उरल्लि स्त्री० ব্যাঘ্রাদির গর্জন। The growl of a tiger and such other animals.

उरश्छद पु० [उरस्+छद+णिच्–घ] বর্ম, কবচ। Armour.

उरस् क्ली० [ऋ–असुन्] বক্ষঃস্থল। Chest.

उरसि अव्य० স্বীকার। Acceptance.

उरसिज पु० [उरसि+जन–ड] স্তন। त्रि० বক্ষঃস্থলে জাত। Breast; sprung on the chest.

उरस्तस् अव्य० [उरस्+तसिल्] বক্ষোদেশ হইতে। From the chest.

उरस्त्र क्ली० [उरस्+त्रै–क] **उरस्त्राण** क्ली० [उरस्+त्रै–ल्युट्] বক্ষঃস্থল রক্ষার জন্য বর্ম, কবচ। Armour to protect the chest.

उरस्य पु० [उरस्+यत] ঔরসজাত সন্তান Son.

उरसिल त्रि० [उरस्+इलच्], **उरस्वत्** त्रि० [उरस्+मतुप्] প্রশস্ত বক্ষোযুক্ত, ব্যূঢ়োরস্ক। Broad-chested.

उरी अव्य०[उर–ईक्], **उररी** अव्य० স্বীকার, বিস্তার। Acceptance.

उरीकृत त्रि० [उरी+कृ–क्त] স্বীকৃত, বিস্তারিত। Accepted, admitted, extended.

उरु त्रि० [ऊर्णु–कु] মহৎ, বিশাল। Great.

उरोज पु० [उरस्+जन–ड] স্তন। त्रि० বক্ষোদেশ হইতে জাত। Breast; sprung from the breast.

उर्णनाभ पु० [उर्णा+नाभि+अच्] মাকড়সা, মর্কটক। Spider.

उर्णा स्त्री० [ऊर्णु–ड+टाप्] লোম, পশম, মাকড়সার সুতা, ভ্রূ মধ্যে লোমের আবর্ত। Fur, wool.

उद्र पु० [उर्द–रक्] উদ্‌বিড়াল। A wild cat.

उर्व पु० [उर्वी+अच्] মুনিবিশেষ। Name of a sage.

उर्वर त्रि० [उरु+ऋ–अच्] প্রভূত উৎপাদনের শক্তিবিশিষ্ট। Fertile.

उर्वशी स्त्री॰ [उरु+अश–क+ङीष्] अप्সরা-বিশেষ। Name of a heavenly nymph.

उर्वशीरमण पु॰ [उर्वशी+रमण] পুরূরবা। Name of king Purūravas.

उर्वारु पु॰ [उरु+ऋ–उण्] কাঁকুড়। A kind of cucumber.

उर्वी स्त्री॰ [उरु+ङीप्] পৃথিবী। Earth.

उर्वीरुह पु॰ [उर्वी+रुह–क] বৃক্ষ। Tree.

उलप [-लुप] पु॰, क्ली॰ [वल–कपच्] শাখা-পত্রযুক্ত লতা। ক্লী॰ উলুখড়। A creeper; a kind of grass.

उलूक पु॰ [वल–ऊक] পেচক, ইন্দ্র, শকুনির পুত্র। ক্লী॰ উলুখড়। Owl.

उलूखल क्ली॰ [उलूख+ला–क] পাত্রবিশেষ, উখরী। Mortar.

उलूपिन् पु॰ [उ+रूपिन्] জলজন্তু-বিশেষ। A porpoise.

उलूलु पु॰ [उरु+उरु] মাঙ্গলিক ধ্বনিবিশেষ। An auspicious shout.

उल्का स्त्री॰ [उष–क+टाप्] আকাশ হইতে পতিত জলন্ত প্রস্তর, মশাল, স্ফুলিঙ্গ। Meteor.

उल्कामुखी स्त्री॰ [उल्का+मुख+ङीष्] খেঁকশেয়ালী। Fox.

उल्मुक क्ली॰ [उष–मुक] জলন্ত অঙ্গার। Burning fuel.

उल्लङ्घन क्ली॰ [उत्+लङ्घन] লঙ্ঘন, অতিক্রম। Surpassing, transgressing.

उल्लम्फन क्ली॰ [उत्+लम्फन] লাফান। Jump.

उल्लल त्रि॰ [उत्+लल–अच्] বহুরোমযুক্ত। Full of hair.

उल्ललित त्रि॰ [उत्+लल–क्त] আন্দোলিত, ব্যাকুলিত। Moved, disturbed.

उल्लसत् त्रि॰ [उत्+लस–शतृ] আনন্দিত, শোভমান। Delighted.

उल्लसित त्रि॰ [उत्+लस–क्त] আহ্লাদিত, উৎফুল্ল, শোভিত। Delighted, blooming.

उल्लाघ त्रि॰ [उत्+लाघ–क्त] সদ্যোরোগমুক্ত, দক্ষ, শুচি। পু॰ মরিচ। Convalescent, expert; black pepper.

उल्लाघन क्ली॰ [उत्+लाघ–ल्युट्] সদ্যোরোগ-মুক্তি। Convalescence.

उल्लाप पु॰ [उत्+लप–घञ्] শোকপ্রকাশক ধ্বনি, কাকুবাক্য। A sound expressing grief.

उल्लास पु॰ [उत्+लस–घञ्] অতিশয় আনন্দ, উজ্জ্বলতা, গ্রন্থের অধ্যায়-বিশেষ, অলঙ্কার-বিশেষ। Great joy, splendour, book's chapter.

उल्लिखित त्रि॰ [उत्+लिख–क्त] পূর্বে বা উপরে লিখিত, উৎকীর্ণ, চিত্রিত, মার্জিত। Mentioned before or above, graven.

उल्लुण्ठ पु॰ [उत्+लुण्ठ–अच्] বিদ্রূপ। Taunt.

उल्लुण्ठन क्ली॰ [उत्+लुण्ठ–ल्युट्] বিদ্রূপ। Taunt.

उल्लेख पु॰ [उत्+लिख–घञ्] প্রসঙ্গক্রমে কোন বিষয়ে উক্তি, পূর্বে কথন, অলংকার-বিশেষ, খনন, বমন। Mentioning, a figure of speech, digging.

उल्लेखन क्ली॰ [उत्+लिख–ल्युट्] কথন, খনন, বমন। Mentioning, digging, vomiting.

उल्लोच पु॰ [उत्+लोच–घञ्] চন্দ্রাতপ, চাঁদোয়া, বিতান। Canopy.

उल्लोल पु॰ [उत्+लोल–घञ्] বৃহৎ তরঙ্গ। ত্রি॰ দোদুল্যমান। A large wave; wavering.

उल्व क्ली॰ [उच–वन्] জরায়ু, গর্ভবেষ্টন চর্ম। Womb, membrane surrounding the embryo.

उल्वण क्ली॰ [उल्+वल–अक्] রোগবিশেষ। ত্রি॰ ব্যক্ত, বিশদ, ব্যাপ্ত। A disease; manifest.

उशती[-षती] स्त्री॰ [वश(उष)–शतृ+ङीप्] অমঙ্গল বাক্য। Inauspicious word.

उशनस् पु॰ [वस–कनसि] শুক্রাচার্য। Name of Śukrācārya.

उशीनर पु॰ গান্ধারদেশ, শিবিরাজার পিতা। Name of the Gāndhāra country, father of king Śivi.

उशीर पु॰, क्ली॰ [वश–ईरन्] খশ্‌খশ্, বেনার মূল। A scented grass.

उष पु॰ [उष–क] প্রভাত, কামুক, গুগ্‌গুল। স্ত্রী॰ উষা—রাত্রির শেষাংশ, বাণরাজার কন্যা। Morning; dawn.

उषर्बुध पु॰ [उषस्+बुध–क] অগ্নি। Fire.

उषस् क्ली॰ [उष–असुन्] প্রত্যূষ। Dawn.

उषसी [उष+सो–क+ङीष्] সায়ং সন্ধ্যা। Evening.

उषस्य [उषस्+यत्] প্রভাতকালীন। Relating to the dawn.

उषाकल पु॰ [उषा+कल] কুক্কুট। A cock.

उषापति पु॰ [उषा+पति] অনিরুদ্ধ। Name of Aniruddha.

उषित त्रि॰ [उष–क्त] দগ্ধ। [वस–क्त] স্থিত, নিবিষ্ট। Burnt, stationed.

उष्ट्र पु॰ [उष–ष्ट्रन्] উট, ক্রমেলক। Camel.

उष्ट्रिका स्त्री॰ [उष्ट्री+कन्+टाप्] মৃন্ময় উষ্ট্রাকৃতি মদ্যভাণ্ড, উষ্ট্রজাতীয়া স্ত্রী। An earthen wine vessel shaped like a camel.

उष्ण त्रि० [उष–नक्] তপ্ত, তীব্র, ক্রুদ্ধ, দক্ষ, তৎপর। পু० গ্রীষ্ম ঋতু। Hot, angry; summer.

उष्णरश्मि पु० [उष्ण+रश्मि] সূর্য। The sun.

उष्णवारण क्ली० [उष्ण+वृ+णिच्–ल्युट्] ছাতা। Umbrella.

उष्णांशु पु० [उष्ण+अंशु] সূর্য। The sun.

उष्णागम पु० [उष्ण+आगम] গ্রীষ্মকাল, গ্রীষ্মকালের প্রারম্ভ। Summer.

उष्णालु त्रि० [उष्ण+आलु] গরমে ক্লান্ত। Tired through heat.

उष्णिह् स्त्री० [उत्+स्निह–क्विन्] সপ্তাক্ষর ছন্দো-বিশেষ। A metre of seven syllables.

उष्णीष पु०, क्ली० [उष्ण+ईष–क] পাগড়ি, কিরীট। Head-gear.

उष्णोपगम पु० [उष्ण+उपगम] গ্রীষ্মকাল, গ্রীষ্মকালের আরম্ভ। Summer.

उष्म पु० [उष–मक्], **उष्मन्** पु० [उष–मनिन्] গ্রীষ্মকাল, উত্তাপ, ক্রোধ, শ ষ স হ—এই বর্ণগুলি। Summer, heat, sibilants.

उष्मक पु० [उष्म+कन्] গ্রীষ্মকাল। Summer.

उष्मप पु० [उष्मन्+पा–क्विप्] পিতৃগণ-বিশেষ। A class of manes.

उष्माण क्ली० [उष्ण+आण] উষ্মা। Heat.

उस्र पु० [वस–रक्] কিরণ, বৃষ। स्त्री० उस्रा—গাভী, লতাবিশেষ। Ray, bull; cow.

उह्यमान त्रि० [वह–शानच्] যাহা বহন করা হইতেছে, নীয়মান। That which is being borne or carried.

ऊ

ऊ पु० [अव–क्विप्+ऊठ्] মহাদেব, চন্দ্র, ষষ্ঠ স্বরবর্ণ। त्रि० পালক। Śiva, moon, the sixth vowel; protector.

ऊढ त्रि० [वह–क्त] বিবাহিত, যাহা বহন করা হইয়াছে। Married, that which has been borne.

ऊत त्रि० [वेञ्–क्त] যাহা বোনা হইয়াছে। That which has been knit.

ऊति स्त्री० [वेञ्–क्तिन्] সেলাই, বয়ন। [अव–क्तिन्] রক্ষা, লীলা, ক্ষরণ। Knitting, weaving; protection.

ऊधस् क्ली० [उन्द–असुन्] পশুর স্তন। Udder.

ऊधस्य क्ली० [ऊधस्+यत्] দুগ্ধ। Milk.

ऊन त्रि० [ऊन–अच्] হীন, অসম্পূর্ণ, দুর্বল। Less, incomplete.

ऊम् अव्य० [ऊय–मुक्] ভর্ৎসনা, ক্রোধ, গর্ব, প্রশ্ন। A particle indicating censure, anger, deceit, question.

ऊररी अव्य०[ऊय–ररीक्] স্বীকার, অঙ্গীকার, বিস্তার। Acceptance, avowal.

ऊरव्य पु० [उरु+यत्] বৈশ্য। त्रि० উরু হইতে জাত। The Vaiśyas; born from the thigh.

ऊरी अव्य० [ऊय–रीक्], **ऊररी** [ऊय+ररीक्] অঙ্গীকার, বিস্তার। Acceptance, width.

ऊरीकृत त्रि० [ऊरी+कृत] স্বীকৃত, বিস্তারিত। Accepted, widened.

ऊरु पु० [ऊर्णु–कु] জানুর উপরিভাগ। Thigh.

ऊरुज पु० [ऊरु+जन–ड] বৈশ্য। The Vaiśya.

ऊरुपर्वन् पु० [ऊरु+पर्वन्] জানু। Knee.

ऊरुस्तम्भ पु० [ऊरु+स्तन्भ–अण्] রোগবিশেষ। स्त्री० ऊरुस्तम्भा—কদলীবৃক্ষ। A kind of disease; the plantain tree.

ऊर्ज पु० [ऊर्ज–अच्] বল, উৎসাহ, কার্ত্তিকমাস। स्त्री० ऊर्जा—তেজঃ, বল। क्ली० জল। Strength, energy; water.

ऊर्जस क्ली० [ऊर्ज–असुन्] বল, উৎসাহ, তেজস্। Strength, energy.

ऊर्जस्वल त्रि० [ऊर्जस्+वलच्] বলবান্। Strong.

ऊर्जस्विन् त्रि० [ऊर्जस्+विनि] বলবান, তেজস্বী। क्ली० কাব্যালংকার-বিশেষ। Strong, powerful; a figure of speech.

ऊर्जित त्रि० [ऊर्ज–क्त] তেজস্বী, অতিশয় বলশালী, খ্যাত। Powerful, very strong, distinguished.

ऊर्णनाभ पु० [ऊर्णा+नाभि+अच्] মাকড়সা। Spider.

ऊर्णा स्त्री० [ऊर्णु–ड+टाप्] মেষ প্রভৃতির লোম, পশম। Fur, wool.

ऊर्णायु पु० [ऊर्णा+युस्] মেষ, কম্বল, মাকড়সা। Sheep, spider.

ऊर्ध्व त्रि० [उत्+हाङ्–ड] উচ্চ, উপরে। High, above.

ऊर्ध्वक पु० [ऊर्ध्व+कै–ड] মৃদঙ্গ-বিশেষ। A kind of drum.

ऊर्ध्वग त्रि० [ऊर्ध्व+गम–ड] ঊর্ধ্বগামী। Moving upwards.

ऊर्ध्वजानु त्रि० [ऊर्ध्व+जानु], **ऊर्ध्वज्ञु** त्रि० [ऊर्ध्व+जानु] উন্নত জানু। High-kneed.

ऊर्ध्वपुण्ड्र पु० [ऊर्ध्व+पुण्ड्र] ঊর্ধ্ব তিলক। A perpendicular mark on the forehead.

ऊर्ध्वम् [उत्+ह्वे–डमु] উপরি। On high, on top.

ऊर्ध्वरेतस् पु० [ऊर्ध्व+रेतस्] शিব, ভীষ্ম, তপস্বিবিশেষ। Śiva, Bhīṣma.

ऊर्मि पु०, स्त्री० [ऋ–মি] তরঙ্গ, স্রোতস্, বেগ, অঙ্গুরীয়, প্রকাশ, পীড়া, উৎকণ্ঠা, ত্বরা, কোষ, সমূহ। স্ত্রী০ অশ্বের গতিবিশেষ। Wave, force.

ऊर्मिका स्त्री० [ऊर्मि+कै–क+टाप्] তরঙ্গ, উৎকণ্ঠা, অঙ্গুরীয়। Wave, anxiety.

ऊर्मिमत् त्रि० [ऊर्मि+मतुप्] তরঙ্গিত। Wavy.

ऊर्मिमालिन् पु० [ऊर्मि+माला+इनि] সমুদ্র। Ocean.

ऊर्मिला स्त्री० লক্ষ্মণপত্নী। Wife of Lakṣmaṇa.

ऊर्वष्ठीव क्ली० [ऊरु+अष्ठीवत्] উরু ও জানু। Thigh and knee.

ऊष पु० [ऊष–क] ক্ষারমৃত্তিকা, গর্ত। ক্লী০ প্রভাত। Salt ground, hole; morning.

ऊषर त्रि० [ऊष+र], **ऊषवत्** त्रि० [ऊष+मतुप्] যে ক্ষেত্রে শস্য জন্মায় না। Arid.

ऊह पु० [ऊह–घञ्] তর্ক, অধ্যাহার, পরিবর্তন। Reasoning, modification.

ऊहा स्त्री० [ऊह–अ+टाप्] অধ্যাহার, তর্ক। Supposition.

ऊहित त्रि० [ऊह–क्त] তর্কিত, অধ্যাহৃত। Reasoned.

ऊह्य त्रि० [ऊह–ण्यत्] অধ্যাহার্য। To be supposed.

ऋ

ऋ अव्य० নিন্দা, পরিহাস। পু০ স্বর্গ, সপ্তম স্বরবর্ণ। Censure, jest; heaven, the seventh vowel.

ऋक्थ क्ली० [ऋच्+थक्] ধন, স্বর্ণ, দায়। Wealth, gold.

ऋक्थहर त्रि० [ऋक्थ+हर] দায়াদ। An heir.

ऋक्ष पु० [ऋष–स] ভল্লুক, পর্বত-বিশেষ। পু০, ক্লী০ নক্ষত্র। Bear, a mountain; star.

ऋक्षवत् पु० [ऋक्ष+मतुप्] পর্বতবিশেষ। A mountain.

ऋक्षेश पु० [ऋक्ष+ईश] চন্দ্র, জাম্ববান্। Moon, name of Jāmbavat.

ऋग्वेद पु० [ऋक्+वेद] বেদবিশেষ। The Ṛgveda.

ऋच् स्त्री० [ऋच–क्विप्] বেদের মন্ত্র। A Vedic verse.

ऋजीष क्ली० [अर्ज–कीषन्] ধন, ভর্জনপাত্র, নরকবিশেষ। Wealth, a frying pan.

ऋजु त्रि० [ऋज–कु] সরল। Simple.

ऋण क्ली० [ऋ–क्त] কর্জ, দুর্গ, জল। Debt.

ऋणमत्कुण पु० [ऋण+मत्+कुण–क] জামিন। Surety.

ऋणादान क्ली० [ऋण+आदान] ঋণগ্রহণ। Acceptance of debt.

ऋणिन् त्रि० [ऋण+इनि] অধমর্ণ। Debtor.

ऋत क्ली० [ऋ–क्त] সত্য, পরব্রহ্ম, জল, কর্মফল। ত্রি০ দীপ্ত, পূজিত, সত্য। Truth; shining.

ऋतम् अव्य० [ऋत+कमि] যথাযথ। Rightly.

ऋतम्भरा स्त्री० [ऋतम्+भृ–अच्+टाप्] যোগদর্শনে যথার্থজ্ঞানরূপ চিত্তবৃত্তিবিশেষ। Truth-revealing knowledge.

ऋति स्त्री० [ऋ–क्तिन्] গতি, সৌভাগ্য, স্পর্ধা, ঘৃণা, নিন্দা, পথ। Movement, good fortune.

ऋतिङ्कर त्रि० [ऋति+कृ–खच्] পীড়াদায়ক। Causing pain.

ऋतीया स्त्री० [ऋत–ईयङ्+अ+टाप्] ঘৃণা, লজ্জা, নিন্দা। Hatred, blame.

ऋतु पु० [ऋ–तु] হিম, শিশির, বসন্ত, গ্রীষ্ম, বর্ষা, শরৎ—এই ছয় কালবিশেষ, স্ত্রীরজঃ, দীপ্তি। Season, menstruation.

ऋतुमती स्त्री० [ऋतु+मतुप्+ङीप्] রজস্বলা। A woman having menstruation.

ऋतुराज पु० [ऋतु+राजन्+टच्] বসন্ত ঋতু। Spring season.

ऋते अव्य० [ऋत–के] বিনা, বর্জন। Without, except.

ऋत्विज् पु० [ऋतु+यज–क्विन्] যাজক, পুরোহিত, যিনি দর্শপৌর্ণমাসাদি যজ্ঞ অনুষ্ঠান করেন। Sacrificial priest.

ऋद्ध त्रि० [ऋध–क्त] সমৃদ্ধ, সম্পন্ন। ক্লী০ সিদ্ধান্ত। Enriched, endowed; conclusion.

ऋद्धि स्त्री० [ऋध–क्तिन्] সমৃদ্ধি, বৃদ্ধি, ওষধি, সিদ্ধি, ভাঙ, দেবতাবিশেষ। Prosperity, increase.

ऋभु पु० [ऋ+भू–डु] দেবতা। Deity.

ऋभुक्ष पु० [ऋभु+क्षि–ड] স্বর্গ, বজ্র, ইন্দ্র। Heaven, thunderbolt, Indra.

ऋभुक्षिन् पु० [ऋभुक्ष+इनि] ইন্দ্র। Indra.

ऋषभ पु० [ऋष–अभक्] বৃষ, স্বরবিশেষ, ওষধিবিশেষ, মুনিবিশেষ, পর্বতবিশেষ, কর্ণকুহর, কুম্ভীরপুচ্ছ। Bull, a musical note.

ऋषभध्वज पु० [ऋषभ+ध्वज] শিব। Śiva.

ऋषि पु० [ऋष–इन्] মন্ত্রদ্রষ্টা মুনি, আচার্য। Seer.

ऋष्टि स्त्री० [ऋष–क्तिन्] উভয়দিকে ধারযুক্ত খড়্গ। A double-edged sword.

ऋष्य पु० [ऋष–क्यप्] মৃগবিশেষ। A kind of deer.

ঋষ্যমূক পু০ [ঋষ্য+মূক] পর্বতবিশেষ। Name of a mountain.

ঋষ্যশৃঙ্গ পু০ [ঋষ্য+শৃঙ্গ] মুনিবিশেষ। Name of a sage.

ৠ | ঌ | ৡ

ৠ পু০ শিব, দৈত্য, স্বর্গ, অষ্টম স্বরবর্ণ। Śiva, demon, heaven, eighth vowel.

ঌ স্ত্রী০ অদিতি, পৃথিবী। পু০ পর্বত, নবম স্বরবর্ণ। Aditi, Earth; mountain, ninth vowel.

ৡ স্ত্রী০ দৈত্যমাতা। পু০ শিব, দশম স্বরবর্ণ। Mother of demons; Śiva, tenth vowel.

এ

এ পু০ বিষ্ণু, একাদশ স্বরবর্ণ। অব্য০ [ইণ–বিচ্] স্মৃতি, অসূয়া, দয়া, আমন্ত্রণ, আহ্বান। Viṣṇu, eleventh vowel, memory, malice, compassion.

এক ত্রি০ [ইণ–কন্] একাকী, প্রথম, শ্রেষ্ঠ, তুল্য, অন্য। পু০ সংখ্যাবিশেষ। Alone, first, best; one.

একক ত্রি০ [এক+কন্] একাকী। Alone.

একগুরু পু০ [এক+গুরু] সতীর্থ্য। Classmate.

একচক্র পু০ [এক+চক্র] সূর্যের রথ, গণ্ডার। স্ত্রী০ একচক্রা—নগরীবিশেষ। The chariot of the sun, the rhinoceros; name of a city.

একচর ত্রি০ [এক+চর–অচ্] একাকী। Alone.

একজাতীয় ত্রি০ [এক+জাতীয়] তুল্যপ্রকার। Of the same kind.

একতম ত্রি০ [এক+ডতমচ্] অনেকের মধ্যে এক। One among many.

একতর ত্রি০ [এক+ডতরচ্] উভয়ের মধ্যে এক। One of the two.

একতস্ অব্য০ [এক+তসিল্] একদিকে, একদিক হইতে। On one side.

একতা স্ত্রী০ [এক+তল্+টাপ্] ঐক্য, সংহতি, অভেদ। Unity, identity.

একতান ত্রি০ [এক+তান] অনন্যচিত্তবৃত্তি। Concentrated on one object.

একতাল পু০ [এক+তাল] সমন্বিত লয়। স্ত্রী০ একতালী—এক-স্বরযুক্ত যন্ত্র। Harmonious note.

একতীর্থিন্ পু০ [এক+তীর্থ+ইনি] সহাধ্যায়ী, সতীর্থ্য। Classmate.

একত্র অব্য০ [এক+ত্রল্] একস্থানে, একদিকে, একবিষয়ে। At one place, on one side.

একত্ব ক্লী০ [এক+ত্ব] ঐক্য, সংহতি, অভেদ। Unity, identity.

একদংষ্ট্র পু০ [এক+দংষ্ট্রা] গণেশ। Name of Gaṇeśa.

একদন্ত পু০ [এক+দন্ত] গণেশ। Name of Gaṇeśa.

একদা অব্য০ [এক+দাচ্] এক সময়ে, এক কালে। Once, at one time.

একদৃশ্ পু০ [এক+দৃশ–ক্বিপ্] কাক, শিব। ত্রি০ কোণ। Crow, Śiva; corner.

একদেশ পু০ [এক+দেশ] একাংশ, অবয়ব। One part, limb.

একদেহ পু০ [এক+দেহ] বুধগ্রহ। Mercury.

একধা অব্য০ [এক+ধাচ্] একপ্রকার। In one way.

একধুর্[-রা] স্ত্রী০ [এক+ধুর্–অচ্] এক-প্রকারের ভার। Identical load.

একধুর ত্রি০ [এক+ধুর্–অচ্], **একধুরাবহ** ত্রি০ [একধুরা+বহ–অচ্], **একধুরীণ** ত্রি০ [একধুর+খ] একপ্রকার ভারবাহী। Bearing the same burden.

একপক্ষ ত্রি০ [এক+পক্ষ] সপক্ষ, সহায়। Of the same side or party, helpful.

একপত্নী স্ত্রী০ [এক+পত্নী] সপত্নী, সাধ্বী, প্রধান ভার্যা। Co-wife, devoted wife, chief wife.

একপদ ক্লী০ [এক+পদ] তৎক্ষণাৎ, অকস্মাৎ। Instantly, suddenly.

একপদী স্ত্রী০ [এক+পদ+ঙীষ্] একজনে যাইতে পারে এমন সংকীর্ণ পথ। A narrow way.

একপিঙ্গ পু০ [এক+পিঙ্গ] কুবের। Name of Kuvera.

একযষ্টিকা স্ত্রী০ [এক+যষ্টি+কপ্+টাপ্] একনরী হার। A single-stringed necklace.

একরাজ্ পু০ [এক+রাজ–ক্বিপ্] সার্বভৌম। Sovereign.

একল ত্রি০ [এক+লা–ক] একক। Alone.

একবচন ক্লী০ [এক+বচন] একত্বসংখ্যাবাচক। Singular number.

একবর্ষিকা স্ত্রী০ [এক+বর্ষ+কপ্+টাপ্] একবছরের গাভী। A heifer one year old.

একবিংশতি স্ত্রী০ [এক+বিংশতি] একুশ। Twenty-one.

একশফ ত্রি০ [এক+শফ] অখণ্ড-খুরযুক্ত। Whole-hoofed.

একশৃঙ্গ পু০ [এক+শৃঙ্গ] বিষ্ণু, গণ্ডার। Viṣṇu, rhinoceros.

एकशेष पु० [एक+शेष] ব্যাকরণে বৃত্তি-বিশেষ। A kind of vṛtti in grammar.

एकश्रुति स्त्री० [एक+श्रुति] যে স্বরে উদাত্তাদির ভেদ লক্ষ্য করা যায় না। Of undistinguishable accent.

एकसर्ग पु० [एक+सर्ग] একাগ্র-চিত্ত। Concentrated mind.

एकसूत्र क्ली० [एक+सूत्र] ডমরু। A kind of musical instrument.

एकहायनी स्त्री० [एक+हायन+ङीप्] একবছরের গাভী। A cow one year old.

एकाकिन् त्रि० [एक+आकिनिच्] অসহায়, একক। Helpless, alone.

एकाक्ष पु० [एक+अक्षि+षच्] কাক। त्रि० কাণা। Crow ; blind of one eye.

एकाग्र त्रि० [एक+अग्र], **एकाग्र्य** त्रि० [एक+अग्र+ष्यञ्] একটি বিষয়েই আসক্ত। Concentrated on one thing.

एकाग्रता स्त्री० [एकाग्र+तल्+टाप्] একটিই বিষয়ে আসক্তি। Concentration.

एकाङ्ग पु० [एक+अङ्ग] বুধ। क्ली० গন্ধদ্রব্যবিশেষ। Mercury ; a perfume.

एकादश [एकादशन्+डट्] এগার-সংখ্যার পূরণ। Eleventh.

एकादशन् त्रि०[एक+दशन्] এগার সংখ্যা। Eleven.

एकादशी स्त्री० [एकादश+ङीप्] তিথিবিশেষ। The eleventh lunar day.

एकादन्नविंशति स्त्री० [एकात्+न+विंशति] উনিশ। Nineteen.

एकान्त त्रि० [एक+अन्त] অত্যন্ত। Most.

एकान्ततस् अव्य० [एकान्त+तसिल्] নিশ্চিতই, একান্তে। Certainly.

एकान्न त्रि० [एक+अन्न] একসঙ্গে যাহারা অন্ন ভোজন করে। Of the same family.

एकायन त्रि० [एक+अयन] একাগ্র-চিত্ত। Absorbed in one.

एकावली स्त्री० [एक+आवली] একনরী হার, অর্থালংকার-বিশেষ। A single-stringed necklace ; a figure of speech.

एकाश्रय त्रि० [एक+आश्रय] যাহার অন্য আশ্রয় নাই। One who has no other refuge but one.

एकाह पु० [एक+अहन्+टच्] এক দিন। One day.

एकीभाव पु० [एक+च्वि+भू-घञ्] এক হওয়া। Unison.

एकैक त्रि० [एक+एक] একা একা, একটি একটি। One alone.

एकैकशस् अव्य० [एक+एक+शस्] একটি একটি করিয়া। One by one.

एकोद्दिष्ट क्ली० [एक+उद्दिष्ट] এক ব্যক্তির উদ্দেশে শ্রাদ্ধ। A śrāddha for one person.

एकोनविंशति स्त्री० [एक+ऊनविंशति] উনিশ। Nineteen.

एजन क्ली० [एज-ल्युट्] কম্পন, উত্তেজনা। Shaking, excitement.

एड पु० [इल-अच्] মেষ। त्रि० বধির। Sheep ; deaf.

एडक पु० [इल-ण्वुल्] মেষ। Sheep.

एडमूक त्रि० [एड+मूक] কালা ও বোবা। Deaf and dumb.

एडुक [-डूक] क्ली० [इड-उ(ऊ)+क] হিংসা। Violence.

एण पु० [इ-ण] হরিণ। Deer.

एत त्रि० [इण-तन्] বিচিত্রবর্ণযুক্ত। [आ+इण-क्त] আগত। पु० হরিণ। स्त्री० एणी—হরিণী। Variegated ; come ; deer.

एतद् त्रि० [इण-अदि] ইহা, এই, ইনি। This.

एतर्हि अव्य० [इदम्+र्हिल] এখন। Now.

एतादृश् त्रि० [एतत्+दृश-क्विप्], **एतादृश** [एतत् +दृश-टक्] এই প্রকার। Such.

एतावत् त्रि० [एतत्+मतुप्] এই পরিমিত। This much.

एध पु० [इन्ध-घञ्], **एधस्** क्ली० [इन्ध-असि] কাষ্ঠ, তৃণ। Wood, grass.

एधित त्रि० [एध-क्त] বর্ধিত, বিস্তারিত, প্রজ্বলিত। Increased, extended.

एनस् क्ली० [इण-असुन्] পাপ, অপরাধ। Sin, guilt.

एरका स्त्री० [इण-र+कन्+टाप्] গ্রন্থিহীন তৃণ-বিশেষ। A kind of smooth grass.

एरण्ड पु० [ईर-अण्डच्] ভেরাণ্ডা গাছ। A kind of plant.

एला स्त्री० [इल-अच्+टाप्] এলাচ। A kind of spice.

एव अव्य० [इण-वन्] অবধারণ, ব্যবচ্ছেদ, নিয়ম, পরিসংখ্যা, সাদৃশ্য, বাক্যপূরণ। A particle indicating determination, restriction etc.

एवम् अव्य० [इण-वमु] এই প্রকার, স্বীকার, নিশ্চয়, প্রশ্ন। A particle indicating 'thus', 'yes', etc.

एषण पु० [एष–ल्यु] লৌহনির্মিত বাণ। স্ত্রী० **एषणा** —অন্বেষণ, ইচ্ছা। An iron-shaft , search, desire.

एषणिका स्त्री० [एषण+कन्+टाप्] নিক্তি। Goldsmith's scale.

एषितृ एष्टृ त्रि० [इष–तृन्], ইচ্ছুক। Desirous.

ऐ

ऐ पु० শিব, দ্বাদশ স্বরবর্ণ। अव्य० স্মরণ, সম্বোধন। Śiva, the twelfth vowel; remembrance, vocative.

ऐकमत्य क्ली० [एकमत+ष्यञ्] মতৈক্য। Agreement.

ऐकागारिक त्रि० [एकागार+ठञ्] চোর, দস্যু, এক গৃহের অধ্যক্ষ। Thief, robber.

ऐकाग्र्य क्ली० [एकाग्र+ष्यञ्] একাগ্রতা। Concentration.

ऐकात्म्य क्ली० [एकात्मा+ष्यञ्] অভেদ। Unison.

ऐकान्तिक त्रि० [एकान्त+ठञ्] নিশ্চিত, দৃঢ়, পূর্ণ। Sure, certain.

ऐकाहिक त्रि० [एकाह+ठञ्] একদিন-সম্বন্ধীয়। Relating to one day.

ऐक्य क्ली० [एक+ष्यञ्] একতা। Unity.

ऐक्षव त्रि० [इक्षु+अण्] ইক্ষুজাত। Made of sugarcane.

ऐक्ष्वाक त्रि० [इक्ष्वाकु+अण्] ইক্ষ্বাকুবংশীয়। Of the family of the Ikṣvākus.

ऐङ्गुद क्ली० [इङ्गुदी+अण्] ইঙ্গুদী ফল। The Iṅgudī fruit.

ऐण त्रि० [एण+अण्], **ऐणेय** त्रि० [एणी+ढक्] মৃগসম্বন্ধীয়। Relating to the deer.

ऐतिह्य क्ली० [इतिह+ष्यञ्] পরম্পরায় আগত প্রমাণবিশেষ। Tradition.

ऐन्दव त्रि० [इन्दु+अण्] চন্দ্রসম্বন্ধীয়। क्ली० মৃগশিরা নক্ষত্র। Relating to the moon ; a star.

ऐन्द्र पु० [इन्द्र+अण्] জয়ন্ত, বালী, সুগ্রীব, অর্জুন। क्ली० জ্যেষ্ঠা নক্ষত্র। त्रि० ইন্দ্রসম্বন্ধীয়। Jayanta ; relating to Indra.

ऐन्द्रजालिक त्रि० [इन्द्रजाल+ठक्] কুহকী, বাজীকর। Magician.

ऐन्द्रि पु० [इन्द्र+इञ्] জয়ন্ত, সুগ্রীব, অর্জুন, বালী, কাক। Name of Jayanta, Sugrīva and Arjuna.

ऐन्द्रियक त्रि० [इन्द्रिय+वञ्] ইন্দ্রিয়-সম্বন্ধীয়। Relating to the senses.

ऐरावण पु० [इरावण+अण्] ইন্দ্রের হস্তী। The elephant of Indra.

ऐरावत पु० [इरा+मतुप्+अण्] ইন্দ্রের হস্তী, কমলালেবুর গাছ। The elephant of Indra.

ऐरेय क्ली० [इरा+ढक्] অন্ন হইতে উৎপন্ন মদ্য। A wine.

ऐल पु० [इला+अण्] পুরূরবা। Name of Purūravas.

ऐलविल पु० [इलविला+अण्] কুবের। Name of Kuvera.

ऐलेय क्ली० [एला+ढक्] গন্ধদ্রব্যবিশেষ। A perfume.

ऐशानी स्त्री० [ईशान+अण्+ङीप्] ঈশান কোণ, শক্তিবিশেষ। North-east.

ऐश त्रि० [ईश+अण्], **ऐशिक** त्रि० [ईश+ठक्], **ऐश्वर** त्रि० [इश्वर+अण्] ঈশ্বরসম্বন্ধীয়। Relating to god.

ऐश्वर्य क्ली० [ईश्वर+ष्यञ्] প্রভুত্ব, অণিমাদি অষ্টবিধ ঐশ্বর্য। Lordship, the eight forms of Yogic power.

ऐषमस् अव्य० এই বৎসরে। In this year.

ऐषीक क्ली० [इषीका+अण्] মহাভারতের পর্ব-বিশেষ। A chapter of the Mahābhārata.

ऐहलौकिक त्रि० [इहलोक+ठञ्] এই লোকে জাত, এই-লোক-সম্বন্ধীয়। Of this world.

ऐहिक त्रि०[इह+ठञ्] এই-লোক-সম্বন্ধীয়। Of this world.

ओ

ओ अव्य० সম্বোধন, অভিপ্রায়, স্মরণ, দয়া। पु० ব্রহ্মা, ত্রয়োদশ স্বরবর্ণ। A vocative, purpose, remembrance, pity ; the creator, the thirteenth vowel.

ओक पु० [उच–क] পক্ষী, গৃহ, আশ্রয়, স্থান। Bird, home, shelter.

ओकस् क्ली० [उच–असुन्] গৃহ, স্থান, আশ্রয়। Home, shelter.

ओकोदनी स्त्री० [ओक+ओदन+ङीष्] উকুন। Lice.

ओघ पु० [उच–घञ्] সমূহ, প্রবাহ, পরম্পরা। Heap, stream, uninterrupted tradition.

ओङ्कार पु० [ओम्+कार] প্রণব। The sacred syllable Om.

ओजस् पु० [उब्ज+असुन्] তেজ, বল, কাব্যের গুণবিশেষ। Power, strength, a quality of poetry.

ओजस्विन् त्रि० [ओजस्+विनि] তেজস্বী, বলবান্, ওজোগুণযুক্ত। Powerful, strong.

ओजिष्ठ त्रि० [ओजस्विन्+इष्ठन्] তেজস্বী, বলবান্, ওজোগুণযুক্ত। Powerful, strong.

ओडी स्त्री० [उ-ड+ङीप्] নীবার ধান্য। The Nīvāra paddy.

ओड्र क्ली० [आ+उन्द्-रक्] জবাপুষ্প। पु० (बहु) উড়িষ্যাদেশ। The hibiscus flower ; Orissa.

ओत त्रि० [आ+वेञ्-क्त] প্রোত। क्ली० বস্ত্রের দীর্ঘ তন্তু। Permeated; the long thread of a cloth.

ओतु पु० [अव-तुन्] বিড়াল। Cat.

ओदन पु०, क्ली० [उन्द्-युच्] অন্ন। Food.

ओम् अव्य० [अव-मन्] প্রণব, ব্রহ্ম, স্বীকার, মঙ্গল, আরম্ভ। The sacred syllable 'Om', Brahman, yes.

ओल क्ली० [आ+उन्द्-क] মূল-বিশেষ। A kind of root.

ओष पु० [उष-घञ्] দাহ। Burning.

ओषण पु० [उष-ल्यु] দাহক, ঝাল। Consumer, pungency.

ओषधि[-धी] [ओष+धा-कि] ফলপাকের সঙ্গে যে বৃক্ষের নাশ হয়। A kind of herb.

ओषधिप्रस्थ पु० क्ली० [ओषधि+प्रस्थ] হিমালয়ের রাজধানী। The capital city of Himālaya.

ओषधिपति पु० [ओषधि+पति] চন্দ্র। The moon.

ओष्ठ पु० [उष-ठन्] ঠোঁট। Lips.

ओष्ठ्य पु० [ओष्ठ+यत्] ওষ্ঠের দ্বারা উচ্চার্য বর্ণ। Labials.

औ

औ अव्य० সম্বোধন, নির্ণয়, বিরোধ। पु० চতুর্দশ স্বরবর্ণ। A vocative, determination, conflict, the fourteenth vowel.

औक्ष क्ली०[उक्षन्+अण्], **औक्षक** क्ली० [उक्षन्+वुञ्] বৃষসমূহ। त्रि० বৃষসম্বন্ধীয়। Bulls ; relating to the bull.

औख्य त्रि० [उखा+ष्यञ्] স্থালীপক্ব। Boiled in a pot.

औचिती स्त्री० [उचित+ष्यञ्+ङीष्], **औचित्य** क्ली० [उचित+ष्यञ्] উপযুক্ততা, ন্যায্যতা। Propriety.

औजसिक त्रि०[ओजस्+ठक्] তেজস্বী। Vigorous.

औडुम्बर पु०[उडुम्बर+अण्] যমবিশেষ। त्रि० ডুমুরকাষ্ঠ-নির্মিত, তাম্রনির্মিত। क्ली० তাম্র, কুষ্ঠ-বিশেষ। A form of Yama ; made of figs ; copper.

औड्र त्रि० [उड्+अण्] উড়িষ্যাবাসী। A resident of Orissa.

औत्तानपादि पु० [उत्तानपाद+इञ्] ধ্রুব। Name of Dhruva.

औत्पातिक त्रि० [उत्पात+ठक्] উৎপাতসম্বন্ধীয়। Ominous.

औत्सर्गिक त्रि० [उत्सर्ग+ठञ्] উৎসর্গসম্বন্ধীয়। General, natural.

औत्सुक्य क्ली० [उत्सुक+ष्यञ्] উৎকণ্ঠা, উৎসুকতা। Curiosity.

औदक त्रि० [उदक+अण्] জলজ। Water-born.

औदनिक त्रि० [उदन+ठञ्] পাচক। Cook.

औदरिक त्रि० [उदर+ठक्] পেটুক। Glutton.

औदार्य क्ली० [उदार+ष्यञ्] মহত্ত্ব, বদান্যতা। Magnanimity.

औदासीन्य क्ली० [उदासीन+ष्यञ्] উদাসীনতা, উপেক্ষা; বৈরাগ্য। Indifference, detachment.

औदास्य क्ली० [उत्+आस-अच्+ष्यञ्] বৈরাগ্য, উপেক্ষা। Indifference.

औदुम्बर त्रि० [उदुम्बर+अण्] উডুম্বরসম্বন্ধীয়। Relating to the figs.

औद्दालकि पु० [उद्दालक+इञ्] মুনি-বিশেষ। Name of a sage.

औद्धत्य क्ली० [उद्धत+ष्यञ्] ধৃষ্টতা। Impudence.

औद्धारिक त्रि० [उद्धार+ठञ्] উদ্ধারসম্বন্ধীয়। क्ली० দায়ধন। Belonging to a portion.

औद्वाहिक त्रि० [उद्वाह+ठञ्] বিবাহসম্বন্ধীয়। Relating to marriage.

औद्भिज्ज क्ली० [उद्भिज्ज+अण्], **औद्भिद** त्रि० [उद्भिद्+अण्] উদ্ভিদসম্বন্ধীয়, সোরা। Relating to the plants.

औधस्य क्ली० [ऊधस्+ष्यञ्] স্তন্যদুগ্ধ। Mother's milk.

औपगवक क्ली० [उपगु+अञ्+कप्] উপগু-গোত্রজ। Of the lineage of Upagu.

औपचारिक त्रि० [उपचार+ठक्] উপচারসম্বন্ধীয়। पु० উপচার। Relating to imposition.

औपच्छन्दसिक क्ली० [उप+छन्दस्+ठक्] ছন্দো-বিশেষ। A kind of metre.

औपजानुक त्रि० [उपजानु+वुञ्] জানুসমীপ পর্যন্ত বিলম্বিত। Suspended upto the knees.

औपनिषद त्रि० [उपनिषद्+अण्] উপনিষদ্-সম্বন্ধীয়। Relating to the Upaniṣads.

औपनीविक त्रि० [उपनीवि+ठक्] নীবির সমীপে স্থিত। Near the nīvi, i.e the ends of the cloth passed round the loins so as to hold it together.

औपम्य क्লী० [উপমা+ষ্যঞ্] সাদৃশ্য। Similarity.

औपयिक ত্রি০ [উপায়+ঠক্] উপায়ের দ্বারা লব্ধ। Gained through means.

औपल ত্রি০ [উপল+অণ্] উপলসম্বন্ধীয়। Relating to the stone.

औपसर्गिक ত্রি০ [উপসর্গ+ঠঞ্] উপসর্গ-সম্বন্ধীয়। Relating to symptoms.

औपाधिक ত্রি০ [উপাধি+ঠঞ্] উপাধিসম্বন্ধ। Relating to conditions.

औपाध्यायक ত্রি০ [উপাধ্যায়+বুঞ্] উপাধ্যায়-সম্বন্ধীয়। Relating to the teacher.

औरग ক্লী০ [উরগ+অণ্] অশ্লেষা নক্ষত্র। ত্রি০ সর্প-বিষয়ক। A particular constellation of stars ; relating to the serpent.

औरभ्र ক্লী০ [উরভ্র+অণ্] কম্বল, মেষমাংস। ত্রি০ মেষ-সম্বন্ধীয়। Blanket ; relating to the sheep.

औरभ्रक ক্লী০ [উরভ্র+বুঞ্] মেষসমূহ। A flock of sheep.

औरस ত্রি০ [উরস্+অণ্], **औरस्य** ত্রি০ [উরস্+ষ্যঞ] আত্মজাত। Produced by one's self.

और्ध्वदेहिक ত্রি০ [ঊর্ধ্বদেহ+ঠঞ্] অন্ত্যেষ্টিবিষয়ক। ক্লী০ প্রেতকৃত্য। Relating to the funeral rites.

और्व পু০ [ঊর্ব+অণ্] বাড়বানল। ত্রি০ [উর্বী+অণ্] পার্থিব। The subterranean fire ; earthly.

और्वशेय পু০ [উর্বশী+ঢক্] উর্বশীর পুত্র, অগস্ত্য। Son of Urvaśī, Agastya.

और्व्य পু০ [ঊর্ব+ষ্যঞ্] মুনিবিশেষ। A sage.

औलू[-लु]-क ক্লী০ [উলূক+অঞ্] পেচকসমূহ। Owls.

औलू[-लु]-क्य পু০ [উলূক+যঞ্] পেচকসমূহ। Owls.

औशनस ক্লী০ [উশনস্+অণ্] ধর্মশাস্ত্র-বিশেষ। A Dharmaśāstra.

औशीर পু০ [বশ-ঈরন্+অণ্] চামরদণ্ড। ক্লী০ উশীরময় আসন। The handle of a chowrie.

औषध [ওষধি+অণ্] রোগনাশক দ্রব্য। Medicine.

औषर ত্রি০ [উষর+অণ্] উষরভূমি জাত। Grown in an arid land.

औषस ত্রি০ [উষস্+অণ্] উষাসম্বন্ধী। Relating to dawn.

औष्ट्र ত্রি০ [উষ্ট্র+অণ্] উষ্ট্রসম্বন্ধী। Relating to camel.

औष्ट्रक ক্লী০ [উষ্ট্র+বুঞ্] উষ্ট্রসমূহ। A group of camels.

औष्ठ्य ক্লী০ [ওষ্ঠ+ষ্যঞ্] ওষ্ঠের দ্বারা উচ্চার্য। Labials.

औष्ण्य ত্রি০ [উষ্ণ+ষ্যঞ্] উষ্ণতা। Heat.

क

क পু০ [কৈ-ড] আত্মা, ব্রহ্মা, বিষ্ণু, বায়ু, অগ্নি, সূর্য চন্দ্র, কন্দর্প, দক্ষ, যম, রাজা, ময়ূর, পক্ষী, শব্দ, দেহ, মনস্, ধন, দীপ্তি। ক্লী০ জল, সুখ, কেশ, রোগ। The self, Brahmā, Viṣṇu ; water, happiness.

कंस পু০ [কম-স] অসুর-বিশেষ। Name of a demon.

कंसकार পু০ [কংস+কৃ-অণ্] কাঁসারি। A worker in brass.

कंसकृष् পু০ [কংস+কৃষ-ক্বিপ্] বাসুদেব। Name of Kṛṣṇa.

कंसजित् পু০ [কংস+জি-ক্বিপ্] শ্রীকৃষ্ণ। Name of Kṛṣṇa.

कंसहन् পু০ [কংস+হন-ক্বিপ্] বিষ্ণু। Name of Kṛṣṇa.

कंसाराति পু০ [কংস+অরাতি] বিষ্ণু। Name of Kṛṣṇa.

कंसारि পু০ [কংস+অরি] শ্রীকৃষ্ণ। Name of Kṛṣṇa.

ककन्द পু০ [কক-অন্দচ্] স্বর্ণ, নৃপ। Gold.

ककुज्जल পু০ [ক+কূজ-অলচ্] চাতকপক্ষী। A kind of bird.

ककुत्स्थ পু০ [ককুত্+স্থা-ক] সূর্যবংশীয় রাজা। A king of the solar dynasty.

ककुद् স্ত্রী০ [ক+কু-ক্বিপ্], **ककुद** পু০, ক্লী০ [ক+কু+দা-ক] বৃষের স্কন্ধের মাংসপিণ্ড, রাজ-চিহ্ন, পর্বতাগ্র। Hump, top of a mountain.

ककुद्मत् পু০ [ককুত্+মতুপ্] বৃষ। স্ত্রী০ ককুদ্মতী—কটিদেশ। Bull ; waist.

ककुद्मिन् পু০ [ককুত্+মিনি] বৃষ। Bull.

ककुन्दर ক্লী০ [ক+কু+দৃ-খচ্] নিতম্বস্থ আবর্তাকার গর্তদ্বয়। Cavities of the loins.

ककुभ[-भा] স্ত্রী০ [ক+স্কুন্ভ-ক্বিপ্] দিক্, শোভা, চম্পকমালা, শাস্ত্র, রাগিণীবিশেষ। Quarters, beauty, name of a musical tune.

ककुभ পু০ [ক+স্কুন্ভ-ক] রাগবিশেষ, বীণার লাউ, কুটজবৃক্ষ, পক্ষিবিশেষ। A musical tune.

কঙ্কোল পু० [কক-ক্বিপ্+কুল-অচ্] গন্ধদ্রব্যবিশেষ। A perfume.

কক্খট ত্রি० [কক্খ-অটন্] কঠিন, দৃঢ়। Hard.

কক্ষ পু० [কষ-স] বাহুমূল, পার্শ্ব, বস্ত্রাঞ্চল, শুষ্কতৃণ, লতা, স্পর্ধার পাত্র। Arm-pit, side.

কক্ষা স্ত্রী० [কষ-স+টাপ্], **কক্ষ্যা** স্ত্রী० [কক্ষ+যত্+টাপ্] কটিবন্ধন, কাঞ্চী, বাহুমূল, বস্ত্রাঞ্চল, গৃহপ্রকোষ্ঠ, গৃহভিত্তি, স্পর্ধাস্থান। Girdle, inner apartment.

কক্ষাবেক্ষক পু० [কক্ষ+অব+ঈক্ষ-ণ্বুল্] দ্বাররক্ষী, উদ্যানপাল, কবি। A door-keeper.

কঙ্ক পু० [কঙ্ক-অচ্] কাঁক পক্ষী, অজ্ঞাতবাসকালে যুধিষ্ঠিরের ছদ্ম নাম, যম, কংসের ভ্রাতা। স্ত্রী० কঙ্কা—উগ্রসেনের কন্যা। A heron.

কঙ্কট পু० [ক+কট-মুম্] কবচ। Armour.

কঙ্কণ ক্লী० [কম+কণ-অচ্] করভূষণ, শেখর। Bracelet.

কঙ্কত পু० [কঙ্ক-অতচ্], **কঙ্কতী** স্ত্রী० [কঙ্কত+ঙীষ্] চিরুণী, কাঁকুই। Comb.

কঙ্কপত্র পু० [কঙ্ক+পত্র] বাণ। Arrow.

কঙ্কমুখ পু० [কঙ্ক+মুখ] চিমটা, সাঁড়াশী। A pair of tongs.

কঙ্কর ক্লী०[কম্+কৃ-অচ্] দধি, কাঁকর। ত্রি० কর্কশ। Buttermilk ; rough.

কঙ্কাল পু० [কম্+কল-অচ্] অস্থি, কটি। Skeleton.

কঙ্কালমালিন্ ত্রি० [কঙ্কাল+মালা+ইনি] অস্থিমালাধারী। পু० রুদ্র। One wearing the garland of bones ; name of Rudra.

কঙ্কেলি[-ল্লি] পু० [কম্+কেলি] অশোকবৃক্ষ। The Aśoka tree.

কচ পু० [কচ-অচ্] কেশ, মেঘ, বৃহস্পতির পুত্র, শুষ্কব্রণ। স্ত্রী० কচা—হস্তিনী। Hair, cloud.

কচাচিত ত্রি० [কচ+আচিত] ব্যাপ্তকেশ, বিক্ষিপ্তকেশ। Covered with hair, with dishevelled hair.

কচু[-চ্চী] স্ত্রী० [কচ-উন্] কচুগাছ। A kind of vegetable.

কচ্চর ত্রি० [কত্+চর-অচ্] মলিন। ক্লী० তক্র। Dirty ; whey.

কচ্চিত্ অব্য० [কম্+চি-ক্বিপ্] প্রশ্নসূচক ও অভিপ্রায়-জ্ঞাপক অব্যয়। A particle indicating question or desire.

কচ্ছ পু० [ক+ছদ্-ড] তুঁদবৃক্ষ, নৌকার পশ্চাৎভাগ, জলময় দেশ, কাছা, বস্ত্রাঞ্চল। A kind of tree, hem of a lower garment.

কচ্ছপ পু० [কচ্ছ+পা-ড] কূর্ম, নিধিবিশেষ। Tortoise.

কচ্ছু[-চ্ছূ] স্ত্রী० [কষ-উ] চুলকনা রোগ। Itch, scab.

কচ্ছুর ত্রি० [কচ্ছু+র] চুলকনা-রোগগ্রস্ত। স্ত্রী० কচ্ছুরা—পুংশ্চলী। Scabby.

কজ্জল পু० [কু+জল] মেঘ। ক্লী० অঞ্জন, কাজল। Cloud ; collyrium.

কঞ্চিকা স্ত্রী० [কচ-ণ্বুল্+টাপ্] বাঁশের শাখা। The branch of a bamboo.

কঞ্চুক পু० [কচ+উকন্] কবচ, পোষাকবিশেষ, খোলস। Armour, cloak.

কঞ্চুকিন্ পু० [কঞ্চুক+ইনি] অন্তঃপুরের বৃদ্ধ রক্ষক, সর্প। ত্রি० লম্পট। A chamberlain.

কঞ্চুলী[-লিকা] স্ত্রী० [কচ-উলচ্+ঙীষ্] কাঁচুলি। A bodice.

কঞ্জ পু० [কম্+জন-ড] ব্রহ্মা, কেশ। ত্রি० জলজাত। ক্লী० পদ্ম, অমৃত। Brahmā, hair ; born of water ; lotus.

কঞ্জক পু० [কঞ্জ-ণ্বুল্] ময়না পাখী। A kind of bird.

কট পু० [কট-অচ্] তৃণ, তৃণাসন, মাদুর, হস্তিগণ্ড, শব, শর, শ্মশান। Grass, seat made of grass, mate.

কটক পু०, ক্লী० [কট-বুন্] পর্বতের সানুদেশ, বলয়, সৈন্য, সেনানিবেশ, গজদন্তমণ্ডল, সৈন্ধব লবণ। The ridge of a mountain, table-land, an army.

কটকোল পু० [কট+কোল] পিকদান। Spittoon.

কটপ্রূ পু० [কট+প্রূ-ক্বিপ্] শিব, যক্ষ, রাক্ষস। Name of Śiva, a demon.

কটাক্ষ পু० [কট+অক্ষ-অচ্] ঈষৎ বংকিম দৃষ্টি। A side-long glance.

কটাহ পু० [কট+আ+হন-ড] কড়া, পাত্রবিশেষ, কচ্ছপের খোলা, দ্বীপবিশেষ, নরকবিশেষ। A frying pan, a turtle's shell.

কটি[-টী] স্ত্রী० [কট-ইন্] কোমর, হস্তিগণ্ড। Waist.

কটিত্র ক্লী० [কটি+ত্রৈ-ক] কটিবন্ধ, চন্দ্রহার। A cloth girt round the loins.

কটিপ্রোথ পু०[কটি+প্রোথ] নিতম্ব। The buttocks.

কটিসূত্র ক্লী०[কটি+সূত্র] কটিবন্ধ, চন্দ্রহার। Girdle.

কটীতল পু० [কটী+তল] কটিদেশে বহনযোগ্য অস্ত্রবিশেষ। A kind of weapon.

কটীর পু० [কট-ঈরন্], **কটীরক** [কটীর+কন্] কটিদেশ, জঘন, গিরিকন্দর। Waist.

কটু ত্রি০ [কট–উন্] ঝাল, কর্কশ, উগ্র, কুৎসিত। ক্লী০ কুকার্য। স্ত্রী০ লতাবিশেষ। Bitter, sour.

কটোরা স্ত্রী০ [কট–ওলচ্+টাপ্] কট্‌রা, খুরী। An earthen vessel.

কটোল পু০ [কট–ওলচ্] চণ্ডাল, কটুরস। A Caṇḍāla, pungent taste.

কট্টার পু০ [কঠ–ক্ত+ঋ–অন্] কাটারি, অস্ত্রবিশেষ। A type of axe.

কঠ পু০ [কঠ–অচ্] মুনিবিশেষ, বেদের অংশ-বিশেষ। Name of a sage, a part of the Veda.

কঠিন ত্রি০ [কঠ–ইনন্] দৃঢ়, নিষ্ঠুর। স্ত্রী০ কঠিনী—খড়িমাটি ; স্ত্রী০ কঠিনা—পাত্রবিশেষ। Hard, rude; chalk.

কঠের ত্রি০ [কঠ–এরক্] দরিদ্র, অতি কষ্টে যিনি জীবন ধারণ করেন। Poor, destitute.

কঠোর ত্রি০ [কঠ–ওরন্] কঠিন, পূর্ণ। Hard, full.

কড ত্রি০ [কড–অচ্] ভক্ষ্য, অজ্ঞ, উন্মত্ত, দৃপ্ত। Eatable, mad, haughty.

কডঙ্কর পু০ [কড+কৃ–খচ্], **কডঙ্গর** পু০ [কড+গৄ–খচ্] তুষ, ভুষি। Straw.

কডঙ্গরীয় ত্রি০ [কডঙ্গর+ছ] তুষভক্ষক (গো মহিষাদি)। Cattle.

কডম্ব পু০ [কড–অম্বচ্] শাকের ডাঁটা, কদম্ব, বাণ, অংকুর। Stem, stalk.

কডার পু০ [গড–আরন্] পিঙ্গলবর্ণ। Tawny.

কণ পু০ [কণ–অচ্] সূক্ষ্ম অংশ। পু০ ধান্যের অংশ। স্ত্রী০ কণা—জীরক, পিপুল, কুমীরে পোকা। Fractional part ; grain.

কণভক্ষ পু০ [কণ+ভক্ষ–অচ্], **কণভুজ্** পু০ [কণ+ভুজ–ক্বিপ্] বৈশেষিকদর্শন-প্রণেতা মুনি, স্বর্ণকার। Name of the founder of the Vaiśeṣika system of philosophy.

কণাটীর পু০ [কণ+অট–ঈরন্] খঞ্জন পক্ষী। A kind of bird.

কণাদ পু০ [কণ+অদ–অণ্] বৈশেষিকদর্শন-প্রণেতা মুনি, স্বর্ণকার। Name of the founder of the Vaiśeṣika system of philosophy.

কণিত ক্লী০ [কণ–ক্ত] আর্তনাদ। Shriek.

কণিশ ক্লী০ [কণিন্+শো–ক] শস্যের শীষ। Blade of corn.

কণে অব্য০ [কণ–এ] তৃপ্তিসূচক অব্যয়। A particle expressing the satisfaction of desire.

কণ্টক পু০, ক্লী০ [কণ্–ণ্বল্] কাঁটা, রোমাঞ্চ, নখ। পু০ ক্ষুদ্রশত্রু, বেণু, ন্যায়শাস্ত্রে দোষোক্তি। Thorn, horripilation; a weak enemy.

কণ্টকফল ক্লী০ [কণ্টক+ফল] কাঁঠাল। পু০ কাঁঠাল বৃক্ষ। Jack-fruit.

কণ্টকাশন পু০ [কণ্টক+অশন] উষ্ট্র। Camel.

কণ্টকিত ত্রি০ [কণ্টক+ইতচ্] কণ্টকযুক্ত, রোমাঞ্চিত। Full of thorns, horripilated.

কণ্টকিন্ পু০ [কণ্টক+ইনি] মৎস্যবিশেষ, খর্জুর বৃক্ষ। A kind of fish.

কণ্টকিল পু০ [কণ্টক+ইলচ্] একজাতীয় বাঁশ। A kind of bamboo.

কণ্ঠ পু০ [কণ–ঠ] গলদেশ, সামীপ্য। পু০ মদনবৃক্ষ। Neck, proximity.

কণ্ঠভূষা স্ত্রী০ [কণ্ঠ+ভূষা] মাল্য, হার। Garland.

কণ্ঠমণি পু০ [কণ্ঠ+মণি] কণ্ঠে ধারণযোগ্য রত্ন। A gem worthy to be held in the neck.

কণ্ঠসূত্র ক্লী০ [কণ্ঠ+সূত্র] মাল্য, আলিঙ্গনবিশেষ। Garland.

কণ্ঠস্থ ত্রি০ [কণ্ঠ+স্থা–ক] গলস্থিত, অভ্যস্ত। Placed in the neck, got by heart.

কণ্ঠী স্ত্রী০ [কণ্ঠ+ঙীপ্] একনরী মালা, অশ্বের কণ্ঠবেষ্টন রজ্জু। A single-stringed garland, a rope round the neck of a horse.

কণ্ঠীরব পু০ [কণ্ঠী+রব] সিংহ, মত্তহস্তী, কপোত। Lion, mad elephant.

কণ্ঠেকাল পু০ [কণ্ঠে+কাল] শিব, নীলকণ্ঠ। Name of Śiva.

কণ্ঠ্য [কণ্ঠ+যত্] কণ্ঠের দ্বারা উচ্চার্য। Guttural.

কণ্ডন ক্লী০ [কণ্ড–ল্যুট্] কাঁড়ান। স্ত্রী০ কণ্ডনী—মুসল, উদূখল। Thrashing ; a wooden mortar.

কণ্ডু স্ত্রী০ [কণ্ড–উ], **কণ্ডূ** স্ত্রী০ [কণ্ডূয়–ক্বিপ্], **কণ্ডূতি** স্ত্রী০ [কণ্ডূয়–ক্তিন্] চুলকান। Itching.

কণ্ডূয়ন ক্লী০ [কণ্ডূয়–ল্যুট্], **কণ্ডূয়া** স্ত্রী০ [কণ্ডূয়–অ+টাপ্] চুলকান। Itching.

কণ্ডূল পু০ [কণ্ডূ–লচ্] কণ্ডূযুক্ত। Full of itching.

কণ্ডোল [কড–ওলচ্] নলাদি নির্মিত ধান্যপাত্র, উষ্ট্র। A cane basket for holding grain, camel.

কণ্ব পু০ [কণ–ক্বন্] মুনিবিশেষ। ক্লী০ পাপ। Name of a sage ; sin.

কতক পু০ [ক+তক] নির্মালীফল। A nut that clears muddy water.

কতম ত্রি০ [কিম্+ডতম] অনেকের মধ্যে কে। Which one among many.

कतर त्रि० [किम्+डतर] দুএর মধ্যে কে। Which one of the two.

कति त्रि० [किम्+डति], **कतिपय** त्रि० [कति+अयच्] কত, কিছু, কয়েকটি। How many, some.

कथक त्रि० [कथ-ण्वुल्] বক্তা। Speaker.

कथङ्कारम् अव्य० [कथम्+णमुल्] কেমন করিয়া। How.

कथञ्चन अव्य० [कथम्+चन], **कथञ्चित्** अव्य० [कथम्+चित्] কোনপ্রকারে। Somehow.

कथन क्ली० [कथ-ल्युट्] উক্তি। Utterance.

कथम् अव्य० [किम्+थमु] কি প্রকারে। How, in what way.

कथमपि अव्य० [कथम्+अपि] কষ্টে, অতি যত্নে, অতি গৌরবে। Somehow, with great efforts.

कथम्भूत त्रि० [कथम्+भूत] কি প্রকার। Of what nature.

कथा स्त्री० [कथ-अ+टाप्] উক্তি, উচ্চারণ, গল্প। Utterance, story.

कथाप्रसङ्ग पु० [कथा+प्रसङ्ग] কথোপকথন, বার্তা, বিষবৈদ্য। Conversation, a snake-charmer.

कथित त्रि० [कथ-क्त] উক্ত, উচ্চারিত। क्ली० কথন। Uttered ; utterance.

कथितपदता स्त्री० [कथित+पद+तल्+टाप्] অলংকারশাস্ত্রে দোষবিশেষ। A defect according to the science of rhetoric.

कथोद्घात पु० [कथा+उद्घात] প্রস্তাবনাবিশেষ। A foreword.

कथोपकथन क्ली० [कथा+उप+कथन] উক্তি-প্রত্যুক্তি। Conversation.

कथीकृत त्रि० [कथा+च्वि+कृ-क्त] কথামাত্রে পর্যবসিত। Reduced to mere talk.

कदन क्ली० [कद+णिच्-ल्युट्] মারণ, পীড়ন, মর্দন, কদর্থিতকরণ, অবসাদ। Killing, torture.

कदन्न क्ली० [कु+अन्न] কুৎসিত অন্ন। Bad food.

कदम्ब पु० [कद-अम्बच्] বৃক্ষবিশেষ। क्ली० পুষ্প-বিশেষ, সমূহ। A kind of tree ; a kind of flower, group.

कदम्बक क्ली० [कदम्ब+कन्] সমূহ। Group.

कदर्थ पु० [कु+अर्थ] কুৎসিত অর্থ। Useless meaning.

कदर्थन क्ली० [कु+अर्थ-युच्] বিড়ম্বনা, অবমাননা, পীড়ন। Insult, torture.

कदर्थित त्रि० [कदर्थ+णिच्-क्त] দূষিত, বিড়ম্বিত, ক্লিষ্ট। Spoiled, pained, rendered useless.

कदर्य त्रि० [कु+अर्य] কুৎসিত, কৃপণ, ক্ষুদ্র, নীচ। Horrid, mean, low.

कदल पु० [कद-कलच्] কলাগাছ। क्ली० কদলীফল। स्त्री० कदली—ফলবিশেষ, পতাকা, মৃগজাতি-বিশেষ। A plantain tree ; plantain fruit.

कदा अव्य० কবে, কখন। When.

कदाचन अव्य० [कदा+चन], **कदाचित्** अव्य० [कदा+चित्] কোন সময়ে। Once, sometime.

कदापि अव्य० [कदा+अपि] কখনও। Sometime.

कदुष्ण त्रि० [कु+उष्ण] ঈষদ্ উষ্ণ। Tepid.

कद्रु त्रि० [कद-रु] পিঙ্গলবর্ণ। स्त्री० कद्रू—সর্পমাতা। Tawny ; name of the mother of serpents.

कद्वद त्रि० [कु+वद-अच्] কুবক্তা, কটুভাষী। A bad speaker, one of harsh speech.

कनक क्ली० [कन-वुन्] স্বর্ণ। पु० কিংশুকবৃক্ষ, ধুতুরা গাছ। Gold ; a kind of tree.

कनकाचल पु० [कनक+अचल] সুমেরু, হেমাদ্রি। Name of the mountain Sumeru, the golden mountain.

कनकालुका स्त्री० [कनक+आलु+कन्+टाप्] স্বর্ণ-নির্মিত ভৃঙ্গার। A golden water-jug.

कनखल पु० হিমালয়ের তীর্থবিশেষ। Name of a holy spot in the Himālayas.

कनिष्ठ त्रि० [युवा(अल्प)+इष्ठन्] অনেকের মধ্যে ছোট, অতি ক্ষুদ্র। स्त्री० कनिष्ठा—অঙ্গুলি-বিশেষ। Youngest, very small ; little finger.

कनी स्त्री० [कन-अच्+ङीष्] কন্যা। Daughter.

कनीनिका स्त्री० [कन-ईनन्+कन्+टाप्] চক্ষুর্গোলক, কনিষ্ঠাঙ্গুলি। Pupil of the eye, the little finger.

कनीयस् त्रि० [युवा(अल्प)+ईयसुन्] দু'জনের মধ্যে ছোট, ক্ষুদ্রতর। Younger, smaller.

कन्तु पु० [कम-तुन्] কন্দর্প। त्रि० সুখী। Cupid ; happy.

कन्था स्त्री० [कम-थन्+टाप्] কাঁথা। A patched garment.

कन्द पु०, क्ली० [कन्द-अच्] মূল। पु० মেঘ। Roots ; cloud.

कन्दट क्ली० [कन्द-अटन्] শ্বেতপদ্ম। White lotus.

कन्दर क्ली० [कम्+दृ-अप्] গিরিগুহা, আদা। पु० অংকুশ। Cave ; a hook for driving an elephant.

कन्दर्प [कम्+दृप-अच्] কামদেব। Cupid.

कन्दल त्रि० [कन्द्–अलच्] কপাল, নবাংকুর, কলধ্বনি অপযশঃ। পু০ স্বর্ণ, যুদ্ধ, কলহ। স্ত্রী০ कन्दली —কদলীবৃক্ষ, মৃগীবিশেষ, পতাকা। The skull, sprout ; gold, war ; banana tree.

कन्दु पु०, स्त्री० [स्कन्द्–उ] ভাজিবার পাত্র। A sauce-pan.

कन्दुक पु० [कम्+दा–डु+कन्] গোলা। Ball.

कन्धर पु० [कम्+धृ–अच्] গ্রীবা, মেঘ। Neck, cloud.

कन्यका स्त्री० [कन्या+कन्+टाप्], **कन्या** स्त्री० [कन–यत्+टाप्] পুত্রী, কন্যারাশি, গৌরী। Daughter.

कन्यादूषण क्ली० [कन्या+दूषण] কুমারী-ধর্ষণ। Molesting an unmarried girl.

कपट पु०, क्ली० [कप–अटन्] ছল, বঞ্চনা, মায়া। Deceit, magic.

कपटिन् त्रि० [कपट+इनि] বঞ্চক। Cheat.

कपर्द पु० [क+पर्+दै–क], **कपर्दक** पु० [कपर्द+कन्] শিবজটা, বরাটক। The matted locks of Śiva.

कपर्दिन् पु० [कपर्द+इनि] মহাদেব, শিব। Name of Śiva.

कपाट त्रि० [क+पट+णिच्–अण्] দ্বারের আবরণ। Panel of a door.

कपाल पु०, क्ली० [क+पाल–अण्] মাথার খুলি, ঘটের অংশ, ভিক্ষাপাত্র, সমূহ। Skull, potsherd.

कपालभृत् पु० [कपाल+भृ–क्विप्] মহাদেব, শিব। Name of Śiva.

कपालमालिन् पु० [कपाल+माला+इनि] শিব। স্ত্রী০ কপালমালিনী—দুর্গা। Name of Śiva.

कपालिका स्त्री० [कपाल+कन्+टाप्] ক্ষুদ্র কপাল। A potsherd.

कपालिन् त्रि० [कपाल+इनि] কপালধারী। পু০ শিব, কপিল বর্ণ। Name of Śiva.

कपि पु० [कपि–इन्] বানর। Monkey.

कपिकेतन पु० [कपि+केतन] অর্জুন। Name of Arjuna.

कपिञ्जल पु० তিত্তিরি পক্ষী, চাতকপক্ষী। A kind of bird.

कपित्थ, कवित्थ पु० [कपि+स्था–क] কয়েতবেল বৃক্ষ। ক্লী০ কয়েতবেল। The wood-apple tree.

कपिध्वज पु० [कपि+ध्वज] অর্জুন। A name of Arjuna.

कपिप्रिय पु० [कपि+प्रिय] আমড়া গাছ, কপিত্থ বৃক্ষ। Hog-plum tree.

कपिल, कविल पु० [कपि+लच्] সাংখ্যদর্শন-প্রণেতা মুনি, অগ্নি, কুক্কুর, দৈত্যবিশেষ, বিষ্ণু, পিঙ্গলবর্ণ। Name of the founder of the Sāṅkhya system of philosophy, tawny colour.

कपिश पु० [कपि+श] কৃষ্ণপীতমিশ্রবর্ণ, পাঁশুটে বর্ণ। স্ত্রী০ কপিশা—মাধবীলতা, পিশাচমাতা। Brown.

कपीन्द्र पु० [कपि+इन्द्र] সুগ্রীব, হনুমান্। Name of Sugriva or Hanumat.

कपुष्टिका स्त्री० [क+पुष्टि+कन्+टाप्] মস্তকের দুই পার্শ্বস্থ কেশবিশেষ। A patch of hair on both sides of the head.

कपुच्छल क्ली० [क+पुच्छ+ला–क] চূড়াকরণ-সংস্কার। The tonsure ceremony.

कपूय त्रि० [कु+पूयो–अच्] দুর্গন্ধ, কুৎসিত। Bad smelling, horrid.

कपोत पु० [कबृ–ओत] পারাবত, পক্ষী। Pigeon.

कपोतपाली स्त्री० [कपोत+पाल–अच्+ङीष्] পায়রার খোপ, চিড়িয়াখানা। Dove-cot.

कपोल पु० [कप–ओलच्] গণ্ডদেশ। Cheek.

कफ पु० [क+फल–ड] শ্লেষ্মা। Phlegm.

कफ[-फो]-णि पु०, स्त्री० [क+फण–इन्] কনুই। Elbow.

कबन्ध पु०, क्ली० [क+बन्ध–अण्] মাথাহীন দেহ। পু০ রাহু, ধূমকেতু, রুদ্র, রাক্ষসবিশেষ। ক্লী০ জল। A headless trunk ; name of Rāhu.

कम् अव्य० [कम–विच्] জল, সুখ, মস্তক, পাদপূরণ। Water, bliss.

कमठ पु० [कम–अठन्] কচ্ছপ, বাঁশ, দৈত্যবিশেষ। ক্লী০ যতির ভাণ্ড। Tortoise ; the bowl of an ascetic.

कमण्डलु पु०, क्ली० [क+मण्ड+ला–कु] পূজার জন্য জলপাত্রবিশেষ। পু০ অশ্বত্থ বৃক্ষ। A water-pot.

कमन त्रि० [कम–युच्] কামুক, সুন্দর। পু০ অশোক বৃক্ষ। Lustful, lovely.

कमनीय त्रि० [कम–अनीयर्] মনোহর, স্পৃহনীয়। Lovely.

कमल क्ली० [कम–कलच्] পদ্ম, আশ্রয়। পু০ সারস-পক্ষী, মৃগবিশেষ। ক্লী০ তাম্র, ঔষধ, জল। Lotus.

कमलयोनि पु० [कमल+योनि] ব্রহ্মা। Name of Brahmā.

कमलषण्ड क्ली० [कमल+षण्ड] পদ্মসমূহ। A group of lotuses.

কমলা স্ত্রী০ [কমল+টাপ্] লক্ষ্মী। Name of Lakṣmī.

কমলাকর পু০ [কমল+আকর] পদ্মসরোবর, পদ্মসমূহ। A pond of lotuses.

কমলাপতি পু০ [কমলা+পতি] বিষ্ণু। Name of Viṣṇu.

কমলালয়া স্ত্রী০ [কমল+আলয়+টাপ্] পদ্মাসনা লক্ষ্মী, সম্পত্তি। A name of Lakṣmī.

কমলাসন পু০ [কমল+আসন] ব্রহ্মা। ক্লী০ পদ্মাসন। Name of Brahmā; a sitting posture.

কমলিনী স্ত্রী০ [কমল+ইনি+ঙীপ্] পদ্মিনী। A lotus plant.

কমিতৃ ত্রি০ [কম–তৃচ্] কামুক। Lustful.

কম্প পু০ [কম্প–ঘঞ্] কাঁপুনি। Shaking, shivering.

কম্পন ক্লী০ [কম্প–যুচ্] কাঁপুনি। ত্রি০ কম্পযুক্ত। স্ত্রী০ কম্পনা—সেনা। Shivering.

কম্পিত ত্রি০ [কম্প–ক্ত], **কম্প্র** ত্রি০ [কম্প–র] কম্পযুক্ত, ভীত। Shaken.

কম্বল ক্লী০ [কম্ব–কলচ্] মেষাদির লোমের দ্বারা প্রস্তুত আসন, জল। পু০ গলকম্বল, সর্পবিশেষ, উত্তরাসঙ্গ, কৃমি, মৃগবিশেষ। A woollen blanket; dew-lap.

কম্বু পু০, ক্লী০ [কম্ব–উন্] শঙ্খ। পু০ শম্বুক, গজ। Conch-shell.

কম্বুকণ্ঠী স্ত্রী০ [কম্ব+কণ্ঠ+ঙীষ্], **কম্বুগ্রীবা** স্ত্রী০ [কম্বু+গ্রীবা] শঙ্খের ন্যায় রেখাযুক্ত গ্রীবা যাহার। A girl having a neck like the conch-shell.

কম্বোজ পু০ [কম্ব–ওজ] দেশবিশেষ, শঙ্খ, হস্তিবিশেষ। Name of a country, a kind of shell.

কম্র ত্রি০ [কম–র] কামুক, কমনীয়, মনোহর। Lustful, beautiful.

কর পু০ [কৃ–অপ্] কিরণ, শুণ্ড, হস্ত, রাজস্ব, শুল্ক হস্তানক্ষত্র। Ray, trunk (of an elephant), hand.

করক পু০ [কৃ–বুন্] দাড়িম্ব বৃক্ষ, পক্ষিবিশেষ। স্ত্রী০ করকা—শিলা। পু০, ক্লী০ কমণ্ডলু, নারিকেলমালা। The pomegranate tree; hail.

করগ্রহ পু০ [কর+গ্রহ–অপ্] বিবাহ, পাণিগ্রহণ, কর আদায়। Wedding, levying a tax.

করঙ্ক পু০ [কর+অঙ্ক] কমণ্ডলু, মাথার খুলি, দেহাস্থি। Water-pot, skull.

করজ পু০ [কর+জন–ড] নখ। ত্রি০ হস্তজাত। Nails; hand-made.

করঞ্জ পু০ [ক+রন্জ–অণ্] করমচা গাছ। ক্লী০ ঐ ফল। A kind of tree.

করট পু০ [কৄ–অটন্] কাক, কুসুম্ভ বৃক্ষ, বাদ্যযন্ত্রবিশেষ, আদ্যশ্রাদ্ধ। ত্রি০ নাস্তিক। Crow, a musical instrument; an atheist.

করটিন্ পু০ [করট+ইনি] হস্তী। Elephant.

করণ ক্লী০ [কৃ–ল্যুট্] প্রধান কারণ, ইন্দ্রিয়, ব্যাকরণশাস্ত্রে কারকবিশেষ, স্থান, করা। পু০ [কৃ–অন] কায়স্থবিশেষ। Chief cause, senses, the instrumental case.

করণীয় ত্রি০ [কৃ–অনীয়র্] কর্তব্য। Duty.

করণ্ড পু০ [কৃ–অণ্ডন্] মধুচক্র, কৌটা, খড়্গ, হংসবিশেষ, শৈবালবিশেষ। Beehive, a swan, moss.

করতল পু০, ক্লী [কর+তল] হস্ততল। Palm.

করতাল ক্লী০ [কর+তাল] বাদ্য যন্ত্রবিশেষ। স্ত্রী০ করতালী—হাততালী। A cymbal; applause.

করতোয়া স্ত্রী০ নদীবিশেষ। Name of a river.

করদ ত্রি০ [কর+দা–ক] করদাতা। Tax-payer.

করপত্র ক্লী০ [কর+পত–ষ্ট্রন্] করাত। Saw.

করপল্লব পু০ [কর+পল্লব] অঙ্গুলি। Finger.

করপাল পু০ [কর+পাল–অণ্], **করবাল** পু০ [কর+বল–অণ্] খড়্গ। Sword.

করপীড়ন ক্লী০ [কর+পীড়ন] পাণিগ্রহণ। Wedding.

করপুট পু০ [কর+পুট] জোড়হাত। Folded palm.

করভ পু০ [কৃ–অভচ্] মণিবন্ধ হইতে কনিষ্ঠা পর্যন্ত করের বহির্ভাগ, হস্তিশাবক, উষ্ট্র। The back of the hand from the wrist to the root of the fingers, young elephant, camel.

করভীয় ত্রি০ [করভ+ছ] হস্তিশাবকসম্বন্ধীয়, হস্তিশাবক-পালক। Relating to a young elephant.

করভূ পু০ [কর+ভূ–ক্বিপ্] নখ। Nails.

করম্ব পু০ [কৃ–অম্বচ্] মিশ্রণ। Mixture.

করম্বিত ত্রি০ [করম্ব+ইতচ্] মিশ্রিত। Mixed.

করম্ভ পু০ [ক+রম্ভ–ঘঞ্] কর্দম, ভৃষ্টযব। Mud, flour.

কররুহ পু০ [কর+রুহ–ক] নখ। Nails.

করবাল পু০ [কর+বল–অণ্] খড়্গ। Sword.

করবীর পু০ [কর+বীর–অণ্] খড়্গ, দেশবিশেষ, শ্মশান। স্ত্রী০ করবীরা—অদিতি, পুত্রবতী স্ত্রী, করধারা। Sword, burial ground; Aditi, a woman having a son.

করশাখা স্ত্রী০ [কর+শাখা] অঙ্গুলি। Finger.

करशीकर पु० [कर+शीकर] হস্তিশুণ্ডবিকীর্ণ জলকণা। Water thrown out by an elephant's trunk.

कराल त्रि० [कर+ला-क] বৃহৎ, উচ্চ, ভয়ংকর, দন্তুর। Huge, terrible.

करिका स्त्री० [कर+ठन्+टाप्] নখক্ষত। A nail-scar.

करिन् पु० [कर+इनि] হস্তী। Elephant.

करीन्द्र पु० [करी+इन्द्र] ঐরাবত। A large elephant.

करीर पु० [कॄ-ईरन्] ঘট, বাঁশের অংকুর। Earthen jar, shoot of a bamboo.

करीष पु०, क्ली० [कॄ-ईषन्] শুষ্ক গোময়। Dry cow-dung.

करीषङ्कष पु० [करीष+कष-खच्] শুষ্ক গোময়-উৎক্ষেপক প্রখর বায়ু। A strong wind or gale.

करुण त्रि० [कॄ-उन] দীন, শোকার্ত, দয়ালু। पु० রসবিশেষ, বৃক্ষবিশেষ। Pitiable, grief-stricken, kind ; one of the eight sentiments.

करुणामय त्रि० [करुणा+मयट्] দয়াময়। Compassionate.

करेणु पु० [कृ-एणु] হস্তী। Elephant.

करोट पु० [क+रुट-अच्] মাথার খুলি। Skull.

करोटि स्त्री० [क+रुट-इन्] মাথার খুলি। Skull.

कर्क पु० [कर्क-अच्] বহ্নি, দর্পণ, কণ্টক, তিল, ঘট, কাঁকুড়গাছ। Fire, mirror, thorn.

कर्कट पु० [कर्क-अटन्], **कर्कटक** पु० [कर्कट+कै-क] কাঁকড়া, চতুর্থরাশি, পক্ষিবিশেষ। A crab, the fourth sign of the zodiac.

कर्कन्धू स्त्री० [कर्क+धा-कू] কুলগাছ। Plum tree.

कर्कर पु० [कर्क+अरन्] দর্পণ, কাঁকর। त्रि० কঠিন। स्त्री० कर्करा—জলপাত্র, গাড়ু। Mirror ; hard ; a water-pot.

कर्कश त्रि० [कर्क+श] কঠিন, সাহসী, নির্দয়। पु० ইক্ষু, খড়্গ। Hard, cruel ; sugar-cane.

कर्कारु पु० [कर्क+ऋ-उण्] কুষ্মাণ্ড। Gourd.

कर्कोट[-टक] पु० [कर्क-ओट] নাগবিশেষ, বিল্ববৃক্ষ, কাঁকুড়গাছ। A kind of serpent, the bilva tree.

कर्चूर क्ली० [कर्ज-ऊर] স্বর্ণ। Gold.

कर्ण पु० [कॄ-नन्] শ্রবণেন্দ্রিয়, অঙ্গরাজ। Ear, king of the Angas.

कर्णक त्रि० [कर्ण-ण्वुल्] নিয়ন্তা। Controller.

कर्णगूथ क्ली० [कर्ण+गूथ] কর্ণমল। Ear-wax.

कर्णजाह क्ली० [कर्ण+जाह] কর্ণমূল। The root of the ear.

कर्णधार पु० [कर्ण+धृ+णिच्-अण्] কাণ্ডারি, মাঝি, নাবিক। Helmsman, boatman.

कर्णपाली स्त्री० [कर्ण+पाल-अण्+ङीप्] কাণবালা। Earring.

कर्णपूर पु० [कर्ण+पूर-अण्] কর্ণভূষণ, নীলপদ্ম, শিরীষবৃক্ষ। Ear-ring, blue lotus.

कर्णवंश पु० [कर्ण+वंश] মঞ্চ। Rostrum.

कर्णवेध पु० [कर्ण+विध-घञ्] সংস্কারবিশেষ, কান বিঁধান। One of the ten purificatory ceremonies.

कर्णवेष्ट पु० [कर्ण+वेष्ट-अच्], **कर्णवेष्टक** [कर्ण+वेष्ट-ण्वुल्] কর্ণকুণ্ডল। Earring.

कर्णवेष्टन क्ली० [कर्ण+वेष्टन] কর্ণকুণ্ডল। Earring.

कर्णशष्कुली स्त्री० [कर्ण+शष्कुली] কর্ণবিবর। Cavity of the ear.

कर्णाट पु० দেশবিশেষ। Name of a country.

कर्णिका स्त्री० [कर्ण-ण्वुल्+टाप्] হস্তের অগ্রভাগ, মধ্যাঙ্গুলী, লেখনী, পদ্মের কোষ, অগ্নিমন্থন বৃক্ষ। [कर्ण+इकन्+टाप्] কর্ণভূষণবিশেষ। The tip of the hand, middle finger, the core of lotus; ear-ornament.

कर्णिकार पु० [कर्णि+कृ-अण्] বৃক্ষবিশেষ। क्ली० পুষ্পবিশেষ। A kind of tree ; a kind of flower.

कर्णीरथ पु० [कर्णी+रथ] পাল্‌কী। Palanquin.

कर्णीसुत पु० [कर्णी+सुत] কংস। Name of Kaṁsa.

कर्णेजप त्रि० [कर्णे+जप-अच्] গোয়েন্দা, কুপরামর্শদাতা। Spy, ill-adviser.

कर्तन क्ली० [कृत-ल्युट्] ছেদন, সুতা-কাটা। Cutting, spinning.

कर्तरी[-रिका] स्त्री० [कर्त+रा-क+ङीष्] কাটারি, ছুরি, কাঁচি। Axe, knife.

कर्तव्य त्रि० [कृ-तव्य] করণীয়। Duty.

कर्तृ त्रि० [कृ-तृच्] কর্তা, কার্যের অনুষ্ঠাতা। A subject, agent.

कर्तृत्व क्ली० [कर्तृ+त्व] কর্তার ধর্ম। Agenthood.

कर्द पु० [कर्द-अच्], **कर्दम** पु० [कर्द-अम] পংক। Mud.

कर्पट पु०, क्ली० [कॄ-विच्+पट] কাপড়। Cloth.

कर्पर पु०, क्ली० [कृप-अरन्] মাথার খুলি, অস্ত্রবিশেষ, কটাহ। Skull, weapon.

कर्पास पु०, क्ली० [कृ-पास] কাপাস তুলা। Cotton.

कर्पूर पु०, क्ली० [कृप-ऊर] सुगन्धि द्रव्যবিশেষ। Camphor.

कर्बुर पु० [कर्ব-ऊर] রাক্ষস, পাপ। ক্লী০ স্বর্ণ, জল। Demon, sin ; gold, water.

कर्मकर त्रि० [कर्मन्+कृ-ट] ভৃত্য, বেতনোপজীবী। Servant.

कर्मकाण्ड पु०, क्ली० [कर्मन्+काण्ड] বেদের অংশ-বিশেষ, কর্মসমূহ। A part of the Vedas, rituals.

कर्मकार पु० [कर्मन्+कृ-अण्] কামার। ত্রি০ কর্ম-কারক। Blacksmith ; labourer.

कर्मक्षेत्र क्ली० [कर्मन्+क्षेत्र] ভোগভূমি। The field of action or enjoyment.

कर्मक्षम त्रि० [कर्मन्+क्षम] কার্যকুশল। Skilled in action.

कर्मचोदना स्त्री० [कर्मन्+चोदना] কর্মপ্রেরণা। Incentive to action.

कर्मज त्रि० [कर्मन्+जन-ड] কর্ম হইতে জাত। Born of action.

कर्मठ त्रि० [कर्मन्+ठ] কর্মক্ষম। Skilled in action.

कर्मण्य त्रि० [कर्मन्+यत्] কর্মযোগ্য। স্ত্রী০ কর্মণ্যা—বেতন। Fit for action; salary.

कर्मधारय पु० [कर्मन्+धारय] সমাসবিশেষ। A type of compound (samāsa).

कर्मन् क्ली० [कृ-मनिन्] কার্য। Action.

कर्मन्दिन् पु० [कर्मन्द+इनि] সন্ন্যাসী, ভিক্ষু। Mendicant.

कर्मप्रवचनीय पु० [कर्मन्+प्रवचनीय] ব্যাকরণশাস্ত্রে সংজ্ঞাবিশেষ। A technical term in Sanskrit grammar.

कर्मफल क्ली० [कर्मन्+फल] সুখ, দুঃখ প্রভৃতি। Happiness, misery etc.

कर्मभूमि स्त्री० [कर्मन्+भूमि] কার্যক্ষেত্র। The field of action.

कर्मयोग पु० [कर्मन्+योग] কর্মরূপ যোগ, কর্মানুষ্ঠান। The yoga of action.

कर्मरङ्ग पु०, क्ली० [कर्मन्+रङ्ग] কামরাঙা। A kind of fruit.

कर्मविपाक पु० [कर्मन्+विपाक] সৎ বা অসৎকর্মজন্য ফলভোগ। Suffering due to action.

कर्मशूर त्रि० [कर्मन्+शूर] কর্মক্ষম। Skilled in action.

कर्मसंग्रह पु० [कर्मन्+संग्रह] ক্রিয়ার আশ্রয়। The agent of an action.

कर्मसन्न्यास पु० [कर्मन्+सन्न्यास] কর্মত্যাগ। Renunciation.

कर्मसङ्ग पु० [कर्मन्+सङ्ग] কর্মে আসক্তি। Attachment to action.

कर्मसचिव पु० [कर्मन्+सचिव] কার্যে উপযুক্ত বা নিযুক্ত সচিব। A minister.

कर्मार पु० [कर्मन्+ऋ-अण्] কামার, বাঁশ। Blacksmith, bamboo.

कर्मिन् त्रि० [कर्मन्+इनि] কার্যকারী, কর্মক্ষম। Worker, fit for work.

कर्मिष्ठ त्रि० [कर्मिन्+इष्ठन्] কার্যদক্ষ। Able in action.

कर्मेन्द्रिय क्ली० [कर्मन्+इन्द्रिय] বাক্, পাণি, পাদ, পায়ু ও উপস্থ—এই পাঁচটি। The five sense-organs of action.

कर्वट पु० [कर्ব-अट] গ্রাম, নগর। Village, city.

कर्वर पु० [कृ-ष्वरच्] রাক্ষস, ব্যাঘ্র। Demon, tiger.

कर्वुर[-र्वूर] पु० [कर्ব-उर] রাক্ষস, চিত্রবর্ণ। Demon, variegated colour.

कर्शित त्रि० [कृश+णिच्-क्त] কৃশীকৃত। Attenuated.

कर्ष पु०, क्ली० [कृष-घञ्] কর্ষণ। Tilling.

कर्षक पु० [कृष-ण्वुल्] কৃষক। Tiller.

कर्षण क्ली० [कृष-ल्युट्] কৃষিকর্ম, আকর্ষণ, পীড়ন। Agriculture, drawing.

कर्षिन् त्रि० [कृष-णिनि] যাহা আকর্ষণ করে, মনোহর। স্ত্রী০ কর্ষিণী—খলীন। That which attracts, lovely ; unchaste woman.

कर्षू पु० [कृष-ऊ] ঘুঁটের আগুন, বার্তা। স্ত্রী০ কুল্যা। A fire of dried cow-dung, news; ditch.

कर्हि अव्य० [किम्+र्हिल्] কোন সময়ে, কখন, কবে। Once upon a time.

कर्हिचित् अव्य० [कर्हि+चित्] কোন সময়ে, কোন কালে। Sometime.

कल पु० [कल-घञ्] মধুর অস্ফুট ধ্বনি, সালগাছ। ক্লী০ শুক্র। ত্রি০ [कल-अच्] অজীর্ণ। Sweet indistinct sound.

कलकण्ठ पु० [कल+कण्ठ] কোকিল, হংস, কপোত। Cuckoo, swan.

कलकल पु० [कल+कल] কোলাহল। Noise.

कलघोष पु० [कल+घोष] কোকিল। Cuckoo.

कलङ्क पु० [कल-क्विप्+अङ्क] চিহ্ন, অযশঃ। Scar, infamy.

कलङ्कित त्रि० [कलङ्क+इतच्] কলংকযুক্ত। Disgraced.

কলঞ্জ পু০ [ক+লন্‌জ-অণ্] তামাক। ত্রি০ বিষাক্ত অস্ত্রের দ্বারা নিহত (পশু বা পক্ষী)। ক্লী০ মাংস-বিশেষ। Tobacco; killed by some poisonous weapon ; flesh.

কলত্র ক্লী০ [কল+ত্রৈ-ক] স্ত্রী, ভার্যা, জঘন, নিতম্ব, দুর্গ। Wife, loins, buttocks.

কলধৌত ক্লী০ [কল+ধৌত] সুবর্ণ, রৌপ্য। Gold, silver.

কলধ্বনি পু০ [কল+ধ্বনি] পারাবত, কোকিল, ময়ূর। Pigeon, cuckoo, peacock.

কলন ক্লী০ [কল-ল্যুট্] গ্রহণ, ধারণ, দর্শন, বাত-পিত্তাদি দোষ, চিহ্ন। পু০ বেতসবৃক্ষ। Acceptance; cane-tree.

কলভ পু০ [কর+মা-ক] হস্তিশিশু। A young elephant.

কলম পু০ [কল-কমচ্] ধান্যবিশেষ, লেখনী, চোর। A kind of corn, pen, thief.

কলম্ব পু০ [কড-অম্বচ্] কদম্ববৃক্ষ, বাণ। স্ত্রী০ কলম্বী—কলমী শাক। A kind of tree, arrow.

কলরব পু০ [কল+রব] কলধ্বনি, কপোত, কোকিল। Noise, pigeon, cuckoo.

কলল পু০, ক্লী০ [কল-অলচ্] জরায়ু, ভ্রূণ। Womb, embryo.

কলবিঙ্ক পু০ [কল+বিংক-অচ্] চাতকপক্ষী। A sparrow.

কলশ পু০ [কল+শু-ড], **কলস** পু০ [ক+লস-অচ্] কলসী। Earthen jar.

কলশি[-শী] স্ত্রী০ [কল+শূ-ডি], **কলসি[-সী]** স্ত্রী০ [ক+লস-ইন্ (+ঙীষ্)] ঘট, ঘটী। Earthen jar.

কলহ পু০, ক্লী০ [কল+হন-ড] বিবাদ, যুদ্ধ। পু০ খড়্গকোষ, ভণ্ডতা। Quarrel, fight ; the sheath of a sword, deceit.

কলহংস পু০ [কল+হংস] রাজহংস, মরাল, রাজা, ব্রহ্ম। Swan, king, Brahman.

কলহকার ত্রি০ [কলহ+কৃ-অণ্] যে বাগ্‌যুদ্ধ করে। One who indulges in wordy duel.

কলহান্তরিতা স্ত্রী০ [কলহ+অন্তরিতা] নায়িকা-বিশেষ। A type of heroine.

কলা স্ত্রী০ [কল-অচ্+টাপ্] চন্দ্রের ষোড়শাংশ, অংশ, লেশ, সুদ, কালমান, নৃত্যগীতাদি চৌষট্টি বিদ্যা। A digit of the moon, part, fraction, the arts.

কলাঙ্কুর পু০ [কল+অঙ্কুর] কংস, সারসপক্ষী। Name of Kaṁsa, heron.

কলাচী[-চিকা] স্ত্রী০ কনুই হইতে অঙ্গুলি পর্যন্ত হস্ত। Arm.

কলাদ পু০ [কল+আ+দা-ক] স্বর্ণকার। Goldsmith.

কলানিধি পু০ [কলা+নিধি] চন্দ্র। The moon.

কলাপ পু০ [কলা+আপ-অণ্] সমূহ, ময়ূরপুচ্ছ, কাঞ্চী, ভূষণ, পণ্ডিত ব্যক্তি, ব্যাকরণ-বিশেষ। Group, peacock's feather, ornament, name of a Sanskrit grammar.

কলাপক পু০ [কলাপ+কন্] কলাপ, হস্তীর গলবন্ধ। ক্লী০ একই বিষয়ে শ্লোকচতুষ্টয়াত্মক বাক্য। Group, the rope round the elephant's neck; four stanzas forming one sentence on a particular topic.

কলাপিন্ পু০ [কলাপ+ইনি] ময়ূর। [কল+আপ-ণিনি] কোকিল। Peacock ; cuckoo.

কলাভৃৎ পু০ [কলা+ভৃ-ক্বিপ্] চন্দ্র, শিল্পী, শিব। Moon, artist, name of Śiva.

কলায় পু০ [কল+অয়-অণ্] মাষকলাই। Pulses.

কলালাপ পু০ [কল+আলাপ] মধুরালাপ, ভ্রমর, কোকিল। Pleasant conversation, bee, cuckoo.

কলাবৎ পু০ [কলা+মতুপ্] চন্দ্র। ত্রি০ কলাবিশিষ্ট। স্ত্রী০ কলাবতী—দীক্ষাবিশেষ। Moon ; one having digits ; a type of initiation.

কলাবিক পু০ [কল+আ+বি+কৈ-ক] কুক্কুট। A cock.

কলি পু০ [কল-ইন্] চতুর্থ যুগ, কলহ, দ্বেষ, যুদ্ধ, শূর। The last of the Yugas or cycles of time, quarrel, hatred, fight, hero.

কলিঙ্গ পু০ [কলি+গম-খচ্] দেশবিশেষ, বৃক্ষ-বিশেষ। ত্রি০ কলিঙ্গদেশজাত। স্ত্রী০ কলিঙ্গা—রূপবতী নারী। Name of modern Orissa, a kind of tree ; born in Kaliṅga.

কলিত ত্রি০ [কল-ক্ত] জ্ঞাত, প্রাপ্ত, গৃহীত, দৃষ্ট, আশ্রিত, উক্ত, গণিত, বদ্ধ, ভঃ। Known, got, accepted, seen.

কলিদ্রুম পু০ [কলি+দ্রুম] বয়ড়া গাছ। The Vibhītaka tree.

কলিন্দ পু০ [কলি+দা-খচ্] পর্বতবিশেষ, সূর্য, বয়ড়া গাছ। Name of a mountain, the Sun.

কলিন্দকন্যা স্ত্রী০ [কলিন্দ+কন্যা], **কলিন্দজা** স্ত্রী০ [কলিন্দ+জন-ড+টাপ্], **কলিন্দনন্দিনী** স্ত্রী০ [কলিন্দ+নন্দিনী] যমুনা। Name of the river Yamunā.

কলিপ্রিয় পুং [কলি+প্রিয়] নারদ, বানর। ত্রিং কলহপ্রিয়। An epithet of Nārada, monkey ; fond of quarrel.

কলিল ত্রিং [কল-ইলচ্] গহন, মিশ্রিত। Deep, mixed.

কলুষ ক্লীং [কল-উষচ্] পাপ। ত্রিং পাপী, ঘোলা, মলযুক্ত, অসমর্থ, দুঃখিত। Sin ; sinner, turbid.

কলুষিত ত্রিং [কলুষ+ইতচ্] দূষিত, ঘোলা, পাপী। Vitiated, turbid, sinner.

কলেবর ক্লীং [কলে+বর] দেহ। Body.

কল্ক পুং, ক্লীং [কল-ক] মল, কর্ণমল, পাপ, দম্ভ। Dirt, sin.

কল্কন ক্লীং [কল্ক+ণিচ্-ল্যুট্] কলহ, দম্ভ। Quarrel, arrogance.

কল্কি পুং [কল-কি], **কল্কিন্** পুং [কল্ক+ইনি] বিষ্ণুর দশম অবতার। The tenth incarnation of Viṣṇu.

কল্প পুং [ক্লৃপ+ণিচ্-অচ্] বেদাঙ্গবিশেষ, বিধি, শাস্ত্র, নিয়ম, ন্যায়, ব্রহ্মার দিবাভাগ, প্রলয়, বিকল্প, অভিপ্রায়, কল্পবৃক্ষ। ত্রিং সদৃশ। Name of a Vedāñga, injunction, rule ; similar.

কল্পতরু পুং [কল্প+তরু] স্বর্গের বৃক্ষবিশেষ। A kind of heavenly tree.

কল্পন ক্লীং [ক্লৃপ-ল্যুট্] কল্পনা, আরোপ, রচনা, মনন, ছেদন, সামর্থ্য, পর্যাপ্তি। Imagination, imposition, creation.

কল্পান্ত পুং [কল্প+অন্ত] প্রলয়। Dissolution.

কল্পিত ত্রিং [ক্লৃপ+ণিচ্-ক্ত] রচিত, সজ্জিত, দত্ত সম্পাদিত। Created, decorated, accomplished.

কল্মষ ক্লীং [কর্ম+সো-ক] পাপ। পুং নরকবিশেষ। ত্রিং মলিন, পাপিষ্ঠ। Sin ; name of a particular hell ; dirty, sinner.

কল্মাষ পুং [কল-ক্বিপ্+মষ-অচ্] রাক্ষস, চিত্রবর্ণ, কৃষ্ণবর্ণ। Demon, variegated colour, dark colour.

কল্য ক্লীং [কল-যত্] প্রত্যূষ। ত্রিং সজ্জিত, সমর্থ, সুস্থ, দক্ষ, উত্তম। Dawn ; decorated, expert, best.

কল্যাণ ক্লীং [কল্য+অণ-ঘঞ্] মঙ্গল, স্বর্গ, স্বর্ণ। ত্রিং সাধু, সুখী। Welfare, heaven, gold ; honest, happy.

কল্যাণকৃত্ ত্রিং [কল্যাণ+কৃ-ক্বিপ্] শুভকারী। One who does good.

কল্ল ত্রিং [কল্ল-অচ্] বধির। Deaf.

কল্লোল পুং [কল্ল-ওলচ্] তরঙ্গ, হর্ষ। ত্রিং শত্রু। Wave, delight ; enemy.

কবক পুং [কু-অচ্+কন্] গ্রাস। ক্লীং ছত্রাক। A mouthful; mushroom.

কবচ পুং, ক্লীং [ক+বন্চ-ক] সাঁজোয়া, মন্ত্রবিশেষ। পুং বাদ্যযন্ত্রবিশেষ, বৃক্ষবিশেষ। Armour, a charm ; a musical instrument.

কবর পুং [ক+বর] কেশবিন্যাস। পুং, ক্লীং (ক+বৃ-অচ্) লবণ, অম্ল। Braiding of the hair ; salt, sour.

কবর্গ পুং [ক+বর্গ] ক খ গ ঘ ঙ—এই পাঁচটি বর্ণ। The five letters ka, kha etc.

কবল পুং [ক+বল-অচ্] গ্রাস, বেলেমাছ। Morsel, a kind of fish.

কবলিত ত্রিং [কবল+ণিচ্-ক্ত] গ্রস্ত, ভক্ষিত, ব্যাপ্ত। Seized, devoured.

কবাট ত্রিং [ক+বট-অণ্] দ্বারের আবরণ। The panel of a door.

কবি পুং [কু-ইন্] কাব্য-রচয়িতা, পণ্ডিত, শুক্রাচার্য, ব্রহ্মা, সূর্য। ত্রিং ধীমান্, সর্বশাস্ত্রজ্ঞ। Poet, scholar; intelligent; versed in all sciences.

কবিক ক্লীং [কবি+কন্] লাগাম। Reins.

কবিতা স্ত্রীং [কবি+তল্+টাপ্] কবিত্ব, শ্লোক। Poetry, verse.

কবোষ্ণ ত্রিং [কু+উষ্ণ] ঈষদুষ্ণ। Tepid.

কব্য ক্লীং [কু-যত্] পিতৃলোককে দেয় অন্নাদি। Offering to the fathers.

কশা[-ষা,-সা] স্ত্রীং [কশ-অচ্+টাপ্] চাবুক। Whip.

কশিপু পুং গ্রাসাচ্ছাদন, শয্যা। Livelihood, bed.

কশে[-সে]-রু পুং, ক্লীং [ক+শৄ-উ] মেরুদণ্ড। Spinal column.

কশেরুকা স্ত্রীং [কশেরু+কন্+টাপ্] মেরুদণ্ড। Spinal column.

কশ্মল ক্লীং [কশ-কল] পাপ, মূর্চ্ছা, মোহ। Sin, swoon.

কশ্মীর পুং [কশ-ঈরন্] দেশবিশেষ। Name of a country.

কশ্মীরজ পুং, ক্লীং [কশ্মীর+জন-ড], **কশ্মীরজন্মন্** পুং, ক্লীং [কশ্মীর+জন্মন্] কুঙ্কুম। Saffron.

কশ্য ক্লীং [কশ-যত্] মদ্যবিশেষ, অশ্বের কটিদেশ, A kind of wine.

কশ্যপ পুং [কশ্য+পা-ক] মুনিবিশেষ, মৃগবিশেষ, মৎস্যবিশেষ, কচ্ছপ। Name of a sage, a kind of deer or fish, a tortoise.

কষ পু০ [কষ–অচ্] কষ্টিপাথর। Touchstone.

কষণ ক্লী০ [কষ–ল্যুট্] ঘর্ষণ। ত্রি০ অপক্ব। Rubbing; unripe.

কষায় পু০, ক্লী০ [কষ–আয়] রসবিশেষ, নির্যাস, সৌরভ। ত্রি০ লোহিতবর্ণযুক্ত, রঞ্জিত, সুরভি। Astringent taste, extract; red, coloured.

কষায়িত ত্রি০ [কষায়+ইতচ্] রঞ্জিত, বিলেপিত। Dyed, besmeared.

কষ্ট ক্লী০ [কষ–ক্ত] ক্লেশ। ত্রি০ দুঃখজনক। Distress, pain; painful.

কষ্টি স্ত্রী০ [কষ–ক্তিন্] ঘর্ষণপ্রস্তর। Touchstone.

কস্তূরিকা স্ত্রী০ [কস্তূরী+কন্+টাপ্], **কস্তূরী** স্ত্রী০ [কস–ঊর+ঙীপ্] মৃগনাভি। Musk.

কহ্লার ক্লী০ [ক+হ্লাদ–অচ্] শ্বেতপদ্ম। White lotus.

কাংস্য ক্লী০[কংস+যঞ্] ধাতুবিশেষ। পু০, ক্লী০ কাঁসি। Brass; a sort of gong.

কাংস্যকার পু০ [কাংস্য+কৃ–অণ্] কাঁসারি। A brazier.

কাক পু০ [কৈ–কন্] পক্ষিবিশেষ। Crow.

কাকতালীয় ক্লী০ [কাক+তাল+ছ] ন্যায়বিশেষ, কার্যকারণভাব-ব্যতিরেকে যদি পরপর দুইটি ঘটনা ঘটে। Accidental coincidence.

কাকপক্ষ পু০ [কাক+পক্ষ+অচ্] মস্তকের পার্শ্বদ্বয়ে কেশরচনাবিশেষ। Sidelocks of hair.

কাকপুষ্ট পু০ [কাক+পুষ্ট] কোকিল। Cuckoo.

কাকবন্ধ্যা স্ত্রী০ [কাক+বন্ধ্যা] একটিমাত্র সন্তানের জননী। Mother of a single child.

কাকলি[-লী] স্ত্রী০ [কু+কল–ইন্ (ঙীপ্)] অস্ফুট মধুরধ্বনি, চৌর্যযন্ত্র-বিশেষ। Indistinct pleasant sound.

কাকাক্ষিগোলকন্যায় পু০ [কাক+অক্ষি+গোলক+ন্যায়] ন্যায়বিশেষ যাহার দ্বারা একটী শব্দের সহিত তাহার পূর্ব এবং পরবর্তী শব্দদ্বয়ের অন্বয় সিদ্ধ হয়। A maxim by which a word once used may be construed with two words at its two ends.

কাকিণী স্ত্রী০ গণ্ডা, কড়ি, কৃষ্ণপক্ষে ঋতুমতী স্ত্রী। A shell used as a coin.

কাকু স্ত্রী০ [কক–উণ্] কণ্ঠধ্বনি-বিশেষ, দৈন্যোক্তি। Change of voice.

কাকুৎস্থ পু০ [ককুৎস্থ+অণ্] সূর্যবংশীয় রাজা। King of the solar dynasty.

কাকুদ ক্লী০ [কাকু+দা–ক] তালু। Palate.

কাকূক্তি স্ত্রী০ [কাকু+উক্তি] কাতরবচন। Piteous words.

কাকোদর পু০ [কাক+উদর] সর্প। ত্রি০ যাহার উদর ঋজু। Serpent.

কাকোল পু০ [কক+ণিচ্–ওল] কুম্ভকার, দ্রোণকাক, শূকর, সর্পবিশেষ। Potter, raven, boar, a type of serpent.

কাকোলূকিকা স্ত্রী০ [কাক+উলূকিকা] কাক ও পেচকের স্বাভাবিক শত্রুতা। Natural enmity between the crow and the owl.

কাক্ষ পু০ [কু+অক্ষি+ষচ্] কটাক্ষ। Side-long glance.

কাঙ্ক্ষা স্ত্রী০ [কাঙ্ক্ষ–অ+টাপ্] ইচ্ছা। Desire.

কাঙ্ক্ষিত ক্লী০ [কাঙ্ক্ষ–ক্ত] ইচ্ছা। ত্রি০ বাঞ্ছিত। Desire; desired.

কাচ পু০ [কচ–ঘঞ্] বালি ও ক্ষার হইতে উৎপন্ন বস্তুবিশেষ। Glass.

কাচর ত্রি০ [কু+চর] পীতবর্ণযুক্ত। Yellow.

কাঞ্চন ক্লী০ [কাঞ্চ–ল্যুট্] স্বর্ণ, পুষ্পবিশেষ। Gold, a kind of flower.

কাঞ্চনসন্ধি পু০ [কাঞ্চন+সন্ধি] স্বর্ণবৎ শ্রেষ্ঠ সন্ধি। A treaty of alliance on equal terms.

কাঞ্চি[-ঞ্চী] স্ত্রী০ [কাঞ্চ–ইন (ঙীপ্)] চন্দ্রহার, নগরী-বিশেষ। A girdle, name of a city.

কাঞ্চীপদ ক্লী০ [কাঞ্চী+পদ] জঘন। The hips and loins.

কাঞ্জিক ক্লী০ [কু+অনজ–ণ্বুল্] কাঁজি। Gruel.

কাঠিন্য ক্লী০ [কঠিন+ষ্যঞ্] কঠিনতা। Hardness.

কাণ পু০ [কণ–ঘঞ্] কাক। ত্রি০ একচক্ষুহীন। Crow; blind of one eye.

কাণভুজ্ ত্রি০ [কাণ+ভুজ–ক্বিপ্] কণাদমুনি সম্বন্ধীয়। Relating to the sage Kaṇāda.

কাণেয়[-র] ত্রি০ [কাণা+ঢক্ (দ্রক)] কাণপুত্র। Son of a one-eyed woman.

কাণ্ড পু০, ক্লী০ [কণ–ড] বাণ, গুচ্ছ, গাছের গুঁড়ি। Arrow, trunk of a tree.

কাণ্ডপট পু০ [কাণ্ড+পট] কানাৎ। Curtain.

কাণ্ডপৃষ্ঠ পু০ [কাণ্ড+পৃষ্ঠ] ব্যাধ। Hunter.

কাণ্ডীর ত্রি০ [কাণ্ড+ঈরন্] তীরন্দাজ। Marksman.

কাণ্ব ত্রি০ [কণ্ব+অণ্] কণ্ব-সম্বন্ধীয়। Relating to Kanva.

কাতর ত্রি০[কু+তৃ–অচ্] দুঃখিত, অধীর, ভীত, চঞ্চল। Stricken.

कातर्य क्ली० [कातर+ष्यञ्] দুঃখ, ভীরুতা। Misery, cowardice.

कातृण क्ली० [कु+तृण] কুৎসিত তৃণ। Bad grass.

कात्यायन पु० [कत+यञ्+फक्] ধর্মশাস্ত্রপ্রণেতা ঋষিবিশেষ, বার্ত্তিক-রচয়িতা। Name of a sage.

कादम्ब पु० [कद्+णिच्-अम्बच्] শ্যামপক্ষ কলহংস, বাণ, ইক্ষু, কদম্বরক্ষ। Black-winged swan, arrow, sugar-cane, name of a tree.

कादम्बर पु० [कादम्ब+ला-क] দধির সর। Skim of coagulated milk.

कादम्बिनी स्त्री० [कादम्ब+इनि+ङीप्] মেঘশ্রেণী। Clouds.

कादाचित्क त्रि० [कदाचित्+ठञ्] কদাচিৎ জাত। Temporal.

काद्रवेय पु० [कद्रू+ढक्] সর্প। Serpent.

कानन क्ली० [कन-ल्युट्] বন, গৃহ। Forest, home.

कानीन पु० [कन्या+अण्] অবিবাহিতার সন্তান। Offspring of an unmarried girl.

कान्त त्रि० [कम-क्त] কমনীয়। स्त्री० कान्ता—ভার্যা। Lovely ; wife.

कान्तार पु०, क्ली० [कान्त+ऋ-अण्] মহারণ্য। Dense forest.

कान्ति स्त्री० [कम-क्तिन्] শোভা। Beauty.

कान्तिक क्ली० [कान्ति+कै-ड] লৌহবিশেষ। A type of iron.

कान्तिभृत् त्रि० [कान्ति+भृ-क्विप्], **कान्तिमत्** त्रि० [कान्ति+मतुप्] দীপ্তিশালী। Bright.

कान्दिशीक त्रि०[काम्+दिश्+ठक्] ভয়ে পলায়িত। Fled through fear.

कान्यकुब्ज पु० [कन्याकुब्ज+अण्] কনৌজবাসী। A resident of Kanauj.

कनोजदेश पु० [कनोज+देश] দেশবিশেষ। Name of a country.

कापट्य क्ली० [कपट+ष्यञ्] কপটতা। Deceit.

कापथ पु० [कु+पथिन्+अच्] কুৎসিত পথ। A bad way.

कापालिक त्रि० [कपाल+ठक्] নরকপালসহযোগে তন্ত্রসাধক। A follower of a certain Śaiva sect.

कापिल त्रि० [कपिल+अण्] সাংখ্যমতাবলম্বী। Belonging to the school of Sāṅkhya.

कापिश क्ली० [कपिश+अण्] মদ্যবিশেষ। A kind of wine.

कापुरुष पु० [कु+पुरुष] ভীরু। Coward.

कापेय त्रि० [कपि+ढक्] বানরসম্বন্ধী। Relating to monkeys.

काम पु० [कम-घञ्] কন্দর্প। अव्य० অনুজ্ঞা। Cupid; consent.

कामकार पु० [काम+कृ-अण्] যথেচ্ছ ক্রিয়া। Indiscriminate action.

कामचर पु० [काम+चर-ट] স্বেচ্ছাবিহারী। One who moves indiscriminately.

कामचार पु० [काम+चर-घञ्] স্বেচ্ছাচার। Licence.

कामद त्रि० [काम+दा-क] অভীষ্টদাতা। Giver of desired things.

कामदुघा स्त्री० [काम+दुह-क+टाप्], **कामदुह्** स्त्री० [काम+दुह-क्विप्] কামধেনু। A wish-fulfilling cow.

कामधेनु स्त्री० [काम+धेनु] অভীষ্ট-ফলদায়িনী গাভী। A wish-fulfilling cow.

कामन त्रि०[कम+णिङ्-ल्युट्], **कामयमान** त्रि० [काम+णिङ्-शानच्], **कामयान** त्रि० [कम+णिङ्-शानच्], **कामयितृ** त्रि० [कम+णिङ्-तृच्] কামুক। Lustful.

कामपाल पु० [काम+पाल-अण्] বলরাম। An epithet of Balarāma.

कामपीठ पु०, क्ली० [काम+पीठ] কূপাদির উপরে বদ্ধস্থান। Pedestal erected on well.

कामम् अव्य० [कम+णिङ्-अमु] অনুমতি, প্রচুর, পর্যাপ্ত, অগত্যা, অনিষ্টস্বীকার ইত্যাদিবোধক অব্যয়। A particle indicating permission, amplitude etc.

कामरूप पु० দেশবিশেষ। त्रि० [काम+रूप] যথেচ্ছদেহধারী। Name of a country; taking any form at will.

कामरूपिन् पु० [कामरूप+इनि] বিদ্যাধর। A magician.

कामल पु० [का+आमल] বসন্তকাল, রোগবিশেষ। त्रि० [कम-कलच्] কামুক। Spring; a disease of the eye.

कामशर पु० [काम+शर] আম্রবৃক্ষ। Mango tree.

कामसख पु० [काम+सखिन्+टच्] বসন্তকাল, চন্দ্র। Spring, moon.

कामसूत्र क्ली० [काम+सूत्र] বাৎস্যায়নপ্রণীত গ্রন্থবিশেষ। A book on erotics by Vātsyāyana.

कामात्मन् पु० [काम+आत्मन्] কামাকুল-চিত্ত। Of lustful mind.

कामानल पु० [काम+अनल] কামাগ্নি। The fire of lust.

कामान्ध त्रि॰ [काम+अन्ध] কামমুগ্ধ। Blind through lust.

कामावशा[-सा]यिता স্ত্রী॰ [काम+अव+शी+णिच्-णिनि+तल्+टाप्] ইচ্ছানুসারিত্বরূপ ঐশ্বর্য। The power of acting according to desire.

कामित त्रि॰ [कम+णिच्-क्त] প্রার্থিত। Desired.

कामिन् त्रि॰ [कम+णिङ्-णिनि] কামবিশিষ্ট। Lustful.

कामीन त्रि॰ [काम+ख] কামুক। Lustful.

कामुक त्रि॰ [कम-उकञ्] অভিলাষী। Lustful.

काम्पिल्य[-ल्ल] पु॰ [कम्पिला+ष्यञ्] দেশবিশেষ। Name of a country.

काम्बल त्रि॰ [कम्बल+अण्] কম্বলাবৃত। Covered by blanket.

काम्बोज पु॰ [कम्बोज+अण्] দেশবিশেষ। Name of a country.

काम्य त्रि॰ [कम+णिङ्-यत्] ভোগ্য, অভীষ্ট। Desired.

काम्यमान त्रि॰ [कम+णिच्-शानच्] প্রার্থ্যমান। Desirous.

काम्ल त्रि॰ [कु+अम्ल] ঈষৎ অম্লযুক্ত। Slightly sour.

काय पु॰ [चि-घञ्] দেহ। त्रि॰ [क+अण्] প্রজাপতিদেবতার উদ্দেশ্যে হুত। Body; offering to Prajāpati.

कायस्थ पु॰ [काय+स्था-क] আত্মা, জাতিবিশেষ। Self, a certain caste.

कायिक त्रि॰ [काय+ठक्] শারীরিক। Bodily.

कार पु॰ [कृ-घञ्] কার্য, নিশ্চয়, যত্ন। Action, determination.

कारक त्रि॰ [कृ-ण्वुल्] কর্মকর্তা। क्ली॰ ব্যাকরণশাস্ত্রে সংজ্ঞাবিশেষ। Doer; a case in grammar.

कारण क्ली॰ [कृ+णिच्-ल्युट्] হেতু, সাধন। Cause, means.

कारणमाला स्त्री॰ [कारण+माला] অর্থালংকারবিশেষ। A figure of speech.

कारणा स्त्री॰ [कृ+णिच्-युच्+टाप्] তীব্র যাতনা। Extreme pain.

कारणिक त्रि॰ [कारण+ठक्] পরীক্ষক। Examiner.

कारण्डव पु॰ [कारण्ड+वा-क] হংসবিশেষ। A swan.

कारवेल्ल पु॰ [कार+वेल्ल-अच्] করেলা, উচ্ছে। A kind of gourd.

कारा स्त्री॰ [कृ-अङ्+टाप्] বন্ধনাগার। Prison.

कारागार क्ली॰ [कारा+आगार] বন্ধনালয়। Prison.

कारापथ पु॰ দেশবিশেষ। Name of a country.

कारि स्त्री॰ [कृ-इञ्] কার্য, শিল্প। Work, art.

कारिकर पु॰ [कारि+कृ-अच्] শিল্পকর্মকারী। Artisan.

कारिका स्त्री॰ [कृ-ण्वुल्+टाप्] শ্লোক, নটী। Verse, actress.

कारु त्रि॰ [कृ-उण्] শিল্পকর, নির্মাতা। Artisan.

कारुज क्ली॰ [क+आ+रुज-क] চিত্র, করভ, বল্মীক। Picture, a young elephant, ant-hill.

कारुणिक त्रि॰ [करुणा+ठक्] দয়ালু। Kind.

कारुण्य क्ली॰ [करुणा+ष्यञ्] দয়া। Compassion.

कारोत्तर पु॰ [कार+उत्+तृ-अच्] সুরামণ্ড। [कार+उत्+तृ-अप्] কূপ। Yeast; well.

कार्कश्य क्ली॰ [कर्कश+ष्यञ्] কাঠিন্য। Roughness.

कार्तवीर्य पु॰ [कृतवीर्य+अण्] অর্জুন। A name Arjuna.

कार्तस्वर क्ली॰ [कृतस्वर+अण्] স্বর্ণ। Gold.

कार्तान्तिक पु॰ [कृतान्त+ठक्] দৈবজ্ঞ। An astrologer.

कार्त्तिक पु॰ [कृत्तिका+अण्] মাসবিশেষ, স্কন্দ। Name of a month, the god Skanda.

कार्त्तिकिक पु॰ [कार्तिकी+ठक्] কার্তিক মাস। The month of Kārttika.

कार्त्तिकेय पु॰ [कृत्तिका+ढक्] কার্তিক, স্কন্দ। Kārttika.

कार्त्स्न्य क्ली॰ [कृत्स्न+ष्यञ्] সম্পূর্ণতা, সাফল্য। Completeness, fullness.

कार्पट पु॰ [कर्पट+अण्] লাক্ষা, জীর্ণ বস্ত্রখণ্ড। Lac, a rag.

कार्पण्य क्ली॰ [कृपण+ष्यञ्] কৃপণতা। Miserliness.

कार्पास क्ली॰ [कर्पासी+अण्] কাপাসতুলা। Cotton.

कार्म त्रि॰ [कर्म+ण] কর্মশীল। Active.

कार्मण त्रि॰ [कर्मन्+अण्] কর্মদক্ষ। Dexterous.

कार्मिक त्रि॰ [कर्म+ठक्] নির্মিত। Made.

कार्मुक क्ली॰ [कर्म+उकञ्] ধনুক। त्रि॰ কর্মক্ষম। Bow; fit for work.

कार्य क्ली॰ [कृ-ण्यत्] কর্ম। त्रि॰ কর্তব্য, কৃতসাধ্য, উৎপাদ্য। Action.

कार्श्य क्ली॰ [कृश+ष्यञ्] কৃশতা। Thinness.

कार्षापण पु॰, क्ली॰ [कर्ष+आ+पण-घ] কাহন। A coin or weight of different values.

कार्षिक पु॰ [कर्ष+ठञ्] পরিমাণবিশেষ। A certain measure.

कार्ष्ण त्रि॰ [कृष्ण+अण्] কৃষ্ণসম্বন্ধীয়। Relating to Kṛṣṇa.

কার্ষ্ণি পু০ [কৃষ্ণ+ইঞ্] কৃষ্ণসুত। Son of Kṛṣṇa.

কাল পু০ [কু+অল–অচ্] সময়, অবসর, কৃষ্ণবর্ণ, যমরাজ। ক্লী০ লৌহ। Time, leisure, black colour, God of death; iron.

কালক পু০ [কাল+ক] সর্পবিশেষ। A serpent.

কালকণ্ঠ পু০ [কাল+কণ্ঠ] নীলকণ্ঠ। Name of Śiva.

কালকূট পু০, ক্লী০ [কাল+কূট–অণ্] বিষবিশেষ। Poison.

কালখণ্ড ক্লী০ [কাল+খণ্ড] যকৃৎ। Liver.

কালজ্ঞ ত্রি০ [কাল+জ্ঞা–ক] দৈবজ্ঞ, উচিত সময় যিনি জানেন। Astrologer.

কালঞ্জর পু০ [কাল+জৃ–খচ্] পর্বতবিশেষ। Name of a mountain.

কালধর্ম পু০ [কাল+ধর্ম] কালের ধর্ম, মৃত্যু। The law of time, death.

কালনেমি পু০ [কাল+নেমি] রাক্ষসবিশেষ। Name of a demon.

কালপুরুষ পু০ [কাল+পুরুষ] যমের ভৃত্য, নক্ষত্রবিশেষ। The servant of Yama, name of a constellation.

কালপৃষ্ট ক্লী০ [কাল+পৃষ্ঠ] কর্ণের ধনুক। The bow of Karṇa.

কালযবন পু০ [কাল+যবন] অসুরবিশেষ। Name of a demon.

কালরাত্রি স্ত্রী০ [কাল+রাত্রি] প্রলয়রাত্রি, দীপান্বিতার রাত্রি, শক্তিবিশেষ। The night of dissolution.

কালবেলা স্ত্রী০ [কাল+বেলা] অসময়। Inauspicious time.

কালশেয় ক্লী০ [কলশী+ঢক্] ঘোল, তক্র। Whey.

কালসর্প পু০ [কাল+সর্প] কৃষ্ণসর্প। A black serpent.

কালসার পু০ [কাল+সার] কৃষ্ণসার মৃগ। Antelope.

কালস্কন্ধ পু০ [কাল+স্কন্ধ] তমাল বৃক্ষ, উডুম্বর বৃক্ষ। The Tamāla tree.

কালাগুরু ক্লী০ [কাল+অগুরু] কৃষ্ণচন্দন। Black aloe wood.

কালাত্যয়াপদিষ্ট পু০ [কালাত্যয়+অপদিষ্ট] ন্যায়দর্শনে হেত্বাভাসবিশেষ। A type of pseudo-reason.

কালানুসার্য ক্লী০ [কাল+অনুসার্য] গন্ধদ্রব্যবিশেষ। A fragrant wood.

কালায়স ক্লী০ [কাল+অয়স্+অচ্] লৌহবিশেষ। Black iron.

কালাশৌচ ক্লী০ [কাল+অশৌচ] শুভকর্মের বাধাতক অশৌচবিশেষ। Period of mourning.

কালিক পু০ [কাল+ঠঞ্] বক পক্ষী। ত্রি০ সময়োচিত। স্ত্রী০ কালিকা—চণ্ডিকা, কুজ্ঝটিকা, শৃগালী। A heron; a name of goddess Caṇḍī.

কালিঙ্গ পু০ [কলিঙ্গ+অণ্] কলিঙ্গদেশের নৃপতি। ক্লী০ তরমুজ। The king of the Kaliṅga country.

কালিদাস পু০ [কালী+দাস] কবিবিশেষ। Name of a poet.

কালিন্দী স্ত্রী০ [কলিন্দ+অণ্+ঙীপ্] যমুনা নদী। The river Yamunā.

কালিন্দীকর্ষণ পু০ [কালিন্দী+কর্ষণ], **কালিন্দীভেদন** পু০ [কালিন্দী+ভেদন] বলদেব। Name of Baladeva.

কালিমন্ পু০ [কাল+ইমনিচ্] মালিন্য, কৃষ্ণতা। Paleness, blackness.

কালিয় পু০ [ক+আ+লী–ক] যমুনাতলবাসী সর্পবিশেষ। A serpent residing under the Yamunā.

কালী স্ত্রী০ [কাল+ঙীষ্] দুর্গা। Name of Durgā.

কালীন ত্রি০ [কাল+খ] কালসম্বন্ধীয়। Relating to time.

কালীয় পু০ [কাল+ছ] সর্পবিশেষ। Name of a serpent.

কালীয়ক ক্লী০ [কালীয়+কৈ–ক] কৃষ্ণচন্দন, দারুহরিদ্রা। Black sandalwood.

কালুষ্য ক্লী০ [কলুষ+ষ্যঞ্] কলুষতা। Pollution.

কালেয় পু০ [কালী+ঢক্] দৈত বিশেষ। ত্রি০ কলিযুগ-সম্বন্ধীয়। Name of a demon; belonging to Kali age.

কাল্পনিক ত্রি০ [কল্পনা+ঠঞ্] কল্পনাজনিত, কল্পিত, আরোপিত। Imaginary.

কাল্য পু০ [কল্য+অণ্] প্রভাত। ত্রি০ [কাল+যৎ] কালিক। Day-break; timely.

কাবচিক ক্লী০ [কবচিন্+ঠঞ্] কবচধারিসমূহ। A multitude of men in armour.

কাবারী স্ত্রী০ [ক+আ+বৃ–অণ্+ঙীপ্] ছাতা। Umbrella.

কাবেরী স্ত্রী০ [কাবের+অণ্+ঙীপ্] নদীবিশেষ, বেশ্যা, হরিদ্রা। Name of a river; harlot.

কাব্য ক্লী০ [কবি+ষ্যঞ্] কবিত্ব। পু০ [কবি+যঞ্] শুক্রাচার্য। Poetry; name of Śukra, the preceptor of Asuras.

কাব্যলিঙ্গ ক্লী০ [কাব্য+লিঙ্গ] অর্থালংকারবিশেষ। A figure of speech.

काश[-स] पु० [क+अश-घञ्] রোগবিশেষ, প্রকাশ। [কাশ-অচ্] তৃণবিশেষ। A kind of disease, manifestation; a kind of grass.

काशीराज पु० [काशी+राजन्+टच्] নৃপতিবিশেষ। Name of a king.

काशी[-शिका] स्त्री० [काश+इन्+ङीप्] বারাণসী। Name of the city of Vārāṇasī.

काशीश पु० [काशी+ईश] শিব, কাশীরাজ। Name of Śiva, the lord of Kāśi.

काश्मीर क्ली० [काश्मीर+अण्] কুমকুম। पु० কাশ্মীর দেশ। Saffron; the Kāshmīra country.

काश्मीरज क्ली० [काश्मीर+जन-ड], **काश्मीरजन्मन्** क्ली० [काश्मीर+जन्मन्] কুমকুম। Saffron.

काश्यप क्ली० [काश्य+पा-क] মাংস। पु० [कश्यप+अञ्] গোত্রবিশেষ, মুনিবিশেষ। Flesh; name of a lineage or a sage.

काश्यपि पु० [कश्यप+इञ्] অরুণ, গরুড়। An epithet of Aruṇa and Garuḍa.

काश्यपेय पु०[काश्यपी+ढक्] দ্বাদশ আদিত্য, গরুড়। The epithet of the twelve Ādityas, Garuḍa.

काषाय त्रि० [कषाय+अण्] কষায়-রঞ্জিত। Dyed red.

काष्ठ क्ली० [काश-क्थन्] কাঠ। Wood.

काष्ठकुट्ट पु० [काष्ठ+कुट्ट-अण्] কাঠঠোকরা পাখী। A woodpecker.

काष्ठकुद्दाल पु० [काष्ठ+कुद्दाल] কাঠের কোদাল। A wooden shovel.

काष्ठतक्ष पु० [काष्ठ+तक्ष-क्विप्] সূত্রধর। Carpenter.

काष्ठा स्त्री०[काश-क्थन्+टाप्] দিক, সীমা, উৎকর্ষ, পরিমাণবিশেষ। Quarters, limit, climax.

काष्ठाम्बुवाहिनी स्त्री० [काष्ठ+अम्बु+वाहिनी] কাষ্ঠনির্মিত জলসেচনপাত্র। A wooden bucket for extracting water.

कासर पु० [क+आ+सृ-अच्] মহিষ। Buffalo.

कासार पु० [क+आसार] সরোবর। Pond.

कासीस क्ली० [कासी+सो-क] হিরাকস। Green sulphate of iron.

काहल पु० [कु+हल-अच्] বিড়াল, কাক, কুক্কুট, কোলাহল। क्ली० অব্যক্ত স্বর। त्रि० শুষ্ক, খল। Cat, crow, cock; indistinct note; dry.

किंवदन्ति[-न्ती] स्त्री० [किम्+वद-झिच् (ङीप्)] জনশ্রুতি, লোকপ্রবাদ। Hearsay.

किंवा अव्य० [किम्+वा] বিকল্প, বিতর্ক, সম্ভাবনা। A particle indicating 'or', alternative, surmise.

किंशारु पु० [किम्+शॄ-ञुण्] শস্যের অগ্রভাগ, বাণ। Sprout of corn, arrow.

किंशुक पु० [किम्+शुक] পলাশগাছ। क्ली० ঐ পুষ্প। A kind of tree; a kind of flower.

किंस्वित् अव्य० [किम्+स्वित्] প্রশ্ন, বিতর্ক। A particle signifying question, surmise etc.

किकीदिवि पु० [किकी+दिव-इन्] পক্ষিবিশেষ। A kind of bird.

किखि पु०, स्त्री० খেঁকশেয়ালী। A fox.

किङ्कर त्रि० [किम्+कृ-अच्] ভৃত্য। Servant.

किङ्किनी स्त्री० [किम्+कण-इन्+ङीप्] ছোট ঘণ্টা, ঘুঙুর, কটিভূষণ। Tiny bell, anklet.

किङ्किर पु० [किम्+कॄ-क] কোকিল, ভ্রমর, অশ্ব, কন্দর্প। क्ली० গজকুম্ভ। Cuckoo, bee; the temple of an elephant.

किङ्किरात पु० [किङ्किर+अत-अण्] রক্তাশোক বৃক্ষ, শুকপক্ষী, কোকিল, কন্দর্প। A kind of tree, parrot, cuckoo.

किञ्च अव्य० [किम्+च] সমুচ্চয়, আরম্ভ, সম্ভাবনা। A particle signifying 'also,' 'moreover.'

किञ्चन अव्य० [किम्+चन], **किञ्चित्** अव्य० [किम्+चित्] অল্প, কিছু। A little, slight.

किञ्चुलुक पु० [किम्+चुलुम्प-ड+कन्] কেঁচো। Earthworm.

किञ्जल्क पु० [किम्+जल-क] পদ্ম-কেশর, পুষ্পরেণু। The filament of a lotus.

किटि पु० [किट-इन्] শূকর। Hog, boar.

किट्ट क्ली० [किट-क्त] মল, ময়লা। Dirt.

किण पु० [कण-अच्] ব্রণ, ক্ষতচিহ্ন, কীটবিশেষ। Scar, an insect.

किण्व पु० [कण-क्वन्+क] মদ্যবীজ। क्ली० পাপ। A seed used for producing wine; sin.

कितव त्रि० [कित+वा-क] ধূর্ত, দ্যূতকর, মত্ত। पु० ধুস্তুর বৃক্ষ। Cunning, gambler; the Datura plant.

किन्तु अव्य० [किम्+तु] প্রথম উক্তির বিপরীত-সূচক অব্যয়। A particle signifying 'but', 'yet' etc.

किन्नर पु० [कु+नर] যক্ষ, দেবযোনিবিশেষ। Yakṣa.

কিন্নরেশ পু০ [কিন্নর+ঈশ] কুবের। Name of Kuvera.

কিন্নু অব্য০ [কিম্+নু] প্রশ্ন, বিতর্ক। A particle signifying question, conjecture.

কিম্ অব্য০ [কু+ডিমু] কুৎসা, বিতর্ক, বিকল্প, প্রশ্ন, নিষেধ। A particle signifying censure, conjecture, alternative etc.

কিমপি অব্য০ [কিম্+অপি] অনিশ্চিত, অকারণ, অনির্বচনীয়তা-সূচক অব্যয়। A particle signifying indetermination, inexplicability etc.

কিমিব অব্য০ [কিম্+ইব] কিছু। Some.

কিমু অব্য০ [কৈ-ডিমু] সম্ভাবনা, বিতর্ক। A particle signifying possibility, conjecture etc.

কিমুত অব্য০ [কিম্+উত] প্রশ্ন, বিতর্ক, বিকল্প, অতিশয়, উৎপ্রেক্ষা। A particle signifying question, conjecture, altornative etc.

কিম্পচ ত্রি০ [কিম্+পচ-অচ্], **কিম্পচান** ত্রি০ [কিম্+পচ-আনচ্] কৃপণ। Miser.

কিম্পুরুষ, কিম্পূরুষ পু০ [কু+পুরুষ] কিন্নর, দেবযোনি-বিশেষ, বর্ষবিশেষ। A mythical being with a human head and the form of a horse.

কিম্ভূত ত্রি০ [কিম্+ভূত] কীদৃশ। Of what nature.

কিয়ত্ ত্রি০ [কিম্+বতুপ্] কত, অল্পপরিমাণ। A particle signifying 'how much' or a small quantity.

কির পু০ [কৃ-ক] শূকর, প্রান্তভাগ। ত্রি০ ক্ষেপণ-কারী। Boar ; one who hurls.

কিরণ পু০ [কৃ-ল্যু] অংশু। Ray.

কিরণমালিন্ পু০ [কিরণ+মালা+ইনি] সূর্য। The sun.

কিরাত পু০ [কির্+অত-অণ্] ব্যাধ, অশ্বপাল। স্ত্রী০ কিরাতী—কিরাতজাতীয়া স্ত্রী, দুর্গা, চামর-ধারিণী, গঙ্গা। A tribe who live by hunting.

কিরি পু০ [কৃ-ইক্] শূকর, মেঘ। Boar, a cloud.

কিরীট পু০, ক্লী০ [কৃ-ঈটন্] মুকুট। Crown.

কিরীটিন্ পু০ [কিরীট+ইনি] অর্জুন। ত্রি০ মুকুট-ধারী। A name of Arjuna ; one who wears a crown.

কির্মীর পু০ [কৃ-ঈরন্] বকরাক্ষসের ভ্রাতা। ত্রি০ চিত্রবর্ণযুক্ত। The brother of the demon Vaka ; variegated.

কিল অব্য০ [কিল-ক] সম্ভাবনা, ঐতিহ্য, বার্তা, প্রসিদ্ধি, নিশ্চয়, অলীক, সত্য, হেতু, অনুনয়। A particle signifying possibility, tradition etc.

কিলকিঞ্চিত ক্লী০ [কিল+কিম্+চিত] যুবতীগণের হাস্যাদি বিলাস। Amorous gestures of young girls.

কিলকিলা স্ত্রী০ [কিল-ক+টাপ্(দ্বিত্বম্)] বানরাদির হর্ষধ্বনি। The screaming of monkeys.

কিলিঞ্জক পু০ [কিলি-ইন্+জন-ড+ক] মাদুর, পর্দা। Mat, curtain.

কিল্বিষ ক্লী০ [কিল-টিষচ্] পাপ, অপরাধ, রোগ। Sin, guilt.

কিশল পু০, ক্লী০ [কিম্+শল-অচ্], **কিশলয়, কিসলয়** পু০, ক্লী০ [কিম্+শল-কয়ন্] নবপল্লব। Fresh foliage.

কিশোর পু০ [কশ-ওরন্] নবযুবা, অশ্বশিশু, পশু-শাবকমাত্র, সূর্য। Young, the young of any animal, the sun.

কিষ্কিন্ধ পু০ [কিম্+কিম্+ধা-ক] পর্বতবিশেষ। স্ত্রী০ কিষ্কিন্ধ্যা—ঐ গুহা, বালিরাজার রাজ্য। Name of a mountain ; the kingdom of Bāli.

কিষ্কু পু০, স্ত্রী০ [কিষ্ক-উন্] একহাত পরিমাণ। ত্রি০ নিন্দার পাত্র। A cubit; contemptible.

কীকট পু০ [কী+কট-অচ্] অশ্ব। ত্রি০ কৃপণ, দরিদ্র। পু০ (বহুবচন) দেশবিশেষ। Horse ; miser ; name of a country.

কীকশ পু০ [কী+কশ-অচ্] চণ্ডাল। The Caṇḍāla.

কীকস ক্লী০ [কী+কস-অচ্] অস্থি। পু০ কীট-বিশেষ। ত্রি০ কঠিন, কর্কশ। Bone ; an insect ; hard, rough.

কীকি পু০ [কী+কৈ-ডি] চাষপক্ষী। A kind of bird.

কীচক পু০ [কী+চক-অচ্] শব্দকারী বাঁশ, দৈত্য-বিশেষ, বিরাটরাজার শ্যালক। A hollow bamboo producing sound, name of a demon.

কীট পু০ [কীট-অচ্] কৃমি। ত্রি০ কঠিন। Worm; hard.

কীটঘ্ন পু০ [কীট+হন-টক্] গন্ধক। Sulphur.

কীটজ ক্লী০ [কীট+জন-ড] রেশম। স্ত্রী০ কীটজা—লাক্ষা। Silk ; lac.

কীটমণি পু০ [কীট+মণি] খদ্যোত। Firefly.

কীদৃক্ষ ত্রি০ [কিম্+দৃশ–ক্স], **কীদৃশ্** ত্রি০ [কিম্+দৃশ–ক্বিন্], **কীদৃশ** ত্রি০ [কিম্+দৃশ–কঙ্] কিপ্রকার, কিরূপ, কেমন। How, of what nature.

কীনাশ পু০ [কু+নশ+ণিচ্–অচ্] যম, বানরবিশেষ। ত্রি০ পশুঘাতক, গুপ্তঘাতক, ক্ষুদ্র, কৃষক। Name of Yama, a kind of monkey ; one who kills animals, mean, cultivating the soil.

কীর পু০ [কী+ঈর+ণিচ্–অচ্] শুকপক্ষী, দেশ-বিশেষ। ক্লী০ মাংস। Parrot, name of a country ; meat.

কীর্ণ ত্রি০ [কৄ–ক্ত] আচ্ছন্ন, ব্যাপ্ত, বিক্ষিপ্ত, নিহিত। Covered, strewn.

কীর্ণি স্ত্রী০ [কৄ–ক্তিন্] ব্যাপ্তি, বিক্ষেপ, হিংসা। Encompassing, scattering, injuring.

কীর্তন ক্লী০ [কীর্ত–ল্যুট্] বর্ণন। Describing.

কীর্তনীয় ত্রি০ [কীর্তন+ছ] বর্ণনীয়, প্রশংসনীয়, কথনীয়। Worthy to be described or praised.

কীর্তি স্ত্রী০ [কীর্ত–ক্তিন্] যশঃ, খ্যাতি, প্রসাদ। Fame, favour.

কীর্তিত ত্রি০ [কীর্ত–ক্ত] বর্ণিত, কথিত, খ্যাত। Described, told, famed.

কীর্তিশেষ পু০ [কীর্তি+শেষ] মৃত্যু। ত্রি০ মৃত। Death ; dead.

কীল পু০[কীল–ঘঞ্] অগ্নিশিখা, লেশ, শংকু, খিলান, কনুই। The tongue of a flame, wedge, elbow.

কীলক পু০ [কীল–ঘঞ্+ক] গোঁজ। Wedge, pin.

কীলন ক্লী০ [কীল–ল্যুট্] দৃঢ়তা, স্থিরীকরণ। Fixing.

কীলাল ক্লী০ [কীল+অল–অচ্] জল, অমৃত, রক্ত, মধু। Water, nectar, blood, honey.

কীলিত ত্রি০ [কীল–ক্ত] বদ্ধ। ক্লী০ বন্ধন। Bound; bondage.

কীশ পু০ [কি+ইশ] বানর, সূর্য, পক্ষী। ত্রি০ বিবস্ত্র। Monkey, sun; naked.

কু অব্য০ [কু+ডু] পাপ, ঈষৎ, নিন্দা, নিবারণ। স্ত্রী০ পৃথিবী। A particle signifying sin, censure etc ; the earth.

কুংশা[-সা] স্ত্রী০[কুংশ–অ+টাপ্] শোভা। Beauty.

কুকুন্দর ক্লী০ [কু+কু+দৃ–অণ্] নিতম্বস্থ আবর্তাকার গর্তদ্বয়। The cavities of the loins just above the hips.

কুকুর পু০ [কু+কুর–ক] যদুবংশীয় রাজাবিশেষ। A king of the Yadu dynasty.

কুকূল পু০ [কু+কু–উলচ্] তুষানল। ক্লী০ শঙ্কুদ্বারা নির্মিত গর্ত। A fire made of chaff.

কুক্কুট পু০ [কুক্+কুট–ক] স্ফুলিঙ্গ, মোরগ। Spark, cock.

কুক্কুটক পু০ [কুক্কুট+ক] নিষাদীগর্ভজাত শূদ্রপুত্র। An offspring of a śūdra by a niṣāda woman.

কুক্কুটব্রত ক্লী০ [কুক্কুট+ব্রত] ভাদ্রশুক্লা সপ্তমী-তিথিতে সন্তানার্থে অনুষ্ঠেয় ব্রত। A particular vow.

কুক্কুভ পু০ [কুক্+কু–মক্] বন্যকুক্কুট। Wild cock.

কুক্কুর পু০ [কুক্+কুর–ক] কুকুর। Dog.

কুক্ষি পু০ [কুষ–ক্সি] উদর-গহ্বর, অভ্যন্তর। Belly, inside.

কুক্ষিজ ত্রি০ [কুক্ষি+জন–ড] গর্ভজাত, সন্তান। Born of the womb, offspring.

কুক্ষিম্ভরি ত্রি০ [কুক্ষি+ভৃ–খি] পেটুক। Glutton.

কুঙ্কুম ক্লী০ [কুক–উমক্] কাশ্মীরদেশজাত গন্ধ-দ্রব্যবিশেষ। Saffron.

কুচ পু০ [কুচ–ক] স্ত্রীলোকের স্তন। Breast of a young woman.

কুচক্র ক্লী০ [কু+চক্র] ষড়যন্ত্র। Conspiracy.

কুজ পু০ [কু+জন–ড] মঙ্গলগ্রহ, বৃক্ষ, নরকাসুর। স্ত্রী০ কুজা—দুর্গা, সীতা। The planet Mars, tree, a demon ; name of Durgā or Sītā.

কুজ্ঝটি স্ত্রী০ [কু–ক্বিপ্+ঝট–ইন্] কুয়াসা। Fog.

কুঞ্চন ক্লী০ [কুন্চ–ল্যুট্] সংকোচন, বক্রণ, অনাদর। Shrinking, twisting.

কুঞ্চি[-ঞ্চী] স্ত্রী০ [কুন্চ–ইন্] খুঁচি, পরিমাণের পাত্রবিশেষ। A measuring vessel.

কুঞ্চিকা স্ত্রী০ [কুন্চ–ণ্বুল্+টাপ্] চাবি, কুঁচ, কঞ্চী, কেঁচো। Keys.

কুঞ্চিত ত্রি০ [কুন্চ–ক্ত] বক্র, সংকুচিত, অনাদৃত। Curved, shrunk.

কুঞ্জ পু০, ক্লী০ [কু+জন–ড] লতাগৃহ, হস্তিদন্ত। Grove, tusk.

কুঞ্জর পু০ [কুঞ্জ+রন্] হস্তী, কেশ। ত্রি০ শ্রেষ্ঠ। Elephant; best.

কুঞ্জরাশন পু০ [কুঞ্জর+অশন] অশ্বত্থবৃক্ষ। The Aśvattha tree.

কুট পুং [কুট–ক] দুর্গ, পর্বত, বৃক্ষ। পুং, ক্লীং ঘট। স্ত্রীং কুটী—কুঁড়ে ঘর। Fort, mountain; earthen jar; hut.

কুটজ পুং [কুট+জন–ড] কুরচি। A kind of wild flower.

কুটিচর পুং [কুটি+চর–অচ্] সন্ন্যাসিবিশেষ। A class of mendicants.

কুটিল ত্রিং [কুট–ইলচ্] বক্র, অসাধু। স্ত্রীং কুটিলা—নদীবিশেষ। ক্লীং ছন্দোবিশেষ। Tortuous, vicious; name of a river; a metre.

কুটিলগ ত্রিং [কুটিল+গম–ড] বক্রগামী। পুং সর্প। স্ত্রীং কুটিলগা—নদী। Moving in a curved way; serpent; river.

কুটীর পুং [কুটী+র], **কুটির** ক্লীং [কুট–ইরন্] পর্ণশালা, বাসস্থান। Hut.

কুটুম্ব পুং, ক্লীং [কুটম্ব–অচ্] পোষ্যবর্গ, পরিবার, নাম। Dependants, family.

কুটুম্বিন্ পুং [কুটুম্ব+ইনি] গৃহস্থ। স্ত্রীং কুটুম্বিনী—গৃহিণী। A householder; a housewife.

কুটুম্বিতা স্ত্রীং [কুটুম্বিন্+তল্+টাপ্] পারিবারিক সম্বন্ধ। Family relation.

কুট্টন ক্লীং [কুট্ট–ল্যুট্] ছেদন, বিভাজন, গুঁড়া করা, দূষণ। Cutting, pounding.

কুট্টমিত ক্লীং [কুট্ট+অম্+ইতচ্] স্ত্রীলোকের বিলাসবিশেষ। One of the twenty-eight graces of the heroine.

কুট্টাক ত্রিং [কুট্ট–ষাকন্] ছেদক। Cutter.

কুট্টিম পুং, ক্লীং [কুট্ট–ঘঞ্+ইমপ্] রত্নখনি, চাতাল, কুটীর। A mine of gems, courtyard, hut.

কুট্মল পুং, ক্লীং [কুট–ক্মলচ্], **কুড্মল** পুং, ক্লীং [কুড–ক্মলচ্] মুকুল, ফুলের কুঁড়ি। ক্লীং নরকবিশেষ। Bud; a particular hell.

কুঠ পুং [কুঠ–ক] বৃক্ষ। Tree.

কুঠর পুং [কুঠ–করন্] দধিমন্থন দণ্ড। A stick for churning whey.

কুঠার পুং [কুঠ–আরন্] কুড়ুল। An axe.

কুডপ[-ব] পুং [কুড–কপন্] পরিমাণবিশেষ। A measure.

কুড্য ক্লীং [কুড–ণ্যত্] ভিত্তি। Foundation.

কুণপ পুং, ক্লীং [কুণ–কপন্] শব। পুং পূতিগন্ধ, অস্ত্রবিশেষ। Corpse; foul smell.

কুণি পুং [কুণ–ইন্] বিকলাঙ্গ, তুঁতগাছ। One of disabled limb; a kind of tree.

কুণ্ঠ ত্রিং [কুণ্ঠ–অচ্] জড়, অলস, মূর্খ, অকর্মণ্য। Dull, lazy.

কুণ্ঠিত ত্রিং [কুণ্ঠ–ক্ত] সংকুচিত, ব্যাহত, ভোঁতা। Shrunk, blunt.

কুণ্ড পুং [কুণ্ড–অচ্] জারজপুত্র। ক্লীং অগ্নিস্থাপনের গর্ত, দেবজলাশয়, পরিমাণপাত্রবিশেষ। স্ত্রীং কুণ্ডী—কলসী, ঘটী। Son born in adultery; altar for placing fire, holy pond; a jar, a jug.

কুণ্ডপায্য পুং [কুণ্ড+পা–যৎ] যজ্ঞ। Sacrifice.

কুণ্ডল পুং, ক্লীং [কুণ্ড+লা–ক] কর্ণভূষণ, বলয়, বলয়াকৃতি বন্ধনী, সমূহ। Earring.

কুণ্ডলনা স্ত্রীং [কুণ্ডল+ণিচ্–যুচ্+টাপ্] বলয়াকৃতি বেষ্টন। Encircling.

কুণ্ডলিন্ পুং [কুণ্ডল+ইনি] সর্প, বরুণ, ময়ূর। ত্রিং কুণ্ডলধারী। স্ত্রীং কুণ্ডলিনী—তন্ত্রশাস্ত্রোক্ত শক্তিবিশেষ, সর্পী। Serpent, peacock; one wearing an earring; the divine power (in the Tantras).

কুণ্ডিক পুং ধৃতরাষ্ট্রের পুত্র। The son of Dhṛtarāṣṭra.

কুণ্ডিকা স্ত্রীং [কুণ্ড–ণ্বুল্+টাপ্] কমণ্ডলু। Water-pot.

কুণ্ডিন ক্লীং বিদর্ভ নগর। পুং মুনিবিশেষ। Name of a city; name of a sage.

কুতপ পুং, ক্লীং [কু+তপ–অচ্] দিবাভাগকে পনর ভাগ করিলে উহার অষ্টম ভাগ, বাদ্য, কুশ। পুং দৌহিত্র, অগ্নি, সূর্য, অতিথি, দ্বিজ, বৃষ। The eighth muhūrta of the day, kuśa grass; a daughter's son, fire, the sun.

কুতস্ অব্যং [কিম্+তসিল্] কোথা হইতে, কোথায়। Whence, where.

কুতস্ত্য ত্রিং [কুতস্+ত্যপ্] কোথা হইতে আগত, কিরূপে জাত। Whence come, how happened.

কুতুক ক্লীং [কুত–উকঙ্] কৌতুক, কৌতূহল, ঔৎসুক্য, আনন্দ। Curiosity, delight.

কুতুপ পুং ছোট কুঁপো। A small leathern bottle for oil.

কুতূ স্ত্রী [কুত–ক্রু] কুঁপো। A small leathern bottle for oil.

কুতূহল ক্লীং [কুতূ+হল–অচ্] কৌতূহল। ত্রিং অদ্ভুত। Curiosity; strange.

কুত্র অব্যং [কিম্+ত্রল্] কোথায়, কোন্ বিষয়ে। Where, in what matter.

কুত্রচিৎ অব্যং [কুত্র+চিৎ] কোনস্থানে। Somewhere.

কুত্রাপি অব্যং [কুত্র+অপি] কোথাও। Anywhere.

কুৎসন ক্লী০ [কুৎস–ল্যুট্], **কুৎসা** স্ত্রী০ [কুৎস–অ+টাপ্] নিন্দা। Censure.

কুৎসিত ত্রি০ [কুৎস–ক্ত] নিন্দিত। Ugly.

কুথ পু০ [কুথ–ক] আস্তরণ, কুশ। Covering, kuśa grass.

কুদ্দাল পু০ [কু+দল–অণ্], **কুদ্দাল** পু০ [কু+দল–অণ্] কোদাল। Spade.

কুদৃষ্টি স্ত্রী০ [কু+দৃষ্টি] নাস্তিকমত, মিথ্যাদৃষ্টি। Atheist's view, false view.

কুধ্র পু০ [কু+ধৃ–ক] পর্বত, ভূধর। Mountain.

কুনখ পু০ [কু+নখ] কুৎসিত নখরোগবিশেষ। A disease of the nails.

কুন্ত পু০ [কু+উন্দ–ক্ত] অস্ত্রবিশেষ। স্ত্রী০ কুন্তী—যুধিষ্ঠির-মাতা। A kind of weapon; mother of Yudhiṣṭhira

কুন্তল পু০ [কুন্ত+লা–ক] কেশ, পানপাত্র, যব। পু০ বহু—দেশবিশেষ। Hair; name of a country.

কুন্দ পু০, ক্লী০ [কুম্+দা–ক] কুঁদফুল। A kind of white flower.

কুন্দুরুকী স্ত্রী০ [কুন্দুরু+ক+ঙীপ্] বৃক্ষবিশেষ। A kind of tree.

কুপতি পু০, ক্লী০ [কু+পতি] ভূপতি, কুৎসিত পতি। King, a bad master.

কুপথ পু০ [কু+পথিন্+অচ্] কুৎসিত পথ। A bad path.

কুপিত ত্রি০ [কুপ–ক্ত] ক্রুদ্ধ। Angry.

কুপুরুষ পু০ [কু+পুরুষ] কাপুরুষ, ভীরু, অপদার্থ ব্যক্তি। Coward, worthless man.

কুপূয় ত্রি০ [কু+পূয়–অচ্] কুৎসিত, দুর্গন্ধ। Ugly, foul smelling.

কুপ্য ক্লী০ [গুপ–ক্যপ্] স্বর্ণ ও রৌপ্য ব্যতীত অন্য ধাতু। Metals other than gold and silver.

কুবের পু০ [কুব–এরক্] যক্ষরাজ। The king of the Yakṣas.

কুব্জ ত্রি০ [কু+উব্জ] কুঁজো। Hunchback.

কুব্রহ্ম পু০ [কু+ব্রহ্মন্+টচ্] অপকৃষ্ট ব্রাহ্মণ। A low type of Brahmin.

কুমার পু০ [কু+মৃ+ণিচ্–অচ্] কার্তিকেয়, যুবরাজ। A name of Kārttikeya, prince.

কুমারভৃত্যা স্ত্রী০ [কুমার+ভৃত্য+টাপ্] বালচিকিৎসা। Treatment of children.

কুমারিকা স্ত্রী০ [কুমারী+কন্+টাপ্] ভারতের দক্ষিণে অন্তরীপবিশেষ, অনূঢ়া কন্যা। Cape Comorin, unmarried girl.

কুমারী স্ত্রী০ [কুমার+ঙীষ্] অবিবাহিতা কন্যা, ঘৃত-কুমারী, দুর্গা, নবমল্লিকা, নদীবিশেষ। Unmarried girl.

কুমুদ্ ক্লী০ [কু+মুদ–ক্বিপ্] কৈরব। ত্রি০ কৃপণ। Lily; miserly.

কুমুদ ক্লী০ [কু+মুদ–ক] কৈরব, শ্বেতোৎপল, রক্তোৎপল, রৌপ্য। পু০ বানরবিশেষ, সর্পবিশেষ, কার্তিক মাস। Lily, silver; a kind of monkey or serpent.

কুমুদবান্ধব পু০ [কুমুদ+বান্ধব], **কুমুদানন্দ** পু০ [কুমুদ+আনন্দ] চন্দ্র। The moon.

কুমুদিনী স্ত্রী০ [কুমুদ+ইনি+ঙীপ্] কুমুদের ঝাড়। An assemblage of lilies.

কুমুদ্বৎ ত্রি০ [কুমুদ+ড্মতুপ্] কুমুদবহুল স্থান। A place full of lilies.

কুমুদ্বতী স্ত্রী০ [কুমুদ+ড্মতুপ্+ ঙীপ্] কুমুদলতা। Lily-plant.

কুমেরু পু০ পৃথিবীর দক্ষিণকেন্দ্র। The south pole.

কুম্ভ পু০ [কু+উনুম–অচ্] ঘট, কলস, গজকুম্ভ, রাশি-বিশেষ, রাক্ষসবিশেষ, বেশ্যাপতি, কামুক। স্ত্রী০ কুম্ভা—বেশ্যা। Jar, name of a demon; a public woman.

কুম্ভক পু০ [কুম্ভ+ক] নিশ্বাস-রোধক চেষ্টা। The effort to hold the breath.

কুম্ভকর্ণ পু০ [কুম্ভ+কর্ণ] রাক্ষসবিশেষ। Name of a demon.

কুম্ভকার পু০ [কুম্ভ+কৃ–অণ্] কুলাল। Potter.

কুম্ভজন্মন্ পু০ [কুম্ভ+জন্মন্] অগস্ত্য, দ্রোণাচার্য, বশিষ্ঠ। Names of Agastya, Droṇa and Vaśiṣṭha.

কুম্ভদাসী স্ত্রী০ [কুম্ভ+দাসী] কুট্টনী। A bawd.

কুম্ভযোনি পু০ [কুম্ভ+যোনি], **কুম্ভসম্ভব** পু০ [কুম্ভ+সম্ভব] অগস্ত্য, দ্রোণচার্য, বশিষ্ঠ। Names of Agastya, Droṇa and Vaśiṣṭha.

কুম্ভিন্ পু০ [কুম্ভ+ইনি] হস্তী, কুম্ভীর, মৎস্যবিশেষ। Elephant, crocodile.

কুম্ভিল পু০ [কু+উম্ভ–ইলচ্] চৌর, শ্যালক, শাল-মাছ। Thief, brother-in-law.

কুম্ভী [-ম্ভিকা] পু০ [কুম্ভ+ঙীপ্] ছোট কলসী, শৈবাল, পানা। A small pitcher, moss.

কুম্ভীনস পু০ [কুম্ভী+নাসিকা(নস)] বৃহৎ সর্প। A huge serpent.

কুম্ভীপাক পু০ [কুম্ভী+পাক] নরকবিশেষ। A kind of hell.

কুম্ভীর পু০ [কুম্ভিন্+ঈর–অণ্] কুমীর, চৌর। Crocodile, thief.

कुरङ्ग पु० [कु+रङ्ग-अच्], **कुरङ्गम** पु० [कु+रङ्ग+मा-ड] হরিণ। Deer.

कुरण्ट पु० [कुर्-अण्टक्] ঝিণ্টবৃক্ষ। A kind of tree.

कुरण्ड पु० [कुर्-अण्डक्] কোরণ্ড। Hydrocele.

कुरर पु० [कुङ-क्ररन्] উৎক্রোশপক্ষী, মেঘ। A kind of bird, cloud.

कुरवक पु० [कु+रव+क], **कुरुवक** पु० [कु+रु-क+कप्] ঝিণ্টিবৃক্ষ। A kind of tree.

कुरु पु० बहु० দেশবিশেষ। पु० নৃপবিশেষ, বর্ষবিশেষ। Name of a country; name of a king.

कुरुक्षेत्र क्ली० [कुरु+क्षेत्र] দেশবিশেষ। Name of a country.

कुरुविन्द पु० [कुरु+विद-श] ব্রীহিবিশেষ, মুস্তা। क्ली० দর্পণ, পদ্মরাগ মণি। A kind of paddy, grass; mirror, ruby.

कुरुविस्त पु० [कुरु+विस्त] পল-পরিমিত সোনা। A 'pala' of gold.

कुरुवृद्ध पु० [कुरु+वृद्ध] ভীষ্ম। An epithet of Bhiṣma.

कुर्दन क्ली० [कुर्द-ल्युट्] লম্ফন ক্রীড়া। Play, jumping.

कु[कू]र्पर पु० [कुर+क्विप्-अच्] জানু, কনুই। Knee, elbow.

कुर्वत् त्रि० [कृ-शतृ], **कुर्वाण** त्रि० [कृ-शानच्] কর্মকর্তা, ফলোন্মুখ। Doer.

कुल क्ली० [कुल-क] বংশ, সজাতিগণ, গৃহ, দেহ, দেশ, ক্ষেত্রবিশেষ। त्रि० শ্রেষ্ঠ। Family, group, home, country; principal.

कुलक क्ली० [कु+ली-ड+कन्] একবাক্যতাপন্ন চারিটির অধিক শ্লোক। More than four verses forming one sentence.

कुलकुण्डलिनी स्त्री० [कुल+कुण्डलिनी] তন্ত্রশাস্ত্রোক্ত শক্তিবিশেষ। A divine power according to the Tantras.

कुलज त्रि० [कुल+जन-ड] কুলীন, সৎকুলজাত। Born of a good family.

कुलट पु० [कुल+अट-अच्] কুলান্তরগামী পুত্র, দত্তক। स्त्री० कुलटा—কুলত্যক্তা স্ত্রী, অসতী। Adopted son, an unchaste woman.

कुलत्थ पु० [कुल+स्था-क] কলাইবিশেষ। A kind of pulse.

कुलनाश पु० [कुल+नाश] উষ্ট্র। त्रि० পতিত। Camel ; ostracized.

कुलपति पु० [कुल+पति] কুলশ্রেষ্ঠ। Head of the family.

कुलपर्वत पु० [कुल+पर्वत] মহেন্দ্রাদি সাত পর্বত। The seven mountains like Mahendra etc.

कुलपालक त्रि० [कुल+पालक] বংশরক্ষক। Protector of the family line.

कुलपाली [-लिका] स्त्री० [कुल+पाल-णिनि+ङीप्] কুলবধূ। स्त्री० সাধ্বী স্ত্রী। Devoted wife.

कुललक्षण क्ली० [कुल+लक्षण] আচার প্রভৃতি নয়টি কুললক্ষণ। The nine signs of a good family.

कुलाङ्गार पु०, क्ली० [कुल+अङ्गार] কুলাধম। A man who ruins his family.

कुलाचार पु० [कुल+आचार] কুলাচরিত ধর্ম। The tradition of a family.

कुलाचार्य पु० [कुल+आचार्य] কুল-পুরোহিত। Family priest.

कुलाय पु० [कुल+अय-घञ्] পাখীর বাসা, বাসস্থান। Nest, residenee.

कुलायिका स्त्री० [कुलाय+ठन्+टाप्] চিড়িয়াখানা, পাখীর খাঁচা। Zoo, a cage for birds.

कुलाल पु० [कुल-कालन्] কুম্ভকার। Potter.

कुलि पु० [कुल+इन्] হস্ত, সর্প। Hand, serpent.

कुलिन् पु० [कुल+इनि] পর্বত। त्रि० সৎকুলোদ্ভব। Mountain ; born of a good family.

कुलिर पु० [कुल-इरन्] কর্কট, চতুর্থরাশি। Cancer, the fourth sign of the Zodiac.

कुलिश पु०, क्ली० [कुलि+शी-ड] বজ্র, মৎস্যবিশেষ, অগ্রভাগ। Thunder, a kind of fish.

कुलीन त्रि० [कुल+ख] সদ্বংশজাত। Born of a good family.

कुलोद्वह त्रि० [कुल+उत्+वह-अच्] বংশধর, কুলশ্রেষ্ঠ। Descendant, the best in a family.

कुल्माष क्ली० [कुल-क्विप्+माष] কাঞ্জিক। Gruel.

कुल्य क्ली० [कुल-क्यप्] অস্থি, মাংস, পরিমাণবিশেষ, সূর্প। त्रि० সদ্বংশজাত। स्त्री० कुल्या—সাধ্বী, প্রণালী। Bone, meat, winnow ; born of a good family; channel.

कुल्यकन्द पु० [कुल्य+कन्द] অস্থি-অবশিষ্ট। Remains of bones.

कुवल पु० [कु+वल-अच्] বদরীবৃক্ষ। क्ली० ঐ ফল, মুক্তাফল, পদ্ম। A kind of tree ; a kind of fruit, pearl, lily.

कुवलय क्ली० [कु+वलय] পদ্ম। Lotus.

কুবলয়াপীড় পু০ [কুবলয়+আপীড়] কংসের হস্তিরূপী দৈত্য। ত্রি০ নীলপদ্ম যাহার ভূষণ। Name of a demon.

কুবলয়াশ্ব পু০ [কুবলয়+অশ্ব] নৃপবিশেষ। Name of a king.

কুবাদিক ত্রি০ [কু+বদ-ঠক্] মিথ্যাবাদী, বঞ্চক। Liar, cheat.

কুবিন্দ পু০ [কু+বিদ-শ] তন্তুবায়, ভূপতি। Weaver, king.

কুবেণী স্ত্রী০ [কু+বেণ-ইন্+ঙীপ্] কুৎসিত বেণীযুক্তা স্ত্রী, মাছের চুবড়ী। A woman with an ugly braid of hair.

কুবের পু০ [কু+বের] ধনাধিপ। ত্রি০ কুৎসিত দেহযুক্ত। The lord of wealth.

কুবেরাচল পু০ [কুবের+অচল], **কুবেরাদ্রি** পু০ [কুবের+অদ্রি] কৈলাসপর্বত। A name of the Kailāsa mountain.

কুশ পু০, ক্লী০ [কু+শী-ক] তৃণবিশেষ। পু০ দ্বীপবিশেষ। ক্লী০ জল। পু০ [কু+শো+ড] রামের পুত্র। স্ত্রী০ কুশা—রজ্জু। কুশী—লৌহফাল। A kind of grass ; water ; name of a son of Rāma.

কুশণ্ডিকা স্ত্রী০ বিবাহে ধর্মকার্যবিশেষ। A ceremony during wedding.

কুশধ্বজ পু০ [কুশ+ধ্বজ] জনকরাজার অনুজ। The younger brother of king Janaka.

কুশল ক্লী০ [কুশ+কলন্] কল্যাণ। [কুশ+লা-ক] ত্রি০ দক্ষ, সুখকর, শোভন। Welfare ; expert.

কুশলিন্ ত্রি০ [কুশল+ইনি] কল্যাণযুক্ত। Prosperous.

কুশস্থল ক্লী০ [কুশ+স্থল] কান্যকুব্জ দেশ। স্ত্রী০ কুশস্থলী—দ্বারকানগরী। A name of the Kanauj country ; a name of the city of Dwārakā.

কুশাগ্রীয় ত্রি০ [কুশ+অগ্র+ছ] অতিসূক্ষ্ম। Extremely subtle.

কুশাবতী স্ত্রী০ [কুশ+মতুপ্+ঙীপ্] কুশরাজার রাজধানী। The capital city of king Kuśa.

কুশিক পু০ [কুশ+ঠন্] মুনিবিশেষ, শালবৃক্ষ, বিভীতকবৃক্ষ। Name of a sage, a kind of tree.

কুশিত ক্লী০ [কুশ+ইতচ্] দেশবিশেষ। ত্রি০ ঈষৎ শুভ্র, যুক্ত, মিশ্রিত। Name of a country ; slightly white.

কুশী[-ষী,-সী]-দ ক্লী০ [কু+সদ-শ] সুদ। Interest on money.

কুশীলব পু০ [কুশীল+বা-ক] নট, যাচক। পু০ দ্বিবচন—রামের পুত্রদ্বয়। Actor, seeker ; the twin sons of Rāma.

কুশূল পু০ [কুশ-কূলচ্] গোলা, ধান্যরক্ষার জন্য গৃহ। Granary.

কুশেশয় ক্লী০ [কুশ+শী-অচ্] পদ্ম। পু০ সারস। Lotus ; crane.

কুষাকু পু০ [কুষ-আকু] সূর্য, বহ্নি, বানর। ত্রি০ উত্তাপক। The sun, fire, monkey ; heater.

কুষ্ঠ ক্লী০ [কুষ-ক্থন্] ব্যাধিবিশেষ, শ্বিত্র। Leprosy.

কুষ্ঠিন্ ত্রি০ [কুষ্ঠ+ইনি] কুষ্ঠরোগী। One stricken by leprosy.

কুষ্মাণ্ড পু০ [কু+উষ্মন্+অণ্ড] কুমড়া, কাঁকুড়, গণদেবতাবিশেষ, জরায়ু। A kind of gourd.

কুসিদ ত্রি০ [কুস-ইদ] সুদ। Interest on money.

কুসুম ক্লী০ [কুস-উম] পুষ্প, ফল, স্ত্রীরজঃ, নেত্ররোগবিশেষ। Flower, fruit, menses.

কুসুমপুর ক্লী০ [কুসুম+পুর] পাটলিপুত্র নগর। A name of the city of Pāṭaliputra.

কুসুমাকর, পু০ [কুসুম+আকর], **কুসুমাগম** পু০ [কুসুম +আগম] বসন্তকাল। Spring.

কুসমায়ুধ পু০ [কুসুম+আয়ুধ] কন্দর্প। Cupid.

কুসুমিত ত্রি০ [কুসুম+ইতচ্] পুষ্পিত। Blossomed.

কুসুমেষু পু০ [কুসুম+ইষু] কন্দর্প। Cupid.

কুসুম্ভ ক্লী০ [কুস-উম্ভ] কুসুমফুল, স্বর্ণ। পু০ কমণ্ডলু। Safflower, gold ; water-pot.

কুসৃতি স্ত্রী০ [কু+সৃ-ক্তিন্] কুপথ, কপট, তান। A bad way, deceit.

কুস্তুম্ভ পু০ [কু+স্তুন্ভ-ক] সমুদ্র, বিষ্ণু। Ocean, Viṣṇu.

কুহক ক্লী০ [কুহ-ক্বুন্] ইন্দ্রজাল, মায়া। Magic.

কুহকিন্ ত্রি০ [কুহক+ইনি] ইন্দ্রজালিক, মায়াবী। Magician.

কুহন ক্লী০ [কু+হন-অপ্] কাচপাত্র, মৃদ্‌ভাণ্ড। পু০ চোর, সর্প, মূষিক। ত্রি০ ঈর্ষাযুক্ত। স্ত্রী০ কুহনা—দম্ভাচরণ। A glass or earthen vessel ; a thief ; jealous.

কুহর ক্লী০ [কু+হৃ-অচ্] গহ্বর, ছিদ্র, সমীপ, কণ্ঠধ্বনি। Hollow, hole.

কুহরিত ত্রি০ [কুহর+ণিচ্-ক্ত] ধ্বনিত। Sounded.

কুহলি পু০ [কু+হল-ইন্] তাম্বুল। Betel-leaf.

कुहु [-हू] स्त्री० [कुह्–कु] কোকিলধ্বনি, অমাবস্যা। The cry of a cuckoo, new moon day.

कुहुरव पु० [कुहु+रव] কোকিল। The cuckoo.

कूजित क्ली० [कूज–क्त] পক্ষিধ্বনি, অব্যক্তশব্দ। The chirping of birds, indistinct sound.

कूट पु०, क्ली० [कूट–अच्] গিরিশৃঙ্গ, স্তূপ, লৌহপিণ্ড-বিশেষ, কলস, দম্ভ, কপট, জাল, মায়া। Mountain-top, mound, magic.

कूटकृत् त्रि० [कूट+कृ–क्विप्] জালকারী। पु० কায়স্থ। Magician.

कूटपालक पु० [कूट+पालक] কুম্ভকারের পোয়ান। A potter's kiln.

कूटबन्ध पु० [कूट+बन्ध], **कूटयन्त्र** क्ली० [कूट+यन्त्र] বন্ধনী, ফাঁদ। Snare.

कूटशाल्मलि पु० [कूट+शाल्मलि] কণ্টকবৃক্ষ। A thorny tree.

कूटसाक्षिन् त्रि० [कूट+साक्षिन्] মিথ্যাসাক্ষী। A false witness.

कूटस्थ त्रि० [कूट+स्था–क] নিত্য, অপরিবর্তনশীল, উদাসীন, বিকারশূন্য। Eternal, unchanging.

कूटागार क्ली० [कूट+आगार] প্রাসাদের সর্বোপরি গৃহ। The topmost room of a palace.

कूणि त्रि० [कूण–इन्] নখরোগী। One suffering from a disease of the nails.

कूप पु० [कू–पक्] গর্ত, মাস্তল, কূয়া। Hole, a mast of a vessel, a well.

कूपक पु० [कूप+कै–क] কুঁপো, চিতা। A leathern oil-vessel.

कूपदण्ड पु० [कूप+दण्ड] মাস্তল। Mast.

कूपमण्डूक त्रि० [कूप+मण्डूक] অল্পজ্ঞ। One of limited idea or knowledge.

कूपमाण्डूक पु० [कूप+माण्डूक] কূপমণ্ডূকের পুত্র। Son of a man of limited ideas.

कूपाङ्क पु० [कूप+अङ्क] রোমাঞ্চ। Horripilation.

कूपार पु० [कु+पूर–अण्] সমুদ্র। Ocean.

कूर पु० [कु+ला–क] ভাত। Boiled rice.

कूर्च पु०, क्ली० [कुर–चट्] তুলি, ভ্রূমধ্যস্থ রোমরাশি, দম্ভ। पु० মস্তক। क्ली० ব্রত। A brush; head; vow.

कूर्चिका स्त्री० [कूर्च+ठन्+टाप्] তূলি, তৃণগুচ্ছ, সূচিকা। A brush.

कूर्दन क्ली० [कूर्द–ल्युट्] ক্রীড়া, লম্ফন। Play.

कूर्पर पु० [कूर्+पृ–अच्] জানু, কনুই। Knee, elbow.

कूर्पास पु०, क्ली० [कूर्पर+अस–घञ्] কঞ্চুক। A sort of bodice worn by ladies.

कूर्म पु० [कु+ऊर्मि] কচ্ছপ, অবতারবিশেষ, দেহস্থ বায়ুবিশেষ। Tortoise, a divine incarnation, one of the vital airs.

कूल क्ली० [कूल–अच्] নদ্যাদির তীর, স্তূপ, সৈন্যপৃষ্ঠ, তড়াগ। River-bank.

कूलङ्कष पु० [कूल+कष–खश्] সমুদ্র। स्त्री० कूलङ्कषा—নদী। Ocean; river.

कूलमुद्रुज त्रि० [कूलम्+उत्+रुज–खश्] কূলোৎপাটক। Breaker of the banks.

कूलमुद्वह त्रि० [कूलम्+उत्+वह–खश्] কূলবহনকারী। One carrying away the banks.

कूवर पु०, क्ली० [कू–वरच्] যুগন্ধর। त्रि० রম্য। The pole of a carriage; lovely.

कृक पु० [कृ–क] গলদেশ। Throat.

कृकलास [-श] पु० [कृक–लस+णिच्–अच्] কাঁকলাস। A lizard, chameleon.

कृकवाकु पु० [कृक+वच–अण्] কুক্কুট, ময়ূর। Cock, peacock.

कृकाटिका स्त्री० [कृक+अट–ण्वुल्+टाप्] গ্রীবা। Neck.

कृच्छ्र क्ली० [कृत–रक्] কষ্ট, পাপ, ব্রতবিশেষ। Pain, sin.

कृत् पु० [कृ–क्विप्] প্রত্যয়বিশেষ। A kind of suffix.

कृत क्ली० [कृ–क्त] সত্যযুগ, কার্য। त्रि० বিহিত, রচিত, সম্পাদিত। The Golden age, action; done, accomplished.

कृतक त्रि० [कृत+क्वन्] কৃত্রিম। Artificial.

कृतकर्मन् [कृत+कर्मन्] কার্যক্ষম, কৃতকার্য। Successful.

कृतकृत्य त्रि० [कृत+कृत्य] কৃতার্থ, কৃতকার্য। Successful.

कृतघ्न त्रि० [कृत+हन–टक्] যে উপকারীর উপকার স্বীকার করে না। Traitor.

कृतज्ञ त्रि० [कृत+ज्ञा–क] প্রত্যুপকারক। Grateful.

कृततीर्थ त्रि० [कृत+तीर्थ] তীর্থদ্রষ্টা। One who has visited holy places.

कृतदार पु० [कृत+दार] বিবাহিত। Married.

कृतधी त्रि० [कृत+धी] শিক্ষিতবুদ্ধি, স্থিরচিত্ত। Educated, prudent.

कृतपुङ्ख त्रि० [कृत+पुङ्ख] বাণ-নিক্ষেপে নিপুণ। Expert in throwing arrows.

कृतपूर्विन् त्रि० [कृत+पूर्व+इनि] যে পূর্বে করিয়াছে। One who has done before.

कृतम् अव्य० [कृत+कमु] पर्याप्त, ব্যর্থ, নিষেধ। A particle signifying amplitude, negation etc.

कृतमुख त्रि० [कृत+मुख] দক্ষ, বিজ্ঞ। Expert, wise.

कृतलक्षण त्रि० [कृत+लक्षण] চিহ্নিত, যাহার লক্ষণ দেওয়া হইয়াছে। Marked, defined.

कृतवर्मन् पु० [कृत+वर्मन्] যাদববিশেষ। Name of a Yādava.

कृतविद्य त्रि० [कृत+विद्या] শিক্ষিত। Educated.

कृतवीर्य पु० [कृत+वीर्य] নৃপতিবিশেষ, কার্তবীর্যার্জুনের পিতা। Name of a king.

कृतसापत्निका स्त्री० [कृत+सापत्न्य+कप्+टाप्] অধিবিন্না। A woman whose husband has married another wife.

कृतस्वर पु० [कृत+स्वर] সুবর্ণখনি-বিশেষ। Name of a gold mine.

कृतहस्त त्रि० [कृत+हस्त] শরক্ষেপণে নিপুণ হস্ত যাহার। One of trained hand in throwing arrows.

कृताञ्जलि त्रि० [कृत+अञ्जलि] বদ্ধাঞ্জলি। With folded palms.

कृतात्मन् त्रि० [कृत+आत्मन्] সংস্কৃত-চিত্ত। Of refined mind.

कृतान्त पु० [कृत+अन्त] যম, দৈব, সিদ্ধান্ত। A name of Yama, fate, doctrine.

कृतार्थ त्रि० [कृत+अर्थ] কৃতকার্য। Successful.

कृतास्त्र त्रि० [कृत+अस्त्र] শিক্ষিতাস্ত্র। Trained in missiles.

कृति स्त्री० [कृ–क्तिन्] কার্য, যত্ন, নির্মিতি, রচনা, বিংশাক্ষর ছন্দ। Action, care.

कृतिन् त्रि० [कृत+इनि] পণ্ডিত, গুণবান্, কুশল, কৃতার্থ। Scholar, expert.

कृते अव्य० [कृ–क्विप्+एत्] নিমিত্ত, জন্য। A particle signifying 'for', 'because of'.

कृत्त त्रि० [कृत–क्त] ছিন্ন, বিচ্ছিন্ন, বেষ্টিত, অভিপ্রেত। Cut, torn.

कृत्ति स्त्री० [कृत–क्तिन्] চর্ম, ত্বক্, ভূর্জপত্র। Skin.

कृत्तिका स्त्री० [कृत–तिकन्+टाप्] তৃতীয় নক্ষত্র, স্কন্দমাতা। The third of the lunar mansions, mother of Skanda.

कृत्तिवासस् पु० [कृत्ति+वासस्] শিব। A name of Śiva.

कृत्य क्ली० [कृ–क्यप्] কার্য, ব্যাকরণ শাস্ত্রে প্রত্যয়বিশেষ। Action, a kind of suffix.

कृत्यविद् त्रि० [कृत्य+विद–क्विप्] কার্যজ্ঞ। One who knows one's duty.

कृत्रिम त्रि० [कृ–क्त्रि+मप्] কল্পিত, নকল। Imagined, artificial.

कृत्स्न त्रि० [कृत–क्स्न] সকল, সম্পূর্ণ। क्ली० জল। पु० কুক্ষি। Entire, whole; water.

कृदन्त पु० [कृत्+अन्त] ব্যাকরণ শাস্ত্রে কৃৎপ্রত্যয়ান্ত শব্দ। A word ending with kṛt suffix.

कृन्तन क्ली० [कृत–ल्युट्] ছেদন। Cutting.

कृप पु० [कृप–अच्] কৃপাচার্য। Name of Aśvatthāman's maternal uncle.

कृपण त्रि० [कृप–क्युन्] বায়কুণ্ঠ। Miser.

कृपा स्त्री० [कृप–अङ्+टाप्] দয়া। Compassion.

कृपाण पु० [कृपा+नुद–ड] খড়্গ। Sword.

कृपालु त्रि० [कृपा+ला–डु] দয়ালু। Kind, compassionate.

कृपीट क्ली० [कृप–कीटन्] জল, উদর। Water, belly.

कृपीटयोनि पु० [कृपीट+योनि] অগ্নি। Fire.

कृमि पु० [क्रम–इन्] কীট। Insect.

कृमिकोशोत्थ त्रि० [कृमि+कोष+उत्+स्था–क] রেশমী। Silken.

कृवि पु० [कृ–वि] তাঁত। Loom.

कृश त्रि० [कृश–क्त] ক্ষীণ, ক্ষুদ্র, অল্প, অসম্পূর্ণ, দরিদ্র। Thin, small, poor.

कृशर पु० [कृश+रा–क] তিল-মিশ্রিত অন্ন। Rice mixed with sesamum.

कृशाङ्ग त्रि० [कृश+अङ्ग] ক্ষীণদেহ। Thin-bodied.

कृशानु पु० [कृश–आनुक्] অগ্নি। Fire.

कृशानुरेतस् पु० [कृशानु+रेतस्] শিব। A name of Śiva.

कृषि स्त्री० [कृष–इक्] কৃষিকর্ম। Agriculture.

कृषीवल पु० [कृषि+वलच्] চাষা। Farmer.

कृष्ट त्रि० [कृष–क्त] চাষ-দেওয়া, আকৃষ্ট। Tilled, attracted.

कृष्टपच्य त्रि० [कृष्ट+पच–क्यप्] কর্ষিত ক্ষেত্রে উৎপন্ন। Ripening in a tilled land.

कृष्टि स्त्री० [कृष–क्तिच्] কর্ষণ। Tilling.

कृष्ण पु० [कृष–नक्] বাসুদেব, ব্যাস, অর্জুন, কোকিল, কাক, নীলবর্ণ। स्त्री० कृष्णा—দ্রৌপদী। A name of Vāsudeva, Vyāsa, Arjuna, dark-blue ; a name of Draupadī.

कृष्णकर्मन् त्रि० [कृष्ण+कर्मन्] পাপী, দোষী। Sinner, guilty.

कृष्णगति पु० [कृष्ण+गति] অগ্নি। Fire.

कृष्णद्वैपायन पु० [कृष्ण+द्वैपायन] বেদব্যাস। A name of Vyāsa.

কৃষ্ণপক্ষ পু০ [কৃষ্ণ+পক্ষ] যে পক্ষে চন্দ্রের ক্ষয় হয়। The dark fortnight.

কৃষ্ণলক পু০ [কৃষ্ণ+লচ+কন্] কুঁচ। The gunjā plant.

কৃষ্ণবর্ত্মন্ পু০ [কৃষ্ণ+বর্ত্মন্] অগ্নি, রাহু। ত্রি০ দুরাচার। Fire ; one of bad conduct.

কৃষ্ণশার[-সার] পু০ [কৃষ্ণ+শার] মৃগবিশেষ, শিংশপা বৃক্ষ। Antelope, a kind of tree.

কৃষ্ণসখ পু০ [কৃষ্ণ+সখি+টচ্] অর্জুন। An epithet of Arjuna.

কৃষ্ণাগুরু ক্লী০ [কৃষ্ণ+অগুরু] কৃষ্ণচন্দন। The black sandal-wood.

কৃষ্ণাজিন ক্লী০ [কৃষ্ণ+অজিন] কৃষ্ণসার মৃগের চর্ম। The skin of an antelope.

কৃষ্ণায়স ক্লী০ [কৃষ্ণ+অয়স্+অচ্] চুম্বক লৌহ। Magnet.

কৃষ্ণার্চিস্ পু০ [কৃষ্ণ+অর্চিস্] অগ্নি। Fire.

কৃষ্য ত্রি০ [কৃষ-ক্যপ্] কর্ষণযোগ্য। Fit to be tilled.

ক্লৃপ্ত ত্রি০ [ক্লৃপ-ক্ত] রচিত, নিয়মিত। Made.

ক্লৃপ্তি স্ত্রী০ [ক্লৃপ-ক্তিন্] রচনা, নিয়ম, কল্পনা। Making, imagination.

কেকয় পু০ দেশবিশেষ, নৃপবিশেষ। স্ত্রী০ কেকয়ী—ভরতমাতা। Name of a country or a king ; the mother of Bharata.

কেকর ত্রি০ [কে+কৃ-অচ্] বক্রাক্ষি, টেরা। Squint-eyed.

কেকা স্ত্রী০ [কে+কৈ-ড+টাপ্] ময়ূরধ্বনি। The cry of a peacock.

কেকাবল [কেকা+বল-অচ্], **কেকিন্** পু০ [কেকা+ইনি] ময়ূর। Peacock.

কেতক পু০ [কিত-ণ্বুল্] কেয়াফুল গাছ। ক্লী০ কেয়াফুল। A kind of tree.

কেতন ক্লী০ [কিত-ল্যুট্] গৃহ, পতাকা, চিহ্ন, কৃত্য। House, flag, sign.

কেতু পু০ [চায়-তু] নবম গ্রহ, উৎপাতবিশেষ, পতাকা, চিহ্ন, শত্রু, রোগ। The ninth planet, flag, sign, enemy, disease.

কেতুমাল ক্লী০ জম্বুদ্বীপের বর্ষবিশেষ। A continent in Jambudvipa.

কেদার পু০ [কে+দার] পর্বতবিশেষ, শিব, ক্ষেত্র। Name of a mountain, Śiva, field.

কেনার পু০ [কে+নৃ-ঘঞ্] মস্তক, কপোল। Head, cheek.

কেনিপাত পু০ [কে+নিপাত] হাল, দাঁড়। Helm, oar.

কেন্দ্র ক্লী০ বৃত্তের মধ্যবিন্দু, ভূপ্রান্ত। Centre of a circle.

কেয়ূর ক্লী০ [কে+যা-ঊর] বাহুভূষণ, অঙ্গদ। Armlet.

কেয়ূরবন্ধ পু০ [কেয়ূর+বন্ধ] অঙ্গদ-পরিধানের স্থান। The place to wear an armlet.

কেরল পু০ পশ্চিমঘাট পর্বত ও সমুদ্রের মধ্যবর্তী অল্পপরিসর সুদীর্ঘ দেশ। Name of a region in South India.

কেলি পু০, স্ত্রী০ [কেল-ইন্] ক্রীড়া, পরিহাস। Sport, jest.

কেলিকুঞ্জিকা স্ত্রী০ [কেলি+কুঞ্জিকা] স্ত্রীর কনিষ্ঠা ভগিনী। Wife's younger sister.

কেবল ত্রি০ [কে+বল-অচ্] এক, সম্পূর্ণ, অসঙ্গ, শুদ্ধ। Alone, pure.

কেশ পু০ [ক্লিশ-অচ্] চুল, বরুণ, বিষ্ণু, সিংহরূপ দৈত্যবিশেষ। স্ত্রী০ কেশী—শিখা। Hair, a name of Varuṇa or Viṣṇu; flame.

কেশপক্ষ পু০ [কেশ+পক্ষ], **কেশপাশ** পু০ [কেশ+পাশ], **কেশহস্ত** পু০ [কেশ+হস্ত] কেশসমূহ। Much hair.

কেশমার্জক ক্লী০ [কেশ+মার্জক], **কেশমার্জন** ক্লী০ [কেশ+মার্জন] চিরুণী। Comb.

কেশর পু০, ক্লী০ [কে+শৃ-অচ্] কিঞ্জল্ক। পু০ সিংহ বা অশ্বের স্কন্ধজটা, বকুল বৃক্ষ, নাগকেশর বৃক্ষ। Pollens; the manes of a lion, a kind of tree.

কেশরিন্ পু০ [কেশর+ইনি] সিংহ, অশ্ব, বানরবিশেষ। Lion, horse, a kind of monkey.

কেশব পু০ [কেশ+বা-ক] বিষ্ণু। A name of Viṣṇu.

কেশাকেশি অব্য০ [কেশ+কেশ+ইচ্] চুলাচুলি। A fight by mutual seizing of the hair.

কেশান্ত পু০ [কেশ+অন্ত-অণ্] সংস্কারবিশেষ। Tonsure ceremony.

কেশাবমর্ষণ ক্লী০ [কেশ+অবমর্ষণ] কেশাকর্ষণ। Pulling by the hair.

কেশিন্ ত্রি০ [কেশ+ইনি] দীর্ঘকেশযুক্ত। One with long hair.

কেশিনিসূদন পু০ [কেশি+নিসূদন], **কেশিমথন** পু০ [কেশি+মথন] কৃষ্ণ, কেশিনামক-দৈত্যহন্তা। A name of Kṛṣṇa.

কৈকয়ী স্ত্রী০ [কৈকয়+ঙীপ্] ভরতমাতা। A name of the mother of Bharata.

কৈকেয় পু০ [কেকয়+অণ্] কেকয়দেশের রাজা। The king of the Kekaya country.

কৈটভ পু০ দৈত্যবিশেষ। The name of a demon.

কৈটভজিৎ পু° [কৈটভ+জি-ক্বিপ্], **কৈটভদ্বিষ্** পু° [কৈটভ+দ্বিষ-ক্বিপ্], **কৈটভারি** পু° [কৈটভ+অরি] বিষ্ণু। A name of Viṣṇu.

কৈতক ত্রি° [কেতক+অণ্] কেতকসম্বন্ধীয়। Relating to the Ketaka flower.

কৈতব ক্লী° [কিতব+অণ্] ছল, দ্যূত। Deceit, gambling.

কৈদারিক ক্লী° [কেদার+ঠক্] ক্ষেত্রসমূহ। ত্রি° কেদার-সম্বন্ধীয়। Multitude of fields; relating to a field.

কৈমুতিক ক্লী° [কিমুত+ঠক্] ন্যায়বিশেষ। A maxim denoting how much more.

কৈরব ক্লী° [কে+রু-অচ্+অণ্] কুমুদ। পু° রিপু। স্ত্রী° কৈরবী—জ্যোৎস্না। Lily; enemy; moonlight.

কৈরবিণী স্ত্রী° [কৈরব+ইনি+ঙীপ্] কুমুদসমূহ। A group of lilies.

কৈলাস পু° [কে+লাস-অণ্] পর্বতবিশেষ। Name of a mountain.

কৈলাসনাথ পু° [কৈলাস+নাথ] শিব, কুবের। A name of Śiva or Kuvera.

কৈবর্ত পু° [কে+বৃত-অচ্+অণ্] ধীবর। Fisherman.

কৈবল্য ক্লী° [কেবল+ষ্যঞ্] মোক্ষ। Liberation.

কৈশিক ক্লী° [কেশ+ঠক্] কেশসমূহ। স্ত্রী° কৈশিকী—নাটকের বৃত্তিবিশেষ। A quantity of hairs.

কৈশোর ক্লী° [কিশোর+অঙ্] দশ হইতে পনের বৎসর পর্যন্ত অবস্থা। Boyhood from the age of ten to that of fifteen.

কৈশ্য ক্লী° [কেশ+ষ্যঞ্] কেশসমূহ। Mass of hairs.

কোক পু° [কুক-অচ্] চক্রবাক, ভেক, বিষ্ণু, খর্জুর বৃক্ষ। A kind of bird.

কোকনদ ক্লী° [কোক+নদ-অচ্] রক্তপদ্ম। Red lotus.

কোকনদচ্ছবি ত্রি° [কোকনদ+ছবি] রক্তবর্ণযুক্ত। Of reddish colour.

কোকবন্ধু পু° [কোক+বন্ধু] সূর্য। The sun.

কোকিল পু° [কুক-ইলচ্] পক্ষিবিশেষ। The cuckoo.

কোঙ্কণ পু° [কোঙ্ক-ল্যু] দেশবিশেষ। Name of a country.

কোচ পু° [কুচ-ণ] নীচজাতিবিশেষ। Name of an aboriginal tribe.

কোজাগর পু° [কো+জাগর] আশ্বিনী পূর্ণিমা। The full-moon day in the month of Āśvina.

কোট পু° [কুট-ঘঞ্] দুর্গ, কুটীর। Fort, hut.

কোটর পু°, ক্লী° [কোট+রা-ক] বৃক্ষের গহ্বর। স্ত্রী° কোটরা—বিবস্ত্রা স্ত্রী। The hollow of a tree; a naked woman.

কোটরী স্ত্রী° [কোট+রী-ক্বিপ্] বিবস্ত্রা স্ত্রী, কালী। A naked woman.

কোটি[-টী] স্ত্রী° [কুট-ইঞ্] খড়্গের ধার, ধনুকের অগ্রভাগ, শত লক্ষ সংখ্যা, উৎকর্ষ। The edge of a sword.

কোটির পু° [কোটি+রা-ক] নকুল, ইন্দ্র। Mongoose, a name of Indra.

কোটিশ পু° [কোটি+শো-ক] বিঁধকাটি। A perforating stick.

কোটীর পু° [কোটি+ঈর-অণ্] জটা, কিরীট। Matted locks.

কোট্ট পু° [কুট্ট-ঘঞ্] দুর্গ। Fort.

কোট্টবী স্ত্রী° [কোট্ট+বা-ক+ঙীষ্] কালী, বিবস্ত্রা স্ত্রী। The goddess Kālī, a naked woman.

কোট্টার পু° [কুট্ট-আরক্] পুষ্করিণীর পাড়। The banks of a pond.

কোণ পু° [কুণ-অচ্] ঘরের কোণ, অস্ত্রের ধার, লগুড়, বীণাবাদন যষ্টি। The corner of a room, the edge of a sword.

কোণাঘাত পু° [কোণ+আঘাত] একলক্ষ ঢক্কার একত্র নিনাদ। The sound of a million drums.

কোদণ্ড পু°, ক্লী [কু-বিচ্+দণ্ড] ধনুক। পু° দেশ-বিশেষ, ভ্রূলতা। Bow; name of a country, eyebrows.

কোপ পু° [কুপ-ঘঞ্] ক্রোধ। Anger.

কোপন ত্রি° [কুপ-যুচ্] ক্রুদ্ধস্বভাব। Of angry nature.

কোমল ত্রি° [কু-কলচ্] মৃদু, নরম, মনোহর। ক্লী° জল। Soft, lovely; water.

কোয়ষ্টিক পু° [ক+যষ্টি+কন্] টিট্টিভ পক্ষী। A kind of bird.

কোরক পু°, ক্লী [কুল-ণ্বুল্] মুকুল, কুঁড়ি, মৃণাল। Bud, stalk of lotus.

কোল পু° [কুল-অচ্] শূকর। ক্লী° বদর। Boar; plum.

কোলম্বক পু° [কুল-অম্বচ্+কন্] বীণার অবয়ব-বিশেষ। Part of a lyre.

কোলাবিধ্বংসিন্ পু° [কোলা+বিধ্বংসিন্] ম্লেচ্ছবিশেষ। A heretic tribe.

কোলাহল পু° [কুল-ঘঞ্+আ+হল-অচ্] কলকল-ধ্বনি। Noise.

কোলি পু° [কুল-ইন্] কুলগাছ। Plum tree.

कोविद पु० [को+विद्–क] পণ্ডিত, দক্ষ। Scholar, expert.

कोविदार पु० [कु+वि+दॄ–अण्] কাঞ্চন গাছ। A kind of tree.

कोश[-ष] पु०, क्ली० [कुश्–घञ्] আবরণ, ধনাগার, অভিধান, মঞ্জূষা, যোনি, ডিম্ব। পু০ কোষকাব্য। Covering, treasury, lexicon, egg; A kind of poetry.

कोशल पु०, क्ली० [कोश+ला–क] অযোধ্যাদেশ। A name of modern Oudh.

कोशलात्मजा स्त्री० [कोशल+आत्मजा] কৌশল্যা। A name of Kauśalyā.

कोशातकी स्त्री० [कोश+अत–क्वुन्+ङीष्] পটোল, ঝিঙাগাছ। A kind of vegetable.

कोशी[-षी] स्त्री० [कुश–अच्+ङीष्] জুতা। Shoes.

कोष्ठ पु० [कुष–थन्] গৃহমধ্য, উদরমধ্য, শস্যাগার। त्रि० আত্মীয়। स्त्री० কোষ্ঠী—জন্মপত্রিকা। Inside of a house or belly; horoscope.

कोष्ठपाल पु० [कोष्ठ+पाल–अच्] কোটাল। A treasurer, a guard.

कोष्ण त्रि० [कु+उष्ण] ঈষদুষ্ণ। Tepid.

कोहल पु० [कु+हल–अच्] বাদ্যবিশেষ, মদ্যবিশেষ। A kind of musical instrument, a kind of wine.

कौक्कुटिक पु० [कुक्कुटी+ठक्] সন্ন্যাসি-বিশেষ। A kind of mendicant.

कौक्षेयक पु० [कुक्षि–ढकञ्] কুক্ষিবদ্ধ খড়্গ। A sword fastened to the belly.

कौट पु० [कूट+अञ्] কুটজ বৃক্ষ। त्रि० স্বাধীন। A kind of tree; free.

कौटतक्ष पु० [कोट+तक्षा+टच्] স্বাধীন সূত্রধর। A free mason.

कौटिक त्रि० [कूट+ठक्] ব্যাধ, কূটধারী। Hunter.

कौटिल्य पु० [कुटिल+ष्यञ्] চাণক্য। क्ली० কুটিলতা। A name of Cāṇakya; cunning.

कौणप पु० [कुणप+अण्] রাক্ষস। Demon.

कौतुक क्ली० [कुतुक+अण्] ইচ্ছা, কুতূহল, উৎসব, হর্ষ, পরিহাস, মঙ্গল। Desire, curiosity.

कौतुकिन् त्रि० [कौतुक+इनि] কৌতুকযুক্ত। स्त्री० কৌতুকিনী—নায়িকাবিশেষ। Curious, a variety of nāyikā.

कौतूहल क्ली० [कुतूहल+अण्] ঔৎসুক্য, অভিলাষ। Curiosity, desire.

कौन्तेय पु० [कुन्ती+ढक्] কুন্তীপুত্র। Son of Kuntī.

कौप त्रि० [कूप+अण्] কূপসম্বন্ধীয়। Relating to a well.

कौपीन क्ली० [कूप+खञ्] চীরবসন, কটিবস্ত্র, পাপ, গুহ্যদেশ। Barkgarment, loincloth, sin, anus.

कौमार क्ली० [कुमार+अञ्] বাল্যকাল। स्त्री० কৌমারী—কার্ত্তিকেয়শক্তি, প্রথমপত্নী। Childhood; the power of Kārttika.

कौमुद पु० [कुमुद+अण्] কার্ত্তিকমাস। स्त्री० কৌমুদী—জ্যোৎস্না, কার্ত্তিকী পূর্ণিমা। The month of Kārttika; moonlight.

कौमोदकी स्त्री० [कुमोदक+अण्+ङीप्] বিষ্ণুগদা। The mace of Viṣṇu.

कौरव [-व्य] पु० [कुरु+अञ्(ण्य)] কুরুবংশীয়। Of the Kuru family.

कौल त्रि० [कुल+अण्] সৎকুলজাত, তন্ত্রশাস্ত্রোক্ত কুলাচারে রত। क्ली० তন্ত্রশাস্ত্রোক্ত কুলাচার। Born of a good family; a Tāntrik way of worship.

कौलटेय पु० [कुलटा+ढक्] কুলটার সন্তান। Bastard.

कौलिक त्रि० [कुल+ठक्] কুলপরম্পরাগত। पु० নাস্তিক, বামাচারী, তন্তুবায়। Traditional; an atheist, a follower of a particular Tāntrik form.

कौलीन क्ली० [कौ+लीन] জনাপবাদ। [कुल+खञ्] কুলীনত্ব। Public scandal; the virtues of a good family.

कौलीन्य क्ली० [कुलीन+ष्यञ्] কুলীনত্ব। The virtues of a good family.

कौलेय त्रि० [कुल+ढक्], **कौलेयक** पु० [कुल+ढकञ्] সৎকুলজাত। पु० কুক্কুর। Born of a good family; dog.

कौवेर त्रि० [कुवेर+अण्] কুবের-সম্বন্ধীয়। स्त्री० कौवेरी—উত্তরদিক, কুবেরশক্তি, মাতৃবিশেষ। Relating to Kuvera; the northern direction.

कौशल क्ली० [कुशल+अण्] নৈপুণ্য, মঙ্গল। Skill, welfare.

कौशलेय पु० [कौशल्या+ढक्] রামচন্দ্র। An epithet of Rāma.

कौशल्या स्त्री० [कोशल+ञ्य+टाप्] রামচন্দ্রের মাতা। The mother of Rāma.

कौशल्यायन [-यनि] पु० [कौशल्या+फक्] রামচন্দ্র। An epithet of Rāma.

कौशाम्बी स्त्री० [कुशाम्ब+अण्+ङीप्] বৎসরাজার নগরী। The city of the king of Vatsa.

কৌশিক পু° [কুশিক+অণ্] বিশ্বামিত্র, ইন্দ্র, নকুল, সাপুড়ে, অভিধানজ্ঞ। স্ত্রী° কৌশিকী—নদীবিশেষ, দেবীবিশেষ, নাটকে বৃত্তিবিশেষ। A name of Viśvāmitra or Indra, mongoose; name of a river.

কৌশেয ত্রি° [কোশ+ঢক্] রেশমী (বস্ত্রাদি)। Silken (clothes).

কৌসুম্ভ পু° [কুসুম্ভ+অণ্] কুসুম্ভ। ত্রি° কুসুম্ভ-রঞ্জিত। Safflower; dyed by safflower.

কৌস্তুভ পু° [কু+স্তুম-অণ্] বিষ্ণুর বক্ষঃস্থিত মণিবিশেষ। Name of the gem on the breast of Viṣṇu.

ক্রকচ পু°, ক্লী° [ক্র+কচ-অচ্] করাত, করপত্র। Seesaw.

ক্রকচচ্ছদ ক্লী° [ক্রকচ+ছদ], **ক্রকচপত্র** ক্লী° [ক্রকচ+পত্র] কেতকীপুষ্প। A kind of flower.

ক্রতু পু° [কৃ-কতু] যজ্ঞ, পূজা, মুনিবিশেষ। Sacrifice, prayer.

ক্রতুদ্বিষ্ পু° [ক্রতু+দ্বিষ-ক্বিপ্], **ক্রতুভুজ্** পু° [ক্রতু+ভুজ-ক্বিপ্] অসুর। Demon.

ক্রতুধ্বংসিন্ পু° [ক্রতু+ধ্বংসিন্] শিব। A name of Śiva.

ক্রতুভুজ্ পু° [ক্রতু+ভুজ-ক্বিপ্] দেবতা। A god, deity.

ক্রতুরাজ পু° [ক্রতু+রাজন্+টচ্] যজ্ঞশ্রেষ্ঠ, রাজসূয় যজ্ঞ। The chief of sacrifices, the Rājasūya sacrifice.

ক্রথকৈশিক পু° [ক্রথ+কৈশিক] বিদর্ভদেশ। A name of the Vidarbha country.

ক্রথন ক্লী° [ক্রথ-ল্যুট্] মারণ, ছেদন। Killing, striking.

ক্রন্দ পু° [ক্রন্দ-অচ্], **ক্রন্দন** ক্লী° [ক্রন্দ-ল্যুট্], **ক্রন্দিত** ক্লী° [ক্রন্দ-ক্ত] রোদন। Weeping.

ক্রম পু° [ক্রম-ঘঞ্] পাদবিক্ষেপ, পর্যায়, পরম্পরা, অবিচ্ছেদ, সম্প্রদায়। Footstep, turn, sequence.

ক্রমশস্ অব্য° [ক্রম+শস্] পরপর, পর্যায় অনুসারে। One after another, by turn.

ক্রমায়াত ত্রি° [ক্রম+আয়াত] পরম্পরাগত। Come down through sequence.

ক্রমুক পু° [ক্রম-উন্+কন্] গুবাক বৃক্ষ। A kind of tree.

ক্রমেল পু° [ক্রম-বিচ্+এল-অচ্] উষ্ট্র। The camel.

ক্রয পু° [ক্রী-অচ্] কেনা। Buying.

ক্রযলেখ্য ক্লী° [ক্রয+লেখ্য] কোবালা। A deed of sale.

ক্রযবিক্রযিক পু° [ক্রযবিক্রয+ঠন্], **ক্রযিক** পু° [ক্রয+ঠন্] বণিক্। Merchant.

ক্রয্য ত্রি° [ক্রী-যত্] ক্রয়ের যোগ্য, ক্রয়ের জন্য প্রসারিত। Fit to be bought.

ক্রব্য ক্লী° [ক্লব-যত্] মাংস, আমিষ। Meat.

ক্রব্যাদ্ পু° [ক্রব্য+অদ-ক্বিপ্], **ক্রব্যাদ** পু° [ক্রব্য+অদ-অণ্] রাক্ষস, মাংসাশী পশু। Demon, carnivorous animal.

ক্রশিমন্ পু° [কৃশ+ইমনিচ্] কৃশতা। Thinness.

ক্রশিষ্ঠ ত্রি° [কৃশ+ইষ্ঠন্], **ক্রশীযস্** ত্রি° [কৃশ+ঈয়সুন্] অতিকৃশ। Extremely thin.

ক্রান্ত ত্রি° [ক্রম-ক্ত] আক্রান্ত, অতিক্রান্ত, অতিশয়িত, ব্যাপ্ত, গত। Attacked, surpassed.

ক্রান্তি স্ত্রী° [ক্রম+ক্তিন্] গতি, পদক্ষেপ, জ্যোতিষ-শাস্ত্রপ্রসিদ্ধ সূর্যের গমনার্থ তির্যক গোলরেখা-বিশেষ। Movement, footstep, an astronomical term.

ক্রাযক ত্রি° [ক্রী-ণ্বুল্] ক্রয়জীবী, ক্রেতা। Buyer.

ক্রিমি পু° [ক্রম-ইন্] কীট। Worm.

ক্রিযা স্ত্রী° [কৃ-শ+টাপ্] কার্য, কৃতি, করণ, আরম্ভ, অনুষ্ঠান, পূজা, সাধন, চিকিৎসা, শ্রাদ্ধ, ব্যাকরণশাস্ত্রে ধাত্বর্থ, সংস্কার, প্রয়োগ, শিক্ষা, শারীরিক শ্রম। Action, ceremony, a verb.

ক্রিযাযোগ পু° [ক্রিয়া+যোগ] ভগবৎপ্রীত্যর্থে করণীয় ক্রিয়াবিশেষ। A devotional practice.

ক্রিযাবত্ ত্রি° [ক্রিয়া+মতুপ্] ক্রিয়াবিশিষ্ট, কর্ম-নিরত। Active.

ক্রিযাসমভিহার পু° [ক্রিয়া+সমভিহার] ক্রিয়ার পৌনঃপুন্য। Repetition of action.

ক্রীড পু° [ক্রীড-ঘঞ্], **ক্রীডন** ক্লী° [ক্রীড-ল্যুট্], **ক্রীডা** স্ত্রী° [ক্রীড-অ+টাপ্] খেলা, লীলা, পরিহাস। Play, sport.

ক্রীডত্ [ক্রীড-শতৃ] যে খেলা করিতেছে। Sporting, playing.

ক্রীত ত্রি° [ক্রী-ক্ত] মূল্যদানপূর্বক যাহা কেনা হইয়াছে। Bought.

ক্রুঞ্চ পু°, [ক্রুন্চ-ক্বিন্] বকবিশেষ। A kind of heron.

ক্রুঞ্চ্ পু° [ক্রুন্চ-অচ্] ক্রৌঞ্চপর্বত, বকবিশেষ। Name of a mountain.

ক্রুদ্ধ ত্রি° [ক্রুধ-ক্ত] কুপিত। Angry.

ক্রুধ[-ধা] স্ত্রী° [ক্রুধ-ক্বিপ্(টাপ্)] কোপ। Anger.

ক্রুষ্ট ক্লী° [ক্রুশ-ক্ত] রোদনের শব্দ। ত্রি° আহূত, ভর্ৎসিত। Sobbing; called, rebuked.

ক্রূর ত্রি০ [ক্রূত–রক্] নির্দয়, কঠিন, হিংস্রক, নৃশংস, নিষ্ঠুর, উগ্র, কর্কশ। Heartless, cruel, fierce.

ক্রূরকর্মন্ ত্রি০ [ক্রূর+কর্মন্] যাহার কর্ম নিষ্ঠুর, নির্দয়। Cruel, heartless.

ক্রূরদৃশ্ ত্রি০ [ক্রূর+দৃশ–ক্বিন্] খল। পু০ শনিগ্রহ। Wicked; the Saturn.

ক্রেতব্য ত্রি০ [ক্রী–তব্য] মূল্যদ্বারা লভ্য, ক্রেয়। That which is to be bought, purchasable.

ক্রেতৃ ত্রি০ [ক্রী–তৃন্] ক্রয়কর্তা। Purchaser.

ক্রেয় ত্রি০ [ক্রী–যত্] ক্রেতব্য, মূল্যদ্বারা লভ্য। Purchasable.

ক্রোড পু০ [ক্রুড–ঘঞ্] শূকর, শনিগ্রহ, বারাহীকন্দ। স্ত্রী০ ক্রোডা, ক্রোডী—অশ্ববক্ষ, শূকরী। ক্লী০ কোল, ভুজদ্বয়ের মধ্যভাগ, ভুজান্তর, উৎসঙ্গ। Pig; lap.

ক্রোডীকৃতি স্ত্রী০ [ক্রোড+চ্বি+কৃতি] আলিঙ্গন। Embracing.

ক্রোধ পু০ [ক্রুধ–ঘঞ্] কোপ, রোষ, রৌদ্ররসের স্থায়ীভাব, ষড়্‌রিপুর একতম। Anger.

ক্রোধজ ত্রি০ [ক্রোধ+জন–ড] ক্রোধজাত, মোহ। Born of anger, delusion.

ক্রোধন ত্রি০ [ক্রুধ–যুচ্] ক্রোধশীল। Irate.

ক্রোশ পু০ [ক্রুশ–ঘঞ্] রোদন, আহ্বান, রব, পথের দূরত্ব, পরিমাণবিশেষ। Crying, call, measure of a distance.

ক্রোশন ক্লী০ [ক্রুশ–ল্যুট্] রোদন, আহ্বান। Crying, call.

ক্রোষ্টু পু০, স্ত্রী০ [ক্রুশ–তুন্] শৃগাল। Jackal.

ক্রৌঞ্চ পু০ [ক্রুঞ্চ+অণ] বকবিশেষ, কুররপক্ষী, পর্বতবিশেষ, সপ্তদ্বীপের একতম, ময়দানব-পুত্র, অর্হদ্‌গণের ধ্বজ। A type of heron or bird, name of a mountain or island.

ক্রৌঞ্চদারণ পু০ [ক্রৌঞ্চ+দারণ] কার্ত্তিকেয়। An epithet of Kārttikeya.

ক্রৌঞ্চপদা [ক্রৌঞ্চ+পদ+টাপ্] ছন্দোবিশেষ। A kind of metre.

ক্রৌর্য্য ক্লী০ [ক্রূর+ষ্যঞ্] ক্রূরভাব, পৈশুন্য, নৈষ্ঠুর্য। Cruelty.

ক্লম পু০ [ক্লম–ঘঞ্] শ্রম, ক্লান্তি, গ্লানি, সন্তাপ। Exertion, exhaustion.

ক্লমথ পু০ [ক্লম–অথচ্] আয়াস। Strain.

ক্লান্ত ত্রি০ [ক্লম–ক্ত] শ্রমার্ত, ক্লান্তিযুক্ত, সন্তপ্ত, পীড়িত Tired, exhausted.

ক্লান্তি স্ত্রী০ [ক্লম–ক্তিন্] আয়াস, শ্রম, ক্লেশ। Exertion, pain.

ক্লিন্ন ত্রি০ [ক্লিদ–ক্ত] আর্দ্র, নেত্ররোগজন্য জলনিস্যন্দযুক্ত (চক্ষু), পূতি, স্নেহার্দ্র। Wet, melted by affection.

ক্লিশিত, ক্লিষ্ট ত্রি০ [ক্লিশ–ক্ত] ক্লেশযুক্ত তাপিত, বিকীর্ণ, ব্যাপ্ত, ম্লান। Pained, strewn.

ক্লীব পু০, ক্লী০ [ক্লীব–ক] নপুংসক, পুরুষত্বহীন, বিক্রমহীন, কাতর, অধীর, কর্তব্যকর্মে নিরুৎসাহ। Eunuch, lacking virility, inactive.

ক্লেদ পু০ [ক্লিদ–ঘঞ্] আর্দ্রীভাব, বাষ্পোদক, পূতীভাব। Wetness, moisture.

ক্লেশ পু০ [ক্লিশ–ঘঞ্] উপতাপ, বাধা, দুঃখ, কোপ; অবিদ্যা, অস্মিতা, রাগ, দ্বেষ ও অভিনিবেশ এই পাঁচটি। Pain, misery.

ক্লৈব্য ক্লী০ [ক্লীব+ষ্যঞ্] পুরুষত্বহীনতা, ক্লীবত্ব, নপুংসকত্ব। Want of manliness.

ক্লোমন্ [ক্লু–মনিন্] ফুস্‌ফুস্। Lungs.

ক্ব অব্য০ [কিম্+অ] কোথায়। A particle signifying 'where'.

ক্বচন অব্য০ [ক্ব+চন], **ক্বচিত্** অব্য০ [ক্ব+চিত্] কোথাও, কোনস্থানে। A particle signifying 'somewhere'.

ক্বণ পু০ [ক্বণ–অপ্] ধ্বনি, শব্দ, অব্যক্ত, বীণার শব্দ। Sound, the note of a lyre.

ক্বণন ক্লী০ [ক্বণ–ল্যুট্], **ক্বাণ** [ক্বণ–ঘঞ্] ধ্বনি, বীণাধ্বনি, শিঞ্জিত। Sound, the note of a lyre.

ক্বণিত ক্লী০ [ক্বণ–ক্ত] ধ্বনি। ত্রি০ শব্দিত। Sound ; sounded.

ক্বথিত ত্রি০ [ক্বথ–ক্ত] অতিশয় পক্ব। Extremely boiled.

ক্বাথ পু০ [ক্বথ–ঘঞ্] পচন, অতিদুঃখ। Boiling, extreme misery.

ক্ষ পু০ [ক্ষী–ড] রাক্ষস, ক্ষত্রিয়, ক্ষেত্র, নৃসিংহ, ক্ষেত্রপাল, নাশ। Demon, Kṣattriya, field.

ক্ষণ পু০ [ক্ষণ–অচ্] উৎসব, মুহূর্ত, অবকাশ, নিমেষ। Festivity, moment.

ক্ষণজন্মন্ ত্রি০ [ক্ষণ+জন্মন্] শুভক্ষণে যাহার জন্ম। One born at an auspicious moment.

ক্ষণদ পু০ [ক্ষণ+দা–ক] গণক। ক্লী০ জল। স্ত্রী০ ক্ষণদা—রাত্রি। Astrologer ; water ; night.

ক্ষণদাচর পু০ [ক্ষণদা+চর–ট] নিশাচর, রাক্ষস। Demon.

ক্ষণপ্রভা স্ত্রী০ [ক্ষণ+প্রভা] বিদ্যুৎ। Lightning.

ক্ষণভঙ্গুর ত্রি০ [ক্ষণ+ভঙ্গুর] ক্ষণিক, ক্ষণবিধ্বংসী। Momentary, perishing in a moment.

ক্ষণিক ত্রি০ [ক্ষণ+ঠন্] ক্ষণস্থায়ী। Momentary.

ক্ষত ক্লী০ [ক্ষণ–ক্ত] ব্রণ, ঘা। ত্রি০ ভগ্ন, ছিন্ন, বিদ্ধ, নষ্ট, দষ্ট, আহত, পীড়িত, দূষিত, ধর্ষিত। Scar ; broken, struck, molested.

ক্ষতজ ক্লী০ [ক্ষত+জন–ড] রুধির। Blood.

ক্ষতব্রত ত্রি০ [ক্ষত+ব্রত] হীন-ব্রত। One who has broken one's vow.

ক্ষতি স্ত্রী০ [ক্ষণ–ক্তিন্] নাশ, ক্ষয়, অপচয়, হানি। Destruction, wastage.

ক্ষত্তৃ পু০ [ক্ষদ–তৃচ্] ক্ষত্রিয়ার গর্ভে শূদ্রের ঔরসে জাত পুত্র, সারথি, দাসীপুত্র, দ্বারপাল। One born of a Śūdra man and a Kṣattriya woman, a door-keeper.

ক্ষত্র পু০ [ক্ষত্+ত্রৈ–ক] ক্ষত্রিয়, রাষ্ট্র। ক্লী০ জল, ধন। A Kṣattriya, kingdom ; water, wealth.

ক্ষত্রবন্ধু পু০ [ক্ষত্র+বন্ধু] ক্ষত্রিয়, ক্ষত্রিয়তুল্য, নিন্দিত ক্ষত্রিয়। Kṣattriya, a Kṣattriya of a low order.

ক্ষত্রিয় পু০ [ক্ষত্র+ঘ] চাতুর্বর্ণ্যের দ্বিতীয় বর্ণ। Kṣattriya, the second of the four higher castes.

ক্ষন্তৃ ত্রি০ [ক্ষম–তৃচ্] ক্ষমাশীল। One of a forgiving nature.

ক্ষন্তব্য ত্রি০ [ক্ষম–তব্য] ক্ষমার্হ, সোঢ়ব্য। One deserving pardon.

ক্ষপণ পু০ [ক্ষপ–ল্যু] বৌদ্ধ সন্ন্যাসী। A Buddhist monk.

ক্ষপণক পু০ [ক্ষপণ+ক] দিগম্বর বৌদ্ধ সন্ন্যাসী, জৈন-সন্ন্যাসী। A Buddhist or Jaina monk.

ক্ষপা স্ত্রী০ [ক্ষপ–অচ্+টাপ্] রাত্রি। Night.

ক্ষপাকর পু০ [ক্ষপা+কৃ–ট], **ক্ষপানাথ** পু০ [ক্ষপা+নাথ] চন্দ্র, কর্পূর। The moon, camphor.

ক্ষপাচর পু০ [ক্ষপা+চর–ট], **ক্ষপাট** পু০ [ক্ষপা+অট–অচ্] রাক্ষস। Demon.

ক্ষপিত ত্রি০ [ক্ষপ–ক্ত] ক্ষিপ্ত, প্রেরিত, নিরস্ত, নাশিত। Thrown, sent, destroyed.

ক্ষম ক্লী০ [ক্ষম–অচ্] যুদ্ধ। ত্রি০ শক্ত, সমর্থ। Capable.

ক্ষমতা স্ত্রী০ [ক্ষম+তল্+টাপ্] যোগ্যতা, সামর্থ্য, শক্তি। Capability, power.

ক্ষমা স্ত্রী০ [ক্ষম–অঙ্+টাপ্] ক্ষান্তি, তিতিক্ষা, পৃথিবী, রাত্রি, দুর্গা। Pardon, endurance, earth, a name of goddess Durgā.

ক্ষমিতৃ ত্রি০ [ক্ষম–তৃচ্], **ক্ষমিন্** ত্রি০ [ক্ষম–ঘিনুণ্] ক্ষমাযুক্ত, ক্ষমাশীল, সহিষ্ণু। One of forgiving nature, one who endures.

ক্ষম্য ত্রি০ [ক্ষম–যত্] ক্ষমার যোগ্য। Fit to be pardoned.

ক্ষয় পু০ [ক্ষি–অচ্] বিনাশ, ধ্বংস, লোভ, অপচয়, হ্রাস, ক্ষতি, অবসান, ব্যয়, বাসস্থান, রোগবিশেষ। Destruction, residence, tuberculosis.

ক্ষয়থু পু০ [ক্ষি–অথুচ্] কাশরোগ। Cough.

ক্ষয়পক্ষ পু০ [ক্ষয়+পক্ষ] কৃষ্ণপক্ষ। The dark fortnight.

ক্ষয়িত ত্রি০ [ক্ষয়+ণিচ্–ক্ত] নাশিত, দগ্ধ, ভগ্ন, হৃত। Destroyed, burnt, broken.

ক্ষয়িন্ ত্রি০ [ক্ষয়+ইনি] ক্ষয়শীল, নশ্বর, রাজযক্ষ্মাযুক্ত, ক্ষয়রোগী। Liable to destruction, one suffering from tuberculosis.

ক্ষয্য ত্রি০ [ক্ষি–যত্] ক্ষয়যোগ্য। Capable of being destroyed.

ক্ষর ক্লী০ [ক্ষর–অচ্] জল, মেঘ, দেহ। ত্রি০ ক্ষরণশীল, বিনাশী। Water, cloud, body ; mutable.

ক্ষরণ ক্লী০ [ক্ষর–ল্যুট্] স্রবণ, মোচন। Oozing, releasing.

ক্ষরিত ত্রি০ [ক্ষর–ক্ত] স্রুত, স্যন্দিত। Oozed, dripped.

ক্ষব পু০ [ক্ষু–অপ্], **ক্ষবথু** পু০ [ক্ষু–অথুচ্] হাঁচি, কাশি। Sneezing, cough.

ক্ষাত্র ক্লী০ [ক্ষত্র+অণ্] ক্ষত্রিয়ত্ব, ক্ষত্রিয়ের কর্ম। ত্রি০ ক্ষত্রিয়-সম্বন্ধীয়। Kṣattriyahood ; relating to the Kṣattriya.

ক্ষান্ত ত্রি০ [ক্ষম–ক্ত] সহিষ্ণু, ক্ষমাশীল। পু০ ঋষি-বিশেষ। Enduring ; name of a sage.

ক্ষান্তি স্ত্রী০ [ক্ষম–ক্তিন্] ক্ষমা, তিতিক্ষা, সহিষ্ণুতা। Forgiving; endurance.

ক্ষাম ত্রি০ [ক্ষৈ–ক্ত] ক্ষীণ, দুর্বল, অল্প, শুষ্ক, মৃদু, কাতর, ম্লান। Attenuated, weak, sick.

ক্ষার পু০ [ক্ষর–ণ] লবণ, ভস্ম। ত্রি০ ক্ষরণশীল। ক্লী০ পিঙ্গলবর্ণ। Salt ; mutable ; reddish.

ক্ষারক পু০ [ক্ষর–ণ্বুল্] ক্ষরণশীল, অচিরজাতফল, খাঁচা, রজক। Mutable, cage, washerman.

ক্ষারমৃত্তিকা স্ত্রী০ [ক্ষার+মৃত্তিকা] ক্ষারযুক্ত মৃত্তিকা। Saline soil.

ক্ষারিত ত্রি০ [ক্ষর+ণিচ্–ক্ত] অপবাদগ্রস্ত, স্রাবিত, দূষিত। Made to flow, accused.

ক্ষালন ক্লী০ [ক্ষল–ল্যুট্] শোধন। Purifying.

ক্ষালিত ত্রি০ [ক্ষল-ক্ত] শোধিত। Purified.

ক্ষি ত্রি০ [ক্ষি-ড্বি] নিবাস, ক্ষয়, গতি। Residence, destruction, movement.

ক্ষিত ত্রি০ [ক্ষি-ক্ত] হিংসিত, ক্ষয়প্রাপ্ত। Destroyed.

ক্ষিতি স্ত্রী০ [ক্ষি-ক্তিন্] পৃথিবী, বাসস্থান, ক্ষয়। Earth, residence, destruction.

ক্ষিতিধর পু০ [ক্ষিতি+ধর] ক্ষিতির ধারক, পর্বত, ভূধর। Mountain.

ক্ষিতিপ পু০ [ক্ষিতি+পা-ক] **ক্ষিতিপতি** পু০ [ক্ষিতি+পতি] ভূপ, রাজা। King.

ক্ষিতিভৃৎ পু০ [ক্ষিতি+ভৃ-ক্বিপ্] পর্বত, রাজা, অনন্তদেব। Mountain, king, a name of the god Ananta.

ক্ষিতিরুহ পু০ [ক্ষিতি+রুহ-ক] ক্ষিতিতে জাত, মহীরুহ, বৃক্ষ। Sprung from the earth, tree.

ক্ষিতিবর্ধন ত্রি০ [ক্ষিতি+বর্ধন] শব। Corpse.

ক্ষিতীশ পু০ [ক্ষিতি+ঈশ], **ক্ষিতীশ্বর** পু০ [ক্ষিতি+ঈশ্বর] ভূমীশ্বর, নৃপ। King.

ক্ষিপ ত্রি০ [ক্ষিপ-ক] ক্ষেপক। স্ত্রী০ ক্ষিপা—ক্ষেপণ। One who throws; throwing.

ক্ষিপ্ত ত্রি০ [ক্ষিপ-ক্ত] প্রেরিত, ত্যক্ত, বিসৃষ্ট, অবজ্ঞাত, স্থাপিত, বায়ুরোগগ্রস্ত, বিষয়াসক্ত-চিত্ত। Sent, abandoned, distracted in mind.

ক্ষিপ্নু ত্রি০ [ক্ষিপ-ক্নু] ক্ষেপণশীল, নিরাকরিষ্ণু। One in the habit of throwing.

ক্ষিপ্র ত্রি০ [ক্ষিপ-রক্] শীঘ্র, দ্রুত, নক্ষত্রবিশেষ। স্ত্রী০ ক্ষিপ্রা—লঘু। ক্লী০ হস্ত ও পদের অঙ্গুষ্ঠ ও তৎপরবর্তী অঙ্গুলির মধ্যবর্তী স্থান, নক্ষত্রবিশেষ। Quick; name of a star.

ক্ষিপ্রকারিন্ ত্রি০ [ক্ষিপ্র+কৃ-ণিনি] যিনি কোন কাজ শীঘ্র করিতে পারেন, অপরিণামদর্শী। One who acts quickly.

ক্ষিয়া স্ত্রী০ [ক্ষি-অঙ্+টাপ্] অপক্ষয়, ধর্মব্যতিক্রম। Destruction.

ক্ষীণ ত্রি০ [ক্ষি-ক্ত] দুর্বল, ক্ষয়প্রাপ্ত, ক্ষাম, কৃশ, তনু, কলাক্ষয়গত, জীর্ণ, দরিদ্র, অল্প, অনুজ্জ্বল। Weak, attenuated, poor.

ক্ষীব[-ব] ত্রি০ [ক্ষিব(-ব)-ক্ত] মত্ত, মাতাল। Intoxicated.

ক্ষীর পু০, ক্লী০ [ক্ষি-ক্রন্] দুগ্ধ, জল। Milk, water.

ক্ষীরকণ্ঠ পু০ [ক্ষীর+কণ্ঠ] স্তন্যপায়ী শিশু। A child who lives on the mother's milk.

ক্ষীরশর পু০ [ক্ষীর+শর] আমিক্ষা। A mixture of boiled and coagulated milk.

ক্ষীরসার পু০ [ক্ষীর+সৃ-অণ্] দুগ্ধসার, নবনীত। Cream of milk.

ক্ষীরাব্ধি পু০ [ক্ষীর+অব্ধি] ক্ষীর সমুদ্র। The ocean of milk.

ক্ষীরাব্ধিজ পু০ [ক্ষীরাব্ধি+জন-ড] চন্দ্র। স্ত্রী০ ক্ষীরাব্ধিজা—লক্ষ্মী। Moon; goddess Lakṣmī.

ক্ষীরাব্ধিতনয়া স্ত্রী০ [ক্ষীরাব্ধি+তনয়া] লক্ষ্মী। Goddess Lakṣmī.

ক্ষীরিকা স্ত্রী০ [ক্ষীর+ঠন্+টাপ্] পরমান্ন, পিণ্ডখর্জুর। Rice prepared with milk.

ক্ষীরিন্ পু০ [ক্ষীর+ইনি] বৃক্ষবিশেষ, বট, অশ্বত্থ, ডুম্বুর, আকন্দ, সোমলতা প্রভৃতি। A kind of tree.

ক্ষীরোদ পু০ [ক্ষীর+উদক] ক্ষীর সমুদ্র। The ocean of milk.

ক্ষুণ্ণ ত্রি০ [ক্ষুদ-ক্ত] চূর্ণীকৃত, অভ্যস্ত, প্রহৃত। Pounded, practised, beaten.

ক্ষুৎ স্ত্রী০ [ক্ষু-ক্বিপ্], **ক্ষুত** ক্লী০ [ক্ষু-ক্ত] হাঁচি। Sneezing.

ক্ষুদ্র ত্রি০ [ক্ষুদ-রক্] ছোট, অল্প, নীচ, অধম, কৃপণ, ক্রূর, দরিদ্র। স্ত্রী০ ক্ষুদ্রা—নটী, বেশ্যা, ধর্মহীনা নারী, মধুমক্ষিকা। Small, little, low; a public woman, bee.

ক্ষুধ্ স্ত্রী০ [ক্ষুধ-ক্বিপ্], **ক্ষুধা** স্ত্রী০ [ক্ষুধ+টাপ্] ভোজনেচ্ছা, বুভুক্ষা। Hunger.

ক্ষুধার্ত ত্রি০ [ক্ষুধা+আর্ত] ক্ষুৎপীড়িত, ক্ষুধায় কাতর। Hungry.

ক্ষুধিত ত্রি০ [ক্ষুধা+ইতচ্] বুভুক্ষিত, ক্ষুধান্বিত। Hungry.

ক্ষুপ পু০ [ক্ষুপ-ক] ক্ষুদ্রশাখামূলবিশিষ্ট বৃক্ষ, শেওড়া প্রভৃতি বৃক্ষ। A kind of tree.

ক্ষুব্ধ ত্রি০ [ক্ষুভ-ক্ত] ক্ষোভযুক্ত, বিচলিত। পু০ মন্থন দণ্ড। Perturbed; a churning stick.

ক্ষুভিত ত্রি০ [ক্ষুভ-ক্ত] আলোড়িত, ব্যাকুল বিচলিত, অসংযত, ব্যথিত, স্খলিত। Churned, perturbed, disturbed.

ক্ষুমা স্ত্রী০ [ক্ষু-মক্+টাপ্] রেশম, লতাবিশেষ, অতসীবৃক্ষ, শণ। Silk, a kind of creeper.

ক্ষুর পু০ [ক্ষুর-ক] নাপিতের অস্ত্র, গো প্রভৃতির পায়ের খুর। Razor, hoof.

ক্ষুরধান ক্লী০ [ক্ষুর+ধা-ল্যুট্] ক্ষুরের আধার। The sheath of a razor.

क्षुरधार पु० [क्षुर+धार] नরকবিশেষ। A kind of hell.

क्षुरपत्र पु० [क्षुर+पत्र] বাণ। ত্রি০ শরবন। Shaft.

क्षुरप्र पु० [क्षुर+प्र-क] ঘাস কাটিবার অর্দ্ধচন্দ্রাকৃতি অস্ত্রবিশেষ, খুরপি। A crescent-shaped, instrument for grass-cutting.

क्षुरिन् पु० [क्षुर+इनि] নাপিত, পশু। A barber, animal.

क्षुल्ल ত্রি০ [क्षुद्+ला-क] অল্প, লঘু, কনিষ্ঠ। Little, small.

क्षेत्र ক্লী০ [क्षि-ष्ट्रन्] ক্ষেত, শস্যাদির উৎপত্তিস্থান, ভূমি, কলত্র, ইন্দ্রিয়, মন, শরীর, সিদ্ধস্থান, জ্যামিতিতে রেখাবিশিষ্ট ত্রিভুজাদি চিত্র। জ্যোতিষশাস্ত্রে মেষাদি রাশি। Field, land, wife, mind, body, a diagram, a sign of the zodiac.

क्षेत्रज पु० [क्षेत्र+जन-ड] ক্ষেত্রে জাত, শরীরজাত, স্বীয় পত্নীতে দেবর, সপিণ্ড বা সগোত্র হইতে শাস্ত্রানুসারে জাত পুত্রবিশেষ। Grown in the field or the body.

क्षेत्रज्ञ पु० [क्षेत्र+ज्ञा-क] জীবাত্মা, সাক্ষী, অন্তর্যামী। ত্রি০ যে ক্ষেত্র জানে, বিদগ্ধ। Individual self, inner self; a husbandman, adept.

क्षेत्रपति पु० [क्षेत्र+पति] ক্ষেত্রপাল, রুদ্র। The protector of the field, an epithet of Rudra.

क्षेत्राजीव पु० [क्षेत्र+आजीव] কৃষক। Tiller of the land.

क्षेत्रिक पु० [क्षेत्र+ठन्], **क्षेत्रिन्** ত্রি০ [क्षेत्र+इनि] ক্ষেত্রস্বামী, ভূস্বামী। Owner of a field, landlord.

क्षेत्रिय ত্রি০ [क्षेत्र+घ] ক্ষেত্রসম্বন্ধীয়, অসাধ্য (রোগ), ক্ষেত্রস্বামী। পু০ পরদাররত। ক্লী০ তৃণ, চিকিৎসা। Relating to the field, lord of the field, illicit lover ; grass.

क्षेप पु० [क्षिप-घञ्] নিন্দা, বিক্ষেপ, প্রেরণ, চালন, লঙ্ঘন, গর্ব। Censure, throwing, sending conceit.

क्षेपक ত্রি০ [क्षिप-ण्वल्] ক্ষেপণকর্ত্তা, প্রেরক। পু০ গ্রন্থে প্রক্ষিপ্ত অংশ। One who throws, mover; interpolated part of a book.

क्षेपण ক্লী০ [क्षिप-ल्युट्] অপবাদ, লঙ্ঘন, প্রেরণ, যাপন, বিলম্ব, বিক্ষেপ। Censure, transgression, delay.

क्षेपणीय ক্লী০ [क्षिप-अनीयर्] অস্ত্রবিশেষ। A kind of weapon.

क्षेपिष्ठ ত্রি০ [क्षिप्र+इष्ठन्], **क्षेपीयस्** ত্রি০ [क्षिप्र+ईयसुन्] অতি ক্ষিপ্রগামী। Extremely swift.

क्षेम पु० [क्षि-मन्] কল্যাণ। ক্লী০ লব্ধ বস্তুর রক্ষা, মুক্তি। ত্রি০ শুভংকর। Good; the preservation of a thing acquired, release; beneficial.

क्षेमकार ত্রি০ [क्षेम+कृ-अण्], **क्षेमङ्कर** ত্রি০ [क्षेम+कृ-खच्] মঙ্গলকারক, শুভংকর। Beneficial.

क्षैत्र ক্লী০ [क्षेत्र+अण्] ক্ষেত্রসমূহ। A group of fields.

क्षैरेय ত্রি০ [क्षीर+ढञ्] ক্ষীর-সম্বন্ধীয়, ক্ষীর-সংস্কৃত। Relating to milk.

क्षोणि[-णी] স্ত্রী০ [क्षै-डोनि(ङीप्)] পৃথিবী। The earth.

क्षोद पु० [क्षुद-घञ्] চূর্ণ, ক্ষুদ, চাল ইত্যাদির গুঁড়া। Powdered rice.

क्षोदक्षम ত্রি০ [क्षोद+क्षम-अच्] বিচারসহ। That which can stand the test of judgement.

क्षोदित ত্রি০ [क्षुद+णिच्-क्त] পিষ্ট, চূর্ণিত, উদ্গীর্ণ। Pounded, powdered.

क्षोदिष्ठ ত্রি০ [क्षुद्र+इष्ठन्] ক্ষুদ্রতম। Smallest.

क्षोदीयस् ত্রি০ [क्षुद्र+ईयसुन्] ক্ষুদ্রতর। Smaller.

क्षोभ पु० [क्षुभ-घञ्] চলন, বিকার, প্রবাহ, বেগ, আঘাত, চাঞ্চল্য, স্খলন, উদ্বেগ। Disturbance, anxiety.

क्षोभण पु० [क्षुभ+णिच्-ल्यु] কন্দর্পের বাণবিশেষ, শিব, বিষ্ণু। ত্রি০ ক্ষোভজনক। An arrow of cupid, disturbing.

क्षोभित ত্রি০ [क्षुभ+णिच्-क्त] আলোড়িত, চালিত, ত্রাসিত, দর্শিত। Disturbed, moved.

क्षौणि [-णी] স্ত্রী০ [क्षु-नि(ङीप्)] পৃথিবী। The earth.

क्षौद्र ক্লী০ [क्षुद्र+अण्] মধু, জল। পু০ চম্পকবৃক্ষ। Honey, water; the Champaka tree.

क्षौद्रपटल ক্লী০ [क्षौद्र+पटल] মৌচাক। Bee-hive.

क्षौम ক্লী০ [क्षु-मन्+अण्] দুকূল, পট্টবস্ত্র, রেশমীবস্ত্র, শণবস্ত্র। পু০, ক্লী০ অট্টালিকা। Silken cloth; mansion.

क्षौर ক্লী০ [क्षुर+अण्] ক্ষুরকর্ম, কামান। Shaving.

क्ष्मा স্ত্রী০ [क्षम-अच्+टाप्] পৃথিবী। The earth.

क्ष्माधर पु० [क्ष्मा+धृ-अच्], **क्ष्माभृत्** पु० [क्ष्मा+भृ-क्विप्] পর্ব্বত, রাজা, অনন্তনাগ। Mountain, king, the serpent Ananta.

क्ष्वेड पु० [ক্ষ্বিড-ঘঞ্] বিষ, স্নেহ, অব্যক্ত ধ্বনি, মোচন, ত্যাগ। ত্রি০ কুটিল। স্ত্রী০ ক্ষ্বেডা—সিংহনাদ। Poison, indistinct sound; tortuous; roaring of a lion.

क्ष्वेडित क्ली० [ক্ষ্বিড-ক্ত] বীরগণের সিংহনাদ। The battle-cry.

क्ष्वेलन क्ली० [ক্ষ্বেল-ল্যুট্] সঞ্চালন, ক্রীড়া। Movement, play.

क्ष्वेला स्त्री० [ক্ষ্বেল-অ+টাপ্] গতি, ক্রীড়া, পরিহাস। Movement, play, jest.

क्ष्वेलित त्रि० [ক্ষ্বেল-ক্ত] চালিত। Moved.

ख

ख पु० [খন-ড] সূর্য, ইন্দ্রিয়, পুর, ক্ষেত্র, শূন্য, বিন্দু, আকাশ, সংবেদন, স্বর্গ, অভ্রধাতু, জ্যোতিষে লগ্ন হইতে দশম স্থান বা রাশি। The sun, the senses, sky, heaven.

खग पु० [খ+গম-ড] সূর্য, গ্রহ, দেব, শর, পক্ষী, বায়ু। ত্রি০ আকাশগামী। The sun, bird, wind; moving in the sky.

खगपति पु० [খগ+পতি] পক্ষিরাজ, গরুড়। The king of birds, Garuḍa.

खगान्तक पु० [খগ+অন্তক] শ্যেন পক্ষী, ব্যাধ। Hawk, fowler.

खगेन्द्रध्वज पु० [খগেন্দ্র+ধ্বজ] বিষ্ণু। An epithet of Viṣṇu.

खगेश्वर पु० [খগ+ঈশ্বর] গরুড়। An epithet of Garuḍa.

खगोल पु० [খ+গোল] আকাশের গোল পরিধি, আকাশমণ্ডল। The celestial sphere.

खचर पु० [খ+চর-ট] রাক্ষস, সূর্য, বায়ু, গ্রহ, মেঘ। ত্রি০ আকাশগামী। Demon, the sun, cloud; one moving in the sky.

खचित त्रि० [খচ-ক্ত] সংযুক্ত, ব্যাপ্ত, জড়িত। Joined, pervaded, studded.

खज पु० [খজ-অচ্] মন্থনদণ্ড, হাতা। Churning stick.

खजाक पु० [খজ-আকন্] পক্ষী। Bird.

खज्योतिस् पु० [খ+জ্যোতিস্] খদ্যোত। Firefly.

खञ्ज त्रि० [খঞ্জ-অচ্] খোঁড়া। Lame.

खञ्जन पु० [খঞ্জ-ল্যু], **खञ्जरीट** पु० [খঞ্জ+ঋ-কীটন্] পক্ষিবিশেষ। A kind of bird.

खट पु० [খট-অচ্] অন্ধকূপ, কফ, তৃণ, টঙ্কাস্ত্র, লাঙ্গল। Dark hollow, plough.

खटिक पु० [খট-ঠন্] কুব্জহস্ত। স্ত্রী০ খটিকা—খড়ি। Half-closed hand; chalk.

खटिनी स्त्री० [খট-ইনি+ঙীপ্], **खटी** स्त्री० [খট-অচ্+ঙীষ্] খড়ি। Chalk.

खट्वा स्त्री० [খট্ব-অচ্+টাপ্] খাট। Bedstead.

खट्टाश पु० [খট্ট+অশ-অচ্] বন্যজন্তুবিশেষ। A kind of wild animal.

खट्टि स्त्री० [খট্ট-ইন্] শবের শয্যা। A bed in which a corpse is carried.

खट्वा स्त्री० [খট্ব-ক্বুন্+টাপ্] খাট। Bedstead.

खट्वाङ्ग क्ली० [খট+অঙ্গ] খাটের অঙ্গ, শিবের অস্ত্রবিশেষ, মুদ্গর। পু০ নৃপবিশেষ। A part of bedstead, a weapon of Śiva; name of a king.

खट्वाङ्गभृत् पु० [খট্বাঙ্গ+ভৃ-ক্বিপ্] শিব। An epithet of Śiva.

खट्वारूढ त्रि० [খট্বা+আরূঢ] জাল্ম, নিষিদ্ধ অনুষ্ঠানকারী। Low, vile.

खट्विका स्त्री० [খট্বা+কন্+টাপ্] ছোট খাট, খাটিয়া। A small bedstead.

खड क्ली० [খড-অচ্] খড়। Hay.

खडक्की स्त्री० [খডক্+কৃ-ড+ঙীষ্], **खडक्किका** स्त्री० [খডক্কী+ক+টাপ্] খিড়কী দ্বার। Back door.

खड्ग पु० [খড-গন্] অসি, গণ্ডার, গণ্ডারের শৃঙ্গ। ক্লী০ লৌহ। Sword, rhinoceros; iron.

खड्गकोष पु० [খড্গ+কোষ] খড্গের খাপ। Sheath of a sword.

खड्गधेनु स्त्री० [খড্গ+ধেনু] ছোট খড়্গ, স্ত্রী গণ্ডার Small sword.

खड्गपत्र क्ली० [খড্গ+পত্র] অসিপত্র। The edge of a sword.

खड्गिन् पु० [খড্গ+ইনি] গণ্ডার। ত্রি০ খড়্গধারী। পু০ মহাদেব। Rhinoceros; one wielding a sword; a name of Śiva.

खण्ड पु० [খণ্ড-ঘঞ্] ভেদ, ছেদ। ক্লী০ ইক্ষুবিকারবিশেষ (খাঁড়)। পু০, ক্লী০ অংশ, একদেশ। Cutting; sugar-candy; part.

खण्डकाव्य क्ली० [খণ্ড+কাব্য] কোন এক বিষয়ে লিখিত ক্ষুদ্র কাব্য। A type of short Kāvya.

खण्डधारा स्त्री० [খণ্ড+ধারা] কাঁচি। Scissors.

खण्डन क्ली० [খণ্ড-ল্যুট্] ভেদন, ছেদন, নিরাকরণ। Cutting, refutation.

खण्डनखण्डखाद्य क्ली० [খণ্ডন+খণ্ড+খাদ্য] শ্রীহর্ষপ্রণীত গ্রন্থবিশেষ। Name of a book by Śrī Harṣa.

खण्डपरशु पु० [খণ্ড+পরশু] শিব, পরশুরাম। An epithet of Śiva or Paraśurāma.

খণ্ডাভ্র ক্লী০ [খণ্ড+অভ্র] ছিন্ন মেঘ, মেঘখণ্ড। Scattered cloud.

খণ্ডিত ত্রি০ [খণ্ড–ক্ত] দ্বিধাকৃত, ছিন্নভিন্ন, ভগ্ন। স্ত্রী০ খণ্ডিতা—নায়িকাবিশেষ। Cut in twain, torn ; a type of nāyikā.

খতমাল পু০ [খ+তমাল] ধূম, মেঘ। Smoke, cloud.

খদির পু০ [খদ–কিরচ্] খয়ের গাছ, বৃক্ষবিশেষ, চন্দ্র, ইন্দ্র। Catechu tree.

খদিরসার পু০ [খদির+সার] খয়ের। Catechu.

খদ্যোত পু০ [খ+দ্যুত–অল্] জোনাকি, সূর্য। Firefly, the sun.

খধূপ পু০ [খ+ধূপ–অণ্] হাউই বাজী। Firework.

খনক পু০ [খন–বুন্] মূষিক, সিঁদেল চোর। ত্রি০ খননকর্তা। Mouse, burglar ; digger.

খনন ক্লী০ [খন–ল্যুট্] খোঁড়া। Digging.

খনি[-নী] স্ত্রী০ [খন–ইন্(ঙীপ্)] আকর, গর্ত। Mine.

খনিত্র ক্লী০ [খন–ইত্র] অস্ত্রবিশেষ, খন্তা। A digging instrument, a spade.

খপুর পু০ [খ+পৃ–ক] সুপারি গাছ, গন্ধর্বনগর, কলস। ত্রি০ অলস। Betel-nut tree ; lazy.

খপুষ্প ক্লী০ [খ+পুষ্প] আকাশকুসুম। Sky-flower.

খর পু০ [খ+লা–ক] গর্দভ, অশ্বতর, রাক্ষসবিশেষ। ত্রি০ উষ্ণ, তীক্ষ্ণ, কঠিন, শীঘ্র। Ass ; hot, hard.

খরণস ত্রি০ [খর+নাসিকা] উন্নত নাসিকাবিশিষ্ট। Sharp-nosed.

খরাংশু পু০ [খর+অংশু] সূর্য। The sun.

খরু পু০ [খন–উ] দম্ভ, দর্প, শিব, অশ্ব। ত্রি০ নির্বোধ। Pride, conceit ; foolish.

খর্জন ক্লী০ [খর্জ–ল্যুট্] কণ্ডূয়ন। Itching.

খর্জু[-র্জূ] পু০ [খর্জ–উন্] খেজুর গাছ, কণ্ডূয়ন। স্ত্রী০ খর্জূ [খর্জ–কূ] চুলকানি। The date tree; itching.

খর্জূর পু০ [খর্জ–ঊরচ্] খেজুর গাছ, বৃশ্চিক। ক্লী০ ঐ ফল। The date-tree ; the date fruit.

খর্পর পু০ [কৃপ–অরন্] চোর, ধূর্ত, ভিক্ষাভাণ্ড, মাথার খুলি। Thief, begging-bowl, skull.

খর্ম ক্লী০ [খর্জ–মন্] পৌরুষ, রেশমী বস্ত্র। Virility, silken cloth.

খর্ব পু০ [খর্ব–অচ্] সংখ্যাবিশেষ। ত্রি০ বামন, বেঁটে। A certain number ; dwarf.

খর্বট পু০ [খর্ব–অটন্] গ্রামবিশেষ। A type of village.

খল ত্রি০ [খল–অচ্] নীচ, দুর্জন। ক্লী০ মৃত্তিকা, ধান্যাদির মর্দনস্থান। Mean, wicked ; soil, threshing ground.

খলতি পু০ [খল–অতি] টাক। Bald.

খলপূ পু০, স্ত্রী০ [খল+পূ–ক্বিপ্] ঝাড়ুদার। Sweeper.

খলি পু০ [খল–ইন্] তৈলের অসার ভাগ। Sediment of oil.

খলিন[-লীন] পু০, ক্লী০ [খ+লীন] অশ্বাদির মুখবন্ধ বলগার লৌহবিশেষ। The bit of a bridle.

খলিনী স্ত্রী০ [খলিন+ঙীপ্] খলসমূহ। A number of threshing floors.

খলিশ পু০ [খ+লিশ–ক] মৎস্যবিশেষ। A kind of fish.

খলীকার পু০ [খল+চ্বি+কৃ–ঘঞ্] ক্ষতি, বিপদ্। Injury, evil.

খলু অব্য০ [খল–উন্] নিশ্চয়, নিষেধ, জিজ্ঞাসা, অনুনয়, উৎপ্রেক্ষা, বীপ্সা, হেতু। A particle signifying certainty, prohibition, enquiry, entreaty etc.

খলেকপোত পু০ [খলে+কপোত] ন্যায়বিশেষ। A kind of maxim.

খল্ল পু০ [খল্+লা–ক] গর্ত, চর্ম, চাতক। Cavity, leather.

খল্লীট পু০ [খল্লী+টল–ড] টাকবিশিষ্ট। Bald-headed.

খবাষ্প পু০ [খ+বাষ্প] হিম। Frost.

খশ পু০ দেশবিশেষ। Name of a country.

খস পু০ [খ+সো–ক] পাঁচড়া। Scab.

খাট পু০ [খ+অট–ঘঞ্] খাটিয়া। Bedstead.

খাটি স্ত্রী০ [খট–ইঞ্] মড়ার খাট, কিণ, খামখেয়ালী। Bier.

খাড্গিক ত্রি০ [খড্গ+ঠক্] খড়্গধারী। Swordsman.

খাণ্ডব পু০ [খাণ্ড+বা–ক] বনবিশেষ। Name of a forest.

খাত ক্লী০ [খন–ক্ত] পুষ্করিণী, ঘাই। ত্রি০ যাহা খোঁড়া হইয়াছে। Pond ; that which has been dug.

খাতক পু০ [খাত+কন্] খনক, অধমর্ণ। ক্লী০ গর্ত। Digger ; cavity.

খাদক ত্রি০ [খাদ–ণ্বুল্] ভক্ষক, অধমর্ণ। Consumer, eater.

खादन क्लीं० [खाद्–ल्युट्] ভোজন, খাদ্য। Eating, food.

खादित त्रि० [खाद्–क्त] ভক্ষিত। Eaten.

खादिर त्रि० [खदिर+अण्] খদির-নির্মিত, খদির-সম্বন্ধীয়। Made of catechu, relating to catechu.

खाद्य त्रि० [खाद्–ण्यत्] ভক্ষ্য। Eatable.

खारि[-री] स्त्री० [ख+आ+रा–क+ङीष्] পরিমাণ-বিশেষ। A certain measure.

खारीवाप त्रि० [खारी+वप–घञ्] খারীপরিমিত ধান্তের দ্বারা উপ্ত (ক্ষেত্র)। Sown with a khārī of grain.

खालत्य क्लीं० [खलति+ष्यञ्] টাক। Baldness.

खिखि पु० শৃগাল। Jackal.

खिङ्खिरी स्त्री० ঝাঁটা। Broomstick.

खिदिर पु० [खिद्–किरन्] চন্দ্র। The moon.

खिन्न त्रि० [खिद्–क्त] শ্রান্ত, দুঃখিত। Tired, unhappy.

खिल त्रि० [खिल–क] দুর্গম, অকৃষ্ট (ক্ষেত্র), অবশিষ্ট অংশ। Inaccessible, untilled (land), appended (hymn).

खिलीकृत त्रि० [खिल+च्वि–कृत] নিরুদ্ধ। Closed, blocked.

खिलीभूत त्रि० [खिल+च्वि+भूत] দুর্গমরূপে পরিণত। To become inacessible.

खिल्लित त्रि० [खिल+णिच्–क्त] বিদ্ধ, নিগড়িত। Pierced, chained.

खुर पु० [खुर्–क] অশ্বাদির পায়ের খুর। A hoof.

खुरणस[-स्] त्रि० [खुर+नासिका(नस्)+टच्] খাঁদা। Flat-nosed.

खुरप्र पु० [खुर+प्रा–क] অর্ধচন্দ্রাকৃতি বাণ। A crescent-like arrow.

खुरली स्त्री० [खुर+ला–क+ङीष्] অভ্যাস। Practice.

खुरालिक पु० [खुर+आलि+कै–क] নাপিতের খুর রাখিবার পাত্র। A razor-case.

खुल्ल त्रि० [खद+ला–क] ক্ষুদ্র, অল্প, লঘু। Small, little.

खेचर पु० [खे+चर–ट] পক্ষী, গর্ব, মেঘ, সূর্য। त्रि० আকাশচারী। स्त्री० खेचरी—তন্ত্রশাস্ত্রোক্ত মুদ্রা-বিশেষ। Bird, demigods, cloud, sun, one who moves in the sky ; a kind of mudrā.

खेचरेन्द्र पु० [खेचर+इन्द्र] সূর্য। The sun.

खेट पु० [खे+अट–अच्] সূর্যাদি গ্রহ। त्रि० শস্ত্রধারী, নীচ। The sun and other planets; armed man, mean.

खेद पु० [खिद्–घञ्] শোক, শ্রম, দুঃখ। Grief, fatigue, pain.

खेदित त्रि० [खिद+णिच्–क्त] দুঃখিত, তাড়িত। Pained, turned out.

खेय क्लीं० [खन–यत्] পরিখা। त्रि० খননীয়। Ditch; that which is to be dug.

खेलन क्लीं० [खेल–ल्युट्], খেলা, খেল্‌না। Play, plaything.

खेला स्त्री० [खेल–अ+टाप्] ক্রীড়া, লীলা। Play, sport.

खोड[-र,-ल] त्रि० [खोड–अच्] খোঁড়া। Lame.

खोलक पु० [खोल–अच्+कन्] টোপর, সর্বাঙ্গ-আবরক বস্ত্রবিশেষ, গাগরী, হাড়ি। A helmet, a cloth covering the entire body.

ख्यात त्रि० [ख्या–क्त] প্রসিদ্ধ, কথিত। Famous, told.

ख्याति स्त्री० [ख्या–क्तिन्] প্রসিদ্ধি, যশঃ, জ্ঞান, কথন। Fame, knowledge.

ख्यापक त्रि० [ख्या+णिच्–ण्वल्] জ্ঞাপক, প্রকাশক। Denoter.

ख्यापन क्लीं० [ख्या+णिच्–ल्युट्] জ্ঞাপন, কথন। Denoting, declaring.

ग

ग पु० [गै–क] গণেশ, গন্ধর্ব, গগন, গুরু স্বরবর্ণ। त्रि० [गम–ड] গমনকারী। Gaṇeśa, Gandharva, sky; one who goes or moves.

गगन क्लीं० [गम–युच्] আকাশ। Sky.

गङ्गा स्त्री० [गम–गन्+टाप्] ভাগীরথী। The Ganges.

गङ्गाधर पु० [गङ्गा+धृ–अच्] শিব, সমুদ্র। A name of Śiva, ocean.

गङ्गासुत पु० [गङ्गा+सुत] ভীষ্ম, কার্তিকেয়। A name of Bhīṣma or Kārttikeya.

गच्छ पु० [गत+छो–क] বৃক্ষ। Tree.

गज पु० [गज–अच्] হস্তী, অসুরবিশেষ। Elephant, name of a demon.

गजच्छाया स्त्री० [गज+छाया] তিথি-নক্ষত্রের যোগ-বিশেষ। A planetary combination.

गजता स्त्री० [गज+तल्+टाप्] হস্তিসমূহ। A herd of elephants.

गजदघ्न त्रि० [गज+दघ्नच्], **गजद्वयस्** त्रि० [गज+द्वयसच्] হস্তি-পরিমাণ। Of the measure or height of an elephant.

गजदन्त पु० [गज+दन्त] গণেশ। An epithet of Gaṇeśa.

गजनिमीलित क्ली० [गज+निमीलित] হস্তীর অক্ষিমুদ্রণ, তুচ্ছজ্ঞানে নেত্রসংকোচন। The closing of the eyes by the elephant, half-closing of eyes.

गजबन्धनी स्त्री० [गज+बन्धनी] হস্তিবন্ধনস্তম্ভ। The post for tying an elephant.

गजसाह्वय क्ली० [गज+सह+आह्वय] হস্তিনানগর। A name of the city of Hastināpura.

गजाजीव पु० [गज+आजीव] হস্তিজীবী। An elephant-driver.

गजानन पु० [गज+आनन] গণেশ। An epithet of Gaṇeśa.

गजारोह पु० [गज+आरोह] মাহুত। An elephant-driver.

गजाह्व क्ली० [गज+आह्वा], **गजाह्वय** पु० [गज+आह्वय] হস্তিনানগর। A name of the city of Hastināpura.

गञ्ज पु० [गञ्ज-घञ्] গঞ্জনা, অপমান। पु०, क्ली० ধনাগার। स्त्री० गञ्जा—মদ্যপাত্র, মদ্যগৃহ। Insult; treasury; wine-cup, bar.

गड पु० [गड-अच्] পরিখা, পর্দা, বাধা। Trench, screen.

गडि पु० [गड-इन्] অলস। Lazy.

गडु पु० [गड-उन्] কুঁজ, গলগণ্ড। त्रि० কুব্জ। Hump, hump-backed.

गडुर[-ल] त्रि० [गडु+र] কুব্জ, গলগণ্ডযুক্ত। Hump-backed.

गडेर पु० [गड-एरक्], **गड्डर[-ल]** पु० [गड-डर] মেষ, মেঘ। Sheep, cloud.

गड्डरिका स्त्री० [गड्डर+ठन्+टाप्] মেষশ্রেণী। A herd of sheep.

गड्डरिकाप्रवाह पु० [गड्डरिका+प्रवाह] ন্যায়বিশেষ। A certain maxim.

गण पु० [गण-अच्] সমূহ, দল, রুদ্রানুচর। Group, troop.

गणक पु० [गण-ण्वुल्] দৈবজ্ঞ, গণিতজ্ঞ। Fortune-teller.

गणदेवता स्त्री० [गण+देवता] দেবগণবিশেষ। A group of gods.

गणन क्ली० [गण-ल्युट्] গণনা, গ্রাহ্য করা, অবধারণ, বিবেচনা। Counting, taking note of, determination.

गणनाथ पु० [गण+नाथ], **गणनायक** पु० [गण+नायक], **गणपति** पु० [गण+पति], **गणाधीश** पु० [गण+अधीश] গণেশ, শিব। A name of Gaṇeśa or Śiva.

गणनीय त्रि० [गण-अनीयर्] গণ্য। Worth-counting.

गणशस् अव्य० [गण-शस्] দলে দলে, বহুশঃ। In groups.

गणान्न क्ली० [गण+अन्न] বহুস্বামিক অন্ন। Food of which the owners are many.

गणि स्त्री० [गण-इन्] গণনা। Counting.

गणिका स्त्री० [गण+ठन्+टाप्] বেশ্যা। [गण-ण्वुल्+टाप्] হস্তিনী। A public woman.

गणिकारिका स्त्री० [गणि+कृ-अण्+क+टाप्], **गणिकारी** स्त्री० [गणि+कृ-अण्+ङीष्] ওষধিবিশেষ। A kind of herb.

गणित क्ली० [गण-क्त] গণন। त्रि० যাহা গণনা করা হইয়াছে। Counted.

गणेय त्रि० [गण-एय] গণ্য। Worth-counting.

गणेरु स्त्री० [गण-एरु] বেশ্যা। A public woman.

गणेरुका स्त्री० [गणेरु+कै-क+टाप्] কুট্টনী। A public woman.

गणेश पु० [गण+ईश] গজানন। Gaṇeśa.

गण्ड पु० [गण्ड-अच्] কপোল, গণ্ডার, বুদ্বুদ, চিহ্ন, স্ফোটক, গ্রন্থি। Cheek, rhinoceros, boil.

गण्डक पु० [गण्ड+क] গণ্ডার, অন্তরায়। स्त्री० गण्डकी—নদীবিশেষ। Rhinoceros, impediment; name of a river.

गण्डकीशिला स्त्री० [गण्डकी+शिला] শালগ্রাম শিলা। The sacred Śālagrāma stone.

गण्डभित्ति स्त्री० [गण्ड+भित्ति] প্রশস্ত কপোল। Broad cheek.

गण्डमाला स्त्री० [गण्ड+माला] গলস্ফোটসমূহ। Inflammated glands of the neck.

गण्डलेखा स्त्री० [गण्ड+लेखा] গণ্ডস্থল। Cheek.

गण्डशैल पु० [गण्ड+शैल] পর্বতচ্যুত বৃহৎপ্রস্তর। A huge stone thrown down.

गण्डु पु० [गण्ड-उन्] গ্রন্থি, বালিশ। Knot, pillow.

गण्डूपद पु० [गण्डू+पद] কেঁচো। Earthworm.

गण्डूष पु० [गण्ड-ऊषन्] এক অঞ্জলি জল, হস্তিশুণ্ডাগ্র। A handful of water.

गण्डोपल पु० [गण्ड+उपल] করকা। Hail.

गण्य त्रि० [गण-यत्] গণনীয়, বিবেচ্য, গ্রাহ্য। Worth counting or considering.

गत त्रि० [गम-क्त] প্রস্থিত, অতীত, সমাপ্ত, মৃত, প্রাপ্ত। Gone, past, dead.

गतागत क्ली० [गत+आगत] যাতায়াত, জন্মমৃত্যুপ্রবাহ। Going and coming, the series of life and death.

गतानुगतिक त्रि० [गतानुगत+ठन्] গতানুযায়ী। Doing as others do.

गतार्तवा स्त्री० [गत+आर्तव+टाप्] বৃদ্ধা, বন্ধ্যা। An old or barren woman.

गतायुस् त्रि० [गत+आयुस्] অতিবৃদ্ধ, মৃত। Very old, dead.

गति स्त्री० [गम–क्तिन्] গমন, জীবনযাত্রা, যাত্রা, প্রাপ্তি, অবস্থা, জ্ঞান। Going, life, march, obtaining, condition, knowledge.

गत्वर त्रि० [गम–क्वरप्] গমনশীল, অস্থায়ী, বিনশ্বর। Going, fleeting, perishable.

गद पु० [गद–अच्] রোগ। स्त्री० गदा—মুদ্‌গরবিশেষ। Disease; a mace or club.

गदाग्रज पु० [गद+अग्रज], **गदाधर** पु० [गदा+धृ–अच्], **गदाभृत्** पु० [गदा+भृ–क्विप्] কৃষ্ণ। An epithet of Kṛṣṇa.

गदित क्ली० [गद–क्त] বাক্য। त्रि०—কথিত। Word; spoken.

गद्गद पु० [गद्गद–अच्] অব্যক্ত শব্দ। Indistinct speech.

गद्य क्ली० [गद–यत्] ছন্দোবিহীন বাক্যবিশেষ। Prose.

गन्तव्य त्रि० [गम–तव्य] গম্য, প্রাপ্য, জ্ঞেয়। To be reached.

गन्तु त्रि० [गम–तुन्] পথিক, ভ্রমণকারী। Traveller, wayfarer.

गन्तृ त्रि० [गम–तृन्] গমনকারী। One that goes or moves.

गन्त्री स्त्री० [गम–ष्ट्रन्+ङीप्] গরুর গাড়ী। A cart drawn by oxen.

गन्त्रीरथ पु० [गन्त्री+रथ] গরুর গাড়ী। A cart drawn by oxen.

गन्ध पु० [गन्ध–अच्] আমোদ, ঘ্রাণেন্দ্রিয়ের গ্রাহ্য গুণবিশেষ, চন্দন, গন্ধক, সম্পর্ক, লেশ, নৃত্য। Fragrance, scent.

गन्धक पु० [गन्ध+क] দ্রব্যবিশেষ। Sulphur.

गन्धद्विप पु० [गन्ध+द्विप] হস্তিবিশেষ। A kind of elephant.

गन्धन क्ली० [गन्ध–ल्युट्] উৎসাহন, সূচনা, হিংসা, প্রকাশন। Encouraging, intimation.

गन्धमादन पु०, क्ली० [गन्ध+माद–ल्यु(ट्)] পর্বতবিশেষ। पु० ভ্রমর, বানরবিশেষ। स्त्री० गन्धमादनी—সুরা। Name of a mountain; bee; wine.

गन्धमृग पु० [गन्ध+मृग] কস্তূরী মৃগ। The musk-deer.

गन्धराज क्ली० [गन्ध+राजन्+टच्] পুষ্পবিশেষ, চন্দন। A kind of flower, sandal.

गन्धर्व पु० [गन्ध+अर्व–अच्] দেবযোনিবিশেষ, স্বর্গগায়ক, ঘোটক, মৃগ, কোকিল। A class of demi-gods, celestial musician, horse.

गन्धवती [गन्ध+मतुप्+ङीप्] পৃথিবী, সুরা, নগরীবিশেষ। Earth, wine.

गन्धवह पु० [गन्ध+वह–अच्], **गन्धवाह** पु० [गन्ध+वह–अण्] বায়ু। स्त्री० गन्धवाहा—নাসিকা। Wind; nose.

गन्धशालि पु० [गन्ध+शालि] সুগন্ধি ধান্য। A kind of sweet-smelling paddy.

गन्धसार पु० [गन्ध+सार] চন্দনবৃক্ষ। Sandaltree.

गन्धहस्तिन् पु० [गन्ध+हस्तिन्] হস্তিবিশেষ। A kind of elephant.

गन्धार पु० [गन्ध+ऋ–अण्] গান্ধার দেশ। Name of a country.

गभस्ति पु० [ग+भस–क्तिच्] কিরণ, সূর্য। स्त्री० गभस्ती—বহ্নিপত্নী। Ray of light, the sun.

गभस्तिमत् पु० [गभस्ति+मतुप्] সূর্য। The sun.

गभीर त्रि० [गम–ईरन्] গম্ভীর, নিবিড়, দুরবগাহ। Deep, dense, inaccessible.

गम पु० [गम–अप्] গমন। Going.

गमक त्रि० [गम+णिच्–ण्वुल्] বোধক। Indicative or suggestive.

गमन क्ली० [गम–ल्युट्] গতি। Movement.

गमागम पु० [गम+आगम] গতাগতি, সংসার। Going and coming, the world.

गमित त्रि० [गम+णिच्–क्त] প্রাপিত, জ্ঞাপিত, যাপিত। Made to get or understand.

गम्भीर त्रि० [गम–ईरन्] গভীর, অগাধ, নিবিড়, উদার। Deep, unfathomable.

गम्भीरवेदितृ पु० [गम्भीर+विद–तृच्], **गम्भीरवेदिन्** पु० [गम्भीर+विद–णिनि] মত্তহস্তী। An intoxicated elephant.

गम्य त्रि० [गम–यत्] গমনযোগ্য। Fit for approach or going.

गम्यमान त्रि० [गम–शानच्] জ্ঞায়মান, অনুমীয়মান। Being known or inferred.

गय पु० অসুরবিশেষ। Name of a demon.

गर पु० [गॄ–अच्] বিষ, উপবিষ, রোগ। Poison, disease.

गरद त्रि० [गर+दा–क] ব্যাধিকর, বিষ-প্রয়োগকারী। Causing disease, one who administers poison.

गरल क्ली० [गॄ–अलच्] বিষ। Poison.

गरिमन् पु० [गुरु+इमनिच्] গুরুত্ব। Heaviness.

गरिष्ठ त्रि० [गुरु+इष्ठन्], **गरीयस्** त्रि० [गुरु+ईयसुन्] গুরুতম, পূজ্যতম। Heaviest, most honourable.

गरुड पु० [गरुत्+डी–ड] পক্ষিরাজ। The king of birds.

गरुडध्वज पु० [गरुड+ध्वज] বিষ্ণু। An epithet of Viṣṇu.

गरुडाग्रज पु० [गरुड+अग्रज] অরুণ। An epithet of Aruṇa.

गरुत् पु० [गॄ–उति] পক্ষ, পাখা। Wing of a bird.

गरुत्मत् पु० [गरुत्+मतुप्] গরুড়, পক্ষী। A name of Garuḍa, bird.

गर्ग पु० [गॄ–ग] মুনিবিশেষ। Name of a sage.

गर्गरी स्त्री० [गर्ग+रा–क+ङीष्] কলসী, গাগরী। Pitcher.

गर्ज पु० [गर्ज–घञ्], **गर्जन** क्ली० [गर्ज–ल्युट्] মেঘ-সিংহাদির শব্দ, তর্জন, ভর্ৎসন। Roaring, growling, reproach.

गर्जित क्ली० [गर्ज–क्त] গর্জন। त्रि० শব্দিত। Roaring ; sounded.

गर्त पु० [गॄ–तन्] ছিদ্র, ত্রিগর্তদেশ। Hole, name of a country.

गर्दभ पु० [गर्द–अमच्] গাধা। क्ली० শ্বেতকুমুদ। Ass; white lily.

गर्ध पु० [गृध–घञ्] লোভ, স্পৃহা। Greed, desire.

गर्धन त्रि० [गृध–युच्] লুব্ধ। क्ली० লোভ। Covetous ; greed.

गर्भ पु० [गृ–भन्] অভ্যন্তর, কুক্ষি, ভ্রূণ, অগ্নি, নাট্যে সন্ধিবিশেষ। Inside, womb, embryo, a kind of sandhi in a drama.

गर्भक पु० [गर्भ+कै–क] মাল্যবিশেষ। A kind of garland.

गर्भगृह क्ली० [गर्भ+गृह] অন্তর্গৃহ, সূতিকাগার। Inner apartment.

गर्भदोहद पु०, क्ली० [गर्भ+दोहद] গর্ভাবস্থায় গর্ভিণীর ইচ্ছা। The longings of a pregnant woman.

गर्भपात पु० [गर्भ+पात] গর্ভস্রাব। Miscarriage.

गर्भरूप पु० [गर्भ+रूप] শিশু, যুবা। A child, a youth.

गर्भवती स्त्री० [गर्भ+मतुप्+ङीप्] গর্ভিণী, অন্তঃসত্ত্বা। A pregnant woman.

गर्भशय्या स्त्री० [गर्भ+शय्या] গর্ভাশয়। Uterus.

गर्भस्थ त्रि० [गर्भ+स्था–क] গর্ভ-স্থিত, অন্তঃস্থ। Situated in the womb, interior.

गर्भस्राव पु० [गर्भ+स्राव] গর্ভপাত। Abortion.

गर्भागार क्ली० [गर्भ+आगार] অন্তর্গৃহ, বাসগৃহ, সূতিকাগৃহ। Inner apartment.

गर्भाधान क्ली० [गर्भ+आधान] সংস্কারবিশেষ। A purificatory ceremony.

गर्भाशय पु० [गर्भ+आशय] জরায়ু। Womb.

गर्भिणी स्त्री० [गर्भ+इनि+ङीप्] গর্ভবতী স্ত্রী। Pregnant.

गर्भित त्रि० [गर्भ+इतच्] পূর্ণ, গর্ভযুক্ত। Filled with, pregnant.

गर्भोपघातिनी स्त्री० [गर्भ+उपघातिनी] গর্ভনাশিনী। One who miscarries.

गर्मुत् स्त्री० [गॄ–उति] স্বর্ণ, লতা, তৃণবিশেষ। Gold, creeper.

गर्व पु० [गर्व–घञ्] দর্প, অহংকার। Conceit, pride.

गर्वित त्रि० [गर्व+इतच्] অহংকারী। Proud, conceited.

गर्हण क्ली० [गर्ह–ल्युट्] নিন্দা। Censure.

गर्हा स्त्री० [गर्ह–अ+टाप्] নিন্দা, তিরস্কার। Censure, reproach.

गर्हित त्रि० [गर्ह–क्त] নিন্দিত। Blamed.

गर्ह्य त्रि० [गर्ह–ण्यत्] নিন্দনীয়। Blameworthy.

गल पु० [गल–अच्] কণ্ঠ, গালা, ধূনা, বাদ্যবিশেষ। Neck, lac.

गलकम्बल पु० [गल+कम्बल] গরুর গলস্থিত লম্বমান মাংসবিশেষ। A bull's dewlap.

गलगण्ड पु० [गल+गण्ड] রোগবিশেষ। Goitre.

गलग्रह पु० [गल+ग्रह] কণ্ঠগ্রহ, তিথিবিশেষ। Throttling.

गलन्तिका स्त्री० [गल+शतृ+कन्+टाप्] কুঁজা, ঝারি। A small pitcher.

गलस्तनी स्त्री० [गल+स्तन+ङीप्] ছাগী। A she-goat.

गलहस्त पु० [गल+हस्त] গলাধাক্কা। Seizing by the collar.

गलित त्रि० [गल–क्त] ক্ষরিত, পতিত, চ্যুত। Oozed, dropped.

गलेचोपक त्रि० [गले+चुप–ण्वुल्] যাহাকে গলা টিপিয়া মারা হইয়াছে। Throttled, strangled to death.

गल्भ त्रि० [गल्भ–अच्] ধৃষ্ট। Intrepid.

गल्ल पु० [गल–ल] গাল, কপোল। Cheek.

गवय पुং [गव+या–क] সাস্নাহীন গোরুর স্থায় পশু-বিশেষ। A kind of ox.

गवल पुং [गव+ला–क] বন্যমহিষ। ক্লীং মহিষশৃঙ্গ। Wild buffalo; buffalo's horn.

गवाक्ष পুং [गो+अक्षि+षच्] জানালা, বানর-বিশেষ। Window.

गवादन ক্লীং [गो+अद–ल्युट्] ঘাস। Grass.

गवी স্ত্রীং [गो+ङीप्] গরু, বাণী। Cow, speech.

गवेडु স্ত্রীং [गवे+दो–कु], **गवेधु** স্ত্রীং [गवे+धा–कु] তৃণধান্য। A kind of grass.

गवेषण ক্লীং **गवेषणा** স্ত্রীং [गवेष–युच्(टाप्)] অন্বেষণ। Search.

गवेषित ত্রিং [गवेष–क्त] অন্বেষিত। Searched.

गव्य ত্রিং [गो+यत्] গোসম্বন্ধীয় (দুগ্ধঘৃতাদি)। স্ত্রীং গব্যা—গোসমূহ। Cow-products (like milk, cream etc); a herd of cows.

गव्यूति স্ত্রীং [गो+यूति] ক্রোশদ্বয়। A measure of four miles.

गहन ক্লীং [गह–ल्युट्] বন, গহ্বর, দুঃখ। ত্রিং দুর্গম, দুর্বোধ। Forest, abyss, misery; inaccessible.

गह्वर ক্লীং [गु–वरच्] গর্ত, গুহা, দম্ভ। Abyss, cave.

गाङ्ग ত্রিং [गङ्गा+अण्], **गाङ्गेय** ত্রিং [गङ्गा+ढक्] গঙ্গাসম্বন্ধীয়, গঙ্গাজাত। পুং ভীষ্ম, কার্তিকেয়। ক্লীং স্বর্ণ। Relating to the river Ganges, born of the Ganges; a name of Bhīṣma; gold.

गाढ ত্রিং [गाह–क्त] দৃঢ়, ঘন। Strong, deep.

गाणपत्य ত্রিং [गणपति+यक्] গণেশ-উপাসক। ক্লীং দলাধিপত্য। A worshipper of Gaṇeśa, chieftainship.

गाण्डि পুং [गण्ड–इन्] গ্রন্থি। Knot.

गाण्डिव[-ण्डीव] পুং, ক্লীং [गाण्डि+व] অর্জুনের ধনুক, ধনুক। Bow of Arjuna, bow.

गाण्डी[-ण्डि]विन् পুং [गाण्डीव+इनि] অর্জুন, ধনুর্ধারী। An epithet of Arjuna, a bow-man.

गात्र ক্লীং [गै–ष्ट्रन्] দেহ, অঙ্গ। Body, limb.

गात्रिका স্ত্রীং [गात्र+कन्+टाप्] গাত্রমার্জনী। A towel.

गाथक ত্রিং [गै–थकन्] গায়ক। Singer.

गाथा স্ত্রীং [गै–थन्+टाप्] শ্লোক, গীত, আর্যা-ছন্দঃ। Verse, a kind of metre.

गाध পুং [गाध–घञ्] তলস্পর্শ, স্থান। ত্রিং তল-স্পর্শযোগ্য। Bottom, place, fordable.

गाधि পুং [गाध+इन्] নৃপবিশেষ। Name of a king.

गाधिज পুং [गाधि+जन–ड], **गाधिसुत** পুং [गाधि+सुत], **गाधेय** পুং [गाधि+ढक्] বিশ্বামিত্র। An epithet of Viśvāmitra.

गान ক্লীং [गै–ल्युट्] গীত, ধ্বনি। Song.

गान्दिनी স্ত্রীং [गाम्+दै–णिनि+ङीप्] গঙ্গা। A name of the Ganges.

गान्धर्व ত্রিং [गन्धर्व+अण्] গন্ধর্বসম্বন্ধীয়। পুং বিবাহ-বিশেষ। Relating to the Gandharvas.

गान्धार পুং [गन्ध+ऋ–अण्] দেশবিশেষ, স্বর-বিশেষ, রাগবিশেষ। Name of a country, a musical note.

गान्धिक পুং [गन्ध+ठक्] গন্ধবণিক্। ক্লীং গন্ধদ্রব্য। ত্রিং গন্ধদ্রব্যসম্বন্ধীয়, বণিক্সম্পর্কীয়। A perfumer; perfumes; relating to perfumes.

गाम्भीर्य ক্লীং [गम्भीर+ष्यञ्] গভীরতা। Depth, profundity.

गामुक ত্রিং [गम–उकञ्] গমনশীল। Moving.

गायक পুং [गै–ण्वुल्] গানকারক। Singer.

गायत् ত্রিং [गै–शतृ] গায়ক। Singer.

गायत्री[त्री] স্ত্রীং [गायत्+त्रै–क+ङीप्] চব্বিশ অক্ষরবিশিষ্ট বৈদিক ছন্দঃ। A twenty-four syllabled Vedic metre.

गारुड ক্লীং [गरुड+अण्] মরকত মণি। Emerald.

गारुत्मत ক্লীং [गरुत्मत्+अण्] মরকত মণি। ত্রিং পক্ষিসম্বন্ধীয়, গরুড়সম্বন্ধীয়। Emerald, relating to bird.

गार्गि পুং [गर्ग+इञ्] গর্গপুত্র। Son of Garga.

गार्ध्र ক্লীং [गृध्र+अण्] অত্যধিক লোভ Excessive greed.

गार्ध्रपक्ष [गार्ध्र+पक्ष] গৃধ্রপক্ষযুক্ত বাণ। A kind of arrow.

गार्हपत्य পুং [गृहपति+ञ्य] যজ্ঞীয় অগ্নিবিশেষ। One of the sacrificial fires.

गार्हस्थ्य ত্রিং [गृहस्थ+ष्यञ्] গৃহস্থসম্বন্ধীয়। ক্লীং গৃহস্থধর্ম। Relating to the house-holder; the duties of a house-holder.

गालव পুং [गल–घञ्+वा–क] মুনিবিশেষ, লোধ্রবৃক্ষ। Name of a sage.

गालि স্ত্রীং [गल–इन्] কটুবাক্য। Foul words, abuse.

गाहन ক্লীং [गाह–ल्युट्] মজ্জন। Plunging.

गिर् স্ত্রীং [गॄ–क्विप्] বাক্য, সরস্বতী। Speech, the goddess of speech.

গিরি পু০ [গৄ–কি] পর্বত, সন্ন্যাসিবিশেষ, চক্ষুরোগবিশেষ। Mountain, a class of monks.

গিরিকর্ণিকা স্ত্রী০ [গিরি+কর্ণ+কপ্+টাপ্] শ্বেত অপরাজিতা। A kind of flower.

গিরিকা স্ত্রী০ [গিরি+কন্+টাপ্] ক্ষুদ্র মূষিক। A little mouse.

গিরিজ ক্লী০ [গিরি+জন–ড] গৈরিক, শিলাজতু, লৌহ। স্ত্রী০ গিরিজা—পার্বতী, গিরিমল্লিকা। ত্রি০ পর্বতে জাত। Red chalk, bitumen, iron; a name of Pārvatī; mountain-born.

গিরিশ পু০ [গিরি+শী–ড] শিব। A name of Śiva.

গিরিসার পু০[গিরি+সার] লৌহ, রাঙ। Iron, tin.

গিরিসুত পু০ [গিরি+সুত] মৈনাক পর্বত। স্ত্রী০ গিরিসুতা—পার্বতী। The Maināka mountain; an epithet of Pārvatī.

গিরীশ পু০ [গিরি+ঈশ] শিব, হিমালয় পর্বত। A name of Śiva, the Himalayas.

গিল ত্রি০ [গৄ–ক] গ্রাসক। Devourer.

গিলিত ত্রি০ [গিল–ক্ত] গ্রস্ত, ভক্ষিত। Devoured, swallowed.

গীত ক্লী০ [গৈ–ক্ত] গান। ত্রি০ বর্ণিত, উচ্চারিত। স্ত্রী০ গীতা—গ্রন্থবিশেষ। Song; described, uttered; a sacred book.

গীতমার্গ পু০ [গীত+মার্গ] গতিবিশেষ। A kind of Movement.

গীতি স্ত্রী০ [গৈ–ক্তিন্] গান, ছন্দোবিশেষ। A song, a type of metre.

গীর্ণ ত্রি০ [গৄ–ক্ত] স্বীকৃত, প্রশংসিত, কথিত, যাহা গেলা হইয়াছে। Accepted, described, swallowed.

গীর্ণি স্ত্রী০ [গৄ–ক্তিন্] স্তুতি, গেলা। Praise, swallowing.

গীর্বাণ পু০ [গির্+বাণ] দেবতা। God.

গীষ্পতি পু০ [গীঃ+পতি] বৃহস্পতি, পণ্ডিত। A name of Bṛhaspati, scholar.

গুগ্‌গুল পু০ [গুক্+গুড–ক] গন্ধদ্রব্যবিশেষ। A kind of fragrant gum, resin.

গুচ্ছ পু০ [গুত্+ছো–ক] স্তবক, ময়ূরপুচ্ছ। Bundle, bunch, the plumage of a peacock.

গুঞ্জ পু০ [গুঞ্জ–অচ্] কুঞ্জ। স্ত্রী০ গুঞ্জা—কুঁচ, পরিমাণবিশেষ, পটহ, মধুরধ্বনি। Grove; red black-berry, a certain small measure, humming.

গুঞ্জিত ক্লী০[গুঞ্জ–ক্ত] গুনগুন্ শব্দ। Humming.

গুটি[-টিকা, -টী] স্ত্রী০ [গু–টিক্] বটিকা, গুলি, ঘুঁটি, পোকার গুটি। Pill, small ball, cocoon of the silk-worm.

গুড পু০ [গুড–ক] মিষ্টদ্রব্যবিশেষ। ত্রি০ বতুল। Molasses; round.

গুডতৃণ ক্লী০ [গুড+তৃণ] ইক্ষু। Sugar-cane.

গুডত্বচ্ ক্লী০ [গুড+ত্বচ্] দারুচিনি, জৈত্রী। Cardamom.

গুডাকা স্ত্রী০ [গুড–আক+টাপ্] নিদ্রা, আলস্য। Sleep, sloth.

গুডাকেশ পু০ [গুডা+কেশ] শিব। [গুডাকা+ঈশ] অর্জুন। An epithet of Śiva and Arjuna.

গুডুচী স্ত্রী০ [গুড–উ+চট+ঙীপ্] লতাবিশেষ। A kind of creeper.

গুণ পু০ [গুণ–অচ্] উৎকর্ষ, আবৃত্তি, অধিক ফল, সত্ত্ব, রজঃ, তমঃ এই তিনটি, সূত্র, রজ্জু, অপ্রধান, ব্যাকরণশাস্ত্রে কার্যবিশেষ, অর্থশাস্ত্রে সন্ধি প্রভৃতি, বৈশেষিকদর্শনে পদার্থবিশেষ। Excellence, multiplication, the three elements viz, sattva, rajas and tamas, string.

গুণক পু০ [গুণ–ণ্বুল্] যে অংক দ্বারা গুন করা যায়। Multiplier.

গুণগৃহ্য ত্রি০ [গুণ+গ্রহ–ক্যপ্] গুণপক্ষপাতী। Inclined to qualities.

গুণত্রয় ক্লী০ [গুণ+ত্রয়] সত্ত্ব, রজঃ ও তমঃ এই তিনটি গুণ। The three elements—sattva, rajas and tamas.

গুণন ক্লী০ [গুণ–ল্যুট্] আবৃত্তি, বণন। Multiplication, description.

গুণনিকা স্ত্রী০ [গুণ–যুচ্+কন্+টাপ্] অভ্যাস, নৃত্য, শূন্য অংক। Repetition, dance, cipher.

গুণনীয় ত্রি০ [গুণ–অনীয়র্] যাহাকে গুন করিতে হইবে। That which is to be multiplied.

গুণবৎ ত্রি০ [গুণ+মতুপ্] গুণী, গুণযুক্ত। Meritorious, endowed with virtues.

গুণবৃক্ষ পু০ [গণ+বৃক্ষ] জাহাজের মাস্তুল। A mast of a ship.

গুণিত ত্রি০ [গুণ–ক্ত] গুণকরা। Multiphed.

গুণিন্ ত্রি০ [গুণ+ইনি] গুণবান্। পু০ ধনুক। Meritorious; bow.

গুণীভূত ত্রি০ [গুণ+চ্বি+ভূ–ক্ত] অপ্রধানীভূত। Secondary.

গুণ্ঠন ক্লী০ [গুণ্ঠ–ল্যুট্] বেষ্টন, আবরণ। Covering, hiding.

गुण्ड पुं० [गुण्ड–अच्] গুড়া, চূর্ণ, কলধ্বনি। Dust-powder.

गुण्डित त्रि० [गुण्ड–क्त] চূর্ণিত, চূর্ণযুক্ত। Powdered.

गुण्य त्रि० [गुण–यत्] যে অংককে গুণ করা যায়। The figure to be multiplied.

गुत्स पुं० [गुध–स] স্তবক, বত্রিশনরী হার। Bunch, a kind of necklace.

गुद क्ली० [गुद्–क] পায়ু। Anus.

गुप्त त्रि० [गुप–क्त] রক্ষিত, গূঢ়, সংবৃত। Protected, concealed.

गुप्तमणि पुं० [गुप्त+मणि] ক্রীড়াবিশেষ। A kind of play.

गुप्ति स्त्री० [गुप–क्तिन्] গোপন, রক্ষা, পাহারা। Concealment, protection.

गुम्फ पुं० [गुम्फ–घञ्] গ্রন্থন, গোঁফ, গুচ্ছ। Stringing, moustache.

गुम्फन क्ली० [गुम्फ–ल्युट्] গ্রন্থন। Stringing.

गुम्फित त्रि० [गुम्फ–क्त] গ্রথিত। Strung together.

गुरण क्ली० [गुर–ल्युट्] উদ্যম, উত্তোলন। Effort, lifting.

गुरु पुं० [गॄ–कु] আচার্য, অধ্যাপক, মন্ত্রোপদেষ্টা, বৃহস্পতি, পিতা, মীমাংসাদর্শনের প্রবক্তা প্রভাকর, পূজনীয় ব্যক্তি। ত্রি০ মহৎ, ভারী। Preceptor, teacher, superior deserving respect; great, heavy.

गुरुतल्पग पुं० [गुरु+तल्प+गम–ड] গুরুপত্নীগামী। One who violates his teacher's wife.

गुरुत्व क्ली० [गुरु+त्व], **गुरुता** स्त्री० [गुरु+तल्+टाप्] মহত্ত্ব, পূজ্যত্ব, কাঠিন্য। Greatness, heaviness.

गुर्जर पुं० গুজরাট দেশ। বহু—ঐ দেশীয় লোক। The name of a country; one living in Gujrat.

गुर्वङ्गना स्त्री० [गुरु+अङ्गना] গুরুপত্নী। The wife of a teacher.

गुर्विणी स्त्री० [गुरु+इनि+ङीप्] গর্ভিণী। Pregnant.

गुर्वी स्त्री० [गुरु+ङीप्] গর্ভিণী, ভারী, গুরুপত্নী। Pregnant, heavy.

गुल पुं० [गुड–क] গুড়। Molasses.

गुल्फ पुं० [गल–फक्] পায়ের গাঁট। The ankle.

गुल्म पुं० [गुड–मक्] তৃণাদির ঝাড়, প্লীহা, রোগবিশেষ, আরক্ষাস্থান। Thicket, spleen, police-station.

गुल्मिनी स्त्री० [गुल्म+इनि+ङीप्] লতা। Creeper.

गुवाक, गूवाक पुं० [गु+आक] সুপারিগাছ। ক্লী০ সুপারি। Betel-nut tree ; betel-nut.

गुह पुं० [गुह–क] কার্ত্তিকেয়, বিষ্ণু, চণ্ডালবিশেষ, উপাধিবিশেষ। A name of Kārttika or Viṣṇu, a class of Caṇḍāla.

गुहा स्त्री० [गुह+टाप्] পর্বতের গহ্বর, গর্ত, অভ্যন্তর। Cave, hollow.

गुहाशय पुं० [गुहा+आशय] সিংহাদি পশু, জীবাত্মা, অজ্ঞান। ত্রি০ গুহাস্থিত। The lion and such other animals residing in caves, the inner self ; residing in the deeps.

गुह्य त्रि० [गुह–क्यप्] গোপনীয়, দুর্বোধ্য। ক্লী০ নির্জনস্থান, মলদ্বার। Secret, mysterious ; solitary place, the anus.

गुह्यक पुं० [गुह्य+कै–क] কুবেরের অনুচর, দেবযোনিবিশেষ। Attendants of Kuvera, a class of demi-gods.

गुह्यकेश्वर पुं० [गुह्यक+ईश्वर] কুবের। A name of Kuvera.

गू क्ली० [गम–कू] বিষ্ঠা। Excrement.

गूढ त्रि० [गुह–क्त] গুপ্ত, সংবৃত, গহন। ক্লী০ রহস্য। Secret, concealed.

गूढज, पुं० [गूढ+जन–ड] পুত্রবিশেষ। One of the twelve kinds of sons in Hindu law.

गूढपाद पुं० [गूढ+पाद] সর্প, কচ্ছপ। Serpent, tortoise.

गूढपुरुष पुं० [गूढ+पुरुष] গুপ্তচর। A spy.

गूथ पुं०, क्ली० [गू–थक्] বিষ্ঠা। Excrement.

गून त्रि० [गू–क्त] উৎসৃষ্ট, ত্যক্ত। Forsaken.

गूरण क्ली० [गूर–ल्युट्] উদ্যম, উত্তোলন। Effort, lifting.

गूहन क्ली० [गूह–ल्युट्] আচ্ছাদন, সংবরণ। Covering, concealment.

गृञ्जन पुं० [गृञ्ज–ल्युट्] গাজর। Turnip.

गृध्नु त्रि० [गृध–क्नु] লুব্ধ। Greedy.

गृध्र पुं० [गृध–क्रन्] শকুনিপক্ষী। Vulture.

गृध्रराज पुं० [गृध्र+राज] জটায়ু, গরুড়। A name of Jaṭāyu or Garuḍa.

गृष्टि स्त्री० [ग्रह–क्तिच्] একবার প্রসূতা গাভী। A young cow that has conceived once.

गृह क्ली० [ग्रह–क] ঘর। [गृह–अच्] স্ত্রী, রাশি। Home; wife.

গৃহকচ্ছপ পুং [গৃহ+কচ্ছপ] শিল (পেষণের জন্য ব্যবহৃত)। A flat stone on which condiments are ground.

গৃহগোধা[-ধিকা] স্ত্রীং [গৃহ+গোধা] টিকটিকী।

গৃহতটী স্ত্রীং [গৃহ+তটী] রোয়াক। Terrace.

গৃহনায়ক পুং [গৃহ+নায়ক] ধনাধ্যক্ষ। Treasurer.

গৃহদীপ্তি স্ত্রীং [গৃহ+দীপ্তি] সাধ্বী স্ত্রী। A devoted wife.

গৃহনীড [গৃহ+নীড] চটক পক্ষী। Sparrow.

গৃহপতি পুং [গৃহ+পতি] গৃহস্বামী, মন্ত্রী। Lord of the house.

গৃহভূমি স্ত্রীং [গৃহ+ভূমি] বাস্তুভূমি। The site of a house.

গৃহমণি পুং [গৃহ+মণি] প্রদীপ। Candle.

গৃহমৃগ পুং [গৃহ+মৃগ] কুক্কুর। Dog.

গৃহমেধিন্ পুং [গৃহ+মেধ-ণিনি] গৃহস্থ। A householder.

গৃহমেধীয় ত্রিং [গৃহমেধিন্+ছ] গৃহস্থসম্বন্ধীয়। Relating to the householder.

গৃহয়ালু ত্রিং [গৃহ+আলু] গ্রাহক। One who accepts.

গৃহবাটিকা স্ত্রীং [গৃহ+বাটিকা] বাড়ীর সংলগ্ন বাগান। A garden attached to a house.

গৃহস্থ পুং [গৃহ+স্থা-ক] সংসারী। A householder.

গৃহাগত পুং [গৃহ+আগত] অতিথি। ত্রিং গৃহে আগত। A guest; one who comes home.

গৃহারাম পুং [গৃহ+আরাম]বাড়ীর সংলগ্ন বাগান। A garden attached to a house.

গৃহাবগ্রহণী স্ত্রীং [গৃহ+অব+গ্রহ-ল্যুট্+ঙীপ্] দেহলী, চৌকাঠ। Threshold.

গৃহিন্ পুং [গৃহ+ইনি] গৃহস্থ। স্ত্রীং গৃহিণী—পত্নী। A householder; wife.

গৃহীত ত্রিং [গ্রহ-ক্ত] স্বীকৃত, ধৃত, প্রাপ্ত, জ্ঞাত। Accepted, seized, obtained, known.

গৃহ্য ত্রিং [গ্রহ-ক্যপ্] অধীন, গৃহোৎপন্ন। ক্লীং গ্রন্থবিশেষ। Dependent ; a class of books.

গেন্দুক পুং [গ+ইন্দু+কন্] কন্দুক, ভাঁটা। A ball.

গেয় ক্লীং [গৈ-যত্] গান। ত্রিং গানযোগ্য। Song, fit to be sung.

গেহ ক্লীং [গ+ঈহ] গৃহ। House.

গেহেনর্দিন্ ত্রিং [গেহে+নর্দ-ণিনি] নিজগৃহে যিনি আত্মশ্লাঘাকারী। Bragging at home only i.e. a coward.

গৈরিক ক্লীং [গিরি+ঠক্] গিরিমাটী, স্বর্ণ। Red chalk, gold.

গো পুং [গম-ডো] পশুবিশেষ, চন্দ্র, যাগবিশেষ, ঋষিবিশেষ, সূর্য। স্ত্রীং বাণী, দিক্, ভূমি মাতা, গায়ত্রী। Cow, moon, a kind of sacrifice; speech, earth.

গোকর্ণ পুং [গো+কর্ণ] অশ্বতর, মৃগবিশেষ, সর্প, তীর্থবিশেষ। Mule, serpent, name of a holy place.

গোকীল পুং [গো+কীল] লাঙ্গল, মুষল। Plough, pestle.

গোকুল ক্লীং [গো+কুল] গোসমূহ, গোষ্ঠ, বৃন্দাবনে নন্দরাজার বাসস্থান। A herd of cows, name of a village in Vṛndāvana.

গোঘ্ন ত্রিং [গো+হন-টক্] গোহত্যাকারী। পুং অতিথি। Cow-slaughterer ; a guest.

গোচর পুং [গো+চর-অচ্] (ইন্দ্রিয়াদি) বিষয়, আশ্রয়, স্থান। object (of the sense etc), place.

গোণী স্ত্রীং [গোণ+ঙীপ্] পরিমাণবিশেষ, থলে, বস্তা। A certain measure, sack.

গোণ্ড পুং [গো+অণ্ড] জাতিবিশেষ। A certain aboriginal caste.

গোতম পুং [গো+তমপ্] ন্যায়সূত্র-রচয়িতা মুনি। Name of the author of the Nyāya-sūtras.

গোত্র ক্লীং [গো+ত্রৈ-ক] কুল, কুলপ্রবর্তক ঋষি, নাম, বন, ক্ষেত্র, গোগৃহ। পুং পর্বত। ত্রিং কুৎসিত। Family; mountain ; ugly.

গোত্রজ ত্রিং[গোত্র+জন-ড] বংশীয়। Of the family.

গোত্রভিদ্ পুং [গোত্র+ভিদ-ক্বিপ্] ইন্দ্র। An epithet of Indra.

গোত্রা স্ত্রীং [গোত্র+টাপ্] পৃথিবী, গোসমূহ। Earth, kine.

গোদান ক্লীং [গো+দো+ল্যুট্] গরুদান, কেশান্ত সংস্কার। A gift of kine, a purificatory ceremony.

গোদারণ ক্লীং [গো+দৃ+ণিচ্-ল্যু] লাঙ্গল, কোদাল। Plough, shovel.

গোদা স্ত্রীং [গো+দা-ক+টাপ্], **গোদাবরী** স্ত্রীং [গো+দা-বণিপ্+ঙীপ্] নদীবিশেষ। Name of a river.

গোদোহনী স্ত্রীং [গো+দোহন+ঙীপ্] দোহনপাত্র। A vessel for milking.

গোধা[-ধিকা] স্ত্রীং [গুধ-ঘঞ্+অচ্] গোসাপ। Iguana.

গোধূম পু০ [গুধ+ঊম] গম। Wheat.

গোধূলি পু০ [গো+ধূলি] সায়ংকাল। Dusk.

গোনর্দ পু০ [গো+নর্দ-অচ্] সারসপক্ষী, দেশ-বিশেষ। Crane, name of a country.

গোনর্দীয় পু০ [গোনর্দ+ছ] মহাভাষ্যগ্রন্থের রচয়িতা পতঞ্জলি। An epithet of the sage Patañjali.

গোনস পু০ [গো+নাসা] বৃহৎ সর্পবিশেষ। A kind of huge serpent.

গোপ পু০ [গো+পা-ক] গোয়ালা, নৃপতি। স্ত্রী০ গোপী। Milkman, king.

গোপতি পু০ [গো+পতি] বৃষ, ভূপতি, শিব, ইন্দ্র, সূর্য। Bull, king, a name of Indra, Śiva, or the sun.

গোপন ক্লী০ [গুপ-ল্যুট্] লুকান, রক্ষা। Concealment, protection.

গোপনীয় ত্রি০ [গুপ-অনীয়র্] গুহ্য, অপ্রকাশ্য, রক্ষণীয়। Secret.

গোপানসী স্ত্রী০ [গো+পান+সো-ক+ঙীষ্] গৃহাগ্রভাগে প্রদত্ত বক্র কাষ্ঠখণ্ড। A slanting piece of wood placed in front of a house.

গোপায়িত ত্রি০ [গুপ+আয়-ক্ত] রক্ষিত, ত্রাত, পালিত। Protected, saved.

গোপায়িতৃ ত্রি০ [গুপ+আয়-তৃচ্] রক্ষক, ত্রাণকর্তা, পালক। Protector, saviour.

গোপাল পু০ [গো+পালি-অণ্] গোয়ালা, রাখাল, কৃষ্ণ। Milkman, cowherd, an epithet of Kṛṣṇa.

গোপুচ্ছ পু০ [গো+পুচ্ছ] গোলাঙ্গুল, হারবিশেষ, বানরজাতিবিশেষ। The tail of a cow, a kind of monkey.

গোপুর ক্লী০ [গো+পূ-ক] পুরদ্বার, দ্বারমাত্র। City-gate, gateway.

গোপ্তৃ ত্রি০ [গুপ-তৃচ্] পালক, রক্ষাকর্তা, প্রচ্ছাদয়িতা। পু০ বিষ্ণু। Protector, saviour; an epithet of Viṣṇu.

গোপ্য ত্রি০ [গুপ-যত্] রক্ষণীয়, পালনীয়, গোপনীয়, গূঢ়। To be protected or concealed.

গোপ্রচার পু০[গো+প্রচার] গোচারণ স্থান। Pasture.

গোপ্রতর [গো+প্রতর] যে স্থানে গবাদি নদী পার হয়। A place where the cattle cross the river.

গোমত্ ত্রি০ [গো+মতপ্] বহুগোযুক্ত, গোস্বামী। স্ত্রী০ গোমতী—নদীবিশেষ। One having many a cattle; name of a river.

গোময় পু০, ক্লী০ [গো+ময়ট্] গোবর। Cowdung.

গোমায়ু পু০ [গো+মা-উণ্] শৃগাল। Jackal.

গোমিন্ ত্রি০ [গো+মিনি] বহু-গোযুক্ত, গোস্বামী। An owner of cattle.

গোমুখ ক্লী০ [গো+মুখ] কুটিলদ্বার গৃহ, যোগশাস্ত্রে আসনবিশেষ, বাদ্যবিশেষ। স্ত্রী০ গোমুখী—হিমালয়ের গোমুখাকৃতি গঙ্গাবতরণ গুহা। A house with a narrow door, a kind of sitting posture; the source of the river Ganges.

গোমূত্রিকা স্ত্রী০ [গোমূত্র+ঠণ্-টাপ্] চিত্রকাব্যবিশেষ। A kind of poetry.

গোমেদ পু০ [গো+মিদ-অচ্] চক্ষুর স্নিগ্ধতাজনক মণিবিশেষ। A kind of gem.

গোমেধ পু০ [গো+মেধ-ঘঞ্] যে যজ্ঞে গোহিংসা আছে। A sacrifice involving the slaughter of cows.

গোরণ ক্লী০ [গুর-ল্যুট্] উত্তোলন। Raising.

গোরস পু০, ক্লী০ [গো+রস] গোদুগ্ধ। Cow's milk.

গোরোচনা স্ত্রী০ [গো+রোচনা] গোজাত দীপ্তিমান্ দ্রব্যবিশেষ। A bright yellow pigment prepared from the bile of a cow.

গোল পু০ [গুড-অচ্] বৃত্ত, বৃত্তাকার পদার্থ, জারজাত বিধবাপুত্র, মদনবৃক্ষ। Circle, round-shaped thing.

গোলক পু০ [গুড-ণ্বুল্] মণ্ডল, জ্যোতিষশাস্ত্রে একরাশিতে ষড়্গ্রহের সংযোগ, জারজ বিধবাপুত্র। Globe, a conjunction of six planets in one sign.

গোলাঙ্গুল পু০ [গো+লাঙ্গুল] বানরবিশেষ। A kind of monkey, the tail of a cow.

গোলোক পু০ [গো+লোক] বৈকুণ্ঠ, নারায়ণের বাসস্থান। A name of the celestial abode of Viṣṇu.

গোবর্ধন পু০ [গো+বৃধ+ণিচ্-ল্যু] বৃন্দাবনস্থ পর্বতবিশেষ। A mountain in Vṛndāvana.

গোবর্ধনধর পু০ [গোবর্ধন+ধৃ-অচ্] কৃষ্ণ। An epithet of Kṛṣṇa.

গোবিন্দ পু০ [গো+বিদ-শ] কৃষ্ণ। A name of Kṛṣṇa.

গোবিষ স্ত্রী০ [গো+বিষ্] গোময়। Cowdung.

গোশাল ক্লী০ [গো+শালা-অণ্] গোগৃহ, গোয়াল। Cow-shed.

গোশীর্ষ পু০, ক্লী০ [গো+শীর্ষ] চন্দনবিশেষ। A kind of sandal.

গোষ্ঠ পু০, ক্লী০ [গো+স্থা–ক] গোস্থান। স্ত্রী০ গোষ্ঠী —সভা, পরিবার। Pasture; an assembly, family.

গোষ্ঠীন ক্লী০ [গোষ্ঠ+খ] ভূতপূর্ব গোষ্ঠ। A place which was formerly a pasture.

গোষ্পদ ক্লী০ [গো+পদ] গোচারণস্থান। Pasture.

গোসঙ্খ্য পু০ [গো+সম্+চক্ষ–অচ্] গোপ, গো-পরীক্ষক। Cow-herd.

গোসর্প পু০ [গো+সর্প] গোসাপ। Iguana.

গোসর্পিকা স্ত্রী০ [গো+সৃপ-ণ্বুল্+টাপ্] বেশ্যা, স্ত্রী-গোসাপ। A public woman.

গোসব পু০ [গো+সূ–অপ্] গোমেধ যজ্ঞ। A sacrifice involving slaughter of cows.

গোস্তন পু০ [গো+স্তন] গরুর স্তন, চারনরী হার। স্ত্রী০ গোস্তনী—দ্রাক্ষা। The udder of a cow, a kind of necklace; grapes.

গোস্বামিন্ পু০ [গো+স্বামিন্] গোসমূহের অধিকারী, সাধুবিশেষ, উপাধিবিশেষ। Owner of cattle, a religious mendicant, surname.

গৌড পু০ [গুড–অণ্] দেশবিশেষ, তদ্দেশস্থ লোক। স্ত্রী০ গৌড়ী—কাব্যের রীতিবিশেষ, রাগিণীবিশেষ। Name of a country or its inhabitants; a style of poetry.

গৌণ ত্রি০ [গুণ–অণ্] অপ্রধান, গুণ-সম্বন্ধীয়। স্ত্রী০ গৌণী—শব্দের বৃত্তিবিশেষ। Secondary, relating to qualities; a particular function of a word.

গৌতম পু০ [গোতম+অণ্] ধর্মশাস্ত্র-প্রণেতা ঋষি-বিশেষ। Name of a sage.

গৌধার পু০ [গোধা+আরক্], **গৌধেয়** পু০ [গোধা+ঢক্] গোধার শাবক। A youngling of an Iguana.

গৌর ত্রি০ [গুর–অণ্] পীত, লোহিত, শ্বেত, বিশুদ্ধ। পু০ চন্দ্র। স্ত্রী০ গৌরী—দুর্গা, পৃথিবী, অষ্টবর্ষীয়া, কন্যা, হরিদ্রা, গোরোচনা, বরুণপত্নী, রাগিণীবিশেষ। White, pure; the moon; an epithet of Durgā, daughter, a musical tune.

গৌরব ক্লী০ [গুরু+অণ্] গুরুত্ব, উৎকর্ষ, সম্মান। Heaviness, excellence, honour.

গৌরচন্দ্র পু০ [গৌর+চন্দ্র], **গৌরাঙ্গ** পু০ [গৌর+অঙ্গ] চৈতন্যদেব। A name of Lord Caitanya.

গৌরীশিখর ক্লী০ [গৌরী+শিখর] হিমালয়ের শৃঙ্গ-বিশেষ। A peak of the Himalayas.

গৌষ্ঠীন ক্লী০ [গোষ্ঠ+খ] ভূতপূর্ব গোষ্ঠ। A land formerly used as a pasture.

গ্রথিত ত্রি০ [গ্রথ–ক্ত] গুম্ফিত, রচিত, প্রোত। Strung, composed.

গ্রন্থ পু০ [গ্রন্থ–ঘঞ্] গাঁথনি, সম্পর্ক, সন্দর্ভ। Relation, topic.

গ্রন্থন ক্লী০ [গ্রন্থ–ল্যুট্] গাঁথনি, রচনা। Composition.

গ্রন্থি পু০ [গ্রন্থ–ইন্] বাঁশ প্রভৃতির গাঁট, দেহসন্ধি, বন্ধ। A bamboo joint of a cane, a joint of the body, a tie.

গ্রন্থিক পু০ [গ্রন্থি+কৈ–ক] দৈবজ্ঞ, অজ্ঞাতবাস-কালীন নকুলের নাম। A fortune-teller.

গ্রন্থিভেদ পু০ [গ্রন্থি+ভিদ–অণ্], **গ্রন্থিভেদক**—[গ্রন্থি+ভিদ+ণ্বুল্] গাঁঠকাটা। Pickpocket.

গ্রন্থিমৎ ত্রি০ [গ্রন্থি+মতুপ্], **গ্রন্থিল** ত্রি০ [গ্রন্থি+লক্] গ্রন্থিযুক্ত। Full of joints.

গ্রসন ক্লী০ [গ্রস–ল্যুট্] গ্রাস করা। Swallowing.

গ্রস্ত ক্লী০ [গ্রস–ক্ত] লুপ্ত-বর্ণপদ বাক্য। ত্রি০ ভক্ষিত, আক্রান্ত, আচ্ছাদিত। A half-uttered word; eaten, seized.

গ্রহ পু০ [গ্রহ–অচ্] সূর্যাদি নয়টি, গ্রহণ, ধারণ, গ্রাস, আগ্রহ, জ্ঞান। Planets, seizing, eagerness, knowledge.

গ্রহণ ক্লী০ [গ্রহ–ল্যুট্] স্বীকার, আদর, বন্ধন, জ্ঞান, ইন্দ্রিয়। Acceptance, sense-organ.

গ্রহণি[-ণী] স্ত্রী০ [গ্রহ–অনি(+ঙীপ্)] রোগবিশেষ, নাড়ীবিশেষ। Dysentery.

গ্রহপতি পু০ [গ্রহ+পতি] সূর্য। The sun.

গ্রহবহ্নি পু০ [গ্রহ+বহ্নি] সূর্যাদি গ্রহের বহ্নি। The fire of the planets.

গ্রহবিপ্র পু০ [গ্রহ+বিপ্র] দৈবজ্ঞ ব্রাহ্মণ। A fortune-teller Brahmin.

গ্রহিল ত্রি০ [গ্রহ+ইলচ্] আগ্রহশীল। Eager, curious.

গ্রহীতৃ [গ্রহ–তৃচ্] গ্রহণকর্তা। One who accepts.

গ্রহেশ্বর পু০ [গ্রহ+ঈশ্বর] সূর্য। The sun.

গ্রাম পু০ [গ্রস-মন্] বহুলোকের বাসস্থানবিশেষ, সমূহ, স্বরসঙ্ঘাত। A village, multitude, a scale in music.

গ্রামগৃহ্য ত্রি০ [গ্রাম+গ্রহ–ক্যপ্] গ্রামবহির্ভূত। Being outside village.

গ্রামটি[-টী,-টিকা] স্ত্রী০ ছোট গ্রাম। A hamlet.

গ্রামণী ত্রি০ [গ্রাম+নী–ক্বিপ্] গ্রামের প্রধান পুরুষ, অধিপতি। পু০ নাপিত। স্ত্রী০ বেশ্যা। The chief of a village; a barber; a public woman.

ग्रामणीय त्रि० [ग्रामणी+छ] অধ্যক্ষ, অধিপতি। Headman, lord.

ग्रामता स्त्री० [ग्राम+तल्+टाप्] গ্রামসমূহ। A group of villages.

ग्राममुख क्ली० [ग्राम+मुख] হাট, বাজার। Market-place.

ग्राममृग पु० [ग्राम+मृग] কুক্কুর। Dog.

ग्रामान्त पु० [ग्राम+अन्त] গ্রামের প্রান্তভাগ। The outskirt of a village.

ग्रामीण त्रि० [ग्राम+खञ्] গ্রাম্য, গ্রামোদ্ভব। পু০ কুক্কুর, শূকর। Rustic; dog, hog.

ग्राम्य त्रि० [ग्राम+यत्] গ্রামজাত, নীচ, জঘন্য, অশ্লীল, প্রাকৃত। Rural, low, vile.

ग्राम्यधर्म पु० [ग्राम्य+धर्म] স্ত্রীসংসর্গ। Intercourse with women.

ग्राम्यपशु पु० [ग्राम्य+पशु] গৃহপালিত জন্তু। Domestic animal.

ग्राम्यमृग पु० [ग्राम्य+मृग] কুক্কুর। Dog.

ग्राम्याश्व पु० [ग्राम्य+अश्व] গর্দভ। Ass.

ग्रावन् पु० [ग्रस–ड=ग्र+आवन–विच्] প্রস্তর, পর্বত, মেঘ। ত্রি০ দৃঢ়। Stone, rock, cloud; hard.

ग्रास पु० [ग्रस–घञ्] ভক্ষণোপযোগী অন্নাদির পিণ্ড। A mouthful of food.

ग्राह पु० [ग्रह–ण] গ্রহণ, জ্ঞান, কুমীর, হাঙর। Acceptance, knowledge, an alligator.

ग्राहक त्रि० [ग्रह–ण्वुल्] গ্রহণকর্তা। পু০ রক্ষি-পুরুষ, সাপুড়ে। One who accepts; a watchman, snake-charmer.

ग्राहित त्रि० [ग्रह+णिच्–क्त] জ্ঞাপিত, স্বীকারিত। Made to know or accept.

ग्राहिन् त्रि० [ग्रह–णिनि] গ্রহণকারী, আকর্ষক। পু০ কপিত্থ। One who accepts or attracts.

ग्राह्य त्रि० [ग्रह–ण्यत्] গ্রহণীয়, উপাদেয়, জ্ঞেয়। Acceptable, knowable.

ग्रीवा स्त्री० [गॄ–वनिप्+टाप्] মুখাবয়ববিশেষ, ঘাড়। Neck.

ग्रीविन् पु० [ग्रीवा+इनि] উষ্ট্র। ত্রি০ সুন্দর গ্রীবা যাহার। Camel; one having a beautiful neck.

ग्रीष्म पु० [ग्रस–मनिन्] উষ্ণ ঋতু। ত্রি০ উষ্ণ। Summer; hot.

ग्रैव क्ली० [ग्रीवा+अण्], **ग्रैवेय** क्ली० [ग्रीवा+ढञ्], **ग्रैवेयक** क्ली० [ग्रीवा+ढकञ्] গ্রীবার আভরণ। An ornament for the neck.

ग्लपित त्रि० [ग्लप–क्त] মলিনীকৃত। Darkened, tarnished.

ग्लस्त त्रि० [ग्लस–क्त] ভক্ষিত। Eaten, consumed.

ग्लह पु० [ग्लह–घञ्] পণ। Dowry.

ग्लान त्रि० [ग्लै–क्त], **ग्लास्नु** त्रि० [ग्लै–स्नु] গ্লানিযুক্ত। Languid, wearied.

ग्लानि स्त्री० [ग्लै–नि] ক্লান্তি। Exhaustion.

ग्लौ पु० [ग्लै–डौ] চন্দ্র, কর্পূর। The moon, camphor.

घ

घ पु० চতুর্থ ব্যঞ্জনবর্ণ, ঘণ্টা, ঘর্ঘরধ্বনি। The fourth consonant, bell, a droning sound.

घट पु० [घट–अच्] কলস, কুম্ভ, পরিমাণবিশেষ। A jar, a certain measure.

घटक त्रि० [घट–ण्वुल्] যোজক, সাধক। A constituent, accomplice.

घटन क्ली० [घट–ल्युट्] সম্পাদন, সাধন, সম্ভব, চেষ্টা, প্রযত্ন। স্ত্রী০ ঘটনা—সংযোজন মেলন, সাধন। Accomplishing, effort; uniting.

घटा स्त्री० [घट–अङ्+टाप्] সজ্ঘটন, চেষ্টা, যত্ন, সমূহ, সভা, গোষ্ঠী। Happening, effort, assemblage.

घटिका स्त्री० [घट+णिच्–ण्वुल्+टाप्] ক্ষুদ্র কলস, এক মুহূর্ত, যোজনকারিণী। A small pitcher, a moment.

घटित त्रि० [घट+णिच्–क्त] রচিত, সজ্ঘটিত, যোজিত। Composed, made to happen.

घटिन्धय पु० [घटी+धा–खश्] কুম্ভকার। Potter.

घटी स्त्री० [घट+ङीप्] ক্ষুদ্র ঘট। [घट+अच्+ङीष्] এক দণ্ড কাল। A small jar, a moment.

घटीयन्त्र क्ली० [घटी+यन्त्र] দণ্ডকালজ্ঞাপক যন্ত্রবিশেষ, কূপ হইতে জল তুলিবার যন্ত্র। A clock or watch, an instrument to draw water from a well.

घटोत्कच पु० [घट+उत्कच] হিড়িম্বাপুত্র। The son of Hiḍimbā.

घट्ट पु० [घट्ट–घञ्] ঘাট, নদী প্রভৃতিতে অবতরণস্থান, চালন। A landing-place, steps leading to the waters in a river or pond, stirring.

घट्टन क्ली० [घट्ट–ल्युट्] চলন, চালন, অভিঘাত, ঘর্ষণ, গঠন। Stirring, rubbing.

घट्टित त्रि० [घट्ट–क्त] চালিত, নির্মিত, সংঘটিত। Stirred, made.

घण्ट पु० [घण–क्त] ব্যঞ্জন। A sort of sauce.

घण्टाकर्ण पु॰ [घण्टा+कर्ण] ঘেঁটু, শিবের অনুচর-বিশেষ। An attendant of Śiva.

घण्टापथ पु॰ [घण्टा+पथिन्+अच्] প্রধান পথ, রাজমার্গ। Highway, main road.

घण्टी स्त्री॰ [घण्ट+ङीप्], **घण्टिका** स्त्री॰ [घण्टा+कन्+टाप्] ক্ষুদ্র ঘণ্টা, আলজিভ। A small bell, the uvula.

घण्टेश्वर पु॰ [घण्टा+ईश्वर] ঘেঁটু, মঙ্গলগ্রহের পুত্র। A name of the son of Mars.

घन पु॰ [घन-अ] মেঘ, মুস্তা, সমূহ, কাঠিন্য, লৌহ-মুদ্গর, দেহ। क्ली॰ কাংস্যতালাদি বাদ্যযন্ত্র, মধ্যম নৃত্য, লৌহ। त्रि॰ কঠিন, নিবিড়, দুর্ভেদ্য, দৃঢ়, গাঢ়, গম্ভীর। Cloud, cluster, hardness; cymbal, iron; hard, dense, deep.

घनकाल त्रि॰ [घन+काल] বর্ষাকাল। The rainy season.

घनज्वाला स्त्री॰ [घन+ज्वाला] বিদ্যুৎ। Lightning.

घनपदवी स्त्री॰ [घन+पदवी], **घनवर्त्मन्** क्ली [घन+वर्त्मन्] আকাশ। The sky.

घनरस पु॰ [घन+रस] জল, কর্পূর। Water, camphor.

घनवल्ली स्त्री॰ [घन+वल्ली] বিদ্যুৎ। Ligbtning.

घनवाहन पु॰ [घन+वाहन] ইন্দ্র। An epithet of Indra.

घनसार पु॰ [घन+सार] কর্পূর, পারদ, চন্দন, জল। Camphor, quicksilver, sandalwood.

घनागम पु॰ [घन+आगम] বর্ষাকাল। The rainy season.

घनाघन पु॰ [घन-अच्] মত্ত হস্তী, ইন্দ্র। त्रि॰ নিরন্তর। An intoxicated elephant, a name of Indra ; constantly.

घनात्यय पु॰ [घन+अत्यय], **घनान्त** पु॰ [घन+अन्त] শরৎকাল। The autumn.

घरट्ट पु॰ [घृ-विच्+अट्ट-अण] যাঁতা। A grinding stone.

घर्घर पु॰ [घर्घ+डा-क] ধ্বনিবিশেষ, দ্বারবিশেষ, পেচক। स्त्री॰ ঘর্ঘরী—ক্ষুদ্র ঘণ্টা, নদীবিশেষ, বীণাবিশেষ। A purring sound, a door, an owl; tiny bell, a lute.

घर्म पु॰ [घृ-मक्] আতপ, রৌদ্র, গ্রীষ্মকাল, ঘাম। Heat, summer, perspiration.

घर्मचर्चिका स्त्री॰ [घर्म+चर्चिका] ঘামাচি। Prickly heat.

घर्मद्युति पु॰ [घर्म+द्युति] সূর্য। The sun.

घर्षण क्ली॰ [घृष-ल्युट्] ঘসা, মার্জন। स्त्री॰ घर्षणी—হরিদ্রা। Rubbing ; turmeric.

घर्षणाल पु॰ [घर्षण+अल-अच] ঘর্ষণসাধন দ্রব্য। Rubbing material.

घस पु॰ [घस-अच्] ভোজন। Eating.

घस्मर त्रि॰ [घस-क्मरच्] পেটুক। पु॰ রাক্ষস ; A glutton; a rākṣasa.

घस्र पु॰ [घस-रक] দিবস। त्रि॰ হিংস্র। क्ली॰ কুঙ্কুম। Day ; ferocious ; saffron.

घाट पु॰ [घट-अच्] গ্রীবা, ঘাড়। Neck.

घाण्टिक त्रि॰ [घण्टा+ठक्] ঘণ্টাবাদক। One who tolls the bell.

घात पु॰ [हन-घञ्], **घातन** क्ली॰ [हन-ल्युट्+णिच्] বধ, প্রহার। Killing, beating.

घातक त्रि॰ [हन-ण्वुल्] বধকারী। Murderer, slaughterer.

घातिन् त्रि॰ [हन-णिनि] হননশীল। Destructive.

घातुक त्रि॰ [हन-उकञ्] হিংস্র, নাশক, নিষ্ঠুর। Ferocious, killer, cruel.

घात्य त्रि॰ [हन-ण्यत्] হননীয়। Fit to be killed.

घार पु॰ [घृ-घञ्] সেচন। Sprinkling.

घार्तिक पु॰ [घृत-ठञ्] খাদ্যবিশেষ। A kind of food.

घास पु॰ [घस-घञ्] তৃণ। Grass.

घुट पु॰ [घुट-अच्] গুল্ফ। Ankle.

घुण पु॰ [घुण-क] কাঠের কীটবিশেষ। A kind of insect found in timber.

घुणाक्षर क्ली॰ [घुण+अक्षर] ঘুণকৃত অক্ষর, ন্যায়বিশেষ, আশ্চর্য ঘটনা, সৌভাগ্য। An incision in wood made by an insect resembling a letter, a kind of maxim.

घुर्घुर पु॰ [घुर्+घुर-क] ঘুরঘুরে পোকা Guinea-worm.

घुषित, **घुष्ट** त्रि॰ [घष-क्त] শব্দিত, উচ্চরিত। Sounded, proclaimed.

घुसृण क्ली॰ [घुष-स्नणक] কুঙ্কুম। Saffron.

घूक पु॰ [घू+कै-क] পেচক। An owl.

घूर्ण पु॰ [घूर्ण-अच] ঘূর্ণি। Eddy.

घूर्णन क्ली॰ [घूर्ण-ल्युट्] ঘুরণ, ভ্রমণ। Reeling, whirling.

घूर्णमान त्रि॰ [घूर्ण-शानच्] ভ্রাম্যমাণ। One which is moving or revolving.

घूर्णित त्रि॰ [घूर्ण+णिच्-क्त] ভ্রমিত। Made to revolve,

ঘৃণা স্ত্রী০ [ঘৃ-নক্+টাপ্] দয়া, জুগুপ্সা। Kindness, contempt.

ঘৃণি পু০ [ঘৃ-নি] কিরণ, তরঙ্গ, সূর্য। ক্লী০ জল। ত্রি০ দীপ্ত। Ray, wave, the sun; water; shining.

ঘৃণিত ত্রি০ [ঘৃণা+ইতচ্] জুগুপ্সিত, দয়ার্হ। Contemptible, one deserving compassion.

ঘৃণিন্ ত্রি০ [ঘৃণা+ইনি] দয়ালু, জুগুপ্সাকারী। Compassionate, contemptuous.

ঘৃত ক্লী০ [ঘৃ-ক্ত] ঘি, জল। Clarified butter, water.

ঘৃতকুমারী স্ত্রী০ [ঘৃত+কুমারী] ঘৃতকুল্যা, ওষধিবিশেষ। A kind of plant.

ঘৃতপূর পু০ [ঘৃত+পুর-অচ্] প্রচুর ঘৃত সহকারে পক্ক অন্নবিশেষ। A food prepared with profuse clarified butter.

ঘৃতাচী স্ত্রী০ [ঘৃত+অঞ্চ-ক্বিপ্+ঙীপ্] অপ্সরাবিশেষ। Name of a celestial nymph.

ঘৃষ্ট ত্রি০ [ঘৃষ-ক্ত] মর্দিত। পু০ গন্ধবিশেষ। Ground or pounded; a scent.

ঘৃষ্টি স্ত্রী০ [ঘৃষ-ক্তিন্] ঘর্ষণ, স্পর্ধা। [ঘৃষ-ক্তিচ্] শূকর। Grinding, emulation ; a hog.

ঘোট পু০ [ঘট-অচ্], **ঘোটক** পু০ [ঘুট-ণ্বুল্] অশ্ব। Horse.

ঘোণা স্ত্রী০ [ঘুণ-অচ্+টাপ্] নাসিকা, অশ্বনাসিকা। Nose, the nose of a horse.

ঘোণিন্ পু০ [ঘোণা+ইনি] বরাহ। A boar.

ঘোর পু০ [ঘোর-অচ্] শিব, ঋষিবিশেষ। ত্রি০ ভয়ংকর, দারুণ, দুর্গম। স্ত্রী০ ঘোরা—ভয়ানক রাত্রি। ক্লী০ বিষ। A name of Śiva or a sage ; terrible, fierce ; a dark night ; poison.

ঘোল পু০, ক্লী০ [ঘুড-ঘঞ্] তক্র। Whey.

ঘোষ পু০ [ঘুষ-ঘঞ্] গোপাল, আভীরপল্লী, ধ্বনি, কাংস্য। Milkman, a village of cowherds, voiced sound, bell-metal.

ঘোষণ ক্লী০ [ঘুষ-ল্যুট্] উচ্চৈঃস্বরে প্রখ্যাপন। Proclamation.

ঘ্রাণ ক্লী০ [ঘ্রা-ল্যুট্] নাসিকা, গন্ধগ্রহণ। Nose, smelling.

ঘ্রাণতর্পণ পু০ [ঘ্রাণ+তর্পণ] সুগন্ধ। Fragrance.

ঘ্রাত ত্রি০ [ঘ্রা-ক্ত] যাহা ঘ্রাণ করা হইয়াছে। Smelt.

ঙ

ঙ পু০ পঞ্চম ব্যঞ্জনবর্ণ, বিষয়। The fifth consonant, sense-object.

চ

চ অব্য০ [চি-ড] সমুচ্চয়, অন্বাচয়, ইতরেতর যোগ, সমাহার, পক্ষান্তর, অবধারণ, পাদপূরণ। পু০ চোর, চন্দ্র, কূর্ম। A particle indicating 'copulation', 'disjunction', 'alteration', 'certainty' etc; a thief, the moon, a tortoise.

চকাসিত ত্রি০ [চকাস-ক্ত] শোভিত, দীপ্ত। Shining.

চকিত ত্রি০ [চক-ক্ত] ভীত। Afraid.

চকোর পু০ [চক-ওরন্] পক্ষিবিশেষ। A kind of bird.

চক্কস ত্রি০ কুটিল। Crooked.

চক্র পু০ [কৃ-ক] চক্রবাক পক্ষী। ক্লী০ সৈন্য, ব্যূহবিশেষ, সমূহ, চাকা, কুম্ভকারের যন্ত্রবিশেষ, অস্ত্রবিশেষ, জলাবর্ত, সর্বতোভদ্রমণ্ডল, টগর ফুল, পদ্ম, রাষ্ট্র, অলঙ্কারশাস্ত্রে কাব্যবন্ধবিশেষ। A kind of bird; army, wheel, a kind of weapon.

চক্রধর পু০ [চক্র+ধৃ-অচ্] বিষ্ণু, সর্প। An epithet of Viṣṇu, serpent.

চক্রপাণি পু০ [চক্র+পাণি] বিষ্ণু। An epithet of Viṣṇu.

চক্রভৃৎ পু০ [চক্র+ভৃ-ক্বিপ্] বিষ্ণু। An epithet of Viṣṇu.

চক্রবন্ধু পু০ [চক্র+বন্ধ] সূর্য। The sun.

চক্রভ্রম পু০ [চক্র+ভ্রম-অচ্] কুন্দযন্ত্র। A grindstone.

চক্রবর্তিন্ পু০ [চক্র+বৃত+ণিচ্-ণিনি] সম্রাট্। Emperor.

চক্রবাক পু০ [চক্র+বচ-ঘঞ্] পক্ষিবিশেষ। A kind of bird.

চক্রবাড[-বাল] পু০ [চক্র+বাড-অচ্] পর্বতবিশেষ। ক্লী০ দিঙ্মণ্ডল। Name of a mountain ; horizon.

চক্রবৃদ্ধি স্ত্রী০ [চক্র+বৃদ্ধি] সুদের সুদ। Compound interest.

চক্রাঙ্গ পু০ [চক্র+অঙ্গ] রথ, হংস। Chariot, swan.

চক্রায়ুধ পু০ [চক্র+আয়ুধ] বিষ্ণু। An epithet of Viṣṇu.

চক্রিন্ পু০ [চক্র+ইনি] বিষ্ণু, কুম্ভকার, সম্রাট্, চক্রবাক, সর্প, গর্দভ। An epithet of Viṣṇu, potter, emperor.

চক্রীবৎ পু০ [চক্র+মতুপ্] গর্দভ। Ass.

চক্ষণ ক্লী০ [চক্ষ–ল্যুট্] দর্শন, কথন। Appearance, speaking.

চক্ষুঃশ্রবস পু০ [চক্ষুস্+শ্রু–অসুন্] সর্প। Serpent.

চক্ষুষ্মৎ ত্রি০ [চক্ষুস্+মতুপ্] তীক্ষ্ণদর্শন। Keen-eyed.

চক্ষুষ্য ত্রি০ [চক্ষুস্+যৎ] চক্ষুর হিতজনক, প্রিয়দর্শন। Beneficial to the eye, good-looking.

চক্ষুস্ ক্লী০ [চক্ষ–উসি] নয়ন। Eye.

চঙ্কুর পু০ [চঙ্ক–উরচ্] রথ, বৃক্ষ। Chariot, tree.

চঙ্ক্রমণ ক্লী০ [ক্রম+যঙ্–ল্যুট্] বক্র ভ্রমণ। Moving about tortuously.

চঙ্গ ত্রি০ [চঙ্+গম–ড] সুন্দর, দক্ষ, সুস্থ। Beautiful, expert.

চঞ্চৎ ত্রি০ [চন্‌চ–শতৃ] চঞ্চল। Fleeting.

চঞ্চরীক পু০ [চর–ঈকন্] ভ্রমর। ত্রি০ পুনঃ পুনঃ ভ্রমণকারী। Bee ; one moving again and again.

চঞ্চল ত্রি০ [চনচ্–অলচ্] অস্থির, অব্যবস্থিত, লোলুপ। স্ত্রী০ চঞ্চলা—লক্ষ্মী, বিদ্যুৎ। Fleeting, inconstant, greedy ; an epithet of Lakṣmī, lightning.

চঞ্চা স্ত্রী০ [চন্‌চ্–অচ+টাপ্] চাঁচ। Mat etc. made of cane.

চঞ্চু স্ত্রী০ [চনচ্–উন্] পাখীর ঠোঁট। পু০ এরণ্ড। Bill of a bird ; a kind of plant.

চঞ্চুর ত্রি০ [চনচ্–উরচ্] দক্ষ, নিপুণ। Deft, expert.

চঞ্চুর্যমাণ ত্রি০ [চর–যঙ্+শানচ্] গর্হিত আচরণ-কারী। A miscreant.

চটক পু০ [চট–ক্বুন্] চটা পাখী। A kind of bird.

চটু পু০, ক্লী০ [চট–উন্] চাটু, প্রিয়বাক্য। A flattering discourse.

চটুল ত্রি০ [চট–উলচ] চঞ্চল, শীঘ্র, সুন্দর। স্ত্রী০ চটুলা—বিদ্যুৎ। Fickle, quick, fine ; lightning.

চণক পু০ [চন–ক্বুন্] ছোলা, বুট, মুনিবিশেষ। Chick-pea, gram, name of a sage.

চণ্ড পু০ [চণ্ড–অচ্] শিব, যমদূত, দৈত্যবিশেষ। ক্লী০ তীক্ষ্ণতা, ক্রোধ। ত্রি০ অতিকুপিত, তীক্ষ্ণ, উষ্ণ। স্ত্রী০ চণ্ডী, চণ্ডা—দুর্গা। Śiva, name of a demon ; pungency, anger; excessively angry, fierce, hot ; a name of Durgā.

চণ্ডাংশু পু০ [চণ্ড+অংশু] সূর্য। The sun.

চণ্ডাতক পু০, ক্লী০ [চণ্ডা+অত–ণ্বুল্] অর্ধোরু পর্যন্ত বিস্তৃত স্ত্রীলোকের অধোবাস। A short petticoat.

চণ্ডাল পু০ [চণ্ড–অলচ্] নিষাদ, শূদ্রের ঔরসে ব্রাহ্মণীগর্ভজাত। A general name for a man of the lowest caste born of a Śūdra father and a Brāhmaṇa mother.

চণ্ডিমন্ পু০ [চণ্ড–ইমনিচ্] উগ্রতা। Violence.

চণ্ডি স্ত্রী০ [চণ্ড–ইন্], **চণ্ডিকা** স্ত্রী০ [চণ্ড–ণ্বুল্+টাপ্] **চণ্ডী** স্ত্রী০ [চণ্ড+ঙীষ্] দুর্গা, অতি-কোপনা স্ত্রী। A name of Durgā, an irritable woman.

চতুর্ ত্রি০ [চত–উরন্] চার। Four.

চতুর ত্রি০ [চত–উরচ্] নিপুণ, আলস্যহীন। পু০ হস্তিশালা। Dexterous; elephant's stable.

চতুঃশাল ক্লী০, [চতুর্+শালা] চকমিলান বাড়ী। A mansion.

চতুঃষষ্টি স্ত্রী০ [চতুর্+ষষ্টি] চৌষট্টি। Sixty-four.

চতুরঙ্গ ক্লী০ [চতুর্+অঙ্গ] হস্তী, অশ্ব, রথ ও পদাতি—এই চার অঙ্গবিশিষ্ট সেনা, ক্রীড়াবিশেষ। A complete army having elephants, chariots, cavalry and infantry, chess.

চতুরস্র ত্রি০ [চতুর্+অস্রি+অচ্] চতুষ্কোণ, রম্য। ক্লী০ চৌকি। A square, beautiful ; a bedstead.

চতুরানন পু০ [চতুর্+আনন] ব্রহ্মা। An epithet of Brahmā.

চতুর্থ ত্রি০ [চতুর্+ডট্+থুক্] চারিসংখ্যার পূরণ। স্ত্রী০ চতুর্থী—তিথিবিশেষ, ব্যাকরণশাস্ত্রে বিভক্তিবিশেষ। Fourth ; the fourth day of a lunar fortnight, the dative case.

চতুর্দৎ, চতুর্দন্ত পু০ [চতুর্+দন্ত] ঐরাবত। ত্রি০ চারিদন্তযুক্ত। Indra's elephant ; one having four teeth.

চতুর্দশ ত্রি০ [চতুর্+দশন্+ডট্] চৌদ্দসংখ্যার পূরণ। স্ত্রী০ চতুর্দশী—তিথিবিশেষ। Fourteenth ; the fourteenth day of a lunar fortnight.

চতুর্দশন্ ত্রি০ (বহু) [চতুর্+দশন্] চৌদ্দ। Fourteen.

চতুর্দোল ক্লী০ [চতুর্+দোল] রাজার জন্য যে যান চার-জনে বহন করে। A royal litter.

চতুর্ধা অব্য০ [চতুর্+ধাচ্] চারপ্রকার, চারবার। Of four types, four times.

চতুর্ভদ্র ত্রি° [চতুর্+ভদ্র] ধর্মার্থকামমোক্ষবিষয়ক মঙ্গলচতুষ্টয়-বিশিষ্ট। Auspicious in respect of the four ends of human existence.

চতুর্ভুজ পু° [চতুর্+ভুজ] নারায়ণ, চারিরেখাযুক্ত ক্ষেত্র। An epithet of Viṣṇu, a quadrangle.

চতুর্মুখ পু° [চতুর্+মুখ] ব্রহ্মা, ঔষধবিশেষ। An epithet of Brahmā.

চতুর্বক্ত্ পু° [চতুর্+বক্ত্] ব্রহ্মা। An epithet of Brahmā.

চতুর্যুগ ক্লী° [চতুর্+যুগ] সত্য, ত্রেতা, দ্বাপর ও কলি এই চার যুগ। The four ages or cycles of time.

চতুর্বর্গ পু° [চতুর্+বর্গ] ধর্ম, অর্থ, কাম ও মোক্ষ। The four ends of life.

চতুর্বর্ণ পু° [চতর্+বর্ণ] ব্রাহ্মণ, ক্ষত্রিয়, বৈশ্য ও শূদ্র এই চারজাতি। The four castes.

চতুর্বিংশতি স্ত্রী° [চতুর্+বিংশতি] চব্বিশ। Twenty-four.

চতুর্বিদ্য [চতুর্+বিদ্যা], **চতুর্বেদিন্** পু° [চতুর্+বেদ+ইনি] চার বেদ-বেত্তা। One who has the knowledge of the four Vedas.

চতুর্বিধ ত্রি° [চতুর্+বিধা] চারপ্রকার। Of four types or varieties.

চতুর্ব্যূহ পু° [চতুর্+ব্যূহ] কৃষ্ণ, বলরাম, প্রদ্যুম্ন ও অনিরুদ্ধ—এই রূপচতুষ্টয়বিশিষ্ট বিষ্ণু। The four forms of Viṣṇu.

চতুষ্ক ক্লী° [চতুর্+কন্] চতুঃসংখ্যা, চারস্তম্ভযুক্ত মণ্ডপ, চারকোণযুক্ত চত্বর। স্ত্রী° চতুষ্কা—চারকোণা পুষ্করিণী, মশারি, চৌকি, চারনরী হার। Four, a hall resting on four pillars, quadrangular courtyard; a four-sided pond, mosquito-curtain.

চতুষ্টয় ত্রি° [চতর্+তয়প্] চতুর্বিধ। ক্লী° চারির সমষ্টি। Four-fold; a group or collection of four.

চতুষ্পথ ক্লী° [চতুর্+পথিন্+অচ্] চৌরাস্তা। পু° ব্রাহ্মণ। A place where four roads meet, a cross-way; a Brahmin.

চতুষ্পদ পু° [চতুর্+পদ] পশু। স্ত্রী° চতুষ্পদী—চৌপদী কবিতা। A quadruped animal; a stanza of four lines.

চতুষ্পাঠী স্ত্রী° [চতুর্+পাঠ+ঙীষ্] পাঠশালা। A school for Brahmins.

চতুষ্পাদ ত্রি° [চতুর্+পাদ] পশু। Animal.

চতুস্ত্রিংশৎ স্ত্রী° [চতুর্+ত্রিংশৎ] চৌত্রিশ। Thirty-four.

চত্বর ক্লী° [চত-ষ্বরচ্] অঙ্গন, যজ্ঞস্থান। Courtyard, a sacrificial altar.

চত্বারিংশৎ স্ত্রী° [চতুর্+দশতি] চল্লিশ। Forty.

চত্বাল পু° [চত-বালঞ্] হোমকুণ্ড, কুশ, চাতাল। A sacrificial altar, courtyard.

চন্দন পু°, ক্লী° [চন্দ-ল্যু, ল্যুট্] বৃক্ষবিশেষ, বানর। Sandal tree, monkey.

চন্দনধেনু স্ত্রী° [চন্দন+ধেনু] শ্রাদ্ধবিশেষ। A kind of Śrāddha.

চন্দনাচল পু° [চন্দন+অচল] মলয়পর্বত। A name of the Malaya mountain.

চন্দ্র পু° [চন্দ+ণিচ্-রক্] চাঁদ, কর্পূর, স্বর্ণ, জল, মুক্তা, দ্বীপবিশেষ, শ্রেষ্ঠ। The moon, camphor, gold, excellent.

চন্দ্রক পু° [চন্দ্র+কৈ-ক] ময়ূরপুচ্ছের চিহ্নবিশেষ, চন্দ্র, চাঁদা মাছ। The circular spots in a peacock's feathers, the moon, a variety of fish.

চন্দ্রকবৎ পু° [চন্দ্রক+মতুপ্] ময়ূর। Peacock.

চন্দ্রকান্ত পু° [চন্দ্র+কান্ত] মণিবিশেষ। পু°, ক্লী° কুমুদ, চন্দন। ত্রি° চন্দ্রের ন্যায় সুন্দর। স্ত্রী° চন্দ্রকান্তা—রাত্রি, চন্দ্রিকা, তারকা, ওষধি। A kind of gem; lily, sandal; beautiful like the moon; night, star.

চন্দ্রকিন্ পু° [চন্দ্রক+ইনি] ময়ূর। The peacock.

চন্দ্রকেতু পু° [চন্দ্র+কেতু] লক্ষ্মণের পুত্র। Name of the son of Lakṣmaṇa.

চন্দ্রগুপ্ত পু° [চন্দ্র+গুপ্ত] নৃপবিশেষ। Name of a famous king.

চন্দ্রচূড পু° [চন্দ্র+চূডা] শিব। An epithet of Śiva.

চন্দ্রভাগা স্ত্রী° [চন্দ্র+ভাগ+টাপ্] নদীবিশেষ। Name of a river.

চন্দ্রমস্ পু° [চন্দ্র+মি-অসুন্] চন্দ্র। The moon.

চন্দ্রমৌলি পু° [চন্দ্র+মৌলি] শিব। An epithet of Śiva.

চন্দ্রব্রত ক্লী° [চন্দ্র+ব্রত] চান্দ্রায়ণ। Name of an austere vow.

চন্দ্রশালা স্ত্রী° [চন্দ্র+শালা] জ্যোৎস্না, প্রাসাদ বা রথের উপরিভাগস্থ গৃহ। Moonlight, a room on the top of a mansion or chariot.

चन्द्रशेखर पु० [चन्द्र+शेखर] শিব। An epithet of Śiva.

चन्द्रसम्भव पु० [चन्द्र+सम्भव] বুধ, চন্দ্রপুত্র। An epithet of the planet Mercury.

चन्द्रहास पु० [चन्द्र+हस-अण्] রাবণের খড়্গ, খড়্গ। ক্লী০ রৌপ্য। The sword of Rāvaṇa, sword; silver.

चन्द्रा स्त्री० [चन्द-रक्+टाप्], **चन्द्रातप** पु० [चन्द्र+आतप] চন্দ্রিকা, চাঁদোয়া। Moonlight, canopy.

चन्द्रापीड पु० [चन्द्र+आपीड] শিব, নৃপতিবিশেষ। An epithet of Śiva, name of a king.

चन्द्रिका स्त्री० [चन्द्र+ठन्+टाप्] জ্যোৎস্না, নেত্রতারকা, চাঁদামাছ, ছন্দোবিশেষ। Moonlight, eye-ball, a kind of fish.

चन्द्रोपल पु० [चन्द्र+उपल] চন্দ্রকান্তমণি। A kind of gem, moonstone.

चपल त्रि० [चुप-कल] চঞ্চল, ক্ষণিক, শীঘ্র, দুর্বিনীত। পু০ পারদ, মৎস্য, চাতক। স্ত্রী০ চপলা—লক্ষ্মী, বিদ্যুৎ, কুলটা, সুরা, জিহ্বা। Fickle, fleeting, intrepid; quicksilver; Lakṣmī, lightning.

चपेट पु० [चप-क+इट-क] চাপড়। A slap.

चमत् अव्य० চমকান। Flashing.

चमत्कार पु० [चमत्+कृ-घञ्] চমৎকৃতি, আশ্চর্য, বিস্ময়, আনন্দ। Wonder, amazement, delight.

चमर पु० [चम-अरच्] মৃগবিশেষ, দৈত্যবিশেষ। ক্লী০ চামর। A kind of deer.

चमरपुच्छ पु० [चमर+पुच्छ] কাঠবিড়াল। A squirrel.

चमस पु०, क्ली० [चम-असच्] যজ্ঞপাত্রবিশেষ। স্ত্রী০ চমসী—পিষ্টক। A kind of sacrificial ladle; cake.

चमीकर पु० স্বর্ণখনি। Gold-ore.

चमू स्त्री० [चम-ऊ] সৈন্যবিশেষ। A division of army.

चमूचर पु० [चमू+चर-ट] সৈনিক। Soldier.

चमूरु पु० [चम-ऊर] মৃগবিশেষ। A kind of deer.

चम्पक पु० [चम्प-ण्वुल्] চাঁপাগাছ। ক্লী০ ঐ পুষ্প। The champaka tree; the champaka flower.

चम्पकमाला स्त्री० [चम्पक+माला] কণ্ঠাভরণবিশেষ, ছন্দোবিশেষ। A kind of necklace, a variety of metre.

चम्पा स्त्री० [चम्प-अच्+टाप्] কর্ণের নগরী, নদীবিশেষ। The city of Karṇa, a certain river.

चम्पाधिप पु० [चम्पा+अधिप] কর্ণ। An epithet of Karṇa.

चम्पावती स्त्री० [चम्पा+मतुप्+ङीप्] কর্ণের রাজধানী। The capital of Karṇa.

चम्पू स्त्री० [चम्प-ऊ] গদ্যপদ্যময় কাব্য। A mixed composition of prose and verse.

चय पु० [चि-अच्] সমূহ, প্রাচীরের মূলস্থিত বেদী। Collection.

चयन क्ली० [चि-ल्युट्] আহরণ, সংগ্রহ। Collection.

चयनेष्टका स्त्री० [चयन+इष्टका] ইটের পাঁজা। Brick-kiln.

चर पु० [चर-अच्] গুপ্তদূত, নক্ষত্রবিশেষ। ত্রি০ জঙ্গম। A spy, a kind of star; moving.

चरक पु० [चर+कन्] মুনিবিশেষ, চর, ভিক্ষু। Name of a sage, a beggar.

चरण पु० [चर-ल्युट्] পাদ, বেদের শাখা, শ্লোকের চতুর্থাংশ, মূল। ক্লী০ ভ্রমণ, ভক্ষণ, আচরণ। Foot, branch of the Vedas, a quarter of a verse; moving, eating.

चरणग्रन्थि पु० [चरण+ग्रन्थि] গুল্ফ। Ankle.

चरणव्यूह पु० [चरण+व्यूह] বেদশাখাবিভাজক গ্রন্থ। A Vedic text.

चरणामृत क्ली० [चरण+अमृत] পাদোদক। Consecrated water.

चरणायुध पु० [चरण+आयुध] কুক্কুট। A cock.

चरम त्रि० [चर-अमच्] অন্তিম, পশ্চিম, পশ্চাৎ। Last, western, hinder.

चरमाचल पु० [चरम+अचल] অস্তপর্বত। The mountain where the sun sets.

चराचर त्रि० [चर+अचर] জঙ্গম ও স্থাবর। ক্লী০ জগৎ। Moving and stationary; the world.

चरित क्ली० [चर-क्त] আচরণ, কার্য, চরিত্র, স্বভাব। ত্রি০ কৃত, প্রাপ্ত। Conduct, action; done, attained.

चरितार्थ त्रि० [चरित+अर्थ] কৃতার্থ, সফলকার্য। Fulfilled, successful.

चरित्र क्ली० [चर-इत्र] আচরণ, স্বভাব। Conduct.

चरिष्णु त्रि० [चर-इष्णुच्] সঞ্চরণশীল। Moving.

চরু পু০ [চর্–উন্] যজ্ঞিয় অন্ন, মেঘ। Sacrificial food, cloud.

চর্চরী স্ত্রী০ [চর্চ্-অরন্+ঙীষ্] উৎসব, চাঁচর, বাদ্যবিশেষ, গীতবিশেষ। Festivity, a form of music (in a drama).

চর্চা [চর্চ্-অঙ্+টাপ্] বিচার, চিন্তা। Pursuit, thought.

চর্চিত ত্রি০ [চর্চ্-ক্ত] বিলেপিত। Besmeared.

চর্পট পু০ [চৃপ্-অটন্] চপেটা। The open palm of the hand with fingers stretched out.

চর্মন্ ক্লী০ [চর্-মনিন্] ত্বক্, চামড়া। Skin.

চর্মকার পু০ [চর্মন্+কৃ-অণ্] মুচি, চামার। Cobbler.

চর্মচটী স্ত্রী০ [চর্মন্+চট-অচ্+ঙীষ] বাদুড়, চামচিকা। Bat.

চর্মণ্বতী স্ত্রী০ [চর্মন্+মতুপ্+ঙীপ্] নদীবিশেষ। Name of a river.

চর্মপাদুকা স্ত্রী০ [চর্মন্+পাদুকা] চর্মনির্মিত জুতা। Leather-sandal.

চর্মপ্রভেদিকা স্ত্রী০ [চর্মন্+প্র+ভিদ্–ণ্বুল্+টাপ্] চর্মভেদনাস্ত্র। An instrument to cut leather.

চর্মপ্রসেবিকা স্ত্রী০ [চর্মন্+প্র+সিব্–বুন্+টাপ্] ভস্ত্রা। Bellows.

চর্মময় ত্রি০ [চর্মন্+ময়ট্] চর্মনির্মিত। Made of leather.

চর্মার পু০ [চর্মন্+ঋ-অণ্] মুচি, চামার। Cobbler.

চর্মিকা স্ত্রী০ [চর্মন্+ঠন্+টাপ্] ভূর্জপত্র। Bark-leaf.

চর্মিন্ পু০ [চর্ম+ইনি] চর্মধারী, ভূর্জপত্র, কদলীবৃক্ষ। One who wears leather, bark-leaf, the plantain tree.

চর্য ত্রি০ [চর্-ক্যপ্] আচরণীয়। স্ত্রী০ চর্যা—আচরণ, অনুষ্ঠান, গতি, ভোজন। Duty; conduct, movement, eating.

চর্বণ ক্লী০, **চর্বণা** স্ত্রী০ [চর্ব্-ল্যুট্ (টাপ্)] চিবান, স্বাদগ্রহণ। Chewing, tasting.

চর্বিত ত্রি০ [চর্ব্-ক্ত] যাহা চিবান হইয়াছে, ভক্ষিত। Chewed, eaten.

চর্ব্য ত্রি০ [চর্ব্-ণ্যত্] চর্বণীয়। Fit to be chewed.

চর্ষণি পু০ [কৃষ্-অনি] মনুষ্য। Man.

চল ত্রি০ [চল্-অচ্] চঞ্চল। Fleeting, fickle.

চলৎ ত্রি০ [চল্-শতৃ] চঞ্চল, গমনশীল। Fleeting, moving.

চলদল পু০ [চল+দল] অশ্বত্থ বৃক্ষ। The Aśvattha tree.

চলন ক্লী০ [চল্–ল্যুট্] গমন, কম্পন। স্ত্রী০ চলনী—ঘাঘরা। Movement, shaking.

চলপত্র পু০ [চল+পত্র] অশ্বত্থ বৃক্ষ। The Aśvattha tree.

চলাচল ত্রি০ [চল+অচল] অতিচঞ্চল। পু০ কাক। Extremely fickle; crow.

চলিত ত্রি০ [চল্–ক্ত] গত, কম্পিত, প্রাপ্ত। Gone, shaken.

চবিকা স্ত্রী০ [চব–ক+টাপ্] চই। A species of plant.

চষক পু০, ক্লী০ [চষ্–ক্বুন্] মদ্যপাত্র। ক্লী০ মদ্যবিশেষ। A wine-glass; a variety of wine.

চষাল পু০ [চষ্-আলচ্] যজ্ঞের পশুবন্ধন কাষ্ঠ। A wooden post for tying up an animal in a sacrifice.

চাকচক্য ক্লী০ [চক-অচ্(দ্বিত্ব)=চকচক+ষ্যঞ্] উজ্জ্বলতা। Brightness.

চাক্রিক ত্রি০ [চক্র+ঠক্] কলু, দলবদ্ধরূপে স্তুতি, পাঠক। Oilman, bards in groups.

চাক্ষুষ ত্রি০ [চক্ষুস্+অণ্] চক্ষুর গোচর। Visible.

চাঞ্চল্য ক্লী০ [চঞ্চল+ষ্যঞ্] চপলতা। Fickleness, unrest.

চাচলি ত্রি০ [চল-যঙ্+কি] অতিচঞ্চল, বক্রগামী। Extremely fickle.

চাট পু০ [চট-অচ্] বিশ্বাসঘাতক, চোর। Betrayer, thief.

চাটু পু০, ক্লী০ [চট–উণ্] মিথ্যা-প্রিয়বাক্য। Sweet but false words used for flattery.

চাটুকার ত্রি০ [চাটু+কৃ–অণ্] মিথ্যা প্রিয়বাক্যকারী, তোষামোদকারী। One who indulges in flattery.

চাটুপটু[-বটু] ত্রি০ [চাটু+পটু] ভাঁড়, তোষামোদকারী। One who indulges in flattery.

চাটূক্তি স্ত্রী০ [চাটু+উক্তি] মিথ্যা স্তুতিবাক্য। False words of flattery.

চাণক্য পু০ [চণক+যঞ্] বিষ্ণুগুপ্ত, নীতিশাস্ত্রকার পণ্ডিতবিশেষ। Name of a famous writer on politics.

চাণূর[-নর] পু০ দৈত্যবিশেষ। Name of a demon.

চাণূরসূদন পু০ [চাণূর+সূদ্–ল্যু] কৃষ্ণ। An epithet of Kṛṣṇa.

চাণ্ডাল পুং [চণ্ডাল+অণ্] নিষাদ। The lowest of the mixed castes.

চাতক পুং [চত-ণ্বুল্] পক্ষিবিশেষ। A kind of bird.

চাতুর ক্লীং [চতুর+অণ্] যে শকট চারজনে বহন করে। স্ত্রীং চাতুরী—চাতুর্য। A carriage drawn by four; cunning.

চাতুর্মাস্য ক্লীং [চতুর্+মাস+ণ্য] চারিমাস ব্যাপিয়া যে ব্রত পালন করা হয়। A vow observed for four months.

চাতুর্বর্ণ্য ক্লীং [চতুর্+বর্ণ+ষ্যঞ্] ব্রাহ্মণাদি চারিবর্ণ। The four castes.

চাত্বাল পুং [চত-বালঞ্] হোমকুণ্ড, কুশ, চাতাল। Sacrificial altar, courtyard.

চান্দনিক ত্রিং [চন্দন+ঠক্] চন্দননির্মিত, চন্দন-চর্চিত। Made of sandal, besmeared with sandal.

চান্দ্র ত্রিং [চন্দ্র+অণ্] চন্দ্রসম্বন্ধীয়। পুং চন্দ্রকান্ত মণি, মাসবিশেষ। ক্লীং চান্দ্রায়ণ ব্রত, ব্যাকরণ-বিশেষ। স্ত্রীং চান্দ্রী—জ্যোৎস্না। Relating to the moon; moonstone, lunar month; a vow, a school of grammar, moonlight.

চান্দ্রমস ত্রিং [চন্দ্রমস+অণ্] চন্দ্রসম্বন্ধীয়। ক্লীং মৃগশিরানক্ষত্র। Relating to the moon; a star.

চান্দ্রায়ণ ক্লীং [চন্দ্র+অয়ন+অণ্] ব্রতবিশেষ। An austere vow.

চাপ পুং [চপ+অণ্] ধনুক। Bow.

চাপল ক্লীং [চপল+অণ্], **চাপল্য** ক্লীং [চপল+ষ্যঞ্] চাঞ্চল্য, ঔদ্ধত্য। Fickleness, intrepidity.

চামর পুং, ক্লীং [চমর+অণ্], **চামরী** স্ত্রীং [চামর+ঙীপ্] ব্যজন। A chowrie.

চামরিন্ পুং [চামর+ইনি] ঘোটক। Horse.

চামীকর ক্লীং [চমীকর+অণ্] স্বর্ণ, ধুতুরা ফল। Gold, the thorn-apple.

চামুণ্ডা স্ত্রীং দুর্গা। A name of Durgā.

চার পুং [চর+অণ্] গুপ্তচর, কারাগার। [চর-ঘঞ্] গতি। ক্লীং কৃত্রিম বিষ। Spy, prison, movement, spurious poison.

চারচক্ষুস্ ত্রিং [চার+চক্ষুস্] রাজা। King.

চারণ পুং [চর+ণিচ-ল্যু] নট, স্তুতিগায়ক। An actor, bard.

চারভট পুং [চার+ভট] বীর। Hero.

চারিত্র ক্লীং [চরিত্র+অণ্] চরিত্র, স্বভাব। Character, conduct.

চারু ত্রিং [চর+উণ্] সুন্দর, মনোহর। পুং বৃহস্পতি। Beautiful, lovely; a name of Bṛhaspati.

চারুতা স্ত্রীং[চারু+তল্+টাপ্] সৌন্দর্য। Beauty.

চার্চিক্য ক্লীং [চর্চ-ণ্বুল্+ষ্যঞ্] চন্দনবিলেপন। Besmearing with sandal.

চার্ম ত্রিং [চর্মন্+অণ্] চর্মসম্বন্ধীয়, চর্মাচ্ছাদিত। Leathern, covered by leather.

চার্মণ ক্লীং [চর্মন্+অণ্] চর্মসমূহ। A collection of leathers.

চার্বাক পুং [চারু+বাক] নাস্তিকবিশেষ, দার্শনিক-বিশেষ। Founder of the materialist school of thought.

চার্বী স্ত্রীং [চারু+ঙীষ্] সুন্দরী স্ত্রী, জ্যোৎস্না, কুবের-পত্নী, বুদ্ধি, দীপ্তি। Beautiful woman, moonlight, intelligence, splendour.

চাল পুং [চল-ণ] ছাদ। The thatch or roof of a house.

চালন ক্লীং [চল+ণিচ্-ল্যুট্] চালান। স্ত্রীং চালনী—শস্যচালনার্থ ছিদ্রযুক্ত পাত্রবিশেষ, চালুনী। Conducting; sieve.

চাষ পুং [চষ+ণিচ্-অচ্] নীলকণ্ঠ পক্ষিবিশেষ। A kind of bird.

চাস পুং [চস+ণিচ্] ইক্ষুবিশেষ, পক্ষিবিশেষ। Sugar-cane, a kind of bird.

চিকিৎসক পুং [কিত+সন্-ণ্বুল্] বৈদ্য। Physician.

চিকিৎসা স্ত্রীং [কিত+সন্-অ+টাপ্] রোগ-দূরীকরণ। Treatment of disease.

চিকিৎসিত ক্লীং [কিত+সন্-ক্ত] চিকিৎসা। ত্রিং যাহার চিকিৎসা করা হইয়াছে। Treatment; one who is treated.

চিকিৎস্য ত্রিং [কিত+সন্-যত্] চিকিৎসার যোগ্য। Fit to be treated.

চিকীর্ষা স্ত্রীং [কৃ+সন্-অ+টাপ্] করিবার ইচ্ছা। Desire to do or act.

চিকীর্ষিত ত্রিং [কৃ+সন্-ক্ত] করিতে ঈপ্সিত। ক্লীং করিবার ইচ্ছা। Desired to be done; desire to do.

চিকীর্ষু ত্রিং [কৃ+সন্-উ] করিতে ইচ্ছুক। Desirous of doing.

চিকুর পুং [চি+কুর-ক] কেশ, পর্বত, সরীসৃপ, পক্ষিবিশেষ। ত্রিং চঞ্চল, অপরাধী। Hair, hill, reptile; unsteady, guilty.

চিক্কণ ত্রিং [চিক্ক-ক্বিপ্+কণ-অচ্] চিকণ, স্নিগ্ধ। ক্লীং গুবাক। Smooth.

চিক্লিব ত্রি০ [ক্লিদ্+যঙ্লুক্-অচ্] অতিশয় ক্লেদযুক্ত। Extremely dirty.

চিচ্ছক্তি স্ত্রী০ [চিত্+শক্তি] চৈতন্য। Conscicusness.

চিঞ্চা স্ত্রী০ [চিম্+চি-ড+টাপ্] তেঁতুল। Tamarind.

চিত্ স্ত্রী০ [চিত-ক্বিপ্] চৈতন্য, জ্ঞান। Consciousness, knowledge.

চিত ত্রি০ [চি-ক্ত] সঞ্চিত, অর্জিত, ব্যাপ্ত, রচিত। স্ত্রী০ চিতা—শবদাহনার্থ চুল্লী। ক্লী০ চয়ন। Collected, earned, composed; funeral pyre; collection.

চিতি স্ত্রী০ [চি-ক্তিন্] রাশি, সমূহ, চয়ন, চিতা। Heap, collection, funeral pyre.

চিত্ত ক্লী০ [চিত-ক্ত] মনস্, অন্তঃকরণ। Mind, inner organ.

চিত্তজ্ঞ ত্রি০ [চিত্ত+জ্ঞা-ক] ভাবজ্ঞ। One who knows the mind or feeling.

চিত্তজন্মন্ পু০ [চিত্ত+জন্মন্], **চিত্তযোনি** পু০ [চিত্ত+যোনি] কন্দর্প। Cupid.

চিত্তবিক্ষেপ পু০ [চিত্ত+বিক্ষেপ] যোগের ব্যাঘাতসৃষ্টিকারক মনঃক্ষোভ। Mental disturbance or unrest.

চিত্তবিপ্লব পু০ [চিত্ত+বিপ্লব], **চিত্তবিভ্রম** পু০ [চিত্ত+বিভ্রম] উন্মাদরোগ। Insanity.

চিত্তবৃত্তি স্ত্রী০ [চিত্ত+বৃত্তি] মনোবৃত্তি। The function of the mind.

চিত্তসমুন্নতি স্ত্রী০ [চিত্ত+সমুন্নতি] গর্ব। Pride, conceit.

চিত্তাভোগ পু০ [চিত্ত+আভোগ] এক বিষয়ে নিবিষ্ট চিত্তবৃত্তি। Concentration of the mind on one object.

চিত্য পু০ [চি-ক্যপ্] অগ্নি। স্ত্রী০ চিত্যা—চিতা। Fire; funeral pyre.

চিত্র ক্লী০ [চিত্র-অচ্] আশ্চর্য, আলেখ্য, আকাশ, কাব্যালংকারবিশেষ, ষোড়শাক্ষর ছন্দোবিশেষ। পু০ যমবিশেষ। ত্রি০ আশ্চর্যজনক, নানাবর্ণযুক্ত। Wonder, picture; the god of Death; amazing, variegated.

চিত্রক পু০ [চিত্র+কৈ-ক] চিতাবাঘ। ত্রি০ [চিত্র-ক্বুন্] চিত্রকর। ক্লী০ তিলক। Leopard; painter; anointment.

চিত্রকণ্ঠ পু০ [চিত্র+কণ্ঠ] কপোত, ঘুঘু। Pigeon, dove.

চিত্রকর পু০ [চিত্র+কৃ-ট] পটুয়া। ত্রি০ চিত্রকারী। Painter.

চিত্রকায পু০ [চিত্র+কায] ব্যাঘ্র, ব্যাঘ্রবিশেষ। Tiger.

চিত্রকার ত্রি০ [চিত্র+কৃ-অণ্] পটুয়া। Painter.

চিত্রকাব্য ক্লী০ [চিত্র+কাব্য] কাব্যবিশেষ। A variety of poetry.

চিত্রকূট পু০ [চিত্র+কূট] রামগিরি। Name of a mountain.

চিত্রকৃত্ ত্রি০ [চিত্র+কৃ-ক্বিপ্] চিত্রকর। Painter.

চিত্রগুপ্ত পু০ [চিত্র+গুপ্ত] যমবিশেষ, যমের কর্মচারী। The king of Death, an officer under Yama.

চিত্রণ ক্লী০ [চিত্র-ল্যুট্] আঁকা। Painting.

চিত্রপট পু০ [চিত্র+পট] আলেখ্য পট, চিত্রবর্ণের বস্ত্র। Canvas for painting.

চিত্রপদা স্ত্রী০ [চিত্র+পদ+টাপ্] অষ্টাক্ষর-পাদ ছন্দোবিশেষ। A kind of metre of eight syllables.

চিত্রপৃষ্ঠ পু০ [চিত্র+পৃষ্ঠ] পক্ষিবিশেষ। A kind of bird.

চিত্রভানু পু০ [চিত্র+ভানু] অগ্নি, সূর্য, আকন্দ গাছ। Fire, the sun.

চিত্ররথ পু০ [চিত্র+রথ] গন্ধর্ববিশেষ, সূর্য। Name of a Gandharva, the sun.

চিত্রলেখা স্ত্রী০ [চিত্র+লিখ-অণ্+টাপ্] অপ্সরাবিশেষ, বাণরাজার মন্ত্রিকন্যা, অষ্টাদশাক্ষর পাদ ছন্দোবিশেষ। Name of a nymph, daughter of the minister of King Vāṇa, a kind of metre.

চিত্রবৃত্তি ত্রি০ [চিত্র+বৃত্তি] অদ্ভুত ব্যাপারশালী। One of strange conduct.

চিত্রশালা[-লিকা] স্ত্রী০ [চিত্র+শালা] চিত্রপূর্ণ গৃহ, চিত্রাংকন গৃহ। A gallery of pictures.

চিত্রশিখণ্ডিজ পু০ [চিত্র+শিখণ্ডিন্+জন-ড] বৃহস্পতি। An epithet of Bṛhaspati.

চিত্রশিখণ্ডিন্ পু০ [চিত্র+শিখণ্ড+ইনি] মরীচি, অঙ্গিরা, অত্রি প্রভৃতি সপ্তর্ষি। The seven seers viz, Marīci, Aṅgiras etc.

চিত্রাক্ষী স্ত্রী০ [চিত্র+অক্ষিন্+ষচ্+ঙীষ্] শারিকা পক্ষী। A kind of bird.

চিত্রাঙ্গ পু০ [চিত্র+অঙ্গ] সর্প, ধৃতরাষ্ট্রের পুত্র। ত্রি০ বিচিত্রবর্ণের দেহ যাহার। Serpent; one whose body is of variegated colour.

চিত্রাঙ্গদ পু০ [চিত্র+অঙ্গদ] শান্তনুপুত্র, গন্ধর্ববিশেষ। স্ত্রী০ চিত্রাঙ্গদা—অর্জুনপত্নী। Name of a Gandharva; name of the wife of Arjuna.

चित्रीयमाण त्रि॰ [चित्र+क्यङ्-शानच्] আশ্চর্যজনক। Amazing.

चित्रीया स्त्री॰ [चित्र+क्यङ्-अ+टाप्] আশ্চর্যান্বিত করা। To cause wonder.

चिदाभास पु॰ [चित्+आभास] জীবাত্মা, জ্ঞানাভাস। Individual self, pseudo-knowledge.

चिद्रूप पु॰ [चित्+रूप] আত্মা। त्रि॰ প্রিয়। Self; dear.

चिन्तन क्ली॰ [चिन्त-ल्युट्] অনুধ্যান। Thinking.

चिन्ता स्त्री॰ [चिन्त-अ+टाप्] ভাবনা, ধ্যান, স্মরণ, আলোচনা। Thought, meditation.

चिन्तामणि पु॰ [चिन्ता+मणि] ঈপ্সিত ফলপ্রদ মণি, স্পর্শমণি, ব্রহ্মা। Philosopher's stone.

चिन्तित त्रि॰ [चिन्त-क्त] ভাবিত, আলোচিত। क्ली॰ চিন্তা। Thought, considered; thinking.

चिन्त्य त्रि॰ [चिन्त-यत] চিন্তনীয়, বিবেচ্য। To be thought of or considered.

चिन्मय त्रि॰ [चित्+मयट्] জ্ঞানময়। Of the nature of consciousness or knowledge.

चिपिट पु॰ [चि-पिटच्] চিড়া। त्रि॰ বিস্তৃত। Pressed rice; extended.

चिर क्ली॰ [चि-रक्] দীর্ঘকাল। त्रि॰ দীর্ঘকালস্থায়ী। Long time; long enduring.

चिरक्रिय त्रि॰ [चिर+क्रिया] দীর্ঘসূত্র, বিলম্বে কার্যকারী। Sloth, one who acts late.

चिरजीविन् पु॰ [चिर+जीव-णिनि], **चिरञ्जीविन्** पु॰ [चिरम्+जीव-णिनि] বিষ্ণু, শাল্মলিবৃক্ষ, মার্কণ্ডেয়, কাক; অশ্বত্থামা, বলি, ব্যাস, হনূমান, বিভীষণ, কৃপ, পরশুরাম এই সাতজন চিরজীবী। The immortals numbering seven.

चिरण्टी स्त्री॰ [चिर+अट-अच्+ङीष्] যে স্ত্রীলোক চিরকাল পিতৃগৃহে থাকে। A woman who stays permanently at her father's house.

चिरत्न त्रि॰ [चिर+त्न], **चिरन्तन** त्रि॰ [चिरम्+ट्युल्] চিরকালীন। Ancient, eternal.

चिरम् अव्य॰ [चि-रमुक्] দীর্ঘকাল। A long time.

चिररात्र पु॰ [चिर+रात्रि+अच्] দীর্ঘকাল। A long time.

चिररात्राय अव्य॰ [चिररात्र+अय-अण्], দীর্ঘকাল। A long time.

चिरबिल्व पु॰ [चिर+बिल-व] করঞ্জক বৃক্ষ। A kind of tree.

चिरस्य अव्य॰ [चिर+अस-यत्] দীর্ঘকাল। A long time.

चिरात् अव्य॰ [चिर+अत-क्विप्], **चिराय** अव्य॰ [चिर+अय-अण] দীর্ঘকাল। A long time.

चिरायुस् त्रि॰ [चिर+आयुस्] চিরজীবী। पु॰ দেবতা। Immortal; god.

चिरे अव्य॰ [चिर+इण्-विच्], **चिरेण** अव्य॰ [चिर+एनप्] দীর্ঘকাল। A long period.

चिर्भटी स्त्री॰ [चिर+भट-अच+ङीष्] কাঁকুড়, ফুটি। A kind of cucumber.

चिल्ल पु॰ [चिल्ल-अच्] চিলপক্ষী। The kite.

चिल्लिका स्त्री॰ [चिल्ल-इन्+क+टाप्] শাকবিশেষ। A kind of vegetable.

चिवु क्ली॰ [चिव-उ], **चिवुक** क्ली॰ [चिवु+क] দাড়ি, থুতনি। Beard, chin.

चिह्न क्ली॰ [चिह्न-अच्] লক্ষণ, দাগ, ধ্বজ। Sign, scar.

चिह्नित त्रि॰ [चिह्न-क्त] লক্ষিত, জ্ঞাত। Pointed, known.

चि[ची]त्कार पु॰ [चित्+कृ-घञ्] উচ্চৈঃশব্দ। Shout, shriek.

चीन पु॰ [चि-नक्] মৃগবিশেষ, দেশবিশেষ, ধান্যবিশেষ। पु॰ बहु—ঐ দেশীয় লোক। क्ली॰ ঐ দেশীয় বস্ত্র। A kind of deer, China, a variety of paddy; the inhabitants of China; the cloth made in China.

चीर क्ली॰ [चि-क्रन्] বস্ত্রখণ্ড, বল্কল, চীরকূট। स्त्री॰ चीरी—ঝিল্লী। A piece of cloth, bark.

चीरभृत् पु॰ [चिर+भृ-क्विप्], **चीरिन्** पु॰ [चिर+इनि] তাপস। Bark-wearing hermit.

चीर्ण त्रि॰ [चर-नक्] কৃত, সঞ্চিত, বিদীর্ণ। Accomplished, accumulated.

चीवर क्ली॰ [चि-वरच्] চীর, কৌপীন। Loincloth.

चुचुक[-चू-], पु॰, क्ली॰ [चुचु+कै-क] কুচাগ্র। The tips of a woman's breast.

चुम्ब पु॰ [चुम्ब-घञ्] চুম্বন। Kissing.

चुम्बक पु॰ [चुम्ब-ण्वुल्] ধাতুবিশেষ। त्रि॰ চুম্বনকারী, একদেশাভিজ্ঞ। Magnet; one who kisses, a superficial scholar.

चुम्बन क्ली॰ [चुम्ब-ल्युट्] মুখে মুখস্পর্শ। Kissing.

चुलुक पु॰ [चुल-उकक्] গণ্ডূষ, ক্ষুদ্রপাত্র, পঙ্ক। क्ली॰ পরিমাণবিশেষ, জল। A sip of water, a small vessel.

चुलुकित त्रि० [चलक+इतच्] गণ্ডূষপীত। Drunk in a sip.

चुल्ला स्त्री० [चुल्ल–अच्+टाप्], **चुल्लि** स्त्री० [चुल्ल–इन्], **चुल्ली** स्त्री० [चल्ल+ङीप्] চিতা, অগ্নিস্থান। Funeral pyre, fire-place.

चूडा[-ला] स्त्री० [चूल–अङ्+टाप्] সংস্কারবিশেষ, শিরোমধ্যস্থ শিখা, কূপ, শৃঙ্গ, মস্তক, ভূষণবিশেষ। Tonsure ceremony, tuft of hair, peak.

चूडाकरण क्ली० [चूडा+करण] সংস্কারবিশেষ। Tonsure ceremony.

चूडामणि पु० [चूडा+मणि] শিরোরত্ন। Crest-jewel.

चूडाल त्रि० [चूडा+ल] চূড়াযুক্ত। Having a tuft of hair on the crown of the head.

चूत पु० [चूष–क्त] আম্রবৃক্ষ। क्ली० আম্র। The mango tree; mango.

चूर्ण क्ली० [चूर्ण–अच्] গুড়া, ধূলি, আবীর, চূণ, ছাতু। त्रि० ভঙ্গযুক্ত। Powder, dust; broken.

चूर्णक पु० [चूर्ण+क] ছাতু। क्ली० গদ্যগ্রন্থবিশেষ, গুড়া। A kind of a pounded grain; a variety of prose compostion.

चूर्णकार पु० [चूर्ण+कृ–अण्] চূনারি জাতি। Name of a caste or tribe.

चूर्णकुन्तल पु० [चूर्ण+कुन्तल] অলক। Curly hair.

चूर्णपद क्ली० [चूर्ण+पद] নৃত্যবিশেষ। A form of dancing.

चूर्णि[-र्णी] स्त्री० [चूर्ण–इन् (+ङीप्)] পতঞ্জলির মহাভাষ্য, নদীবিশেষ, কপর্দকশত। A name of the Mahābhāṣya of Patañjali, name of a river.

चूर्णित त्रि० [चूर्ण–क्त] পিষ্ট। Pounded, powdered.

चूलिका स्त्री० [चूल–ण्वुल्+टाप्] হস্তিকর্ণমূল, চূড়া, নাট্যাঙ্গবিশেষ। The root of an elephant's car.

चूषा स्त्री० [चूष–क+टाप्] হস্তিমধ্যবন্ধন রজ্জু। The girth for tying an elephant.

चूष्य त्रि० [चूष–ण्यत्] চোষার যোগ্য। Fit to be sucked.

चेट पु० [चिट–अच्] দাস। Servant.

चेत् अव्य० [चित–विच्] যদি। If.

चेतन पु० [चित–ल्यु] আত্মা, জীব। त्रि० চৈতন্যযুক্ত। स्त्री० चेतना [चित–युच्+टाप्] সংজ্ঞা, বুদ্ধি, চৈতন্য। Self; conscious; consciousness.

चेतस् क्ली० [चित–असुन्] চিত্ত। त्रि० জ্ঞাতা। Mind; knower.

चेतित त्रि० [चित+णिच्–क्त] জ্ঞাত। Known.

चेदि पु० দেশবিশেষ, তদ্দেশবাসী। Name of a country or its inhabitants.

चेदिपति पु० [चेदि+पति], **चेदिराज** पु० [चेदि+राजन्+टच्] শিশুপাল। An epithet of king Śiśupāla.

चेय त्रि० [चि–यत्] চয়নযোগ্য। Fit to be collected or plucked.

चेल क्ली० [चिल–घञ्] বস্ত্র। त्रि० [चेल–अच्] অধম। Cloth; vile.

चेष्टा स्त्री० [चेष्ट–अङ्+टाप्] কায়িক ব্যাপার, কার্য, গতি। Bodily movement, action.

चेष्टित क्ली० [चेष्ट–क्त] কায়াদিব্যাপার। त्रि० চেষ্টাযুক্ত। Action; one who has exerted.

चैतन्य क्ली० [चेतन+ष्यञ्] চেতনা, ব্রহ্ম। पु० চৈতন্যদেব। Consciousness, Brahman; a name of Lord Gourāṅga.

चैत्य क्ली० [चित्या+अण्] যজ্ঞগৃহ, দেবকুল, বৌদ্ধ ও জৈন মন্দির। त्रि० চিতাসম্বন্ধীয়। A place of sacrifice, the monastery of the Buddhists & the Jainas; relating to the funeral pyre.

चैत्र पु० [चित्रा+अण्+ङीप्+अण्] মধুমাস। Name of a spring month.

चैत्ररथ क्ली० [चित्ररथ+अण्] কুবেরের উদ্যান। The garden of Kuvera.

चैत्रिक पु० [चैत्री+ठक्] মধুমাস। The month of Caitra.

चैत्री स्त्री० [चित्रा+अण्+ङीप्] চিত্রানক্ষত্রযুক্ত পূর্ণিমা। The full-moon day in conjunction with the star Citrā.

चैद्य पु० [चेदि+ष्यञ्] চেদিরাজ, শিশুপাল। The king of Cedi, king Śiśupāla.

चोक्ष पु० স্বভাবসিদ্ধ শুচি, দক্ষ। Pure by nature, able.

चोदना स्त्री० [चुद–युच्+टाप्] প্রেরণা, প্রবর্তনা। Sending, directing.

चोदयितृ त्रि० [चुद+णिच्–तृच्] প্রেরক, প্রবর্তক। One who gives the incentive.

चोदित त्रि० [चुद+णिच्–क्त] প্রেরিত, নিয়োজিত। Sent, appointed.

चोद्य त्रि० [चुद–ण्यत्] প্রেরণযোগ্য, অদ্ভুত। क्ली० প্রশ্ন, পূর্বপক্ষ। Fit to be sent; a question.

चोपन क्लीº [चुप्‌–ल्युट्‌] मन्दगमन, মৌন। Moving quietly, silence.

चोर पुº [चुर्‌–अच्‌] तস্কর, গন্ধদ্রব্যবিশেষ, কবিবিশেষ। A thief, a kind of scented object.

चोरिका स्त्रीº [चोर+वुञ्‌+टाप्‌] চৌর্য। Theft.

चोरित त्रिº [चुर्‌–क्त] যাহা চুরি করা হইয়াছে। Stolen.

चोल क्लीº [चुल–घञ्‌] কাঁচুলী। पुº দেশবিশেষ। A bodice; name of a country.

चोलक पुº [चोल+कै–क] বঙ্কল। A bark dress.

चौड[ल] क्लीº [चूडा+ण] চূড়াকরণ। Tonsure.

चौर पुº [चोर+अण्‌] চোর। Thief.

चौर्य क्लीº [चोर+ष्यञ्‌] চুরি। Theft.

च्यवन पुº [च्यु–ल्यु] ঋষিবিশেষ। क्लीº [च्यु–ल्युट्‌] ক্ষরণ। Name of a sage; trickling.

च्युत त्रिº [च्यु–क्त] ভ্রষ্ট, নষ্ট, গত পতিত, ক্ষরিত। Fallen, lost.

च्युति स्त्रीº [च्यु–क्तिन्‌] ক্ষরণ, পতন, নাশ, গতি। Oozing, fall, perishing.

छ

छ त्रिº [छो–क] 'চ' বর্গের দ্বিতীয় বর্ণ, নির্মল। क्लीº গৃহ। स्त्रीº छा—ছেদন। The seventh consonant, pure; home; cutting.

छग पुº [छ+गम–ड] ছাগল। Goat.

छगल पुº [छो–कलच्‌] ছাগল, অত্রি মুনি। क्लीº নীলবস্ত্র। Goat, a name of the sage Atri; blue cloth.

छटा स्त्रीº [छो–अटन्‌+टाप्‌] দীপ্তি, প্রভা, সমূহ, পরম্পরা, রেখা। Lustre, splendour, assemblage, cluster, line.

छत्र, छत्त्र क्लीº [छद+णिच्‌–ष्ट्रन] ছাতা, আচ্ছাদন। स्त्रीº छत्रा—অতিচ্ছত্রাবৃক্ষ। Umbrella, covering; a kind of plant.

छत्रभङ्ग पुº [छत्र+भङ्ग] নৃপনাশ, রাষ্ট্রবিপ্লব, অস্বাতন্ত্র্য, বৈধব্য। Deposition of a king, revolt or chaos in the state or army.

छत्राक क्लीº [छत्रा+कै–क] শিলীন্ধ্র। स्त्रीº छत्राकी—রাস্না। Mushroom.

छत्रिन्‌ त्रिº [छत्र+इनि] ছত্রধারী। The bearer of an umbrella.

छद पुº [छद–घ] পত্র, পাখীর ডানা। Leaf.

छदन क्लीº [छद–ल्युट्‌] আচ্ছাদন, পত্র, পক্ষ। Covering, leaf.

छदि स्त्रीº [छद–कि] চাল, আচ্ছাদন, ছই। Thatch, covering.

छदिस्‌ क्लीº [छद–इसि] চাল, আচ্ছাদন। Thatch, covering.

छद्मन्‌ क्लीº [छद–मनिन्‌] ছল, কপট, স্বরূপাচ্ছাদন। Pretext, fraud.

छन्द पुº [छदि–अच्‌] অভিপ্রায়, ইচ্ছা, তাৎপর্য, আশয়। Purpose, desire, purport.

छन्दस्‌ क्लीº [छदि–असुन्‌] বেদ, পদ্যবন্ধ, ইচ্ছা, স্বৈরাচার। The Vedas, metrical composition, free will or conduct.

छन्दोग पुº [छन्दस्‌+गै–क] সামগায়ক, সামবেদাধ্যায়ী। A singer of the Sāman, a reader of the Sāmaveda.

छन्न त्रिº [छद–क्त] আচ্ছাদিত। क्लीº নির্জনতা। Covered; seclusion.

छर्द पुº [छर्द–अच्‌], **छर्दन** क्लीº [छर्द–ल्युट्‌], **छर्दि** स्त्रीº [छर्द+णिच्‌–इन्‌], **छर्दिस्‌** स्त्रीº [छर्द–इसि] বমন, উদগিরণ। Vomiting.

छल क्लीº [छल–अच्‌] কপটতা, প্রতারণা, ব্যাজ, ন্যায়শাস্ত্রে বাক্যদূষণবিশেষ। Deceit, dishonesty, pretext, a fallacy in logic.

छलन क्लीº [छल+णिच्‌–ल्युट्‌], **छलना** स्त्रीº [छल+णिच्‌–युच्‌+टाप्‌] প্রতারণা, বঞ্চনা। Deceiving, depriving.

छल्लि[ल्ली] स्त्रीº [छद–क्विप्‌+ला–कि(क+ङीष्‌)] বঙ্কল, লতা। Bark, creeper.

छवि[वी] [छो–वि (+ङीप्‌)] দীপ্তি, শোভা। Lustre, beauty.

छाग पुº [छो–गन्‌], **छागल** पुº [छगल+अण्‌] পশুবিশেষ। Goat.

छागरथ पुº [छाग+रथ], **छागवाहन** पुº [छाग+वाहन] অগ্নি। Fire.

छात त्रिº [छो–क्त] ছিন্ন, দুর্বল, ক্ষীণ, সূক্ষ্ম। Broken, weak.

छात्र पुº [छत्र+ण] অন্তেবাসী, শিষ্য। Student, disciple.

छाद पुº [छद–अच्‌], ঘরের চাল। Thatch.

छादन क्लीº [छद–ल्युट्‌] আচ্ছাদন। Covering.

छादित त्रिº[छद–क्त]আচ্ছাদিত, আবৃত। Covered.

छान्दस पुº [छन्दस्‌+अण्‌] বেদাধ্যায়ী। त्रिº ছন্দঃসম্বন্ধীয়। One proficient in the Vedas; relating to the Chandas.

छान्दोग्य क्लीº [छन्दोग+ञ्य] ব্রাহ্মণ ও উপনিষদ্‌বিশেষ। Name of a Brāhmaṇa and Upaniṣad.

छाया स्त्री० [छो–ण+टाप्] অনাতপ, প্রতিবিম্ব, কান্তি, সূর্যপ্রিয়া, শ্রেণী, দুর্গা, ঊনবিংশত্যক্ষর-পাদ ছন্দোবিশেষ। Shadow, lustre, a metre of nineteen syllables.

छायातनय पु० [छाया+तनय], **छायात्मज** पु० [छाया+आत्मज], **छायासुत** पु० [छाया+सुत] শনিগ্রহ। Saturn.

छायातरु पु० [छाया+तरु] ছায়াপ্রধান বৃক্ষ। An umbrageous tree.

छायापथ पु० [छाया+पथिन्] জ্যোতিশ্চক্র মধ্যবর্তী দক্ষিণোত্তরবিস্তৃত আকাশস্থানবিশেষ। The milky way.

छायापुरुष पु० [छाया+पुरुष] আকাশস্থ ছায়াত্মক পুরুষ। Puruṣa in the form of a shadow in the sky.

छिक्का स्त्री० [छिक्+कै–ड+टाप्] হাঁচি। Sneezing.

छित त्रि० [छो–क्त] ছিন্ন। Torn.

छित्वर त्रि० [छिद्–ष्वरप्] ছেদক, শত্রু, ধূর্ত। Cutter, enemy, crafty.

छिद् त्रि० [छिद्–क्विप्] ছেদনকর্তা। Cutter.

छिदा स्त्री० [छिद्–अङ्+टाप्] ছেদন। Cutting.

छिदिर पु० [छिद्–किरच्] খড়্গ, কুঠার, রজ্জু, অগ্নি। Sword, axe.

छिदुर त्रि० [छिद्–कुरच्] ছেদনশীল, ধূর্ত, শত্রু। Cutting, rogue, enemy.

छिद्र क्ली० [छिद्–रक्] রন্ধ্র, অবকাশ, দোষ। Hole, opening, defect.

छिद्रित त्रि० [छिद्र–क्त] বিদ্ধ। Pierced.

छिन्न त्रि० [छिद्–क्त] লূন, খণ্ডিত। Torn, broken.

छिन्नमस्ता स्त्री० [छिन्न+मस्त+टाप्] দেবীবিশেষ। Name of a goddess.

छुछुन्दर पु० [छुछु+द–अप्] ছুঁচা। The musk-rat.

छुप पु० [छुप–क] হ্রস্বশাখবৃক্ষ, স্পর্শন। त्रि० চপল। Bush, touch.

छुरित त्रि० [छुर–क्त] লিপ্ত, খচিত, ছিন্ন। Besmeared, bedecked.

छुरिका, स्त्री० [छुर–कन्+टाप्] **छुरी** स्त्री० [छुर–क+ङीष्] অস্ত্রবিশেষ। Knife.

छेक त्रि० [छो–डेकन्] পণ্ডিত। पु० অলংকারশাস্ত্রে অনুপ্রাসবিশেষ। Cultured; one of the five kinds of anuprāsa or alliteration.

छेत्तृ त्रि० [छिद्–तृच्] ছেদক। One who cuts or removes.

छेद पु० [छिद्–घञ्] ছেদন। Cutting.

छेदक त्रि० [छिद्–ण्वुल्] ছেদনকারী। One who cuts.

छेदन क्ली० [छिद्–ल्युट्] দ্বিধাকরণ। Cutting.

छेदित त्रि० [छेद+इतच्] যাহা কাটা হইয়াছে। That which has been cut.

छेद्य त्रि० [छिद्–ण्यत्] ছেদনযোগ্য। Fit to be cut.

छोटिका स्त्री० [छुट–ण्वुल्+टाप्] তুড়ি দেওয়া। Snapping the thumb and forefinger together.

छोटिन् पु० [छुट–णिनि] কৈবর্ত। A fisherman.

छोरण क्ली० [छुर–ल्युट्] পরিত্যাগ। Abandoning.

ज

ज पु० [जि–ड] চ-বর্গের তৃতীয় বর্ণ, শিব, বিষ্ণু, গুরুমধ্য বর্ণত্রয়। त्रि० জাত। The eighth consonant, Śiva, Viṣṇu; born

जगच्चक्षुस् पु० [जगत्+चक्षुस्] সূর্য। The sun.

जगत् क्ली० [गम–क्विप्] বিশ্ব, লোক, শরীর। पु० বায়ু। त्रि० জঙ্গম। The world, spheres; wind; moving, movable.

जगत्प्राण पु० [जगत्+प्राण] বায়ু। Air.

जगत्साक्षिन् पु० [जगत्+साक्षिन्] ঈশ্বর, সূর্য। God, the sun.

जगती स्त्री० [जगत्+ङीप्] পৃথিবী, ভুবন, দ্বাদশাক্ষরপাদ ছন্দোবিশেষ। The earth, world, a metre of twelve syllables.

जगदम्बा स्त्री० [जगत्+अम्बा], **जगदम्बिका** स्त्री० [जगत्+अम्बिका] দুর্গা। Goddess Durgā.

जगदात्मन् पु० [जगत्+आत्मन्], **जगदाधार** पु० [जगत्+आधार] কাল, বায়ু, ঈশ্বর। Time, air, God.

जगदीश पु० [जगत्+ईश], **जगदीश्वर** पु० [जगत्+ईश्वर] ভগবান্। God.

जगद्गौरी स्त्री० [जगत्+गौरी] মনসাদেবী। Goddess Manasā.

जगद्द्रुह [ह्] त्रि० [जगत्+द्रुह–क्विप् (क)] জগতের অনিষ্টকারী। One who does mischief to the world.

जगद्धात्री स्त्री० [जगत्+धात्री] দুর্গা। Goddess Durgā.

जगद्योनि पु० [जगत्+योनि] ব্রহ্মা, বিষ্ণু, শিব। स्त्री० পৃথিবী। त्रि० জগজ্জাত। Brahmā, Viṣṇu, Śiva; the earth.

जगन्नाथ पु० [जगत्+नाथ], **जगन्निवास** पु० [जगत्+निवास] বিষ্ণু, পরমেশ্বর। An epithet of Viṣṇu.

जगन्मातृ स्त्री० [जगत्+मातृ] দুর্গা, মহামায়া। Goddess Durgā.

जगन्मोहिनी स्त्री० [जगत्+मोहिनी] দুর্গা, মহামায়া। Goddess Durgā.

जगन्वस्, जग्मिवस् त्रि० [गम–क्वसु] যে গমন করিয়াছে। He who has gone.

जगर पु० [जागृ–अच्] কবচ। Armour.

जगल पु० [जन–ड+गल–अच्] বৃক্ষবিশেষ, মদ্যবিশেষ। त्रि० ধূর্ত। A kind of tree; cunning.

जग्ध त्रि० [अद–क्त] ভুক্ত। क्ली० ভোজন। Eaten; eating.

जग्धि स्त्री० [अद–क्तिन्] ভক্ষণ। Eating.

जघन क्ली० [हन+यङ्–अच्] নিতম্বের পুরোভাগ, নিতম্ব। The hip and the loins, buttocks.

जघन्य त्रि० [जघन+यत्] অতিনীচ, চরম, গর্হিত। क्ली० মেঢ্র। Vilest, censurable; the penis.

जघन्यज पु० [जघन्य+जन–ड] শূদ্র। त्रि० কনিষ্ঠ। The Śūdra; youngest.

जघन्वस्, जघ्निवस् त्रि० [हन–क्वसु] যে হনন করিয়াছে। One who has killed.

जङ्गम त्रि० [गम+यङ्–अच्] গমনশীল, অস্থাবর। Moving, movable.

जङ्गल क्ली० [गल+यङ्–अच्] বন, নির্জন স্থান। Forest, a secluded place.

जङ्घा स्त्री० [हन+यङ्लुक्–अच्+टाप्] গুল্ফ হইতে জানু পর্যন্ত দেহের অংশবিশেষ। Leg from the ankle to the knee, the shank.

जङ्घाकरिक त्रि० [जङ्घा+कृ–अप्+ठन्] ধাবক। A runner.

जङ्घाल त्रि० [जङ्घा+लच्] ধাবক। पु० মৃগবিশেষ। Runner; a kind of deer.

जङ्घिल त्रि० [जङ्घा+इलच्] দ্রুতগামী। Quick.

जञ्जपूक त्रि० [जप+यङ्–ऊक] পুনঃ পুনঃ জপকারী। One who mutters a mantra over and over again.

जटा स्त्री० [जट–अच्+टाप्] সংহতকেশ, কেশর, গাছের ঝুরি, বেদের পাঠরীতিবিশেষ। Matted locks, a form of reciting the Vedas.

जटाजूट पु० [जटा+जूट] জটাসমূহ। A mass of matted hair.

जटाधर पु० [जटा+धृ–अच्] শিব। দেশবিশেষ। An epithet of Śiva.

जटामांसी स्त्री० [जटा+मांस+ङीप्] গন্ধদ্রব্যবিশেষ। A kind of scented plant.

जटायु पु० [जटा+या–कु], **जटायुस्** पु० [जट+आयुस्] পক্ষিবিশেষ। Name of a bird.

जटाल त्रि० [जटा+लच्], **जटिन्** त्रि० [जटा+इनि] জটাযুক্ত। Wearing a coil of matted hair.

जटिल पु० [जटा+इलच्] ব্রহ্মচারী, বটবৃক্ষ, সিংহ। त्रि० জটাযুক্ত। The Brahmacārin, the fig tree, the lion.

जटुल पु० [जट+उलच्] জড়ুল, দেহস্থ কৃষ্ণ চিহ্নবিশেষ। A dark sign of the body.

जठर पु०, क्ली० [जन–अर] কুক্ষি। त्रि० বদ্ধ, কঠিন। Belly; bound, hard.

जड त्रि० [जल–अच्] অচেতন, নিস্তেজ, মূর্খ, অপটু, শীতল, মূক,। क्ली० জল। Unconscious, paralysed, dull, stupid; water.

जडता स्त्री० [जड–तल्+टाप्] জাড্য, মূর্খতা, অপটুতা, শৈথিল্য, শৈত্য। Ignorance, dullness, slothfulness.

जतु क्ली० [जन–उ] লাক্ষা, অলক্তক। Lac.

जतुक क्ली० [जतु+कै–क] হিঙ্গু। स्त्री० जतुका—চামচিকা। Lac ; a bat.

जत्रु क्ली० [जन–रु] কণ্ঠের উভয়পার্শ্বস্থ অস্থিদ্বয়। The collar-bone.

जन पु० [जन–अच्] লোক, ভুবন। The people, the world.

जनक पु० [जन+णिच्–ण्वुल्] পিতা, মিথিলার নৃপতিবিশেষ। त्रि० উৎপাদক। Father, the king of Mithilā; progenitor.

जनकसुता स्त्री० [जनक+सुता] সীতা। An epithet of Sītā.

जनङ्गम पु० [जन+गम–खच्] চণ্ডাল। The Caṇḍāla.

जनता स्त्री० [जन+तल्+टाप्] জনসমূহ। An assemblage of men.

जनन क्ली० [जन–ल्युट्] উৎপত্তি, বংশ। स्त्री० जननी [जन+णिच्–अनि+ङीप्]—মাতা, উৎপাদিকা, দয়া। Birth; mother.

जननि स्त्री० [जन–अनि] উৎপত্তি, গন্ধদ্রব্যবিশেষ। Birth, a kind of perfume.

जनपद पु० [जन+पद–घ] দেশ, লোকালয়। An inhabited country.

जनमेजय पु० [जन+एज+णिच्–खश्] পরীক্ষিতের পুত্র। Name of the son of Parīkṣit.

जनयितृ पु० [जन+णिच्-तृच्] पिता। स्त्री० जनयित्री—माता। त्रि० উৎপাদক। Father; mother ; progenitor.

जनरव पु० [जन+रव], **जनश्रुति** स्त्री० [जन+श्रुति] কিংবদন্তী। Hearsay.

जनस्थान क्ली० [जन+स्थान] দণ্ডকারণ্যস্থ স্থানবিশেষ। A place in Daṇḍakāraṇya.

जनातिग त्रि० [जन+अति+गम-ड] লোকাতীত। Extraordinary.

जनान्तिक क्ली० [जन+अन्तिक] নাট্যে পরস্পরের গোপনে কথোপকথন। Speaking aside in a drama.

जनार्दन पु० [जन+अर्द-ल्यु] বিষ্ণু। An epithet of Viṣṇu.

जनाश्रय पु० [जन+आश्रय] মণ্ডপ, লোকালয়। Hall, city.

जनि[नी] स्त्री० [जन-इन् (+ङीप्)] উৎপত্তি, মাতা, জায়া, বধূ, নারী। Birth, mother, wife, daughter-in-law, woman.

जनित त्रि० [जन+णिच्-क्त] উৎপাদিত। Produced.

जनितृ पु० [जन-तृच्] পিতা। স্ত্রী० जनित्री—মাতা। Father; mother.

जनु[नू] स्त्री० [जन-उ(+ऊङ्)], **जनुस्** क्ली० [जन-उसि] উৎপত্তি। Birth.

जन्तु पु० [जन-तुन्] প্রাণী, জীব। Living being, creature.

जन्तुफल पु० [जन्तु+फल] উডুম্বর বৃক্ষ। The Udumbara tree.

जन्मन् क्ली० [जन-मनिन्] উৎপত্তি, লোক। Birth.

जन्मान्तर क्ली० [जन्मन्+अन्यत्] অন্যজন্ম, পরজন্ম, লোকান্তর। Another birth.

जन्मान्ध त्रि० [जन्मन्+अन्ध] আজন্ম অন্ধ। One born blind.

जन्माष्टमी स्त्री० [जन्मन्+अष्टमी] ভাদ্র কৃষ্ণাষ্টমী তিথি। The eighth lunar day of the dark fortnight in Bhādra.

जन्मिन् त्रि० [जन्म+इनि] প্রাণী। Living being.

जन्मेजय पु० নৃপতিবিশেষ। Name of a king.

जन्य त्रि० [जन-यत्] জায়মান। [जन+णिच्-यत्] উৎপাদ্য, নববধূর জ্ঞাতি বা ভৃত্য। স্ত্রী० जन्या—মাতৃসখী। क्ली० জনন, অপবাদ, যুদ্ধ, হাট। Being born; to be produced; a friend of mother; birth, censure.

जन्यु पु० [जन-युच्] প্রাণী, অগ্নি, বিধাতা। Living being, fire.

जप पु० [जप-अच्] মন্ত্রাদির আবৃত্তি। The repetition or muttering of a mantra.

जपा स्त्री० [जप+टाप्] জবা বৃক্ষ, জবা পুষ্প। The hibiscus tree or flower.

जप्य त्रि० [जप-यत्] জপনীয়। क्ली० জপ। That which is to be muttered; muttering.

जमदग्नि पु० [जमत्+अग्नि] পরশুরামের পিতা। Name of the father of Paraśurāma.

जम्पती पु० [जाया+पति] দম্পতী, মিথুন। Husband and wife, pair.

जम्बाल पु० [जम्ब-घञ्+आ+ला-क] কর্দম, শৈবাল, কেতকী। Mud, moss.

जम्बालिनी स्त्री० [जम्बाल+इनि+ङीप्] নদী। A river.

जम्बीर पु०[जम-ईरन्]লেবুগাছ। The citron tree.

जम्बु[म्बू] स्त्री० [जम-कु] জামগাছ, জম্বুদ্বীপ, সুমেরু পর্বতের নদীবিশেষ। क्ली० জম্বুফল। The black-berry tree, name of an island; the black-berry fruit.

जम्बुक पु० [जम्बु+कै-क] শৃগাল, গোলাপজাম গাছ। Jackal, the plant eugenia.

जम्बुद्वीप पु० क्ली० [जम्बु+द्वीप] সপ্তদ্বীপের অন্যতম। One of the seven continents.

जम्भ पु० [जभ-अच्] দৈত্যবিশেষ। [जभ-घञ्] দন্ত, হনু, তূণ, হাই তোলা। Name of a demon; tooth, yawning.

जम्भन क्ली० [जभ-ल्युट्] রমণ। Sexual intercourse.

जम्भभेदिन् पु० [जम्भ+भिद-णिनि], **जम्भरिपु** पु० [जम्भ+रिपु] ইন্দ্র। An epithet of Indra.

जम्भर[ल] पु०[जम्भ+रा-क] জম্বীর। The citron tree.

जम्भाराति पु० [जम्भ+अराति] ইন্দ্র। An epithet of Indra.

जय पु० [जि-अच्]সাফল্য, বিজয়, অভিভব, বশীকরণ, জয়ন্ত, অর্জুন, ছদ্মবেশী যুধিষ্ঠির। Success, victory, overpowering.

जयढक्का स्त्री० [जय+ढक्का] জয়সূচক ঢাক। A drum notifying victory.

जयद्रथ पु० সিন্ধুরাজ, দুর্যোধনের ভগিনীপতি। Name of a king, the brother-in-law of Duryodhana.

जयन क्ली० [जि-ल्युट्] বিজয়, বশীকরণ। Victory, subjugating.

जयन्त पु० [जि–झच्] ইন্দ্রপুত্র, বিষ্ণু, শিব, চন্দ্র, রুদ্রবিশেষ, ছদ্মবেশী ভীম। স্ত্রী০ জয়ন্তী—দুর্গা, পতাকা, বৃক্ষবিশেষ, রোহিণীসহিত শ্রাবণের কৃষ্ণাষ্টমী তিথি। Name of the son of Indra, Viṣṇu, Śiva; a name of Durgā, a kind of tree.

जयपत्र क्ली० [जय+पत्र] জয়সূচক পত্র। Record of victory.

जयपाल पु० [जय+पाल–अण्] বৃক্ষবিশেষ, বিষ্ণু, ব্রহ্মা, নৃপতি। A kind of tree, a name of Viṣṇu or Brahmā.

जया स्त्री० [जि–अच्+टाप्] পার্বতী, পার্বতীর সখী, হরীতকী, জয়ন্তী বৃক্ষ। A name of Pārvatī, a friend of Pārvatī.

जयिन् त्रि० [जि–इनि] জয়শীল, বিজয়ী। Victorious.

जय्य त्रि० [जि–यत्] যাহাকে জয় করিতে পারা যায়। Fit to be conquered.

जरठ त्रि० [जॄ-अठ] কর্কশ, জীর্ণ, ক্রূর, পরিণত। पु० জরা, বার্ধক্য। Rough, decayed, cruel, matured; old age.

जरण त्रि० [जॄ–ल्यु] জীর্ণ। पु० জীরক। Decayed.

जरत् त्रि० [जॄ–अतृ] বৃদ্ধ, জীর্ণ। Old, decayed.

जरत्कारु पु० মুনিবিশেষ। স্ত্রী০ মনসাদেবী। Name of a sage; name of a goddess.

जरद्गव पु० [जरत्+गो+टच्] বৃদ্ধ বৃষ, গৃধ্র-বিশেষ। Old bull, vulture.

जरन्त त्रि० [जॄ–झच्] জীর্ণ, বৃদ্ধ। पु० মহিষ। Decayed; buffalo.

जरा स्त्री० [जॄ–अङ्+टाप्] বার্ধক্য, জীর্ণতা, রাক্ষসীবিশেষ। Old age, infirmity.

जरायु पु० [जरा+इ–ञुण्] গর্ভাবরণ চর্ম, নির্মোক। The outer skin of the embryo, the slough.

जरायुज त्रि० [जरायु+जन–ड] জরায়ুজাত (মনুষ্যাদি)। Born from the womb, viviparous.

जरासन्ध पु० মগধরাজ নৃপতিবিশেষ। Name of a king of Magadha.

जरूथ पु०, क्ली० [जॄ–ऊथन्] মাংস। Flesh.

जर्जर त्रि० [जर्ज–अर] জীর্ণ, জরাতুর, শিথিল, খণ্ডিত। पु० ইন্দ্রধ্বজ, শৈলজ। Decayed, old, broken; the banner of Indra.

जर्जरित त्रि० [जर्ज+णिच्–क्त] জীর্ণীকৃত, খণ্ডীকৃত। Worn out, shattered.

जल क्ली० [जल–अच्] সলিল। त्रि० জড়। Water; insentient.

जलकण्टक क्ली० [जल+कण्टक] কুম্ভীর, পানিফল। Crocodile.

जलकपि पु० [जल+कपि] শুশুক। The porpoise.

जलकाक पु० [जल+काक] পানকৌড়ি। The diver bird.

जलकुन्तल पु० [जल+कुन्तल] শৈবাল। Moss.

जलचर त्रि० [जल+चर–ट] জলে বিচরণকারী। पु० জলজন্তু। One moving in the water; aquatic animals.

जलज क्ली० [जल+जन–ड] পদ্ম, শঙ্খ। त्रि० জলজাত। पु० মৎস্য। Lotus, conch; born in water; fish.

जलद पु० [जल+दा–क] মেঘ, কর্পূর। त्रि० জলদাতা। Cloud; giver of water.

जलदागम पु० [जलद+आगम] বর্ষাকাল। The rainy season.

जलधर पु० [जल+धृ–अच्] মেঘ, সমুদ্র। त्रि० জলধারক। Cloud, ocean; one that holds water.

जलधरमाला स्त्री० [जलधर+माला] মেঘপংক্তি, দ্বাদশাক্ষরপাদ ছন্দোবিশেষ। A range of clouds, a metre of twelve syllables.

जलधि पु० [जल+धा–कि] সমুদ্র, সংখ্যাবিশেষ। Ocean, a hundred billions.

जलधिज पु० [जलधि+जन–ड] চন্দ্র। স্ত্রী০ জলধিজা—লক্ষ্মী। The moon; an epithet of goddess Lakṣmī.

जलनिधि पु० [जल+निधि] সমুদ্র। Ocean.

जलनिर्गम पु० [जल+निर्गम] জলনিঃসরণ, জলনিঃসরণমার্গ, নর্দমা। Drain, water-course.

जलनीली स्त्री० [जल+नीली] শৈবাল। Moss.

जलन्धर पु० [जल+धृ–खच्] ঋষিবিশেষ, অসুরবিশেষ। Name of a seer or a demon.

जलपति पु० [जल+पति] বরুণ, সমুদ্র। Varuṇa, ocean.

जलप्राय क्ली० [जल+प्राय] জলময় দেশ। A country abounding with water.

जलबुद्बुद क्ली० [जल+बुद्बुद्] জলবিম্ব। Water-bubble.

जलमार्ग पु० [जल+मार्ग] জলপথ, প্রণালী। The way through water, aqueduct.

जलमुच् पु० [जल+मुच्–क्विप्] মেঘ, কর্পূর। Cloud, camphor.

जलमार्जार पु० [जल+मार्जार] উদ্বিড়াল। A kind of water-cat.

जलयन्त्र क्ली० [जल+यन्त्र] ধারাযন্ত্র, ফোয়ারা। Fountain.

जलरुह् क्ली० [जल+रुह्–क्विप्] পদ্ম। त्रि० জলজাত। Lotus; born in water.

जलवाह पु० [जल+वाह] মেঘ। Cloud.

जलविषुव क्ली० [जल+विषुव] কার্তিক সংক্রান্তি। The autumnal equinox.

जलव्याल पु० [जल+व्याल] জলঢোঁড়া সাপ, হিংস্র জলজন্তু। Water-snake.

जलशायिन् पु० [जल+शी–णिनि] নারায়ণ। An epithet of Viṣṇu.

जलशुक्ति स्त्री० [जल+शुक्ति] শম্বুক। Snail.

जलशूक क्ली० [जल+शूक] শৈবাল। Moss.

जलशूकर पु० [जल+शूकर] কুমীর। Crocodile.

जलसर्पिनी स्त्री० [जल+सृप–णिनि+ङीप्] জলৌকা। Leech.

जलहस्तिन् पु० [जल+हस्तिन्] জলজন্তুবিশেষ। Water-elephant.

जलहास पु० [जल+हास] ফেন। Foam.

जलाञ्चल क्ली० [जल+अञ्चल] শৈবাল। Moss.

जलाञ्जलि पु० [जल+अञ्जलि] জলপূর্ণ অঞ্জলি। A handful of water.

जलाधार पु० [जल+आधार] জলাশয়, জলপাত্র। Pond, a water-vessel.

जलाधिप पु० [जल+अधिप], **जलाधिपति** पु० [जल+अधिपति] বরুণ। Varuṇa, the lord of waters.

जलार्द्रा स्त्री० [जल+आर्द्र+टाप्] ভিজা পাখা। A wet fan.

जलावर्त पु० [जल+आवर्त] জলভ্রমি। Whirlpool.

जलाशय पु० [जल+आशय] জলাধার, পুষ্করিণী। त्रि० জলশায়ী। Pond; aquatic.

जलेचर पु० [जले+चर–ट] জলচর, মৎস্যাদি। Aquatic animals.

जलेन्धन पु० [जल+इन्धन] বাড়বানল, বিদ্যুৎ। The submarine fire, lightning.

जलेशय पु० [जल+शी–अच्] বিষ্ণু, মৎস্য। त्रि० জলে স্থিত। Viṣṇu, fish; one lying in water.

जलेश्वर पु० [जल+ईश्वर] বরুণ, সমুদ্র। Varuṇa, ocean.

जलोच्छ्वास पु० [जल+उच्छ्वास] জলস্ফীতি। Overflow of water.

जलोदर क्ली० [जल+उदर] উদরী রোগ। Dropsy.

जलौकस् स्त्री० [जल+ओकस्], **जलौकस** पु० [जल+ओकस्+अच्], **जलौका** स्त्री० [जल+ओक+टाप्] জোঁক। Leech.

जल्प पु० [जल्प–घञ] কথন। Talk.

जल्पक त्रि० [जल्प–ण्वुल्], **जल्पाक** त्रि० [जल्प–षाक] বাচাল। Garrulous.

जल्पन क्ली० [जल्प–ल्युट्] কথন। त्रि० [जल्प–ल्यु] কথক। Talk.

जल्पित त्रि० [जल्प–क्त] কথিত। क्ली० কথন। Told; talk.

जव पु० [जु–अप्] বেগ। Speed, velocity.

जवन पु० [जु–ल्यु] বেগবান্ অশ্ব, মৃগবিশেষ। क्ली० বেগ। A swift horse.

जवनिका स्त्री० [जवन+कन्+टाप्] পর্দা। Curtain.

जवनी स्त्री० [जु–ल्युट्+ङीप्] পর্দা, জবনজাতীয়া স্ত্রী। Curtain, a woman of the Ionian race.

जवस क्ली० [जु–असच्] তৃণ। Grass.

जवा स्त्री० [जु–अच्+टाप्] পুষ্পবিশেষ। The hibiscus flower.

जविन् त्रि० [जव+इनि] বেগবান্। पु० অশ্ব। Swift; horse.

जहत्स्वार्था स्त्री० [हा–शतृ+स्वार्थ+टाप्] লক্ষণাবিশেষ। A kind of secondary denotation.

जह्नु पु० নৃপবিশেষ। Name of a king.

जह्नुकन्या स्त्री० [जह्नु+कन्या] গঙ্গা। An epithet of the river Ganges.

जह्नुसप्तमी स्त्री० [जह्नु+सप्तमी] বৈশাখ মাসের শুক্লা সপ্তমী। An auspicious day in the month of Vaiśākha.

जागर पु० [जागृ–घञ्] জাগরণ। Awakening.

जागरण क्ली० [जागृ–ल्युट्] নিদ্রারাহিত্য। Awakening.

जागरित त्रि० [जागृ–क्त] প্রবুদ্ধ। क्ली० জাগরণ। Awake ; awakening.

जागरूक त्रि० [जागृ–ऊक] জাগরণশীল, সম্যক্ জাগরিত। Wakeful.

जागर्ति स्त्री० [जागृ–क्तिन्], **जागर्या** स्त्री० [जागृ–क्यप्+टाप्] জাগরণ। Awakening.

जागुड क्ली० কুমকুম। Saffron.

जागृवि पु० [जागृ–क्विन्] অগ্নি। त्रि० জাগরণশীল। Fire.

जाग्रत् त्रि० [जागृ–शतृ] জাগরণশীল। Awake.

जाघनी स्त्री० [जघन+अण्+ङीप्] লাঙ্গুল, ঊরু। Tail, thigh.

जाङ्गल पु० [जङ्गल+अण्] পক্ষিবিশেষ, দেশবিশেষ। A kind of bird, a country.

जाङ्गुल क्ली० [गम–यङ्लुक्+डुल] বিষ। Poison.

जाङ्गुलिक पु० [जाङ्गुलि+ठञ्] বিষবৈদ্য। A snake-doctor.

जाङ्गुली स्त्री० [जाङ्गुल+अण्+ङीप्] বিষবিদ্যা। The science of antidotes.

जाङ्घिक त्रि० [जङ्घा+ठञ्] ধাবক। पु० উষ্ট্র। Courier; camel.

जाज्वल्यमान त्रि० [ज्वल+यङ्–शानच्] অত্যুজ্জ্বল, দেদীপ্যমান। Shining, dazzling.

जाड्य क्ली० [जड+ष्यञ्] জড়তা, মূর্খতা, আলস্য। Inactivity, stupidity, sloth.

जात त्रि० [जन–क्त] উৎপন্ন, ব্যক্ত। पु० পুত্র। क्ली० সমূহ, উৎপত্তি। Born, manifest; son; collection, generation.

जातक क्ली० [जात+अण्+कन्] জাতশিশুর শুভাশুভ-নির্ণয়ের গ্রন্থ। पु० [जात+क] সদ্যোজাত শিশু। A treatise on astrology; a newborn babe.

जातकर्मन् क्ली० [जात+कर्मन्] সংস্কারবিশেষ। A purificatory ceremony.

जातरूप क्ली० [जात+रूपप्] স্বর্ণ। त्रि० উৎপন্ন-রূপ। पु० ধুতুরা গাছ। Gold; embodied.

जातवेदस् पु० [जात+विद–असुन्] অগ্নি। Fire.

जाति स्त्री० [जन–क्तिन्] ব্রাহ্মণাদি বর্ণ, জন্ম, গোত্র, বংশ, মালতী পুষ্প, ন্যায়শাস্ত্রে ঘটত্বাদি ধর্ম, অলংকারবিশেষ, ছন্দোবিশেষ। Species, caste, birth, family, universals.

जातिफल क्ली० [जाति+फल] জায়ফল। Nutmeg.

जातिब्राह्मण पु० [जाति+ब्राह्मण] তপঃস্বাধ্যায়রহিত ব্রাহ্মণ। A brahmin by birth only but not proficient in the Vedas.

जातिस्मर त्रि० [जाति+स्मृ–अच्] যে ব্যক্তি পূর্ব-জন্মবৃত্তান্ত স্মরণ করিতে পারেন। One who remembers his past life.

जाती स्त्री० [जन–क्तिन्+ङीप्] মালতী পুষ্প। A kind of flower.

जातीय त्रि० [जाति+छ] জাতিসম্বন্ধীয়। Relating to any species, genus, tribe.

जातु अव्य० [जन–क्तुन्] কদাচিৎ, সম্ভাবনা, নিন্দা। A particle signifying 'sometimes', etc.

जातुधान पु० [जातु+धान] রাক্ষস। Demon.

जातुष त्रि० [जतु+अण्(+सुक्)] জতুনির্মিত। Made of lac.

जातुकर्ण पु० মুনিবিশেষ। Name of a sage.

जातूकर्णीपुत्र पु० [जातूकर्णी+पुत्र] ভবভূতি। An epithet of poet Bhavabhūti.

जातेष्टि स्त्री० [जात+इष्टि] জাতকর্ম। A purificatory ceremony.

जातोक्ष पु० [जात+उक्षन्+टच्] যুবা বৃষ। A young bull.

जात्य त्रि० [जाति+यत्] কুলীন, শ্রেষ্ঠ। Of noble lineage, best.

जात्यन्ध त्रि० [जाति+अन्ध] জন্মান্ধ। Born blind.

जानकी स्त्री० [जनक+अण्+ङीप्] সীতা। A name of Sitā.

जानपद त्रि० [जनपद+अण्] দেশস্থ, জনপদ হইতে আগত। पु० দেশ। Of the country; country.

जानु क्ली० [जन–ञुण्] হাঁটু। Knee.

जाप पु० [जप–घञ्] জপ। Muttering of mantras.

जापक त्रि० [जप–ण्वुल्] জপকারী। One who mutters mantras.

जाबाल पु० [जबाला+अण्] সত্যকাম ঋষি, সামবেদীয় উপনিষদ্‌বিশেষ। A name of the seer Satyakāma, a name of an Upaniṣad belonging to Sāmaveda.

जाबालि पु० [जबाल+इञ्] মুনিবিশেষ। Name of a sage.

जामदग्न्य पु० [जमदग्नि+यञ्] পরশুরাম, জমদগ্নির পুত্র। An epithet of Paraśurāma.

जामातृ पु० [जाया+मा–तृच्] জামাতা, সূর্যাবর্ত। Son-in-law.

जामि स्त्री० [जम–इन्] ভগিনী, দুহিতা, কুলস্ত্রী। Sister, daughter.

जामित्र क्ली० লগ্নের সপ্তমস্থান। The seventh lunar mansion.

जाम्बव क्ली० [जम्बू+अण्] জাম, স্বর্ণ। Black-berry, gold.

जाम्बवत् पु० ভল্লুকরাজ। स्त्री० जाम्बवती—কৃষ্ণের ভার্যা। Name of the king of bears; name of a wife of Kṛṣṇa.

जाम्बूनद क्ली० [जम्बूनदी+अण्] স্বর্ণ। Gold.

जायक क्ली० [जि–ण्वुल्] পীতবর্ণের সুগন্ধিকাষ্ঠ-বিশেষ। A kind of yellow fragrant wood.

जायमान त्रि० [जन-शानच्] যে জন্মিতেছে। One that is being born.

जाया स्त्री० [जन-यक्+टाप्] পত্নী। Wife.

जायाजीव पु० [जाया+आजीव] নট। Actor.

जायानुजीविन् पु० [जाया+अनुजीविन्] বেশ্যা-পতি। The husband of a harlot.

जायापती पु० [जाया+पति] স্ত্রীপুরুষ। Wife and husband, a couple.

जायु पु० [जि-उण्] ঔষধ। त्रि० জয়শীল। Medicine.

जार पु० [जॄ-घञ्] উপপতি। Paramour.

जारज त्रि० [जार+जन-ड] উপপতিজাত সন্তান। A son born of a paramour.

जारण क्ली० [जॄ+णिच्-ल्युट्] জীর্ণতাসম্পাদন। Digesting.

जाल क्ली० [जल-ण] জালি, গবাক্ষ, সমূহ, ইন্দ্রজাল, কপট, দম্ভকারক। पु० কদম্ববৃক্ষ। स्त्री० जाली—ঝিঙা। Net, window, mass, illusion, deception; a Kadamba tree.

जालक क्ली० [जाल+कै-क] কোরক, সমূহ, জাল, গবাক্ষ, দম্ভ। स्त्री० जालिका—ওড়না। Bud, multitude, net, window; veil.

जालकारक पु० [जाल+कारक] মাকড়সা। त्रि० জালনির্মাতা। Spider; net-maker.

जालपाद पु० [जाल+पाद] হংস। Swan.

जालिक त्रि० [जाल+ठञ्] জালোপজীবী, কপট-কারক। पु० কৈবর্ত, ব্যাধ, মাকড়সা। स्त्री० जालिका—স্ত্রীলোকের মুখাবরণ বস্ত্র, সাঁজোয়া, গিরিসার। A fisherman, cheat; fowler, spider; veil.

जाल्म त्रि० [जल-म] অসমীক্ষ্যকারী, পামর, ক্রূর। Rash, rogue, cruel.

जाह्नवी स्त्री० [जह्नु+अण्+ङीप्] গঙ্গা, জহ্নু কন্যা। An epithet of the river Ganges.

जिगमिषा स्त्री० [गम+सन्-अ+टाप्] গমনেচ্ছা। Desire to go.

जिगमिषु त्रि० [गम+सन्-उ] গমনেচ্ছু। Desirous of going.

जिगीषा स्त्री० [जि+सन्-अ+टाप्] জয়েচ্ছা, উদ্যম, প্রকর্ষ। Desire for victory.

जिगीषु त्रि० [जि+सन्-उ] জয়েচ্ছু। Desirous of victory.

जिघत्सा स्त्री० [अद+सन्-अ+टाप्] বুভুক্ষা, ভোজনেচ্ছা। Desire for eating.

जिघत्सु त्रि० [अद+सन्-उ] বুভুক্ষু, ভোজনেচ্ছু। Desirous of eating.

जिघांसा स्त्री० [हन+सन्-अ+टाप्] হননেচ্ছা। Desire for killing.

जिघांसु त्रि० [हन+सन्-उ] হননেচ্ছু। पु० শত্রু। Desirous of killing; enemy.

जिघृक्षा स्त्री० [ग्रह+सन्-अ+टाप्] গ্রহণেচ্ছা। Desire for accepting.

जिघृक्षु त्रि० [ग्रह+सन्-उ] গ্রহণেচ্ছু। Desirous of taking.

जिघ्र त्रि० [घ्रा-श] গন্ধগ্রহণকারী। One who takes fragrance.

जिज्ञासमान त्रि० [ज्ञा+सन्-शानच्] জানিতে ইচ্ছুক। Desirous of knowing.

जिज्ञासा स्त्री० [ज्ञा+सन्-अ+टाप्] জানিতে ইচ্ছা, প্রশ্ন। Desire to know, question.

जिज्ञासु त्रि० [ज्ञा+सन्-उ] জানিতে ইচ্ছুক। Desirous of knowing.

जिजीविषा स्त्री० [जीव+सन्-अ+टाप्] বাঁচিবার ইচ্ছা। Desire to live.

जिजीविषु त्रि० [जीव+सन्-उ] বাঁচিতে ইচ্ছুক। Desirous of living.

जित त्रि० [जि-क्त] পরাজিত, বশীকৃত, জয়ের দ্বারা লব্ধ। क्ली० জয়। पु० অর্হৎ-উপাসক। Defeated, conquered, won; victory.

जितकाशिन् त्रि० [जित+काश-णिनि] জয়যুক্ত, জয়োদ্ধত। Victorious.

जितात्मन् त्रि० [जित+आत्मन्] জিতেন্দ্রিয়। One who has conquered his senses.

जितेन्द्रिय त्रि० [जित+इन्द्रिय] যে ইন্দ্রিয় বশ করিয়াছে। One who has controlled his senses.

जित्य त्रि० [जि-क्यप्] জেয়। स्त्री० जित्या—লাঙ্গলফলা। To be conquered; ploughshare.

जित्वर त्रि० [जि+क्वरप्] জয়শীল। Victorious.

जिन पु० [जि-नक्] অর্হৎ-বিশেষ। Name of an Arhat.

जिष्णु पु० [जि-ग्स्नु] অর্জুন, ইন্দ্র, বিষ্ণু। त्रि० জেতা। An epithet of Arjuna, Indra, Viṣṇu; one who conquers.

जिहीर्षा स्त्री० [हृ+सन्-अ+टाप्] হরণের ইচ্ছা। Desire to take away.

जिहीर्षु त्रि० [हृ+सन्-उ] হরণে ইচ্ছুক। Desirous of taking away.

जिह्म त्रि० [हा-मन्] কুটিল, মন্দ, কপট, খল, পিহিত। Crooked, wicked, deceitful.

জিহ্মগ ত্রি০ [জিহ্ম+গম–ড] বক্রগামী, মন্দগতিযুক্ত। পু০ সর্প। One that moves tortuously; snake.

জিহ্মিত ত্রি০ [জিহ্ম+ণিচ্–ক্ত] বক্রীকৃত। Made crooked or curved.

জিহ্বা স্ত্রী০ [লিহ–ব+টাপ্] রসনা। Tongue.

জিহ্বামূলীয় পু০ [জিহ্বা+মূল+ছ] জিহ্বামূল হইতে উৎপন্ন বর্ণবিশেষ। Letters uttered from the root of the tongue.

জীন ত্রি০ [জ্যা–ক্ত] জীর্ণ, বৃদ্ধ। পু০ চর্মনির্মিত ভিস্তি। Worn out, old ; a leather bag.

জীমূত পু০ [জীবন+মূত] মেঘ, পর্বত, ইন্দ্র। Cloud, mountain, an epithet of Indra.

জীমূতবাহন পু০ [জীমূত+বাহন] ইন্দ্র, দায়ভাগগ্রন্থের রচয়িতা। An epithet of Indra.

জীর পু০ [জ্যা–রক্] জীরা, খড়্গ। Cumin-seed.

জীর্ণ ত্রি০ [জৃ–ক্ত] বৃদ্ধ, জরাযুক্ত, পরিপক্ব। Old, decayed.

জীর্ণি স্ত্রী০ [জৃ–ক্তিন্] জরা, পরিপাক। Old age, maturity.

জীর্ণোদ্ধার পু০ [জীর্ণ+উদ্ধার] ভগ্ন মন্দিরাদির মেরামত। Repairs of old temple etc.

জীব পু০ [জীব–ক] প্রাণী, বৃহস্পতি। [জীব–ঘঞ্] আত্মা, প্রাণ। Living being; Self, vital breath.

জীবক ত্রি০ [জীব+ণিচ–ণ্বুল্] সেবক, সুদজীবী। পু০ অহিতুণ্ডিক, ক্ষপণক। Servant, usurer ; snake-catcher.

জীবজীব পু০, **জীবঞ্জীব** পু০ [জীব+জীব–খচ্] চকোর। The Cakora bird.

জীবন ক্লী০ [জীব–ল্যুট্] প্রাণধারণ, জল, মজ্জা। পু০ [জীব+ণিচ্–ল্যু] পরমেশ্বর, পুত্র, বায়ু। Life, water; Supreme self.

জীবন্মুক্ত ত্রি০ [জীবৎ+মুক্ত] তত্ত্বজ্ঞানী ব্যক্তি। One who has attained liberation in life.

জীবা স্ত্রী০ [জীব–অচ্+টাপ্] ধনুকের গুণ, ভূমি, জীবিকা, শিঞ্জিত। The string of a bow, earth, livelihood.

জীবাতু পু০ [জীব+ণিচ্–আতু] জীবিকা, জীবন, অন্ন, জীবনৌষধ। Livelihood, life.

জীবাত্মন্ পু০ [জীব+আত্মন্] দেহাবচ্ছিন্ন আত্মা। The embodied self.

জীবাধার পু০ [জীব+আধার] দেহ, হৃদয়। Heart.

জীবিকা স্ত্রী০ [জীব–অ+কন্+টাপ্] জীবনধারণের উপায়। Livelihood.

জীবিত ত্রি০ [জীব–ক্ত] জীবনযুক্ত। ক্লী০ প্রাণধারণ, জীবন। Living; life.

জীবিতকাল পু০ [জীবিত+কাল] আয়ুঃ। Span of life.

জীবিতেশ পু০ [জীবিত+ঈশ] যম, চন্দ্র, সূর্য। ত্রি০ প্রাণেশ্বর। An epithet of Yama, Moon and Sun; the lord of life.

জীবিন্ ত্রি০ [জীব–ণিনি] প্রাণী। Living being.

জুগুপ্সা স্ত্রী০ [গুপ্+সন্–অ+টাপ্] নিন্দা। Censure.

জুগুপ্সিত ত্রি০ [গুপ+সন্–ক্ত] নিন্দিত। Blamed.

জুটিকা স্ত্রী০ [জট–ণ্বকুন্+টাপ্] চুলের ঝুঁটি। The tuft of hair.

জুষ্ট ত্রি০ [জষ–ক্ত] সেবিত। ক্লী০ উচ্ছিষ্ট। Served ; the crumbs of a meal.

জুহূ স্ত্রী০ [হু–ক্বিপ্] যজ্ঞপাত্রবিশেষ। A ladle used in sacrifice.

জূট পু০ [জট–অচ] জটাসংহতি, বন্ধ। The mass of matted hair.

জূতি স্ত্রী০ [জু–ক্তিন্] বেগ, গতি। Speed, movement.

জূষ পু০, ক্লী০ [জুষ–অন্] সিদ্ধ মুদ্গাদির সারাংশ। The water of boiled pulse.

জৃম্ভ পু০ [জৃম্‌–ঘঞ] হাই তোলা। Yawning.

জৃম্ভণ ক্লী০ [জৃম্‌–ল্যুট্] হাই তোলা। Yawning.

জৃম্ভকাস্ত্র ক্লী০ [জৃম্ভক+অস্ত্র] শত্রুর নিদ্রাকারক অস্ত্র। A kind of missile.

জৃম্ভিত ক্লী০ [জৃম্‌–ক্ত] হাই তোলা। ত্রি০ স্ফুটিত, প্রকাশিত, চেষ্টিত। Yawning; unfolded, revealed.

জেতৃ ত্রি০ [জি–তৃচ্] জয়শীল। পু০ বিষ্ণু। Victorious.

জেমন ক্লী০ [জিম–ল্যুট্] ভক্ষণ। Eating.

জেয ত্রি০ [জি–যত্] জেতব্য। To be conquered.

জৈত্র ত্রি০ [জেতৃ+অণ্] জয়যুক্ত। পু০ পারদ। ক্লী০ ঔষধ। স্ত্রী০ জৈত্রী—জয়ন্তী বৃক্ষ। Victorious; quick-silver; a kind of medicine ; a kind of tree.

জৈন পু০ [জিন+অণ্] অর্হৎ, অর্হৎ-উপাসক। Belonging to the school of Jina or the Jaina sect.

জৈমিনি পু০ মীমাংসাদর্শনপ্রণেতা মুনিবিশেষ। Name of the founder of the school of Mīmāṁsā.

जैवातृक पु० [जीव+णिच्+आतृ–कन्] चन्द्र, পুত্র, ঔষধ, কর্পূর। ত্রি০ দীর্ঘজীবী। The moon, medicine, camphor; long-lived one.

जोष पु० [जुष–घञ्] সন্তোষ, প্রীতি। Contentment.

जोषम् अव्य० [जुष–अमु] তূষ্ণীম্ভাব, সুখ। Silently, happily.

जोषित् स्त्री० [जुष–इति] নারী। Woman.

ज्ञ पु० [ज्ञा–क] জ্ঞানী, পণ্ডিত, ব্রহ্ম, বুধগ্রহ, মঙ্গলগ্রহ। স্ত্রী০ জ্ঞা—জ্ঞান। Knower, learned, Brahman; knowledge.

ज्ञपित, ज्ञप्त त्रि० [ज्ञप–क्त] জ্ঞাত। Known.

ज्ञप्ति स्त्री० [ज्ञप–क्तिन्] জ্ঞান, মারণ, তোষণ, স্তুতি। Knowlege.

ज्ञात त्रि० [ज्ञा–क्त] বিদিত। Known.

ज्ञाति पु० [ज्ञा–क्तिच्] সপিণ্ড, সমগোত্রজ, সগোত্র। A near relation belonging to the same family or line.

ज्ञातृ त्रि० [ज्ञा–तृन्] বোদ্ধা। Knower.

ज्ञातेय क्ली० [ज्ञाति+ढक्] জ্ঞাতিত্ব, জ্ঞাতিকর্ম। Relation, the duty of a relative.

ज्ञान क्ली० [ज्ञा–ल्युट्] বোধ, বুদ্ধি, চিত্তবৃত্তি, চৈতন্য। পু০ জীব। Knowledge; the individual self.

ज्ञानचक्षुस् क्ली० [ज्ञान+चक्षुस्] জ্ঞানরূপ নেত্র। The eye of knowledge.

ज्ञानयोग पु० [ज्ञान+योग] জ্ঞানরূপ যোগ। The Yoga of knowledge.

ज्ञानलक्षणा स्त्री० [ज्ञान+लक्षण+टाप्] ন্যায়দর্শনে অলৌকিক সন্নিকর্ষবিশেষ। A type of supernormal contact.

ज्ञानवापी स्त्री० [ज्ञान+वापी] কাশীক্ষেত্রস্থ কূপবিশেষ। A holy well in Vārāṇasī.

ज्ञानसाधन क्ली० [ज्ञान+साधन] ইন্দ্রিয়। The sense-organ.

ज्ञानाग्नि पु० [ज्ञान+अग्नि] জ্ঞানরূপ অগ্নি। The fire of knowledge.

ज्ञानापोह पु० [ज्ञान+अपोह] বিস্মরণ। Forgetting.

ज्ञानाभ्यास पु० [ज्ञान+अभ्यास] জ্ঞেয় বিষয়ের চিন্তা, মনন। The practice of knowledge.

ज्ञानिन् त्रि० [ज्ञान+इनि] জ্ঞানবান্। Learned.

ज्ञानेन्द्रिय क्ली० [ज्ञान+इन्द्रिय] চক্ষু, কর্ণ, নাসিকা, জিহ্বা ও ত্বক্—এই পাঁচটি। The five organs of knowledge.

ज्ञापक त्रि० [ज्ञा+णिच्–ण्वुल्] বোধক। Indicator.

ज्ञापन क्ली० [ज्ञा+णिच्–ल्युट्] জানান, বোধন। Making known.

ज्ञेय त्रि० [ज्ञा–यत्] জ্ঞানের বিষয়। The object of knowledge.

ज्या स्त्री० [ज्या–यक्+टाप्] ধনুকের ছিলা, পৃথিবী, সরলরেখাবিশেষ, মাতা। Bow-string, earth.

ज्यानि स्त्री० [ज्या–नि] বয়োহানি, নদী। ত্রি০ জীর্ণ। Old age, river; decayed.

ज्यायस् त्रि० [वृद्ध (प्रशस्य)+ईयसुन्] বর্ষীয়ান্, শ্রেষ্ঠ। Elder, senior, superior.

ज्येष्ठ त्रि० [वृद्ध (प्रशस्य)+इष्ठन्] অগ্রজ, শ্রেষ্ঠ। স্ত্রী০ জ্যেষ্ঠা—নক্ষত্রবিশেষ, টিকটিকী। Eldest, best; the eighteenth lunar mansion.

ज्येष्ठतात पु० [ज्येष्ठ+तात] পিতার জ্যেষ্ঠভ্রাতা। Father's eldest brother.

ज्येष्ठाश्रमिन् पु० [ज्येष्ठ+आश्रम+इनि] গৃহস্থ। Householder.

ज्यैष्ठ पु० [ज्यैष्ठी+अण्] মাসবিশেষ। Name of a month.

ज्यैष्ठी स्त्री० [ज्येष्ठा+अण्+ङीप्] জ্যেষ্ঠানক্ষত্রযুক্ত পূর্ণিমা। The full-moon day in the month of Jyaiṣṭha.

ज्यैष्ठ्य क्ली० [ज्येष्ठ+ष्यञ्] জ্যেষ্ঠত্ব, উৎকর্ষ, শ্রেষ্ঠত্ব। Seniority, excellence.

ज्योतिरिङ्ग पु० [ज्योतिस्+इग–अच्] খদ্যোত, জোনাকী। Fire-fly.

ज्योतिर्विद् पु० [ज्योतिस्+विद–क्विप्], **ज्योतिर्वेत्तृ** पु० [ज्योतिस्+विद्–तृन्] জ্যোতিষশাস্ত্রজ্ঞ। Astronomer or astrologer.

ज्योतिश्चक्र क्ली० [ज्योतिस्+चक्र] রাশিচক্র। The Zodiac.

ज्योतिष क्ली० [ज्योतिस्+अच्] জ্যোতিঃশাস্ত্র। Astronomy.

ज्योतिषिक पु० [ज्योतिस्+ठक्] যিনি জ্যোতিষশাস্ত্রে নিষ্ণাত। An astronomer or astrologer.

ज्योतिष्क पु० [ज्योतिस्+कै–क] গ্রহনক্ষত্র প্রভৃতি। Planet, luminary.

ज्योतिष्टोम पु० [ज्योतिस्+स्तोम] যজ্ঞবিশেষ। A kind of sacrifice.

ज्योतिष्पथ पु० [ज्योतिस्+पथिन्+अच्] আকাশ। The sky.

ज्योतिष्मत् त्रि० [ज्योतिस्+मतुप्] জ্যোতির্বিশিষ্ট। পু০ সূর্য, কুশদ্বীপপতি। স্ত্রী০ জ্যোতিষ্মতী—চন্দ্রিকালোকিত রাত্রি। Lustrous; the sun; a moonlit night.

ज्योतिस् क्ली० [द्युत-इसुन्] তেজঃ, নক্ষত্র। পু০ সূর্য, অগ্নি, প্রকাশ। স্ত্রী০ দীপ্তি, জ্বালা। Light, luminary; the sun, fire; lustre.

ज्योत्स्ना स्त्री० [ज्योतिस्+न+टाप्] কান্তি, চন্দ্রিকা। Beauty, lustre, moonlight.

ज्योत्स्नी स्त्री० [ज्योत्स्ना+अण्+ङीप्] চন্দ্রিকাযুক্ত রাত্রি। Moonlit night.

ज्वर पु० [ज्वर-घ] তাপ, সন্তাপ। Fever, heat, torment.

ज्वरघ्न त्रि० [ज्वर+हन-टक्], **ज्वरान्तक** त्रि० [ज्वर+अन्तक] জ্বরনাশক। Fever-remover.

ज्वरित त्रि० [ज्वर+इतच्], **ज्वरिन्** त्रि० [ज्वर+इनि] জ্বরযুক্ত। Feverish, stricken with fever.

ज्वल त्रि० [ज्वल-अच्] দীপ্তিবিশিষ্ট। Lustrous.

ज्वलन त्रि० [ज्वल-युच्] দীপ্তিশীল। পু০ অগ্নি। Shining; fire.

ज्वलित त्रि० [ज्वल-क्त] দগ্ধ, দীপ্ত। ক্লী০ জ্বলন। Burnt; blazing.

ज्वाल पु० [ज्वल-ण] অগ্নির শিখা। ত্রি০ দীপ্তিযুক্ত। The flames of fire; shining.

ज्वाला स्त्री० [ज्वाल+टाप्] অগ্নিশিখা। Flames of fire.

ज्वालामुखी स्त्री० [ज्वाला+मुख+ङीप्] তীর্থবিশেষ। Name of a holy place.

ज्वालावक्त्र पु० [ज्वाला+वक्त्र] শিব। An epithet of Śiva.

ज्वालिन् पु० [ज्वल-णिनि] শিব। ত্রি০ দীপ্তিযুক্ত, শিখাযুক্ত। An epithet of Śiva; lustrous.

झ

झ पु० [झट-ड] চ-বর্গের চতুর্থ বর্ণ। ঝঞ্ঝা, উচ্চবায়ু, ধ্বনি, বৃহস্পতি, দৈত্যরাজ। The ninth consonant, storm, sound, Bṛhaspati.

झङ्कार पु० [झम्+कृ-घञ्], **झङ्कृति** स्त्री० [झम्+कृ-क्तिन्] গুঞ্জন, ঝন্ ঝন্ শব্দ। Humming or tinkling sound.

झञ्झा स्त्री० [झम्+झट-ड+टाप्] ঝড়, ধ্বনিবিশেষ। Storm, a sound.

झञ्झानिल पु० [झञ्झा+अनिल], **झञ्झामारुत** पु० [झञ्झा+मारुत], **झञ्झावात** पु० [झञ्झा+वात] প্রচণ্ড বায়ু। Gale.

झटिति अव्य० [झट-क्विप्+इण-क्तिन्] শীঘ্র। Quickly.

झणत्कार पु० [झणत्+कृ-घञ्] ঝন্ ঝন্ শব্দ। Jingling sound.

झम्प पु० [झम्+पत-ड] ঝাঁপ, লম্ফ। Jump.

झर पु० [झॄ-अच्] নির্ঝর, সমূহ। Spring, collection.

झर्झर पु० [झर्झ-करच्] শব্দবিশেষ, নদবিশেষ। স্ত্রী০ ঝর্ঝরা—বেশ্যা। ঝর্ঝরী—বাদ্যবিশেষ। Murmuring sound, name of a river, harlot.

झलज्झला स्त्री० [ज्वलत्+ज्वल-टाप्] হস্তিকর্ণাস্ফালন। Flapping of elephant's ears.

झल्ल पु० [झर्झ-क्विप्+ला-क] জাতিবিশেষ। A tribal sect.

झल्लक पु०, क्ली० [झल्ल+क] কাংস্যবাদ্য। Cymbal.

झल्लरी स्त्री० [झर्ज-अरन्+ङीष्] বাদ্যবিশেষ। A kind of musical instrument.

झष पु० [झष-घ] মৎস্য, তাপ। ক্লী০ [झष+अच्] বন। Fish, heat; forest.

झषकेतन पु० [झष+केतन], **झषकेतु** पु० [झष+केतु], **झषध्वज** पु० [झष+ध्वज] মীনকেতন, কন্দর্প। An epithet of Cupid.

झाङ्कृत क्ली० [झाम्+कृत] নূপুর ধ্বনি। Sound of anklets.

झाट पु० [झट+णिच्-अच्] নিকুঞ্জ, বন। Grove, forest.

झामक क्ली० [झम-ण्वुल्] ঝামা। An overburnt brick.

झाबु पु० [झा+वा-डु] ঝাউ গাছ। A kind of bushy tree.

झिङ्गी स्त्री० [लिग-अच्+ङीष्] ঝিঙা। A sort of cucumber.

झिञ्झी स्त्री० [झिञ्झा+अच्+ङीष्] ঝিঁঝিঁ পোকা। A cricket.

झिण्टी स्त्री० [झिम्+रट-अच्+ङीष्] বৃক্ষবিশেষ। A kind of plant.

झिल्लिका स्त्री० [झिल्ली+क+टाप्], **झिल्ली** स्त्री० [चिल-अच्+ङीष्] ঝিঁঝিঁ পোকা, সূর্যকিরণ, দীপ্তি। Cricket, Sun's rays, splendour.

झुण्ट पु० [लुण्ट-अच्] ঝোপ, গুল্ম। Bush, shrub.

ञ

ञ पु० চ-বর্গের পঞ্চম বর্ণ, বৃষ, শুক্রাচার্য, ঘর্ঘর ধ্বনি। The tenth consonant, bull, a jingling sound.

ट

ट पु० [टल-ड] ট-বর্গের প্রথম বর্ণ, বামন, ধ্বনিবিশেষ, পাদ। The eleventh consonant, dwarf, a kind of sound, foot.

টঙ্ক পুং [টক–অচ্] খড্‌গ, খড্‌গকোষ, কোপ। পুং, ক্লীং খনিত্র, টাকা, দর্প। স্ত্রীং টঙ্কা—জঙ্ঘা। Sword, sheath of a sword; hatchet; thigh.

টঙ্কণ পুং [টক–ল্যু] অশ্ববিশেষ। A species of horse.

টঙ্কশালা স্ত্রীং [টঙ্ক+শালা] টাঁকশাল। Mint.

টঙ্কার পুং [টম্+কৃ–ঘঞ্] ধনুর্জ্যাকর্ষণজাত শব্দ। Twang of a bow.

টঙ্কিত ত্রিং [টঙ্ক+ইতচ্] বদ্ধ, উল্লিখিত। Bound.

টঙ্গ পুং, ক্লীং টাঙ্গী, খনিত্র, জঙ্ঘা। Axe, hatchet, thigh.

টল পুং [টল–ঘঞ্], **টলন** ক্লীং [টল–ল্যুট্] বিহ্বলতা। Perturbation.

টিটিভ পুং [টিটি+ভণ–ড], **টিট্টিভ** [টিট্টি+ভণ–ড] পক্ষিবিশেষ। A kind of bird.

টিপ্পনী স্ত্রীং [টিপ্–ক্বিপ্+পন–ক+ঙীষ্] টীকা-ব্যাখ্যা। Super-commentary.

টীকা স্ত্রীং [টীক–ঘঞ্+টাপ্] বিবৃতি, ব্যাখ্যান। Commentary.

ঠ

ঠ পুং ট-বর্গের দ্বিতীয় বর্ণ, চন্দ্রমণ্ডল, উচ্চধ্বনি, শূন্য। Thet twefth consonant, the orb of the moon, vacuum.

ঠক্কুর পুং দেবপ্রতিমা, দ্বিজোপাধিবিশেষ। Image of a deity.

ড

ড পুং [ডী–ড] ট-বর্গের তৃতীয় বর্ণ, শব্দ, শিব, ত্রাস, বাড়বাগ্নি। স্ত্রীং ডা—ডাকিনী। The thirteenth consonant, sound, Śiva, fear; a female goblin.

ডমর পুং [ডম+রা–ক] ভয়হেতু পলায়ন। Running away through fear.

ডমরু পুং [ডম+ঋ–কু] ডুগডুগি। A kind of small drum.

ডম্বর ত্রিং [ডপ–অরন্] উদ্ধত, বিখ্যাত। পুং উৎকর্ষ, বিস্তার, বিলাস, সমূহ। Haughty, renowned; excellence, collection.

ডয়ন ক্লীং [ডী–ল্যুট্] নভোগতি, ডুলি। Flight, palanquin.

ডল্লক ক্লীং ডালা। A basket.

ডবিত্থ পুং কাষ্ঠময় মৃগ। A wooden stag.

ডহু পুং [দহ–উ] মান্দার গাছ। A kind of tree.

ডাক পুং [ড+অক–অচ্] পিশাচবিশেষ। A kind of goblin.

ডাকিনী স্ত্রীং [ড+অক–ণিনি+ঙীপ্] পিশাচী। A female goblin.

ডামর ত্রিং ভয়ানক। পুং তন্ত্রশাস্ত্রবিশেষ। Awful; name of a Tāntrik text.

ডাহুক পুং [ডা+হ্বে–ডুক] ডাকপক্ষী। A kind of bird.

ডিঙ্গর পুং ধূর্ত, বন, সেবক। Rogue, forest.

ডিণ্ডিম পুং [ডিণ্ডি+মা–ক] বাদ্যযন্ত্রবিশেষ। A kind of musical instrument.

ডিণ্ডির পুং [হিড–কিরচ্], **ডিণ্ডীর** পুং [হিড–ইরচ্] সমুদ্রফেন। Foam of the sea.

ডিত্থ পুং কাষ্ঠময় গজ। A wooden elephant.

ডিম পুং [ডিম–ক] দৃশ্যকাব্যবিশেষ। One of the ten types of drama.

ডিম্ব পুং [ডিব–ঘঞ্] অণ্ড, ভয়, প্লীহা, ফুসফুস, বিপ্লব। Egg, fear, affray.

ডিম্বাহব পুং [ডিম্ব+আহব] ক্ষুদ্র যুদ্ধবিশেষ। Petty warfare.

ডিম্ভ পুং [ডিম–অচ্] শিশু। Child.

ডীন ক্লীং [ডী–ক্ত] নভোগতি, উড়া। Flight.

ডুণ্ডুভ পুং [ডুণ্ডু+ভণ–ড] ঢোঁড়া সাপ। A non-poisonous snake.

ডোর[রক] ক্লীং [দোষ্+রা–ড] বাহুর বন্ধনসূত্র। A fillet of thread.

ঢ

ঢ পুং ট-বর্গের চতুর্থবর্ণ, ঢক্কা, কুক্কুর। ত্রিং নির্গুণ। The fourteenth consonant, drum, dog.

ঢক্কা স্ত্রীং [ঢক্+কৈ–ক+টাপ্] ঢাক। Drum.

ঢুণ্ঢন ক্লীং [ঢুণ্ঢ–ল্যুট্] অন্বেষণ। Search.

ঢুণ্ঢি পুং [ঢুণ্ঢ–ইন্] কাশীক্ষেত্রস্থ গণেশবিশেষ। Name of a Gaṇeśa in Vārāṇasī.

ঢোল পুং বাদ্যযন্ত্রবিশেষ। A large drum or tabor.

ঢৌকন ক্লীং [ঢৌক–ল্যুট্] গমন, উপহার, উৎকোচ। Going, present.

ণ

ণ ত্রিং [ণক্ষ–ড] ট-বর্গের পঞ্চম বর্ণ, নির্গুণ। পুং ভূষণ। ক্লীং জ্ঞান, নির্ণয়। The fifteenth consonant, qualityless; ornament; knowledge.

ত

ত পুং [তক–ড] ত-বর্গের প্রথম বর্ণ, চোর, অমৃত, পুচ্ছ, ক্রোড়, ম্লেচ্ছ, গর্ভ, রত্ন, শঠ। ক্লীং পুণ্য।

The sixteenth consonant, thief, nectar; virtue.

तक्र क्ली० [तन्च–रक्] ঘোল। Whey.

तक्रकूर्चिका स्त्री० [तक्र+कूर्चिका] ছানা। Casein.

तक्रपिण्ड पु० [तक्र+पिण्ड] ছানা। Casein.

तक्राट पु० [तक्र+अट–अच्] মন্থন দণ্ড। Churning stick.

तक्व त्रि० [तक–व] গমনশীল। Moving.

तक्ष पु० ভরতের পুত্র। Name of the son of Bharata.

तक्षक पु० [तक्ष–ण्वुल्] সূত্রধার, বিশ্বকর্মা, বৃক্ষবিশেষ, নাগবিশেষ। Carpenter, the architect of the gods.

तक्षण क्ली०[तक्ष–ल्युट्] চাঁচা, ছোলা। Chiselling.

तक्षन् पु० [तक्ष–कनिन्] সূত্রধার, বিশ্বকর্মা, চিত্রা নক্ষত্র। Carpenter, the architect of the gods.

तक्षशिला स्त्री० [तक्ष+शिला] নগরীবিশেষ। The city of Taxila.

तगर पु० [त+गृ–अच्] টগর গাছ, মদন বৃক্ষ। क्ली० টগর ফুল। A kind of plant; a kind of flower.

तङ्कन क्ली० [तक–ल्युट्] দুঃখময় জীবন। Miserable life.

तच्छील त्रि० [तत्+शील] তৎস্বভাববিশিষ্ট। Of that nature.

तट त्रि० [तट–अच्] কূল, তীর, সানুদেশ। पु० শিব। Bank, shore; Śiva.

तटस्थ त्रि० [तट+स्था–क] সমীপস্থ, তীরস্থ, উদাসীন, লক্ষণবিশেষ। Near, on the shore, neutral.

तटाक पु० [तट–आकन्], পদ্মপুষ্করিণী, তড়াগ। Lotus pond.

तटाघात पु० [तट+आघात] বপ্রক্রীড়া, তটাদিতে হস্তীর দন্তাঘাত। Butting.

तटिनी स्त्री० [तट+इनि+ङीप्] নদী। River.

तडाक पु० [तड–आक], **तडाग** पु० [तड–आग] জলাশয়বিশেষ। Lake.

तडित् स्त्री० [तड–इति] বিদ্যুৎ। Lightning.

तडित्प्रभ त्रि० [तडित्+प्रभा] বিদ্যুতের ন্যায় দীপ্তিযুক্ত। Lustrous like lightning.

तडित्वत् पु० [तडित्+मतुप्] মেঘ। त्रि० বিদ্যুৎবিশিষ্ট। Cloud; having lightning.

तडिद्गर्भ पु० [तडित्+गर्भ] মেঘ। Cloud.

तण्डक पु० [तड–ण्वुल्] খঞ্জন পক্ষী। क्ली० ফেন, সমাসবহুল বাক্য, গৃহদারু। A kind of bird ; foam.

तण्डु पु० মহাদেবের দ্বারপালবিশেষ। Name of a doorkeeper of Śiva.

तण्डुल पु०, क्ली० [तड–उलच्] চাল। Rice.

तण्डुलीय पु० [तण्डुल+छ] শাকবিশেষ। A kind of herb.

तत् अव्य० [तन–क्विप्] তন্নিমিত্ত, সেইরূপ, তাহাতে, তবে। Because of that, in the manner.

तत क्ली० [तन–क्त] বীণাদি বাদ্যযন্ত্র। पु० বায়ু। त्रि० ব্যাপ্ত, বিস্তৃত। Stringed instrument; wind; spread, extended.

ततस् अव्य० [तद्+तसिल्] তাহার পর, তন্নিমিত্ত, তথা হইতে, তবে, তথায়। Thereafter, because of that, therefore.

ततस्त्य त्रि०[ततस्+त्यप्]তন্নিমিত্ত, তাহা হইতে জাত। Coming for, proceeding from thence.

तति स्त्री० [तन–क्तिन्] শ্রেণী, সমূহ। त्रि० সেই সংখ্যাবিশিষ্ট। Row, group; of that number.

तत्काल पु० [तत्+काल] বর্তমানকাল, সেইকাল। Present time, that time.

तत्कालधी त्रि० [तत्काल+धी] প্রত্যুৎপন্নমতি। Having presence of mind.

तत्क्रिय त्रि० [तत्+क्रिया] বিনা বেতনে তৎকর্মকারক। Honorary worker.

तत्क्षण क्ली० [तत्+क्षण] তখনি, সদ্যঃ। Instantly.

तत्त्व[-त्व] क्ली० [तन–क्विप्+त्व] ব্রহ্ম, যাথার্থ্য, স্বরূপ, বিলম্বিত নৃত্যবাদ্যাদি, বস্তু, সাংখ্যদর্শনে পঞ্চবিংশতি পদার্থ। Brahman, reality, entity.

तत्त्वज्ञान क्ली० [तत्त्व+ज्ञान] ব্রহ্মজ্ঞান, যাথার্থ্যজ্ঞান। Knowledge of Brahman, true knowledge.

तत्त्वज्ञानार्थदर्शन क्ली० [तत्त्वज्ञान+अर्थ+दर्शन] তত্ত্বজ্ঞানের ফলস্বরূপ মোক্ষবিষয়ক আলোচনা। Discussion about liberation.

तत्त्वतस् अव्य० [तत्त्व+तसिल्] যথাবৎ। Truly.

तत्त्वदर्शिन् त्रि० [तत्त्व+दृश–णिनि] ব্রহ্মবিৎ। Perceiver of Brahman.

तत्त्वविद् त्रि० [तत्त्व+विद्–क्विप्] আত্মতত্ত্বদর্শী, ব্রহ্মবিৎ, পরমার্থদর্শী। Having self-realisation.

तत्पर त्रि० [तत्+पर] তদাসক্ত, তদগত। Attached.

तत्परायण त्रि० [तत्+परायण] তদাসক্ত, তদাশ্রিত। Attached to that, taken recourse to that.

तत्पुरुष पु० [तत्+पुरुष] ব্যাকরণশাস্ত্রে সমাসবিশেষ। Name of a kind of compound in grammar.

तत्र अव्य० [तद्+त्रल्] তথায়, তদ্বিষয়ে। There.

तत्रत्य त्रि० [तत्र+त्यप्] সেইস্থানে জাত, সেইস্থানে স্থিত। Of that place.

तत्रभवत् त्रि० [तत्र+भवत्] মান্য, পূজ্য। An honorific epithet.

तथा अव्य० [तद्+थाल्] সেই প্রকার, সাদৃশ্য, নিশ্চয়, সমুচ্চয়, অভ্যুপগম। A particle signifying 'so', 'like', 'certainty' etc.

तथागत पु० [तथा+गत] বুদ্ধ। त्रि० তথাভূত। The Buddha.

तथाच अव्य० [तथा+च] পূর্বোক্তির সমর্থন। In support of a preceding statement.

तथात्व क्ली० [तथा+त्व] তথাভূতত্ব, তদ্রূপত্ব। Being of that nature.

तथापि अव्य० [तथा+अपि] তবুও। Yet.

तथाहि अव्य० [तथा+हि] নিদর্শন, প্রসিদ্ধি, উক্ত অর্থের সমর্থন। A particle indicating 'for instance' etc.

तथ्य क्ली० [तथा+यत्] যাথার্থ্য। त्रि० যথার্থ। Reality; genuine.

तद् त्रि० [तन–अदि] তিনি, সে, তাহা, বিপ্রকৃষ্টবিষয়, প্রসিদ্ধ, প্রক্রান্ত। क्ली० ব্রহ্ম। He, that, well-known; Brahman.

तदर्थ त्रि० [तद्+अर्थ] সেই অর্থ যাহার। Of that meaning.

तदा अव्य० [तद्+दाच्] তখন। Then.

तदात्मता स्त्री० [तदात्मन्+तल्+टाप्] তাদ্রূপ্য, তৎস্বরূপতা। Identity.

तदात्मन् त्रि० [तद्+आत्मन्] তৎস্বরূপ, তদভিন্ন। Identical.

तदात्व क्ली० [तदा+त्व] তৎকাল। That time.

तदानीन्तन त्रि० [तदानीम्+ट्यु ल्] তৎকালীন, তৎসমকালীন। Of that time.

तदानीम् अव्य० [तद्+दानीम्] তখন। Then.

तदाप्रभृति अव्य० [तदा+प्रभृति] সেই অবধি। Since then.

तदीय त्रि० [तद्+छ] তৎসম্বন্ধীয়। Relating to him or that.

तद्गत त्रि० [तत्+गत] তৎপর, তদাসক্ত, তন্নিষ্ঠ। Attached to that, devoted to that.

तद्गुण पु० [तद्+गुण] অর্থালঙ্কারবিশেষ। A figure of speech.

तद्गुणसंविज्ञान पु० [तद्गुण+सम्+विज्ञान] ব্যাকরণ শাস্ত্রে বহুব্রীহিসমাসবিশেষ। A variety of Bahuvrīhi compound.

तद्धन त्रि० [तद्+धन] কৃপণ। Miser.

तद्बुद्धि त्रि० [तद्+बुद्धि] তাহাতে পর্যবসিত বুদ্ধি যাহার। One whose mind is fixed on that.

तद्भावभावित त्रि० [तद्भाव+भावित] তাহার চিন্তায় আসক্ত চিত্ত যাহার। One whose mind is absorbed in that thought.

तद्धित पु०, क्ली० [तद्+हित] ব্যাকরণশাস্ত্রে প্রত্যয়-বিশেষ। A variety of suffixes in Sanskrit grammar.

तद्वत् अव्य० [तद्+वति] তৎতুল্য। त्रि० [तद्+मतुप्] তদ্বিশিষ্ট। Similarly, like that.

तद्विध त्रि० [तद्+विधा] তদ্রূপ। Of that kind.

तनय पु० [तन–कयन्] পুত্র। स्त्री० तनया—কন্যা, ঘৃতকুমারী লতা। Son; daughter.

तनिका स्त्री० [तन–इन्+कन्+टाप्] বন্ধনরজ্জু। Tying rope.

तनिमन् पु० [तनु+इमनिच्] কৃশতা, সূক্ষ্মতা। Thinness.

तनीयस् त्रि० [तनु+ईयसुन्] অতিতনু বা ক্ষীণতর। Extremely thin, thinner.

तनु स्त्री० [तन–उन्] শরীর, মূর্তি, ত্বক্। त्रि० কৃশ, অল্প, কোমল, সূক্ষ্ম। Body, figure, skin ; slim, soft.

तनुच्छद पु० [तनु+छद–घ] কবচ। Armour.

तनुज पु० [तनु+जन–ड] পুত্র। स्त्री० तनुजा—কন্যা। Son ; daughter.

तनुत्यज् त्रि० [तनु+त्यज–क्विप्] মুমূর্ষু, দেহত্যাগী। Dying.

तनुत्याग पु० [तनु+त्याग] মৃত্যু। Death.

तनुत्र क्ली० [तनु+त्रै–क], **तनुत्राण** क्ली० [तनु+त्रै–ल्युट्] বর্ম। Armour.

तनुभृत् पु० [तनु+भृ–क्विप्] দেহধারী, দেহী, জীব। Embodied, bodily self.

तनुमध्या स्त्री० [तनु+मध्य+टाप्] কৃশমধ্যা স্ত্রী, ছয় অক্ষর পাদবিশিষ্ট ছন্দোবিশেষ। A woman with thin waist, a six-syllabled metre.

तनुरुह क्ली० [तनु+रुह–क] লোম। पु० পুত্র। Fur; son.

तनुल त्रि० [तन–उलच्] বিস্তৃত। Extended.

तनुवार पु० [तनु+वृ–अण्] কবচ, বর্ম। Armour.

তনুস্ ক্লী০ [তন–উসি] দেহ। Body.

তনূ পু০ [তন–ঊ] পুত্র। স্ত্রী০ [তন্–ঊঙ্]—শরীর। Son; body.

তনূনপাত্ পু০ [তনূ+ন+পত+ণিচ্–ক্বিপ্] অগ্নি, প্রজাপতির পৌত্র, প্রযাজবিশেষ। Fire.

তনূরুহ [তনূ+রুহ–ক] লোম, পাখীর ডানা। পু০ পুত্র, লোম। Wings.

তন্তি স্ত্রী০ [তন–ক্তিচ্] দীর্ঘপ্রসারিত রজ্জু। A stretched rope.

তন্তিপাল পু০ [তন্তি+পালি–অণ্] অজ্ঞাতবাসকালে সহদেবের নাম। An epithet of Sahadeva during his stay at Virāṭa's palace.

তন্তু পু০ [তন–তুন্] সূত্র, সন্তান। Thread, Issue.

তন্তুকীট পু০ [তন্তু+কীট] গুটিপোকা। Silk-worm.

তন্তুনাভ পু০ [তন্তু+নাভি+অচ্] মাকড়সা। Spider.

তন্তুবাপ পু০ [তন্তু+বপ–অণ্], তাঁতি। Weaver.

তন্তুবায় পু০ [তন্তু+বে–অণ্] তাঁতি, মাকড়সা। Weaver, spider.

তন্ত্র ক্লী০ [তন–ষ্ট্রন্] শাস্ত্রবিশেষ, শাস্ত্র, সিদ্ধান্ত, ঔষধ, প্রধান, পরিচ্ছদ, বেদশাখাবিশেষ, হেতু, ইতিকর্তব্যতা, তন্তুবায়, রাষ্ট্র, স্বরাষ্ট্রচিন্তা, কুটুম্বভরণ, প্রবন্ধ, শপথ, ধন, গৃহ, তাঁত, কুল পরচ্ছন্দানুগমন, উভয়ার্থক প্রয়োগ। ত্রি০ অধীন। A kind of Śāstra, scripture, conclusion.

তন্ত্রক ক্লী০ [তন্ত্র+কন্] নূতন বস্ত্র। A new cloth.

তন্ত্রতা স্ত্রী০ [তন্ত্র+তল্+টাপ্] অধীনতা, অনেক উদ্দেশ্যে একটি কর্ম। Subjugation, servility.

তন্ত্রযুক্তি স্ত্রী০ [তন্ত্র+যুক্তি] আয়ুর্বেদশাস্ত্রোক্ত যুক্তিবিশেষ। An argument as found in the Āyurveda.

তন্ত্রবাপ পু০ [তন্ত্র+বপ–অণ্], **তন্ত্রবায়** পু০ [তন্ত্র+বে–অণ্] তাঁতি। পু০, ক্লী০ তাঁত। Weaver; loom.

তন্ত্রী স্ত্রী০ [তন্ত্র–ঈ] বীণার গুণ, নাড়ী, দেহের শিরা, রজ্জু, নদীবিশেষ। String of a lyre, rope.

তন্দ্রা স্ত্রী০ [তন্দ্র–অ+টাপ্] অল্পনিদ্রা, আলস্য। Dozing, sloth.

তন্দ্রালু ত্রি০ [তন্দ্র–আলুচ্] ঈষৎ নিদ্রাযুক্ত, আলস্যযুক্ত। One who dozes, slothful.

তন্দ্রি স্ত্রী০ [তদ–ক্রিন্] **তন্দ্রী** স্ত্রী০ [তদ্র–ঈ] **তন্দ্রিকা** স্ত্রী০ [তন্দ্রি+কন্+টাপ্] অল্পনিদ্রা, আলস্য। Dozing, sloth.

তন্দ্রিত ত্রি০ [তন্দ্রা+ইতচ্] জাততন্দ্র, আলস্যযুক্ত। Asleep, lazy.

তন্নিষ্ঠ ত্রি০ [তদ্+নিষ্ঠা] তদ্‌যুক্ত। Devoted to that.

তন্ময় ত্রি০ [তদ্+ময়ট্] তৎস্বরূপ। Identical.

তন্মাত্র ত্রি০ [তদ্+মাত্রা] তৎস্বরূপ, তৎপ্রমাণ। ক্লী০ সাংখ্যশাস্ত্রোক্ত ক্ষিত্যাদি পঞ্চমহাভূতের সূক্ষ্মাংশ। Of that nature; the subtle elements according to the Sāṁkhya philosophy.

তন্বঙ্গী স্ত্রী০ [তনু+অঙ্গ+ঙীপ্], **তন্বী** স্ত্রী০ [তনু +ঙীপ্] কৃশাঙ্গী। A slim woman.

তন্বত্ ত্রি০ [তন–শতৃ] প্রসারক, প্রকাশক। Extender, revealer.

তপ পু০ [তপ–অচ্] গ্রীষ্ম ঋতু, সূর্য, আতপ। ত্রি০ তাপক। Summer, the sun; tormenting.

তপত্ ত্রি০ [তপ–শতৃ] তাপদায়ক, প্রকাশমান। স্ত্রী০ তপতী—সূর্যকন্যা। Tormenting, being revealed; the daughter of the sun.

তপন পু০ [তপ–ল্যু] সূর্য, আকন্দ গাছ, গ্রীষ্মকাল, সূর্যকান্তমণি, অগ্নিবিশেষ। ক্লী০ তাপ। The sun, summer, sun-gem, fire; heat.

তপনতনয় পু০ [তপন+তনয়] যম, কর্ণ, সুগ্রীব। স্ত্রী০ তপনতনয়া—যমুনানদী, শমীবৃক্ষ। An epithet of Yama, Karṇa and Sugriva; an epithet of the river Yamunā, a kind of tree.

তপনীয় ক্লী০ [তপ–অনীয়র্] স্বর্ণ। Gold.

তপনেষ্ট ক্লী০ তাম্র। Copper.

তপস্ ক্লী০ [তপ–অসুন্] চান্দ্রায়ণাদি ব্রত, স্বাশ্রমবিহিত কর্ম, ধর্ম, বানপ্রস্থ। পু০ মাঘমাস। An austere vow; the month of Māgha.

তপস পু০ [তপ–অসচ্] সূর্য, চন্দ্র, পক্ষী। The sun, moon, bird.

তপস্য পু০ [তপস্+যত্] ফাল্গুন মাস। The month of Phālguna.

তপস্যা স্ত্রী০ [তপস্+ক্যচ্+অ+টাপ্] তপশ্চর্যা, ব্রতচর্যা। Practice of austerity or vow.

তপস্বিন্ ত্রি০ [তপস্+বিনি] তাপস, ব্রতধারী, দীন, তপোযুক্ত। পু০ নারদ, বৃক্ষবিশেষ। Mendicant, one observing a vow; an epithet of Nārada, a kind of tree.

তপাত্যয় পু০ [তপ+অত্যয়] বর্ষাকাল। The rainy season.

তপোধন পু০ [তপস্+ধন], **তপোনিধি** পু০ [তপস্+নিধি] তাপস। Mendicant.

तपोमूर्ति पु० [तपस्+मूर्ति] परमेশ্বর, তপস্বী। God, mendicant.

तपोयज्ञ त्रि० [तपस्+यज्ञ] তপস্যাই যাহার যজ্ঞ। To whom austerity itself is a sacrifice.

तपोवन क्ली० [तपस्+वन] তপস্বীর আশ্রম, তীর্থ-বিশেষ। Hermitage.

तप्त त्रि० [तप–क्त] দগ্ধ, তাপযুক্ত। Burnt, heated.

तप्तरहस क्ली० [तप्त+रहस] নির্জনস্থানবিশেষ। A secluded spot.

तम पु० [तम–घ] রাহু, তমালবৃক্ষ। क्ली० অন্ধকার, পাদাগ্র, তমোগুণ। स्त्री० तमा—রাত্রি। An epithet of Rāhu, the tamāla tree; darkness ; night.

तमस् क्ली० [तम–असुन्] অন্ধকার, রাহু, মোহ, অজ্ঞান, সাংখ্যশাস্ত্রোক্ত গুণত্রয়ের একতম। Darkness, an epithet of Rāhu, delusion, ignorance, name of a guṇa in Sāṁkhya philosophy.

तमस पु० [तम–असच्] কূপ, অন্ধকার। क्ली० নগর। स्त्री० तमसा—নদীবিশেষ। Well, darkness; city; name of a river.

तमस्विनी स्त्री० [तमस्+विनि+ङीप्] রাত্রি, হরিদ্রা। Night, turmeric.

तमाल पु० [तम–कालन्] বৃক্ষবিশেষ, তিলক, খড়্গবিশেষ, কৃষ্ণখদির, বরুণবৃক্ষ, বংশত্বক্, তেজপাতা। Name of a tree.

तमालपत्र क्ली० [तमाल+पत्र+अच्] তমালবৃক্ষের পত্র, তিলক। पु० তেজপাতা। The leaf of the Tamāla tree.

तमि[-मी] स्त्री० [तम–इन् (ङीप्)] রাত্রি, মোহ। Night, delusion.

तमिस्र क्ली० [तमिस्रा+अच्] অন্ধকার, ক্রোধ। स्त्री० तमिस्रा—অমাবস্যা রাত্রি। Darkness.

तमिस्रपक्ष पु० [तमिस्र+पक्ष] কৃষ্ণপক্ষ। The dark fortnight.

तमोघ्न पु० [तमस्+हन्–टक्] সূর্য, বহ্নি, চন্দ্র, বিষ্ণু, শিব। The sun, fire, the moon.

तमोनुद् पु० [तमस्+नुद–क्विप्] সূর্য, চন্দ্র, বহ্নি, দীপ। त्रि० অন্ধকারনাশক। The sun, the moon, fire, lamp; remover of darkness.

तमोनुद त्रि० [तमस्+नुद–क] অন্ধকারনাশক, অজ্ঞাননাশক। पु० ঈশ্বর। Remover of darkness or ignorance; God.

तमोऽपह पु० [तमस्+अप+हन–ड] **तमोऽरि** [तमस्+अरि] সূর্য, চন্দ্র, বহ্নি, জ্ঞান। त्रि० তমোনাশক। The sun, the moon, fire ; remover of darkness.

तमोमणि पु० [तमस्+मणि] খদ্যোত, গোমেদমণি। Firefly, a kind of gem.

तमोमय त्रि० [तमस्+मयट्] অন্ধকারাত্মক, অজ্ঞানাত্মক। पु० রাহু। Full of darkness or ignorance.

तमोहन् त्रि० [तमस्+हन्–क्विप्] অন্ধকারনাশক, অজ্ঞাননাশক। Remover of darkness or ignorance.

तमोहर पु० [तमस्+हृ–अच्] সূর্য, চন্দ্র। त्रि० অন্ধকারনাশক, অজ্ঞাননাশক। The sun, the moon.

तर पु० [तॄ–अप्] উত্তরণ, অগ্নি, আতর। Crossing, fire.

तरक्षु पु० [तर+क्षि–डु] নেকড়ে বাঘ। The wolf.

तरङ्ग पु० [तॄ–अङ्गच्] ঊর্মি, বস্ত্র, পুস্তকের পরিচ্ছেদ, কুর্দন। Wave, cloth, chapter of a book.

तरङ्गिणी स्त्री० [तरङ्ग+इनि+ङीप्] নদী। River.

तरङ्गित त्रि० [तरङ्ग+इतच्] তরঙ্গযুক্ত, চঞ্চল। Full of waves, turbulent.

तरण पु० [तॄ–ल्यु] ভেলা, স্বর্গ। क्ली० [तॄ–ल्युट्] পারগমন। Boat, heaven; going to the other shore.

तरणि पु० [तॄ–अनि] সূর্য, নৌকা, অর্কবৃক্ষ, কিরণ, তাম্র। स्त्री० तरणी—নৌকা, ঘৃতকুমারী। त्रि० শীঘ্রগন্তা। The sun, ray, copper; boat; a swift mover.

तरण्ड पु०, क्ली० [तॄ–अण्डच्] ছিপ্ নৌকা। पु० প্লব। स्त्री० तरण्डी—নৌকা। A boat.

तरतम त्रि० [तर+तम+अच्] ন্যূনাধিক। Less or more.

तरपण्य क्ली० [तर+पण्य] নদীর পারগমনের শুল্ক। The levy for crossing a river.

तरम्बुज क्ली० ফলবিশেষ। A kind of fruit.

तरल पु० [तॄ–अलच्] হার, হারমধ্যস্থ মণি, তল। त्रि० চপল, কামুক, বিস্তীর্ণ, ভাস্বর, দ্রবীভূত। स्त्री० तरला—যবাগূ, সুরা। Necklace, the jewel in the centre of a necklace ; fickle, liquid ; gruel, wine.

तरलित त्रि० [तरल+क्विप्+णिच्-क्त] আন্দোলিত, কম্পিত। Moved, trembled.

तरवारि पु० [तर+वृ+णिच्-इन्] তরোয়াল। Sword.

तरस् क्ली० [तृ-असुन्] বেগ, বল, তীর, বানর, রোগ। Speed, force.

तरस क्ली० [तृ-असच्] মাংস। Meat.

तरसा अव्य० শীঘ্র। Quickly.

तरस्विन् त्रि० [तरस्+विनि] বেগবান্, বলিষ্ঠ। पु० বায়ু, গরুড়। Speedy, strong; wind.

तरि[-री] स्त्री० [तृ-इ (ङीप्)] নৌকা, বসন-পেটক, বস্ত্রান্ত। Boat.

तरु पु० [तृ-उन्] বৃক্ষ। Tree.

तरुण पु० [तृ-उनन्] এরণ্ড বৃক্ষ। त्रि० যুবা, নব, অচিরজাত। स्त्री० तरुणी—যুবতী। A kind of tree; young, new; a young woman.

तरुरुह त्रि० [तरु+रुह्-क] त्रि० বৃক্ষরোহীমাত্র। स्त्री० तरुरुहा—পরগাছা। Growing on trees; parasitical plant.

तरुमृग पु० [तरु+मृग] শাখামৃগ, বানর। Monkey.

तर्क पु० [तर्क-अच्] বিচার, ব্যভিচারশঙ্কানিবর্তক বিমর্শ, ব্যাপ্যারোপ হেতু ব্যাপক-প্রসক্তি, শাস্ত্রার্থ-পরীক্ষণ, মীমাংসারূপ বিচার। Argument.

तर्कविद्या स्त्री० [तर्क+विद्या] ন্যায়শাস্ত্র। The science of logic.

तर्कित त्रि० [तर्क-क्त] বিচারিত, উৎপ্রেক্ষিত। Argued, surmised.

तर्कु स्त्री० [कृत+उ] সূত্রনির্মাণযন্ত্রবিশেষ, টেকো। A spindle.

तर्कुलासक पु० [तर्कु+लस+णिच्-ण्वुल] তর্কু-চালক যন্ত্র, চরকা। A spinning wheel.

तर्जन क्ली० [तर्ज-ल्युट्] ভর্ৎসন। स्त्री० तर्जनी—অঙ্গুলিবিশেষ। Scolding; the index finger.

तर्जित त्रि० [तर्ज-क्त] ভর্ৎসিত, বিতাড়িত। Scolded, rebuked.

तर्ण[-र्णक] पु० [तृण-अच् (ण्वुल्)] গোবৎস, সদ্যোজাত শিশু। Calf, a new-born babe.

तर्दु स्त्री० [तर्द-ऊ] কাঠের হাতা। A wooden spoon.

तर्पण क्ली० [तृप+णिच्-ल्युट्] তৃপ্তি, প্রীণন, রক্ষণ, যজ্ঞকাষ্ঠ। स्त्री० तर्पणी—স্থলপদ্মিনী। Satisfaction, pleasing; lotus blooming on land.

तर्मन् क्ली० [तृ-मनिन्] যূপকাষ্ঠের অগ্রভাগ। The forepart of a sacrificial post.

तर्ष पु० [तृष-घञ्] তৃষ্ণা, অভিলাষ। Thirst, desire.

तर्षित त्रि० [तर्ष+इतच्] তৃষিত, পিপাসিত, অভিলষিত। Thirsty, desired.

तर्हि अव्य० [तद्+र्हिल्] তখন, তবে। Then, in that case.

तल पु०, क्ली० [तल-अच्] অধোভাগ, তলা। क्ली० কানন, কার্যবীজ। पु० গর্ত, তালবৃক্ষ, চপেট, গোধা। The lower part, ground; garden; hole.

तलप्रहार पु० [तल+प्रहार] চপেটাঘাত। Slap.

तलवारण क्ली० [तल+वार-ल्युट्] বর্মবিশেষ। A leather glove of an archer.

तलातल क्ली० [तल+अतल] চতুর্থ পাতাল। The fourth of the underworlds.

तलित क्ली० [तल+इतच्] সিদ্ধ মাংসবিশেষ। Roasted meat.

तलिन क्ली० [तल-इनन्] শয্যা। त्रि० বিরল, অল্প, স্বচ্ছ, দুর্বল। Bed; rare, little; clear, weak.

तल्प पु०, क्ली० [तल-पक्] শয্যা, অট্টালিকা, পত্নী। Bed, mansion, wife.

तल्लज पु० [तत्+लज-अच्] প্রশস্ত। Excellent.

तल्ली स्त्री० [तत्+लस-ड+ङीष्] তরুণী। Young girl.

तष्ट त्रि० [तक्ष-क्त] তনূকৃত, দ্বিধাকৃত, তাড়িত। Chiselled, split.

तष्टृ पु० [तक्ष-तृच्] ছুতার, সূত্রধর, বিশ্বকর্মা, আদিত্যবিশেষ। Carpenter, the architect of the gods.

तस्कर पु० [तत्+कृ-टच्] চোর, শাকবিশেষ, মদনবৃক্ষ। स्त्री० तस्करी—কোপনা নারী। Thief; an angry woman.

तस्करता स्त्री० [तस्कर+तल्+टाप्] চৌর্য। Theft.

तस्थिवस् त्रि० [स्था-क्वसु] স্থিত। Stationary.

ताच्छील्य क्ली० [तत्+शील+ष्यञ्] নিয়ত তৎ-স্বভাব, তৎশীলতা। The state of being of that nature.

ताट[-ड]ङ्क पु० [ताड+अङ्क] কর্ণভূষণবিশেষ। A kind of ear-ornament.

ताटस्थ्य क्ली० [तटस्थ+ष्यञ्] ঔদাসীন্য, নৈকট্য। Neutrality, proximity.

ताड पु० [तड-अच्] তাড়ন, প্রহার, শব্দ, মুষ্টিমেয় তৃণ, পর্বত। Beating.

ताड[-ट]का स्त्री० রাক্ষসীবিশেষ। Name of a female demon.

তাড়কেয় পু০ [তাড়কা+ঢক্] মারীচ। An epithet of demon Mārīca.

তাড়ন ক্লী০ [তড-ল্যুট্] আঘাত, প্রহার, শাসন। Striking, beating.

তাড়পত্র ক্লী০ [তাল+পত্র] কর্ণভূষণ। An ear-ornament.

তাড্যমান ত্রি০ [তড-শানচ্] বাদ্যমান। পু০ পটহ। Being struck or sounded; drum.

তাণ্ডব পু০, ক্লী০ [তণ্ডু+অণ্] পুরুষনৃত্য, উদ্ধত নৃত্য, তৃণবিশেষ। A form of dancing.

তাত পু০ [তন-ক্ত] পিতা। ত্রি০ অনুকম্প্য, কৃপার্হ। Father; one deserving compassion.

তাতি পু০ [তায়-ক্তিব্] পুত্র। স্ত্রী০ [তায়-ক্তিন্] বৃদ্ধি। Son; increase.

তাত্কালিক ত্রি০ [তত্কাল+ঠঞ্] সেইকালের, তৎকালসম্বন্ধী। Of that time, temporary.

তাত্ত্বিক ত্রি০ [তত্ত্ব+ঠক্] তত্ত্বসম্বন্ধী, যথার্থ। Relating to reality, true.

তাত্পর্য ক্লী০ [তত্পর+ষ্যঞ্] আশয়, উদ্দেশ্য, বক্তার ইচ্ছা, তৎপরতা, নিষ্কর্ষ। Purport, purpose, significance.

তাদর্থ্য ক্লী০ [তদর্থ+ষ্যঞ্] তদুদ্দেশ্যক, তন্নিমিত্ত। For that purpose.

তাদাত্ম্য ক্লী০ [তদাত্ম+ষ্যঞ্] অভেদ, তৎস্বরূপতা। Identity.

তাদৃশ্ ত্রি০ [তদ্+দৃশ-ক্বিন্], **তাদৃশ** ত্রি০ [তদ্+দৃশ-কঞ্], **তাদৃক্ষ** ত্রি০ [তদ্+দৃশ-ক্স] তৎতুল্যদর্শন, সেইপ্রকার, সেরূপ। Like, similar.

তান পু০ [তন-ঘঞ্] বিস্তার, গানের অঙ্গবিশেষ, স্বরসমূহের নানাবিধ বিন্যাস। Extension, a part of singing.

তান্ত ত্রি০ [তম-ক্ত] ম্লান, ক্লান্ত। Faded, fatigued.

তান্তব ক্লী০ [তন্তু+অঞ্] তন্তুনির্মিত বস্ত্র। Cloth.

তান্ত্রিক ত্রি০ [তন্ত্র+ঠক্] শাস্ত্রজ্ঞ, তন্ত্রশাস্ত্রবিদ্। Proficient in the scriptures.

তাপ পু০ [তপ-ঘঞ্] সন্তাপ, কৃচ্ছ্র। Heat, torment.

তাপন ক্লী০ [তপ+ণিচ্-ল্যুট্] তাপকরণ। পু০ [তাপ-ল্যু] সূর্য, কামদেবের বাণবিশেষ, সূর্যকান্তমণি, অর্কবৃক্ষ। ত্রি০ তাপক। Heating; the sun; heater.

তাপস ত্রি০ [তপস্-অণ্] তপোবিশিষ্ট, তপস্বী, তপশ্চরণশীল। Ascetic.

তাপসতরু পু০ [তাপস+তরু] ইঙ্গুদীবৃক্ষ। The Iṅgudī tree.

তাপস্য ক্লী০ [তাপস+ষ্যঞ্] তাপসের ধর্ম। Asceticism.

তাপিচ্ছ পু০ [তাপিন্+ছদ-ড], **তাপিঞ্জ** পু০ [তাপিন্+জি-ড] তমালবৃক্ষ। The tamāla tree.

তাপিন্ ত্রি০ [তপ-ণিনি] তাপযুক্ত। Having torment.

তাম পু০ [তম-ঘঞ্] ভীষণ, দোষ, গ্লানি। An object of terror, fault, languor.

তামর ক্লী০ [তাম+রু-ড] জল, ঘৃত। Water, clarified butter.

তামরস ক্লী০ [তামর+সস-ড] পদ্ম, স্বর্ণ, তাম্র, ধুস্তূর। স্ত্রী০ তামরসী—পদ্মিনী। Lotus, gold.

তামস ত্রি০ [তমস্+অণ্] তমোগুণযুক্ত। Idle; inert.

তামসিক ত্রি০ [তমস্+ঠঞ্] তমোগুণের কার্য। Idle, inert.

তামিস্র পু০ [তমিস্রা+অণ্] নরকবিশেষ। A division of hell.

তাম্বূল ক্লী০ [তম-ঊলচ্] পান। Betel-leaf.

তাম্বূলকরঙ্ক পু০ [তাম্বূল+করঙ্ক] পানের ডিবা। Betel-box.

তাম্বূলবল্লী স্ত্রী০ [তাম্বূল+বল্লী] পর্ণলতা। Betel-plant.

তাম্বূলিক ত্রি০ [তাম্বূল+ঠক্], **তাম্বূলিন্** ত্রি০ [তাম্বূল+ইনি] তাম্বূলব্যবসায়ী জাতিবিশেষ। The class of people trading in betels.

তাম্র ক্লী০ [তম-রক্] তামা, কুষ্ঠরোগবিশেষ, রক্তবর্ণ। Copper, a kind of leprosy, red.

তাম্রকর্ণী স্ত্রী০ [তাম্র+কর্ণ+ঙীষ্] পশ্চিমদিকের দিগ্গজের হস্তিনী। The she-elephant of the western quarters.

তাম্রকার পু০ [তাম্র+কৃ-অণ্] কাঁসারি। Coppersmith.

তাম্রকুট্ট ক্লী০ [তাম্র+কুট্ট-অণ্] কাঁসারী। Coppersmith.

তাম্রচূড পু০ [তাম্র+চূড়া] কুক্কুট। Cock.

তাম্রত্রপুজ ক্লী০ [তাম্র+ত্রপু+জন-ড] কাঁসা। Bell-metal.

তাম্রপট্ট ক্লী০ [তাম্র+পট্ট], **তাম্রপত্র** ক্লী০ [তাম্র+পত্র] লেখার জন্য তামার পাত। Copper-plate for writing.

তাম্রপর্ণী স্ত্রী° [তাম্র+পর্ণী] দাক্ষিণাত্যের নদীবিশেষ। A river in South India.

তাম্রশিখিন্ পু° [তাম্রশিখা+ইনি] কুক্কুট। Cock.

তাম্রসার পু° [তাম্র+সার] রক্তচন্দন বৃক্ষ। Red sandalwood tree.

তাম্রিক পু° [তাম্র+ঠঞ্] কাঁসারি। Coppersmith.

তায়ন ক্লী° [তায়-ল্যুট্] বৃদ্ধি। Spreading, extending.

তার পু° [তৄ+ণিচ্-অচ্] উত্তরণ, উচ্চৈঃস্বর, বানরবিশেষ। ক্লী° রৌপ্য, নক্ষত্র, চক্ষুর তারা। ত্রি° দীপ্ত, বিস্তৃত, উৎকৃষ্ট, স্থূল। স্ত্রী° তারা—চক্ষুর তারা, দুর্গা, বৌদ্ধদেবীবিশেষ, বালীর পত্নী, বৃহস্পতির ভার্যা। Crossing, high tone; silver, star, pupil of the eye; shining; a name of Durgā, pupil of the eye.

তারক ক্লী° [তৄ+ণিচ্-ণ্বুল্] চক্ষুর তারা, নক্ষত্র। পু° তারকাসুর। ত্রি° রক্ষক। Pupil of the eye, star; name of a demon; saviour.

তারকজিত্ পু° [তারক+জি-ক্বিপ্], **তারকহন্** পু° [তারক+হন্-ক্বিপ্], **তারকারি** পু° [তারক+অরি] কার্ত্তিকের। An epithet of Kārttikeya.

তারকিত ত্রি° [তারকা+ইতচ্] তারকাবিশিষ্ট। Studded with stars.

তারণ পু° [তৄ+ণিচ্-ল্যু] বিষ্ণু, মহাদেব, ভেলা। ক্লী° [তৄ+ণিচ্-ল্যুট্] ত্রাণ, পারকরণ। ত্রি° তারয়িতা। স্ত্রী° তারণী—নৌকা। Viṣṇu, Śiva, raft; saving, helping one to cross; saviour; boat.

তারতম্য ক্লী° [তরতম+ষ্যঞ্] ন্যূনাধিকত্ব। Gradation.

তারল্য ক্লী° [তরল+ষ্যঞ্] তরলতা, দ্রবতা, চাঞ্চল্য। Liquidity, fickleness.

তারাপতি পু° [তারা+পতি] চন্দ্র, শিব, বৃহস্পতি, বালী, সুগ্রীব। The moon, an epithet of Śiva, Jupiter, Bālī, Sugrīva.

তারাপথ পু° [তারা+পথিন্+অচ্] আকাশ। Sky.

তারাপীড পু° [তারা+আপীড়] চন্দ্র, নৃপতিবিশেষ। The moon, name of a king.

তারিণী স্ত্রী° [ত+ণিচ্-ণিনি+ঙীপ্] মহাবিদ্যাবিশেষ, ত্রাণকর্ত্রী। An epithet of mahāvidyā, saviouress.

তারুণ্য ক্লী° [তরুণ+ষ্যঞ্] যৌবন। Youth.

তার্কিক ত্রি° [তর্ক+ঠঞ্] তর্কশাস্ত্রজ্ঞ, নৈয়ায়িক। One proficient in logic, a logician.

তার্ক্ষ পু° [তৃক্ষ+অণ্] কশ্যপ মুনি। An epithet of the sage Kaśyapa.

তার্ক্ষ্য পু° [তৃক্ষ+যঞ্] গরুড়, অরুণ, সর্প, পক্ষী, রথ, শালবৃক্ষ। Garuḍa, serpent, bird.

তার্তীয়ীক ত্রি° [তৃতীয়+ঈকক্] তৃতীয়। Third.

তাল পু° [তল+অণ্] করতল, বৃক্ষবিশেষ, বাহুতে করতলাঘাত, বাদ্যযন্ত্রবিশেষ, খড়্গমুষ্টি, নৃত্য, গীত ও বাদ্যে কাল ও ক্রিয়ার পরিমাণ। ক্লী° [তাল+অণ্] তাল ফল। [তড-অচ্] হরিতাল, লেখ্যপত্র। Palm of the hand, palm tree, stroke of the hand, time-beat in music; palm-fruit.

তালক ক্লী° [তড-ঘঞ্+ক] তালা। Lock.

তালধ্বজ পু° [তাল+ধ্বজা] বলদেব। An epithet of Baladeva.

তালনবমী স্ত্রী° [তাল+ নবমী] ভাদ্রের শুক্লা নবমী The ninth day of the bright fortnight in Bhādra.

তালপত্র ক্লী° [তাল+পত্র] কর্ণভূষণবিশেষ। A kind of ear-ornament.

তালবৃন্ত ক্লী° [তাল+বৃন্ত] ব্যজন। A fan.

তালব্য ত্রি° [তালু+যত্] তালু হইতে উচ্চার্য। Palatal.

তালাঙ্ক পু° [তাল+অঙ্ক] বলদেব। An epithet of Baladeva.

তালিক পু° [তাল+ঠক্] করতালি, চপেট। Clapping of the hands.

তালু ক্লী° [তৄ-ঞুণ্] জিহ্বার অধস্তন প্রদেশ। Palate.

তালুজিহ্ব পু° [তালু+জিহ্বা] কুম্ভীর, আল্‌জিভ। Crocodile, the uvula.

তাবক ত্রি° [যুষ্মদ্+অণ্], **তাবকীন** ত্রি° [যুষ্মদ্ খঞ্] ত্বৎসম্বন্ধীয়। Relating to you, thine.

তাবত্ অব্য° [তদ্+ডাবত্] সাকল্য, অবধি, পরিমাণ, পরিচ্ছেদ, তৎকালে, পক্ষান্তর, অবধারণ, ততক্ষণ। ত্রি° তৎসংখ্যক, তৎপরিমিত, স্বল্প। A particle indicating entirety, limit, measure etc.

তিক্ত ত্রি° [তিজ-ক্ত] তিক্তরসযুক্ত। পু° রসবিশেষ। Bitter; a kind of taste.

তিক্তক পু° [তিক্ত+কন্] পটোল, পলতা, চিরতা, নিম্ব, কৃষ্ণখদির বৃক্ষ। Bitter things.

तिक्तसार पु० [तिक्त+सार] খদির। Catechu.

तिग्म क्ली० [तिज-मक्] তীক্ষ্ণতা। ত্রি० তীক্ষ্ণ, তীব্র, উষ্ণ, প্রচণ্ড, ক্রূর। Pungency; sharp, violent, hot.

तिग्मदीधिति पु० [तिग्म+दीधिति], **तिग्मरश्मि** पु० [तिग्म+रश्मि], **तिग्मरोचिस्** पु० [तिग्म+रोचिस्], **तिग्मांशु** पु० [तिग्म+अंशु] সূর্য। An epithet of the sun.

तितउ पु० [तन-डउ] চালনী। ক্লী० ছত্র। Sieve; umbrella.

तितिक्षा स्त्री० [तिज+सन्-अ+टाप्] ক্ষমা, সহিষ্ণুতা। Forbearance, endurance.

तितिक्षु त्रि० [तिज+सन्-उ] সহিষ্ণু, ক্ষমাশীল। Patient, forbearing.

तितीर्षु त्रि० [तॄ+सन्-उ] তরণেচ্ছু। Desirous of crossing.

तित्तिर[रि] पु० [तित्ति+रु-ड(डि)] পক্ষিবিশেষ। The partridge.

तिथि पु० [अत-इथिन्] চন্দ্রকলা ক্রিয়ার দ্বারা উপলক্ষিত কাল—প্রতিপদাদি। A lunar day.

तिथिक्षय पु० [तिथि+क्षय] অমাবস্যা। The day of the new moon.

तिथिप्रणी पु० [तिथि+प्र+नी-क्विप्] চন্দ্র। The moon.

तिनिश पु० [अति+निश-क] বৃক্ষবিশেষ। A kind of tree.

तिन्तिडी[-ली] स्त्री० **तिन्तिडीक** पु० [तिम-ईक] তেঁতুল গাছ, তেঁতুল। The tamarind tree, tamarind.

तिन्दु[-न्दुक] पु० [तिज-कु (कन्)] গাব গাছ। ক্লী० গাব ফল। A kind of tree; a kind of fruit.

तिमि पु० [तिम+इन्] মৎস্যবিশেষ। The whale.

तिमिकोष पु० [तिमि+कोष] সমুদ্র। The ocean.

तिमिङ्गिल पु० [तिमि+गॄ-क] মহামৎস্যবিশেষ। A kind of huge fish that swallows up the whale.

तिमित त्रि० [तिम-क्त] আর্দ্র, ক্লিন্ন। Wet, moist.

तिमिर पु०, क्ली० [तिम-किरच्] অন্ধকার, নেত্ররোগ-বিশেষ। Darkness, a disease of the eyes leading to blindness.

तिरश्चीन त्रि० [तिर्यच्-ख] বক্র, কুটিল। Oblique, awry.

तिरस् अव्य० [तॄ-असुन्] বক্রতা, অন্তর্ধান, তিরস্কার। Crookedness, disappearance.

तिरस्करणी(-रिणी) स्त्री० [तिरस्+कृ-णिनि+ङीप्], **तिरस्कारिणी** स्त्री० [तिरस्+कारिणी] আচ্ছাদনী, যবনিকা, পর্দা। A veil, curtain.

तिरस्कार पु० [तिरस्+कृ-घञ्], **तिरस्क्रिया** स्त्री० [तिरस्+कृ-श+टाप्] অবজ্ঞা, নিন্দা, ভর্ৎসনা, পরাভব, আচ্ছাদন। Contempt, censure, reproach, concealment.

तिरस्कृत त्रि० [तिरस्+कृ-क्त] অবজ্ঞাত, নিন্দিত, আচ্ছাদিত, অভিভূত, ভর্ৎসিত। Disregarded, abused, reproached.

तिरोधान क्ली० [तिरस्+धा-ल्युट्] অন্তর্ধান। Disappearance.

तिरोहित त्रि० [तिरस्+धा-क्त] অন্তর্হিত, আচ্ছাদিত। Disappeared, concealed.

तिर्यक् अव्य० [तिरस्+अन्च-क्विप्], **तिर्यच्** त्रि० [तिरस्+अन्च-क्विप्], **तिर्यञ्च** त्रि० বক্রগামী, কুটিল। পু० ক্লী० পশু, পক্ষী। Obliquely moving, crooked; beast, bird.

तिल पु० [तिल-क] শস্যবিশেষ, শরীরস্থ তিলাকৃতি চিহ্ন। Sesamum, a small black spot in the body.

तिलक पु०, क्ली० [तिल-क्वुन्] ফোঁটা, গাত্রতিল। পু० তিলবৃক্ষ। ত্রি० শ্রেষ্ঠ, তিলযুক্ত। A mark made with sandalwood, a freckle or natural mark under the skin; the sesamum tree ; foremost.

तिलकट पु० [तिल+कटच्] তিলরজঃ। The dust of sesamum.

तिलकल्क पु० [तिल+कल्क] তিলের খোল। Dough made of sesamum.

तिलतैल क्ली० [तिल+तैल] তিলের তেল। Sesamum oil.

तिलोत्तमा स्त्री० [तिल+उत्तमा] অপ্সরাবিশেষ। Name of a celestial nymph.

तिष्ठद्गु अव्य० [तिष्ठत्+गो] গোদোহনকাল, সন্ধ্যাকাল। The time for milking cows.

तिष्य पु० [तुष-क्यप्] পুষ্যা নক্ষত্র, পৌষ মাস। ক্লী० কলিযুগ। স্ত্রী० তিষ্যা—আমলকী। The eighth of the twenty-seven constellations, the lunar month Pauṣa; the Kali age.

तीक्ष्ण क्ली० [तिज-क्स्न] উগ্রতা, যুদ্ধ, বিষ, লৌহ, শস্ত্র, সৈন্ধব লবণ, শীঘ্র। ত্রি० উষ্ণ, শাণিত, ক্ষিপ্রকারী, তীব্র, কঠোর, কর্কশ, আত্মত্যাগী। Pungency, war, poison; hot, sharp, hard, rough.

तीक्ष्णायस क्লী° [तीक्ष्ण+अयस्+अच्] তীক্ষ্ণ লৌহ, ইস্পাত। Steel.

तीर ক্লী° [तीर-अच्] কূল, বেলা। Shore, bank.

तीरभुक्ति স্ত্রী° [तीर+भुक्ति] তীরহুত দেশ। Name of a country.

तीर्ण ত্রি° [तॄ-क्त] অতিক্রান্ত, আপ্লুত। Crossed, surpassed.

तीर्थ পু°, ক্লী° [तॄ-थक्] পুণ্যক্ষেত্র, নদী প্রভৃতি জলে অবতরণের ঘাট, জলাশয়, যজ্ঞ, সৎপাত্র, উপাধ্যায়, উপায়, দর্শনশাস্ত্র, নিদান, স্ত্রীরজঃ। A holy place, a descent into a river, pond, teacher.

तीर्थक(ङ्क)र ত্রি° [तीर्थ+कृ-ट्] দর্শনশাস্ত্রকার। পু° জিনদেব। A founder of a system of philosophy, an epithet of Jina.

तीर्थकाक পু° [तीर्थ+काक] তীর্থে কাকতুল্য, লোলুপ। Greedy.

तीर्थोदक ক্লী° [तीर्थ+उदक] তীর্থসলিল। Holy water.

तीवर পু° [तॄ-ष्वरच्] সমুদ্র, ব্যাধ। স্ত্রী° তীবরী—তিয়র জাতি। Ocean, huntsman; a low caste.

तीव्र ক্লী° [तीव-रक्] তীক্ষ্ণতা, আধিক্য, উষ্ণতা। ত্রি° দুঃসহ, অধিক, উষ্ণ, মহৎ। স্ত্রী° তীব্রা—নদীবিশেষ। Pungency, excess, heat; unbearable, extreme, hot; name of a river.

तु অব্য° [तुद-डु] সমুচ্চয়, সম্পর্ক, ভেদ, অবধারণ, পক্ষান্তর, নিয়োগ, প্রশংসা, নিগ্রহ, পাদপূরণ। A particle indicating collection, relation, distinction etc.

तुङ्ग ত্রি° [तुज-घञ्] উন্নত, বৃহৎ, শ্রেষ্ঠ। পু° পর্বত, নারিকেল বৃক্ষ, গ্রহবিশেষের রাশিভেদ। High, big, best; mountain, cocoanut tree.

तुङ्गभद्र পু° [तुङ्ग+भद्र] মত্ত হস্তী। স্ত্রী° তুঙ্গভদ্রা—নদীবিশেষ। An intoxicated elephant; name of a river.

तुङ्गिन् ত্রি° [तुङ्ग+इनि] রাশিচক্রের উচ্চস্থানে স্থিত (গ্রহ)। A planet at the apex of its orbit.

तुच्छ ত্রি° [तुद-क्विप्+छो-क] হীন, শূন্য, অল্প, অসার। ক্লী° তুষ। Empty, trifling, useless; chaff.

तुण्ड ক্লী° [तुण्ड-अच्] মুখ, ঠোঁট। Mouth, beak.

तुण्डि পু° [तुण्ड-इन्] মুখ, ঠোঁট। স্ত্রী° নাভি। Mouth, beak; navel.

तुत्थ(क) ক্লী° [तुद-थक्] তুঁতে। Sulphate of copper.

तुत्थाञ्जन ক্লী° [तुत्थ+अञ्जन] তুঁতে। Sulphate of copper.

तुन्द(-न्दि) ক্লী° [तुण-द] উদর। স্ত্রী° তুন্দী—নাভি। Belly; navel.

तुन्दपरिमृज ত্রি° [तुन्द+परि+मृज-क] অলস, মন্দ, দীর্ঘসূত্রী। Lazy, dull.

तुन्दिभ(ल) ত্রি° [तुन्द+भ (इलच्)] স্থূলোদর। One with a big belly.

तुन्न ত্রি° [तुद-क्त] ব্যথিত, ছিন্ন। Tormented, cut.

तुमुल ক্লী° [तु-मुलन्] ব্যাকুল যুদ্ধ, পরস্পর সংঘাত। ত্রি° ব্যাকুল, বিশৃঙ্খল। A confused combat; perplexed, confused.

तुम्ब পু° [तुम्ब-अच्] অলাবু, লাউ। স্ত্রী° তুম্বী—আমলকী, গবী। A kind of gourd.

तुम्बुरु পু° গন্ধর্ববিশেষ, ঋষিবিশেষ। Name of a Gandharva or a sage.

तुर ত্রি° [तुर-क] শীঘ্র, শীঘ্রগামী। স্ত্রী° তুরা—বেগ, ত্বরা। Swiftly moving; speed, haste.

तुरग পু° [तुर+गम-ड] অশ্ব। ক্লী° চিত্ত। Horse; mind.

तुरगिन् পু° [तुरग+इनि] অশ্বারোহী। A horseman.

तुरङ्ग পু° [तुर+गम-ख], **तुरङ्गम** পু° [तुर+गम-खच्] অশ্ব। ক্লী° চিত্ত। Horse; mind.

तुरङ्गवक्त्र পু° [तुरङ्ग+वक्त्र], **तुरङ्गवदन** পু° [तुरङ्ग+वदन] কিন্নর। A Kinnara.

तुरङ्गिन् পু° [तुरङ्ग+इनि] অশ্বারোহী। A horseman.

तुरासाह পু° [तुर+साह-क्विप्] ইন্দ্র। An epithet of Indra.

तुरि(री) স্ত্রী° [तुर-इन्(ङीप्)] মাকু। A shuttle.

तुरीय ত্রি° [तुरीय+अच्] চতুর্থ। Fourth.

तुरुष्क পু° [तुर-उसिक्+क] দেশবিশেষ। Name of a country.

तुर्य ত্রি° [चतुर+यत्] চতুর্থ। Fourth.

तुर्वसु পু° [चतुर+वसु] যযাতি রাজার পুত্রবিশেষ। Name of a son of king Yayāti.

तुलना স্ত্রী° [तुल-युच्+टाप्] সাদৃশ্য। Comparison, likeness.

तुलसी स्त्री॰ [तुला+सो-क+ङीष्] বৃক্ষবিশেষ। A kind of plant.

तुला स्त्री॰ [तुल-अङ्+टाप्] পরিমাণদণ্ড, সপ্তম রাশি, ভাণ্ড, স্তম্ভের উপরিস্থ কাষ্ঠাদি, শতপল পরিমাণ, সাদৃশ্য। Weighing balance, the seventh sign of the Zodiac, a measure of a hundred palas, similarity.

तुलाकोटि(-टी) [तुला+कोटि(+ङीप्)] নূপুর। Anklet.

तुलाधर पु॰ [तुला+धृ-अच्] তুলাদণ্ডধারক, তুলা-রাশি। The seventh sign of the Zodiac.

तुलाधार त्रि॰ [तुला+धृ-अण्] বাণিজ্যকারী। पु॰ তুলারাশি। Tradesman; the seventh sign of the Zodiac.

तुलापुरुष पु॰ [तुला+पुरुष] মহাদানবিশেষ। A great gift-ceremony.

तुलामान क्ली॰ [तुला+मान] তুলা পরিমাণ। Of the measure of a hundred palas.

तुलित त्रि॰ [तुला+णिच्-क्त] পরিমিত, সদৃশীকৃত, উদ্ধৃত। Measured, compared, likened.

तुलिम त्रि॰ [तुल+इमनिच्] ওজন করিয়া বিক্রেয়। To be sold in weight.

तुल्य त्रि॰ [तुला+यत्] সদৃশ। Like.

तुल्ययोगिता स्त्री॰ [तुल्य+युज-णिनि+तल्+टाप्] অর্থালঙ্কারবিশেষ। A figure of speech.

तुवर पु॰ [तु-ष्वरच्] ধান্যবিশেষ, কষায়রস। त्रि॰ কষায়রসযুক্ত, শ্মশ্রুহীন। A kind of corn, pungent taste; pungent.

तुष(स) पु॰ [तुष-क] ধানের খোসা, বিভীতক বৃক্ষ। Chaff, a kind of tree.

तुषानल पु॰ [तुष+अनल] তুষাগ্নি। Fire of the chaff.

तुषार पु॰ [तुष-आरन्] হিমকণা, শীতলস্পর্শ। त्रि॰ শীতল। Frost, cold touch ; cold.

तुषारमूर्ति पु॰ [तुषार+मूर्ति], **तुषारांशु** पु॰ [तुषार+अंशु] চন্দ্র। The moon.

तुषित पु॰ [तुष-क्विप्+इतच्] গণদেবতাবিশেষ। A class of group-gods.

तुष्ट त्रि॰ [तुष-क्त] তৃপ্ত, আহ্লাদিত। Satisfied, glad.

तुष्टि स्त्री॰ [तुष-क्तिन्] সন্তোষ, হর্ষ, সাংখ্যদর্শনে বুদ্ধিবিশেষ। Satisfaction, joy.

तुहिन क्ली॰ [तुह-इनन्] চন্দ্রকিরণ, হিম। त्रि॰ শীতল। Moonbeam, snow; cold.

तुहिनकर पु॰ [तुहिन+कर], **तुहिनदीधिति** पु॰ [तुहिन+दीधिति], **तुहिनद्युति** पु॰ [तुहिन+द्युति], **तुहिनरश्मि** पु॰ [तुहिन+रश्मि], **तुहिनांशु** पु॰ [तुहिन+अंशु] চন্দ্র। The moon.

तुहिनाद्रि पु॰ [तुहिन+अद्रि] হিমালয়। The Himalayas.

तूण पु॰ [तूण-घञ्] বাণাধার। Quiver.

तूणक क्ली॰ [तूण-ण्वुल] পঞ্চদশাক্ষরপাদ ছন্দো-বিশেষ। A metre of fifteen syllables.

तूणीर पु॰ [तूण-ईरन्] বাণাধার। Quiver.

तूरी स्त्री॰ [तूर-अच्+ङीष्] বাদ্যযন্ত্রবিশেষ। A kind of musical instrument.

तूर्ण क्ली॰ [त्वर-क्त] শীঘ্র। त्रि॰ ত্বরাযুক্ত। Quickly; swift.

तूर्य क्ली॰ [तूर-यत्] বাদ্যযন্ত্রবিশেষ। A kind of musical instrument.

तूल पु॰, क्ली॰ [तूल-अच्] কার্পাস। क्ली॰ আকাশ। स्त्री॰ तूली—বর্তিকা, তুলি। Cotton ; sky ; wick, painter's brush.

तूलनाली स्त्री॰ [तूल+नाली] তুলরি পাঁজ। A roll of cotton.

तूवर पु॰ [तू-वरच्] কষায়, শ্মশ্রুবিহীন ব্যক্তি। Pungent, a beardless man.

तूष्णीक त्रि॰ [तूष्णीम्+क] মৌনাবলম্বী। Silent.

तूष्णीम् अव्य॰ [तुष-नीम्] মৌন। Silence.

तूस्त क्ली॰ [तुस-तन्] রেণু, জটা, পাপ। Dust, matted hair, sin.

तृण क्ली॰ [तृह-नक्] খড়, ঘাস। Straw, grass.

तृणद्रुम पु॰ [तृण+द्रुम] নারিকেল, তাল, গুবাক, খর্জুর প্রভৃতি বৃক্ষ। Trees such as cocoa-nut, palm etc.

तृणधान्य क्ली॰ [तृण+धान्य] নীবার, শ্যামাক প্রভৃতি। A kind of corn.

तृणविन्दु पु॰ [तृण+विन्दु] মণিবিশেষ, ঋষি-বিশেষ। A kind of gem, name of a sage.

तृण्या स्त्री॰ [तृण+य+टाप्] তৃণসমূহ। A collection of grass.

तृतीय त्रि॰ [त्रि+तीय] তিনের পূরণ। Third.

तृतीयप्रकृति स्त्री॰ [तृतीया+प्रकृति] নপুংসক। Eunuch.

तृतीयाकृत त्रि॰ [तृतीय+डाच्+कृ-क्त] তিনবার কৃষ্ট (ক্ষেত্রাদি)। Thrice-tilled (field).

तृप्त त्रि॰ [तृप-क्त] সন্তুষ্ট। Contented.

तृप्ति स्त्री॰ [तृप-क्तिन्] সন্তোষ, আকাঙ্ক্ষানিবৃত্তি। Contentment.

तृष्[-षा] स्त्री० [तृष-क्विप् (टाप्)] পিপাসা, লোভ, ইচ্ছা। Thirst, greed, desire.

तृषित त्रि० [तृषा+इतच्] পিপাসু, ইচ্ছু। Thirsty, desirous.

तृष्णज् त्रि० [तृष--नजिक्] তৃষ্ণার্ত, লুব্ধ। Thirsty, greedy.

तृष्णा स्त्री० [तृष-न+टाप्] পিপাসা, লোভ, ইচ্ছা। Thirst, greed, desire.

तेजन पु० [तिज+णिच्-ल्यु] মুঞ্জ তৃণ, বাঁশ। क्ली० তীক্ষ্ণীকরণ। A kind of grass, bamboo; sharpening.

तेजपत्र क्ली० [तिज(तिज-णिच्+अच्)+पत्र] তেজপাতা। The leaf of Laurus cassia.

तेजस् क्ली० [तिज-असन्] দীপ্তি, প্রভাব, পরাক্রম, বহ্নি, সুবর্ণ, রেতস্, দেহকান্তি, ঘৃত, মজ্জা, পিত্ত, নায়কনিষ্ঠ গুণবিশেষ। Lustre, power, fire, gold.

तेजस्कर त्रि० [तेजस्+कृ-ट] শক্তিকারক। Causing strength.

तेजस्वत् त्रि० [तेजस्+मतुप्], **तेजस्विन्** त्रि० [तेजस्+विनि] প্রভাবশালী, তেজোযুক্ত। Powerful, lustrous.

तेजित त्रि० [तिज+णिच्-क्त] শাণিত, তীক্ষ্ণীকৃত। Whetted.

तेजिष्ठ त्रि० [तेजस्विन्+इष्ठन्], **तेजीयस्** त्रि० [तेजस्विन्+ईयसुन्] অতি তেজস্বী। Extremely powerful or luminous.

तेजोमय त्रि० [तेजस्+मयट्] জ্যোতির্ময়। Lustrous.

तेन अव्य० [तद्+एन] সেইজন্য। Therefore.

तेम पु० [तिम-घञ्] আর্দ্রীভাব। Moisture.

तेमन क्ली० [तिम-ल्युट्] আর্দ্রীকরণ। Wetting.

तेमनी स्त्री० [तेमन+ङीप्] চিমনী, চুল্লী। Chimney.

तैक्ष्ण्य क्ली० [तीक्ष्ण+ष्यञ्] তীক্ষ্ণতা। Sharpness.

तैजस क्ली० [तेजस+अण्] ঘৃত, ধাতুদ্রব্যমাত্র। त्रि० রজোগুণোৎপন্ন। Clarified butter, any metal.

तैजसावर्तनी स्त्री० [तैजस+आवर्तनी] মূচী। A crucible.

तैतिल पु० গণ্ডার। क्ली० করণবিশেষ। Rhinoceros.

तैत्तिर पु० [तित्तिर+अण्] তিত্তির পক্ষী। Partridge.

तैत्तिरीय पु० [तित्तिरि+छण्] যজুর্বেদের শাখাবিশেষ। त्रि० তিত্তিরি সম্বন্ধীয়, তিত্তিরি প্রোক্ত শাখা-অধ্যয়নকারী। A branch of the Yajurveda.

तैल क्ली० [तिल+अञ्] তিলবিকার। Oil.

तैलकार पु० [तैल+कृ-अण्] কলু। Oilman.

तैलङ्ग पु० দেশবিশেষ। Name of a country.

तैलपर्णिक क्ली० [तैल+पर्ण+ठन्] হরিচন্দন। A kind of sandal.

तैलपा स्त्री० [तैल+पा-क+टाप्], **तैलपायिका** स्त्री० [तैल+पा-ण्वुल्+टाप्] তেলাপোকা প্রভৃতি কীট-বিশেষ। Cockroaches and such other insects.

तैलिक त्रि० [तैल+ठक्], **तैलिन्** त्रि० [तैल+इनि] কলু। তৈল সম্বন্ধীয়। Oilman ; relating to oil.

तैष पु० [तैषी+अण्] পৌষমাস। The month of Pauṣa.

तैषी स्त्री० [तिष्या+अण्+ङीप्] তিষ্যা নক্ষত্রযুক্তা পূর্ণিমা। The full moon day of the month of Pauṣa.

तोक क्ली० [तु-क] পুত্র, অপত্য। Son, child.

तोटक क्ली० দ্বাদশাক্ষরপাদ ছন্দোবিশেষ। A metre of twelve syllables.

तोत्त्र क्ली० [तुद्-ष्ट्रन्] গবাদি-তাড়ন দণ্ড। A goad for driving cattle.

तोदन क्ली० [तुद्-ल्युट्] ব্যথা, তাড়ন দণ্ড। Pain, a stick for driving cattle.

तोमर पु०, क्ली० [तु-विच्+मृ-अप्] শাবলাদি, অস্ত্রবিশেষ। A kind of weapon.

तोय क्ली० [तु-विच्+या-क] জল, পূর্বাষাঢ়া নক্ষত্র। Water.

तोयद पु० [तोय+दा-क] মেঘ। Cloud.

तोयदागम पु० [तोयद+आगम] বর্ষাকাল। Rainy season.

तोयधर पु० [तोय+धृ-अच्] মেঘ। Cloud.

तोयधि पु० [तोय+धा-कि], **तोयनिधि** पु० [तोय+निधि] সমুদ্র। Ocean.

तोयाधार पु० [तोय+आधार], **तोयालय** पु० [तोय+आलय] জলাশয়। Pond, lake.

तोरण पु० [तुर-युच्], क्ली० [तुर-ल्युट्] বহির্দ্বার, ফটক। Outer door, gate.

तोल[-लक] पु०, क्ली० [तुल-अच्(+क)] পরিমাণ-বিশেষ। A measure.

तोष पु० [तुष-घञ्], **तोषण** क्ली० [तुष-ल्युट्] সন্তোষ, আনন্দ, সন্তোষোৎপাদন। Contentment, delight.

तोषित त्रि० [तुष-क्त] সন্তোষিত। Propitiated.

तौर्य्य क्ली० [तुर्य्य+अण्] মুরজাদিধ্বনি। The sound of a musical instrument.

तौर्य्यत्रिक क्লী° [तौर्य्य+त्रिक] নৃত্য, গীত ও বাদ্য এই তিন একত্রে। The union of dance, song and instrumental music.

तौल ক্লী° [तुला+अण्] তুলাদণ্ড, তুলা রাশি। Measuring instrument.

तौलिक পু° [तूली+ठक्] চিত্রকর। Painter.

त्यक्त ত্রি° [त्यज-क्त] বর্জিত, উৎসৃষ্ট, দত্ত। Forsaken, offered, given.

त्यक्तसर्वपरिग्रह ত্রি° [त्यक्त+सर्व+परिग्रह] যিনি সকল ভোগ্য বস্তু পরিত্যাগ করিয়াছেন। One who has forsaken all things of enjoyment.

त्यद् ত্রি° [त्यज-अदि] প্রসিদ্ধ, পরোক্ষ বস্তুর অভিধায়ক। Famous, that.

त्याग পু° [त्यज-घञ्] উৎসর্গ, বর্জন, দান, বিসর্জন, বৈরাগ্য। Offering, forsaking, gift.

त्यागिन् ত্রি° [त्यज-घिणुन्] দাতা, বর্জনকারী, বীর। Donor, one who renounces, heroic.

त्याज्य ত্রি° [त्यज-ण्यत्] ত্যাগের যোগ্য, বর্জনীয়। Fit to be forsaken.

त्रपा স্ত্রী° [त्रप-अङ्+टाप्] লজ্জা। Bashfulness.

त्रपु ক্লী° [त्रप-उन्], **त्रपुस्** ক্লী° [त्रप-उस्] সীসা। Lead.

त्रपुष ক্লী° [त्रपुषी+अण्] শশা। Cucumber.

त्रय ক্লী° [त्रि+अयच्] তিন সংখ্যা। ত্রি° তিন সংখ্যাবিশিষ্ট। The numeral three; numbering three.

त्रयी স্ত্রী° [त्रय+ङीप्] ঋক্, যজুস্ ও সাম এই তিন বেদ, ব্রহ্মা, বিষ্ণু ও শিব এই তিন দেবতা। The three Vedas together, the three gods—Brahmā, Viṣṇu and Śiva.

त्रयीधर्म পু° [त्रयी+धर्म] বেদত্রয়-বিহিত ধর্ম। The duties enjoined by the three Vedas.

त्रयोदश ত্রি° [त्रय+दशन्+डट्] তের সংখ্যার পূরণ। স্ত্রী° ত্রয়োদশী—তিথিবিশেষ। Thirteenth; the thirteenth lunar mansion.

त्रयोदशन् ত্রি° [त्रय+दशन्] তের সংখ্যা, তের সংখ্যার পূরণ। The numeral thirteen, thirteenth.

त्रस ত্রি° [त्रस-क] জঙ্গম। Movable.

त्रसरेणु পু° [त्रस+रेणु] তিনটি দ্ব্যণুকের সমষ্টি, প্রত্যক্ষযোগ্য ক্ষুদ্রতম বস্তু। The minutest visible particle.

त्रस्त ত্রি° [त्रस-क्त] ভীত, চকিত। ক্লী° শীঘ্র। Afraid; quick.

त्रस्नु ত্রি° [त्रस-क्नु] ভীরু, ভয়শীল। Coward.

त्राण ক্লী° [त्रै-ल्युट्] রক্ষা, উদ্ধার। ত্রি° রক্ষক। Protection, salvage; protector.

त्रात[ण] ত্রি° [त्रै-क्त] রক্ষিত। ক্লী° রক্ষণ। Saved, protected; protection.

त्रातृ ত্রি° [त्रै-तृच्] রক্ষণকর্তা। Saviour.

त्रापुष ত্রি° [त्रपुष+अण्] রঙ্গময় পাত্রাদি। Tin vessels.

त्रायमाण ত্রি° [त्रै-शानच्] রক্ষক, রক্ষ্যমাণ। স্ত্রী° ত্রায়মাণা—লতাবিশেষ। Protecting; a kind of creeper.

त्रास পু° [त्रस-घञ्] ভয়, মণির দোষবিশেষ। Fear.

त्रासित ত্রি° [त्रस+णिच्-क्त] যাহার ভয় উৎপাদন করা হইয়াছে। Terrorised.

त्रि ত্রি° [तॄ+ड्रि] তিন সংখ্যা বিশিষ্ট। Three.

त्रिंश ত্রি° [त्रिंशत्+डट्] তিরিশ সংখ্যার পূরণ। Thirtieth.

त्रिंशत् স্ত্রী° তিরিশ সংখ্যা, তিরিশ। Thirty, thirtieth.

त्रिंशत्तम ত্রি° [त्रिंश+तमप्] তিরিশ সংখ্যার পূরণ। Thirtieth.

त्रिक ক্লী° [त्रि+कन्] তিন সংখ্যা, তেমাথা পথ। স্ত্রী° ত্রিকা—তেকাঠ। Three, a crossing of three roads.

त्रिककुद् পু° [त्रि+ककुद्] ত্রিকূট পর্বত, বিষ্ণু। Name of a mountain, Viṣṇu.

त्रिकटु ক্লী° [त्रि+कटु] শুণ্ঠী, পিপ্পলী, মরীচ। Black pepper.

त्रिकाल ক্লী° [त्रि+काल] ভূত, ভবিষ্যৎ ও বর্তমান, প্রাতঃ, মধ্যাহ্ন ও সায়ংকাল। The three times—past, present and future, morning, mid-day and evening.

त्रिकालज्ञ ত্রি° [त्रिकाल+ज्ञा-क] সর্বজ্ঞ, ত্রিকালদর্শী। Omniscient, one who knows past, present and future.

त्रिकूट পু° [त्रि+कूट] তিনটি শৃঙ্গবিশিষ্ট পর্বতবিশেষ। A mountain with three peaks.

त्रिकोण ত্রি° [त्रि+कोण] তিনকোণা, মোক্ষ। ক্লী° ত্রিভুজ, কামরূপ পীঠ। Triangular, triangle.

त्रिगण পু° [त्रि+गण] ধর্ম, অর্থ, কাম। The group of three—dharma, artha and kāma.

त्रिगर्त পু° [त्रि+गर्त] দেশবিশেষ, গণিতবিশেষ। Name of a country, a kind of mathematics.

ত্রিগুণ ক্লী০ [ত্রি+গুণ] সত্ত্ব, রজঃ ও তমোগুণের সমাহার। The group of three guṇas—sattva, rajas and tamas.

ত্রিগুণাকৃত ত্রি০ [ত্রিগুণ+ডাচ্+কৃত] তিনবার কৃষ্ট (ক্ষেত্রাদি)। Thrice tilled (field).

ত্রিগুণাত্মিকা স্ত্রী০ [ত্রিগুণ+আত্মন্+কন্+টাপ্] সত্ত্ব, রজঃ ও তমোগুণময়ী। Composed of three guṇas.

ত্রিজগৎ ক্লী০ [ত্রি+জগৎ] স্বর্গ, মর্ত ও পাতাল এই তিন ভুবন। The three worlds.

ত্রিজটা স্ত্রী০ [ত্রি+জটা] রাক্ষসীবিশেষ। Name of a demoness.

ত্রিজাতক ক্লী০ [ত্রি+জাত+ক] জয়িত্রী, এলাচ ও তেজপাতা। A Group of specific three spices.

ত্রিণাচিকেত পু০ [ত্রি+নাচিকেত] যজুর্বেদের অংশবিশেষ, অধ্বর্যুবিশেষ। A part of the Yajurveda.

ত্রিতয় ক্লী০ [ত্রি+তয়প্] তিন সংখ্যা। ত্রি০ তিন সংখ্যাবিশিষ্ট। Three; numbering three.

ত্রিতাপ পু০ [ত্রি+তাপ] আধ্যাত্মিক, আধিভৌতিক ও আধিদৈবিক এই দুঃখত্রয়। The three types of sorrow or suffering.

ত্রিদণ্ড ক্লী০ [ত্রি+দণ্ড] দণ্ডত্রয়, বাক্ মনঃ ও কায় এই তিনটি। The three daṇḍas, speech, mind and body.

ত্রিদণ্ডিন্ পু০ [ত্রি+দণ্ড+ইনি] সন্ন্যাসাশ্রমবিশেষ, সন্ন্যাসী। Mendicant.

ত্রিদশ পু০ [ত্রি+দশ] দেবতা। উৎপত্তি স্থিতি ও বিনাশ এই অবস্থাত্রয়বিশিষ্ট। Gods.

ত্রিদশগোপ পু০ [ত্রিদশ+গোপ] রক্তবর্ণ কীটবিশেষ। A kind of red insect.

ত্রিদশবনিতা স্ত্রী০ [ত্রিদশ+বনিতা] অপ্সরা। Heavenly nymph.

ত্রিদশাধিপ পু০ [ত্রিদশ+অধিপ] ইন্দ্র। An epithet of Indra.

ত্রিদশালয় পু০ [ত্রিদশ+আলয়] স্বর্গ, সুমেরু পর্বত। Heaven, the mount Sumeru.

ত্রিদিব পু০ ক্লী০ [ত্রি+দিব–ক] স্বর্গ, আকাশ। Heaven, sky.

ত্রিদিবাধীশ পু০ [ত্রিদিব+অধীশ], **ত্রিদিবেশ** [ত্রিদিব+ঈশ], পু০ **ত্রিদিবৌকস্** পু০ [ত্রিদিব+ওকস্] দেবতা। Gods.

ত্রিদোষ ক্লী০ [ত্রি+দোষ] বাত পিত্ত ও কফ এই তিনের দোষ। Disease relating to the three humors—wind, bile and phlegm.

ত্রিধা অব্য০ [ত্রি+ধাচ্] তিনবার, ত্রিবিধ। Thrice, of three kinds.

ত্রিধামন্ পু০ [ত্রি+ধামন্] বিষ্ণু, শিব, অগ্নি। An epithet of Viṣṇu, Śiva and Agni.

ত্রিনয়ন [ত্রি+নয়ন] শিব। স্ত্রী০ ত্রিনয়না—দুর্গা। An epithet of Śiva.

ত্রিনেত্র পু০ [ত্রি+নেত্র] শিব। স্ত্রী০ ত্রিনেত্রা—দুর্গা। An epithet of Śiva.

ত্রিপতাক ত্রি০ [ত্রি+পতাকা] তিনটি পতাকাবিশিষ্ট। ক্লী০ ললাট। পু০ মধ্যমা ও অনামিকাকে সংকুচিত করিয়া অবশিষ্ট প্রসারিত অঙ্গুলিত্রয়যুক্ত কর। A posture of three fingers.

ত্রিপথ ক্লী০ [ত্রি+পথিন্+অচ্] তেমাথা রাস্তা, স্বর্গ মর্ত ও পাতাল এই তিন। A crossing of three roads, the three—sky, earth and the nether region.

ত্রিপথগা স্ত্রী০ [ত্রিপথ+গম–ড+টাপ্], **ত্রিপথগামিনী** স্ত্রী০ [ত্রিপথ+গম–ণিনি+ঙীপ্] গঙ্গা। The river Gaṅgā.

ত্রিপদী[-দিকা] স্ত্রী০ [ত্রি+পাদ+ঙীপ্(ক+টাপ্)] ছন্দোবিশেষ, তেপায়া, হস্তীর পাদবন্ধন শৃঙ্খলাদি। A kind of metre, a chain to tie an elephant's foot.

ত্রিপাদ্ পু০ [ত্রি+পাদ] বিষ্ণু, জ্বর। ত্রি০ ত্রিপাদবিশিষ্ট। An epithet of Viṣṇu, fever; three-footed.

ত্রিপিষ্টপ ক্লী০ [ত্রি+পিষ্টপ] স্বর্গ, আকাশ। Heaven, sky.

ত্রিপুণ্ড্র ক্লী০ [ত্রি+পুণ্ড্র] ললাটস্থ তির্যাক্ রেখাত্রয়। A mark consisting of three lines on the forehead.

ত্রিপুর [ত্রি+পুর] অসুরবিশেষ। ক্লী০ অসুরদিগের তিনটি নগরী। Name of a demon; the three cities of the demons.

ত্রিপুরদহন পু০ [ত্রিপুর+দহন], **ত্রিপুরদ্বিষ্** পু০ [ত্রিপুর+দ্বিষ্], **ত্রিপুরান্তক** পু০ [ত্রিপুর+অন্তক], **ত্রিপুরারি** পু০ [ত্রিপুর+অরি] শিব। An epither of Śiva.

ত্রিফলা স্ত্রী০ [ত্রি+ফল+টাপ্] হরীতকী, আমলকী ও বয়ড়া। A group of three specific fruits.

ত্রিবলি[-লী] স্ত্রী০ [ত্রি+বলি] উদরে ত্বক্ সংকোচজন্য রেখাত্রয়। Three lines of wrinkle on the belly.

ত্রিভুজ ক্লী০ [ত্রি+ভুজ] ত্রিকোণ। Triangle.

ত্রিভুবন ক্লী০ [ত্রি+ভুবন] স্বর্গ মর্ত ও পাতাল। The three worlds.

त्रिमधु क्ली० [त्रि+मधु] ঘৃত, চিনি ও মধু। Clarified butter, sugar and honey—the three together.

त्रिमार्गगा स्त्री० [त्रि+मार्ग+गम–ड+टाप्] গঙ্গা। An epithet of the river Gaṅgā.

त्रिमूर्ति पु० [त्रि+मूर्ति] ব্রহ্মা, বিষ্ণু ও মহেশ্বর। The three gods—Brahmā, Viṣṇu and Śiva.

त्रियम्बक पु० [त्रि+इयङ+अम्बक] শিব। An epithet of Śiva.

त्रियामा स्त्री० [त्रि+याम+टाप्] রাত্রি, হরিদ্রা, যমুনা। Night, turmeric, the river Yamunā.

त्रिरात्र क्ली० [त्रि+रात्रि+अच्] তিন রাত্রির সমাহার। Three nights together.

त्रिलिङ्ग त्रि० [त्रि+लिङ्ग] পুংলিঙ্গ, স্ত্রীলিঙ্গ ও ক্লীব-লিঙ্গবিশিষ্ট। Having three genders, masculine, feminine and neuter.

त्रिलोकनाथ पु० [त्रि+लोक+नाथ] লোকত্রয়ের অধীশ্বর। Lord of the three worlds.

त्रिलोकी स्त्री० [त्रि०+लोक+ङीप्] স্বর্গ, মর্ত ও পাতাল এই লোকত্রয়। The three worlds.

त्रिलोकेश पु० [त्रिलोक+ईश] পরমেশ্বর, সূর্য। Supreme lord, an epithet of the sun.

त्रिलोचन पु० [त्रि+लोचन] শিব। An epithet of Śiva.

त्रिवर्ग पु० [त्रि+वर्ग] ধর্ম, অর্থ ও কাম এই তিন, সত্ত্ব, রজঃ ও তমঃ এই তিন ; ত্রিফলা, ত্রিকটু। The group of of three—dharma artha and kāma or sattva, rajas and tamas.

त्रिवर्णक क्ली० [त्रि+वर्ण+कप्] ব্রাহ্মণ, ক্ষত্রিয় ও বৈশ্য এই তিন। The three higher castes —Brahmin, Kṣattriya and Vaiśya.

त्रिवर्षिका स्त्री० [त्रि+वर्ष+क+टाप्] তিন বৎসর বয়সের গাভী। A three-year-old cow.

त्रिविक्रम पु० [त्रि+विक्रम] বামনরূপী বিষ্ণু। An epithet of Viṣṇu assuming the form of a dwarf.

त्रिविद्य त्रि० [त्रि+विद्या] বিদ্যাত্রয়যুক্ত। One proficient in the three Vidyās.

त्रिविद्या स्त्री० [त्रि+विद्या] তিনটি বেদ। The three Vedas.

त्रिविध त्रि० [त्रि+विधा] তিনপ্রকার। Of three kinds.

त्रिविष्टप [त्रि+विश–कपन्] স্বর্গ। Heaven.

त्रिवृत् त्रि० [त्रि+वृ–क्विप्] তিনগুণ। Three-fold.

त्रिवेणी स्त्री० [त्रि+वेणी] গঙ্গা, যমুনা ও সরস্বতীর মিলিত বা বিচ্ছিন্ন প্রবাহ। The confluence of Gaṅgā, Yamunā and Sarasvatī.

त्रिवेद त्रि० [त्रि+वेद] বেদত্রয়বেত্তা। One proficient in the three Vedas.

त्रिवेदिन् पु० [त्रि+वेद+इनि] ত্রিবেদাধ্যায়ী। One studying the three Vedas.

त्रिशङ्कु पु० [त्रि+शङ्कु] নৃপতিবিশেষ, মার্জার, শলভ, চাতক। Name of a king, cat.

त्रिशिख पु० [त्रि+शिखा] রাক্ষসবিশেষ। क्ली० ত্রিশূল। त्रि० শিখাত্রয়যুক্ত। Name of a demon; trident; of three flames.

त्रिशिरस् पु० [त्रि+शिरस्] রাক্ষসবিশেষ, কুবের, জ্বর। Name of a demon, Kuvera, fever.

त्रिशीर्षक क्ली० [त्रि+शीर्ष+कन्], **त्रिशूल** क्ली० [त्रि+शूल] অস্ত্রবিশেষ। A kind of weapon.

त्रिशूलिन् पु० [त्रिशूल–इनि] শিব। त्रि० ত্রিশূলধারী। An epithet of Śiva ; one carrying a trident.

त्रिशृङ्ग पु० [त्रि+शृङ्ग] ত্রিকূট পর্বত। The mountain Trikūṭa.

त्रिष्टुभ् स्त्री० [त्रि+स्तुभ–क्विप्] একাদশাক্ষর বৈদিক ছন্দোবিশেষ। A Vedic metre of eleven syllables.

त्रिसन्ध्य क्ली० [त्रि+सन्ध्या] প্রাতঃ, মধ্যাহ্ন ও অপরাহ্ণ কাল। Morning, mid-day and evening.

त्रिसवन, त्रि-षवण क्ली० [त्रि+सवन] প্রাতঃ, মধ্যাহ্ন ও সায়াহ্ন এই তিন কালে সোমরস নিষ্কাশন। The extraction of Soma juice during morning, midday and evening.

त्रिस्रोतस् स्त्री० [त्रि+स्रोतस्] গঙ্গা। An epithet of the river Gaṅgā.

त्रिहायणी स्त्री० [त्रि+हायन+ङीप्] তিন বৎসর বয়সের গাভী। A three-year-old cow.

त्रुटि[टी] स्त्री० [त्रुट–इन् (ङीप्)] ন্যূনতা, হানি, সংশয়। Shortcoming, loss.

त्रेता स्त्री० [त्रि+इता] দ্বিতীয় যুগ। দক্ষিণ, গার্হপত্য এবং আহবনীয় এই অগ্নিত্রয়। The second cycle of time ; the collection of three sacrificial fires.

त्रेधा अব্য০ [त्रि+एधाच्] তিনপ্রকার। Of three kinds.

त्रैकालिक ত্রি০ [त्रिकाल+ठञ्] ভূত, ভবিষ্যৎ ও বর্তমান এই কালত্রয়স্থায়ী। Extending to the three times—past, present and future.

त्रैकाल्य ক্লী০ [त्रिकाल+ष्यञ्] ভূত, ভবিষ্যৎ ও বর্তমান এই তিন কাল। The three times —past, present and future.

त्रैगर्तक পু০ [त्रिगर्त+वुञ्] ত্রিগর্তদেশের নৃপতিবিশেষ। Name of a king.

त्रैगुणिक ত্রি০ [त्रिगुण+ठक्] তিনগুণ কুসীদাদির গ্রাহক। Usurer taking at the rate of three times.

त्रैगुण्य ক্লী০ [त्रिगुण+ष्यञ्] সত্ত্ব, রজঃ ও তমঃ এই তিন গুণ, ত্রিগুণভাব, ত্রিগুণসাধ্য সংসার। The three guṇas—sattva, rajas and tamas, the nature of the three guṇas.

त्रैगुण्यविषय ত্রি০ [त्रैगुण्य+विषय] সত্ত্ব, রজঃ ও তমোগুণাত্মক সংসার সম্বন্ধীয়। Relating to the world.

त्रैदशिक ত্রি০ [त्रिदश+ठञ्] দৈব, দেবতাসম্বন্ধীয়। Relating to the gods.

त्रैमातुर ত্রি০ [त्रि+मातृ+अण्] তিন মাতার পুত্র। পু০ লক্ষ্মণ, শত্রুঘ্ন। Son of three mothers; an epithet of Lakṣmaṇa and Śatrughna.

त्रैमासिक ত্রি০ [त्रि+मास+ठञ्] মাসত্রয়সাধ্য, তিন মাসের, মাসত্রয়ব্যাপ্য। Quarterly, three-monthly.

त्रैराशिक ত্রি ০ [त्रि+राशि+ठञ्] রাশিত্রয়সম্বন্ধীয়। Relating to three numbers or three signs of the zodiac.

त्रैलोक्य ক্লী০ [त्रिलोक+ष्यञ्] স্বর্গ, মর্ত ও পাতাল। The three worlds.

त्रैवर्षिक ত্রি০ [त्रि+वर्ष+ठञ्] তিন বৎসরব্যাপী। Triennial, extending to three years.

त्रैविक्रम ত্রি০ [त्रिविक्रम+अण्] ত্রিবিক্রমসম্বন্ধীয়। Relating to Trivikrama i.e. Viṣṇu.

त्रैविद्य ত্রি০ [त्रि+विद्या+अण्] ত্রিবেদজ্ঞ। One proficient in the three Vedas.

त्रैविध्य ক্লী০ [त्रिविध+ष्यञ्] তিন প্রকার। The state of being of three kinds.

त्रैशङ्कव পু০ [त्रिशङ्कु+अण्] ত্রিশঙ্কুর পুত্র, রাজা হরিশ্চন্দ্র। An epithet of king Hariścandra.

त्रोटक ক্লী০ [त्रुट-ण्वुल्] দৃশ্যকাব্যবিশেষ। A variety of drama.

त्रोटि[-टी] স্ত্রী০ [त्रुट-इ (ङीप्)] ঠোঁট, পক্ষিবিশেষ, মৎস্যবিশেষ। Lips, a kind of fish or bird.

त्र्यम्बक পু০ [त्रि+अम्बक] শিব। An epithet of Śiva.

त्र्यम्बकसख পু০ [त्र्यम्बक+सखिन्+टच्] কুবের। An epithet of Kuvera.

त्र्यहस्पर्श পু০ [त्रि+अहन्+स्पर्श] একদিনে তিন তিথির যোগ। The meeting of three lunar days in one solar day.

त्र्यहस्पृश् পু০ [त्रि+अहन्+स्पृश-क्विन्] তিথিত্রয়স্পর্শী দিবস। The solar day having conjunction of three lunar days.

त्र्यहैहिक ত্রি০ [त्र्यह+ईहा+ठण्] দিনত্রয়নির্বাহোচিত ধনশালী। Having provision sufficient for three days.

त्व ত্রি০ [तन-विच्] ভিন্ন, অন্য। Other.

त्वक्सार ত্রি০ [त्वक्+सार] বাঁশ। Bamboo.

त्वच्[-चा] স্ত্রী০ [त्वच-क्विप् (टाप्)], **त्वच** পু০ [त्वच-अच्] চর্ম, স্পর্শেন্দ্রিয়, বল্কল। Skin, the tactile sense, bark.

त्वचिसार পু০ [त्वचि+सार] বাঁশ। Bamboo.

त्वत् ত্রি০ [तन-क्विप्] অন্য, ভিন্ন। Other.

त्वत्क ত্রি০ [युष्मद्+क] ত্বদীয়। Relating to you, thine.

त्वदधीन ত্রি০ [युष्मद्+अधीन] তোমার অধীন। Under you.

त्वद्विध ত্রি০ [युष्मद्+विधा] তোমার সদৃশ। Like you.

त्वरा স্ত্রী০ [त्वर-अङ्+टाप्] বেগ। Hurry.

त्वरित ক্লী০ [त्वर-क्त] শীঘ্র। ত্রি০ ত্বরাযুক্ত। Quick.

त्वष्ट ত্রি০ [त्वक्ष-क्त] তনূকৃত। Thinned.

त्वष्टृ পু০ [त्वक्ष-तृच्] বিশ্বকর্মা, সূত্রধর। Viśvakarman, carpenter.

त्वादृश् ত্রি০ [युषाद्+दृश-क्विन्], **त्वादृश** ত্রি০ [युषाद्+दृश-कञ्] তোমার সদৃশ। Like you.

त्वाष्ट्र পু০ [त्वष्ट+अण्] বৃত্রাসুর। স্ত্রী০ त्वाष्ट्री—সূর্যপত্নী। ত্রি০ ত্বষ্টৃসম্বন্ধীয়। An epithet of the demon Vṛtra; wife of Sūrya; relating to Vṛtra.

त्विष्[-षा] স্ত্রী০ [त्विष-क्विप् (टाप्)] দীপ্তি, কান্তি। Lustre, loveliness.

त्विषाम्पति পু০ [त्विषाम्+पति] সূর্য, আকন্দ গাছ। The sun.

तृसरु पु० [तृसर–उन्] খড়্গমুষ্টি। The handle of a sword.

तृसारुक त्रि० [तृसरु+कन्+अण्] অসিযুদ্ধে নিপুণ। Expert in sword-fight.

थ

थ पु० [थुड–ड] পর্বত। ত্রি০ ভয় হইতে যিনি ত্রাণ করেন। ক্লী০ ভয়, মঙ্গল, রক্ষণ। Mountain; one who protects from fear; fear, protection.

थुत्कार पु० [थुत्+कृ–अण्] থুতু ফেলা, নিষ্ঠীবন। Spitting.

थोडन क्ली० [थुड–ल्युट्] সংবরণ। Clothing.

द

द पु० [दैप(दा)(दो)+क] পর্বত, দন্ত, দাতা। ক্লী০ কলত্র। স্ত্রী০ दा—[दो+क्विप्–टाप्] খণ্ডন, রক্ষণ। Mountain, donor ; wife ; cutting.

दंश पु० [दन्श–घञ्] দংশন, দন্তক্ষত, দোষ, দন্ত, সর্পক্ষত, বর্ম, খণ্ডন। [दन्श–अच्]—বনমক্ষিকা, ডাঁশ। স্ত্রী০ दंशी—বনমক্ষিকা। Biting, fault, tooth ; a wild fly.

दंशक पु० [दन्श–ण्वुल्] মক্ষিকাবিশেষ। ত্রি০ দংশনকর্তা। A kind of fly ; biter.

दंशन क्ली० [दन्श–ल्युट्] দন্তাঘাত, কামড়ান, হুল ফোটান, বর্ম। Biting, stinging.

दंशित त्रि० [दंश+इतच्] ধৃতবর্ম। Armoured.

दंष्ट्रा स्त्री० [दंश–ष्ट्रन्+टाप्] স্থূলদন্তবিশেষ। Huge sharp tooth.

दंष्ट्रिन् पु० [दंष्ट्रा+इनि] শূকর, সর্প। ত্রি০ দংষ্ট্রাযুক্ত। Hog, serpent ; having sharp teeth.

दक्ष पु० [दक्ष–अच्] সংহিতাকার মুনিবিশেষ, অগ্নি, শিবরৃষভ, শিব, বিষ্ণু, বৃক্ষবিশেষ, প্রজাপতি-বিশেষ। ত্রি০ সমর্থ, চতুর। স্ত্রী০ दक्षा— পৃথিবী, গঙ্গা। Name of a sage, Śiva, Viṣṇu, Prajāpati ; capable, expert ; the earth, the Ganges.

दक्षकन्या स्त्री० [दक्ष+कन्या], **दक्षजा** स्त्री० [दक्ष+जन–ड+टाप्], **दक्षतनया** स्त्री० [दक्ष+तनया] **दक्षसुता** स्त्री० [दक्ष+सुता] দুর্গা, অশ্বিনী প্রভৃতি নক্ষত্র। An epithet of goddess Durgā.

दक्षिण त्रि० [दक्ष–इनन्] কুশল, নিপুণ, অন্যের অভিপ্রায়ানুবর্তী, সরল, উদার, ডান, বামভিন্ন, ডান দিকে স্থিত। পু০ নায়কবিশেষ, বিষ্ণু, শিব। পু০, ক্লী০ দক্ষিণ পার্শ্ব, দেশবিশেষ। ক্লী০ আচারবিশেষ। Expert, favouring, the right (as opposed to the left); a kind of nāyaka ; side, the southern country ; a kind of conduct.

दक्षिणकालिका स्त्री० [दक्षिण+कालिका] দেবী-বিশেষ। Name of a goddess.

दक्षिणतस् अव्य० [दक्षिण+तसिल्] দক্ষিণদিকে, দক্ষিণদেশে। Towards the south, in the southern country.

दक्षिणस्थ पु० [दक्षिण+स्था–क] সারথি। ত্রি০ দক্ষিণভাগে স্থিত। Charioteer ; situated in the south.

दक्षिणा स्त्री० [दक्षिण+टाप्] যজ্ঞাদির অন্তে দান, পুরস্কার, যজ্ঞপত্নী। অব্য০ [दक्षिण+आच्]দক্ষিণ-দিক, দক্ষিণদেশ, দক্ষিণ হইতে, দক্ষিণে। Gift at the end of a sacrifice ; the south.

दक्षिणाग्नि पु० [दक्षिण+अग्नि] যজ্ঞিয় অগ্নি-বিশেষ। Name of a sacrificial fire.

दक्षिणाचल पु० [दक्षिण+अचल] মলয়পর্বত। The Malaya mountain.

दक्षिणात् अव्य० [दक्षिण+आति] দক্ষিণ দিকে, দক্ষিণ দিক হইতে। In the southern direction.

दक्षिणापथ पु० [दक्षिणा+पथिन्+अच्] দক্ষিণ দেশ। The southern country.

दक्षिणामुख त्रि० [दक्षिणा+मुख] দক্ষিণদিকে মুখ যাহার। One whose face is turned to the south.

दक्षिणायन क्ली० [दक्षिण+अयन] বিষুবরেখা হইতে দক্ষিণদিকে সূর্যের গমন, কালবিশেষ। The sun's progress south of the equator.

दक्षिणावर्त त्रि० [दक्षिण+आवर्त] ডানদিকে আবৃত্ত। পু০ দক্ষিণ দেশ। Turned to the south ; the southern country.

दक्षिणाहि अव्य० [दक्षिण+आहि] ডানদিকে। On the right.

दक्षिणीय त्रि० [दक्षिण+छ] দক্ষিণাপ্রাপ্তির যোগ্য। Deserving sacrificial fee.

दक्षिणेन अव्य० [दक्षिण+एनप्] ডানদিকে। To the right side.

दक्षिणेर्मन् पु० [दक्षिण+ईर्म+अनिच्] ব্যাধ-কর্তৃক দক্ষিণ পার্শ্বে আহত মৃগ। A stag hit on the right side.

दक्षिण्य ত্রি° [দক্ষিণা+যত্] দক্ষিণাপ্রাপ্তির যোগ্য। Fit to receive a fee or gift.

दग्ध ত্রি° [দহ্–ক্ত] ভস্মীকৃত, সন্তপ্ত। স্ত্রী° দগ্ধা—তিথিবিশেষ। Burnt, tormented.

दण्ड পু°, ক্লী° [দণ্ড–অচ্] লাঠি, রাজশক্তির প্রতীকবিশেষ। পু° দমন, সৈন্য, যুদ্ধ, ব্যূহবিশেষ, অশ্ববিশেষ, কালবিশেষ, চতুর্হস্তপ্রমাণ পরিমাণবিশেষ, সূর্যের অনুচর, যম। Stick, sceptre; punishment, repression, army, war.

दण्डक পু°, ক্লী° [দণ্ড+ক] ছন্দোবিশেষ, নৃপবিশেষ। স্ত্রী° দণ্ডকা—জনস্থান, দণ্ডকারণ্য। Name of a metre, name of a king; name of a region.

दण्डधर পু° [দণ্ড+ধৃ–অচ্] যম, নৃপ। ত্রি° লগুড়ধারক। An epithet of Yama, king; one carrying a stick.

दण्डनायक পু° [দণ্ড+নায়ক] সেনানী, দণ্ডপ্রণেতা, নৃপ। A commander, king.

दण्डनीति স্ত্রী° [দণ্ড+নী–ক্তিন্] রাজনীতি। Politics.

दण्डनेतृ পু° [দণ্ড+নী–তৃচ্] সেনানী, দণ্ডপ্রণেতা, রাজা। Commander, king.

दण्डपाणि পু° [দণ্ড+পাণি] দণ্ডধর যম, ভৈরববিশেষ। An epithet of Yama.

दण्डपारुष्य ক্লী° [দণ্ড+পারুষ্য] শাস্তিবিশেষ। Cruel infliction of punishment.

दण्डपाल পু° [দণ্ড+পালি–অণ্] শাসনকর্তা, মৎস্যবিশেষ। A governor, a kind of fish.

दण्डयात्रा স্ত্রী° [দণ্ড+যাত্রা] শত্রুর দমননিমিত্ত যাত্রা, সম্যগ্ গমন, জয়লাভের জন্য যাত্রা, বরযাত্রা। A march to conquer an enemy,a party starting for marriage.

दण्डवत् ত্রি° [দণ্ড+মতুপ্] সাষ্টাঙ্গ প্রণাম। A prostrating salute.

दण्डविधि পু° [দণ্ড+বিধি] শাস্তি দানের নিয়ম। Code of punishment.

दण्डादण्डि অব্য° [দণ্ড+দণ্ড+ইচ্] পরস্পর দণ্ডদ্বারা প্রহারপূর্বক যুদ্ধ, লাঠালাঠি। Fighting with sticks.

दण्डायमान ত্রি° [দণ্ড+ক্যঙ্–শানচ্] যে দাঁড়াইয়া আছে। One who is standing.

दण्डार ত্রি° [দণ্ড+ঋ–অণ্] দণ্ডপ্রাপ্ত। পু°মত্তহস্তী, কুলালচক্র, যন্ত্রবিশেষ, বাহন। Punished; a mad elephant; a potter's wheel; carrier.

दण्डार्ह ত্রি° [দণ্ড+অর্হ] দণ্ডনীয়। One deserving punishment.

दण्डित ত্রি° [দণ্ড–ক্ত] শাসিত। Punished.

दण्डिन् পু° [দণ্ড+ইনি] যম, নৃপ, দ্বারপাল, চতুর্থাশ্রমী সন্ন্যাসী, সূর্যের পার্শ্বচরবিশেষ, জিনবিশেষ, দমনকবৃক্ষ, কাব্যাদর্শগ্রন্থ রচয়িতা কবিবিশেষ, মহাদেব। ত্রি° দণ্ডধারী। Yama, king, door-keeper, mendicant; one carrying a stick.

दण्ड्य ত্রি° [দণ্ড–যত্] দণ্ডনীয়, দণ্ডার্হ। One deserving punishment.

दत् পু° দন্ত। Tooth.

दत्त ত্রি° [দা–ক্ত] বিসৃষ্ট, ত্যক্ত। পু° অত্রিমুনির অনসূয়া গর্ভজাত পুত্র, নৃপবিশেষ। ক্লী° দান। Given, forsaken; name of the son of sage Atri, name of a king; gift.

दत्तक পু° [দত্ত+ক] পোষ্যপুত্র। An adopted son.

दत्तात्मन् পু° [দত্ত+আত্মন্] স্বয়ংদত্ত পুত্র। A son who offers himself for adoption.

दत्तात्रेय পু° [দত্ত+আত্রেয়] অত্রিপুত্র মুনিবিশেষ। Name of the son of sage Atri.

दत्ताप्रदानिक ক্লী° [দত্ত+আপ্রদান+ঠন্] দান করিয়া ফিরিয়া লওয়া। Resumption of gifts.

दत्ति স্ত্রী° [দা–ক্তিন্] দান। Gift.

दत्त्रिम পু° [দা–ক্ত্রি+মপ্] দত্তকপুত্র। ত্রি° দানের দ্বারা নিষ্পন্ন। Adopted son; effected by gift.

ददन ক্লী° [দদ–ল্যুট্] দান। Gift.

दद्रु[-द्रू] পু° [দদ–রু] রোগবিশেষ। Ringworm.

दद्रुण ত্রি° [দদ্রু+ন] দদ্রুযুক্ত। One having ringworm.

दधन्वत् ত্রি° [দধি+মতুপ্] দধিবিশিষ্ট। Mixed with curd.

दधि ক্লী° [ধা–কি] দুগ্ধের বিকারবিশেষ। Curd.

दधिमण्ड ক্লী° [দধি+মণ্ড] দধির মাড়। The skim of curd.

दधिसार পু° [দধি+সার] ননী। Cream of milk.

दधीचि পু° মুনিবিশেষ। Name of a sage.

दधृष् ত্রি° [ধৃষ–ক্বিন্] ধৃষ্ট। Intrepid.

दध्न পু° [দধ–ন] যমবিশেষ। Name of a Yama.

दनु স্ত্রী° দানবমাতা। The mother of the demons.

दनुज पु० [दनु+जन–ड] অসুর। Demon.

दन्त पु० [दम–तन्] দাঁত, কুঞ্জ, পর্বতনিতম্ব, বত্রিশ সংখ্যা। Tooth, grove.

दन्तक पु० [दन्त+कन्] নাগদন্ত। Bracket.

दन्तच्छद पु० [दन्त+छद+णिच्–घ] ওষ্ঠ। A lip.

दन्तधावन पु० [दन्त+धाव–ल्यु] খয়ের গাছ। Catechu tree.

दन्तपत्र क्ली० [दन्त+पत्र] কর্ণভূষণবিশেষ। An ear-ornament.

दन्तपत्रिका स्त्री० [दन्त+पत्रिका] কর্ণভূষণবিশেষ। An ear-ornament.

दन्तवक्र पु० [दन्त+वक्र] নৃপবিশেষ। Name of a king.

दन्तवासस् क्ली० [दन्त+वासस्] ওষ্ঠ। A lip.

दन्तालिका स्त्री० [दन्त+अल–ण्वुल्+टाप्] লাগাম। Bridle.

दन्तावल पु० [दन्त+वलच्] হস্তী। Elephant.

दन्तिन् पु० [दन्त+इनि] হস্তী, পর্বত। त्रि० দন্তযুক্ত। Elephant, mountain ; one having teeth.

दन्तुर त्रि० [दन्त+उरच्] উন্নত দন্তবিশিষ্ট। One with raised teeth.

दन्त्य त्रि०[दन्त+यत्] দন্তদ্বারা উচ্চারিত। Dental.

दन्दशूक पु० [दन्श+यङ्–ऊक] সর্প। Serpent.

दभ्र त्रि० [दन्भ–रक्] অল্প। Little.

दम पु० [दम–घञ्] দমন। Control.

दमघोष पु० [दम+घोष] শিশুপালের পিতা। Name of the father of Śiśupāla.

दमघोषज पु० [दम+घोष+जन–ड] শিশুপাল। An epithet of Śiśupāla.

दमथ[-थु] पु० [दम–अथच् (अथु)] দণ্ড। Punishment.

दमन क्ली० [दम–ल्युट्] দণ্ড, ইন্দ্রিয়াদির নিগ্রহ। पु०পুষ্পবিশেষ, বৃক্ষবিশেষ, শত্রু, বীর। Punishment, control of the sense ; enemy, hero.

दमयन्ती स्त्री० নলরাজার স্ত্রী। Name of the wife of king Nala.

दमस्नात त्रि० [दम+स्नात] সংযমের ফলে বিশুদ্ধ। Purified through self-control.

दमित त्रि० [दम+णिच्–क्त] নিগৃহীত। Suppressed, controlled.

दमिन् त्रि० [दम+घिणुन्] দমনশীল, জিতেন্দ্রিয়। Self-controlled.

दमूनस् पु० [दम+ऊनसि] অগ্নি, শুক্রাচার্য। Fire, Śukrācārya.

दम्पती पु० [जाया+पति] জায়া ও পতি। Husband and wife.

दम्भ पु० [दन्भ–घञ्] অহংকার, শঠতা। Pride, conceit.

दम्भोलि पु० [दन्भ–ओलि] বজ্র। Thunderbolt.

दम्य पु० [दम–यत्] ভার-বহনযোগ্য গোবৎস। A calf capable of carrying a load.

दया स्त्री० [दय–अङ्+टाप्] কৃপা, পরদুঃখ-নিবারণের ইচ্ছা। Compassion, kindness.

दयालु त्रि० [दय–आलुच्] দয়াবান্। Compassionate, kind.

दयित त्रि० [दय–क्त] প্রিয়। पु० পতি। स्त्री० दयिता—ভার্যা। Dear; husband; wife.

दर पु०, क्ली० [दॄ–अप्] ভয়, কম্প, গর্ত। अव्य० অল্প। Fear, trepidation, hole ; a little.

दरद् पु० [दॄ–अदि] প্রপাত, পর্বত, ম্লেচ্ছজাতি-বিশেষ। स्त्री० হৃদয়, কূল। Falls, mountain; heart, bank.

दरद त्रि० [दर+दा–क] ভয়দায়ক। पु० জাতি-বিশেষ, দেশবিশেষ। That which causes fear; name of a tribe or country.

दरि[-री] स्त्री० [दॄ–इन् (ङीप्)] কন্দর। Cave.

दरित त्रि० [दर+इतच्] ভীত, কম্পিত, বিদীর্ণ। क्ली० দুঃখ। Afraid, shaken; sorrow.

दरिद्र त्रि० [दरिद्रा–क] নির্ধন, দীন, বিহীন, ক্ষীণ, নিঃস্ব। Poor, destitute.

दरिद्रित त्रि० [दरिद्र+इतच्] দুর্গত। Impoverished.

दरिन् त्रि० [दॄ–इनि] ভীরু। Coward.

दरोदर क्ली० দ্যূতক্রীড়া। Dice-play.

दर्दुर पु० [दृ–उरच्] ভেক, মেঘ। Fog, cloud.

दद्रु[-द्रू] पु० [दरिद्रा–उ (ऊ)] দাদরোগ। Ring-worm.

दर्प पु० [दृप–घञ्] অহংকার, গর্ব। Conceit, pride.

दर्पक पु० [दृप+णिच्–ण्वुल्] কন্দর্প, মদন। An epithet of Cupid.

दर्पण पु० [दृप–ल्यु] আয়না। क्ली० নেত্র। Mirror; eye.

दर्भ पु० [दृभ–घञ्] কুশ। Kuśa grass.

दर्वि[-र्वी] स्त्री० [दॄ–विन् (ङीप्)] হাতা, ফণা। Ladle.

दर्वीकर पु० [दर्वी+कर] সর্প। Serpent.

दर्श पु० [दृश-घञ्] अमावस्या। The New moon day.

दर्शक त्रि० [दृश-ण्वुल्] দ্রষ্টা, প্রধান, নিপুণ। পু০ দ্বারপাল। Witness, chief, expert; door-keeper.

दर्शन क्ली० [दृश-ल्युट्] নেত্র, স্বপ্ন, বুদ্ধি, ধর্ম, দর্পণ, শাস্ত্র, যজ্ঞ, বর্ণ, শাস্ত্রবিশেষ। Eye, intellect, philosophical literature.

दर्शनकाङ्क्षिन् त्रि० [दर्शन+काङ्क्ष-णिनि] দর্শনেচ্ছু। Desirous of seeing.

दर्शनीय त्रि० [दृश-अनीयर्] সুন্দর, দর্শনযোগ্য। Beautiful, worthy to be seen.

दर्शयितृ त्रि० [दृश+णिच्-तृच्] দ্বারপাল, প্রদর্শক। Door-keeper, guide.

दर्शात्यय पु० [दर्श+अत्यय] শুক্লা প্রতিপদ তিথি। The first day of the bright lunar fortnight.

दर्शित त्रि० [दृश+णिच्-क्त] প্রকটিত, প্রকাশিত, প্রতিপাদিত। Shown, revealed.

दर्शिन् त्रि० [दृश-णिनि] দর্শক, বিবেচক। One who sees or discriminates.

दल क्ली० [दल-अच्] পত্র, খণ্ড, সমূহ। Petal, part, collection.

दलन क्ली० [दल-ल्युट्] মর্দন, ভেদন। स्त्री० দলনী—লোষ্ট্র। Trampling, rubbing, tearing; brick.

दलित त्रि० [दल-क्त] খণ্ডিত, বিকশিত, মর্দিত। Torn, bloomed, trampled.

दव पु० [दु-अच्] বন, বনাগ্নি। [दव-अप्] সন্তাপ। Forest, forest-fire; torment.

दवथु पु० [दु-अथुच्] সন্তাপ, উদ্বেগ। Torment, anxiety.

दवाग्नि पु० [दव+अग्नि] বনাগ্নি। Forest-fire.

दविष्ठ त्रि० [दूर+इष्ठन्], **दवीयस्** त्रि० [दूर+ ईयसुन्] অতি দূরবর্তী। Farthest.

दशक क्ली० [दश+कन्] দশ সংখ্যা। Ten.

दशकण्ठ पु० [दश+कण्ठ], **दशकन्धर** पु० [दश+ कन्धर], **दशग्रीव** पु० [दश+ग्रीवा], **दशमुख** पु० [दश+मुख] রাবণ। Epithets of the demon Rāvaṇa.

दशधा अव्य० [दश+धाच्] দশবার, দশপ্রকার। Ten times, of ten kinds.

दशन् त्रि० [दन्श-कनिन्] দশ সংখ্যা, দশম। Ten.

दशन पु०, क्ली० [दन्श-ल्युट्] দন্ত। পু০ পর্বত-শিখর, কবচ। ক্লী০ দংশন। Tooth; peak of the mountain; biting.

दशनच्छद पु० [दशन+छद-घञ्] ওষ্ঠ। A lip.

दशपुर क्ली० [दश+पुर] মালবদেশস্থ নগর। Name of a city in Mālava.

दशबल पु० [दश+बल] বুদ্ধদেব। An epithet of the Buddha.

दशभुजा स्त्री० [दश+भुज+टाप्] দুর্গা। An epithet of Durgā.

दशम त्रि० [दशन्+डट्+मट्] দশ সংখ্যার পূরণ। Tenth.

दशमिन् त्रि० [दशमी+इनि], **दशमीस्थ** त्रि० [दशमी+स्था-क] দশমী অবস্থা প্রাপ্ত অর্থাৎ যাহার বয়স নব্বই বৎসরের অধিক হইয়াছে। Above ninety years old.

दशमूल क्ली० [दश+मूल] ঔষধবিশেষ। A kind of medicinal herb.

दशरथ पु० [दश+रथ] নৃপবিশেষ। Name of the father of Rāma.

दशवर्ष त्रि० [दश+वर्ष] দশ বৎসর বয়সের। Ten-year old.

दशहरा स्त्री० [दश+हृ-ट+टाप्] জ্যৈষ্ঠ শুক্লা দশমীতে অনুষ্ঠেয় পাপনাশক উৎসববিশেষ। A festivity celebrated in the month of Jyaiṣṭha.

दशा स्त्री० [दन्श-अङ्+टाप्] অবস্থা, দীপবর্তিকা। Condition, wick of a lamp.

दशाकर्ष पु० [दशा+आ+कृष-अण्] প্রদীপ, বস্ত্রাঞ্চল। Lamp, end of a garment.

दशानन पु० [दश+आनन] রাবণ। An epithet of Rāvaṇa.

दशार्ण पु० [दश+ऋण] মালবস্থ দেশবিশেষ। Name of a country.

दशार्ह पु० [दश+अर्ह] দেশবিশেষ। Name of a country.

दशावतार पु० [दश+अवतार] বিষ্ণু। An epithet of Viṣṇu.

दशाश्व पु० [दश+अश्व] চন্দ্র। An epithet of the moon.

दशाश्वमेध पु० [दशाश्व+मेध] কাশীক্ষেত্রস্থ তীর্থবিশেষ। A holy spot in Vārāṇasī.

दशाह पु० [दशन्+अहन्] দশ দিন। Ten days.

दशेन्धन पु० [दशा+इन्धन] প্রদীপ। Lamp.

दशेर पु० [दश्श-एरक्] হিংস্র পশু। Ferocious animal.

दशेरक पु० [दशेर+कन्] মরুভূমি। Desert.

दस्यु पु० [दस-युच्] শত্রু, চোর। Enemy, robber.

दस्र पु० [दस–रक्] अश्विनीकुमारद्वय, गर्দভ। An epithet of the twin Aśvinīkumāras, ass.

दहन पु० [दह–ल्यु] অগ্নি, দুষ্টলোক। ত্রি० দহনকারক। ক্লী০ [दह–ल्युट्] পোড়ান। Fire; that which burns.

दह्र पु० [दह–रक्] দাবাগ্নি। Forest-fire.

दा स्त्री० [दा–क्विप्] দান, পালন, রক্ষণ, শোধন। Gift, protection, purification.

दाक्षायणी स्त्री० [दक्ष+इञ्+फक्+ङीष्] দক্ষকন্যা, সতী। The daughter of Dakṣa.

दाक्षिणात्य त्रि० [दक्षिणा+त्यक्] দক্ষিণদেশীয়। Of the southern country.

दाक्षिण्य क्ली० [दक्षिण+ष्यञ्] আনুকূল্য, দক্ষতা, সরলতা। Favour, dexterity, simplicity.

दाक्षी स्त्री० [दक्ष+इञ्+ङीष्] পাণিনির মাতা। Name of the mother of Pāṇini, the grammarian.

दाक्षीसुत पु० [दाक्षी+सुत] পাণিনি। An epithet of Pāṇini, the grammarian.

दाक्ष्य क्ली० [दक्ष+ष्यञ्] কৌশল। Dexterity.

दाडि(लि)म पु० [दल–घञ्+इमप्], **दाड़िम्ब** पु० [दा–डिम्ब] বৃক্ষবিশেষ। ক্লী০ দাড়িম ফল। The pomegranate tree · its fruit.

दाढा स्त्री० [दैप(दा)–क्विप्+ढौक–ड+टाप्] বৃহৎ দন্ত। Huge tooth.

दात त्रि० [दैप–क्त] পূত। Purified.

दातव्य त्रि० [दा–तव्य] দেয়। To be given.

दातृ त्रि० [दा–तृच्] দাতা। Donor.

दात्यूह पु० [दाप–क्तिन्+ऊह–अण्], **दात्यौह** पु० ডাক পাখী। A kind of bird.

दात्र क्ली० [दो–ष्ट्रन्] অস্ত্রবিশেষ। A kind of weapon.

दान क्ली० [दा–ल्युट्] বিতরণ, হস্তীর মদধারা। ত্রি০ দীয়মান। Gift, the ichor of an elephant; that which is being given.

दानव पु० [दनु+अण्] দৈত্য। Demon.

दानवारि पु० [दानव+अरि] দেবতা, বিষ্ণু। ক্লী০ [दान+वारि] হস্তীর মদজল। God, Viṣṇu; the ichor of an elephant.

दानवीर त्रि० [दान+वीर], **दानशील** त्रि० [दान+शील], **दानशौण्ड** त्रि० [दान+शौण्ड] অতি দাতা। A princely donor.

दानीय त्रि० [दा+अनीयर्] দেয়। [दान+यत्] দানের পাত্র। To be given, a worthy recipient.

दान्त त्रि० [दम–क्त] বশীকৃত, জিতেন্দ্রিয়, শান্ত, সৌম্য, দন্তনির্মিত। Subdued, self-controlled.

दापित त्रि० [दा+णिच्–क्त] দণ্ডিত, সাধিত। Punished.

दाप्य त्रि० [दा+णिच्–यत्] যাহা দেওয়া যায়। Fit to be given.

दामन् क्ली०, स्त्री० [दो–मनिन्] রজ্জু, সূত্র, মাল্য। Rope, thread, garland.

दामाञ्चल क्ली० [दामन्+अञ्चल] পাদবন্ধন রজ্জু। Rope to tie the foot.

दामिनी स्त्री० [दामन्+इनि+ङीप्] বিদ্যুৎ। Lightning.

दामोदर पु० [दामन्+उदर] কৃষ্ণ। An epithet of Kṛṣṇa.

दाम्पत्य क्ली० [दम्पति+यक्] স্ত্রীপুরুষের প্রণয়। The love of a married couple.

दाम्भिक त्रि० [दम्भ+ठक्] ধূর্ত, অহংকারী। पु० বকপক্ষী। Crafty, conceited; a kind of bird.

दाय पु० [दा–घञ्] পৈতৃক ধন, যৌতুক ধন, দান। [दो–घञ्] ছেদন। Paternal wealth, gift.

दायक त्रि० [दा–ण्वुल्] দাতা, ক্ষতিপূরক। Donor, compensator.

दायभाग पु० [दाय+भाग] পিত্রাদির ধনবিভাগ। The division of paternal wealth.

दायाद पु० [दाय+आ+दा–क] পুত্র, জ্ঞাতি, সপিণ্ড। Son, relative.

दायिन् त्रि० [दा–णिनि] দাতা, ক্ষতিপূরক। Donor, compensator.

दार पु० [दृ+णिच्–अच्] পত্নী। Wife.

दारक पु० [दृ–ण्वुल्] পুত্র। স্ত্রী০ দারিকা—কন্যা। ত্রি০ বিদারক। Son; daughter; rending.

दारकर्मन् क्ली० [दार+कर्मन्] বিবাহ। Wedding.

दारण क्ली० [दृ+णिच्–युच्] বিদারণ। Rending.

दारद पु० [दरद+अण्] পারদ, বিষবিশেষ। Quicksilver, a kind of poison.

दारित त्रि० [दृ+णिच्–क्त] বিদারিত। Rent, torn.

दारिद्र्य क्ली० [दरिद्र+ष्यञ्] দৈন্য। Poverty.

दारु पु०, क्ली० [दृ–उण्] কাষ্ঠ, দেবদারু, পিত্তল। ত্রি০ শিল্পী। Wood, brass; artisan.

दारुक पु० [दारु+कन्] কৃষ্ণের সারথি। ক্লী० কাষ্ঠ। Name of Krṣṇa's charioteer; wood.

दारुण त्रि० [दृ+णिच्-उनन्] দুঃসহ, ভীষণ। পু० দেবদারু বৃক্ষ। Unbearable, terrific; the Deodar tree.

दार्ढ्य क्ली० [दृढ+ष्यञ्] দৃঢ়তা, কাঠিন্য, স্থৈর্য। Firmness, hardness.

दार्वट क्ली० [दारु+अट-क] চিন্তাগৃহ, মন্ত্রণাগৃহ। Council-house.

दार्षद त्रि० [दृषद्+अण्] পাষাণনির্মিত। Made of stone.

दार्ष्टान्त त्रि० [दृष्टान्त+अण्], **दार्ष्टान्तिक** त्रि० [दृष्टान्त+ठञ्] দৃষ্টান্তযুক্ত, উপমেয়। An object exemplified or compared.

दाल पु० [दल-अण्] দলন। Suppression.

दाव पु० [दु-ण] বন, বনাগ্নি। Forest, forest-fire.

दाश पु० [दाश-घञ्] ধীবর, ভৃত্য। Fisherman, servant.

दाशरथ पु० [दशरथ+अण्], **दाशरथि** पु० [दशरथ+इञ्] দশরথের পুত্র। The son of Daśaratha.

दाशार्ह त्रि० দশার্হদেশীয়। পু० কৃষ্ণ। Of the country of Daśārha ; an epithet of Krṣṇa.

दास पु० [दास-अच्] ভৃত্য। [दास-घञ्] ধীবর, শূদ্রজাতি। স্ত্রী० दासी—ঝি, শূদ্রা, ধীবরপত্নী। Servant ; fisherman, the Śūdra caste; maid-servant, a woman of the Śūdra caste.

दासेय पु० [दासी+ढक्] দাসীজাত পুত্র। A son born of a Śūdra woman.

दासेर पु० [दासी+ढ्रक्] উষ্ট্র, শূদ্র, কৈবর্ত। Camel, a Śūdra.

दास्य क्ली० [दास+ष्यञ्] দাসত্ব। Servitude.

दाह पु० [दह-घञ्] পোড়ান। Burning.

दाहक त्रि० [दह-ण्वुल्] দহনকর্তা। That which burns.

दाहन क्ली० [दह+णिच्-ल्युट्] সন্তাপ। Torment.

दाहवत् त्रि० [दाह+मतुप्] দাহযুক্ত। Burning.

दाह्य त्रि० [दह-ण्यत्] দহনীয়। Fit to be burnt.

दिक्कर पु० [दिक्+कृ-टच्] যুবা, শিব। স্ত্রী० दिक्करी—যুবতী। A young man, Śiva ; a young woman.

दिक्पति पु० [दिक्+पति], **दिक्पाल** पु० [दिक्+पाल-अण्] ইন্দ্র, অগ্নি, যম, নৈঋত, বরুণ, বায়ু, কুবের, মহাদেব—এই আটজন। An epithet of the eight deities Indra, Agni, Yama etc.

दिक्शूल क्ली० [दिक्+शूल] যাত্রাকালে গ্রহাদির অশুভ অবস্থা, নিষিদ্ধ বারবিশেষ। An inauspicious moment for starting on a journey.

दिगम्बर पु०[दिक्+अम्बर], **दिग्वासस्** पु० [दिक्+वासस्] শিব, জৈনবিশেষ। ত্রি० বিবস্ত্র। ক্লী० অন্ধকার। An epithet of Śiva, a class of the Jaina sect; nude ; darkness.

दिग्गज पु० [दिक्+गज] ঐরাবত, পুণ্ডরীক, বামন, কুমুদ, অঞ্জন, পুষ্পদন্ত, সার্বভৌম, সুপ্রতীক —এই আট হস্তী। The eight elephants of the quarters.

दिग्ध त्रि० [दिह-क्त] মিশ্রিত, লিপ্ত। পু० বিষাক্ত বাণ, অগ্নি, স্নেহ। Mixed, besmeared ; a poisoned arrow, fire.

दिङ्मात्र क्ली० [दिक्+मात्रच्] একদেশ। A part only.

दित त्रि० [दो-क्त] ছিন্ন। Torn.

दिति स्त्री० [दो-क्तिच्] দৈত্যমাতা, কশ্যপপত্নী। [दा-क्तिन्] খণ্ডন। The mother of the demons, the wife of Kaśyapa; breaking, tearing.

दितिज पु० [दिति+जन-ड], **दितिसुत** पु० [दिति+सुत], **दितितनय** पु० [दिति+तनय] দৈত্য, অসুর। Demon.

दित्सा स्त्री० [दा+सन्-अ+टाप्] দানেচ্ছা। Desire of giving.

दिदृक्षमाण त्रि० [दृश+सन्-शानच्] দর্শনেচ্ছু। Desirous of seeing.

दिधि पु० [धा-कि] ধৈর্য। Patience.

दिधिषू स्त्री० [धिष-उ] অবিবাহিতা জ্যেষ্ঠা ভগিনী যাহার কনিষ্ঠা ভগিনীর অগ্রে বিবাহ হইয়াছে। An unmarried elder sister whose younger sister is married.

दिन क्ली० [दी-नक्] দিবাভাগ। Day.

दिनकर [दिन+कृ-ट], **दिनकृत्** पु० [दिन+कृ-क्विप्], **दिनमणि** पु० [दिन+मणि] সূর্য। The sun.

दिनक्षय पु० [दिन+क्षय] সায়ংকাল, ত্র্যহস্পর্শ। Evening.

दिनपात पु० [दिन+पात] তিথিক্ষয়। Decline of a lunar day.

दिनादि पु० [दिन+आदि] প্রাতঃকাল। Morning.

दिनान्त पु० [दिन+अन्त] সায়ংকাল। Evening.

दिलीप पु० রাজা রঘুর পিতা, সূর্যবংশীয় নৃপবিশেষ। Name of the father of king Raghu.

दिव् स्त्री० [दिव–डिवि], **दिव** क्ली० [दिव–क] স্বর্গ, আকাশ। Heaven, sky.

दिवस पु० [दिव–असच्] দিন। Day.

दिवस्पति पु० [दिवस्+पति] ইন্দ্র। An epithet of Indra.

दिवा अव्य० [दिव–का] দিবস। Day.

दिवाकर पु० [दिवा+कृ–ट] সূর্য। The sun.

दिवातन त्रि० [दिवा+टुग] দিবসীয়, দিবাকালে জাত। Of the day, born in the day.

दिवान्ध पु० [दिवा+अन्ध] পেচক। त्रि० দিবাভাগে অন্ধ। Owl; blind during the day.

दिवाभीत पु० [दिवा+भीत] পেচক। Owl.

दिवाशय त्रि० [दिवा+शी–अच्] দিবসে নিদ্রালু। One who feels sleepy during the day.

दिवि पु० [दिव–कि] চাষপক্ষী। A kind of bird.

दिविसद् पु० [दिवि+सद–क्विप्], **दिवौकस्** पु० [दिव्+ओकस्] দেবতা। Deity.

दिवोदास पु० নৃপতিবিশেষ। Name of a king.

दिव्य त्रि० [दिव्+यत्] স্বর্গীয়, মনোহর। क्ली० শপথ, লবঙ্গ, চন্দন। पु० নায়কবিশেষ। Heavenly, lovely ; oath; a type of Nāyaka.

दिव्यचक्षुस् त्रि० [दिव्य+चक्षुस्] যিনি অতীন্দ্রিয় পদার্থ দর্শন করেন। One who has a supra-sensual insight.

दिश[-शा] स्त्री० [दिश–क्विन् (+टाप्)] পূর্বাদি দিক্, রীতি। The quarters, method.

दिश्य त्रि० [दिश्+यत्] দিগ্ভব, দিক্ হইতে উপনীত। Born of the quarters, come from the quarters.

दिष्ट क्ली० [दिश–क्त] ভাগ্য। पु० কাল। त्रि० উপদিষ্ট, আদিষ্ট। Fortune ; time ; instructed.

दिष्टान्त पु० [दिष्ट+अन्त] মৃত্যু। Death.

दिष्टि स्त्री० [दिश–क्तिन्] পরিমাণ, হর্ষ, ভাগ্য, উৎসব। Measure, delight, festivity.

दिष्ट्या अव्य० ভাগ্যবশতঃ, মঙ্গল, হর্ষ। Fortunately, delight.

दीक्षा स्त्री० [दीक्ष–अ+टाप्] সংস্কার, মন্ত্রগ্রহণ, উপদেশ। Purificatory ceremony, initiation.

दीक्षागुरु पु० [दीक्षा+गुरु] মন্ত্রাদির উপদেষ্টা। The teacher who initiates through a mantra.

दीक्षान्त पु० [दीक्षा+अन्त] যজ্ঞশেষ। The end of a sacrifice.

दीक्षित त्रि० [दीक्षा+इतच्] যজ্ঞকর্মে সংকল্পপূর্বক যিনি সংযম করিয়াছেন। Initiated.

दीधिति स्त्री० [दीधी–क्तिन्] কিরণ। Ray.

दीधितिमत् पु० [दीधिति+मतुप्] সূর্য। The sun.

दीन त्रि० [दी–क्त] দরিদ্র, দুঃখিত, ভীত। क्ली० টগরফুল। स्त्री० दीना—মূষিকা। Poor, miserable; a kind of flower.

दीनार पु० [दी–आरक्] স্বর্ণমুদ্রা, স্বর্ণভূষণ। Gold coin.

दीप पु० [दीप+णिच्–अच्] প্রদীপ। Lamp.

दीपक क्ली० [दीप–ण्वुल्] কুমকুম, কাব্যালংকারবিশেষ। पु० প্রদীপ, রাগবিশেষ। त्रि० উদ্দীপক, প্রকাশক। स्त्री० दीपिका—জ্যোৎস্না, ক্ষুদ্র প্রদীপ, গ্রন্থবিশেষ। Saffron, a figure of speech; lamp; that which rouses or incites; moon-light.

दीपन त्रि० [दीप+णिच्–ल्यु] উদ্দীপক। पु० পলাণ্ডু। क्ली० [दीप+णिच्–ल्युट्] কুমকুম। Excitant; saffron.

दीपान्विता स्त्री० [दीप+अन्वित+टाप्] মুখ্য আশ্বিনমাসের অমাবস্যা তিথি, দেওয়ালী। The festival of lights, the Diwāli ceremony.

दीपित त्रि० [दीप+णिच्–क्त] প্রজ্বলিত, প্রকাশিত। Kindled, revealed.

दीप्त त्रि० [दीप–क्त] জ্বলিত, প্রকাশিত, দগ্ধ, দীপ্তিযুক্ত। पु० সিংহ। क्ली० স্বর্ণ, হিঙ্গু। Kindled, shining; the lion ; gold.

दीप्तजिह्वा स्त्री० [दीप्त+जिह्वा] শৃগালী, উল্কামুখী। She-jackal.

दीप्ताग्नि पु० [दीप्त+अग्नि] অগস্ত্য। त्रि० প্রদীপ্ত জঠরাগ্নিযুক্ত। An epithet of the sage Agastya ; extremely hungry.

दीप्ति स्त्री० [दीप–क्तिन्] কান্তি, তেজঃ, শোভা। Lustre, glow, beauty.

दीप्र त्रि० [दीप–र] দীপ্তিশীল, তীক্ষ্ণ। Shining, sharp.

दीर्घ पु० [दृ–घञ्] শালবৃক্ষ, উষ্ট্র, দ্বিমাত্র স্বরবর্ণ। त्रि० আয়ত, লম্বা। A Śāla tree, camel, long vowel; extended, long.

दीर्घकण्ठ पु०[दीर्घ+कण्ठ] বক। त्रि० দীর্ঘকণ্ঠ যাহার। Heron; one having a long neck.

दीर्घकन्द क्ली० [दीर्घ+कन्द] मूला। A kind of radish.

दीर्घग्रीव पु० [दीर्घ+ग्रीवा] উষ্ট্র, বক। त्रि० দীর্ঘ গ্রীবাবিশিষ্ট। Camel, heron; one with a long neck.

दीर्घजङ्घ पु० [दीर्घ+जङ्घा] উষ্ট্র, বক। त्रि० দীর্ঘ জঙ্ঘাযুক্ত। Camel, heron; one having long thighs.

दीर्घजिह्व पु० [दीर्घ+जिह्वा] সর্প। Serpent.

दीर्घतपस् पु० [दीर्घ+तपस्] গোতম ঋষি। An epithet of the sage Gotama.

दीर्घदर्शिन् त्रि० [दीर्घ+दृश-णिनि] দূরদর্শী। पु० পণ্ডিত, শকুনি। One having far-sight; learned, vulture.

दीर्घदृष्टि त्रि० [दीर्घ+दृष्टि] পণ্ডিত, দূরদর্শী, দূরবীক্ষণযন্ত্রবিশেষ। Learned, far-sighted, a kind of telescope.

दीर्घनाद पु० [दीर्घ+नाद] শঙ্খ। त्रि० দীর্ঘশব্দকারী। Conch-shell; one causing a long sound.

दीर्घनिद्रा स्त्री० [दीर्घ+निद्रा] মৃত্যু, বহুক্ষণস্থায়ী নিদ্রা। Death, a long sleep.

दीर्घपृष्ठ पु० [दीर्घ+पृष्ठ] সর্প। Serpent.

दीर्घपाद पु० [दीर्घ+पाद] বকপক্ষী। Heron.

दीर्घमारुत पु० [दीर्घ+मारुत] হস্তী। Elephant.

दीर्घरागा स्त्री० [दीर्घ+राग+टाप्] হরিদ্রা। Turmeric.

दीर्घरात्र क्ली० [दीर्घ+रात्रि+अच्] বড় রাত্রি, বহু রাত্রিযুক্ত, চিরকাল। Long night, long time.

दीर्घरोमन् पु० [दीर्घ+रोमन्] ভল্লুক। Bear.

दीर्घसत्र त्रि० [दीर्घ+सत्र] বহুকাল ব্যাপিয়া অনুষ্ঠেয় যজ্ঞ। A sacrifice of long duration.

दीर्घसूत्र त्रि० [दीर्घ+सूत्र] বিলম্বে কার্যকারী। Procrastinating.

दीर्घायुस् पु० [दीर्घ+आयुस्] মার্কণ্ডেয়, কাক, শাল্মলী বৃক্ষ। त्रि० দীর্ঘজীবী। An epithet of Mārkaṇḍeya, crow; long-lived.

दीर्घिका स्त्री० [दीर्घ+क+टाप्] পুষ্করিণী। Pond.

दीर्ण त्रि० [दॄ-क्त] বিদারিত, ভীত। Rent, afraid.

दीव्यमान त्रि० [दिव-शानच्] অক্ষক্রীড়ক। Dice-player.

दुःख क्ली० [दुःख-अच्] ক্লেশ, তাপ। Pain, sorrow, misery.

दुःखत्रय क्ली० [दुःख+त्रय] আধ্যাত্মিক, আধিদৈবিক ও আধিভৌতিক—এই তিন প্রকার দুঃখ। The three kinds of misery.

दुःखहन् त्रि० [दुःख+हन-क्विप्] দুঃখনাশক। Remover of misery.

दुःखासिका स्त्री० [दुःख+आस-ण्वुल्+टाप्] দুঃখাবস্থিতি। The state of being in misery.

दुःखित त्रि० [दुःख+इतच्] দুঃখযুক্ত। Miserable, sorry.

दुःशास त्रि० [दुर्+शास-खल्] অতিকষ্টে যাহাকে শাসন করা যায়। Difficult to be controlled or disciplined.

दुःशासन पु० [दुर्+शास-युच्] ধৃতরাষ্ট্রের পুত্রবিশেষ। Name of a son of Dhṛtarāṣṭra.

दुःषम त्रि० [दुर्+सम] নিন্দনীয়। Blameworthy.

दुःसह त्रि० [दुर्+सह-खल्] কষ্টে সহনীয়। Unbearable.

दुःसाध्य त्रि० [दुर्+साध्य] কষ্টসাধ্য। Difficult to be accomplished.

दुःसाहस क्ली० [दुर्+साहस] অনুচিত সাহস। Intrepidity.

दुःस्थ त्रि० [दुर्+स्था-क] দুর্গত, মূর্খ, দুরবস্থাপন্ন, দরিদ্র, লুব্ধ। Miserable, poor.

दुःस्थिति स्त्री० [दुर्+स्थिति] দুরবস্থা, অস্থিরতা। Miserable plight.

दुःस्पर्श त्रि० [दुर्+स्पृश-खल्] দুঃখে স্পর্শনীয়। स्त्री० আকাশবল্লী। पु० লতাকরঞ্জ। Difficult to be touched.

दुःस्वप्न पु० [दुर्+स्वप्न] অশুভসূচক স্বপ্নবিশেষ। Bad dream.

दुकूल क्ली० [दु+कूल-क] ক্ষৌমবস্ত্র, সূক্ষ্মবস্ত্র। Silken cloth, fine cloth.

दुग्ध क्ली० [दुह-क्त] ক্ষীর, দুধ, দোহন। स्त्री० দুগ্ধা—যে ধেনুকে দোহন করা যায়। त्रि० পূরিত। Milk; a milch-cow; filled.

दुत त्रि० [दु-क्त] পীড়িত, দুর্গত। Sick, miserable.

दुन्दुभि पु० [दुन्दु+उभ-कि] বৃহৎ ঢক্কা, বরুণ, দৈত্যবিশেষ, রাক্ষসবিশেষ, বিষ। Drum, name of a demon, poison.

दुन्वत् त्रि० [दु-शतृ] পীড়াদায়ক। Tormenting.

दुर्[-स्] अव्य० [दु-रुक् (सुक्)] দুষ্ট, নিন্দা, নিষেধ, দুঃখ, ঈষৎ, কৃচ্ছ্র, কৃশ, সঙ্কট। A particle signifying bad, censure, sorrow, difficult etc.

দুর ত্রি° [দু–কুর] দাতা। Donor.

দুরক্ষ পু° [দুর্+অক্ষ] কপটপাশক, দুষ্টনেত্র। ত্রি° [দুর্+অক্ষি+ষচ্] দুষ্ট অক্ষিযুক্ত। দুষ্ট-দ্যূত। A deceiving dice-player, bad eye; one with a bad or diseased eye.

দুরতিক্রম ত্রি° [দুর্+অতি+ক্রম–খল্] দুর্লঙ্ঘ্য, কষ্টে অতিক্রমণীয়। পু° বিষ্ণু। Insurmountable; Viṣṇu.

দুরত্যয় ত্রি° [দুর্+অতি+ই–খল্] দুরতিক্রমণীয়, দুস্তর। Insurmountable, difficult to be crossed.

দুরদৃষ্ট ক্লী° [দুর্+অদৃষ্ট] দুর্ভাগ্য, পাপ। Misfortune, sin.

দুরধিগম ত্রি° [দুর্+অধি+গম–খল্] দুষ্প্রাপ্য, দুর্গম, দুর্জ্ঞেয়। Difficult to get.

দুরধ্ব পু° [দুর্+অধ্বন্+অচ্] দুষ্ট মার্গ। A bad path or wrong road.

দুরন্ত ত্রি° [দুর্+অন্ত] মৃগয়া, দ্যূত, পান প্রভৃতি ব্যসনযুক্ত, দুর্জ্ঞেয়, গভীর, দুরতিক্রমণীয়। One addicted to hunting, dice and such other vices, insurmountable.

দুরবস্থা স্ত্রী° [দুর্+অবস্থা] দারিদ্র্যাদির দ্বারা দুষ্ট অবস্থা। Miserable state.

দুরাগ্রহ পু° [দুর্+আগ্রহ] দুষ্ট অভিনিবেশ। ত্রি° দুষ্ট আগ্রহযুক্ত। Wrong or bad intent; one having a wrong intent.

দুরাচার পু° [দুর্+আচার] দুষ্ট আচার। ত্রি° দুষ্ট আচারযুক্ত। Bad conduct ; one having a bad conduct.

দুরাত্মন্ ত্রি° [দুর্+আত্মন্] দুষ্ট স্বভাব। Evil-minded, wicked.

দুরাধর্ষ ত্রি° [দুর্+আ+ধৃষ–খল্] যাহা ধর্ষণ করা দুঃসাধ্য। পু° [দুর্+আ+ধৃষ–অচ্] শ্বেতসর্ষপ। স্ত্রী° দুরাধর্ষা—কুটুম্বিনী বৃক্ষ। Unassailable; white sesamum; a kind of tree.

দুরানম ত্রি° [দুর্+আ+নম–ণিচ্–খল্] যাহাকে কষ্টে নত করা যায়। Difficult to be bent.

দুরাপ ত্রি° [দুর্+আপ–খল্] দুষ্প্রাপ্য। ক্লী° দুষ্প্রাপ্তি। Rare ; difficulty in getting.

দুরারোহ ত্রি° [দুর্+আ+রুহ–খল্] দুরারোহণীয়। পু° কষ্টযুক্ত আরোহণ। স্ত্রী° দুরারোহী—সরট, শ্রীবল্লী। Difficult to mount; difficult mounting.

দুরালভ ত্রি° [দুর্+আ+লভ–খল্] দুঃস্পর্শনীয়। স্ত্রী° দুরালভা—লতাবিশেষ। Difficult to touch; a kind of creeper.

দুরালাপ পু° [দুর্+আলাপ] গালিবচন, দুষ্টবাক্য। Filthy words, abuse.

দুরাশা স্ত্রী° [দুর্+আশা] দুষ্পূরণীয় আশা। Unattainable hope.

দুরাসদ ত্রি° [দুর্+আ+সদ–খল্] দুষ্প্রাপ্য, দুর্গম্য। Difficult to get, inaccessible.

দুরিত ক্লী° [দুর্+ইত] পাপ। ত্রি° পাপযুক্ত। Sin; sinful.

দুরুক্ত ক্লী° [দুর্+উক্ত] দুর্বাক্য। Bad word, abuse.

দুরুচ্ছেদ ত্রি° [দুর্+উচ্ছেদ] দুর্বার। পু° কষ্টকর বারণ। Difficult to be uprooted; resisting with difficulty.

দুরুত্তর ত্রি° [দুর্+উত্তর] দুস্তর। পু° রণ। ক্লী° দুষ্ট উত্তর। Difficult to be crossed; fight; a bad answer.

দুরুধরা স্ত্রী° সূর্য ও গ্রহান্তরের মধ্যস্থলে চন্দ্রের স্থিতিরূপযোগ। A peculiar position of the moon.

দুরুপসদ ত্রি° [দুর্+উপ+সদ–খল্] দুর্গম, দুষ্প্রাপ্য, দুঃসহ। Difficult to be approached, unbearable.

দুরুপসর্পিন্ ত্রি° [দুর্+উপ+সৃপ–ণিনি] অনবহিত হইয়া নিকটে গমনকারী। Approaching incautiously.

দুরুপস্থান ত্রি° [দুর্+উপ+স্থা–ল্যুট্] দুরভিগম্য, দুর্জয়। Difficult to be approached, unconquerable.

দুরূহ ত্রি° [দুর্+ঊহ–খল্] দুর্বিতর্ক্য, দুর্জ্ঞেয়। Difficult to be inferred, difficult to be known.

দুরোদর পু° [দুর্+উদর] দ্যূতকার, পণ, পাশা। ক্লী° দ্যূত। Dice-player, dice.

দুর্গ পু°, ক্লী° [দুর্+গম–ড] গড়। পু° অসুরবিশেষ, মহাবিঘ্ন, ভববন্ধ, কুকর্ম, শোক, দুঃখ, পরমেশ্বর, নরক, যমদণ্ড, জন্ম, মহাভয়, অতিরোগ। ত্রি° দুর্গম। Fort; name of a demon, difficulty; inaccessible.

দুর্গত ত্রি° [দুর্+গম–ক্ত] দরিদ্র, দুর্দশাগ্রস্ত। Poor, miserable.

দুর্গতি স্ত্রী° [দুর্+গতি] নরক, দারিদ্র্য, দুরবস্থা। ত্রি° দুর্গতিযুক্ত। Hell, poverty, miserable state.

দুর্গন্ধ পু° [দুর্+গন্ধ] দুষ্টগন্ধ, সৌবর্চল লবণ। ত্রি° দুষ্টগন্ধযুক্ত। Foul smell; foul-smelling.

দুর্গম ত্রি° [দুর্+গম–খল্] দুর্গমনীয়, দুর্জ্ঞেয়, দুর্লভ, দুর্বোধ। পু° অসুরবিশেষ, পরমেশ্বর। Unapproachable, difficult to understand; name of a demon.

দুর্গসঞ্চর পু০ [দুর্গ+সম্+চর-অপ্] সাঁকো, সেতু। Bridge.

দুর্গা স্ত্রী০ [দুর্গ+টাপ্] দেবীবিশেষ, নীলীবৃক্ষ, অপরাজিতা, হিমালয়দুহিতা। Name of a goddess, the daughter of Himālaya.

দুর্গানবমী স্ত্রী০ [দুর্গা+নবমী] কার্ত্তিকমাসের শুক্লপক্ষের নবমী, জগদ্ধাত্রী পূজার তিথি। The ninth day of the bright half of the month of Kārttika.

দুর্ঘট ত্রি০ [দুর্+ঘট-খল্] যাহা অতিকষ্টে ঘটে, দুঃসম্পাদ্য। Difficult to happen or accomplish.

দুর্জন পু০ [দুর্+জন] খলপুরুষ। Wicked man.

দুর্জাত ক্লী০ [দুর্+জাত] ব্যসন। ত্রি০ অসমঞ্জস। Vice; inappropriate.

দুর্জ্ঞেয় ত্রি০ [দুর্+জ্ঞা-যৎ] যাহা জানা দুঃসাধ্য। Difficult to be known.

দুর্দম্য ত্রি০ [দুর্+দম-যৎ] যাহা দমন করা দুঃসাধ্য। Difficult to be controlled.

দুর্দশা স্ত্রী০ [দুর্+দশা] দুরবস্থা। Miserable state.

দুর্দর্শ ত্রি০ [দুর্+দৃশ-খল্] দুঃখে দর্শনীয়। Difficult to be seen.

দুর্দান্ত ত্রি০ [দুর্+দান্ত] দুঃখে দমনীয়, অশান্ত। পু০ শিব, কলহ, বৎসতর। Difficult to be subdued, violent; an epithet of Śiva.

দুর্দিন ক্লী০ [দুর্+দিন] মেঘাচ্ছন্ন দিন, ঘনান্ধকার, বর্ষণ, দুঃসময়। A cloudy day, bad time.

দুর্দৈব ক্লী০ [দুর্+দৈব] দুরদৃষ্ট, দুর্ভাগ্য, পাপ। Misfortune, sin.

দুর্ধর ত্রি০ [দুর্+ধৃ-খল্] দুর্ধর্ষ। পু০ নরকবিশেষ, ঋষভ, পারা, ভেলা, পরমেশ্বর, মহিষাসুর, সেনাপতিবিশেষ। Invincible, quicksilver; name of a demon.

দুর্ধর্ষ ত্রি০ [দুর্+ধৃষ-খল্] অধর্ষণীয়। Invincible.

দুর্নয় পু০ [দুর্+নী-অচ্] নীতিবিরুদ্ধাচরণ। Misconduct.

দুর্নামা(মন্) স্ত্রী০ [দুর্+নামন্+টাপ্] ঝিনুক। Cockle.

দুর্নিমিত ত্রি০ [দুর্+নি+মি-ক্ত] হঠাৎ উৎক্ষিপ্ত, দুরুৎক্ষিপ্ত। Suddenly thrown up.

দুর্নিমিত্ত ক্লী০ [দুর্+নিমিত্ত] ভাবী অশুভসূচক। Bad omen.

দুর্নিগ্রহ ত্রি০ [দুর্+নিগ্রহ] দুঃখে নিগ্রহণীয়। Difficult to be governed.

দুর্নিরীক্ষ্য ত্রি০ [দুর্+নির্+ঈক্ষ-যৎ] যাহাকে নিরীক্ষণ করা দুঃসাধ্য। Difficult to be seen.

দুর্বল ত্রি০ [দুর্+বল] বলশূন্য, কৃশ, অশক্ত, শিথিল। Weak, thin.

দুর্বুদ্ধি ত্রি০ [দুর্+বুদ্ধি] দুর্মতি। স্ত্রী০ দুষ্টা মতি। Of evil intent.

দুর্বোধ ত্রি০ [দুর্+বুধ-খল্] দুর্জ্ঞেয়, যাহা বোঝা দুঃসাধ্য। Difficult to be known.

দুর্ভক্ষ্য অব্য০ [দুর্+ভক্ষ্য] ভক্ষ্যাভাব। ত্রি০ কষ্টে ভক্ষণীয়। Difficult to be eaten.

দুর্ভগ ত্রি০ [দুর্+ভগ] ভাগ্যহীন। Unfortunate.

দুর্ভর ত্রি০ [দুর্+ভর] দুঃসহ, দুর্বহ। Uubearable.

দুর্ভাগ্য ক্লী০ [দুর্+ভাগ্য] দুরদৃষ্ট। ত্রি০ মন্দভাগ্য যাহার। Misfortune; unfortunate.

দুর্ভিক্ষ অব্য০ [দুর্+ভিক্ষা] ভিক্ষার অভাব। Famine.

দুর্ভেদ্য ত্রি০ [দুর্+ভিদ-ণ্যৎ] অতি কষ্টে ভেদনীয়, কঠিন। Invincible, hard.

দুর্মতি স্ত্রী০ [দুর্+মতি] দুর্বুদ্ধি, কুবুদ্ধি। Evil intent or mind, evil-minded.

দুর্মদ ত্রি০ [দুর্+মদ] অতিশয় মত্ত, দুর্ধর্ষ। Highly intoxicated.

দুর্মনস্ ত্রি০ [দুর্+মনস্] উদ্বিগ্ন চিত্ত। Worried, anxious.

দুর্মুখ ত্রি০ [দুর্+মুখ] কটুভাষী, অপ্রিয়বাদী। পু০ বানরবিশেষ, দৈত্যবিশেষ, অশ্ব। One of harsh speech; name of a demon.

দুর্মূল্য ত্রি০ [দুর্+মূল্য] মহার্ঘ। High price.

দুর্মেধস্ ত্রি০ [দুর্+মেধা+অসিচ্] মন্দবুদ্ধি। Dull.

দুর্যোগ পু০ [দুর্+যোগ] দুর্দিন। Bad day, inclement weather.

দুর্যোধ ত্রি০ [দুর্+যুধ-খল্] যাহার সহিত অতি কষ্টে যুদ্ধ করা যায়। Difficult to be fought.

দুর্যোধন পু০ [দুর্+যুধ-যুচ্] ধৃতরাষ্ট্রের জ্যেষ্ঠ পুত্র। Name of the eldest son of Dhṛtarāṣṭra.

দুর্লভ ত্রি০ [দুর্+লভ-খল্], **দুর্লভ্য** ত্রি০ [দুর্+লভ-যৎ] দুষ্প্রাপ্য, বহুমূল্য। Rare, difficult to get.

दुर्ललित क्लीo [दुर्+लल–क्त] दुश्चेष्टित। त्रिo दुष्ट চেষ্টাযুক্ত। Naughty.

दुर्वच त्रिo [दुर्+वच–खल्] দুঃখে কথনীয়। Difficult to be uttered.

दुर्वचस् क्लीo [दुर्+वचस्] গর্হিত বচন। त्रिo দুষ্টবাক্যবক্তা। Improper word; one speaking bad words.

दुर्वर्ण क्लीo [दुर्+वर्ण] রজত। त्रिo মলিন। पुo দুষ্ট অক্ষর। Silver; dirty, bad-coloured.

दुर्वस त्रिo [दुर्+वस–खल्] বাসের অযোগ্য। Uninhabitable.

दुर्वह त्रिo [दुर्+वह–खल्] কষ্টে বহনীয়। Difficult to be borne, unbearable.

दुर्वार त्रिo [दुर्+वृ+णिच्–खल्] অনিবার্য। Inevitable.

दुर्वासस् पुo [दुर्+वासस्] মুনিবিশেষ। त्रिo কুৎসিত বস্ত্রধারী। Name of a sage; one shabbily dressed.

दुर्विध त्रिo [दुर्+विधा] দরিদ্র, মূর্খ, খল। Poor, foolish.

दुर्विदग्ध त्रिo [दुर्+विदग्ध], **दुर्विनीत** त्रिo [दुर्+वि+नी–क्त] উদ্ধত। Haughty.

दुर्विभाव्य त्रिo [दुर्+वि+भू–ण्यत्] দুর্বোধ। Difficult to be understood.

दुर्विषह त्रिo [दुर्+वि+सह–खल्] অতি অসহ্য, দুর্বহ। Unbearable.

दुर्वृत्त त्रिo [दुर्+वृत्त] দুশ্চরিত্র, উদ্ধত। Wicked, haughty.

दुर्हृद् पुo [दुर्+हृदय] শত্রু। Enemy.

दुर्हृदय त्रिo [दुर्+हृदय] দুষ্ট হৃদয় যাহার। A bad-hearted man.

दुलि[-ली] स्त्रीo [दुल–कि (ङीष्)] কচ্ছপী। पुo মুনিবিশেষ। She-tortoise; name of a sage.

दुश्चर त्रिo [दुर्+चर–खल्] অতি কষ্টে আচরণীয়, দুর্গম। Very difficult to undertake.

दुश्चेष्टित क्लीo [दुर्+चेष्ट–क्त] কুৎসিত আচরণ। Bad conduct.

दुश्च्यवन पुo [दुर्+च्यु–ल्यु] ইন্দ্র। An epithet of Indra.

दुष्कर त्रिo [दुर्+कृ–खल्] যাহা কষ্টে করা যায়। That which is done with difficulty.

दुष्कर्मन् क्लीo [दुर्+कर्मन्] পাপ। Sin.

दुष्कुल क्लीo [दुर्+कुल] অসৎ বংশ। Bad family.

दुष्कृत क्लीo [दुर्+कृत] দুষ্কর্ম। त्रिo অন্যায়কৃত। Misdeed, sin; wrongly done.

दुष्कृति क्लीo [दुर्+कृति] দুষ্কর্ম, দুর্ভাগ্য। Misdeed, misfortune.

दुष्कृतिन् त्रिo [दुर्+कृतिन्] দুষ্কর্মকারী। Sinner.

दुष्ट त्रिo [दुष–क्त] দোষযুক্ত, দুর্জন, অধম। Faulty, wicked.

दुष्ठु अव्यo [दुर्+स्था–कु] মন্দ, কুৎসিত। Bad, ugly.

दुष्पुर त्रिo [दुर्+पुरि–खल्] দুঃখে পূরণীয়। Difficult to be satiated.

दुष्प्रधर्ष त्रिo [दुर्+प्र+धृष–खल्] দুর্ধর্ষ। Invincible.

दुष्प्रवेश त्रिo [दुर्+प्रवेश] যেখানে প্রবেশ করা কঠিন। Difficult to enter.

दुष्प्रसह त्रिo [दुर्+प्र–सह–खल्] অতি দুঃসহ। Unbearable.

दुष्प्राप(प्य) त्रिo [दुर्+प्र+आप+खल् (ण्यत्)] দুর্লভ। Rare.

दुष्म(ष्य)न्त पुo পুরুবংশের নৃপতিবিশেষ। Name of a Puru king.

दुस्तर त्रिo [दुर्+तॄ–खल्] যাহা পার হওয়া কঠিন। Difficult to cross.

दुस्थित त्रिo [दुर्+स्थित] দুঃখে স্থিত। Pulling on with difficulty.

दुहितृ स्त्रीo [दुह–तृच्] কন্যা। Daughter.

दुह्य त्रिo [दुह–क्यप्] দোহনীয়। Fit to be milked.

दू स्त्रीo [दू–क्विप्] দুঃখ। Misery.

दूत पुo [दू–क्त] চর। Spy, messenger.

दूति स्त्रीo [दु–ति], **दूती** स्त्रीo [दूत+ङीप्] বার্তাবাহিনী। A female messenger.

दूत्य क्लीo [दूत+यत्] দূতের কার্য। The function of an emissary or spy.

दून त्रिo [दू–क्त] ক্লিষ্ট, শ্রান্ত, দুঃখিত। Afflicted, tired, sorry.

दूर त्रिo [दुर्+इण–रक्] বিপ্রকৃষ্ট, অগোচর, অত্যন্ত, দীর্ঘ। Distant, far off.

दूरतस् अव्यo [दूर–तस्] দূরে, দূর হইতে। From a distance.

दूरदर्शिन् त्रिo [दूर+दृश–णिनि] পরিণামদর্শী, পণ্ডিত। पुo শকুনি। Far-sighted.

दूरीभूत त्रिo [दूर+च्वि+भूत] দূরবর্তী। Distant.

दूर्वा स्त्रीo [दुर्व–अच्+टाप्] তৃণবিশেষ। A kind of grass.

दूर्वाष्टमी स्त्री० [दूर्वा+अष्टमी] ভাদ্রমাসের শুক্লাষ্টমী। The eighth day of the bright fortnight in Bhādra.

दूषक त्रि० [दुष+णिच्–ण्वुल्] দোষজনক, খল। Polluting, wicked.

दूषण पु० [दुष–ल्यु] রাক্ষসবিশেষ। त्रि० দোষজনক। क्ली० [दुष–ल्युट्] দোষ দেওয়া। Name of a demon; polluting; accusing.

दूषयितृ त्रि० [दुष+णिच्–तृच्] দূষক। Accuser.

दूषित त्रि० [दुष+णिच्–क्त] নিন্দিত। Blamed.

दूष्य त्रि० [दुष+णिच्–ण्यत्] দূষণীয়। Blameworthy.

दृक्पथ पु० [दृक्+पथिन्+अच्] দৃষ্টিযোগ্য স্থান। Range of vision.

दृढ त्रि० [दृह–क्त] কঠিন, সমর্থ, স্থূল। क्ली० লৌহ। Hard, capable ; iron.

दृढनिश्चय त्रि० [दृढ+निश्चय] স্থিরবুদ্ধি। One with firm resolve.

दृढमुष्टि त्रि० [दृढ+मुष्टि] কৃপণ। पु० খড়্গ। Miser ; sword.

दृढलोमन् पु० [दृढ+लोमन्] শূকর। Hog.

दृढव्रत त्रि० [दृढ+व्रत] ফলোদয় পর্যন্ত যিনি কার্য করেন। One with a firm vow.

दृति स्त्री० [दृ–ति] চর্মময় পাত্র, ভিস্তি, মৎস্যবিশেষ। A leather-vessel, a kind of fish.

दृतिहर पु० [दृति+हर], **दृतिहरि** पु० [दृति+हृ–इन्] কুক্কুর। Dog.

दृन्भू पु० [दृन्+भू–क्विप्] বজ্র, সূর্য। Thunderbolt, the sun.

दृप्त त्रि० [दृप–क्त] গর্বিত, উদ্ধত। Proud, haughty.

दृब्ध त्रि० [दृभ–क्त] গ্রথিত। Strung.

दृश्[-शा] स्त्री० [दृश–क्विन् (टाप्)] দর্শন, জ্ঞান, নেত্র। त्रि० दृश्—দর্শক, দ্রষ্টা, সাক্ষী। Vision, knowledge, eye ; seer, witness.

दृश[ष]द् स्त्री० [दृश–अदि] প্রস্তর, শিলা। Stone, rock.

दृशद्वती, **दृषद्वती** स्त्री० [दृशद्+मतुप्+ङीप्] নদীবিশেষ, দেবীবিশেষ। Name of a river or a goddess.

दृश्य त्रि० [दृश–क्यप्] দর্শনীয়, মনোরম। Scenery, lovely.

दृश्वन् त्रि० [दृश–क्वनिप्] দর্শক। Seer, onlooker.

दृष्ट त्रि० [दृश–क्त] বিলোকিত, জ্ঞাত। क्ली० দর্শন, জ্ঞান। Seen, known; vision, knowledge.

दृष्टपूर्व त्रि० [दृष्ट+पूर्व] যাহা পূর্বে দেখা বা জানা হইয়াছে। That which has been seen or known before.

दृष्टरजस् स्त्री० [दृष्ट+रजस्] প্রথমরজস্বলা নারী। A girl arrived at puberty.

दृष्टान्त पु० [दृष्ट+अन्त] উদাহরণ, নিদর্শন, উপমান, শাস্ত্র, মৃত্যু, কাব্যালঙ্কারবিশেষ। Instance, example, analogy, a figure of speech.

दृष्टि स्त्री० [दृश्+क्तिन्] দর্শন, জ্ঞানমাত্র, প্রকাশ, চক্ষু। Vision, knowledge, eye.

दृष्टिपथ पु० [दृष्टि+पथिन्+अच्] যতদূর দৃষ্টি চলে, দৃষ্টিবিষয়। Range of vision.

दृष्टिविष पु० [दृष्टि+विष] সর্পবিশেষ। A kind of poisonous snake.

देदीप्यमान त्रि० [दीप+यङ्–शानच्] শোভমান, জাজ্বল্যমান। Shining, resplendent.

देय त्रि० [दा+यत्] দাতব্য, দানযোগ্য। To be given, fit for gift.

देव पु० [दिव–अच्] দেবতা, ঈশ্বর, মেঘ, রাজা, ব্রাহ্মণ। क्ली० ইন্দ্রিয়, দীপ্তি। स्त्री० देवी—স্ত্রীদেবতা, দুর্গা, ব্রাহ্মণী, মহিষী। Deity, god, king, brahmin; lustre ; goddess.

देवक पु० [दिव–ण्वुल्] কৃষ্ণের মাতামহ। The maternal grandfather of Kṛṣṇa.

देवकी स्त्री० [देवक+ङीप्] কৃষ্ণের জননী। The mother of Kṛṣṇa.

देवखात क्ली० [देव+खन–क्त] অকৃত্রিম জলাশয়। Natural lake.

देवगायन पु० [देव+गायन] গন্ধর্ব। Gandharva, the celestial musician.

देवगिरि पु० [देव+गिरि] পর্বতবিশেষ। Name of a mountain.

देवगुरु पु० [देव+गुरु] বৃহস্পতি। An epithet of Bṛhaspati, the preceptor of the gods.

देवच्छन्द पु० [देव+छन्द–घञ्] বহুনরী মুক্তাহার। A pearl necklace composed of many strings.

देवतरु पु० [देव+तरु] মন্দার, পারিজাত, সন্তান, কল্পবৃক্ষ, হরিচন্দন—এই পাঁচ প্রকার বৃক্ষ। The five celestial trees.

देवता स्त्री० [दिव+तल्+टाप्] অমর। Deity, god.

देवताड पु० [देव+ताल] বৃক্ষবিশেষ। [देव+ताड–अच्] বহ্নি, রাহু। A kind of tree, fire.

देवत्व क्ली० [देव+त्व] দেবভাব। Godhood, divinity.

देवत्रा अव्य० [देव+त्रा–क] দেবতাকে দেয় বা তদধীন। Dedicated to the deity.

देवदत्त त्रि० [देव+दत्त] দেবতাকে দত্ত। पु० ব্যক্তিবিশেষ, অর্জুনের শঙ্খ। Dedicated to the deity; a proper name, the conch of Arjuna.

देवदारु पु० [देव+दारु] বৃক্ষবিশেষ। A kind of tree.

देवदेव पु० [देव+दिव–अच्] ব্রহ্মা, বিষ্ণু, শিব। The god of the gods, an epithet for Brahmā, Viṣṇu and Śiva.

देवन क्ली० [दिव–ल्युट्] ক্রীড়া, দীপ্তি, ব্যবহার, জিগীষা, স্তুতি, পদ্ম, ক্রীড়োদ্যান। Sport, lustre, praise.

देवनदी स्त्री० [देव+नदी] গঙ্গা। The celestial river, an epithet of Gaṅgā.

देवना स्त्री० [दिव–युच्+टाप्] ক্রীড়া, বিলাপ। Sport, wailing.

देवपथ पु० [देव+पथिन्+अच्] আকাশ, ছায়াপথ। The sky, the milky way.

देवभूय क्ली० [देव+भू–क्यप्] দেবত্ব, দেবভাব। Divinity.

देवमणि पु० [देव+मणि] সূর্য, কৌস্তুভ মণি, অশ্বের গলদেশে রোমের আবর্ত। The sun, the Kaustubha gem.

देवमातृ स्त्री० [देव+मातृ] অদিতি। The mother of the gods.

देवमातृक त्रि० [देव+मातृ+कप्] বৃষ্টির দ্বারা উৎপন্ন শস্যে পালিত দেশ। Fostered by crops grown with rain water.

देवयजि पु० [देव+यज–इन्] দেবযাজক, দেবপূজক, মুনি। A worshipper of the gods, sage.

देवयान क्ली० [देव+या–ल्युट्] বিমান, দেবরথ। स्त्री० देवयानी—শুক্রাচার্যের কন্যা। Celestial car; name of the daughter of Śukrācārya.

देवयोनि पु० [देव+योनि] বিদ্যাধর। An epithet of the Vidyādharas.

देवर पु० [दिव–अरच्] স্বামীর কনিষ্ঠ ভ্রাতা। The younger brother of the husband.

देवरथ पु० [देव+रथ] বিমান, সূর্যের রথ, দেবযান। Celestial car, the car of the sun.

देवराज् पु० [देव+राज–क्विप्], **देवराज** पु० [देव+राजन्+टच्] ইন্দ্র। An epithet of Indra.

देवरात त्रि० [देव+रा–क्त] দেবদত্ত। पु० নৃপতি পরীক্ষিৎ। An epithet of king Parikṣit.

देवर्षि पु० [देव+ऋषि] নারদমুনি। An epithet of the sage Nārada.

देवल पु० [देव–कलच्] ধার্মিক, পূজারী ব্রাহ্মণ, মুনিবিশেষ। Virtuous man, priest, name of a sage.

देवलोक पु० [देव+लोक] স্বর্গ, ভূপ্রভৃতি সপ্তলোক। Heaven.

देवव्रत पु० [देव+व्रत] ভীষ্ম। An epithet of Bhīṣma.

देवसात् अव्य० [देव+साति] দেবতাকে দেয়, সম্পূর্ণরূপে দেবতার অধীন সম্পন্ন করা। That which is made an absolute gift to the gods.

देवसायुज्य क्ली० [देव+सायुज्य] দেবসাদৃশ্য, দেবত্ব। Likeness to the gods, divinity.

देवसेना स्त्री० [देव+सेना] দেব সৈন্য, প্রজাপতির কন্যাবিশেষ, কার্তিকেয় পত্নী। Divine army, a daughter of Prajāpati.

देवस्व क्ली० [देव+स्व] দেব প্রতিমার জন্য উৎসৃষ্ট ধন, যাজ্ঞিক ধন। Wealth dedicated to a deity.

देवहूति स्त्री० [देव+हूति] স্বায়ম্ভুবকন্যা। The name of the daughter of Svāyambhuva.

देवाजीव पु० [देव+आ+जीव–अण्] দেবল, পূজারী। Priest.

देवात्मन् पु० [देव+आत्मन्] অশ্বত্থ বৃক্ষ, দেবস্বরূপ। An epithet of the Aśvattha tree, of the nature of the gods.

देवानांप्रिय त्रि० [देवानां+प्रिय] মূর্খ। An epithet signifying 'fool'.

देवापि पु० নৃপবিশেষ। Name of a king.

देवायुध क्ली० [देव+आयुध] ইন্দ্রধনু, বজ্র। Rainbow, thunderbolt.

देवालय क्ली० [देव+आलय] স্বর্গ, দেবপ্রতিমার ভবন। Heaven, a shrine of the gods.

देवी स्त्री० [देव+णिच्–अच्+ङीप्] দেবপত্নী, দুর্গা, কৃতাভিষেকা রাজমহিষী, মহাদ্রোণী, হরীতকী। Goddess, queen.

देवृ पु० [दिव–ऋ] স্বামীর কনিষ্ঠ ভ্রাতা, দেবর। A brother of the husband.

देवेश पु० [देव+ईश] দেবতাগণের নিয়ন্তা পরমেশ্বর, মহাদেব, বিষ্ণু। स्त्री० देवेशी—দুর্গা। The lord of the gods, Śiva, Viṣṇu; Durgā.

देश पु० [दिश्–अच्] ভূগোলকের বিভাগবিশেষ, স্থান। Country, place.

देशान्तर क्ली० অন্যদেশ, দেশবিশেষ। Other country.

देशिक त्रि० [देश+ठन्] পথিক, উপদেশক। Traveller, instructor.

देशिन् त्रि० [दिश्–णिनि] নির্দেশক। स्त्री० देशिनी—তর্জনী। Guide; index finger.

देशीय त्रि० [देश+छ], **देश्य** त्रि० [दिश्–ण्यत्] দেশজাত, দেশসম্বন্ধীয়। Country-made, relating to the country.

देह पु०, क्ली० [दिह्–घञ्] শরীর, লগ্নবিশেষ। पु० লেপন। Body; besmearing.

देहभृत पु० [देह+भृ–क्विप्] জীব, প্রাণী। Being, creature.

देहयात्रा स्त्री० [देह+यात्रा] লোকান্তর যাত্রা, দেহরক্ষার জন্য ভোজনাদি। Livelihood.

देहलि[-ली] स्त्री० [देह+ला–कि(ङीप्)] চৌকাঠের অধঃফলক। The lower part of the wooden frame of the door.

देहात्मवादिन् पु० [देह+आत्मन्+वद–णिनि] চার্বাক, বৌদ্ধবিশেষ। Materialist.

देहिन् पु० [देह+इनि] জীব, আত্মা। Bodily self.

दैतेय पु० [दिति+ढक्], **दैत्य** पु० [दिति–ण्य] দিতির পুত্র, অসুর। Son of Diti, demon.

दैत्यगुरु पु० [दैत्य+गुरु] শুক্রাচার্য। An epithet of Śukrācārya, the preceptor of the demons.

दैत्यनिसूदन पु० [दैत्य+नि+सूद+णिच्–ल्यु] বিষ্ণু। An epithet of Viṣṇu.

दैत्यमातृ स्त्री० [दैत्य+मातृ] দিতি। An epithet of Diti.

दैत्यारि पु० [दैत्य+अरि] বিষ্ণু। An epithet of Viṣṇu.

दैन त्रि० [दिन–अण्] দিনভব। क्ली० দীনত্ব। Daily, relating to the day; the state of a destitute.

दैनन्दिन त्रि० [दिन+दिन–अण्] প্রাত্যহিক। Daily.

दैनिक त्रि० [दिन+ठञ्] দিনভব। Daily.

दैन्य क्ली० [दीन+ष्यञ्] দীনত্ব, কার্পণ্য, ব্যভিচারিগুণবিশেষ। The state of a destitute.

दैर्घ्य क्ली० [दीर्घ+ष्यञ्] দীর্ঘতা। Length, tallness.

दैव क्ली० [देव+अण्] ভাগ্য, অদৃষ্ট, অঙ্গুলির অগ্রভাগ। त्रि० দেবসম্বন্ধীয়। Luck, destiny; relating to the god.

दैवकी स्त्री० [दैव+क+अण्+ङीप्] দেবক রাজার কন্যা, বসুদেবপত্নীবিশেষ, শ্রীকৃষ্ণের মাতা। The name of the mother of Śrīkṛṣṇa.

दैवज्ञ पु० [दैव+ज्ञा–क] গণক। Fortune-teller, astrologer.

दैवत पु०, क्ली० [देवता–अण्] দেবতা। क्ली० দেবসমূহ। त्रि० দেবতাসম্বন্ধীয়। God; group of gods; relating to the god.

दैववाणी स्त्री० [दैव+वाणी] আকাশবাণী। Divine voice, oracle.

दैवात् अव्य० [दैव+अत–क्विप्] হঠাৎ। Accidentally, suddenly.

दैविक त्रि० [देव+ठक्] দেবসম্বন্ধীয়। Relating to gods.

दैवी स्त्री० [देव+अण्+ङीप्] দেবসম্বন্ধিনী। Relating to gods.

दैवोपहत त्रि० [दैव+उपहत] হতভাগ্য। Unfortunate, unlucky.

दैशिक त्रि० [देश+ठञ्] দেশসম্বন্ধীয়, দেশকৃত। Relating to a country.

दैष्टिक त्रि० [दिष्ट+ठक] যিনি ভাগ্যের উপর নির্ভর করেন, ভাগ্যপ্রমাণক। One who depends on fortune, a fatalist.

दैहिक त्रि० [देह+ठक्] শারীরিক। Relating to the body, bodily.

दोग्धृ पु० [दुह–तृच्] দোহনকর্তা, গোপাল, বৎস, অর্থোপজীবী, সূর্য। Milkman, calf, the sun.

दोदुल्यमान त्रि० [दुल+यङ्–शानच्] পুনঃ পুনঃ দোলনশীল। Constantly tossing.

दोधूयमान त्रि० [धू+यङ्–शानच्] পুনঃ পুনঃ কম্পমান। Constantly shaking.

दोर्दण्ड पु० [दोष्+दण्ड] বাহুদণ্ড। Arm.

दोर्मूल क्ली० [दोष्+मूल] বাহুমূল। Arm-pit.

दोल पु० [दुल–घञ्] দোলা, দোলন, শ্রীকৃষ্ণের উৎসববিশেষ, ধান্যাদির পাত্র। Swing, swinging, a festivity of Śrīkṛṣṇa.

दोलन क्ली० [दुल–ल्युट्] ঝোলান, কম্পন। Suspending, shaking.

दोलायमान त्रि० [दुल+क्यङ्–शानच्] দোদুল্যমান। Tossing.

दोष् पु० [दुष-विच्] বাহু। Arm.

दोष पु० [दुष-घञ्] পাপ, দূষণ, অপবাদ, কলঙ্ক, কাব্যে অপকর্ষ প্রযোজক ধর্মবিশেষ, দর্শনশাস্ত্রে রাগ, দ্বেষ, মোহ। Sin, fault, censure.

दोषग्राहिन् त्रि० [दोष+ग्रह-णिनि] দোষদর্শী, দুর্জন। Fault-finder, wicked.

दोषज्ञ पु० [दोष+ज्ञा-क] পণ্ডিত। त्रि० পরকীয় দোষজ্ঞাতা। Learned ; one acquainted with other's faults or defects.

दोषत्रय क्ली० [दोष+त्रय] বাত, পিত্ত ও কফ। The three humors—wind, bile and phlegm.

दोषा अव्य० [दुष-आ] রাত্রি। स्त्री० বাহু। Night ; arm.

दोषाकर पु० [दोषा+कर] চন্দ্র। त्रि० দোষের আশ্রয়। The moon ; the repository of faults.

दोषातन त्रि० [दोषा+ट्युल्] রাত্রিকালীন। Nocturnal.

दोषिन् त्रि० [दुष-णिनि] দোষযুক্ত। Faulty.

दोषैकदृश् त्रि० [दोष+एक+दृश-क्विप्] কেবল দোষদর্শী। One who looks only for defects.

दोस् पु० [दम-डोस्] বাহু। Arm.

दोह पु० [दुह-घञ्] দোহন, দুগ্ধ। Milking, milk.

दोहद क्ली० [दोह+दा-क] গর্ভিণীর অভিলাষ, গর্ভ, লালসা। The desires of a pregnant woman.

दोहदवती स्त्री० [दोहद+मतुप्+ङीप्] দ্রব্যবিশেষাভিলাষবতী গর্ভিণী। Pregnant woman longing for anything.

दोहदिन् त्रि० [दोहद+इनि] কামী। Lustful.

दोहन क्ली० [दुह-ल्युट्] দোওয়া। स्त्री० दोहनी —দোহন-পাত্র। Milking ; vessel for milking.

दौत्य क्ली० [दूत-ष्यञ्] দূতের কর্ম। The function of a messenger.

दौरात्म्य क्ली० [दुर्+आत्मन्+ष्यञ्] অত্যাচার, নিষ্ঠুরতা। Torment, cruelty.

दौर्भागिनेय पु० [दुर्भगा+ढक्] দুর্ভগার পুত্র। Son of an unfortunate woman.

दौर्मनस्य क्ली० [दुर्+मनस्+ष्यञ्] উদ্বেগ, খেদ। Anxiety, dejection.

दौर्हृद क्ली० [दुर्+हृदय+अण्] গর্ভিণীর ইচ্ছা। The desire of a pregnant woman.

दौवारिक पु० [द्वार+ठक्] দ্বারপাল। Door-keeper.

दौष्कुलेय त्रि० [दुष्कुल+ढक्] দুষ্কুলে উৎপন্ন। One born in a low family.

दौष्मन्ति पु० [दुष्मन्त+इञ्] দুষ্মন্তের পুত্র। The son of king Duṣmanta.

दौहित्र पु० [दुहिता+अञ्] দুহিতার পুত্র। स्त्री० दौहित्री—দুহিতার কন্যা। Grandson (the son of a daughter) ; grand-daughter (the daughter of a daughter).

द्यावापृथिवी स्त्री० [द्यौ+पृथिवी], **द्यावाभूमी** स्त्री० [द्यौ+भूमि] স্বর্গ ও মর্ত্ত। The heaven and earth.

द्यु क्ली० [दिव-उन्] আকাশ, স্বর্গ, দিন। पु० অগ্নি, সূর্য। Heaven; fire, the sun.

द्युति स्त्री० [द्युत-इन्] দীপ্তি, শোভা, প্রকাশ। Lustre, beauty.

द्युपति पु० [द्यु+पति] সূর্য, ইন্দ্র। The sun, Indra.

द्युमणि पु० [द्यु+मणि] সূর্য। The sun.

द्युम्न क्ली० [दिव्+म्ना-क] ধন, বল। Wealth, strength.

द्युष[स]द् पु० [दिव्+सद-क्विप्] দেব, গ্রহ। God, planet.

द्यूत क्ली० [दिव-क्त] দেবন, পাশকক্রীড়া। Dice-play.

द्यूतकर पु० [द्यूत+कर], **द्यूतकार** पु० [द्यूत+कार], **द्यूतकृत्** पु० [द्यूत+कृत्] পাশকক্রীড়ক। Dice-player, gambler.

द्यूतप्रतिपद्(दा) स्त्री० [द्यूत+प्रतिपद् (टाप्)] কার্ত্তিকমাসের শুক্লা প্রতিপদ্। The first day of the bright fortnight in the month of Kārttika.

द्यून त्रि० [दिव-क्त] ক্রীড়ক। Player.

द्यो स्त्री० [द्युत-डो] স্বর্গ, আকাশ। Heaven, sky.

द्योत पु० [द्युत-घञ्] দীপ্তি, প্রকাশ, আতপ। Lustre, light.

द्यो(द्यु)तित त्रि० [द्युत-क्त] প্রকাশিত, দীপিত। Revealed, illumined.

द्रढिमन् पु० [दृढ+इमनिच्] দার্ঢ্য, কাঠিন্য, স্থৈর্য। Firmness, hardness.

द्रढिष्ठ त्रि० [दृढ+इष्ठन्], **द्रढीयस्** त्रि० [दृढ+ईयसुन्] অতি দৃঢ়। Hardest, most firm.

द्रम्म पु० এক কাহন। A drachma.

द्रव पु० [द्रु-अप्] গতি, পলায়ন, বেগ, গলে যাওয়া। त्रि० তরল। Movement, melting; liquid.

द्रवण क्ली० [द्रु–ल्युट्] ক্ষরণ, গতি। Dripping, movement.

द्रवत्व क्ली० [द्रव+त्व] তরলত্বগুণ। Fluidity, liquidity.

द्रवन्ती स्त्री० [द्रु–शतृ+ङीप्] নদী। Flowing river.

द्रविड पु० দেশবিশেষ। Name of a country.

द्रविण क्ली० [द्रु–इनन्] ধন, কাঞ্চন, বল, পরাক্রম, বাঞ্ছিত। पु० ক্রৌঞ্চদ্বীপস্থ পুরুষবিশেষ। Wealth, gold, strength.

द्रव्य क्ली०[द्रु–यत्] ক্ষিতি, জল, তেজ, বায়ু, আকাশ, কাল, দিক্, আত্মা মন—এই নয়টি পদার্থ, পিত্তল, বিত্ত, বিলেপন, জতু, বিনয়, মদ্য। त्रि० ভেষজ, বৃক্ষসম্বন্ধীয়। The nine elementary substances, brass, wealth.

द्रष्टृ त्रि० [दृश–तृच्] দর্শক, সাক্ষী, বিচারক। Seer, witness.

द्राक् अव्य० [द्रा–कु] দ্রুত, শীঘ্র, ঝটিতি। Quickly, suddenly.

द्राक्षा स्त्री० [द्राक्षि–अ+टाप्] কিস্‌মিস্, আঙ্গুর। Grapes.

द्राघिमन् पु० [दीर्घ+इमनिच्] দৈর্ঘ্য। Length.

द्राघिष्ठ त्रि० [दीर्घ+इष्ठन्], **द्राघीयस्** त्रि० [दीर्घ+ईयसुन्] অতি দীর্ঘ। Longest.

द्राव पु० [द्रु–घञ्] পলায়ন, গতি, দ্রবণ। Flight, movement, melting.

द्रावक पु० [द्रु–ण्वुल्] লম্পট, চোর, চন্দ্রকান্তমণি। त्रि० [द्रु+णिच्–ण्वुल्] দ্রবকারক। Libertine, thief, moonstone; a flux used for fusion of metals.

द्रावण क्ली० [द्रु+णिच्–युच्] তাড়াইয়া দেওয়া। Turning out, putting to flight.

द्राविड पु० [द्रविड+अण्] দেশবিশেষ। त्रि० দ্রবিড়-দেশীয়। स्त्री० द्राविडी—ছোট এলাচ। Name of a country; one of the Draviḍa country.

द्रु पु० [द्रु–ड] বৃক্ষ, শাখা। स्त्री० গতি। क्ली० বৃক্ষ-বিকার। त्रि० দ্রবযুক্ত। Tree, branch; flowing.

द्रुघण पु० [द्रु+हन–अप्] মুদ্গর, লৌহমুদ্গর, কুঠার, ব্রহ্ম। Club, iron-club, axe.

द्रुणस त्रि० [द्रु+नासिका+अच्] দীর্ঘনাসিকাযুক্ত। One with a long nose.

द्रुणी स्त्री० কেন্নুই, দ্রোণা। A centipede, bucket.

द्रुत क्ली० [द्रु–क्त] শীঘ্রতা। त्रि० দ্রবতাযুক্ত, শীঘ্রতাযুক্ত। Quickness; melted.

द्रुतविलम्बित क्ली० [द्रुत+विलम्बित] দ্বাদশাক্ষর ছন্দোবিশেষ। A twelve-syllabled metre.

द्रुति स्त्री० [द्रु–क्तिन्] দ্রব, দ্রবীভাব, পলায়ন। Liquidity, melting, flight.

द्रुपद पु० চন্দ্রবংশীয় নৃপবিশেষ। Name of a king.

द्रुम पु० [द्रु+म] বৃক্ষ, পারিজাত, কুবের, কৃষ্ণমহিষী রুক্মিণীর পুত্রবিশেষ। Tree, an epithet of Kuvera, a son of Rukmiṇī.

द्रुह त्रि० [द्रुह–क] দ্রোহকারক, পুত্র। स्त्री० द्रुही—দুহিতা। Son; daughter.

द्रुहिण पु० [द्रुह–इनन्] চতুর্মুখ ব্রহ্মা, বিষ্ণু, মহাদেব। An epithet of Brahmā, Viṣṇu or Śiva.

द्रुह्यत् त्रि० [द्रुह–शतृ] অনিষ্টকারী। Causing harm.

द्रोण पु० [द्रुण+अच्] কুরুবংশের গুরু, জলাশয়-বিশেষ, মেঘবিশেষ, আঢ়ক, দাঁড়কাক। The name of the preceptor of the Kurus, a measure.

द्रोणि(णी) स्त्री० [द्रु–णि (ङीप्)] ডিঙ্গি, পর্বত-দ্বয়ান্তর্বর্তী স্থান। A small boat, a place between two hills.

द्रोणीदल पु० [द्रोणी+दल] কেতক বৃক্ষ। क्ली० কেতক পুষ্প। The Ketaka tree; the Ketaka flower.

द्रोह पु० [द्रुह–घञ्] অনিষ্টচিন্তন, ছদ্মবধ, হিংসা-মাত্র। त्रि० জাতদ্রোহ। Planning to harm, killing by deceit.

द्रोहिन् त्रि० [द्रुह–इनि] অনিষ্টকারী। Enemy, one causing harm.

द्रौणायन पु० [द्रोण+फक्] দ্রোণপুত্র, অশ্বত্থামা। An epithet of the son of Droṇa.

द्रौपदी स्त्री० [द्रुपद+अण्–ङीप्] দ্রুপদরাজার কন্যা। Name of the daughter of the king of Drupadas.

द्वन्द्व क्ली० [द्वि+द्वि] স্ত্রীপুরুষ, মিথুন, যুগ্ম, রহস্য, কলহ, যুদ্ধ, ব্যাকরণশাস্ত্রে সমাসবিশেষ। Male and female, couple, pair, quarrel, fight, a kind of Samāsa in grammar.

द्वन्द्वचर पु० [द्वन्द्व+चर] চক্রবাক পক্ষী। An epithet of the Cakravāka bird.

द्वय क्ली० [द्वि+अयच्] দুইটি অবয়ব, দ্বিত্ব সংখ্যা, যুগ্ম। त्रि० দ্বিত্ব সংখ্যাযুক্ত। स्त्री० द्वयी—দ্বিত্বযুক্ত। Two, pair.

द्वाःस्थ, द्वास्थ पु० [द्वार+स्था–क], **द्वाःस्थित, द्वास्थित** पु० [द्वार+स्थित] দ্বারপাল। ত্রি০ দ্বারে স্থিত। Door-keeper ; one stationed at the door.

द्वा[द्वि]चत्वारिंशत् स्त्री० [द्वि+चत्वारिंशत्] বিয়াল্লিশ সংখ্যা। Forty-two.

द्वात्रिंशत् स्त्री० [द्वि+त्रिंशत्] বত্রিশ সংখ্যা। Thirty-two.

द्वादश त्रि० [द्वादशन्+डट्] বার সংখ্যার পূরণ। Twelfth.

द्वादशन् त्रि० [द्वि+दशन्] বার সংখ্যা। Twelve.

द्वादशाङ्गुल पु० [द्वादश+अङ्गुलि+अच्] বার অঙ্গুলি পরিমিত। Of the measure of twelve fingers.

द्वादशात्मन् पु० [द्वादश+आत्मन्] বিবস্বান্, অর্যমা, পূষা, ত্বষ্টা, সবিতা, ভগ, ধাতা, বিধাতা, বরুণ, মিত্র, শক্র, উরুক্রম—এই দ্বাদশ নামধারী সূর্য। The sun having twelve natures or names.

द्वापर पु० [द्वि+पर] তৃতীয় যুগ। The third cycle of time.

द्वार् स्त्री० [द्वृ–क्विप्], **द्वार** क्ली० [द्वृ+णिच्–अच्] দুয়ার, উপায়, সম্মুখ। Door, way.

द्वारका स्त्री० [द्वार+कै–क+टाप्] কৃষ্ণের নগরী। The city of Krṣṇa.

द्वारकेश पु० [द्वारका+ईश] কৃষ্ণ। An epithet of Krṣṇa.

द्वारप त्रि० [द्वार+पा–क], **द्वारपाल** त्रि० [द्वार+पाल] দ্বাররক্ষক। Door-keeper.

द्वारवती स्त्री० [द्वार+मतुप्+ङीप्], **द्वारावती** स्त्री० [द्वार+डाच्+मतुप्+ङीप्], **द्वारिका** स्त्री० [द्वार+कन्+टाप्] দ্বারকানগরী। The city of Dvārakā.

द्वारिक त्रि० [द्वार+ठन्], **द्वारिन्** त्रि० [द्वार+इनि] দ্বারপাল, দ্বারযুক্ত। Door-keeper, fitted with a door.

द्वाविंशति स्त्री० [द्वि+विंशति] বাইশ সংখ্যা। Twenty-two.

द्वि त्रि० [द्वृ–ड] দ্বিত্বসংখ্যা, দ্বিত্বসংখ্যাযুক্ত। Two.

द्विक त्रि० [द्वि–अकच्] দ্বিত্বসংখ্যাযুক্ত। क्ली० [द्वि+कन्] দ্বিত্ব। पु० কাক, কোক। Two; reduplication ; crow.

द्विककुद् पु० [द्वि+ककुद्] উষ্ট্র। Camel.

द्विगु पु० [द्वि+गो] সমাসবিশেষ। त्रि० যাহার দুইটি গরু আছে। A kind of Samāsa; one who has two cows.

द्विगुण त्रि० [द्वि+गुण–अच्] দুইগুণ। Twice.

द्विगुणाकृत त्रि० [द्विगुण+डाच्+कृत] দুইবার কৃত। Done twice.

द्विज पु० [द्वि+जन–ड], **द्विजन्मन्** पु० [द्वि+जन्मन्] ব্রাহ্মণ, ক্ষত্রিয়, বৈশ্য, অণ্ডজ, দন্ত। The twice-born (Brahmin, Kṣattriya and Vaiśya), one born from the egg.

द्विजबन्धु पु० [द्विज+बन्धु], **द्विजब्रुव** पु० [द्विज+ब्रू–क] অধম দ্বিজ। Disreputable Brahmin.

द्विजराज पु० [द्विज+राजन्+टच्] চন্দ্র, অনন্ত, গরুড়। An epithet of the moon, the king of serpents and Garuḍa.

द्विजवर पु० [द्विज+वर], **द्विजवर्य** पु० [द्विज+वर्य], **द्विजसत्तम** पु० [द्विज+सत्तम] শ্রেষ্ঠ ব্রাহ্মণ। The best of the Brahmins.

द्विजाति पु० [द्वि+जाति] ব্রাহ্মণ, ক্ষত্রিয়, বৈশ্য। The twice-born castes.

द्विजिह्व पु० [द्वि+जिह्वा] সর্প, খল, চোর। Serpent, vile.

द्विजोत्तम पु० [द्विज+उत्तम] ব্রাহ্মণশ্রেষ্ঠ। The best of Brahmins.

द्वितय क्ली० [द्वि+तयप्] দুই সংখ্যা। त्रि० দুই সংখ্যাযুক্ত। Two ; numbering two.

द्वितीय त्रि० [द्वि+तीय] দুই সংখ্যার পূরণ। स्त्री० দ্বিতীয়া—তিথিবিশেষ। Second.

द्वित्व क्ली० [द्वि+त्व] দুই সংখ্যার ভাব। Reduplication.

द्विदेह पु० [द्वि+देह] গণেশ। An epithet of Gaṇeśa.

द्विधा अव्य० [द्वि+धाच्] দুইবার, দ্বিবিধ। Twice, of two kinds.

द्विप पु० [द्वि+पा–क] হস্তী। Elephant.

द्विपद पु० [द्वि+पद] মনুষ্য, দেবতা, পক্ষী, রাক্ষস। स्त्री० দ্বিপদী—ছন্দোবিশেষ। দ্বিপদা—ঋক্‌বিশেষ। Biped, man, god, bird ; a kind of metre; a kind of verse.

द्विपाद् त्रि० [द्वि+पाद्] দুই পদযুক্ত। Two-footed.

द्विपायिन् पु० [द्वि+पा–णिनि] গজ। Elephant.

द्विमातृक पु० [द्वि+मातृ+कप्] গণেশ, জরাসন্ধ। An epithet of Gaṇeśa and Jarāsandha.

द्विमुख पु० [द्वि+मुख] রাজসর্প, কৃমিরোগবিশেষ। त्रि० মুখদ্বয়যুক্ত। The king-cobra, two-mouthed.

द्विमूर्ध त्रि० [द्वि+मूर्धन्+षच्] দুইটি মাথা যাহার। Two-headed.

দ্বিরদ পু০ [দ্বি+রদ] হস্তী। Elephant.

দ্বিরাগমন ক্লী০[দ্বিঃ+আগমন] বিবাহের পর পতিগৃহে বধূর দ্বিতীয় বার আগমন। The second coming of the bride to her husband's home.

দ্বিরাপ পু০ [দ্বিঃ+আ+পা–ক] হস্তী। Elephant.

দ্বিরুক্ত ত্রি০ [দ্বিঃ+উক্ত] দুইবার উক্ত। Twice said, repeated.

দ্বিরূঢ়া স্ত্রী০ [দ্বিঃ+বহ–ক্ত+টাপ্] পুনর্ভূ স্ত্রীলোক। Remarried woman.

দ্বিরেফ পু০ [দ্বি+রেফ] ভ্রমর। Bee.

দ্বিবচন ক্লী০ [দ্বি+বচন] ব্যাকরণশাস্ত্রে দ্বিত্ববোধক প্রত্যয়। The terminations of the dual.

দ্বিবর্ষা স্ত্রী০ [দ্বি+বর্ষ+ঠক্+টাপ্] দুই বর্ষ বয়স্কা গাভী। A two-year old cow.

দ্বিবার্ষিক ত্রি০ [দ্বিবর্ষ+ঠঞ্] দুই বৎসরে উৎপন্ন (শস্যাদি)। Biennial.

দ্বিবিধ ত্রি০ [দ্বি+বিধা] দুই প্রকার। Of two kinds.

দ্বিশফ পু০ [দ্বি+শফ] দ্বিধাবিভক্ত খুরযুক্ত প্রাণী। Cloven-hoofed animal.

দ্বিশস্ অব্য০ [দ্বি+শস্] দুজন-দুজন। Two by two.

দ্বিষ্ ত্রি০ [দ্বিষ–ক্বিপ্], **দ্বিষত্** পু০ [দ্বিষ–শতৃ] দ্বেষকারী। পু০ শত্রু। One nursing hatred; enemy.

দ্বিষন্তপ ত্রি০ [দ্বিষ+তপ+ণিচ্–খচ্] শত্রুতাপন। One who torments the enemy.

দ্বিষ্ট ত্রি০ [দ্বিষ–ক্ত] দ্বেষের পাত্র। An object of hatred.

দ্বিষ্ঠ ত্রি০ [দ্বি+স্থা–ক] উভয়স্থ। That which happens to be in both the two.

দ্বিস্ অব্য০ [দ্বি+সুচ্] দুইবার, দুইপ্রকার। Twice, of two kinds.

দ্বিসপ্ততি স্ত্রী০ [দ্বি+সপ্ততি] বাহাত্তর সংখ্যা। Seventy-two.

দ্বিহায়নী স্ত্রী০ [দ্বি+হায়ন+ঙীপ্] দুই বৎসর বয়স্কা গাভী। A two-year old cow.

দ্বিহৃদয়া স্ত্রী০ [দ্বি+হৃদয়+টাপ্] অন্তঃসত্ত্বা। Pregnant.

দ্বীপ পু০, ক্লী০ [দ্বি+অপ্+অচ্] জলমধ্যস্থ স্থল। Island.

দ্বীপিন্ পু০ [দ্বি+ঈ–পক্+ইনি] ব্যাঘ্র। Tiger.

দ্বেধা অব্য০ [দ্বি+ধাচ্] দ্বিবিধ। Of two kinds.

দ্বেষ পু০ [দ্বিষ–ঘঞ্] শত্রুতা, ঈর্ষা, ক্রোধ, বিরাগ। Enmity, jealousy, anger.

দ্বেষণ পু০ [দ্বিষ–যুচ্] শত্রু। Enemy.

দ্বেষিন্ ত্রি০ [দ্বিষ–ণিনি] দ্বেষযুক্ত, বিদ্বেষী। One who hates.

দ্বেষ্টৃ ত্রি০ [দ্বিষ–তৃচ্] দ্বেষকর্তা। One who hates.

দ্বেষ্য ত্রি০ [দ্বিষ–যত্] দ্বেষের বিষয়, দ্বেষার্হ, শত্রু। The object of hatred, enemy.

দ্বৈত ক্লী০ [দ্বি+ইত+অণ্] দ্বৈধীভাব, দ্বয়। The nature of being two, duality.

দ্বৈতবন ক্লী০ [দ্বৈত+বন] শোকমোহাদিরহিত বনবিশেষ। Name of a forest.

দ্বৈতবাদিন্ ত্রি০ [দ্বৈত+বদ–ণিনি] যিনি জীবাত্মা ও পরমাত্মা—এই উভয়ের ভেদ স্বীকার করেন। The dualist.

দ্বৈতীয়ীক ত্রি০ [দ্বিতীয়+ঈকক্] দ্বিতীয়। Second.

দ্বৈধম্ অব্য০ [দ্বি+ধমুঞ্] দুই প্রকার। Of two kinds.

দ্বৈপ ক্লী০ [দ্বীপ+অঞ্] ব্যাঘ্রচর্ম। Tiger-skin.

দ্বৈপায়ন পু০ [দ্বীপ+ফক্] ব্যাসদেব। An epithet of the sage Vyāsa.

দ্বৈপ্য ত্রি০ [দ্বীপ+ষ্যঞ্] দ্বীপসম্বন্ধীয়। Relating to an island.

দ্বৈমাতুর পু০ [দ্বি+মাতৃ+অণ্] গণেশ, জরাসন্ধ। ত্রি০ দুই মাতার অপত্য। An epithet of Gaṇeśa and Jarāsandha; born of two mothers.

দ্বৈরথ ক্লী০ [দ্বি+রথ+অণ্] দুইটি রথীর যুদ্ধ। A duel between two heroes.

দ্বৈবিধ্য ক্লী০ [দ্বি+বিধা+ষ্যঞ্] দ্বিপ্রকারতা। Duality.

দ্ব্যঞ্জল[-লি] ত্রি০ [দ্বি+অঞ্জলি+অ] দুই অঞ্জলি পরিমিত। Two palmfuls.

দ্ব্যণুক ক্লী০ [দ্বি+অণু+কপ্] দুইটি পরমাণুর দ্বারা আরব্ধ কার্যবিশেষ। A conglomeration of two atoms.

দ্ব্যর্থ ত্রি০ [দ্বি+অর্থ] অর্থদ্বয়যুক্ত। With double meaning or pun.

দ্ব্যষ্ট ক্লী০ [দ্বি+অশ–ক্ত] তাম্র। Copper.

দ্ব্যামুষ্যায়ণ পু০[দ্বি+অমুষ্য+ফক্] পিতা ও গ্রহীতা উভয়ের পুত্র। One who is accepted as the son by both natural father and the person to whom he is given in adoption.

দ্ব্যাহিক ত্রি০ [দ্বি+অহন্+ঠঞ্] দিনান্তরিত জ্বর। Fever coming every second day.

দ্ব্যোপশ পু০ [দ্বি+আ+উপ+শী–ড] দুইটি শৃঙ্গ যাহার। Double-horned.

ध

ध पु०[धा–ड] धर्म, कुबेर, ब्रह्म। क्ली० धन, वर्णविशेष। Dharma, Kuvera, Brahman; wealth.

धट पु० [धन–ट] दाँड़ि, निक्ति, तुलाराशि। Line, measuring instrument.

धटक पु० [धट+क] परिमाणविशेष। A measure.

धन [धन–अच्] वित्त, গোধন, স্নেহপাত্র, धनिष्ठा नक्षत्र। Wealth, object of affection.

धनञ्जय पु० [धन+जि–खच्] अर्ज्जुन, वह्नि, सर्पविशेष, विष्णु, अर्जुनवृक्ष, देहस्थ वायुविशेष। An epithet of Arjuna, fire, one of the vital airs.

धनद पु० [धन+दा–क] कुबेर। त्रि० धनदाता। An epithet of Kuvera, giver of wealth.

धनदानुचर पु० [धनद+अनुचर] कुबेरेर अनुचर, यक्ष। Attendant of Kuvera, a Yakṣa.

धनदानुज पु० [धनद+अनुज] कुबेरेर कनिष्ठ भ्राता, रावण। The younger brother of Kuvera, an epithet of Rāvaṇa.

धनपति पु० [धन+पति] कुबेर, धनी। An epithet of Kuvera, wealthy.

धनाधिप पु० [धन+अधिप] कुबेर, धनी। An epithet of Kuvera, wealthy.

धनवत् त्रि० [धन+मतुप्] ऐश्वर्यशाली। Wealthy.

धनिक त्रि० [धन+ठन्] वणिक, उत्तमर्ण। [धन–इक] धनिया। पु० धनवान्। Merchant, wealthy.

धनिन् त्रि० [धन+इनि] धनवान्। Wealthy.

धनिष्ठा स्त्री० [धन+इष्ठन्+टाप्] नक्षत्रविशेष। Name of a star.

धनु पु० [धन–उन्] प्रियङ्गु वृक्ष। त्रि० धनुर्धर, शीघ्र गमनशील। A kind of tree; bowman.

धनुर्गुण पु० [धनुष्+गुण] छिला, मूर्वा। Bow-string.

धनुर्धर [धनुस्+धृ–अच्], **धनुभृ त्** पु० [धनुस्+भृ–क्विप्] **धनुष्मत्** पु० [धनुस्+मतुप्] धनुर्धारी, धानुष्क। Bowman.

धनुर्वेद पु० [धनुस्+वेद] धनुर्विद्या। The science of archery.

धनुस् पु०, क्ली० [धन–उसि] धनुक। Bow.

धनेश्वर पु० [धन+ईश्वर] कुबेर। त्रि० धनस्वामी। An epithet of Kuvera; lord of wealth.

धन्य त्रि० [धन+यत्] कृतार्थ, श्लाघ्य, सुखी, सुकृति। पु० वृक्षविशेष, विष्णु। स्त्री० धन्या—धन्याक। Successful, happy; a kind of tree.

धन्याक क्ली० धनिया। Coriander seed.

धन्व क्ली० [धन्व+अच्] धनु। Bow.

धन्वन् क्ली० [धव–कनिन्] धनुक, मरुभूमि, आकाश। Bow, desert.

धन्वन्तरि पु० [धनु+अन्त+ऋ–इन्] देववैद्यविशेष। Name of the physician of the gods.

धन्विन् त्रि० [धन्व+इनि] धनुर्धारी, विदग्ध। पु० अर्जुन, अर्जुनवृक्ष, बकुलवृक्ष, विष्णु, धनुराशि। Bowman; an epithet of Arjuna, a kind of tree.

धमन पु० [धम–युच्] चोङा, नल खागड़ा। त्रि० क्रूर। Funnel; cruel.

धमनि[नी] स्त्री० [धम–अनि (ङीप्)] नाड़ी, शिरा, ग्रीवा, हरिद्रा, हट्टविलासिनी, वाक्य। Sinew, vein.

धम्मिल्ल पु० [धम–विच्+मिल–क] चुलेर खोँपा। Braid of hair.

धर पु० [धृ–अच्] पर्वत, कूर्मराज, कार्पासतुला। त्रि० धारक। Mountain, the king of tortoises; holder, sustainer.

धरण क्ली० [धृ–ल्युट्] धारण। त्रि० [धृ–युच्] धारक। पु० पर्वतपति, लोक, स्थल, धान्य, सूर्य। Holding; holder; the lord of mountains.

धरणि(णी) स्त्री० [धृ–अनि(ङीप्)] पृथिवी, शाल्मली वृक्ष। The earth.

धरणि(णी)-धर पु० [धरणी+धृ–अच्] पर्वत, कच्छप, विष्णु, शिव। Mountain, tortoise.

धरा स्त्री० [धृ–अच्+टाप्] पृथिवी, जरायु, मज्जा। The earth, womb, marrow.

धराधर पु० [धरा+धृ–अच्] पर्वत, अनन्त, विष्णु। Mountain, the serpent Ananta, Viṣṇu.

धराबन्ध पु० [धरा+बन्ध] तड़ाग। Pond, lake.

धरामर पु० [धरा+अमर] ब्राह्मण। An epithet of the Brahmin.

धरित्री स्त्री० [धृ–इत्र+ङीष्] पृथिवी। The earth.

धर्तृ त्रि०[धृ+तृच्] धारणकर्ता। Holder.

धर्म पु०, क्ली० [धृ–मन्] शुभादृष्ट, पुण्य, शास्त्राचार, सत्कर्म, यज्ञ, स्वभाव, गुण, रीति। Good fortune, good act, sacrifice, nature, quality.

धर्मक्षेत्र क्ली० [धर्म+क्षेत्र] धर्मस्थान, कुरुक्षेत्र। Holy place, an epithet of Kurukṣetra.

धर्मघट पु० [धर्म+घट] धर्मार्थে দাতব্য পূর্ণকলস। A pitcher meant for gift.

धर्मचारिन् त्रि० [धर्म+चर-णिनि] ধার্মিক। স্ত্রী০ धर्मचारिणी—ধর্মপত্নী। Pious; devoted wife.

धर्मदान क्ली०[धर्म+दान] ধর্মার্থে দান। Pious gift.

धर्मद्रवी स्त्री० [धर्म+द्रव+ङीष्] গঙ্গা। An epithet of the river Gaṅgā.

धर्मध्वजिन् पु० [धर्म+ध्वज-इनि] জীবিকার জন্য মিথ্যা কমণ্ডলুধারী। A false ascetic.

धर्मपत्नी स्त्री० [धर्म+पत्नी] ধর্মাচরণের জন্য পত্নী। Legal wife, devoted wife.

धर्मपुत्र पु० [धर्म+पुत्र] যুধিষ্ঠির, ধর্মের পুত্র। An epithet of Yudhiṣṭhira, the son of Dharma.

धर्मराज पु० [धर्म+राजन्+टच्] যম, যুধিষ্ঠির, জিন, নৃপ। An epithet of Yama and Yudhiṣṭhira, king.

धर्मलक्षण क्ली० [धर्म+लक्षण] ধৃতি, ক্ষমা, দম, অস্তেয়, শৌচ, ইন্দ্রিয়নিগ্রহ, ধী, বিদ্যা, সত্য, অক্রোধ—এই দশটি। The ten characteristics of dharma.

धर्मशाला स्त्री० [धर्म+शाला] বিচারালয়, ধর্মসত্র। Law-court, charity-home.

धर्मशास्त्र क्ली० [धर्म+शास्त्र], **धर्मसंहिता** [धर्म+संहिता] স্মৃতিশাস্ত্র। The Smṛtis.

धर्मसभा स्त्री० [धर्म+सभा] ধর্মরক্ষিণী সভা। An assembly for the protection of dharma (justice).

धर्मशील त्रि० [धर्म+शील-अण्], **धर्मात्मन्** त्रि० [धर्म+आत्मन्] ধর্মই যাহার স্বভাব, ধর্মতৎপর। Virtuous, pious.

धर्माधिकरण क्ली० [धर्म+अधिकरण] আদালত, ধর্মস্থান। Law-court.

धर्माध्यक्ष पु० [धर्म+अध्यक्ष] বিষ্ণু, ধর্মরক্ষা যাহার কর্তব্য। An epithet of Viṣṇu, one entrusted to protect dharma.

धर्माभास पु० [धर्म+आभास] অসৎ ধর্ম। Improper dharma.

धर्मारण्य क्ली० [धर्म+अरण्य] তপোবন, তীর্থবিশেষ। Holy forest.

धर्मासन क्ली० [धर्म+आसन] বিচারাসন। Judge's seat.

धर्मिन् त्रि० [धर्म+इनि] ধার্মিক। স্ত্রী০ धर्मिणी—পত্নী। Virtuous; wife.

धर्मिष्ठ त्रि० [धर्मिन्+इष्ठन्] অতিশয় ধার্মিক। পু০ বিষ্ণু। Extremely pious; an epithet of Viṣṇu.

धर्म्य त्रि० [धर्म+यत्] ধর্মযুক্ত, ধর্মের দ্বারা প্রাপ্য। Endowed with virtue, to be attained by virtue.

धर्ष पु०[धृष-घञ्] প্রাগল্‌ভ্য, অমর্ষ, সংহতি, হিংসা। Intrepidity, anger, violence.

धर्षण क्ली० [धृष-ल्युट्] পরাভব, অসহন, প্রাগল্‌ভ্য। त्रि० ধর্ষক। Defeat, intrepidity; one who does violence.

धर्षित त्रि० [धृष-क्त] পরাভূত, অশক্ত। ক্লী০ অসহন, মৈথুন। স্ত্রী০ धर्षिता—কুলটা। Overpowered; sexual intercourse; a harlot.

धव पु० [धु-अच्] পতি, নর। ত্রি০ ধূর্ত, কম্পনকারক। Husband; man, cunning.

धवल पु०[धाव-कलच्] শুক্ল বর্ণ, সিন্দূর, কর্পূরবিশেষ। ত্রি০ নির্মল। White, camphor; clear.

धवलपक्ष पु० [धवल+पक्ष] শুক্লপক্ষ, হংস। The bright fortnight, swan.

धवलमृत्तिका स्त्री० [धवल+मृत्तिका] খড়ি। Chalk.

धवलित त्रि०[धवल+इतच्] শুক্লীকৃত। Whitened.

धवित्र क्ली० [धृ-इत्र] মৃগচর্মনির্মিত ব্যজন। A fan made of deer-skin.

धातु पु० [धा-तुन्] পরমাত্মা, বাত-পিত্ত-কফ প্রভৃতি, ইন্দ্রিয়, স্বর্ণ-রৌপ্য প্রভৃতি, পারদ, অভ্র, গন্ধ, গৈরিক, পঞ্চমহাভূত, ব্যাকরণশাস্ত্রে ভূ-স্থা প্রভৃতি। The three humors of the body, metal, memory, matter, a verbal root.

धातृ पु० [धा-तृच्] বিধাতা, ব্রহ্মা, বিষ্ণু, পিতা। ত্রি০ ধারক, পোষক। স্ত্রী০ धात्री—মাতা, পৃথিবী, আমলকী। The creator, Brahmā, Viṣṇu; sustainer, protector, mother, earth, Emblic Myrobalan.

धात्रेयी स्त्री० [धात्री+ढक्+ङीप्] ধাই মাতা, ধাত্রী। Nurse.

धान क्ली० [धा-ल्युट्] ধারণ, পোষণ, আধার। Sustaining, sheath.

धानुष्क त्रि० [धनु+ठक्] ধনুর্ধারী। Bowman.

धान्य क्ली० [धान+यत्] শস্যবিশেষ, পরিমাণবিশেষ। Paddy, measure.

धान्यपञ्चक क्ली० [धान्य+पञ्चक] শালী, ব্রীহি, যুক, শিম্বি, ক্ষুদ্র এই পঞ্চবিধ শস্য। The five kinds of corn.

धान्याक क्ली० [धन्याक+अण्] ধনিয়া। Coriander seed.

धामन् क्ली० [धा-मनिन्] গৃহ, স্থান, শরীর, তেজ, প্রভাব, জন্ম, পরমেশ্বর। Abode, location, effulgence, power.

धामनिधि पु० [धामन्+निधि] সূর্য। The sun.

धाय्य पु० [धा-ण्यत्] পুরোহিত। স্ত্রী० धाय्या—অগ্নিসমিন্ধন ঋক্। Priest; a Vedic verse for kindling sacrificial fire.

धार क्ली० [धृ+णिच्-अच्] ঋণ। [धारा+अण्] বর্ষোদ্ভব জল। पु० [धृ-अप्] ধারাবর্ষণ, খড়্গাদির প্রান্তভাগ, গম্ভীর। Debt, rainwater; torrent, the edge of a sword.

धारक त्रि० [धृ+णिच्-ण्वुल्] ধারণকর্তা, অধমর্ণ। पु० পাত্র। Sustainer; vessel.

धारण क्ली० [धृ+णिच्-ल्युट्] গ্রহণ, অবলম্বন, বহন, স্থাপন, রক্ষণ। স্ত্রী० धारणी—নাড়ী, বৌদ্ধগণের মন্ত্রবিশেষ, শ্রেণী। Acceptance, support, protection; a tubular vessel of the body.

धारणा स्त्री० [धृ+णिच्-युच्+टाप्] বুদ্ধিবিশেষ, চিত্তের একাগ্রতা, মেধা। Intellect, concentration or intentness of the mind.

धारा स्त्री० [धृ+णिच्-अङ्+टाप्] দ্রবদ্রব্যের নিরন্তর ক্ষরণ, অশ্বের গতিবিশেষ, অতিবৃষ্টি, অস্ত্রাদির শাণিত প্রান্ত, দাক্ষিণাত্যের নগরীবিশেষ, যশ, সমূহ। The dripping of any liquid, the pace of a horse, torrential rain, the edge of a weapon, name of a city.

धाराट पु० [धारा+अट-अच्] চাতকপক্ষী, অশ্ব, মেঘ। The Cātaka bird, horse, cloud.

धाराधर पु० [धारा+धर] মেঘ, খড়্গ। Cloud, sword.

धारायन्त्र क्ली० [धारा+यन्त्र] ফোয়ারা। Water-spring.

धारावाहिक त्रि० [धारावाहिन्+क], **धारावाहिन्** त्रि० [धारा+वह-णिनि] অবিচ্ছেদে উৎপন্ন। Continuous.

धारासम्पात पु० [धारा+सम्पात] অতিবৃষ্টি। Excessive rain.

धारित त्रि० [धृ+णिच्-क्त] গ্রাহিত স্থাপিত। Made to accept, placed.

धारिन् पु० [धृ-णिनि] বৃক্ষবিশেষ। त्रि० ধারণকর্তা। A kind of tree; protector.

धारु त्रि० [धे-रु] পানকর্তা। One who drinks.

धार्तराष्ट्र पु० [धृतराष्ट्र+अण्] দুর্যোধন প্রভৃতি ধৃতরাষ্ট্রের সন্তান। The sons of Dhṛtarāṣṭra.

धार्मिक त्रि० [धर्म+ठक्] ধর্মশীল। Virtuous, pious.

धार्य० त्रि० [धृ+णिच्-ण्यत्] ধারণীয়। To be held or sustained.

धार्ष्ट्य क्ली० [धृष्ट+ष्यञ्] প্রাগল্ভ্য, নির্লজ্জত্ব। Intrepidity.

धावक पु० [धाव-ण्वुल्] কবিবিশেষ, রজক। त्रि० শীঘ্রগামী। Name of a poet, washerman; runner.

धावन क्ली० [धाव-ल्युट्] প্রক্ষালন, শীঘ্রগমন। Washing, running.

धावित त्रि० [धाव-क्त] ধৌত, দ্রুতগত। Washed, running.

धिक् अव्य० [धक्क-डिकन्] নিন্দা, ভর্ৎসনা, অবজ্ঞা। A particle signifying censure, scolding, fie etc.

धिक्कार पु० [धिक्+कार], **धिक्क्रिया** स्त्री० [धिक्+क्रिया] নিন্দা। Censure, blame.

धिक्कृत त्रि० [धिक्+कृत] নিন্দিত, অবজ্ঞাত, ভর্ৎসিত। क्ली० নিন্দা। Censured, scolded; blame.

धिषण पु० [धृष-क्यु] বৃহস্পতি। স্ত্রী० धीषणा—বুদ্ধি। An epithet of Bṛhaspati; intelligence.

धिष्ट्य क्ली० [धिष-य], **धिष्ण्य** क्ली० [धिष-ण्य] স্থান, গৃহ, নক্ষত্র। पु० অগ্নি, শক্তি। Place, abode, planet; fire, power.

धी स्त्री० [ध्यै-क्विप्] বুদ্ধি, জ্ঞান, মানস বৃত্তিবিশেষ। Intellect, knowledge, mental faculty.

धीत त्रि० [धे-क्त] পীত, আরাধিত, অনাবৃত। Drunk, worshipped.

धीगुण पु० [धी+गुण] শুশ্রূষা প্রভৃতি গুণ। Intellectual qualities.

धीमत् त्रि० [धी+मतुप्] বুদ্ধিমান্। Intelligent.

धीर त्रि० [धी+रा-क] পণ্ডিত, ধৈর্যযুক্ত। Wise, patient.

धीरता स्त्री० [धीर+तल्+टाप्], **धीरत्व** क्ली० [धीर+त्व] ধৈর্য, পাণ্ডিত্য। Patience, wisdom.

धीरप्रशान्त पु० [धीर+प्रशान्त] অলংকারশাস্ত্রে নায়কবিশেষ। A type of hero.

धीरललित पु० [धीर+ललित] অলংকারশাস্ত্রে নায়কবিশেষ। A type of hero.

धीराधीरा स्त्री० [धीरा+अधीरा] অলংকারশাস্ত্রে নায়িকাবিশেষ। A type of heroine.

धीरोदात्त पु० [धीर+उदात्त] অলংকারশাস্ত্রে নায়কবিশেষ। A type of hero.

धीरोद्धत पु० [धीर+उद्धत] অলংকারশাস্ত্রে নায়কবিশেষ। A type of hero.

धीवन् त्रि० [ध्यै-क्वनिप्] ধ্যানযুক্ত, ধৈর্যযুক্ত। Contemplative, patient.

धीवर पु० [धा-ष्वरच्] কৈবর্ত। Fisherman.

धीसचिव पु॰ [धी+सचिव] मन्त्री। Minister.
धत त्रि॰ [धु–क्त] त्यक्त, কম্পিত। Forsaken, shaken.
धुति स्त्री॰ [धु–क्तिन्] কম্পন, ত্যাগ, পরিহার। Shaking, forsaking.
धुनि[नी] स्त्री॰ [धु–निक् (+ङीप्)] নদী। River.
धुन्ध पु॰ মধুরাক্ষসের পুত্র। Name of a demon.
धुन्धुमार पु॰ [धुन्धु+मृ+णिच्–अण्] রাজবিশেষ। Name of a king.
धुर्[रा] स्त्री॰ [धुर्व–क्विप्(+टाप्)] রথের অগ্রভাগ, জোয়াল, ভার, চিন্তা। The forepart of a chariot, yoke, load.
धुरन्धर त्रि॰ [धुर+धृ+णिच्–खच्], **धुरीण** त्रि॰ [धुर+ख], **धुर्य** त्रि॰ [धुर+यत्] ভারবাহক, শ্রেষ্ঠ। One who carries load, expert, topmost.
धुवन पु॰ [धु–क्युन्] বহ্নি। त्रि॰ চালক। Fire; driver.
धुवित्र क्ली॰ [धु–इत्र] মৃগচর্মনির্মিত ব্যজন, তালপাতার পাখা। A fan made of deer-skin, a palmleaf fan.
धुस्तुर, धुस्तूर पु॰ ধুতরা গাছ। A kind of tree.
धत त्रि॰ [धू–क्त] ত্যক্ত, কম্পিত, ভর্ৎসিত, তর্কিত। Forsaken, shaken.
धूनक [धू–ण्वल्] ধুনা, যক্ষধূপ। त्रि॰ চালক। Incense ; one who causes shaking.
धूनन क्ली॰ [धू+णिच्–ल्युट्] চালন। Causing to shake.
धूप पु॰ [धूप–अच्] গন্ধদ্রব্যবিশেষ। Incense.
धूपन पु॰ [धूप–ल्यु] ধুনা। क्ली॰ [धूप–ल्युट्] সন্তাপন। Incense; tormenting.
धूपायित, धूपित त्रि॰ [धूप्–क्त], সন্তপ্ত, পথশ্রান্ত। Tormented, tired in a journey.
धूम पु॰ [धू–मक्] ধোঁয়া। Smoke.
धूमकेतन पु॰ [धूम+केतन] বহ্নি, ধূমকেতু। Fire, comet.
धूमकेतु पु॰ [धूम+केतु] বহ্নি, উৎপাতবিশেষ। Fire, comet.
धूमध्वज पु॰ [धूम+ध्वज] বহ্নি। Fire.
धूमयोनि पु॰ [धूम+योनि] মেঘ। Cloud.
धूमल पु॰ [धूम+ला–क] বর্ণবিশেষ। त्रि॰ তদ্বর্ণযুক্ত। Purple, smoke or smoke-colour ; smoke-coloured.
धूमाभ पु॰ [धूम+आ+भा–क] ধূমবর্ণ। त्रि॰ ধূসর-বর্ণবিশিষ্ট। Smokish.
धूमावती स्त्री॰ [धूम+मतुप्+ङीप्] দেবীবিশেষ। Name of a goddess.
धूमिका स्त्री॰ [धूम+ठन्+टाप्] কুজ্‌ঝটিকা। Fog.
धूम्या स्त्री॰ [धूम+यत्+टाप्] ধূমসমূহ। A cloud of smoke.
धूम्र पु॰ [धूम+रा–क] কৃষ্ণলোহিত বর্ণ। Mixture of red and black colour.
धूम्रक पु॰ [धूम्र+कै–क] উষ্ট্র। Camel.
धूम्रलोचन पु॰ [धूम्र+लोचन] অসুরবিশেষ। त्रि॰ ধূম্রবর্ণনেত্রযুক্ত। Name of a demon; one with dark eyes.
धूर्जटि पु॰[धूर+जट–इन्] শিব। A name of Śiva.
धूर्त पु॰ [धूर–क्त] ধুতুরা বৃক্ষ। त्रि॰ শঠ। A kind of tree; cunning.
धूर्वह त्रि॰ [धुर्+वह–अच्] ভারবাহী। Carrier of a load.
धूलि[ली] स्त्री॰ [धू–लिक्(+ङीप्)] পরাগ, রজস্। Pollen, dust.
धूलिध्वज [धूलि+ध्वज] বায়ু। Wind.
धूसर पु॰ [धू–सर] উষ্ট্র, গর্দভ, কপোত, তৈলকার। [धूस–रक्] ঈষৎপাণ্ডুবর্ণ। त्रि॰ ঈষৎপাণ্ডুবর্ণযুক্ত। Ass, camel; grey colour; grey-coloured.
धूसरिमन् पु॰ [धूसर+इमनिच्] ধূসরত্ব, ধূসরবর্ণ। Greyness, grey colour.
धृत क्ली॰ [धृ–क्त] পতন, স্থিতি। त्रि॰ গৃহীত। Fall; seized, accepted.
धृतराष्ट्र पु॰ নৃপতিবিশেষ, দেশবিশেষ, নাগবিশেষ, গন্ধর্বরাজবিশেষ। Name of a king, name of a country.
धृति स्त्री॰ [धृ–क्तिन्] সুখ, ধৈর্য, ধারণ, তুষ্টি, অষ্টাদশাক্ষর ছন্দোবিশেষ। Contentment, patience.
धृतिमत् त्रि॰ [धृति+मतुप्] ধৈর্যশীল। पु॰ অগ্নি-বিশেষ। Patient; a kind of fire.
धृष्ट त्रि॰[धृष–क्त] নির্লজ্জ, প্রগল্‌ভ, নির্দয়। पु॰ নায়ক-বিশেষ। Intrepid, cruel; a type of hero.
धृष्टद्युम्न पु॰ দ্রুপদরাজার পুত্র। The son of king Drupada.
धृष्णज् त्रि॰ [धृष–नजिङ्] ধৃষ্ট, প্রগল্‌ভ, নির্লজ্জ। Intrepid, shameless.
धृष्णि पु॰ [धृष–नि] কিরণ। Ray.
धृष्णु त्रि॰ [धृष–क्नु] ধৃষ্ট, প্রগল্‌ভ। पु॰ রুদ্রবিশেষ। Intrepid; a form of Rudra.
धेनु स्त्री॰ [धे–नु] গাভী। Cow.
धेनुक पु॰ [धेनु+कन्] অসুরবিশেষ। स्त्री॰ धेनुका—হস্তিনী, ধেনু। Name of a demon; she-elephant, cow.

ধেয় ত্রি° [ধা-যত্] ধার্য, পোষ্য। [ধে-যত্] পেয়। ক্লী° ধারণ পোষণ, পান। To be sustained, to be drunk.

ধৈর্য ক্লী° [ধীর+ষ্যঞ্] ধৃতি, অপ্রমাদ, অব্যাকুলত্ব, পুরুষের গুণবিশেষ। Endurance, patience.

ধৈবত পু° [ধীমত্+অণ্] স্বরবিশেষ। One of the seven musical notes.

ধোরণ ক্লী° [ধোর-ল্যুট্] হস্তী, অশ্ব, রথ প্রভৃতি যান, গতি। Vehicle, movement.

ধোরণি[ণী] স্ত্রী° [ধোর-অনি(+ঙীপ্)] পরম্পরা। Sequence.

ধৌত ত্রি° [ধাব-ক্ত] প্রক্ষালিত, মার্জিত, শোধিত। ক্লী° প্রক্ষালন, রজত। Washed, cleansed, purified ; washing, silver.

ধৌরিতক ক্লী° [ধোরিত+অণ্+ক] অশ্বের গতিবিশেষ। A movement of the horse.

ধৌরেয় ত্রি° [ধুর-ঢক্] ভারবাহী। Carrier of burden.

ধ্মাক্ষ পু° [ধ্মা+ক্ষি-অচ্] কাক, মৎস্যভক্ষক পক্ষিবিশেষ, ভিক্ষুক, তক্ষক। Crow, a kind of bird, beggar.

ধ্মাত ত্রি° [ধ্মা-ক্ত] শব্দিত, সঙ্কুক্ষিত। Sounded.

ধ্যাত ত্রি° [ধ্যৈ-ক্ত] চিন্তিত। Thought out.

ধ্যান ক্লী° [ধ্যৈ-ল্যুট্] চিন্তন। Meditation.

ধ্যাম ত্রি° [ধ্যৈ-মন্] মলিন। ক্লী° তৃণবিশেষ। Dirty, unclean , a kind of grass.

ধ্যেয় ত্রি° [ধ্যৈ-যত্] চিন্তনীয়। To be meditated upon.

ধ্রুব ত্রি° [ধ্রু-অচ্] স্থির, নিশ্চিত, শাশ্বত। পু° উত্তানপাদের পুত্র, বিষ্ণু, শিব, বট। ক্লী° তর্ক, গগন। Stable, sure, eternal ; name of the son of king Uttānapāda ; sky.

ধ্রৌব্য ক্লী° [ধ্রুব+ষ্যঞ্] স্থিরত্ব, নিত্যত্ব। ত্রি° স্থির, নিত্য। Stability, eternity; stable, eternal.

ধ্বংস পু° [ধ্বন্‌স-ঘঞ্] বিনাশ, অভাববিশেষ। Destruction.

ধ্বংসন ক্লী° [ধ্বন্‌স-ল্যুট্] বিনাশ, অধঃপতন। Destruction, falling down.

ধ্বংসিত ত্রি° [ধ্বন্‌স-ক্ত] নাশিত, খণ্ডিত। Destroyed, broken.

ধ্বংসিন্ ত্রি° [ধ্বন্‌স-ণিনি] নশ্বর, নাশপ্রতিযোগী। Ephemeral, liable to destruction.

ধ্বজ পু°[ধ্বজ-অচ্] চিহ্ন, পতাকা, খট্টাঙ্গ, গর্ব, দর্প, পূর্বদিকস্থ গৃহ, শুঁড়ি, মেঢ্র। Sign, banner, pride, penis.

ধ্বজভঙ্গ পু° [ধ্বজ+ভঙ্গ] রোগবিশেষ। A kind of disease.

ধ্বজা স্ত্রী° [ধ্বজ+টাপ্] পতাকা। Flag, banner.

ধ্বজাহৃত ত্রি° [ধ্বজ+আহৃত] যুদ্ধে জিত। পু° দাসবিশেষ। ক্লী° অবিভাজ্য ধনবিশেষ। Won in fight; a class of slave; a kind of wealth.

ধ্বজিন্ ত্রি° [ধ্বজ+ইনি] পতাকাযুক্ত। পু° পর্বত, রথ, সর্প, অশ্ব, ব্রাহ্মণ, ময়ূর। স্ত্রী° ধ্বজিনী—সেনা। Adorned with flag; mountain, Brahmin, peacock ; army.

ধ্বন পু° [ধ্বন-অচ্] অব্যক্ত শব্দ। Indistinct sound.

ধ্বনি পু° [ধ্বন-ইন্] শব্দ। Sound.

ধ্বনিত ক্লী° [ধ্বন+ক্ত] শব্দ। ত্রি° শব্দিত। Sound; sounded.

ধ্বস্ত ত্রি° [ধ্বন্‌স-ক্ত] বিনষ্ট। Destroyed, perished.

ধ্বাঙ্ক্ষ পু° [ধ্বাঙ্ক্ষ-অচ্] কাক। Crow.

ধ্বান পু° [ধ্বন-ঘঞ্] শব্দ। Sound.

ধ্বান্ত ক্লী° [ধ্বন-ক্ত] অন্ধকার। [ধ্বান্ত+অচ্] তমঃপ্রধান নরকবিশেষ। Darkness; a dark hell.

ধ্বান্তারাতি পু° [ধ্বান্ত+অরাতি], **ধ্বান্তারি** পু° [ধ্বান্ত+অরি] সূর্য, চন্দ্র। An epithet of the Sun and the Moon.

ধ্বান্তোন্মেষ পু°[ধ্বান্ত+উন্মেষ] জোনাকি। Firefly.

ন

ন অব্য° [নহ(নশ)-ড] নিষেধ, উপমা, না। পু° তবর্গের পঞ্চমবর্ণ, বন্ধ। [নম-ড] সুগত, হিরণ্য, রত্ন। ত্রি° স্তুত। A particle signifying negation, simile ; the twentieth consonant; praised.

নকুল পু°[ন+কুল]জন্তুবিশেষ, মাদ্রীর গর্ভজাত পাণ্ডুরাজার পুত্রবিশেষ, শিব। Mongoose, name of one of the Pāṇḍavas, Śiva.

নকুলেশ পু° [নকুল+ঈশ], **নকুলেশ্বর** পু° [নকুল+ঈশ্বর] ভৈরববিশেষ। An epithet of Śiva.

নক্ত ক্লী° [নজ-ক্ত] রাত্রি। Night.

নক্তচর পু° [নক্ত+চর-ট], **নক্তচারিন্** পু° [নক্ত+চর-ণিনি], **নক্তঞ্চর** পু° [নক্তম্+চর-ট] রাক্ষস, পেচক, বিড়াল, চোর। ত্রি° রাত্রিচর। Demon, owl, thief; night-ranger.

নক্তন্দিব ক্লী০ [নক্তম্+দিবা+অচ্] রাত্রি ও দিন। Day and night.

নক্তম্ অব্য০ [নজ–তমু] রাত্রি। Night.

নক্তমাল পু০ [নক্তম্+আ+অল–অচ্] বৃক্ষবিশেষ। A kind of tree.

নক্তব্রত ক্লী০ [নক্ত+ব্রত] দিবসে অনাহারপূর্বক রাত্রির প্রথম যামার্ধে ভোজনরূপ ব্রত। A kind of vow.

নক্র পু০ [ন+ক্রম–ড] কুম্ভীর, জলজন্তুবিশেষ। ক্লী০ নাসা। Crocodile, a kind of aquatic animal; nose.

নক্ষত্র ক্লী০ [নক্ষ–অত্রন্] তারকা, মুক্তাময় হারবিশেষ। Star, a necklace of pearls.

নক্ষত্রচক্র ক্লী০ [নক্ষত্র+চক্র] রাশিচক্র, তন্ত্রশাস্ত্রে দীক্ষার উপযোগী চক্রবিশেষ। The circle of the signs of the Zodiac.

নক্ষত্রমালা স্ত্রী০ [নক্ষত্র+মালা] নক্ষত্রশ্রেণী, সাতাশ মুক্তার মালা। Cluster of stars, a kind of pearl necklace.

নক্ষত্রেশ পু০ [নক্ষত্র+ঈশ] চন্দ্র। The moon.

নখ পু০, ক্লী০ [ন+খন–ড] অঙ্গুলির অগ্রস্থ দেহাঙ্গবিশেষ। Nail.

নখকুট্ট পু০ [নখ+কুট্ট–অণ্] নাপিত। Barber.

নখকৃন্তন ক্লী০[নখ+কৃন্তন] নরুণ। Nail-cutter.

নখর পু০, ক্লী০ [নখ+রা–ক] নখ। Nail.

নখরায়ুধ পু০ [নখর+আয়ুধ], **নখায়ুধ** পু০ [নখ+আয়ুধ] সিংহ, ব্যাঘ্র, কুক্কুর প্রভৃতি প্রাণী। An epithet of animals using nails as weapons, e.g. lion, tiger, dog, etc.

নখিন্ ত্রি০ [নখ+ইনি] নখবিশিষ্ট। পু০ সিংহ, ব্যাঘ্র। One having nails; lion, tiger.

নখী স্ত্রী০ [নখ+অচ্+ঙীষ্] গন্ধদ্রব্যবিশেষ। A kind of perfume.

নগ পু০[ন+গম–ড]পর্বত, বৃক্ষ। Mountain, tree.

নগজ ত্রি০ [নগ+জন–ড] পর্বতজাত, হস্তী। স্ত্রী০ নগজা—পার্বতী, লতাবিশেষ। Born in a mountain, elephant; an epithet of Pārvatī.

নগনন্দিনী স্ত্রী০ [নগ+নন্দিনী] পার্বতী। An epithet of Pārvatī.

নগপতি পু০ [নগ+পতি] হিমালয়। An epithet of the Himālayas, the lord of mountains.

নগভিদ্ পু০ [নগ+ভিদ্–ক্বিপ্] ইন্দ্র। ত্রি০ পর্বতভেত্তা। An epithet of Indra; breaker of mountains.

নগর ক্লী০ [নগ+র], **নগরী** স্ত্রী০ [নগর+ঙীষ্] শহর। Town, city.

নগরন্ধ্রকর পু০ [নগ+রন্ধ্র+কৃ–ট] কার্ত্তিকেয়। An epithet of Kārttikeya.

নগাধিপ পু০ [নগ+অধিপ] হিমালয়, সুমেরু। An epithet of the Himālayas or Sumeru.

নগৌকস্ পু০ [নগ+ওকস্] পক্ষী, বানর, সিংহ। Bird, monkey, lion.

নগ্ন ত্রি০ [নজ–ক্ত] বিবস্ত্র। পু০ দিগম্বর জৈনবিশেষ। Naked; a class of Jainas.

নগ্নিকা স্ত্রী০ [নগ্ন+কন্+টাপ্] অপ্রাপ্তবয়স্কা। A minor girl.

নট পু০ [নট–অচ্] নর্তক, শৈলূষ, অভিনয়কর্তা। স্ত্রী০ নটী—নটভার্যা, বেশ্যা। A dancer, actor; wife of an actor, a public woman.

নটন ক্লী০ [নট–ল্যুট্] নৃত্য। Dance.

নড পু০ [নড–অচ্] নলতৃণ। Reed.

নড্যা স্ত্রী০ [নড–য+টাপ্] নলসমূহ। A collection of reeds.

নড্বৎ ত্রি০ [নড+ড্বতুপ্], **নড্বল** ত্রি০ [নড+ড্বলচ্] বহুল নড়যুক্ত। Abounding in reeds.

নত ত্রি০ [নম–ক্ত] প্রণত, কুটিল, নিম্ন। Bent, crooked.

নতাঙ্গী স্ত্রী০ [নত+অঙ্গ+ঙীষ্] নারী। Woman.

নতি স্ত্রী০ [নম–ক্তিন্] নমন, নমস্কার। Bending, bowing.

নদ পু০ [নদ–অচ্] জলপ্রবাহবিশেষ। স্ত্রী০ নদী—গঙ্গা যমুনা প্রভৃতি। Flow of water; river.

নদীকান্ত পু০ [নদী+কান্ত] সমুদ্র। Ocean.

নদীজ পু০ [নদী+জন–ড] ভীষ্ম, গঙ্গাপুত্র, অর্জ্জুনবৃক্ষ। An epithet of Bhīṣma, the Arjuna tree.

নদীন পু০ [নদী+ন] সমুদ্র, বরুণ। ত্রি০ [ন+দীন] দীনভিন্ন। Ocean, Varuṇa; not-poor.

নদীমাতৃক ত্রি০ [নদী+মাতৃ+কন্] নদীজলোৎপন্ন ব্রীহির দ্বারা পালিত (দেশ)। A country where agriculture is dependant on rivers.

নদীষ্ণ ত্রি০ [নদী+স্না–ক] নদীবিশেষজ্ঞ, নদীতে স্নানকুশল। An expert in river, expert in bathing in river.

নদ্ধ ত্রি০ [নহ–ক্ত] বদ্ধ। Bound, tied.

নদ্ধী স্ত্রী০ [নহ–ষ্ট্রন্+ঙীপ্] চর্মনির্মিত রজ্জু। A strip of leather.

নন[না]ন্দৃ স্ত্রী০ [ন+নন্দ–ঋন্] ননদ। Husband's sister.

ननु अव्य० [नुद-डु] প্রশ্ন, অবধারণ, অনুজ্ঞা, বিনয়, আমন্ত্রণ, অনুনয়, অধিকার, আক্ষেপ, বাক্যারম্ভ। A particle signifying question, determination, command etc.

नन्द पु० [नन्द-घञ्] হর্ষ, আনন্দ, কৃষ্ণের পিতা, কুবেরের নিধিবিশেষ। Delight, name of the father of Kṛṣṇa.

नन्दक पु० [नन्द-ण्वुल्] বিষ্ণুর খড়্গ। त्रि० সন্তোষকারক, আনন্দজনক। The sword of Viṣṇu; causing delight.

नन्दकिन् पु० [नन्दक+इनि] বিষ্ণু। An epithet of Viṣṇu.

नन्दथु पु० [नन्द-अथुच्] আনন্দ। Delight.

नन्दन पु० [नन्द-ल्यु] পুত্র। त्रि० আনন্দজনক। क्ली० [नन्द-ल्युट्] ইন্দ্রের উদ্যান। Son; the garden of Indra; causing delight.

नन्दनन्दन पु० [नन्द+नन्दन] শ্রীকৃষ্ণ, নন্দের পুত্র। An epithet of Kṛṣṇa.

नन्दा स्त्री० [नन्द-अच्+टाप्] দুর্গার মূর্তিবিশেষ, প্রতিপদ, ষষ্ঠী ও একাদশী এই তিনটি তিথি। A form of Durgā.

नन्दि पु० [नन्द-इन्] বিষ্ণু, গন্ধর্ববিশেষ। त्रि० আনন্দ। पु०, क्ली० দ্যূতাঙ্গ। An epithet of Viṣṇu, a form of Gandharva; delight.

नन्दिकेश्वर पु० [नन्दि+क+ईश्वर] শিবের পার্শ্বচর। An attendant of Śiva.

नन्दिघोष पु० [नन्दि+घोष] অর্জ্জুনের রথ। The chariot of Arjuna.

नन्दित त्रि० [नन्द-क्त] আনন্দিত। Delighted.

नन्दिन् त्रि० [नन्द-णिनि] হর্ষযুক্ত। पु० শিবের অনুচর। Delighted; an attendant of of Śiva.

नन्दिवर्धन पु० [नन्दि+वर्धन] শিব, মিত্র, পক্ষান্ত। त्रि० আনন্দবর্ধক। Śiva, friend; delighter.

नन्दीश पु० [नन्दि+ईश], **नन्दीश्वर** पु० [नन्दि+ईश्वर] শিব, নন্দিকেশ্বর, তালবিশেষ। Śiva, a form of timebeat (in music).

नन्द्यावर्त पु० [नन्दी+आवर्त] গৃহবিশেষ, মৎস্যবিশেষ। A kind of house or fish.

नपुंसक पु०, क्ली० [न+स्त्री+पुमान्] ক্লীব। Eunuch, impotent,

नप्तृ पु० [न+पत-तृच्] পৌত্র, দৌহিত্র। Grandson.

नभ पु० [नभ-अच्] শ্রাবণমাস। क्ली० আকাশ। The month of Śrāvaṇa; sky.

नभःसद् पु० [नभस्+सद-क्विप्] দেবতা, পক্ষী। God, bird.

नभश्चर पु० [नभस्+चर-ट] পক্ষী, বায়ু, মেঘ, গন্ধর্ব। Bird, wind, cloud.

नभस् क्ली० [नह-असुन्] গগন। पु० শ্রাবণমাস, মেঘ, বর্ষাকাল, পক্ষী, জল, নাসিকা। Sky, the month of Śrāvaṇa, cloud, bird.

नभस क्ली० [नभ-असच्] গগন। Sky.

नभसङ्गम पु० [नभस्+गम-खच्] পক্ষী। Bird.

नभस्य पु० [नभस्+यत्] ভাদ্রমাস। The month of Bhādra.

नभस्वत् पु० [नभस्+मतुप्] বায়ু। Wind.

नभोग पु० [नभस्+गम-ड] পক্ষী। Bird.

नभोमणि पु० [नभस्+मणि] সূর্য। The sun.

नभोरजस् क्ली० [नभस्+रजस्] অন্ধকার। Darkness.

नभोरेणु स्त्री० [नभस्+रेणु] কুজ্ঝটিকা। Fog.

नभौकस् त्रि० [नभस्+ओकस्] আকাশচারী। Aeronaut, one moving in the sky.

नमन क्ली० [नम-ल्युट्] নত হওয়া। Bending.

नमनीय त्रि० [नम-अनीय] নমনের যোগ্য। Fit to be bent.

नमस् अव्य० [नम-असुन्] নমস্কার, ত্যাগ। Obeisance, surrender.

नमसि[स्यि]त त्रि० [नमस्य-क्त] অভিবাদিত। Greeted, saluted.

नमस्कार पु० [नमस्+कृ-घञ्] প্রণাম, নমঃশব্দ উচ্চারণপূর্বক অভিবাদন। Obeisance.

नमस्य त्रि० [नमस्+यत्] প্রণম্য, পূজ্য। Worthy of obeisance, adorable.

नमस्या स्त्री० [नमस्य+अ+टाप्] পূজা। Worship.

नमित त्रि० [नम+णिच्-क्त] যাহা নত করা হইয়াছে। Bent down.

नमुचि पु० [न+मुच-इन्] কন্দর্প, অসুরবিশেষ। Cupid, name of a demon.

नमुचिद्विष् पु०[नमुचि+द्विष-क्विप्], **नमुचिसूदन** पु० [नमुचि+सूदन] ইন্দ্র। An epithet of Indra.

नमेरु पु० [नम-एरु] সুরপুন্নাগ বৃক্ষ। A kind of tree.

नम्य त्रि० [नम-यत्] নমনীয়। Pliable.

नम्र त्रि० [नम-र] নত, বিনীত। Bent, humble.

नम्रता स्त्री० [नम्र+तल+टाप्] বিনয়, নতি। Humility.

नय पु० [नी-अच्] নীতিশাস্ত্র, বিষ্ণু। त्रि० ন্যায্য, নেতা, নীতিকুশল। Political science, Viṣṇu; proper, proficient in politics.

नयन क्ली० [नी–ल्युट्] নেত্র, প্রাপন, যাপন। Eye, leading.

नयविद् त्रि० [नय+विद–क्विप्] নীতিশাস্ত্রজ্ঞ। Proficient in politics.

नर पु० [नृ–अच्] মনুষ্য, পরমাত্মা। Man, the supreme self.

नरक पु० [नृ–वुन्] পাপভোগের স্থান। Hell.

नरकजित् पु० [नरक+जि–क्विप्], **नरकान्तक** पु० [नरक+अन्तक], **नरकारि** पु० [नरक+अरि] শ্রীকৃষ্ণ। An epithet of Kṛṣṇa.

नरकेशरिन् पु० [नर+केशरिन्] নৃসিংহ, পুরুষশ্রেষ্ঠ। The incarnation named Nṛsiṃha, best of men.

नरदेव पु० [नर+देव] রাজা, ব্রাহ্মণ। King, Brahmin.

नरनाथ पु० [नर+नाथ] রাজা। King.

नरनारायण पु० [नर+नारायण] ঋষিবিশেষ। Name of a sage.

नरपति पु० [नर+पति] রাজা। King.

नरपाल पु० [नर+पाल–अच्] রাজা। King.

नरपुङ्गव पु० [नप+पुङ्गव] নরশ্রেষ্ঠ। Best among men.

नरमेध पु० [नर+मिध–घञ्] পুরুষমেধ যজ্ঞ। Human sacrifice.

नरर्षभ पु० [नर+ऋषभ] নরশ্রেষ্ঠ। Best among men.

नरलोक पु० [नर+लोक] পৃথিবী। The earth.

नरवाहन पु० [नर+वाहन] কুবের। ক্লী০ মনুষ্যবাহ্য যান। An epithet of Kuvera; a vehicle carried by man.

नरसिंह पु० [नर+सिंह], **नरहरि** [नर+हरि] নৃসিংহাবতার, নরশ্রেষ্ঠ। The half-man and half-lion incarnation of Viṣṇu, best among men.

नराङ्कित क्ली० [नर+अङ्कित] ন্যায়বিশেষ। A kind of maxim.

नरेन्द्र पु० [नर+इन्द्र] নৃপ, বিষবৈদ্য। King.

नरोत्तम पु०[नर+उत्तम] পুরুষোত্তম, নারায়ণ। Best among men, an epithet of Nārāyaṇa.

नर्तक पु० [नृत–ण्वुल्] নৃত্যশিল্পী। স্ত্রী০ नर्तकी— নৃত্যকারিণী। ত্রি০ নৃত্যকারক। Dancer; female dancer.

नर्तन क्ली० [नृत–ल्युट्] নৃত্য, অঙ্গবিক্ষেপবিশেষ। Dance, movement of the limbs.

नर्तित क्ली० [नृत+णिच्–क्त] নৃত্য। ত্রি০ কম্পিত। Dance; shaken.

नर्दटक क्ली० সপ্তদশাক্ষর ছন্দোবিশেষ। A kind of seventeen-syllabled metre.

नर्दित त्रि० [नर्द+णिच्–क्त] শব্দিত, স্তুত। Sounded, praised.

नर्दिन् त्रि० [नर्द–णिनि] শ্লাঘাকারী, শব্দকারক। Bragging, sounding.

नर्मठ त्रि० [नर्मन्+अठन्] নর্মকুশল। পু০ লম্পট। Witty; debauchee.

नर्मद त्रि० [नर्म+दा–क] ক্রীড়াসচিব। স্ত্রী০ नर्मदा— নদীবিশেষ। Playmate; name of a river.

नर्मन् क्ली० [नृ–मनिन्] পরিহাস। Jest.

नर्मसचिव पु० [नर्म+सचिव] পরিহাস-সচিব। Jesting friend.

नल पु० [नल–अच्] তৃণবিশেষ, নিষধরাজ, বানরবিশেষ, দৈত্যবিশেষ। ক্লী০ পদ্ম। A kind of grass, name of a king, a monkey, a demon; lotus.

नलक क्ली० [नल+कै–क] শাকের ডাঁটা। Stalk of a herb.

नलकिनी स्त्री०[नलक+इनि+ङीप्] জঙ্ঘা। Thigh.

नलकूवर पु० [नल+कूवर] কুবেরের পুত্র। The son of Kuvera.

नलद क्ली० [नल+दो–क] উশীর, বেণার মূল, পুষ্পরস। ত্রি০ [नल+दा–क] নলদাতা। A kind of fragrant root.

नलपट्टिका स्त्री० [नल+पट्टिका] দরমা, চাঁদ। A coarse mat.

नलिका स्त्री०[नल+ठन्+टाप्], **नली** स्त्री० [नल+अच्+ङीष्] চোঙ্গা, নাড়ী, নল, ডাঁটা। Pipe, vein.

नलित पु० [नल–क्त] নালতা শাক। A kind of herb.

नलिन क्ली० [नल+इनन्] পদ্ম, জল। পু০ সারসপক্ষী। Lotus, water; heron.

नलिनी स्त्री०[नलिन+इनि+ङीप्] পদ্মিনী। Lotus.

नल्व पु० [नल–व] চতুঃশতহস্তপরিমাণ। A measure of four hundrd cubits.

नव त्रि०[नु–अप्] নূতন। পু০ স্তব। New; praise.

नवग्रह पु० [नव+ग्रह] সূর্য, চন্দ্র, মঙ্গল, বুধ, বৃহস্পতি, শুক্র, শনৈশ্চর, রাহু, কেতু—এই নয়টি। The nine planets.

नवति स्त्री० [नव+दशन्+ङीप्] নব্বই সংখ্যা, ঐ সংখ্যাবিশিষ্ট। Ninety, numbering ninety.

नवदुर्गा स्त्री० [नव+दुर्गा] শৈলপুত্রী, ব্রহ্মচারিণী, চন্দ্রঘণ্টা, কুষ্মাণ্ডা, স্কন্দমাতা, কাত্যায়নী, কালরাত্রি, মহাগৌরী, সিদ্ধিদা—এই নয়টি দেবী। The nine forms of Durgā.

নবদ্বার ক্লী০ [নবন্+দ্বার] চক্ষুদ্বয়, কর্ণদ্বয়, নাসিকাদ্বয়, মুখ, পায়ু ও উপস্থ—এই নয়টি। The nine apertures of the body.

নবধা অব্য০ [নবন্+ধাচ্] নয়প্রকার, নয়বার। Of nine kinds, nine times.

নবন্ ত্রি০ [নু–কনিন্] নয়সংখ্যা। Nine.

নবনীত ক্লী০ [নব+নী–ক্ত] মাখন, ননী। Butter, cheese.

নবনীতক ক্লী০ [নবনীত+বুন্] ঘৃত, মাখন। Clarified butter, butter.

নবপত্রিকা স্ত্রী০ [নবন্+পত্রিকা] কদলী, দাড়িম্বী, ধান্য, হরিদ্রা, মান, কচু, বিল্ব, অশোক, জয়ন্তী—এই নয়টি। The nine auspicious things used in worship.

নবম ত্রি০ [নবন্+ডট্] নব সংখ্যার পূরণ। Ninth.

নবমল্লিকা স্ত্রী০ [নব+মল্লিকা], **নবমালিকা** স্ত্রী০ [নব+মালিকা] পুষ্পবিশেষ, লতাবিশেষ। A kind of flower or creeper.

নবরত্ন ক্লী০ [নবন্+রত্ন] মুক্তা, মাণিক্য, বৈদূর্য, গোমেদ, হীরক, বিদ্রুম, পদ্মরাগ, মরকত, নীলা—এই নয়টি। The nine gems.

নবরাত্র ক্লী০ [নবন্+রাত্রি+অচ্] আশ্বিন মাসের শুক্লা প্রতিপদ হইতে নবমী পর্যন্ত নয়টি তিথি। The nine days of the bright fortnight in the month of Āśvina.

নবশস্ অব্য০ [নবন্+শস্] নয়টি নয়টি করিয়া। Nine by nine.

নবশায়ক পু০ [নবন্+শায়ক] গোপ, মালী, তেলী, তন্ত্রী, মোদকজীবী, বারুজীবী, কুলাল, কর্মকার ও নাপিত—এই নয়প্রকার সঙ্কীর্ণজাতিবিশেষ। The nine types of mixed castes.

নবান্ন ক্লী০ [নবন্+অন্ন+অচ্] নূতন অন্ন, শ্রাদ্ধবিশেষ। New rice, a form of Śrāddha.

নবাম্বিকা স্ত্রী০ [নবন্+অম্বিকা] ব্রহ্মাণী, মাহেশী কৌমারী, বৈষ্ণবী, বারাহী, নারসিংহী, মাহেন্দ্রী, চণ্ডিকা, মহালক্ষ্মী—এই নয় দুর্গামূর্তি। The nine forms of Ambikā.

নবীন ত্রি০ [নব+খ] নূতন, নব্য। New.

নবোঢ়া স্ত্রী০ [নব+ঊঢা] নববিবাহিতা, নায়িকাবিশেষ। Newly married girl.

নব্য ত্রি০ [নু–যৎ] নবীন, স্তুত্য। স্ত্রী০ স্তুতি। New, fit to be praised ; praise.

নশ্বর ত্রি০ [নশ–ক্বরপ্] নাশশীল, অনিত্য। Perishable, transitory.

নষ্ট ত্রি০ [নশ–ক্ত] ধ্বস্ত, তিরোহিত, দুষ্ট। ক্লী০ নাশ, অদর্শন। Destroyed, lost; destruction.

নষ্টচন্দ্র পু০ [নষ্ট+চন্দ্র] দুষ্টচন্দ্র, ভাদ্রমাসে কৃষ্ণ ও শুক্লপক্ষের চতুর্থীর চন্দ্র। Inauspicious moon.

নষ্টেন্দুকলা স্ত্রী০ [নষ্ট+ইন্দু+কলা] অমাবস্যা। New-moon day.

নস্[সা] স্ত্রী০ [নস–ক্বিপ্ (+টাপ্)] নাসিকা। Nose.

নস্য ত্রি০ [নাসিকা+যৎ] নাসিকার হিতজনক চূর্ণবিশেষ। Snuff.

নস্যোত পু০ [নসি+ওত] নাসাপ্রবিষ্টরজ্জুবদ্ধ বৃষ। A bull tied in the nose by a rope.

নহন ক্লী০ [নহ–ল্যুট্] বন্ধন, বন্ধনরজ্জু। Tying, tying rope.

নহি অব্য০ [ন+হি] না, নিষেধ। No, negation.

নহুষ পু০ [নহ–উষ] যযাতির পিতা, মরুদ্গণবিশেষ। The father of Yayāti.

না অব্য০ [নহ–ডা] নিষেধ। A particle signifying negation.

নাক পু০ [ন+অক] স্বর্গ, রাজবিশেষ, নভ। ত্রি০ সুখকর। Heaven; pleasant.

নাকসদ্ পু০ [নাক+সদ–ক্বিপ্], **নাকিন্** পু০ [নাক+ইনি] দেবতা। God.

নাকু পু০ [নম–উ] বল্মীক, পর্বত, মুনিবিশেষ। Ant-hill, mountain.

নাগ পু০ [নগ+অণ্] সর্প, হস্তী, বৃক্ষবিশেষ, তাম্বূল। ক্লী০ সীসা। ত্রি০ ক্রূরাকারযুক্ত। Serpent, elephant ; lead.

নাগকেশর পু০ [নাগ+কেশর] পুষ্পবৃক্ষবিশেষ। A kind of flower-tree.

নাগদন্ত পু০ [নাগ+দন্ত+অচ্] গজদন্ত, গৃহভিত্তিলগ্ন কীলক। Tusk, peg.

নাগনির্যূহ পু০ [নাগ+নির্যূহ] গজদন্ত, গৃহভিত্তিলগ্ন কীলক। ক্লী০ অশ্লেষানক্ষত্র। Tusk.

নাগপাশ পু০ [নাগ+পাশ] বরুণের অস্ত্রবিশেষ। The noose of Varuṇa.

নাগপুর ক্লী০ [নাগ+পুর] পাতাল, হস্তিনাপুর। Hades, name of a city.

নাগযষ্টি স্ত্রী০ [নাগ+যষ্টি] রই কাঠ। A kind of stick.

নাগর ত্রি০ [নগর+অণ্] নগরসম্বন্ধীয়, বিদগ্ধ। পু০ [ন+অগ+রা–ক] নারেঙ্গা লেবু, দেবর। ক্লী০ অক্ষরবিশেষ, শুণ্ঠি। Relating to city, connoisseur; orange; a kind of script.

নাগরক ত্রি০[নগর+বুঞ্] চোর, নগররক্ষী, চিত্রকর। [নাগর+ক] নাগর। Thief, town-guard, painter.

नागरङ्ग पु० [नाग+रङ्ग] কমলালেবুর গাছ। Orange-tree.

नागराज पु० [नाग+राजन्+टच्] শেষনাগ, মহাগজ। The serpent Śeṣa, huge elephant.

नागलोक पु० [नाग+लोक] পাতাল। Hades.

नागवल्लरी स्त्री० [नाग+वल्लरी], **नागवल्ली** स्त्री० [नाग+वल्ली] তাম্বুলীলতা। Betel-leaf creeper.

नागसम्भव क्ली० [नाग+सम्+भू-अच्] সিন্দূর। Vermilion.

नागाधिप पु० [नाग+अधिप] অনন্ত সর্প, নাগরাজ। The serpent Ananta, lord of elephants.

नागान्तक पु० [नाग+अन्तक], **नागाराति** पु० [नाग+अराति], **नागाशन** पु० [नाग+अश-ल्यु] গরুড়, সিংহ, ময়ূর। An epithet of Garuḍa, the lion and the peacock.

नागाह्व पु०[नाग+आह्वा], হস্তিনাপুর। **नागाह्वा** स्त्री० [नाग+आ+ह्वे-क+टाप्] কন্দবিশেষ। The city of Hastināpura.

नाचिकेत[तु] पु० অগ্নি, ঋষিবিশেষ। Fire, name of a sage.

नाट पु० [नट-घञ्] নৃত্য, অভিনয়, কর্ণাটদেশ। Dance, acting, name of the Karṇāta country.

नाटक क्ली० [नट-ण्वुल्] দৃশ্যকাব্যবিশেষ। त्रि० নর্তক, পর্বতবিশেষ। Drama; dancer.

नाटार पु० [नटी+आरक्], **नाटेय** पु० [नटी+ढक्], **नाटेर** पु० [नटी+ढ्रक्] নটীর পুত্র। Son of an actress.

नाटिका स्त्री० [नाटक+टाप्] দৃশ্যকাব্যবিশেষ, নর্তকী। A short drama, actress.

नाट्य क्ली० [नट+ष्यञ्] নৃত্য, গীত ও বাদ্য—এই তিন, নটকৃত্য, লাস্য। Dance, song and instrumental music, acting, dancing.

नाट्यशाला स्त्री० [नाट्य+शाला] অভিনয়গৃহ, নাটমন্দির, নাচঘর। Theatre, dance-hall.

नाडि स्त्री०[नल-इन्], **नाडी** स्त्री० [नल-अच्+ङीष्] **नाडिका** स्त्री० [नाडि+क+टाप्] শিরা, একদণ্ড কাল, ডাঁটা, নাল, চুঙ্গী। Vein, a measure of time.

नाडिकेल पु० নারিকেল। Cocoanut.

नाडीचक्र क्ली० [नाडी+चक्र] নাভিমণ্ডলস্থ চক্রবিশেষ। A plexus in the region of the navel.

नाडीजङ्घ पु० [नाडी+जङ्घा] কাক, বকবিশেষ, মুনিবিশেষ। Crow, a class of heron, name of a sage.

नाडीन्धम पु० [नाडी+ध्मा-खश्] স্বর্ণকার। Goldsmith.

नाणक त्रि० [न+अणक] কুৎসিতভিন্ন। क्ली० মুদ্রা। Not-ugly; coin.

नाथ पु० [नाथ+अच्] স্বামী, ঈশ্বর। Husband, lord, god.

नाथन क्ली० [नाथ+ल्युट्] প্রার্থনা। Supplication, prayer.

नाथवत् त्रि० [नाथ+मतुप्] পরাধীন। Subservient.

नाथहरि पु० [नाथ+हृ-इन्] পশু। Animal.

नाद पु० [नद-घञ्] শব্দ, ধ্বনি, ব্যাকরণশাস্ত্রে বাহ্যপ্রযত্নবিশেষ, স্তোতা। Sound.

नादिन् त्रि० [नद-णिनि] শব্দকারী। पु० মৃগ। One that makes sound; deer.

नादेय त्रि० [नदी+ढक्] নদীসম্বন্ধী, নদীজাত, অগ্রাহ্য, দেয়। क्ली० সৈন্ধবলবণ, কাশতৃণ। पु० বানীরবৃক্ষ। Relating to river, sprung from river; salt, a kind of grass; a kind of tree.

नाना अव्य० [न+नाञ्] অনেক, বহু, ভিন্ন, পৃথক্। Many, other, distinct.

नानार्थ त्रि० [नाना+अर्थ] অনেকার্থ, নানা প্রয়োজনযুক্ত। पु० বহুপ্রয়োজন। Of many meanings, of many purposes.

नानाविध त्रि० [नाना+विधा] বহুপ্রকার। Manifold, of many kinds.

नान्तरीयक त्रि० [न+अन्तरा+छ+क] অবিনাভূত। Invariably connected.

नान्दी स्त्री०[नन्द-घञ्+ङीप्]সমৃদ্ধি, নাটকের প্রারম্ভে মঙ্গলশ্লোকাদি। Prosperity, a benedictory verse at the beginning of a drama.

नान्दीमुख क्ली०[नान्दी+मुख] বৃদ্ধিশ্রাদ্ধ। पु० ঐ শ্রাদ্ধে ভোক্তা পিতা। A form of Śrāddha.

नापित पु०[न+आप+णिच्-क्त]ক্ষৌরকার। Barber.

नाभि पु० [नह-इञ्] ক্ষত্রিয়, প্রধান নরপতি, চক্রের মধ্যাংশ। स्त्री० দেহস্থ অঙ্গবিশেষ। A kṣatriya, lord paramount, nave of a wheel, navel.

नाभिगोलक पु० [नाभि+गोलक] গোঁড়। Ruptured navel.

नाभिज पु०[नाभि+जन-ड], **नाभिजन्मन्** पु० [नाभि+जन्मन्] ব্রহ্মা। An epithet of Brahmā.

নাম অব্য০ [নামি+ড] সম্ভাবনা, কোপ, নিন্দা, বিকল্প, স্বীকার। A particle signifying possibility, anger, censure etc.

নামকরণ ক্লী০ [নামন্+করণ] সংস্কারবিশেষ। Christening ceremony.

নামধাতু পু০ [নামন্+ধাতু] সুবন্তপ্রকৃতিক ধাতুবিশেষ। A nominal verb.

নামধেয় ক্লী০ [নামন্+ধেয়], **নামন্** ক্লী০ [ম্না-মন্] আখ্যা। Name.

নামশেষ ত্রি০ [নামন্+শেষ] মৃত। Dead.

নামাভিহার পু০ [নামন্+অভিহার] নামান্তর। Change of name.

নায় পু০ [নী-ণ] নীতি। ত্রি০ নেতা। Policy.

নায়ক পু০ [নী-ণ্বুল্] নেতা, স্বামী, প্রভু, হারের মধ্যমণি, সেনাপতি, স্ত্রীলোকের প্রণয়ী পুরুষ, গ্রন্থের প্রধান বর্ণনীয় পুরুষ। ত্রি০ প্রাপয়িতা। Leader, husband, lord, lover, hero.

নায়িকা স্ত্রী০ [নায়ক+টাপ্] গ্রন্থের প্রধান বর্ণনীয় স্ত্রীচরিত্র, দুর্গার অষ্টবিধ শক্তি। Heroine, the eight forms of power of Durgā.

নার পু০ [নর+অণ্] বালক, জল। ক্লী০ নরসমূহ। Boy, water; people.

নারক পু০ [নরক+অণ্] নরক। ত্রি০ নরকস্থিত। Hell; situated in hell.

নারকিন্ ত্রি০ [নরক+ইনি] নরকযাতনাভোগী। One experiencing the torment of hell.

নারঙ্গ পু০ [নার+গম-ড] লেবুবিশেষ, পিপ্পলী রস, বিট। ক্লী০ গাজর। A kind of orange.

নারদ পু০ [নার+দা-ক] মুনিবিশেষ। Name of a sage.

নারদীয় ক্লী০ [নারদ+ছ] মহাপুরাণবিশেষ। Name of a major purāṇa.

নারাচ পু০ [নার+আ+চম-ড] লৌহময় অস্ত্রবিশেষ। A kind of iron weapon.

নারায়ণ পু০ [নর+অয়-ল্যু] বিষ্ণু। [নর+ফক্] নরের অপত্য। [নারায়ণ+অণ্] নারায়ণ সম্বন্ধীয় সৈন্যবিশেষ। স্ত্রী০ নারায়ণী—লক্ষ্মী, দুর্গা, গঙ্গা। Viṣṇu; son of man; the army of Nārāyaṇa.

নারায়ণক্ষেত্র ক্লী০ [নারায়ণ+ক্ষেত্র] গঙ্গাপ্রবাহ হইতে চারিহাত পরিমিত তীরভূমি। The holy ground on the banks of the Ganges for a distance of four cubits from the Water.

নারিকেল পু০ [নল+ইণ্+ইল-ক] বৃক্ষবিশেষ। ক্লী০ ফলবিশেষ। Cocoanut tree; cocoanut.

নারী স্ত্রী০ [নৃ(নর)+ঙীষ্] নরজাতীয়া স্ত্রী। Woman.

নাল ক্লী০ [নল-ণ] কাণ্ড, শিরা, মৃণাল, নল, ডাঁটা। পু০ [নল-ঘঞ্] জলাদির প্রবাহ। Stalk, vein; flow of water.

নালি[লী] স্ত্রী০ [নল+ণিচ্-ইন্(+ঙীপ্)] দেহস্থ শিরা, শাকবিশেষ, পদ্মের ডাঁটা। Vein, stalk.

নালিকা স্ত্রী০ [নাল+ঠক্+টাপ্] শ্বেত কল্মীশাক। A kind of vegetable leaf.

নালীক পু০ [নালী+কৈ-ক] শরবিশেষ। ক্লী০ পদ্মের সমষ্টি। A kind of arrow; a cluster of lotuses.

নালীব্রণ পু০ [নাড়ী+ব্রণ] নালীর ঘা। Carbuncle, a deep boil.

নাবিক পু০ [নৌ+ঠন্] কর্ণধার। Boatman.

নাব্য ত্রি০ [নৌ+যত্] নৌকার দ্বারা উত্তরণযোগ্য। Fit to be crossed by a boat.

নাশ পু০ [নশ-ঘঞ্] ধ্বংস, পলায়ন, অদর্শন, অনুপলম্ভ। Destruction, loss.

নাশক ত্রি০ [নশ+ণিচ্-ণ্বুল্] নাশকারী। Destroyer.

নাশন ক্লী০ [নশ+ণিচ্-ল্যুট্] নাশ করা। ত্রি০ [নশ+ণিচ্-ল্যু] নাশক। Destroying; destroyer.

নাশিন্ ত্রি০ [নশ-ইনি] নাশশীল। Liable to destruction.

নাসত্য পু০ [ন+অসত্য] অশ্বিনীকুমারদ্বয়। The Aśvins.

নাসা স্ত্রী০ [নাস-অ+টাপ্], **নাসিকা** স্ত্রী০ [নাস-ণ্বুল্+টাপ্] ঘ্রাণেন্দ্রিয়। Nose.

নাসাদারু ক্লী০ [নাসা+দারু] দ্বারের ঊর্ধ্বস্থ কাষ্ঠখণ্ড। The upper timber of door-frame.

নাসিক্য পু০ [নাসিকা+ষ্যঞ্] অশ্বিনীকুমারদ্বয়। ত্রি০ [নাসিকা+যত্] নাসিকোৎপন্ন। The Aśvins; nasal.

নাসীর ক্লী০ [নাস+ঈর-ক] অগ্রবর্তী সৈন্য। ত্রি০ অগ্রসর। Forward army; forward.

নাস্তি অব্য০ [ন+অস্তি] অবিদ্যমানতা, না থাকা। A particle signifying absence, non-existence.

নাস্তিক ত্রি০ [নাস্তি+ঠক্] যাঁহারা বেদের প্রামাণ্য, ঈশ্বর বা পরলোক স্বীকার করেন না। Atheist.

নাস্তিকতা স্ত্রী০ [নাস্তিক+তল্+টাপ্], **নাস্তিক্য** ক্লী০ [নাস্তিক+ষ্যঞ] বেদের প্রামাণ্য, ঈশ্বর বা পরলোকের অস্বীকার। Atheism.

नाह पु० [नह–घञ्] बन्धन। Tying.

नि अव्य० [नी–डि] নিষেধ, ন্যগ্‌ভাব, নিশ্চয় নিত্য, আশ্রয়, সংশয়, কৌশল, উপরম, সামীপ্য, আদর, দান, মোক্ষ, অন্তর্ভাব, বন্ধন, ভৃশ, বিন্যাস, সংঘ। A particle signifying negation, subordination, certainty etc.

निःशङ्क त्रि० [निर्+शङ्का] নির্ভয়। Fearless, brave.

निःशलाक त्रि० [निर्+शलाका] নির্জন। Lonely.

निःशेष त्रि० [निर्+शेष] সম্পূর্ণ, নিখিল, সকল। Entire, whole.

निःश्रयणी स्त्री० [निर्+श्रि–ल्युट्+ङीप्] সিঁড়ি। Staircase.

निःश्रेणि[णी] [निर्+श्रेणि(णी)] কাষ্ঠনির্মিত সোপান, খেজুর গাছ। Wooden steps, date tree.

निःश्रेयस क्ली० [निर्+श्रेयस्+अच्] মোক্ষ, মঙ্গল, বিজ্ঞান, ভক্তি, অনুভাব। Liberation, welfare.

निःश्वसन क्ली० [निर्+श्वस–ल्युट्], **निःश्वास** पु० [निर्+श्वस–घञ्], **निःश्वसित** क्ली० [निर्+श्वस–क्त] নাসানির্গত বায়ু। Breath.

निःसङ्ग त्रि० [निर्+सङ्ग] সম্পর্করহিত, বিষয়ের প্রতি অনুরাগশূন্য। Unrelated, unattached.

निःसंज्ञ त्रि० [निर्+संज्ञा] অচেতন। Unconscious.

निःसत्त्व त्रि० [निर्+सत्त्व] বলশূন্য, ধৈর্যশূন্য। Weak, without strength or patience.

निःसम्पात पु० [निर्+सम्पात] নিশীথ। Midnight.

निःसरण क्ली० [निर्+सृ–ल्युट्] গৃহদ্বার, নির্গম, মরণ, নির্বাণ। Door, exit, death.

निःसार त्रि० [निर्+सार] সারহীন। Useless.

निःसारण क्ली० [निर्+सृ+णिच्–ल्युट्] গৃহাদি হইতে নির্গমন পথ, নির্বাসন। Exit, throwing out.

निःसारित त्रि० [निर्+सृ+णिच्–क्त] নির্বাসিত, বহিষ্কৃত। Thrown out.

निःसृत त्रि० [निर्+सृ–क्त] নির্গত। Emerged, come out.

निःस्रव पु० [निर्+स्रु–अप्], **निःस्राव** पु० [निर्+स्रु–ण] ভাতের মাড়, ক্ষরণ। Rice-gruel, dripping.

निःस्व त्रि० [निर्+स्व] দরিদ্র, নির্ধন, জ্ঞাতিরহিত। Poor, destitute.

निकट त्रि० [नि+कटच्] সমীপ। Near.

निकर पु० [नि+कृ–अप्] সমূহ, সার, ন্যায্যদত্ত ধন, নিধি। Collection, essence, tax.

निकर्षण क्ली० [नि+कर्षण] গৃহনির্মাণার্থ পরিষ্কৃত ভূমি। A piece of land made clean for constructing a house.

निकष[स] पु० [नि+कष(स)–अच्] কষ্টিপাথর, শান, অস্ত্রাদি ঘষিবার স্থান। Touchstone, whetting.

निकषण क्ली० [नि+कषण] ঘর্ষণ, উল্লেখন। Whetting.

निकषा अव्य० [नि+कष–आ] নিকটে। स्त्री० রাবণমাতা। Near ; name of the mother of Rāvaṇa.

निकषात्मज पु० [निकषा+आत्मज] রাবণ। An epithet of Rāvaṇa.

निकाम क्ली० [नि+कम–घञ्] যথেপ্সিত, অতিশয়, পর্যাপ্ত। As desired, excessive, ample.

निकाय पु० [नि+चि–घञ] নিবাস, লক্ষ্য, সমানধর্মবিশিষ্ট ব্যক্তিসমূহ, পরমাত্মা। Abode, goal.

निकाय्य पु० [नि+चि–ण्यत्] গৃহ। Abode.

निकार पु० [नि+कृ–घञ्] পরিভব, অপকার, তিরস্কার। Insult, harm.

निकारण क्ली० [नि+कृ+णिच्–ल्युट्] মারণ, বধ। Killing.

निकाश पु० [नि+काश–घञ्] প্রকাশ, সমীপ। Revelation, near.

निकाष पु० [नि+कष–घञ्] কর্ষণ। Whetting,

निकास त्रि० [नि+कास–घञ्] তুল্য। Like, similar.

निकुञ्ज पु०, क्ली० [नि+कु+जन–ड] লতাগৃহ। Grove.

निकुम्भ पु० [नि+कुम–अच्] কুম্ভকর্ণের পুত্র, শিবের অনুচর, বিশ্বদেববিশেষ। स्त्री० निकुम्भी —দন্তীবৃক্ষ। The son of Kumbhakarṇa, an attendant of Śiva; a kind of tree.

निकुम्भिला स्त्री० লঙ্কার পশ্চিমভাগস্থ গুহাবিশেষ। A cave on the western side of Laṅkā.

निकुरम्ब क्ली० [नि+कुर+अम्बच्] সমূহ। Collection.

निकृत त्रि० [नि+कृ–क्त] পরাভূত, দূরীকৃত, পতিত, নীচ, শঠ। Defeated, removed.

निकृति स्त्री० [नि+कृ–क्तिन्] শাঠ্য, তিরস্কার, দৈন্য, ক্ষেপ, পৃথিবী। Cheating, scolding. insult.

নিক্তৃত্ত ত্রি০ [নি+কৃন্ত-ক্ত] ছিন্ন। Torn.
নিক্তৃষ্ট ত্রি০ [নি+কৃষ-ক্ত] অপকৃষ্ট, অধম, নিন্দিত। Debased, low.
নিকেত পু০ [নি+কিত-ঘঞ্] গৃহ, নিকেতন। House, mansion.
নিকেতন ক্লী০ [নি+কিত-ল্যুট্] গৃহ। Abode.
নিক্বণ পু০ [নি+ক্বণ-অপ্], নিক্বাণ পু০ [নি+ক্বণ-ঘঞ্] বীণাদির শব্দ। The sound of a lyre etc.
নিক্ষণ ক্লী০ [নিন্দ-ল্যুট্] চুম্বন। Kissing.
নিক্ষিপ্ত [নি+ক্ষিপ-ক্ত] ন্যস্ত, স্থাপিত, গচ্ছিত। Entrusted, placed.
নিক্ষেপ পু০ [নি+ক্ষিপ-ঘঞ্] ন্যাস, গচ্ছিতকরণ, ত্যাগ, গচ্ছিত ধন, সংস্কারের নিমিত্ত শিল্পীর হস্তে দ্রব্যাদির অর্পণ। Entrusting, forsaking, deposited money.
নিখর্ব ক্লী০ [নি+খর্ব] সংখ্যাবিশেষ। ত্রি০ বামন। A numeral; dwarf.
নিখাত ত্রি০ [নি+খন-ক্ত] প্রোত, ক্ষুন্ন। Fixed, planted.
নিখিল ত্রি০ [নি+খিল] সকল, সমগ্র। All, entire.
নিগড় পু০, ক্লী০ [নি+গল-অচ্] শৃঙ্খল, বেড়ী, হস্তীর পাদবন্ধনী। ত্রি০ বদ্ধ। Chain; bound.
নিগড়িত ত্রি০ [নিগড়-ইতচ্] বদ্ধ, সংযত। Bound, controlled.
নিগদ পু০ [নি+গদ-অচ্] ভাষণ, শব্দ। Speech, word.
নিগদিত ক্লী০ [নি+গদ-ক্ত] উক্ত, শব্দিত। Told, sounded.
নিগম পু০ [নি+গম-ঘঞ্] বেদাদি শাস্ত্র, তন্ত্রবিশেষ বাণিজ্য, পথ, নিশ্চয়, প্রতিজ্ঞা, ন্যায়শাস্ত্রে পঞ্চাবয়বের চরম অবয়ব, ন্যায়শাস্ত্র। The Vedic scriptures, a kind of Tantra, certainty.
নিগমন ক্লী০ [নি+গম-ল্যুট্] ন্যায়শাস্ত্রে পঞ্চাবয়বের শেষ অবয়ব বাক্য। Conclusion in a syllogism.
নিগর পু০ [নি+গৃ-অপ্], নিগরণ ক্লী০ [নি+গৃ-ল্যুট্], নিগার পু০ [নি+গৃ-ঘঞ্] ভোজন। Eating.
নিগাল পু০ [নি+গৃ-ণিচ্] অশ্বের গলদেশ। The throat of a horse.
নিগুঢ় ত্রি০ [নি+গ্রহ-ক্ত] গুপ্ত, আলিঙ্গিত। Concealed, embraced.

নিগৃহীত ত্রি০ [নি+গ্রহ-ক্ত] বশীকৃত, পীড়িত, দণ্ডিত, অবরুদ্ধ। Controlled, tormented, punished.
নিগ্রহ পু০ [নি+গ্রহ-অপ্] ভর্ৎসনা, বন্ধন, অনুগ্রহের অভাব, সীমা। Rebuke, bondage, torment.
নিগ্রহস্থান ক্লী০ [নিগ্রহ+স্থান] বাদিপরাজয়ের হেতু, গৌতমোক্ত ষোড়শপদার্থের অন্যতম। A fault in a syllogism.
নিগ্রাহ পু০ [নি+গ্রহ-ঘঞ্] অভিশাপ। Curse.
নিঘ পু০ [নি+হন-ক] সমবিস্তার দৈর্ঘ্য। Length equal to width.
নিঘণ্টু পু০ [নি+ঘট-উ] কোষাদিগ্রন্থ। A lexicon.
নিঘস পু০ [নি+অদ-অপ্] ভোজন। Eating.
নিঘাত পু০ [নি+হন-ঘঞ্] ব্যাকরণশাস্ত্রে অনুদাত্ত। The unaccented syllable.
নিঘ্ন পু০ [নি+হন-ক] আয়ত্ত, অধীন, গুণিত। পু০ নৃপবিশেষ। Controlled, subjugated; name of a king.
নিচয় পু০ [নি+চি-অচ্] সমূহ, নিশ্চয়। Collection, certainty.
নিচায় পু০ [নি+চি-ঘঞ্] রাশীকৃত ধান্যাদি। Heaped up paddy.
নিচিত ত্রি০ [নি+চি-ক্ত] ব্যাপ্ত, পূরিত, সংকীর্ণ, নির্মিত। ক্লী০ নিচিতা—নদীবিশেষ। Covered, strewn, filled; name of a river.
নিচুল পু০ [নি+চুল-ক] বেতস, নিচোল। A kind of reed, an upper garment.
নিচোল পু০ [নি+চুল-অচ্] প্রচ্ছদপট, উত্তরীয়। A cover, an upper garment.
নিজ ত্রি০ [নি+জন-ড] আত্মীয়, স্বাভাবিক, নিত্য, স্বকীয়। Relative, natural, own.
নিটল ক্লী০ [নি+টল-অচ্] ললাট। Forehead.
নিতম্ব পু০ [নি+তম্ব-অচ্] স্ত্রীলোকের কটিদেশের পশ্চাদ্ভাগ, কটিদেশ, পর্বতের কটক, অগ্র, কূল। Buttocks.
নিতম্বিনী ক্লী০ [নিতম্ব+ইনি-ঙীপ্] প্রশস্ত নিতম্ববতী নারী। A woman with heavy buttocks.
নিতরাম্ অব্য০ [নি+তরপ্-আমু] সুতরাং, অবশ্য অত্যন্ত, অতিশয়। A particle signifying excessively, certainly etc.
নিতল ক্লী০ [নি+তল] পাতালবিশেষ। One of the seven nether worlds.
নিতান্ত ক্লী০ [নি+তম-ক্ত] একান্ত, অত্যন্ত। ত্রি০ অধিক। Very much, intensely; excessive.

নিত্য ক্লী° [নি+ত্যপ্] সতত, অহরহঃ। ত্রি° চিরস্থায়ী, শাশ্বত। পু° সমুদ্র। Continuously, always ; eternal ; ocean,

নিত্যকর্মন্ ক্লী° [নিত্য+কর্মন্], **নিত্যকৃত্য** ক্লী° [নিত্য+কৃত্য] যে কর্ম না করিলে প্রত্যবায় হয়, যথা সন্ধ্যাবন্দনাদি। Obligatory daily rites such as prayer etc.

নিত্যদা অব্য° [নিত্য+দাচ্] সদা। Always.

নিত্যনৈমিত্তিক ক্লী° [নিত্য+নৈমিত্তিক] নিত্যকরণীয় ও নিমিত্ত উপস্থিত হইলে করণীয়। Daily obligatory and occasional obligatory duty.

নিত্যপ্রলয় পু° [নিত্য+প্রলয়] সুষুপ্তি। Deep sleep.

নিত্যসমাস পু° [নিত্য+সমাস] ব্যাকরণশাস্ত্রে সমাসবিশেষ, যাহা সমাসবদ্ধ না হইয়া প্রযুক্ত হয় না। A samāsa in which the components are never separated.

নিত্যশস্ অব্য° [নিত্য+শস্] সর্বদা। Always.

নিদর্শক ত্রি° [নি+দৃশ-ণ্বুল্] প্রদর্শক। Guide.

নিদর্শন ক্লী° [নি+দৃশ-ল্যুট্] দৃষ্টান্ত, উদাহরণ। স্ত্রী° নিদর্শনা—কাব্যালংকারবিশেষ। Illustration, instance; a kind of figure of speech.

নিদাঘ পু° [নি+দহ-ঘঞ্] গ্রীষ্মকাল, ঘর্ম, উষ্ণ। Summer, hot.

নিদাঘকর পু° [নিদাঘ+কর] সূর্য। The sun.

নিদান ক্লী° [নি+দে-ল্যুট্] আদিকারণ, কারণমাত্র, অবসান। [নি+দৈ-ল্যুট্] রোগনির্ণায়ক গ্রন্থবিশেষ, শুদ্ধি, বৎসবন্ধন-রজ্জু। Root cause, end.

নিদারুণ ত্রি° [নি+দারুণ] অতিদারুণ, নির্দয়। Terrible, cruel.

নিদিগ্ধ ত্রি° [নি+দিহ-ক্ত] উপচিত, বর্ধিত। স্ত্রী° নিদিগ্ধা—ছোট এলাচ। Swollen, increased.

নিদিধ্যাসন ক্লী° [নি+ধ্যৈ+সন্-ল্যুট্] শ্রুতার্থের নিরন্তর চিন্তা। Constant meditation.

নিদেশ পু° [নি+দিশ-ঘঞ্] শাসন, আজ্ঞা, আদেশ, কথন, পাত্র, সমীপ। Command, order.

নিদেশবর্তিন্ ত্রি° [নিদেশ+বর্তিন্] আজ্ঞাবাহী, ভৃত্য। One who carries out an order, servant.

নিদ্রা স্ত্রী° [নি+দ্রা-অ+টাপ্] ঘুম। Sleep.

নিদ্রাণ ত্রি° [নি+দ্রা-ক্ত] নিদ্রিত। Asleep.

নিদ্রালু ত্রি° [নি+দ্রা-আলু] নিদ্রাশীল, অলস। Addicted to sleep, lazy.

নিদ্রিত ত্রি° [নিদ্রা+ইতচ্] সুপ্ত। Asleep.

নিধন পু°, ক্লী° [নি+ধা-ক্যু] মৃত্যু, নাশ, কুল, জ্যোতিষশাস্ত্রে লগ্ন হইতে অষ্টমস্থান। Death, destruction.

নিধান ক্লী° [নি+ধা-ল্যুট্] নিধি, আধার, আশ্রয়, তিরোধান, লয়স্থান। Receptacle, refuge.

নিধি পু° [নি+ধা-কি] অজ্ঞাতস্বামিক ধন, গচ্ছিত বস্তু, কুবেরের সম্পত্তিবিশেষ, সমুদ্র, বিষ্ণু। A treasure of unknown ownership, ocean, an epithet of Viṣṇu.

নিধীশ পু° [নিধি+ঈশ] কুবের। An epithet of Kuvera.

নিধুবন ক্লী° [নি+ধুবন] রমণ, অত্যন্ত কম্পন। Enjoyment.

নিধ্যান ক্লী° [নি+ধ্যৈ-ল্যুট্] দর্শন। Sight.

নিধ্বান পু° [নি+ধ্বন্-ঘঞ্] ধ্বনি। Sound.

নিনদ পু° [নি+নদ-অপ্], **নিনাদ** পু° [নি+নদ-ঘঞ্] ধ্বনি। Sound.

নিনীষা স্ত্রী° [নী+সন্-অ+টাপ্] নয়নেচ্ছা। Desire to carry or take.

নিনীষু ত্রি° [নী+সন্+উ] নয়নেচ্ছু। Desirous of carrying or taking.

নিন্দক ত্রি° [নিন্দ-ণ্বুল্] দূষক। One who blames or accuses.

নিন্দনীয় ত্রি° [নিন্দ-অনীয়র্], **নিন্দ্য** ত্রি° [নিন্দ-যৎ] দূষণীয়। Blameworthy.

নিন্দা স্ত্রী° [নিন্দ-অ+টাপ্] কুৎসা, অপবাদ, গর্হা, দূষণ। Slander, blame.

নিন্দিত ত্রি° [নিন্দ-ক্ত] গর্হিত, দূষিত, নীচ। Reviled, censured.

নিপ পু°, ক্লী° [নি+পা-ক] কলস। Pitcher.

নিপতিত ত্রি° [নি+পত-ক্ত] সম্যক্ পতিত। Fallen.

নিপত্যা স্ত্রী° [নি+পত-ক্যপ্+টাপ্] পিচ্ছিল ভূমি, যুদ্ধক্ষেত্র। Slippery ground, battle-field.

নিপাত পু° [নি+পত-ঘঞ্] মরণ, পতন, ব্যাকরণশাস্ত্রে 'চ' এবং প্রাদি অব্যয় শব্দ। [নি+পত-ণ] শব্দবিশেষ। Death, fall, indeclinables.

নিপাতন ক্লী° [নি+পত+ণিচ্-ল্যুট্] অধঃক্ষেপণ, বধ, ব্যাকরণশাস্ত্রে সূত্রের দ্বারা অসিদ্ধ পদের সাধনোপায়। Throwing down, killing.

নিপাতিত ত্রি° [নি+পত+ণিচ্-ক্ত] পাতিত। Made to fall.

নিপান ক্লী° [নি+পা-ল্যুট্] কূপসমীপস্থ জলাশয়, গোদোহনপাত্র। [নি+পা-ক্ত] নিঃশেষে পান। A pond near a well, a vessel for milking ; drinking to the last drop.

নিপীড়ন ক্লী° [নি+পীড-ল্যুট্] মর্দন, নিঙড়ান। Squeezing.

নিপীড়িত ত্রি° [নি+পীড-ক্ত] মর্দিত। Squeezed.

নিপীত ত্রি০ [নি+পা–ক্ত] নিঃশেষে পীত। Drunk to the last drop.

নিপুণ ত্রি০ [নি+পুণ–ক] দক্ষ, চতুর, প্রবীণ। Expert, clever.

নিবদ্ধ ত্রি০ [নি+বন্ধ–ক্ত] বদ্ধ, পরিহিত, রচিত, গ্রথিত। Tied, worn, strung.

নিবন্ধ পু০ [নি+বন্ধ–ঘঞ্] বন্ধন, রচনাবিশেষ, কালবিশেষে দেয় প্রতিশ্রুত বস্তু, রোগবিশেষ। [নি+বন্ধ–অচ্] নিম্ববৃক্ষ। Bondage, a kind of composition, the Neem tree.

নিবন্ধন ক্লী০ [নি+বন্ধ–ল্যুট্] হেতু, কারণ, বন্ধন। Cause, bondage.

নিবন্ধৃ ত্রি০ [নি+বন্ধ–তৃচ্] গ্রন্থরচয়িতা। Writer or composer.

নিব[ব]র্হণ ক্লী০ [নি+বর্হ–ল্যুট্] মারণ। Killing.

নিভ ত্রি০ [নি+ভা–ক] সদৃশ। পু০ ছল। Like, similar ; deceit.

নিভালন ক্লী০ [নি+ভল–ল্যুট্] দর্শন। Seeing.

নিভৃত ত্রি০ [নি+ভৃ–ক্ত] গুপ্ত, নির্জন, নিশ্চল, বিনীত, একাগ্র। Concealed, solitary.

নিমগ্ন ত্রি০ [নি+মস্জ–ক্ত] মগ্ন, অন্তঃপ্রবিষ্ট, নিবিষ্ট। Sunk, drowned.

নিমজ্জথু পু০ [নি+মস্জ–অথুচ্], **নিমজ্জন** ক্লী০ [নি+মস্জ–ল্যুট্] অবগাহন। Plunging.

নিমন্ত্রণ ক্লী০ [নি+মন্ত্র–ল্যুট্] ভোজনাদির জন্য আহ্বান। Invitation.

নিমান ক্লী০[নি+মা–ল্যুট্] মূল্য। Price, value.

নিমি পু০ ইক্ষ্বাকুবংশীয় নৃপবিশেষ, দত্তাত্রেয়পুত্র। Name of a king of the Ikṣvāku clan.

নিমিত ত্রি০ [নি+মি–ক্ত] প্রক্ষিপ্ত, উৎক্ষিপ্ত, তুল্য, নিভ। Thrown up, like.

নিমিত্ত ক্লী০ [নি+মিদ্–ক্ত] কারণ, হেতু, প্রয়োজন, চিহ্ন। Cause, reason, sign.

নিমিত্তকারণ ক্লী০ [নিমিত্ত+কারণ] এক প্রকারের কারণ। A kind of cause.

নিমিষ পু০ [নি+মিষ–ঘঞ্] কালবিশেষ, চক্ষুর স্পন্দন। A smallest measure of time, twinkle of an eye.

নিমীলন ক্লী০ [নি+মীল–ল্যুট্] মরণ, সংকোচন, চক্ষুর্মুদ্রণ। Death, withdrawal, closing of the eyes.

নিমীলা স্ত্রী০ [নি+মীল–অ+টাপ্] নেত্রমুদ্রণ, নিদ্রা। Closing of the eyes, sleep.

নিমীলিত ত্রি০ [নি+মীল–ক্ত] মুদ্রিত, সংকুচিত, মৃত। Closed, contracted, dead.

নিমেষ পু০ [নি+মিষ–ঘঞ্] কালবিশেষ, চক্ষুর স্পন্দন। A measure of time, twinkle of an eye.

নিম্ন ত্রি০ [নি+ম্না–ক] নীচ, গভীর। Down, below.

নিম্নগ ত্রি০ [নিম্ন+গম–ড] অধোগামী। Moving downwards.

নিম্নোন্নত ত্রি০ [নিম্ন+উন্নত] বন্ধুর। Undulating, rugged.

নিম্ব পু০ [নিব–অচ্] নিমগাছ। The Neem tree.

নিম্বূ স্ত্রী০ [নিব–ঊ] নেবু গাছ। The lemon tree.

নিয়ত ত্রি০ [নি+যম–ক্ত] নিশ্চিত, সংযত, আচারযুক্ত, বশীকৃতেন্দ্রিয়। Certain, controlled.

নিয়তি স্ত্রী০ [নি+যম–ক্তিন্] নিয়ম, ভাগ্য। Law, fate.

নিয়ন্তৃ পু০ [নি+যম্–তৃচ্] সারথি। ত্রি০ শাসক। Charioteer ; controller.

নিয়ন্ত্রিত ত্রি০ [নি+যন্ত্র–ক্ত] প্রতিরুদ্ধ, নিবারিত, দমিত। Resisted, controlled.

নিয়ম পু০ [নি+যম–ঘঞ্] ব্যবস্থাপন, নিশ্চয়, বন্ধন, প্রতিজ্ঞা, অঙ্গীকার, মীমাংসা ও ব্যাকরণশাস্ত্রে পারিভাষিক শব্দবিশেষ। Rule, certainty.

নিয়মন ক্লী০ [নি+যম–ল্যুট্] বন্ধন, দমন, নিগ্রহ। Binding, control.

নিয়মিত ত্রি০ [নি+যম+ণিচ্–ক্ত] দমিত, বদ্ধ, নিশ্চিত। Controlled, bound.

নিয়ম্য ত্রি০ [নি+যম–যত্] নিয়মনের যোগ্য। Fit to be controlled.

নিয়ামক ত্রি [নি+যম+ণিচ্–ণ্বুল্] নিয়ন্তা, শাসক, কর্ণধার। Controller, ruler.

নিযুক্ত ত্রি০ [নি+যুজ–ক্ত] ব্যাপৃত, নিযোজিত। Engaged, appointed.

নিযুত ক্লী০ দশলক্ষ সংখ্যা। Ten lacs.

নিযুদ্ধ ক্লী০ [নি+যুধ–ক্ত] বাহুযুদ্ধ। Hand to hand fight.

নিযোক্তৃ ত্রি০ [নি+যুজ–তৃন্] নিয়োগকর্তা, প্রভু। One who appoints or engages some one, master.

নিয়োগ পু০[নি+যুজ–ঘঞ্] প্রেরণ, আজ্ঞা, অবধারণ। Commission, command.

নিয়োগ্য ত্রি০ [নি+যুজ–ণ্যত্] প্রভু। Master.

নিয়োজিত ত্রি০ [নি+যুজ–ক্ত] কার্যে প্রযোজিত। Applied or appointed to work.

নিয়োজ্য ত্রি০ [নি+যুজ–ণ্যত] ভৃত্য। Servant.

নির্ অব্য০ [ন–ক্বিপ্] বিয়োগ, নিষেধ, নিশ্চয়, নির্গমন, আদেশ, অতিক্রম ভোগ। A particle signifying separation, negation, certainty etc.

নিরংশ ত্রি০ [নির্+অংশ] অংশরহিত। পু০ সংক্রান্তি। Without a part.

নিরঙ্কুশ ত্রি০ [নির্+অঙ্কুশ] বাধাশূন্য, অনিবার্য। Without impediment, free.

নিরঞ্জন ত্রি০ [নির্+অঞ্জন] নির্মল, কলুষরহিত। পু০ অজ্ঞানশূন্য পরমাত্মা। Pure, without blemish; the supreme self conceived as free from nescience.

নিরত ত্রি০ [নি+রম–ক্ত] আসক্ত, ব্যাপৃত। Attached, engaged.

নিরতিশয় ত্রি০ [নির্+অতিশয়] অতি উৎকৃষ্ট। পু০ পরমেশ্বর। Supremely excellent; the Supreme Self.

নিরত্যয় ত্রি০ [নির্+অত্যয়] নির্বাধ। Free from impediment, safe.

নিরন্তর ত্রি০ [নির্+অন্তর] সতত, নিবিড়, নিশ্ছিদ্র, ভেদরহিত। Continuous, without gap.

নিরন্বয় [নির্+অন্বয়] সম্পর্কশূন্য, নির্বংশ। Unrelated.

নিরপত্রপ ত্রি০ [নির্+অপত্রপ] নির্লজ্জ। Intrepid, shameless.

নিরপরাধ ত্রি০ [নির্+অপরাধ] নির্দোষ, অপরাধশূন্য। Innocent, not guilty.

নিরপেক্ষ ত্রি০ [নির্+অপেক্ষা] অপেক্ষারহিত, স্বতন্ত্র, উদাসীন। Not dependent, free.

নিরভিমান ত্রি০ [নির্+অভিমান] অভিমানশূন্য। Free from pride or attachment.

নিরভিলাষ ত্রি০ [নির্+অভিলাষ] নিস্পৃহ। Free from desire.

নিরভ্র [নির্+অভ্র] নির্মেঘ। Free from cloud.

নিরয় পু০ [নির্+ই–অচ্] নরক। Hell.

নিরর্গল ত্রি০ [নির্+অর্গল] অবাধ, বাধাহীন। Unimpeded.

নিরর্থক ত্রি০ [নির্+অর্থ+কপ্] নিষ্প্রয়োজন, ব্যর্থ, অভিধেয়শূন্য। Useless, without meaning.

নিরবকাশ ত্রি০ [নির্+অবকাশ] অবকাশশূন্য। Without scope.

নিরবগ্রহ ত্রি০ [নির্+অবগ্রহ] বাধাহীন, স্বচ্ছন্দ। Unimpeded, free.

নিরবচ্ছিন্ন ত্রি০ [নির্+অবচ্ছিন্ন] নিরন্তর, অনবচ্ছিন্ন। Continuous, unlimited.

নিরবদ্য ত্রি০ [নির্+অবদ্য] নির্দোষ, উৎকৃষ্ট, অজ্ঞানশূন্য, রাগাদিশূন্য। Blameless.

নিরবয়ব পু০ [নির্+অবয়ব] পরমাণু। ত্রি০ অবয়বহীন। Atom; partless.

নিরবশেষ ত্রি০ [নির্+অবশেষ] অবশেষশূন্য সমুদয়, সমগ্র। whole without a residue, entire.

নিরবসিত ত্রি০ [নির্+অব+সো–ক্ত] যে ভোজন করিলে সংস্কারের দ্বারাও সেই পাত্র শুদ্ধ হয় না। A man of low caste.

নিরস ত্রি০ [নি+রস] রসহীন। Tasteless.

নিরসন ক্লী০ [নির্+অস–ল্যুট্] পরিত্যাগ, বধ, নিষ্কাসন, প্রত্যাখ্যান। Forsaking, killing, denouncing.

নিরস্ত ত্রি০ [নির্+অস–ক্ত] প্রত্যাখ্যাত, প্রতিহত, প্রেষিত, নিষ্ঠ্যূত। ক্লী০ নিবারণ, ক্ষেপণ। Denounced, thwarted; preventing.

নিরহঙ্কার ত্রি০ [নির্+অহঙ্কার] অভিমানশূন্য। গর্বশূন্য। Free from pride or self-conceit.

নিরাকরণ ক্লী০ [নির্+আ+কৃ–ল্যুট্] নিবারণ, দূরীকরণ। Preventing, removal.

নিরাকরিষ্ণু ত্রি০ [নির্+আ+কৃ–ইষ্ণুচ্] প্রত্যাখ্যানকারী। One who refutes or refuses.

নিরাকার ত্রি০ [নির্+আকার] আকারশূন্য, দেহাদি-আকার বর্জিত, Formless.

নিরাকৃত ত্রি০ [নির্+আ+কৃ–ক্ত] দূরীকৃত, নিবারিত। Removed, refuted.

নিরাকৃতি স্ত্রী০ [নির্+আ+কৃ–ক্তিন্] প্রত্যাদেশ, নিরাকরণ, নিরাকার। পু০ [নির্+আ+কৃ–ক্তিচ্] পঞ্চযজ্ঞত্যাগকারী। Refutaton; one who neglects the five great religious obligations.

নিরাবাধ ত্রি০ [নির্+আবাধা] বাধাহীন, ব্যথাশূন্য। Free from impediment or pain.

নিরাময় ত্রি০ [নির+আময়] নীরোগ। পু০ শূকর। Free from disease; hog.

নিরামিষ ত্রি০ [নির্+আমিষ] লোভশূন্য, মাংস প্রভৃতি আমিষশূন্য। Greedless, meatless.

নিরালম্ব ত্রি০ [নির্+আলম্ব] নিরাশ্রয়। Destitute, without shelter.

নিরাশ ত্রি০ [নির+আশা] আশাহীন। Hopeless.

নিরাশ্রয় ত্রি০ [নির্+আশ্রয়] অসহায়, আশ্রয়রহিত, অবলম্বনরহিত। Destitute, without shelter.

निरास पु० [निर्+अस-घञ्] প্রত্যাখ্যান। त्रि० [निर्+आ+अस-अच्] নিরাসক। Refutation; one who refutes.

निराहार त्रि० [निर्+आहार] আহারশূন্য। One without food.

निरिन्द्रिय त्रि० [निर्+इन्द्रिय] ইন্দ্রিয়হীন। One without senses.

निरीक्षण क्ली० [निर्+ईक्षण], **निरीक्षा** स्त्री० [निर्+ईक्ष-अ+टाप्] দর্শন। Seeing, looking.

निरीक्षित त्रि० [निर्+ईक्ष-क्त] দৃষ্ট। Seen, observed.

निरीति त्रि० [निर्+ईति] গতিহীন, অনাবৃষ্টি প্রভৃতি উপদ্রবশূন্য। Motionless, free from calamities.

निरीश्वर त्रि० [निर्+ईश्वर] নাস্তিক, নাস্তিক্য-সম্পর্কীয়। Atheistic.

निरीह त्रि० [निर्+ईहा] নিস্পৃহ, চেষ্টাশূন্য। Desireless, actionless.

निरुक्त क्ली० [निर्+वच-क्त] বেদাঙ্গ গ্রন্থবিশেষ। One of the Vedāṅgas dealing with etymology.

निरुक्ति स्त्री० [निर्+वच-क्तिन्] নির্বচন। Etymology.

निरुद्ध त्रि० [नि+रुध-क्त] নিবারিত, প্রতিবদ্ধ। Obstructed, closed.

निरुद्यति त्रि० [निर्+उद्+यम-क्तिन्] নিরুদ্যোগ। One without energy or initiative.

निरुपप्लव त्रि० [निर्+उपप्लव] নির্বিঘ্ন। Free from impediments.

निरुपम त्रि० [निर्+उपमा] তুলনারহিত। Peerless.

निरुपाख्य त्रि० [निर्+उपाख्या] অলীকপদার্থ, অভাবপদার্থ। क्ली० পরব্রহ্ম। An illusory or non-existent thing ; the Supreme Reality.

निरुपाय त्रि० [निर्+उपाय] উপায়হীন। One without means, helpless.

निरूढ पु० [नि+रुह-क्त] রূঢ়িমূলকলক্ষণার দ্বারা অর্থ-বোধক শব্দ। A word expressing meaning by means of lakṣaṇā based on rūḍhi i. e. convention.

निरूढि स्त्री० [नि+रूह-क्तिन्] প্রসিদ্ধি। Convention.

निरूपण क्ली० [नि+रूप-ल्युट्] নির্ণয়, বিচার। Ascertainment, judgment.

निरूपित त्रि० [नि+रूप-क्त] নির্ণীত নিশ্চিত, নিযুক্ত। Ascertained, determined.

निर्ऋति पु० [निर्+ऋति] দক্ষিণ-পশ্চিম দিকের দেবতা। स्त्री० অধর্মের কন্যা, মৃত্যুর পত্নী, অলক্ষ্মী। त्रि० নিরুপদ্রব। The presiding deity of the south-west quarter; the name of the daughter of sin, the wife of Death.

निरोध पु० [नि+रुध-घञ्] নাশ, প্রতিরোধ, প্রলয়। Destruction, resistance.

निरोधन क्ली० [नि+रुध-ल्युट्] বাধা, গতিরোধ। Opposition, resistance.

निर्गत त्रि० [निर्+गम-क्त] বহির্গত, নিঃসৃত। Gone out, emitted.

निर्गम पु० [निर्+गम-क], **निर्गमन** क्ली० [निर्+गम-ल्युट्] বহির্গমন, নিঃসরণ। Going out, exit.

निर्गुण त्रि० [निर्+गुण] গুণহীন। पु० পরমাত্মা। Without qualities, worthless ; the Supreme Self.

निर्गुण्डी स्त्री० [निर्+गुड-क+ङीष्] নীল শেফালিকা। A kind of plant.

निर्ग्रन्थ पु०[निर्+ग्रन्थ] ক্ষপণক, দিগম্বর, মুনিবিশেষ। त्रि० নির্ধন, মূর্খ, নিঃসহায়। Mendicant, sage ; destitute, idiotic.

निर्ग्रन्थन क्ली० [निर्+ग्रन्थ-ल्युट्] বধ। Killing.

निर्घण्ट पु० [निर्+घट-अच्] গ্রন্থের সূচীপত্র। Index.

निर्घात पु० [निर्+हन-घञ्] পবনসংঘর্ষ হইতে জাত শব্দবিশেষ। The noise arising from the friction of winds.

निर्घृण त्रि० [निर्+घृणा] নির্দয়। Cruel.

निर्घोष पु० [निर्+घुष-घञ्] শব্দ। Sound.

निर्जन त्रि० [निर्+जन] জনশূন্য। Lonely.

निर्जर पु० [निर्+जरा] দেব। त्रि० জরাশূন্য। क्ली० অমৃত। God; free from old age; nectar.

निर्जित त्रि० [निर्+जि-क्त] পরাজিত, বশীকৃত। Defeated.

निर्झर पु० [निर्+झॄ-अप्] ঝরণা, সূর্যের অশ্ব, তুষানল। स्त्री० निर्झरी—নদী। Spring, the horse of the sun ; river.

निर्झरिणी स्त्री०[निर्झर+इनि+ङीप्] নদী। River.

निर्णय पु० [निर्+नी-अच्] নিশ্চয়, অবধারণ, সিদ্ধান্ত। Certainty, ascertainment, conclusion.

निर्णिक्त त्रि० [निर्+निज-क्त] শোধিত, অপগত-পাপ। Purified, freed from sin.

निर्णिक्ति स्त्री० [निर्+निज-क्तिन्] ক্ষালন। Purifying.

নির্ণীত ত্রি০ [নির্+নী-ক্ত] অবধারিত। Ascertained, determined.

নির্ণেজক পু০ [নির্+নিজ-ণ্বুল্] রজক। Washerman.

নির্দয় ত্রি০ [নির্+দয়া] নিষ্ঠুর। Cruel.

নির্দহন পু০ [নির্+দহ-ল্যু] ভল্লাতক। A kind of plant.

নির্দিষ্ট ত্রি০ [নির্+দিশ-ক্ত] উপদিষ্ট, প্রদর্শিত, কথিত। Instructed, indicated, shown.

নির্দেশ পু০ [নির্+দিশ-ঘঞ্] শাসন, কথন, উপদেশ, প্রতিপাদক শব্দবিশেষ, বেতন। ত্রি০ দেশ হইতে নির্গত। Instruction, advice; gone out of the country.

নির্ধন ত্রি০ [নির্+ধন] ধনশূন্য। পু০ জরদ্গব। Poor.

নির্ধার পু০ [নির্+ধৃ+ণিচ্-ঘঞ্] নিশ্চয়। Ascertainment.

নির্ধারণ ক্লী০ [নির্+ধৃ+ণিচ্-ল্যুট্] নিশ্চয়; সমুদয় হইতে পৃথক্করণ। Determining, separating one out of many.

নির্ধারিত ত্রি০ [নির্+ধৃ+ণিচ্-ক্ত] নিশ্চিত। Ascertained, determined.

নির্দ্বন্দ্ব ত্রি০ [নির্+দ্বন্দ্ব] দ্বন্দ্বশূন্য। Free from dualities.

নির্ধূত ত্রি০ [নির্+ধূ-ক্ত] নিরস্ত। Removed.

নির্ধৌত ত্রি০ [নির্+ধাব-ক্ত] প্রক্ষালিত, পরিমৃষ্ট। Cleansed.

নির্বন্ধ পু০ [নির্+বন্ধ-ঘঞ্] আগ্রহ, অভিনিবেশ। Eagerness.

নির্বাধ ত্রি০ [নির্+বাধা] অপ্রতিবন্ধ, নিরুপদ্রব, বিবিক্ত। Free from impediments.

নির্বুদ্ধি ত্রি০ [নির্+বুদ্ধি] অজ্ঞ। Dull.

নির্বোধ ত্রি০ [নির্+বোধ] জ্ঞানহীন। Foolish.

নির্ভয় ত্রি০ [নির্+ভয়] ভয়শূন্য। Fearless.

নির্ভর ত্রি০ [নির্+ভর] অতিমাত্র। ক্লী০ বেতনশূন্য ভৃত্য। Excessive.

নির্ভর্ত্সন ক্লী০ [নির্+ভর্ত্সনা] অভিভব। [নির্+ভর্ত্স-ল্যুট্] অনর্থক। Overpowering.

নির্ভিন্ন ত্রি০ [নির্+ভিন্ন] বিদীর্ণ। Cleft.

নির্মক্ষিক অব্য০ [নির্+মক্ষিকা] মক্ষিকার অভাব। ত্রি০ মক্ষিকাশূন্য, নির্জনদেশ। Free from flies; a solitary place.

নির্মদ ত্রি০ [নির্+মদ] নিরভিমান, হর্ষশূন্য, দানজলশূন্য। Free from pride.

নির্মন্থন ক্লী০ [নির্+মন্থ-ল্যুট্] সম্যক্মন্থন, ঘর্ষণ। Churning, rubbing.

নির্মন্থ্য ক্লী০ [নির্+মন্থ-ণ্যত্] অগ্নি উৎপাদনের নিমিত্ত ঘৃষ্যমাণ কাষ্ঠ। Pieces of wood being rubbed for producing fire.

নির্মম ত্রি০ মমতাশূন্য, বাসনারহিত। Free from all desires.

নির্মল ত্রি০ [নির্+মল] মলশূন্য। Pure, free from dirt.

নির্মাণ ক্লী০ [নির+মি-ল্যুট্] রচনা। ত্রি০ মানাতীত। Making.

নির্মাল্য ক্লী০ [নির্+মল-ণ্যত্] দেবতাকে নিবেদিত পুষ্পাদি দ্রব্য। The remains of an offering to a deity.

নির্মিত ত্রি০ [নির্+মা-ক্ত] রচিত। Made.

নির্মুক্ত ত্রি০ [নির্+মুচ-ক্ত] সঙ্গরহিত, বন্ধশূন্য, বিযুক্ত। পু০ খোলসছাড়া সাপ। Free from attachment or bondage; a serpent that has cast off its slough.

নির্মূল ত্রি০ [নির্+মূল] মূলরহিত। Rootless, baseless.

নির্মোক পু০ [নির্+মুচ-ঘঞ্] সাপের খোলস, মোচন, আকাশ, সাবর্ণিমনুর পুত্রবিশেষ। Slough, freeing.

নির্মোহ ত্রি০ [নির্+মোহ] মোহশূন্য। Free from delusion.

নির্যন্ত্রণ ক্লী০ [নির্+যন্ত্র-ল্যুট্] নিষ্পীড়ন। ত্রি০ যন্ত্রণাশূন্য, বাধাশূন্য, নিরর্গল, উচ্ছৃঙ্খল। Unrestrained.

নির্যাণ ক্লী০ [নির্+যা-ল্যুট্] মোচন, নিঃসরণ, মরণ, গজের অপাঙ্গদেশ। Release, emit, death.

নির্যাত ত্রি০ [নির্+যা-ক্ত] নির্গত। Gone out.

নির্যাতন ক্লী০ [নির্+যত+ণিচ্-ল্যুট্] বৈরশুদ্ধি, ঋণ প্রভৃতির শোধন, প্রতীকার, প্রতিদান, ন্যাসসমর্পণ, মারণ। Taking revenge, paying off debt.

নির্যাস পু০, ক্লী০ [নির্+যস-ঘঞ্] কষায়, ক্বাথ, বৃক্ষাদির রস। Extract, decoction.

নির্যূহ পু০ [নির্+ঊহ-ক] মত্তহস্তী, নাগদন্ত, শেখর, দ্বার, ক্বাথ। Mad elephant, bracket projecting from a wall.

নির্লজ্জ ত্রি০ [নির্+লজ্জা] লজ্জাহীন। Shameless.

নির্লিপ্ত ত্রি০ [নির্+লিপ-ক্ত] লেপরহিত, সম্বন্ধশূন্য। Unanointed, unattached.

নির্লুণ্ঠন ক্লী০ [নির্+লুঠ–ল্যুট্] অপহরণ। Robbing.

নির্লেপ ত্রি০ [নির্+লেপ] অনুলেপনরহিত, সম্বন্ধশূন্য। Unsmeared.

নির্বচন ক্লী০ [নির্+বচ–ল্যুট্] নিরুক্তি, প্রসিদ্ধি। ত্রি০ বচনরহিত। Etymology; speechless.

নির্বপণ ক্লী০ [নির্+বপ–ল্যুট্] দান, অন্নাদির বিভাগ। Gift.

নির্বর্তিত ত্রি০ [নির্+বৃত+ণিচ্–ক্ত] নিষ্পাদিত। Accomplished.

নির্বহণ ক্লী০ [নির্+বহ–ল্যুট্] নাটকে সন্ধিবিশেষ। A juncture of dramatic plot.

নির্বাচন ক্লী০ [নির্+বাচন] নির্ধারণ, স্থিরীকরণ। Ascertaining.

নির্বাণ ক্লী০ [নির্+বা–ল্যুট্] অপবর্গ, অস্তগমন, নির্বৃতি, সঙ্গম, বিনাশ, বিশ্রান্তি। ত্রি০ [নির্+বা–ক্ত] শান্ত, নিশ্চল, চরমাশ্রমস্থ মুনি, শূন্য। Liberation, extinction; calm.

নির্বাত ত্রি০ [নির্+বা–ক্ত] বায়ুশূন্য। Windless.

নির্বাদ পু০ [নির্+বদ–ঘঞ্] লোকাপবাদ, নিশ্চিতবাদ। Public slander.

নির্বাপ পু০ [নির্+বপ–ঘঞ্] দান। Gift.

নির্বাসন পু০ [নির্+বস+ণিচ্–ল্যুট্] নিঃসারণ, বহিষ্করণ, মারণ, বিসর্জন। Banishment, extradition.

নির্বাসিত ত্রি০ [নির্+বস+ণিচ্–ক্ত] নিঃসারিত, বিসর্জিত। Banished.

নির্বাহ পু০ [নির্+বহ–ঘঞ্] কার্যসম্পাদন, নিষ্পাদন, সমাপ্তি। Accomplishing a work, completion.

নির্বিকল্পক ত্রি০ [নির্+বিকল্প+কপ্] জ্ঞাতৃ-জ্ঞেয় প্রভৃতি বিভাগশূন্য, বিশেষ্যবিশেষণসম্বন্ধরহিত, জ্ঞানবিশেষ। A kind of knowledge that does not recognize the distinction between the subject and the object.

নির্বিকার পু০ [নির্+বিকার] জন্ম প্রভৃতি ষড়্‌বিধ-বিকার রহিত পরমাত্মা। ত্রি০ বিকারশূন্য। Supreme Spirit.

নির্বিঘ্ন ক্লী০ [নির্+বিঘ্ন] বিঘ্নাভাব। ত্রি০ বিঘ্নশূন্য। Free from impediments; untroubled.

নির্বিদ্ ত্রি০ [নির্+বিদ–ক্বিপ্], **নির্বিণ্ণ** ত্রি০ [নির্+বিদ–ক্ত] নির্বেদযুক্ত, খিন্ন, বৈরাগ্যযুক্ত। Sad, unattached.

নির্বিন্ধ্যা স্ত্রী০ [নির্+বিন্ধ্য+টাপ্] নদীবিশেষ। Name of a river.

নির্বিশঙ্ক ত্রি০ [নির্+বি+শঙ্কা] নির্ভয়। Fearless.

নির্বিশেষ ত্রি০ [নির্+বিশেষ] বিশেষরহিত। ক্লী০ পরমাত্মা। Without particulars; Supreme Self.

নির্বিষ ত্রি০ [নির্+বিষ] বিষরহিত। স্ত্রী০ নির্বিষী—শ্যামকন্দ। Free from poison.

নির্বিষ্ট ত্রি০ [নির্+বিশ–ক্ত] কৃতভোগ, প্রাপ্তবেতন, কৃতবিবাহ। One who has enjoyed.

নির্বীজ ত্রি০ [নির্+বীজ] বীজশূন্য, কারণরহিত। পু০ সমাধিবিশেষ। Seedless; a form of Samādhi.

নির্বীর ত্রি০ [নির্+বীর] বীরশূন্য। Heroless.

নির্বৃত ত্রি০ [নির্+বৃ–ক্ত] সুখী। Contented, happy.

নির্বৃতি স্ত্রী০ [নির্+বৃ–ক্তিন্] সুখ, মোক্ষ। Happiness, release.

নির্বৃত্ত ত্রি০ [নির্+বৃত–ক্ত] নিষ্পন্ন। Accomplished, achieved.

নির্বৃষ্ট ত্রি০ [নির্+বৃষ্ট] নিঃশেষে বৃষ্ট। Poured to the last drop.

নির্বেদ পু০ [নির্+বিদ–ঘঞ্] পরমবৈরাগ্য, খেদ, ব্যভিচারিভাববিশেষ। Renunciation, sorrow.

নির্বেশ পু০ [নির্+বিশ–ঘঞ্] ভোগ, বেতন, মূর্ছন, বিবাহ। Enjoyment, salary.

নির্ব্যথন ক্লী০ [নির্+ব্যথ–ল্যুট্] ছিদ্র। ত্রি০ ব্যথাশূন্য। Hole; free from pain.

নির্ব্যপেক্ষ ত্রি০ [নির্+বি+অপেক্ষা] নিরপেক্ষ। Indifferent to.

নির্ব্যাপার ত্রি০ [নির্+ব্যাপার] ব্যাপারশূন্য। Actionless, inactive.

নির্ব্যূঢ ত্রি০ [নির্+বি+বহ–ক্ত] নিষ্পন্ন, সমাপ্ত, সুসম্পন্ন। Accomplished.

নির্হরণ ক্লী০ [নির্+হরণ] দাহের নিমিত্ত শবাদির বহিরানয়ন, নিঃসারণ, নাশন। Carrying out dead bodies to be burnt.

নির্হার পু০ [নির্+হৃ–ঘঞ্] শল্যাদির উদ্ধরণ। Extracting.

নির্হারিন্ ত্রি০ [নির্+হৃ–ণিনি] শবাদির বহিনিঃসারণ। পু০ নির্হরণকর্তা, দূরগামী গন্ধ। Carrying out corpses; diffusive fragrance.

নির্হ্রাদ পু০ [নির্+হ্রদ–ঘঞ্] শব্দ। Sound.

নিলয় পু০ [নি+লী–অচ্] গৃহ, আবাসস্থান, অদর্শন। Home, abode.

নিলিম্প পু০ [নি+লিপ–শ] দেব। স্ত্রী০ নিলিম্পা—গাভী। God.

निलीन त्रि० [नि+लीन] विलीन, निमग्न, बेष्टित। Melted, encompassed.

निवपन क्लीo [नि+वप–ल्युट्] पिता प्रभृतिर उद्देशे दान। An offering to the Manes.

निवर्तन क्लीo [नि+वृत+णिच्–ल्युट्] निवारण। Prevention.

निवर्तित त्रि० [नि+वृत+णिच्–क्त] निवारित। Removed.

निवर्हण क्लीo [नि+वर्ह–ल्युट्] मारण। Destruction.

निवर्हित [नि+वर्ह–क्त] अपहृत, निहत। Killed.

निवसति स्त्री० [नि+वस–अतिच्] गृह। Home.

निवसथ पु० [नि+वस–अथच्] ग्राम। Village.

निवसन क्लीo [नि+वस–ल्युट्] गृह, आच्छादन वस्त्र। Home, covering cloth.

निवह पु० [नि+वह–घ] समूह। [नि+वह–अच्] —वायुविशेष। Collection.

निवात [नि+वात] आश्रय, शस्त्रादिर द्वारा अभेद्य कवच। Shelter.

निवातकवच पु०—दैत्यविशेष। Name of a demon.

निवाप पु० [नि+वप–घञ्] पित्रादिर उद्देश्ये दान, दान। Offering to the fathers, gift.

निवार पु० [नि+वृ–घञ्] धान्यविशेष। A kind of corn.

निवारण क्लीo [नि+वृ+णिच्–ल्युट्] निषेध। Prevention.

निवास पु० [नि+वस–घञ्] गृह, आश्रय। Home, abode.

निविड त्रि० [नि+विड–क] दृढ़, नीरन्ध्र। स्त्री० निविडा [निविड+टाप्+] नतनासिका। Firm, dense.

निविद् स्त्री० [नि+विद–क्विप्] मन्त्रेर पदविशेष। Particular words inserted in a mantra.

निविष्ट त्रि० [नि+विश–क्त] प्रविष्ट, प्राप्त, एकाग्र। Entered, fixed on.

निवीत क्लीo [नि+अज–क्त] कण्ठलम्बित यज्ञसूत्र। [नि+वेञ्–क्त] उत्तरीय। Wearing the sacred thread round the neck, upper garment.

निवृत क्लीo [नि+वृ–क्त] उत्तरीय वस्त्र। Mantle.

निवृत्त क्लीo [नि+वृ–क्त] विरत। Refrained.

निवृत्ति स्त्री० [नि+वृ–क्तिन्] उपरम, विरति। Cessation.

निवेद पु० [नि+विद–घञ्] ज्ञापन, समर्पण। Communication.

निवेदन क्लीo [नि+विद–ल्युट्] ज्ञापन, समर्पण। Apprising.

निवेदित त्रि० [नि+विद–क्त] ज्ञापित, सूचित। Reported.

निवेश पु० [नि+विश–घञ्] प्रवेश, विन्यास, शिविर। Entrance, camp.

निवेशन क्लीo [नि+विश–ल्युट्] गृह, स्थान। Abode.

निवेशित त्रि० [नि+विश+णिच्–क्त] प्रवेशित संक्रामित। Entered.

निश्[-शा] स्त्री० [नि+शो–क(टाप्)] रात्रि, हरिद्रा। Night.

निशमन क्लीo, **निशामन** क्लीo [नि+शम+णिच्–ल्युट्] दर्शन, श्रवण। Seeing, hearing.

निशाकर पु० [निशा+कृ–ट] चन्द्र, कर्पूर, कुक्कुट। Moon, camphor, cock.

निशाचर पु० [निशा+चर–ट] राक्षस, शृगाल, पेचक, सर्प। त्रि० रात्रिचर, पिशाच। Night-ranger, jackal, owl.

निशात त्रि० [नि+शो–क्त] तीक्ष्णीकृत, शाणित। Sharpened, whetted,

निशान क्लीo [नि+शो–ल्युट्] तीक्ष्णीकरण, तेजन। Sharpening, whetting,

निशान्त क्लीo [नि+शम–क्त] भवन, निशावसान, ऊषा। त्रि० अत्यन्त शान्त। End of the night, dawn.

निशापति पु० [निशा+पति], **निशामणि** पु० [निशा+मणि] चन्द्र, कर्पूर। Moon, camphor.

निशामन पु० [नि+शम+णिच्–ल्युट्] दर्शन, आलोचन, श्रवण। Seeing, discussion, hearing.

निशारण क्लीo [नि+शॄ+णिच्–ल्युट्] मारण। Killing.

निशित त्रि० [नि+शो–क्त] शाणित, तेजित। क्लीo लोह। Sharpened, whetted ; iron.

निशीथ पु० [नि+शी–थक्] अर्धरात्र, रात्रि। Midnight, night.

निशीथिनी स्त्री० [निशीथ+इनि+ङीप्] रात्रि। Night.

निशुम्भ पु० [नि+शुम्भ–घञ्] वध, हिंसन, मर्दन, असुरविशेष। Killing, name of a demon.

निश्चय पु० [निर्+चि–अच्] सिद्धान्त, निःसंशय ज्ञान, निर्णय, अवधारण, बुद्धि, अर्थालंकारविशेष। Conclusion, certain knowledge, ascertaining, a figure of speech.

নিশ্চল ত্রি০ [নির্+চল-অচ্] স্থির, অচল, অসম্ভাবনা-বিপরীতভাবনা-শূন্য। স্ত্রী০ নিশ্চলা—শালপর্ণী, ভূমি। Calm, unmoving.

নিশ্চায়ক ত্রি০ [নির্+চি-ণ্বুল্] নিশ্চয়কর্তা, নির্ণায়ক। One who determines, determinant.

নিশ্চিত ত্রি০ [নির্+চি-ক্ত] নির্ণীত, অবধারিত। স্ত্রী০ নিশ্চিতা—নদীবিশেষ। Determined, fixed ; name of a river.

নিশ্চিন্ত ত্রি০ [নির্+চিন্তা] চিন্তাশূন্য। Free from anxiety.

নিশ্চেষ্ট ত্রি০ [নির্+চেষ্টা] চেষ্টারহিত। Idle.

নিশ্বসন ক্লী০ [নি+শ্বস-ল্যুট্], **নিশ্বসিত** ক্লী০ [নি+শ্বস-ক্ত], **নিশ্বাস** পু০ [নি+শ্বস-ঘঞ্] নাসানির্গত বায়ু। Breath.

নিষক্ত ত্রি০ [নি+সন্‌জ-ক্ত] সংক্রান্ত, লগ্ন। Attached.

নিষঙ্গ পু০[নি+সন্‌জ-ঘঞ্] তূণীর, নিতান্তসঙ্গ, খড়্গ। Quiver, extreme attachment, sword.

নিষঙ্গিন্ ত্রি০ [নিষঙ্গ+ইনি] ধনুর্ধর। [নি+সন্‌জ-ঘিণুন্] তূণীর, খড়্গধারী। পু০ ধৃতরাষ্ট্রের পুত্রবিশেষ। Bowman ; quiver ; name of a son of Dhṛtarāṣṭra.

নিষদ্যা স্ত্রী০ [নি+সদ-ক্যপ্+টাপ্] পণ্যবিক্রয়শালা, ক্ষুদ্র খট্বা। Receptacle ; shop, small cot.

নিষদ্বর পু০ [নি+সদ-ক্বিপ্+বৃ-অচ্] কর্দম, পঙ্ক। স্ত্রী০ নিষদ্বরী [নি+সদ-ষ্বরচ্+ঙীষ্] নিশা। Mud ; night.

নিষধ পু০ পর্বতবিশেষ, দেশবিশেষ, নিষাদস্বর, কুরুনামক নৃপের পুত্র। ত্রি০ কঠিন। Name of a mountain or a country ; hard.

নিষণ্ণ ত্রি০ [নি+সদ্-ক্ত] আসীন, উপবিষ্ট, স্থিত। Seated, stationed.

নিষা[-শা]দ পু০ [নি+সদ-ঘঞ্] চণ্ডাল জাতিবিশেষ, স্বরসপ্তকের সপ্তম স্বরবিশেষ, ব্যাধ, ব্রাহ্মণ হইতে শূদ্র কন্যায় উৎপন্ন পারশবাখ্য জাতিবিশেষ। An outcast, the seventh musical note, hunter.

নিষাদিন্ পু০ [নি+সদ+ণিচ্-ণিনি] মাহুত। ত্রি০ [নি+সদ্-ণিনি] উপবিষ্ট, আসীন, নিষণ্ণ। Elephant-driver ; seated, stationed.

নিষিক্ত [নি+সিচ্-ক্ত] অত্যন্তসিক্ত, আর্দ্রীকৃত। Excessively wet, drenched.

নিষিদ্ধ ত্রি০ [নি+সিধ-ক্ত] নিষেধবিষয়। Banned.

নিষূদন ক্লী০ [নি+সূদ-ল্যুট্] বধ। ত্রি০ [নি+সূদ-ল্যু] বিনাশক। Killing ; killer.

নিষেক পু০ [নি+সিচ-ঘঞ্]জলাদির অত্যন্ত সেচন, গর্ভাধান, আধান। Sprinkling of water, impregnation.

নিষেদিবস্ ত্রি০ [নি+সদ-ক্বসু] নিষণ্ণ। Seated.

নিষেধ পু০ [নি+সিধ-ঘঞ্] বারণ, নিবর্তন। Ban.

নিষেবিত ত্রি০ [নি+সেবিত] সেবিত, অনুযাত। Served, followed.

নিষ্ক পু০, ক্লী০ [নিস্+কৈ-ক] টাকা, সুবর্ণ, বক্ষোভূষণ, হেমপাত্র, দীনার, কাহন-পরিমাণ, পণ। Money, gold, breast ornament.

নিষ্কণ্টক ত্রি০ [নির্+কণ্টক] উপসর্গহীন, বাধকরহিত। Free from troubles or impediments.

নিষ্কর্মন্ ত্রি০ [নির্+কর্মন্] নির্ব্যাপার, অলস। Inactive, lazy.

নিষ্করুণ ত্রি০ [নির্+করুণ] দয়াহীন। Cruel.

নিষ্কর্ষ পু০ [নিস্+কৃষ-ঘঞ্] নিশ্চয়, 'ইহা এইরূপ' ইত্যাকার স্বরূপপরিচ্ছেদ, নিঃসারণ। Certainty, definite knowledge.

নিষ্কর্ষণ ক্লী০ [নিস্+কৃষ-ল্যুট্] নিষ্কাসন, নিঃসারণ। Drawing out.

নিষ্কল ত্রি০ [নির্+কলা] কলাশূন্য, নিরবয়ব। Partless.

নিষ্কাম ত্রি০ [নির্+কাম] বিষয়ভোগেচ্ছাশূন্য। Desireless.

নিষ্কাসি[শি]ত ত্রি০ [নিস্+কস(শ)-ণিচ্+ক্ত] নিঃসারিত, নির্গমিত, আহিত, অধিকৃত। Let out, placed, occupied.

নিষ্কুট পু০ [নিস্+কুট-ক] গৃহসমীপস্থ উপবন, কেদার, ক্ষেত্র, অন্তঃপুর। A grove near the house, field, harem.

নিষ্কুষিত ত্রি০ [নিস্+কুষ-ক্ত] খণ্ডিত, নিস্ত্বচীকৃত। পু০ মরুদ্গণবিশেষ। Torn ; a group of Maruts.

নিষ্কুহ পু০ [নির্+কুহ-অচ্] বৃক্ষাদিতে স্বয়ংজাত রন্ধ্র, কোটর। Hollow in a tree.

নিষ্কৃতি স্ত্রী০ [নির্+কৃ-ক্তিন্] নিস্তার, নির্মুক্তি, পাপাদি হইতে উদ্ধার। Deliverance.

নিষ্কৃষ্ট ত্রি০ [নির্+কৃষ-ক্ত] সারভূত, নিশ্চিত। Forming the essence.

নিষ্কোষণ ক্লী০ [নির্+কুষ-ল্যুট্] আন্তর অবয়বের বহির্নিঃসারণ। Throwing out of an inner part.

নিষ্ক্রম পুং [নির্+ক্রম-ঘঞ্] গৃহাদি হইতে বহির্নির্গমন, শিশুর জন্মের চতুর্থমাসে করণীয় সংস্কারবিশেষ। পুং দুষ্কুল, বুদ্ধিসমৃদ্ধি। Leaving home, a purificatory ceremony.

নিষ্ক্রমণ ক্লীং [নির্+ক্রম-ল্যুট্] বহির্গমন, শিশুর জন্মের চতুর্থমাসে করণীয় সংস্কারবিশেষ। Going out, a purificatory ceremony.

নিষ্ক্রিয় ত্রিং [নির্+ক্রিয়া] ক্রিয়া প্রভৃতি ব্যাপারশূন্য। Inactive.

নিষ্টপ্ত ত্রিং [নির্+তপ্ত] পরিপক্ব। Mature.

নিষ্ঠ ত্রিং [নি+স্থা-ক] একান্তস্থিতিশীল, নিরত। Resting on, devoted.

নিষ্ঠা স্ত্রীং [নি+স্থা-অ+টাপ্] নিষ্পত্তি, নাশ, অন্তসীমা, ধর্মাদিতে শ্রদ্ধা, নিশ্চয়রূপে স্থিতি, নির্বহণ, যাচ্ঞা, উৎকট ক্লেশ, ব্রত, গুরুশুশ্রূষা। Termination, end, faith, devotion.

নিষ্টান ক্লীং [নি+স্থা-ল্যুট্] ব্যঞ্জন। Curry.

নিষ্টীব, নিষ্ঠেব পুং [নি+ষ্ঠিব-ঘঞ্], **নিষ্টীবন, নিষ্ঠেবন** ক্লীং [নি+ষ্ঠিব-ল্যুট্] মুখে শ্লেষ্মাদির নিরসন, থুথু ফেলা। Spitting.

নিষ্ঠুর ত্রিং [নি+স্থা-উরচ্] ক্রূর, কঠোর। ক্লীং পরুষ বাক্য, অশ্লীলবাক্য। Cruel ; indecent words.

নিষ্ঠ্যূত ক্লীং [নি+ষ্ঠিব-ক্ত] উদ্গীর্ণ, নিষ্ঠীবন। ত্রিং মুখনিঃসারিত (শ্লেষ্মাদি)। Spitting.

নিষ্ণ ত্রিং [নি+স্না-ক] কুশল। Expert, adept.

নিষ্ণাত ত্রিং [নি+স্না-ক্ত] নিপুণ, পারঙ্গত, কুশল। Expert, adept.

নিষ্পতন ক্লীং [নির্+পতন] নির্গমন। Exit.

নিষ্পত্তি স্ত্রীং [নির্+পত্তি] সমাপ্তি, সিদ্ধি। End, culmination.

নিষ্পত্রাকৃতি স্ত্রীং [নির্+পত্র+ডাচ্+কৃ-ক্তিন্] অতিব্যথন। Causing excessive pain.

নিষ্পন্দ ত্রিং [নি+স্পন্দ] স্পন্দনহীন। Motionless.

নিষ্পন্ন ত্রিং [নির্+পদ-ক্ত] সিদ্ধ, সমাপ্ত। Accomplished, finished.

নিষ্পরিগ্রহ ত্রিং [নির্+পরিগ্রহ] বিষয়াদিসঙ্গরহিত। পুং যতি, পরিব্রাজক। Free from attachment to objects ; mendicant.

নিষ্পাদন ক্লীং [নির্+পদ-ল্যুট্] সম্পাদন। Accomplishing, doing.

নিষ্পাব পুং [নির্+পূ-ঘঞ্] ধান্যাদিনিস্তুষীকরণ, শ্বেতশিম্বীধান্য। ত্রিং নির্বিকল্প। Removing the chaff from the corn.

নিষ্পিষ্ট ত্রিং [নির্+পিষ্ট] চূর্ণিত। Pounded.

নিষ্পেষ পুং [নির্+পিষ-ঘঞ্] সংঘর্ষ, নিঘর্ষণ। ত্রিং নিষ্পেষিত। Friction, rubbing ; pounded.

নিষ্প্রতিভ ত্রিং [নির্+প্রতিভা] জড়, অজ্ঞ, প্রাগল্ভ্যরহিত। Idiot, ignorant.

নিষ্প্রত্যূহ ত্রিং [নির্+প্রত্যূহ] নির্বিঘ্ন, নিরুপসর্গ। Free from impediments.

নিষ্প্রভ ত্রিং [নির্+প্রভা] দীপ্তিশূন্য। পুং দানববিশেষ। Lustreless ; name of a demon.

নিষ্প্রবাণি ত্রিং [নির্+প্র+বেঞ্+ল্যুট্+ঙীপ্] অভিনব বসন। New cloth.

নিষ্প্রাণ ত্রিং [নির্+প্রাণ] শ্বাসপ্রশ্বাসাদিশূন্য। Lifeless.

নিষ্ফল ত্রিং [নির্+ফল] ফলরহিত। পুং পলাল। Fruitless.

নিষ্ফেন ত্রিং [নির্+ফেন] ফেনরহিত। Without foam.

নিস্ অব্যং [নিস্-ক্বিপ্] নিষেধ, নিশ্চয়, সাকল্য, অতিক্রম। A particle indicating denial, certainty, entirety etc.

নিসর্গ পুং [নি+সৃজ-ঘঞ্] স্বভাব, স্বরূপ, সৃষ্টি। Nature, creation.

নিসর্গজ ত্রিং [নিসর্গ+জন-ড] স্বাভাবিক। Natural.

নিসূদন ক্লীং [নি+সূদ-ল্যুট্] মারণ, বধ। ত্রিং [নি+সূদ-ল্যু] মারক, নাশক। Killing ; killer.

নিসৃষ্ট ত্রিং [নি+সৃজ-ক্ত] ন্যস্ত, মধ্যস্থ। Delegated, neutral.

নিসৃষ্টার্থ পুং [নিসৃষ্ট+অর্থ] দাসবিশেষ, যে ব্যক্তি উভয়ের অভিপ্রায় বুঝিয়া স্বয়ং উত্তরাদি দানে সমর্থ। A kind of slave.

নিস্তত্ত্ব ত্রিং [নির্+তত্ত্ব] অসৎপদার্থ। Non-existent thing.

নিস্তরণ ক্লীং [নির্+তৄ-ল্যুট্] উপায়, নিস্তার, পারগমন, তরণ, নির্গম। Crossing, going out.

নিস্তার পুং [নির্+তার] উদ্ধার, পারগমন। Crossing.

নিস্তল ত্রিং [নির্+তল] বর্তুল। ক্লীং অতল, তলশূন্য। Round; bottomless, unfathomable.

নিস্ত্রিংশ পুং [নির্+ত্রিংশৎ+ডচ্] খড়্গ। ত্রিং নির্দয়। Sword ; cruel.

নিস্ত্রৈগুণ্য ত্রিং [নির্+ত্রৈগুণ্য] কামাদিশূন্য, সংসারাতীত। Free from desire etc.

निस्पन्द त्रि॰ [निर्+स्पन्द] স্পন্দনরহিত, চেষ্টাশূন্য। Motionless.

निस्पृह त्रि॰ [निर्+स्पृहा] বিষয়াদিতে বাসনাশূন্য। Desireless.

निस्य[ष्य]न्द पु॰ [नि+स्यन्द-घञ्] ক্ষরণ, স্যন্দন। त्रि॰ স্যন্দনযুক্ত। Dripping, flowing.

निस्रव पु॰ [नि+स्रु-अप्], **निस्राव** पु॰ [नि+स्रु-घञ्] অপক্ষরণ, নির্গমন, ভাতের মাড়। Dripping, discharge, gruel.

निस्वन पु॰ [नि+स्वन-अप्] **निस्वान** पु॰ [नि+स्वन-घञ्] ধ্বনি। Sound.

निहनन क्ली॰ [नि+हन-ल्युट्] বধ, হনন। Killing, slaughter.

निहन्तृ त्रि॰ [नि+हन-तृच्] নাশকর্তা। पु॰ মহাদেব। Destroyer ; an epithet of Śiva.

निहिंसन क्ली॰ [नि+हिन्स्-ल्युट्] বধ, হনন, মারণ। Killing, slaughter.

निहित त्रि॰ [नि+धा-क्त] আহিত, স্থাপিত। Placed, stationed.

निह्नव पु॰ [नि+ह्नु-अप्], **निह्नुति** स्त्री॰ [नि+ह्नु-क्तिन्] অপহ্নব, অপলাপ, শাঠ্য। Denial, concealment, deceit.

निह्नुवान त्रि॰ [नि+ह्नु-शानच्] অপহ্নবকারী। One who denies.

निह्लाद पु॰ [नि+ह्लद-घञ्] অব্যক্ত শব্দ। Indistinct sound.

नीकार पु॰ [नि+कृ-घञ्] ন্যক্কার, অবহেলা। Neglect.

नीकाश[स] पु॰ [नि+काश(स)-घञ्] উপমান, নিশ্চয়। Analogy, certainty.

नीच त्रि॰ [नि+चि-ड] অধম, বামন, খর্ব, নিম্ন। Mean, dwarf, low.

नीचकैस् अव्य॰ [नीचैस्+अकच्] নীচ। Low, down.

नीचैस् अव्य॰ [नि+चि-डैसि] নীচ, অল্প, স্বৈর, অনুচ্চ। Low, small.

नीड पु॰, क्ली॰ [नि+इल-क] পক্ষিগণের বাসস্থান, আশ্রয়। [नि+ईड-घञ्] রথের অবয়ববিশেষ। Nest, hermitage ; a part of the carriage.

नीडज त्रि॰ [नीड+जन-ड] খগ। Bird.

नीडोद्भव पु॰ [नीड+उद्+भू-अप्] বিহগ। Bird.

नीत त्रि॰ [नी-क्त] প্রাপিত, যাপিত। Conducted, led.

नीति स्त्री॰ [नी-क्तिन्] শুক্রাচার্যাদিপ্রণীত শাস্ত্র, রীতি। Political science, policy.

नीतिज्ञ त्रि॰ [नीति+ज्ञा-क] নীতিশাস্ত্রবিৎ। One versed in political science.

नीथ त्रि॰ [नी-क्थन्] নেতা, প্রাপক, স্তোত্র। Leader, hymn.

नीध्र[व्र] [नि+धृ[वृ]-क] বন, নেমি, চন্দ্র, রেবতীনক্ষত্র, পটলপ্রান্তভাগ। Forest, circumference, moon, the edge of thatch.

नीप पु॰ [नी-प] কদম্ববৃক্ষ, নীলাশোকবৃক্ষ, দেশবিশেষ, রুদ্রবিশেষ। The Kadamba tree, name of a country.

नीयमान त्रि॰ [नी+शानच्] যাহা নীত হইতেছে। That which is being carried.

नीर क्ली॰ [नी-रक्] জল, রস। Water, juice.

नीरज क्ली॰ [नीर+जन-ड] পদ্ম, মুক্তাফল, উদ্বিড়াল। त्रि॰ জলজাত। Lotus, pearl ; water-born.

नीरजस् त्रि॰ [निर्+रजस्] ধূলিশূন্য, পরাগশূন্য। स्त्री॰ नीरजा—গতার্তবা নারী। Free from dust or pollen.

नीरजीकारित त्रि॰[निर्+रजस्+च्वि+कृ+णिच्-क्त] যাহা ধূলিশূন্য করা হইয়াছে। Made free of dust.

नीरद पु॰ [नीर+दा-क] মেঘ, মুস্তক। Cloud.

नीरधि पु॰ [नीर+धा-कि], **नीरनिधि** पु॰ [नीर+निधि] সমুদ্র। Ocean.

नीरन्ध्र त्रि॰ [निर्+रन्ध्र] ছিদ্রশূন্য। Without any aperture.

नीरस त्रि॰ [निर्+रस] রসহীন, শৃঙ্গার প্রভৃতি রসাদিশূন্য। पु॰ দাড়িম্ববৃক্ষ। Tasteless, pomegranate tree.

नीराजन क्ली॰ [निर्+अज-ल्युट्] শান্তিকরণের জন্য জলসেচন, দীপাদির দ্বারা আরাত্রিক। Sprinkling of holy water, waving lights before an idol.

नीरुज् अव्य॰ [निर्+रुज्] রোগাভাব, আরোগ্য। त्रि॰ রোগশূন্য। क्ली॰ স্বাস্থ্য। Freedom from disease ; free from disease ; health.

नील पु॰ [नील+अच्] বর্ণবিশেষ। Blue.

नीलकण्ठ पु॰ [नील+कण्ठ] শিব, ময়ূর, খঞ্জন, গ্রামচটক। An epithet of Śiva, peacock.

नीलकान्त पु॰ [नील+कान्त] ময়ূর। Peacock.

नीलध्वज पु॰ [नील+ध्वज] তালবৃক্ষ। Palm tree.

नीलपद्म क्ली॰ [नील+पद्म] নীলবর্ণ কমল। Blue lotus.

नीलपटल क्ली॰ [नील+पटल] নীলবস্ত্র। Blue cloth.

नीलमणि पु० [नील+मणि] इन्द्रनीलमणि বা নীলা। Sapphire.

नीलमाधव पु० [नील+माधव] কৃষ্ণ। An epithet of Krṣṇa.

नीललोहित पु० [नील+लोहित] কণ্ঠে নীল ও কেশে লোহিত বর্ণযুক্ত শিব। স্ত্রী० नीललोहिता—শিবা। An epithet of Śiva.

नीलवसन त्रि० [नील+वसन] নীলবস্ত্রযুক্ত। পু० বলরাম। One wearing a blue cloth ; an epithet of Balarāma.

नीलाञ्जन क्ली० [नील+अञ्जन] তুঁত, সৌবীরাঞ্জন। [नील+अन्ज-ल्युट्] বিদ্যুৎ। Lightning.

नीलाम्बर पु० [नील+अम्बर] বলদেব। ক্লী० নীল-বর্ণবস্ত্র। ত্রি० নীলবর্ণযুক্ত। An epithet of Balarāma ; blue cloth ; bluish.

नीलाम्बुजन्मन् क्ली० [नील+अम्बु+जन्मन्] নীলোৎ-পল। Blue lotus.

नीलाभ त्रि० [नील+आभा] নীলবর্ণ। Bluish.

नीलिमन् पु० [नील+इमनिच्] নীলবর্ণ। Blue.

नीलोत्पल क्ली० [नील+उत्पल] ইন্দীবর, নীলপদ্ম। Blue lotus.

नीवार पु० [नी+वृ-घञ्] তৃণধান্যবিশেষ। A kind of corn.

नीवि[वी] स्त्री० [नि+वेव-इन्(ङीप्)] বণিক্‌দিগের মূলধন, স্ত্রীলোকের কটিবস্ত্রগ্রন্থি। Capital money, the ends of the cloth of a lady fastened round the loins.

नीवृत् पु० [नि+वृ-क्विप्] জনপদ। An inhabited country.

नीशार पु० [नि+शॄ-घञ्] হিমানিল নিবারক। Protector of cold wind.

नीहार पु० [नि+हृ-घञ्] শিশির, হিম, দণ্ডক-বিশেষ। Frost.

नु अव्य० [नुद्-डु] বিকল্প, অনুনয়, অতীত, প্রশ্ন, হেতু, বিতর্ক, অপমান, আদেশ, অনুতাপ। A particle indicating alternative, question, doubt etc.

नुत त्रि० [नु-क्त] পূজিত, স্তুত। Praised, extolled.

नुति स्त्री० [नु-क्तिन्] স্তব, প্রণাম। Praise, salutation.

नुत्त, नुन्न त्रि० [नुद-क्त] প্রেরিত, ক্ষিপ্ত। Moved, thrown.

नूतन त्रि० [नव+तनप्], **नूत्न** त्रि० [नव+त्नप्] নবীন। New.

नूनम् अव्य० [नु+ऊन-मि] বিতর্ক, নিশ্চিত, স্মরণ বাক্যপূরণ, উৎপ্রেক্ষা। A particle indicating doubt, certainty etc.

नूपुर पु०, क्ली० [नू-क्विप्+पुर-क] পাদাঙ্গদ। Anklet.

नृ पु० [नी-ऋन्] মনুষ্য, পুরুষ। ত্রি० নেতা। Man, person ; leader.

नृग पु० [नृ+गम-ड] নৃপবিশেষ। Name of a king.

नृचक्षस् पु० [नॄन्+चक्ष-असुन्] রাক্ষস। Demon.

नृजग्ध त्रि० [नृ+जग्ध] নরভক্ষক। Man-eater.

नृत्त क्ली० [नृत-क्त], **नृत्य** क्ली० [नृत-क्यप्] তাল-মানাদিযুক্ত সবিলাস গাত্রবিক্ষেপ, নর্তন। Dance.

नृतवत् त्रि० [नृत-शतृ] নর্তনশীল। Dancing.

नृप पु० [नृ+पा-क] রাজা। King.

नृपति पु० [नृ+पा-डति] কুবের, নৃপাল, ক্ষত্রিয়। Kuvera, king.

नृपसभ क्ली० [नृप+सभा] রাজসভা, রাজসমূহ। An assembly of kings.

नृपांश पु० [नृप+अंश] রাজপুত্র, রাজপ্রাপ্য কর। Prince, royal revenue.

नृयज्ञ पु० [नृ+यज्ञ] অতিথিপূজন। Hospitality, reception to guests.

नृशंस त्रि० [नृ+शन्स-अण्] ক্রূর, পরদ্রোহী। Cruel, wicked.

नृसिंह [नृ+सिंह], **नृहरि** [नृ+हरि] पु० ভগবানের অবতারবিশেষ, বিষ্ণু। An incarnation of Viṣṇu.

नृसेन क्ली० [नृ+सेना] মনুষ্যসৈন্য। An army of men.

नृसोम पु० [नृ+सोम] নরশ্রেষ্ঠ। Illustrious or great man.

नेजक पु० [निज-ण्वुल्] রজক। ত্রি० শোধক। Washerman ; cleanser.

नेजन क्ली० [निज-ल्युट्] রজকালয়, শোধন। A laundry, cleansing.

नेतृ त्रि० [नी-तृच्] প্রভু, নির্বাহক, নায়ক, প্রবর্তক, প্রাপক। পু० বিষ্ণু। Master, leader, guide ; an epithet of Viṣṇu.

नेत्र क्ली० [नी-ष्ट्रन्] চক্ষু, মন্থনরজ্জু, বৃক্ষমূল, রথ, বস্ত্রবিশেষ, জটা, ত্রিত্বসংখ্যা। ত্রি० নয়নসাধন। পু० প্রবর্তক। Eye, churning rope, root of a tree, the number ; leader.

नेत्रच्छद पु० [नेत्र+छद+णिच्-क] নেত্রাবরক চর্মপুট, চোখের পাতা। Eyelid.

नेत्ररञ्जन क्লী০ [নেত্র+রন্জ–ল্যুট্] কজ্জল। Collyrium.

नेत्राम्बु ক্লী০ [নেত্র+অম্বু] চক্ষুজল, অশ্রু। Tears.

नेदिष्ठ ত্রি০ [অন্তিক+ইষ্ঠন্] অতিশয় নিকটে, নিপুণ। Closest, nearest.

नेदीयस् ত্রি০ [অন্তিক+ঈয়সুন্] সমীপতর। nearer.

नेपथ्य ক্লী০ [নী–বিচ্+পথ্য] ভূষণ, বেশ, বেশস্থান। Decoration, dress, tiring room, postscenium.

नेपाल পু০ হিমালয়তটস্থ পর্বতীয় দেশবিশেষ। Name of a country.

नेम পু০ [নী–মন্] কাল, অবধি, খণ্ড, প্রাকার, কৈতব, অর্ধ, গর্ত, সায়ংকাল, মূল, অন্ন। Time, limit, part, half, evening, root.

नेमि পু০ [নী–মি] চক্রের প্রান্তভাগ, বজ্র, কূপের রজ্জুধারণার্থ ত্রিকোণদারুযন্ত্র। স্ত্রী০ নেমী—কূপান্তিকস্থ সমতলভাগ। Rim, thunderbolt; plain ground near a well.

नैकटिक পু০ [নিকট+ঠক্] ভিক্ষাদি লাভের জন্য গ্রামের নিকটে বাসকারী ভিক্ষুক। ত্রি০ নিকটবর্তী। A beggar living in the neighbourhood of village for alms ; adjacent.

नैकृतिक ত্রি০ [নিকৃতি+ঠক্] স্বার্থপর, শঠ। Selfish, dishonest.

नैगम পু০ [নিগম–অণ্] বেদের উপনিষদ্ভাগ, বণিক্, নাগর, নীতি। ত্রি০ নিগমসম্বন্ধী। Upaniṣad, merchant, townsman; relating to the Vedas.

नैचिकी স্ত্রী০ [নীচ+ঠক্+ঙীপ্] উৎকৃষ্ট গাভী। Excellent cow.

नैत्यिक [নিত্য+ঠক্] নিত্যবিহিত। Obligatory, enjoined to be performed regularly.

नैपुण ক্লী০ [নিপুণ+অণ্] দক্ষতা। Dexterity.

नैपुण्य ক্লী০ [নিপুণ+ষ্যঞ্] নিপুণত্ব, নিপুণকর্ম। Dexterity.

नैमित्तिक ত্রি০ [নিমিত্ত+ঠক্] নিমিত্তাভিজ্ঞ। Astrologer, prophet.

नैमिष ক্লী০ [নিমিষ+অণ্] অরণ্যবিশেষ। Name of a forest.

नैयग्रोध পু০ [ন্যগ্রোধ+অণ্] বটফল। The fruit of the fig-tree.

नैयङ्कव ত্রি০ [ন্যঙ্কু+অণ্] ন্যঙ্কুমৃগের চর্ম। Deer-skin.

नैयायिक ত্রি০ [ন্যায+ঠক্] ন্যায়জ্ঞ, ন্যায়শাস্ত্রবিদ্। Logician, one proficient in the Nyāya system of philosophy.

नैरन्तर्य [নিরন্তর+ষ্যঞ্] অবিচ্ছেদ। Continuity.

नैरपेक्ष्य ক্লী০ [নিরপেক্ষ+ষ্যঞ্] অপেক্ষাশূন্যত্ব। Independence, neutrality.

नैराश्य ক্লী০ [নিরাশ+ষ্যঞ্] আশাশূন্যত্ব। Disappointment.

नैर्ऋत [নির্ঋত+অণ্] রাক্ষস। স্ত্রী০ নৈর্ঋতী—নির্ঋতিসম্বন্ধিনী দিক্। Demon ; the southwestern direction.

नैर्गुण्य ক্লী০ [নির্গুণ+ষ্যঞ্] সত্ত্ব প্রভৃতি গুণাদিশূন্য। Absence of all qualities like sattva, rajas and tamas.

नैर्मल्य ক্লী০ [নির্মল+ষ্যঞ্] স্বচ্ছত্ব, নির্মলত্ব। Cleanness, purity.

नैवेद्य ক্লী০ [নি+বিদ+ণিচ্–যত্] দেবতার উদ্দেশে নিবেদনীয় দ্রব্য। Offering to God.

नैश ত্রি০ [নিশা+অণ্] নিশাসম্বন্ধী, রাত্রিকালীন, নিশাভব। Relating to the night, nocturnal.

नैशिक ত্রি০ [নিশা+ঠঞ্] নিশাভব, রাত্রিব্যাপক। Happening at night, pervading the night.

नैषध পু০ [নিষধ+অণ্] নিষধদেশীয় নৃপ, নলরাজা, নৈষধদেশবাসী, নলচরিতাবলম্বনপূর্বক শ্রীহর্ষকৃত মহাকাব্যবিশেষ। Name of a king, a mahākāvya (ornate epic) by Śrīharṣa

नैष्कर्म्य ক্লী০ [নিষ্কর্ম+ষ্যঞ্] কর্মশূন্যতা, বিধিপূর্বক সর্বকর্মত্যাগ। Inactivity, idlness, forsaking all actions for sannyāsa.

नैष्किक [নিষ্ক+ঠক্] কোষাধ্যক্ষ, সুবর্ণের দ্বারা ক্রীত, নিষ্কবিকার। Treasurer, mint-master.

नैष्ठिक ত্রি০ [নিষ্ঠা+ঠক্] ব্রহ্মচারিবিশেষ, মরণকালে বিহিত কর্ম; আত্যন্তিক নিষ্ঠাবান্। A type of Brahmacārin, one of firm vows.

नैष्ठुर्य ক্লী০ [নিষ্ঠুর+ষ্যঞ্] নিষ্ঠুরভাব, পারুষ্য। Cruelty, harshness.

नैसर्गिक ত্রি০ [নিসর্গ+ঠক্] স্বভাবসিদ্ধ, স্বাভাবিক। Inborn, natural.

नैस्त्रिंशिक পু০ [নিস্ত্রিংশ+ঠক্] খড়্গের দ্বারা যুদ্ধকারী। Swordsman.

नो অব্যং০ [নহ–ডো] নঞ্ ও অভাবদ্যোতক অব্যয়। A particle signifying 'no' or negation.

नोदन ক্লী০ [নুদ–ল্যুট্] খণ্ডন, প্রেরণ, সংযোগবিশেষ। Dispelling, driving.

नोदित त्रि० [नुद+णिच्–क्त] প্রেরিত, অপসারিত। Driven, removed.

नौ स्त्री० [नुद्–डौ] তরণী। Boat.

नौका स्त्री० [नौ+क+टाप्] তরণী। Boat.

नौकादण्ड पु० [नौका+दण्ड] দাঁড়। Oar.

न्यक् अव्य० [नि+अन्च–क्विप्] নীচ, ঘৃণ্য। Low, contemptible.

न्यक्कार पु० [न्यक्+कृ–घञ्] নীচকরণ, তিরস্কার। Humiliation, insult.

न्यक्ष पु० [नि+अक्षिन्+षच्] মহিষ জামদগ্ন্য পরশুরাম। त्रि० অধম। क्ली० মহিষতৃণ। Buffalo, an epithet of Paraśurāma ; low, vile; grass for buffalo.

न्यग्रोध पु० [न्यक्+रुध–अच्] বটবৃক্ষ, বাহু, বিষ্ণু। Fig-tree, arm, Viṣṇu.

न्यग्रोधपरिमण्डला स्त्री० [न्यग्रोध+परिमण्डला] অঙ্গনাবিশেষ। A woman of perfect limbs or features.

न्यङ्कु पु० [नि+अन्च–उ] মুনিবিশেষ, মৃগবিশেষ। Name of a sage, a kind of antelope.

न्यञ्च् त्रि०[नि+अन्च–विच्] নিম্ন। Down, low.

न्यञ्चन क्ली० [नि+अन्च–ल्युट्] অত্যন্ত নমন, ন্যগ্ভাব। Bending down, a bent.

न्यञ्चित त्रि० [नि+अन्च+णिच्–क्त] অধঃক্ষিপ্ত। Thrown down.

न्यस्त त्रि० [नि+अस–क्त] ক্ষিপ্ত, ত্যক্ত, বিসৃষ্ট, নিহিত। Thrown down, cast off, placed.

न्याद पु० [नि+अद–ण] আহার। Eating.

न्याय पु० [नि+इण्–घञ्] যাথার্থ্য, গোতম প্রণীত ষোড়শপদার্থনিরূপক শাস্ত্রবিশেষ, বাক্যবিশেষ, অবয়ব, নীতি, ভোগ, যুক্তি। Propriety, Nyāya system of philosophy, syllogism, policy.

न्याय्य [न्याय+यत्] ন্যায়সিদ্ধ, ন্যায়োপেত, ন্যায়ভব, যুক্তিযুক্ত, উচিত। Just, proper, right.

न्यास पु० [नि+अस–घञ्] গচ্ছিত, অর্পণ, বিন্যাস, সন্ন্যাস, ত্যাগ। Depositing, entrusting, placing, abandoning.

न्युब्ज त्रि० [नि+उब्ज–अच्] কুব্জ। क्ली० কামরাঙা ফল। पु० যজ্ঞপাত্রবিশেষ। Hunchback ; a kind of fruit ; a kind of sacrificial vessel.

न्यून त्रि० [नि+ऊन–अच्] ঊন, গর্হ্য। Less, defective, vile.

न्योकस् त्रि० [नि+ओकस्] নিয়তস্থানযুক্ত। Having a fixed place.

न्योचनी स्त्री० [नि+उच+ल्यु–ङीष्] দাসী। Maid-servant.

न्योजस् [नि+उब्ज–असि] আর্জবশূন্য, কুটিল। Crooked.

नृस्थिमालिन् पु० [नृस्थिमाला+इनि] শিব। An epithet of Śiva.

प

प पु० [पत–ड] পবন, পর্ণ, পান, পাতন, চরিত্র। Wind, leaf.

पक्कण पु० [पच–क्विप्+कण–अच्] শবরালয়। The hut of a Caṇḍāla.

पक्ति स्त्री० [पच–क्तिन्] পাক, গৌরব, পরিণাম। Cooking, respectability, development.

पक्तिम त्रि० [पच–क्त्रि+मप्] পক্ব। Ripe, matured.

पक्व त्रि० [पच–क्त] পরিণত, দৃঢ়, পাকনিষ্পন্ন, বিনাশোন্মুখ। क्ली० পাক। Developed, cooked, decaying ; cooking.

पक्ष पु० [पक्ष–अच्] মাসের অর্ধভাগ, সমূহ, পার্শ্ব, গৃহ, ন্যায়শাস্ত্রে সন্দিগ্ধসাধ্যবান্ স্থল, বিরোধ, বল, সহায়, ডানা, পক্ষী, বলয়, দেহার্ধ। Fortnight, side, the subject of a syllogism, wing.

पक्षक पु० [पक्ष+कै–क] পার্শ্বদ্বার, খিড়কী দ্বার। Side-door.

पक्षचर पु० [पक्ष+चर–ट] গজ, চন্দ্র। An elephant, the moon.

पक्षता स्त्री० [पक्ष+तल+टाप्] ন্যায়শাস্ত্রে সাধ্যবত্তা, পক্ষের ধর্ম। Being the subject of a syllogism.

पक्षति स्त्री०[पक्ष+ति]পক্ষের আরম্ভ, প্রতিপদ্ তিথি। The first day of a lunar fortnight.

पक्षद्वार क्ली० [पक्ष+द्वार] খিড়কী দ্বার। Side-door.

पक्षपात पु० [पक्ष+पात] অনুগ্রহ, অন্যায় সাহায্য, স্নেহ, আসক্তি, পক্ষের পতন। Favour, love, attachment, falling of wings.

पक्षपातिता स्त्री० [पक्षपात+इनि+तल्+टाप्] অনুকূলবর্তিতা। Partiality.

पक्षपातिन् त्रि० [पक्षपात+इनि] অনুগ্রাহক, পক্ষপাতযুক্ত। Partial.

पक्षाघात पु० [पक्ष+आघात] রোগবিশেষ। Paralysis.

पक्षान्त पु० [पक्ष+अन्त] পূর্ণিমা, অমাবস্যা। The day of new or full moon.

पक्षान्तर क्ली० [अन्य+पक्ष] অন্যপক্ষ। Another side, a different side of an argument.

পক্ষিন্ পুং [পক্ষ+ইনি] পাখী, বাণ। স্ত্রীং পক্ষিণী—বর্তমান ও আগামী দিনযুক্ত রাত্রি। Bird, arrow ; a night with the two days enclosing it.

পক্ষিরাজ পুং [পক্ষিন্+রাজন্+টচ্] গরুড়। An epithet of Garuḍa.

পক্ষ্মন্ ক্লীং [পক্ষ–মনিন্] নেত্রাবরকলোম, লোম। Eyelash.

পঙ্ক পুং, ক্লীং [পচ–ঘঞ্] কর্দম, পাঁক, পাপ। Clay, mud, sin.

পঙ্কজ ক্লীং [পঙ্ক+জন–ড] পদ্ম, সারসপক্ষী। পুং ব্রহ্মা। Lotus, heron ; an epithet of Brahmā.

পঙ্কজন্মন্ ক্লীং [পঙ্ক+জন্মন্] পদ্ম, সারসপক্ষী। ত্রিং পঙ্কজাত। পুং ব্রহ্মা। Lotus, heron ; born out of mire ; an epithet of Brahmā.

পঙ্কজিনী স্ত্রীং [পঙ্কজ+ইনি+ঙীপ্] পদ্মিনী, পুষ্করিণী। A group of lotus or lotus plants, pond.

পঙ্কশূরণ পুং [পঙ্ক+শূরণ] শালুক। Moss.

পঙ্করুহ ক্লীং [পঙ্ক+রুহ–ক] পদ্ম, সারসপক্ষী। Lotus, heron.

পঙ্ক্তি স্ত্রীং [পচ–ক্তিন্] শ্রেণী, পঞ্চাক্ষরপাদ বা দশাক্ষরপাদ ছন্দোবিশেষ, পৃথিবী, গৌরব, পাক, দশসংখ্যা। Line, row, a kind of metre, earth, the number ten.

পঙ্ক্তিদূষক পুং [পঙ্ক্তি+দূষক] অপাঙ্ক্তেয়। A person defiling a society of people.

পঙ্ক্তিপাবন পুং [পঙ্ক্তি+পাবন] শ্রাদ্ধাদিতে পঙ্ক্তির শোভাবর্ধক বিদ্বান্ ব্রাহ্মণ। A respectable Brahmin who purifies by his presence any social ceremony.

পঙ্গু ত্রিং [খঞ্জি–কু] গতিহীন। পুং শনিগ্রহ। Lame, crippled ; an epithet of Saturn.

পচ ত্রিং [পচ–অচ্] পাককর্তা। One who cooks.

পচন ক্লীং [পচ–ল্যুট্] পাক, রন্ধন। পুং অগ্নি। ত্রিং পাককর্তা। Cooking ; fire; one who cooks.

পচা স্ত্রীং [পচ–অ+টাপ্] পাক, পাককর্ত্রী। Cooking.

পচেলিম ত্রিং [পচ–কেলিমর্] স্বয়ং পক্ব। পুং অগ্নি, সূর্য। Ripening spontaneously.

পজ্জ পুং [পদ+জন–ড] শূদ্র। ত্রিং পদজাত, পাদাগ্র হইতে উৎপন্ন। The Śudra ; born of the feet.

পজ্ঝটিকা স্ত্রীং মাত্রাছন্দোবিশেষ। A kind of metre.

পঞ্চক ক্লীং [পঞ্চন্+কন্] পাঁচ। ত্রিং পঞ্চপরিমিত। A collection of five ; consisting of five.

পঞ্চকষায় পুং [পঞ্চ+কষায়] জম্বু, শাল্মলী, বাট্যাল, বকুল ও বদর এই পাঁচটি। The five bitter fruits like black-berry etc.

পঞ্চকোল ক্লীং [পঞ্চ+কোল] চৈ, চৈতা, পিপুল, পিপুলের মূল ও শুঁঠ এই পাঁচ। The five spices like long pepper etc.

পঞ্চগব্য ক্লীং [পঞ্চ+গব্য] দুগ্ধ, ঘৃত, দধি, গোময়, গোমূত্র—এই পাঁচটি। The five products of the cow, viz, milk, butter etc.

পঞ্চগঙ্গা ক্লীং [পঞ্চ+গঙ্গা] ভাগীরথী, গোমতী, কৃষ্ণবেণী, পিনাকিনী ও কাবেরী। The five rivers Gaṅgā, Gomatī etc.

পঞ্চগুপ্ত পুং [পঞ্চ+গুপ্ত] কচ্ছপ। ক্লীং চার্বাকদর্শন। Tortoise ; the materialistic philosophy.

পঞ্চচামর ক্লীং [পঞ্চ+চামর] ষোড়শাক্ষর ছন্দোবিশেষ। A metre of sixteen syllables.

পঞ্চজন পুং [পঞ্চ+জন–ঘঞ্] মনুষ্য, অসুরবিশেষ, প্রজাপতিবিশেষ, মনুষ্যসম্বন্ধী প্রাণাদি। স্ত্রীং পঞ্চজনী—বিশ্বরূপ-দুহিতা ভরতের পত্নী। Man, name of a demon ; name of the wife of Bharata.

পঞ্চতত্ত্ব ক্লীং [পঞ্চ+তত্ত্ব] পঞ্চ মকার, ক্ষিত্যাদি পঞ্চভূত। The five essentials of the Tāntrikas, the five elements like earth, air etc.

পঞ্চতপ পুং [পঞ্চ+তপ–অচ্] পঞ্চাগ্নি মধ্যে যিনি তপস্যা করেন। One who practises penance in the midst of five fires.

পঞ্চতা স্ত্রীং [পঞ্চ+তল্+টাপ্] **পঞ্চত্ব** ক্লীং [পঞ্চ+ত্ব] মৃত্যু, পঞ্চসংখ্যার ভাব। Death.

পঞ্চদশ ত্রিং [পঞ্চ+দশন্+ডট্] পনের সংখ্যার পূরণ। Fifteenth.

পঞ্চদশন্ ত্রিং [পঞ্চ+দশন্] পনের সংখ্যা। Fifteen.

পঞ্চদশী স্ত্রীং [পঞ্চদশন্+ঙীপ্] পূর্ণিমা, অমাবস্যা, বেদান্তদর্শনের গ্রন্থবিশেষ। The fifteenth day of a lunar fortnight, name of a famous book on the Vedānta.

পঞ্চধা অব্যং [পঞ্চন্+ধাচ্] পাঁচপ্রকার। Of five kinds.

পঞ্চন্ ত্রি০ [পচ–কনিন্] পাঁচ সংখ্যা, পঞ্চসংখ্যা-বিশিষ্ট। Five.

পঞ্চনখ পু০ [পঞ্চন্+নখ] হস্তী, ব্যাঘ্র। ত্রি০ পঞ্চনখ-যুক্ত, যথা, শশক, সজারু, গোসাপ, গণ্ডার ও কূর্ম। Elephant, tiger ; one having five claws such as hare etc.

পঞ্চনদ পু০ [পঞ্চন্+নদী+অচ্] শতদ্রু, বিপাশা, ইরাবতী, চন্দ্রভাগা, বিতস্তা—এই পঞ্চনদীযুক্ত দেশ, পাঞ্জাব দেশ। The country of five rivers, the Punjab.

পঞ্চপল্লব ক্লী০ [পঞ্চন্+পল্লব] আম্র, অশ্বত্থ, বট, পাকুড়, যজ্ঞডুমুর—এই পাঁচটি। The five twigs viz, of mango, fig-tree etc.

পঞ্চপাত্র ক্লী০ [পঞ্চন্+পাত্র] শ্রাদ্ধবিশেষ, পাঁচটি পাত্র। A form of Śrāddha, five vessels.

পঞ্চভদ্র পু০ [পঞ্চন্+ভদ্র] অশ্ববিশেষ। A kind of horse.

পঞ্চভূত ক্লী০ [পঞ্চন্+ভূত] ক্ষিতি, অপ, তেজঃ, মরুৎ ও ব্যোম—এই পাঁচটি পদার্থ। The five gross elements viz, earth, water, air, fire and ether.

পঞ্চম ত্রি০ [পঞ্চন্+ডট্+মট্] পাঁচের পূরণ। পু০ উচ্চস্বরবিশেষ, রাগবিশেষ। স্ত্রী০ পঞ্চমী—তিথি-বিশেষ, দ্রৌপদী। Fifth , the fifth musical note ; the fifth lunar mansion.

পঞ্চমকার [পঞ্চন্+মকার] মৎস্য, মাংস, মদ্য, মুদ্রা ও মৈথুন—এই পাঁচটি। The five--fish, meat, wine etc. considered essential in a Tāntrika ritual.

পঞ্চমহাযজ্ঞ পু০ [পঞ্চন্+মহাযজ্ঞ] বেদাধ্যয়ন, অগ্নি-হোত্র, পিতৃতর্পণ, ভূতবলি ও অতিথিপূজা—এই পাঁচটি। The five daily sacrifices.

পঞ্চমাস্য পু০ [পঞ্চম+আস্য] কোকিল। ত্রি০ [পঞ্চমাস+যৎ] পঞ্চমাসভব। The cuckoo ; of five months.

পঞ্চমুখ পু০ [পঞ্চন্+মুখ] শিব, সিংহ, বাসকবৃক্ষ। স্ত্রী০ পঞ্চমুখী—জবাবিশেষ, সিংহী, শিবপত্নী। An epithet of Śiva, lion, a kind of tree; a variety of hibiscus flower.

পঞ্চরত্ন ক্লী০ [পঞ্চন্+রত্ন] হীরক, মুক্তা, পদ্মরাগ, স্বর্ণ, বিদ্রুম—এই পাঁচটি। A collection of five gems.

পঞ্চরাত্র ক্লী০ [পঞ্চন্+রাত্রি+অচ্] পাঁচ রাত্রি, নারদপ্রোক্ত গ্রন্থবিশেষ। Five nights, a treatise attributed to Nārada.

পঞ্চলৌহক ক্লী০ [পঞ্চন্+লৌহক] স্বর্ণ, রজত, তাম্র, রাঙ, সীসা—এই পাঁচ প্রকার ধাতু। The five metals like gold, silver, copper etc.

পঞ্চবক্ত্র পু০ [পঞ্চন্+বক্ত্র] শিব। An epithet of Śiva.

পঞ্চবটী স্ত্রী০ [পঞ্চন্+বট+ঙীপ্] অশ্বত্থ, বিল্ব, বট, অশোক, আমলকী—এই পাঁচ প্রকার বৃক্ষ। The collection of five kinds of trees.

পঞ্চবাণ পু০ [পঞ্চন্+বাণ], **পঞ্চশর** পু০ [পঞ্চন্+শর] সম্মোহন, উন্মাদন, শোষণ, তাপন ও স্তম্ভন—এই পাঁচ প্রকার বাণধারী কামদেব। An epithet of Cupid.

পঞ্চশস্য ক্লী০ [পঞ্চন্+শস্য] ধান্য, মুদ্গ, মাষ, যব, তিল বা শ্বেত সর্ষপ—এই পাঁচ প্রকার শস্য। Five kinds of corn.

পঞ্চশাখ পু০ [পঞ্চন্+শাখা] হস্ত। ত্রি০ পাঁচ শাখাযুক্ত। Hand ; having five branches.

পঞ্চশিখ পু০ [পঞ্চন্+শিখা] মুনিবিশেষ, সিংহ। ত্রি০ পাঁচশিখাযুক্ত। Name of a sage, lion ; having five tufts of hair.

পঞ্চসুগন্ধিক ক্লী০ [পঞ্চন্+সুগন্ধি+ক] কর্পূর, কক্কোল, লবঙ্গ, গুবাক, জাতীফল—এই পাঁচ প্রকার সুগন্ধি দ্রব্য। Five aromatics such as camphor, cinnamon etc.

পঞ্চসূনা স্ত্রী০ [পঞ্চন্+সূনা] গৃহস্থের গৃহস্থিত পাঁচটি কীটবধস্থান, যথা—উনুন, ঝাঁটা, শিলনোড়া, ঢেঁকির গড়, কলসী। Five things by which a householder may unconsciously destroy animal life such as oven, broomstick etc.

পঞ্চাগ্নি [পঞ্চন্+অগ্নি] চারিদিকে অগ্নি এবং উপরে সূর্য—এই পাঁচ ; দক্ষিণ, গার্হপত্য, আহবনীয়, সভ্য এবং আবসথ্য এই পাঁচ ; তপস্বিবিশেষ। The five sacrificial fires.

পঞ্চাঙ্গ ক্লী০ [পঞ্চন্+অঙ্গ] সহায়, সাধনোপায়, দেশকালবিভাগ, বিপৎপ্রতীকার এবং সিদ্ধি—রাজনীতির এই পাঁচ অঙ্গ ; বার, তিথি, নক্ষত্র, যোগ ও করণ—এই পাঁচটি পঞ্জিকাবিভাগ ; জপ, হোম, তর্পণ, স্নান, ও বিপ্রভোজন—এই পঞ্চাঙ্গ পুরশ্চরণ। Five-membered royal policy.

পঞ্চাঙ্গুল পু০ [পঞ্চন্+অঙ্গুলি] এরণ্ড বৃক্ষ। ত্রি০ পঞ্চাঙ্গুলিপরিমিত। A kind of tree ; of the measure of five fingers.

পঞ্চানন পু০ [পঞ্চন্+আনন] শিব। An epithet of Śiva who has five faces.

পঞ্চামৃত ক্লী০ [পঞ্চন্+অমৃত] দুগ্ধ, দধি, ঘৃত, মধু, চিনি—এই পাঁচটি। The group of five—milk, curd, butter, honey and sugar.

পঞ্চাল পু০ [পচি-কালন্] দেশবিশেষ। Name of a country.

পঞ্চালী স্ত্রী০ [পঞ্চাল+অচ্+ঙীষ্] বস্ত্রনির্মিত পুত্তলিকা, পাঁচালী গীতি। A doll, a kind of song.

পঞ্চাশৎ স্ত্রী০ [পঞ্চন্+দশন্] পঞ্চাশ সংখ্যা, পঞ্চাশৎসংখ্যক। Fifty, numbering fifty.

পঞ্চাস্য পু০ [পঞ্চন্+আস্য] শিব। An epithet of Śiva.

পঞ্চিকা স্ত্রী০ [পঞ্চন্+কণ্+টাপ্] দ্যূতক্রীড়াবিশেষ। A kind of dice play.

পঞ্চীকরণ ক্লী০ [পঞ্চন্+চ্বি+কৃ-ল্যুট্] বেদান্তদর্শনে পঞ্চভূতসম্বন্ধীয় প্রক্রিয়াবিশেষ। The process relating the five elements in Vedānta philosphy.

পঞ্চেন্দ্রিয় ক্লী০ [পঞ্চন্+ইন্দ্রিয়] চক্ষু, কর্ণ, নাসিকা, জিহ্বা, ত্বক্—এই পাঁচটি জ্ঞানেন্দ্রিয়। বাক্, পাণি, পাদ, পায়ু ও উপস্থ—এই পাঁচটি কর্মেন্দ্রিয়। The five organs of senses, the five organs of action.

পঞ্চেষু পু০ [পঞ্চন্+ইষু] কন্দর্প। An epithet of Cupid.

পঞ্চোপচার পু০ [পঞ্চন্+উপচার] গন্ধ, পুষ্প, ধূপ, দীপ, নৈবেদ্য—এই পাঁচটি পূজার দ্রব্য। The five offerings to a deity, viz., scent, flower etc.

পঞ্জর পু০ [পজ-অরন্] কঙ্কাল। ক্লী০ বিহঙ্গাদির বন্ধনস্থান। Skeleton ; cage.

পঞ্জি[ঞ্জী] স্ত্রী০ [পজ-ইন্(ঙীপ্)] **পঞ্জিকা** স্ত্রী০ [পঞ্জি+ক+টাপ্] পাঁজি, পাণিনীয় সূত্রবৃত্তিবিশেষ। Almanac.

পট পু০ [পট-ক] বস্ত্র, পিয়াল বৃক্ষ। ক্লী০ চাল, ছাদ। Cloth, a kind of tree ; thatch, roof.

পটচ্চর ক্লী০ [পটৎ+চরট্] জীর্ণবস্ত্র। পু০ [পট+চর-অচ্] চোর। Ragged clothes ; thief.

পটমণ্ডপ পু০ [পট+মণ্ডপ] তাঁবু। Tent.

পটল ক্লী০ [পট-কলচ্] চাল, ছাদ, সমূহ। পু০ বৃক্ষ, গ্রন্থপরিচ্ছেদবিশেষ। Thatch, roof, heap, multitude ; tree, section of a book.

পটবাস পু০ [পট+বাস] তাঁবু, কুমকুমচূর্ণ। Tent, saffron-powder.

পটহ পু০, ক্লী০ [পট+হন-ড] ঢক্কা। পু০ আরম্ভ। Drum, beginning.

পটীয়স্ ত্রি০ [পটু+ঈয়সুন্] অতিশয় পটু। Extremely proficient or skilful.

পটীর ক্লী০ [পট-ঈরন্] চালনী, খদির। পু০ কন্দর্প। Sieve, catechu ; cupid.

পটু ত্রি০ [পট-উন্] নিপুণ, চতুর, নীরোগ, তীক্ষ্ণ, প্রস্ফুটিত, নিষ্ঠুর, ধূর্ত। পু০ পটোল। ক্লী০ ছত্রাক, লবণ। Dexterous, clever, cunning ; mushroom.

পটোল পু০ [পট-ওলচ্] পলতাগাছ। ক্লী০ বস্ত্রবিশেষ। A kind of cucumber ; a kind of cloth.

পটোলী স্ত্রী০ [পটোল+ঙীপ্] ঝিঙ্গা। A kind of cucumber.

পট্ট ক্লী০ [পট-ক্ত] নগর, চৌমাথা, পাটা, ঢাল, রাজসিংহাসন, উত্তরীয় বস্ত্র, কৌশেয় বস্ত্র, রেশম। পু০ পেষণপ্রস্তর। Town, slab, tablet, throne, cloth, silk.

পট্টন ক্লী০ [পট-তনন্] নগর। City.

পট্টদেবী স্ত্রী০ [পট্ট+দেবী] পাটরাণী, রাজমহিষী। The principal queen.

পট্টাবাস পু০ [পট্ট+আবাস] তাঁবু। Tent, camp.

পট্টিকা স্ত্রী০ [পট্টি+কৈ-ক+টাপ্] পটি। Bandage.

পট্টিশ[স] পু০ [পট্টি+শো-ক] অস্ত্রবিশেষ। A kind of weapon.

পঠন ক্লী০ [পঠ-ল্যুট্] পাঠ। Reading.

পঠিত ত্রি০ [পঠ-ক্ত] অধীত। Read.

পণ পু০ [পণ-অপ্] মূল্য, ধন, তাম্র, পয়সা। [পণ-অচ্] বাজী রাখা, দ্যূত। Price, wealth, copper, coins ; bet, dice.

পণন ক্লী০ [পণ-ল্যুট্] বিক্রয়। Sale.

পণবন্ধ পু০ [পণ+বন্ধ] সন্ধি, প্রতিজ্ঞাবন্ধ, ফলসিদ্ধি। Treaty, agreement.

পণব পু০ [পণ+বা-ক] পটহ। A kind of musical instrument.

পণাঙ্গনা স্ত্রী০ [পণ+অঙ্গনা] বেশ্যা। Prostitute.

পণায়া স্ত্রী০ [পণ+আয়-অ+টাপ্] ক্রয়-বিক্রয়-ব্যবহার। Transaction.

পণায়িত ত্রি০ [পণায়-ক্ত], **পণিত** ত্রি০ [পণ-ক্ত] বর্ণিত, স্তুত, ক্রীত, বিক্রীত। Described, praised, bought, sold.

পণিতব্য ত্রি০ [পণ-তব্য] বিক্রেতব্য, ব্যবহার্য। Meant to be sold.

পণিতৃ ত্রি০ [পণ-তৃচ্] বিক্রয়কর্তা। Seller.

पण्ड पु०, क्ली० [पण-ड] ক্লীব। त्रि० নিষ্ফল। স্ত্রী० पण्डा—শাস্ত্রজ্ঞান। Eunuch; useless; knowledge of the sciences.

पण्डित त्रि० [पण्डा-इतच्] বিদ্বান্, শাস্ত্রজ্ঞ, নিপুণ। Learned, wise, expert.

पण्डितम्मन्य त्रि० [पण्डित+मन-खच्], **पण्डितमानिन्** त्रि० [पण्डित+मन-णिनि] পণ্ডিতাভিমানী। Pedant, fancying oneself to be learned.

पण्डितायमान त्रि० [पण्डित+क्यङ्-शानच्] যে পূর্বে পণ্ডিত ছিল না, এখন পণ্ডিত হইয়াছে। An ignorant who has now become learned.

पण्य त्रि० [पण-यत्] বিক্রেয়। Saleable.

पण्यवीथिका स्त्री० [पण्य+वीथिका], **पण्यवीथि** स्त्री० [पण्य+वीथि] বিপণি। Market.

पण्यस्त्री स्त्री० [पण्य+स्त्री], **पण्याङ्गना** स्त्री० [पण्य+अङ्गना] বেশ্যা। Harlot, courtesan.

पण्याजीव पु० [पण्य+आजीव] বণিক্। Merchant.

पत क्ली० [पत-अच्] পুষ্ট। त्रि० পতনকর্তা। well-fed.

पतग पु० [पत+गम-ड] পক্ষী। Bird.

पतङ्ग पु० [पत+गम-खच्], পক্ষী, সূর্য, শলভ, শর। क्ली० পারা, চন্দন। Bird, the sun, moth, arrow.

पतङ्गम पु० [पत+गम-खच्] পক্ষী। Bird.

पतङ्गिका स्त्री०[पतङ्ग+कन्+टाप्] মধুমক্ষিকা। Bee.

पतञ्जलि पु० [पतत्+अञ्जलि] মুনিবিশেষ। Name of a sage.

पतत् पु० [पत-शतृ] পক্ষী। त्रि० পতনশীল। Bird; falling, descending.

पतत्र क्ली० [पत-अत्रन्], **पतत्त्र** [पत+त्रै-क] পাখীর ডানা। Wing, pinion.

पतत्रि पु० [पत-अत्रिन्], **पतत्रिन्** पु० [पतत्र+इनि] পক্ষী। Bird.

पतद्ग्रह पु० [पतत्+ग्रह-अच्] পিকদানি। Spittoon.

पतन क्ली० [पत-ल्युट्] স্খলন, ভ্রংশ। Fall, ruin.

पतयालु त्रि० [पति-आलु] পতনশীল। Tending to fall.

पताका स्त्री० [पत-आक+टाप्] ধ্বজ, ধ্বজপট, সৌভাগ্য, নাটকের অঙ্গবিশেষ, কেতু। Flag, banner, an episode in a drama.

पताकिन् त्रि० [पताका+इनि] পতাকাধারী। पु० রথ। One carrying a flag; chariot.

पतापत त्रि० [पत+यङ्लुक-अच्] পুনঃ পুনঃ বা অতিশয় পতনশীল। Falling again and again or vehemently.

पति पु० [पा-डति] ভর্তা, স্বামী। Lord, husband.

पतिघ्नी स्त्री० [पति+हन-टक्+ङीप्] পতিঘাতিনী। A woman who murders her husband.

पतित त्रि० [पत-क्त] চলিত, গলিত, অধোগত পাপী। Fallen, degraded, sinner.

पतितोत्पन्न त्रि० [पतित+उत्पन्न] ধর্মভ্রষ্ট হইতে জাত। Born of an outcast.

पतिदेवता स्त्री० [पति+देवता], **पतिप्राणा** स्त्री० [पति+प्राण+टाप्] পতিব্রতা। Chaste woman, one who regards her hasband as a divinity.

पतिंवरा स्त्री० [पति+वृ-खच्+टाप्] স্বেচ্ছায় পতিবরণকারিণী। A woman who freely chooses her husband.

पतिव्रता स्त्री० [पति+व्रत+टाप्] সতী, পতিপরায়ণা রমণী। A devoted wife.

पतीयन्ती स्त्री०[पति+क्यच्-शतृ+ङीप्] পতিকামা। One desiring a husband.

पत्काषिन् त्रि० [पाद+कष-णिनि] পাদচারী। One moving on foot.

पत्तन क्ली० [पत-तन] নগর, মহাপুরী, মৃদঙ্গ। City, a musical instrument.

पत्ति पु० [पद-तिन्] সেনা, পদাতি। Army, foot-soldier.

पत्र क्ली० [पत-ष्ट्रन्] পাতা, বাহন, পাখনা, লেখনাধার, ধাতুময় পত্রাকার দ্রব্য। स्त्री० पत्री—চিঠি। Leaf, wing, page; letter.

पत्रदारक पु० [पत्र+दारि-ण्वुल्] করাত। Saw.

पत्ररथ पु० [पत्र+रथ] পক্ষী। Bird.

पत्ररेखा स्त्री० [पत्र+रेखा], **पत्रलता** [पत्र+लता], **पत्रवल्ली** [पत्र+वल्ली] চন্দনাদির দ্বারা পত্রাবলী রচনা। Drawing lines or figures on the body with fragrant substances like sandal-juice etc.

पत्रवेष्ट पु० [पत्र+वेष्ट-घञ्] কর্ণভূষণবিশেষ। A kind of ear-ring.

पत्रिन् पु० [पत्र+इनि] পক্ষী, বাণ, পর্বত, শ্যেন, তালবৃক্ষ। त्रि० পত্রবিশিষ্ট। स्त्री० পত্রিণী—পল্লব। Bird, arrow, falcon; winged.

पत्री स्त्री० [पत-ष्ट्रन्+ङीप्] লিপি। Letter.

पत्रोर्ण क्ली० [पत्र+ऊर्णा+अच्] রেশমীবস্ত্র। पु० বৃক্ষবিশেষ। Silken cloth; a kind of tree.

पत्नी स्त्री० [पति+ङीप्] ভার্যা। Wife.

पथ पु० [पथ-क] রাস্তা। Road.

পথিক ত্রি০ [পথিন্+কন্] ভ্রমণকারী। পু০ পান্থ। Traveller ; wayfarer.

পথিন্ পু০ [পথ–ইনি] পথ, উপায়, স্বভাব, রীতি। Path, way, manner.

পথ্য ত্রি০ [পথিন্+যত্] মার্গ হইতে অনপেত, হিত, যোগ্য, হিতকারক ভোজ্য দ্রব্যবিশেষ। পু০ হরীতকীবৃক্ষ। Not deviated from the path, beneficial, fit, wholesome diet.

পদ্ ক্লী০ [পদ–ক্বিপ্] চরণ, কিরণ। Foot, ray.

পদ ক্লী০ [পদ–অচ্] পাদ, চিহ্ন, স্থান, ব্যবসায়, ত্রাণ, ব্যাকরণশাস্ত্রে সুবন্ত ও তিঙন্তরূপ শব্দ, শ্লোকের চরণ। পু০ কিরণ। Foot, sign, place, inflected word, quarter of a verse.

পদগ পু০ [পদ+গম–ড] পদাতিক। Footman.

পদবি[বী] স্ত্রী০ [পদ–অবি(ঙীপ্)] পথ, ব্যবসায়, ধর্মাচার। Way.

পদাজি পু০ [পদ+অজ–ইণ্], **পদাতি** পু০ [পদ+অত–ইণ্] পদগামী। Footman.

পদার্থ পু০ [পদ+অর্থ] শব্দের দ্বারা অভিধেয় বস্তু। Anything denoted by a word.

পদিক পু০ [পদ+ষ্ঠন্], **পদগ** পু০ [পদ+গম–ড] পাদচারী। Footman.

পদ্ধতি স্ত্রী০ [পদ+হন–ক্তিন্] শ্রেণী, পথ, পঙ্ক্তি, পূজাদির জ্ঞাপক গ্রন্থবিশেষ, উপনামবিশেষ। Class, way, a book indicating the process of prayer etc.

পদ্ম পু০, ক্লী০ [পদ–মন্] কমল। ক্লী০ নিধিবিশেষ, সংখ্যাবিশেষ, ব্যূহবিশেষ, দেহস্থ নাড়ী-চক্রবিশেষ, সীসক। পু০ নাগবিশেষ, রতিবন্ধবিশেষ। Lotus; an ornament, a particular high number, plexus.

পদ্মক ক্লী০ [পদ্ম+কৈ–ক] হস্তীর মস্তকে চিত্রিত পুষ্পাকার বিন্দুসমূহ, পদ্মকাষ্ঠ। Coloured spots on the trunk of an elephant.

পদ্মনাভ পু০ [পদ্ম+নাভি+অচ্] বিষ্ণু, ধৃতরাষ্ট্রপুত্রবিশেষ, নাগবিশেষ। An epithet of Viṣṇu.

পদ্মপুরাণ ক্লী০ ব্যাসপ্রণীত মহাপুরাণবিশেষ। One of the eighteen major purāṇas.

পদ্মবন্ধ পু০ [পদ্ম+বন্ধ] শব্দালংকারবিশেষ। A kind of figure of speech.

পদ্মবন্ধু পু০ [পদ্ম+বন্ধু] সূর্য, অর্কবৃক্ষ, ভ্রমর। The sun, bee.

পদ্মভূ পু০ [পদ্ম+ভূ–ক্বিপ্], **পদ্মযোনি** পু০ [পদ্ম+যোনি], **পদ্মসম্ভব** পু০ [পদ্ম+সম্ভব] ব্রহ্মা। An epithet of Brahmā.

পদ্মরাগ পু০ [পদ্ম+রাগ] রক্তবর্ণ মণিবিশেষ। Ruby.

পদ্মলাঞ্ছন পু০ [পদ্ম+লাঞ্ছন] নৃপ, ব্রহ্মা, সূর্য, কুবের। ত্রি০ পদ্মরেখাযুক্ত। স্ত্রী০ পদ্মলাঞ্ছনা—লক্ষ্মী, সরস্বতী, তারা। King, an epithet of Brahmā, the sun, Kuvera; an epithet of Lakṣmī, Sarasvatī and Tārā.

পদ্মবাসা স্ত্রী০ [পদ্ম+বাসা], **পদ্মবাসিনী** স্ত্রী০ [পদ্ম+বাসিনী] লক্ষ্মী। An epithet of Lakṣmī.

পদ্মা স্ত্রী০ [পদ্ম+অচ্+টাপ্] লক্ষ্মী, লবঙ্গ, মনসা দেবী, কুসুম্ভ পুষ্প। An epithet of Lakṣmī, clove, a kind of flower.

পদ্মাকর পু০ [পদ্ম+আকর] পদ্মযুক্ত জলাশয়, জলাশয়। A tank abounding in lotuses, pool.

পদ্মালয়া স্ত্রী০ [পদ্ম+আলয়+টাপ্] লক্ষ্মী, লবঙ্গ। An epithet of Lakṣmī, clove.

পদ্মাবতী স্ত্রী০ [পদ্ম+মতুপ্+ঙীষ্] পদ্ম মনসা দেবী, নদীবিশেষ। Lotus, epithet of goddess Manasā.

পদ্মাসন ক্লী০ [পদ্ম+আসন] যোগশাস্ত্র-প্রসিদ্ধ আসনবিশেষ। পু০ ব্রহ্মা। A particular yogic posture; an epithet of Brahmā.

পদ্মিন্ পু০ [পদ্ম+ইনি] হস্তী, বিষ্ণু, পদ্মযুক্ত দেশ। ত্রি০ পদ্মবিশিষ্ট। স্ত্রী০ পদ্মিনী—কমলিনী, পদ্মসমূহ, নায়িকাবিশেষ। Elephant; possessing lotuses ; lotus ; assemblage of lotus, a type of heroine.

পদ্মিনীকান্ত পু০ [পদ্মিনী+কান্ত], **পদ্মিনীবল্লভ** পু০ [পদ্মিনী+বল্লভ] সূর্য, অর্কবৃক্ষ। An epithet of the sun.

পদ্মেশয় পু০ [পদ্মে+শী–অচ্] বিষ্ণু। An epithet of Viṣṇu.

পদ্মোদ্ভব পু০ [পদ্ম+উদ্ভব] ব্রহ্মা। স্ত্রী০ পদ্মোদ্ভবা—মনসা দেবী। An epithet of Brahmā.

পদ্য ক্লী০ [পদ+যত্] ছন্দোযুক্ত বাক্য, স্তুতি। পু০ শূদ্র। স্ত্রী০ পদ্যা—শর্করা, পথ। Verse, panegyric ; a Śudra ; sand, path.

পনস পু০ [পন–অসচ্] কাঁঠাল গাছ। Jack-fruit tree.

পনায়িত ত্রি০ [পনায়+ক্ত], **পনিত** ত্রি০ [পন–ক্ত] স্তুত, বর্ণিত। Praised, described.

পন্ন ত্রি০ [পদ–ক্ত] চ্যুত, গলিত, গত। ক্লী০ [পদ–নন্]নীচগমন। Fallen, sunk; going down.

পন্নগ পু০ [পন্ন+গম–ড] সর্প। ক্লী০ সীসক। Serpent ; lead.

পন্নগারি পু০ [পন্নগ+অরি], **পন্নগাশন** [পন্নগ+অশন] গরুড়। An epithet of Garuḍa.

पम्पा स्त्री० दक्षिणदेशस्থ নদীবিশেষ, সরোবরবিশেষ। Name of a river in south India, a lake.

पयस् क्ली० [पा–असुन्] দুগ্ধ, জল, অন্ন। Milk, water.

पयस्य त्रि० [पयस्+यत्] দুগ্ধবিকার দধি প্রভৃতি। पु० বিড়াল। स्त्री० पयसी—অর্কপুষ্পিকা, কুট্টিম্বিনী; पयस्या—আমিক্ষা। Made of milk; cat; curd.

पयस्विनी स्त्री० [पयस्+विनि+ङीप्] দুগ্ধবতী গাভী, ছাগী, নদী, রাত্রি। A milch cow, she-goat, river, night.

पयोज क्ली० [पयस्+जन–ड] পদ্ম। Lotus.

पयोद पु० [पयस्+दा–क] মেঘ। Cloud.

पयोधर पु० [पयस्+धृ–अच्] মেঘ, স্ত্রীস্তন, নারিকেল। Cloud, a woman's breast.

पयोधि पु० [पयस्+धा–कि], **पयोनिधि** पु० [पयस्+नि+धा–कि], **पयोराशि** पु० [पयस्+राशि] সমুদ্র। Ocean.

पयोमुच् पु० [पयस्+मुच–क्विप्] মেঘ। Cloud.

पर त्रि० [पृ–अप्] অন্য, ভিন্ন, উত্তর, দূর, শ্রেষ্ঠ, মোক্ষ। पु० শত্রু। क्ली० ব্রহ্ম, ন্যায়মতে ব্যাপক সামান্য। Other, separate, distant, best; enemy, Supreme spirit.

परःशत क्ली० [पर+शत] শতাধিকসংখ্যক। Numbering more than a hundred.

परःश्वस् अव्य० [श्वस्+परः] আগামিদিনের পরদিনে। Day after tomorrow.

परःसहस्र त्रि० [सहस्र+परः] সহস্রাধিকসংখ্যক। Numbering more than a thousand.

परकीय त्रि० [पर+छ] পরসম্বন্ধীয়। स्त्री० परकीया—নায়িকাবিশেষ। Relating to another; one of the three main kinds of heroines.

परच्छन्द त्रि० [पर+छन्द], **परच्छन्दानुवर्त्तिन्** त्रि० [परच्छन्द+अनुवर्तिन्] **परतन्त्र** त्रि० [पर+तन्त्र] পরাধীন। Subservient.

परत्र अव्य० [पर+त्र] পরকালে। In the other world.

परत्व क्ली० [पर+त्व] দিক্ ও কালকৃত দূরত্ব, ন্যায়শাস্ত্রে গুণবিশেষ। The state of remoteness in point of time and space, a kind of guṇa in Nyāya philosophy.

परनिपात पु० [पर+निपात] ব্যাকরণশাস্ত্রে বিগ্রহবাক্যে প্রথমশ্রুত শব্দের সমাসে পরে উচ্চারণ। The irregular posteriority of a word in a compound.

परन्तप त्रि० [पर+तप–खच्] শত্রুতাপন, জিতেন্দ্রিয়। One who subdues his enemy; one who has conquered his senses.

परपिण्डाद त्रि० [पर+पिण्ड+अद–अण्] পরান্নউপজীবী। One who eats the food supplied by another.

परपुष्ट पु० [पर+पुष्ट] কোকিল। त्रि० অন্যপালিত। स्त्री० परपुष्टा—বেশ্যা। Cuckoo; harlot.

परपूर्वा स्त्री० [पर+पूर्व+टाप्] যে স্ত্রীলোক এক পতিকে ছাড়িয়া অন্য পতি গ্রহণ করে। A woman who has had a former husband.

परभाग पु० [पर+भाग] উৎকর্ষ, শ্রেষ্ঠাংশ। Excellence, best part.

परभृत् पु० [पर+भृ–क्विप्] কাক। Crow.

परभृत त्रि० [पर+भृत] অপরকর্তৃক পালিত। पु० কোকিল। One who is nourished by another; cuckoo.

परम् अव्य० [पृ–अमि] কেবল, অনন্তর, নিয়োগ, কিন্তু। A particle indicating 'only' 'thereafter' etc.

परम त्रि० [पर+मा–क] শ্রেষ্ঠ, প্রধান, মহৎ, আদ্য, প্রণব। Highest, best, chief, great.

परमम् अव्य० [पर+मा–डमि] অনুমতি, সম্মতি। Consent.

परमर्षि पु० [परम+ऋषि] শ্রেষ্ঠ ঋষি। A great sage.

परमहंस पु० [परम+हंस] মহাযোগী। An ascetic of the highest order.

परमाणु पु० [परम+अणु] ন্যায়শাস্ত্রে অতিসূক্ষ্ম কারণপদার্থবিশেষ। Atom.

परमात्मन् पु० [परम+आत्मन्] পরমেশ্বর। The Supreme self.

परमान्न पु० [परम+अन्न] পায়সান্ন। Rice boiled in milk.

परमायुस् क्ली० [परम+आयुस्] পূর্ণ জীবিতকাল। Full span of life.

परमार्थ पु० [परम+अर्थ] যথার্থ, শ্রেষ্ঠ বস্তু। The real truth.

परमार्थविद् त्रि० [परमार्थ+विद–क्विप्], **परमार्थविन्द** त्रि० [परमार्थ+विद–श] তত্ত্বজ্ঞানী। One who has the knowledge of reality.

परमेश्वर पु० [परम+ईश्वर] শিব, ব্রহ্মা, বিষ্ণু, চক্রবর্তী নৃপ। Śiva, Brahmā, Viṣṇu, the Supreme Lord.

परमेष्ठिन् पु० [परम+स्था-इनि] ব্রহ্মা, শালগ্রাম-মূর্তিবিশেষ। An epithet of Brahmā.

परम्परा स्त्री० [परम्+पृ-अच्] সন্ততি, অনুক্রম, অন্বয়, বধ। Series, succession.

परम्परीण त्रि० [परम्परा+ख] ক্রমাগত, ধারাবাহিক। Obtained by succession, hereditary.

परलोक पु० [पर+लोक] পরকাল, লোকান্তর, মৃত্যু। The other world, death.

परवत् त्रि० [पर+मतुप्], **परवश** त्रि० [पर+वश] পরাধীন। Subservient, dependent.

परवाणि पु० [पर+वण+णिच्-इन्] ধর্মাধ্যক্ষ।

परशु पु० [पर+शृ-कु] কুঠার। Axe.

परशुराम पु० জমদগ্নিপুত্র, অবতারবিশেষ। The son of Jamadagni, one of the avatāras of Viṣṇu.

परश्वध[स्वध] पु० [पर+श्वि-ड+धै-क] পরশু। Axe.

परश्वस् अव्य० [पर+श्वस्] আগামিদিনের পরদিন। Day after tomorrow.

परस्तात् अव्य० [पर+अस्ताति] পশ্চাৎ, পরে। Later on.

परस्पर त्रि० [पर+पर] অন্যোন্য, ইতরেতর। Mutual, one another.

परस्मैपद क्ली० [परस्मै+पद] পাণিনিপরিভাষিত ব্যাকরণশাস্ত্রে তিপ্ প্রভৃতি লকার। One of the two voices in which Sanskrit verbs are conjugated.

परस्मैपदिन् पु० [परस्मै+पद+इनि] যে ধাতু পরস্মৈপদে প্রযুক্ত হয়। A verb used with parasmaipada inflexions.

परा अव्य० [पृ-आ] প্রাধান্য, আভিমুখ্য, বিক্রম, ধর্ষণ, ত্যাগ, গতি, ভঙ্গ, অনাদর, তিরস্কার, প্রতিলোম। स्त्री० ব্রহ্মবিদ্যা। A particle signifying superiority, excellence, prowess etc.

पराक पु० বারদিন উপবাসসাধ্য প্রায়শ্চিত্তরূপ ব্রত। A kind of vow involving a fast for twelve days.

पराकृत त्रि० [परा+कृत] ত্যক্ত। Forsaken, abandoned.

पराक्रम पु० [परा+क्रम] বিক্রম, বল, পুরুষকার। Prowess, valour.

पराग पु०[परा+गम-ड]পুষ্পরেণু, ধূলি, কুমকুমচূর্ণাদি স্নানীয়দ্রব্য, উপরাগ, চন্দন, প্রভৃতি। Pollen, dust.

परागत त्रि० [परा+गम-क्त] মৃত, ব্যাপ্ত। Dead, covered.

पराङ्मुख त्रि०[पराक्+मुख] ক্রিয়াদিতে বিরুদ্ধাচারী, বিমুখ। Acting adversely, averse.

पराच् त्रि० [परा+अञ्च-क्विन्], **पराञ्च्** त्रि० [परा+अन्च-क्विप्] বিমুখ, পরাঙ্মুখ। Face turned away, averse.

पराचित त्रि० [पर+आ+चि-क्त] পরপালিত, সম্যগ ব্যাপ্ত। Nursed by another, encompassed.

पराचीन त्रि० [पराच्+ख] পরাঙমুখ, পশ্চাদ্‌ভাবী। Averse from, happening afterwards.

पराजय पु० [परा+जि-अच्] পরাভব। Defeat.

पराजित त्रि० [परा+जि-क्त]পরাভূত। Defeated, overpowered.

पराधीन त्रि० [पर+अधि+ख] পরবশ, পরায়ত্ত। Subservient, under another's domination.

परान्न त्रि० [पर+अन्न] পরান্নোপজীবী। क्ली० পরকীয় অন্ন। One who lives on another's food ; food that belongs to another i.e, not earned by oneself.

परापतत् त्रि० [परा+आ+पत-शतृ] যে শীঘ্র আসিয়া পড়িতেছে। That which is coming quickly.

पराभव पु० [परा+भू-अप्] পরাজয়, অভিভব, তিরস্কার, বিনাশ। Defeat, overpowering, killing.

पराभूत त्रि० [परा+भू-क्त] পরাজিত, তিরস্কৃত। Defeated, humiliated.

परामर्श पु० [परा+मृश-घञ्] যুক্তি, বিবেচনা, ন্যায়শাস্ত্রে ব্যাপ্তিবিশিষ্টের পক্ষধর্মতাজ্ঞান। Argument, consideration, knowledge of the minor premise in connection with the major.

परायण त्रि० [पर+अयन] অভীষ্ট, তৎপর। क्ली० উত্তম আশ্রয়, অত্যন্ত আসক্ত। Desired, devoted ; best refuge, extremely attached.

परारि अव्य०[पूर्वतर+अरि] পূর্বতর বৎসর। पु० অতি শত্রু। The year before last ; greatest enemy.

परार्ध क्ली० [पर+ऋध-अच्] শেষার্ধ, চরম সংখ্যাবিশেষ। The last half, the name of the lighest number.

परार्ध्य त्रि० [परार्ध+यत्] শ্রেষ্ঠ। Best.

परावर त्रि० [पर+अवर] দূর ও অন্তিক, উচ্চ ও নীচ। Far and near, higher and lower.

परावरविद् त्रि० [परावर+विद–क्विप्] ব্রহ্মজ্ঞ। One who has the knowledge of Brahman.

परावर्त पु० [परा+वृत–घञ्] প্রত্যাবৃত্ত, বিনিময়। Returning back, exchange.

परावह पु० [परा+वह–अच्] উর্ধ্বস্থিত সপ্তবায়ুমধ্যে বায়ুবিশেষ। Name of one of the seven winds in the upper hemisphere.

पराशर पु० [परा+आ+शृ–अच्] ব্যাসদেবের পিতা, ইন্দ্র। The father of Vyāsa, Indra.

परासन क्ली० [परा+अस–ल्युट्] মারণ, হত্যা। Killing, murder.

परासु त्रि० [परा+असु] মৃত, গতপ্রাণ। Dead.

परासुता स्त्री० [परासु+तल्+टाप्] মৃত্যু। Death.

परास्कन्दिन् पु० [पर+आ+स्कन्द+णिनि] চোর, ডাকাত। Thief, robber.

परास्त त्रि० [परा+अस–क्त] পরাজিত, নিরস্ত। Defeated, overpowered.

पराह पु० [पर+अहन्+टच्] পরদিন। Next day.

पराहत त्रि० [परा+हन–क्त] পরাভূত, নিরাকৃত। Defeated, repulsed.

पराह्ण पु० [परा+अहन्+टच्] অপরাহ্ণ। After-noon.

परि अव्य० [पृ–इन्] সমন্তাৎ, ব্যাপ্তি শেষ, ব্যাধি, ইত্থম্ভাব, পূজা, ভূষণ, শোক, অতিশয়, ত্যাগ, নিয়ম, পরিদেবন, মর্যাদা, আচ্ছাদন, উপরম। A particle signifying, around pervasion etc.

परिकर पु०[परि+कृ–अप्] পরিবার, সমারম্ভ, পর্যঙ্ক। Relative, beginning.

परिकर्मन् क्ली० [परि+कृ–मनिन्] প্রসাধন, সংস্কার, সাজান। त्रि० পরিচারক। Dressing, toilet.

परिकर्मिन् पु० [परि+कर्मन्+इनि] পরিচারক, প্রসাধক, পরিকর্মকারক। An assistant, a servant, dresser.

परिकल्पित त्रि० [परि+कल्पित] অনুষ্ঠিত, সজ্জিত। Performed, decorated.

परिकीर्ण त्रि० [परि+कीर्ण] ব্যাপ্ত, বিস্তৃত। Spread, scattered.

परिकीर्तित त्रि० [परि+कीर्तित] ঘোষিত কথিত। Proclaimed told.

परिक्रम पु० [परि+क्रम–घञ्] গমন, প্রদক্ষিণীকরণ, ইতস্ততঃ পাদচারণ। Going, circumambu-lating.

परिक्रय पु० [परि+क्री–अच्] বিনিময়ে ক্রয়, বেতন গ্রহণপূর্বক পরিমিত কাল কর্মস্বীকরণ। Purchase in exchange.

परिक्रिया स्त्री० [परि+क्रिया] পরিখাদির দ্বারা নগরাদির বেষ্টন। Enclosing with a fence or ditch.

परिक्लिष्ट त्रि० [परि+क्लिष्ट] অতিক্লিষ্ট। Ex-tremely troubled.

परिक्षत त्रि० [परि+क्षत] আহত। Wound-ed.

परिक्षित् पु० [परि+क्षि–क्विप्] অভিমন্যুর পুত্র। Son of Abhimanyu.

परिक्षिप्त त्रि० [परि+क्षिप्त] বেষ্টিত, প্রক্ষিপ্ত। Encircled, scattered.

परिक्षीण त्रि० [परि+क्षीण] ক্রমে ক্ষয়প্রাপ্ত। De-cayed gradually.

परिक्षेप पु० [परि+क्षेप] বেষ্টন, প্রক্ষেপ। Encirc-ling, scattering.

परिखा स्त्री० [परि+खन–ड+टाप्] শত্রুর দুষ্প্রবেশতা-সিদ্ধির জন্য নগরের চতুর্দিকে বেষ্টনাকার জলাধার। Moat, ditch.

परिखेद पु० [परि+खिद–घञ्] ক্লেশ, শ্রম। Fatigue, exhaustion,

परिगणित त्रि० [परि+गण–क्त] সংখ্যাত, বিবেচিত। Counted, considered.

परिगत त्रि० [परि+गम–क्त] ব্যাপ্ত, জ্ঞাত, স্মৃত, বেষ্টিত, চেষ্টিত, গত। Encompassed, known, encircled.

परिगमित त्रि० [परि+गम–क्त] অতিবাহিত, চালিত। Passed, crossed.

परिगृहीत त्रि० [परि+ग्रह–क्त] স্বীকৃত। Accep-ted, owned.

परिग्रह पु० [परि+ग्रह–अप्] স্বীকার, ভার্যা, পরিজন, শপথ, সৈন্যের পশ্চাদ্‌ভাগ, মূল। Acceptance, wife, relative, oath.

परिघ पु० [परि+हन्–अप्] লৌহমুদ্গর, গৃহ, জ্যোতিষশাস্ত্রে যোগবিশেষ, দ্বার তোরণ, জল-পাত্র, অর্গল, কুম্ভ, কাচের ঘট। Iron-club, house, door, gate.

परिघबाहु त्रि० [परिघ+बाहु] দীর্ঘবাহু। Long-armed.

परिघट्टित त्रि० [परि+घट्ट–क्त] চালিত, সম্যক্ ঘর্ষিত। Stirred about properly.

परिघात पु० [परि+हन्–घञ्] লৌহমুখ মুদ্গর, অর্গল। क्ली० আঘাত। Iron-club, bar ; striking.

परिचय पु० [परि+चि–अच्] জ্ঞাতবিষয়ের পুনঃ পুনঃ অভ্যাস, প্রণয়। Acquaintance, familiarity.

परिचर पु० [परि+चर्–ट] পরিচারক, অনুচর। Servant, attendant.

परिचर्या स्त्री० [परि+चर–क्यप्+टाप्] সেবা, পূজা। Service, worship.

परिचाय्य पु० [परि+चि–ण्यत्] যজ্ঞাগ্নি। Sacrificial fire.

परिचित त्रि० [परि+चि–क्त] অভ্যস্ত, জ্ঞাত, পরিচয়যুক্ত। Familiar, known, acquainted.

परिचारक पु० [परि+चर–ण्वुल्] সেবক, দাস। Servant.

परिच्छद पु० [परि+छद+णिच्–घ] পোষাক, আচ্ছাদন, উপকরণ, পরিবার। Dress, retinue.

परिच्छन्न त्रि० [परि+छद–क्त] সজ্জিত, ভূষিত। Dressed, decorated.

परिच्छिन्न त्रि० [परि+छिन्न] নির্ণীত, পরিমিত, বিভক্ত, নিয়মিত। Determined, limited, divided.

परिच्छेद पु० [परि+छिद–घञ्] নির্ণয়, বিভাগ। Determination, division.

परिच्छेद्य त्रि० [परि+छिद–ण्यत्] নির্ণেয়, বিভাজ্য, পরিমেয়। Determinable, divisionable.

परिजन पु० [परि+जन] পরিবার। Family, retinue

परिज्ञातृ त्रि० [परि+ज्ञा–तृच्] জ্ঞাতা। Knower.

परिणत त्रि० [परि+नम–क्त] পরিপক্ক, অবস্থান্তরপ্রাপ্ত, গজবিশেষ। Mature, transformed.

परिणति स्त्री० [परि+नम–क्तिन्] অবস্থান্তরপ্রাপ্তি, পরিপাক, শেষ। Transformation, maturity, end.

परिणद्ध त्रि० [परि+नह–क्त] বদ্ধ, পরিহিত। Girt, wrapped.

परिणय पु० [परि+नी–अच्], **परिणयन** क्ली० [परि+नी–ल्युट्] বিবাহ। Marriage.

परिणाम पु० [परि+नम–घञ्] পরিপাক, অবস্থান্তরপ্রাপ্তি, শেষ, বিকার, কাব্যালংকারবিশেষ। Maturity, transformation, end, a kind of figure of speech.

परिणाय पु० [परि+नी–घञ्] পাশা খেলায় ঘুঁটি চালনবিশেষ। A particular movement at a dice.

परिणायक पु० [परि+नी–ण्वुल्] সেনাপতি, স্বামী। Leader of the army, husband.

परिणाह पु० [परि+नह–घञ्] বিস্তার, বিশালতা। Expanse, extent.

परिणाहिन् त्रि० [परि+नाह–इनि] বিপুল, বিশাল। Huge, large.

परिणीत त्रि० [परि+नी–क्त] বিবাহিত। स्त्री० परिणीता—বিবাহিতা স্ত্রী। Married ; a married woman.

परिणेतृ पु० [परि+नी–तृच्] ভর্তা, বিবাহকর্তা। Husband.

परितस् अव्य० [परि+तसिल्] চারিদিকে, সর্বতোভাবে। All around, in every way.

परिताप पु० [परि+तप–घञ्] উত্তাপ, দুঃখ, শোক, ভয়, কম্প, নরকবিশেষ। Heat, pain, lamentation.

परितुष्ट त्रि० [परि+तुष्ट] সন্তুষ্ট, তৃপ্ত, আনন্দিত। Contented, comptetely satisfied, delighted.

परितोष पु० [परि+तुष–घञ्] সন্তোষ, আনন্দ। Contentment, delight.

परित्यक्त त्रि० [परि+त्यज–क्त] সম্যগ্রূপে বর্জিত। Forsaken, abandoned.

परित्यजन क्ली० [परि+त्यज–ल्युट्] সম্পূর্ণরূপে বর্জন। Abandoning.

परित्याग पु० [परि+त्यज–घञ्] সর্বতোভাবে বর্জন। Abandonding.

परित्राण क्ली० [परि+त्रै–ल्युट्] রক্ষণ, নিবারণ, উদ্ধার। Protection, deliverance.

परिदान क्ली० [परि+दा–ल्युट्] প্রতিদান, বিনিময়। Barter, exchange.

परिदेवन क्ली० [परि+दिव–ल्युट्] অনুশোচন, অনুতাপ, বিলাপ। Lamentation, repentance.

परिदेविन् त्रि० [परि+दिव–इनि] বিলাপশীল। One who laments.

परिधान क्ली० [परि+धा–ल्युट्] পরিধেয় বস্ত্র, দেহে বস্ত্রাদিধারণ। Garment, putting on clothes.

परिधारण क्ली० [परि+धृ–ल्युट्] ধরিয়া রাখা। Supporting.

परिधि पु० [परि+धा–कि] চন্দ্রসূর্যাদির সমীপস্থ রশ্মিমণ্ডল, বৃত্তপ্রান্তরেখা, নেমি, বেষ্টন, বসন। Halo round the sun, the moon etc., circumference, periphery of a wheel.

परिधिस्थ त्रि० [परिधि+स्था–क] পরিচারক, যুদ্ধে চতুর্দিকে স্থিত সৈন্যাদি। Attendant.

परिनिर्वपन क्ली० [परि+निर्वपण] দান। Distributing.

परिनिर्विप्सा स्त्री० [परि+निर्+वप+सन्-अ+टाप्] দানের ইচ্ছা। Desire for giving.

परिनिर्विप्सु त्रि० [परि+निर्+वप+सन्-उ] দানে ইচ্ছুক। Desirous of giving.

परिन्यास पु० [परि+न्यास] বিন্যাস, নাটো মুখসন্ধির অঙ্গবিশেষ। Setting, device employed in the protasis a of a drama.

परिपण क्ली० [परि+पण-घ] মূলধন। Capital.

परिपन्थिन् पु० [परि+पन्थ-णिनि] শত্রু। त्रि० প্রতিকূল আচরণকারী। Enemy; antagonist.

परिपाक पु० [परि+पच-घञ्] উৎকৃষ্টপাক, পরিণাম, নৈপুণ্য। Cooking, transformation.

परिपाटि [टी] स्त्री० [परि+पाट-इन् (+ङीप्)] অনুক্রম, আনুপূর্বী। Order, succession.

परिपूत त्रि० [परि+पू-क्त] অত্যন্তশুদ্ধ, নিস্তুষীকৃত ধান্যাদি। Absolutely pure, completely winnowed or threshed.

परिपूर्ण त्रि० [परि+पूर-क्त] সম্পূর্ণ, ব্যাপ্ত। Absolutely full, encompassed.

परिपूर्णता स्त्री० [परिपूर्ण+तल्+टाप्] সম্পূর্ণতা। Completion, fulfilment.

परिप्रश्न पु० [परि+प्रश्न] যুক্তাযুক্তত্ব প্রশ্ন। Enquiry, interrogation.

परिप्रेष्य पु० [परि+प्रेष्य] পরিজন, ভৃত্য। Attendant, servant.

परिप्लव त्रि० [परि+प्लु-अच्] চঞ্চল। पु० [परि+प्लु-अप्] জলাদির উপরে তরণ, উপদ্রব। Restless; floating.

परिप्लुत त्रि०[परि+प्लु-क्त]জলাদির দ্বারা আর্দ্রীভূত। स्त्री० परिप्लुता—মদিরা। Drenched; liquor.

परिप्लुति स्त्री० [परि+प्लु-क्तिन्] চাঞ্চল্য, অতিপ্রসক্তি। Restlessness.

परिबर्ह पु० [परि+बर्ह-घञ्] রাজোচিত হস্তী, অশ্ব,রথ প্রভৃতি পরিচ্ছদ। Royal insignia.

परिभव पु० [परि+भू-अप्], **परिभाव** [परि+भू-घञ्] অবজ্ঞা, তিরস্কার। Disrespect, humiliation, insult.

परिभाविन् त्रि० [परि+भू-णिनि] পরিভবকারী, তিরস্কারকারী, সর্বতোভাবে ভবনযুক্ত। Surpassing, humiliating.

परिभाषण क्ली० [परि+भाष-ल्युट्] নিন্দাবাক্য, আলাপন, নিয়ম। Censuring word, abuse, chatting.

परिभाषा स्त्री० [परि+भाष-अ+टाप्] সঙ্কেতবিশেষ, কৃত্রিমসংজ্ঞা। Technical term, terminology.

परिभूत त्रि० [परि+भू-क्त] তিরস্কৃত, অনাদৃত। Humiliated, insulted.

परिभोग पु० [परि+भोग] সম্ভোগ। Enjoyment.

परिभ्रम पु० [परि+भ्रम-घञ्] ভুল। Error.

परिमल पु० [परि+मल-अच्] কুঙ্কুমচন্দনাদির মর্দনজনিত সুগন্ধ, পণ্ডিতসমূহ। Fragrance.

परिमाण क्ली० [परि+मा-ल्युट्] মাপ, সংখ্যাকরণ। Measure.

परिमार्ग पु० [परि+मृज्-घञ्], **परिमार्गण** क्ली० [परि+मार्ग-ल्युट्] অন্বেষণ। Searching, seeking.

परिमार्गितव्य त्रि० [परि+मार्ग-तव्य] অন্বেষ্টব্য। That which is to be sought or searched for.

परिमित त्रि० [परि+मा-क्त] যথাযোগ্য পরিমাণযুক্ত, যাহার পরিমাণ করা হইয়াছে। Measured.

परिमृष्ट त्रि० [परि+मृश-क्त] আশ্লিষ্ট। [परि+मृज-क्त] পরিশোধিত। Embraced, purified.

परिमेय त्रि० [परि+मा-यत्] পরিমাণের যোগ্য, পরিমিত। Measurable.

परिमोक्ष पु० [परि+मोक्ष] মোচন, সম্যগ্ মুক্তি। Setting free, liberation.

परिमोहिन् त्रि० [परि+मुह-घिनुण्] মোহকর। Fascinating.

परिम्लान त्रि० [परि+म्लान] সম্যক্ ম্লান, বিশুষ্ক। Faded, withered.

परिरक्षण क्ली० [परि+रक्ष-ल्युट्] রক্ষা। Protection.

परिरम्भ पु० [परि+रभ-घञ्] আলিঙ্গন, রমণ। Embrace.

परिरिप्सु त्रि० [परि+रभ+सन्-उ] আলিঙ্গনে ইচ্ছুক, রমণেচ্ছু। Desirous of embracing.

परिवत्सर पु० [परि+वत्सर] সংবৎসর, সংবৎসরপঞ্চকের অন্তর্গত বৎসরবিশেষ। A full year.

परिवर्जन क्ली० [परि+वृज+णिच्-ल्युट्] বধ। [परि+वृज-ल्युट्] সম্পূর্ণ ত্যাগ। Killing, abandonment.

परिवर्तन क्ली० [परि+वृत-ल्युट्] বিনিময়, যুগান্তকাল, লুণ্ঠন। Exchange, an expiry of a cycle of time.

परिवर्धक त्रि० [परि+वर्धक] বৃদ্ধিকারক, পালক। Increaser, protector.

परिवह पु० [परि+वह-अच्] সপ্তবায়ুমধ্যপাতী বায়ুবিশেষ। Name of a form of wind.

परिवाद पु० [परि+वद-घञ्] অপবাদ, বীণাবাদনের যন্ত্রবিশেষ। Censure, an instrument with which the lute is played.

परिवादिन् त्रि० [परि+वद-विनुण्] নিন্দুক। স্ত্রী০ পরিবাদিনী—সপ্ততন্ত্রীযুক্ত বীণ। Accuser ; a lute of seven strings.

परिवाप पु० [परि+वप-घञ्] মুণ্ডন, বপন, জলস্থান, পরিচ্ছদ। Shaving, shearing, a reservoir.

परिवपन क्ली० [परि+वप-ल्युट्] মুণ্ডন, বপন। Shaving, shearing.

परिवापित त्रि० [परि+वप+णिच्-क्त] মুণ্ডিত। Shaven, shorn.

परिवार पु० [परि+वृ-घञ्] পরিজন, কুটুম্ব, খড়্গাদির খাপ। Family, retinue, sheath.

परिवाह पु० [परि+वह-घञ्] জলোচ্ছ্বাস, জলনির্গম-প্রণালী। Inundation, drain or channel to carry off excess water.

परिवित्ति पु० [परि+विद-क्तिन्], **परिविन्न** पु० [परि+विद-क्त] বিবাহিত কনিষ্ঠের অবিবাহিত জ্যেষ্ঠভ্রাতা। An unmarried elder brother whose younger brother is married.

परिवीत त्रि० [परि+व्ये-क्त], **परिवृत** त्रि० [परि+वृ-क्त] বেষ্টিত, আচ্ছাদিত। Surrounded, covered.

परिवृढ त्रि० [परि+वृन्ह-क्त] প্রভু, সমর্থ। Lord, capable.

परिवृति स्त्री० [परि+वृ-क्तिन्] বেষ্টন, আবরণ। Encircling, covering.

परिवृत्ति स्त्री० [परि+वृत-क्तिन्] পরিবর্ত, অর্থালঙ্কারবিশেষ। Change, a figure of speech.

परिवेत्तृ पु० [परि+विद-तृच्] অবিবাহিত জ্যেষ্ঠের বিবাহিত কনিষ্ঠ। A younger brother who has married before the elder.

परिवेदन क्ली० [परि+विद-ल्युट्] জ্যেষ্ঠ অবিবাহিত থাকিতে কনিষ্ঠের বিবাহ, সর্বতোমুখ জ্ঞান, সর্বত্র-স্থিতি। The marriage of a younger brother before an unmarried elder, complete knowledge.

परिवेदिनी स्त्री० [परि+विद-इनि+ङीप्] পরিবেত্তার পত্নী। The wife of a younger brother who is married before the elder.

परिवेश[ष] पु० [परि+विश(ष)-घञ्] পরিধি, বেষ্টন, সূর্যচন্দ্রাদির মণ্ডল। Circumference, covering, halo round the sun or the moon.

परिवेषण क्ली० [परि+विष-ल्युट्] খাদ্যদ্রব্যের বণ্টন। Serving up meals.

परिवेष्टित त्रि० [परि+वेष्ट-क्त] চতুর্দিকে বেষ্টিত। Surrounded all around.

परिव्रज्या स्त्री० [परि+व्रज-क्यप्+टाप्] তপস্যা। Religious austerity.

परिव्राजक पु० [परि+व्रज-ण्वुल्] চতুর্থাশ্রমী, যতি। An ascetic of the fourth religious order, wandering mendicant.

परिशिष्ट त्रि० [परि+शिष-क्त] অবশিষ্ট। ক্লী০ গ্রন্থের অঙ্গবিশেষ। Loft, remaining ; supplement or appendix to a book.

परिशीलन क्ली० [परि+शील-ल्युट्] অনুশীলন, অবগাহন, আলিঙ্গন। Steady pursuit.

परिशुद्ध त्रि० [परि+शुध-क्त] পরিষ্কৃত, নিশ্চিত। Purified.

परिशेष पु० [परि+शिष-घञ्] অবশেষ, অবসান, উপসংহার। End, culmination.

परिशोध पु० [परि+शुध-घञ्] ঋণাপনয়ন, [परि+शुध+णिच्-अच्] সর্বদিকে শুদ্ধি সম্পাদন। Paying off the debt, all round purification.

परिश्रम पु० [परि+श्रम-घञ्] ব্যায়াম, ক্লেশকারক আয়াস। Physical exercise, fatiguing occupation, labour.

परिश्रय पु० [परि+श्रि-अच्] আশ্রয়, সভা। Shelter, assembly.

परिषद् स्त्री० [परि+सद्-क्विप्] সভা, সংসদ। Assembly, council.

परिषद्वल त्रि० [परिषद्+वलच्] সভাসদ। A member of a council or assembly.

परिष्कन्न, परिष्कण्ण त्रि० [परि+स्कन्द-क्त] পরপুষ্ট। One nourished by a stranger.

परिष्कन्द त्रि० [परि+स्कन्द-घञ्] পরপালিত। पु० ভৃত্য। One adopted by a stranger.

परिष्कार पु० [परि+कृ-घञ्] ভূষণ, শোধন, বিদ্যমান বস্তুর গুণান্তর আধান। Ornament, purifying.

परिष्कृत त्रि० [परि+कृ-क्त] মার্জনাদির দ্বারা সংস্কৃত, ভূষিত, শোধিত। Cleansed, embellished, purified.

परिष्क्रिया स्त्री० [परि+क्रिया] ভূষণ, শোধন। Adorning, cleansing.

परिष्वङ्ग पु० [परि+स्वन्ज-घञ्] আলিঙ্গন। Embrace.

परिसङ्ख्या स्त्री० [परि+सम्+ख्या-अङ्+टाप्] সংখ্যা গণনা, বিধিবিশেষ, অর্থালঙ্কারবিশেষ। Counting, exclusion in Mīmāṃsā philosophy; a figure of speech.

परिसर पु॰ [परि+सृ–अप्] নদী পর্বত বা নগরাদির উপান্তভূমি, বিধান, মৃত্যু। Ground on the border of a river or mountain or contiguous to a town, a rule.

परिसरण क्ली॰ [परि+सृ–ल्युट्] চতুর্দিকে বিচরণ। Moving about.

परिसर्प पु॰ [परि+सृप–घञ्] জলাদির দ্বারা বেষ্টন, সর্বতোগমন। স্ত্রী॰ সারস্বতযাগবিশেষ। Encircling by water, going all around.

परिसर्या स्त्री॰ [परि+सृ–यक्+टाप्] সর্বতোগমন। Going all around.

परिसान्त्वन क्ली॰ [परि+सान्त्वना] সম্যক্ সান্ত্বনা। Proper consolation.

परिसीमन् स्त्री॰ [परि+सीमन्] শেষপ্রান্ত। Extreme limit.

परिस्तोम, परिष्टोम पु॰ [परि+स्तु–म] হস্তিপৃষ্ঠের আস্তরণ। An elephant's housings.

परिस्पन्द त्रि॰ [परि+स्पन्द–घञ्] স্পন্দনযুক্ত। পু॰ পরিজন। Vibrating ; retinue.

परिस्फुरत् त्रि॰ [परि+स्फुर–शतृ] বিকসমান। Blooming.

परिस्रुत् स्त्री॰ [परि+स्रु–क्विप्] ক্ষরণ, সুরা। ত্রি॰ ক্ষরণযুক্ত। Dripping, wine; that which drips.

परिहाणि स्त्री॰ [परि+हानि] ক্ষীণতা, হানি। Decay, decline.

परिहार पु॰ [परि+हृ–घञ्] অবজ্ঞা, অনাদর, দোষাদির অপনয়ন। Contempt, confutation, disrespect.

परिहास पु॰ [परि+हस–घञ्] নর্ম, কৌতুক। Jest, fun.

परिहित त्रि॰ [परि+धा–क्त] আচ্ছাদিত, পরিবেষ্টিত। Covered, surrounded.

परिहीण त्रि॰ [परि+हा–क्त] ক্ষয়প্রাপ্ত, পরিত্যক্ত। Decayed, forsaken.

परीक्षक त्रि॰ [परि+ईक्ष–ण्वुल्] পরীক্ষাকারক, তর্কপ্রমাণের দ্বারা অনির্ধারিত বস্তুর নির্ধারণের নিমিত্ত শাস্ত্রানুশীলনের দ্বারা প্রাপ্ত বুদ্ধিপ্রকর্ষযুক্ত ব্যক্তি। One who examines or discriminates.

परीक्षण क्ली॰ [परि+ईक्ष–ल्युट्] গুণদোষবিচার, বস্তুতত্ত্বাবধারণ। Appraisal.

परीक्षा स्त्री॰ [परि+ईक्ष–अ+टाप्] তর্কপ্রমাণাদির দ্বারা বস্তুতত্ত্বাবধারণ। Evaluation.

परीक्षित त्रि॰ [परि+ईक्ष–क्त] যাহার তত্ত্ব নির্ণীত হইয়াছে। Examined, tested.

परीत त्रि॰ [परि+इ–क्त] পরিবৃত, পরিগত, অভিব্যাপ্ত। Covered, surrounded, encompassed.

परीतत् त्रि॰ [परि+तन–क्विप्] সর্বতোবিস্তৃত। Extending in all direction.

परीप्सा स्त्री॰ [परि+आप+सन्–अ+टाप्] প্রাপ্তির ইচ্ছা। The desire of obtaining.

परीष्टि स्त्री॰ [परि+इष–क्तिन्] অন্বেষণা, পরিচর্যা। Search, service.

परु पु॰ [पॄ–उन्] সমুদ্র, পর্বত, গ্রন্থ, স্বর্গ। Ocean, mountain, heaven.

परुत् अव्य॰ পূর্ব বৎসরে। In the previous year.

परुत्न त्रि॰ [परुत्+त्न] গতবর্ষীয়। Belonging to the previous year.

परुष क्ली॰ [पॄ–उषन्] নিষ্ঠুর বচন, নানাবর্ণ, ফলবিশেষ। Harsh speech; variegated.

परुस् क्ली॰ [पॄ–उसि] গ্রন্থি, পর্ব। Knot.

परेत त्रि॰ [परा+इ–क्त] মৃত, পরলোকগত। Dead, departed.

परेतर त्रि॰ [पर+इतर] আত্মীয়। Kinsman.

परेतराज पु॰ [परेत+राजन्+टच्] যম। An epithet of Yama.

परेद्यवि अव्य॰, **परेद्युस्** अव्य॰ [पर+एद्युस्] পরের দিন। Next day.

परेष्टुका स्त्री॰ [पर+इष–तु+क+टाप्] বহুপ্রসবিনী গাভী। A cow that has often calved.

परैधित त्रि॰ [पर+एध+णिच्–क्त] পরপালিত। Fostered by a stranger.

परोक्ष त्रि॰ [पर+अक्षिन्–अच्] অপ্রত্যক্ষ। Invisible, beyond the range of sight.

परोपकार पु॰ [पर+उपकार] পরের হিত সাধন। Philanthropy.

परोरजस् त्रि॰ [रजस्+पर] রজোগুণবিমুক্ত। Free from rajas (restlessness).

परोष्णी स्त्री॰ [परा+उष्णा+ङीष्] তৈলপায়িকা। Cockroach.

पर्कटि स्त्री॰ [पृच–अटि], **पर्कटिन्** पु॰ [पृच–अटिनि] পাকুড়গাছ। A kind of tree.

पर्जन्य पु॰ [पृष–अन्य] মেঘ, মেঘধ্বনি, ইন্দ্র, বিষ্ণু। স্ত্রী॰ পর্জন্যা—দারুহরিদ্রা। Cloud, rumbling of clouds.

पर्ण क्ली॰ [पॄ–न] পত্র, পক্ষ, তাম্বুল। পু॰ পলাশবৃক্ষ। ত্রি॰ পত্রযুক্ত। Leaf, wing, betel-leaf ; leafy.

পর্ণলতা স্ত্রী০ [পর্ণ+লতা] তাম্বুলীলতা। The betel plant.

পর্ণশালা স্ত্রী০ [পর্ণ+শালা] পত্রনির্মিত কুটীর। An arbour or hut made of leaves and grass.

পর্ণাশন পু০ [পর্ণ+অশন] মেঘ। ত্রি০ পর্ণভোজী। Cloud ; one feeding on leaves.

পর্দন ক্লী০ [পর্দ–ল্যুট্] অপানবায়ুত্যাগ। A fart.

পর্পটী স্ত্রী০ [পর্প–অটন্+ঙীষ্] সৌরাষ্ট্রদেশীয় মৃত্তিকা, উত্তরদেশপ্রসিদ্ধ সুগন্ধদ্রব্য, পাঁপর। A kind of fragrant earth of Surat, a sort of fragrant substance.

পর্যঙ্ক পু০ [পরি+অঙ্ক] পালঙ্ক, বীরাসন। Bedstead, a yogic posture.

পর্যঙ্কবন্ধ পু০ [পর্যঙ্ক+বন্ধ] বস্ত্রাদির দ্বারা পৃষ্ঠ ও জানু এবং জঙ্ঘার বন্ধন। Binding a cloth round the back and loins and knees.

পর্যটক ত্রি০ [পরি+অট–ণ্বুল্] ভ্রমণকারী। Traveller.

পর্যটন ক্লী০ [পরি+অট+ল্যুট্] পুনঃপুনঃ ভ্রমণ। Travelling.

পর্যনুযোগ পু০ [পরি+অনুযোগ] দূষণার্থ প্রশ্ন। An enquiry with the purpose of contradicting or refuting a statement.

পর্যন্ত পু০ [পরি+অন্ত] শেষসীমাপ্রাপ্ত, অবসান। Limit, end.

পর্যবসিত ত্রি০ [পরি+অব+সো–ক্ত] পূর্বাপর আলোচনার দ্বারা অবধারিত, নিষ্কৃষ্ট। Concluded, abstracted.

পর্যবস্থা স্ত্রী০ [পরি+অবস্থা] বিরোধ, প্রতিপক্ষবাদ। Conflict.

পর্যবস্থান ক্লী০ [পরি+অবস্থান] অবরোধ, বিরোধ। Conflict.

পর্যবস্থাতৃ ত্রি০ [পরি+অব+স্থা–তৃচ্] প্রতিকূল, বিঘ্নকারী। Opposed, obstructing.

পর্যবেক্ষণ ক্লী০ [পরি+অব+ঈক্ষ–ল্যুট্] নিরীক্ষণ, তত্ত্বাবধান। Survey, supervision.

পর্যস্ত ত্রি০ [পরি+অস্–ক্ত] বিক্ষিপ্ত, পতিত। Scattered, fallen.

পর্যস্তিকা স্ত্রী [পরি+অস–ক্তিন্+ক+টাপ্] পালঙ্ক, শয্যা। Bedstead, bed.

পর্যাকুল ত্রি০ [পরি+আকুল] ব্যতিব্যস্ত, ব্যাকুল। Confounded, bewildered.

পর্যাগলৎ ত্রি০ [পরি+আ+গল–শতৃ] যাহা ক্ষরিত হইতেছে। Dripping.

পর্যাণ ক্লী০ [পরি+যা–ল্যুট্] অশ্বসজ্জা, জিন। Saddle.

পর্যাপ্ত ত্রি০ [পরি+আপ্ত] যথেষ্ট, তৃপ্ত, সমর্থ। Sufficient, satisfied.

পর্যাপ্তি স্ত্রী০ [পরি+আপ্–ক্তিন্] প্রাচুর্য, নিবারণ। Fullness, warding.

পর্যায় পু০ [পরি+ইণ–ঘঞ্] সমানার্থবোধক শব্দ, অনুক্রম, প্রকার, অবসর, নির্মাণ। Synonym, turn, series.

পর্যায়োক্ত ক্লী০ [পর্যায়+উক্ত] অর্থালঙ্কারবিশেষ। A figure of speech.

পর্যালোচন ক্লী০ [পরি+আলোচন] সম্যগ্বিবেচন। Circumspection, deliberation.

পর্যাস পু০ [পরি+অস–ঘঞ্] পরিবর্ত, পতন, হনন। Inversion, fall.

পর্যাসিত ত্রি০ [পরি+অস+ণিচ্–ক্ত] পরাবর্তিত। Inverted.

পর্যুৎসুক ত্রি০ [পরি+উৎসুক] উৎকণ্ঠিত, অনুরক্ত। Anxious.

পর্যুদঞ্চন ক্লী০ [পরি+উৎ+অন্চ–ল্যুট্] ঋণ, উদ্ধার। Debt.

পর্যুদস্ত ত্রি০ [পরি+উৎ+অস–ক্ত] নিবারিত, চতুর্দিকে উৎক্ষিপ্ত। Prohibited, thrown round.

পর্যুদাস পু০ [পরি+উৎ+অস–ঘঞ্] নিবারণ, নিষেধ, ব্যাকরণশাস্ত্রে সংজ্ঞা বিশেষ। Prohibition, negation, a prohibitive rule in grammar.

পর্যুপাসীন ত্রি০ [পরি+উপ+আসীন] সম্যক্ উপবিষ্ট। Properly seated.

পর্যুষিত ত্রি০ [পরি+বস–ক্ত] দিনান্তরপক, পূর্বদিনের। Stale.

পর্যেষণা স্ত্রী০ [পরি+এষণা] তর্কাদির দ্বারা পদার্থপরীক্ষা, অন্বেষণ। Investigation through reasoning, search.

পর্বত পু০ [পর্ব–অতচ্] গিরি, ঋষিবিশেষ, শাকবিশেষ, মৎস্যবিশেষ। Mountain.

পর্বতজা স্ত্রী০ [পর্বত+জন–ড+টাপ্] নদী, পার্বতী। River, an epithet of Pārvatī.

পর্বতারি পু০ [পর্বত+অরি] ইন্দ্র। An epithet of Indra.

পর্বতীয় ত্রি০ [পর্বত+ছ] পর্বতসম্বন্ধীয়, জাতিবিশেষ। Relating to mountain, a hill-tribe.

পর্বন্ ক্লী০ [পৃ–বনিপ্] উৎসব, গাঁট, গ্রন্থাংশ, লক্ষণবিশেষ, প্রস্তাব। Festival, knot, chapter, section of a book.

पर्वसन्धि पु० [पर्व+सन्धि] প্রতিপদ্ ও পঞ্চদশীর মধ্যকাল। The junction of the first and the fifteenth units of a lunar fortnight.

पर्शु पु० [स्पृश-शुन्] অস্ত্রবিশেষ, পরশু। A kind of weapon, axe.

पर्शुका स्त्री० [पर्शु+कै-क+टाप्], **पर्शू** स्त्री० [पृ-शुन्] —পার্শ্বাস্থি। Rib.

पर्षद् स्त्री० [पृष-अदि] সভা। Council, assembly.

पार्षद्वल त्रि० [पर्षद्+वलच्] সভাসদ্। Member of an assembly or council.

पल क्ली० [पल-अच्] কর্ষচতুষ্টয়রূপ পরিমাণবিশেষ, সূক্ষ্মকালবিশেষ, মাংস। A particular weight equal to four karṣas, a particular measure of time, meat.

पलल क्ली० [पल-कलच्] মাংস, পঙ্ক, তিলচূর্ণ। पु० [पल+ला-क] রাক্ষস, পিষ্টকবিশেষ। Flesh, mire ; demon.

पलाण्डु पु०[पल+अण्ड-क्विप्+कु] পিঁয়াজ। Onion.

पलाद पु० [पल+अद-अण्] রাক্ষস। त्रि० মাংসভোজী। Demon ; meat-eater.

पलान्न क्ली० [पल+अन्न] মাংসাদিমিশ্রিত অন্ন। Rice cooked with meat.

पलायन क्ली० [परा+अय-ल्युट्] ভয়াদিহেতু স্থানান্তরে গমন। Flight through fear.

पल्ल पु० [पद+ला-क] শস্যরক্ষার স্থান, মরাই। Granary.

पल्लव पु०, क्ली० [पल+लु-अप्] কচিপাতা, ছোটডাল, শৃঙ্গার, বিস্তার, অলক্তকরাগ, বল, বলয়, বিটপ। Twig, small branch, love, elaboration.

पल्लविक त्रि० [पल्लव+ठन्] কামুক। Lustful.

पल्लवित त्रि० [पल्लव+इतच्] পল্লবযুক্ত, লাক্ষারাগযুক্ত, বিস্তারযুক্ত। Having young shoots, elaborated.

पल्लि [ल्ली] स्त्री० [पल्ल-इन् (+ङीप्)] ক্ষুদ্রগ্রাম, টিকটিকি। Small village, lizard.

पल्वल पु०, क्ली० [पल-वलच्] ক্ষুদ্র জলাশয়। Pond.

पवन पु० [पू-ल्यु] বায়ু, বিষ্ণু। क्ली० [पू-ल्युट्] ধান্যাদিশোধন, কুম্ভকারের পোয়ান। Wind.

पवनव्याधि पु० [पवन+व्याधि] বাতরোগ, উদ্ধব। Rheumatism, a name of Uddhava.

पवनाङ्गज पु० [पवन+अङ्गज], **पवनात्मज** पु० [पवन+आत्मज] হনুমান, ভীম, বহ্নি। An epithet of Hanumat, Bhīma and Agni.

पवनाश पु० [पवन+अश-अण्], **पवनाशन** पु० [पवन+-अशन] সর্প। त्रि० বায়ুভুক্। Serpent ; one who lives on air.

पवनाशनाश पु०, [पवन+अशन+अश-अण्] গরুড়, ময়ূর। An epithet of Garuḍa, peacock.

पवमान पु० [पू-शानन्] বায়ু, যজ্ঞীয় অগ্নিবিশেষ। त्रि० পবিত্রকারক। Wind, sacrificial fire ; purifying.

पवि पु० [पू-इ] বজ্র। स्त्री० বাক্য। Thunder, word.

पवित त्रि० [पू-क्त] পবিত্র, শুদ্ধ। क्ली० মরিচ। Holy, pure.

पवित्र पु०, क्ली० [पू-इत्र] আজ্যসংস্কারক কুশদ্বয়, অনামিকাস্থ কুশাঙ্গুরীয়, যজ্ঞোপবীত। पु० বিষ্ণু, তিলবৃক্ষ। क्ली० বর্ষণ, তাম্র, জল, ঘর্ষণ, ঘৃত, মধু, অর্ঘোপকরণ। त्रि० ব্রতশৌচাদির দ্বারা শুদ্ধ। स्त्री० পবিত্রা—তুলসী, হরিদ্রা। Two blades of kuśa grass used at sacrifices in purifying and sprinkling ghee, sacred thread ; copper, water, honey ; sanctified ; turmeric.

पवित्रारोपण क्ली० [पवित्र+आरोपण], **पवित्रारोहण** क्ली० [पवित्र+आरोहण] তিথিবিশেষে কৃষ্ণাদির মূর্তিতে যজ্ঞোপবীত দান। Investiture with the sacred thread to Kṛṣṇa and other deities at particular time.

पवित्रित त्रि० [पवित्र+णिच्-क्त] সংশোধিত, পরিষ্কৃত। Purified, cleansed.

पशव्य त्रि० [पशु+यत्] পশু সম্বন্ধীয়, পশুর উপযুক্ত। Relating to animals.

पशु पु० [दृश-कु] লোমযুক্ত লাঙ্গুলবিশিষ্ট প্রাণিবিশেষ, মূর্খ, দেব। अव्य० দর্শন। Animal, fool.

पशुघ्न त्रि० [पशु+हन-क] পশুহন্তা, ব্যাধ। Hunter.

पशुपति पु० [पशु+पति] মহেশ্বর, পশুর অধিকারী। An epithet of Śiva, lord of cattle.

पशुराज पु० [पशु+राजन्+टच्] সিংহ। The lion.

पश्चात् अव्य० [अपर+आति] পশ্চিম, পর, চরম। A particle signifying 'after', 'behind' etc.

पश्चात्ताप पु० [पश्चात्+ताप] অনুতাপ, অনুশোচনা। Remorse.

पश्चिम त्रि० [पश्चात्+डिमच्] চরম, শেষ, অনন্তর। स्त्री० পশ্চিমা—দিক্‌বিশেষ। क्ली० পৃষ্ঠদেশ। Ultimate, final.

पश्यतोहर पु॰ [पश्यतः+हृ–अच्] চোর, স্বর্ণকার। Thief.

पशूाचार पु॰ [पशु+आचार] তন্ত্রোক্ত আচার বিশেষ। A form of Tāntrik discipline.

पस्पश पु॰ উপোদ্ঘাত। স্ত্রী॰ পস্পশা—মহাভাষ্যের অংশবিশেষ। Introduction, a part of Patañjali's Mahābhāṣya.

पह्लव पु॰ ম্লেচ্ছ জাতিবিশেষ। A class of outcaste.

पाङ्क्तेय त्रि॰ [पङ्क्ति+ढक्] একপঙ্ক্তিতে ভোজনের যোগ্য। Fit to dine together in the same row.

पांशव त्रि॰ [पांशु+अण्] ধূলিসম্বন্ধীয়। ক্লী॰ লবণ-বিশেষ। পু॰ কর্পূরবিশেষ। Relating to dust, a kind of salt.

पांशु पु॰[पस–उ] ধূলি, স্থাবর সম্পত্তি। Dust.

पांशुल त्रि॰ [पांशु+लच्] ধূলিযুক্ত, পাপিষ্ঠ। Dusty, sinner.

पांसन त्रि॰ [पस–लुग्र] দূষক। Vilifier.

पाक पु॰[पच–घञ्]রন্ধন। [पा–कन्]পরিণতি, নিষ্পত্তি, অসুরবিশেষ। Cooking, transformation.

पाकयज्ञ पु॰ [पाक+यज्ञ] বৈশ্বদেব হোম, বলি-কর্ম্ম, নিত্যশ্রাদ্ধ ও অতিথি ভোজন—এই চারটি যজ্ঞ। A form of domestic sacrifice.

पाकल पु॰ [पाक+ला–क] ঔষধবিশেষ, বহ্নি, বায়ু। A kind of medicine, fire, wind.

पाकशाला स्त्री॰ [पाक+शाला] রন্ধনগৃহ। Kitchen.

पाकशासन पु॰ [पाक+शासन] ইন্দ্র। An epithet of Indra.

पाकशासनि पु॰ [पाकशासन+इञ्] জয়ন্ত, অর্জ্জুন। An epithet of Indra's son, Arjuna.

पाकिम त्रि॰ [पाक+इमन्] পাকনিষ্পন্ন, পাকোন্মুখ। Cooked.

पाक्षिक त्रि॰ [पक्ष+ठञ्] পক্ষসম্বন্ধীয়। Fortnightly.

पाचक त्रि॰[पच–ण्वुल्] পাককর্তা, জীর্ণতাসম্পাদক অগ্নি, উদরস্থ রসবিশেষ। Cook, digestive fire.

पाचन क्ली॰ [पच–ल्युट्] কাথ, অগ্নি। Medicinal extract, fire.

पाञ्चनख त्रि॰ [पञ्चनख+अण्] অজচর্ম্মজাত। Made of goat-skin.

पाञ्चजन्य पु॰ [पञ्चजन+ण्य] বিষ্ণুর শঙ্খ, অগ্নি। The conch of Viṣṇu, fire.

पाञ्चभौतिक त्रि॰ [पञ्चभूत+ठक्] পঞ্চভূতময়। Made of the five gross elements.

पाञ्चाल त्रि॰ [पञ्चाल+अण्] পাঞ্চালদেশীয়। স্ত্রী॰ পাঞ্চালী—দ্রৌপদী। Of the country of Pañcāla ; a name of Draupadī.

पाटच्चर पु॰ [पटच्चर+अण्] চোর। Thief, robber.

पाटन क्ली॰ [पट–ल्युट्] বিদারণ। Clearing, splitting.

पाटल पु॰ [पट+णिच्–कलच्] শ্বেতরক্তবর্ণ। ক্লী॰ পুষ্পবিশেষ, আশুধান্য। ত্রি॰ শ্বেত ও রক্তবর্ণ-বিশিষ্ট। Pink colour, trumpet flower, pink coloured.

पाटलित त्रि॰ [पाटल+इतच्] পাটলবর্ণযুক্ত। Pink-coloured.

पाटलिपुत्र क्ली॰ পাটনা নামক নগর। Name of a city (modern Patna).

पाटव क्ली॰ [पटु+अण्] দক্ষতা, আরোগ্য। Dexterity.

पाटित त्रि॰ [पट+क्त] বিদারিত, ভগ্ন। Cleft, torn.

पाटि[टी] स्त्री॰ [पट+इन्(+ङीप्)] ধারা, শৃঙ্খলা, ক্রম, একজাতীয় শ্রেণী। Chain, series.

पाटुपट त्रि॰ [पट+णिच्–अच्] অত্যন্ত নিপুণ। Extremely deft.

पाठ पु॰ [पठ–घञ्] অধ্যয়ন, শাস্ত্রাদির অভ্যাস, পাঠ্য অংশ আবৃত্তি। [पठ+णिच्–अच्] অধ্যাপন। Reading, study, teaching.

पाठक त्रि॰ [पठ–ण्वुल्] পাঠকর্তা, ছাত্র, অধ্যাপক। Reader, student, teacher.

पाठशाला स्त्री॰ [पाठ+शाला] পাঠমন্দির, শিক্ষায়তন। School.

पाठिन् त्रि॰ [पाठ–णिनि] চিত্রকবৃক্ষ, পাঠক। A kind of tree, reader.

पाठीन पु॰ [पाठि+नम–ड] গুগ্গুলবৃক্ষ, মৎস্যবিশেষ। ত্রি॰ [पठ–इनन्] পাঠক। A kind of tree, a variety of fish ; reader.

पाठ्य त्रि॰ [पठ–ण्यत्] পঠনীয়। Prescribed for reading.

पाणि पु॰ [पण–इण्] কর, কুলিকবৃক্ষ। স্ত্রী॰ পাণী—কর, হট্ট, পণ্যবীথি। Hand, a kind of tree.

पाणिगृहीती स्त्री॰ [पाणिगृहीत+ङीप्] ভার্যা। Wife.

पाणिग्रहण क्ली॰ [पाणि+ग्रहण], **पाणिपीडन** क्ली॰ [पाणि+पीडन] বিবাহ। Marriage.

पाणिघ त्रि॰ [पाणि+हन–ट] পাণিতাড়ক, শিল্পি-বিশেষ। One striking with hand,

পাণিনি পু০ অষ্টাধ্যায়ী ব্যাকরণাদির প্রণেতা মুনিবিশেষ। Name of a founder of Sanskrit grammar.

পাণিনীয় ত্রি০ [পাণিনি+ছ] পাণিনিসম্বন্ধীয়। Relating to Pāṇini.

পাণিপাদ ক্লী০ [পাণি+পাদ] হস্ত ও পদের সমাহার। Hand and foot taken together.

পাণিসর্য্যা ঙ্গী০[পাণি+সৃজ-ষ্যৎ+টাপ্‌]রজ্জু।Rope.

পাণ্ডর পু০ [পণ্ড-অর] শ্বেতবর্ণ, মরুবকবৃক্ষ। ত্রি০ শ্বেতবর্ণবিশিষ্ট। ক্লী০ কুন্দপুষ্প, গৈরিক। White colour, a kind of tree; white-coloured; a kind of white flower.

পাণ্ডব পু০ [পাণ্ডু+অণ্] যুধিষ্ঠির প্রভৃতি চন্দ্রবংশীয় নৃপবিশেষ। The sons of king Pāṇḍu.

পাণ্ডবেয় পু০ [পাণ্ডু+অণ্+ঙীপ্‌+ঢক্] পাণ্ডবীর পুত্র যুধিষ্ঠির প্রভৃতি। The sons of Pāṇḍavī.

পাণ্ডিত্য ক্লী০ [পণ্ডিত+ষ্যঞ্] পণ্ডিতের ভাব, পণ্ডিতের কর্ম। Learning, scholarship.

পাণ্ডু পু০ [পণ্ড-কু] শ্বেত ও পীতের মিশ্রিত বর্ণ, শ্বেতবর্ণ, নৃপতিবিশেষ, নাগবিশেষ, রোগবিশেষ, দেশবিশেষ। ত্রি০ সিতবর্ণযুক্ত। Yellowish white or white colour, name of a king, jaundice.

পাণ্ডুর পু০ [পাণ্ডু+র] শ্বেতপীতবর্ণ, রোগবিশেষ। [পণ্ড-উর] শুভ্রবর্ণ। ক্লী০ খিত্ররোগ। Yellowish white colour; leucoderma.

পাণ্ডুলিপি স্ত্রী০ [পাণ্ডু+লিপি] প্রথমলিখিত অমুদ্রিত খসড়া। Manuscript.

পাত পু০ [পাত-অচ্] রাহু। [পত-ঘঞ্] পতন, নাশ, গমন, অন্তভর্ণচক্র বহির্বিশেষ। ত্রি০ [পত-ণ] পতন কর্তা। Fall, destruction.

পাতক ক্লী০ [পাত-ণ্বুল্] পাপ, পতনকারক। Sin.

পাতকিন্ ত্রি০ [পাতক+ইনি] পাপী। Sinner.

পাতঞ্জল ত্রি০ [পতঞ্জলি+অণ্] পতঞ্জলিমুনিপ্রণীত। ক্লী০ যোগশাস্ত্র। That which is composed by the sage Patañjali.

পাতন ত্রি০ [পত+ণিচ্-ল্যু] পতনকারক। ক্লী০ [পত+ণিচ্-ল্যুট্‌] অধোনয়ন। Causing to fall.

পাতাল ক্লী০ [পত-আলচ্] ভুবনের নিম্নভাগ, গর্ত, বড়বানল। The nether world.

পাতালনিলয় ত্রি০ [পাতাল+নিলয়], **পাতালনিবাস** পু০ [পাতাল+নিবাস] পাতালবাসী, দৈত্য, সর্প। The resident of the nether region, demon, serpent.

পাতিত ত্রি০ [পত+ণিচ্-ক্ত] নিক্ষিপ্ত, অধঃকৃত। Thrown down, lowered.

পাতিত্য ক্লী০ [পতিত+ষ্যঞ্] পতিতের ধর্ম। The state of being fallen or a sinner.

পাতিন্ ত্রি০ [পত-ণিনি] পতনশীল। That which is liable to fall.

পাতুক ত্রি০ [পত-উকঞ্] পতনশীল, প্রপাত, জলহস্তী। Falling habitually, falls, water-elephant.

পাতৃ ত্রি০ [পা-তৃচ্] রক্ষক, পানকর্তা, গন্ধপত্র। পু০ দানযোগ্য তৃণবিশেষ। Protector, drinker.

পাত্র ক্লী০ [পা-ষ্ট্রন্] জলাদির আধার, যোগ্য ব্যক্তি, বর, ব্রাহ্মণ, মন্ত্রী, অভিনয়ে নায়কাদি, রাজমাতা, পত্রসমূহ। Vessel, deserving person, bridegroom.

পাত্রতা স্ত্রী০ [পাত্র+তল্+টা] যোগ্যতা। Fitness.

পাত্রীয় ত্রি০ [পাত্র+ছ] অগ্রহণের যোগ্য। ক্লী০ যজ্ঞদ্রব্য। Worthy to partake of a meal; a sacrificial vessel.

পাত্রেসমিত ত্রি০ [পাত্রে+সমিত] কার্যকালে অক্ষম অথচ ভোজনকালে উপস্থিত এইরূপ ব্যক্তি। One constant at meals but absent during work, a hypocrite.

পাথ পু০ [পা-থ] অগ্নি, সূর্য, জল। Fire, the sun.

পাথস্ ক্লী০ [পা-অসুন্] জল, অন্ন, আকাশ। Water, food, sky.

পাথেয় ত্রি০ [পথিন্+ঢঞ্] পথের সম্বল, দেশবিশেষ। Provisions for a journey.

পাথোদ পু০ [পাথস্-দা-ক], **পাথোধর** পু০ [পাথস্+ধর] মেঘ, জলধর। Cloud.

পাথোধি পু০ [পাথস্+ধা-কি], **পাথোনিধি** পু০ [পাথস্+নি-ধা-কি] জলনিধি, সমুদ্র। Ocean.

পাথোরূহ ক্লী০ [পাথস্+রূহ-ক] পদ্ম। Lotus.

পাদ পু০ [পদ+ণিচ্-কিপ্] চরণ। Foot.

পাদ পু০ [পদ-ঘঞ্] চরণ, শ্লোকাংশ, একচতুর্থাংশ, প্রত্যন্তপর্বত, কিরণ, বৃক্ষমূল, গ্রহাংশ, অবয়ব। Foot, line of a verse, one-fourth part.

পাদকটক পু০ [পাদ+কটক] নূপুর। Anklet.

পাদগ্রহণ ক্লী০ [পাদ+গ্রহ-লুট্] প্রণাম, অভিবাদন। Salutation, obeisance.

পাদচার পু০ [পাদ+চর-ঘঞ্] পরিক্রমণ, গ্রহাদির আহ্নিকভোগ। Walking.

পাদচারিন্ পু০ [পাদ+চর-ণিনি] পদাতিক। ত্রি০ পাদগামী। Footman; one moving on foot.

পাদজ পু০ [পাদ+জন-ড] শূদ্র। ত্রি০ চরণে জাত। The Śūdra; born from foot.

পাদত্রাণ ক্লী০ [পাদ+ত্রৈ-লুগ্রট্] পাদুকা। Shoe.

পাদপ পু০ [পাদ+পা-ক] বৃক্ষ, পাদপীঠ। স্ত্রী০ পাদুকা। Tree.

পাদপীঠ পু০, ক্লী০ [পাদ+পীঠ] চরণস্থাপনের চৌকি। Footstool.

পাদমূল ক্লী০ [পাদ+মূল] চরণসমীপে, চরণের অধোভাগে। Near the foot.

পাদরথ পু০ [পাদ+রথ] পাদুকা। Shoe.

পাদবিক ত্রি০ [পদবী+ঠক্] পথিক। Traveller.

পাদশস্ অব্য০ [পাদ+শস্] পাদে পাদে। Foot by foot, stanza by stanza.

পাদস্ফোট পু০ [পাদ+স্ফোট] কুষ্ঠরোগবিশেষ। A form of leprosy.

পাদহারক ত্রি০ [পাদ+হৃ-ণ্বুল্] পাদের দ্বারা হরণকারী। One taking away with feet.

পাদাঙ্গদ ক্লী০ [পাদ+অঙ্গদ] নূপুর। Anklet.

পাদাত ক্লী০ [পদাতি+অণ্] পদাতিসমূহ। পু০ [পাদ+অত-অচ্] পদাতি। Assemblage of foot-soldiers.

পাদাতি পু০ [পাদ+অত-ইন্], **পাদাতিক** পু০ [পাদাতি+ক] পদাতিক সৈন্য। Foot-soldier.

পাদিক ত্রি০ [পাদ+ঠক্] চতুর্থাংশ বৃত্তিযুত, পাদ-পরিমাণযুক্ত। Subsisting on one fourth part.

পাদুক ত্রি০ [পদ-উকঞ্] গমনশীল, জন্মকালে অগ্রে নির্গতপাদ। Going.

পাদুকা স্ত্রী০ [পাদু+ক+টাপ্], **পাদূ** স্ত্রী০ [পাদ-ঊ] জুতা। Shoe.

পাদুকৃত্ পু০ [পাদু+কৃ-ক্বিপ্] চর্মকার। Cobbler.

পাদ্য ত্রি০ [পাদ-যত্] পাদপ্রক্ষালনের জল, চতুর্থাংশযোগ্য। Water for washing the feet.

পান ক্লী০ [পা-ল্যট্] জলীয় দ্রব্যের গলাধঃকরণ, রক্ষণ, নিঃশ্বাস, মদ্যপান, পানপাত্র। পু০ [পা-ল্যু] শৌণ্ডিক। Drinking, protecting.

পানগোষ্ঠী স্ত্রী০ [পান+গোষ্ঠী] মদ্যপানসভা, ভৈরবী-চক্র। A drinking party.

পানশৌণ্ড ত্রি০ [পান+শৌণ্ড] সুরাপানে দক্ষ। A heavy drinker of wine.

পানীয় ক্লী০ [পান+অনীয়র্] জল। ত্রি০ পানযোগ্য, রক্ষণীয়। Water; fit for drinking.

পানীয়ফল ক্লী০ [পানীয়+ফল] জলকন্দ ফল। A kind of acquatic bulbous fruit.

পান্থ ত্রি০ [পথিন্+অণ্] পথিক। Traveller.

পাপ ক্লী০ [পা-প], দুষ্কৃত, অন্যায়কর্ম, দুরাচার। ত্রি০ [পাপ+অচ্] পাপযুক্ত। Sin, wrong, misconduct; sinner.

পাপকর্মন্ ত্রি০ [পাপ+কর্মন্] দুষ্কৃতকারী। Sinner.

পাপকৃত্ ত্রি০ [পাপ+কৃ-ক্বিপ্], **পাপভাজ্** ত্রি০ [পাপ+ভজ-ণ্বি] পাপকারী, পাপী। Sinner.

পাপঘ্ন ত্রি০ [পাপ+হন-টক্] পাপনাশক। পু০ তিল। Remover of sin.

পাপতি ত্রি০ [পত+যঙ্লুক্-ইন্] পুনঃপুনঃ পতনশীল। That which falls again and again.

পাপপুরুষ পু০ [পাপ+পুরুষ] পাপাত্মকপুরুষ। Sin conceived as a person.

পাপযোনি ত্রি০ [পাপ+যোনি] নিকৃষ্ট জন্মা, তির্যগ্‌যোনি, অন্ত্যজ। Low-born, outcaste.

পাপসম্ভব ত্রি০ [পাপ+সম্ভব] পাপ হইতে উৎপন্ন। Born of sin.

পাপহর ত্রি০ [পাপ+হর] পাপনাশক। Remover of sin.

পাপাত্মন্ ত্রি০ [পাপ+আত্মন্], **পাপাশয়** ত্রি০ [পাপ+আশয়] পাপিষ্ঠচিত্ত। One of sinful mind.

পাপিন্ ত্রি০ [পাপ+ইনি] পাপযুক্ত। Sinner.

পাপিষ্ঠ ত্রি০ [পাপিন্+ইষ্ঠন্], **পাপীয়স্** ত্রি০ [পাপিন্+ঈয়সুন্] অত্যন্ত পাপী। A great sinner.

পাপ্মন্ পু০ [পাপ+আপ-মনিন্] পাপ। Sin.

পামন্ ক্লী০ [পা-মনিন্] বিচর্চিকা, খোসপাঁচড়া। Scabies.

পামন ত্রি০ [পামন্+ন] বিচর্চিকারোগী। Diseased with scab.

পামর ত্রি০ [পা-ক্বিপ্+মৃ-ঘ] মূর্খ, নীচ, খল। Fool, mean, wicked.

পায়স পু০, ক্লী০ [পয়স্+অণ্] পরমান্ন। ত্রি০ দুগ্ধ-বিকার। Rice boiled in milk.

পায়ু পু০ [অপ+ইণ-উণ্] মলদ্বার। Anus.

পায্য ক্লী০ [পা-ণ্যত্] পরিমাণ, পানীয়, জলাদি লঙ্ঘনের দ্বারা প্রাপ্য, পান। ত্রি০ নিন্দনীয়। Measure; drinkable.

পার ক্লী০ [পৃ-ঘঞ্] নদী, অন্য তীর, প্রান্ত। The other shore or bank.

পারক ত্রি০ [পৃ-ণ্বুল্] পূর্তিকারক, পালক, প্রীতি-কারক। Complementing, protector.

পারক্য ত্রি০ [পর+ষ্যঞ্] পরলোকসম্বন্ধীয়, পরলোকসুখদ, পরকীয়ত্ব, পরাধীনত্ব। Relating to the other world, dependence.

पारग त्रि० [पार+गम–ड] পারগামী, সমর্থ, নিষ্ণাত। Adept.

पारग्रामिक त्रि० [पार+ग्रामिक] বৈরী। Enemy.

पारण क्ली० [पार–ल्युट्] ব্রতান্তভোজন। पु० [पार–ल्यु] মেঘ, তৃপ্তি। Breaking of a fast; cloud, contentment.

पारतन्त्र्य क्ली० [परतन्त्र+ष्यञ्] পরাধীনত্ব। Bondage, servility.

पारत्र्य त्रि० [परत्र+ष्यञ्] পারলৌকিক ফল। Reward in another world.

पारद त्रि० [पॄ+णिच्–तन्] পারাধাতু। [पार+दा–क] পারদায়ী। Quicksilver.

पारदर्शिन् त्रि० [पार+दृश–इन्], **पारदृश्वन्** त्रि० [पार+दृश–क्वनिप्] পরিণামদর্শী, বিজ্ঞ। Far-seeing, wise.

पारदारिक पु० [परदार+ठक्] পরস্ত্রীগামী। Adulterer.

पारदार्य क्ली० [परदार+ष्यञ्] পরস্ত্রীগমন। Adultery.

पारमार्थिक त्रि० [परमार्थ+ठक्] মঙ্গলকর্ম, তাত্ত্বিক, অভীষ্ট। Auspicious deed, relating to the highest truth or spiritual knowledge.

पारम्पर्य क्ली० [परम्परा+ष्यञ्] অনুক্রম। Succession.

पारलौकिक त्रि० [परलोक+ठक्] পরলোকসম্বন্ধীয়। Relating to the other world.

पारशव त्रि० [परशु+अण्] পরশুসম্বন্ধীয়। पु० ব্রাহ্মণের ঔরসে শূদ্রার গর্ভে জাত, পরস্ত্রীতনয়, লৌহ। Relating to axe; the son of a Brahmin by a Śūdra woman, iron.

पारशीक पु० দেশবিশেষ, পারস্যদেশোৎপন্ন অশ্ব। त्रि० পারস্যদেশীয়। Name of a country :—Persia, Persian horse; belonging to Persia.

पारश्वध पु० [परश्वध+अण्], **पारश्वधिक** पु० [परश्वध+ठञ्] পরশুর দ্বারা যুদ্ধকারী। One who fights with an axe.

पारस्त्रैणेय पु० [परस्त्री+ठञ्] পরস্ত্রীপুত্র। Bastard.

पारापत पु० [पार+आ+पत–अच्], **पारावत** पु० [पर+अव–शतृ+अण्] কপোত। Pigeon.

पारापार पु०, क्ली० [पार+अपार+अच्], **पारावार** पु०, क्ली० [पार+अवार+अच्] সমুদ্র, উভয়তীর। Ocean, both the banks or shores.

पारायण क्ली० [पार+अय–ल्युट्] সাকল্য, গ্রন্থাদির আদ্যন্ত পাঠ। Completeness, reading of a book from beginning to end.

पारावारीण त्रि० [पारावार+खञ्] সমুদ্রগামী, তীরদ্বয়গামী। Going to the ocean.

पाराशर पु० [पराशर+अण्], **पाराशर्य** पु० [पराशर+यञ्] পরাশরপুত্র, ব্যাসদেব, পরাশরপ্রণীত। The son of Parāśara, an epithet of the sage Vyāsa, composed by Parāśara.

पारिजात पु० [पारिन्+जन–क्त] দেবতরুবিশেষ, সুগন্ধ, क्ली० কুসুমবিশেষ। A celestial tree, fragrance, a kind of flower.

पारिणाय्य त्रि० [परिणय+ष्यञ्] বিবাহকালে লব্ধ। Got at the time of marriage.

पारितोषिक त्रि० [परितोष+ठञ्] পরিতোষহেতুক দেয় ধনাদি। Reward.

पारिन् पु० [पार+इन्] সমুদ্র। Ocean.

पारिपन्थिक पु० [परिपन्थ+ठक्] হন্তা, চৌর। Highwayman, robber.

पारिपाट्य क्ली० [परिपाटी+ष्यञ्] শৃঙ্খলা। Regularity.

पारिपार्श्विक त्रि० [परिपार्श्व+ठक्] সহচর, সেবক। पु० নাটকের পাত্রবিশেষ। Attendant, servant; an actor in a drama.

पारिप्लव त्रि० [परि+प्लु–अच्] চঞ্চল, আকুল। Moving.

पारिभद्रक पु० [परि+भद्र+अण्+क] দেবদারুবৃক্ষ, সরলবৃক্ষ। The Deodar tree.

पारिभाषिक त्रि० [परिभाषा+ठञ्] পরিভাষাসম্বন্ধীয়, সংজ্ঞাবিশেষ। पु० পরিভাষারূপ আধুনিক সঙ্কেতযুক্ত শব্দ। Relating to a code or terminology, technical (as a term); a word having a technical meaning.

पारिमाण्डल्य क्ली० [परिमण्डल+ष्यञ्] অণুপরিমাণ, ন্যায়শাস্ত্রমতে অসমবায়িকারণতাশূন্য পরমাণুপরিমাণ। An atomic measure.

पारियात्र पु० কুলপর্বতবিশেষ, সূর্যবংশীয় রাজাবিশেষ। Name of a mountain, name of a king of the Solar dynasty.

पारिषद त्रि० [परिषद्+अण्] সভাসদ, সভা হইতে সমুৎপন্ন। Member of a council.

पारिहार्य पु० [परिहार+ष्यञ्] বলয়। Bracelet.

पारी स्त्री० [पा–क्विप्+रा–क+ङीष्] দোহনপাত্র, হস্তিপাদবন্ধনরজ্জু। Milk-pail, a rope for tying an elephant's feet.

পারীক্ষিত পু০ [পরীক্ষিত্‌+অণ্] জনমেজয়। An epithet of king Janamejaya.

পারীণ ত্রি০ [পার+খ] সমর্থ, কর্মসমাপ্তিকারক। Capable.

পারীন্দ্র পু০ [পৃ—ইণ্‌+ইন্দ্র] সিংহ, অজগরসর্প। Lion, a large serpent.

পারুষ্য ক্লী০ [পরুষ+ষ্যঞ্] নিষ্ঠুরতা, দুর্বাক্য, বিরুদ্ধাচরণ, অগুরুচন্দন, ইন্দ্রবন। পু০ বৃহস্পতি। Cruelty, harsh word.

পার্থ পু০ [পৃথা+অণ্] যুধিষ্ঠিরাদি কুন্তীপুত্র, পৃথিবীপতি, বৃক্ষবিশেষ। The sons of Kuntī, lord of the world.

পার্থক্য ক্লী০ [পৃথক্‌+ষ্যঞ্] বিভিন্নতা, পৃথকত্ব। Separateness, distinction.

পার্থিব পু০ [পৃথিবী+অণ্] রাজা, পৃথিবীপতি। ত্রি০ [পৃথিবী+অঞ্] পৃথিবীসম্বন্ধীয়, ভূমি হইতে উৎপন্ন। স্ত্রী০ পার্থিবী—সীতা। ক্লী০ পুষ্পবিশেষ। King; relating to the earth; an epithet of Sītā; a kind of flower.

পার্বণ ক্লী০ [পর্বন্‌+অণ্] অমাবস্যাদিতে করণীয় শ্রাদ্ধ। ত্রি০ পর্বসম্বন্ধীয়। A form of Śrāddha; relating to a parvan.

পার্বত ত্রি০ [পর্বত+অণ্] পর্বতসম্বন্ধীয়। স্ত্রী০ পার্বতী—দুর্গা। Relating to the mountain; an epithet of Durgā.

পার্শ্ব পু০, ক্লী০ [স্পৃশ—শ্বণ্] প্রান্ত, একদেশ, সমীপ, কক্ষের অধঃপ্রদেশ। ক্লী০ [পর্শু—অণ্] পর্শুসমূহ। End, side, near, the region of the ribs; a multitude of ribs.

পার্শ্বগ ত্রি০ [পার্শ্ব+গম—ড] ভৃত্য, অনুচর। Servant, attendant.

পার্শ্বপরিবর্তন ক্লী০ [পার্শ্ব+পরিবর্তন] পাশফেরা, ভাদ্রমাসের শুক্লা একাদশীতে অনুষ্ঠেয় উৎসববিশেষ। Turning the sides.

পার্শ্বাস্থি ক্লী০ [পার্শ্ব+অস্থি] পাঁজরা। Ribs.

পার্ষদ্ স্ত্রী০ সভা। Assembly.

পার্ষদ পু০ [পার্ষদ্‌+অণ্] সভাসদ্। Member of a council.

পার্ষ্ণি পু০, স্ত্রী০ [পৃষ—নি] গোড়ালির অধোভাগ, সৈন্যবাহিনীর পশ্চাদ্ভাগ, পৃষ্ঠ। পু০ জিগীষা। Lower part of a heel, rear of an army, back; desire to conquer.

পার্ষ্ণিগ্রাহ পু০ [পার্ষ্ণি+গ্রহ—অণ্] পশ্চাদ্বর্তী শত্রু, রাজা, সৈন্যের পশ্চাদ্ধাবনকারী। An enemy in the rear.

পাল ত্রি০ [পাল—অচ্] রক্ষক। পু০ রক্ষণ। Protector.

পালক পু০ [পাল—ণ্বুল্] অশ্বরক্ষক, চিত্রকবৃক্ষ। ত্রি০ পালনকর্তা। Horse-keeper; protector.

পালঙ্ক পু০ [পাল—ক্বিপ্‌+অঙ্ক—ঘঞ্] শাকবিশেষ। স্ত্রী০ পালঙ্কী—বৃক্ষবিশেষ। A kind of vegetable plant; a kind of tree.

পালন ক্লী০ [পাল—ল্যুট্] রক্ষণ। Protection.

পালাশ ত্রি০ [পলাশ+অণ্] পলাশসম্বন্ধীয়, তমালপত্র। পু০ [পলাশ+অণ্] হরিদ্বর্ণ। ত্রি০ হরিদ্বর্ণবিশিষ্ট। Relating to the Palāśa tree; green colour; greenish.

পালি[লী] স্ত্রী০ [পল—ইণ্(+ঙীপ্)] কর্ণলতাগ্র, অস্ত্র, কোণ, শ্রেণী, ছাত্রবৃত্তি, প্রস্থ, ক্রোড়, প্রশংসা। The tip of the ear, the sharp edge of a weapon, class, maintenance of a pupil, praise.

পালিত ত্রি০ [পাল—ক্ত] রক্ষিত। পু০ নৃপবিশেষ, দেশবিশেষ। Protected; name of a king, name of a country.

পাবক পু০ [পু—ণ্বল্] বহ্নি, সদাচার, বরুণ, সূর্য চিত্রকবৃক্ষ, ভল্লাতক, কুসুম্ভ। ত্রি০ শোধক। স্ত্রী০ পাবকী[পাব+কৈ—ক+ঙীপ্]—সরস্বতী। Fire, good conduct, Varuṇa, the sun.

পাবকি পু০ [পাবক+ইঞ্] কার্তিকেয়, সুদর্শন নামক মুনি। An epithet of Kārttikeya, an epithet of the sage Sudarśana.

পাবন ত্রি০ [পু+ণিচ্—ল্যু] পবিত্রতাসম্পাদক, পাবয়িতা। ক্লী০ জল, প্রায়শ্চিত্ত, গোময়, রুদ্রাক্ষ। পু০ বহ্নি, বেদব্যাস। স্ত্রী০ পাবনী—গঙ্গা, তুলসী, গাভী, হরীতকী। Purifying; water; fire; the river Ganges, cow.

পাশ পু০ [পশ—ঘঞ্] ফাঁদ, রজ্জু, সমূহ। Snare, rope.

পাশক পু০ [পশ—ণ্বুল্] পাশা। Dice.

পাশপাণি পু০ [পাশ+পাণি] বরুণ। An epithet of Varuṇa.

পাশভৃত্ পু০ [পাশ+ভৃ—ক্বিপ্] বরুণ। ত্রি০ পাশধারী। ক্লী০ শতভিষানক্ষত্র। An epithet of Varuṇa; one who carries a noose.

পাশিন্ পু০ [পাশ+ইনি] বরুণ, ব্যাধ, ধৃতরাষ্ট্রের পুত্রবিশেষ। ত্রি০ পাশযুক্ত। An epithet of Varuṇa, fowler.

পাশুপত ত্রি০ [পশুপতি+অণ্] পশুপতিসম্বন্ধীয়, অস্ত্রবিশেষ। ক্লী০ শাস্ত্রবিশেষ। পু০ বকবৃক্ষ। Relating to Śiva, a divine weapon; a kind of tree.

পাশুপাল্য ক্লী০ [পশুপাল+ষ্যঞ্] বৈশ্যবৃত্তি। The vocation of a Vaiśya.

পাশ্চাত্য ত্রি০ [পশ্চাৎ+ত্যক্] পশ্চিমদেশভব। Of the western country or region.

পাষণ্ড ত্রি০ [পা-ক্বিপ্+ষণ্ড+ণিচ্-অচ্], **পাষণ্ডিন্** -পু০ [পা+ষণ্ড+ণিচ্-ইনি] বেদাচারবিরোধী। Heretical.

পাষাণ পু০ [পিষ-আনচ্] প্রস্তর। স্ত্রী০ পাষাণী—তুলামান প্রস্তর, বাটখারা। Stone ; measures of weight.

পাষাণদারক পু০ [পাষাণ+দারি-ণ্বুল্] পাথরকাটা ছেনী, টঙ্ক। Stone-cutter, chisel.

পাষাদারণ পু০ [পাষাণ+দারি-ল্যু] অস্ত্রবিশেষ। ক্লী০ বিদীর্ণ প্রস্তরভাগ। A kind of weapon.

পিক পু০ [অপি+কৈ-ক] কোকিল। The cuckoo.

পিঙ্গ পু০ [পিজ-অচ্] মূষিক, দীপশিখার মত বর্ণ, ঋষিবিশেষ। ত্রি০ দীপশিখাভবর্ণযুক্ত। Mouse, tawny colour, name of a sage.

পিঙ্গল পু০ [পিঙ্গ+লচ্] নীলপীতমিশ্রিতবর্ণ, নাগবিশেষ, বানর, রুদ্র, মুনিবিশেষ। ত্রি০ পিঙ্গলবর্ণযুক্ত। স্ত্রী০ পিঙ্গলা—করিণী, নাড়ীবিশেষ। ধর্মনিষ্ঠ বেশ্যাবিশেষ। Tawny colour, a kind serpent, monkey ; tawny-coloured ; a she-elephant.

পিঙ্গাক্ষ পু০ [পিঙ্গ+অক্ষি+অচ্] শিব, ব্যাধবিশেষ। ত্রি০ পিঙ্গলবর্ণনেত্রযুক্ত। An epithet of Śiva, a fowler ; one having tawny eyes.

পিচণ্ড পু০ [অপি+চম-ড] উদর, পশুর অবয়ব। Belly.

পিচণ্ডিল ত্রি০ [পিচণ্ড+ইলচ্] বিপুলোদরযুক্ত। One having a huge belly.

পিচু পু০ [পচ-উ] কার্পাসতুলা, কুষ্ঠবিশেষ, অসুরবিশেষ, ভৈরব, শস্যবিশেষ। A kind of cotton, a kind of leprosy, a demon.

পিচুমন্দ পু০ [পিচু+মন্দ-অণ্], **পিচুমর্দ** পু০ [পিচু+মৃদ-অণ্] নিম্ববৃক্ষ। The Neem tree.

পিচুল পু০ [পিচু+লা-ক] ঝাউগাছ, জলবায়স। A kind of bushy tree.

পিচ্চট ক্লী০ [পিচ্চ-অটন্] সীসক, রঙ্গ,। পু০ নেত্ররোগবিশেষ। Lead, zinc ; a kind of eye-disease.

পিচ্ছ ক্লী০ [পিচ্ছ-অচ্] ময়ূরপুচ্ছ, চূড়া, লাঙ্গুল। স্ত্রী০ পিচ্ছা—শাল্মলীবৃক্ষ, পূগ, পংক্তি, কোষ, মোচা, ভাতের মণ্ড, অশ্বের চরণরোগবিশেষ। Peacock-feather, tail; a kind of tree.

পিচ্ছল ত্রি০ [পিচ্ছ-কলচ্] বাসুকিবংশীয় সর্পবিশেষ। A kind of serpent.

পিচ্ছিল ত্রি০ [পিচ্ছ-ইল] পিছল, ভক্তমণ্ড। [পিচ্ছা+ইলচ্] চূড়াযুক্ত। পু০ বৃক্ষবিশেষ। Slippery, rice-gruel ; having a crest, a kind of tree.

পিঞ্জ পু০ [পিজ-অচ্] কর্পূর। ক্লী০ বল। ত্রি০ ব্যাকুল। স্ত্রী০ পিঞ্জা—তুলা, হরিদ্রা, হিংসা, ছটা। Camphor ; strength ; bewildered ; cotton, turmeric.

পিঞ্জট পু০ [পিজ-অটন্] নেত্রমল। Excretion of the eyes.

পিঞ্জর পু০ [পিজ-অরচ্] অশ্ব, পীতবর্ণ, সর্পবিশেষ। ক্লী০ স্বর্ণ, হরিতাল, নাগকেশর, বিহগাদির বন্ধনস্থান। Horse, yellow colour, a kind of serpent ; gold, cage.

পিঞ্জল ক্লী০ [পিজ-কলচ্] হরিতাল, কুশপত্র। স্ত্রী০ পিঞ্জলী—কুশান্তরবেষ্টিত সাগ্রকুশপত্রদ্বয়। Yellow orpiment, the leaf of a Kuśa grass.

পিঞ্জল পু০ [পিজ-ঊলচ্] দীপবর্তিকা। Wick of a lamp.

পিঞ্জূষ পু০ [পিজ-ঊষন্] কর্ণমল। Wax of the ears.

পিট পু০ [পিট-ক], **পিটক** পু০ [পিট-ক্বুন্] ঝুড়ি, স্ফোটক। Basket, boil.

পিঠর পু০ [পিঠ-করন্] গৃহবিশেষ, দানববিশেষ, নাগবিশেষ। ক্লী০ মন্থনদণ্ড, মুস্তা। স্ত্রী০ পিঠরী—স্থালী। A kind of house, name of a demon ; the churning stick; pot.

পিণ্ড পু০ [পিণ্ড-অচ্] গোল, দেহের অংশবিশেষ, জবাপুষ্প, পিতৃপুরুষের উদ্দেশ্যে প্রদেয় বর্তুলাকার ভক্ষ্যবস্তু, মদনবৃক্ষ, গজকুম্ভ। ত্রি০ সংহত, ঘন। ক্লী০ আজীবন, অয়স্। Round, part of the body, a ball of rice offered in a śrāddha ; condensed.

পিণ্ডদ ত্রি০ [পণ্ড+দা-ক] পিণ্ডদাতা। One who offers piṇḍa.

পিণ্ডি[ণ্ডী] স্ত্রী০ [পিণ্ড-ইন্(+ঙীপ্)] রথচক্রের মধ্যমণ্ডল, জানুর অধঃস্থ মাংসল প্রদেশ। The nave of a wheel, the calf of the leg.

পিণ্ডিত ত্রি০ [পিণ্ড-ক্ত] সংহত, গণিত, গুণিত। পু০ তুরস্ক নামক গন্ধদ্রব্য। Pressed, collected ; incense.

পিণ্ডীশূর পু০ [পিণ্ডী+শূর] কেবলমাত্র ভক্ষণে পটু। Expert only in eating.

পিণ্যাক পু০, ক্লী০ [পণ–আকন্] তিলকল্ক, জাফরাণ। Sesamum oil-cake, saffron.

পিতামহ পু০ [পিতৃ+ডামহ] ব্রহ্মা, পিতার পিতা। An epithet of Brahmā, grandfather.

পিতৃ পু০ [পা–তৃচ্] জনক, পালক, পিতৃলোকপ্রাপ্ত। Father, protector.

পিতৃকানন ক্লী০ [পিতৃ+কানন], **পিতৃগৃহ** ক্লী০ [পিতৃ+গৃহ] শ্মশান। Cemetery.

পিতৃক্রিয়া স্ত্রী০ [পিতৃ+ক্রিয়া] শ্রাদ্ধতর্পণাদি। Oblations offered to deceased ancestors.

পিতৃগণ পু০ [পিতৃ+গণ] পিতৃপুরুষসমূহ, অগ্নিষ্বাত্ত প্রভৃতি সপ্ত ঋষিপুত্র। The whole body of ancestors, the seven sons of sages.

পিতৃতিথি স্ত্রী০ [পিতৃ+তিথি] অমাবস্যা। The day of new moon.

পিতৃতীর্থ ক্লী০ [পিতৃ+তীর্থ] হস্তের অঙ্গুষ্ঠ ও তর্জনীর মধ্যমস্থান, গয়াধাম। The part of the hand between the forefinger and the thumb, name of the holy place Gayā where śrāddha is performed.

পিতৃদান ক্লী০ [পিতৃ+দান] শ্রাদ্ধতর্পণাদি। An offering to the deceased ancestors.

পিতৃপতি পু০ [পিতৃ+পতি] যম। An epithet of Yama.

পিতৃপ্রসূ স্ত্রী০ [পিতৃ+প্রসূ] সন্ধ্যাকাল, পিতামহী। Evening, grandmother.

পিতৃবন্ধু পু০ [পিতৃ+বন্ধু], **পিতৃবান্ধব** পু০ [পিতৃ+বান্ধব] পিতার সহিত রক্তের সম্পর্কযুক্ত আত্মীয়-বর্গ। Relatives connected with the father.

পিতৃযজ্ঞ পু০[পিতৃ+যজ্ঞ] শ্রাদ্ধ-তর্পণাদি। Obsequial offering.

পিতৃযাণ ক্লী০ [পিতৃ+যা–ল্যুট্] পিতৃগণ মরণান্তে যে পথ গমন করেন। The way of the dead ancestors.

পিতৃলোক পু০ [পিতৃ+লোক] চন্দ্রলোকের উপরিস্থিত ভুবনবিশেষ। The world of the dead ancestors.

পিতৃব্য পু০ [পিতৃ+ব্যত্] পিতার ভ্রাতা। Father's brother.

পিতৃব্রত ত্রি০ [পিতৃ+ব্রত] শ্রাদ্ধাদিক্রিয়াপরায়ণ। ক্লী০ শ্রাদ্ধাদি ক্রিয়া। One who performs obsequial rites ; obsequial rites.

পিতৃষ্বসৃ স্ত্রী০ [পিতৃ+ষ্বসৃ], **পিতৃস্বসৃ** স্ত্রী০ [পিতুঃ+ষ্বসৃ] পিতার ভগিনী। Father's sister.

পিতৃষ্বস্রীয় [স্রেয়] পু০ [পিতৃষ্বসৃ+ছ(ঢক) পিতার ভগিনীর সন্তান। A paternal aunt's son.

পিত্ত ক্লী০ [অপি+দো–ক্ত] দেহস্থ ধাতুবিশেষ। Bile, one of the three humors of the body.

পিত্তল ক্লী০ [পিত্ত+লা–ক] ধাতুবিশেষ, ভূর্জবৃক্ষ। ত্রি০ পিত্তবহুল। Brass, birch tree ; bilious.

পিত্র্য ত্রি০ [পিতৃ+যত্] পিতৃসম্বন্ধীয়, পিতা হইতে প্রাপ্ত। ক্লী০ তর্জনী এবং অঙ্গুষ্ঠের মধ্যবর্তী স্থান, মধু। স্ত্রী০ পিত্র্যা—মঘানক্ষত্র। Paternal, patrimonial ; the part of the hand between the forefinger and the thumb ; the constellation called Maghā.

পিত্সত্, পিপতিষত্ ত্রি০ [পত+সন্–শতৃ] পতনেচ্ছু। পু০ পক্ষী। Desirous of falling; the bird.

পিধান ক্লী০ [অপি+ধা–ল্যুট্] আচ্ছাদন। Covering, wrapper.

পিনদ্ধ ত্রি০ [অপি+নহ–ক্ত] পরিহিত, আবৃত। Dressed, concealed.

পিনাক পু০, ক্লী০ [পা–আকন্] শিবের ধনু, শূল। The bow of Śiva, trident.

পিনাকিন্ পু০ [পিনাক+ইনি] মহাদেব। An epithet of Śiva.

পিপাসা স্ত্রী০ [পা+সন্–অ+টাপ্] পান করিবার ইচ্ছা, তৃষ্ণা। Desire to drink, thirst.

পিপাসিত ত্রি০ [পিপাসা+ইতচ্] তৃষ্ণার্ত। Thirsty.

পিপাসু ত্রি০ [পা+সন্–উ] পানেচ্ছু। Desirous to drink.

পিপীতক পু০ ব্রাহ্মণবিশেষ। স্ত্রী০ পিপীতকী—বৈশাখের শুক্লা দ্বাদশী তিথি। Name of a Brahmin ; an auspicious day in Vaiśākha.

পিপীলক পু০ [অপি+পীল–ণ্বুল্] পিঁপড়া। Ant.

পিপ্পল পু০ [পা–অলচ্] অশ্বত্থবৃক্ষ, বন্ধনহীন পক্ষী। ক্লী০ জল, বস্ত্রখণ্ড। স্ত্রী০ পিপ্পলী—পিপুল। The fig-tree ; water ; long pepper.

পিব ত্রি০ [পা–অচ্] পানকর্তা। One who drinks.

পিয়াল পু০ [পী–কালন্] বৃক্ষবিশেষ। A kind of tree.

পিশঙ্গ পু০ [পিশ–অঙ্গচ্] পিঙ্গলবর্ণ। ত্রি০ পিঙ্গল-বর্ণযুক্ত। Tawny colour, tawny-coloured.

পিশাচ পু০ [পিশিত+আ+চম–ড] দেবযোনিবিশেষ, প্রেত। A spirit, goblin, devil.

পিশিত ক্লী০ [পিশ–ক্ত] মাংস। স্ত্রী০ পিশীতী—জটামাংসী। Meat ; a kind of herb.

পিশিতাশন ত্রি০ [পিশিত+অশন], **পিশিতাশিন্** ত্রি০ [পিশিত+অশিন্] মাংসাশী, রাক্ষস। Flesh-eater, demon.

পিশুন ত্রি০ [পিশ–উনন্] ক্রূর, সূচক। পু০ নারদ, কাক, কুৎসাকারী। ক্লী০ কুঙ্কুম। স্ত্রী০ পিশুনা—শাকবিশেষ। Cruel, indicator ; an epithet of Nārada, crow, slanderer ; saffron ; a kind of leafy vegetable,

পিষ্ট ত্রি০ [পিষ–ক্ত] মর্দিত, চূর্ণিত। পু০ ঋষিবিশেষ। পু০, ক্লী০ পিষ্টক। ক্লী০ সীসক। Ground, powdered ; cake ; lead.

পিষ্টক পু০, ক্লী০ [পিষ্ট–কন্] অপূপ, নেত্ররোগবিশেষ। ক্লী০ তিলচূর্ণ। Cake, pounded sesamum seeds.

পিষ্টপ পু০, ক্লী০ [বিশ–কপ] ভুবন। A division of the universe.

পিষ্টাত[ক] পু০ [পিষ্ট+অত–অচ্ (ক)] আবীর। Coloured or scented powder.

পিহিত ত্রি০ [অপি+ধা–ক্ত] আচ্ছাদিত, তিরোহিত। Covered, concealed.

পীঠ পু০, ক্লী০ [পিঠ–ক] আসনবিশেষ, তীর্থ। Seat, pedestal, holy place.

পীঠমর্দ পু০ [পীঠ+মর্দ] নাট্যে নায়কের সহায়। One who assists the hero in a drama.

পীঠস্থান ক্লী০ [পীঠ+স্থান] সতীর অঙ্গপতন হেতুক তীর্থভূত স্থান। Holy place.

পীড়ন ক্লী০ [পীড–ল্যুট্] দুঃখোৎপাদন, শস্যাদির মর্দন। Tormenting, threshing of corn.

পীড়া স্ত্রী০ [পীড–অঙ্+টাপ্] ব্যথা, দুঃখ, কৃপা, শিরোমালা, সরলবৃক্ষ। Pain, agony, pity, a head-garland.

পীড়িত ত্রি০ [পীড–ক্ত] ব্যথিত, মর্দিত। ক্লী০ পীড়ন। পু০ মন্ত্রবিশেষ। Pained, pressed; paining; charm.

পীড্যমান ত্রি০ [পীড-শানচ্] যে পীড়িত হইতেছে। One who is being tormented.

পীত ত্রি০ [পা–ক্ত] হরিদ্রাবর্ণযুক্ত, যাহা পান করা হইয়াছে। পু০ পীতবর্ণ। ক্লী০ পান, মধু, স্বর্ণ, গন্ধক, বল্কল, দীপ, হরিতাল, হরিচন্দন। স্ত্রী০ পীতা—হরিদ্রা, গোরোচনা, রীতি। Yellow, that which is drunk ; drinking, honey, turmeric.

পীতবাসস্ পু০ [পীত+বাসস্] শ্রীকৃষ্ণ। An epithet of Kṛṣṇa.

পীতসার ক্লী০ [পীত+সার] চন্দন, হরিচন্দন। পু০ গোমেদমণি, চন্দনবৃক্ষ। Sandalwood ; topaz, sandal tree.

পীতাম্বর পু০ [পীত+অম্বর] শ্রীকৃষ্ণ, শৈলুষ, নট। ত্রি০ হরিদ্রাবর্ণবস্ত্রধারী। ক্লী০ পীতবর্ণ বসন। Kṛṣṇa, an actor ; one wearing yellow garments.

পীতি পু০ [পা–ক্তিচ্] ঘোটক। স্ত্রী০ [পা–ক্তিন্] পান, গতি। Horse ; drinking.

পীতিন্ পু০ [পীত+ইনি] অশ্ব। Horse.

পীথ পু০ [পা–থক্] সূর্য, অগ্নি। ক্লী০ জল, ঘৃত। The sun, fire, water, ghee.

পীন ত্রি০ [প্যায়–ক্ত] স্থূল, বৃদ্ধ। ক্লী০ স্থূলতা। Plump.

পীনস পু০ [পীন+সো–ক্ত] নাসিকারোগবিশেষ। Cold affecting the nose.

পীনোধ্নী স্ত্রী০ [পীন+ঊধস্+ঙীপ্] স্থূলস্তনী গাভী। A cow with full udders.

পীযূষ ক্লী০ [পীয–ঊষন্] অমৃত, দুগ্ধ। Nectar, milk.

পীলু পু০ [পীল–উ] পরমাণু, পুষ্প, গজ, শর, অস্থিখণ্ড, তালকাণ্ড। Atom, flower, elephant, arrow.

পীবন্ পু০ [পৈ–ক্বনিপ্] বায়ু। ত্রি০ স্থূল, বলবান্। Wind ; fat, stout.

পীবর ত্রি০ [পৈ–ষ্বরচ্] স্থূল। পু০ সপ্তর্ষিবিশেষ। Fat, one of the seven seers.

পুংস্ পু০ [পা–ডুম্সুন্] পুরুষ, মনুষ্য, পুংলিঙ্গ। Male, man, masculine gender.

পুংযোগ পু০ [পুমস্+যোগ] পুরুষ সঙ্গ। Connection with man.

পুংলিঙ্গ পু০ [পুমস্+লিঙ্গ] ব্যাকরণশাস্ত্রে পুরুষবাচক শব্দবিশেষ। ক্লী০ শিশ্ন, পুংচিহ্নবিশেষ। A word in the masculine gender ; the male organ.

পুংশ্চলী স্ত্রী০ [পুমস্+চল–অচ্+ঙীষ্] অসতী স্ত্রী, কুলটা। Unchaste woman, harlot.

পুংসবন ক্লী০ [পুমস্+সু–ল্যুট্] গর্ভসংস্কারবিশেষ। A purificatory ceremony.

পুংস্ত্ব ক্লী০ [পুমস্+ত্ব] পুরুষত্ব, বীর্য, শুক্র। Manhood, virility.

পুক্কশ[স] পু০ [পুক্+কস–অচ্] চণ্ডাল, সঙ্কীর্ণজাতিবিশেষ। ত্রি০ অধম। A Caṇḍāla ; vile.

পুঙ্খ পু০ ক্লী০ [পুমস্+খন-ড] বাণমূল, পুঙ্খল। The base or feathered part of an arrow.

পুঙ্গব পু০ [পুমান্+গো+ডচ্] ঋষ, শ্রেষ্ঠ। Bull, best.

পুচ্ছ পু০, ক্লী০ [পুচ্ছ-অচ্] লাঙ্গুল, কলাপ। ক্লী০ পশ্চাদ্ভাগ। Tail, peacock's tail; hinder part.

পুঞ্জ পু০ [পিজ-অচ্] রাশি, চয়, সমূহ। Heap, multitude, collection.

পুঞ্জিত ত্রি০ [পুঞ্জ+ইতচ্] রাশীভূত, রাশীকৃত। Heaped, collected.

পুট ত্রি০ [পুট-ক] আবরণ, পত্রাদিরচিত ফলাত্র। ক্লী০ জাতী। পু০ ওষধিপাকের পাত্রবিশেষ, দ্বাদশাক্ষর ছন্দোবিশেষ। পু০, ক্লী০ অশ্বক্ষুর। Covering; a vessel made of leaves.

পুটক ক্লী০ [পুট+কৈ-ক] পদ্ম, পত্রাদিনির্মিত পাত্র। Lotus, a vessel made of leaves.

পুটকিনী স্ত্রী০ [পুটক+ইনি+ঙীপ্] পদ্মিনী। A group of lotuses.

পুটপাক পু০ [পুট+পাক] ঔষধাদির পাকবিশেষ। A particular method of preparing drugs.

পুটভেদ পু০ [পুট+মিদ-অণ্] নদীর বক্রগতি, জলাবর্ত, পত্তন, নগর, আতোদ্য। The bend of a river, whirlpool, town, city, a kind of musical instrument.

পুটভেদন ক্লী০ [পুট+মিদ-ল্যুট্] নগর, পুর। Town, city.

পুটিত ত্রি০ [পুট+ইতচ্] স্যূত, মন্ত্রবিশেষ। ক্লী০ হস্তপুট। Stitched; the hollow of the hands.

পুণ্ড পু০ [পুণ্ড-অচ্] তিলক। A sign, mark.

পুণ্ডরীক পু০ [পুণ্ড-ঈক] অগ্নিকোণস্থ দিগ্গজ, সর্প-বিশেষ, কুষ্ঠবিশেষ, কোষকারবিশেষ, কমণ্ডলু, শ্বেত-বর্ণ। ক্লী০ শ্বেতপদ্ম, ভেষজ। ত্রি০ শ্বেতবর্ণযুক্ত। স্ত্রী০ পুণ্ডরীকী—ব্যাঘ্রী। An elephant of the south-east quarters, a kind of serpent, a kind of leprosy; white lotus, white colour; white coloured; tiger.

পুণ্ডরীকাক্ষ পু০ [পুণ্ডরীক+অক্ষি+ষচ্] বিষ্ণু। An epithet of Viṣṇu.

পুণ্ড্র পু০ [পুণ্ড-রক্], **পুণ্ড্রক** পু০ [পুণ্ড্র+ক] ইক্ষু-বিশেষ, তিলক, ক্রিমি, পদ্ম, দৈত্যবিশেষ, অতিমুক্তক, চিত্রক, দেশবিশেষ। A kind of sugarcane, a mark, worm, lotus.

পুণ্য ক্লী০ [পূ-ড্যণ্য] ধর্ম। ত্রি০ শোভনকর্মযুক্ত, সুন্দর, পাবন, সুগন্ধি। পু০ মেষকর্কটতুলামকর-স্থগ্রহ রাশি। Virtue; meritorious, righteous, lovely, holy.

পুণ্যকর্মন্ ত্রি০ [পুণ্য+কর্মন্] পুণ্যকর্মকারী। ক্লী০ পুণ্যজনক কর্ম। Righteous, meritorious act.

পুণ্যকৃৎ ত্রি০ [পুণ্য+কৃ-ক্বিপ্] পুণ্যকারী। Virtuous.

পুণ্যজন পু০ [পুণ্য+জন] ধার্মিক, যক্ষ, রাক্ষস। A virtuous man, demon.

পুণ্যজনেশ্বর পু০ [পুণ্যজন+ঈশ্বর] কুবের। An epithet of Kuvera.

পুণ্যভাজ্ ত্রি০ [পুণ্য+ভজ-ণ্বি] পুণ্যযুক্ত। Virtuous.

পুণ্যভূ স্ত্রী০ [পুণ্য+ভূ], **পুণ্যভূমি** স্ত্রী০ [পুণ্য+ভূমি] আর্য্যাবর্ত, পবিত্র দেশ। An epithet of Āryāvarta, holy land.

পুণ্যবৎ ত্রি০ [পুণ্য+মতুপ্] ধার্মিক, ভাগ্যবান্। Virtuous, blessed.

পুণ্যশ্লোক ত্রি০ [পুণ্য+শ্লোক] পবিত্রচরিত। Of noble character.

পুণ্যাহ ক্লী০ [পুণ্য+অহন্+টচ্] পবিত্রদিন। Auspicious day.

পুত্ পু০ [পূ-ডুতি] নরক বিশেষ। A particular division of hell.

পুত্তলী স্ত্রী০ [পুত্ত-ল+ঙীষ্], **পুত্তলিকা** স্ত্রী০ [পুত্তলী+কন্+টাপ্] পুতুল। Doll.

পুত্তিকা স্ত্রী০ [পুত্ত+তন-ড+ক+টাপ্] ক্ষুদ্রমক্ষিকা, উই। A kind of small bee, white ant.

পুত্র পু০ [পূ-ক্ত্র], পুত্র পু০ [পুত্-ত্রৈ-ক] তনয়। জ্যোতিষোক্ত লগ্ন হইতে পঞ্চম স্থান। Son.

পুত্রক পু০ [পুত্র+কন্] পুত্র, ধূর্ত, শরভ, বৃক্ষবিশেষ, অল্পকম্পায্য পুরুষ। স্ত্রী০ পুত্রিকা—[পুত্রী+ক+টাপ্] কন্যা, পুতুলী। Son, rogue.

পুত্রিকাপুত্র পু০ [পুত্রিকা+পুত্র] দত্তকপুত্ররূপে গৃহীত দৌহিত্র। A daughter's son adopted as son.

পুত্রিন্ পু০ [পুত্র+ইনি] পুত্রবান্। One having a son.

পুত্রীয় ত্রি০ [পুত্র+ছ] পুত্রসম্বন্ধীয়, পুত্রনিমিত্ত। স্ত্রী০ পুত্রীয়া—ইষ্টিবিশেষ। Relating to a son, filial; a form of sacrifice.

পুত্রীয়ৎ ত্রি০ [পুত্র+ক্যচ্-শতৃ] আত্মপুত্রেচ্ছু। One desiring a son for himself.

पुत्रेष्टि স্ত্রী° [পুত্র+ইষ্টি], **पुत्रेष्टिका** স্ত্রী° [পুত্র+ইষ্টি+ক+টাপ্] পুত্রজননার্থ যজ্ঞবিশেষ। A sacrifice performed to obtain a son.

पुद्गल পু° [পুত্+গল] পরমাণু, বৌদ্ধমতপ্রসিদ্ধ দ্ব্যণুকাদি পদার্থবিশেষ। ত্রি° সুন্দরাকার, রূপাদি-বিশিষ্ট। Atom; beautiful, lovely.

पुनःपुनर् অব্য° [পুনর্+পুনর্] মুহুর্মুহুঃ, অভীক্ষ্ণ্য। Again and again, repeatedly.

पुनःपुना স্ত্রী° [পু-নক্+টাপ্] নদীবিশেষ। Name of a river.

पुनर् অব্য° [পন-অরি] দ্বিতীয়বার, অধিকার, পক্ষান্তর, বিশেষ। An indeclinable indicating once more, again, on the other hand etc.

पुनरुक्त ত্রি° [পুনর্+উক্ত] পুনর্বারকথিত অর্থ, বা শব্দ। ক্লী° পুনঃ কথন। Meaning, repeated word ; repetition.

पुनरुक्तवदाभास পু° [পুনরুক্তবত্+আভাস] কাব্যে অলঙ্কারবিশেষ। A kind of figure of speech.

पुनरुक्ति স্ত্রী° [পুনর্+উক্তি] উক্তের পুনরায় কথন, কাব্যে দোষবিশেষ। Saying over again, tautology.

पुनर्ण[र्न]व পু° [পুনর্+নব] নখ। স্ত্রী° **पुनर्ण[र्न]वा** [পুনর্+নূ-অপ্+টাপ্] শাকবিশেষ। Nail ; a kind of vegetable leaf.

पुनर्भव পু° [পুনর্+ভূ-অপ্] নখ, পুনর্জন্ম। ত্রি° পুনরায় জাত। Nail, rebirth.

पुनर्भू স্ত্রী° [পুনর্+ভূ-ক্বিপ্] যে নারীর দুইবার বিবাহ হইয়াছে। ত্রি° পুনর্জাত। A widow remarried ; born over again.

पुनर्वसु পু° [পুনর্+বস-উ] বিষ্ণু, শিব, সপ্তম নক্ষত্র, লোকবিশেষ, ধনারম্ভ। Viṣṇu, Śiva, the seventh lunar mansion.

पुनान ত্রি° [পূ-শানচ্] পবিত্রকারক। Purifying, sanctifying.

पुन्नाग পু° [পুমান্+নাগ] পুষ্পপ্রধান বৃক্ষবিশেষ, শ্বেতপদ্ম, জাতীফল, নরশ্রেষ্ঠ। A kind of flower tree, white lotus.

पुप्पुस পু° ফুসফুস, বীজকোষ। Lungs, the pericarp of a lotus.

पुमस् পু° [পা-ডুমসুন্] পুরুষ, মনুষ্যজাতি। Male, man.

पुर् স্ত্রী° [পুর-ক্বিপ্] নগরী। City, town.

पुर ক্লী° [পুর-ক] গৃহ, দেহ, নগরবিশেষ, চর্ম, বহুহট্টাদিযুক্ত প্রধান গ্রাম, রাশি। পু° গুগ্গুল। ত্রি° [পৄ-ক] পূর্ণ, প্রচুর। House, body, city, full.

पुरःसर ত্রি° [পুরস্+সৃ-ট] অগ্রগামী। One moving forward or leading.

पुरञ्जन পু° [পুর+জন-খ] ক্ষেত্রজ্ঞজীব। The individual soul.

पुरञ्जय পু° [পুর+জি-খচ্] নৃপবিশেষ, সূর্যবংশীয় রাজবিশেষ। Name of a king.

पुरतटी স্ত্রী° [পুর+তটী] ক্ষুদ্র হাট। A small market.

पुरतस् অব্য° [পুর-অতসুচ্] অগ্রে। Forward.

पुरद्विष् পু° [পুর+দ্বিষ-ক্বিপ্] শিব। An epithet of Śiva.

पुरन्दर পু° [পুর+দৃ-খচ্] ইন্দ্র, জ্যেষ্ঠানক্ষত্র, বিষ্ণু। স্ত্রী° পুরন্দরা—গঙ্গা। An epithet of Indra or Viṣṇu ; the river Ganges.

पुरन्ध्रि[न्ध्री] স্ত্রী° [পুর+ধৃ-খচ্(+ঙীপ্)] পতি-পুত্রবতী স্ত্রী, বহু কটুম্ববতী স্ত্রী। A woman whose husband and children are living, a respectable matron.

पुरश्चरण ক্লী° [পুরস্+চর-ল্যুট্] গৃহীত মন্ত্রসিদ্ধির জন্য প্রয়োগবিশেষ। A preparatory rite for the fruition of a mantra.

पुरस् অব্য° [পূর্ব+অসি] পূর্বদিকে, পূর্বদেশে, পূর্ব-কালে। In the eastern direction or place, before.

पुरस्कार পু° [পুরস্+কৃ-ঘঞ্] পূজন, অগ্রতঃ স্থাপন, অভিশাপ, স্বীকার। Worship, placing in front.

पुरस्क्रिया স্ত্রী° [পুরস্+কৃ-শ+টাপ্] পূজা, সম্মান, অগ্রে স্থাপন। Worship, honour, placing before.

पुरस्कृत ত্রি° [পুরস্+কৃ+ক্ত] পূজিত, পূর্বস্থাপিত, অভিশপ্ত, স্বীকৃত, অরিগৃহীত, সিক্ত। Worshipped, placed in front, cursed, accepted.

पुरस्तात् অব্য° [পূর্ব+অস্তাতি] প্রথমে, সম্মুখে, পূর্বদিকে, পূর্বদেশে পূর্বকালে। In front, before.

पुरा অব্য° [পুর-কা] পুরাণ, অতীতে, নিকটে, প্রথম, ভবিষ্যৎ। স্ত্রী° [পুর+ক+টাপ্] সুগন্ধিদ্রব্য-বিশেষ, পূর্বদিক্। Formerly, at first ; a fragrant thing, eastern direction.

पुराण ত্রি° [পুরা+ট্যু] পুরাকালে জাত। ক্লী° শাস্ত্র-বিশেষ। Born in former times, a kind of scripture.

पुराणपुरुष পু° [পুরাণ+পুরুষ] বিষ্ণু, বৃদ্ধপুরুষ। An epithet of Viṣṇu, an old man.

পুরাতন ত্রি০ [পুরা+ট্যু] পুরাকালে জাত। পু০ বিষ্ণু। Born in former times ; an epithet of Viṣṇu.

পুরারি পু০ [পুর+অরি] শিব। An epithet of Śiva.

পুরাবিদ্ পু০ [পুরা+বিদ–ক্বিপ্] পুরাতত্ত্বাভিজ্ঞ, ঐতিহাসিক। One having the knowledge of past events, an historian.

পুরাবৃত্ত ক্লী০ [পুরা+বৃত্ত] প্রাচীন ইতিহাস, পূর্বতন-বৃত্তান্ত। Ancient history, old legend.

পুরী স্ত্রী০ [পৄ–ই+ঙীপ্] নগর, নদী, রাজা, দেহ। Town, king, river, body.

পুরীতত্ পু০, ক্লী০ [পুরী+তন–ক্বিপ্] নাড়ীবিশেষ, দেহ। Name of a particular vein.

পুরীষ ক্লী০ [পৄ–ঈষন্] মল। Excrement, dirt.

পুরু ত্রি০ [পৄ–কু] প্রচুর, দেবলোক। পু০ চন্দ্রবংশীয় নৃপবিশেষ, পরাগ, দৈত্যবিশেষ। স্ত্রী০ পুর্বী—নদীবিশেষ। Abundant, the abode of the gods ; name of a king, a demon ; name of a river.

পুরুদংশস্ পু০ [পুরু+দংশ–অসুন্] ইন্দ্র। An epithet of Indra.

পুরুষ পু০ [পুর+শী–ড] আত্মা, বিষ্ণু, তত্ত্ব। [পৄ–কুষন্] মনুষ্য, পুমান্, পুন্নাগবৃক্ষ, রাশিবিশেষ, গ্রহবিশেষ। Self, an epithet of Viṣṇu; man, male.

পুরুষকার পু০ [পুরুষ+কৃ–ঘঞ্] পৌরুষ, উৎসাহ। Manliness, energy, virility.

পুরুষত্ব ক্লী০ [পুরুষ+ত্ব] মনুষ্যত্ব, পৌরুষ। Manliness, virility.

পুরুষদঘ্ন ত্রি০ [পুরুষ+দঘ্নচ্], **পুরুষদ্বয়স** ত্রি০ [পুরুষ+দ্বয়সচ্], **পুরুষমাত্র** ত্রি০ [পুরুষ+মাত্রচ্] পুরুষপ্রমাণ। Of the height of a man.

পুরুষপুঙ্গব পু০ [পুরুষ+পুঙ্গব], **পুরুষব্যাঘ্র** পু০ [পুরুষ+ব্যাঘ্র], **পুরুষশার্দুল** পু০ [পুরুষ+শার্দূল], **পুরুষসিংহ** পু০ [পুরুষ+সিংহ] নরশ্রেষ্ঠ। Best of men, eminent man.

পুরুষায়ুষ, ক্লী০ [পুরুষ+আয়ুস্+অচ্] পুরুষের জীবনকাল। The duration of a man's life.

পুরুষার্থ পু০ [পুরুষ+অর্থ] ধর্ম, অর্থ, কাম ও মোক্ষ এই চতুর্বর্গ, পুরুষের প্রয়োজন, সাংখ্যমতে পুরুষের নিমিত্ত বুদ্ধির ইষ্টভোগ এবং অপবর্গ। The four ends of life, the aim of a man.

পুরুষোত্তম পু০ [পুরুষ+উত্তম] নারায়ণ। An epithet of Viṣṇu.

পুরুহূত পু০ [পুরু+হূত] ইন্দ্র। An epithet of Indra.

পুরূরবস্ পু০ [পুরু+রু–অসি] চন্দ্রবংশীয় নৃপবিশেষ, বুধের পুত্র। Name of a king.

পুরোগ ত্রি০ [পুরস্+গম–ড], **পুরোগম** ত্রি০ [পুরস্ গম–অচ্], **পুরোগামিন্** ত্রি০ [পুরস্+গম–ণিনি] অগ্রগামী, প্রধান। Foremost, chief.

পুরোডাশ্ [শ] পু০ [পুরস্+দাশ–ক্বিপ্ (ঘঞ্)] যজ্ঞীয় দ্রব্য, পিষ্টক, যজ্ঞীয় মন্ত্রবিশেষ, সোমরস। Sacrificial offering, cake.

পুরোডাশ্য ত্রি০ [পুরোডাশ+যত্] পিষ্টকোপযোগী, আহুতিদানোপযোগী। Fit for a cake, fit for offering.

পুরোধস্ পু০ [পুরস্+ধা–অসি] পুরোহিত। Priest.

পুরোভাগিন্ ত্রি০ [পুরস্+ভজ–ঘিনুণ্] কেবল দোষদর্শী, অগ্রভাগের অধিকারী। Fault-finder.

পুরোহিত পু০ [পুরস্+ধা–ক্ত] ধর্মানুষ্ঠানাদির সম্পাদক। ত্রি০ অগ্রে স্থাপিত। Priest.

পুরোহিতিকা স্ত্রী০ [পুরোহিত+ঙীপ্+কন্+টাপ্] পুরোহিতের পত্নী। Wife of the priest.

পুর্যষ্ট ক্লী০ [পুরী+অষ্ট], **পূর্যষ্টক** [পুরী+অষ্টক] ভূত-ইন্দ্রিয়-মন প্রভৃতি অষ্টবিধ লিঙ্গশরীরের উপাদান। The eight components of liṅga-śarīra like matter, senses, mind etc.

পুল পু০ [পুল–ক] পুলক। ত্রি০ বিপুল। Horripilation, thrill ; huge.

পুলক পু০ [পুল+কন্] রোমাঞ্চ, দেহ হইতে বহির্গত কীটবিশেষ। ক্লী০ পর্বতীয় মৃত্তিকাবিশেষ, হরিতাল। Horripilation ; a kind of mineral.

পুলকিত ত্রি০ [পুলক+ইতচ্] রোমাঞ্চিত, আনন্দিত। Thrilled, delighted.

পুলকিন্ পু০ [পুলক+ইনি] ধারাকদম্ব। ত্রি০ রোমাঞ্চযুক্ত। A species of kadamba tree ; thrilled.

পুলস্তি পু০ [পুল+অস–তি] মুনিবিশেষ। Name of a sage.

পুলহ পু০ সপ্তর্ষিগণের অন্যতম ঋষিবিশেষ। One of the seven seers.

পুলাক পু০ [পুল+অক–অণ্] সংক্ষেপ, শস্যশূন্য ধান্য, ভক্তসিক্থ, ক্ষিপ্র। Abridgement, empty grain, a lump of boiled rice.

পুলায়িত ক্লী০ [পুল+ক্যচ্–ক্ত] অশ্বের গতিবিশেষ। A horse's gallop.

পুলিন ক্লী০ [পুল–ইনন্] চর, তট। Sand-bank, beach.

পুলিন্দ পু০ [পুল–কিন্দচ্] চণ্ডালবিশেষ। A class of Caṇḍāla.

পুলোমজা স্ত্রী০ [পুলোমন্+জন–ড+টাপ্] পুলোম-কন্যা শচী। An epithet of Śacī.

পুলোমন্ পু০ দৈত্যবিশেষ। Name of a demon.

পুষ্ক ক্লী০ [পুষ–ক] পুষ্ট। ত্রি০ পুষ্কলযুক্ত। Nourished.

পুষ্কর ক্লী০ [পুষ্ক+রা–ক] জল, আকাশ, বাদ্যবিশেষ, পদ্ম, তীর্থবিশেষ, রোগবিশেষ, নাগবিশেষ, অসি-ফল, হস্তিশুণ্ডাগ্র। পু০ নৃপবিশেষ, পর্বতবিশেষ। Water, sky, lotus, a holy place; name of a king and a mountain.

পুষ্করিন্ পু০ [পুষ্কর+ইনি] গজ, পদ্মসমূহ। স্ত্রী০ পুষ্করিণী—পদ্মিনী, জলাশয়, স্থলকমল। Elephant, a cluster of lotuses; pond.

পুষ্কল ত্রি০ [পুষ–কলচ্] শ্রেষ্ঠ, উপচিত, বহুত্ব-যুক্ত। ক্লী০ পরিমাণ। পু০ ভরতপুত্র, অসুর-বিশেষ। Best, copious; measure; name of the son of Bharata, a demon.

পুষ্ট ত্রি০ [পুষ–ক্ত] কৃতপোষণ, অন্নাদির দ্বারা সংবর্ধিত। পু০ বিষ্ণু। Nourished; an epithet of Viṣṇu.

পুষ্টি স্ত্রী০ [পুষ–ক্তিন্] পোষণ, বৃদ্ধি। [পুষ–ক্তিচ্] অশ্বগন্ধা, মাতৃকাবিশেষ, যোগিনীবিশেষ, ধর্মের পত্নী। Nourishment, name of a medicinal plant, the wife of Dharma.

পুষ্প ক্লী০ [পুষ্প–অচ্] কুসুম, স্ত্রীরজঃ, কুবেরের বিমান, নেত্ররোগবিশেষ। পু০ [পুষ্প–ঘঞ্] বিকাশ। Flower, menstrual discharge; blossoming.

পুষ্পক ক্লী০ [পুষ্প+কৈ–ক] পুষ্প, কুবেরের বিমান, রত্নকঙ্কণ, রসাঞ্জন, লৌহ ও কাংস্য, মৃৎশকট। Flower, the ariel car of Kuvera.

পুষ্পকেতন পু০ [পুষ্প+কেতন] কামদেব। An epithet of Cupid.

পুষ্পকেতু পু০ [পুষ্প+কেতু] কামদেব। An epithet of Cupid.

পুষ্পচাপ পু০ [পুষ্প+চাপ] কামদেব। An epithet of Cupid.

পুষ্পদন্ত পু০ [পুষ্প+দন্ত] বায়ুকোণস্থ হস্তিবিশেষ, বিদ্যাধরবিশেষ, জিনবিশেষ। Name of an elephant of the northwest quarters, name of a Vidyādhara.

পুষ্পধন্বন্ পু০ [পুষ্প+ধনু+অনঙ্] কামদেব। An epithet of Cupid.

পুষ্পপুর ক্লী০ [পুষ্প+পুর] পাটলিপুত্রনগর। Name of the city of modern Patna.

পুষ্পরস পু০ [পুষ্প+রস] মকরন্দ, পুষ্পনির্যাস। Nectar, juice of flowers.

পুষ্পরাগ পু০ [পুষ্প+রাগ] পোক্‌রাজ মণি। Topaz.

পুষ্পলিহ্ [হ] পু০ [পুষ্প+লিহ–ক্বিপ্ (অচ্)] মধুকর। Bee.

পুষ্পবৎ পু০ [পুষ্প+মতুপ্] রবি ও শশী। ত্রি০ কুসুমযুক্ত। The sun and the moon; having flower.

পুষ্পবাটী [টিকা] স্ত্রী০ [পুষ্প+বাটী(+কন্+টাপ্)] পুষ্পোদ্যান। Flower garden.

পুষ্পবাণ পু০ [পুষ্প+বাণ] কন্দর্প, কুশদ্বীপস্থ পর্বত-বিশেষ, দৈত্যবিশেষ, নায়কবিশেষ। An epithet of Cupid, name of a mountain, a demon.

পুষ্পশর পু০ [পুষ্প+শর] কামদেব। An epithet of Cupid.

পুষ্পসময় পু০ [পুষ্প+সময়] বসন্ত। Spring-time.

পুষ্পসার পু০ [পুষ্প+সার] কুসুমরস, তুলসী। The essence of flowers.

পুষ্পাগম পু০ [পুষ্প+আগম] বসন্ত। Spring-time.

পুষ্পাজীব পু০ [পুষ্প+আজীব] মালাকার, মালী। Gardener.

পুষ্পাঞ্জন ক্লী০ [পুষ্প+অঞ্জন] কুসুমাঞ্জন। Calx of brass used as collyrium.

পুষ্পাঞ্জলি স্ত্রী০ [পুষ্প+অঞ্জলি] পুষ্পপূর্ণ অঞ্জলি। A handful of flowers.

পুষ্পাম্বুজ ক্লী০ [পুষ্প+অম্বু+জন–ড] মকরন্দ। Honey of flowers.

পুষ্পিকা স্ত্রী০ [পুষ্প–ণ্বুল্+টাপ্] দন্তমল। Tartar of the teeth.

পুষ্পিত ত্রি০ [পুষ্প+ইতচ্] সঞ্জাতকুসুম। [পুষ্প–ক্ত] বিকসিত। Blossomed; developed.

পুষ্পিতাগ্রা স্ত্রী০ [পুষ্পিত+অগ্র+টাপ্] অর্ধসম ছন্দোবিশেষ। Name of a metre.

পুষ্পেষু পু০ [পুষ্প+ইষু] কামদেব। An epithet of Cupid.

পুষ্য পু০ [পুষ–যৎ] অশ্বিনী প্রভৃতি সাতাশটি নক্ষত্র মধ্যে অষ্টম নক্ষত্র, পৌষমাস, কলিযুগ। The eighth lunar mansion, the month of the Pauṣa.

পুষ্যরথ পু০ [পুষ্য+রথ] যাত্রা প্রভৃতি উৎসবাদির নিমিত্ত রথ। A chariot for a festive occasion.

পুষ্যলক পু০ [পুষ-কি+অল-অচ্+ক] কস্তূরী মৃগ। The musk-deer.

পুস্ত ক্লী০ [পুস্ত-অচ্], **পুস্তক** ক্লী০ [পুস্ত-অচ্+কন্] গ্রন্থ, লিপি প্রভৃতি শিল্পকর্ম, নাট্যে ব্যবহৃত দারু-চর্মাদি নির্মিত দ্রব্যবিশেষ। Book, modelling.

পূগ পু০ [পূ-গন্] সুপারি গাছ, সমূহ, ছন্দঃ, ভাব, কণ্টকিবৃক্ষ। ক্লী০ পূগ ফল। Betel-nut tree, heap, multitude, disposition; betel-nut.

পূগকৃত ত্রি০ [পূগ+কৃত] সমূহীকৃত। Heaped.

পূজক ত্রি০ [পূজ-ণ্বুল্] পূজাকারক। Worshipper, devotee.

পূজন ক্লী০ [পূজ-ল্যুট্] অর্চন। স্ত্রী০ পূজনী—শকুনি। Worship.

পূজনীয় ত্রি০ [পূজ-অনীয়র্] পূজার্হ, পূজ্য। Adorable, respectable.

পূজা স্ত্রী০ [পূজ-অ+টাপ্] অর্চনা, উপাসনা। Worship.

পূজার্হ ত্রি০ [পূজা+অর্হ-অণ্] পূজার যোগ্য, মান্য। Worthy of worship, adorable.

পূজিত ত্রি০ [পূজ-ক্ত] অর্চিত, উপাসিত, সেবিত। Worshipped, honoured, adored.

পূজ্য ত্রি০ [পূজ-যৎ] পূজনীয়। পু০ শ্বশুর। Respectable; father-in-law.

পূত ক্লী০ [প-ক্ত] নির্বুষীকৃত ধান্য। ত্রি০ ব্রত প্রভৃতির দ্বারা শুদ্ধ। পু০ সত্য, শঙ্খ, শ্বেতকুশ, বৃক্ষবিশেষ। স্ত্রী০ পূতা—দূর্বা। Winnowed Grain, purified; truth, conch-shell; Dūrvā grass.

পূতক্রতায়ী স্ত্রী০ [পূতক্রতু+ঙীষ্] ইন্দ্রপত্নী শচী। An epithet of Śaci.

পূতক্রতু পু০ [পূত+ক্রতু] ইন্দ্র। An epithet of Indra.

পূতনা স্ত্রী০ [পূত+ণিচ্-ল্যু+টাপ্] কংসের ধাত্রীবিশেষ, বালমাতৃকাবিশেষ, হরীতকীবিশেষ। Name of a female demon.

পূতনারি পু০ [পূতনা+অরি] বাসুদেব শ্রীকৃষ্ণ। An epithet of Kṛṣṇa.

পূতপাপ ত্রি০ [পূত+পাপ] শোধিতকল্মষ। Purified of sin.

পূতি স্ত্রী০ [পূ-ক্তিচ্] দুর্গন্ধ, তৃণবিশেষ। ত্রি০ দুর্গন্ধযুক্ত। [পূ-ক্তিন্] পবিত্রতা। Putrid; filthy, purification.

পূতিক ক্লী০ [পূতি+কৈ-ক] বিষ্ঠা। পু০ পূতিকরঞ্জ। স্ত্রী০ পূতিকা—পুঁইশাক। Excrement; a kind of herb.

পূতিগন্ধ পু০ [পূতি+গন্ধ] দুর্গন্ধ, গন্ধক, ইঙ্গুদীবৃক্ষ। ক্লী০ রঙ্গ। Foul smell, sulphur; tin.

পূতিগন্ধি ত্রি০ [পূতি+গন্ধ+ইৎ] দুর্গন্ধযুক্ত। Foul-smelling.

পূপ পু০ [পূ-পক্] পিষ্টক। ত্রি০ তণ্ডুলাদি। Cake.

পূপাষ্টকা স্ত্রী০ [পূপ+অষ্ট+কন্+টাপ্] অগ্রহায়ণমাসের কৃষ্ণাষ্টমী তিথিতে পিষ্টক দ্বারা বিহিত শ্রাদ্ধ। A form of Śrāddha.

পূয ক্লী০ [পূয-অচ্] ব্রণাদি হইতে নির্গত দূষিত রক্ত প্রভৃতি। Pus, discharge from an ulcer or wound.

পূর পু০ [পূর-ক] জলস্ফীতি, জলসমূহ, খাদ্যবিশেষ, ব্রণশুদ্ধি। The swelling of a river or the sea, food, the cleansing of wounds.

পূরক ত্রি০ [পূর-ণ্বুল্] পূরণকর্তা, অঙ্কের গুণক, প্রাণায়ামের অঙ্গবিশেষ, পিণ্ড। স্ত্রী০ পূরিকা—পিষ্টকবিশেষ। Filler, multiplier, inhalation; a kind of cake.

পূরণ ক্লী০ [পূর-ল্যুট্] অঙ্কশাস্ত্রপ্রসিদ্ধ গুণন, বৃষ্টি, সংখ্যাপূরণ। পু০ [পুর-ল্যু] শাল্মলীবৃক্ষ, সেতু, সমুদ্র। ত্রি০ পূরয়িতা। Multiplication; a kind of tree; one who fills.

পূরিত ত্রি০ [পূর-ক্ত] পূর্ণ, গুণিত। Filled, multiplied.

পূরু পু০ [পৃ-কু] মনুষ্য, রাক্ষসবিশেষ, যযাতির পুত্রবিশেষ, জহ্নুর পুত্রবিশেষ। Man, demon a son of Yayāti.

পূরুষ পু০ [পূর-উষন্] নর, পুরুষ। Man, human being.

পূর্ণ ত্রি০ [পূর-ক্ত] পূরিত, সকল, সমগ্র। পু০ পক্ষিদিগের স্বরবিশেষ, আপ্তকাম, দেবগন্ধর্ববিশেষ। ক্লী০ উদক। স্ত্রী০ পূর্ণা—পঞ্চমী, দশমী ও পঞ্চদশী তিথি। Filled, full, entire; a bird's note; water.

পূর্ণপাত্র ক্লী০ [পূর্ণ+পাত্র] বস্তুপূর্ণপাত্র, পুত্রাদির জন্মোৎসবে ভৃত্য কর্তৃক প্রভুর অঙ্গাদি হইতে বস্ত্রগ্রহণ, হোমান্তে ব্রহ্মাকে দেয় দক্ষিণারূপ দ্রব্যবিশেষ, জলপূর্ণ পাত্র। A full vessel.

পূর্ণপ্রজ্ঞ ত্রি০ [পূর্ণ+প্রজ্ঞা] সম্পূর্ণ বুদ্ধি। পু০ বৈষ্ণব মত বিশেষের প্রস্থাপক আচার্যবিশেষ, দার্শনিক মতবিশেষ। Enlightened.

পূর্ণমাস পু০ [পূর্ণ+মাস] পূর্ণিমাতে কর্তব্য যাগবিশেষ। স্ত্রী০ পূর্ণমাসী—পূর্ণিমা তিথি। A fortnightly sacrifice; the full-moon day.

पूर्णाहुति स्त्री० [पूर्ण+आहुति] হোমান্তে হোমদ্রব্য-সমূহের আহুতি। The final offering in a sacrifice.

पूर्णि स्त्री० [पॄ–णिङ्] পূর্ণিমা। The full-moon day.

पूर्णिमा स्त्री० [पूर्णि+मा–क+टाप्] পৌর্ণমাসী, মরীচির কন্যাবিশেষ। The full-moon day.

पूर्णेन्दु पु० [पूर्ण+इन्दु] পঞ্চদশ কলার দ্বারা পূর্ণ চন্দ্র। The full-moon.

पूर्णोपमा स्त्री० [पूर्ण+उपमा] অলঙ্কারবিশেষ। A kind of figure of speech.

पूर्त त्रि० [पूर–क्त] পূরিত, ছন্ন। [पॄ–क्त] পালিত। क्ली० পালন, খননাদি কর্ম। Filled, concealed ; nourished ; nourshing, a pious act of charity like digging a well or pond.

पूर्ति स्त्री० [पॄ–क्तिन्] পূরণ, গুণন। Filling, multiplication.

पूर्तिन् त्रि० [पूर्त+इनि] কৃতপূরণ। Multiplied.

पूर्य त्रि० [पॄ–क्यप्] পূরণীয়, পরিপাল্য। To be filled or nourished.

पूर्व त्रि० [पूर्व–अच्] প্রথম। First, front.

पूर्वकाय पु० [पूर्व+काय] দেহের পূর্বার্ধ। The fore-part of the body.

पूर्वज पु० [पूर्व+जन–ड], **पूर्वजन्मन्** पु० [पूर्व+जन्मन्], **पूर्वजात** पु० [पूर्व+जात] অগ্রজ, জ্যেষ্ঠ-ভ্রাতা। त्रि० পূর্বকালে জাত। Elder brother; born before.

पूर्वदेव पु० [पूर्व+देव] অসুর, নর ও নারায়ণ। Demon.

पूर्वपक्ष पु० [पूर्व+पक्ष] শুক্লপক্ষ, সিদ্ধান্তের বিপরীত পক্ষ। The bright fortnight.

पूर्वपर्वत पु० [पूर्व+पर्वत] উদয়াচল। The Udaya mountain.

पूर्वफल्गुनी स्त्री० [पूर्व+फल्गुनी] অশ্বিনী প্রভৃতি সপ্তবিংশতি নক্ষত্রের অন্তর্গত একাদশ নক্ষত্র। The eleventh lunar mansion.

पूर्वभाद्रपदा स्त्री० [पूर्व+भाद्रपद+टाप्] অশ্বিন্যাদি সপ্তবিংশতি নক্ষত্রের অন্তর্গত পঞ্চবিংশতি নক্ষত্র। The twenty-fifth lunar mansion.

पूर्वरङ्ग पु० [पूर्व+रङ्ग] বিঘ্নশান্তির নিমিত্ত নাট্য-ক্রিয়ার উপক্রমে কুশীলবাদিকৃত নান্দীপাঠ-সঙ্গীতাদি, প্রস্তাবনা। The prelude of a drama.

पूर्वराग पु० [पूर्व+राग] নায়কনায়িকার মিলনের পূর্বে সঞ্জাত অনুরাগ। The dawning love between the lover and the beloved.

पूर्वरात्र पु० [पूर्व+रात्रि+अच्] রাত্রির পূর্বভাগ। The first part of the night.

पूर्वरूप क्ली० [पूर्व+रूप] অর্থালঙ্কারবিশেষ। A kind of figure of speech.

पूर्ववत् अव्य० [पूर्व+वत्] পূর্বের তুল্য ক্রিয়াবিশেষ, তুল্য। क्ली० কারণের দ্বারা কার্যানুমান। As before, like ; the inference of the effect from the cause.

पूर्ववादिन् त्रि० [पूर्व+वद+णिनि] পূর্ববাদকারক। One who makes the first charge.

पूर्वाषाढा स्त्री० [पूर्व+आषाढ+टाप्] অশ্বিনী প্রভৃতি সপ্তবিংশতি নক্ষত্রের অন্তর্গত বিংশ নক্ষত্র। The twentieth lunar mansion.

पूर्वाह्ण पु० [पूर्व+अहन्+टच्] দিনের পূর্বভাগ। Forenoon.

पूर्वेण अव्य०[पूर्व+एनप्]পূর্বদিকে, পূর্বদেশে, পূর্বাঞ্চলে। In the eastern direction or region, before.

पूर्वेद्युस् अव्य० [पूर्व+एद्युस्] পূর্বদিনে। On the previous day.

पूल पु० [पूल+घञ्] তৃণাদির স্তূপ। Heap of grass.

पूषन् पु० [पूष–कनिन्] সূর্য, আদিত্যবিশেষ। The sun.

पृक्त त्रि० [पृच–क्त] সম্বদ্ধ। क्ली० ধন। स्त्री० पृक्ति [पृच–क्तिन्] সম্পর্ক, স্পর্শ। Connected, attached ; wealth ; connection.

पृच्छा स्त्री० [प्रच्छ–अङ्+टाप्] প্রশ্ন, জিজ্ঞাসা। Question, interrogation.

पृतना स्त्री० [पृ–तनन्+टाप्] সেনা, নির্দিষ্ট সংখ্যা-বিশিষ্ট রথ-হস্তি প্রভৃতি সৈন্যবিশেষ, সংগ্রাম, মনুষ্য। Army, a division of an army, war.

पृथक् अव्य० [पृथ–ककि] বিনা, নানারূপ, ভিন্ন। Without, different.

पृथक्त्व क्ली० [पृथक्+त्व] বৈশেষিক শাস্ত্রে গুণ-বিশেষ। Separateness.

पृथगात्मता स्त्री० [पृथक्+आत्मन्+तल्+टाप्] ভেদ, বিশেষ। Separateness.

पृथग्जन पु० [पृथक्+जन] নীচ, মূর্খ, পামর। Vile, idiot, mean.

पृथग्विध त्रि० [पृथक्+विधा] নানারূপ। Manifold.

পৃথা স্ত্রী০ কুন্তী। A name of Kuntī.

পৃথাজ পু০ [পৃথা+জন–ড], **পৃথাত্মজ** পু০ [পৃথা+আত্মজ], **পৃথাসুত** পু০ [পৃথা+সুত], **পৃথাসূনু** পু০ [পৃথা+সূনু] যুধিষ্ঠির প্রভৃতি কুন্তীপুত্র। The son of Kuntī.

পৃথিবী স্ত্রী০ [প্রথ–ষিবন্+ঙীষ্] ধরা, ক্ষিতি, ভূমি। The earth, world.

পৃথিবীপতি পু০ [পৃথিবী+পতি], **পৃথিবীপাল** পু০ [পৃথিবী+পাল–অণ্] ভূমিপতি, রাজা। King.

পৃথিবীরুহ পু০ [পৃথিবী+রুহ–ক] ভূমিরুহ, বৃক্ষ। Tree.

পৃথু ত্রি০ [প্রথ–কু] বিস্তীর্ণ, মহৎ। পু০ সূর্যবংশীয় নৃপবিশেষ, মহাদেব, সপ্তর্ষিবিশেষ, দানববিশেষ, অগ্নি, কৃষ্ণজীরক, বিষ্ণু। Wide ; name of a king.

পৃথুক পু০ [পৃথু+ক–অচ্] চিপিটক, বালক। Flattened rice, child.

পৃথুরোমন্ পু০ [পৃথু+রোমন্] মৎস্য। ত্রি০ বৃহৎ লোমযুক্ত। Fish ; one having huge fur.

পৃথুল ত্রি০ [পৃথু+লচ্] স্থূল। স্ত্রী০ পৃথুলা—হিঙ্গুপত্রী। Broad ; name of a medicinal substance.

পৃথ্বী স্ত্রী০ [পৃথু+ঙীপ্] ভূমি, সপ্তদশাক্ষরপাদ ছন্দোবিশেষ, স্থূলদেহা নারী, হিঙ্গুপত্রী, কৃষ্ণজীরক, পুনর্নব। The earth, name of a metre.

পৃশ্নি ত্রি০ [স্পৃশ্–নি] স্বল্প, দুর্বলাস্থিযুক্ত, খর্ব, রশ্মি। স্ত্রী০ বসুদেবপত্নী। Small, of feeble bones, dwarf.

পৃশ্নিগর্ভ পু০ [পৃশ্নি+গর্ভ+অচ্] নারায়ণ। An epithet of Viṣṇu.

পৃষৎ ক্লী০ [পৃষ–অতি] বিন্দু। ত্রি০ সেকযুক্ত। A drop.

পৃষতাশ্ব পু০ [পৃষৎ+অশ্ব], **পৃষদশ্ব** পু০ [পৃষৎ+অশ্ব] বায়ু। Wind.

পৃষৎক পু০ [পৃষৎ+কন্] বাণ। Arrow.

পৃষদাজ্য ক্লী০ [পৃষৎ+আজ্য] দধিসিক্ত ঘৃত। Clarified butter mixed with curd.

পৃষোদর ত্রি০ [পৃষৎ+উদর] স্বল্পোদর। পু০ বায়ু। One having a small belly ; wind.

পৃষ্ট ত্রি০ [প্রচ্ছ্–ক্ত] জিজ্ঞাসিত। Asked, questioned.

পৃষ্ঠ ক্লী০ [স্পৃশ–থক্] পশ্চাদ্ভাগ, স্তোত্রবিশেষ। Hinder part.

পৃষ্ঠতস্ অব্য০ [পৃষ্ঠ+তসিল্] পশ্চাদ্ভাগ। Hinder part.

পৃষ্ঠবংশ পু০ [পৃষ্ঠ+বংশ] শিরদাঁড়া, পৃষ্ঠের মূল অস্থি। Backbone.

পৃষ্ঠবাহ্ ত্রি০ [পৃষ্ঠ+বহ–ণ্বি] যুগপার্শ্ববাহী বৃষ। Ox.

পৃষ্ঠ্য পু০ [পৃষ্ঠ–যৎ] পৃষ্ঠে ভারবাহী অশ্ব, স্তোত্রসমূহ। ত্রি০ পৃষ্ঠসম্বন্ধীয়। A pack-horse ; a collection of prayers; relating to the back.

পেচক পু০ [পচ–বন্] পেঁচা, উলূক, গজপুচ্ছমূলের উপান্ত, পর্যঙ্ক, মেঘ। Owl.

পেচকিন্ পু০ [পেচক+ইনি] গজ। Elephant.

পেট পু০ [পিট–অচ্] প্রহস্ত ; ত্রি০ সংহতিকারক। The open hand with extended fingers ; adhesive.

পেটক পু০, ক্লী০ [পিট–ণ্বুল্] বেত্রাদিনির্মিত ঝুড়ি, সমূহ, বংশাদিনির্মিত বাক্স। Basket, collection, box.

পেটী স্ত্রী০ [পিট–অচ্+ঙীপ্] ক্ষুদ্র পেটক। A small bag or box.

পেয ত্রি০ [পা–যৎ] পানযোগ্য। ক্লী০ জল, দুগ্ধ। Drinkable ; water, milk.

পেল ক্লী০ [পেল–অচ্] অণ্ডকোষ। Testicle.

পেলব ত্রি০ [পেল+বা–ক] কোমল, কৃশ, বিরল। Soft, delicate, lean, slender.

পেশ পু০ [পিশ–অচ্] রূপ, বিন্যাস। Beauty.

পেশল, [ষ, স] ত্রি০ [পিশ (ষ, স)–অলচ্] সুন্দর, দক্ষ, কোমল, ধূর্ত। পু০ বিষ্ণু। Beautiful, lovely, expert, soft, crafty ; Viṣṇu.

পেশি [শী] স্ত্রী০ [পিশ–ইন্+(ঙীপ্)] বজ্র, অণ্ড, মাংস, খাপ, সুপককলিকা, নদীবিশেষ, পিশাচবিশেষ, রাক্ষসীবিশেষ, বাদ্যবিশেষ, গর্ভাবেষ্টন চর্মময় কোষ। Thunderbolt, egg, flesh, muscle.

পেষণ ক্লী০ [পিষ–ল্যুট্] চূর্ণন। পু০ বৃক্ষবিশেষ। Pounding ; a kind of tree.

পৈঠর ত্রি০ [পিঠর+অণ্] স্থালীপক মাংসাদি। Meat cooked in a pot or pan.

পৈঠিনসি পু০ ঋষিবিশেষ, উপস্মৃতিকারক গোত্রর্ষিবিশেষ। Name of a sage.

পৈতামহ ত্রি০ [পিতামহ+অণ্] পিতামহ হইতে আগত, পিতামহসম্বন্ধীয়। Inherited or derived from grandfather, relating to grandfather.

পৈতৃক ত্রি০ [পিতৃ+ঠঞ্] পিতা হইতে প্রাপ্ত, পিতার সহিত সম্বন্ধযুক্ত। Inherited or derived from father, paternal.

পৈতৃষ্বসেয়, পু০ [পিতৃষ্বসৃ+ঢক্], **পৈতৃষ্বসীয়** পু০ [পিতৃষ্বসৃ+ছণ্] পিতৃস্বসার পুত্র। The son of a paternal aunt.

পৈত্তিক ত্রি০ [পিত্ত+ঠঞ্] পিত্তপ্রধান। Bilious.

পৈত্র ত্রি০ [পিতৃ+অণ্] পিতৃসম্বন্ধীয়। ক্লী০ তর্জনী ও অঙ্গুষ্ঠের মধ্যে। Paternal; the part of the hand between the thumb and forefinger.

পৈল পু০ [পীলা+অণ্]। পীলারপুত্র, ঋষিবিশেষ। Name of a sage.

পৈলব ত্রি০ [পীলু+অণ্] পীলুবৃক্ষ সম্বন্ধীয়। Made of the wood of the Pīlu tree.

পৈশাচ, ত্রি০ [পিশাচ+অণ্] পিশাচসম্বন্ধীয়। পু০ বিবাহবিশেষ, অস্ত্রজীবিসংঘবিশেষ, দানবিশেষ। Demonic; a form of marriage.

পৈশুন্য ক্লী০ [পিশুন+ষ্যঞ্] খলের স্বভাব, পিশুনত্ব। Wickedness.

পৈষ্টিক ত্রি০ [পিষ্ট+ঠঞ্] পিষ্টসম্বন্ধীয়। ক্লী০ পিষ্টকসমূহ, মদ্যবিশেষ। A number of cakes, liquor.

পৈষ্টী স্ত্রী০ [পিষ্ট+অণ্+ঙীপ্] সুরা। Spirituous liquor.

পোগণ্ড ত্রি০ [পৌ+গণ্ড] বিকলাঙ্গ, ন্যূন বা অধিক অঙ্গবিশিষ্ট। পু০ পঞ্চম হইতে দশম বর্ষের বালক। Deformed, having a deficient or excessive limb; a boy from his fifth to tenth year.

পোট পু০ [পুট–ঘঞ্] আলিঙ্গন, গৃহভূমি। স্ত্রী০ পোটা —পুরুষলক্ষণাক্রান্তা স্ত্রী। Embrace, foundation of a house; a masculine woman.

পোত পু০ [পূ–তন্] পশুশাবক, বালক, নৌকা, বহিত্র, দশবর্ষীয় গজ, গৃহস্থান, গাছের চারা, বস্ত্র। Young one, boy, boat, ten-year old elephant, garment.

পোতবাহ, পু০ [পোত+বহ–অণ্] দাঁড়ি, নৌকাচালক। Steersman.

পোতাশ্রয় পু০ [পোত+আশ্রয়] বন্দর। Harbour.

পোতৃ পু০ [পূ–তৃন্] পুরোহিতবিশেষ। Name of a priest in a sacrifice.

পোত্র ক্লী০ [পূ–ত্র] বজ্র, শূকরের মুখের অগ্রভাগ, লাঙ্গলমুখাগ্র, জলযান, বহিত্র। Thunderbolt, the snout of a hog, boat or ship.

পোত্রিন্ পু০ [পোত্র+ইনি] শূকর, লাঙ্গল। ত্রি০ পোত্রযুক্ত। Hog, plough.

পোষ পু০ [পুষ–ঘঞ্] পোষণকারী, পোষণ, পুষ্টি। Nourishing, nourishment, growth.

পোষণ ক্লী০ [পুষ–ল্যুট্] পালন, ধারণ। Nourishing; supporting.

পোষ্টৃ ত্রি০ [পুষ–তৃচ্] পোষক। পু০ করঞ্জবিশেষ। Nourisher; a kind of fruit.

পোষ্য ত্রি০ [পুষ–ণ্যৎ] অবশ্য পোষণীয়। To be taken care of.

পৌংস্ন ক্লী০ [পুংস+স্নঞ্] পুরুষত্ব। manhood, virility.

পৌঁড্র পু০ দেশবিশেষ। Name of a country.

পৌতিক ত্রি০ [পূতিক+অণ্] দুর্গন্ধ। Of foul smell.

পৌত্তলিক ত্রি০ [পুত্তল+ঠঞ্] পুত্তলিপূজক, প্রতিমাপূজক। Idolatrous.

পৌত্র পু০ [পুত্র+অণ্] পুত্রের পুত্র, নাতি। Grandson.

পৌত্রিন্ ত্রি০ [পৌত্র+ইনি] পৌত্রবান্। One having a grandson.

পৌত্রী স্ত্রী০ [পৌত্র+ঙীপ্] পুত্রের কন্যা, নাতনী। Granddaughter.

পৌনঃপুনিক ত্রি০ [পুনঃপুনঃ+ঠঞ] পুনঃ পুনঃ জাত। Recurring again and again.

পৌনঃপুন্য ক্লী০ [পুনঃপুনঃ+ষ্যঞ্] বারংবার আবর্তন। Frequent or constant repetition.

পৌনরুক্ত [ক্ত্য] ক্লী০ [পুনরুক্ত+অণ্+(ষ্যঞ)] পুনর্বার উক্তি। Repetition.

পৌনর্ভব পু০ [পুনর্ভূ+অঞ্] পুনর্ভূর পুত্র, পুত্রবিশেষ। ত্রি০ পুনর্বার ঘটিত। The son of a widow remarried; repeated.

পৌর পু০ [পুর+অণ্] পুরবাসী। ত্রি০ পুরসম্বন্ধীয়। ক্লী০ রামকর্পূর। Townsman, citizen; relating to a city; a kind of camphor.

পৌরব ত্রি০ [পুরু+অণ্] পুরুবংশীয়। পু০ দেশবিশেষ, নৃপবিশেষ। A descendant of Puru; name of a country, name of a king.

পৌরসখ্য ক্লী০ [পৌর+সখ্য] একপুরবাসীদের মধ্যে সখ্য। Feeling of fellowship among residents of the same town.

পৌরস্ত্য ত্রি০ [পুরস্+ত্যক্] পূর্ব দিক্ বা দেশ বা কালে জাত, প্রথম। Eastern, first.

পৌরাণিক ত্রি০ [পুরাণ+ঠক্] পুরাণের অর্থে অভিজ্ঞ, পুরাণপাঠক। পুরাণসম্বন্ধীয়। Versed in the legends of the past, a public, reader of the Purāṇas; relating to the Purāṇas.

पौरुष क्ली० [पुरुष+अण्] পুরুষত্ব, বিক্রম, উদ্দাম। ঊর্ধ্ববিস্তৃতপাণিপুরুষপরিমাণ। ত্রি০ পুরুষসম্বন্ধীয়। Manliness, virility, valour, the full height of a man with hands elevated; relating to man, human.

पौरुषेय त्रि० [पुरुष+ठञ्] পুরুষকৃত। पु० মনুষ্যসমূহ, মনুষ্যকর্ম। Made by man; a crowd of men; human action.

पौरीगव पु० [पुरीगवी+अण्] পাকশালাধ্যক্ষ। Superintendent of the kitchen.

पौरोभाग्य क्ली० [पुरोभागिन्+ष्यञ्] কেবল দোষদর্শন। Fault finding

पौरोहित्य क्ली० [पुरोहित+ष्यञ्] পুরোহিতের কর্ম। The office or function of a priest.

पौर्णमास पु० [पूर्णमासी+अण्] পূর্ণিমাতে করণীয় যজ্ঞ। ত্রি০ পূর্ণিমাসম্বন্ধীয়। A sacrifice performed on the full-moon day; relating to the full-moon.

पौर्णमासी स्त्री० [पौर्णमास+ङीप्] পূর্ণিমা তিথি। The full-moon day.

पौर्वदे[दै]हिक त्रि० [पूर्वदेह+ठक] পূর্বজন্মসম্বন্ধীয়, পূর্বজন্মে কৃত, পূর্বজন্মের শরীরে উৎপন্ন। Relating to a former existence, done in a former life.

पौर्वापर्य क्ली० [पूर्वापर+ष्यञ्] পূর্বাপরত্ব, ক্রম। Sequence, succession.

पौलस्ती स्त्री० [पौलस्त्य+ङीप्] শূর্পণখা, কুম্ভীনসী। An epithet of Śūrpaṇakhā.

पौलस्त्य पु० [पुलस्ति+यञ्] পুলস্তের পুত্র, কুবের, রাবণ। The son of Pulasta, an epithet of Kuvera and Rāvaṇa.

पौलोमी स्त्री० [पुलोमन्+अण्+ङीप्] ইন্দ্রপত্নী শচী। An epithet of Śacī, the wife of Indra.

पौष पु० [पुष्य+अण्+ङीप्+अण्] পুষ্যানক্ষত্রে পৌর্ণমাসীযুক্ত মাস, পক্ষবিশেষ। Name of a lunar month.

पौषी स्त्री० [पुष्य+अण्+ङीप्] পৌষমাসীয় পূর্ণিমা। The day of full-moon in the month of Pauṣa.

पौष्टिक त्रि० [पुष्टि+ठक्] পুষ্টি-সম্পাদক, পুষ্টিদায়ক কর্ম। Nourishing, a ceremony for gaining prosperity.

पौष्प त्रि० [पुष्प+अण्] পুষ্পসম্বন্ধীয়। Relating to flower, floral.

पौष्पी स्त्री० [पौष्प+ङीप्] পাটলীপুত্র নগরী। Name of the city of modern Patna.

प्र अव्य० [प्रथ-ड] আরম্ভ, গতি, উৎকর্ষ, প্রাথম্য, সর্বতোভাব, উৎপত্তি, খ্যাতি, ব্যবহার। A particle signifying beginning, movement, excellence etc.

प्रकट त्रि० [प्र+कट-अच्] স্পষ্ট। Evident, manifest.

प्रकटित त्रि० [प्र+कट-क्त] প্রকাশিত। Manifested, unfolded.

प्रकटीकृत त्रि० [प्रकट+च्वि+कृ-क्त] বিশদীকৃত। Made manifest.

प्रकम्पन पु० [प्र+कम्प+णिच्-युच्] বায়ু, নরকবিশেষ। ত্রি০ কম্পনকারক। ক্লী০ অত্যধিক কম্পন। Wind; causing to shake; violent trembling.

प्रकर पु० [प्र+कृ-अप्] সমূহ, অতিক্ষেপ। ত্রি০ প্রকীর্ণ পুষ্পাদি। ক্লী০ অগুরুচন্দন। Heap, multitude; scattered flowers etc.

प्रकरण क्ली० [प्र+कृ-ल्युट] প্রস্তাব, দৃশ্যকাব্যবিশেষ, গ্রন্থবিশেষ, গ্রন্থসন্ধি। Introduction, topic, a type of drama, section of a book.

प्रकरी स्त्री० [प्रकर+ङीप्] নাট্যাঙ্গবিশেষ, চত্বরভূমি। Interlude in a drama.

प्रकर्ष पु० [प्र+कृष-घञ्] উৎকর্ষ, প্রকৃষ্টরূপে কর্ষণ। Excellence.

प्रकल्प्यक्रिय त्रि० [प्रकल्प्य+क्रिया] যে নামের ব্যুৎপাদক ক্রিয়া প্রত্যক্ষ না হইলেও ধাতুর অর্থানুসারে ক্রিয়া কল্পনা করিতে হয়। A nominal stem with hypothetical derivation.

प्रकाण्ड पु०, क्ली० [प्र+काण्ड] বৃক্ষের মূল হইতে শাখামূল পর্যন্ত, গুঁড়ি, বিটপ। ক্লী০ প্রশস্ত। Trunk of a tree from the root to the branches; prominent or excellent.

प्रकाम त्रि० [प्र+काम] যথেষ্ট, প্রকৃষ্টকামক। পু০ দেববিশেষ। Enough; a particular god.

प्रकामम् अव्य० [प्र+कम-णमुल्] অতিশয়, অনুমতি। Very much, granted that.

प्रकार पु० [प्र+कृ-घञ्] রীতি, প্রভেদ, সাদৃশ্য। Manner, variety, similarity.

प्रकारान्तर क्ली० [प्रकार+अन्तर] অন্য প্রকার। Another kind.

प्रकाश पु० [प्र+काश-घञ्] আতপ, বিকাশ। ত্রি০ বিকাশযুক্ত। Light, sunshine, manifestation; manifest.

प्रकाशक त्रि० [प्र+काश+णिच्-ण्वुल्] প্রকাশকারী, সত্ত্বগুণ। পু০ সূর্য। Manifester, revealer, the sun.

প্রকাশমূষা স্ত্রী [প্রকাশ+মূষা] স্বর্ণাদি গলাইবার পাত্রবিশেষ। A vessel for melting gold and other metals.

প্রকাশিত ত্রি০ [প্র+কাশ+ণিচ্‌—ক্ত] প্রকটিত, প্রকাশ-যুক্ত। Manifested, illuminated.

প্রকীর্ণ ত্রি০ [প্র+কৃ—ক্ত] বিক্ষিপ্ত, মিশ্রিত, উচ্ছৃঙ্খল। ক্লী০ চামর, গ্রন্থবিচ্ছেদ। Scattered, mixed, disordered ; chowry, miscellaneous chapter.

প্রকীর্ণক পু০ [প্রকীর্ণ+ক] অশ্ব। ক্লী০ চামর, গ্রন্থ-বিচ্ছেদ। Horse ; chowry, miscellaneous chapter.

প্রকীর্তি স্ত্রী০ [প্র+কীর্তি] মাহাত্ম্য সংকীর্তন। Laudation.

প্রকীর্তিত ত্রি০ [প্র+কীর্তিত] সম্যক্ কথিত। Proclaimed.

প্রকৃত ত্রি০ [প্র+কৃ—ক্ত] প্রক্রান্ত, আরব্ধ, প্রস্তাবিত। পু০ ঋষিবিশেষ। Begun, commenced, proposed, name of a sage.

প্রকৃতি স্ত্রী০ [প্র+কৃ—ক্তিচ্‌] স্বভাব, লিঙ্গ, যোনি, সাংখ্য শাস্ত্রোক্ত সত্ত্ব, রজ ও তমোগুণের সাম্যাবস্থা, শক্তি, যোষিৎ, পরমাত্মা, আকাশাদি পঞ্চমহাভূত, করণজন্তু, মাতা, মায়া, শিল্পী। Nature, the male or female organ of generation, woman, the equilibrium of the three gunas, mother.

প্রকৃতিজ ত্রি০ [প্রকৃতি+জন—ড] স্বভাবজ। Natural.

প্রকৃতিসম্ভব ত্রি০ [প্রকৃতি+সম্ভব] প্রকৃতি হইতে উৎপন্ন, প্রকৃতিতে অঙ্গাঙ্গিভাবে স্থিত। Born or produced from nature.

প্রকৃতিস্থ ত্রি০[প্রকৃতি+স্থা—ক] স্বভাবস্থিত, অবিকৃত। One in a natural state, untarnished.

প্রকৃষ্ট ত্রি০ [প্র+কৃষ্—ক্ত] উৎকর্ষযুক্ত। Excellent.

প্রকৢপ্ত ত্রি০ [প্র+ক্লৃপ—ক্ত] রচিত, সম্ভূত। Prepared, made ready.

প্রকোপ পু০ [প্র+কুপ—ঘঞ্] অত্যন্ত কোপ, উৎকটতা। Rage, fury, excess.

প্রকোপন ক্লী০ [প্র+কুপ—ল্যুট্] প্রকুপিত করা, বর্ধন। Enraging.

প্রকোষ্ঠ পু০ [প্র+কোষ্ঠ] কনুই হইতে মণিবন্ধ পর্যন্ত হস্তাবয়ব, দ্বারের পার্শ্বস্থ গৃহ। Forearm, the room near the gate.

প্রক্রম পু০ [প্র+ক্রম—ঘঞ্] উপক্রম, প্রথমারম্ভ, অবসর। Beginning, leisure.

প্রক্রান্ত ত্রি০ [প্র+ক্রম—ক্ত] আরব্ধ, প্রকরণপ্রাপ্ত। Commenced, contextual.

প্রক্রিয়া স্ত্রী০ [প্র+কৃ—শ+টাপ্] প্রকরণ, অনুষ্ঠান, শব্দপ্রয়োগ সাধনাবস্থা, পক্ষ এবং প্রতিপক্ষের প্রবৃত্তি। Chapter or section, ceremony, etymological formation.

প্রক্বণ পু০ [প্র+ক্বণ—অপ্], **প্রক্বাণ** পু০ [প্র+ক্বণ—ঘঞ্] বীণাদির শব্দ। The sound of lute or lyre.

প্রক্ষালন ক্লী০ [প্র+ক্ষাল—ল্যুট্] ধৌতকরণ। Washing, cleansing.

প্রক্ষালিত ত্রি০ [প্র+ক্ষাল—ক্ত] ধৌত। Washed, cleansed.

প্রক্ষিপ্ত ত্রি০ [প্র+ক্ষিপ—ক্ত] নিক্ষিপ্ত, অন্তর্নিবেশিত। Thrown, interpolated.

প্রক্ষেপ পু০ [প্র+ক্ষিপ—ঘঞ্] নিক্ষেপ, অর্পণ, বিন্যাস। Throwing, depositing.

প্রক্ষেপণ ক্লী০ [প্র+ক্ষিপ—ল্যুট্] নিক্ষেপ। Throwing.

প্রক্ষ্বেডন পু০ [প্র+ক্ষ্বেড—ল্যুট্] নারাচ অস্ত্র, কোলাহল। Iron arrow, clamour.

প্রখর ত্রি০ [প্র+খর] অত্যুষ্ণ, তীক্ষ্ণ, তীব্র। পু০ অশ্বতর, কুকুর। Very hot, pungent, sharp ; mule, dog.

প্রখ্য ত্রি০ [প্র+খ্যা—ক] তুল্য, খ্যাত। Like, known.

প্রখ্যা স্ত্রী০ [প্র+খ্যা—অঙ্+টাপ্] খ্যাতি, সাদৃশ্য। Fame, celebrity, resemblance.

প্রখ্যাত ত্রি০ [প্র+খ্যা—ক্ত] সুপ্রসিদ্ধ। Renowned.

প্রগণ্ড পু০ [প্র+গণ্ড—অচ্] কূর্পরাবধি স্কন্ধ পর্যন্ত বাহুভাগ। Upper part of the arm from the elbow to the shoulder.

প্রগণ্ডী স্ত্রী০ [প্রগণ্ড+ঙীষ্] দুর্গপ্রাকার ভিত্তি। The base of the wall of a fort.

প্রগল্‌ভ ত্রি০, [প্র+গল্‌ভ—অচ্] প্রত্যুৎপন্নমতি, প্রতিভা-যুক্ত, নায়কবিশেষ। স্ত্রী০ প্রগল্‌ভা—নায়িকা-বিশেষ। Ready-witted, talented, a class of heroine.

প্রগল্‌ভতা স্ত্রী০ [প্রগল্‌ভ+তল্+টাপ্] ঔদ্ধত্য, উৎসাহ। Intrepidity, energy.

প্রগাঢ ত্রি০ [প্র+গাহ—ক্ত] অধিক, নিবিড়, দৃঢ়। Excessive, profound firm.

প্রগুণ ত্রি০ [প্র+গুণ] অনুকূল, সরল, দক্ষ। Favourable straight, skilful.

প্রগুণিত ত্রি০ [প্রগুণ+ক্ত] মসৃণীকৃত, সরলীকৃত, বিন্যাসবিশেষের দ্বারা গুণীকৃত। Made smooth, made straight, multiplied by means of special arrangement.

প্রগৃহ্য পু০, ক্লী০ [প্র+গ্রহ–ক্যপ্] ব্যাকরণে পরিভাষাবিশেষ। A technical term in Sanskrit grammar.

প্রগে অব্য০ [প্র+প্রগৈ–কে] অতি প্রত্যূষে। Very early in the morning.

প্রগেতন ত্রি০ [প্রগে+টুত্র] প্রাভাতিক। Relating to early morning.

প্রগ্রহ পু০ [প্র+গ্রহ–অপ্] তুলাসূত্র, বল্‌গা, নিয়মন, ভুজ, কর্ণিকার বৃক্ষ। [প্র+গ্রহ–অচ্] বিষ্ণু। Cord of a balance, bridle, restraint; Viṣṇu.

প্রগ্রাহ পু০ [প্র+গ্রহ–ঘঞ্] তুলাসূত্র, অশ্বাদির সংযমন রজ্জু। Balance-string, rein.

প্রগ্রীব [ক] পু০, ক্লী০, [প্র+গ্রীবা(+ক)] বারান্দা, বাতায়ন, বৃক্ষশীর্ষ। ত্রি০ প্রকৃষ্টগ্রীবাযুক্ত। Portico, window; one having a nice neck.

প্রঘণ পু০ [প্র+হন–অপ], **প্রঘাণ** পু০ [প্র+হন–ঘঞ্] অলিন্দ, প্রকোষ্ঠ, লৌহমুদ্‌গর। Portico, iron-mace.

প্রঘস পু০ [প্র+অদ্–অপ্] প্রকৃষ্ট ভক্ষণ, রাক্ষসবিশেষ। ত্রি০ অতিভোজনকারী। Voracity, a demon; voracious.

প্রচক্র ক্লী০ [প্র+চক্র] চলমান সৈন্য। A moving army.

প্রচণ্ড ত্রি০ [প্র+চণ্ড] দুর্ধর্ষ, দুর্বহ, প্রতাপান্বিত। পু০ শ্বেত করবীর পুষ্প। Terrible, intolerable; a kind of flower.

প্রচণ্ডা স্ত্রী০ [প্রচণ্ড+টাপ্] দুর্গার অষ্টনায়িকাবিশেষ। A form of goddess Durgā.

প্রচয় পু০ [প্র+চি–অচ্] চয়ন, সমূহ, উপচয়। Plucking, multitude, growth.

প্রচর পু০ [প্র+চর–অপ্] পথ, প্রসিদ্ধি। Path, usage.

প্রচরদ্রূপ ত্রি০ [প্রচরত্+রূপ] প্রচলিত। Moving.

প্রচলক পু০ [প্র+চল–বুন্] কীটবিশেষ। A kind of insect.

প্রচলাক পু০ [প্র+চল–আকন্] ময়ূরপুচ্ছ, সর্প, শরাঘাত। Peacock's tail, snake.

প্রচলাকিন্ পু০ [প্রচলাক+ইনি] ময়ূর। Peacock.

প্রচলায়িত ত্রি০ [প্রচলায়–ক্ত] ঘূর্ণিত। Rolling.

প্রচলিত ত্রি০ [প্র+চল–ক্ত] প্রস্থিত। Set in motion.

প্রচীয়মান ত্রি০ [প্র+চি–শানচ্] বৃদ্ধিশীল। Increasing.

প্রচুর ত্রি০ [প্র+চুর–ক] বহুল, প্রভূত। পু০ চৌর। Ample, abundant; thief.

প্রচেতস্ পু০ [প্র+চিত–অসুন্] বরুণ, মুনিবিশেষ। ত্রি০ প্রকৃষ্টহৃদয়, প্রকৃষ্টজ্ঞানযুক্ত। An epithet of Varuṇa, name of a sage; good-hearted.

প্রচেতিত ত্রি০ [প্র+চিত+ণিচ্–ক্ত] জ্ঞাত। Known.

প্রচেয় ত্রি০ [প্র+চি–যত্] বর্ধনীয়, চয়নীয়, গ্রাহ্য। To be increased or collected.

প্রচোদিত ত্রি০ [প্র+চুদ+ণিচ্–ক্ত] প্রণোদিত। Urged.

প্রচ্ছক ত্রি০ [প্রচ্ছ–ণ্বুল্] প্রষ্টা। Inquirer.

প্রচ্ছদ পু০ [প্র+ছদ+ণিচ্–ঘ] আবরণবস্ত্র, আচ্ছাদন। Wrapper, covering.

প্রচ্ছন্ন ক্লী০ [প্র+ছদ–ক্ত] গুপ্তদ্বার, অন্তর্দ্বার। ত্রি০ আচ্ছন্ন। A private door; covered, concealed.

প্রচ্ছর্দিকা স্ত্রী০ [প্র+ছর্দ–ণ্বুল্+টাপ্] বমনরোগ। Vomiting.

প্রচ্ছাদন ক্লী০ [প্র+ছদ–ণিচ্+ল্যুট্] উত্তরীয় বস্ত্র, আচ্ছাদন। Upper garment, covering.

প্রচ্ছায় ক্লী০ [প্র+ছায়া] প্রকৃষ্ট ছায়া। Thick shade.

প্রজ পু০ [প্র+জন–ড] পতি, স্বামী। Husband.

প্রজন পু০ [প্র+জন–ঘঞ্] প্রজনন, গর্ভগ্রহণ। Procreating.

প্রজনন ক্লী০ [প্র+জন–ল্যুট্] যোনি, জন্ম। ত্রি০ [প্র+জন–ল্যু] জনক। The male or female organ of generation, birth; generator.

প্রজব পু০ [প্র+জব] প্রকৃষ্ট বেগ। High speed.

প্রজবিন্ ত্রি০ [প্র+জু–ইনি] প্রকৃষ্ট বেগযুক্ত। One with a high speed.

প্রজা স্ত্রী০ [প্র+জন–ড+টাপ্] সন্ততি, জন। Offspring, people.

প্রজাত ত্রি০ [প্র+জন–ক্ত] প্রসূত, উৎপন্ন। পু০ অশ্ববিশেষ। Produced, born; a class of horse.

প্রজান্তক পু০ [প্রজা+অন্তক] যম। An epithet of Yama.

প্রজাপতি পু০ [প্রজা+পতি] ব্রহ্মা, দক্ষ, জামাতা, সূর্য, বহ্নি, ত্বষ্টা, বিষ্ণু, যজ্ঞ, কীটবিশেষ। An epithet of Brahmā, son-in-law, the sun, fire.

প্রজাপতিব্রত ক্লী০ [প্রজাপতি+ব্রত] বিবাহবিশেষ। A form of marriage.

প্রজাপাল পু০ [প্রজা+পাল] রাজা, প্রজাপতি। King, sovereign.

प्रजावती स्त्री० [प्रजा+मतुप्+ङीप्] সন্তানবতী। Mother.

प्रजासृज् पु० [प्रजा+सृज-क्विप्] বিধাতা, পিতা। Creator, father.

प्रजुष्ट त्रि० [प्र+जुष-क्त] আসক্ত, প্রবৃত্ত। Attached.

प्रजेश पु० [प्रजा+ईश], **प्रजेश्वर** पु० [प्रजा+ईश्वर] রাজা। King.

प्रज्ञ त्रि० [प्र+ज्ञा-क] প্রকৃষ্টজ্ঞানযুক্ত। Wise.

प्रज्ञा स्त्री० [प्र+ज्ञा-अङ्+टाप्] বুদ্ধি, প্রকৃষ্ট জ্ঞান, সরস্বতী। Wisdom, learning.

प्रज्ञाचक्षुस् पु० [प्रज्ञा+चक्षुस्] ধৃতরাষ্ট্র। क्ली० জ্ঞানরূপ নেত্র। An epithet of Dhṛtarāṣṭra; the eye of wisdom, the inner eye.

प्रज्ञान क्ली० [प्र+ज्ञा-ल्युट्] বুদ্ধি, চিহ্ন। पु० [प्र+ज्ञान+अच] পণ্ডিত। Knowledge ; learned.

प्रज्ञावाद पु० [प्रज्ञा+वाद] পণ্ডিতগণের বচন। The words of wise men.

प्रज्ञु त्रि० [प्र+जानु] বিরলজানুযুক্ত। Bowlegged.

प्रज्वलित त्रि० [प्र+ज्वल-क्त] প্রদীপ্ত। Burning, blazing.

प्रडीन क्ली० [प्र+डी-क्त] পক্ষীর গতিবিশেষ। The flight of a bird.

प्रणत त्रि० [प्र+नम-क्त] কৃতপ্রণাম, নম্র। Saluting, humble.

प्रणति स्त्री० [प्र+नम-क्तिन्] প্রণাম, নম্রতা, ধনু। Salutation, humility, bow.

प्रणय पु० [प्र+नी-अच्] প্রেম, প্রার্থনা, বিশ্বাস, নির্বাণ। Love, entreaty, confidence.

प्रणयन क्ली० [प्र+नी-ल्युट्] উত্তমরূপে নয়ন, নির্মাণ, অগ্নির সংস্কারবিশেষ। Carrying properly, executing, purifying the fire.

प्रणयिन् त्रि० [प्रणय+इनि] প্রণয়যুক্ত। पु० স্বামী। स्त्री० प्रणयिनी—ভার্যা। Loving ; husband ; wife.

प्रणव पु० [प्र+नु-अप्] ওঁকার, সামের অবয়ববিশেষ, পরমেশ্বর। The sacred syllable 'Om', the Supreme Self.

प्रणाद पु० [प्र+नद-घञ्] তারস্বর, মহাধ্বনি, কর্ণরোগবিশেষ। Loud noise, a disease of the ear.

प्रणाम पु० [प्र+नम-घञ्] প্রণতি। Salutation.

प्रणाय्य त्रि० [प्र+नी-ण्यत्] প্রিয়, প্রীতির যোগ্য, বিরক্ত, অভিলাষবর্জিত, সাধু, চৌর। Dear, beloved, indifferent. honest.

प्रणाल पु० [प्र+नल-घञ्] জলনির্গমপথ। Water-course.

प्रणाली स्त्री० [प्रणाल+ङीप्] জলনির্গমনমার্গ, পরম্পরা। Water-course, succession.

प्रणाश पु० [प्र+नश-घञ्] মৃত্যু, পলায়ন। Death, flight.

प्रणिधान क्ली० [प्र+नि+धा-ल्युट्] প্রযত্ন অভিনিবেশ, ভক্তিবিশেষ, অর্পণ, কর্মফলত্যাগ। Effort, attention, profound meditation or devotion.

प्रणिधि पु० [प्र+नि+धा-कि] গুপ্তচর, অনুচর, যাচ্ঞা, অবধান। Spy, follower, solicitation, attention.

प्रणिपात पु० [प्र+नि+पत-घञ्] প্রণাম, সাষ্টাঙ্গ প্রণাম। Obeisance, prostration.

प्रणिहित त्रि० [प्र+नि+धा-क्त] প্রাপ্ত, স্থাপিত, সমাহিত। Obtained, deposited, concentrated.

प्रणीत त्रि० [प्र+नी-क्त] নির্মিত, ক্ষিপ্ত, নিবেশিত, বিহিত, মন্ত্রদ্বারা সংস্কৃত। पु० যজ্ঞে সংস্কৃত অগ্নি। Made, exempted, prescribed ; fire consecrated in a sacrifice.

प्रणुन्न त्रि० [प्र+नुद-क्त] কম্পিত, প্রেরিত। Shaken, driven.

प्रणेय त्रि० [प्र+नी-यत्] বশ্য, প্রাপণীয়, কৃতলৌকিকসংস্কার। Submissive, to be accomplished.

प्रणोदित त्रि० [प्र+नुद+णिच्-क्त] নিয়োজিত, প্রেরিত। Applied, directed.

प्रतति स्त्री० [प्र+तन-क्तिन्] বিস্তার, লতা। Extension, creeper.

प्रतन त्रि० [प्र+ट्य] পুরাতন। Ancient.

प्रतप्त त्रि० [प्र+तप्त] উত্তপ্ত, ক্লিষ্ট। Heated, tormented.

प्रतल क्ली० [प्र+तल] পাতালবিশেষ। पु० বিস্তৃত অঙ্গুলিবিশিষ্ট পাণি। One of the seven divisions of the lower world, the open hand with the fingers extended.

प्रतान पु० [प्र+तन-घञ्] বিস্তার, ঋষিবিশেষ, তন্তুযুক্ত। Extension, name of a sage.

प्रतानिनी स्त्री० [प्र+तन-णिनि+ङीप्] বিস্তীর্ণ, বিস্তারবতী লতা। Extending, a spreading creeper.

प्रताप पु० [प्र+तप-घञ्] নৃপতির কোষদণ্ডজনিত তেজ, তাপ, অর্কবৃক্ষ। Kingly power, heat.

প্রতাপন পু০ [প্র+তপ+ণিচ্‌-ল্যু] নরকবিশেষ, বিষ্ণু। ত্রি০ তাপক, পীড়ক। Name of a hell; burning, tormenting.

প্রতারক ত্রি০ [প্র+তৃ+ণিচ্‌-ণ্বুল্‌] বঞ্চক, ধূর্ত। Cheat, impostor.

প্রতারণ ক্লী০ [প্র+তৃ+ণিচ্‌-ল্যুট্‌] বঞ্চন। স্ত্রী০ প্রতারণা [প্র+তৃ+ণিচ্‌-যুচ্‌+টাপ্‌] বঞ্চনা। Cheating; deceiving.

প্রতারিত ত্রি০ [প্র+তৃ+ণিচ্‌-ক্ত] বঞ্চিত। Cheated.

প্রতি অব্য০ [প্রথ-উতি] ব্যাপ্তি, প্রতিদান, নিন্দা, প্রতিনিধীকরণ, নিশ্চয়, অল্প, ব্যাবৃত্তি, লক্ষণ, আভিমুখ্য, স্বভাব। A particle signifying extension, return, censure, certainty etc.

প্রতিকর্মন্‌ ক্লী০ [প্রতি+কর্মন্‌] প্রসাধন। Toilet.

প্রতিকশ পু০ [প্রতি+কশ-অচ্‌] সহায়, বার্তাহর, পুরোগামী। Helper, messenger.

প্রতিকায় পু০ [প্রতি+চি-ঘঞ্‌] প্রতিরূপক, লক্ষ্য। Effigy, target.

প্রতি[তী]কার পু০ [প্রতি+কৃ-ঘঞ্‌] বৈরনির্যাতন, শোধন, চিকিৎসা। Oppressing the enemy, repair, remedy.

প্রতি[তী]কাশ ত্রি০ [প্রতি+কশ-ঘঞ্‌] সদৃশ। Similar.

প্রতিকূল ত্রি০ [প্রতি+কূল] বিরুদ্ধপক্ষাবলম্বী। ক্লী০ বিপরীত-আচরণ। Opponent; unfavourable act.

প্রতিকৃতি স্ত্রী০ [প্রতি+কৃ-ক্তিন্‌] প্রতিমা, সাদৃশ্য, প্রতিনিধি, প্রতিকাশ। Image, likeness.

প্রতিকৃষ্ট ত্রি০ [প্রতি+কৃষ-ক্ত] নিকৃষ্ট, দুইবার কৃষ্ট ক্ষেত্রাদি। Worse, twice-tilled ground.

প্রতিক্রিয়া স্ত্রী০ [প্রতি+ক্রিয়া] প্রতীকার। Remedy, retaliation.

প্রতিক্ষণ ক্লী০, অব্য০ [প্রতি+ক্ষণ] ক্ষণে ক্ষণে। Every moment.

প্রতিক্ষিপ্ত ত্রি০ [প্রতি+ক্ষিপ-ক্ত] প্রেরিত, বারিত, বাধিত, তিরস্কৃত। Thrown, turned away, repelled, repulsed.

প্রতিগর্জন ক্লী০ [প্রতি+গর্জন], **প্রতিগর্জিত** ক্লী০ [প্রতি+গর্জিত] প্রতিকূলে গর্জন। Roaring against.

প্রতিগ্রহ পু০ [প্রতি+গ্রহ-অপ্‌] স্বীকার, সৈন্যপৃষ্ঠ, প্রতিকূল গ্রহ। Acceptance, rear of an army.

প্রতিগ্রাহিত ত্রি০ [প্রতি+গ্রহ+ণিচ্‌-ক্ত] স্বীকারিত। Made to accept.

প্রতিঘ পু০ [প্রতি+হন-ড] প্রতিঘাত, কোপ, মূর্ছা। Opposition, wrath, fainting.

প্রতি[তী]ঘাত পু০ [প্রতি+ঘাত] মারণ, বিঘাত। Killing, blow in return.

প্রতিঘাতন [প্রতি+ঘাতন] বধ, বাধা। Killing, repulsing.

প্রতিচ্ছন্দস্‌ ত্রি০ [প্রতি+ছন্দস্‌] অভিপ্রায়ানুরূপ, প্রতিরূপ, অনুরোধ। According to desire, likeness.

প্রতিচ্ছন্ন ত্রি০ [প্রতি+ছন্ন] আচ্ছন্ন। Covered.

প্রতিচ্ছায়া স্ত্রী০ [প্রতি+ছায়া] প্রতিমা, সাদৃশ্য। Image, likeness.

প্রতিজাগর পু০ [প্রতি+জাগর] কার্যার্থ জাগরণ। Watchfulness.

প্রতিজিহ্বা [প্রতি+জিহ্বা] আলজিভ্‌। Uvula.

প্রতিজ্ঞা স্ত্রী০ [প্রতি+জ্ঞা-অঙ্‌+টাপ্‌] অঙ্গীকার, ন্যায়শাস্ত্রে পঞ্চাঙ্গ ন্যায়াবয়ববিশেষ। Promise, a proposition to be proved in logic.

প্রতিজ্ঞান ক্লী০ [প্রতি+জ্ঞা-ল্যুট্‌] কর্তব্যরূপে অবধারণ, অঙ্গীকার। Affirmation, acknowledgement.

প্রতিজ্ঞাত ত্রি০ [প্রতি+জ্ঞা-ক্ত] অঙ্গীকৃত। ক্লী০ অঙ্গীকার। Promised; promise.

প্রতিদান ক্লী০ [প্রতি+দান] বিনিময়, প্রত্যর্পণ, তুল্যরূপ দান। Exchange, restoration.

প্রতিদিন ক্লী০, অব্য০ [দিন+দিন] প্রত্যহ। Daily.

প্রতিদ্বন্দ্বিন্‌ ত্রি০ [প্রতি+দ্বন্দ্ব+ইনি] প্রতিপক্ষ, শত্রু। Adversary, enemy.

প্রতিধ্বনি পু০ [প্রতি+ধ্বনি], **প্রতিধ্বান** পু০ [প্রতি+ধ্বন-ঘঞ্‌] প্রতিশব্দ। Echo.

প্রতিধ্বনিত ত্রি০ [প্রতি+ধ্বন-ক্ত], **প্রতিধ্মাত** ত্রি০ [প্রতি+ধ্মা-ক্ত] প্রতিশব্দিত। ক্লী০ প্রতিশব্দ। Reverberated.

প্রতিনন্দন ক্লী০ [প্রতি+নন্দন] অভিনন্দন, প্রশংসা। Greeting, congratulating.

প্রতিনব ত্রি০ [প্রতি+নব] নূতন। New.

প্রতিনিধি পু০ [প্রতি+নি+ধা-কি] প্রতিরূপ, তুল্যরূপ। Representative, resembling.

প্রতিনিবৃত্ত ত্রি০ [প্রতি+নি+বৃত-ক্ত] প্রত্যাগত। Returned.

প্রতিনিশ ক্লী০, অব্য০ [নিশা+নিশা] প্রতিরাত্র। Every night.

প্রতিপক্ষ পু০ [প্রতি+পক্ষ] বিরুদ্ধপক্ষ। ত্রি০ শত্রু, সদৃশ। Opponent; enemy.

প্রতিপত্তি স্ত্রী০ [প্রতি+পদ–ক্তিন্] প্রবৃত্তি, গৌরব, প্রাপ্তি, কর্তব্যতাজ্ঞান। প্রগল্‌ভতা। Undertaking, honour, gaining sense of duty.

প্রতিপদ্ স্ত্রী০ [প্রতি+পদ–ক্বিপ্] তিথিবিশেষ, জ্ঞান, উপক্রম। The first day of a lunar fortnight, intelligence, beginning.

প্রতিপদ ক্লী০, অব্য০ [পদ+পদ] পদে পদে। At every step.

প্রতিপন্ন ত্রি০ [প্রতি+পদ–ক্ত] অবগত, স্বীকৃত, যুক্তির দ্বারা সমর্থিত। Known, accepted, acknowledged.

প্রতিপাদন ক্লী০ [প্রতি–পদ+ণিচ্+ল্যুট্] দান, বোধন, প্রতিপত্তি। Bestowing, explaining.

প্রতিপাদিত ত্রি০ [প্রতি+পদ+ণিচ্–ক্ত] সম্পাদিত, নিষ্পাদিত। Established, produced.

প্রতিপালক ত্রি০ [প্রতি+পালক] পোষক, রক্ষক। Protector.

প্রতিপাল্য ত্রি০ [প্রতি+পালি–যত্] পোষ্য। One to be protected.

প্রতিপ্রসব পু০ [প্রতি+প্র+সু–অপ্] নিষিদ্ধের পুনঃ-প্রাপ্তিসম্ভাবনা, পুনর্বিধান। Counter exception, exception to an exception.

প্রতিপ্রিয় ক্লী০ [প্রতি+প্রিয়] প্রত্যুপকার। A help in return.

প্রতিফল ক্লী০ [প্রতি+ফল–অচ্] কর্মানুরূপ ফল, প্রতিবিম্বন, অনুরূপ প্রতীকার। Retribution, reflection, retaliation.

প্রতিফলন ক্লী০ [প্রতি+ফল–ল্যুট্] প্রতিবিম্বন, সাদৃশ্য। Reflection, likeness.

প্রতিফলিত ত্রি০ [প্রতি+ফল–ক্ত] প্রতিবিম্বিত। Reflected.

প্রতিবদ্ধ ত্রি০ [প্রতি+বন্ধ–ক্ত] প্রতিরুদ্ধ, সামগ্রিক-রূপে সম্বদ্ধ। Hindered, inseparably connected.

প্রতিবন্ধ পু০ [প্রতি+বন্ধ–ঘঞ্] প্রতিরোধ, সম্বন্ধ। Obstruction, connection.

প্রতিবন্ধক ত্রি০ [প্রতি+বন্ধ–ণ্বুল্] ব্যাঘাতক, প্রতিরোধক। Impeding, obstructing.

প্রতিবন্ধি পু০ [প্রতি+বন্ধ–ইন্] প্রতিবন্ধবিশিষ্ট। Obstructed.

প্রতিবন্ধিন্ ত্রি০ [প্রতি+বন্ধ–ণিনি] প্রতিবন্ধক। Obstructing.

প্রতিবন্ধৃ ত্রি০ [প্রতি+বন্ধ–তৃচ্] প্রতিকূল, প্রতিবন্ধক। Unfavourable, impeding,

প্রতিবল পু০ [প্রতি+বল] শত্রু। ত্রি০ তুল্যবল। ক্লী০ সামর্থ্য। Enemy ; match ; strength.

প্রতিবোধ পু০ [প্রতি+বুধ–ঘঞ্] জাগরণ। [প্রতি+বুধ–অচ্] জ্ঞান। ত্রি০ জাগরিত। Awakening, knowledge ; awakened.

প্রতিবোধন ক্লী০ [প্রতি+বুধ–ল্যুট্] জাগরণ, স্ফুটন, প্রবোধ। Awakening, instructing.

প্রতিবোধিত ত্রি০ [প্রতি+বধ–ক্ত] জাগরিত, বোধিত। Awakened, instructed.

প্রতিভট পু০ [প্রতি+ভট] প্রতিদ্বন্দ্বী, প্রতিকুল পক্ষের সৈনিক। Adversary, a soldier of the opposite side.

প্রতিভয় ত্রি০ [প্রতি+ভয়] ভয়ঙ্কর, ভয়হেতু। ক্লী০ ভয়। Terrible ; fear.

প্রতিভা স্ত্রী০ [প্রতি+ভা–অঙ্+টাপ্] বুদ্ধি, প্রত্যুৎপন্নমতি, দীপ্তি। Intelligence, genius, splendour.

প্রতিভান ক্লীং০ [প্রতি+ভান] বুদ্ধি। Intellect.

প্রতিভূ পু০ [প্রতি+ভূ–ক্বিপ্] জামিন। A surety.

প্রতিম ত্রি০ [প্রতি+মা–ক] সদৃশ। Similar.

প্রতিমা স্ত্রী০ [প্রতি+মা–অঙ্+টাপ্] সাদৃশ্য, মৃত্তিকা প্রভৃতির দ্বারা নির্মিত দেবাদির মূর্তি। Similarity, an idol.

প্রতিমান ক্লী০ [প্রতি+মা–ল্যুট্] প্রতিবিম্ব, প্রতিমা, গজদন্তদ্বয়ের মধ্যবর্তী স্থান। An image, the space between the two tusks of an elephant.

প্রতিমাননা স্ত্রী০ [প্রতি+মা–যুচ+টাপ্] পূজা। Worship.

প্রতিমুক্ত ত্রি০ [প্রতি+মুক্ত] পরিহিত, পরিত্যক্ত। Put on, released.

প্রতিমুখ ত্রি০ [প্রতি+মুখ] অভিমুখ। ক্লী০ নাটকের সন্ধিবিশেষ। Facing ; the Epitasis of a drama.

প্রতিমূর্তি স্ত্রী০ [প্রতি+মূর্তি] দেবাদির মূর্তি, সদৃশ, প্রতিমা। An image.

প্রতিমোচন ক্লী০ [প্রতি+মুচ–ল্যুট্] বিমোচন। Release.

প্রতিযত্ন পু০ [প্রতি+যত–নঙ্] বাঞ্ছা, উপগ্রহ, নিগ্রহ, গুণান্তরাধান, সংস্কার, গ্রহণ, প্রতিগ্রহ। Wish, resistance, imparting a new quality, acceptance.

প্রতিযাত ত্রি০ [প্রতি+যা–ক্ত] প্রতিনিবৃত্ত। Refrained, returned.

প্রতিযাতনা স্ত্রী০ [প্রতি+যত–যুচ্–টাপ্] প্রতিকৃতি, তুল্যযাতনা। Image, picture.

প্রতিযোগিন্ ত্রি০ [প্রতি+যুজ–ঘিনুণ্] প্রতিপক্ষ, অভাববান্। Adversary, opponent.

প্রতিয়োজয়িতব্য ত্রি० [প্রতি+যুজ+ণিচ্–তব্য] যোজনীয়। To be joined or added.

প্রতিরুদ্ধ ত্রি० [প্রতি+রুধ–ক্ত] অবরুদ্ধ, নিবারিত। Impeded, hindered.

প্রতিরূপ ক্লী० [প্রতি+রূপ] তুল্যরূপ, প্রতিমা, দানবিশেষ। ত্রি० তুল্যরূপযুক্ত। Likeness, image ; similar.

প্রতিরোধ পু० [প্রতি+রুধ–ঘঞ্] নিরোধ, প্রতিবন্ধ, তিরস্কার, ন্যায়শাস্ত্রে হেতুবিশেষ, হঠচৌর্য। Obstruction, censure, a daring theft.

প্রতিরোধক পু० [প্রতি+রুধ–ণ্বুল্], **প্রতিরোধিন্** ত্রি० [প্রতি+রুধ–ণিনি] প্রতিবন্ধক, হঠচোর। Obstacle, a robber.

প্রতিরোধিত ত্রি० [প্রতি+রুধ+ণিচ্–ক্ত] নিবারিত, ব্যাহত। Impeded, thwarted.

প্রতিলোম ত্রি० [প্রতি+লোমন্] প্রতিকূল, বাম, বিপরীত। Hostile, contrary.

প্রতিলোমজ ত্রি० [প্রতি+লোমন্+জন+ড] বিবাহবিশেষজাত। Born in the inverse order of the castes.

প্রতিবচন ক্লী० [প্রতি+বচন], **প্রতিবচস্** [প্রতি+বচস্], **প্রতিবাক্য** [প্রতি+বাক্য], **প্রতিবাচিক** [প্রতি+বাচিক] প্রত্যুত্তর, প্রতিকূল বাক্য, সমানার্থক বাক্য, প্রতিধ্বনি। Reply, echo.

প্রতিবস্তূপমা স্ত্রী० [প্রতিবস্তু+উপমা] অর্থালঙ্কারবিশেষ। A kind of figure of speech.

প্রতিবাত পু० [প্রতি+বাত] বায়ুবিশেষ। অব্য० বায়ুপ্রবাহের বিপরীত মুখে। A contrary wind ; against the wind.

প্রতি[তী]বাদ পু० [প্রতি+বদ–ঘঞ্] প্রত্যুক্তি। Rejoinder, answer.

প্রতিবাদিন্ ত্রি० [প্রতি+বদ–ণিনি] বিপক্ষ, প্রত্যর্থী। Opponent, defendant.

প্রতিবাসর ক্লী०, অব্য० [প্রতি+বাসর] প্রত্যহ। Daily.

প্রতিবাসিন্ ত্রি० [প্রতি+বস–ণিনি] গৃহের নিকটস্থ অন্য গৃহস্থ। Neighbour.

প্রতিবিধান ক্লী० [প্রতি+বি+ধা–ল্যুট্] প্রতিকার। Remedy.

প্রতিবিম্ব পু०, ক্লী० [প্রতি+বিম্ব] দর্পণাদিগত, অনুরূপ প্রতিকৃতি, উপমান। Reflection, image, likeness.

প্রতিবিম্বন ক্লী० [প্রতি+বিম্ব–ল্যুট্] অনুকরণ, স্বচ্ছপদার্থে অনুরূপ আকৃতি, প্রতিফলন। Imitation. reflection,

প্রতিবিম্বিত ত্রি० [প্রতিবিম্ব+ইতচ্] প্রতিফলিত। Reflected.

প্রতিবিহিত ত্রি० [প্রতি+বি+ধা–ক্ত] সজ্জিত, প্রতিকৃত। Arrayed, remedied.

প্রতি[তী]বেশ পু० [প্রতি+বিশ–ঘঞ্]নিকটস্থ প্রতিবাসিগৃহ। Neighbouring house.

প্রতিবেশিন্ ত্রি० [প্রতি+বিশ–ণিনি] প্রতিবাসী। Neighbour.

প্রতিশব্দ পু० [প্রতি+শব্দ] প্রতিধ্বনি। Echo.

প্রতিশয পু० [প্রতি+শী–অচ্], **প্রতিশয়ন** ক্লী० [প্রতি+শী–ল্যুট্] অভীষ্টলাভের জন্য দেবতার প্রত্যাদেশের প্রতীক্ষায় স্নানভোজনাদি বর্জনপূর্বক শয়ন, হত্যা দেওয়া। The act of lying down without food and drink before a deity to secure a desired end.

প্রতিশয়িত ত্রি० [প্রতি+শী–ক্ত] যে হত্যা অথবা ধর্না দেয়। One who lies down without food and drink before a deity to secure a desired end.

প্রতিশাসন ক্লী० [প্রতি+শাস–ল্যুট্] ভৃত্যাদির নিয়োগ। Giving orders to subordinates.

প্রতিশীর্ষ পু० [প্রতি+শীর্ষ] প্রতিনিধি। Representative.

প্রতিশীর্ষক ক্লী० [প্রতিশীর্ষ+ক] মূল্য, নিষ্ক্রয়। Price.

প্রতিশ্রয পু० [প্রতি+শ্রি–অচ্] যজ্ঞগৃহ, সভা, আশ্রয়, গৃহ। Sacrificial chamber, shelter, house.

প্রতিশ্রব পু० [প্রতি+শ্রু–অপ্] স্বীকার, প্রতিধ্বনি। Assent, an echo.

প্রতিশ্রবণ ক্লী० [প্রতি+শ্রু–ল্যুট্] অঙ্গীকার। শ্রবণানুগত। A promise.

প্রতিশ্রুত্ স্ত্রী० [প্রতি+শ্রু–ক্বিপ্] প্রতিশব্দ, প্রতিধ্বনি। An echo.

প্রতিশ্রুত ত্রি० [প্রতি+শ্রু–ক্ত] অঙ্গীকৃত। Promised.

প্রতিষিদ্ধ ত্রি० [প্রতি+সিধ–ক্ত] নিষিদ্ধ। Forbidden.

প্রতিষেধ পু० [প্রতি+সিধ–ঘঞ্] নিষেধ, অর্থালঙ্কারবিশেষ। Prohibition, a figure of speech.

প্রতিষ্কষ ত্রি० [প্রতি+কষ–অচ্] চর্মরজ্জু। Leathern rope.

প্রতিষ্টম্ভ পু० [প্রতি+স্তম্ভ–ঘঞ্] প্রতিবন্ধ, ক্রিয়ারাহিত্যোৎপাদন। Obstruction, making immobile.

প্রতিষ্ঠা স্ত্রী০ [প্রতি+স্থা–অঙ্+টাপ্] ক্ষিতি, স্থান গৌরব, সংস্কারবিশেষ, স্থৈর্য, যাগাদির সমাপ্তিতে করণীয় অনুষ্ঠানবিশেষ। The earth, position, glory, stability.

প্রতিষ্ঠান ক্লী০ [প্রতি+স্থা–ল্যুট্] ব্রতাদির সমাপ্তিতে করণীয় অনুষ্ঠান, আশ্রয়বিশেষ, সংস্কারবিশেষ, খ্যাতি, নগরবিশেষ। Performance of a rite, a town.

প্রতিষ্ঠাপিত ত্রি০ [প্রতি+স্থা+ণিচ্–ক্ত] অর্পিত, সংস্থাপিত। Offered, established.

প্রতিষ্ঠিত ত্রি০ [প্রতিষ্ঠা+ইতচ্] বিখ্যাত, বদ্ধমূল, স্থাপিত, সম্মানিত। পুং০ বিষ্ণু। Famous, deep-rooted, established, celebrated; an epithet of Viṣṇu.

প্রতিসংবিধান ক্লী০ [প্রতি+সংবিধান] প্রতিবিধান। Prevention.

প্রতিসংহার পুং০ [প্রতি+সম্+হৃ–ঘঞ্] নিবর্তন, প্রত্যাকর্ষণ। Desisting, withdrawing.

প্রতিসংহৃত ত্রি০ [প্রতি+সম্+হৃ–ক্ত] নিবর্তিত, অনুরুদ্ধ। Taken back, comprehended.

প্রতিসংখ্যা স্ত্রী০ [প্রতি+সম্+খ্যা–অঙ্+টাপ্], **প্রতিসংখ্যান** ক্লী০ [প্রতি+সম্+খ্যা–ল্যুট্] সাংখ্যাদিসিদ্ধ জ্ঞানবিশেষ, প্রসংখ্যান। Consciousness.

প্রতিসর পুং০ [প্রতি+সৃ–অচ্] সেনার পশ্চাদ্ভাগ, হস্তসূত্র, মন্ত্রবিশেষ, মাল্য, ব্রণশোধন। পুং০, ক্লী০ ভূষণ। ত্রি০ নিয়োজ্য। The rear of an army, a charm, garland ; ornament.

প্রতিসর্গ পুং০ [প্রতি+সর্গ] মরীচিপ্রভৃতির সৃষ্টি, প্রলয়। Secondary creation, dissolution.

প্রতিসারিত ত্রি০ [প্রতি+সৃ+ণিচ্–ক্ত] পরিচালিত, দূরীকৃত, প্রবর্তিত, সংশোধিত। Directed, removed.

প্রতিসীরা স্ত্রী০ [প্রতি+সি–রক্+টাপ্] যবনিকা, অন্তঃপট, পর্দা। Screen, curtain.

প্রতিসূর্যক পুং০ [প্রতিসূর্য+ক] কৃকলাস, সূর্যপরিবেশ। Chameleon.

প্রতিসৃষ্ট ত্রি০ [প্রতি+সৃজ–ক্ত] প্রেরিত, প্রত্যাখ্যাত। Despatched, rejected.

প্রতিহত ত্রি০ [প্রতি+হন–ক্ত] রুদ্ধ, নিরস্ত, প্রতিস্খলিত। ক্লী০ নিরাস। Obstructed, repulsed.

প্রতিহর্তৃ ত্রি০ [প্রতি+হৃ–তৃন্] পুনরাহরণকর্তা, ঋত্বিগ্‌বিশেষ। Repeller, a sacrificial priest.

প্রতিহন্তৃ ত্রি০ [প্রতি+হন–তৃচ্] নিবারক, বিনাশক। Repeller, remover.

প্রতিহস্তক পুং০ [প্রতি+হস্ত+কপ্] প্রতিনিধি। A representative, a delegate.

প্রতি[তী]হার পুং০ [প্রতি+হৃ–অণ্] দ্বারপাল, দ্বার, মায়াকার। Doorkeeper, door, juggler.

প্রতি[তী]হারিন্ পুং০ [প্রতি+হৃ–ণিনি] দ্বারপাল। Doorkeeper.

প্রতিহার্য ত্রি০ [প্রতি+হৃ–ণ্যত্] পরিহার্য। Fit to be abandoned.

প্রতিহিংসা স্ত্রী০ [প্রতি+হিংসা] বৈরশুদ্ধি। Revenge.

প্রতীক পুং০ [প্রতি+কন্] অবয়ব, প্রতিরূপ। ত্রি০ বিলোম। A limb image ; reverse.

প্রতীক্ষা স্ত্রী০ [প্রতি+ঈক্ষ–অঙ্+টাপ্] অপেক্ষা। Awaiting, expectation.

প্রতীক্ষ্য ত্রি০ [প্রতি+ঈক্ষ–ণ্যত্] পূজ্য, অপেক্ষণীয়। Venerable, to be waited for.

প্রতীচী স্ত্রী০ [প্রত্যচ্+ঙীপ্] পশ্চিমদিক্। The west.

প্রতীচীন ত্রি০ [প্রত্যচ্+খ], **প্রতীচ্য** ত্রি০ [প্রত্যচ্+যত্] প্রত্যগ্‌ভব, পশ্চিমদিগ্‌জাত, অন্তর্হিত। Subsequent, western.

প্রতীত ত্রি০ [প্রতি+ই–ক্ত] খ্যাত, জ্ঞাত, হৃষ্ট, সাদর। পুং০ বিশ্বদেবগণবিশেষ। Well-known, recognized, proved, pleased.

প্রতীতি স্ত্রী০ [প্রতি+ই–ক্তিন্] জ্ঞান, খ্যাতি, আদর, হর্ষ। Knowledge, fame, delight.

প্রতীপ ত্রি০ [প্রতি+অপ্+অচ্] প্রতিকূল। পুং০ চন্দ্রবংশীয় নৃপবিশেষ, অলঙ্কারবিশেষ। Contrary ; name of a king, a figure of speech.

প্রতীপদর্শিন্ ত্রি০ [প্রতীপ+দৃশ–ণিনি] প্রতিকূলদর্শক। One who has a contrary view.

প্রতীয়মান ত্রি০ [প্র+ই–শানচ্] জ্ঞায়মান, গম্য। Being known.

প্রতীর ক্লী০ [প্র+তীর–ক] তট। Shore, bank.

প্রতীষ্ট ত্রি০ [প্রতি+ইষ্ট] গৃহীত, অঙ্গীকৃত। Accepted, owned.

প্রতোদ পুং০ [প্র+তুদ–ঘঞ্] অশ্বাদির তাড়নদণ্ড, চাবুক। A long whip, goad.

প্রতোলী স্ত্রী০ [প্র+তুল–অচ্+ঙীষ্] রথ্যা, প্রসারিত পথ। Main road.

প্রত্ত ত্রি০ [প্র+দা–ক্ত] প্রদত্ত। Given, bestowed.

प्रत्न त्रि० [प्र+त्न] পুরাতন। Ancient, old.

प्रत्यक्ष त्रि०, अव्य० [प्रति+अक्षि-अच्] ইন্দ্রিয়গ্রাহ্য, ইন্দ্রিয়গত। क्ली० ইন্দ্রিয়জন্য জ্ঞান। Perceptible ; sense-perception.

प्रत्यक्षक्रिय त्रि० [प्रत्यक्ष+क्रिया] যে নাম ধাতু-প্রত্যয়ের অর্থ হইতে উৎপন্ন। A nominal stem derived from the etymology.

प्रत्यक्षावगम त्रि० [प्रत्यक्ष+अवगम] যাহার বোধ বা জ্ঞান প্রত্যক্ষ বা দৃষ্টফল। Of ocular evidence.

प्रत्यग्र त्रि० [प्रति+अग्र] নূতন, শোধিত। पु० বৃহদ্রথপুত্র নৃপবিশেষ। New, purified ; name of a king.

प्रत्यङ्ग क्ली० [प्रति+अङ्ग] অঙ্গের অঙ্গ, উপকরণ। Subordinate limb.

प्रत्यच्, प्रत्यञ्च् पु० [प्रति+अन्च-क्विप्] পশ্চিম দেশ, পশ্চিমকাল। त्रि० অন্তর্গত, আভ্যন্তরীণ। स्त्री० प्रतीची—পশ্চিম দিক্। The west.

प्रत्यङ्मुख त्रि० [प्रत्यच्+मुख] পশ্চিমাভিমুখ। West-facing.

प्रत्यनीक पु० [प्रति+अनीक] শত্রু, বিঘ্ন, প্রতিবাদী, অলঙ্কারবিশেষ। Enemy, obstacle.

प्रत्यन्त पु० [प्रति+अन्त] ম্লেচ্ছদেশ। त्रि० সন্নিকৃষ্ট। The country of the Mlechhas ; close, near.

प्रत्यभिज्ञा स्त्री० [प्रति+अभिज्ञा] স্মরণবিশেষ, দর্শন-শাস্ত্রবিশেষ। Recognition, name of a system of philosophy.

प्रत्यभियोग पु० [प्रति+अभियोग] অভিযোক্তার প্রতি অভিযোগ। Counter-charge.

प्रत्यय पु० [प्रति+इण-अच्] প্রামাণ্যে নিশ্চয়, বিশ্বাস, অধীন, শপথ, জ্ঞান, হেতু, ছিদ্র, আচার, খ্যাতি, স্বাহু। Conviction, trust, reputation.

प्रत्ययित त्रि० [प्रति+अय-क्त] আপ্ত, বিশ্বস্ত, প্রতিগত। Trusted, relied upon.

प्रत्यर्थिन् त्रि० [प्रति+अर्थ+णिनि] শত্রু, প্রতিবাদী। Enemy, rival.

प्रत्यर्थीभूत त्रि० [प्रति+अर्थ+च्वि+भू-क्त] বিপক্ষ-স্বরূপ। Become an obstacle.

प्रत्यर्पण क्ली० [प्रति+अर्पण] প্রতিদান, গৃহীত ধনাদির পুনরায় দান। Returning, restoring, refund.

प्रत्यर्पित त्रि० [प्रति+अर्पित] প্রতিদত্ত। Given back.

प्रत्यवसान क्ली० [प्रति+अव+सो-क्त] ভোজন। Eating.

प्रत्यवसित त्रि० [प्रति+अव+सो-क्त] ভুক্ত। Eaten.

प्रत्यवस्कन्द पु० [प्रति+अव+स्कन्द-घञ्] প্রত্যুত্তর-বিশেষ। A special plea.

प्रत्यवस्कन्दन क्ली० [प्रति+अव+स्कन्द-ल्युट्] প্রত্যর্থীর প্রত্যুত্তর। The opponent's reply.

प्रत्यवस्थातृ त्रि० [प्रति+अव+स्था-तृच्] প্রতিপক্ষ, শত্রু। Opponent, adversary.

प्रत्यवहार पु० [प्रति+अव+हृ-घञ्] সংহার, যুদ্ধে উদ্যত সৈন্যদের নিবারণ। Universal destruction, withdrawal of an army.

प्रत्यवाय पु० [प्रति+अव+इ-अच्] পাপ, বৈমত্যাচরণ। Sin, following contrary course.

प्रत्यवेक्षा स्त्री० [प्रति+अव+ईक्ष-अङ्+टाप्], **प्रत्यवेक्षण** क्ली० [प्रति+अव+ईक्ष-ल्युट्] পূর্বাপর আলোচন, অনুসন্ধান, বিচার, তত্ত্বানুসন্ধান। Cogitation, examining, search for reality.

प्रत्यवेक्ष्य त्रि० [प्रति+अव+ईक्ष-यत्] অনুসন্ধেয়, বিচার্য। Thing to be sought or probed into.

प्रत्यहम् अ० [प्रति+अहन्] প্রতিদিন। Daily.

प्रत्याख्यात त्रि० [प्रति+आ+ख्या-क्त] নিরাকৃত, অস্বীকৃত, দূরীকৃত। Refuted, refused, set aside.

प्रत्याख्यान क्ली० [प्रति+आ+ख्या-ल्युट्] নিরাকরণ, অস্বীকার। Refutation, disavowal.

प्रत्यागत त्रि० [प्रति+आ+गम-क्त] প্রতিনিবৃত্ত। Returning.

प्रत्याचार पु० [प्रति+आचार] প্রত্যাগমন। Return.

प्रत्यादिष्ट त्रि० [प्रति+आ+दिश-क्त] নিরস্ত, ত্যক্ত জ্ঞাপিত। Repulsed, rejected, informed.

प्रत्यादेश पु० [प्रति+आ+दिश-घञ्] নিরাকরণ, ভক্তাদির প্রতি অভীষ্টপূরণার্থ দেবাদেশ। Rejection, supernatural ordination.

प्रत्यानिनीषु त्रि० [पति+आ+नी+सन्-उ] প্রত্যানয়নে ইচ্ছুক। Desirous of bringing back.

प्रत्यापोऽशान क्ली० [प्रति+आपः+अशान] ভোজনান্তে গণ্ডুষজলদ্বারা অন্নের উপরি ও অধঃ আস্তরণ। A customary sprinkling of water indicating termination of meal.

प्रत्यालीढ क्ली०, त्रि० [प्रति+आ+लिह-क्त] দক্ষিণ-পাদ আকুঞ্চিত করিয়া বামপাদ অগ্রে প্রসারণপূর্বক উপবেশন। A particular posture for shooting.

प्रत्यावृत्त त्रि० [प्रति+आ+वृत-क्त] পুনরায় আগত। Returned.

प्रत्याशा স্ত্রী০ [प्रति+आशा] আকাঙ্ক্ষা। Desire.

प्रत्याश्वास পু০ [प्रति+आश्वास] পুনর্জীবন, স্বস্থতা, প্রত্যাশা। Revival, composure, hope.

प्रत्यासत्ति স্ত্রী০ [प्रति+आ+सद–क्तिन्] ন্যায়শাস্ত্রে সম্বন্ধবিশেষ, নৈকট্য। Analogy, close proximity.

प्रत्यासन्न ত্রি০ [प्रति+आ+सद–क्त] অতিনিকটস্থ, সম্বদ্ধ। Proximate, close.

प्रत्यासीदत् ত্রি০ [प्रति+आ+सीद–शतृ] যে নিকটবর্তী হইতেছে। Getting near.

प्रत्याहत ত্রি০ [प्रति+आ+हन–क्त] ব্যাহত, কুণ্ঠিত। Thwarted, baffled.

प्रत्याहरण ক্লী০ [प्रति+आ+हृ–ल्युट्] চিত্তাদির বিষয় হইতে নিবারণ, ফিরাইয়া লওয়া। Withholding the sense-organs from the external objects, taking back.

प्रत्याहार পু০ प्रति+आ+हृ–घञ् প্রত্যাহরণ, ব্যাকরণে সংজ্ঞাবিশেষ। Drawing back, a grammatical term.

प्रत्युक्त ত্রি০ [प्रति+वच–क्त] প্রতিভাষিত, প্রতিবাদ বাক্যের দ্বারা নিরাকৃত। Answered, refuted.

प्रत्युक्ति স্ত্রী০ [प्रति+वच–क्तिन्] প্রতিবচন। Reply.

प्रत्युत অব্য০ [प्रति+उत] বৈপরীত্য। On the contrary.

प्रत्युत्क्रम পু০, [प्रति+उत्+क्रम–घञ्] যুদ্ধোদ্যম, প্রধান প্রয়োজনের উদ্দেশ্যে অপ্রধান কর্মের আরম্ভ। Preparations for war, a secondary act tending to a main object.

प्रत्युत्क्रान्ति স্ত্রী০ [प्रति+उत्+क्रम–क्तिन्] যুদ্ধোদ্যোগ। Preparations for war.

प्रत्युत्तर ক্লী০ [प्रति+उत्तर] উত্তরের উত্তর। Reply.

प्रत्युत्थान ক্লী০ [प्रति+उद+स्था–ल्युट्] আগতের সম্মানার্থ উত্থান। Rising from one's seat to honour a visitor.

प्रत्युत्पन्नमति ত্রি০ [प्रति+उत्पन्नमति] উপস্থিতবুদ্ধিসম্পন্ন ব্যক্তি, প্রতিভান্বিত। স্ত্রী০ তৎকালোচিত বুদ্ধি। Possessed of presence of mind, ready-witted. sharp ; ready wit.

प्रत्युद्गत ত্রি০ [प्रति+उद्गत], **प्रत्युद्यात** ত্রি০ [प्रति+उद्यात] যাহাকে সম্মানপ্রদর্শনার্থ অগ্রে গমন করিয়া আনয়ন করা হইয়াছে। One who is accorded a reception by going forth as a mark of respect.

प्रत्युद्गमन ক্লী০ [प्रति+उद्+गम–ल्युट्] আগত ব্যক্তির সম্মানার্থ তদুদ্দেশে অগ্রে গমন। Going forth to accord a reception to a guest or visitor.

प्रत्युद्गमनीय ত্রি০ [प्रति+उद्+गम–अनीयर्] সমুপস্থানযোগ্য। ক্লী০ ধৌত বস্ত্রযুগল। Fit to be welcomed by going forth ; a clean pair of garments.

प्रत्युपकार পু০ [प्रति+उपकार] উপকারের প্রতিদান। A service in return.

प्रत्युप्त ত্রি০ [प्रति+उप्त] খচিত। Inlaid, studded.

प्रत्युष পু০ [प्रति+उष–क], **प्रत्यूष** পু০ [प्रति+ऊष–क] প্রভাত কাল। Early morning, dawn.

प्रत्युषस् [प्रति+उष–असुन्], **प्रत्यूषस्** ক্লী০ [प्रति+ऊष –असुन्] প্রভাত কাল। Early, morning, dawn.

प्रत्यूह পু০ [प्रति+ऊह–घञ्] বিঘ্ন। Impediment, obstacle.

प्रत्येक ক্লী০ [एक+एक] এক একে। Each.

प्रथन ক্লী০ [प्रथ–ल्युट्] বিস্তার। Extension, spreading.

प्रथम ক্লী০ [प्रथ+अमच्] প্রধান, আদ্য। পু০ প্রথম পুরুষ। অব্য০ প্রথমতঃ। Foremost, first ; (third) person ; firstly.

प्रथमज ত্রি০ [प्रथम+जन–ड] পূর্বজাত, প্রথমগর্ভজাত। First-born.

प्रथा স্ত্রী০ [प्रथ–अङ्+टाप्] খ্যাতি, প্রসিদ্ধি। Fame, celebrity.

प्रथित ত্রি০ [प्रथ–क्त] খ্যাত। পু০ মনুর পুত্রবিশেষ, বিষ্ণু। Renowned ; an epithet of Viṣṇu.

प्रथिमन् পু০ [पृथु+इमनिच्] পৃথুতা, অতিশয় স্থূলতা। Breadth, magnitude.

प्रथिष्ठ ত্রি০ [पृथु+इष्ठन्], **प्रथीयस्** ত্রি০ [पृथु+ ईयसुन्] অতিবৃহৎ, অতিস্থূল। Largest, widest.

प्रदक्षिण ক্লী০ [प्र+दक्षिण] দক্ষিণদিকে রাখিয়া বেষ্টন। Circumambulation from left to right.

प्रदत्त ত্রি০ [प्र+दा–क्त] সমর্পিত, প্রকৃষ্টরূপে দত্ত। Given, offered.

प्रदर পু০ [प्र+दॄ–अप्] বিদারণ, ভঙ্গ, বাণ, স্ত্রীরোগবিশেষ। Rending, tearing, arrow, a kind of female disease.

प्रदर्शक ত্রি০ [प्र+दृश–ण्वुल्] যে দেখায়। Guide, one who shows.

प्रदर्शन क्लीं॰ [प्र+दृश–ल्युट्] দেখান। Showing.

प्रदर्शित त्रि॰ [प्र+दृश–क्त] উল্লিখিত, যাহা দেখান হইয়াছে। Shown, exhibited.

प्रदान क्लीं॰ [प्र+दा–ल्युट्] সমর্পণ। Offering.

प्रदिग्ध त्रि॰ [प्र+दिह–क्त] লিপ্ত। क्लीं॰ ভাজা মাংস। Besmeared; fried meat.

प्रदिष्ट त्रि॰ [प्र+दिश–क्त] নির্দিষ্ট। Ordained.

प्रदीप पु॰ [प्र+दीप–अच्] দীপ। त्रि॰ প্রকাশক। Lamp; that which enlightens.

प्रदीपन पु॰ [प्र+दीप–ल्यु] স্থাবর বিষবিশেষ। त्रि॰ [प्र+दीप+णिच्–ल्यु] প্রকাশক। क्लीं॰ [प्र+दीप–ल्युट्] উদ্দীপন, প্রকাশন। A kind of mineral poison; illuminator; stimulating.

प्रदीप्त त्रि॰ [प्र+दीप–क्त] প্রকাশিত, উজ্জ্বল। Illuminated, shining.

प्रदुष्ट त्रि॰ [प्र+दुष–क्त] বিশেষভাবে বিকৃত। Corrupt, spoiled.

प्रदेश पु॰ [प्र+दिश–घञ्] স্থান, একদেশ, ভিত্তি, তর্জনী ও অঙ্গুষ্ঠ পরিমিত স্থান। Place, region, wall, the measure of space between the thumb and the forefinger.

प्रदेशन क्लीं॰ [प्र+दिश–ल्युट्] উপদেশ, উপহার। Instruction, gift.

प्रदेशनी, प्रदेशिनी स्त्री॰ [प्र+दिश–ल्युट्+ङीप्] তর্জনী (অঙ্গুলি)। The forefinger.

प्रदोष पु॰ [प्र+दोषा] সায়ংকাল, রজনীমুখ, রাত্রি। त्रि॰ [प्र+दोष] প্রকৃষ্ট দোষযুক্ত। Evening; corrupt.

प्रद्युम्न पु॰ [प्र+द्युम्न] কন্দর্প, বৈষ্ণবদর্শনে চতুর্ব্যূহাত্মক বিষ্ণুর অংশবিশেষ। An epithet of Cupid, a form of Viṣṇu.

प्रद्योत पु॰ [प्र+द्युत–अच्] রশ্মি, যক্ষবিশেষ। Radiation, splendour.

प्रद्योतन पु॰ [प्र+द्युत–युच्] সূর্য। त्रि॰ দ্যোতনশীল। क्लीं॰ [प्र+द्युत–ल्युट्] দীপ্তি। The sun; shining; lustre.

प्रद्रव पु॰ [प्र+द्रु–अप्], **प्रद्राव** पु॰ [प्र+द्रु–घञ्] পলায়ন, প্রকৃষ্টগতি। Flight, fast-movement.

प्रद्रुत त्रि॰ [प्र+द्रु–क्त] পলায়িত, ধাবিত। Fled.

प्रधन क्लीं॰ [प्र+धा–क्यु] যুদ্ধ। त्रि॰ [प्र+धन] প্রকৃষ্ট ধনযুক্ত। Battle; wealthy.

प्रधान क्लीं॰ [प्र+धा–ल्युट्] সাংখ্যদর্শনে সত্ত্বরজতমোগুণাত্মিকা প্রকৃতি, পরমাত্মা, বুদ্ধিতত্ত্ব, সচিব, প্রশস্ত। पु॰ সেনাধ্যক্ষ। त्रि॰ শ্রেষ্ঠ। An epithet of Prakṛti in the Sāṃkhya philosophy; chief of the army.

प्रधि पु॰ [प्र+धा–कि] রথনেমি। The periphery of a wheel.

प्रधी स्त्री॰ [प्र+धी] প্রকৃষ্ট বুদ্ধি। त्रि॰ প্রকৃষ্ট বুদ্ধিযুক্ত। [प्र+ध्यै–क्विप्] প্রকৃষ্টধ্যানকর্তা। Supreme intelligence; highly intelligent.

प्रधूपित त्रि॰ [प्र+धूप–क्त] সন্তাপিত। स्त्री॰ প্রধূপিতা সূর্যের গন্তব্য দিক্। Heated; the quarter to which the sun moves.

प्रधृष्य त्रि॰ [प्र+धृष–क्यप्] সম্যক্ ধর্ষণীয়। Fit to be overpowered.

प्रध्वंस पु॰ [प्र+ध्वन्स–घञ्] নাশ। Destruction.

प्रध्मात त्रि॰ [प्र+ध्मा–क्त] শব্দিত, সন্ধুক্ষিত। Sounded.

प्रनष्ट त्रि॰ [प्र+नष्ट] মৃত, পলায়িত। Dead, disappeared.

प्रपञ्च पु॰ [प्र+पञ्च–घञ्] বিস্তার, বৈপরীত্য, প্রতারণা, সমূহ। [प्र+पञ्च–अच्] সংসার। Expansion, inversion, fraud, heap; the universe.

प्रपतन क्लीं॰ [प्र+पत–ल्युट्] প্রকৃষ্টপতন, বিনাশ, মৃত্যু। Falling down, destruction, death.

प्रपत्ति स्त्री॰ [प्र+पद–क्तिन्] শরণাগতি, প্রাপ্তি। Seeking protection, obtaining.

प्रपद क्लीं॰ [प्र+पद] পাদাগ্র। The forepart of the foot.

प्रपदीन त्रि॰ [प्र+पद+ख] পাদাগ্রসম্বন্ধীয়। Relating to the forepart of the foot.

प्रपन्न त्रि॰ [प्र+पद–क्त] শরণাগত, প্রাপ্ত। One seeking protection, got.

प्रपा स्त्री॰ [प्र+पा–क+टाप्] পানশালা, জলছত্র। A place where water is distributed to thirsty people.

प्रपाठक पु॰ [प्र+पाठ+कप्] বেদের অংশবিশেষ। A chapter or section of the Veda.

प्रपान क्लीं॰ [प्र+पा–ल्युट्] পান, পানশালা। Drinking, a water-shed.

प्रपानक पु॰ [प्र+पान–कप्] খণ্ড মরীচাদিমিশ্রিত পানীয়দ্রব্য, সরবত। A kind of drink.

प्रपात पु॰ [प्र+पत–घञ्] তটহীন, নিরবলম্ব, পর্বতের স্থানবিশেষ, নির্ঝর, কূল, পতনস্থান। Shoreless, precipice, fall.

প্রপিতামহ পুং [প্র+পিতামহ] পিতামহের পিতা, পরব্রহ্ম। স্ত্রীং প্রপিতামহী—পিতামহের মাতা। Paternal great grandfather, the supreme spirit ; paternal great grand-mother.

প্রপৌত্র পুং [প্র+পৌত্র] পৌত্রের পুত্র। স্ত্রীং প্রপৌত্রী—পৌত্রের কন্যা। Great grandson ; great grand-daughter.

প্রফুল্ল ত্রিং [প্র+ফুল্ল-অচ্] বিকাশযুক্ত, প্রসন্ন। Blooming, cheerful.

প্রবন্ধ পুং [প্র+বন্ধ-ঘঞ্] সন্দর্ভ, গ্রন্থ রচনা। Literary composition.

প্রবন্ধৃ ত্রিং [প্র+বন্ধ-তৃচ্]রচয়িতা। One who composes.

প্রবল ত্রিং [প্র+বল] প্রকৃষ্ট বলযুক্ত। [প্র+বল-অচ্] পল্লব। স্ত্রীং প্রবলা—প্রসারিণী লতা। Very strong, sprout ; an extending creeper.

প্রবাল ক্লীং [প্র+বল-ণ] কিসলয়, বীণাদণ্ড। পুং রত্নবিশেষ। Sprout ; coral.

প্রবুদ্ধ ত্রিং [প্র+বুধ-ক্ত] প্রবোধযুক্ত, পণ্ডিত, প্রফুল্ল, জাগরিত। Wise, learned, blossomed, awake.

প্রবোধ পুং [প্র+বুধ-ঘঞ্] প্রকৃষ্ট জ্ঞান, জাগরণ, বিকাশ। Wisdom, awakening, expanding.

প্রবোধন ক্লীং [প্র+বুধ-ল্যুট্] প্রকৃষ্ট জ্ঞান, নিদ্রাপগম। [প্র+বুধ+ণিচ্-ল্যুট্] প্রকৃষ্টবোধন, উদ্দীপন, পূর্বগন্ধের ন্যূনতাহেতু পুনরায় সৌগন্ধ উৎপাদনার্থ প্রযত্নবিশেষ। Wisdom, awakening ; instructing, rousing.

প্রবোধ[ধি]নী স্ত্রীং [প্র+বুধ+ণিচ্-ল্যুট্+(ণিনি)+ঙীপ্] কার্তিকমাসের শুক্লা একাদশী। The eleventh day of the bright half of the month of Kārttika.

প্রবোধিত ত্রিং [প্র+বুধ+ণিচ্-ক্ত] জাগরিত, জ্ঞাপিত। Awakened, informed.

প্রভঞ্জন পুং [প্র+ভন্‌জ-যুচ্] বায়ু। Wind.

প্রভব পুং [প্র+ভূ-অপ্] প্রথমপ্রকাশস্থান, মূল, মুনিবিশেষ, জন্ম, জন্মহেতু, পরাক্রম, বিষ্ণু। Source, origin, power.

প্রভবিষ্ণু ত্রিং [প্র+ভূ-ইষ্ণুচ্] প্রভাবশীল। পুং বিষ্ণু। Powerful ; an epithet of Viṣṇu.

প্রভবিষ্ণুতা স্ত্রীং [প্রভবিষ্ণু+তল্+টাপ্] প্রভুত্ব। Mastery.

প্রভা স্ত্রীং [প্র+ভা-ক+টাপ্] দীপ্তি। [প্র+ভা-অঙ্+টাপ্] দুর্গা, কুবেরপুরী, সূর্যপত্নী, অপ্সরা। Lustre, splendour, an epithet of Durgā.

প্রভাকর পুং [প্রভা+কৃ-ট] সূর্য, অগ্নি, চন্দ্র, সমুদ্র, অর্করৃক্ষ, মীমাংসক, আচার্যবিশেষ, মুনিবিশেষ, অষ্টম মন্বন্তরে দেবগণবিশেষ। The sun, fire, moon, the name of the founder of a school of Mīmāṃsā philosophy.

প্রভাত ক্লীং [প্র+ভা-ক্ত] প্রাতঃকাল। ত্রিং প্রভাযুক্ত। পুং বসুবিশেষ। Dawn ; illumined.

প্রভাপ্রভু পুং [প্রভা+প্রভু] সূর্য। The sun.

প্রভাব পুং [প্র+ভাব] নৃপতির কোষদণ্ডজাত তেজ, সামর্থ্য, বিক্রম, উদ্ভব। Regal power, majesty, valour.

প্রভাষ ত্রিং [প্র+ভাষ-অচ্] প্রকৃষ্ট কথক। পুং অষ্টবসুমধ্যে বসুবিশেষ। A good speaker.

প্রভাস পুং [প্র+ভাস-অচ্] সোমতীর্থবিশেষ, বসুবিশেষ, দেবগণবিশেষ। ত্রিং প্রকৃষ্ট দীপ্তিযুক্ত। A place of pilgrimage; shining.

প্রভিন্ন পুং [প্র+ভিদ্-ক্ত] মদস্রাবী হস্তী। ত্রিং প্রকৃষ্টভেদযুক্ত, প্রস্ফুটিত। An elephant in rut ; severed, budding.

প্রভু পুং [প্র+ভূ-ডু] স্বামী, বিষ্ণু। ত্রিং নিগ্রহানুগ্রহসমর্থ। Lord ; competent.

প্রভুতা স্ত্রীং [প্রভু+তল্+টাপ্], **প্রভুত্ব** ক্লীং [প্রভু+ত্ব] স্বামিত্ব, প্রভাব, সামর্থ্য, আধিপত্য, প্রাধান্য। Lordship, power, supremacy.

প্রভুশক্তি স্ত্রীং [প্রভু+শক্তি] নৃপতির প্রতাপ। Regal power.

প্রভূত ত্রিং [প্র+ভূ-ক্ত] প্রচুর, উদ্‌গত, উন্নত, উৎপন্ন। Abundant, produced.

প্রভৃতি অব্যং[প্র+ভৃ-ক্তিচ্] সেই হইতে, অবধি। ত্রিং তাহা হইতে আরব্ধ। Since then.

প্রভেদ পুং [প্র+ভিদ্-ঘঞ্] প্রকার, বিশেষ, ভেদ। Kind, distinction, division.

প্রভেদনী স্ত্রীং [প্র+ভিদ্-ল্যুট্+ঙীপ্], **প্রভেদিকা** স্ত্রীং [প্র+ভিদ্-ণ্বুল্+টাপ্] ভেদকারিণী, বেধনাস্ত্র। Severing, a piercing weapon.

প্রভ্রংশ পুং [প্র+ভ্রন্‌শ-অচ্] পতন, নাশ। Fall, destruction.

প্রভ্রষ্ট ত্রিং [প্র+ভ্রন্‌শ-ক্ত] ভ্রংশযুক্ত, পতিত, নষ্ট। Fallen, destroyed.

প্রভ্রষ্টক ক্লীং [প্রভ্রষ্ট+কন্] চূড়াবলম্বিত মাল্যবিশেষ। A kind of garland suspended from the crest.

প্রমত্ত ত্রি০ [প্র+মদ্-ক্ত] অনবধানতাযুক্ত, অতি আসক্ত। Careless, intoxicated.

প্রমথ পু০ [প্র+মথ-অচ্] শিবানুচরবিশেষ, ধৃতরাষ্ট্র-পুত্রবিশেষ, ঘোটক। Attendant of Śiva, horse.

প্রমথন ক্লী০ [প্র+মথ-ল্যুট্] বধ, পীড়ন, বিলোড়ন। Killing, tormenting.

প্রমথাধিপ পু০ [প্রমথ+অধিপ] শিব। An epithet of Śiva.

প্রমদ পু০ [প্র+মদ্-অপ্] হর্ষ, দৈত্যবিশেষ, সপ্তর্ষি-বিশেষ। ক্লী০ ধুতুরাফল। ত্রি০ [প্র+মদ্-অচ্] প্রমত্ত। Delight ; a fruit of datura plant ; intoxicated.

প্রমদকানন ক্লী০ [প্রমদ+কানন], **প্রমদবন** ক্লী০ [প্রমদ+বন] রাজকীয় অন্তঃপুরোদ্যান, আনন্দ-কানন। A royal garden.

প্রমদা স্ত্রী০ [প্র+মদ্-অপ্+টাপ্] মনোহারিণী নারী, একাদশাক্ষরপাদ ছন্দোবিশেষ। A charming young woman, a kind of metre.

প্রমদ্বরা স্ত্রী০ রুরুর ভার্যা। Wife of Ruru.

প্রমনস্ ত্রি০ [প্র+মনস্] হৃষ্টচিত্ত। Delighted.

প্রমা স্ত্রী০ [প্র+মা-অঙ্+টাপ্] যথার্থজ্ঞান, স্বরূপ-জ্ঞান। True knowledge.

প্রমাণ ক্লী০ [প্র+মা-ল্যুট্] প্রমারূপ জ্ঞান, প্রমিতিকরণ, পরিমাণ, বিশ্বাস, শাস্ত্র, বিষ্ণু। True knowledge, means of true know-ledge, measure, proof, scripture.

প্রমাণিকা স্ত্রী০ [প্রমাণ+ঠন্+টাপ্] ছন্দো-বিশেষ। A kind of metre.

প্রমাণীকৃত ত্রি০ [প্রমাণ+চ্বি+কৃ-ক্ত] প্রমাণরূপে নিশ্চিত। Proved, ascertained as true.

প্রমাতামহ পু০ [প্র+মাতামহ] মাতামহের পিতা। স্ত্রী০ প্রমাতামহী—মাতামহের মাতা। Mater-nal great-grandfather ; maternal great-grandmother.

প্রমাতৃ ত্রি০ [প্র+মি-তৃচ্] প্রমাণকর্তা। Knower, perceiver.

প্রমাথ ত্রি০ [প্র+মথ-ঘঞ্] বলপূর্বক হরণ, প্রপীড়ন। Forcible abduction, torture.

প্রমাথিন্ ত্রি০ [প্র+মথ-ণিনি] বলাপহারক, প্রপীড়ক, মথনকারী। Forcible abductor, tor-mentor.

প্রমাদ পু০ [প্র+মদ্-ঘঞ্] অনবধানতা, ভ্রম, মত্ততা। Carelessness, mistake, intoxication.

প্রমাদিন্ ত্রি০ [প্রমাদ+ইনি] স্বভাবতঃ অনবহিত। Careless by nature.

প্রমাপণ ক্লী০ [প্র+মী+ণিচ্-ল্যুট্] বধ, মারণ। Killing, slaughter.

প্রমার্জন ক্লী০ [প্র+মৃজ-ল্যুট্] প্রক্ষালন, মুছিয়া ফেলা। Washing off, wiping off.

প্রমিত ত্রি০ [প্র+মি-ক্ত] জ্ঞাত, পরিমিত, নিশ্চিত। Known, measured.

প্রমিতাক্ষরা স্ত্রী০ [প্রমিত+অক্ষর+টাপ্] দ্বাদশ অক্ষরপাদ ছন্দোবিশেষ। A metre of twelve syllables.

প্রমিতি স্ত্রী০ [প্র+মি(মা)-ক্তিন্] নিশ্চয়জ্ঞান, প্রমাজ্ঞান। Certain or true knowledge.

প্রমীত ত্রি০ [প্র+মি-ক্ত] মৃত। পু০ যজ্ঞার্থে হত পশু। Dead ; an animal killed at a sacrifice.

প্রমীতপতিকা স্ত্রী০ [প্রমীত+পতি+ক+টাপ্] বিধবা। Widow.

প্রমীতি স্ত্রী০ [প্র+মী-ক্তিন্] মৃত্যু, বিনাশ। Death, destruction.

প্রমীলন ক্লী০ [প্র+মীল-ল্যুট্] নিমীলন, মুদ্রণ। Closing.

প্রমীলা স্ত্রী০ [প্র+মীল-অ+টাপ্] তন্দ্রা, অবসাদ, মেঘনাদপত্নী। Sleepiness, lassitude, name of the wife of Meghanāda.

প্রমুখ ত্রি০ [প্র+মুখ] প্রথম, প্রধান, মান্য, শ্রেষ্ঠ। পু০ পুন্নাগবৃক্ষ, সমূহ। Headed by, chief, best ; multitude.

প্রমুদ্ ত্রি০ [প্র+মুদ্] হৃষ্ট, হর্ষযুক্ত। পু০ দেববিশেষ। স্ত্রী০ প্রকৃষ্ট হর্ষ। Delighted ; a class of gods ; extreme joy.

প্রমুদিত ত্রি০ [প্র+মুদ-ক্ত] হৃষ্ট, হর্ষযুক্ত। Delighted.

প্রমুষিত ত্রি০ [প্র+মুষ-ক্ত] অপহৃত। Stolen.

প্রমৃষ্ট ত্রি০ [প্র+মৃজ-ক্ত] মার্জিত, উজ্জ্বল। Washed or wiped off, bright.

প্রমেহ পু০ [প্র+মিহ-ঘঞ্] রোগবিশেষ। Gonorrhoea.

প্রমোক পু০ [প্র+মুচ্-ঘঞ্]প্রমোচন। Liberating.

প্রমোচন ক্লী০ [প্র+মুচ-ল্যুট্] মুক্তকরণ। Setting free.

প্রমোদ পু০ [প্র+মুদ-ঘঞ্] হর্ষ, আনন্দ। ত্রি০ হর্ষযুক্ত। Delight, joy ; delighted.

প্রমোদিত ত্রি০ [প্রমোদ+ইতচ্] আনন্দিত। Delighted.

প্রযত ত্রি০ [প্র+যম-ক্ত] সংযত, পবিত্র, দত্ত। [প্র+যত-অচ্] প্রযত্নবিশিষ্ট। Restrained, pure ; zealous.

प्रयतात्मन् त्रि० [प्रयत+आत्मन्] শুদ্ধচিত্ত, শুদ্ধবৃত্তি। Pious, devout.

प्रयत्न पु० [प्र+यत-नङ्] প্রয়াস, অধ্যবসায়। Effort, exertion.

प्रयाग पु० [प्र+याग] গঙ্গা, যমুনা ও সরস্বতীর সঙ্গমস্থ তীর্থবিশেষ, শতক্রতু, যজ্ঞীয় অশ্ব। A place of pilgrimage at the confluence of Gaṅgā, Yamunā and Sarasvati, Indra, a sacrificial horse.

प्रयाण क्ली० [प्र+या-ल्युट्] যুদ্ধযাত্রা, প্রস্থান, মৃত্যু। March, journey, death.

प्रयाम पु० [प्र+यम-घञ्] মহার্ঘ্যতাবশতঃ ধান্যাদির আদরাতিশয়, দৈর্ঘ্য। Competition of buyers on account of dearth of commodities, e.g. corn etc., length.

प्रयास पु० [प्र+यस-घञ्] প্রযত্ন, পরিশ্রম, ক্লেশ। Effort, labour, pains

प्रयुक्त त्रि० [प्र+युज-क्त] প্রেরিত, প্রকৃষ্টভাবে সংযুক্ত। Employed, closely connected.

प्रयुञ्जान त्रि० [प्र+युज-शानच्] প্রয়োগকারী। One who applies.

प्रयुत क्ली० [प्र+युत] দশলক্ষসংখ্যা। त्रि० প্রকৃষ্টরূপে যুক্ত। Ten lacs ; properly joined.

प्रयुद्ध क्ली० [प्र+युध-क्त] তুমুল যুদ্ধ। War.

प्रयोक्तृ त्रि० [प्र+युज-तृच्] প্রয়োগকর্তা, উত্তমর্ণ। One who applies, one who lends money.

प्रयोग पु० [प्र+युज-घञ्] অনুষ্ঠান, শব্দাদির উচ্চারণবিশেষ, বশীকরণাদি উপায়, ঘোটক। Application, a mode of pronouncing words.

प्रयोजक त्रि० [प्र+युज-ण्वुल्] প্রয়োগকর্তা, অনুষ্ঠাতা, প্রবর্তক। Employer.

प्रयोजन क्ली० [प्र+युज-ल्युट्] হেতু, ফল, কার্য, প্রয়োগকরণ। Cause, purpose, end.

प्रयोज्य क्ली० [प्र+युज-ण्यत्] ভৃত্যাদি, মূলধন। त्रि० প্রয়োগযোগ্য, ব্যবহারযোগ্য। Employee, capital ; fit to be used or practised.

प्ररूढ़ त्रि० [प्र+रुह-क्त] উৎপন্ন, বদ্ধমূল, প্ররোহণকর্তা। क्ली० প্রবুদ্ধ, জাত। Produced, deep-rooted ; grown.

प्ररोह पु० [प्र+रुह-अच्] অঙ্কুর, উৎপত্তি। Sprout, germination.

प्रलपित त्रि० [प्र+लप-क्त] বৃথা জল্পিত। क्ली० প্রলাপ। Prattling ; prating.

प्रलम्ब त्रि० [प्र+लम्ब-अच्] লম্বমান। पु० ত্রপুষ। Pendulous ; cucumber.

प्रलम्बघ्न, पु० [प्रलम्ब+हन-क], **प्रलम्बभिद्** पु० [प्रलम्ब+भिद-क्विप्] বলরাম। An epithet of Balarāma.

प्रलय पु० [प्र+ली-अच्] অত্যয়, নাশ, ধ্বংস, ক্ষয়, লয়স্থান। Destruction, annihilation, dissolution.

प्रलयान्त त्रि० [प्रलय+अन्त] মরণান্ত। Ending in death.

प्रलाप पु० [प्र+लप-घञ्] অনর্থক বাক্য, নিষ্প্রয়োজন উন্মত্তাদিবাক্য। Incoherent talk, prating.

प्रलीन त्रि० [प्र+ली-क्त] লয়প্রাপ্ত, চেষ্টাশূন্য। Dissolved, destroyed.

प्रलेप पु० [प्र+लिप-घञ्] ব্রণাদিশোধনার্থ লেপনবিশেষ। Unguent.

प्रलोभ पु० [प्र+लुभ-घञ्] প্রকৃষ্টলোভ, অযুক্তস্বীকার। Excessive greed.

प्रलोभन क्ली०[प्र+लुभ+णिच्-ल्युट्] লোভোৎপাদন। Allurement.

प्रलोभित त्रि० [प्र+लुभ+णिच्-क्त] যাহাকে লোভ দেখান হইয়াছে। Allured, tempted.

प्रवचन क्ली० [प्र+वच-ल्युट्] বেদাদি শাস্ত্র, অর্থানুসন্ধানপূর্বক কথন। Sacred treatise.

प्रवण पु० [प्र+वण-अच्] চতুষ্পথ, নিম্নস্থান, উদর, নম্র, আয়ত, প্রগুণ, ক্ষণ। त्रि० ক্ষীণ, আসক্ত, প্লুত, স্নিগ্ধ। A place where four roads meet, slope, humble ; decayed, attached to.

प्रवयन क्ली० [प्र+वय-ल्युट्] তাড়ন দণ্ড। Goad.

प्रवयस् त्रि० [प्र+वयस्] বৃদ্ধ, স্থবির, প্রাচীন। Old, aged.

प्रवर पु० [प्र+वृ-अप्] সন্ততি, গোত্রপ্রবর্তক, মুনিবিশেষ। त्रि० শ্রেষ্ঠ। Offspring, a sage cotributing to a family best.

प्रवर्ग पु० [प्र+वृज-घञ्] যজ্ঞাগ্নি, বিষ্ণু, মহাবীর। Sacrificial fire, an epithet of Viṣṇu.

प्रवर्ग्य पु० [प्र+वृज-ण्यत्] যজ্ঞবিশেষ, মহাবীর। A ceremony preceding a soma sacrifice.

प्रवर्तक त्रि० [प्र+वृत+णिच्-ण्वुल्] প্রবৃত্তিজনক। पु० প্রবর্তনকারী, মূলপুরুষ। क्ली० নাট্যে পাত্র প্রবেশকারক। Urging; originator, founder.

प्रवर्तन क्ली० [प्र+वृत+णिच्-ल्युट्] আরম্ভ। স্ত্রী০ প্রবর্তনা [प्र+वृत+णिच्-युच्+टाप्]—প্রবৃত্তিজনক ব্যাপার। Beginning ; inciting to action.

प्रवर्तित त्रि० [प्र+वृत+णिच्-क्त] প্রেরিত, প্রযোজিত, চালিত। Urged, prompted, moved.

प्रवर्तिन् त्रि० [प्र+वृत-णिनि] প্রবাহী। Proceeding.

प्रवर्ह त्रि० [प्र+वृह-घञ्] শ্রেষ্ঠ। Best.

प्रवह पु० [प्र+वह-अच्] বায়ুবিশেষ। [प्र+वह-अप्] নগর হইতে বহির্গমন। Name of a course of wind, going out of the town.

प्रवहण क्ली० [प्र+वह-ल्युट्] শকট, কর্ণীরথ। Carriage, a litter for women.

प्रवाच् त्रि० [प्र+वच-क्विप्] প্রকৃষ্ট বক্তা। A good orator.

प्रवाच्य त्रि० [प्र+वच-ण्यत्] অবশ্য কথনীয়। That which must be said.

प्रवाणी स्त्री० [प्र+वे-ल्युट्+ङीप्] তন্তুবায়শলাকা, মাকু। Weaver's shuttle.

प्रवाद पु० [प्र+वद-घञ्] পরম্পরাগত বাক্য, লোকবাদ, পরস্পর কথোপকথন। Hearsay, fable, conversation.

प्रवारण क्ली०[प्र+वृ+णिच्-ल्युट्]কাম্য দান, মহাদান, প্রকৃষ্ট বারণ। A free-will offering, prohibition.

प्रवास पु० [प्र+वस+घञ्] গৃহ হইতে প্রস্থিতের দেশান্তরে বাস। Staying abroad, exile.

प्रवासन क्ली० [प्र+वस+णिच्-ल्युट्] বিদেশবাসন, নির্বাসন, বধ। Staying abroad.

प्रवासित त्रि० [प्र+वस+णिच्-क्त] বিদেশে প্রেরিত, নির্বাসিত। Sent abroad, exiled.

प्रवासिन् त्रि० [प्र+वस-णिनि] বিদেশবাসী। One who stays abroad.

प्रवाह पु० [प्र+वह-घञ्] প্রবৃত্তি, জলস্রোত, ব্যবহার, উত্তম অশ্ব, সন্ততি। Activity, current, course of action, a beautiful horse, continuity.

प्रवाहिका स्त्री० [प्र+वह-ण्वुल्+टाप्] গ্রহণীরোগ। Diarrhoea.

प्रवाहिन् त्रि० [प्र+वह-णिनि] প্রবাহযুক্ত। স্ত্রী০ প্রবাহিণী [प्रवाह+इनि+ङीप्]—প্রবাহযুক্ত দেশ। Flowing.

प्रवाही स्त्री० [प्र+वह+णिच्-अच्+ङीप्] বালুকা। Sand.

प्रविदारण क्ली० [प्र+वि+दॄ+णिच्-ल्युट्] যুদ্ধ, অবদারণ। ত্রি০ [प्र+वि+दॄ+णिच्-ल्यु] আকীর্ণ, প্রবিদারণকারক। War, rending ; that which rends.

प्रविलुप्त त्रि० [प्र+विलुप्त] বিলীন। Disappeared.

प्रविश्लेष पु० [प्र+विश्लेष] বিয়োগ। ত্রি০ বিধুর, পরমবিশ্লেষযুক্ত। Separation.

प्रविष्ट त्रि० [प्र+विश-क्त] কৃতপ্রবেশ, অন্তর্গত। Entered into, included.

प्रवीण त्रि० [प्र+वीणा+णिच्-अच्]নিপুণ, দক্ষ। Expert, skilled.

प्रवीर पु० [प्र+वीर] প্রকৃষ্টবীর, সুভট, নৃপবিশেষ। ত্রি০ উত্তম। A great hero, a good warrior ; foremost.

प्रवृत्त त्रि० [प्र+वृत-क्त] প্রবৃত্তিযুক্ত, আরব্ধ, চলিত। ক্লী০ প্রবৃত্তি। Engaged, commenced, moved.

प्रवृत्ति स्त्री० [प्र+वृत-क्तिन्] প্রবাহ, বার্তা, অবন্তীদেশ, হস্তিমদ, ন্যায়মতে প্রযত্নবিশেষ, শব্দের অর্থবোধনশক্তিবিশেষ, স্বস্ববিষয়ে ইন্দ্রিয়াদির সঞ্চার। Flow, news, activity.

प्रवृत्तिनिमित्त क्ली० [प्रवृत्ति+निमित्त] শব্দের বাক্যতাবচ্ছেদক ধর্ম। A reason for the use of any term in a particular signification.

प्रवृद्ध त्रि० [प्र+वृध-क्त] বৃদ্ধিযুক্ত, প্রৌঢ়। Increased, augmented, mature.

प्रवेक पु० [प्र+विच-घञ्] প্রধান। Chief, best.

प्रवेणि[णी] स्त्री० [प्र+वेण-इन्(+ङीप्)] কেশবিন্যাস, গজস্কন্ধস্থ আস্তরণ, জলাদি প্রবাহ। A braid of hair, the covering on the back of an elephant, water-current.

प्रवेश पु० [प्र+विश-घञ्] অন্তর্গমন। Entrance.

प्रवेशक पु० [प्र+विश-ण्वुल्] নাট্যে অর্থোপক্ষেপকবিশেষ। Interlude.

प्रवेशन क्ली० [प्र+विश-ल्युट्] প্রধানদ্বার, সিংহদ্বার, প্রবেশ। [प्र+विश+णिच्-ल्युट्] প্রবেশসম্পাদন। Main door, entrance, causing entrance.

प्रवेशिन् [प्र+विश-णिनि] প্রবেশক। One who enters.

प्रवेशिनी स्त्री० [प्रवेशिन्+ङीप्] উদয়ানন্তরবর্তিনী একাদশীস্পর্শিনী দশমী। A special kind of the tenth lunar day.

प्रवेश्य त्रि० [प्र+विश-ण्यत्] প্রবেশের যোগ্য। Fit to enter.

प्रवेष्ट पु॰ [प्र+वेष्ट–अच्], **प्रवेष्टक** पु॰ [प्र+वेष्ट+कन्] বাহু, বাহুর নিম্নভাগ, গজপৃষ্ঠস্থান। Arm, fore-arm, elephant's housings.

प्रव्यथित त्रि॰ [प्र+व्यथ–क्त] অত্যন্ত ক্ষুব্ধ, অত্যন্ত ব্যথিত, ব্যাকুল। Extremely perturbed or pained.

प्रव्रजित पु॰ [प्र+व्रज–क्त] সন্ন্যাসী, শ্রমণ। স্ত্রী॰ प्रव्रजिता—তাপসী। Ascetic, religions mendicant ; a female ascetic.

प्रव्रज्या स्त्री॰ [प्र+व्रज्–क्यप्+टाप्] সন্ন্যাস। The fourth order of life.

प्रव्रज्यावसित पु॰ [प्रव्रज्या+अवसित] সন্ন্যাসচ্যুত। An ascetic who has renounced his order.

प्रशंसा स्त्री॰ [प्र+शन्स–अ+टाप्] গুণাবিষ্কারপূর্বক স্তুতি। Praise.

प्रशम पु॰ [प्र+शम–घञ्] শান্তি, নিবৃত্তি, রন্তিদেবের পুত্র। স্ত্রী॰ प्रशमी—অপ্সরাবিশেষ। Tranquillity, cessation ; a celestial nymph.

प्रशमन क्ली॰ [प्र+शम+णिच्–ल्युट्] বধ, শান্ত করা, শান্তি। Killing, pacifying.

प्रशल त्रि॰ [प्र+शल–अच] গমনেচ্ছু। Desirous to go.

प्रशस्त त्रि॰ [प्र+शन्स–क्त] স্তুত, শ্রেষ্ঠ, ক্ষেমযুক্ত। Praised, best, auspicious.

प्रशस्ति स्त्री॰ [प्र+शन्स–क्तिन्] প্রশংসা, স্তুতি। Praise, eulogy.

प्रशान्त त्रि॰ [प्र+शम–क्त] প্রকৃষ্টভাবে শান্তিযুক্ত, ক্ষোভরহিত, নিবৃত্ত। Calm, serene, ceased.

प्रशान्तमनस् त्रि॰ [प्रशान्त+मनस्] নির্ব্যাপার, নিরুদ্ধবৃত্তিক-চিত্ত। One of tranquil mind.

प्रशान्तचेष्ट त्रि॰ [प्रशान्त+चेष्टा] বাহ্যব্যাপারশূন্য। One whose activities have ceased.

प्रशान्तात्मन् त्रि॰ [प्रशान्त+आत्मन्] অক্ষুব্ধমনা, স্থিতধী। One of unruffled mind, one with a calm composure.

प्रश्न पु॰ [प्रच्छ–नङ्] জিজ্ঞাসা। Question.

प्रश्रय पु॰ [प्र+श्रि–अच्] প্রণয়। Love, affection.

प्रश्रित त्रि॰ [प्र+श्रि–क्त] বিনীত, শান্তিদেবের পুত্রবিশেষ। Humble.

प्रश्लथ त्रि॰ [प्र+श्लथ] প্রকৃষ্টরূপে শিথিল। Extremely loose.

प्रश्वास पु॰ [प्र+श्वस–घञ्] কোষ্ঠস্থ বায়ুর নিঃসারণ। Exhalation,

प्रष्टृ त्रि॰ [प्रच्छ–तृच्] প্রশ্নকারক। Inquirer.

प्रष्ठ त्रि॰ [प्र+स्था–क] অগ্রগামী, শ্রেষ্ঠ। Foremost, best.

प्रष्ठवाह् पु॰ [प्रष्ठ+वह–ण्वि] যুগপার্শ্বগ বৃষাদি। A young bull being trained for the plough.

प्रसक्त त्रि॰ [प्र+सन्ज–क्त] আসক্ত, নিত্য, প্রসঙ্গবিষয়। Excessively attached, constant.

प्रसक्ति स्त्री॰ [प्र+सन्ज–क्तिन्] আসক্তি, প্রসঙ্গ, আপত্তি, অনুমিতি, ব্যাপ্তি। Attachment, topic, necessarily following.

प्रसङ्ख्यान क्ली॰ [प्र+सम्+ख्या–ल्युट्] সম্যগ্জ্ঞান। ত্রি॰ প্রকৃষ্টরূপে সংখ্যাযুক্ত। True knowledge, sufficient in number.

प्रसङ्ग पु॰ [प्र+सन्ज–घञ्] প্রকৃষ্টসঙ্গ, প্রস্তাব, ব্যাপ্তিরূপসম্বন্ধ, অনুরাগ, প্রাপ্তি, মৈথুনাসক্তি। Attachment, subject or topic.

प्रसज्यप्रतिषेध पु॰ [प्रसज्य+प्रतिषेध] ব্যাকরণশাস্ত্রে নিষেধ সংজ্ঞাবিশেষ। A kind of negation in Sanskrit grammar.

प्रसञ्जन क्ली॰ [प्र+सन्ज–ल्युट्] প্রসঙ্গের অবতারণা, অবসরদান। Applying, connecting.

प्रसत्ति स्त्री॰ [प्र+सद–क्तिन्] নির্মলতা, প্রসন্নতা। Clearness, transparency.

प्रसन्न त्रि॰ [प्र+सद–क्त] নির্মল, সন্তুষ্ট, কৃতানুগ্রহবিশেষ। স্ত্রী॰ प्रसन्ना—সুরা। Pure, pleased; liquor.

प्रसन्नता स्त्री॰ [प्रसन्न+तल्+टाप्] নির্মলতা, প্রসাদ, অনুগ্রহ। Clarity, purity, favour.

प्रसभ त्रि॰ [प्र+सभा] সজোরে। পু॰ বলাৎকার। Forcibly ; violence.

प्रसर पु॰ [प्र+सृ–अप्] বিস্তার, বেগ, যুদ্ধ, প্রলয়, সমূহ, অস্ত্রবিশেষ। Extension, speed, war.

प्रसरण क्ली॰ [प्र+सृ–ल्युट्] সৈন্যের সকল দিক্ হইতে অভিযান, তৃণাদির আহরণের নিমিত্ত সৈন্যাদির ইতস্ততঃ গমন, আসার। An army movement from all sides.

प्रसर्पण क्ली॰ [प्र+सृप–ल्युट्] সৈন্যবাহিনীর সর্বস্থান ব্যাপিয়া স্থিতি। Pervading of the army in all directions.

प्रसव पु॰ [प्र+सू–अप्] গর্ভমোচন, উৎপত্তি, কার্য, কুসুম, ফল, অপত্য। Delivery, generation, flower, fruit.

प्रसवितृ पु॰ [प्र+सू+तृच्] পিতা। স্ত্রী॰ प्रसवित्री—মাতা। Father ; mother.

प्रसविन् त्रि० [प्र+सू-इनि] প্রসবশীল। One who generates.

प्रसव्य त्रि० [प्र+सव्य] প্রতিকূল, প্রসবনীয়। Contrary, to be generated.

प्रसहन त्रि० [प्र+सहन] ক্ষমারহিত। पु० হিংস্র পশুবিশেষ, প্রগাঢ় আলিঙ্গন, ক্ষমা। Merciless; a ferocious animal.

प्रसह्य अ० [प्र+सह-ल्यप्] হঠাৎ, বলপূর্বক, প্রকর্ষভাবে সহ্য করিতে সমর্থ। Suddenly, forcibly.

प्रसाद पु० [प्र+सद-घञ्] নির্মলতা, অনুগ্রহ, অলংকারশাস্ত্রবর্ণিত গুণবিশেষ, স্বাস্থ্য, প্রসক্তি, দেবনৈবেদ্য, গুরুজনের ভুক্তাবশেষ। Transparency, favour, clarity in composition, offerings to deities, the remnants of food offered to superiors.

प्रसाधक त्रि० [प्र+साध-ण्वुल्] ভূষক, বেশকার, সেবক। स्त्री० प्रसाधका—নীবারধান্য। प्रसाधिका—বেশকারিণী। Dresser, valet; wild-rice, female dresser.

प्रसाधन क्ली० [प्र+साध+णिच्-ल्युट्] কৃত্রিম ভূষণ, বেশ, নিষ্পাদন, সিদ্ধি। Decoration, dress, accomplishing.

प्रसाधनी स्त्री० [प्रसाधन+ङीप्] চিরুণী। Comb.

प्रसाधित त्रि० [प्र+साध+णिच्-क्त] অলংকৃত, নিষ্পাদিত। Decorated, accomplished.

प्रसार पु० [प्र+सृ-घञ्] বিস্তার। Extension.

प्रसारण क्ली० [प्र+सृ+णिच्-ल्युट्] বিস্তারকরণ, ক্রিয়াবিশেষ। Extending.

प्रसारित त्रि० [प्र+सृ+णिच्-क्त] বিস্তৃত। Extended.

प्रसारिन् त्रि० [प्र+सृ-णिनि] বিস্তারযুক্ত। That which extends.

प्रसित त्रि० [प्र+सो-क्त] আসক্ত। [प्र+सित] প্রকৃষ্ট শুভ্র। Attached.

प्रसिति स्त्री० [प्र+सि-क्तिन्] বন্ধনসাধন নিগড়াদি, তন্তু, জাল। Fetter, net.

प्रसिद्ध त्रि० [प्र+सिध-क्त] খ্যাত, ভূষিত। Renowned, decorated.

प्रसिद्धि स्त्री० [प्र+सिध-क्तिन्] খ্যাতি, ভূষণ, টঙ্কার। Fame, decoration.

प्रसुप्त त्रि० [प्र+सुप्त] নিদ্রিত। Asleep.

प्रसू स्त्री० [प्र+सू-क्विप्] মাতা, ঘোটকী, কদলী, বীরুৎ। Mother, mare, plantain.

प्रसूत त्रि० [प्र+सू-क्त] কৃতপ্রসব, সঞ্জাত। क्ली० কুসুম। Begotten, produced, born; flower.

प्रसूता स्त्री० [प्र+सू-क्त+टाप्] জাতাপত্যা নারী। A woman recently delivered.

प्रसूति स्त्री० [प्र+सू-क्तिन्] প্রসব, উদ্ভব, তনয়, দুহিতা, মাতা। Begetting, generation, offspring.

प्रसूतिका स्त्री० [प्रसूति+क+टाप्] জাতপ্রসবা স্ত্রী। A woman recently delivered.

प्रसूतिज क्ली० [प्रसूति+जन-ड] দুঃখ। त्रि० প্রসবজাত। Pain.

प्रसून क्ली० [प्र+सू-क्त] কুসুম, ফল। त्रि० জাত। Fruit, flower; born.

प्रसृत क्ली० [प्र+सृ-क्त] পলদ্বয়, অর্ধাঞ্জলি। त्रि० প্রসরণযুক্ত, বিহিত, বেগিত, বিনীত, গত, নিযুক্ত, প্রবৃদ্ধ, প্রসাদিত। Extended, spread, engaged.

प्रसृता स्त्री० [प्रसृत+टाप्] জঙ্ঘা। Thigh.

प्रसृति स्त्री० [प्र+सृ-क्तिन्] নির্গমন, বিস্তার, প্রকৃষ্ট গতি। Flowing, advance.

प्रसृष्ट त्रि० [प्र+सृज-क्त] পরিত্যক্ত, প্রকৃষ্টরূপে সৃষ্ট। Dismissed, well created.

प्रसेक पु० [प्र+सिच-घञ्] আসিঞ্চন, চ্যুতি। Sprinkling, discharge.

प्रसेवक पु० [प्र+सिव-ण्वुल्] শব্দের গাম্ভীর্য সম্পাদনের নিমিত্ত বীণার অধঃস্থিত চর্মাবৃত দারুময় ভাণ্ড, বীণাপ্রান্তে বদ্ধ বক্রকাষ্ঠ, সূত্রাদিরচিত পাত্র। त्रि० প্রকৃষ্টস্যূতিকারক। A small wooden vessel placed under the neck of the lute to make the sound deeper; one that sews properly.

प्रसेविका स्त्री० [प्रसेवक+टाप्] গোণী, পাত্রবিশেষ। A kind of vessel.

प्रस्कन्दन क्ली० [प्र+स्कन्द-ल्युट्] আস্কন্দন, লম্ফ। पु० [प्र+स्कन्द-ल्यु] মহাদেব। Springing across, leaping over; an epithet of Śiva.

प्रस्कन्न पु० [प्र+स्कन्द-क्त] পাপী, শূদ্র। त्रि० চ্যুত, ক্ষরিত, পরাজিত। Sinner, an outcast; fallen, dropped, defeated.

प्रस्तर पु० [प्र+स्तृ-अच्] পাষাণ, পল্লবাদি রচিত শয্যা, মণি, দর্ভমুষ্টি। Stone, a bed of leaves and flowers.

प्रस्तार पु० [प्र+स्तृ-घञ्] তৃণপ্রধান বন, পল্লবাদিরচিত শয্যা, শয্যা, বিস্তৃতি। [प्र+स्तृ+णिच-अच्] লঘুগুরুরূপ বর্ণ জ্ঞাপনার্থ ছন্দঃশাস্ত্রীয় প্রক্রিয়াবিশেষ। Thicket, a bed of leaves and flowers, spreading out.

प्रस्ताव पु० [प्र+स्तु–घञ्] প্রসঙ্গ, অবসর, প্রকরণ, প্রকর্ষযুক্ত স্তব। Topic, context, opportunity.

प्रस्तावना স্ত্রী০ [प्र+स्तु+णिच्–ल्युट्+टाप्] আরম্ভ। [प्र+स्तु+णिच्–ल्यु+टाप्] নাট্যে অভিনয়ারম্ভার্থক আমুখ। Beginning, prologue.

प्रस्तुत ত্রি০ [प्र+स्तु–क्त] প্রকরণপ্রাপ্ত, প্রাসঙ্গিক, প্রকৃষ্টরূপে স্তুত, উপস্থিত, উদ্যত, প্রতিপন্ন। Topical, subject under discussion, praised.

प्रस्थ পু০, ক্লী০ [प्र+स्था–क] পর্বতের সানুদেশ। ত্রি০ প্রকৃষ্ট স্থিতিযুক্ত, গন্তা। পু০ আঢ়কের চতুর্থাংশরূপ পরিমাণবিশেষ। Table-land on the top of a mountain, stable ; a particular measure.

प्रस्थान ক্লী০ [प्र+स्था–ल्युट्] জিগীষুর যুদ্ধার্থ গমন, গমন। March, departure.

प्रस्थापित ত্রি০ [प्र+स्था+णिच्–क्त] প্রেরিত। ত্রি০ প্রকৃষ্টরূপে স্থাপিত। Despatched: properly established or proved.

प्रस्थित ত্রি০ [प्र+स्था–क्त] গত। Departed.

प्रस्नव পু০ [प्र+स्नव] ক্ষরণ। Flowing, exudation.

प्रस्फुट ত্রি০[प्र+स्फुट–क], **प्रस्फुटित** ত্রি০[प्र+स्फुट–क्त] বিকশিত, সুস্পষ্ট। Bloomed.

प्रस्फोटन ক্লী০ [प्र+स्फुट–ल्युट्] শূর্প, তাড়ন। Winnowing basket, threshing.

प्रस्मरण ক্লী০ [प्र+स्मृ–ल्युट्] বিস্মরণ। Forgetfulness.

प्रस्रव পু০ [प्र+स्रु–अप्] ক্ষরণ। Flowing, trickling.

प्रस्रवण ক্লী০ [प्र+स्रु–ल्युट्] অবিচ্ছিন্নভাবে জলাদির ক্ষরণ, স্বেদ, স্নান। পু০ পর্বতবিশেষ। Fountain, sweat ; name of a mountain.

प्रस्राव পু০ [प्र+स्रु–घञ्] প্রকৃষ্টরূপে ক্ষরণ, মূত্র। Flowing, urine.

प्रस्वापन ক্লী০ [प्र+स्वप+णिच्–ल्युट्] নিদ্রাজনক অস্ত্রবিশেষ। A sleep-producing missile.

प्रहत ত্রি০ [प्र+हन–क्त] বিতত, ক্ষুণ্ণ। Spread, beaten, struck.

प्रहर পু০ [प्र+हृ–अप्] দিবসের অষ্টম ভাগ। The eighth part of a day.

प्रहरण ক্লী০ [प्र+हृ–ल्युट्] অস্ত্র, কর্ণীরথ, যুদ্ধ, প্রহার। Weapon, battle, striking.

प्रहरणकलिका স্ত্রী০ [प्रहरण+कलिका] চতুর্দশাক্ষরপাদ ছন্দোবিশেষ। A metre of fourteen syllables.

प्रहरिन् পু০[प्रहर+इनि]সৈন্য, যামিক। Watchman.

प्रहर्तृ ত্রি০ [प्र+हन–तृच्] প্রহারকর্তা, যোদ্ধা। Assailant, fighter.

प्रहर्षण পু০ [प्र+हृष+णिच्–ल्युट्] বুধগ্রহ। ত্রি০ প্রকৃষ্টভাবে হর্ষকারক, প্রহর্ষসাধন। স্ত্রী০ প্রহর্ষণী—হরিদ্রা, ত্রয়োদশাক্ষরপাদ ছন্দোবিশেষ। The planet Mercury ; causing delight ; turmeric, name of a metre.

प्रहसन ক্লী০ [प्र+हस–ल्युट्] পরিহাস,দৃশ্যকাব্যবিশেষ, আক্ষেপ। Ridicule, joke, a type of comedy.

प्रहस्त পু০ [प्र+हस्त] বিস্তৃতাঙ্গুলিকপাণি, চপেট, রাক্ষসবিশেষ। The open hand with extended fingers, name of a demon.

प्रहार পু০ [प्र+हृ–घञ्] আঘাত। Blow, kick.

प्रहास পু০ [प्र+हास] শিব, নট, সোমতীর্থ, অট্টহাস, নাগবিশেষ। An epithet of Śiva, actor, a place of pilgrimage, laughter.

प्रहि পু০ [प्र+हृ–इन्] কূপ। A well.

प्रहित ত্রি০ [प्र+हि–क्त] প্রেরিত, ক্ষিপ্ত। ক্লী০ সুপ। Sent, discharged ; sauce.

प्रहृत ক্লী০ [प्र+हृ–क्त] প্রহার, আঘাত। ত্রি০ কৃতপ্রহার। পু০ ঋষিবিশেষ। Blow, stroke ; beaten ; name of a sage.

प्रहेलिका স্ত্রী০ [प्र+हेल–इन्+कन्+टाप्] হেঁয়ালি। Riddle.

प्रह्लाद পু০ [प्र+ह्लद–घञ्] হিরণ্যকশিপুর পুত্রবিশেষ, নাগবিশেষ, প্রমোদ, শব্দ। Name of a son of the demon Hiraṇyakaśipu, delight, sound.

प्रह्लादन ক্লী০]प्र+ह्लद+निच्–ल्युट्] আহ্লাদজনন। Causing delight.

प्रह्व ত্রি০ [प्र+ह्वा–वन्] নম্র, আসক্ত। Humble, attached.

प्रांशु ত্রি০ [प्र+अंशु] উচ্চ, উন্নত। High, lofty.

प्राक् পু০ [प्र+अनच्–क्विन्] পূর্বদেশবাসিগণ। অব্য০ [प्राच्+अस्ताति] প্রথমে, অগ্রে। At first, previously.

प्राकाम्य ক্লী০ [प्र+काम+ष्यञ्] অষ্টপ্রকার ঐশ্বর্যমধ্যে ইচ্ছানভিঘাতরূপ ঐশ্বর্য, স্বাচ্ছন্দ্যানুমতি। Freedom of will.

प्राकार পু০ [प्र+कृ–घञ्] ইষ্টকাদিরচিত বেষ্টনাকার প্রাচীর। Rampart.

प्राकृत त्रि० [प्रकृत+अण्] প্রকৃতিসম্বন্ধীয়, স্বভাবসিদ্ধ। [प्र+अकृत] নীচ। Relating to prakṛti, original, natural; vulgar.

प्राक्काल पु० [प्राक्+काल] পূর্বকাল। Before, former time.

प्राक्कूल त्रि० [प्राक्+कूल] প্রাগগ্র। Having the points turned towards the east.

प्राक्तन त्रि० [प्राक्+टयु] প্রাগ্ভব, পূর্ববর্তী কারণ। Of former time or life.

प्राक्शिरस् त्रि० [प्राक्+शिरस्] পূর্বদিক্স্থাপিত মস্তক। Having the head turned towards the east.

प्राखर्य क्ली० [प्रखर+ष्यञ्] প্রখরতা। Sharpness.

प्रागभाव पु० [प्राक्+अभाव] কোনও বস্তুর উৎপত্তির পূর্বকালীন অভাব। Non-existence of a thing previous to its production.

प्रागल्भ्य क्ली० [प्रगल्भ+ष्यञ्] প্রগল্ভতা, স্ত্রীগণের ভয়শূন্যত্বরূপ সাত্ত্বিকভাববিশেষ। Intrepidity.

प्राग्ज्योतिष पु० [प्राक्+ज्योतिष] কামরূপদেশ। Name of modern Assam.

प्राग्भार पु० [प्राक्+भार] উৎকর্ষ, পরভাগ। Excellence, front part.

प्राग्रहर त्रि० [प्र+अग्र+हृ-अप्], **प्राग्र्य** त्रि० [प्र+अग्र+यत्] শ্রেষ্ঠ। Best, most excellent.

प्राग्वंश पु० [प्राक्+वंश] বিষ্ণু, যে গৃহে হবির্দ্ধ্বানাদি স্থাপিত হয়, তাহার পূর্বে যজমানসদস্যাদির স্থিতির নিমিত্ত গৃহ। An epithet of Viṣṇu, a sacrificial chamber.

प्राघार पु० [प्र+घृ-घञ्] যজ্ঞাদিতে বহ্নির উপর ঘৃতাদির ক্ষরণ। Trickling out of ghee etc. in a sacrifice.

प्राघुण पु० [प्र+आ+घुण-क], **प्राघुणिक** पु० [प्र+आ+घुण-ठक्] অতিথি। Guest, visitor.

प्राङ्गण[न] क्ली० [प्र+अङ्गन] গৃহভূমি, উঠান, পণববাদ্য। Courtyard, a kind of drum.

प्राङ्मुख त्रि० [प्राक्+मुख] পূর্বাভিমুখ। Facing the east.

प्राच् त्रि० [प्र+अन्च-क्विन्] পূর্বদেশ, পূর্বকাল। স্ত্রী০ प्राची—পূর্বদিক্। Eastern direction, former time ; eastern quarter.

प्राचीन पु० [प्राक्+ख] পূর্বদেশীয়, পূর্বকালীন, পুরাতন, পূর্বদিগ্ভব। স্ত্রী০ प्राचीना—রাস্না। Eastern, of former time, ancient.

प्राचीनकूल क्ली० [प्राचीन+कुल] পূর্বদিগভিমুখ দর্ভ। The point of a blade of kuśa grass turned towards the east.

प्राचीनबर्हिस् पु० ইন্দ্র, নৃপবিশেষ। An epithet of Indra, name of a king.

प्राचीनावीत क्ली० [प्राचीन+आवीत] দক্ষিণস্কন্ধস্থিত যজ্ঞোপবীত। The sacred thread worn over the right shoulder.

प्राचीनावीतिन् त्रि० [प्राचीनावीत+इनि] দক্ষিণস্কন্ধলম্বিত যজ্ঞসূত্রধারী। One wearing the sacred thread over the right shoulder.

प्राचीर क्ली० [प्र+आ+चि-क्रन्] নগর প্রভৃতির সর্বত্র ইষ্টকাদিনির্মিত আবরণ। Wall, enclosure.

प्राचुर्य क्ली० [प्रचुर+ष्यञ्] বাহুল্য, বিস্তর। Multitude, abundance.

प्राचेतस पु० [प्रचेतस+अण्] বাল্মীকিমুনি, বরুণপুত্র। An epithet of the sage Vālmīki, the son of Varuṇa.

प्राच्य त्रि० [प्राचि+यत्] পূর্বদেশীয়, পূর্বকালিক। Eastern, ancient.

प्राजक पु० [प्र+अज-ण्वुल्] সারথি। Charioteer.

प्राजन क्ली० [प्र+अज-ल्युट्] তোদন, পশুপ্রভৃতির চালনদণ্ড। Whip, rod.

प्राजापत्य पु० [प्रजापति+यक्] অষ্টপ্রকার বিবাহের অন্যতম, জৈনবিশেষ। ক্লী০ ব্রতবিশেষ, রোহিণীনক্ষত্র, প্রয়াগতীর্থ। A form of marriage ; a kind of vow.

प्राजापत्या स्त्री० [प्राजापत्य+टाप्] প্রব্রজ্যাশ্রমের অঙ্গ, সর্বস্বদক্ষিণাপূর্বক ইষ্টিবিশেষ। A kind of sacrifice.

प्राजितृ पु०, [प्र+अज-तृच्] সারথি। Charioteer.

प्राज्ञ पु० [प्र+ज्ञा-क+अण्] পণ্ডিত, রাজশুক। ত্রি০ [प्रज्ञा+अण्] বুদ্ধিমান্, দক্ষ। [प्रज्ञा+ण] বুদ্ধি। স্ত্রী০ प्राज्ञी [प्रज्ञा+अण्+ङीप्]—সূর্যপত্নী, প্রাজ্ঞপত্নী। Wise, a kind of parrot; intellectual, adept, intelligence ; name of the wife of the sun, the wife of a learned man.

प्राज्य क्ली० [प्र+अन्ज-क्यप्] প্রকৃষ্ট ঘৃত। ত্রি০ প্রচুর। Good or clarified butter ; abundant.

प्राञ्जल त्रि० [प्र+अन्ज-अलच्] সরল, সুবোধ। Straightforward, lucid.

प्राञ्जलि त्रि० [प्र+अञ्जलि] বদ্ধাঞ্জলিপুট। পু০ বদ্ধাঞ্জলি। Folded palm.

प्राड्विवाक पु॰ [प्रच्छ-क्विप्+वि+वच-घञ्], **प्राड्विवेक** पु॰ [प्रच्छ-क्विप्+वि+विच-घञ्] বিচারক, নৃপতির সহায়। Judge.

प्राण पु॰ [प्र+अण-घञ्] ব্রহ্ম, পঞ্চবৃত্তিক দেহস্থ বায়ু, রস, অনিল, বল, জীবন, সূক্ষ্মদেহসমষ্টি দ্বারা উপহিত চৈতন্য। ত্রি॰ পূরিত। Brahman, the vital airs, life ; filled.

प्राणच्छिद् ত্রি॰ [प्राण+छिद-क्विप्] প্রাণনাশক। Destroyer of life.

प्राणद ত্রি॰ [प्राण+दा-क] জল, রক্ত, প্রাণদানকারী। পু॰ জীবকবৃক্ষ, বিষ্ণু। স্ত্রী॰ প্রাণদা—হরীতকী, ঋদ্ধিবৃক্ষ। ত্রি॰ প্রাণদাত্রী। Water, blood, that which gives life ; an epithet of Viṣṇu ; myrobalan.

प्राणन ক্লী॰ [प्र+अन-ल्युट्] জীবন। পু॰ জল। Life ; water.

प्राणनाथ পু॰ [प्राण+नाथ] প্রাণপতি, ভর্তা। Lord of life, husband.

प्राणन्त পু॰ [प्र+अन-झ] বায়ু, রসাঞ্জন। Wind, air.

प्राणद ত্রি॰ [प्राण+दा-क] বলদায়ক। Restorer of life.

प्राणभृत् ত্রি॰ [प्राण+भृ-क्विप्] প্রাণী, জীব, প্রাণপোষক। পু॰ বিষ্ণু। Living being, sustainer of life ; an epithet of Viṣṇu.

प्राणयात्रा স্ত্রী॰ [प्राण+यात्रा] শ্বাসপ্রশ্বাসাদি-ব্যাপার, জীবনধারণের জন্য প্রয়োজনীয় ভোজনাদি কর্ম। Respiration.

प्राणसमा স্ত্রী॰ [प्राण+सम+टाप्] প্রিয়তমা, প্রাণপ্রিয়া, পত্নী। Darling, wife.

प्राणसंयम পু॰ [प्राण+संयम] প্রাণ নিরোধ। Control of life.

प्राणान्त পু॰ [प्राण+अन्त] মরণ। Death.

प्राणायाम পু॰ [प्राण+आ+यम-घञ्] প্রাণবায়ুর গতিবিচ্ছেদকারক ব্যাপারবিশেষ যথা রেচক, পূরক। Control of breath in Yoga.

प्राणायामपरायण ত্রি॰ [प्राणायाम+परायण] প্রাণায়াম করিতে তৎপর। One practising control of breath.

प्राणिद्यूत ক্লী॰ [प्राणिन्+द्यूत] পণপূর্বক মেষ-কুক্কুটাদির যুদ্ধ করান। Gambling with fighting animals.

प्राणिन् পু॰ [प्राण+इनि] জীব, চেতন, জন্তুমাত্র। Being, creature.

प्राणेश পু॰ [प्राण+ईश], **प्राणेश्वर** পু॰ [प्राण+ईश्वर] পতি, বায়ু। Husband, wind.

प्राणेशा স্ত্রী॰ [प्राण+ईश+टाप्], **प्राणेश्वरी** স্ত্রী॰ [प्राण+ईश्वर+ङीप्] প্রিয়া, ভার্যা। Wife.

प्रातःकाल পু॰ [प्रातः+काल] প্রভাতকাল, স্মৃতিশাস্ত্রে সূর্যোদয় পর্যন্ত মুহূর্তত্রয়পরিমিত কাল। Morning time.

प्रातःसन्ध्या স্ত্রী॰ [प्रातः+सन्ध्या] গতরাত্রির অনন্তর-মুহূর্তাত্মক ভাবিসূর্যোদয়ের মধ্যবর্তী দণ্ডচতুষ্টয়াত্মক কাল। The morning twilight.

प्रातर् অ॰ [प्र+अत-अर] প্রভাত। Morning.

प्रातराश পু॰ [प्रातर्+अश-घञ्] প্রাতঃকালিক ভোজন। Breakfast.

प्रातिकूलिक ত্রি॰ [प्रतिकूल+ठञ्] প্রতিকূলবর্তী। Opposed.

प्रातिकूल्य ক্লী॰ [प्रतिकूल+ष्यञ्] প্রতিকূলাচার। Opposition.

प्रातिपदिक ত্রি॰ [प्रतिपद+ठञ्] প্রতিপদতিথি-ভব। ক্লী॰ ব্যাকরণশাস্ত্রে বিভক্তিশূন্য ব্যক্তিবাচক বা বিশেষণবাচক শব্দ, নাম, লিঙ্গ প্রভৃতির সংজ্ঞা-বিশেষ। পু॰ অগ্নি। The base of a substantive ; fire.

प्रातिभ ত্রি॰ [प्रतिभा+अण्] প্রতিভান্বিত যোগি-গণের যোগবিঘ্নকারক উপসর্গবিশেষ। ক্লী॰ দিব্য-জ্ঞান। Relating to genius ; supernatural genius.

प्रातिभाव्य ক্লী॰ [प्रति+भू-ष्यञ्] প্রতিভূভাব, প্রতিভূরূপে দেয়ধন। The state of being a security, to be given as a security or bail.

प्रातिलोम्य ক্লী॰ [प्रतिलोम+ष्यञ्] বৈপরীত্য। Inversion.

प्रातिशाख्य ক্লী॰ [प्रतिशाखा+ञ्य] বেদশাখাসম্বন্ধি ব্যাকরণবিশেষ। A Vedic grammatical, treatise.

प्रातिस्विक ত্রি॰ [प्रति+स्व+ठक्] অসাধারণ ধর্ম, প্রতিব্যক্তিভব। Uniqueness, one's own.

प्रातिहार[रि]क ত্রি॰ [प्रतिहार+ठक्] মায়া-কারক। Juggler.

प्रात्ययिक ত্রি॰ [प्रत्यय+ठक्] প্রতিভূবিশেষ। A kind of security or bail.

प्राथमकल्पिक ত্রি॰ [प्रथम+कल्प+ठक्] প্রথমারম্ভোচিত বেদাধ্যয়নাদি। The initial study of the Vedas.

प्राथमिक ত্রি॰ [प्रथम+ठञ्] প্রথমভব। Primary, initial.

प्राथम्य ক্লী॰ [प्रथम+ष्यञ्] প্রথমত্ব, মুখ্যত্ব। Priority, the state of being first.

प्रादुर्भाव पु० [प्रादुस्+भू-घञ्] আবির্ভাব, প্রথমাবকাশ। Manifestation, appearance.

प्रादुस् অ০ [प्र+अद्-उसि] প্রাকাশ্য। ক্লী০ প্রাদুর্ভাব। Manifestation.

प्रादेश পু০ [प्र+दिश-घञ्] তর্জনীসহিত বিস্তৃত অঙ্গুষ্ঠ পরিমিত দেশ, দেশ, পরিমাণবিশেষ। The span of the thumb and the forefinger.

प्रादेशन ক্লী০ [प्र+आ+दिश-ल्युट्] দান। Gift.

प्रादोष ত্রি০ [प्रदोष+अण्], **प्रादोषिक** ত্রি০ [प्रदोष+ठञ्] প্রদোষভব। Relating to the evening.

प्राधान्य ক্লী০ [प्रधान+ष्यञ्] শ্রেষ্ঠত্ব। Superiority, supremacy, prominence.

प्राध्ययन ক্লী০ [प्र+अध्ययन] সম্যক্ অধ্যয়ন। Proper study.

प्राध्व ত্রি০ [प्र+अध्वन्+अच्] দূরপথ, নম্র, বদ্ধ, বহুদূরগামী রথ। Distant, bent, fastened.

प्राध्वम् অ০ [प्र+आ+ध्वन-डमि] আনুকূল্য, বন্ধন, নম্রতা। Fabourably.

प्रान्त পু০ [प्र+अन्त] শেষসীমা, ঋষিবিশেষ। Extremity, name of a sage

प्रान्तर ক্লী০[प्र+अन्तर] দূরগম্য পথ, বৃক্ষাদিছায়াশূন্য পথ, বন, কোটর। A long way, a road without shade of trees, forest.

प्रापक ত্রি০ [प्र+आप-ण्वुल्] অধিগন্তা। Leading to.

प्रापण ক্লী০ [प्र+आप-ल्युट्] প্রাপ্তি। Obtaining.

प्रापणिक ত্রি০ [प्र+आ+पण-किकन्] পণ্যবিক্রেতা। Merchant.

प्रापित ত্রি০ [प्र+आप+णिच्-क्त] গ্রাহিত। Made to get or attain.

प्राप्त ত্রি০ [प्र+आप-क्त] লব্ধ, আসাদিত, ভূত, উপস্থিত। Got, obtained, present.

प्राप्तकाल ত্রি০ [प्राप्त+काल] করণযোগ্য কাল। Opportune time.

प्राप्तरूप ত্রি০ [प्राप्त+रूप] মনোহর, পণ্ডিত, রম্য। Handsome, learned.

प्राप्ति স্ত্রী০ [प्र+आप-क्तिन्] উদয়, ধনাদিবৃদ্ধি, লাভ, প্রাপণ, সংহতি, ঐশ্বর্যবিশেষ, সংযোগরূপ দ্রব্যগুণবিশেষ। Rise, profit, gain, attainment.

प्राप्य ত্রি০ [प्र+आप-ण्यत्] গম্য, লভ্য। ক্লী০ ব্যাকরণশাস্ত্রোক্ত কর্মবিশেষ। To be got or obtained.

प्राबल्य ক্লী০ [प्रबल+ष्यञ्] প্রবলত্ব, উৎকটতা। Predominance.

प्राभृत ক্লী০ [प्र+आ+भृ-क्त] উপঢৌকন দ্রব্য। Present.

प्रामाणिक ত্রি০ [प्रमाण+ठञ्] প্রত্যক্ষাদি প্রমাণসিদ্ধ, শাস্ত্রসিদ্ধ, মর্যাদাভিজ্ঞ, শাস্ত্রজ্ঞ, পরিচ্ছেদক, প্রমাণকর্তা। Established by proof, founded on authority ; conversant with logic.

प्रामाण्य ক্লী০ [प्रमाण+ष्यञ्] যথার্থজ্ঞানসিদ্ধ। Authenticity resting on proof.

प्रामादिक ত্রি০ [प्रमाद+ठक्] ভ্রান্ত। Wrong.

प्रामितिक ত্রি০ [प्रमिति+ठक्] যথার্থজ্ঞানসম্বন্ধীয়। Pertaining to true knowledge.

प्राय পু০ [प्र+अय-घञ्] মৃত্যু, বাহুল্য। Departure from life, excess.

प्रायशस् অ০ [प्राय+शस्] প্রায়ই। Mostly.

प्रायश्चित्त ক্লী০ পাপক্ষয়মাত্রের সাধনরূপ বিধিবোধিত কর্মবিশেষ। Atonement.

प्रायश्चित्तिन् ত্রি০ [प्रायश्चित्त+इनि] প্রায়শ্চিত্তযুক্ত। One who makes an atonement.

प्रायश्चेतन ক্লী০ [प्रायस्+चेतन] প্রায়শ্চিত্ত। Atonement.

प्रायस् অ০ [प्र+अय-असि] বাহুল্য, তপঃ, ব্রত। Excess, austerity.

प्रायोपवेश পু০ [प्राय+उपवेश], **प्रायोपवेशन** ক্লী০ [प्राय+उप+विश-ल्युट्], **प्रायोपवेशिका** স্ত্রী০ [प्राय+उप-विश+कन्+टाप्] অনশনপূর্বক মরণের নিমিত্ত উপবেশন। Fasting unto death.

प्रारब्ध ক্লী০ [प्र+आ+रभ-क्त] অদৃষ্ট। ত্রি০ যাহা আরব্ধ হইয়াছে। Destiny; that which has begun.

प्रारम्भ পু০ [प्र+आरम्भ] উপক্রম। Beginning.

प्रारिप्सित ত্রি০ [प्र+आ+रभ+सन्-क्त] আরম্ভের নিমিত্ত ঈপ্সিত। Desired to be commenced.

प्रार्थन ক্লী০[प्र+अर्थ-ल्युट्]যাচন, হিংসন, মুদ্রাবিশেষ। স্ত্রী০ প্রার্থনা [प्र+अर्थ-युच्+टाप्]—যাচ্ঞা, হিংসা। Prayer, killing ; solicitation.

प्रार्थनीय ত্রি০ [प्र+अर्थ-अनीयर्] যাচনীয়। Solicited.

प्रार्थयितृ ত্রি০ [प्र+अर्थ-तृच्] যাচক। One who solicits.

प्रार्थित ত্রি০ [प्र+अर्थ-क्त] ঈপ্সিত। Desired.

प्रालम्ब ত্রি০ [प्र+आ+लम्ब-अच्] প্রকৃষ্টরূপে লম্বমান। Pendent.

প্রালেয় ক্লী০ [প্র+আ+লী–যৎ] হিম। Frost.

প্রাবরণ ক্লী০ [প্র+আ+বৃ–ল্যুট্] আচ্ছাদনবস্ত্র, উত্তরীয়বস্ত্র। Covering cloth, upper garment.

প্রাবার পু০ [প্র+আ+বৃ–ঘঞ্] উত্তরীয় বস্ত্র, প্রকৃষ্ট-আবরণ। Upper garment, cloak.

প্রাবীণ্য ক্লী০ [প্রবীণ+ষ্যঞ্] নৈপুণ্য, দক্ষতা। Proficiency, dexterity.

প্রাবৃতি স্ত্রী০ [প্র+আ+বৃ–ক্তিন্] প্রাচীর। Wall.

প্রাবৃষ্(ষা) স্ত্রী০ [প্র+বৃষ–ক্বিপ্(+টাপ্)] বর্ষাকাল। Rainy season.

প্রাবৃষিজ পু০ [প্রাবৃষি+জন–ড] ঝঞ্ঝানিল। ত্রি০ বর্ষাকালজাত। Tempest; produced in the rainy season.

প্রাবৃষেণ্য ত্রি০ [প্রাবৃষ্+এন্য] বর্ষাকালজাত, বর্ষাকালে কার্য। পু০ কদম্ববৃক্ষ, কুটজবৃক্ষ, ধারাকদম্ব। ক্লী০ প্রাচুর্য। স্ত্রী০ প্রাবৃষেণ্যা—রক্তপুনর্নবা। Produced in the rainy season; the Kadamba tree; abundance; a kind of plant.

প্রাশন ক্লী০ [প্র+অশ–ল্যুট্] অন্নাদির প্রকৃষ্টভাবে ভোজন, খাওয়ান। Eating, causing to eat.

প্রাশিত ত্রি০ [প্র+অশ–ক্ত] ভক্ষিত। ক্লী০ ভক্ষণ, পিতৃযজ্ঞ। Eaten; eating, offering to deceased ancestors.

প্রাশ্নিক ত্রি০ [প্রশ্ন+ঠক্] প্রশ্নোত্তর প্রদানে নিপুণ। পু০ সভ্যবিশেষ। Expert in meeting queries, judge.

প্রাস পু০ [প্র+অস–ঘঞ্] ক্ষেপণীয় অস্ত্র। A missile that is hurled.

প্রাসঙ্গ পু০ [প্র+সনজ–ঘঞ্] দম্য বাছুরের স্কন্ধে শিক্ষার্থ আসজ্যমান যুগ কাষ্ঠ। A yoke for taming a calf.

প্রাসঙ্গিক ত্রি০ [প্রসঙ্গ+ঠঞ্] প্রসঙ্গাগত, আনুষঙ্গিক। Topical, relevant.

প্রাসঙ্গ্য পু০ [প্র+আসঙ্গ্য] প্রাসঙ্গবাহী বৃষ। A draught-ox.

প্রাসাদ পু০ [প্র+সদ–ঘঞ্] দেবতা বা রাজার গৃহ, বৃহৎ অট্টালিকা। Temple, palace, mansion.

প্রাসাদিক ত্রি০ [প্রসাদ+ঠক্] প্রসাদনসূচক। Indicative of favour.

প্রাসিক ত্রি০ [প্রাস+ঠক্] কুন্তযোদ্ধা। A spear-man.

প্রাস্ত ত্রি০ [প্র+অস–ক্ত] সম্যক্ ক্ষিপ্ত, প্রদত্ত। Thrown, offered.

প্রাস্থানিক ত্রি০ [প্রস্থান+ঠঞ্] যাত্রাকালোচিত, যাত্রাসম্বন্ধী দধিশঙ্খাদি মঙ্গল দ্রব্যবিশেষ। Relating to the time of departure, auspicious things relating to departure.

প্রাহরিক ত্রি০ [প্রহর+ঠক] প্রহর সম্বন্ধীয়। Relating to a prahara.

প্রাহ্ণ পু০[প্র+অহন্+অচ্] পূর্বতম দিনভাগ। অব্য০ প্রকৃষ্টদিনযুক্ত। Forenoon.

প্রিয় [প্রী-ক] ত্রি০ হৃদ্য, প্রীতিকর। পু০ পতি। স্ত্রী০ প্রিয়া—ভার্যা। Dear; husband; wife.

প্রিয়ংবদ ত্রি০ [প্রিয়+বদ–খচ্] মধুরভাষী। পু০ খেচর, গন্ধর্ববিশেষ। Sweet-tongued, one speaking sweet words; a kind of bird, name of a Gandharva.

প্রিয়ংবদা স্ত্রী০ [প্রিয়ংবদ+টাপ্] দ্বাদশাক্ষরপাদ ছন্দোবিশেষ, শকুন্তলার সহচরী। Name of a metre consisting of twelve syllables, name of a friend of Śakuntalā.

প্রিয়ক পু০ [প্রিয়+কন্] পীতশালক, নীপ, চিত্রমৃগ, ভ্রমর, প্রিয়ঙ্গু, ধারাকদম্ব, অসনবৃক্ষ, স্কন্দানুচর-বিশেষ। A kind of tree, a kind of deer, bee.

প্রিয়কার ত্রি০ [প্রিয়+কার] অনুকূলকারী। Acting kindly.

প্রিয়ঙ্কর ত্রি০ [প্রিয়+কৃ–খচ্] প্রিয়কারী। স্ত্রী০ প্রিয়ঙ্করী—অশ্বগন্ধা, শ্বেতকণ্টকারী। One who does good; a kind of herb.

প্রিয়ম্ভবিষ্ণু ত্রি০ [প্রিয়+ভবিষ্ণু], **প্রিয়ম্ভাবুক** ত্রি০ [প্রিয়+ভাবুক] প্রিয়ভূত। Become dear.

প্রিয়ঙ্গু স্ত্রী০ [প্রিয়+গম–ডু] লতাবিশেষ, পিপ্পলী, রাজিকা, কঙ্গু। Name of a creeper, long pepper.

প্রিয়তম ত্রি০ [প্রিয়+তমপ্] অতিশয় প্রিয়। পু০ ময়ূরশিখাবৃক্ষ। Dearest; a kind of tree.

প্রিয়তা স্ত্রী০ [প্রিয়+তল্+টাপ্] স্নেহ, প্রেম। Love, affection.

প্রিয়দর্শন পু০ [প্রিয়+দর্শন] ক্ষীরিকাবৃক্ষ, শুকপক্ষী। ত্রি০ সুদৃশ্য। A kind of tree, parrot; handsome.

প্রিয়দেবন ত্রি০ [প্রিয়+দেবন] অক্ষক্রীড়াপ্রিয়। One fond of dice-play.

প্রিয়বাদিন্ ত্রি০ [প্রিয়+বদ–ণিনি] প্রিয়ভাষী। One who speaks sweetly.

প্রিয়ব্রত পু০ [প্রিয়+ব্রত] স্বায়ম্ভুব মনুর জ্যেষ্ঠ পুত্র। Eldest son of Svāyambhuva Manu.

प्रियसख पु० [प्रिय+सखिन्+टच्] প্রিয়বন্ধু, খদির। Dear friend, catechu.

प्रियसखी স্ত্রী০ [प्रियसख+ङीष्] সহচরী। A female friend.

प्रियाल पु० [प्रिय+अल–अच्] পিয়ালবৃক্ষ। A kind of tree.

प्रीणन ক্লী০ [प्री+णिच्–ल्युट्] তর্পণ, তুষ্টিসাধন। Pleasing, satisfying.

प्रीणित त्रि० [प्री+णिच्–क्त] তর্পিত। Pleased.

प्रीत[ण] त्रि० [प्री–क्त] হৃষ্ট। Pleased.

प्रीतमनस् [प्रीत+मनस्] সন্তুষ্টচিত্ত। Of pleased mind.

प्रीति স্ত্রী০ [प्री–क्तिन्] হর্ষ, তৃপ্তি, কামের পত্নী-বিশেষ। Delight, satisfaction.

प्रीतिमत् त्रि० [प्रीति+मतुप्] প্রীতিযুক্ত। Loving.

प्रीयमाण त्रि० [प्री+शानच्] তোষ্যমাণ। Being pleased.

प्रुष्ट त्रि० [प्रुष–क्त] দগ্ধ। Burnt.

प्रेक्षण ক্লী০ [प्र+ईक्ष–ल्युट्] দর্শন, দৃষ্টি। Looking, view.

प्रेक्षणीय त्रि० [प्र+ईक्ष–अनीयर्] দর্শনীয়। Fit to be seen, beautiful to look at.

प्रेक्षा স্ত্রী০ [प्र+ईक्ष–अङ्+टाप्] দৃষ্টি, বুদ্ধিপূর্বক পর্যালোচনা। View, deliberation.

प्रेक्षागृह ক্লী০ [प्रेक्षा+गृह] নাট্যশালা। Theatre, play-house.

प्रेक्षावत् त्रि० [प्रेक्षा+मतुप्] সমীক্ষাকারী। Considerate, wise.

प्रेङ्खत् त्रि० [प्र+इख–शतृ] চলৎ। Swinging.

प्रेङ्खा স্ত্রী০ [प्र+इख–अङ्+टाप्] দোলা, পরিভ্রমণ, অশ্বগতি। Swing, wandering.

प्रेङ्खित त्रि० [प्र+इख–क्त], **प्रेङ्खोलित** त्रि० [प्रेङ्खोल–क्त] কম্পিত। Shaken.

प्रेङ्खोलन ক্লী০ [प्रेङ्खोल–ल्युट्] দোলন, চলন। Oscillating.

प्रेत पु० [प्र+इ–क्त] মৃত, নরকস্থ জীববিশেষ। Dead, departed spirit.

प्रेतकर्मन् ক্লী০ [प्रेत+कर्मन्], **प्रेतकार्य** ক্লী০ [प्रेत+कार्य] মৃতোদ্দেশে কর্তব্য। Obsequial rites.

प्रेतगृह ক্লী০ [प्रेत+गृह], **प्रेतवन** ক্লী০ [प्रेत+वन] শ্মশান। Burial ground.

प्रेतनदी স্ত্রী০ [प्रेत+नदी] বৈতরণী নদী। Name of a river in Hades.

प्रेतपति पु० [प्रेत+पति], **प्रेतराज** पु० [प्रेत+राजन+टच्] যমরাজ। An epithet of Yama.

प्रेत्य अव्य० [प्र+इ–ल्यप्] লোকান্তরিত। Having departed to the other world.

प्रेत्यभाव पु० [प्रेत्य+भाव] মরণান্তর পুনর্জন্ম। The birth of the soul after death.

प्रेप्सु त्रि० [प्र–आप+सन्–उ] প্রাপ্তেচ্ছু। Desirous of obtaining.

प्रेमन् पु०, ক্লী০ [प्रिय+इमनिच्] সৌহার্দ, স্নেহ, হর্ষ। Love, affection.

प्रेयस् पु० [प्रिय+ईयसुन्] পতি। স্ত্রী০ प्रेयसी—ভার্যা। Husband ; wife.

प्रेरण ক্লী০ [प्र+ईर+णिच्–ल्युट्] প্রেষণ। Sending, urging.

प्रेरित त्रि० [प्र+ईर–क्त] প্রেষিত। Sent, urged.

प्रेष्ठ त्रि० [प्र+इष्ठन्] প্রিয়তম, পতি। স্ত্রী০ प्रेष्ठा—প্রিয়তমা, পত্নী, জঙ্ঘা। Dearest, husband ; darling, wife.

प्रेष्य त्रि० [प्र+इष–ण्यत्], **प्रैष्य** त्रि० [प्र+ईष–ण्यत्] প্রেরণীয়, নিযোজ্য। पु० দাস। ক্লী০ প্রেরণ। To be sent or ordered ; servant ; sending (on a mission).

प्रोक्त ক্লী০ [प्र+वच–क्त] কথিত। Told.

प्रोक्षण ক্লী০ [प्र+उक्ष–ल्युट्] যজ্ঞার্থে পশুহনন, বধ, সেচন। স্ত্রী০ प्रोक्षणी—প্রোক্ষণসাধন জল। Immolation of animals at a sacrifice, sprinkling; water used for sprinkling.

प्रोक्षित त्रि० [प्र+उक्ष–क्त] সিক্ত, নিহত, যজ্ঞার্থে সংস্কৃত পশু। Consecrated by sprinkling, immolated at a sacrifice.

प्रोच्छून त्रि० [प्र+उच्छून] সম্যক্ স্ফীত। Swollen.

प्रोज्झित त्रि० [प्र+उज्झ–क्त] প্রকৃষ্টরূপে ত্যক্ত। Abandoned.

प्रोञ्छन ক্লী০ [प्र+उञ्छ–ल्युट्] মার্জন। Wiping away.

प्रोत त्रि० [प्र+वे–क्त] প্রকৃষ্টরূপে স্যূত। ক্লী০ গ্রথিত বস্ত্র, সীবন। Stitched, sewn ; woven cloth, sewing.

प्रोत्साह पु० [प्र+उत्साह] অত্যুৎসাহ। Zeal.

प्रोत्साहित त्रि० [प्र+उत्साहित] অত্যুৎসাহযুক্ত। Prompted.

प्रोथ पु०, ক্লী০ [प्रु+थक्] অশ্বনাসিকা। पु० কটী, শাটক, স্ত্রীগর্ভ, গর্ত, ভীষণ, অশ্বমুখ। ত্রি০ প্রস্থিত, পথিক, প্রথিত, স্থাপিত। The nostrils of a horse ; hip, garment, embryo ; travelling, wayfarer, famous.

प्रोद्भिन्न त्रि० [प्र+उद्भिन्न] সম্যগ্ উদ্ভূত। Shot up, germinated.

प्रोल्लिखत् त्रि० [प्र+उत्+लिख–शतृ] নখাদির দ্বারা চিহ্নকারক। Inscribing, marking.

प्रोषित त्रि० [प्र+वस–क्त] প্রবাসে গত, বিদেশে স্থিত। Gone abroad, living in a foreign country.

प्रोषितभर्तृका स्त्री० [प्रोषित+भर्तृ+कप्+टाप्] যে নারীর স্বামী বিদেশে গমন করিয়াছে। One whose husband has left for a foreign country.

प्रोष्ठ पु० [प्र+ओष्ठ] পুঁটিমাছ, দেশবিশেষ, বৃষ। A kind of fish, bull.

प्रोष्ठी स्त्री० [प्रोष्ठ+ङीष्] মৎস্যবিশেষ। A kind of fish.

प्रोह पु० [प्र+वह–क] তর্ক, গ্রন্থি, প্রকৃষ্টবাহক। त्रि० তার্কিক। Reasoning, knot; disputant.

प्रौढ त्रि० [प्र+ऊढ] প্রবীণ, প্রবৃদ্ধ, নিপুণ। स्त्री० প্রৌঢা—প্রবীণা স্ত্রী। Fullgrown, adult, mighty; a grown up woman from thirty to fifty years of age.

प्रौढपाद त्रि० [प्रौढ़+पाद] কোনও বস্ত্রখণ্ড দ্বারা জানু জঙ্ঘা ও পৃষ্ঠ বন্ধন করিয়া আসনে পদতল রাখিয়া অবস্থানযুক্ত। One having his feet on the pedestal after tying his knees, thighs and back together.

प्रौढमनोरमा स्त्री० ভট্টোজি দীক্ষিতকৃত সিদ্ধান্ত-কৌমুদীর ব্যাখ্যা। Name of a commentary by Bhaṭṭoji Dīkṣita on his own work Siddhānta Kaumudī.

प्रौढि स्त्री० [प्र+वह–क्तिन्] প্রবীণতা, সামর্থ্য, উদ্যম। Maturity, enterprize.

प्रौढिवाद [प्रौढि+वाद] হঠোক্তি। A bold assertion.

प्लक्ष पु० [प्लक्ष–घञ्] পাকুড়গাছ, দ্বীপবিশেষ। The Indian fig-tree, one of the seven dvīpas.

प्लव क्ली० [प्लु–अच्] গন্ধতৃণ। पु० [प्ल–अप्] ভেক, [illegible] বানর, মেষ, জলকাক, কুলক, প্রবণ, [illegible]ক্ষ, পক্ষিবিশেষ, শব্দবিশেষ, প্রতিগমন, [illegible]ণ, শত্রু, জলবিশেষ। A kind of grass; frog, boat, monkey.

प्लवग पु० [प्लु+गम–ड] বানর, ভেক, সূর্যসারথি, শিরীষবৃক্ষ, পক্ষিবিশেষ। Monkey, frog.

प्लवङ्ग पु० [प्लु+गम–खच्] বানর, মৃগ, বৃক্ষবিশেষ। Monkey, frog.

प्लवङ्गम पु० [प्ल+गम–खच्] বানর, ভেক। Monkey, frog.

प्लवन त्रि० [प्लु–ल्यु] নিম্নে প্রবণ। क्ली० [प्लु–ल्युट्] জলোপরি গতি। Go down; swimming.

प्लावन क्ली० [प्लु+णिच्–ल्युट्] দ্রবদ্রব্যের চতুর্দিকে গতি, নিমজ্জন সম্পাদন। Flood, plunging.

प्लावित त्रि० [प्लु+णिच्–क्त] জলাদির চতুর্দিকে ব্যাপ্তি। Inundated.

प्लि[प्ली]हन् पु० [प्लि–कनिन्] উদরের অভ্যন্তরে বামপার্শ্বে স্থিত মাংসখণ্ড, রোগবিশেষ। Spleen, a kind of disease.

प्लुत क्ली० [प्लु–क्त] অশ্বগতিবিশেষ, তির্যগ্‌গতি, লম্ফ, ত্রিমাত্রকালোচার্য স্বরবর্ণবিশেষ। One of the paces of the horse, jump, a prolate (vowel)

प्लुति स्त्री० [प्लु–क्तिन्] প্লবন, লাফিয়ে যাওয়া, ত্রিমাত্রিক উচ্চারণ। Leap, jump, prolation of a vowel.

प्लुष्ट त्रि० [प्लुष–क्त] দগ্ধ। Burnt.

प्लोष पु० [प्लुष–घञ्], **प्लोषण** क्ली० [प्लुष–ल्युट] দাহ। Burning, combustion.

प्सात त्रि० [प्सा–क्त] ভক্ষিত। Eaten.

प्सान क्ली० [प्सा–ल्युट्] ভোজন। Eating.

प्सु पु० [प्सा–कु] রূপ। Form.

फ

फ क्ली० [फक्क–ड] প-বর্গের দ্বিতীয় বর্ণ, রুক্ষ কথন, নিষ্ফলবাক্য, ফুৎকার। पु० ঝঞ্ঝাবাত, বর্ধক, জৃম্ভণ, ফলভাগ। The second letter of the labial group, harsh word; whirlwind.

फक्किका स्त्री० [फक्क–ण्वुल्+टाप्] তত্ত্বনির্ণয়ের নিমিত্ত পূর্বপক্ষ, অসদ্ব্যবহার,। An argument to be proved.

फट् अव्य० [स्फुट–क्विप्] তন্ত্রোক্ত যোগ, অস্ত্রনামক মন্ত্রবিশেষ। A kind of Tantrika yoga, a spell or incantation.

फण पु० [फण–अच्], **फणा** स्त्री० [फण+टाप्] দর্বীর ন্যায় বিস্তৃত সর্পের মস্তক। The hood of a serpent.

फणाधर [फणा+धर], **फणाभृत्** [फणा+भृ–क्विप्], **फणावत्** पु० [फणा+मतुप्] সর্প। Serpent.

फणिन् पु० [फणा+इनि] সর্পবিশেষ, শেষাবতার। स्त्री० ফণিনী—সর্পিণীনামক ওষধি। A hooded serpent; a kind of herb.

फणिभुज् पु० [फणिन्+भुज–क्विप्] পন্নগাশন গরুড়, ময়ূর। An epithet of Garuḍa, peacock.

फणीन्द्र पु० [फणिन्+इन्द्र], **फणीश्वर** पु० [फणिन्+ईश्वर] সর্পেশ্বর অনন্ত, বাসুকি। The lord of serpents, an epithet of Vāsuki.

फल क्ली० [फल–अच्] বৃক্ষাদির শস্য, লাভ, ফলক, কার্য, উদ্দেশ্য, প্রয়োজন, জাতীফল, ত্রিফলা, কক্কোল, বাণাগ্র, স্ত্রীরজঃ, ফাল, দান, মুষ্ক, প্রমেয়-বিশেষ। পু০ কুটজবৃক্ষ। Fruit, gain, purpose, object.

फलक क्ली० [फल+क] ঢাল, কাষ্ঠাদি পট্টক, নাগকেশর, অস্থিখণ্ড। Shield, board.

फलग्राहिन् पु० [फल+गृह्–णिनि] বৃক্ষ। त्रि० বৃক্ষের ফলগ্রাহক। Tree.

फलद त्रि० [फल+दा–क] ফলদাতা। पु० বৃক্ষ। Productive of fruit or result ; tree.

फलन क्ली० [फल–ल्युट्] ফলোৎপত্তি। Fructifying.

फलपूर पु०[फल+पूर] বীজপূর। The citron tree.

फलवत् त्रि० [फल+मतुप्] ফলযুক্ত, ফলের সাধন যাগাদি। पु० ফলযুত বৃক্ষ। Fruitful ; fruitful tree.

फलशालिन् त्रि० [फल+शाल–णिनि] ফলযুক্ত। Fruitful.

फलहारिन् त्रि० [फल+हृ–णिनि] ফলহারক। One who takes away fruits.

फलहेतु पु० [फल+हेतु] ফলের হেতু। Cause of the result.

फलित त्रि० [फल+इतच्] নিষ্পন্ন। पु० জাতফল বৃক্ষ। क्ली० শৈলেয়। Accomplished.

फलिन् त्रि० [फल+इनि] ফলযুক্ত। पु० বৃক্ষ। স্ত্রী০ফলিনী—প্রিয়ঙ্গুবৃক্ষ। Fruit-bearing ; tree.

फलिन त्रि० [फल+इनच्] ফলযুত। पु० ফলযুক্ত বৃক্ষ। Having fruit ; a fruitful tree.

फली स्त्री० [फल+अच्+ङीप्] প্রিয়ঙ্গু লতা। A kind of tree.

फलेग्रहि त्रि० [फल+ग्रह–इन्] যোগ্যকালে ফলধারক বৃক্ষ। A tree bearing fruit at the proper time.

फलेरुहा स्त्री० [फल+रुह–क+टाप्] পাটলিবৃক্ষ। A kind of tree.

फलोदय पु० [फल+उदय] ফলোৎপত্তি, লাভ, স্বর্গ, হর্ষ। Fructification, gain, heaven.

फल्गु त्रि० [फल–उ] অসার, নিরর্থক, রম্য, মিথ্যা-বাক্য। স্ত্রী০ গয়াতীর্থস্থ নদীবিশেষ, বসন্তকাল। Useless, trivial ; name of a river, spring-time.

फल्गुन पु० [फल्गु+नी–ड] ফাল্গুন মাস, অর্জুন। त्रि० রক্ত। The month of Phālguna, an epithet of Arjuna.

फल्गुनी स्त्री० [फल–उनन्+गुक्+ङीष्] নক্ষত্রবিশেষ, কাকোডুম্বরিকা। Name of a constellation.

फल्गूत्सव पु० [फल्गु+उत्सव] ফাল্গুন পূর্ণিমায় কর্তব্য উৎসববিশেষ। A festivity on the full-moon day in the month of Phālguna.

फाणि स्त्री० [स्फाय+नि] গুড়বিকার, করম্ভ। Gruel.

फाणित क्ली० [फण+णिच्–क्त] গুড়বিকারবিশেষ। A kind of gruel.

फाण्ट क्ली० [फण–क्त] অনায়াসে কৃত। पु० কাথ-বিশেষ। Easily done ; an extract.

फाल क्ली० [फल–घञ्] লাঙ্গলমুখস্থ লৌহবিশেষ। [फल+अण्] কার্পাসবস্ত্র। पु० জম্বীরবীজ। पु० [फाल+अच्] বলদেব, মহাদেব। A ploughshare ; the citron tree ; an epithet of Balarāma, or Śiva.

फाल्गुन पु० [फल्गुन+अण्] মাসবিশেষ, জৈব বর্ষবিশেষ তৃতীয় পাণ্ডব, অর্জুনবৃক্ষ। স্ত্রী০ ফাল্গুনী—ফাল্গুনমাসের পৌর্ণমাসী। Name of a month.

फाल्गुनिक पु० [फाल्गुन+ठक्] চৈত্রাবধিক দ্বাদশ-মাস। Twelve months ending in Caitra.

फिङ्गक पु० পক্ষিবিশেষ। A kind of bird.

फुत्कार पु० [फुत्+कृ–घञ्] অব্যক্তশব্দকরণ। Hissing, whizzing.

फुत्कृति स्त्री० [फुत्+कृ–क्तिन्] অব্যক্তশব্দকরণ। Whizzing.

फुल्ल त्रि० [फुल्ल–अच्] বিকশিত, বিস্ফারিত। Bloomed, expanded.

फुल्लदामन् क्ली० [फुल्ल+दामन्] ঊনবিংশতি অক্ষরপাদবিশিষ্ট ছন্দোবিশেষ। A metre of nineteen syllables.

फेन[ण] पु० [स्फाय–न] দুগ্ধজলাদির উপরিস্থ বুদ্-বুদাকার পদার্থ। Foam.

फेनिल त्रि० [फेन+इलच्] ফেনবিশিষ্ট। क्ली० মদনবৃক্ষফল। पु० বদরবৃক্ষ, অরিষ্টবৃক্ষ। Foaming.

फेरव पु० [फे+रव] শৃগাল, রাক্ষস। त्रि० ধূর্ত। Jackal, demon ; clever.

फेरु पु० [फे+रु–डु] শৃগাল। Jackal.

फेल क्ली० [फेल–अच्] উচ্ছিষ্ট। Remnants of food or meal.

फेला पु० [फेल+टाप्], **फेलिका** स्त्री० [फेल–इन्+क+टाप्] উচ্ছিষ্ট, ভুক্তাবশিষ্ট। Remnants of food.

ब

ब पु० [बल–ड] পবর্গের তৃতীয়বর্ণ, বরুণ, সিন্ধু, তোয়, ভগ, গত, গন্ধন, তন্তুসন্তান, বপন, কুম্ভ। The third of the labials, Varuṇa, ocean, water.

बंहिमन् पु० [बह+इमनिच्] বাহুল্য। Abundance.

वंहिष्ठ त्रि० [बहु+इष्ठन्], **बंहीयस्** त्रि० [बहु+ईयसुन्] অতিশয় বহুল। Very abundant.

बक पु० পক্ষিবিশেষ, ধূর্ত, অসুরবিশেষ। The Indian crane, cheat, a demon.

बटु पु० বালক, নিন্দাবাচক শব্দ, বালক ব্রহ্মচারী। Boy, a deprecatory term, a young Brahmacārin.

बड़वा स्त्री० [बल+वा–क+टाप्] ঘোটকী, অশ্বিনী-নক্ষত্র, দাসী। Mare.

बडवाग्नि पु० [बडवा+अग्नि], **बड़वानल** पु० [बडवा+अनल] সমুদ্রস্থিত ঘোটকীর মুখস্থ কালাগ্নি। The submarine fire.

बडवासुत पु० [बडवा+सुत] অশ্বিনীকুমারদ্বয়। The Aśvinas.

बडिश क्ली० বড়শী। Fishhook.

बण पु० [बन–अच] শব্দ। Sound.

बणिक्पथ पु० [बणिक्+पथिन्+अच्] হট্ট। Market-place.

बणिज् पु० [पण–इजि] জীবিকার নিমিত্ত ক্রয়বিক্রয়কারী, জ্যোতিষশাস্ত্রে করণবিশেষ। স্ত্রী० বণিজা—বাণিজ্য। Trader.

बणिज्य क्ली० [बणिज्+य] বাণিজ্য, জীবিকানির্বাহ-নার্থ ক্রয়বিক্রয়াদির ব্যবহার। Trade.

बत अव्य० দুঃখ, খেদ, অনুকম্পা প্রভৃতির বাচক। A particle signifying sorrow, regret, compassion etc.

बदर पु० [बद्–अरच्] কোলিবৃক্ষ, দেবসর্ষপবৃক্ষ। ক্লী० কোলিফল, কার্পাসফল। The jujube tree ; the fruit of the jujube tree.

बदरिका स्त्री० [बदरी+क+टाप्], **बदरी** स्त्री० [बदर+ङीष्] কোলিবৃক্ষ, কার্পাসী, ঐ ফল। The jujube tree and its fruit.

बदरिकाश्रम पु० [बदरिका+आश्रम] ব্যাসাশ্রম, হিমালয়পর্বতের একদেশে অলকনন্দার পশ্চিম-ভাগে স্থিত তীর্থবিশেষ। The hermitage of Vyāsa, a holy place in the Himālayas.

बद्ध त्रि० [बन्ध–क्त] বন্ধনযুক্ত। Bound.

बद्धमुष्टि पु० [बद्ध+मुष्टि] কৃপণ। Miser.

बद्धमूल त्रि० [बद्ध+मूल] দৃঢ়মূল। Deep-rooted.

बध पु० [हन–घञ्] হনন। Killing.

बधिर त्रि० [बन्ध–किरच्] শ্রোত্রেন্দ্রিয়রহিত, শ্রবণ-শক্তিহীন। Deaf.

बधू स्त्री० [बन्ध–उ] পত্নী, নারী, স্নুষা, নবোঢ়া। Wife, woman, newly-wed girl.

बधूजन पु० [वधू+जन] নারী। Woman.

बधूटि(टी) स्त्री० [बधु+टि(+ङीप्)] অল্পবয়স্কা নারী। Teen-aged girl.

बध्य त्रि० [बध–यत्] বধার্হ। Fit to be killed.

बन्ध पु० [बन्ध–घञ्] বন্ধন, নিগড়াদির দ্বারা গতিরোধ, সংযমন, গৃহাদির বেষ্টনসূত্র। Fettering, bondage.

बन्धक पु० [बन्ध+कन्] বন্ধনকারক, ঋণশোধনার্থ বিশ্বাসহেতুরূপে স্থাপিত দ্রব্য, রজ্জু প্রভৃতি বন্ধন-সাধন। ক্লী० বন্ধন। Binder, security, rope.

बन्धकी स्त्री० [बन्धक+ङीष्] পুংশ্চলী, হস্তিনী। An unchaste woman.

बन्धन क्ली० [बन्ध–ल्युट्] নিগড়াদির দ্বারা সংযম, বধ, রজ্জু। Fettering, binding, rope.

बन्धनी स्त्री० [बन्धन+ङीप्] বন্ধনসাধন রজ্জু। Rope etc. meant for binding.

बन्धु पु० [बन्ध–उ] মিত্র, জ্ঞাতি, পিতা, মাতা, ভ্রাতা, সগোত্র। Friend, relative.

बन्धुक पु० [बन्ध–उक], **बन्धुजीव** पु० [बन्धु+जीव णिच्–ण्वुल्] বন্ধুজীববৃক্ষ। A kind of tree.

बन्धुता स्त्री० [बन्धु+तल्+टाप्] বন্ধুসমূহ, বন্ধুর ভাব। Kinsmen, the state of friendship.

बन्धुर त्रि० [बन्ध–उरच्] উন্নতাবনত, রম্য, নম্র। ক্লী০ মুকুট, ব্রীচিহ্ন, তিল, বধির, হংস, বিড়ঙ্গ ঋষভোষধী। পু০ বক, বিহঙ্গ, সক্তু। স্ত্রী০ বন্ধুরা —বেশ্যা। Undulating, pleasing ; crown, deaf ; crane, bird.

बन्धुल पु० [बन्ध–उलच्] অসতী পুত্র। ত্রি০ সুন্দর, নম্র, রম্য। Bastard ; beautitul, pleasing.

बन्धूक पु० [बन्ध–ऊक] বন্ধুজীবক বৃক্ষ। ক্লী০ খধূপ। A kind of tree ; rocket.

बन्धूर क्ली० [बन्ध–ऊरच्] ছিদ্র। ত্রি০ উন্নতাবনত রম্য, নম্র। Hole; undulating, bent.

बन्ध्य त्रि० [बन्ध-यत्] প্রাপ্ত সময়েও ফলশূন্য বৃক্ষ, নিষ্ফল, বন্ধনীয়। Unproductive, fruitless, to be bound.

बन्ध्या স্ত্রী० [बन्ध्य+टाप्] অপুত্রবতী নারী, গন্ধদ্রব্যবিশেষ, যোনিরোগবিশেষ। A barren woman, a kind of perfume.

बभ्रु পু० [बभ्र-उ] শিব, বিষ্ণু, নকুল, বহ্নি, বিশাল দেশবিশেষ, মুনিবিশেষ, পিঙ্গলবর্ণ, খলপূ। ত্রি० পিঙ্গলবর্ণযুক্ত। An epithet of Śiva or Viṣṇu, ichneumon, fire, tawny colour ; tawny-coloured.

बर ক্লী० [বৃ-অচ] কুমকুম, আর্দ্রক, ত্বক্, বালক নামক গন্ধদ্রব্য। পু০ জামাতা, জার। [বৃ-অপ্] বরণ, ত্রিফলা। স্ত্রী० বরা—গুড়্চা, মেদ, ব্রাহ্মী, বিড়ঙ্গ, হরিদ্রা। Saffron, ginger.

बर्वर পু০ [বর্ব-অরন্] পামর, নীচ। Barbarian, low fellow.

बर्वुर ক্লী० [বর্ব-উরচ্] উদক। পু০ বৃক্ষবিশেষ। Water ; name of a tree.

बर्ह পু০, ক্লী০ [বর্হ-অচ্] ময়ূরপিচ্ছ। ক্লী০ পত্র, পরিবার। Peacock's tail, leaf, retinue.

बर्हा স্ত্রী० [বর্হ+টাপ্] ময়ূরপিচ্ছ। Peacock's tail.

बर्हिण পু० [বর্হ+ইন], **बर्हिन्** পু० [বর্হ+ইনি] ময়ূর। Peacock.

बल ক্লী० [বল-অচ্] সৈন্য, দেহজ সামর্থ্য, স্থৌল্য, রূপ, শুক্র, দেহ, পল্লব, রক্ত। ত্রি० বলযুক্ত। পু० বলদেব, কাক, দৈত্যবিশেষ। Army, bodily strength ; strong, an epithet of Balarām, crow, a demon.

बलक्ष পু० [বল+ক্ষৈ-ক] শুক্লবর্ণ। ত্রি० শুক্লবর্ণযুক্ত। White colour ; white-coloured.

बलज ক্লী० [বল+জন-ড] ক্ষেত্র, পুরদ্বার, শস্য, যুদ্ধ। ত্রি० বলজাত। স্ত্রী० বলজা—উত্তমা স্ত্রী, যূথিকা। Field, city-gate, grain, war ; produced by strength ; handsome woman.

बलद ত্রি० [বল+দা-ক] পৌষ্টিক কর্মাঙ্গভূত বহ্নিবিশেষ। A form of fire.

बलदेव পু० [বল+দিব-অচ্] বলরাম। An epithet of Balarāma.

बलभद्र পু० [বল+ভদ্র] বলদেব, গবয়, অনন্ত, লোধ্র। ত্রি० বলযুক্ত। স্ত্রী বলভদ্রা—ঘৃতকুমারী। An epithet of Balarāma.

बलराम পু० [বল+রম-ঘঞ্] কৃষ্ণের জ্যেষ্ঠ ভ্রাতা। Name of the elder brother of Kṛṣṇa.

बलद्विष् পু० [বল+দ্বিষ-ক্বিপ্], **बलनिसूदन** পু० [বল+নিসূদন], **बलभिद्** [বল+ভিদ-ক্বিপ্], **बलरिपु** পু० [বল+রিপু] ইন্দ্র। An epithet of Indra.

बलन ক্লী० [বল-ল্যুট্] বল দেওয়া। Giving strength.

बलवत् ত্রি० [বল+মতুপ্] বলবিশিষ্ট। Strong.

बलशालिन् ত্রি० [বল+শালিন্] বলযুক্ত। Strong.

बला স্ত্রী० [বল+টাপ্] ক্ষুপবিশেষ। A kind of plant.

बलाक পু० [বল-আক] বক। Crane.

बलाका স্ত্রী० [বল-আক+টাপ্] বকপঙ্ক্তি, বিষকণ্ঠিকা, কামুকী। A row of crane, voluptuous woman.

बलात् অব্য০ [বল+অত-ক্বিপ্] হঠাৎ। Forcibly.

बलात्कार পু० [বলাৎ+কৃ-ঘঞ্] বলদ্বারা করণ, হঠাৎ করণ। Doing forcibly.

बलानुज প০ [বল+অনুজ] শ্রীকৃষ্ণ। An epithet of Kṛṣṇa.

बलाराति পু० [বল+অরাতি] ইন্দ্র। An epithet of Indra.

बलावलेप পু० [বল+অবলেপ] বলদর্প। Pride of strength.

बलि পু० [বল-ইন্] পূজা, উপহার, রাজস্ব, চামরদণ্ড, ভূতযজ্ঞ, উদরোপরিস্থিত চর্মে কুঞ্চন, যযাতিবংশীয় নৃপবিশেষ। স্ত্রী० জরাহেতু বিশ্লথ চর্ম। Prayer, offering, a kind of sacrifice, fold on the belly ; wrinkle.

बलित ত্রি० [বল+ইতচ্] বলিযুক্ত। Wrinkled.

बलिध्वंसिन् পু० [বলি+ধ্বন্স+ণিচ-ণিনি] বিষ্ণু। An epithet of Viṣṇu.

बलिन ত্রি० [বল-ইন] জরার দ্বারা শিথিল চর্মযুক্ত। Wrinkled.

बलिन् ত্রি० [বল+ইনি] বলবান্। পু० উষ্ট্র, মহিষ, বৃষ, শূকর, কুন্দবৃক্ষ, মাষ। স্ত্রী० বলিনী—ক্ষুপ। Strong ; camel, buffalo, ox.

बलिपुष्ट পু० [বলি+পুষ্ট] কাক। Crow.

बलिभ ত্রি० [বলি+ভ] বলিযুক্ত। Wrinkled.

बलिभुज् পু० [বলি+ভুজ-ক্বিপ্] কাক। Crow.

बलि[ली]मुख পু० [বলি(লী)+মুখ] বানর। Monkey.

बलिष्ठ ত্রি० [বলিন্+ইষ্ঠন্] অত্যন্ত বলবান্। পু० উষ্ট্র। Most strong ; camel.

बलिसद्मन् ক্লী० [বলি+সদ্মন্] পাতাল। The nether region.

बलिहन् पु० [बलिन्+हन-क्विप्] বিষ্ণু। An epithet of Viṣṇu.

बली[लि]क क्ली० [बल-ईकन्] চালের ছাঁচ। The edge of a thatched roof.

बलीयस् त्रि० [बलिन्+ईयसुन्] অতিশয় বলযুক্ত। Very strong.

बलीवर्द पु० [बली+ईवर्द] বৃষ। Bull.

बहल त्रि० [बह+कलच्] প্রচুর, বহু। Abundant, very much.

बहु त्रि० [बंह+कु] ত্রি প্রভৃতি অনেকসংখ্যাযুক্ত, বিপুল। Many, large.

बहुगन्ध पु० [बहु+गन्ध] কুন্দুরুক। क्ली० বৃক্ষত্বগ্‌বিশেষ। A kind of creeper.

बहुज्ञ त्रि० [बहु+ज्ञा-क] বহুদর্শী। One of much experience or knowledge.

बहुतिथ त्रि० [बहु+डट्+तिथुक्] অনেকসংখ্যাত। Many numbered.

बहुधा पु० [बहु+धाच्] অনেকপ্রকার। Manifold.

बहुपत्र पु० [बहु+पत्र] পলাণ্ডু। त्रि० অনেকপর্ণযুক্ত। स्त्री० बहुपत्री—তুলসী, বৃহতী, জতুকা। बहुपत्रा—তরুণীপুষ্প। Onion ; of many leaves ; the holy basil.

बहुमान क्ली० [बहु+मान] সম্মান। Honour.

बहुमुल्य [बहु+मूल्य] মহার্ঘ। Costly.

बहुल त्रि० [बह-कुलच्] অনেকসংখ্যান্বিত, প্রচুর, কৃষ্ণবর্ণযুক্ত। पु० [बहु+ला-क] অগ্নি, কৃষ্ণ পক্ষ। क्ली० আকাশ, সিতমরীচ। स्त्री० बहुला—গাভী, এলা, কৃত্তিকানক্ষত্র। Numerous, abundant, black ; fire, the dark fortnight ; sky ; cow.

बहुलीकृत त्रि० [बहुल+च्वि+कृ-क्त] রাশীকৃত। Heaped up.

बहुवचन क्ली० [बहु+वच-ल्युट्] ব্যাকরণশাস্ত্রে বহুত্ববাচক বিভক্তিবিশেষ। Plural number.

बहुविध त्रि० [बहु+विधा] নানাপ্রকার। Manifold.

बहुव्रीहि पु० [बहु+व्रीहि] ব্যাকরণশাস্ত্রে অন্যপদার্থপ্রধান সমাসবিশেষ। त्रि० বহুধান্যবিশিষ্ট। A kind of compound in grammar ; possessing much corn.

बहुशस् अ० [बहु+शस्] অনেকবার। Many times.

बहुश्रुत त्रि० [बहु+श्रुत] অনেক শাস্ত্রজ্ঞানযুক্ত। Well-versed.

बह्वाशिन् त्रि० [बहु+अश-णिनि] বহুভোজনশীল। Glutton.

बह्वृच् त्रि० [बहु+ऋच्] ঋগ্বেদ। क्ली० সূক্ত। पु० ঋগ্বেদ অধ্যেতা। The Ṛgveda ; a hymn (having many verses) ; one who reads the Ṛgveda.

बह्वृच पु० [बहु+ऋच्+अच्] ঋগ্বেদাধ্যয়নকারী। त्रि० ঋগ্বেদ। One conversant with the Ṛgveda ; Ṛgveda.

बाडव क्ली० [बडव+अण्] ঘোটকীসমুদায়। पु० [वाड+वा-क] ব্রাহ্মণ, সমুদ্রস্থ কালাগ্নিবিশেষ। A collection of mares ; Brahmin, submarine fire.

बाडवेय पु० [बडवा+ढक्] বৃষ, অশ্বিনীকুমার। Bull, an epithet of the Aśvins.

बाडव्य क्ली० [बाडव+यत्] বিপ্রসমুদায়। A collection of Brahmins.

बाणिज पु० [बणिज्+अण्] বণিক্। Merchant.

बाणिजिक क्ली० [बणिज्+ठक्], **बाणिज्य** क्ली० [बणिज्+ष्यञ्] বণিক্-কর্ম, ক্রয়বিক্রয় কর্ম। Trade, commerce.

बादर पु० [बदर+अण्] কার্পাসবৃক্ষ। क्ली० কার্পাসসূত্র। त्रि० কার্পাস বস্ত্র। The cotton shrub; cotton thread ; cotton cloth.

बादरायण पु० [बदरी+फक्] বেদব্যাস। An epithet of Vyāsa.

बादरायणि पु० [बादरायण-इञ्] ব্যাসদেব পুত্র। The son of Vyāsa.

बाध पु० [बाध+घञ्] প্রতিরোধ, প্রতিবন্ধ, পীড়ন, উপদ্রব, ন্যায়মতে হেত্বাভাসবিশেষ। त्रि० প্রতিবন্ধক। Resistance, torment, disturbance, a flaw in syllogism ; resistant.

बाधक त्रि० [बाध-ण्वुल्] প্রতিবন্ধক। पु० স্ত্রীগণের ঋতুকালে প্রজননশক্তি প্রতিরোধক রোগবিশেষ। Hindrance; a kind of female disease.

बाधन क्ली० [बाध-ल्युट्] পীড়া, প্রতিবন্ধ। Pain, resistance.

बाधा स्त्री० [बाध-टाप्] পীড়া, নিষেধ, প্রতিবন্ধ। Pain, objection, resistance.

बाधित त्रि० [बाध-क्त] প্রতিবদ্ধ, বাধাজ্ঞানবিষয়ীভূত। Resisted, refuted.

बाधिर्य क्ली० [बधिर+ष्यञ्] শ্রবণশক্তিরাহিত্য। Deafness.

बाध्य त्रि० [बाध-ण्यत्] নিষেধ্য। To be negated or contradicted.

बान्धकिनेय त्रि० [बन्धकी+ढक्] অসতীর পুত্র। Bastard.

बान्धव पु० [बन्धु+अण] বন্ধু, স্বজন, ভ্রাতা, মাতুল। Friend, relative.

বাল পু০, ক্লী০ [বল-ঘঞ্] গন্ধদ্রব্যবিশেষ, মূর্খ, শিশু। প০ কেশ, নারিকেল, পশুপুচ্ছ, মৎস্যবিশেষ। ত্রি০ ষোড়শবর্ষানধিক বয়সযুক্ত। A kind of perfume ; ignorant, child ; hair ; a boy under sixteen years of age.

বালক পু০ [বাল+ক] শিশু, কেশ, হস্তিপুচ্ছ, অশ্বপুচ্ছ, বলয়। ক্লী০ গন্ধদ্রব্য, অঙ্গুরীয়ক, পরিহার্য। Infant, hair, the tail of an elephant or a horse ; ring.

বালখিল্য পু০ অঙ্গুষ্ঠপর্বপরিমিত ষষ্টিসহস্রসংখ্যক মুনিবিশেষ, প্রাণ। A group of divine personages measuring the size of a thumb, life.

বালগ্রহ পু০ [বাল+গ্রহ] বালপীড়ক উপগ্রহবিশেষ। A kind of demon injuring children.

বালধি পু০ [বাল+ধা-কি] কেশযুক্ত লাঙ্গূল। Hairy tail.

বালপাইয়া স্ত্রী০ [বাল+পাশ্যা] সীমন্তে ধারণীয় স্বর্ণাদিরচিত কেশভূষণবিশেষ। An ornament worn between the parted hair.

বালব্যজন ক্লী০ [বাল+ব্যজন] চামর। Chowry.

বালহস্ত পু০ [বাল+হস্ত] কেশযুক্ত লাঙ্গূল। Hairy tail.

বালা স্ত্রী০ [বল+অচ্-টাপ্] ষোড়শবর্ষীয়া স্ত্রী, নারিকেল, হরিদ্রা, মল্লিকা, বলয়, মেধা, ত্রুটি, ঘৃতকুমারী, অম্বোষ্ঠী, নীল ঝিন্টি, গাভী, দেবীমূর্তিবিশেষ। A girl of sixteen years, cocoanut, a medical plant.

বালি পু০ [বাল+ইঞ্] কেশ, রামায়ণবর্ণিত বানরবিশেষ। Hair, name of a monkey.

বালিন্ পু০ [বাল+ইনি] রামায়ণবর্ণিত বানরবিশেষ। Name of a monkey.

বালিশ ত্রি০ [বাড+ইন্+শী-ক] মূর্খ, অনবহিত। পু০ ক্লী০ শিশু। [বালী+শী-ড] উপধান। Fool ; blockhead child ; pillow.

বালিহন্ পু০ [বালি+হন-ক্বিপ্] রাম। An epithet of Rāma.

বালুক পু০ [বাল-উক] পানীয়ামলক। স্ত্রী০ বালুকা—সিকতা, কর্পূর। A kind of drug ; sand ; camphor.

বালেয় পু০ [বলি+ঢক্] রাসভ, দৈত্যবিশেষ, অঙ্গারবল্লরী। ত্রি০ বালহিত। Ass, a demon ; beneficial for children.

বাল্য ক্লী০ [বাল+ষ্যঞ্] শিশুত্ব, ষোড়শবর্ষ পর্যন্ত অবস্থাবিশেষ। Childhood, boyhood.

বাষ্প পু০ নেত্রজল, উষ্ম, লৌহ। Tears, vapour, iron.

বাহ পু০ বাহু। Arm.

বাহু পু০ [বাধ-কু] ভুজ। Arm.

বাহুক পু০ নলরাজা, নাগবিশেষ। A name of King Nala, a serpent.

বাহুজ পু০ [বাহু+জন-ড] ক্ষত্রিয়, স্বয়ংজাত তিল। ত্রি০ বাহুজাত। The Kṣattriya ; arm-born.

বাহুদা স্ত্রী০ নদীবিশেষ। Name of a river.

বাহুমূল ক্লী০ [বাহু+মূল] কক্ষ। Armpit.

বাহুল পু০ [বহুল+অণ্] বহ্নি, চান্দ্র কার্তিক মাস। ক্লী০ বাহুল্য। স্ত্রী০ বাহুলী—কার্তিকপৌর্ণমাসী। Fire, the month of Kārttika, abundance.

বাহুলক ক্লী০ [বহুল+অণ্+কন্] বাহুল্য, ব্যাকরণোক্ত একজাতীয় নিপাতনসিদ্ধ পদ। Abundance, a term in Sanskrit grammar to signify some irregular variety of forms.

বাহুল্য ক্লী০ [বহুল+ষ্যঞ] বহুলভাব, বহুত্ব। Manifoldness.

বাহ্য ত্রি০ [বহিস্+ষ্যঞ্] বহির্ভব। Outer, external.

বিন্দু পু০ [বিদ-উ] অল্প অংশ, রাজবিশেষ, গণিতশাস্ত্রপ্রসিদ্ধ স্থূলত্ব-দীর্ঘত্বহীন পদার্থ, তন্ত্রশাস্ত্রে বীজবিশেষ, নাট্যশাস্ত্রে অর্থপ্রকৃতিবিশেষ, নাদজন্য ক্রিয়াপ্রাধান্যলক্ষণ চিৎশক্তির অবস্থাবিশেষ। Small particle, point.

বিব্বোক পু০ নায়িকার রতিভাবজ অলঙ্কারবিশেষ। A kind of gesture pertaining to a heroine.

বিভ্রক্ষু ত্রি০, **বিভ্রজিষু** ত্রি০ [ভ্রসজ+সন্-উ] দাহেচ্ছু। Desirous of burni g.

বিভ্রৎ ত্রি০ [ভৃ-শতৃ] ধারণকারী। Adorning, donning.

বীজ ক্লী০ [বী-ক্বিপ+জন-ড] অঙ্কুর, কারণ, শুক্র, গণিতবিশেষ। Seed, origin.

বীভৎস ত্রি০ [বধ+সন্-ঘঞ্] জুগুপ্সিত, পাপী, ঘৃণাবিষয়, বিকৃত মাংস। পু০ নাট্যে প্রসিদ্ধ রসবিশেষ। Horrid, hideous ; the sentiment of disgust.

বীভৎসমান ত্রি০ [বধ+সন্-শানচ] জুগুপ্সমান। Horrified.

বীভৎসু পু০ [বধ+সন্-উ] অর্জুন। An epithet of Arjuna.

बुक्क त्रि० [बुक्क-अच] হৃদয়স্থ মাংসপিণ্ড, হৃদয়, অগ্রমাংস। পু০ ছাগ, সময়। স্ত্রী০ বুক্কা—শোণিত। Heart, chest ; goat, time ; blood.

बुद्ध पु० [बुध–क्त] ভগবানের অবতারবিশেষ, পণ্ডিত। ত্রি০ জাগরিত, জ্ঞানবান্। An incarnation of God, learned ; awaken, enlightened.

बुद्धि स्त्री० [बुध–क्तिन्] জ্ঞান, অন্তঃকরণবিশেষ, সাংখ্যশাস্ত্রোক্ত প্রকৃতির পরিণামবিশেষ, বেদান্তশাস্ত্রে নিশ্চয়াত্মিকা বৃত্তি, ধর্মপত্নীবিশেষ। Knowledge.

बुद्धिग्राह्य त्रि० [बुद्धि+ग्राह्य] জ্ঞানগোচর। Attainable by the intellect.

बुद्धिजीविन् त्रि० [बुद्धि+जीव–णिनि] বুদ্ধির দ্বারা জীবনধারণকারী। Subsisting by intelligence.

बुद्धिनाश पु० [बुद्धि+नाश] কার্যাকার্যবিষয়ক-বিবেকের ধ্বংস। Loss of discrimination.

बुद्धिमत् त्रि० [बुद्धि+मतुप] প্রশস্তবুদ্ধিযুক্ত, মতিমান্। Intelligent.

बुद्धियुक्त त्रि० [बुद्धि+युक्त] মতিযুক্ত। Endowed with intelligence.

बुद्धियोग पु० [बुद्धि+योग] পরমাত্মায় বুদ্ধিনিবেশ। Intellectual union with the Supreme Spirit.

बुद्धिसंयोग पु० [बुद्धि+संयोग] চিত্তনিবেশ। Application of the mind.

बुद्धीन्द्रिय क्ली० [बुद्धि+इन्द्रिय] কর্ণ, নেত্র, রসনা, ত্বক্ ও নাসিকা এই পাঁচটি ইন্দ্রিয় ও মনঃ। The five senses of knowledge and the mind.

बुद्बुद पु० [बुद्–क] জলের গোলাকার বিকার-বিশেষ। Bubble.

बुध पु० [बुध–क] পণ্ডিত, চন্দ্রের ঔরসে বৃহস্পতি-ভার্যা তারার গর্ভজাত পুত্র, গ্রহবিশেষ। Learned, the son born of Bṛhaspati's wife Tārā by Candra, the planet of Mercury.

बुधाष्टमी स्त्री० [बुध+अष्टमी] বুধবারযুক্ত শুক্লপক্ষের অষ্টমীতিথিবিশেষ। The eighth day of a bright fortnight falling on a Wednesday.

बुध्न पु० [बुध–नक्] মূল, শিব, অন্তরিক্ষ। Root, Śiva, the sky.

बुभुक्षा स्त्री० [भुज+सन्–अ+टाप्] ভোজনেচ্ছা, ক্ষুধা। Desire to eat, hunger.

बुभुक्षित त्रि०[बुभुक्षा+इतच्]ক্ষুধাযুক্ত। Hungry.

बुभुत्सा स्त्री० [बुध+सन्–अ+टाप्] জিজ্ঞাসা, বোধেচ্ছা। Enquiry, desire for knowledge.

बुष[स] क्ली० [बुस–क] তুচ্ছধান্য, উদক। Chaff, water.

बृहस्पति पु० [बृहत्+पति] গ্রহবিশেষ, আঙ্গিরস মুনিবিশেষ, দেবপুরোহিত। Jupiter, name of a sage.

बोध पु० [बुध–घञ्] জ্ঞান, জাগরণ। Knowledge, awakening.

बोधक त्रि० [बुध+णिच्–ण्वुल्] জ্ঞানজনক, সূচক। পু০ বৈতালিক। Causing knowledge, indicator ; minstrel.

बोधकर पु० [बुध+णिच्–ल्युट+कृ–ट] নিশিশেষে প্রবোধকারী বৈতালিক। ত্রি০ জ্ঞাপক। Minstrel ; indicator.

बोधन क्ली० [बुध+णिच्–ल्युट्] বিজ্ঞাপন, জাগরণ, উদ্দীপন। স্ত্রী০ বোধিনী—পিপ্পলী, কার্তিকমাসের শুক্লা একাদশী। Informing, awakening, inflaming ; long pepper, the eleventh lunar day in the bright half of Kārttika.

बोधि पु० [बुध–इन] সমাধিবিশেষ, পিপ্পলবৃক্ষ, বুদ্ধ, বোধ। ত্রি০ জ্ঞাতা। Enlightenment, the sacred fig-tree, an epithet of the Buddha, awareness ; knower.

बोधितत्रि० [बुध+णिच्–क्त]বিজ্ঞাপিত। Informed.

बोधिद्रुम पु० অশ্বত্থবৃক্ষ। The sacred fig-tree.

बोधिसत्त्व पु० [बोधि+सत्त्व] বুদ্ধবিশেষ। A state of the Buddha.

बौद्ध त्रि० [बुद्ध+अण्] বুদ্ধসম্বন্ধীয়, বুদ্ধসম্প্রদায়ভুক্ত, বুদ্ধপ্রোক্ত। ক্লী০ শাস্ত্রবিশেষ। [बुद्धि+अण्] বুদ্ধিসম্বন্ধীয়, বুদ্ধিজাত। Relating to the Buddha, belonging to the order of the Buddha ; relating to the intellect.

बौधायन पु० [बोध+इञ्+फक्] ঋষিবিশেষ। Name of a sage.

ब्रतति स्त्री० লতা। Creeper.

ब्रध्न पु० [बन्ध–नक्] সূর্য, অর্কবৃক্ষ, শিব, দিন, অশ্ব, ঋষিবিশেষ। The sun, the Arka tree, Śiva, day, horse.

ব্রহ্মকর্মন্ [ব্রহ্মন্+কর্মন্] বেদবিহিত কর্ম। Duties enjoined by the Vedas.

ব্রহ্মকর্মসমাধি ত্রি০ [ব্রহ্মকর্মন্+সমাধি] ব্রহ্মে কর্মের সমাপ্তি। The culmination of all actions in Brahman.

ব্রহ্মঘোষ পু০ [ব্রহ্মন্+ঘোষ] বেদধ্বনি। The sound of the Veda.

ব্রহ্মচর্য ক্লী০ [ব্রহ্মন্+চর্য] দ্বিজাতির বেদগ্রহণার্থ ব্রতবিশেষ, চতুরাশ্রমের প্রথমটি, নিষিদ্ধমৈথুন-নিবৃত্তি। The period of studentship, the first order of life, celibacy.

ব্রহ্মচারিন্ পু০ [ব্রহ্মন্+চর- ণিনি] উপনয়নের পর প্রথম আশ্রমযুক্ত দ্বিজাতি। A twiceborn in the first order of his life.

ব্রহ্মচারিণী স্ত্রী০ [ব্রহ্মচারিন্+ঙীপ্] চিচ্ছক্তিরূপা দুর্গা, ব্রহ্মচর্যযুক্তা নারী, বারুণীবৃক্ষ, ব্রাহ্মীশাক। An epithet of goddess Durgā, a woman who has taken the vow of celibacy.

ব্রহ্মচারিব্রত ক্লী০ [ব্রহ্মচারিন্+ব্রত] The vow of celibacy.

ব্রহ্মজীবিন্ পু০[ব্রহ্মন্+জীব–ণিনি] জীবিকানির্বাহের জন্য পরকীয় শ্রৌতকর্মকারক। A Brahmin who lives by sacred knowledge or by performing Vedic rites for others.

ব্রহ্মজ্ঞ ত্রি০ [ব্রহ্মন্+জ্ঞা–ক] ব্রহ্মবিৎ। পু০ বিষ্ণু। Knower of Brahman.

ব্রহ্মণ্য পু০ [ব্রহ্মন্+যৎ] বিষ্ণু, ব্রহ্মদারুবৃক্ষ, মুঞ্জতৃণ, তালবৃক্ষ। ত্রি০ ব্রাহ্মণের হিত, ব্রহ্মের তপস্যায় নিপুণ। Viṣṇu, a kind of tree, or grass ; beneficial to the Brahmin.

ব্রহ্মতীর্থ ক্লী০ [ব্রহ্মন্+তীর্থ] পুষ্করতীর্থ, পুষ্করমূল। A holy place of pilgrimage.

ব্রহ্মত্ব ক্লী০ [ব্রহ্মন্+ত্ব] ব্রহ্মভাব। The state of Brahman.

ব্রহ্মদ পু০ [ব্রহ্মন্+দা–ক], **ব্রহ্মদাতৃ** [ব্রহ্ম+দা–তৃচ্] বেদদাতা আচার্য। The teacher who instructs about the Vedas.

ব্রহ্মদণ্ড পু০ [ব্রহ্মন্+দণ্ড] ব্রাহ্মণদণ্ড, অভিশাপরূপ দণ্ড। The staff of a Brahmin, the curse of a Brahmin.

ব্রহ্মদায পু০ [ব্রহ্মন্+দা–ঘঞ্] সমাবৃত্ত বিপ্রকে দেয় ধন। The wealth to be given to a Brahmin who has completed his studies.

ব্রহ্মন্ ক্লী০ [বৃংহ+মনিন্] বেদ, তপঃ, সত্য, তত্ত্ব, চিৎস্বরূপ। পু০ হিরণ্যগর্ভ, ঋত্বিগ্‌বিশেষ, বৃহস্পতি। The Veda, austerity, truth, reality ; Hiraṇyagarbha, Jupiter.

ব্রহ্মনাভ পু০ [ব্রহ্মন্+নাভি] বিষ্ণু। An epithet of Viṣṇu.

ব্রহ্মনাল ক্লী০ [ব্রহ্মন্+নাল] কাশীতে মণিকর্ণিকা সমীপস্থ তীর্থবিশেষ। A holy place of pilgrimage.

ব্রহ্মনির্বাণ ক্লী০ [ব্রহ্মন্+নির্বাণ] ব্রহ্মভাবপ্রাপ্তি। The final emancipation.

ব্রহ্মপারায়ণ ক্লী০ [ব্রহ্মন্+পারায়ণ] বেদের আদি হইতে অন্ত পর্যন্ত অধ্যয়ন। Reading of the Vedas from the beginning to the end.

ব্রহ্মপুত্র পু০ নদবিশেষ, বিষবিশেষ। Name of a river.

ব্রহ্মপুরাণ ক্লী০ বেদব্যাসপ্রণীত মহাপুরাণবিশেষ। Name of a Purāṇa.

ব্রহ্মপুত্রী স্ত্রী০ নদীবিশেষ। An epithet of the river Saravatī.

ব্রহ্মবন্ধু পু০ [ব্রহ্মন্+বন্ধু] নিন্দিত বিপ্র। An unworthy Brahmin.

ব্রহ্মভূত ত্রি০ [ব্রহ্মন্+ভূত] ব্রহ্মভাবপ্রাপ্ত। One who has attained the state of Brahman.

ব্রহ্মভূয ক্লী০ [ব্রহ্মন্+ভূ–ক্যপ্] ব্রহ্মভাব, শুদ্ধচৈতন্য-স্বরূপপ্রাপ্তি। The attainment of the state of Brahman.

ব্রহ্মযজ্ঞ পু০ [ব্রহ্মন্+যজ্ঞ] বেদাধ্যয়ন ও অধ্যাপন। The study of the Vedas and their teaching.

ব্রহ্মযোগযুক্তাত্মন্ ত্রি০ [ব্রহ্মন্+যোগ+যুক্ত+আত্মন্] ব্রহ্মের সহিত সংযুক্ত। One who has united himself with Brahman.

ব্রহ্মরন্ধ্র ক্লী০ [ব্রহ্মন্+রন্ধ্র] উত্তমাঙ্গস্থ ছিদ্রবিশেষ। An aperture on the top of the brain.

ব্রহ্মরাক্ষস পু০ [ব্রহ্মন্+রাক্ষস] কুকর্ম হেতু ব্রহ্মযোনি হইতে রাক্ষসরূপতা প্রাপ্ত। A kind of demon.

ব্রহ্মর্ষি পু০ [ব্রহ্মন্+ঋষি] বেদস্মর্তা ঋষিবিশেষ। A class of seer.

ব্রহ্মর্ষিদেশ পু০ [ব্রহ্মর্ষি+দেশ] কুরুক্ষেত্র, মৎস্য, পাঞ্চাল ও শূরসেনক—এই দেশচতুষ্টয়। Name of a region.

ব্রহ্মলোক পু০ [ব্রহ্মন্+লোক] ব্রহ্মাধিষ্ঠানরূপ ভুবন, শুদ্ধব্রহ্মস্বরূপ। The sphere of Brahman.

ब्रह्मवद्य क्ली० [ब्रह्मन्+वद–यत्] ব্রহ্মকথন, ব্রহ্মপ্রতিপাদক বাক্য। Discussion of theological problems.

ब्रह्मवर्चस क्ली० [ब्रह्मन्+वर्चस्+अच्] বেদাধ্যয়নজনিত তেজ। त्रि० ব্রহ্মতেজযুক্ত। The power born out of the study of the Vedas ; one possessing such a power.

ब्रह्मवादिन् पु० [ब्रह्मन्+वद–णिनि] বেদপাঠক, ব্রহ্মবোধক শাস্ত্র। त्रि० বেদান্তপ্রতিপাদ্য সর্বাত্মক ব্রহ্মনির্ণয়ার্থ কথাবিশেষরূপ বাদযুক্ত। स्त्री० ब्रह्मवादिनी—গায়ত্রী। One who teaches or expounds the Vedas ; an epithet of Gāyatrī.

ब्रह्मविद् पु० [ब्रह्मन्+विद–क्विप्] ব্রহ্মজ্ঞ, বিষ্ণু। त्रि० বেদার্থজ্ঞাতা। Knower of Brahman ; knower of the Vedas.

ब्रह्मविद्या स्त्री० [ब्रह्मन्+विद्या] শুদ্ধচৈতন্যাত্মক ব্রহ্মের আত্মার সহিত অভেদরূপ জ্ঞান। The knowledge of Brahman.

ब्रह्मविन्दु पु० [ब्रह्मन्+विन्दु] বেদাধ্যয়নকালে মুখনিঃসরণলালা। A drop of saliva sputtered while reciting the Vedas.

ब्रह्मवेदिन् त्रि० [ब्रह्मन्+विद–णिनि] ব্রহ্মবিৎ। Knower of Brahman.

ब्रह्मवैवर्त क्ली० [ब्रह्मन्+वैवर्त] মহাপুরাণবিশেষ। Name of a Purāṇa.

ब्रह्मसंस्पर्श त्रि० [ब्रह्मन्+संस्पर्श] ব্রহ্মতাদাত্ম্য। Identification with Brahman.

ब्रह्मसत्र क्ली० [ब्रह्मन्+सत्र] ব্রহ্মযজ্ঞ। Reciting and teaching the Vedas.

ब्रह्मसायुज्य क्ली० [ब्रह्मन्+सायुज्य] ব্রহ্মভাব। The state of identification with Brahman.

ब्रह्मसू पु० [ब्रह्मन्+सू–क्विप्] চতুর্ব্যূহাত্মক বিষ্ণুর অনিরুদ্ধনামক মূর্তিবিশেষ, উষাপতি, কাম, কন্দর্প। A form of Viṣṇu, Cupid.

ब्रह्मसूत्र क्ली०[ब्रह्मन्+सूत्र] যজ্ঞোপবীত, বেদব্যাস প্রণীত শারীরকসূত্র। The sacred thread, the Vedānta sūtras composed by Vyāsa.

ब्रह्महन् त्रि० [ब्रह्मन्+हन–क्विप्] বিপ্রহত্যাকারী। Murderer of a Brahmin.

ब्रह्माञ्जलि पु० [ब्रह्मन्+अञ्जलि] বেদপাঠের নিমিত্ত গুরুর সমীপে বদ্ধ অঞ্জলি। Folding the palms during the study of the Vedas.

ब्रह्माणी स्त्री० [ब्रह्मन्+अन+णिच्–अण्+ङीप्] ব্রহ্মার শক্তি, রেণুকানামক গন্ধদ্রব্য। The power of Brahmā.

ब्रह्माण्ड क्ली० [ब्रह्मन्+अण्ड] অণ্ডাকার ভুবনকোষ। The primordial egg.

ब्रह्माधिगमिक त्रि० [ब्रह्मन्+अधिगम+ठक्] বেদগ্রহণের যোগ্য। Fit to understand the Vedas.

ब्रह्मारम्भ पु० [ब्रह्मन्+आरम्भ] প্রথম বেদাধ্যয়ন। Beginning of the study of the Vedas.

ब्रह्मावर्त पु० [ब्रह्मन्+आवर्त] সরস্বতী ও দৃষদ্বতীর মধ্যবর্তী দেশ, তদ্দেশস্থ তীর্থবিশেষ। Name of a region.

ब्रह्मास्त्र क्ली० [ब्रह्मन्+अस्त्र] অস্ত্রবিশেষ। A kind of weapon.

ब्रह्मिष्ठ त्रि० [ब्रह्मन्+इष्ठन्] অতিশয় ব্রহ্মজ্ঞ। The best knower of Brahman.

ब्रह्मोद्भव त्रि०[ब्रह्मन्+उद्भव]বেদনির্দিষ্ট। Enjoined by the Vedas.

ब्रह्मोद्य क्ली०[ब्रह्मन्+वद–क्यप्]ব্রহ্মপ্রতিপাদক বাক্য, ব্রহ্মকথন। The proposition enunciating the nature of Brahman.

ब्राह्म क्ली० [ब्रह्मन्+अण्] অঙ্গুষ্ঠমূল, মহাপুরাণবিশেষ, নক্ষত্র। पु० রাজধর্মবিশেষ, ধর্মবিশেষ, বিবাহবিশেষ, নারদ, কাল। त्रि० ব্রহ্মসম্বন্ধীয়। The part of the hand under the root of the thumb ; a form of marriage ; relating to Brahman.

ब्राह्मण पु०[ब्रह्मन्+अण्]বিপ্র। क्ली०বেদের অংশবিশেষ। Brahmin, a portion of the Vedas.

ब्राह्मणब्रुव पु० [ब्राह्मण+ब्रु–क] যে ব্রাহ্মণ ক্রিয়ারহিত হইয়াও আপনাকে ব্রাহ্মণ বলে। One who pretends to be a Brahmin.

ब्राह्मणसम्बन्ध पु०[ब्राह्मण+सम्बन्ध] যাজন, অধ্যাপন প্রভৃতি সম্পর্ক। Priesthood and other relationship connected with a Brahmin.

ब्राह्मण्य क्ली० [ब्राह्मण+यत्] ব্রাহ্মণসমূহ। [ब्राह्मण+ष्यञ्] ব্রাহ্মণত্ব। A collection of Brahmins, the station or rank of a Brahmin.

ब्राह्मणी स्त्री०[ब्राह्मण+ङीप्]ব্রাহ্মণপত্নী। [ब्राह्मण+अण्+ङीप्]ব্রহ্মসম্বন্ধিনী, বুদ্ধি। Wife of a Brahmin.

ब्राह्मी स्त्री० [ब्राह्म+ङीप्] দুর্গা সরস্বতী, রোহিণীনক্ষত্র, মাতৃবিশেষ, দেবী লিপিবিশেষ। An epithet of Durgā or Sarasvatī.

ब्राह्म्य त्रि० [ब्रह्मन्+ष्यञ्] ব্রহ্মসম্বন্ধীয়। पु० নারদ, পারদ, বিবাহবিশেষ। क्ली० মহাপুরাণবিশেষ, বিস্ময়, দৃশ্য। Relating to Brahman, an epithet of Nārada; name of a major purāṇa, astonishment.

भ

भ क्लीং [ভা-ক] পবর্গের চতুর্থ বর্ণ, নক্ষত্র, গ্রহ, রাশি। পুং শুক্রাচার্য, ভ্রান্তি। The twenty-fourth consonant, star, planet.

भक्त পুং, ক্লীং [ভজ-ক্ত] অন্ন। ত্রিং ভক্তিযুক্ত, বিভক্ত। ক্লীং ভজন। Cooked rice ; devotee, divided.

भक्तदास পুং [ভক্ত+দাস] অঙ্গীকৃতদাসভাব, পঞ্চদশ দাসের অন্তর্গত দাসবিশেষ। A slave who agrees to serve.

भक्ति স্ত্রীং [ভজ-ক্তিন্] সেবা, আরাধনা, শ্রদ্ধা, একতান চিত্তবৃত্তিবিশেষ, বিভাগ, গৌণী বৃত্তি, ভঙ্গী, উপচার, অবয়ব, রচনা। Devotion, worship, reverence, secondary meaning, ornamental design.

भक्तिमत् ত্রিং [ভক্তি+মতুপ্] ভক্তিযুক্ত। Devoted.

भक्तियोग পুং [ভক্তি+যোগ] ভক্তিরূপ চিত্তের একাগ্রতাসাধনের উপায়বিশেষ। Devotional meditation.

भक्तिरस পুং [ভক্তি+রস] ঈশ্বরবিষয়ক রতি। The sentiment of devotion.

भक्षक ত্রিং [ভক্ষ-ণ্বুল্] ভক্ষণকারক। Eater.

भक्षण ক্লীং [ভক্ষ-ল্যুট্] কঠিনদ্রব্যের গলাধঃকরণ-রূপ ব্যাপার, ভোজন। Eating.

भक्षित ত্রিং [ভক্ষ-ক্ত] খাদিত। Eaten.

भक्ष्य ত্রিং [ভক্ষ-ণ্যত্] ভক্ষণের যোগ্য। Eatable.

भक्ष्यकार পুং [ভক্ষ্য+কৃ-অণ্] ভক্ষ্য পিষ্টকাদি-বিক্রয়োপজীবী। Baker.

भक्ष्यपत्रा স্ত্রীং [ভক্ষ্য+পত্র+টাপ্] তাম্বুলীলতা। Betel leaf.

भग পুং, ক্লীং[ভজ-ঘ] সূর্য, বীর্য, অণিমাদি অষ্টবিধ ঐশ্বর্য, যশঃ, মোক্ষ, সৌভাগ্য, কান্তি, চন্দ্র। পুং পূর্বফল্গুনী নক্ষত্র। ক্লীং ধন, পদ। The sun, power, eightfold supernatural powers ; wealth.

भगदत्त পুং নরকাসুরের পুত্রবিশেষ। Name of a demon.

भगन्दर পুং [ভগ+দৃ+ণিচ্-খশ্] রোগবিশেষ। Fistula.

भगवत् ত্রিং[ভগ+মতুপ্]ঐশ্বর্যাদিযুক্ত পরমেশ্বর, বুদ্ধ। স্ত্রীং ভগবতী—দুর্গা। God, the Buddha.

भगवद्गीता স্ত্রীং মহাভারতের ভীষ্মপর্বান্তর্গত অষ্টাদশাধ্যায়াত্মক গ্রন্থবিশেষ। The sacred book named the Gītā.

भगिनी স্ত্রীং [ভগ+ইনি+ঙীপ্], **भग्नी** স্ত্রীং সোদরা, স্ত্রীলোক, ভাগ্যান্বিত স্ত্রী। Sister.

भगीरथ পুং সূর্যবংশীয় নৃপবিশেষ। Name of a king.

भगोस् অব্যং সম্ভ্রমসূচক সম্বোধন। A respectful mode of address.

भग्न ত্রিং [ভন্জ-ক্ত] খণ্ডিত, পরাজিত। Broken, defeated.

भग्नप्रक्रम পুং [ভগ্ন+প্রক্রম] কাব্যগত বাক্যদোষ-বিশেষ। A defect in poetical composition.

भग्नांश পুং [ভগ্ন+অংশ] গণিতশাস্ত্রে অঙ্কবিশেষ। Fraction.

भग्नाश ত্রিং [ভগ্ন+আশা] হতাশ। Despondent.

भङ्क्तृ ত্রিং [ভন্জ-তৃচ্] ভঙ্গকারক। Breaker.

भङ्ग পুং [ভন্জ-ঘঞ্] তরঙ্গ, পরাজয়, খণ্ড, রোগ-বিশেষ, কুটিলতা, ভয়, পত্ররচনাবিশেষ, গমন, জলনির্গম, শস্ত। Wave, defeat, part.

भङ्गि[ङ्गी] স্ত্রীং [ভন্জ-ইন্(+ঙীপ্)] বিচ্ছেদ, কুটিলতা, বিন্যাস, কল্লোল, ভেদ, ব্যাজ। Separation, cunning, method.

भङ्गुर ত্রিং [ভন্জ-ঘুরচ্] ভঙ্গশীল, কুটিল। পুং নদীর বাঁক। স্ত্রীং ভঙ্গুরা—প্রিয়ঙ্গু। Brittle, tortuous; the bend of a river.

भजन ক্লীং [ভজ-ল্যুট্] উপাসনা। Worship.

भञ्जक ত্রিং [ভন্জ-ণ্বুল্] ভঙ্গকারক। Breaker.

भञ्जन ক্লীং [ভন্জ-ল্যুট্] ভঙ্গ। Breaking.

भट পুং [ভট-অচ্] যোদ্ধা, বীর, ম্লেচ্ছবিশেষ, নীচবিশেষ, রাত্রিঞ্চর। Warrior, hero.

भट्ट পুং [ভট-তন্] ভাট, বেদাভিজ্ঞ, পণ্ডিত, স্বামিত্ব। Bard, a learned man.

भट्टार[क] পুং [ভট্ট+ঋ-অণ্(ক)] নাট্যোক্তিতে সম্বোধনসূচক পদ। ত্রিং পূজ্য। The mode of addressing a king in Sanskrit dramas; adorable.

भट्टिनी স্ত্রীং [ভট্ট+ইনি+ঙীপ্] বিপ্রভার্যা, রাজ্ঞী। The wife of a Brahmin, the queen.

भणित ত্রিং [ভণ-ক্ত] ভাষিত। Told.

भणिति স্ত্রীং [ভণ-ক্তিন্] কথন। Saying.

भण्ड পুং [ভড-অচ্] ভাঁড়। Buffoon.

भण्डिर পুং [ভড-ইরচ্] শিরীষবৃক্ষ, শিল্পী। ত্রিং শুভ। A kind of tree, artist; auspicious.

भण्डीर পুং [ভড-ঈর] তণ্ডুলীয়শাক, শিরীষবৃক্ষ। A kind of tree.

भदन्त পুং [ভদ-ঝচ্] বৌদ্ধবিশেষ। ত্রিং পূজিত। A class of Buddhist ; worshipped.

ভদ্র ক্লী০ [ভদ্‌-রক্] মঙ্গল, মুস্তক, স্বর্ণ। পু০ মহাদেব, বৃষ, খঞ্জন, কদম্ব, বলদেব, রামচন্দ্রের চরবিশেষ, সুমেরুপর্বত, বৃক্ষবিশেষ, দেবদারু, নটবিশেষ। ত্রি০ সাধু, শ্রেষ্ঠ। স্ত্রী০ ভদ্রা—সোমের দুহিতা, ভারতবর্ষের নদীবিশেষ। Good, gold ; an epithet of Śiva, bull, Balarāma, a kind of tree ; best ; name of a river.

ভদ্রকালী স্ত্রী০ দুর্গার শক্তিবিশেষ। A manifestation of goddess Durgā.

ভদ্রকুম্ভ [ভদ্র+কুম্ভ] পূর্ণ কুম্ভ। A pitcher full of water.

ভদ্রমুখ ত্রি০ [ভদ্র+মুখ] সুবক্তা। A good speaker.

ভদ্রমুস্ত পু০ [ভদ্র+মুস্ত] মূলবিশেষ। A kind of root.

ভদ্রশ্রী [ভদ্র+শ্রী] চন্দন বৃক্ষ। The sandalwood tree.

ভদ্রাকৃত ত্রি০ [ভদ্র+ডাচ্+কৃত] মুণ্ডিত। Shaved.

ভদ্রাশ্ব ক্লী০ [ভদ্র+অশ্ব] জম্বুদ্বীপস্থ নববর্ষান্তর্গত বর্ষবিশেষ। One of the nine varṣas in Jambudvīpa.

ভদ্রাসন [ভদ্র+আসন] নৃপাসন। The seat of a king.

ভম্ভরালী স্ত্রী০ [ভম্+ভর+আ+লা-ক+ঙীষ্] মক্ষিকাবিশেষ। A kind of fly.

ভয় ক্লী০ [ভী-অচ্] অপর হইতে স্বীয় অনিষ্ট সম্ভাবনারূপ দৈন্যাত্মক চিত্তবৃত্তিবিশেষ, নাট্যশাস্ত্রে স্থায়িভাববিশেষ। পু০ নির্ঋতির পুত্রবিশেষ। Fear, a kind of sentiment in drama.

ভয়ঙ্কর ত্রি০ [ভয়+কৃ-খচ্] ভয়জনক। পু০ বিশ্বদেবগণবিশেষ। Fearful.

ভয়দ ত্রি০[ভয়+দা-ক]ভয়প্রদানকারী। Terrible.

ভয়ানক পু০ [ভী-আনক] ব্যাঘ্র, রাহু, রসবিশেষ। ত্রি০ ভয়ঙ্কর। Tiger, a kind of rasa ; terrible.

ভয়াবহ ত্রি০ [ভয়+আ+বহ-অচ্] ভয়কারক। Terrifying.

ভর পু০ [ভৃ-অপ্] অতিশয়। ত্রি০ [ভৃ-অচ্] ভরণকর্তা। Excessive ; sustainer.

ভরণ ক্লী০ [ভৃ-ল্যুট্] পোষণ, ধারণ, বেতন। পু০ নক্ষত্রবিশেষ। স্ত্রী০ ভরণী—ঘোষকলতা। Nourishing, supporting, wages ; a lunar mansion ; a kind of creeper.

ভরণ্য ত্রি০ [ভরণ+যৎ] ভরণীয়। স্ত্রী০ ভরণ্যা—ভৃতি। Fit to be sustained or looked after.

ভরণ্যভুজ্ ত্রি০ [ভরণ্য+ভুজ-ক্বিপ্] বৈতনিক। A paid employee.

ভরত পু০[ভর+তন-ড] কৈকেয়ীপুত্র, নাট্যশাস্ত্রপ্রবর্তক মুনিবিশেষ, দুষ্যন্তের ঔরসে শকুন্তলার গর্ভজাত পুত্র, শবর, তন্তুবায়, ক্ষেত্র। Name of the son of Kaikeyī, a famous sage, the son of Śakuntalā.

ভরতাগ্রজ পু০ [ভরত+অগ্রজ] শ্রীরামচন্দ্র। An epithet of Rāma.

ভরদ্বাজ পু০ বৃহস্পতির ঔরসে উতথ্যপত্নী মমতার গর্ভজাত মুনিবিশেষ। Name of a sage.

ভরিত ত্রি০ [ভর+ইতচ্] পূরিত, পোষিত, হরিতবর্ণযুক্ত। Filled, nourished, green.

ভরু পু০ [ভৃ-উন্] স্বামী, স্বর্ণ, শিব। Husband, gold, an epithet of Śiva.

ভর্গ পু০ [ভ্রসজ-ঘঞ্] শিব, জ্যোতিঃপদার্থ, আদিত্যের অন্তর্গত ঐশ্বর তেজঃ, ভর্জন, দেশবিশেষ। An epithet of Śiva, luminous thing, the celestial light in the sun.

ভর্জন ক্লী০ [ভ্রস্জ-ল্যুট্] পাকবিশেষ। Frying.

ভর্ত পু০ [ভৃ-তৃচ্] পতি, অধিপতি, রাজা, বিষ্ণু। ত্রি০ পোষক, ধাতা। Husband, lord, king ; sustainer.

ভর্তদারক পু০ [ভর্ত+দারক] নাট্যোক্তিতে রাজকুমারের সম্ভাষণসূচক শব্দ। The mode of addressing a prince in a Sanskrit drama.

ভর্তৃহরি পু০ [ভর্তৃ+হরি] বাক্যপদীয় প্রভৃতি গ্রন্থের কর্তা। Name of the author of Vākyapadīya and other works.

ভর্ৎসন ক্লী০ [ভর্ৎস-ল্যুট্] তিরস্কারার্থ বচন। স্ত্রী০ ভর্ৎসনা [ভর্ৎস-যুচ্+টাপ্]—অধিক্ষেপ, অবজ্ঞা। Harsh words ; scolding, censure.

ভর্ম ক্লী০ [ভৃ-মন্], **ভর্মন্** ক্লী০ [ভৃ-মনিন্] স্বর্ণ, ভৃতি, নাভি, ধুস্তূর। Gold, wages.

ভল্ল পু০ [ভল্ল-অচ্] ভল্লুক। পু০, ক্লী০ অস্ত্রবিশেষ। Bear ; a kind of weapon.

ভল্লক পু০ [ভল্ল+ক] ভল্লুক। Bear.

ভল্লাত[ক] পু০ [ভল্ল+অত-অচ্(ক)] বৃক্ষবিশেষ। A kind of tree.

ভল্লু[ল্লূ]ক পু০ [ভল্ল-উ(ঊ)+ক] জন্তুবিশেষ। Bear.

भव पु० [भू–अप्] महাদেব, জন্ম, উৎপত্তি, প্রাপ্তি, সংসার। ক্লী০ [ভূ–অচ্] ফলবিশেষ। An epithet of Śiva, birth, world; a kind of fruit.

भवत् त्रि० [भा–डवतु] যুষ্মদর্থ। [भू–शतृ] বর্তমান। Honorific pronoun ; existing.

भवदीय त्रि० [भवत्+छ] ত্বৎসম্বন্ধীয়। Yours.

भवन क्ली० [भू–ल्युट्] গৃহ, ভাব, জন্ম, সত্তা। House, becoming, birth ; existence.

भवभूति पु० [भव+भूति] মহাদেবের বিভূতি, উত্তর-রামচরিত প্রভৃতি গ্রন্থাদির রচয়িতা। Name of a famous Sanskrit dramatist.

भवादृश् त्रि० [भवत्+दृश–क्विप्], **भवादृश** त्रि० [भवत्+दृश–कञ्], **भवादृक्ष** त्रि० [भवत्+दृश–क्स] ভবৎ সদৃশ। Like you.

भवानी स्त्री० [भव+ङीप्] দুর্গা। An epithet of Durgā.

भवायनी स्त्री० [भव+अयन+ङीप्] গঙ্গা। An epithet of the river Gaṅgā

भविक क्ली० [भव+ठन्] কুশল। Prosperity.

भवितव्य त्रि० [भू–तव्यत्] অবশ্য ভব্য। Destined to happen.

भवितव्यता स्त्री० [भवितव्य+तल्+टाप्] অবশ্য-ম্ভাবিতা, ভাগ্য। Destiny.

भवितृ त्रि० [भू–तृच्], **भविष्णु** त्रि० [भू–इष्णुच्] ভবনশীল, ভাবী। That which becomes, imminent.

भविष्य त्रि० [भू–स्यत्] ভবিষ্যৎকালবর্তী। ক্লী০ পুরাণবিশেষ। Pertaining to future time.

भविष्यत् पु० [भू–स्यत्] ভাবী কাল। Future time.

भवौषध क्ली० [भव+औषध] সংসার জ্বালা নিবারণ বিষয়ে ঔষধস্বরূপ। The remedy causing termination of the world-process.

भव्य क्ली० [भू–यत्] ভাবী, সত্য, শুভ। ত্রি০ যোগ্য। স্ত্রী০ ভব্যা—অতসী, গজপিপ্পলী। Future, truth ; fit ; causing good ; a kind of flower.

भषक पु० [भष–क्वुन्] কুক্কুর। Dog.

भसित क्ली० [भस–क्त] ভস্ম। Ashes.

भस्त्रा स्त्री० [भस–ष्ट्रन्+टाप] চর্মপ্রসেবিকা, হাপর। Leathern bellows.

भस्मक क्ली० [भस्म+कृ–ड] বহুভোজনকারক রোগ-বিশেষ, স্বর্ণ, রৌপ্য, বিড়ঙ্গ। A kind of disease, gold, silver.

भस्मन् क्ली० [भस–मनिन्] ছাই, দগ্ধ গোময়াদির বিকার। Ashes.

भस्मसात् अव्य० [भस्मन्+साति] সম্যগ্‌রূপে ভস্মীভূত। Reduced to ashes.

भस्मित त्रि० [भस्मन्+इतच्] ভস্মীভূত, বিনাশিত। Reduced to ashes.

भा स्त्री० [भा–अङ्+टाप्] দীপ্তি। Lustre.

भाक्त त्रि० [भक्त+अन्] ঔপচারিক, অন্নসম্বন্ধিনী। Secondary.

भाग पु० [भज–घञ्] অংশ, একদেশ। [भग–अण्] পূর্বফল্গুনী নক্ষত্র। Part ; a lunar mansion.

भागधेय क्ली० [भाग+धेय] ভাগ্য। পু০ কর। [भाग+धा–यत्] দায়াদ, সপিণ্ড। Fortune, revenue.

भागवत त्रि० [भगवत्+अण्] ভগবানের ভক্ত, ভক্ত ও ভগবান্ সম্বন্ধীয়। ক্লী০ মহাপুরাণ, উপপুরাণ। Devoted, related to the devotee and god ; name of a Purāṇa.

भागहर त्रि० [भाग+हर] অংশগ্রাহী। One who seizes a part or portion.

भागहार पु० [भाग+हार] বিভাগ। Division.

भागिन् त्रि० [भज–घिनुण्] অংশবিশিষ্ট। Consisting of parts.

भागिनेय पु० [भगिनी+ढक्] ভগিনীপুত্র। Nephew.

भागीरथी स्त्री० [भगीरथ+ङीप्] গঙ্গা, ভগীরথ নৃপ কর্তৃক আনীত জলধারা। An epithet of the river Gaṅgā.

भागुरि पु० স্মৃতি-ব্যাকরণ প্রভৃতির কর্তা মুনিবিশেষ। Name of a sage.

भाग्य क्ली० [भज–ण्यत्] শুভাশুভসূচককর্মজন্য অদৃষ্ট। ত্রি০ ভাগার্হ। Luck.

भाजक त्रि० [भज–ण्वुल्] ভাগকারক অঙ্কবিশেষ। Divider.

भाजन क्ली० [भाज–ल्युट्] পাত্র, আধার, যোগ্য, পরিমাণবিশেষ। Vessel, receptacle, a certain measure.

भाजी स्त्री० [भाज–घञ्+ङीप्] ভৃষ্ট ব্যঞ্জনবিশেষ। Fried dish.

भाज्य त्रि० [भज–ण्यत्] বিভজনীয়। Dividend.

भाटक क्ली० [भट–ण्वुल्] যানাদির জন্য দীয়মান ধন, ভাড়া। Hire.

भाण पु० দৃশ্যকাব্যবিশেষ। A type of drama.

भाण्ड क्ली० [भण–ड+अण्] পাত্র, তৈলাদির আধার, ভণ্ডচরিত্র, গৃহবিশেষ, বণিক্‌দিগের মূলধন, ঘোড়ার সাজ। পু০ বৃক্ষবিশেষ। Vessel, container of oil etc, impostor ; a kind of tree.

भाण्डागार क्ली० [भाण्ड+आगार], **भाण्डार** क्ली० [भाण्ड+ऋ–अण्] গৃহবিশেষ। Store-house.

भाण्डारिन् त्रि० [भाण्ड+स्व–णिनि] ধনরক্ষক। Store-keeper.

भाण्डीर पु० [भण्ड–ईरच्] বটবৃক্ষ, বৃন্দাবনস্থ বটবনবিশেষ। The Indian fig-tree.

भात त्रि० [भा–क्त] দীপ্ত। Shining.

भाति स्त्री० [भा–क्तिन्] দীপ্তি, শোভা। Lustre, beauty.

भाद्र पु० [भद्र+अण्] চৈত্রাদি হইতে ষষ্ঠ চান্দ্রমাস, পূর্বোত্তরভাদ্রপদাখ্য নক্ষত্র। Name of a month, a lunar mansion.

भाद्रपद पु० [भद्रपद+अण्] ভাদ্রমাস। স্ত্রী০ भाद्रपदा—ভাদ্রমাসের পূর্ণিমা। The month of Bhādra ; the full-moon day in the month of Bhādra.

भान क्ली० [भा–ल्युट्]প্রকাশ, দীপ্তি, জ্ঞান। Manifestation, lustre, knowledge.

भानु पु० [भा–नु] সূর্য, কিরণ, রাজা, প্রভু, দেব, অর্কবৃক্ষ। The sun, ray, king, master.

भानुमत् पु० [भानु+मतुप्] সূর্য, অর্কবৃক্ষ, নৃপবিশেষ। The sun, name of a king.

भाम पु० [भाम–घञ] ক্রোধ। [भा–म] দীপ্তি, সূর্য, অর্কবৃক্ষ, ভগিনীপিত। Anger ; lustre, the sun.

भामिनी स्त्री० [भाम–णिनि+ङीप्] অতিকোপনা স্ত্রী। A wife of irritable temper.

भार पु० [भृ–घञ्] গুরুত্বপরিমাণ, বিংশতিতুলা পরিমাণ। Weight.

भारत क्ली०[भरत+अण्]বেদব্যাসপ্রণীত লক্ষশ্লোকাত্মক গ্রন্থবিশেষ। पु० ভরত রাজার অপত্য, নট। Name of a famous Sanskrit epic ; descendant of king Bharata, actor.

भारद्वाज पु० [भरद्वाज+अण्] গোত্রপ্রবর্তক মুনিবিশেষ, দ্রোণাচার্য, অগস্ত্যমুনি, বৃহস্পতিপুত্র। Name of a sage.

भारयष्टि स्त्री० [भार+यष्टि] ভারবহন দণ্ড। A staff for carrying a load.

भारवत् त्रि० [भार+मतुप्], **भारवाह्** त्रि० [भार+वह–ण्वि], **भारवाह** त्रि० [भार+वह–अण्], **भारवाहक** त्रि० [भार+वह–ण्वुल], **भारवाहिन्** त्रि० [भार+वह–णिनि], **भारवाहिक** त्रि० [भार-वाह+ठक्] ভারবহনকারী। One who carries a load.

भारवि पु० কিরাতার্জুনীয়নামক মহাকাব্যপ্রণেতা। Name of a famous Sanskrit poet.

भारहर त्रि० [भार+हृ–अच्], **भारहार** त्रि० [भार+हृ+घञ], **भारहारिन्** त्रि० [भार+हृ–इनि], **भारहारिक** त्रि० [भारहार+ठक्] ভারবহনকারী। One who carries a load.

भाराक्रान्त त्रि० [भार+आक्रान्त] ভারযুক্ত। Loaded.

भारिन् त्रि० [भार–इनि] ভারবহনকারী। One who carries a load.

भारिक त्रि० [भार+ठक्] ভারবাহক। One who carries a load.

भार्गव पु० [भृगु+अण्] পরশুরাম, শুক্রাচার্য, ধন্বী, গজ, মহাদেব, দেশবিশেষ। স্ত্রী০ भार्गवी—পার্বতী, লক্ষ্মী, দুর্গা। An epithet of Paraśurāma, Śukrācārya, Śiva ; an epithet of Durgā or Lakṣmī.

भार्या स्त्री [भृ–ण्यत्+टाप्] বিধিপূর্বক বিবাহিতা নারী, স্ত্রী। Wife.

भार्योढ़ पु० [भार्या+ऊढा] কৃতদার। Married.

भाल पु० [भा–लच्] ললাট, ভ্রূদ্বয়ের উর্ধ্বভাগ, তমঃ। Forehead.

भालदृश् पु० [भाल+दृश–क्विप्], **भाललोचन** पु० [भाल+लोचन] মহাদেব। An epithet of Śiva.

भाल्लु[ल्लू]क पु० [भल्ल(ल्ल)क+अण] জন্তুবিশেষ। Bear.

भाव पु० [भू+णिच्–अच्] পণ্ডিত, হৃদ্‌গতাবস্থাবেদক স্বেদকম্পাদি, রত্যাদি, অন্তঃকরণ। [भू–घञ्] সত্তা, ব্যাকরণশাস্ত্রে ধাত্বর্থ, রাগ, আশয়, চেষ্টা, বিভূতি, আত্মা, বুধ, জন্তু, অভিনয়বিশেষ, যোনি, উপদেশ, স্ত্রীগণের যৌবনকালে অঙ্গজ প্রথমালঙ্কার। Learned, outward manifestation of mental states, sentiment, existence, a kind of acting.

भावक पु०[भाव+क] মনোবিকার। [भू+णिच्–ण्वुल्] त्रि० সত্তাশ্রয়, উৎপাদক। Feeling ; generator.

भावत्क त्रि० [भवत्+ठक्] ভবদীয়। Yours.

भावन क्ली० [भू+णिच्–ल्युट्] কলবিশেষ, ধ্যান। पु० [भू+णिच्–ल्यु] বিষ্ণু। স্ত্রী০ भावना [भू+णिच–युच्+टाप]—চিন্তা, ধ্যান, পর্যালোচনা, বৈদ্যশাস্ত্রে ঔষধসংস্কারবিশেষ, নির্যাসাদির সহিত চূর্ণ দ্রব্যের মিশ্রাকরণ। Meditation ; discussion, a process in manufacturing medicines.

भावमिश्र पु० [भाव+मिश्र] নাট্যোক্তিতে সম্মানসূচক সম্বোধন। The dramatic form of address to a person of dignity.

भावविकार पु० [भाव+विकार] উৎপত্তি, স্থিতি, বৃদ্ধি, পরিণাম, অপক্ষয় ও বিনাশ—এই ছয়টি পদার্থবিকৃতি। The six modifications of all created things, viz, birth, growth, death etc.

भावसंशुद्धि স্ত্রী० [भाव+संशुद्धि] নিষ্কপটতা। Purification of feelings.

भावसमन्वित ত্রি० [भाव+समन्वित] পরমার্থ-তত্ত্বাভিনিবেশযুক্ত। One concentrated on reality.

भावार्थ পু० [भाव+अर्थ] তাৎপর্যার্থ। Purport.

भाविक ত্রি०[भाव+ठक]ভাবসাধ্য পদার্থ,অর্থালঙ্কার-বিশেষ। Objects actually existing, a figure of speech.

भावित ত্রি०[भू+णिच्-क्त] বাসিত, প্রাপ্ত, শুদ্ধ, চিন্তিত, মিশ্রিত, বৈদ্যকোক্ত নির্যাসাদির দ্বারা মিশ্রিত চূর্ণ পদার্থ। Perfumed, obtained, mixed.

भावितात्मन् ত্রি० [भावित+आत्मन्] ব্রহ্মভাবান্বিত চিত্ত। One whose mind is engaged in the meditation of the Supreme Spirit.

भाविन् ত্রি० [भू-णिनि] ভবিষ্যৎ পদার্থ। What will take place.

भावक ক্লী० [भू-उकञ्] মঙ্গল। ত্রি० মঙ্গলযুক্ত, ভাবনাযুক্ত। Welfare ; auspicious.

भाव्य ক্লী० [भू-ण्यत्] অবশ্য ভবিতব্য। ত্রি० [भू-यत्+अण्] ভব্য পদার্থ। What is destined to happen.

भाषण ক্লী० [भाष-ल्युट्] কথন। Speaking.

भाषा স্ত্রী० [भाष-अ+टाप्] বাক্য, সংস্কৃতাদিবাক্য, প্রতিজ্ঞাসূচক বাক্য, রাগিণীবিশেষ। Speech, language.

भाषासम পু० শব্দালঙ্কারবিশেষ। A figure of speech.

भाषित ক্লী० [भाष-क्त] কথন। ত্রি० কথিত। Speech ; said.

भाष्य ত্রি० [भाष-ण्यत्] ক্লী० সূত্রার্থ ব্যাখ্যানবিশেষ, কথনীয়। To be spoken ; commentary.

भास् স্ত্রী० [भास-क्विप्] প্রভা, ইচ্ছা। Lustre, Desire.

भास পু० [भास-घञ्] দীপ্তি, গোষ্ঠ। [भास-अच्] কুক্কুর, শুক্র, শকুন্ত, কবিবিশেষ। Lustre, cow-shed, dog, vulture, name of a poet.

भासिन् ত্রি० [भास-इनि], **भासमान** ত্রি० [भास-शानच्] শোভমান, দীপ্তিমান। Shining.

भासुर ত্রি० [भास-घुरच्] দীপ্তিশীল, স্ফটিক। পু० বীর। ক্লী० কুষ্ঠৌষধ। Bright, crystal ; hero ; a kind of medicine.

भास्कर পু०[भास+कृ-टच्] সূর্য, অগ্নি, বীর, অর্কবৃক্ষ, সিদ্ধান্তশিরোমণিগ্রন্থপ্রণেতা, মহাদেব। ক্লী० স্বর্ণ। The sun, fire, hero ; gold.

भास्वत् পু० [भास-मतुप्] সূর্য, অর্কবৃক্ষ, বীর। ত্রি० দীপ্ত। স্ত্রী० ভাস্বতী—নদী, উষা, জ্যোতিষ-নিবন্ধবিশেষ। The sun, hero ; bright ; a river, dawn.

भास्वर ত্রি० [भास-वरच्] দীপ্তিযুক্ত। পু० সূর্য, অগ্নি, দিন, অর্কবৃক্ষ। ক্লী० কুষ্ঠৌষধ। Bright, shining ; the sun, fire, day ; a kind of medicine.

भिक्षा স্ত্রী० [भिक्ष-अ+टाप्] যাচ্ঞা, সেবা, ভৃতি, ভিক্ষিত বস্তু। Begging, service.

भिक्षाक ত্রি० [भिक्षा+कै-क], **भिक्षाचर** ত্রি० [भिक्षा+चर-ट] ভিখারী। A beggar, mendicant.

भिक्षाशिन् ত্রি० [भिक्षा+अश-णिनि] ভিক্ষোপজীবী। Living on alms.

भिक्षु ত্রি० [भिक्ष-उन्] ভিক্ষাকারক। পু० চতুর্থাশ্রম, বুদ্ধবিশেষ, কোকিলাক্ষ। A beggar, mendicant ; the fourth order of life, a form of Buddha.

भिक्षुक ত্রি० [भिक्ष-उक] ভিক্ষোপজীবী। A beggar.

भित्त ক্লী० [भिद-क्त] খণ্ড। Fragment.

भित्ति স্ত্রী० [भिद-क्तिन्] দেয়াল, প্রভেদ, অবকাশ, সংবিভাগ। Wall, partition.

भिद् স্ত্রী० [भिद-क्विप्] ভেদ, বিশেষকরণ। ত্রি० ভেত্তা। Division ; divider.

भिदा স্ত্রী० [भिद-अङ्+टाप्] বিদারণ, দ্বৈধীকরণ, বিশেষকরণ। Rending, dividing.

भिदिर ত্রি० [भिद-किरच्] বজ্র। Thunderbolt.

भिदुर [ত্রি० [भिद-कुरच्] স্বয়ংভেদনশীল। পু० প্লক্ষবৃক্ষ। Splitting spontaneously.

भिदेलिम ত্রি० [भिद-केलिम] স্বয়ং ভিদ্যমান। Fragile.

भिद्य পু० [भिद-क्यप्] নদ। A river.

भिन्दिपाल পু० [भिद-इन्+पाल-अण्] হস্তক্ষেপ্য নলিকাস্ত্র। A small javelin thrown by the hand.

भिन्न ত্রি० [भिद-क्त] বিদারিত, সঙ্গত, প্রস্ফুটিত। ক্লী० রোগবিশেষ। Broken, blown.

भिल्ल পু० [भिल-लक्] ম্লেচ্ছজাতিবিশেষ। Name of a hill tribe.

भिषज् पु० [भिषज्+क्विप्] চিকিৎসক, বিষ্ণু। A physician, a name of Viṣṇu.

भिस्सा स्त्री० [भिद-क्विप्+सो-क+टाप्] অন্ন। Food.

भी स्त्री० [भी-क्विप्], **भीति** स्त्री० [भी-क्तिन्] ভয়, কম্প। Fear.

भीत क्ली० [भी-क्त] ভয়। त्रि० ভয়যুক্ত। पु० মন্ত্রবিশেষ। Fear ; frightened.

भीतभीत त्रि० [भीत+भीत] অত্যন্ত ভীত। Terribly afraid.

भीम त्रि० [भी-मक्] ভয়হেতু, ভয়ানকরস। पु० শিব, মধ্যম পাণ্ডব, অম্লবেতস, পরমেশ্বর, মূর্তিবিশেষ, দেবগন্ধর্ববিশেষ, দৈত্যবিশেষ, নৃপবিশেষ, অষ্টাদশাক্ষর মন্ত্রবিশেষ। Dreadful ; an epithet of Śiva, name of the second Pāṇḍava.

भीमकर्मन् त्रि० [भीम+कर्मन्] ভয়ঙ্কর। Terrible in act.

भीमदर्शन त्रि० [भीम+दर्शन] ভীতিপ্রদ রূপবিশিষ্ট। Frightful in appearance.

भीमनाद पु० [भीम+नाद] সিংহ। त्रि० ভয়ঙ্কর শব্দকারী। Lion ; sounding dreadfully.

भीमरथ पु० [भीम+रथ] অসুরবিশেষ, ধৃতরাষ্ট্রের পুত্রবিশেষ। Name of a demon, son of Dhṛtarāṣṭra.

भीमरथी स्त्री० [भीम+रथी] রাত্রিবিশেষ, নদীবিশেষ। Name of a dangerous night.

भीमविक्रम त्रि० [भीम+विक्रम] ভয়ঙ্কর পরাক্রমশালী। Of terrific prowess.

भीमसेन पु० মধ্যমপাণ্ডব, কর্পূরবিশেষ, জনমেজয়ের ভ্রাতৃবিশেষ। Name of the second Pāṇḍava, a kind of camphor.

भीमैकादशी स्त्री० [भीम+एकादशी] মাঘমাসের শুক্লা একাদশী। The eleventh day of the bright fortnight in the month of Māgha.

भीरु त्रि० [भी-क्रु] ভয়শীল। पु० শৃগাল, ব্যাঘ্র, ইক্ষু। स्त्री० ছায়া, যোষিৎ, অজা, শতাবরী, শতপাদিকা। Timid ; jackal, tiger ; shadow, a woman, goat.

भीरुक पु० [भी-क्रुकन्] শৃগাল, ব্যাঘ্র, ইক্ষুবিশেষ। त्रि० ভীরুস্বভাব, ভয়যুক্ত। क्ली० অরণ্য। Jackal, tiger, a kind of sugar cane ; timid ; forest.

भीषण त्रि० [भी+णिच्-ल्यु] দারুণ, গাঢ়। पु० ভয়ানকরস, কুন্দুরুক, হিন্তাল, শল্লকী, মহাদেব, কপোত। Terrible ; the sentiment of terror, an epithet of Śiva, pigeon.

भीषयमाण त्रि० [भी+णिच्-शानच्] স্বয়ং ভয়প্রদর্শক। One himself causing terror.

भीषा स्त्री० [भी+णिच्-अङ्+टाप्] ভয়প্রদর্শন, ভয়। The act of terrifying, terror.

भीष्म त्रि० [भी+णिच्-मक्] ভয়ানক, ভয়ানকরস। पु० রুদ্র, রাক্ষস, গঙ্গার গর্ভজাত শান্তনুর পুত্রবিশেষ। Terrible, the sentiment of terror, an epithet of Śiva, name of the son of Śāntanu by Gaṅgā.

भीष्मजननी स्त्री० [भीष्म+जननी], **भीष्मसू** स्त्री० [भीष्म+सू-क्विप्] গঙ্গা। An epithet of the river Gaṅgā.

भीष्मपञ्चक क्ली० [भीष्म+पञ्चक] কার্তিক শুক্ল একাদশী প্রভৃতি পাঁচ তিথি। Name of the five days from the eleventh to the fifteenth in the bright fortnight of Kārttika.

भीष्माष्टमी स्त्री० [भीष्म+अष्टमी] ভীষ্মের দেহত্যাগ দিবস অর্থাৎ মাঘের শুক্লাষ্টমী। The day of the death of Bhīṣma, viz., the eighth day in the bright fortnight of Māgha.

भुक्त त्रि० [भुज-क्त] ভক্ষিত, কৃতভোগ। क्ली० ভক্ষণ। Eaten, enjoyed ; eating.

भुक्तशेष क्ली० [भुक्त+शेष] ভোজনাবশিষ্ট। Remnants of the food eaten.

भुक्ति स्त्री० [भुज-क्तिन्] ভোজন। Eating, enjoyment.

भुग्न त्रि० [भुज-क्त] রোগাদির দ্বারা কুটিলীকৃত, বঙ্কিম। Bent down by disease or infirmity, curved.

भुज पु० [भुज-क] বাহু, হস্ত, ভোগকর্তা, কুটিলীভূত, ত্রিকোণাদিক্ষেত্রের বাহু। The arm, hand, the side of a triangle.

भुजग पु० [भुज+गम-ड] সর্প, অশ্লেষানক্ষত্র। Serpent, name of a constellation.

भुजगदारण पु० [भुजग+द+णिच-ल्यु] গরুড়। An epithet of Garuḍa.

भुजगभोजिन् पु० [भुजग+भोजिन्] ময়ূর। An epithet of the peacock.

भुजगान्तक पु० [भुजग+अन्तक], **भुजगाशन** पु० [भुजग+अशन] গরুড়। An epithet of Garuḍa.

भुजङ्ग पु० [भुज+गम-खच्] সর্প, জার, অশ্লেষানক্ষত্র। Serpent, a constellation.

भुजङ्गम पु० [भुज+गम-खच्] সর্প, অশ্লেষানক্ষত্র। क्ली० সীসক। Serpent, a constellation.

भुजङ्गप्रयात क्ली० [भुजङ्ग+प्रयात] দ্বাদশাক্ষরপাদ ছন্দোবিশেষ। Name of a metre of twelve syllables.

भुजङ्गभुज् पु० [भुजङ्ग+भुज-क्विप्], **भुजङ्गहन्** पु० [भुजङ्ग+हन-क्विप्] গরুড়, ময়ূর। An epithet of Garuḍa or the peacock.

भुजङ्गविजृम्भित क्ली० [भुजङ्ग+विजृम्भित] ষড়্‌বিংশতি-অক্ষরপাদ ছন্দোবিশেষ, সর্পচেষ্টিত। Name of a metre, the movement of a serpent

भुजङ्गसङ्गता स्त्री० [भुजङ्ग+सङ्गता] নবাক্ষরপাদ ছন্দোবিশেষ। A metre of nine syllables.

भुजशिरस् क्ली० [भुज+शिरस्] স্কন্ধদেশ। Shoulder.

भुजान्तर क्ली० [भुज+अन्तर] ভুজদ্বয়ের মধ্যবর্তিস্থান। The bosom.

भुजिष्य पु० [भुज-किष्यन्] দাস, রোগ, স্বতন্ত্র, হস্তসূত্র। स्त्री० भुजिष्या—দাসী, বেশ্যা। Slave, servant, a disease ; maid-servant.

भुवन क्ली० [भु-क्युन] জগৎ, জন, আকাশ, চতুর্দশসংখ্যা, জল। World, man, the number fourteen.

भुवनत्रय क्ली० [भुवन+त्रय] স্বর্গ মর্ত্য ও পাতাল এই তিন ভুবন। The three worlds.

भुवनेश्वरी स्त्री० [भुवन+ईश्वरी] মহাবিদ্যামধ্যে দেবীমূর্তিবিশেষ। A form of the divine Śakti.

भुवर्लोक पु० [भुवस्+लोक] দ্বিতীয় লোক। The atmospheric region.

भुवस् अव्य० [भू-असुन्] আকাশাত্মক দ্বিতীয় লোক, ব্যাহৃতিবিশেষ। The atmospheric region.

भू स्त्री० [भू-क्विप्] ভূমি, স্থান। Earth, place.

भूकन्द पु० [भू+कन्द] মহাশ্রাবণিকা বৃক্ষ। A kind of tree.

भूकश्यप पु० [भू+कश्यप] বসুদেব। An epithet of Vasudeva, Kṛṣṇa's father.

भूकेश पु० [भू+केश] বটবৃক্ষ, শৈবাল। स्त्री० भूकेशी—রাক্ষসী। The fig-tree.

भूगर्भ पु० [भू+गर्भ] বিষ্ণু। An epithet of Viṣṇu.

भूगोल पु० [भू+गोल] গোলাকার মণ্ডল। Globe.

भूत क्ली० [भू-क्त] ন্যায্য, অতীত, পৃথিবী-জল-তেজঃ-বায়ু-গগনরূপ গন্ধাদিবিশেষগুণযুক্ত দ্রব্য, সত্য, তত্ত্বানুসন্ধান, কুমার, যোগীন্দ্র, কৃষ্ণপক্ষ, প্রাণী। ত্রি০ সত্যার্থ। स्त्री० भूता—কৃষ্ণচতুর্দশী। Right, past, matter, truth, creature ; an epithet of Śiva ; true.

भूतग्राम पु० [भूत+ग्राम] প্রাণিসমূহ। The entire multitude of living beings.

भूतचतुर्दशी स्त्री० [भूत+चतुर्दशी] আশ্বিনমাসের কৃষ্ণপক্ষীয় চতুর্দশী। The fourteenth day of the dark half of Āśvina.

भूतधात्री स्त्री० [भूत+धा-तृच्+ङीप्] পৃথিবী। The earth.

भूतनाथ पु० [भूत+नाथ], **भूतपति** पु० [भूत+पति] শিব, বটুকভৈরব। An epithet of Śiva.

भूतपूर्व त्रि० [पूर्व+भूत] যাহা পূর্বে হইয়াছে। Former.

भूतपृथग्भाव पु० [भूत+पृथग्भाव] স্থাবরজঙ্গ-মাত্মক ভূতগণের ভেদ। The distinction of movable and immovable creation.

भूतप्रकृतिमोक्ष पु० [भूत+प्रकृतिमोक्ष] অবিদ্যা হইতে মোক্ষোপায়। Liberation from the bondage of matter.

भूतभर्तृ त्रि० [भूत+भर्तृ] প্রাণিগণের ভরণ বা পোষণকর্তা। The sustainer of creatures.

भूतभावन पु० [भूत+भावन] বিষ্ণু, বটুকভৈরব। An epithet of Viṣṇu.

भूतभृत् त्रि० [भूत+भृ-क्विप्] ভূতগণের ধারণকর্তা। The sustainer of all living beings.

भूतमहेश्वर पु० [भूत+महेश्वर] ব্যক্তাব্যক্ত সমস্ত ভূতের ঈশ্বর। The lord of the entire creation.

भूतयज्ञ पु० [भूत+यज्ञ] বায়সাদি প্রাণীর উদ্দেশ্যে বলি, পঞ্চমহাযজ্ঞের অন্যতম। Offering to all created beings, one of the five daily yajñas.

भूतल क्ली० [भू+तल] পৃথিবী, পাতাল, ভূমিপৃষ্ঠ। Earth, nether region, ground.

भूतशुद्धि स्त्री० [भूत+शुद्धि] তন্ত্রে মন্ত্রাদির দ্বারা দেহস্থ সর্বভূতের শোধন। A tantric rite for purification of matter.

भूतसर्ग पु० [भूत+सर्ग] ভূতসৃষ্টি। Creation of matter or living beings.

भूतस्थ त्रि० [भूत+स्था-क] ভূতগণে স্থিত। Existing in matter or living beings.

भूतात्मन् पु० [भूत+आत्मन्] সর্বভূতাত্মক হিরণ্যগর্ভ, বিষ্ণু, বটুকভৈরব। An epithet of Hiraṇyagarbha or Viṣṇu.

भूतादि पु॰ [भूत+आदि] অহঙ্কারতত্ত্ব। An epithet of the principle of Ahaṅkāra or ego.

भूतावास पु॰ [भूत+आवास] বিষ্ণু, বিভীতক বৃক্ষ। An epithet of Viṣṇu.

भूताविष्ट त्रि॰ [भूत+आविष्ट] পিশাচগ্রস্ত। Possessed by an evil spirit.

भूतावेश पु॰ [भूत+आवेश] পিশাচ প্রবেশ। Demonic possession.

भूतोपहत त्रि॰ [भूत+उपहत] ভূতাবিষ্ট। Stricken by an evil spirit.

भूति स्त्री॰ [भू–क्तिन्] ভবন, অষ্টবিধৈশ্বর্য, ভূতৃণ, বৃদ্ধিনামক ঔষধবিশেষ, সম্পত্তি। Being, the eightfold occult power, wealth.

भूतेज्य त्रि॰ [भूत+इज्या] ভূতপূজায় নিরত। Engaged in Bhūta-worship.

भूतेश पु॰ [भूत+ईश] প্রমথাধীশ, পরমেশ্বর। An epithet of Śiva, the Supreme Lord.

भूदार पु॰ [भू+दार] শূকর। Boar.

भूदेव पु॰ [भू+देव] বিপ্র। An epithet of the Brahmin.

भूधर पु॰ [भू+धर], **भूध्र** पु॰ [भू+धृ–क] পর্বত, অনন্তদেব। Mountain, the lord Ananta.

भूनाग पु॰ [भू+नाग] ক্ষুদ্র কিঞ্চুলুক, উপরসবিশেষ। A kind of earthworm.

भूप पु॰ [भू+पा–क], **भूपति** पु॰ [भू+पति], **भूभुज** पु॰ [भू+भुज–क्विप्] রাজা। King.

भूभृत् पु॰ [भू+भृ–क्विप्] রাজা, পর্বত। King, mountain.

भूमन् पु॰ [बहु+इमनिच्] বহুত্ব। Abundance.

भूमि स्त्री॰ [भू–मि] পৃথিবী, স্থান, জিহ্বা, যোগিগণের চিত্তাবস্থানবিশেষ। Earth, location, state of mind of the Yogins.

भूमिका स्त्री॰ [भूमि+कै–क+टाप्] রচনা, নাট্যে অভিনেয় পাত্রাদির বেশান্তর, বক্তব্যবিষয়ের সূচনা। Composition, theatrical costume, introduction.

भूमिज पु॰ [भूमि+जन–ड] মঙ্গলগ্রহ, নরকাসুর, ভূমিকদম্ব, মনুষ্য। त्रि॰ ভূমিজাত। स्त्री॰ भूमिजा—সীতা। The planet Mars, an epithet of demon Naraka, man ; born out of the ground ; an epithet of Sītā.

भूमिदेव पु॰ [भूमि+देव] ব্রাহ্মণ। An epithet of the Brahmins.

भूमिप पु॰ [भूमि+पा-क] নৃপ। King.

भूमिपति पु॰ [भूमि+पति], **भूमिपाल** पु॰ [भूमि+पाल] ভূপতি। King.

भूमिभृत् पु॰ [भूमि+भृ–क्विप्] রাজা, পর্বত। King, mountain.

भूमि[मी]रुह पु॰ [भूमि(मी)+रुह–क] বৃক্ষ। Tree.

भूमिवर्धन त्रि॰ [भूमि+वर्धन] মৃতদেহ। Corpse.

भूमिष्ठ त्रि॰ [भूमि+स्था–क] ভূপৃষ্ঠস্থ। One on the ground.

भूमिस्पृश् त्रि॰ [भूमि+स्पृश–क्विन्] বৈশ্য, মনুষ্য, চৌরবিশেষ, খঞ্জ, অন্ধ। The Vaiśya, man, a type of thief.

भूमी स्त्री॰ [भू–मि+ङीप्] পৃথিবী, কৃষ্ণমৃত্তিকা। Earth, black soil.

भूमीन्द्र पु॰ [भूमि+इन्द्र], **भूमीपति** पु॰ [भूमी+पति], **भूमीश** पु॰ [भूमि+ईश], **भूमीश्वर** पु॰ [भूमि+ईश्वर] নৃপ। King.

भूयस् त्रि॰ [बहु+ईयसुन्] বহুতর। स्त्री॰ भूयसी—প্রচুর। More ; abundant.

भूयिष्ठ त्रि॰ [बहु+इष्ठन्] বহুতম, প্রচুর। Most, most abundant.

भूरि पु॰ [भू–क्रिन्] বিষ্ণু, শিব, ইন্দ্র। क्ली॰ স্বর্ণ। त्रि॰ প্রচুর। An epithet of Viṣṇu, Śiva, or Indra ; gold ; abundant.

भूरिमाय पु॰ [भूरि+माया] শৃগাল। त्रि॰ প্রভূতমায়াযুক্ত। Jackal ; one with great cunning or magic.

भूरिशस् अव्य॰ [भूरि+शस्] বহুবার। Many times.

भूरिश्रवस् त्रि॰ [भूरि+श्रवस्] প্রচুর যশোবিশিষ্ট। पु॰ সোমদত্তপুত্র নৃপবিশেষ। One of great fame ; name of a king.

भूरुह पु॰ [भू+रुह–क] মহীরুহ, বৃক্ষ। Tree.

भूर्ज पु॰ [भू+ऊर्ज–अच्] বল্কপ্রধান বৃক্ষ। Birch-tree.

भूर्जपत्र पु॰ [भूर्ज+पत्र] ভূর্জবৃক্ষের পত্র, ভূর্জবৃক্ষ। Birch leaf, birch tree.

भूस् अव्य॰ [भू–सुक्], **भूर्लोक** पु॰ [भूस्+लोक] পৃথিবী। Earth.

भूलता स्त्री॰ [भू+लता] কেঁচো, মহীলতা। Earthworm.

भूशत्रु पु॰ [भू+शत्रु] ভূমীন্দ্র, রাজা। King.

भूषण क्ली॰ [भूष–ल्युट्] অলঙ্করণ, অলঙ্কার, মণ্ডনসাধনদ্রব্য। Decoration, ornament.

भूषा स्त्री॰ [भूष–अ+टाप्] মণ্ডনক্রিয়া। Decoration.

भूषित त्रि॰ [भूष–क्त] অলঙ্কৃত। Decorated.

भूष्णु त्रि॰ [भू–ग्स्नु] ভবনশীল। Becoming.

ভূসুত পু০ [ভূ+সুত] মঙ্গলগ্রহ। The planet Mars.

ভূসুর পু০ [ভূ+সুর] ব্রাহ্মণ। An epithet of the Brahmin.

ভূস্বর্গ পু০ [ভূ+স্বর্গ] সুমেরু পর্বত। An epithet of mountain Sumeru.

ভূস্বামিন্ পু০ [ভূ+স্বামিন্] রাজা, পৃথিবীর পতি। King, lord of the earth.

ভৃকুংশ[স] পু০ [ভ্রূ+কুংশ(স)] ইঙ্গিতজ্ঞাপন, স্ত্রীবেশধারী নট। Conveying a suggestion.

ভৃকুটি[টী] স্ত্রী০ [ভ্রূ+কুটি(টী)] ভ্রূভঙ্গ। Frowning.

ভৃগু পু০[ভৃজ–ক্বিপ্(+উ] ঋষিবিশেষ, মহাদেব, শুক্রগ্রহ, গিরিসানু, জমদগ্নি, নিরবলম্বন, পর্বতাদির উচ্চস্থান। Name of a sage, an epithet of Śiva, the planet Venus, precipice.

ভৃগুপতি পু০ [ভৃগু+পতি] পরশুরাম। An epithet of Paraśurāma.

ভৃগুসুত পু০ [ভৃগু+সুত] শুক্রাচার্য। An epithet of Śukrācārya.

ভৃঙ্গ পু০[ভৃ–গন্] ভ্রমর, বিহগবিশেষ, জার, ভৃঙ্গার। Black bee, a kind of bird.

ভৃঙ্গরাজ পু০ [ভৃঙ্গ+রন্জ+ণিচ্–অণ্] ক্ষুপবিশেষ। [ভৃঙ্গ+রাজন্+টচ্] ভ্রমরশ্রেষ্ঠ, যক্ষবিশেষ, পক্ষিবিশেষ। A kind of shrub; a kind of large bee, a kind of bird.

ভৃঙ্গরিট পু০ [ভৃঙ্গ+রট–অচ্] শিবপার্শ্বচরবিশেষ। One of the attendants of Śiva.

ভৃঙ্গরোল পু০ [ভৃঙ্গ+রোল] ভীমরুল। A kind of wasp.

ভৃঙ্গার পু০ [ভৃ–আরক] স্বর্ণময় জলপাত্রবিশেষ, জলের ঝারী। [ভৃঙ্গ+ঋ–অচ্] ভৃঙ্গরাজ। ক্লী০ লবঙ্গ, সুবর্ণ। স্ত্রী০ ভৃঙ্গারী—ঝিঁঝিঁপোকা। A golden pitcher ; cloves, gold ; a cricket.

ভৃঙ্গারি স্ত্রী০ [ভৃঙ্গ+ঋ–ইন্] কেরিকাপুষ্প। A kind of flower.

ভৃঙ্গি পু০ [ভৃ–গিক্] শিবপার্শ্বচরবিশেষ। Name of an attendant of Śiva.

ভৃঙ্গিন্ পু০ [ভৃঙ্গ+ইনি] বটবৃক্ষ, শিবানুচরবিশেষ। The fig-tree, name of an attendant of Śiva.

ভৃত ত্রি০ [ভৃ–ক্ত] বেতনাদির দ্বারা প্রতিপালিত। ক্লী০ ভরণ। Maintained by payment of salary etc ; maintenance.

ভৃতক ত্রি০ [ভৃত+কন্] বেতনোপজীবী। A salaried servant.

ভৃতি স্ত্রী০ [ভৃ–ক্তিন্] ভরণ, পোষণ, বেতন, মূল্য। maintenance, salary.

ভৃতিভুজ্ ত্রি০ [ভৃতি+ভুজ–ক্বিপ্] বেতনোপজীবী। One living on salary.

ভৃত্য পু০ [ভৃ–ক্যপ্] দাস। ত্রি০ ভরণীয়। Servant ; to be maintained.

ভৃ[ভ্র]মি স্ত্রী০ [ভ্রম–ইন্] ঘূর্ণী, বায়ুবিশেষ, ভ্রমণ। Whirlwind.

ভৃশ ত্রি০ [ভৃশ–ক] অতিশয়যুক্ত। Exceedingly, intensely.

ভৃষ্ট ত্রি০ [ভ্রস্‌জ–ক্ত] জলোপসেক ব্যতীত বালুকা ও অগ্নিসংযোগ দ্বারা পক্ব। Fried.

ভেক পু০ [ভী–কন্] ব্যাঙ্, মেঘ, মণ্ডূকপর্ণী। Frog, cloud.

ভেড পু০ [ভী–ড] মেষ। Sheep.

ভেত্তৃ ত্রি০ [ভিদ্–তৃচ্] ভেদকর্তা। One who divides or separates.

ভেদ পু০ [ভিদ্–ঘঞ্] পৃথক্করণ, রাজনীতিতে উপায়বিশেষ, ন্যায়মতে অন্যোন্যাভাব, দ্বৈধ, বিদারণ, বিরেচন। Division, one of the expedients in polity.

ভেদক ত্রি০ [ভিদ্–ণ্বুল্] বিদারক, ভেদকারক, বিশেষণ, রেচক। That which divides or rends, differentiating attribute.

ভেদন ত্রি০ [ভিদ্+ণিচ্–ল্যু] বিরেচন, বিশেষণ। পু০ শূকর, অম্লবেতস। ক্লী০ [ভিদ্–ল্যুট্] বিদারণ, দ্বৈধীকরণ, হিঙ্গু। Purgating, qualifying; a hog ; rending, dividing.

ভেদিত ত্রি০ [ভিদ্+ণিচ্–ক্ত] বিদারিত, ভিন্ন। পু০ মন্ত্রবিশেষ। Rent, divided.

ভেদিন্ ত্রি০ [ভিদ্–ণিনি] ভেদকারক। পু০ অম্লবেতস। Divider.

ভেদ্য ত্রি০[ভিদ্–ণ্যৎ] শস্ত্রাদির দ্বারা বিদার্য, বিশেষ্য। Fit to be rent or split, a substantive.

ভেরি[রী] স্ত্রী০ [ভী–ক্রিন্(+ঙীপ্)] পটহ, বৃহৎঢক্কা। Kettle-drum.

ভেল পু০ [ভী–র] ভেলা, মুনিবিশেষ। ত্রি০ নির্বুদ্ধি, চঞ্চল। Raft ; foolish, unsteady.

ভেলক পু০ [ভেল+ক] ভেলা। Raft.

ভেষজ ক্লী০ [ভেষ–ঘঞ্+জি–ড] ঔষধ। Medicine.

ভৈক্ষ[ক্ষ্য] ক্লী০ [ভিক্ষা+অণ্(ষ্যঞ্)] ভিক্ষা, ভিক্ষাসমূহ। ত্রি০ ভিক্ষাভব। Begging ; anything got by begging.

ভৈক্ষ্যচর্য্যা স্ত্রী০ [ভৈক্ষ্য+চর–ক্যপ+টাপ্] ভিক্ষাচরণ। Going about begging.

भैम त्रि० [भीम–अण्] भीमनृपसम्बन्धी। स्त्री० भैमी—नलपत्नी दमयन्ती। Relating to Bhīma.

भैरव पु० [भीरु+अण्] भय, भयानक रस, शङ्कर, नदविशेष। त्रि० भययुक्त, भयसाधन। स्त्री० भैरवी—शिवपत्नी। Fear, the sentiment of terror ; an epithet of Śiva, name of a river ; the wife of Śiva.

भैरवीचक्र क्ली० [भैरवी+चक्र] तान्त्रिक साधनার পদ্ধতিবিশেষ। A Tantric form of worship.

भैषज्य क्ली० [भेषज+ष्यञ्] ঔষধ। Medicine.

भो अव्य० সম্বোধনসূচক শব্দ। A vocative particle.

भोक्तव्य त्रि० [भुज–तव्य] ভক্ষণীয়। To be eaten.

भोक्तृ त्रि० [भुज–तृच्] ভোজনকর্তা, ভোগকর্তা, ত্রাণকর্তা। পু० বিষ্ণু। One who eats, enjoyer ; an epithet of Viṣṇu.

भोग पु० [भुज–घञ्] সুখদুঃখাদির অনুভব, সুখ, দুঃখ, সর্পদেহ, সর্পফণা, ধন, পালন, ভোজন, দেহ, মান, বিভববিশেষ। Experience of pleasure and pain, enjoyment, suffering, the body or hood of a serpent.

भोगवती स्त्री० [भोग+मतुप्+ङीप्] পাতালগঙ্গা, নদীবিশেষ। The name of Gaṅgā flowing in the nether world.

भोगावली स्त्री० [भोग+आवली] ভোগশ্রেণী, স্তুতি, স্তুতিপাঠক। Series of enjoyments, panegyric of a professional encomiast.

भोगायतन क्ली० [भोग+आयतन] ভোগক্ষেত্র, স্থূলদেহ। The vehicle of enjoyment, the physical body.

भोगावास पु० [भोग+आवास] বাসগৃহ। Abode.

भोगिन् पु० [भोग+इनि] সর্প, অশ্লেষানক্ষত্র, নৃপ, গ্রামণী, নাপিত। ত্রি० ভোগযুক্ত, ব্যাবৃত্তিকর। স্ত্রী० भोगिनी—মহিষীভিন্ন রাজভার্যা। Serpent, king ; enjoyer.

भोगीन्द्र पु० [भोगी+इन्द्र] অনন্তদেব, বাসুকি। An epithet of Serpent Ananta, Vāsuki.

भोग्य त्रि० [भुज–ण्यत्] ভোগার্হ। ক্লী० ধন, ধান্য। পু० আধিবিশেষ। স্ত্রী० भोग्या—বেশ্যা। Enjoyable ; wealth ; harlot.

भोज पु० [भुज–अच्] দেশবিশেষ, নৃপবিশেষ, বসুদেবের শান্তিদেবীগর্ভজাত পুত্রবিশেষ। Name of a country or a king.

भोजन क्ली० [भुज–ल्युट्] কঠিনদ্রব্যের গলাধঃকরণ, ধন। পু० বিষ্ণু। Eating ; an epithet of Viṣṇu.

भोज्य त्रि० [भुज–ण्यत्] ভক্ষণীয় দ্রব্য। Eatable.

भोस् अव्य [भा–डोसि] সম্বোধন, প্রশ্নবিধান। A vocative particle.

भौतिक त्रि० [भूत+ठक्] ভূতবিকারজাত, ব্যাধি প্রভৃতি উপদ্রব, মুক্তা। পু० মহাদেব। Material, relating to evil spirits, disease etc, pearl ; an epithet of Śiva.

भौम पु० [भूमि+अण्] নরকাসুর, মঙ্গলগ্রহ, রক্তপুনর্নবা। ত্রি० ভূমিভব, ভূমিব্যাপক। The demon Naraka, the planet Mars ; sprung from the earth.

भौमिक त्रि० [भूमि+ठक्] ভূম্যধিকারী, ভূমিস্থিত। Owner of land, terrestrial.

भौरिक पु० [भूरि+ठक्] কনকাধ্যক্ষ। Superintendent of gold in a royal treasury.

भ्रंश पु० [भ्रन्श–घञ्] বিপদ, অধঃপাত। Ruin, falling down.

भ्रकुंश[स] पु० [भ्रू+कुंश(स)] স্ত্রীবেশধারী নট। An actor in female dress.

भ्रकुटि[टी] स्त्री० [भ्रू+कुटि(टी)] ভ্রূর কৌটিল্য। Frown.

भ्रम पु० [भ्रम–घञ्] মিথ্যাজ্ঞান, জলনির্গমস্থান, ভ্রমণ, জলাবর্ত। Error, water-course, roaming, eddy.

भ्रमण क्ली० [भ्रम–ल्युट्] গতিবিশেষ, পর্যটন। স্ত্রী० भ्रमणी—ক্রীড়াবিশেষ। Moving about, tour ; a kind of game.

भ्रमर पु० [भ्रम–करन्] মধুকর, কামুক। Bee.

भ्रमरक पु० [भ्रमर+कै–क] ললাটলম্বিত ভ্রমরতুল্য চূর্ণকুন্তল, বেধনযন্ত্রবিশেষ। A lock of hair hanging down on the forehead.

भ्रमि[मी] स्त्री० [भ्रम–इन्(+ङीप्)] ঘূর্ণি। Eddy.

भ्रष्ट त्रि० [भ्रन्श–क्त] চ্যুত, পতিত। Fallen, dropped down.

भ्राज क्ली० বর্ষসাধ্য গবাময়ন-সত্র। Name of a year-long sacrifice.

भ्राजथु पु० [भ्राज–अथुच्] দীপ্তি। Lustre.

भ्राजिन् त्रि० [भ्राज–इनि], **भ्राजिष्णु** त्रि० [भ्राज–इष्णुच्] দীপ্তিশীল, শোভাযুক্ত। পু० বিষ্ণু, শিব। Shining, resplendent ; an epithet of Viṣṇu or Śiva.

भ्रातृ पु० [भ्राज–तृच्] একপিতৃজাত। Brother.

भ्रातृज पु० [भ्रातृ+जन–ड] ভ্রাতুষ্পুত্র। স্ত্রী० भ्रातृजा—ভ্রাতার কন্যা। Nephew ; niece.

भ्रातृव्य पु० [भ्रातृ+व्यत्] ভ্রাতুষ্পুত্র। [भ्रातृ+व्यन्] শত্রু। Nephew, enemy.

भ्रातृश्वशुर पु॰ [भ्रातृ+श्वशुर] ভাসুর। Elder brother of the husband,

भ्रात्रीय पु॰ [भ्राता+छ] ভ্রাতুষ্পুত্র। Nephew.

भ्रान्त क्ली॰ [भ्रम–क्त] ভ্রমণ। ত্রি॰ মিথ্যাজ্ঞানযুক্ত, ভ্রমণযুক্ত। পু॰ ধুস্তুর, মত্ত গজ। Roaming ; mistaken, moving about ; a kind of flower, an intoxicated elephant.

भ्रान्ति स्त्री॰ [भ्रम–क्तिन्] ভ্রমণ, অযথার্থজ্ঞান। Roaming, error.

भ्रान्तिमत् त्रि॰ [भ्रान्ति+मतुप्] ভ্রমজ্ঞানযুক্ত। পু॰ অর্থালঙ্কারবিশেষ। Mistaken; a kind of figure of speech.

भ्रामक त्रि॰ [भ्रम+णिच्–ण्वुल्] ভ্রমজনক। পু॰ ধূর্ত, সূর্যাবর্তমণি, অয়স্কান্ত, শৃগাল। Causing error, a kind of loadstone.

भ्रामर क्ली॰ [भ्रमर+अण्] মধু। ত্রি॰ ভ্রমর-সম্বন্ধীয়। পু॰ অয়স্কান্ত। Honey ; relating to the bee ; a kind of loadstone.

भ्राष्ट्र पु॰ [भ्रस्ज–ष्ट्रन्] ভাজিবার পাত্রবিশেষ। ত্রি॰ [भ्राष्ट्र+अण्] ভৃষ্ট তণ্ডুলাদি। Frying-pan; rice fried in a frying pan.

भ्रुकुटि[टी] स्त्री॰ [भ्रू+कुटि(टी)] ভ্রূভঙ্গী। Frown.

भ्रू स्त्री॰ [भ्रम–डु] নেত্রদ্বয়ের ঊর্ধ্বস্থিত রোমরাজী। Eyebrow.

भ्रूक्षेप पु॰ [भ्रू+क्षेप] ভ্রূভঙ্গ, ভ্রূচালন। Frown.

भ्रूण पु॰ [भ्रूण–घञ्] গর্ভস্থ শিশু, বালক। Embryo, child.

भ्रूणघ्न त्रि॰ [भ्रूण+हन–क], **भ्रूणहन्** त्रि॰ [भ्रूण+हन–क्विप्] ভ্রূণহত্যাকারক। One who causes abortion.

भ्रूभङ्ग पु॰ [भ्रू+भङ्ग] ক্রোধাদি জ্ঞাপনার্থ ভ্রূর তির্যক চালনা। Frown.

भ्रेष पु॰ [भ्रेष–घञ्] উচিতস্থান হইতে পতন। Deviation.

भ्रेषण क्ली॰ [भ्रेष–ल्युट्] গমন, ভ্রমণ। Going, roaming.

म

म पु॰ [मा–क] পবর্গের পঞ্চমবর্ণ, শিব, চন্দ্র, ব্রহ্মা, যম, সময়, বিষ, বিষ্ণু। The fifth letter of the labial group of consonants, Śiva, the moon, Brahmā, Viṣṇu.

मकर पु॰ [म+कॄ–अच] মেষ হইতে দশমরাশি, জলজন্তুবিশেষ। [मक+रा–क] নিধিবিশেষ। The sign Capricornus of the zodiac.

मकरकेतन पु॰ [मकर+केतन], **मकरकेतु** पु॰ [मकर+केतु], **मकरध्वज** पु॰[मकर+ध्वज]কন্দর্প। Cupid.

मकरन्द पु॰ [मकर+दो–क] পুষ্পের মধু, কুন্দবৃক্ষ, কোকিল, ভ্রমর। Honey of a flower, cuckoo, bee.

मकराकर पु॰ [मकर+आकर] সমুদ্র। Ocean.

मकराङ्क पु॰ [मकर+अङ्क] কামদেব। Cupid.

मकरालय पु॰ [मकर+आलय] সমুদ্র। Ocean.

मकरिन् पु॰ [मकर+इनि] সমুদ্র। Ocean.

मकरिका स्त्री॰ [मकर+ठक्+टाप्] মকরাকার পত্রাবলী। Ornamental figures resembling Makara.

मकार पु॰ [म+कार] ম এই অক্ষর, 'প' বর্গের পঞ্চম বর্ণ, তন্ত্রোক্ত মাংস, মৎস্য, মদ্য, মুদ্রা, মৈথুন এই পদার্থপঞ্চক। The letter 'm'.

मकुट क्ली॰ [मक–उट] শিরোভূষণ। Head-gear.

मकुर पु॰ [मक–उरच्] দর্পণ, বকুলবৃক্ষ, কুলালদণ্ড, কলিকা। Mirror, the Bakula tree.

मकुल पु॰[मक–उलच्] মুকুল, বকুলবৃক্ষ। Blossoms.

मक्षि[क्षी]का स्त्री॰ [मश–सिकन्+टाप्] মাছি। Fly.

मख पु॰ [मख–घ] যজ্ঞ। Sacrifice.

मगध पु॰ [मग+धा–क] দেশবিশেষ, তদ্দেশস্থলোক। Name of a country and its inhabitants.

मगधेश्वर पु॰ [मगध+ईश्वर] জরাসন্ধ নৃপ, মগধের অধিপতি। The king Jarāsandha, the lord of Magadha.

मग्न त्रि॰ [मस्ज–क्त] কৃতমজ্জন। ক্লী॰ অন্তঃপ্রবেশ। Drowned ; plunging.

मघ पु॰ [मघ–अच्] দেশবিশেষ, পুষ্পবিশেষ। ক্লী॰ সুখ। স্ত্রী॰ মঘা—নক্ষত্রবিশেষ। Name of a country, a kind of flower; happiness; name of a planet.

मघवत् पु॰ [मघ+मतुप्] ইন্দ্র। স্ত্রী॰ মঘবতী—ইন্দ্রাণী। An epithet of Indra; the wife of Indra.

मघवन् पु॰ [मह–कनिन] ইন্দ্র। স্ত্রী॰ মঘো–নী ইন্দ্রাণী। Indra; the wife of Indra.

मङ्कुर पु॰ [मक–उरच्] দর্পণ। Mirror.

मङ्क्षु अव्य॰ [मख–उन्] শীঘ্র, সাতিশয়। Quickly.

मङ्गल क्ली॰ [मग–अलच्] শুভ। পু॰ গ্রহবিশেষ, অভীষ্টার্থসিদ্ধি। ত্রি॰ শুভদায়ক। স্ত্রী॰ মঙ্গলা—দুর্গা, হরিদ্রা, দূর্বা, পতিব্রতা। Good; name of a planet; leading to good; an epithet of Durgā.

मङ्गलपाठक त्रि॰ [मङ्गल+पाठक] স্তুতিপাঠক। A reciter of benedictions.

মঙ্গল্য ত্রি° [মঙ্গল+যত্] শুভঙ্কর, সুন্দর। ক্লী° চন্দন, স্বর্ণ, সিন্দুর, দধি। পু° অশ্বত্থ, বিল্ব, জীরক, নারিকেল, কপিত্থ। Causing good, lovely; sandal wood, gold, vermilion, curd; Aśvattha, Bilva and Cocoanut tree.

মর্চ্চর্চিকা স্ত্রী° [ম+চর্চ-ণ্বুল্+টাপ্] প্রশস্ত্য। A word signifying eminence.

মজ্জথু পু° [মস্জ্-অথুচ্] মজ্জন। Sinking.

মজ্জন্ পু° [মস্জ্-কনিন্], **মজ্জা** স্ত্রী° [মস্জ্-অচ্+টাপ্] অস্থিমধ্যস্থ স্নেহজাত পদার্থ, বৃক্ষাদির সারাংশ। Marrow.

মজ্জন ক্লী° [মস্জ্-ল্যুট্] স্নান, অবগাহন। Bath, plunging.

মঞ্চ পু° [মচ-ঘঞ্] উচ্চাসন, উচ্চমণ্ডপবিশেষ, মাঁচা। Dais.

মঞ্জরি[রী] স্ত্রী° [মঞ্জু+ঋ-ইন্ (+ঙীপ্)], **মঞ্জি[ঞ্জী]** [মন্জ-ইন্(+ঙীপ্)] শীষ। A cluster of blossoms.

মঞ্জরিত ত্রি° [মঞ্জরি+ইতচ্] মঞ্জরীযুক্ত। Blossomed.

মঞ্জিমন্ পু° [মঞ্জ+ইমনিচ্] মনোজ্ঞতা। Loveliness.

মঞ্জিষ্ঠা স্ত্রী° [মঞ্জিমতী+ইষ্ঠন্+টাপ্] লতাবিশেষ। Name of a creeper.

মঞ্জীর পু° [মন্জ-ঈরন্] নূপুর। Anklet.

মঞ্জু ত্রি° [মন্জ-উন্] সুন্দর, মধুর, মনোজ্ঞ। Lovely, sweet.

মঞ্জুভাষিন্ ত্রি° [মঞ্জু+ভাষ-ণিনি] মধুরভাষী। স্ত্রী° মঞ্জুভাষিণী—ত্রয়োদশাক্ষর ছন্দোবিশেষ। One of sweet speech; a metre of thirteen syllables.

মঞ্জুল ত্রি° [মন্জ-উলচ্] সুন্দর, মনোহর। ক্লী° নিকুঞ্জ, শৈবাল। Beautiful, lovely; grove, moss.

মঞ্জ[ঞ্জু]ষা স্ত্রী° [মন্জ-উষণ্+টাপ্] পেটিকা, সিন্দুক প্রভৃতি। Treasure-box, casket.

মঠ পু° [মঠ-ক] ছাত্রাদির আবাস, দেবালয়। Dormitory for students.

মণি পু° [মণ-ইন্] রত্নবিশেষ। Gem.

মণিকর্ণিকা স্ত্রী° [মণিকর্ণ+ঠন্+টাপ্] কাশীস্থ তীর্থবিশেষ। Name of a holy spot in Vārāṇasī.

মণিকার পু° [মণি+কৃ-অণ্] জহুরী, মণি-পরিষ্কারক, তত্ত্বচিন্তামণি গ্রন্থের রচয়িতা গঙ্গেশোপাধ্যায়। Gem-specialist.

মণিত ক্লী° [মণ-ক্ত] রতিকালে স্ত্রীলোকের অব্যক্ত শব্দবিশেষ। An inarticulate murmuring sound uttered at cohabitation.

মণিপুর ক্লী° [মণি+পুর] দেশবিশেষ। Name of a country.

মণিপুষ্পক পু° [মণি+পুষ্পক] সহদেবের শঙ্খ। Name of the conch of Sahadeva.

মণিপূর পু° [মণি+পূর] নাভিপদ্ম। The plexus in the navel.

মণিবন্ধ পু° [মণি+বন্ধ-ঘঞ্] হাতের কব্জি, কর-গ্রন্থি, পর্বতবিশেষ। Wrist.

মণিমণ্ডপ পু° [মণি+মণ্ডপ] মণিখচিত মণ্ডপ, দেবতার পীঠস্থানবিশেষ। A pandal made of gems.

মণিমধ্য ক্লী° [মণি+মধ্য] নবাক্ষর ছন্দোবিশেষ। Name of a metre of nine syllables.

মণিমন্থ পু° [মণি+মন্থ-ঘঞ্] পর্বতবিশেষ। Name of a mountain.

মণিসর ক্লী° [মণি+সৃ-অচ্] মণিময় হার। A necklace of gems.

মণ্ড পু°, ক্লী° [মন-ড] মাড়, সার, যব, গোধূমাদির পিণ্ড, পিচ্ছ। পু° এরণ্ড বৃক্ষ। ক্লী° দধির মাড়। স্ত্রী° মণ্ডা—মদ্যবিশেষ। Gruel; a kind of liquor.

মণ্ডন ক্লী° [মণ্ড-ল্যুট্] ভূষণ, অলঙ্করণ। ত্রি° [মণ্ড-ল্যু] অলঙ্কারক, পণ্ডিতবিশেষ। Ornament, decoration; decorator.

মণ্ডপ পু° [মণ্ড+পা-ক] দেবাদিগৃহ, জনবিশ্রাম-গৃহ। ত্রি° মণ্ডপানকর্তা। Shrine, pandal; one who drinks gruel.

মণ্ডল ক্লী° [মণ্ড+কলচ্] পরিধি, বেষ্টন, গোল, চক্র, দেশ, রাষ্ট্র, দ্বাদশ নৃপচক্র, ধনুর্ধরদিগের স্থানবিশেষ, কৃত্রিমরেখাদি দ্বারা রচিত আসন-বিশেষ, সৈন্যসমূহ। ত্রি° বিম্ব। পু° কুকুর, সর্পবিশেষ। Circle, country, territory; collection; dog.

মণ্ডলাগ্র পু° [মণ্ডল+অগ্র] খড়্গবিশেষ। A kind of sword.

মণ্ডলাধীশ পু° [মণ্ডল+অধীশ] মণ্ডলেশ্বর। Lord of the territory.

মণ্ডলেশ্বর পু° [মণ্ডল+ঈশ্বর] উভয়তঃ বিংশতি যোজনবিস্তৃত দেশাধিপতি। The ruler of a maṇḍala.

মণ্ডলিন্ পু° [মণ্ডল+ইনি] সর্প, সূর্য, বিড়াল, কুক্কুর, বটবৃক্ষ। Serpent, the sun, cat, dog, banyan tree.

मण्डित त्रि० [मण्ड–क्त] ভূষিত। পু০ বৌদ্ধবিশেষ। Decorated.

मण्डूक पु० [मण्ड–ऊक] ভেক। Frog.

मण्डूर पु० [मण्ड–ऊरच्] লৌহমল। Rust.

मण्डोदक क्ली० [मण्ड+उदक] পিষ্টতণ্ডুলমিশ্রিত জল, চিত্ররাগ, চিত্রবর্ণ। Water mixed with powdered rice.

मत त्रि० [मन–क्त] অভিপ্রেত, সম্মত, জ্ঞাত, সম্মানিত। क्ली० অভিপ্রায়, সম্মতি। Desired, agreed, known ; purport, consent.

मतङ्ग पु० [मद–अङ्गच्] মুনিবিশেষ, দানববিশেষ, রাজর্ষিবিশেষ, চণ্ডালবিশেষ, মেঘ। Name of a sage or demon or king, cloud.

मतङ्गज पु० [मतङ्ग+जन–ड] গজ। Elephant.

मतल्लिका स्त्री० [मत+अल–ण्वुल्+टाप्] প্রশস্ত। A suffix indicating eminence.

मताक्ष त्रि० [मत+अक्ष] পাশক্রীড়াপটু। Expert in dice play.

मति स्त्री० [मन+क्तिन्] বুদ্ধি, জ্ঞান, ইচ্ছা। Intellect, knowledge, desire.

मतिभ्रम पु० [मति+भ्रम] ভ্রান্তি, বুদ্ধিভ্রংশ। Error.

मतिमत् त्रि० [मति+मतुप्] বুদ্ধিমান্। Intelligent.

मत्क त्रि० [मद–क्विप्+क] মদীয়। পু০ মৎকুণ। Relating to me ; bug.

मत्कुण पु० [मद–क्विप्+कुण+अच्] ছারপোকা, শ্মশ্রুহীন পুরুষ। Bug, a beardless man.

मत्त त्रि० [मद–क्त] আনন্দিত, উন্মত্ত, বিহ্বল, মাতাল। পু০ ক্রোধান্ধ হস্তী। স্ত্রী০ মত্তা—দশাক্ষরপাদ ছন্দোবিশেষ, মদ্যবিশেষ। Delighted, intoxicated; a mad elephant, name of a metre of ten syllables.

मत्तकाशि[सि]नी स्त्री० [मत्त+काश(स)–णिनि+ङीप्] উত্তমা স্ত্রী। Best woman.

मत्तमयूर पु० [मत्त+मयूर] মেঘ, ত্রয়োদশাক্ষরপাদ ছন্দোবিশেষ। Cloud, name of a metre of thirteen syllables.

मत्तवारण पु० [मत्त+वृ+णिच्–ल्यु] মত্তহস্তী। क्ली० বারাণ্ডা। Mad elephant ; portico.

मत्ताक्रीड क्ली० [मत्त+आक्रीड] ত্রয়োবিংশতি অক্ষরযুক্ত ছন্দোবিশেষ। A metre of twenty-three syllables.

मत्सर पु० [मद–सरन्] ক্রোধ। त्रि० ক্রুদ্ধ, কৃপণ। स्त्री० मत्सरा—মক্ষিকা। Anger, angry ; fly.

मत्सरिन् त्रि० [मत्सर+इनि] ক্রোধী, পরশ্রীকাতর। Angry, jealous.

मत्स्य पु० [मद–स्यन्] মীন, বিষ্ণুর অবতারবিশেষ, দেশবিশেষ, বিরাটরাজার রাষ্ট্র। Fish, name of an incarnation of Viṣṇu, name of a country.

मत्स्यकरण्डिका स्त्री० [मत्स्य+करण्डिका] মাছের চুবড়ি। A gullet for carrying fish.

मत्स्यगन्धा स्त्री० ব্যাসদেবের মাতা। Name of the mother of the sage Vyāsa.

मत्स्यण्डी स्त्री० [मद+स्यन्द+ङीप्] গুড়বিকারবিশেষ, মিছরি। Sugar-candy.

मत्स्यधानी स्त्री० [मत्स्य+धा–ल्युट्+ङीप्] মাছের চুবড়ি। A gullet for carrying fish.

मत्स्यपुत्रिका [मत्स्य+पुत्रिका] জন্তুবিশেষ। Name of an animal.

मत्स्यबन्धक त्रि० [मत्स्य+बन्ध–ण्वुल्] ধীবর। Fisherman.

मत्स्यबन्धिन् पु० [मत्स्य+बन्धिन्] ধীবর। स्त्री० मत्स्यबन्धिनी—মাছের চুবড়ি। Fisherman.

मत्स्यरङ्ग पु० [मत्स्य+रन्ज–घञ्] মাছরাঙা পাখী। Kingfisher bird.

मत्स्यराज पु० [मत्स्य+राजन्+टच्] বিরাট রাজা, রোহিত মৎস্য। Name of a king.

मत्स्यवेधन क्ली० [मत्स्य+विध–ल्युट्] বঁড়শী। स्त्री० मत्स्यवेधनी [मत्स्य+विध–ल्यु+ङीप्] পানকৌড়ি। Fishing hook.

मत्स्याद त्रि० [मत्स्य+अद] মৎস্যভোজী। Fish-eater.

मत्स्योदरी स्त्री० [मत्स्य+उदर+ङीप्] ব্যাসদেবের মাতা মৎস্যগন্ধা, কাশীস্থ তীর্থবিশেষ। Name of the mother of Vyāsa.

मथन क्ली० [मथ–ल्युट्] ক্লেশ, আলোড়ন, বিলোড়ন, বিনাশ। পু০ বৃক্ষবিশেষ। Harassing, churning; a kind of tree.

मथित त्रि० [मथ–क्त] বিলোড়িত, পীড়িত, হত। क्ली० নির্জল তক্র। Churned, tormented ; whey.

मथिन् पु० [मथ–इनि] মন্থনদণ্ড। Churning stick.

मथुरा स्त्री० [मथ–उरच्+टाप्] নগরীবিশেষ। Name of a city.

मथुरेश पु० [मथुरा+ईश] শ্রীকৃষ্ণ। An epithet of Śrī Kṛṣṇa.

मद पु० [मद–अच्] আনন্দ, গর্ব, রেতস্, হস্তীর গণ্ডস্থল হইতে উৎপন্ন বারিধারা। Delight, pride, ichor.

मदकल पु० [मद+कल-अच्] मत्त हस्ती। त्रि० मत्ततাজনিত অস্ফুট শব্দকারী। Mad elephant; one producing indistinct sound through intoxication.

मदच्युत् त्रि० [मद+च्युत-क्विप्] মদস্রাবী। Flowing or dripping ichor.

मदन पु० [मद-ल्युट्] কামদেব, বসন্তকাল, সুরা, মদন নামক বৃক্ষ, ভ্রমর, খদিরবৃক্ষ, বকুলবৃক্ষ। Cupid, spring-time, wine.

मदनमोहन पु० [मदन+मोहन] শ্রীকৃষ্ণ। An epithet of Śrī Kṛṣṇa.

मदनशलाका स्त्री० [मदन+शलाका] সারিকা পক্ষী, কোকিল, কামোদ্দীপক ঔষধ। Name of a bird, cuckoo.

मदनोत्सव पु० [मदन+उत्सव] বসন্তোৎসব, হোরী উৎসব। Vernal festival.

मदयन्ती स्त्री० [मद+णिच्+झच्+ङीष्] বনমল্লিকা। A kind of flower.

मदयितृ त्रि० [मद+णिच्-तृन्] মাদক। Intoxicating.

मदयित्नु पु० [मद+णिच्-इत्नुच्] কামদেব, মেঘ, শুঁড়ি। क्ली० মদ্য। त्रि० মাদক। An epithet of Cupid, cloud; intoxicating.

मदात्यय पु० [मद+अत्यय] মদ্যপানজনিত পীড়াবিশেষ। Illness produced through excessive drink.

मदान्ध त्रि० [मद+अन्ध] অতি দর্পী। Blind through pride.

मदालस त्रि० [मद+अलस] মত্ততাজন্য অলসতাযুক্ত। स्त्री० मदालसा—গন্ধর্বরাজ বিশ্বকেতুর কন্যা। Idle through intoxication, name of a Gandharva princess.

मदालापिन् पु० [मद+आ+लप-णिनि] কোকিল। Cuckoo.

मदिर पु० [मद-किरच्] মত্ত, পক্ষিবিশেষ। स्त्री० मदिरा—মদ্যবিশেষ, দ্বাবিংশত্যক্ষর ছন্দোবিশেষ। Wine, name of a bird; a kind of wine, a twentytwo syllabled metre.

मदिराक्ष पु० [मदिर+अक्षिन्+षच्] বিরাটের ভ্রাতা। त्रि० খঞ্জনতুল্যনেত্র। The brother of Virāṭa; having eyes like that of a khañjana bird.

मदिरेक्षणा स्त्री० [मदिर+इक्षण+टाप्] মত্ত খঞ্জনের ন্যায় লোচনযুক্তা নারী। A woman having bewitching eyes like that of an intoxicated khañjana bird.

मदीय त्रि० [अस्मद्+छ] মৎসম্বন্ধীয়। Relating to me.

मदोत्कट पु० [मद+उत्कट] মত্ত গজ। त्रि० মদোদ্ধত। Intoxicated elephant; intoxicated.

मदोदग्र त्रि० [मद+उदग्र] হর্ষ বা দর্পের দ্বারা উগ্র, মত্ত। स्त्री० मदोदग्रा—প্রমত্তা নারী। Exuberant through hilarity or pride.

मदोद्धत त्रि० [मद+उद्धत] মত্ত। Inflated with pride, intoxicated.

मद्गु पु० [मस्ज्-उ] পক্ষিবিশেষ। A kind of bird.

मद्गुर पु० [मद-उरच्]. মাগুর মাছ, সঙ্কীর্ণজাতিবিশেষ। A kind of fish, a mixed tribe.

मद्य क्ली० [मद-यत्] মদিরা, দ্বাদশবিধ মাদকদ্রব্য। Liquor, intoxicant.

मद्यप त्रि० [मद्य+पा-क] মদ্যপায়ী। पु० দানববিশেষ। Drunkard; a kind of demon.

मद्र पु० [मद-रक्] দেশবিশেষ, হর্ষ, মঙ্গল। Name of a country, delight.

मद्रसुता स्त्री० [मद्र+सुता] মাদ্রী। Name of Mādrī.

मधु क्ली० [मन-उ] মদ্য, ক্ষৌদ্র, পুষ্পের রস, জল, মধুররস। पु० বিষ্ণুর কর্ণমলজাত দৈত্যবিশেষ, বসন্তঋতু, অশোকবৃক্ষ, পক্ষিবিশেষ। त्रि० মধুর। Wine, honey, juice of flowers, sweet drink; name of a demon, springtime; sweet.

मधुकर पु० [मधु+कृ-ट] ভ্রমর, কামী। Bee, a lover.

मधुकोष पु० [मधु+कोष], **मधुच्छत्र** क्ली० [मधु+छत्र], **मधुजालक** क्ली० [मधु+जालक] মৌচাক। Bee-hive.

मधुजित् पु० [मधु+जि-क्विप्] বিষ্ণু। An epithet of Viṣṇu.

मधुतृण क्ली० [मध+तृण] ইক্ষু। Sugar-cane.

मधुत्रय क्ली० [मधु+त्रय] মধু, চিনি ও ঘৃত এই তিন। The three things together, viz., honey, sugar and clarified butter.

मधुद्विष् पु० [मधु+द्विष-क्विप्] বিষ্ণু। An epithet of Viṣṇu.

मधुद्रुम पु० [मधु+द्रुम] বৃক্ষবিশেষ। A kind of tree.

मधुप पु० [मधु+पा-क] ভ্রমর, মধুপায়ী। Bee, drunkard.

मधुपटल क्ली० [मधु+पटल] মৌচাক, মধুচক্র। Bee-hive.

मधुपर्क पु० [मधु+पृच–घञ्] দধি, মধু প্রভৃতি পাঁচটি দ্রব্য। A mixture of honey and four other things.

मधपुरी स्त्री० [मधु+पुरी] মথুরা। Name of the city of Mathurā.

मधुभृत् पु० [मधु+भृ–क्विप्] ভ্রমর। Bee.

मधुमक्षिका स्त्री० [मधु+मक्षिका] মৌমাছি। Bee.

मधुमत् त्रि० [मधु+मतुप्] মাধুর্যযুক্ত। স্ত্রী০ মধুমতী—নদীবিশেষ, যোগশাস্ত্রপ্রসিদ্ধ যোগিগণের চিত্তবৃত্তিবিশেষ, তন্ত্রশাস্ত্রোক্ত দেবীনায়িকাবিশেষ। Sweet ; name of a river, a state of of Yogic concentration.

मधुमथ् पु० [मधु+मथ–क्विप्], **मधुमथन** पु० [मधु+मथ–ल्यु] বিষ্ণু। An epithet of Viṣṇu.

मधुयष्टि स्त्री० [मधु+यष्टि], **मधुयष्टिका** स्त्री० [मधु+यष्टिका] ইক্ষু, যষ্টিমধু। Sugarcane.

मधुर त्रि० [मधु+रा–क] স্বাদু। [मधु+र] প্রিয়। পু০ জীরক, গুড়াদির মিষ্টরস। ক্লী০ বঙ্গ, বিষ। স্ত্রী০ মধুরা—যষ্টিমধু, মথুরানগরী, মৌরী। Lovely, sweet.

मधुरस पु० [मधु+रस] ইক্ষু, তাল। স্ত্রী০ মধুরসা—মূর্বা, দ্রাক্ষা, দুগ্ধিকা। Sugar-cane ; grape.

मधुरिपु पु० [मध+रिपु] বিষ্ণু। An epithet of Viṣṇu.

मधुलिह् पु० [मधु+लिह–क्विप्], **मधुलिह,** पु० [मधु+लिह–अच्], **मधुलेह** [मधु+लिह–अण्], **मधुलेहिन्** पु० [मधु+लिह–णिनि] ভ্রমর। Bee.

मधुवन क्ली० [मधु+वन] মথুরাক্ষেত্রস্থ বন। Name of a forest in Mathurā.

मधुवार पु० [मधु+वार] পুনঃপুনঃ মদ্যপান। Drinking wine again and again.

मधुव्रत पु० [मधु+व्रत] ভ্রমর। Bee.

मधुसख पु० [मधु+सखि+टच्], **मधुसारथि** पु० [मध+सारथि], **मधुसुहृद्** पु० [मधु+सुहृद्] কামদেব। An epithet of Cupid.

मधसूदन पु० [मधु+सूद–ल्यु] শ্রীকৃষ্ণ, ভ্রমর। An epithet of Kṛṣṇa or Viṣṇu.

मधुहन् पु० [मधु+हन्–क्विप्] বিষ্ণু। An epithet of Viṣṇu.

मधू[धु]क पु० [मह–ऊक] যষ্টিমধু, বৃক্ষবিশেষ। A kind of tree.

मधूच्छिष्ट क्ली० [मधु+उच्छिष्ट], **मधूत्थ** क्ली० [मधु+उद्+स्था–क] মোম। Bee-wax.

मधूत्सव पु० [मधु+उत्सव] বসন্তোৎসব। A vernal festival.

मधूपघ्न क्ली० [मधु+उपघ्न] মথুরানগর। Name of the city of Mathurā.

मध्य पु०, क्ली० [मह–यक्] কটিদেশ, পূর্বাপর সীমার অন্তরাল, কেন্দ্রস্থল। পু০ গ্রহের গতিবিশেষ, উদর, বয়ঃকালের অবস্থাবিশেষ। ক্লী০ নৃত্যাদিতে দ্রুত ও বিলম্বিত ভিন্ন ব্যাপারবিশেষ। ত্রি০ ন্যায্য, অন্তবর্তী। স্ত্রী০ মধ্যা—নায়িকাবিশেষ, মধ্যমাঙ্গুলি। The waist, intermediate centre ; a tempo in dance etc ; proper.

मध्यतस् अव्य० [मध्य+तसिल्] মধ্যে, মধ্য হইতে। From the middle.

मध्यदेश पु० [मध्य+देश] হিমালয় ও বিন্ধ্যের মধ্যবর্তী এবং বিনশনের পূর্বে ও প্রয়াগের পশ্চিমে স্থিত দেশ। The central region of ancient India.

मध्यदिन, मध्यन्दिन क्ली० [मध्य+दिन] মধ্যাহ্ন, বৃক্ষবিশেষ। Midday, a kind of tree.

मध्यम त्रि० [मध्य+म] মধ্যস্থিত, সপ্তস্বরের চতুর্থস্বর, নায়কবিশেষ। Middle, the fourth note in music, a type of nāyaka.

मध्यमलोक पु० [मध्यम+लोक] পৃথিবী। The middle sphere—the earth.

मध्यमा स्त्री० [मध्यम+टाप्] দৃষ্টরজস্কা নারী, তর্জনী ও অনামিকার মধ্যস্থিত করাঙ্গুলি, কর্ণিকা, নায়িকাবিশেষ, বাঙ্নিষ্পত্তিবিশেষ। The middlefinger, a type of nāyikā.

मध्यरात्र पु० [मध्य+रात्रि+अच्] অর্ধরাত্র। Midnight.

मध्यवर्तिन् त्रि० [मध्य+वृत–णिनि] মধ্যস্থ। Intermediary.

मध्यस्थ त्रि० [मध्य+स्था–क] মধ্যবর্তী, উদাসীন। Intermediary, neutral.

मध्याह्न पु० [मध्य+अहन्+टच्] দিনের তিনভাগের মধ্যভাগ। Noon-time, midday.

मध्वासव पु० [मधु+आसव] পুষ্পরসজাত, মদ্য। Wine.

मन पु० [मन–अच्] জটামাংসী। A kind of herb.

मनःशिला स्त्री० [मनस्+शिला] রক্তবর্ণ উপধাতুবিশেষ, মনছাল। Red arsenic.

मनन क्ली० [मन–ल्युट्] যুক্তির দ্বারা পদার্থনির্ণয়, অনুমান, একাগ্রচিন্তন, সঙ্কল্প। Cogitation, inference, concentration.

मनस् क्ली० [मन–असुन्] সর্বেন্দ্রিয়ের প্রবর্তক সঙ্কল্পবিকল্পাত্মিকা অন্তঃকরণবৃত্তি। Mind.

मनसा स्त्री० [मन+सो–क+टाप्] জরৎকারু মুনির পত্নী, আস্তীকের মাতা, বাসুকির ভগিনী। Name of the wife of a sage, the sister of Vāsuki.

मनसिज पु० [मनसि+जन–ड] কামদেব। An epithet of Cupid.

मनस्कार [मनस्+कृ–घञ्] অভিলাষ। Desire.

मनस्ताप पु० [मनस्+ताप] অনুতাপ, মনঃপীড়া। Remorse, torment of the mind.

मनस्विन् त्रि० [मनस्+विनि] প্রশান্তমনা, দৃঢ়চিত্ত। High-souled, wise.

मनाक् अव्य० [मन+आकि] ঈষৎ, মন্দ। Slightly, in a small degree.

मना[यो]वी स्त्री० [मनु+ङीप्] মনুর পত্নী। The wife of Manu.

मनित त्रि० [मन–क्त] জ্ঞাত। Known.

मनीषा स्त्री० [मनस्+ईष–अङ्+टाप्] বুদ্ধি, অভিলাষ। Intelligence, desire.

मनीषित त्रि० [मनस्+ईष–क्त] অভিলষিত। Desired.

मनीषिन् त्रि० [मनीषा+इनि] বুদ্ধিযুক্ত। पु० পণ্ডিত। Intelligent ; wise.

मनु पु० [मन–उ] স্বায়ম্ভুব, স্বারোচিষ, উত্তম, তামস, রৈবত, চাক্ষুষ, বৈবস্বত, সাবর্ণি, দেবসাবর্ণি, ব্রহ্মসাবর্ণি, ধর্মসাবর্ণি, রুদ্রসাবর্ণি, ইন্দ্রসাবর্ণি, দক্ষসাবর্ণি, ধর্মশাস্ত্রকর্তা এই চৌদ্দজন মুনি। स्त्री० মনুর পত্নী। The fourteen successive progenitors of the earth ; the wife of Manu.

मनुज पु० [मनु+जन–ड] মনুষ্য। Man.

मनुष्य पु० [मनु+यत्] নর, মানবজাতি। Man, the human race.

मनुष्यधर्मन् पु० [मनुष्य+धर्म+अनिच्] কুবের। An epithet of Kuvera.

मनोज पु० [मनस्+जन–ड], **मनोजन्मन्** पु० [मनस्+जन्मन्] কন্দর্প। त्रि० মনোজাত। An epithet of Cupid ; born of the mind.

मनोज्ञ त्रि० [मनस्+ज्ञा–क] মনোহর, সুন্দর, জীরক। पु० সরলবৃক্ষ। स्त्री० मनोज्ञा—মদিরা। Lovely, beautiful ; a kind of tree ; liquor.

मनोभव पु० [मनस+भू–अप्], **मनोभू** पु० [मनस्+भू–क्विप्] কামদেব। An epithet of Cupid.

मनोयायिन् त्रि० [मनस्+या–णिनि] মনের ন্যায় দ্রুতগামী। Fast as the mind.

मनोरथ पु० [मनस्+रथ] ইচ্ছা। Desire.

मनोरम त्रि० [मनस्+रम+णिच्–अण्] মনোহর। स्त्री० मनोरमा—গোরোচনা। Lovely.

मनोहर त्रि० [मनस्+हर] রুচির। पु० কুন্দবৃক্ষ। स्त्री० मनोहरा—জাতি, স্বর্ণযূথী। क्ली० স্বর্ণ। Lovely ; a kind of plant ; gold.

मनोहारिन् त्रि० [मनस्+हृ–णिनि] মনোহর। Lovely, charming.

मन्तव्य त्रि० [मन–तव्य] মননীয়, বিচার্য, জ্ঞেয়। To be meditated.

मन्तु पु० [मन–तुन्] অপরাধ, মনুষ্য, প্রজাপতি। Guilt, man.

मन्तृ त्रि० [मन–तृच्] মননকর্তা। One who meditates.

मन्त्र पु० [मन्त्र–अच्] গুপ্তভাষণ, রহস্য, দেবাদির উপাসনার জন্য তন্ত্র প্রভৃতিতে উক্ত শব্দবিশেষ, বেদবিভাগবিশেষ। Secret counsel, a holy word, the verses of the Vedas.

मन्त्रकृत् त्रि० [मन्त्र+कृ–क्विप्] মন্ত্রণাকারক, বেদমন্ত্রের স্মরণকর্তা। पु० ঋষিবিশেষ। Counsellor ; seer of mantras.

मन्त्रजिह्व पु० [मन्त्र+जिह्वा] অগ্নি। An epithet of fire.

मन्त्रण क्ली० [मन्त्र–ल्युट्] গুপ্তভাষণ। Secret counsel.

मन्त्रदातृ पु० [मन्त्र+दा–तृच्] গুরু। Preceptor.

मन्त्रविद् पु० [मन्त्र+विद–क्विप्] মন্ত্রী। त्रि० মন্ত্রজ্ঞ। Minister; one versed in mantra.

मन्त्रित त्रि० [मन्त्र–क्त] পরামর্শপূর্বক স্থিরীকৃত। Counselled.

मन्त्रिन् त्रि० [मन्त्र–णिनि] পরামর্শদাতা। पु० অমাত্য। Counsellor ; minister.

मन्थ पु० [मन्थ–घञ्] মন্থনদণ্ড, পেয়বিশেষ। Churning stick.

मन्थज क्ली० [मन्थ+जन–ड] নবনীত। Butter.

मन्थन क्ली० [मन्थ–ल्युट्] বিলোড়ন। पु० মন্থনদণ্ড। Churning ; churning stick.

मन्थर क्ली० [मन्थ–अरच्] কুসুম্ভ, ফল,কোষ, বাধ। त्रि० মন্দ, নীচ, বক্র, পৃথু। स्त्री० मन्थरा—কৈকেয়ীর দাসী। Safflower, fruit ; slow, mean ; name of the maid-servant of queen Kaikeyī.

मन्थशैल [मन्थ+शैल] সমুদ্রমন্থনের নিমিত্ত মন্থনদণ্ডরূপে কল্পিত মন্দর পর্বত। The Mandara mountain.

মন্থান পু° [মন্থ–আনচ্] মন্থনদণ্ড, বৃক্ষবিশেষ। Churning stick, a kind of tree.

মন্দ ত্রি° [মদ–অচ্] মূর্খ, অভাগ্য, বৃদ্ধ, রোগী, অল্প, স্বতন্ত্র, খল, মদরত। পু° শনিগ্রহ, হস্তিবিশেষ, যম। Dull, unlucky, small, vile.

মন্দগ ত্রি° [মন্দ+গম–ড], **মন্দগামিন্** ত্রি° [মন্দ+গম–ণিনি] মৃদুগামী। পু° শনিগ্রহ, Slow moving ; the planet saturn.

মন্দতা স্ত্রী° [মন্দ+তল্+টাপ্], **মন্দত্ব** ক্লী° [মন্দ+ত্ব] আলস্য, জাড্য। Sloth, laziness.

মন্দর পু° [মদ–অরন্] সমুদ্রমন্থনকালে মন্থনদণ্ড-রূপে ব্যবহৃত পর্বতবিশেষ, মন্দারবৃক্ষ, স্বর্গ, হারবিশেষ, দর্পণ। ত্রি° বহুল, মন্দ। Name of a mountain, a kind of tree, mirror ; abundant, sluggish.

মন্দাকিনী স্ত্রী° [মন্দ+অক–ণিনি+ঙীপ্] স্বর্গ-গঙ্গা, সংক্রান্তিবিশেষ। The celestial Ganges.

মন্দাক্রান্তা স্ত্রী° সপ্তদশাক্ষরপাদ ছন্দোবিশেষ। Name of a seventeen syllabled metre.

মন্দাক্ষ ত্রি° [মন্দ+অক্ষি+ষচ্] সঙ্কুচিতনেত্র। ক্লী° লজ্জা। One with contracted eyes ; bashfulness.

মন্দাগ্নি ত্রি° [মন্দ+অগ্নি] অজীর্ণ রোগী। পু° অজীর্ণ রোগ। One suffering from indigestion ; indigestion.

মন্দার পু° [মদ–আরক্] স্বর্গস্থ দেববৃক্ষবিশেষ, পারিভদ্রবৃক্ষ, হস্ত, ধূর্ত, অর্কবৃক্ষ, তীর্থবিশেষ। A celestial tree, hand, knave, name of a holy place.

মন্দির ক্লী° [মদ–কিরচ্] গৃহ, দেবগৃহ, পুর। পু° সমুদ্র, জানুর পশ্চাদ্ভাগ। House, temple ; ocean.

মন্দুরা স্ত্রী° [মদ–উরচ্+টাপ্] অশ্বশালা, মাদুর। Stable for horses.

মন্দেহ ত্রি° [মন্দ+ঈহা] মন্দচেষ্টাযুক্ত। পু° রাক্ষস-বিশেষ। Sluggish.

মন্দোদরী স্ত্রী° ময়দানবের কন্যা ও রাবণের মহিষী। Name of the wife of Rāvaṇa, a daughter of Māya.

মন্দ্র পু° [মদ–রক্] বাদ্যবিশেষ, গম্ভীরধ্বনি। A kind of musical instrument, deep sound.

মন্মথ পু° [মন–ক্বিপ্+মথ–অচ্] কন্দর্প, কপিত্থ বৃক্ষ। Cupid, a kind of tree.

মন্যা স্ত্রী° [মন–ক্যপ্+টাপ্] গ্রীবার পশ্চাদ্দেশস্থ শিরা। An artery on the back of the neck.

মন্যু পু° [মন–যুচ্] শোক, দৈন্য, ক্রতু, ক্রোধ, অহঙ্কার। Grief, distress, sacrifice, anger, pride.

মন্বন্তর ক্লী° [মনু+অন্তর] স্বায়ম্ভুবাদি মনুর অধিকার কাল। The age of a Manu.

মমতা স্ত্রী° [মম+তল্+টাপ্] দর্প, অহঙ্কার, মৎসম্বন্ধ। Pride, relation to oneself.

মমত্ব ক্লী° [মম+ত্ব] মমতা, স্নেহ। Attachment, love.

ময পু° [ময–অচ্] উষ্ট্র, অশ্বতর, দানববিশেষ। Camel, donkey, name of a demon.

ময়ু পু° [মি–উ] কিন্নর, মৃগ। A kind of demigod, deer.

ময়ূখ পু° [মা–ঊখ] কিরণ, শিখা, শোভা, কীল। Ray, flame, beauty.

ময়ূর পু° [মী–ঊর] পক্ষিবিশেষ, ময়ূরশিখাবৃক্ষ। ক্লী° তুঁত। Peacock, a kind of tree.

মর পু° [মৃ–অপ্] মরণ। Death.

মরক পু° [মৃ–বুন্] দৈব ও ভৌতিক উপদ্রবজন্য প্রাণীদিগের অকালমৃত্যু, মারিভয়। Untimely death due to some epidemic.

মরকত ক্লী° [মরক+তৄ–ড] হরিদ্বর্ণ মণিবিশেষ। Emerald.

মরণ ক্লী° [মৃ–ল্যুট্] মৃত্যু, বিষ। Death, poison.

মরন্দ পু° [মর+দো–ক] মকরন্দ। The honey of flowers.

মরাল পু° [মৃ–আলচ্] রাজহংস, কারণ্ডব, কজ্জল, অশ্ব, মেঘ, দাড়িমীবন। ত্রি° চিক্কণ। Swan, collyrium, horse, cloud ; smooth.

মরি[রী]চ পু° [মৃ–ইচ্] বৃক্ষবিশেষ। Pepper plant.

মরীচি পু° [মৃ–ইচি] সপ্তর্ষিমধ্যে ব্রহ্মার মানস পুত্র, কৃপণ, কিরণ। Name of one of the seven seers ; ray.

মরীচিকা স্ত্রী° [মরীচি+ক+টাপ্] মৃগতৃষ্ণিকা। Mirage.

মরু পু° [মৃ–উ] পর্বত, জলশূন্য প্রদেশ, কুরুবক বৃক্ষ, দেশবিশেষ। Mountain, desert.

মরুজ পু° [মরু+জন–ড] গন্ধদ্রব্যবিশেষ। ত্রি° নির্জলদেশজাত। স্ত্রী° মরুজা—মৃগকর্কোটী। A kind of fragrant thing ; sprung in the desert.

মরুত্ পু০ [মৃ–উতি] বায়ু, দেবতাবিশেষ। Wind, a deity.

মরুত্ত পু০ চন্দ্রবংশীয় নৃপবিশেষ। Name of a king of the lunar dynasty.

মরুত্পথ পু০ [মরুত্+পথিন্+অচ্] আকাশ। The sky.

মরুত্পাল পু০ [মরুত্+পাল–অণ্] ইন্দ্র। An epithet of Indra.

মরুত্বত্ পু০ [মরুত্+মতুপ্] ইন্দ্র, হনুমান্। An epithet of Indra or Hanumat.

মরুত্সখ পু০ [মরুত্+সখি+টচ্] ইন্দ্র, বহ্নি, চিত্রকবৃক্ষ। An epithet of Indra or Agni.

মর্কট পু০[মর্ক–অটন্] বানর, মাকড়সা, বিষবিশেষ। Monkey, spider, a kind of poison.

মর্কটী স্ত্রী০ [মর্কট+অচ্+ঙীষ্] বৃক্ষবিশেষ, বানরী। A kind of tree, a female monkey.

মর্কর পু০ [মর্ক+অরচ্+টাপ্] ভাণ্ড, ভৃঙ্গরাজ, সুরঙ্গ। স্ত্রী০ মর্করা—বন্ধ্যানারী। Pot, cavern ; a barren woman.

মর্জু পু০ [মৃজ–উন্] রজক, পীঠমর্দ। স্ত্রী০ শুদ্ধি। Washerman ; purity.

মর্ত পু০ [মৃ–তন্], **মর্ত্য** পু০ [মর্ত+যত্] মনুষ্য, ভূলোক। Man, the earth.

মর্দন ক্লী০ [মৃদ–ল্যুট্] গাত্রপাদাদির সংবাহন, চূর্ণন। Massaging, powdering.

মর্দল পু০ [মর্দ+লা–ক] বাদ্যবিশেষ। A kind of drum.

মর্দিত ত্রি০ [মৃদ–ক্ত] চূর্ণিত, গ্রন্থিত। Powdered, tied together

মর্মজ্ঞ পু০ [মর্ম+জ্ঞা–ক] তত্ত্বজ্ঞ। One having a knowledge of the essence of a thing.

মর্মবিদ্ [মর্ম+বিদ–ক্বিপ্], **মর্মবেদিন্** [মর্ম+বিদ–ইনি] তাৎপর্যগ্রাহী। Connoisseur.

মর্মন্ ক্লী০ [মৃ–মনিন্] জীবনস্থান, সন্ধিস্থান, তাৎপর্য, তত্ত্ব। A vital part of the body, joint, purport, essence of a thing.

মর্মর পু০ [মৃ–অরন্] বস্ত্র-পর্ণ প্রভৃতির শব্দ। স্ত্রী০ মর্মরী—পীতদারু, হরিদ্রা। Murmuring sound ; a species of pine tree, turmeric.

মর্মস্পৃশ্ ত্রি০ [মর্ম+স্পৃশ–ক্বিন্] মর্মব্যথাদায়ক, অরুন্তুদ। Piercing the vitals, cutting, poignant.

মর্মাবিধ্ ত্রি০ [মর্ম+বিধ–ক্বিপ্] মর্মপীড়ক। Piercing through the vitals.

মর্মান্তিক ত্রি০ [মর্মন্+অন্তিক] মর্মভেদী। Piercing through the vitals.

মর্য পু০ [মৃ–যত্] মনুষ্য। স্ত্রী০ মর্যা—সীমা। Man; boundary.

মর্যাদা স্ত্রী০ [মর্যা+দা–ক] ন্যায্যপথস্থিতি, সীমা, কূল। Continuance in the right way, limit ;

মর্শ পু০ [মৃশ–ঘঞ্]পরামর্শ, উপদেশ। Counsel.

মর্ষ পু০ [মৃষ–ঘঞ্] ক্ষমা, সহন। Forgiveness, endurance.

মর্ষণ ত্রি০ [মৃষ–ল্যু] সহন। Enduring.

মল পু০ [মৃজ–কল] পাপ, পুরীষ, লৌহাদির কলঙ্ক, কর্পূর, বাতপিত্তকফাদি, দুষ্ট, সম্বন্ধ। Sin, excretion, rust.

মলন ক্লী০ [মল–ল্যুট্] মর্দন। Rubbing.

মলমাস পু০ [মল+মাস] রবিসংক্রান্তিশূন্য শুক্লপ্রতিপদাদিদর্শান্তরূপ চান্দ্রমাস। An intercalary month.

মলয় পু০ [মল–কয়ন্] দক্ষিণস্থ পর্বতবিশেষ, দেশবিশেষ, উপবন, শৈলাঙ্গ, দ্বীপবিশেষ, ঋষভদেবের পুত্রবিশেষ। Name of a mountain, a country, garden.

মলয়জ পু০, ক্লী০ [মলয়+জন–ড] চন্দন। পু০ মলয়দেশজাত বায়ু। ত্রি০ মলয়দেশজাত। Sandalwood ; the wind of the Malaya country ; born of the Malaya country.

মলাকা স্ত্রী০ [মল+আক+টাপ্] কামিনী, দূতী, হস্তিনী। An amorous or lustful woman.

মলিন ত্রি০ [মল+ইনন্] মলযুক্ত, দূষিত, কৃষ্ণ। ক্লী০ ঘোল, দোষ, টঙ্কণ। Dirty, impure, dark ; butter-milk, sin.

মলিনতা স্ত্রী০ [মলিন+তল্+টাপ্], **মলিনত্ব** ক্লী০ [মলিন+ত্ব] মালিন্য। Dirtiness.

মলিনমুখ পু০ [মলিন+মুখ] বানর, অগ্নি, চিত্রকবৃক্ষ। ত্রি০ ক্রূর, খল। Monkey, fire ; wicked.

মলিনিমন্ পু০ [মলিন+ইমনিচ্] মালিন্য। Dirtiness.

মলিম্লুচ পু০ [মলী+ম্লুচ–ক] মলমাস, বায়ু, অগ্নি, চৌর, চিত্রকবৃক্ষ। An intercalary month, wind, fire, thief.

মলীমস ত্রি০ [মল–ঈমসচ্] মলিন। পু০ লৌহ, পুষ্পকাসীস। Dirty ; iron, green vitriol.

मल्ल पु० [मल्ल–अच्] বাহুযুদ্ধকারক, বলবান্ পুরুষ, কপোল, মৎস্যবিশেষ, সঙ্কীর্ণজাতিবিশেষ। Wrestler, a strong man, cheek, a kind of fish.

मल्लक पु० [मल्ल–वुन्] দীপাধার পাত্র, নারিকেল-ফলজাত পাত্র, প্রদীপ। স্ত্রী० मल्लका—পুষ্প-বিশেষ। Lamp-stand, a cup made of cocoanut shell, lamp ; a kind of jasmine.

मल्लनाग पु० [मल्ल+नाग] ঐরাবত। Elephant.

मल्लयुद्ध क्ली० [मल्ल+युद्ध] বাহুযুদ্ধ। Wrestling.

मल्लार पु० [मल्ल+ऋ–अच्] রাগবিশেষ। Name of a musical tune.

मल्लि[ल्ली] स्त्री० [मल्ल+इन्(+ङीष्)] মল্লিকা, হংসীবিশেষ। A variety of jasmine, a kind of goose.

मल्लिक पु० [मल्लि+कन्] হংসবিশেষ। A kind of goose.

मल्लिकाक्ष पु० [मल्लिक+अक्षि+षच्] হংসবিশেষ। A kind of goose.

मल्लिकापुष्प पु० [मल्लिका+पुष्प] কুটজবৃক্ষ, করুণ-বৃক্ষ, মল্লিকাকুসুম। A kind of tree, a variety of jasmine flower.

मल्लिपत्र क्ली० [मल्लि+पत्र] ছত্রাক। A mushroom.

मर्षित क्ली० [मृष–क्त] সহন। Tolerance.

मशक पु० [मश–वुन्] কীটবিশেষ, চর্মময় জলপাত্র-বিশেষ। Mosquito, leather water-bag.

मशहरी स्त्री० [मश+हृ–ट+ङीप्] মশারি। Mosquito-curtain.

मसन पु० [मस–ल्यु] সোমরাজবৃক্ষ। A medicinal plant.

मसार पु० নীলকান্তমণি। Emerald.

मसि[सी] स्त्री० [मस+इन्(+ङीष्)] কালি। Ink.

मसिजल क्ली० [मसि+जल] কালি। Ink.

मसिधान क्ली० [मसि+धा–ल्युट्] দোয়াত। Ink-pot.

मसिपण्य पु० [मसि+पण्य] লেখনোপজীবী। A scribe.

मसिप्रसू स्त्री० [मसि+प्रसू] মস্যাধার, লেখনী। Ink-pot, pen.

मसीना स्त्री० [मस–इनन्+टाप्] অতসী। Linseed.

मसू[सू]र पु० [मस–उ(ऊ)रच्] কলায়বিশেষ। স্ত্রী० मसूरा—ব্রীহিবিশেষ। मसूरी—বেশ্যা। A kind of pulse ; lentil, a harlot.

मसूरी स्त्री० [मस–ऊरच्+ङीष्] বসন্তরোগ। Small-pox.

मसृण त्रि० [मस+ऋण] স্নিগ্ধ, অকর্কশ। স্ত্রী० মসৃণা—অতসী। Oily, smooth ; linseed.

मस्कर पु० [मस्क–अरच्] বংশ, রন্ধ্রযুক্ত বংশ, গতি, জ্ঞান। Bamboo, hollow bamboo, movement, knowledge.

मस्करिन् पु० [मस्कर+इनि] পরিব্রাজক, চন্দ্র। Traveller, the moon.

मस्त क्ली० [मस–त] মাথা। ত্রি০ উচ্চ। পু০, ক্লী০ উত্তমাঙ্গ। Head ; high ; upper part of the body.

मस्तक क्ली० [मस–त+क] মাথা। Head.

मस्तिष्क क्ली० [मस–क्तिन्+मुष्क–अच्] মস্তকের স্নেহাকার পদার্থ। Brain.

मस्तु क्ली० [मस–तुन्] ঘোল। Whey.

मह पु० [मह–क] উৎসব, তেজ, যজ্ঞ, মহিষ। Festival, power, sacrifice, buffalo.

महत् त्रि० [मह–अति] বিপুল। পু০ সাংখ্যশাস্ত্রোক্ত মহত্তত্ত্ব। স্ত্রী০ महती—বৃদ্ধি। Great, the principle of Buddhi in Sāṅkhya philosophy ; prosperity.

महत्त्व क्ली० [महत्+त्व] মহত্ত্বার, গুরুত্ব, প্রথিমা। Greatness, great size or extent.

महनीय त्रि० [मह+अनीयर्] পূজনীয়, প্রশস্য। Adorable, glorious.

महर्लोक पु० [महस्+लोक] ভূপ্রভৃতির মধ্যে ঊর্ধ্বস্থ সপ্তলোকান্তর্গত চতুর্থ লোক। The fourth of the seven upper worlds.

महर्षि पु० [महत्+ऋषि] পরমর্ষি। Greet seer.

महस् क्ली० [मह–असुन्] তেজস্, উৎসব, যজ্ঞ। Light, festival.

महाकाय पु० [महती+काया] শিবানুচরবিশেষ, হস্তী, স্থূলদেহ। ত্রি০ বিপুলদেহযুক্ত। Name of an attendant of Śiva, elephant ; one with a huge body.

महाकाल पु० [महत्+काल] অনবচ্ছিন্ন কাল, শিব, লতাবিশেষ, ভৈরববিশেষ। Eternity, an epithet of Śiva.

महाकाव्य क्ली० [महत्+काव्य] সর্গবন্ধরূপ কাব্য-বিশেষ। Epic.

महाकुल क्ली० [महत्+कुल] উচ্চবংশ। Noble birth.

महागुरु पु० [महत्+गुरु] পিতা, মাতা, আচার্য ও ভর্তা। Venerable persons like parent etc.

महाजन पु० [महत्+जन] শ্রেষ্ঠ পুরুষ, জনসমূহ। Eminent man, a multitude of men.

মহাজ্যৈষ্ঠী স্ত্রী০ [মহতী+জ্যৈষ্ঠী] জ্যৈষ্ঠী পূর্ণিমা-বিশেষ। The day of fullmoon in the month of Jyaiṣṭha.

মহাতল ক্লী০ [মহত্+তল] অধঃস্থিত ভুবনের মধ্যে পঞ্চম পাতাল। The fifth of the lower worlds.

মহাত্মন্ ত্রি০ [মহত্+আত্মন্] মহাশয়। A high-souled man.

মহাদান ক্লী০ [মহত্+দান] বৃহৎ দান। Great gift.

মহাদেব পু০ [মহত্+দেব] শিব। স্ত্রী০ মহাদেবী—দুর্গা। Śiva ; the goddess Durgā.

মহাদ্রুম পু০ [মহত্+দ্রুম] অশ্বত্থ বৃক্ষ, বৃহৎবৃক্ষ। The fig-tree, a huge tree.

মহাধন ক্লী০ [মহত্+ধন] স্বর্ণ, সিহ্লক, মনোজ্ঞ বস্ত্র। পু০ কৃষি। ত্রি০ বহুমূল্য, অতিশয়ধনযুক্ত। Gold ; agriculture ; one possessing great wealth, valuable.

মহাধাতু পু০ [মহত্+ধাতু] স্বর্ণ। Gold.

মহানট পু০ [মহত্+নট] শিব। An epithet of Śiva.

মহানদী স্ত্রী০ [মহতী+নদী] উৎকলদেশস্থ নদী-বিশেষ, বিশালনদী। Name of a river in Orissa, a great river.

মহানন্দ পু০ [মহত্+আনন্দ] মোক্ষ, অতিশয় আনন্দ। স্ত্রী০ মহানন্দা—মাঘমাসের শুক্লানবমী, সুরা, নদীবিশেষ। Liberation, great delight ; liquor, name of a river.

মহানবমী স্ত্রী০ [মহতী+নবমী] আশ্বিনমাসের শুক্লা নবমী। The ninth day of the bright fortnight in the month of Āśvina.

মহানস পু০, ক্লী০ [মহত্+অনস্+টচ্] পাকস্থান। Kitchen.

মহানিদ্রা স্ত্রী০ [মহতী+নিদ্রা] মরণ। Death.

মহানিশা স্ত্রী০ [মহতী+নিশা] রাত্রির প্রথম প্রহর-দ্বয়। Midnight.

মহানীল পু০ [মহত্+নীল] মণিবিশেষ, ভৃঙ্গরাজ, নাগবিশেষ। ক্লী০ তন্ত্রবিশেষ। স্ত্রী০ মহানীলী—নীল অপরাজিতা। A kind of gem, a kind of serpent ; name of a Tantra.

মহানুভব ত্রি০ [মহত্+অনুভব] মহান্ আশয়যুক্ত। High-souled.

মহাপথ পু০ [মহত্+পথিন্+অচ্] রাজমার্গ, হিমালয়োত্তরস্থ স্বর্গারোহণপথ। Wide road.

মহাপদ্ম পু০ [মহত্+পদ্ম] অষ্টনাগের মধ্যে অন্যতম নাগ। One of the eight species of serpents.

মহাপাতক ক্লী০ [মহত্+পাতক] ব্রহ্মহত্যা, সুরাপান, চৌরকর্ম, গুরুস্ত্রীগমন ও এই সকল পাতকের সহিত সংসর্গ—এই পাঁচ প্রকার পাপকর্ম। Great sin.

মহাপাত্র ক্লী০ [মহত্+পাত্র] প্রধান অমাত্য। Chief minister.

মহাপুরুষ পু০ [মহত্+পুরুষ] শ্রেষ্ঠ নর, নারায়ণ। Great man, an epithet of Nārāyaṇa.

মহাপ্রলয় পু০ [মহত্+প্রলয়] কল্পান্তে বিশ্বের নাশ। Total dissolution.

মহাপ্রসাদ পু০ [মহত্+প্রসাদ] মহান্ অনুগ্রহ। Great favour.

মহাপ্রাণ পু০ [মহত্+প্রাণ] দ্রোণকাক, বর্ণোচ্চারণের বাহ্যপ্রযত্নবিশেষ। Raven, aspirate.

মহাব্রহ্মন্ পু০ [মহত্+ব্রহ্মন্], **মহাব্রাহ্মণ** পু০ [মহত্+ব্রাহ্মণ] পতিত ব্রাহ্মণ। A fallen Brahmin.

মহাভাগ ত্রি০ [মহত্+ভাগ] দয়া প্রভৃতি অষ্টগুণ-যুক্ত। Endowed with eight cardinal qualities.

মহাভারত ক্লী০ [মহত্+ভারত] ব্যাসদেব প্রণীত লক্ষশ্লোকাত্মক গ্রন্থবিশেষ। The great epic.

মহাভাষ্য [মহত্+ভাষ্য] পতঞ্জলিপ্রণীত পাণিনি-সূত্রের বৃহৎ ব্যাখ্যাগ্রন্থ। Name of the commentary on Pāṇini by Patañjali.

মহাভূত ক্লী০ [মহত্+ভূত] পৃথিবী, অপ্, তেজঃ, মরুৎ ও ব্যোম—এই পাঁচটি। The five gross elements.

মহামনস্ ত্রি০ [মহত্+মনস্] মহাশয়। Noble-minded.

মহামহিমন্ ত্রি০ [মহত্+মহিমন্] অতিশয় মহত্ত্ব-যুক্ত। Of great majesty.

মহামাংস ক্লী০ [মহত্+মাংস] নরমাংস। Human flesh.

মহামাত্র পু০ [মহতী+মাত্রা] প্রধান অমাত্য। Chief minister.

মহামায়া স্ত্রী০ [মহতী+মায়া] জগৎকারণভূতা অবিদ্যা, দুর্গা। The great illusion said to be the cause of all creation, an epithet of Durgā.

মহামৃগ পু০ [মহত্+মৃগ] হস্তী। Elephant.

মহামোহ পু০ [মহত্+মোহ] অজ্ঞানবিশেষ, মৈথুনাদি সুখভোগেচ্ছারূপ অন্তঃকরণের বৃত্তিবিশেষ। A kind of delusion.

মহাযজ্ঞ পু০ [মহত্+যজ্ঞ] বেদাধ্যয়ন, অগ্নিহোত্র, পিতৃতর্পণ, ভূতবলি, অতিথিপূজন গৃহস্থের এই পাঁচটি নিত্যকর্ম। The five daily duties of a householder.

মহাযাত্রা স্ত্রী০ [মহতী+যাত্রা] মৃত্যু। Death.

মহাযোগিন্ পু০ [মহত্+যোগিন্] শিব, বিষ্ণু। An epithet of Śiva or Viṣṇu.

মহারজত ক্লী০ [মহত্+রজত] ধুস্তূর, কাঞ্চন, রৌপ্য। A kind of flower, gold, silver.

মহারজন ক্লী০ [মহত্+রজন] কুসুম্ভপুষ্প, স্বর্ণ। A safflower, gold.

মহারত্ন [মহত্+রত্ন] মণি, করি, চক্র, বরা স্ত্রীও পরিগায়ক—গৃহনায়কের এই পাঁচটি রত্নবিশেষ। A kind of gem.

মহারথ পু০ [মহত্+রথ] দশসহস্র যোদ্ধার সহিত একাকী যুদ্ধসমর্থ বীর। A great warrior.

মহারাজ পু০ [মহত্+রাজন্+টচ্] নৃপ, সম্রাট্ King, emperor.

মহারাজিক পু০ [মহত্+রাজ–বুন্] গণদেববিশেষ। A kind of group god.

মহারাত্রি স্ত্রী০ [মহতী+রাত্রি] মহাপ্রলয়, মুহূর্তদ্বয়াত্মক রাত্রিকাল। Doomsday.

মহারাষ্ট্র পু০ দেশবিশেষ। স্ত্রী০ মহারাষ্ট্রী—জল-পিপ্পলী, শাকবিশেষ। Name of a country; a kind of vegetable.

মহার্ঘ ত্রি০ [মহত্+অর্ঘ] বহুমূল্য। Costly.

মহালক্ষ্মী স্ত্রী০ [মহতী+লক্ষ্মী] দুর্গার শক্তিবিশেষ, তন্ত্রশাস্ত্রোক্ত লক্ষ্মীবিশেষ। An aspect of Durgā, the goddess of fortune.

মহালয় পু০ [মহত্+আলয়] পরমাত্মা, তীর্থস্থান, বিহার। স্ত্রী০ মহালয়া—ভাদ্রমাসে কৃষ্ণ পক্ষের অমাবস্যা। The supreme refuge, a place of pilgrimage.

মহাবরাহ পু০ [মহত্+বরাহ] বরাহরূপধারী ভগবানের অবতারবিশেষ। An incarnation of Viṣṇu.

মহাবাক্য ক্লী০ [মহত্+বাক্য] ব্রহ্মবিদ্যাপ্রতিপাদক তত্ত্বমস্যাদি উপনিষদ্বাক্য, পরস্পর সংবদ্ধার্থক বাক্যসমুদায়রূপ একবাক্য। The great sayings of the Upaniṣads.

মহাবিদ্যা স্ত্রী০ [মহতী+বিদ্যা] কালী, তারা, ষোড়শী, ভুবনেশ্বরী, ভৈরবী, ছিন্নমস্তা, ধূমাবতী, বগলা, মাতঙ্গী, ও কমলা—এই দশশক্তি। The ten manifestations of the divine Śakti.

মহাবিষুব ক্লী০ [মহত্+বিষুব] মেষরাশিতে রবির সংক্রমণ। The vernal equinox.

মহাবীচি পু০ [মহত্+অবীচি] সুখরহিত, নরকবিশেষ। Name of a particular hell.

মহাবীর পু০ [মহত্+বীর] গরুড়, হনুমান্, সিংহ, যজ্ঞাগ্নি, বজ্র, শ্বেত তুরঙ্গ, পক্ষিবিশেষ, জৈন তীর্থঙ্করবিশেষ, কোকিল, ধনুর্ধর, মহাশূর, যজ্ঞ-সাধন মৃণ্ময় পাত্রবিশেষ। স্ত্রী০ মহাবীরা—ক্ষীর-কাকোলিবৃক্ষ। An epithet of Garuḍa, Hanumat, lion, great hero; a kind of tree.

মহাব্যাহৃতি স্ত্রী০ [মহতী+ব্যাহৃতি] বৈদিক ভূর্ভুবঃস্বঃ নামক মন্ত্রত্রয়। Bhūr, Bhuvaḥ and Svaḥ—the three great mystical words.

মহাব্রত ক্লী০ [মহত্+ব্রত] দ্বাদশবার্ষিক ব্রতবিশেষ। A kind of vow.

মহাশঙ্খ পু০ [মহত্+শঙ্খ] বৃহৎ শঙ্খ, তন্ত্রশাস্ত্রে নৃকপালাস্থিজাত মালাবিশেষ। A huge conch.

মহাশয় ত্রি০ [মহত্+আশয়] মহানুভব। Noble-minded.

মহাশূদ্র পু০ [মহত্+শূদ্র] আভীর জাতিবিশেষ। A low caste.

মহাশ্বেতা স্ত্রী০ সরস্বতী, কৃষ্ণভূমিকুষ্মাণ্ড। An epithet of Sarasvatī.

মহাষ্টমী স্ত্রী০ [মহতী+অষ্টমী] আশ্বিনমাসের শুক্লাষ্টমী। The eighth day of the bright fortnight in Āśvina.

মহাসেন পু০ [মহতী+সেনা] বৃহৎসেনাধিপতি, কার্ত্তিকেয়। Commander of a huge army, an epithet of Kārttikeya.

মহি[হী] স্ত্রী০ [মহ+ইন্(+ঙীপ্)] পৃথিবী, মালব-দেশস্থ নদীবিশেষ। Earth, name of a river.

মহিকা স্ত্রী০ [মহ–ক্বুন্+টাপ্] হিম। Frost.

মহিত ত্রি০ [মহ–ক্ত] পূজিত। Worshipped.

মহিমন্ পু০ [মহত্+ইমনিচ্] মহত্ত্ব, ঐশ্বর্যবিশেষ। Greatness, an occult power.

মহি[হে]লা স্ত্রী০ [মহ–ইলচ্(এলচ্)] যোষিৎ, প্রিয়ঙ্গুলতা, রেণুকাগন্ধদ্রব্য, মত্তা স্ত্রী। Woman, a kind of creeper.

মহিষ পু০ [মহ–টিষচ্] পশুবিশেষ, মহিষাসুর। স্ত্রী০ মহিষী—কৃতাভিষেকা রাজপত্নী, সৈরিন্ধ্রী, ওষধিবিশেষ। Buffalo, name of a demon; the chief queen, a kind of plant.

महिषध्वज पु० [महिष+ध्वज] यम, জিনবিশেষ। An epithet of Yama.

महिषवाहन पु० [महिष+वाहन] যম। An epithet of Yama.

महिषमर्दिनी स्त्री० [महिष+मर्दिनी] দুর্গা। An epithet of Durgā.

महिक्षित् पु० [मही+क्षि–क्विप्] নৃপ। King.

महोज क्ली० [मही+जन–ड] আর্দ্রক। पु० মঙ্গলগ্রহ, নরকাসুর। स्त्री० महीजा—সীতা। Ginger; the planet Mars; an epithet of Sitā.

महीधर पु० [मही+धर], **महीध्र** पु० [मही+धृ–क] পর্বত। Mountain.

महीप पु० [मही+पा–क] নৃপ। King.

महीभृत् पु० [मही+भृ–क्विप्] পর্বত, ভূমিপাল। Mountain, king.

महीयस् त्रि० [महत्+ईयसुन्] অতিশয় মহৎ। Very great.

महीयमान त्रि० [मही+यक्–शानच्] পূজ্য, শ্রেষ্ঠ। Adorable, great.

महीरुह पु० [मही+रुह–क] বৃক্ষ, শাকবৃক্ষ। Tree.

महीलता स्त्री०[मही+लता] কেঁচো। Earthworm.

महीसुत पु० [मही+सुत] মঙ্গলগ্রহ, নরকাসুর। The planet Mars, an epithet of the demon Naraka.

महेच्छ त्रि० [महती+इच्छा] মহাশয়। Magnanimous.

महेन्द्र पु० [महत्+इन्द्र] পরমেশ্বর, মহৈশ্বর্যযুক্ত ইন্দ্র, জম্বুদ্বীপস্থপর্বতবিশেষ। An epithet of Indra, name of a mountain.

महेश पु०[महत्+ईश] শিব। An epithet of Śiva

महेश्वर पु० [महत्+ईश्वर] শিব। An epithet of Śiva.

महेष्वास त्रि० [महत्+इष्वास] মহাধনুর্ধারী। A great bowman.

महोक्ष पु० [महत्+अक्षन्+अच्] বৃহৎ বৃষ। A huge bull.

महोत्पल क्ली० [महत्+उत्पल] পদ্ম, সারসপক্ষী। Lotus, heron.

महोत्सव पु० [महत्+उत्सव] সততসুখসম্পাদক ব্যাপার। Great festivity.

महोदधि पु० [महत्+उदधि] সমুদ্র। Ocean.

महोदय पु० [महत्+उदय] বিপুল সমৃদ্ধি কান্যকুব্জদেশ, মোক্ষ, স্বামী, যোগবিশেষ। क्ली० কান্যকুব্জদেশস্থ নগরবিশেষ। Great prosperity, name of a country, liberation; name of a city.

महोरग पु० [महत्+उरग] বৃহৎ সর্প। क्ली० টগরপুষ্পবিশেষ। Huge serpent; a kind of flower.

महोल्का स्त्री० [महती+उल्का] বৃহৎ উল্কা। A big meteor.

महौजस् त्रि० [महत्+ओजस्] বিক্রমযুক্ত, শক্তিশালী। पु० মহান্ যোদ্ধা। क्ली० মহৎ শক্তি। Very powerful; great warrior.

महौषध क्ली० [महत्+औषध] লশুন, বারাহীকন্দ, বিষ, পিপ্পলী, অতিবিষা। Garlic, poison, pepper.

महौषधि[धी] स्त्री० [महती+ओषधि(+ङीप्)] দূর্বা, শ্বেতকণ্টকী, ব্রাহ্মী, কটুকা, অতিবিষা, হিলমোচিকা। The dūrvā grass, a medicinal herb.

मा अव्य० [मा–क्विप्] নিষেধ। स्त्री० [मा–क+टाप्] লক্ষ্মী, মাতা। [मा–क्विप्] মান। A negative particle; an epithet of Lakṣmī, mother.

माङ् अव्य० নিষেধ। A negative particle.

मांस क्ली० [मन–स]প্রাণিদেহস্থ শোণিতপরিপাকজ ধাতুবিশেষ। Meat, flesh.

मांसपेशी[शि] स्त्री० [मांस+पेशी(शि)] গর্ভস্থাবয়ববিশেষ। An epithet of the foetus from the eighth to the fourteenth day.

मांसल त्रि० [मांस+लच्] বলবান্। Sturdy.

मांसिक त्रि० [मांस+ठक्] মাংসবিক্রয়োপজীবী। Meat-seller.

माकन्द पु०[मा–क्विप्+कन्द]আম্র বৃক্ষ। स्त्री० माकन्दी—আমলকী, নগরবিশেষ, পীতচন্দন। Mango tree, myrobolan.

माकरी स्त्री० [मकर+अण्+ङीप्] মাঘমাসের শুক্লপক্ষীয় সপ্তমী। The seventh day in bright half of Māgha.

माक्षि[क्षी]क क्ली० [मक्षिका+अण्] মধু। Honey.

मागध पु० [मगध+अण्] স্তুতিপাঠক, বর্ণসঙ্করবিশেষ, শ্বেতজীরক। minstrel, a mixed caste.

माघ पु० [मघा+अण्+ङीप्+अण्] মাসবিশেষ। Name of a month.

माघ्य क्ली० [माघ+यत्] কুন্দ পুষ্প। A kind of flower.

माङ्गलिक त्रि० [मङ्गल+ठक्] মঙ্গলসম্বন্ধীয়। Auspicious.

माङ्गल्य क्ली० [मङ्गल+ष्यञ्] মঙ্গল, মঙ্গলসাধন। त्रि० মঙ্গলকর। Welfare.

माञ्जिष्ठ त्रि० [मञ्जिष्ठा+अण्] রক্তবর্ণে রঞ্জিত। ক্লী০ রক্তবর্ণ। Dyed with madder.

माठर पु० [मठ-अरच्+अण्] সূর্যের পারিপার্শ্বিক গণবিশেষ, ব্যাস, বিপ্র, শৌণ্ডিক। An attendant of the Sun god, an epithet of Vyāsa, a Brahmin.

माण[न]क पु० [मा-अकच्] কন্দবিশেষ। The bulb of Arum Indicum.

माणव[क] पु० [मनु+अण(+क)] অল্পবয়স্ক মনুষ্য। Youngster.

माणिक्य क्ली० [मणि+कै-क+ष्यञ्] রক্তবর্ণ রত্নবিশেষ। স্ত্রী০ মাণিক্যা—গৃহগোধিকা। Ruby.

माणिबन्ध क्ली० [मणिबन्ध+अण्], **माणिमन्थ** [मणिमन्थ+अण्] সৈন্ধবলবণ। Salt.

माण्डवी স্ত্রী০ কুশধ্বজকন্যা, ভরতপত্নী। Name of the wife of Bharata.

माण्डव्य पु० ঋষিবিশেষ। Name of a sage.

माण्डूक त्रि० [मण्डूक+अण्] ব্যাঙাচি। Tadpole.

मातङ्ग पु० [मतङ्ग+अण्] গজ, জৈনবিশেষ। স্ত্রী০ মাতঙ্গী—কিরাতজাতিবিশেষ, দশমহাবিদ্যাবিশেষ। Elephant, a class of Jainas ; a wild tribe.

मातङ्गनक्र पु० [मातङ्ग+नक्र] হস্তিসদৃশ জলজন্তুবিশেষ। An acquatic animal as big as an elephant.

मातरपितृ पु० [माता+पिता] মাতা ও পিতা। Parents.

मातरिश्वन् पु० [मातृ+श्वि-कनिन्] বায়ু। Wind.

मातलि पु० [मत+ला-क+इञ्] ইন্দ্রের সারথি। Name of the charioteer of Indra.

माता স্ত্রী০ [मा-अतच्+टाप्] জননী। Mother.

मातामह पु० [मातृ+डामह] মাতার পিতা। Maternal grandfather.

मातुल पु० [मातृ-डुलच्] মাতার ভ্রাতা। স্ত্রী০মাতুলী, মাতুলানী, মাতুলা—মাতুলপত্নী। Mother's brother ; wife of mother's brother.

मातुलुङ्ग पु० [मातुल+गम-खच्] বীজপূর বৃক্ষ। Citron tree.

मातृ त्रि० [मा-तृच्] প্রমাণকর্তা, পরিমাণকর্তা। পু০ জীব, আকাশ, মাতরিশ্বা। স্ত্রী০ শিবসহচরীবিশেষ, জননী, ভূমি, বিভূতি, লক্ষ্মী, রেবতী, গাভী, জটামাংসী। Knower, measurer ; individual, sky, air ; mother.

मातृक त्रि० [मातृ+कै-क] মাতৃসম্বন্ধীয়। স্ত্রী০ মাতৃকা—উপমাতা, ব্রহ্মাণী প্রভৃতি চণ্ডীপ্রসিদ্ধ দেবীমূর্তি, অ-আ প্রভৃতি বর্ণ, মাতা, যোনি। Relating to the mother ; nurse, a divine mother, mother, the alphabet, source.

मातृबन्धु पु० [मातृ+बन्धु], **मातृबान्धव** पु० [मातृ+बान्धव] মাতৃসম্পর্কিত আত্মীয়। Relations on the mother's side.

मातृस्वसृ স্ত্রী০ [मातृ+स्वसृ], **मातुःष्व[स्व]सृ** স্ত্রী০ [मातृ+ष्व(स्व)सृ] মাতার ভগিনী। Mother's sister.

मातृष्वस्रीय पु० [मातृष्वसृ+छण्] মাতার ভগিনীপুত্র। Son of the mother's sister.

मातृष्वस्रे[से]य पु० [मातृष्वसृ+ढक्] মাতার ভগিনীপুত্র। Son of the mother's sister.

मात्र क्ली० [मा-त्रन्] সাকল্য, অবধারণ, পরিচ্ছদ, অল্প। [मा-ष्ट्रन्] ইন্দ্রিয়বৃত্তি। স্ত্রী০ মাত্রা—পরিমাণ, কর্ণভূষা, বিত্ত, বর্ণাবয়ববিশেষ, বর্ণের উচ্চারণকাল। A particle signifying 'this much,' 'only' etc., the functions of the senses ; measure.

मात्रावृत्त क्ली० [मात्रा+वृत्त] আর্যাদি ছন্দোবিশেষ। A kind of metre.

मात्सर्य क्ली० [मत्सर+ष्यञ्] পরশ্রীকাতরতা, রিপুবিশেষ। Jealousy.

मात्स्य क्ली० [मत्स्य+अण्] পুরাণবিশেষ। ত্রি০ মৎস্যসম্বন্ধীয়। Name of a Purāṇa ; relating to fish.

माथुर त्रि० [मथुरा+अण्] মথুরানগরীভব, মথুরানগরী হইতে আগত। Of the city of Mathurā.

मादक त्रि० [मद+णिच्-ण्वुल्] মত্ততাকারক দ্রব্য। পু০ দাত্যূহ। Intoxicant, a kind of bird.

मादृश् त्रि० [अस्मद्+दृश-क्विन्], **मादृश** त्रि० [अस्मद्+दृश-कञ्], **मादृक्ष** त्रि० [अस्मद्+दृश-क्स] মৎসদৃশ। Like me.

माद्री স্ত্রী০ [मद्र+अण्-ङीप्] পাণ্ডুরাজার দ্বিতীয় পত্নী। Name of the second wife of king Pāṇḍu.

माधव पु० [मा+धव] নারায়ণ। [मधु+अण्] বসন্ত, বৈশাখ মাস, মধূকবৃক্ষ। An epithet of Nārāyaṇa, spring-time, a kind of tree.

माधुकरी স্ত্রী০ [मधुकर+अण्+ङीप्] বহুগৃহ হইতে অল্প ভিক্ষা সংগ্রহ। A form of begging.

माधुरी স্ত্রী০ [मधुर+अण्+ङीष्] মাধুর্য। [मधुरा+अण्+ङीप्] মদিরা। Sweetness, liquor.

माधुर्य क्ली० [मधुर+ष्यञ्] মধুরত্ব, কাব্যগুণবিশেষ, লাবণ্য। Sweetness, grace of style in rhetoric.

माध्यन्दिन त्रि॰ [मध्यन्दिन+अण्] মধ্যদিন সম্বন্ধীয়। ক্লী॰ শুক্লযজুর্বেদীয় শাখাবিশেষ। Belonging to midday ; a branch of the Yajurveda.

माध्यस्थ्य क्ली॰ [मध्यस्थ+ष्यञ्] মধ্যস্থতা, ঔদাসীন্য। Mediation, neutrality.

माध्वी स्त्री॰ [मधु+अण्+ङीप्] মধুজাত সুরা। Liquor.

माध्वीक क्ली॰ [मधु+ईकक्] মধুকপুষ্পজাত মদ্য। [मधु+अण्+ईकक्] দ্রাক্ষাফল। Liquor, grape.

मान क्ली॰ [मा-ल्युट्] পরিমাণ, প্রমাণ, তালবিরামাদি কালব্যাপার। पु॰ [मन-घञ्] সম্মান, চিত্তসমুন্নতি, প্রণয়কোপ। Measure, proof ; honour.

मानकलि पु॰ [मान+कलि] অভিমানজ স্ত্রীপুরুষের কলহ। Amorous quarrel.

मानग्रन्थि पु॰ [मान+ग्रन्थि] অপরাধ। Guilt.

मानद त्रि॰ [मान+दा-क] সম্মানপ্রদ। One who bestows honour.

मानदण्ड पु॰ [मान+दण्ड] পরিমাণদণ্ড। Measuring rod.

मानन क्ली॰ [मान-ल्युट्] সম্মানকরণ। Honouring.

माननीय त्रि॰ [मान-अनीयर्] পূজনীয়। Honourable.

मानव पु॰ [मनु+अण्] মনুষ্য। Man.

मानस क्ली॰ [मनस+अण्] চিত্ত। Mind.

मानसजन्मन् पु॰ [मानस+जन्मन्] কন্দর্প। त्रि॰ মনোজাত, মানস সরোবরজাত। An epithet of Cupid ; born of the mind.

मानसौकस् पु॰ [मानस+ओकस्] হংস। त्रि॰ মানসবাসী। Swan ; one residing in the lake Mānasa.

मानित त्रि॰ [मन+णिच्-क्त] পূজিত। Honoured.

मानिन् त्रि॰ [मान-इनि] মান্য, মানযুক্ত। पु॰ সিংহ। स्त्री॰ মানিনী—ফলীবৃক্ষ, মানযুক্তা স্ত্রী। Honourable ; lion ; a kind of tree.

मानुष पु॰ [मनु+अण्] মানব। त्रि॰ মনুষ্যসম্বন্ধী। स्त्री॰ মানুষী—চিকিৎসাবিশেষ। Man ; relating to man.

मानुष्य क्ली॰ [मानुष+यत्] মনুষ্যত্ব। Humanity.

मान्द्य क्ली॰ [मन्द+ष्यञ्] রোগ, মন্দতা। Illness, dullness.

मान्धातृ पु॰ [माम्+धे-तृच्] যুবনাশ্বরাজার পুত্র। Name of a king.

मान्य त्रि॰ [मान-ण्यत्] পূজ্য। Respectable.

मापन क्ली॰ [मा+णिच्-ल्युट्] মাপান। Measuring.

मामक त्रि॰ [अस्मद्+वुण्] মৎসম্বন্ধীয়। Relating to myself.

मामकीन त्रि॰ [अस्मद्+खञ्] মদীয়। Mine.

माया स्त्री॰ [मा-यत्+टाप्] কপটতা, ইন্দ্রজাল, মিথ্যাবুদ্ধিহেতু অজ্ঞানবিশেষ, কৃপা, দম্ভ, লক্ষ্মী, বুদ্ধের মাতা, ঈশ্বরের উপাধি। Deceit, illusion.

मायाकर त्रि॰ [माया+कृ-ट], **मायाकृत्** त्रि॰ [माया+कृ-क्विप्] মায়াকারী, বাজীকর। Juggler, magician.

मायावत् त्रि॰ [माया+मतुप्] মায়াবিশিষ্ট। पु॰ কংসরাজ। Illusory ; an epithet of king Kaṃsa.

मायाविन् त्रि॰ [माया+विनि] মায়াকর। पु॰ বিড়াল। Magician ; cat.

मायिक त्रि॰ [माया+ठन्], **मायिन्** त्रि॰ [माया+इनि] মায়াবিশিষ্ট। Magician, conjurer.

मायु पु॰ [मा-यु] দেহস্থ পিত্ত। Bile.

मायूर क्ली॰ [मयूर+अण्] ময়ূরসঙ্ঘ। त्रि॰ ময়ূরসম্বন্ধীয়। A flock of peacocks ; relating to peacock.

मार पु॰ [मृ-घञ्] মরণ। [मृ+णिच्-अच्] কামদেব, বিঘ্ন, ধুস্তূর। Death ; an epithet of Cupid, hindrance.

मारजित् पु॰ [मार+जि-क्विप्] জিনদেব। An epithet of the Buddha.

मारण क्ली॰ [मृ+णिच्-ल्युट्] বধ। Killing.

मारात्मक त्रि॰ [मार+आत्मन्+क] সাঙ্ঘাতিক। Terrible.

मारि[री] स्त्री॰ [मृ+णिच्-इन्(+ङीप्)] মারণ, দুর্গাশক্তিবিশেষ। Pestilence.

मारिष पु॰ [मा+रिष-क] নাটোক্তিতে সম্মানযুক্ত ব্যক্তির সম্বোধনসূচক পদ, তণ্ডুলীয়শাক। स्त्री॰ মারিষা—দক্ষমাতা। A mode of address in a drama to a respectable person ; the mother of Dakṣa.

मारीच पु॰ তাড়কারাক্ষসীপুত্র রাক্ষসবিশেষ, কঙ্কোলক, যাজকব্রাহ্মণ, রাজগজ। Name of a demon, a kind of plant, royal elephant.

मारुत पु॰ [मरुत्+अण्] বায়ু। त्रि॰ মরুৎসম্বন্ধীয়। Wind ; aerial.

मारुति पु॰ [मरुत्+इञ्] হনূমান্। An epithet of Hanumat.

मार्कण्ड पु॰ [मृकण्डु+अण्] মুনিবিশেষ, লতাবিশেষ। Name of sage, a kind of creeper.

मार्कण्डेय पु० [मृकण्डु+ढक्] मृकণ্ডুমুনিপুত্র। Name of a sage.

मार्ग पु० [मृज-घञ्] পথ। Path.

मार्गण क्ली० [मार्ग-ल्युट्] অন্বেষণ, যাচন, প্রণয়। पु० [मार्ग-ल्यु] শর। ত্রি০ যাচক। Search, begging ; shaft ; beggar.

मार्गशिर पु० [मृगशिरा+अण्+ङीप्+अण्] অগ্রহায়ণ মাস। স্ত্রী০ मार्गशिरा—মৃগশিরানক্ষত্রযুক্ত পূর্ণিমা। The month of Agrahāyaṇa ; the full-moon day in the month of Agrahāyaṇa.

मार्गशीर्ष पु० [मृगशीर्ष+अण्] অগ্রহায়ণ মাস। The month of Agrahāyaṇa.

मार्गित त्रि० [मार्ग-क्त] অন্বেষিত। Searched, sought.

मार्जन क्ली० [मृज-ल्युट्] প্রোঞ্ছনাদির দ্বারা নির্মলীকরণ। মুরজধ্বনিবিশেষ। স্ত্রী০ मार्जना—[मृ-युच्+टाप्] Cleansing ; sound of a drum.

मार्जनी स्त्री०[मृज-युच्+ङीप्] ঝাঁটা। A broomstick.

मार्जार पु० [मृज-आरन्] বিড়াল, রক্তচিত্রক, খট্টাশ। Cat.

मार्जित त्रि० [मार्ज-क्त] শোধিত। Cleansed.

मार्तण्ड पु० [मृत+अण्ड-अण्] সূর্য, অর্কবৃক্ষ, শূকর। The sun, the Arka tree, hog.

मार्दङ्गिक त्रि० [मृदङ्ग+ठक्] মৃদঙ্গবাদক। A drummer.

मार्दव क्ली० [मृदु+अण्] মৃদুত্ব, পরদুঃখাসহিষ্ণুতা, দ্রবীভাব। पु० সঙ্কীর্ণজাতিবিশেষ। Softness ; a mixed tribe.

मार्ष्टि स्त्री० [मृज-क्तिन्] শোধন। Cleasing.

माल पु० [मल-घञ्] ম্লেচ্ছবিশেষ, দেশবিশেষ, বিষ্ণু, উন্নত ক্ষেত্র, কপট, বন। Name of a tribe or a country, Viṣṇu, elevated ground.

मालक पु० [मल-ण्वुल्] নিম্ববৃক্ষ, নারিকেল মালা। क्ली० স্থলপদ্ম। The Neem tree ; a kind of land lotus.

मालती स्त्री० [मा+लत-अच्+ङीप्] জাতীলতা, যুবতী, কাকমাচী, নদীবিশেষ, বিশল্যা, জ্যোৎস্না, নিশা। A kind of creeper, a young woman, moonlight, night.

मालव पु० অবন্তিদেশ, রাগবিশেষ। Name of a country or a musical mode.

माला स्त्री० [मल-घञ्+टाप्] শ্রেণী, স্রক্, জপসংখ্যার্থ মাল্যবিশেষ। Row, garland, rosary.

मालाकार पु० [माला+कृ-अण्] বর্ণসঙ্কর জাতিবিশেষ। ত্রি০ মাল্যকারক। Name of a mixed tribe ; garlandmaker.

मालादीपक क्ली० [माला+दीपक] অর্থালঙ্কারবিশেষ। Name of a figure of speech.

मालिक पु० [माला+ठन्] মালাকার-জাতিবিশেষ। A mixed tribe.

मालिन् त्रि० [माला+इनि] মাল্যবান্। पु० মালাকার। স্ত্রী০ মালিনী—ছন্দোবিশেষ, নদীবিশেষ, মাতৃকাবিশেষ, অগ্নিশিখাবৃক্ষ, মালাকারপত্নী। One having a garland, a garland-maker ; name of a metre or a river.

मालु स्त्री० [मल-उण्] পত্রলতা, নারী। A kind of creeper, woman.

मालुधान पु० [मालु+धा-न] সর্পবিশেষ, লতাবিশেষ। A kind of serpent or a creeper.

मालूर पु० [मा+लू-रक्] বিল্ব। The Bilva tree.

माल्य क्ली० [माला+यत्] পুষ্প। [माला+ष्यञ्] পুষ্পমালা, মস্তকস্থিত পুষ্পমালা। Flower; garland, chaplet.

माल्यवत् त्रि० [माल्य+मतुप्] মাল্যযুক্ত। पु० পর্বতবিশেষ, সুকেশরাক্ষসের পুত্র। Wreathed; name of a mountain, name of a demon.

माष पु० [मष-घञ्] ব্রীহিবিশেষ, পরিমাণবিশেষ। A kind of pulse, a particular measure.

माषभक्तवलि पु० [माष+भक्त+वलि] মাষমিশ্রিত ভক্তরূপ পূজোপহার। An offering mixed with a kind of pulse.

मास् पु० [मा-असुन्], **मास** पु० [मास्+अण्] চন্দ্র, পক্ষদ্বয় পরিমিত কাল। The moon, month.

मासान्त पु० [मास+अन्त] মাসাবসান, সংক্রান্তি। End of a month.

मासिक त्रि० [मास+ठञ्] মাসভব। क्ली० প্রতিমাসে কর্তব্য শ্রাদ্ধ। Monthly ; Śrāddha to be performed every month.

मास्म अव्य० [मस+णिच्-मप्] নিবারণ। A particle indicating prohibition.

माहाकुल त्रि० [महाकुल+अण्], **महाकुलीन** [महाकुल+यञ्] মহাকুলোদ্ভব। Nobly born, a man of blueblood.

माहात्म्य क्ली० [महात्मन्+ष्यञ्] মহিমা, মহত্ত্ব। Magnanimity, majesty.

माहिष त्रि० [महिष+अण्] महिषसम्बन्धीय। Relating to buffalo.

माहिषिक पु० [महिषी+ठक्] ব্যাভিচারিণী নারীর উপার্জিত দ্রব্যোপজীবী। One who lives by the prostitution of a woman.

माहिष्मती स्त्री० নর্মদাতীরস্থিত হৈহয়রাজধানী, শিশুপালপুরী। Name of a city.

माहिष्य पु० [महिषी+ष्यञ्] ক্ষত্রিয়ের ঔরসে বৈশ্যাগর্ভজাত সঙ্করজাতি। त्रि० মহিষীসম্বন্ধীয়। A mixed caste sprung from a Kṣattriya father and a Vaiśya mother; relating to she-buffalo.

माहेन्द्र त्रि० [महेन्द्र+अण्] জ্যোতিষোক্ত মহেন্দ্র-সম্বন্ধীয় দণ্ডবিশেষ। An auspicious moment in astrology.

माहेय पु० [मही+ढक्] মঙ্গলগ্রহ, নরকাসুর। The planet Mars, name of a demon.

माहेश्वर त्रि० [महेश्वर+अण्] মহেশ্বর হইতে প্রাপ্ত, শিবভক্ত, শৈব। स्त्री० माहेश्वरी—দুর্গা, মাতৃবিশেষ। Coming from Maheśvara, a worshipper of Śiva; an epithet of Durgā.

मित त्रि० [मा-क्त] অল্প, পরিমিত, শঙ্কিত, ক্ষিপ্ত। Little, measured.

मितम्पच त्रि० [मित+पच-खच्] পরিমিত পাচক। पु० কৃপণ। Cooking little; miser.

मिति स्त्री० [मा-क्तिन्] জ্ঞান, মান, অবচ্ছেদ, বিক্ষেপ। Knowledge, measure, determination.

मित्र क्ली० [मिद्-क्त्र] স্নেহান্বিত সুহৃদ, নৃপতি। पु० [मि-त्र] সূর্য। Friend. ; the sun.

मित्रता स्त्री० [मित्र+तल्+टाप्], **मित्रत्व** क्ली० [मित्र+त्व] সৌহার্দ। Friendship.

मित्रद्रोहिन् त्रि० [मित्र+द्रोहिन्] মিত্রদ্বেষী। Hating a friend.

मित्रावरुण पु० [मित्र+वरुण] সূর্য ও বরুণ নামক দেবতাদ্বয়। A Vedic twin-god.

मिथस् अव्य० [मिथ-असुन्] গোপনে, পরস্পর। Secretly, mutually.

मिथिला स्त्री० [मिथि+लच्+टाप्] জনকরাজার রাজধানীবিশেষ। Name of the capital of king Janaka.

मिथुन क्ली० [मिथ-उनन्] স্ত্রী ও পুরুষ, মেষ হইতে তৃতীয় রাশি। Man and woman.

मिथ्या अव्य० [मिथ-क्यप+टाप्] অযথার্থ, অসত্য। Untrue.

मिथ्यादृष्टि स्त्री० [मिथ्या+दृष्टि] নাস্তিকতা। The attitude of disbelief.

मिथ्याभिशंसन क्ली० [मिथ्या+अभिशंसन] অপবাদ। Insinuation.

मिमङ्क्षु त्रि० [मस्ज+सन्-उ] মজ্জনেচ্ছু। Desirous of plunging into water.

मिलन क्ली० [मिल-ल्युट्] মিশ্রণ, সংযোগ। Mixture, union.

मिलित त्रि० [मिल-क्त] মিশ্রিত, সংযুক্ত। Mixed.

मिश्र त्रि० [मिश्र-अच्] সংযুত, শ্রেষ্ঠ। पु० গজ-জাতিবিশেষ, জ্যোতিষশাস্ত্রোক্ত কৃত্তিকাবিশাখা নক্ষত্রগণ, ঔষর লবণ। Blended.

मिश्रण क्ली० [मिश्र-ल्युट्] মিলন, সংকলন। Mixture, union.

मिश्रित त्रि० [मिश्र-क्त] মিলিত। Mixed.

मिष क्ली० [मिष-क] ছল। पु० স্পর্ধা। Pretext.

मिष्ट त्रि० [मिष-क्त] মধুররসযুক্ত, সিক্ত, স্পর্ধিত। पु० মধুররস। Sweet, wet; the sweet taste.

मिष्टता स्त्री० [मिष्ट+तल्+टाप्] মাধুর্য। Sweetness.

मिहिका स्त्री० [मिह-क्वुन्+टाप्] নীহার। Frost.

मिहिर पु० [मिह-किरच्] সূর্য, অর্কবৃক্ষ, বৃদ্ধ, মেঘ, বায়ু, চন্দ্র, বিক্রমাদিত্যরাজার সভায় নবরত্নমধ্যস্থ পণ্ডিতবিশেষ। The sun, the Arka tree, cloud, name of a famous astrologer.

मीढ्वस् पु० [मिह-क्वसु] শিব। An epithet of Śiva.

मीन पु० [मी-नक्] মৎস্য, মেষ হইতে আরম্ভ করিয়া দ্বাদশরাশি, ভগবানের অবতারবিশেষ। Fish, an incarnation of Viṣṇu.

मीनकेतन पु० [मीन+केतन], **मीनध्वज** पु० [मीन+ध्वज] কন্দর্প। An epithet of Cupid.

मीमांसक पु० [मीमांसा+वुन्] মীমাংসাশাস্ত্রজ্ঞ, মীমাংসা-অধ্যেতা। [मान+सन्-ण्वुल्] সিদ্ধান্ত-কারক। One proficient in the system of Mīmāṃsā; one who arbitrates or comes to a conclusion.

मीमांसा स्त्री० [मान+सन्-अ+टाप्] বিচারপূর্বক তত্ত্বনির্ণয়, তত্ত্বপ্রতিপাদক গ্রন্থবিশেষ। Determining the reality through arguments, a system of philosophy.

मील पु० [मील-अच्], **मीलन** क्ली० [मील-ल्युट्] মুদ্রণ, সঙ্কোচন। Closing, contracting.

मीलित त्रि० [मील-क्त] মুদ্রিত সঙ্কুচিত। Closed, contracted.

মুকু পুং [মুচ–কু] মোক্ষ, উৎসর্গ। Liberation.

মুকুট ক্লীং [মক–উট] শিরোভূষণ। স্ত্রীং মুকুটী—অঙ্গুলীমোটন। Head-gear ; snapping the fingers.

মুকুন্দ পুং [মুকুম্+দা–ক] বিষ্ণু। An epithet of Viṣṇu.

মুকুম্ অব্যং [মক–উমুচ্] নির্বাণ, মোক্ষ, ভক্তি-প্রেমরস। Liberation, final release.

মুকুর পুং [মক–উরচ্] দর্পণ, বকুলবৃক্ষ, কুলালদণ্ড, মল্লিকাবৃক্ষ, কোলীবৃক্ষ, কোরক। Mirror, the Vakula tree, the handle of potter's wheel, bud.

মুকুল পুং, ক্লীং [মক–উলচ্] ঈষদ্-বিকশিত কলিকা, দেহ, আত্মা। Bud, body, soul,

মুকুলিত ত্রিং [মুকুল+ইতচ্] অর্ধ বিকশিত। Budding.

মুক্ত ত্রিং [মুচ–ক্ত] ত্যক্ত, প্রাপ্তমোক্ষ, আনন্দিত। Forsaken, released, happy.

মুক্তসঙ্গ ত্রিং [মুক্ত+সঙ্গ] সর্ববিষয়াসঙ্গপরিত্যাগী। পুং পরিব্রাজক। One free from all attachment ; a mendicant.

মুক্তহস্ত ত্রিং [মুক্ত+হস্ত] দানের নিমিত্ত প্রসারিত-হস্ত। One who gives freely, charitable.

মুক্তা স্ত্রীং [মুচ–ক্ত+টাপ্] শুক্তিজ রত্নবিশেষ, রাস্না। Pearl.

মুক্তাকলাপ পুং [মুক্তা+কলাপ] মুক্তার মালা। Pearl-necklace.

মুক্তাফল ক্লীং [মুক্তা+ফল] মৌক্তিক, লবলীফল, কর্পূর, বোপদেবকৃত ভক্তিপ্রধান গ্রন্থবিশেষ। Pearl-bead, name of a devotional book by Vopadeva.

মুক্তালতা স্ত্রীং [মুক্তা+লতা], **মুক্তাবলী** স্ত্রীং [মুক্তা+আবলী] মুক্তাহার। Pearl-necklace.

মুক্তাস্ফোট পুং [মুক্তা+স্ফোট] শুক্তি। Oyster.

মুক্তি স্ত্রীং [মুচ–ক্তিন্] মোচন, সংসারবন্ধন-রাহিত্য, আত্যন্তিক দুঃখনিবৃত্তি, ব্রহ্মস্বরূপপ্রাপ্তি। Release, liberation, attainment of the Supreme Self.

মুখ ক্লীং [খন–অচ্] বদন, দেহাবয়ববিশেষ, গৃহের দ্বার, হর্ম্যমণ্ডপাদির প্রবেশ ও নির্গমদ্বার, আরম্ভ, নিঃসরণদ্বার, উপায়, নাটকাদির সন্ধিবিশেষ, আদ্য, প্রধান, শব্দ, বেদ। পুং লকুচবৃক্ষ। Face, mouth, entrance of a house, principal sound.

মুখকোষ পুং [মুখ+কোষ] মুখাচ্ছাদন। Covering of the face or mouth.

মুখজ পুং [মুখ+জন–ড] বিপ্র। ত্রিং বদনজাত। Brahmin ; sprung from the mouth.

মুখদূষিকা স্ত্রীং [মুখ+দূষিকা] মুখব্রণ। Pimples on the face.

মুখনিরীক্ষক ত্রিং [মুখ+নিরীক্ষক] অলস। Lazy.

মুখবন্ধ পুং [মুখ+বন্ধ] উপক্রমণিকা। Introduction.

মুখর ত্রিং [মুখ+রা–ক] বাচাল, অপ্রিয়বাদী। পুং কাক, শঙ্খ। Talkative, foul-mouthed ; crow, conch.

মুখরিত ত্রিং [মুখর+ক্বিপ্–ক্ত] শব্দায়মান। Sounding, resonant.

মুখাগ্নি পুং [মুখ+অগ্নি] বিপ্র, দাবানল। Brahmin, forest conflagration.

মুখ্য ত্রিং [মুখ+যত্] প্রথমকল্প, শ্রেষ্ঠ। Chief, best.

মুগ্ধ ত্রিং [মুহ–ক্ত] মূঢ়, সুন্দর। স্ত্রীং মুগ্ধা—নায়িকা-বিশেষ। Idiot, stupefied, lovely ; a type of heroine.

মুচ[চু]কুন্দ পুং [মুচ(চু)+কুন্দ] বৃক্ষবিশেষ, মান্ধাতৃ নৃপতির পুত্রবিশেষ। A kind of tree, name of a prince.

মুঞ্জ পুং [মুজ–অচ্] তৃণবিশেষ। A kind of grass.

মুণ্ড ক্লীং [মুড–ঘঞ্] মস্তক, মুণ্ডায়স, বোলনামক গন্ধদ্রব্যবিশেষ। পুং দৈত্যবিশেষ, রাহুগ্রহ। ত্রিং মুণ্ডিত। Head, name of a demon ; the planet Rāhu.

মুণ্ডক ক্লীং [মুড+ণিচ্–ণ্বুল্] মস্তক। পুং স্থাণুবৃক্ষ, নাপিত। Head ; the lopped trunk of a tree.

মুণ্ডকোপনিষদ্ স্ত্রীং [মুণ্ডক+উপনিষদ্] অথর্ব-বেদের উপনিষদ্‌বিশেষ। Name of an Upaniṣad.

মুণ্ডন ক্লীং [মুড–ল্যুট্] কেশচ্ছেদ। Shaving.

মুণ্ডিত ত্রিং [মুড–ক্ত] কেশচ্ছেদযুক্ত। Shaven.

মুদ্, মুদা স্ত্রীং [মুদ–ক্বিপ্(+টাপ্)] হর্ষ, সন্তোষ। Delight, contentment.

মুদিত ত্রিং [মুদ–ক্ত] প্রীত, সন্তুষ্ট। Delighted, pleased.

মুদির পুং [মুদ–কিরচ্] মেঘ, ভেক। ত্রিং কামুক। Cloud, frog ; lover.

মুদ্গ পুং [মুদ–গক্] কলায়বিশেষ। A kind of pulse.

মুদ্গভুজ্ [জ] পুং [মুদ্গ+ভুজ–ক্বিপ্ (ক)] অশ্ব। Horse.

মুদ্গর পুং [মুদ+গৄ–অচ্] মল্লিকাবিশেষ, মুগুর, পুষ্পপ্রধানবৃক্ষবিশেষ। A kind of flower, club, a kind of tree.

মুদ্গল পুং [মুদ+গৄ–অচ্] মুনিবিশেষ। ক্লীং রোহিততৃণ। Name of a sage ; a kind of grass.

মুদ্রণ ক্লীং [মুদ্+ল্যুট্] মুদ্রিতকরণ। Printing.

মুদ্রা স্ত্রীং [মুদ+রক্+টাপ্] মোহর, মুদ্রাঙ্কনযুক্ত অঙ্গুরীয়ক, অপ্রকাশ, লিপিবিশেষ, তন্ত্রপ্রসিদ্ধ বীরাচারসেব্য দ্রব্যবিশেষ, দেবতাদির আরাধনায় অঙ্গুল্যাদির সন্নিবেশবিশেষ, সঙ্কোচ। Coin, ring, script.

মুদ্রাঙ্কন ক্লীং [মুদ্রা+অঙ্কন] মুদ্রিতকরণ, ছাপান। Stamping with a seal.

মুদ্রাঙ্কিত ত্রিং [মুদ্রা+অঙ্কিত] মুদ্রাচিহ্নিত। Stamped with a seal.

মুদ্রিকা স্ত্রীং [মুদ্রা+কন্+টাপ্] স্বর্ণরৌপ্যাদিনির্মিত অঙ্কনসাধনযোগ্য পদার্থ। A small seal.

মুদ্রিত ত্রিং [মুদ্রা+ইতচ্] অপ্রকাশিত, অঙ্কিত। Closed, printed.

মুধা অব্যং [মুহ–কা] মিথ্যা, বৃথা। False, lie, vain.

মুনি [মন–ইন্] ঋষি, জিন, পিয়ালবৃক্ষ, পরাশরবৃক্ষ, দমনকবৃক্ষ। ত্রিং মননযুক্ত। Sage, a kind of tree ; contemplative.

মুনিদ্রুম পুং [মুনি+দ্রুম] বকবৃক্ষ। A kind of tree.

মুনিপুঙ্গব পুং [মুনি+পুঙ্গব] মুনিশ্রেষ্ঠ। Chief among sages.

মুনীন্দ্র পুং [মুনি+ইন্দ্র] বুদ্ধ, ঋষিশ্রেষ্ঠ। An epithet of the Buddha, chief of the sages.

মুমুক্ষু ত্রিং [মুচ+সন্–উ] মুক্তিকামী। পুং যতি। Desirous of liberation ; mendicant.

মুমূর্ষু ত্রিং [মৃ+সন্–উ] মরণোন্মুখ মরণেচ্ছু। Dying, desirous of dying.

মুর পুং [মুর–ক] দৈত্যবিশেষ। ক্লীং বেষ্টন। স্ত্রীং মুরা—স্বনামখ্যাত গন্ধদ্রব্য। Name of a demon ; a kind of perfume.

মুরজ পুং [মুর+জন–ড] মৃদঙ্গ, চিত্রালঙ্কারবিশেষ। স্ত্রীং মুরজা—কুবেরভার্যা। A kind of drum; the wife of Kuvera.

মুররিপু পুং [মুর+রিপু], **মুরমথন** পুং [মুর+মথন] বিষ্ণু। An epithet of Viṣṇu.

মুরলা স্ত্রীং [মুর+লা–ক+টাপ্] নর্মদা। An epithet of Narmadā.

মুরলী স্ত্রীং [মুর+লা–ক+ঙীষ্] বংশী। The flute.

মুরলীধর পুং [মুরলী+ধর], **মুরহর** পুং [মুর+হর] **মুরারি** পুং [মুর+অরি] শ্রীকৃষ্ণ। An epithet of Kṛṣṇa.

মুর্মুর পুং [মুর–ক] তুষাগ্নি, কন্দর্প, সূর্যাশ্ব। The fire lit by chaff, an epithet of Cupid, the horse of the sun.

মুষ[শ, স]ল পুং, ক্লীং [মুষ(শ, স)–কলচ্] লৌহাগ্র কাষ্ঠখণ্ড, মুদ্গর। An iron-pointed stick.

মুষলিন্ পুং [মুষল+ইনি] বলরাম। An epithet of Balarāma.

মুষ[শ, স]লী স্ত্রীং [মুষ(শ, স)–কলচ্+ঙীষ্] গৃহগোধিকা। Lizard.

মুষা স্ত্রীং [মুষ–ক+টাপ্] ধাতুদ্রাবণপাত্রবিশেষ। Crucible.

মুষিত ত্রিং [মুষ–ক্ত] অপহৃত। Stolen.

মুষ্ক পুং [মুষ–কক্] পুরুষচিহ্নবিশেষ, মোক্ষকবৃক্ষ, তস্কর, সংঘাত, মাংসল। The penis, a kind of tree, thief.

মুষ্টি স্ত্রীং [মুষ–ক্তিচ্] বদ্ধপাণি। Fist.

মুষ্টিসংগ্র[গ্রা]হ পুং [মুষ্টি+সংগ্র(গ্রা)হ] মুষ্টিবন্ধ। Closing the fist.

মুষ্টামুষ্টি, মুষ্টীমুষ্টি অব্যং [মুষ্টি+মুষ্টি], মুষ্টিতে মুষ্টিতে প্রহারপূর্বক প্রবৃত্ত যুদ্ধ। A fight through fists.

মুস্ত পুং [মুস্ত–অচ্] মুস্তক, বিষবিশেষ। A kind of herb.

মুস্তক পুং, ক্লীং [মুস্ত–অচ্+ক] মুস্ত। A kind of herb.

মুস্তাদ পুং [মুস্ত+অদ–ক] শূকর। Hog.

মুহির পুং [মুহ–কিরচ্] কাম, মূর্খ। Cupid, stupid.

মুহুস্ অব্যং [মুহ–উসিক্] পৌনঃপুন্য। Repeatedly.

মুহূর্ত পুং, ক্লীং [হুর্চ্ছ–ক্ত] দ্বাদশক্ষণপরিমিত কাল, পঞ্চদশভাগে বিভক্ত দিনের অন্যতম ভাগ। Moment.

মূক ত্রিং [মূ–কক্] বাক্‌শক্তিরহিত। পুং মৎস্য, দৈত্যবিশেষ, দীন। Dumb ; fish, name of a demon.

মূঢ ত্রিং [মুহ–ক্ত] মূর্খ, বাল, তন্দ্রিত। Idiot.

মূত পুং [মূ–ক্ত] বদ্ধ, সংযত। Bound, restrained.

मूत्र क्ली० [मूत्र–अच्] প্রস্রাব। Urine.

मूत्रपुट क्ली० [मूत्र+पुट], **मूत्राशय** पु० [मूत्र+आशय] নাভির অধোদেশে বস্তিনামক স্থান। Urinary bladder.

मूर्ख त्रि० [मुह–ख] মূঢ়, গায়ত্রীরহিত। Idiot.

मूर्खता स्त्री० [मूर्ख+तल्+टाप्] মূঢ়ত্ব। Idiocy.

मूर्च्छना स्त्री० [मुर्च्छ–युच्+टाप्] গানের অঙ্গবিশেষ। A part of music.

मूर्च्छा स्त्री० [मुर्च्छ–अङ्+टाप्] মোহ, অনিদ্রা, বৃদ্ধি। Swoon, growth.

मूर्च्छित त्रि० [मूर्च्छा+इतच्] মূর্চ্ছাযুক্ত, বৃদ্ধ, উচ্ছ্রিত। Swooned, increased.

मूर्त त्रि० [मुर्च्छ–क्त] মূর্চ্ছান্বিত, মূঢ়, কঠিন, মূর্তিমান্। Fainted, stupid, embodied.

मूर्ति स्त्री० [मुर्छ–क्तिन्] দেহ, কাঠিন্য, প্রতিমা। Body, solidity, image.

मूर्तिमत् त्रि० [मूर्ति+मतुप्] দেহযুক্ত, আকারযুক্ত, কাঠিন্যযুক্ত। Embodied, formed.

मूर्धज पु० [मूर्धन्+जन–ड] কেশ। त्रि० মস্তকজাত। Hair; grown on the head.

मूर्धन्य पु० [मूर्धन्+यत्] মস্তকজাত, শ্রেষ্ঠ, প্রধান। Grown on the head, chief, best.

मूर्धवेष्टन क्ली० [मूर्धन्+वेष्टन] উষ্ণীষ। Head-gear, turban.

मूर्धाभिषिक्त पु० [मूर्धन्+अभिषिक्त] ব্রাহ্মণ হইতে ক্ষত্রিয়াতে জাত জাতি। One born of a Brahmin father and a Kṣatriya mother.

मूर्वा[र्वी] स्त्री० [मुर्व–अच्+टाप् (ङीप्)] ধনুর্গুণোপযুক্ত লতাবিশেষ। A kind of creeper.

मूल क्ली० [मूल–क] শিকড়, আদ্য, নিকুঞ্জ, নক্ষত্রবিশেষ, অন্তিক, মূলধন, চরণ, শূরণ, পিপ্পলীমূল, টীকাদির দ্বারা ব্যাখ্যেয় গ্রন্থ, নক্ষত্রবিশেষ। Root, source.

मूलक पु०, क्ली० [मूल+कन्] কন্দবিশেষ। पु० বিষবিশেষ। A kind of root ; a kind of poison.

मूलकर्मन् क्ली० [मूल+कर्मन्] মন্ত্রৌষধাদির দ্বারা বশীকরণাদি কর্ম। A kind of exorcism.

मूलधन क्ली० [मूल+धन] পুঁজি। Capital.

मूल्य क्ली०[मूल–यत्] কোনও বস্তুর সংগ্রহণার্থ দীয়মান ধন। त्रि० [मूल–ण्यत्] বপনযোগ্য। Price.

मूष पु० [मूष–क] মূষিক, তৈজসদ্রব্যদ্রাবণপাত্র, গবাক্ষ। Mouse, crucible.

मूषक पु० [मूष–ण्वुल्], **मूषिक** [मूष–इन्] ইঁদুর। Mouse.

मृकण्ड पु० মুনিবিশেষ। Name of a sage.

मृग पु० [मृग–क] পশু, গজ, নক্ষত্রবিশেষ। [मृग–अच्] অন্বেষণ, যাচন, যজ্ঞবিশেষ, মার্গশীর্ষমাস, মৃগমদ, মকররাশি, হরিণ, নরবিশেষ। Animal, elephant, search, supplication, deer.

मृगतृष[षा] स्त्री० [मृग+तृष् (षा)], **मृगतृष्णा** स्त्री० [मृग+तृष्णा], **मृगतृष्णिका** स्त्री० [मृग+तृष्णिका] সূর্যকিরণে জলভ্রান্তি। Mirage.

मृगदंशक पु० [मृग+दंशक] কুক্কুর। Dog.

मृगद्युर त्रि० [मृग+दिव–क्विप्] মৃগয়াকারী। Hunter.

मृगधूर्तक पु० [मृग+धूर्तक] শৃগাল। Jackal.

मृगनाभि पु० [मृग+नाभि] কস্তূরী। Musk.

मृगनेत्रा स्त्री० [मृग+नेतृ+अच्+टाप्] মৃগশিরানক্ষত্রযুক্ত রাত্রি। Night with the star Mṛgaśiras.

मृगपति पु० [मृग+पति] সিংহ। Lion.

मृगबन्धनी स्त्री० [मृग+बन्ध–ल्युट्+ङीप्] জাল। Snare.

मृगमद पु० [मृग+मद] কস্তূরী। Musk.

मृगया स्त्री० [मृग+या–क+टाप्] পশুবধফলক ব্যাপারবিশেষ, আখেটক। Hunting.

मृगयु पु० [मृग–यु] ব্রহ্ম, শৃগাল, ব্যাধ। Brahman, jackal, hunter.

मृगराज पु० [मृग+राजन्+टच्] সিংহ। [मृग+राज–अच्] চন্দ্র, সিংহরাশি, মৃগশিরানক্ষত্র। Lion, the moon.

मृगराज पु० [मृग+राज+क्विप्] সিংহ, চন্দ্র, সিংহরাশি, মৃগশিরানক্ষত্র। Lion, the moon.

मृगलाञ्छन पु० [मृग+लाञ्छन] চন্দ্র, মৃগশিরানক্ষত্র। The moon.

मृगलेखा स्त्री० [मृग+लेखा] মৃগাঙ্ক। The moon.

मृगवाहन पु० [मृग+वाहन] বায়ু, স্বাতিনক্ষত্র। Wind.

मृगव्य क्ली० [मृग+व्यय–ड] মৃগয়া। Hunting.

मृगशिरस् क्ली०[मृग+शिरस्] নক্ষত্রবিশেষ। A star.

मृगशीर्ष क्ली० [मृग+शीर्ष] সপ্তবিংশতি নক্ষত্রের পঞ্চম নক্ষত্র। A star.

मृगाङ्क पु० [मृग+अङ्क] চন্দ্র, কর্পূর, পবন। The moon, camphor, wind.

मृगाजीव पु० [मृग+आजीव] ব্যাধ, তরক্ষু। Hunter, hyena.

मृगादन पु० [मृग+अद–ल्यु] ক্ষুদ্রব্যাঘ্র। A small tiger.

मृगान्तक पु० [मृग+अन्तक] ব্যাঘ্রবিশেষ। A kind of tiger.

मृगाविध् पु० [मृग+व्यध–क्विप्] ব্যাধ। Hunter.

मृगित त्रि० [मृग–क्त] অন্বেষিত, যাচিত। Searched for, begged.

मृगेन्द्र पु० [मृग+इन्द्र] সিংহ। Lion.

मृग्य त्रि० [मृग–क्यप्] অন্বেষণীয়। To be searched.

मृजा स्त्री० [मृज–अङ्+टाप्] মার্জন। Cleansing.

मृजान्वय त्रि० [मृजा+अन्वय] পরিষ্কৃত। Cleansed.

मृड पु० [मृड–क] শিব। स्त्री० मृडानी—দুর্গা। An epithet of Śiva; an epithet of Durgā.

मृणाल पु०, क्ली० [मृण–कालन्] পদ্মাদির নালস্থ সূত্র। क्ली० বীরণমূল। स्त्री० मृणाली—বিসতন্তু। The fibre of the lotus.

मृणालिन् पु० [मृणाल+अच्+इनि] পদ্মসমূহ, পদ্মযুক্ত দেশ, পদ্ম। A group of lotuses, a land full of lotuses, a lotus.

मृणालिनी स्त्री० [मृणालिन्+ङीप्] পদ্মসমূহ, পদ্মলতা। A group of lotuses, lotus plant.

मृत त्रि० [मृ–क्त] গতপ্রাণ। क्ली० মরণ, ভিক্ষাবৃত্তি, ভিক্ষালব্ধ অন্ন। Dead; death, begging, alms.

मृतक क्ली० [मृत+कै–क] মরণাশৌচ। Impurity due to the death of a relation.

मृतकल्प त्रि० [मृत+कल्पप्] মৃতপ্রায়। Almost dead.

मृतप त्रि० [मृत+पा–क] শবদেহরক্ষক। One guarding a corpse.

मृति स्त्री० [मृ–क्तिन्] মরণ। Death.

मृत्तिका स्त्री० [मृद्+तिकन्+टाप्] মাটি। Earth.

मृत्यु पु० [मृ–त्युक्] যম, প্রাণবিয়োগ। An epithet of Yama, death.

मृत्युञ्जय पु० [मृत्यु+जि–खच्] মরণজয়ী, শিব। One who has conquered death, an epithet of Śiva.

मृत्युफला स्त्री० [मृत्यु+फल+टाप्] কদলী। Plantain.

मृद् स्त्री० [मृद–क्विप्], **मृदा** स्त्री० [मृद्+टाप्] মৃত্তিকা। Earth.

मृदङ्ग पु० [मृद्–अङ्गच्] বাদ্যবিশেষ। A kind of drum.

मृदङ्गार पु०, क्ली० [मृद्+अङ्गार] পাথরিয়া কয়লা। Coal.

मृदित त्रि० [मृद–क्त] কৃতমর্দন, ঘর্ষণপূর্বক অপনীত। Pounded, removed by rubbing.

मृदु त्रि० [मृद–कु] কোমল,। Soft.

मृदुल त्रि० [मृद–कुलच्] কোমল। क्ली० জল। Soft; water.

मृद्वीका स्त्री० [मृदु+ईकन्+टाप्] দ্রাক্ষা। Grape.

मृध क्ली० [मृध–क] যুদ্ধ। Battle.

मृन्मय त्रि० [मृद्+मयट्] মৃত্তিকারচিত। Earthen.

मृषा अव्य० [मृष–का] মিথ্যা। False, lie.

मृषोद्य क्ली० [मृषा+वद–क्यप्] মিথ্যাকথন। त्रि० [मृषोद्य+अच्] মিথ্যাবাদী। Lying, a liar.

मृष्ट त्रि० [मृज–क्त] মৃষ্ট, শোধিত, মরিচ। Touched, purified, black pepper.

मेखल पु० [मि–खलच्] কটিবেষ্টনবিশেষ। A girdle.

मेखलकन्यका स्त्री० [मेखल+कन्यका] নর্মদা নদী। An epithet of the river Narmadā.

मेखला स्त्री० [मि–खलच्+टाप्] কটিভূষণবিশেষ। A girdle.

मेघ पु० [मिह–घञ्] জলধর, মুস্তক, রাক্ষসবিশেষ, সঙ্গীতে রাগবিশেষ। Cloud, a musical mode.

मेघज्योतिस् पु० [मेघ+ज्योतिस्] বজ্রাগ্নি। Lightning.

मेघनाद पु० বরুণ, রাবণের পুত্র ইন্দ্রজিৎ। An epithet of Varuṇa, a son of Rāvaṇa.

मेघपुष्प क्ली० [मेघ+पुष्प] জল। Water.

मेघयोनि पु० [मेघ+योनि] ধূম। Smoke.

मेघवर्त्मन् [मेघ+वर्त्मन्] আকাশ। The sky.

मेघवाहन पु० [मेघ+वाहन] ইন্দ্র। An epithet of Indra.

मेघागम पु० [मेघ+आगम] বর্ষাকাল। The rainy season.

मेघात्यय पु० [मेघ+अत्यय], **मेघान्त** पु० [मेघ+अन्त] শরৎকাল। The autumn season.

मेचक क्ली० [मच–वुन्] অন্ধকার, নীলাঞ্জন। पु० ময়ূরচন্দ্রক, কৃষ্ণবর্ণ, ধূম, মেঘ, শোভাঞ্জন। त्रि० কৃষ্ণবর্ণযুক্ত। Darkness; dark colour, smoke, cloud; dark-coloured.

मेढ्र पु० [मिह–ष्ट्रन्] মেষ। पु०, क्ली० পুরুষচিহ্নবিশেষ। Sheep; penis.

मेथि[धि] पु० [मेथ(ध)–इनि] ধান্যমর্দনের নিমিত্ত পশুবন্ধনকাষ্ঠ। A pillar for tying oxen.

मेद पु० [मेद–अच्] চর্বি। Fat.

मेदिनी स्त्री० [मेद+इनि+ङीप्] বসুন্ধরা, ওষধিবিশেষ। The earth.

मेदुर त्रि० [मिद–घुरच्] অতিশয় স্নিগ্ধ, নিবিড়। Very soothing, dense.

मेध पु० [मेध–घञ्] यज्ञ, যজ্ঞীয় পশু। Sacrifice, a consecrated animal meant for sacrifice.

मेधा স্ত্রী০ [मेध–अङ्+टाप्] বুদ্ধি। Intelligence.

मेधाविन् পু০ [मेधा+विनि] শুকপক্ষী। ত্রি০ মেধাযুক্ত। Parrot ; intelligent.

मेधिर ত্রি০ [मेधा+इरच्] মেধাযুক্ত। Intelligent.

मेधिष्ठ ত্রি০ [मेधा+इष्ठन्] অতিশয় মেধাযুক্ত। Extremely intelligent.

मेध्य ত্রি০ [मेध–ण्यत्] পবিত্র। পু০ ছাগ, খদির, যব। স্ত্রী০ मेध्या—কেতকী, শঙ্খপুষ্পী, রক্তবচা, রোচনা, মণ্ডুকী, জ্যোতিষ্মতী লতা। Pure ; goat, catechu, barley ; a kind of flower.

मेनका স্ত্রী০ [मि–नक्+टाप्] অপ্সরাবিশেষ। [मेना+क–टाप्] হিমালয়পত্নী। Name of an Apsaras, name of the wife of Himālaya.

मेना স্ত্রী০ [मि–न+टाप्], হিমালয়পত্নী। Name of the wife of Himālaya.

मेनकात्मजा স্ত্রী০ [मेनका+आत्मजा] হৈমবতী, দুর্গা। An epithet of Durgā.

मेन्धी স্ত্রী০ [मा+ईन्ध–घञ्+ङीष्] লতাবিশেষ। A kind of plant.

मेय ত্রি০ [मा–यत्] পরিচ্ছেদ্য, জ্ঞেয়। Measurable, knowable.

मेरु পু০ [मि–रु] পর্বতবিশেষ, করমালার অঙ্গুলিপর্ববিশেষ। Name of a mountain.

मेलक ত্রি০ [मिल+णिच्–ण्वुल्] বিবাহে যোটকবিশেষ। [मिल–घञ्+क] সঙ্গ। Matching in marriage, joining.

मेला স্ত্রী০ [मिल+णिच्–अच्+टाप्] নীলীবৃক্ষ, মসী, অঞ্জন, মেলন। A kind of tree, ink, unification.

मेलानन्द পু০ [मेला+नन्द] মসীপাত্র। Ink-bottle.

मेष পু০ [मिष–अच्] ভেড়া, বৃক্ষবিশেষ, রাশিবিশেষ। Sheep, a kind of tree.

मेह পু০ [मिह–घञ्] প্রস্রাব, প্রমেহরোগবিশেষ, মেঘ। Urine, a kind of disease, cloud.

मेहन ক্লী০ [मिह–ल्युट्] শিশ্ন, মূত্র। Penis, urine.

मैत्र ক্লী০ [मित्र+अण्] অনুরাধা নক্ষত্র। পু০ মিত্র, ব্রাহ্মণ। ত্রি০ সুহৃৎসম্বন্ধীয়। The constellation Anurādhā ; friend; relating to a friend.

मैत्रावरुण পু০ [मित्रावरुण+अण्] অগস্ত্য। An epithet of Agastya.

मैत्रेय পু০ [मित्रा+ढक्] মুনিবিশেষ, বুদ্ধদেব। Name of a sage, an epithet of the Buddha.

मैत्र्य ক্লী০ [मित्र+ष्यञ्] মিত্রতা। Friendship.

मैथिल ত্রি০ [मिथिला+अण्] মিথিলাসম্বন্ধীয়, মিথিলাভব। স্ত্রী০ मैथिली—সীতা। Relating to the city of Mithilā, born in Mithilā ; an epithet of Sītā.

मैथुन ক্লী০ [मिथुन+अण्] অগ্ন্যাধান, স্ত্রী ও পুরুষের সঙ্গমরূপ গ্রাম্যধর্ম। Consecration of fire, sexual intercourse.

मैनाक পু০ [मेनका—अण्] হিমালয়সুত পর্বতবিশেষ। Name of a mountain.

मैरेय ক্লী০ [मिरा+ढक्] মিরাদেশজাত আসব। A kind of wine.

मोक्ष পু০ [मोक्ष–घञ्] অপবর্গ, মোচন, পাটলিবৃক্ষ, মরণ। Liberation, freedom, release.

मोघ ত্রি০ [मुह–घ] নিরর্থক, হীন। পু০ প্রাচীর। স্ত্রী০ मोघा—পাটলাবৃক্ষ, বিড়ঙ্গলতা। Futile ; wall ; a kind of tree.

मोच ক্লী০ [मुच–अच्] কদলীফল। পু০ শোভাঞ্জন। স্ত্রী০ मोचा—কদলী, শাল্মলীবৃক্ষ, নীলীবৃক্ষ। The fruit of a plantain tree ; plantain.

मोचक পু০ [मुच–ण्वुल्] মোক্ষ, কদলীবৃক্ষ। ত্রি০ বৈরাগ্যযুক্ত, মুক্তিকারক। Release, plantain tree ; detached, liberating.

मोचन ক্লী০ [मुच+णिच्–ल्युट्] মুক্তি, শাঠ্য। Release, deceit.

मोच्य ত্রি০ [मुच–ण्यत्] মোচনীয়, ত্যাজ্য। To be freed or forsaken.

मोटक ক্লী০ [मुट–ण्वुल्] শ্রাদ্ধে পিতৃদানার্থ ভুগ্ন কুশদ্বয়। স্ত্রী০ मोटकी—রাগিণীবিশেষ। A couple of broken blades of kuśa grass.

मोटन ক্লী০ [मुट–ल्युट्] প্রমর্দন। পু০ বায়ু। Crushing ; wind.

मोटनक ক্লী০ একাদশাক্ষরপাদ ছন্দোবিশেষ। A type of metre of eleven syllables.

मोट्टायित ক্লী০ কান্তস্মরণাদিজনিত স্ত্রীগণের অভিলাষবিশেষ। Showing affection towards an absent lover.

मोद পু০ [मुद–घञ्] হর্ষ। Delight.

मोदक পু০, ক্লী০ [मोद+णिच्–ण्वुल्] খাদ্যবিশেষ. বর্ণসঙ্করজাতিবিশেষ। Sweetmeat, a mixed caste.

मोदित त्रि० [मुद–इतच्] सञ्जातहर्ष। [मुद+णिच्–क्त] आनन्दित। Delighted, gladdened.

मोदिन् त्रि० [मुद+णिच्–णिनि] आनन्ददायक। Gladdening.

मोष पु०[मुष–घञ्] वञ्चक, अपहारक,स्तेय। Cheat, thief, theft.

मोषक पु० [मुष–ण्वुल्] तस्कर। Thief.

मोषण क्ली० [मुष–ल्युट्] लुण्ठन, छेदन, वध। Plundering, killing.

मोह पु० [मुह–घञ्] मूर्छा, अज्ञान, वेदान्तशास्त्रे अविद्यावृत्तिविशेष, दुःख, देहादिते आत्माभिमान। Swoon, ignorance, delusion.

मोहन पु० [मुह+णिच्–ल्यु] धुस्तूर, कामदेवेर शरविशेष। त्रि० मोहकारक। A kind of flower; causing delusion.

मोहरात्रि स्त्री० [मोह+रात्रि] प्रलयविशेष। The night of dissolution.

मोहित त्रि० [मुह+णिच्–क्त] वञ्चित, जनितमोह। Deluded, brought to a swoon.

मोहिन् त्रि० [मुह–णिच्+णिनि] मोहप्राप्त, बुद्धिभ्रंशकारी। One who is deluded or confounded.

मौकुलि पु० काक। Crow.

मौक्तिक क्ली० [मुक्ता+ठक्] मुक्ता। Pearl.

मौक्तिकसर पु०, क्ली० [मौक्तिक+सर] मुक्तामाला। Pearl-necklace.

मौखर्य क्ली० [मुखर+ष्यञ्] मुखरता। Talkativeness.

मौग्ध्य क्ली० [मुग्ध+ष्यञ्] मूर्खता, सरलता। Foolishness, simplicity.

मौञ्जी स्त्री० [मुञ्ज+अण्+ङीप्] मेखला। Girdle.

मौञ्जीबन्ध पु० [मौञ्जी+बन्ध], **मौञ्जीबन्धन** क्ली० [मौञ्जी+बन्धन] उपनयनसंस्कार। The investiture with the sacred thread.

मौढ्य क्ली० [मूढ+ष्यञ्] मूढ़ता। Stupidity.

मौद्गल्य पु० [मुद्गल+ष्यञ्] मुद्गलगोत्रापत्य मुनिविशेष। Name of a sage.

मौन क्ली० [मुनि+अण्] तूष्णीम्भाव। Silence.

मौनिन् त्रि० [मौन+इनि] वाग्व्यापारशून्य। पु० मुनि। Silent; sage.

मौर्ख्य क्ली० [मूर्ख+ष्यञ्] मूर्खता। Stupidity.

मौर्य पु० [मुरा+ण्य] चन्द्रगुप्त। An epithet of King Candragupta.

मौर्वी स्त्री० [मूर्वा+अण्+ङीप्] धनुर्गुण, कटिसूत्र। The string of a bow, girdle.

मौल त्रि० [मूल+अण्] मूलागत। Coming from the source.

मौलि पु० [मूल+इञ्] चूड़ा, किरीट, संयतकेश, मस्तक। पु० अशोकवृक्ष। स्त्री० मौली—भूमि। Top-knot, head, crown; the Aśoka tree; ground.

मौषल त्रि० [मुषल+अण्] मुषलसम्बन्धीय, मुषलतुल्य निश्चेष्ट। Relating to club.

मौहूर्तिक पु० [मुहूर्त+अण्+ठक्] ज्योतिःशास्त्रज्ञ। Astrologer.

म्रक्षण क्ली० [म्रक्ष–ल्युट्] संयोजन, राशीकरण, तैल। Union.

म्रदिमन् पु० [मृदु+इमनिच्] मृदुत्व। Softness.

म्रदिष्ठ त्रि० [मृदु+इष्ठन्], मृदुतम, अतिशय मृदुत्वयुक्त। Extremely soft.

म्रदीयस् त्रि० [मृदु–ईयसुन्] मृदुतर। Softer.

म्लान त्रि० [म्लै–क्त] मलिन। Faded.

म्लानि स्त्री०[म्लै–क्तिन्]कान्तिक्षय। Loss of lustre.

म्लिष्ट त्रि० [म्लेच्छ–क्त] अविस्पष्टवाक्ययुक्त। Indistinctly worded.

म्लेच्छ पु० [म्लेच्छ–घञ्] अपशब्द। [म्लेच्छ–अच्] पामरजाति, नीचजाति। Barbarous speech, low caste.

म्लेच्छदेश पु० [म्लेच्छ+देश] चातुर्वर्ण्याचाररहित देश। A barbarous country.

म्लेच्छभोजन क्ली० [म्लेच्छ+भोजन] अन्नविशेष। पु० गोधूम। A kind of food; wheat.

म्लेच्छमुख क्ली० [म्लेच्छ+मुख] ताम्र। Copper.

म्लेच्छित क्ली० [म्लेच्छ–क्त] असंस्कृत शब्द। Ungrammatical word.

य

य पु० [या–ड] षड्विंश व्यञ्जनवर्ण, वायु, यश, योग। त्रि० गन्ता। [यम–ड] संयम, छन्दःशास्त्रे संज्ञाविशेष। The twentysixth consonant, wind, union, restraint; goer.

यकृत् क्ली० [य+कृ–क्विप्] कुक्षिर दक्षिणभागस्थ मांसपिण्ड, यकृत्वर्धक रोगविशेष। Liver, a kind of disease.

यक्ष पु० [यक्ष–घञ्] देवयोनिविशेष, कुबेर, इन्द्रगृह। Name of class of demi-gods, a name of Kuvera.

यक्षकर्दम पु० [यक्ष+कर्दम] कर्पूर, अगुरु, कस्तूरी ओ कक्कोल—इहादेर समभागमिश्रणजात यक्षप्रिय अनुलेपनविशेष। An ointment consisting of camphor, agallochum, musk and Kakkola mixed in equal proportions.

यक्षधूप पु० [यक्ष+धुप] धूना। Incense.

यक्षराज पु० [यक्ष+राजन्+टच्] कुबेर। The king of the Yakṣas, an epithet of Kuvera.

यक्ष्मन् पु० [यक्ष–मनिन्] रोगविशेष। Phthisis.

यक्ष्मिन् त्रि० [यक्ष्मन्+इनि] यक्ष्मारोगयुक्त। One who is affected by phthisis.

यजन क्ली० [यज–ल्युट्] यज्ञ, यागाधिकरण। Sacrifice.

यजमान पु० [यज–शानच्] होत्रादिर नियोक्ता। A person who employs a priest or priests to sacrifice for him.

यजि पु० [यज–इन्] यष्टा, याग। Sacrificer, sacrifice.

यजुर्वेद पु० [यजुस्+वेद] वेदविशेष। A division of Veda.

यजुर्वेदविद् पु० [यजुस्+वेद–इनि] यजुर्वेदवेत्ता। A person who knows the Yajurveda.

यजुस् क्ली० [यज–उसि] ऋक्सामभिन्न पदच्छेदरहित मन्त्रविशेष, यजुर्वेद : A sacrificial prayer-formula, name of the Yajurveda.

यज्ञ पु० [यज–न] याग। Sacrifice.

यज्ञकृत् पु० [यज्ञ+कृ–क्विप्] याजक। One who performs a sacrifice.

यज्ञदत्त पु० [यज्ञ+दत्त] नामविशेष। A proper name.

यज्ञपति पु० [यज्ञ+पति] विष्णु। An epithet of Viṣṇu.

यज्ञपुरुष पु० [यज्ञ+पुरुष] वराहरूप विष्णु। Viṣṇu in his boar-incarnation.

यज्ञभावित त्रि० [यज्ञ+भावित] यज्ञ द्वारा तोषित। Propitiated by sacrifice.

यज्ञभूमि स्त्री० [यज्ञ+भूमि], **यज्ञवाट** पु० [यज्ञ+वाट] यज्ञस्थान। A place for sacrifice.

यज्ञविद् त्रि० [यज्ञ+विद–क्विप्] यज्ञवेत्ता। One who is versed in sacrifice.

यज्ञवृक्ष पु० [यज्ञ+वृक्ष] वटवृक्ष। The banyan tree.

यज्ञसूत्र क्ली० [यज्ञ+सूत्र] यज्ञोपवीत। The sacrificial thread.

यज्ञसेन पु० द्रुपदराज। An epithet of the king of Drupada.

यज्ञाङ्ग पु० [यज्ञ+अङ्ग+अच्] यज्ञोडुम्बर, खदिर, ब्रह्मयष्टिका। क्ली० [यज्ञ+अङ्ग] यागाङ्ग। स्त्री० यज्ञाङ्गा—सोमवल्ली। Name of a tree; the Soma plant.

यज्ञान्त पु० [यज्ञ+अन्त] अवभृथ, यज्ञशेष। Ablution at the end of a sacrifice, the end of the sacrifice.

यज्ञिय त्रि० [यज्ञ+घ] यज्ञकर्मेर योग्य। पु० द्वापरयुग। Fit for a sacrifice.

यज्ञीय त्रि० [यज्ञ+छ] यागसम्बन्धीय। पु० यज्ञोडुम्बर। Relating to sacrifice; the Udumbara tree.

यज्ञेश्वर पु० [यज्ञ+ईश्वर] विष्णु। An epithet of Viṣṇu.

यज्ञोडुम्बर पु० [यज्ञ+उडुम्बर] वृक्षविशेष। Name of a tree.

यज्ञोपवीत क्ली० [यज्ञ+उपवीत] यज्ञसूत्र। The sacrificial thread.

यज्वन् पु० [यज–क्वनिप्] कृतयाग। One who has performed sacrifices.

यत त्रि० [यम–क्त] संयत, बद्ध। Restrained.

यतचित्त त्रि० [यत+चित्त] संयतान्तःकरण। One of restrained mind.

यतचेतस् त्रि० [यत+चेतस्] संयतचित्त। One of controlled mind.

यतमान त्रि० [यत+शानच्] यत्नवान्। Careful.

यतव्रत त्रि० [यत+व्रत] व्रतानुष्ठायी। One observing vows.

यतस् अ० [यद्+तसिल्] येहेतु। Because.

यतात्मन् त्रि० [यत+आत्मन्] संयतेन्द्रिय। One of controlled self.

यताहार त्रि० [यत+आहार] परिमितभोजी। Moderate in eating.

यति पु०[यत–इन्] परिव्राजक, सन्न्यासी, पाठविच्छेद, विष्णु। त्रि० [यद्+डति] यत्परिमित। स्त्री० [यम–क्तिन्] छन्दोग्रन्थोक्त श्लोकादिर उच्चारणकाले जिह्वार विश्रामस्थान, विधवा, राग, संयम, सन्धि। Traveller, sage; widow, restraint.

यतिन् पु० [यत+इनि] सन्न्यासी, परिव्राजक। स्त्री० यतिनी—विधवा। An ascetic; widow.

यत्न पु० [यत–नङ्] आयास, उद्योग, वैशेषिकमते गुणविशेष। Effort, a kind of guṇa according to the Vaiśeṣikas.

यत्र अव्य० [यद्+त्रल्] येस्थाने। In or to which place.

यथा अव्य० [यद्+थाल्] येरूप, सादृश्य, योग्यता, आनुरूप्य, अनतिक्रम। A particle signifying 'as' 'like' etc.

यथाकाम क्ली० [यथा+काम] यथेष्ट। As much as one could wish.

यथाकामिन् त्रि॰ [यथाकाम+इनि] স্বেচ্ছাচারী। Unrestrained.

यथाकाल क्ली॰ [यथा+काल] উচিত সময়ে। At the proper time.

यथाक्रम क्ली॰ [यथा+क्रम] ক্রমানুসারে। In due order.

यथागत क्ली॰ [यथा+गत] যেরূপে গত। [यथा+आगत] যেরূপে আগত। As gone, as come.

यथाजात त्रि॰ [यथा+जात+अच्] মূর্খ, নীচ। Foolish.

यथाज्ञान क्ली॰ [यथा+ज्ञान] জ্ঞানানুসারে। To the best of one's knowledge.

यथातथ क्ली॰ [यथा+तथा] যথার্থভাবে। Rightly.

यथायथ क्ली॰ [यथा+यथा] যথাযোগ্যভাবে। Suitably.

यथान्याय क्ली॰ [यथा+न्याय] ন্যায়ানুসারে। Justly.

यथापराध क्ली॰ [यथा+अपराध] অপরাধ অনুসারে। According to offence.

यथापूर्व क्ली॰ [यथा+पूर्व] পূর্বানুসারে। As before.

यथायोग क्ली॰ [यथा+योग] প্রয়োজনানুসারে, সমুচিতভাবে। According to circumstances, suitably.

यथायोग्य क्ली॰ [यथा+योग्य] সমুচিতভাবে। Suitably.

यथार्थ क्ली॰ [यथा+अर्थ] অর্থানুসারে। Truly.

यथार्ह क्ली॰ [यथा+अर्ह] যথাযোগ্যরূপে। According to propriety.

यथावकाश त्रि॰ [यथा+अवकाश] অবকাশ অনুসারে। According to leisure or occasion.

यथावत् अव्य॰ [यथा+वति] ঔচিত্যানুসারে। Duly.

यथाविधि क्ली॰ [यथा+विधि] বিধি অনুসারে। Lawfully.

यथाशक्ति क्ली॰ [यथा+शक्ति] শক্তি অনুসারে। To the best of one's power.

यथाशास्त्र क्ली॰ [यथा+शास्त्र] শাস্ত্রানুসারে। According to the scriptures.

यथाश्रुत क्ली॰ [यथा+श्रुत] শ্রুতানুসারে। As heard.

यथासंख्य क्ली॰ [यथा+संख्या] সংখ্যানুযায়ী। According to number.

यथासुख क्ली॰ [यथा+सुख] সুখানুসারে। At ease.

यथास्थित क्ली॰ [यथा+स्थित] সত্যভাবে। Truly.

यथास्व अव्य॰ [यथा+स्व] যথার্থরূপে। Rightly.

यथेप्सित क्ली॰ [यथा+ईप्सित], **यथेष्ट** क्ली॰[यथा+इष्ट] ইচ্ছানুসারে, যথাভীষ্ট। As desired.

यथोचित क्ली॰ [यथा+उचित] ঔচিত্যানুসারে। Suitably.

यथोत्तर क्ली॰ [यथा+उत्तर] ক্রমানুযায়ী। In regular order.

यथोदित क्ली॰ [यथा+उदित] উক্তি অনুসারে। As said.

यद् त्रि॰ [यज–अदि] যে। अव्य॰ যেহেতু, গর্হা, অবধৃতি। Who, which ; a particle signifying 'because'.

यदा अव्य॰ [यद्+दाच्] যখন। A particle signifying 'when'.

यदि अव्य॰ [यद्+णिच्–इन्] অথবা, সম্ভাবনা, গর্হা, বিকল্প। A particle signifying 'or', 'provided that', 'perhaps', etc.

यदिवा अव्य॰ [यदि+वा] অথবা। A particle signifying 'or'.

यदु पु॰ যযাতি নৃপতির পুত্র দাশার্হদেশ। Name of the eldest son of king Yayāti.

यदुनाथ पु॰ [यदु+नाथ], **यदुपति** पु॰ [यदु+पति] শ্রীকৃষ্ণ। Epithets of Kṛṣṇa.

यदृच्छा स्त्री॰ [यद्+ऋच्छ–अ+टाप्] স্বাতন্ত্র্য, স্বৈরতা। Self-will, independence.

यदृच्छाशब्द पु॰ [यदृच्छा+शब्द] জাতিক্রিয়াগুণবিষয়ে প্রবৃত্তিনিবৃত্তিশূন্য ডিত্থাদি শব্দ। Non-connotative word.

यद्भविष्य त्रि॰ [यद्+भविष्य] ভাগ্যাপেক্ষী। One who depends on fate.

यद्यपि अव्य॰ [यदि+अपि] যদিও। A particle signifying 'although'.

यद्वा अव्य॰ [यद्+वा] পক্ষান্তর। A particle signifying 'or'.

यन्तृ पु॰ [यम–तृच्] সারথি, হস্তিপক। त्रि॰ সংযমযুক্ত। Charioteer, an elephant-driver ; restrained.

यन्त्र क्ली॰ [यन्त्र–अच्] সংযমন, তন্ত্রশাস্ত্রোক্ত চক্রবিশেষ, ঔষধ পাকের নিমিত্ত পাত্রবিশেষ, জ্যোতিশ্চক্রাদি পর্যবেক্ষণসাধন পদার্থবিশেষ, দারুবেধক পদার্থ। Restraining, machine.

यन्त्रण क्ली॰ [यन्त्र–ल्युट्] নিয়মন, রক্ষণ, বন্ধন। स्त्री॰ यन्त्रणा[यन्त्र–युच्+टाप्]—পীড়া। Restraining, binding ; pain.

यन्त्रालय पु॰ [यन्त्र+आलय] যন্ত্রগৃহ, মুদ্রণালয়। Machine-room, printing press.

यन्त्रिका स्त्री० [यन्त्र+कन्+टाप्] ক্ষুদ্র যন্ত্রবিশেষ। A small machine.

यन्त्रित त्रि० [यन्त्र–क्त] বদ্ধ, দমিত। Checked.

यम पु० [यम–घञ्] দেবর্ষিশেষ। [यम–अच्] অহিংসা, সত্যবচন, ব্রহ্মচর্য, অকল্কতা ও অস্তেয় —এই পাঁচটি ব্রত, সংযমন, কাক, শনি, দ্বিত্ব-সংখ্যা, ভরণীনক্ষত্র। त्रि० যমজ। The god of death; controlling, a crow; a twin.

यमक क्ली० শব্দালঙ্কারবিশেষ। A figure of speech.

यमज त्रि० [यम+जन–ड] এককালে একগর্ভে জাত। Twinborn.

यमदूतक पु० [यम+दूत+कै–क] কাক। स्त्री० यमदूतिका [यम+दूती+कन्+टाप्]—তেঁতুলগাছ। A crow; A kind of tree.

यमन क्ली० [यम–ल्युट्] বন্ধন, উপরম। पु० [यम–ल्यु] যম। Binding; an epithet of Yama.

यमनिका स्त्री० [यमन+ङीप्+क+टाप्] যবনিকা। A curtain.

यमराज् पु० [यम+राज–क्विप्], **यमराज** पु० [यम+राजन्+टच्] ধর্মরাজ। The king Yama.

यमल क्ली० [यम+ला–क] যুগ্ম, বৃন্দাবনস্থ বৃক্ষ-বিশেষ। Twin, a kind of tree in Vṛndāvana.

यमलार्जुन पु० [यमल+अर्जुन] দৈত্যবিশেষ। Name of a demon.

यमवत् त्रि० [यम+मतुप्] সংযমী। Self-controlled.

यमवाहन पु० [यम+वाहन] মহিষ। A buffalo.

यमानिका स्त्री० [यम–ल्युट्+क+टाप्], **यमानी** स्त्री० [यम–ल्युट्+ङीप्] জোয়ান। Ptychotis Ajowan.

यमित त्रि०[यम+णिच्–क्त] নিয়ন্ত্রিত, সংযমিত, বদ্ধ। Restrained.

यमिन् त्रि० [यम–इन्] সংযমী। Controlled.

यमभगिनी [यम+भगिनी], **यमुना** स्त्री० [यम–उनन्+टाप्] কালিন্দী নদী, দুর্গা। Name of the river Kālindī, the goddess Durgā.

यमुनाभ्रातृ पु० [यमुना+भ्रातृ] যম। An epithet of Yama.

ययाति पु० নহুষাত্মজ নৃপতিবিশেষ। Name of a celebrated king, son of Nahuṣa.

ययु पु० [या–कु] অশ্বমেধীয় ঘোটক, অশ্ব। A horse fit for the Aśvamedha sacrifice.

यर्हि अव्य० [यद्+र्हिल्] যখন, যেহেতু A particle signifying 'when', 'since' etc.

यव पु० [यु–अच्] শূকধান্যবিশেষ, অঙ্গুলির রেখাবিশেষ, ষট্‌সর্ষপাত্মক পরিমাণবিশেষ। Barley, a mark on the finger of the hand.

यवक्षार पु० [यव+क्षार] লবণবিশেষ। Nitrate of potash.

यवन पु० [यु–युच्] দেশবিশেষ, বেগ, বেগযুক্ত অশ্ব, গোধূম, গর্জরতৃণ, তুরস্কজাতি। त्रि० বেগবান্। Speed, speedy horse; speedy.

यवनाचार्य पु० [यवन+आचार्य] পণ্ডিতবিশেষ। Name of a Sanskrit scholar.

यवनानी स्त्री० [यवन+ङीप्] যবনের লিপি। The script of the Yavana.

यवनिका स्त्री० [यवन+ङीप्+क+टाप्] পর্দা। Screen.

यवनी स्त्री० [यु–ल्युट्+ङीप्] যবনভার্যা। A Yavana woman.

यवस पु० [यु–असच्] তৃণ। Grass.

यवागू स्त्री० [यु–आगू] যবচূর্ণাদির দ্রবদ্রব্যবিশেষ। Sour-gruel made from rice or from any other kind of grain, such as barley.

यवानी स्त्री०[यव+ङीप्] দুষ্টযব, ওষধিবিশেষ। Bad barley, a kind of herb.

यविष्ठ त्रि० [युवन्+इष्ठन्] অতি তরুণ, সর্বাপেক্ষা তরুণ। Very young, youngest.

यवीयस् त्रि० [युवन्+ईयसुन्] অতি তরুণ, অধিকতর তরুণ। Very young, younger.

यशःशेष पु० [यशस्+शेष] মৃত্যু। त्रि० মৃত। Death; dead.

यशस् क्ली० [अश–असुन्] খ্যাতি, শৌর্য। Fame.

यशस्कर त्रि० [यशस्+कर] যশঃসাধন। Conferring glory.

यशस्काम त्रि० [यशस्+काम] যশোলিপ্সু। Desirous of fame.

यशस्य त्रि० [यशस्+यत्] খ্যাতির অনুকূল। स्त्री० যশস্যা—ওষধিবিশেষ। Conducive to fame; a kind of herb.

यशस्वत् त्रि० [यशस्+मतुप्] যশোবিশিষ্ট। Famous.

यशस्विन् त्रि० [यशस्+विनि] যশোযুক্ত। स्त्री० যশস্বিনী—জ্যোতিষ্মতী লতা, যবতিক্তা, বনকার্পাসী। Famous; a kind of creeper.

यशोद पु० [यशस्+दा-क] पारद। त्रि० यशोदাতা। স্ত্রী० यशोदा—नन्दগোপপত্নী। Quicksilver ; conferring fame, name of the wife of Nanda.

यशोधन त्रि० [यशस्+धन] যশ ধন যাহার। Whose wealth is fame.

यष्टि पु० [यज-क्तिन्] ধ্বজাদিদণ্ড, ভুজাদির অবলম্বন দণ্ড। [यज-क्तिच्] হারলতা, যষ্টিমধু, তন্তু, শস্ত্রবিশেষ। A pole, stick, string, liquorice.

यष्टृ पु० [यज-तृच्] যাগকর্তা। Sacrificer.

याग पु० [यज-घञ्] যজ্ঞ। A sacrifice.

याचक त्रि० [याच-ण्वुल्] যাচ্ঞাকারক। A suppliant.

याचन क्ली० [याच-ल्युट्] যাচ্ঞা, প্রার্থনা। Begging, a request.

याचनक त्रि० [याच-ल्यु+कन्] যাচক। A beggar.

याचमान त्रि० [याच-शानच्] প্রার্থক। A seeker.

याचित क्ली० [याच-क्त] যাচ্ঞা। त्रि० প্রার্থিত। Entreaty ; begged.

याचितक क्ली० [याचित+कन्] প্রার্থনালব্ধ। A thing got by begging.

याचितृ त्रि० [याच-तृच्] প্রার্থক। Seeker.

याचिष्णु त्रि० [याच-इष्णुच्] যাচনশীল। Habitually begging.

याच्ञा स्त्री० [याच-नङ्+टाप्] প্রার্থনা। Begging.

याच्य त्रि० [याच-ण्यत्] প্রার্থনীয়। Fit to be asked.

याजक पु० [यज+ण्वुल्] ঋত্বিক। A priest.

याजन क्ली० [यज+णिच्-ल्युट्] পৌরোহিত্য। The conducting of a sacrifice,

याजि पु० [यज-इन्], **याजिन्** पु० [यज-णिनि] যজ্ঞকারী। A sacrificer.

याज्ञवल्क्य पु० ধর্মশাস্ত্রকর্তা, শুক্লযজুর প্রবর্তক মুনিবিশেষ। The writer of a religious book, the name of a famous sage.

याज्ञसेनी स्त्री० [यज्ञसेन+इञ्+ङीप्] দ্রুপদরাজার কন্যা। The daughter of the king of Drupada.

याज्ञिक पु० [यज्ञ+ठक्] দর্ভবিশেষ, যাজক, অশ্বত্থ, খদির, পলাশ, যজমান। A kind of sacred grass, ritualist, the fig tree.

याज्य क्ली० [यज-ण्यत्] যাগস্থান, দেবপ্রতিমা। त्रि० যাজনীয়। स्त्री० याज्या—ঋগ্‌বিশেষ। The place for sacrifice, idol ; to be sacrificed ; a kind of Vedic verse.

यात त्रि० [या-क्त] গত, অতীত। Gone, passed.

यातना स्त्री० [यात-युच्+टाप्] তীব্র বেদনা। Torment.

यातयाम त्रि० [यात+याम] জীর্ণ, পর্যুষিত, পরিভুক্ত, উচ্ছিষ্ট, পুনঃপুনঃ প্রযুজ্যমান। Worn out, stale.

यातव्य पु० [या-तव्य] যুদ্ধে অভিগম্য শত্রু। त्रि० গন্তব্য। An enemy to be marched against, fit to be gone to.

यातायात क्ली० [यात+आयात] গমনাগমন। Going and coming.

यातु क्ली० [या-तु] রাক্ষস। त्रि० গন্তা, অধ্বগ। पु० কাল। [यत+णिच्-उण्] বায়ু, যাতয়িতা, প্রবর্তয়িতা। Demon traveller ; time ; wind.

यातुधान पु० [यातु+धा-न] রাক্ষস। Demon.

यातृ स्त्री० [या-तृच्] দেবরপত্নী। त्रि० [या-तृन्] গন্তা। A husband's brother's wife ; traveller.

यात्रा स्त्री० [या-ष्ट्रन्+टाप्] গমন, জিগীষাহেতু রাজার গমন, দেবতার উদ্দেশে উৎসববিশেষ, যাপন, উপায়। Going, march, a kind of festival, means.

यात्रिक त्रि० [यात्रा+ठक्] উৎসব, উপায়, গমনের নিমিত্ত হিতকর নক্ষত্রাদি। A festival, means.

यात्रिन् त्रि० [यात्रा+इनि] যাত্রাকারী। Traveller.

याथातथ्य क्ली० [यथातथ+ष्यञ्] যে বস্তুর যেরূপ হওয়া উচিত তাহার তদ্রূপতা। The state of being as it is.

याथार्थ्य क्ली० [यथार्थ+ष्यञ्] সত্যত্ব, বাস্তবিকত্ব। Truth, reality.

यादःपति पु० [यादस्+पति] বরুণ, সমুদ্র। Name of Varuṇa, the ocean.

यादव पु० [यदु+अण्] যদুবংশ্য, যদুবংশের প্রধান শ্রীকৃষ্ণ। क्ली० গোমহিষ প্রভৃতি ধন। स्त्री० यादवी—দুর্গা। A descendant of Yadu ; Kṛṣṇa—the chief of Yadu dynasty ; wealth like cows and so on ; Durgā.

यादस् क्ली० [या-असुन्] জলজন্তু। Aquatic animal.

यादसांपति पु० [यादसाम्+पति] বরুণ, সমুদ্র। Name of Varuṇa, the ocean.

यादृक्ष त्रि० [यद्+दृश–क्स], **यादृश्** त्रि० [यद्+दृश–क्विन्], **यादृश** त्रि० [यद्+दृश–कञ्] যৎসদৃশ, যথাবিধ। As, like.

यादृच्छिक त्रि० [यदृच्छा+ठक्] যথেচ্ছভাবে প্রাপ্ত। Voluntary.

यान क्ली० [या–ल्युट्] গমন, রাজনীতিশাস্ত্রোক্ত গুণ-বিশেষ, গমনসাধন রথাদি। Going, one of the six guṇas in polity, vehicle.

यानिन् त्रि० [यान–इनि] যানবাহক। One who carries a vehicle.

यापन क्ली० [या+णिच्–ल्युट्] কালাদির ক্ষেপণ, নিরসন। Spending time.

यापित त्रि० [या+णिच्–क्त] অতিবাহিত। Spent.

याप्य त्रि० [या+णिच्–ण्यत्] নিন্দ্য, অধম, ক্ষেপণীয়, রোগবিশেষ। Censurable, inferior, fit to be thrown, chronic disease.

याम पु० [यम–घञ्] সময়, প্রহর। Time, eighth part of a day and night.

यामघोष पु० [याम+घोष] কুক্কুট। স্ত্রী० यामघोषी —ঘটিকাযন্ত্রবিশেষ। A cock ; time-piece.

यामल क्ली० [यमल+अण्] যুগল, তন্ত্রশাস্ত্রবিশেষ। A pair, a kind of Tantraśāstra.

यामवती स्त्री० [याम+मतुप्+ङीप्] রাত্রি, হরিদ্রা। Night, turmeric.

यामि स्त्री० [यम–इन्] কুলস্ত্রী, ভগিনী, রাত্রি, যমপত্নী-বিশেষ। Sister, night, a wife of Yama.

यामिक त्रि० [याम+ठक्] যামসম্বন্ধীয়। पु० প্রহরী। Relating to time ; watchman.

यामित्र क्ली० জ্যোতিষশাস্ত্রে লগ্ন ও রাশির সপ্তম স্থান। The seventh lunar mansion.

यामित्रवेध पु० [यामित्र+वेध] লগ্নসপ্তমস্থানে প্রতিকূলগ্রহস্থিতি। Inauspicious planets in the seventh lunar mansion.

यामिनी स्त्री० [याम–इनि+ङीप्] রাত্রি, হরিদ্রা। Night, turmeric.

यामिनीनाथ पु० [यामिनी+नाथ], **यामिनीपति** पु० [यामिनी+पति] চন্দ্র, কর্পূর। The moon, camphor.

यामी स्त्री० [यम+अण्+ङीप्] দক্ষিণদিক্, যম-সম্বন্ধিনী যাতনা, ভরণীনক্ষত্র। [यामि+ङीप्] কুলস্ত্রী, ভগিনী। The south, a chaste woman, sister.

यामुन त्रि० [यमुना+अण्] যমুনাসম্বন্ধীয়। Relating to Yamunā.

याम्य पु० [यामी+यत्] চন্দনবৃক্ষ, অগস্ত্য। त्रि० [यम+ण्य] ভরণীনক্ষত্র, দক্ষিণদেশস্থ। Sandalwood ; southern.

यायजुक पु० [यज+यङ्–ऊकञ्] পুনঃপুনঃ যাগশীল। A performer of frequent sacrifices.

यायावर पु० [या+यङ्–वरच्] অশ্বমেধীয় অশ্ব, জরৎকারু মুনি। त्रि० সর্বদা ভ্রমণশীল। A sacrificial horse, the sage Jaratkāru ; nomadic.

याव[क] पु० [यु–अप्+अण्+(कन्)] অলক্ত, ব্রীহি-ধান্যবিশেষ। Lac, a particular variety of paddy.

यावत् त्रि० [यत्+वतुप्] যৎপরিমাণ। अव्य० সাকল্য, অবধি, ব্যাপ্তি, মান, অবধারণ। As much as ; a particle signifying total, up to etc.

यावतिथ त्रि० [यावत्+डट्+तिथुक्] যাবৎ-পরিমিত। As much as.

यावन्मात्र त्रि० [यावत्+मात्र] যৎপরিমিত। As much as.

याष्टीक पु० [यष्टि+ईकक्] যষ্টির দ্বারা যুদ্ধকারী। A warrior armed with a club.

यियक्षमाण त्रि० [यज+सन्–शानच्], **यियक्षु** त्रि० [यज+सन्–उ] যজ্ঞকরণেচ্ছু। Desirous of performing sacrifices.

युक्त त्रि० [युज–क्त] মিলিত, নিযুক্ত, আসক্ত, উচিত। क्ली० ন্যায়াগত দ্রব্যাদি। United, appointed, attached ; goods that come lawfully.

युक्तचेतस् त्रि० [युक्त+चेतस्] সমাহিতচিত্ত। Attentive.

युक्ततम त्रि० [युक्त+तम] যোগিশ্রেষ্ঠ। The best of the contemplative saints.

युक्ततमेन्द्रिय त्रि० [युक्ततम+इन्द्रिय] যাহার ইন্দ্রিয়গণ সংযমিত হইয়াছে। One of controlled senses.

युक्तदण्ड त्रि० [युक्त+दण्ड] ন্যায্যদণ্ডদাতা। One who gives punishment justly.

युक्तरूप त्रि० [युक्त+रूप] উচিতমত। Worthy.

युक्तात्मन् त्रि० [युक्त+आत्मन्] সমাহিতচিত্ত। Concentrated in mind.

युक्ताहारविहार त्रि० [युक्त+आहार+विहार] পরিমিত আহারবিহারশীল। Moderate in eating and enjoying.

युक्ति स्त्री० [युज–क्तिन्] ন্যায়, অনুমান, ব্যবহার, মিলন, নাটকাঙ্গবিশেষ। Reason, inference, usage, union.

युक्तियुक्त त्रि० [युक्ति+युक्त] যুক্তি অনুযায়ী। Reasonable.

युग क्ली० [युग-अच्] যুগ্ম, দ্বিত্বসংখ্যান্বিত, সত্য-ত্রেতাদ্বাপররূপ কালবিশেষ, বৃদ্ধিনামক ওষধি, হস্তচতুষ্কপরিমাণ। পু০ রথহলাদির অঙ্গবিশেষ। A pair, a cycle of the world, a plant named vṛddhi; yoke.

युगन्धर पु० [युग+धृ-खच्] যুগবন্ধনার্থ রথাদির কাষ্ঠবিশেষ, পর্বতবিশেষ। The pole of a carriage to which the yoke is fixed.

युगपत् अव्य० [युग+पद-क्विप्] এককালে। Simultaneously.

युगल क्ली० [युग+ला-क] যুগ্ম, দ্বিত্বসংখ্যান্বিত। A pair.

युगबाहु त्रि० [युग+बाहु] যুগবৎ দীর্ঘবাহু। Long-armed.

युगान्त पु० [युग+अन्त] প্রলয়। Destruction of the world.

युग्म क्ली० [युज-मक्] দ্বিসংখ্যান্বিত, তিথিবিশেষ-যোগ, সমরাশি, মিথুনরাশি। A pair.

युग्य त्रि० [युग+यत्] যুগবাহক অশ্বাদি। क्ली० বাহন, যান। Fit to be yoked; vehicle.

युञ्जान पु० [युज-शानच्] সারথি, যোগাভ্যাসক। Charioteer, one practising yoga.

युत त्रि० [यु-क्त] সংযুক্ত, মিলিত, অমিলিত। क्ली० হস্তচতুষ্টয়মান। Joined, united; a measure of four cubits.

युतक क्ली० [युत+क] সংশয়, যুগ, চরণাগ্র, যৌতুকধন, মৈত্রীকরণ, সংস্রব, শূর্পাগ্র, স্ত্রীবস্ত্রবিশেষ, স্ত্রীবসনাঞ্চল। त्रि० সংযুক্ত। Doubt, a nuptial gift, forming friendship, a sort of dress worn by women; united.

युतवेध पु० চন্দ্রের পাপগ্রহযোগবিশেষ। Contact of the moon with an inauspicious planet.

युतसिद्ध त्रि० [युत+सिद्ध] পৃথক্‌রূপে উৎপন্ন। Separately produced.

युति स्त्री० [यु-क्तिन्] মিশ্রণ। Mixing.

युद्ध क्ली० [युध-क्त] সংগ্রাম। War.

युध, युधा स्त्री० [युध-क्विप्(+टाप्)] যুদ্ধ। Fight.

युधाजित् पु० হরিবংশোক্ত নৃপবিশেষ। Name of a king.

युधान पु० [युध-कान] ক্ষত্রিয়। A man of the warrior caste.

युधिष्ठिर पु० [युधि+स्थिर] পাণ্ডবজ্যেষ্ঠ। The name of the eldest Pāṇḍava.

युयुत्सु त्रि० [युध+सन्-उ] সমরেচ্ছু। पु० ধৃতরাষ্ট্রের পুত্রবিশেষ। Wishing to fight; son of Dhṛtarāṣṭra.

युयुधान पु० [युध-कानच्] ইন্দ্র, সাত্যকি, ক্ষত্রিয়। त्रि० যোদ্ধা। An epithet of Indra, Sātyaki; warrior.

युवक पु० [युवन्+कन्] যুবা, তরুণ। Young.

युवजानि पु० [युवती+जाया] যাহার স্ত্রী যুবতী। Having a young wife.

युवति स्त्री० [युवन्+ति] যৌবনবতী স্ত্রী। A young woman.

युवती स्त्री० [युवन्+ङीप्] যৌবনবতী স্ত্রী, নারী, হরিদ্রা। A young woman, turmeric.

युवन् त्रि० [यु-कनिन्] শ্রেষ্ঠ, স্বভাবতঃ বলবান্, তরুণ। Good, strong, young.

युवनाश्व पु० মান্ধাতার পিতা সূর্যবংশীয় নৃপবিশেষ। Name of a king.

युवराज पु० [युवन्+राजन्+टच्] রাজপুত্র, বুদ্ধবিশেষ। A royal prince.

युष्मद् त्रि० [युष+मदिक्] তুমি। You.

यूक पु० [यू-क्विप्+क] কেশকীট। A louse.

यूति स्त्री० [यू-क्तिन्] মিশ্রীকরণ। Mixing.

यूनी स्त्री० [युवन्+ङीप्] যুবতী। Young lady.

यूथ पु० [यू-थक्] দল। A herd.

यूथनाथ पु० [यूथ+नाथ], **यूथपति** पु० [यूथ+पति], **यूथप** पु० [युथ+पा-क] বন্য গজাদির প্রধান। The leader of a herd (usually of elephants).

यूथिका स्त्री० [यू-थक्+ठन्-टाप्] যুঁইফুল। A kind of jasmine flower.

यूप पु०, क्ली० [यू-पक्] যজ্ঞীয় পশুবন্ধনের নিমিত্ত কাষ্ঠবিশেষ, স্তম্ভ। A sacrificial post to which the animal is fastened.

यूपकटक पु० [यूप+कटक] যজ্ঞসমাপ্তিসূচক চষাল। A wooden ring indicating the end of the sacrifice.

यूष पु०, क्ली० [यूष-क] কাথ। पु० ব্রহ্মদারুবৃক্ষ। Soup.

योक्त् क्ली० [युज-ष्ट्रन्] যুগাদিবন্ধন রজ্জু, যোত। The tie of the yoke of a plough etc.

योग पु० [युज-घञ्] সংযোগ, মেলন, উপায়, বর্মাদিধারণ, ধ্যান, যুক্তি, সর্ববিষয় হইতে অন্তঃকরণবৃত্তির রোধ, জীবাত্মা ও পরমাত্মার ঐক্য, অলব্ধবস্তুলাভের চিন্তা, দেহস্থৈর্য, শব্দাদির প্রয়োগ, ভেষজ, বিশ্বাসঘাতক, দ্রব্য, নৈয়ায়িক, ধন, ছল, গুপ্তচর, দর্শনবিশেষ, জ্যোতিষোক্ত তিথি-

বার-নক্ষত্রাদির সম্বন্ধবিশেষ। Joining, uniting, means, concentration of the mind, union of the human soul with the Supreme Spirit, a system of philosophy.

योगक्षेम ক্লী০ [যোগ+ক্ষেম] অপ্রাপ্ত বস্তুর লাভ ও প্রাপ্ত বস্তুর সংরক্ষণ। Securing of the unattained thing and keeping safe of the obtained.

योगचूर्ण ক্লী০ [যোগ+চূর্ণ] চূর্ণবিশেষ। A kind of powder.

योगज ক্লী০ [যোগ+জন–ড] অগুরুচন্দন। ত্রি০ যোগজাত। পু০ ন্যায়মতে প্রত্যক্ষের সাধন অলৌকিক সন্নিকর্ষবিশেষ। A variety of sandal named Aguru; produced by Yoga.

योगतस् অব্য০ [যোগ+তসিল্] উপায় দ্বারা। By means.

योगधारणा স্ত্রী০ [যোগ+ধারণা] যোগস্থৈর্য। Perseverance in meditation.

योगनिद्रा স্ত্রী০ [যোগ+নিদ্রা] প্রলয়কালে পরমেশ্বরের সর্বজীবসংহারের বাসনায় যোগরূপ ব্যাপার, দুর্গা। The Divine sleep at the time of dissolution.

योगपट्ट ক্লী০ [যোগ+পট্ট] যোগীর ধারণীয় উত্তরীয়-বিশেষ। A cloth for the use of a Yogin.

योगबल ক্লী০ [যোগ+বল] সমাধিজনিত বল। The power of abstract meditation.

योगमाया স্ত্রী০ [যোগ+মায়া] ভগবানের জগৎ-সর্জনার্থা শক্তি, দুর্গা। The power of God in the creation of the world.

योगयज्ञ পু০ [যোগ+যজ্ঞ] আসন, প্রাণায়াম প্রভৃতি অষ্টাঙ্গযোগরূপ যজ্ঞ। The eight processes of Yoga, viz, āsana, prāṇāyāma etc.

योगयुक्तात्मन् ত্রি০ [যোগ+যুক্তাত্মন্] সমাহিতান্তঃ-করণ। Absorbed in profound meditation.

योगरूढ পু০ [যোগ+রূঢ়] অবয়বশক্তি ও সমুদায়শক্তির দ্বারা অর্থবোধক শব্দ। The word having an etymological as well as conventional meaning.

योगवाहिन् ত্রি০ [যোগ+বহ–ণিনি] পারদ, ক্ষারবিশেষ। Mercury.

योगवित्तम ত্রি০ [যোগবিৎ+তম] অতিশয় যোগবিৎ, যোগিশ্রেষ্ঠ। Extremely conversant with Yoga.

योगविभाग পু০ [যোগ+বিভাগ] ব্যাকরণশাস্ত্রে পদ্ধতি-বিশেষ। A method of Sanskrit grammar.

योगसंसिद्ध ত্রি০ [যোগ+সংসিদ্ধ] যোগদ্বারা পরিপক্ক। Perfected by means of Yoga.

योगसंसिद्धि স্ত্রী০ [যোগ+সংসিদ্ধি] যোগফলের সম্যক্প্রাপ্তি। Attainment of the results of Yoga.

योगसेवा স্ত্রী০ [যোগ+সেবা] যোগানুষ্ঠান। The practice of Yoga.

योगस्थ ত্রি০ [যোগ+স্থা–ক] সিদ্ধি ও অসিদ্ধিতে সমবুদ্ধিসম্পন্ন। One in a state of equipoise.

योगाचार পু০ বৌদ্ধবিশেষ। A school of Buddhists.

योगाधमन ক্লী০ [যোগ+আধমন] ছলযুক্ত বন্ধকদান। A fraudulent pledge.

योगारूढ ত্রি০ [যোগ+আরূঢ়] যোগনিরত। Engaged in Yoga.

योगासन ক্লী০ [যোগ+আসন] যোগশাস্ত্রোক্ত স্বস্তিকাদি আসনবিশেষ। A posture suited to meditation.

योगिन् ত্রি০ [যুজ–ঘিনুণ্] সংযমযুক্ত, যোগযুক্ত। স্ত্রী০ যোগিনী—দুর্গা, তিথিবিশেষ, মঙ্গলা-পিঙ্গলাদি দশাবিশেষ। Self-controlled, practising Yoga; Durgā.

योगीश পু০ [যোগিন্+ঈশ], **योगीश्वर** পু০ [যোগিন্+ঈশ্বর] যোগিগণের শ্রেষ্ঠ, যাজ্ঞবল্ক্য। The chief of the contemplative saints, an epithet of Yājñavalkya.

योगेश পু০ [যোগ+ঈশ], **योगेश्वर** পু০ [যোগ+ঈশ্বর] শ্রীকৃষ্ণ। An epithet of Kṛṣṇa.

योगेष्ट ক্লী০ [যোগ+ইষ্ট] সীসক। Lead.

योग्य ত্রি০ [যুজ–ণ্যৎ] উচিত, যোগার্হ, নিপুণ, শক্ত। ক্লী০ ঋদ্ধিনামক ওষধি। পু০ পুষ্যনক্ষত্র। Fit; a kind of herb.

योग्यता স্ত্রী০ [যোগ্য+তল্+টাপ্] সামর্থ্য। Fitness.

योग्या স্ত্রী০ [যুজ–ণ্যৎ+টাপ্] সূর্যস্ত্রী, শাস্ত্রাভ্যাস। The wife Sūrya.

योजक ত্রি০ [যুজ–ণ্বুল্] যোজনাকারী। Employer.

योजन ক্লী০ [যুজ–ল্যুট্] সংযোগকরণ, পরমাত্মা, অঙ্গুলি। স্ত্রী০ যোজনা—আসক্তিসম্পাদন। Joining, the Supreme Soul.

योजनगन्धा স্ত্রী০ [যোজন+গন্ধ+টাপ্] কস্তূরী, সীতা, ব্যাসমাতা। Musk, an epithet of Sītā.

যোজিত ত্রি০ [যুজ+ণিচ্‌-ক্ত] লগ্নীকৃত, নিয়োজিত। Joined, employed.

যোত্র ক্লী০ [যু-ষ্ট্রন্‌] যুগাদিবন্ধনরজ্জু। A cord.

যোৎস্যমান ত্রি০ [যুধ-শানচ্‌ (লৃটঃ)] যোদ্ধুকাম। Desirous of fighting.

যোদ্ধৃ ত্রি০ [যুধ-তৃচ্‌] যোদ্ধা। Warrior.

যোধ পু০ [যুধ্‌-অচ্‌] যুদ্ধকারক। [যুধ-ঘঞ্‌] যুদ্ধ। Warrior, war.

যোধন ক্লী০ [যুধ-ল্যুট্‌] যুদ্ধ। Battle.

যোনি পু০ [যু-নি] আকর, কারণ, জল, স্ত্রীচিহ্ন, পূর্বফল্গুনী নক্ষত্র। Place of origin, source, water, the female organ of generation.

যোনিজ ত্রি০[যোনি+জন-ড] জরায়ুজ, অণ্ডজ প্রভৃতি দেহবিশেষ। Born of the womb, etc.

যোনিমুদ্রা স্ত্রী০ [যোনি+মুদ্রা] তন্ত্রশাস্ত্রোক্ত মুদ্রা-বিশেষ। A kind of Tāntrika mudrā.

যোষা স্ত্রী০ [যুষ-অচ্‌+টাপ্‌] স্ত্রী। Woman.

যোষিত্[তা] স্ত্রী০ [যুষ-ইতি(+টাপ)] নারী। Woman.

যৌক্তিক ত্রি০[যুক্তি+ঠক্‌]যুক্তিসিদ্ধ, যোগ্য। পু০ নর্ম-সচিব। Reasonable; a king's companion.

যৌগিক ত্রি০ [যোগ+ঠক্‌] প্রকৃতিপ্রত্যয় হইতে লব্ধ অর্থের বাচকশব্দ, যোগযোগ্য। A derivative meaning.

যৌতক ক্লী০ [যুত+বুণ্‌] বিবাহকালে লব্ধ ধন। Dowry.

যৌতুক ক্লী০ [যোতু+কণ্‌] বিবাহকালে লব্ধ ধন। Dowry.

যৌন ত্রি০ [যোনি+অণ্‌] যোনি হইতে প্রাপ্ত। পু০ বৈবাহিকসম্বন্ধ। Sexual ; matrimonial.

যৌবত ক্লী০ [যুবতী+অণ্‌] যুবতিসমুদায়। An assemblage of young women.

যৌবন ক্লী০ [যুবন্‌+অণ্‌] তারুণ্য, অবস্থাবিশেষ। Youth.

যৌবনকণ্টক পু০, ক্লী০ [যৌবন+কণ্টক] ব্রণবিশেষ। Pimple.

যৌবরাজ্য ক্লী০ [যুবরাজ+ষ্যঞ্‌] যুবরাজের পদ। The office of a royal prince.

যৌষ্মাক ত্রি০ [যুষ্মদ্‌+অণ্‌], **যৌষ্মাকীণ** ত্রি০ [যুষ্মদ্‌+খঞ্‌] তোমাদের। Yours.

র

র পু০[রা-ড]দ্বিতীয় অন্তঃস্থ বর্ণ, বহ্নি, উগ্র, কামানল, ছন্দঃশাস্ত্রে সংজ্ঞাবিশেষ। The second semivowel, fire, the fire of desire.

রংহস্‌ ক্লী০ [রংহ-অসুন্‌] বেগ। Speed.

রক্ত ক্লী০ [রন্‌জ-ক্ত] শোণিত, তাম্র, কুমকুম, প্রাচীনামলক, সিন্দুর, হিঙ্গুল, রাগ। পু০ কুসুম্ভ, হিজ্জল, পরাগ, রোহিতবর্ণ। ত্রি০ অনুরক্ত, ক্রীড়ারত, নীল্যাদিরাগযুক্ত। স্ত্রী০ রক্তা—লাক্ষা, গুঞ্জা, মঞ্জিষ্ঠা। Blood, copper, vermilion, saffron, red colour ; lac.

রক্তক পু০ [রক্ত+কৈ-ক] অম্লানবৃক্ষ, বন্ধুকবৃক্ষ রক্তৈরণ্ড। ক্লী০ রুধির, রক্তবস্ত্র। ত্রি০ অনুরাগী, বিনোদী। A tree ; blood, a red garment.

রক্তকণ্ঠ পু০ [রক্ত+কণ্ঠ] কোকিল। ত্রি০ সুস্বর কণ্ঠযুক্ত। The cuckoo ; sweet-voiced.

রক্তকমল ক্লী০ [রক্ত+কমল], **রক্তকম্বল** ক্লী০ [রক্ত+কম্বল] রক্তবর্ণ পদ্ম। Red lotus.

রক্তচন্দন ক্লী০ [রক্ত+চন্দন] চন্দনবিশেষ। Red sandal.

রক্তদন্তিকা স্ত্রী০ [রক্ত+দন্ত+কপ্‌+টাপ্‌] দাড়িমীস্থ দুর্গার শক্তিবিশেষ। An epithet of Durgā.

রক্তদন্তী স্ত্রী০ [রক্ত+দন্ত+ঙীপ্‌] চণ্ডীবর্ণিত দেবীবিশেষ। Name of a goddess.

রক্তপ পু০ [রক্ত+পা-ক] রাক্ষস। ত্রি০ রক্তপানকর্তা। স্ত্রী০ রক্তপা—জলৌকা, ডাকিনী। Demon ; leech.

রক্তপায়িন্‌ ত্রি০ [রক্ত+পা-ণিনি] রক্তপানশীল। স্ত্রী০ রক্তপায়িনী—জলৌকা। Blood-sucker ; a leech.

রক্তপিত্ত ক্লী০ [রক্ত+পিত্ত] রোগবিশেষ। A kind of disease.

রক্ত[বী]বীজ পু০[রক্ত+(বী)বীজ] দাড়িম্ববৃক্ষ, অসুর-বিশেষ। Pomegranate tree, name of a demon.

রক্তসন্ধ্যক ক্লী০ [রক্তা+সন্ধ্যা+কন্‌] রক্তবর্ণ পদ্ম। Red lotus.

রক্তাক্ষ পু০ [রক্ত+অক্ষিন্‌+ষচ্‌] পারাবত, মহিষ, চকোর, সারস। ত্রি০ লোহিতবর্ণনেত্রযুক্ত, ক্রূর। Pigeon, buffalo ; red-eyed.

রক্তাঙ্গ ক্লী০ [রক্ত+অঙ্গ] কুমকুম। পু০ মঙ্গলগ্রহ, কাম্পিল্ল। পু০, ক্লী০ প্রবাল। স্ত্রী০ রক্তাঙ্গী—মঞ্জিষ্ঠা, জীবন্তী। Saffron ; the planet Mars ; coral.

রক্তাতিসার পু০ [রক্ত+অতিসার] রোগবিশেষ। A kind of disease.

রক্তাম্বর ক্লী০ [রক্ত+অম্বর] রক্তবস্ত্র। ত্রি০ রক্তবস্ত্রধারী। A red garment ; clad in red garment.

रक्तिका स्त्री० [रक्त+कन्+टाप्] গুঞ্জা, রাজিকা, পরিমাণবিশেষ। The Guñjā plant.

रक्तिमन् पु० [रक्त+इमनिच्] রক্তত্ব। Redness.

रक्तोत्पल क्ली० [रक्त+उत्पल] কোকনদ, লোহিতবর্ণ পদ্ম, গৈরিক। পু০ শাল্মলীবৃক্ষ। The red lotus ; the Śālmalī tree.

रक्ष त्रि० [रक्ष–अच्] রক্ষক। Protector.

रक्षःसभ क्ली० [रक्षस्+सभा] রাক্ষসসমূহ। An assembly of demons.

रक्षक त्रि० [रक्ष–ण्वुल्] রক্ষাকর্তা। Protector.

रक्षण क्ली० [रक्ष–ल्युट्] রক্ষা। পু০ [रक्ष–ल्यु] রক্ষাকারক। Protecting.

रक्षणीय त्रि० [रक्ष–अनीयर्] রক্ষার্হ। Fit to be protected.

रक्षस् क्ली० [रक्ष–असुन] রাক্ষস। Demon.

रक्षा स्त्री० [रक्ष–अ+टाप्] রক্ষণ। [रक्षा–अच्+टाप्] জতু, ভস্ম। Protection, ashes.

रक्षाकरण्डक पु० [रक्षा+करण्डक] রক্ষাকবচ। A charmed amulet.

रक्षागृह क्ली० [रक्षा+गृह] সূতিকাগার। A lying-in chamber.

रक्षाधिकृत त्रि० [रक्षा+अधिकृत] রক্ষার নিমিত্ত নিযুক্ত। Entrusted with protection.

रक्षित त्रि० [रक्ष–क्त] রক্ষাপ্রাপ্ত, ভাণ্ড। পু০ বৈদ্যবিশেষ। Protected, pot ; name of a teacher of medicine.

रक्षितृ त्रि० [रक्ष–तृच्], **रक्षिन्** त्रि० [रक्षा+इनि] – রক্ষাকর্তা। Protector.

रक्षोघ्न क्ली० [रक्षस्+हन–टक्] কাঞ্জিক, হিঙ্গু, সূক্তবিশেষ। ত্রি০ রাক্ষসঘাতক। পু০ ভল্লাতকবৃক্ষ, শ্বেতসর্ষপ। স্ত্রী০ रक्षोघ्नी—বচা। Gruel, a kind of hymn to dispel demons ; white mustard.

रक्षोहन् पु० [रक्षस्+हन–क्विप्] গুগ্গুল, শ্বেতসর্ষপ। ত্রি০ রাক্ষসঘাতক। A kind of incense, white mustard ; killer of demon.

रक्षोनाथ पु० [रक्षस्+नाथ] রাবণ। An epithet of Rāvaṇa.

रक्ष्ण पु० [रक्ष–नङ्] ত্রাণ। Protection.

रक्ष्य त्रि० [रक्ष–यत्] রক্ষণীয়। To be protected.

रघु पु० [लघ–उ] সূর্যবংশীয় নৃপতিবিশেষ। Name of a king of solar race.

रघुनन्दन पु० [रघु+नन्दन] শ্রীরামচন্দ্র। An epithet of Śrī Rāmacandra.

रघुनाथ [रघु+नाथ], **रघुपति** [रघ+पति], **रघुवर** [रघु+वर], **रघुसिंह** [रघु+सिंह], **रघूद्वह** [रघु+उद्वह] শ্রীরামচন্দ্র। Epithets of Rāma.

रघुवंश पु० [रघु+वंश] রঘুকুল। ক্লী০ কালিদাসপ্রণীত মহাকাব্যবিশেষ। The family of Raghu, an epic of Kālidāsa.

रघुवंशतिलक पु० [रघुवंश+तिलक] শ্রীরামচন্দ্র। Epithet of Rāma.

रङ्क त्रि० [रक–अच्] কৃপণ, মন্দ। Miser, bad.

रङ्कु पु० [रक–उ] মৃগবিশেষ। A kind of deer.

रङ्ग पु० [रग–अच] ধাতুবিশেষ। [रन्ज–घञ्] রাগ, নাট্যস্থান, নৃত্য, টঙ্কণ, রণভূমি, খদিরসার। A kind of metal, colour, playhouse, dancing.

रङ्गाजीव पु० [रङ्ग+आजीव] নট, চিত্রকর, রঙ্রাজ। Actor.

रङ्गावतारक पु० [रङ्ग+अव+तृ–ण्वुल्] নট। Actor.

रङ्गावतारिन् पु० [रङ्ग+अवतारिन्] নট। Actor.

रङ्हस् क्ली० [रघ–असुन्] বেগ। Speed.

रचन क्ली० [रच–ल्युट्] বিন্যাস। Composition.

रचयितृ त्रि० [रच+णिच्–तृच्] রচনাকর্তা। Composer.

रचित त्रि० [रच–क्त] প্রণীত, কৃত, শোভিত। Composed.

रज पु० [रन्ज–क] পরাগ, রেণু, গুণবিশেষ। The dust or pollen of flowers, the second of the three guṇas.

रजक पु० [रन्ज–ण्वुल्] ধোপা। Washerman.

रजत क्ली० [रन्ज–अतच्] রূপা, গজ, দন্ত, রুধির, হার, শৈল, স্বর্ণ, ধবল। ত্রি০ শুক্লগুণযুক্ত। Silver, ivory, gold ; white.

रजतगिरि पु० [रजत+गिरि], **रजतशैल** पु०, [रजत+शैल], **रजताचल** पु० [रजत+अचल] **रजताद्रि** पु० [रजत+अद्रि] কৈলাসপর্বত, দানের নিমিত্ত কল্পিত রজতময় পর্বত। A name the Kailāsa mountain.

रजन क्ली० [रन्ज–क्युन्] রাগ। স্ত্রী০ रजनी—কুসুম্ভ, হরিদ্রা, রাত্রি। Colour ; safflower, turmeric, night.

रजनि स्त्री० [रन्ज–कनि] রাত্রি, হরিদ্রা, জতুকা। Night, turmeric.

रजनि[नी]कर पु० [रजनि(नी)+कृ–ट] চন্দ্র, কর্পূর। The moon, camphor.

रजनि[नी]चर पु० [रजनि(नी)+चर–ट] রাক্ষস, চোর, যামিকবিশেষ। A demon, thief.

रजनि[नी]कान्त पु० [रजनि(नी)+कान्त], **रजनि[नी]नाथ** पु० [रजनि(नी)+नाथ], **रजनि[नी]नायक** पु० [रजनि(नी)+नायक], **रजनि[नी]पति** पु० [रजनि(नी)+पति], **रजनि[नी]प्रभु** पु० [रजनि(नी)+प्रभु], **रजनीश** पु० [रजनि(नी)+ईश] চন্দ্র। The moon.

रजनि[नी]मुख क्ली० [रजनि(नी)+मुख] প্রদোষ। Evening,

रजस् क्ली० [रन्ज–असुन्] কুসুম্ভ, পুষ্পরেণু, ধূলি, সাংখ্য-শাস্ত্রোক্ত প্রকৃতির গুণবিশেষ। স্ত্রী० रजसी—পৃথিবী। Safflower or pollen of flowers, dust, the second of the three guṇas of Prakṛti in Sāṅkhya philosohpy.

रजस्वल त्रि० [रजस्–वलच्] রজোযুক্ত। পু० মহিষ। স্ত্রী০ रजस्वला—ঋতুমতী স্ত্রী। Dusty; buffalo; woman during the menses.

रज्जु স্ত্রী० [सृज–उ] দড়ি, বেণী। A rope.

रञ्जक त्रि० [रन्ज+णिच्–ण्वुल्] প্রীতিকারক। ক্লী০ হিঙ্গুল। পু০ কাম্পিল্লবৃক্ষ। Pleasing; vermilion; a kind of tree.

रञ्जन क्ली० [रन्ज–ल्युट्] রক্তচন্দন, হিঙ্গুল, মুঞ্জতৃণ, মঞ্জিষ্ঠা, নীলী। पु० [रन्ज+णिच्–ल्यु] রাগ। ত্রি০ রাগজনক। স্ত্রী০ रञ्जनी—শেফালিকা, হরিদ্রা, পর্পটি। Red sandal, vermilion, muñja grass; colour: turmeric.

रञ्जित त्रि० [रन्ज–क्त] চিত্রিত। Coloured.

रटन क्ली० [रट–ल्युट्] গর্জন। Shouting.

रटन्ती স্ত্রী০ [रट–शतृ+ङीप्] মাঘমাসের কৃষ্ণ চতুর্দশী। Name of the fourteenth day in the dark half of Māgha.

रटित त्रि० [रट–क्त] গর্জিত। Yelled.

रण पु० [रण–अप्] শব্দ, গতি। পু০, ক্লী০ যুদ্ধ। Sound, motion; battle.

रणक्षिति স্ত্রী০ [रण+क्षिति] রণভূমি। Battlefield.

रणत् त्रि० [रण–शतृ] শব্দায়মান। One making sound.

रणधुरा স্ত্রী০ [रण+धुरा] যুদ্ধভার। The burden of fighting.

रणमुख क्ली० [रण+मुख], **रणमूर्धन्** पु० [रण+मूर्धन्], **रणशिरस्** क्ली० [रण+शिरस्] যুদ্ধের অগ্রভাগ। The front of batttle.

रणरणक पु० [रण+रण+क] উদ্বেগ, উৎকণ্ঠা। Anxiety.

रणसङ्कुल क्ली० [रण+सङ्कुल] তুমুল যুদ্ধ। Tumultuous fight.

रणाङ्गन क्ली० [रण+अङ्गन], **रणाजिर** क्ली० [रण+अजिर] যুদ্ধক্ষেত্র। The battlefield.

रणित त्रि० [रण–क्त] শব্দিত। Ringing.

रण्ड पु० [रम–ड] ধূর্ত, বিফল। ত্রি০ ছিন্নাবয়ব। স্ত্রী০ रण्डा—বিধবা। Clever, fruitless; a widow.

रत क्ली० [रम–क्त] রমণ, গুহ্য। ত্রি০ অনুরক্ত। Coition; attached to.

रतकील पु० [रत+कील] কুক্কুর। A dog.

रति স্ত্রী০ [रम–क्तिन्] রাগ, গুহ্য, রমণ, কামদেবের পত্নী। Love, coition, the wife of Cupid.

रतिपति पु० [रति+पति] কন্দর্প। An epithet of Cupid.

रतिप्रिय त्रि० [रति+प्रिय] রমণপ্রিয়। পু० কামদেব। Fond of coition; an epithet of Kāmadeva.

रतिबन्ध पु० [रति+बन्ध] রতিমঞ্জরীগ্রন্থোক্ত ষোড়শ-প্রকার রমণবন্ধবিশেষ। Postures in sexual union.

रत्न क्ली० [रम–न] মাণিক্য প্রভৃতি মূল্যবান্ প্রস্তর, স্বস্বজাতির মধ্যে শ্রেষ্ঠ, হীরক। A gem, anything best of its kind, diamond.

रत्नगर्भ पु० [रत्न+गर्भ] সমুদ্র, কুবের। স্ত্রী০ रत्नगर्भा—পৃথিবী, সৎপুত্রবতী স্ত্রী। The sea; the earth.

रत्नत्रितय क्ली० [रत्न+त्रितय] জৈনধর্মোক্ত সদ্দৃষ্টি, জ্ঞান ও চরিত্র। The three tenets of the Jainas.

रत्नपारायण क्ली० [रत्न+पारायण] সর্বরত্নাধার। Receptacle of all gems.

रत्नमाला স্ত্রী০ [रत्न+माला] মুক্তাদিরচিত মালা। A necklace of jewels.

रत्नसानु पु० [रत्न+सानु] সুমেরু পর্বত। Name of the mountain Meru.

रत्नसू স্ত্রী০ [रत्न+सू–क्विप्] পৃথিবী। The earth.

रत्नाकर पु० [रत्न+आकर] রত্নখনি, সমুদ্র, বাল্মীকির পূর্বনাম। A mine of jewels, the ocean.

रत्नावली স্ত্রী০ [रत्न+आवली] রত্নসমূহ, রত্ননির্মিত হার, বৎসরাজের পত্নীবিশেষ, শ্রীহর্ষকৃত নাটিকা-বিশেষ। Gems, a jewel necklace, name of the wife of Vatsarāja; name of a drama by Śriharṣa.

रत्नि पु० [ऋ–कत्निच्] বদ্ধমুষ্টিহস্তপরিমাণ। The distance from the elbow to the end of the closed fist.

रथ पु०[रम–क्थन्] যানবিশেষ, দেহ, পাদ, বেতসবৃক্ষ, তিনিসবৃক্ষ। A carriage, the body.

रथकट्या[ड्या] स्त्री० [रथ+कड्यच्+टाप्] রথসমূহ। An assemblage of chariots.

रथक[का]र पु० [रथ+कृ–अच्(अण्)] সূত্রধার, বর্ণসঙ্করবিশেষ, রথনির্মাতা। Carpenter.

रथगुप्ति स्त्री० [रथ+गुप्ति] শস্ত্রবারণের নিমিত্ত রথের আবরণ। A protective screen in the chariot for warding off weapons.

रथचरण पु० [रथ+चरण] রথচক্র, চক্রবাকপক্ষী। স্ত্রী০ রথচরণী—চক্রবাকী। A chariot wheel, the ruddy goose.

रथन्तर त्रि० [रथ+तॄ–खच्] রথনেতা। ক্লী০ সামবিশেষ। The leader of the chariot ; a variety of Sāman.

रथयात्रा स्त्री० [रथ+यात्रा] আষাঢ়মাসের শুক্লা-দ্বিতীয়ায় জগন্নাথের উৎসববিশেষ। The car-festival of Jagannātha.

रथयुज् पु० [रथ+युज–क्विप्] রথের চালক। Charioteer

रथाङ्ग क्ली० [रथ+अङ्ग] চক্র। पु० চক্রবাকপক্ষী। Wheel ; the Cakravāka bird.

रथाङ्गनामन् पु० [रथाङ्ग+नामन्] চক্রবাকপক্ষী। The Cakravāka bird.

रथाङ्गपाणि पु० [रथाङ्ग+पाणि], **रथाङ्गभृत्** पु० [रथाङ्ग+भृ–क्विप्], **रथाङ्गिन्** पु० [रथाङ्ग+इनि] চক্রধর বিষ্ণু। An epithet of Viṣṇu.

रथारोहिन् त्रि० [रथ+आ+रुह–णिनि] রথী, রথের দ্বারা যুদ্ধকারক। Charioteer, a warrior fighting in a chariot.

रथिक पु० [रथ+ठन्], **रथिन्** पु० [रथ+इनि], **रथिन** पु० [रथ+इन], **रथिर** पु० [रथ+इर] রথী, তিনিসবৃক্ষ। Charioteer.

रथोपस्थ पु० [रथ+उपस्थ] রথমধ্য। The middle of the chariot.

रथ्य पु० [रथ+यत्] রথবাহক ঘোটক। त्रि० রথ-সম্বন্ধীয়। স্ত্রী০ রথ্যা—মার্গ, প্রশস্তপথ রথসমূহ, আবর্তনী। A chariot-horse ; relating to chariot ; a highway, a number of chariots.

रद पु० [रद–अच्] দন্ত। [रद–अप्] উৎখনন। A tooth, scratching.

रदन पु० [रद–ल्यु] দন্ত। क्ली० [रद–ल्युट्] বিদারণ। A tooth ; act of tearing.

रदनच्छद पु० [रदन+छद+णिच्–घ] ওষ্ঠদ্বয়। The two lips.

रन्तिदेव पु० বিষ্ণু, চন্দ্রবংশীয় নৃপবিশেষ, কুকুর। Name of Viṣṇu, a king of the lunar race.

रन्धन क्ली० [रध–ल्युट्] পাক। Cooking.

रन्ध्र क्ली० [रम–क्विप्+धृ–क] ছিদ্র, দূষণ, জ্যোতিষ শাস্ত্রে লগ্ন হইতে অষ্টমস্থান। A hole, fault.

रभस पु० [रभ–असच्] বেগ, হর্ষ, ঔৎসুক্য, পৌর্বাপর্যাবিচার, কোষকারক। त्रि० [रभस+अच्] বেগযুক্ত, মহৎ। Speed, delight, eagerness; speedy.

रम पु० [रम–अच्] কান্ত, কামদেব, অশোকবৃক্ষ। Love, the god of love.

रमण पु० [रम+णिच्–ल्यु] কামদেব, পতি, গর্দভ, বৃষণ, মহারিষ্ট, জম্বুদ্বীপান্তর্গত রম্যকনামক বর্ষ। ক্লী০ [रम–ल्युट्] সুরত, জঘন, পটোলমূল। স্ত্রী০ রমণী—নারী, উত্তমা নারী, বালা নামক বৃক্ষ। The god of love, husband ; sexual union, the hinder part of the body of a woman.

रमणीय त्रि० [रम–अनीयर्] সুন্দর। Handsome.

रमा स्त्री० [रम–अच्+टाप्] লক্ষ্মী, কল্কিভার্যা, শোভা। Name of Lakṣmī, the wife of Kalki.

रमापति पु० [रमा+पति] নারায়ণ। An epithet of Nārāyaṇa.

रम्भ पु० [रभ–अच्] বেণু, অসুরবিশেষ। স্ত্রী০ রম্ভা—কদলী, অপ্সরাবিশেষ, গৌরী, উত্তর দিক্, ধ্বনি, বেশ্যা। Flute, name of a demon ; plantain, name of a celestial nymph.

रम्भोरु स्त्री० [रम्भा+उरु] কদলীবৃক্ষবৎ উরুযুক্তা। A woman with a tapering thigh.

रम्य त्रि० [रम–यत्] সুন্দর, বলকর। पु० চম্পক, বকবৃক্ষ। क्ली० পটোলমূল। Pleasing, the Campaka tree.

रम्यक क्ली० [रम्य+कन्] শুক্র, জম্বুদ্বীপস্থ বর্ষ-বিশেষ। Semen.

रय पु० [रय–अच्] বেগ, প্রবাহ। Speed, current.

रयि पु० [रय–इन्] জল, ধন। Water, wealth.

रल्लक पु० [रम–क्विप्+ला–क] মৃগবিশেষ, কম্বল, নেত্রলোম। A kind of antelope, blanket.

रव पु० [रु–अप्] ধ্বনি, শব্দ। Cry, sound.

रवण पु० [रु–युच्] কোকিল, উষ্ট্র। क्ली० কাংস্য। त्रि० তীক্ষ্ণ, চঞ্চল, ভণ্ডক, শব্দকারক। Cuckoo, camel ; sharp, fickle.

রবি পু০ [অব–ইন্] সূর্য, অর্কবৃক্ষ, দ্বাদশসংখ্যা। The sun, the tree named Arka.

রবিজ পু০ [রবি+জন–ড] শনি, সাবর্ণিমনু, বৈবস্বত মনু, সুগ্রীব বানর, যম। স্ত্রী০ রবিজা—যমুনা। The planet Saturn; name of Sāvarṇi or Vaivasvata Manu ; Yamunā.

রবিতনয় পু০ [রবি+তনয়], **রবিসুত** পু০ [রবি+সুত], **রবিসূনু** পু০ [রবি+সূনু] শনি, সুগ্রীব, যম, মনু, কর্ণ। The planet Saturn, Sugrīva, Yama, Manu, Karṇa.

রবিপ্রিয় ক্লী০ [রবি+প্রিয়] রক্তকমল, তাম্র। পু০ করবীর, আদিত্যপত্র, জলচর। The red lotus, copper.

রশ্মি পু০ [রশ–মি] কিরণ, অশ্বরজ্জু। ক্লী০ পদ্ম। A beam, bridle ; lotus.

রশ্মিমৎ পু০ [রশ্মি+মতুপ্] সূর্য। The sun.

রস [রস–অচ্] রসনেন্দ্রিয়গ্রাহ্য মাধুর্যাদি গুণবিশেষ, দেহস্থ ভুক্ত অন্নাদির প্রথম পরিণাম, সার, পারদ, পুষ্পমধু, বিষ, বীর্য, রাগ, দ্রব, জল, শৃঙ্গার, বীর, করুণ, অদ্ভুত, হাস্য, ভয়ানক, বীভৎস রৌদ্র, ও শান্ত—এই নয়টি অলঙ্কারশাস্ত্রোক্ত প্রমেয়। পু০, ক্লী০ গন্ধরস, অন্ন। Name of six kinds of taste, fluid, poison, water, name of sentiments in poetics.

রসজ্ঞ ত্রি০ [রস+জ্ঞা–ক] রসজ্ঞাতা। স্ত্রী০ রসজ্ঞা—জিহ্বা। A connoisseur ; the tongue.

রসন ক্লী০ [রস–ল্যুট্] স্বাদ, ধ্বনি, জিহ্বা। Taste, sound, tongue.

রসনা স্ত্রী০ [রসন+টাপ্] জিহ্বা, রাস্না, কাঞ্চী, রজ্জু। The tongue.

রসনোপমা স্ত্রী০ [রসনা+উপমা] অলঙ্কারবিশেষ। A figure of speech.

রসরাজ পু০ [রস+রাজ] পারদ, রসাঞ্জন। Mercury.

রসবৎ ত্রি০ [রস+মতুপ্] রসযুক্ত। স্ত্রী০ রসবতী—পাকশালা। Tasteful, a kitchen.

রসসিন্দুর ক্লী০ [রস+সিন্দূর] পারদজাত সিন্দুর-বিশেষ। Cinnabar.

রসা স্ত্রী০[রস+অচ্+টাপ্] পৃথিবী। The earth.

রসাঞ্জন ক্লী০ [রস+অঞ্জন] কজ্জলবিশেষ। A sort of collyrium.

রসাতল ক্লী০ [রসা+তল] পাতালবিশেষ। The nether regions.

রসাভাস পু০ [রস+আভাস] রসতুল্য, হীন-পাত্রাদিতে রসের প্রবৃত্তি। The semblance of a sentiment.

রসায়ন ক্লী০ [রস+অয়ন] ঔষধবিশেষ। স্ত্রী০ রসায়নী—গুড়ূচী, মহাকরঞ্জ, মাংসচ্ছদা, কাক-মাচী, গোরক্ষদুগ্ধা। A drug.

রসাল পু০ [রস+আ+লা–ক] পনস, গোধূম। আম্র, ইক্ষু, সিহ্লক, গন্ধরস, শিখরিণী নামক পেয়বিশেষ। স্ত্রী০ রসালা—রসনা, দূর্বা, বিদারী, দ্রাক্ষা। The mango, sugar-cane ; tongue.

রসিক ত্রি০ [রস+ঠন্]রসজ্ঞ, রসযুক্ত। পু০ সারসপক্ষী, অশ্ব, গজ। স্ত্রী০ রসিকা—রসালা, ইক্ষুরস, কাঞ্চী, রসনা। Connoisseur ; crane horse, elephant, juice of sugarcane.

রসিত ক্লী০ [রস–ক্ত] মেঘাদির শব্দ, বিহগাদির শব্দ। ত্রি০ শব্দযুক্ত, আস্বাদিত। Rumbling of the clouds, cry of birds ; having sound, tasted.

রসূন পু০ [রস–উনন্], **রসোন** পু০ [রস–ওনন্] লশুন। Garlic.

রসেন্দ্র পু০ [রস+ইন্দ্র] পারদ। Mercury.

রসোদ্ভব ত্রি০ [রস+উদ্ভব] রসজাত। ক্লী০ হিঙ্গুল। Born of rasa.

রস্য ক্লী০[রস+যৎ] রুধির। ত্রি০ [রস–যৎ] আস্বাদ্য। স্ত্রী০ রস্যা—রাস্না। Blood; palatable.

রহস্ ক্লী০ [রহ–অসুন্] নির্জন, গোপ্য, যথার্থ্য, রমণ। অব্য০ নির্জনে, বিশ্বাসযোগ্য দেশ। Solitary, copulation ; confidentially.

রহস্য ত্রি০ [রহস্+যৎ] গোপ্য, নির্জনপ্রদেশভব। স্ত্রী০ রহস্যা—রাস্না, নদীবিশেষ। Secret ; name of a river.

রহিত ত্রি০ [রহ–ক্ত] বর্জিত। Abandoned.

রাকা স্ত্রী০ [রা–ক+টাপ্] প্রতিপদ্‌যুক্ত পূর্ণিমা, নদীবিশেষ, নবরজস্বলা নারী, আঙ্গিরসের কন্যাবিশেষ। The full-moon day, name of a river, a girl at her first menstruation.

রাক্ষস পু০ [রক্ষস+অণ্] জাতিবিশেষ। ত্রি০ রাক্ষসসম্বন্ধীয়। স্ত্রী০ রাক্ষসী—দংষ্ট্রা, চণ্ডিকা, চৌরনামক গন্ধদ্রব্য। Demoniacal ; a female demon.

রাক্ষসেন্দ্র পু০ [রাক্ষস+ইন্দ্র] রাবণ। An epithet of Rāvaṇa.

রাক্ষা স্ত্রী০ [রক্ষ–ঘঞ্+টাপ্] লাক্ষা। Lac.

রাগ পু০ [রন্‌জ–ঘঞ] অনুরাগ, প্রীতি, রঞ্জন, শুক্লাদিবর্ণ, নৃপ, স্বরবিশেষ, চন্দ্র, সূর্য, লোহিতবর্ণ। Attachment, colour, king.

রাগচূর্ণ পু০ [রাগ+চূর্ণ] কাম। [রাগ+চূর্ণ–ঘঞ] লাক্ষা, খদির, রাগযুক্তচূর্ণ। Cupid ; lac.

रागपुष्प पु० [राग+पुष्प] বন্ধুক, রক্তাম্লান। স্ত্রী০ রাগপুষ্পী—জবা। A kind of flower, hibiscus flower.

रागरज्जु पु० [राग+रज्जु] কন্দর্প, রঞ্জিত রজ্জু। An epithet of Cupid, coloured rope.

रागात्मक त्रि० [राग+आत्मक] অনুরাগসূচক। Impassioned.

रागिन् त्रि० [राग+इनि] রাগযুক্ত, কামুক। [रन्ज–घिणुन्] রতিযুক্ত। Coloured, impassioned.

रागिणी स्त्री० [राग+इनि+ङीप्] গীতের অঙ্গ স্বরবিশেষ, বিদগ্ধা নারী, মেনকাকন্যা। One of the thirty-six modes in music, a lustful woman.

राघव पु० [रघु+अण्] রঘুর বংশ, শ্রীরামচন্দ্র, মহামৎস্যবিশেষ, সমুদ্র। A descendant of Raghu, Rāma, a kind of large fish.

राङ्कव क्ली० [रङ्कु+अण्] মৃগবিশেষের লোমজাত বস্ত্রবিশেষ। A woollen cloth made of deer's hair.

राज् पु० [राज–क्विप्] অধিপতি। King.

राजक क्ली० [राजन्+वुञ्] নৃপসমূহ। पु० [राजन्+क] নৃপ। त्रि० [राज–ण्वुल्] দীপ্তিযুক্ত। A number of kings.

राजकीय त्रि० [राजक+छ] রাজসম্বন্ধীয়। Kingly.

राजकुल क्ली० [राजन्+कुल] রাজবংশ, রাজগৃহ। A royal family, a king's palace.

राजगुह्य क्ली० [राजन्+गुह्य] পরমগোপনীয়। Very secret.

राजघ्न त्रि० [राजन्+हन–क] রাজহন্তা, তীক্ষ্ণ। A regicide, sharp.

राजत त्रि० [रजत+अण्] রৌপ্যসম্বন্ধীয়। Silvery.

राजताल पु० [राजन्+ताल] গুবাকবৃক্ষ। A kind of tree.

राजत्व क्ली० [राजन्+त्व] রাজভাব। Kingship.

राजदण्ड पु० [राजन्+दण्ड] রাজার চিহ্নস্বরূপ দণ্ড। A king's sceptre.

राजद्वार क्ली० [राजन्+द्वार] রাজসভা। King's court.

राजधर्म पु० [राजन्+धर्म] প্রজাপালনাদি কর্ম। Duties relating to the king.

राजधान क्ली० [राज+धान] রাজার বাসনগর। স্ত্রী০ রাজধানী—রাজার বাসনগরী। A king's residence.

राजन् पु० [राजन्–कनिन्] নৃপ, চন্দ্র, প্রভু, ক্ষত্রিয়, যজ্ঞ, ইন্দ্র। The king, the moon, a kṣatriya, Indra.

राजनीति स्त्री० [राजन्+नीति] রাজকর্তব্যবিধায়ক শাস্ত্র, কামন্দকীয় নীতিশাস্ত্র। Politics, political science.

राजन्य पु० [राजन्–यत्] ক্ষত্রিয়, রাজপুত্র, অগ্নি, ক্ষীরিকাবৃক্ষ। Kṣatriya, a prince, fire.

राजन्यक क्ली० [राजन्य+कन्] ক্ষত্রিয়সমূহ। A group of kṣatriyas or kings.

राजन्वत् त्रि० [राजन्+मतुप्] সুরাজা দেশ। A country governed by a good king.

राजपट्ट पु० [राजन्+पट्ट] মণিবিশেষ। A kind of gem.

राजपथ पु० [राजन्+पथिन्+अच्] রাজমার্গ। A highway.

राजपुत्र पु० [राजन्+पुत्र] নৃপকুমার, বুধগ্রহ, বর্ণসঙ্করবিশেষ, আম্রবৃক্ষবিশেষ। স্ত্রী০ রাজপুত্রী—নৃপকন্যা, রেণুকা, মালতী। Prince, the planet Mercury, mango tree ; a princess.

राजपुरुष पु० [राजन्+पुरुष] রাজনিযুক্ত ব্যক্তি। A royal officer.

राजभूय क्ली० [राजन्+भु–क्यप्] রাজার অসাধারণ ধর্ম, রাজভাব। Kingly virtue.

राजमण्डल क्ली० [राजन्+मण्डल] রাজসমূহ, অর্থশাস্ত্রোক্ত অরি, মিত্র প্রভৃতি দ্বাদশ রাজা। A group of kings, the twelve kinds of kings as described in the books on polity.

राजमार्ग पु० [राजन्+मार्ग] রাজপথ। A highway.

राजमाष पु० [राजन्+माष] মাষবিশেষ, ব্রীহিবিশেষ। A kind of pulse.

राजयक्ष्मन् पु० [राजन्+यक्ष्मन्] ক্ষয়রোগ। Pulmonary consumption.

राजयोग पु० [राजन्+योग] যোগবিশেষ। A mode of religious meditation.

राजरङ्ग क्ली० [राजन्+रङ्ग] রজত। Silver.

राजराज पु० [राजन्+राजन्+टच्] কুবের, সার্বভৌম নৃপ, চন্দ্র। An epithet of Kuvera, supreme king, the moon.

राजर्षि पु० [राजन्+ऋषि] রাজশ্রেষ্ঠ, নৃপমুনি। The chief of the kings, a royal sage.

राजलक्ष्मी स्त्री० [राजन्+लक्ष्मी] রাজশ্রী, রাজসৌভাগ্যদেবতা। The fortune of a king, goddess of royal fortune.

राजवंश्य त्रि॰ [राजन्+वंश+यत्] রাজবংশোদ্ভব। পু॰ জাতিবিশেষ। One of a royal descent.

राजवत् त्रि॰ [राजन्+मतुप्] রাজযুক্তদেশ। Country having a king.

राजविद्या स्त्री॰ [राजन्+विद्या] বিদ্যাশ্রেষ্ঠ, ব্রহ্মবিদ্যা। The best knowledge of sciences, knowledge of Brahman.

राजवृत्त क्ली॰ [राजन्+वृत्त] রাজচরিত। Conduct of the kings.

राजस त्रि॰ [रजस्+अण्] কর্মেন্দ্রিয়াদি, কর্ম, রজঃপ্রধান। स्त्री॰ राजसी—দূর্বা। Organs of action.

राजसभा स्त्री॰ [राजन्+सभा] নৃপসমাজ। An assemblage of kings.

राजसायुज्य क्ली॰ [राजन्+सायुज्य] রাজত্ব। Sovereignty.

राजसूय पु॰ [राजन्+सू-क्यप्] রাজকীয় যজ্ঞবিশেষ। A great sacrifice to be performed by a monarch.

राजस्व क्ली॰ [राजन्+स्व] রাজদেয় কর, রাজধন। Revenue, royal property.

राजहंस पु॰ [राजन्+हंस] হংসবিশেষ, কলহংস, নৃপশ্রেষ্ঠ। A sort of goose, the best of kings.

राजाङ्गन क्ली॰ [राजन्+अङ्गन] রাজসভা। A royal court.

राजादन पु॰ [राजन्+अद्-ल्यु] পিয়ালবৃক্ষ, ক্ষীরিকা, কিংশুক। स्त्री॰ राजादनी—ক্ষীরিণী। A kind of tree.

राजाधिराज पु॰ [राजन्+अधिराज] সম্রাট্। Emperor.

राजापसद पु॰ [राजन्+अपसद] অপকৃষ্ট রাজা। An unworthy king.

राजि[जी] स्त्री॰ [राज-इन्(+ङीप्)] শ্রেণী, পংক্তি রেখা। Range, row, line.

राजिल पु॰ [राज-इलच्] ঢোঁড়া সাপ। A kind of poisonless snake.

राजीव क्ली॰ [राजी+व] পদ্ম। পু॰ হরিণবিশেষ, মৎস্যবিশেষ, গজ, সারসপক্ষী। Lotus, a kind of deer, a kind of fish, elephant, crane.

राजेन्द्र पु॰ [राजन्+इन्द्र] শ্রেষ্ঠ নৃপ। A great king.

राज्ञी स्त्री॰ [राजन्+ङीप्] রাজপত্নী, সূর্যপত্নী, কাংস্য। Queen, the wife of the sun.

राज्य क्ली॰ [राजन्+यत्] রাজকর্ম, রাজভাব, জনপদ, লক্ষগ্রামাধিপত্য। King's duties, kinghood, territory.

राज्यतन्त्र क्ली॰ [राज्य+तन्त्र] রাজ্যশাসনশাস্ত্র। The science of government.

राज्याङ्ग क्ली॰ [राज्य+अङ्ग] রাজ্যের প্রভু, অমাত্য, সুহৃৎ, কোষ, রাষ্ট্র দুর্গ ও সৈন্য—এই সপ্ত উপাদান। The seven constituents of kingdom.

राज्याभिषेक पु॰ [राज्य+अभिषेक] বিধিপূর্বক রাজপদে প্রতিষ্ঠাপন। The coronation of a king.

राढ पु॰ [रह-घञ्] দেশবিশেষ। The western part of Bengal.

राढीय त्रि॰ [राढ+छ] রাঢ়দেশোদ্ভব। Belonging to the western part of Bengal.

रात्रि[त्री] स्त्री॰ [रा-त्रिप्(+ङीप्)] রজনী, হরিদ্রা, পিতৃগণের শুক্লপক্ষরূপ কাল, দেবগণের দক্ষিণায়নরূপ কাল। Night, turmeric.

रात्रिचर पु॰ [रात्रि+चर-ट], **रात्रिञ्चर** पु॰ [रात्रि+चर-खच्] রাক্ষস। त्रि॰ নিশাচর। A demon, a night-ranger.

रात्रिवासस् क्ली॰ [रात्रि+वासस्] অন্ধকার, রাত্রিতে পরিধেয় বস্ত্র। Darkness, night-dress.

रात्र्यन्ध त्रि॰ [रात्रि+अन्ध] রাতকানা। Night-blind.

राद्ध त्रि॰ [राध-क्त] সিদ্ধ, পক্ব। Boiled, ripe.

राद्धान्त पु॰ [राद्ध+अन्त] সিদ্ধান্ত। Conclusion.

राध पु॰ [राधा+अण्+ङीप्+अण्] চান্দ্র বৈশাখ মাস, গুরুবর্ষ।

राधन क्ली॰ [राध-ल्युट्] সাধন, প্রাপ্তি, তোষ। स्त्री॰ राधना [राध+णिच्-युच्-टाप्] পূজন। Accomplishing; worshipping.

राधा स्त्री॰ [राध-अच्+टाप्] বিশাখানক্ষত্র, পরমেশ্বরের শক্তিবিশেষ। A star, the power of the Supreme Spirit.

राधाकान्त पु॰ [राधा+कान्त], **राधानाथ** पु॰ [राधा+नाथ] শ্রীকৃষ্ণ। An epithet of Kṛṣṇa.

राधेय पु॰ [राधा+ढक्] কর্ণ। An epithet of Karṇa.

राम पु॰ [रम-घञ्] পরশুরাম, দশরথাত্মজ, বলরাম। त्रि॰ সিত, অসিত, মনোহর। क्ली॰ কুষ্ঠ, বাস্তুকশাক, তমালপত্র। An epithet of Paraśurāma, the son of Daśaratha.

रामगिरि पु॰ [राम+गिरि] চিত্রকূটপর্বত। Name of a mountain.

रामचन्द्र पु० [राम+चन्द्र], **रामभद्र** पु० [राम+भद्र] দশরথের জ্যেষ্ঠপুত্র। The eldest son of Daśaratha.

रामणीयक क्ली० [रमणीय+वुञ्] রমণীয়ত্ব। Loveliness.

रामनवमी स्त्री० [राम+नवमी] চৈত্রমাসের শুক্লানবমী। The ninth day in the bright half of Caitra.

रामायण क्ली० [रामायण+अण्] রামচরিতপ্রতিপাদক বাল্মীকিকৃত মহাকাব্যবিশেষ। Name of a celebrated epic by Vālmīki.

राम्भ पु० [रम्भ+अण्] ব্রতবিশেষ। A kind of vow.

राव पु० [रु–घञ्] শব্দ। Sound.

रावण पु०[विश्रवस्+अण्] বিশ্রবসের পুত্র লঙ্কাধিপতি রাক্ষসবিশেষ। The king of Laṅkā—the son of Viśravas.

रावणारि पु० [रावण+अरि] শ্রীরামচন্দ্র। An epithet of Rāmacandra.

रावणि पु० [रावण+इञ्] রাবণের জ্যেষ্ঠপুত্র মেঘনাদ, রাবণপুত্র। Meghanāda, the eldest son of Rāvaṇa, son of Rāvaṇa.

राशि पु० [अश–इन्] ধান্যাদির পুঞ্জ, জ্যোতিশ্চক্রের দ্বাদশাংশ মেষাদি,ব্যক্তাব্যক্ত গণবিশেষ। Heap.

राशिचक्र क्ली० [राशि+चक्र] মেষাদি দ্বাদশ রাশি-ঘটিত চক্র। The zodiacal circle.

राष्ट्र पु० [राज–ष्ट्रन्] জনপদ, উপদ্রব। Territory, calamity.

राष्ट्रिय पु० [राष्ट्र–घ] নাট্যোক্তিতে রাজার শ্যালক। त्रि० রাষ্ট্রভব। The brother-in-law of a king ; of the state or government.

रास पु० [रस–घञ्] শব্দ, ক্রীড়াবিশেষ, কোলাহল। Sound.

रासभ पु० [रास–अभच्] গর্দভ। Ass.

रासयात्रा स्त्री० [रास+यात्रा] কার্তিক পৌর্ণমাসীতে ভগবানের উৎসববিশেষ। The Rāsa festival.

रासेश्वरी स्त्री० [रास+ईश्वरी] রাধিকা। An epithet of Rādhā.

रास्ना पु० [रस–णन्+टाप्] লতাবিশেষ। A kind of creeper.

राहु पु० [रह–उण्] গ্রহবিশেষ, সিংহিকাসুত দানব, ত্যাগ, ত্যাগকর্তা। A planet.

राहुग्राह पु० [राहु+ग्राह] গ্রহণ। Eclipse.

रिक्त क्ली० [रिच–क्त] বন। त्रि० শূন্য, নিরর্থক। Forest; fruitless

रिक्तहस्त त्रि० [रिक्त+हस्त] শূন্যহস্ত। Empty-handed.

रिक्थ क्ली० [रिच–थक्] ধন, দায়। Wealth.

रिक्थहर त्रि० [रिक्थ+हर], **रिक्थहारिन्** त्रि० [रिक्थ+हारिन्], **रिक्थिन्** त्रि० [रिक्थ+इनि] দায়গ্রাহক, দায়াদ। One who inherits.

रिङ्गण क्ली० [रिग–ल्युट्] স্খলন। Deviating.

रिङ्गित क्ली० [रिग–क्त] স্খলিত। Deviated.

रिपु पु० [रप–उन्] শত্রু, চোরনামক গন্ধদ্রব্য, জ্যোতিষশাস্ত্রে লগ্ন হইতে ষষ্ঠস্থান, কাম, ক্রোধ, লোভ, মোহ, মদ ও মাৎসর্য—এই ছয়টি দেহস্থ প্রবৃত্তি। Enemy.

रिरंसा स्त्री०[रम+सन्–अ+टाप्] রমণেচ্ছা। Desire of sexual union.

रिरंसु त्रि० [रम+सन्–उ] রমণেচ্ছু। Desirous of sexual union.

रिष्ट क्ली० [रिश–क्त] মঙ্গল, অশুভ, পাপ। त्रि० অশুভাদিযুক্ত। पु० খড়্গ। Evil, mischief, sin; unlucky; sword.

रिष्टि स्त्री० [रिश–क्तिन्] অশুভ, শস্ত্রবিশেষ। पु० [रिष–क्तिच्] খড়্গ, রক্ষ। Evil; sword.

रीढा स्त्री० [रिह–क्त+टाप्] অবজ্ঞা। Contempt.

रीण त्रि० [री–क्त] ক্ষরিত, স্রুত। Oozed, flowed.

रीति स्त्री० [री–क्तिच्] পিত্তল। [री–क्तिन्] প্রস্রাব, ক্ষরণ, লৌহকিট্ট, দগ্ধস্বর্ণাদিমল, সীমা, অলঙ্কারশাস্ত্রে গৌড়ী প্রভৃতি রচনাবিশেষ, গতি, স্বভাব। Brass, urine, motion, manner.

रुक्म क्ली० [रुच–मन्] কাঞ্চন, লৌহ, ধুস্তূর, নাগকেসর। Gold, iron.

रुक्मपुर क्ली० [रुक्म+पुर] গরুড়ের বাসনগরী। The city inhabited by Garuḍa.

रुक्मवती स्त्री० দশাক্ষরপাদ ছন্দোবিশেষ। A ten-syllabled metre.

रुक्मिन् त्रि० [रुक्म+इनि] স্বর্ণযুক্ত। पु० ভীষ্মক-রাজার জ্যেষ্ঠপুত্র। स्त्री० रुक्मिणी—শ্রীকৃষ্ণের পত্নীবিশেষ। Adorned with gold, name of the eldest son of Bhiṣmaka; the wife of Śrikṛṣṇa.

रुक्ष त्रि० [रुह–क्स] অচিক্কণ, নিঃস্নেহ, কঠোর। Rough, rude.

रुग्न त्रि० [रुज–क्त] পীড়িত। Diseased.

रुच् स्त्री० [रुच–क्विप्] দীপ্তি, শোভা, প্রকাশ, শারিকাপক্ষীর রব। Lustre, beauty, the note of the bird Śārikā.

রুচক ক্লী০ [রুচ্-ক্বন্] মাঙ্গল্যদ্রব্য, মাল্য, সৌবর্চল, অঙ্গভূষণ, আস্বাস্থসর, রোচনা, সর্জিকাক্ষার, বিড়ঙ্গ, লবণ। ত্রি০ উৎকট। পু০ বীজপুর, দন্ত, নিষ্ক, কপোত। Auspicious objects, garland, salt; tooth, dove.

রুচি[চী] স্ত্রী০ [রুচ্-কি(+ঙীপ্)] অনুরাগ, আসক্ত, স্পৃহা, অভিলাষ, কিরণ, শোভা, বুভুক্ষা গোরোচনা। Love, inclination, desire, ray, hunger.

রুচিকর ত্রি০ [রুচি+কর] স্বাদজনক। Tasteful.

রুচির ত্রি০ [রুচি+রা-ক] মনোহর, মধুর। ক্লী০ মূলক, কুঙ্কুম, লবঙ্গ। স্ত্রী০ রুচিরা—গোরোচনা। Pleasing, saffron, clove.

রুচ্য ত্রি০ [রুচ্-যৎ] সুন্দর, রুচিকর। ক্লী০ সৌবর্চল। পু০ পতি, কেতকবৃক্ষ, শালিধান্য। Beautiful, tasteful; husband.

রুজ্[জা] স্ত্রী০ [রুজ-ক্বিপ্(+টাপ্)] রোগ, ভঙ্গ। Disease, breaking.

রুণ্ড পু০ [রুণ্ড্-অচ্] কবন্ধ। A headless body.

রুত ক্লী০ [রু-ক্ত] রব। A cry.

রুদিত ক্লী০ [রুদ্-ক্ত] ক্রন্দন। ত্রি০ কৃতরোদন। Weeping; one who has wept.

রুদ্ধ ত্রি০ [রুধ-ক্ত] আবরণাদির দ্বারা বেষ্টিত, গতিরোধযুক্ত। Obstructed, impeded.

রুদ্র পু০ [রুদ্-রক্] শিবমূর্তিবিশেষ, বহ্নি, একাদশ-সংখ্যা, আর্দ্রানক্ষত্র। A name of Siva, fire, eleven.

রুদ্রাক্ষ পু০ [রুদ্র+অক্ষিন্+অচ্] বৃক্ষবিশেষ। A kind of tree.

রুদ্রাণী স্ত্রী০ [রুদ্র+ঙীপ্] শিবপত্নী দুর্গা। The goddess Durgā.

রুধির ক্লী০ [রুধ্-কিরচ্] শরীরস্থ রসপাকজন্য ধাতুবিশেষ, কুঙ্কুম, মণিবিশেষ। পু০ মঙ্গলগ্রহ, রক্তবর্ণ। ত্রি০ রক্তবর্ণযুক্ত। Blood, saffron; red colour; red.

রুধিরপায়িন্ পু০ [রুধির+পায়িন্], রুধিরাশন পু০ [রুধির+অশন] রাক্ষস। Demon.

রুরু পু০ [রু-রু] মৃগবিশেষ। A kind of deer.

রুষ্[ষা] স্ত্রী০ [রুষ্-ক্বিপ্(+টাপ্)] ক্রোধ। Anger.

রুষিত, রুষ্ট ত্রি০ [রুষ্-ক্ত] ক্রোধযুক্ত। Angry.

রূঢ় ত্রি০ [রুহ্-ক্ত] জাত। স্ত্রী০ রূঢ়া—দূর্বা। Grown, Dūrvā grass.

রূক্ষ ত্রি০ [রূক্ষ-অচ্] অচিক্কণ, স্নেহশূন্য। বৃক্ষ। Rough, rude; tree.

রূঢ় ত্রি০ [রুহ্-ক্ত] জাত, প্রসিদ্ধ, প্রকৃতিপ্রত্যয়ার্থের অপেক্ষা না করিয়া সমুদায় শক্তির দ্বারা অর্থ-বোধক শব্দ। Grown, famous, words having conventional meaning.

রূঢ়ি স্ত্রী০ [রুহ্-ক্তিন্] জন্ম, প্রসিদ্ধি, শব্দশক্তি-বিশেষ। Growth, fame.

রূপ ক্লী০ [রূপ্-ক্] স্বভাব, সৌন্দর্য, পশু, নাম, শব্দ, গ্রন্থাবৃত্তি, দৃশ্যকাব্য। Nature, beauty, beast, name.

রূপক ক্লী০ [রূপ-ণ্বুল্] দৃশ্যকাব্যবিশেষ। ত্রি০ মূর্ত। ক্লী০ [রূপ+ক] শুক্লাদিবর্ণ, আকার, অর্থালঙ্কার-বিশেষ, গুঞ্জাদ্বয়পরিমাণ। A drama; colour, a figure of speech.

রূপণ ক্লী০ [রূপ্-ল্যুট্] বর্ণন, নিরূপণ। Description, examination.

রূপঘেয় ক্লী০ [রূপ+ঘেয়] সৌন্দর্য। Beauty.

রূপবৎ ত্রি০ [রূপ+মতুপ্] সৌন্দর্যযুক্ত, আকার-বিশিষ্ট। Beautiful.

রূপসম্পদ্ স্ত্রী০ [রূপ+সম্পদ্] রূপরূপ সম্পদ্। The wealth of beauty.

রূপাজীবা স্ত্রী০ [রূপ+আজীব+টাপ্] বেশ্যা। A prostitute.

রূপিন্ ত্রি০[রূপ+ইনি] রূপযুক্ত। Having a form.

রূপ্য ক্লী০ [রূপ+যৎ] স্বর্ণ, রজত। ত্রি০ সুন্দর। Gold, silver; beautiful.

রূষণ ক্লী০ [রূষ্-ল্যুট্] লেপন। Smearing.

রূষিত ত্রি০ [রূষ-ক্ত] ধূলি প্রভৃতির দ্বারা মিশ্রিত, অচিক্কণীকৃত। Smeared, made rough.

রে অব্য০ [রা-কে] নীচব্যক্তিকে সম্বোধনার্থক শব্দ। A vocative particle generally used contemptuously.

রেক পু০ [রিচ্-ঘঞ্] বিরেচন। [রেক্-অচ্] শঙ্কা, নীচ, ভেক। স্ত্রী০ রেকা [রেক্-অ+টাপ্] সন্দেহ। Purging, fear, inferior ; doubt.

রেখা স্ত্রী০ [লিখ-অচ্+টাপ্] অল্প, ছল, আভোগ, চিহ্নবিশেষ, শ্রেণী, শুমেরু ও লঙ্কার মধ্যরেখাস্থ স্থলবিশেষ। A small quantity, pretext, a line.

রেচক ক্লী০ [রিচ+ণিচ্-ণ্বুল্] পিচকারী। পু০ যব-ক্ষার, জয়পাল, তিলকবৃক্ষ। ত্রি০ পুরীষনিঃসারক। Syringe; a kind of tree; purgative.

রেচন ক্লী০ [রিচ-ল্যুট্] কোষ্ঠ হইতে নাসিকার দ্বারা বায়ুর নিঃসারণ। Emission of breath.

রেচিত ত্রি০ [রিচ-ক্ত] ত্যক্ত। Abandoned.

রেণু পু০ [রী-নু] পরাগ, ধূলি, পর্পট। স্ত্রী০ রেণুকা। The pollen of flowers, dust.

रेणुका स्त्री० [रेणु+कै–क+टाप्] সুগন্ধিদ্রব্য, জমদগ্নি-পত্নী। Perfume, the wife of Jamadagni.

रेतस् क्ली० [री–असुन्] শুক্র, পারদ। Semen, mercury.

रेप त्रि० [रेप–अच्] নিন্দিত, ক্রূর, কৃপণ। Contemptible, cruel, miser.

रेफ पु० [र+इफ] রকারাত্মক বর্ণ। त्रि० [रिफ–अच्] কুৎসিত। The letter 'ra'; contemptible.

रेवत पु० [रेव–अतच्] জম্বীর, নৃপবিশেষ, আরগ্বধ। Citron, name of king.

रेवतीजानि पु० [रेवती+जानि], **रेवतीरमण** पु० [रेवती+रमण] বলরাম। An epithet of Balarāma.

रेवा स्त्री० [रेव–अच्+टाप्] নর্মদা নামক নদী, কামপত্নী, নীলীবৃক্ষ, দুর্গা। Name of the river Narmadā, the wife of Kāmadeva, an epithet of Durgā.

रै पु० [रा–डै] ধন, স্বর্ণ, শব্দ। Wealth, gold, sound.

रैत्य त्रि० [रीति+ष्यत्] পিত্তলময় পাত্র। A vessel of brass.

रैवत पु० [रेवती+अञ्] দ্বারকাসমীপস্থ পর্বত-বিশেষ, স্বর্ণালুবৃক্ষ, শিব, দৈত্যবিশেষ। [रेवती+अण्] পঞ্চম মনু। Name of a mountain near Dvārakā, an epithet of Śiva, the fifth Manu.

रोक क्ली० [रु–कन्] ছিদ্র, নৌকা। त्रि० চল। पु० [रुच–घञ्] ক্রয়বিশেষ, দীপ্তি। A hole, a boat; moving; lustre.

रोग पु० [रुज–घञ्] ব্যাধি। Disease.

रोगह त्रि० [रोग+हन–ड], রোগনাশক। क्ली० ঔষধ। Destroying disease ; medicine.

रोगहन् त्रि० [रोग+हन–क्विप्] বৈদ্য। Physician.

रोगिन् त्रि० [रोग+इनि] ব্যাধিযুক্ত। Diseased.

रोचक त्रि० [रुच–ण्वुल्] রুচিকারক। क्ली० ক্ষুধা, কদলী, গ্রন্থিপর্ণবিশেষ। Exciting appetite; hunger, a kind of union.

रोचन त्रि० [रुच–ल्यु] রুচিকারক। पु० কূটশাল্মলীবৃক্ষ। শ্বেতশোভাঞ্জন, পলাণ্ডু, দাড়িম, করঞ্জ, অঙ্কোট। स्त्री० रोचना—উত্তমা নারী, রক্তকহ্লার, গোরোচনা। Agreeable ; kūṭaśālmalī tree; handsome woman, yellow pigment.

रोचमान पु० [रुच–शानन्] অশ্বগ্রীবাস্থ রোমাবর্ত। त्रि० রুচিযুক্ত। A tuft of hair on a horse's neck; agreeable.

रोचिष्णु त्रि० [रुच–इष्णुच्] দীপ্তিশীল, রুচিশীল। Bright, lovely.

रोचिस् क्ली० [रुच–इसुन्] প্রভা। Splendour.

रोटिका स्त्री० [रुट–ण्वुल्+टाप्] রুটি। A kind of cake or bread.

रोद पु० [रुद–अ], **रोदन** क्ली० [रुद–ल्युट्] ক্রন্দন। Weeping,

रोदस् क्ली० [रुद–असुन्] স্বর্গ, ভূমি। स्त्री० रोदसी—দ্যাবাপৃথিবী। Heaven, ground ; heaven and earth.

रोद्धृ त्रि० [रुध–तृच्] রোধকর্তা। Obstructer.

रोध पु० [रुध–घञ्] রোধন, আবরণ, নদীতীর। Obstruction, cover, river-bank.

रोधक त्रि० [रुध–ण्वुल्] রোধকর্তা। Obstructer.

रोधन त्रि० [रुध–ल्यु] রোধকর্তা। क्ली० [रुध–ल्युट्] প্রতিবন্ধ। Obstructer; hinderence.

रोधस् क्ली० [रुध–असुन्] নদীর কূল। River-bank.

रोधिन् त्रि० [रुध–इनि] রোধকর্তা। Obstructer.

रोध्र क्ली० [रुध–रन्] পাপ, অপরাধ। पु० লোধ্রবৃক্ষ। Sin, offence; a kind of tree.

रोप पु० [रुह+णिच्–अच्] বাণ, রোপণ। क्ली० ছিদ্র। Arrow, planting; hole.

रोपण क्ली० [रुह+णिच्–ल्युट्] জনন, অঞ্জনবিশেষ। [रुप–ल्युट्] বিমোহন। Production, collyrium.

रोपित त्रि० [रुह+णिच्–क्त] যাহা রোপণ করা হইয়াছে। Planted.

रोमक क्ली० [रोमन+कै–क] নগর, পাংশুলবণ, অয়স্কান্তমণি। City, a gem.

रोमकूप पु० [रोम+कूप] রোমাধার। Pore of the skin.

रोमन् क्ली० [रु–मनिन्] দেহজাত অঙ্কুরাকার কেশতুল্য পদার্থ। The hair of the body.

रोमन्थ पु० [रोग+मन्थ–अण्] ঘাসাদির গিলিত-চর্বণ। Ruminating.

रोमराजि स्त्री० [रोमन्+राजि], **रोमलता** स्त्री० [रोमन्+लता] রোমাবলী। A line of hair.

रोमश त्रि० [रोम+श] প্রচুর রোমযুক্ত। पु० মেষ, শূকর, পানা। Hairy; sheep, boar.

रोमविक्रिया स्त्री० [रोमन्+विक्रिया] রোমাঞ্চ। Thrill.

रोमहर्ष पु० [रोमन्+हर्ष] রোমাঞ্চ। Horripilation.

রোমহর্ষণ পু০ [রোমন্+হর্ষ+ণিচ্-ল্যু] মুনিবিশেষ, বিভীতকবৃক্ষ। ত্রি০ রোমাঞ্চকর। Name of a sage.

রোমাঞ্চ পু০ [রোমন্+অনূচ-অচ্] রোমহর্ষ। Horripilation.

রোমাঞ্চিত ত্রি০ [রোমাঞ্চ+ইতচ্] জাতপুলক। Horripilated.

রোমালি[লী] স্ত্রী০ [রোমন্+আলি(লী)], **রোমাবলি[লী]** স্ত্রী০ [রোমন্+আবলি(লী)] রোমশ্রেণী, নাভির ঊর্ধ্বস্থ রোমশ্রেণী। A line of hair.

রোমোদ্গম পু০ [রোমন্+উদ্গম] রোমহর্ষ। Horripilation.

রোমোদ্ভেদ পু০ [রোমন্+উদ্ভেদ] রোমাঞ্চ। Horripilation.

রোরুদা স্ত্রী০ [রুদ্+যঙ্-অ+টাপ্] সাতিশয় বা পুনঃ-পুনঃ রোদন। Violent weeping.

রোরুদ্যমান ত্রি০ [রুদ্+যঙ্-শানচ্] সাতিশয় বা পুনঃ-পুনঃ রোদনকারী। Crying bitterly or frequently.

রোলম্ব পু০ [রু+বিচ্+লম্ব-অচ্] ভ্রমর। A bee.

রোষ পু০ [রুষ-ঘঞ্] ক্রোধ। Anger.

রোষণ পু০ [রুষ-যুচ্] পারদ, নিকষপ্রস্তর, ঊষরভূমি। ত্রি০ ক্রোধশীল। Mercury, touchstone, a desert soil; angry.

রোষিত ত্রি০ [রুষ+ণিচ্-ক্ত] কোপিত। Enraged

রোহ পু০ [রুহ-অচ্] অঙ্কুর। ত্রি০ রোহণকর্তা। Sprout.

রোহণ পু০ [রুহ-ল্যুট্] পর্বতবিশেষ। ক্লী০ প্রাদুর্ভাব, শুক্র। Name of a mountain; semen.

রোহিণ পু০ [রুহ-ইনন্] বটবৃক্ষ, রোহিতকবৃক্ষ, ভূতৃণ। ক্লী০ পঞ্চদশভাগে বিভক্ত দিনের নবমভাগ। The banyan tree, grass.

রোহিণী স্ত্রী০ [রুহ-ইনন্+ঙীষ্] গাভী, নক্ষত্রবিশেষ, বসুদেবপত্নী, বিদ্যুৎ। [রোহিত+ঙীপ্] নববর্ষীয়া কন্যা, হরীতকী, মঞ্জিষ্ঠা, সুরভিকন্যা, গলরোগ-বিশেষ। A cow, name of the fourth lunar mansion, myrobalan.

রোহিত ক্লী০ [রুহ-ইতচ্] রুধির, কুমকুম, ঋজু, ইন্দ্রধনু। পু০ রোহিতকবৃক্ষ, মৎস্যবিশেষ, রক্ত-বর্ণ। ত্রি০ রক্তবর্ণযুক্ত। Blood, saffron, red-coloured.

রোহিতক ক্লী০ [রোহিত+ক] অগ্নিবাহন মৃগবিশেষ, বৃক্ষবিশেষ। A kind of deer.

রোহিতাশ্ব পু০[রোহিত+অশ্ব] বহ্নি, রাজা হরিশ্চন্দ্রের পুত্র। Fire, the son of the king Hariścandra.

রোহিন্ ত্রি০[রুহ-ণিনি] বটবৃক্ষ, অশ্বত্থবৃক্ষ, রোহিতকবৃক্ষ। The banyan tree, the fig tree.

রৌক্ম ত্রি০ [রুক্মন্+অণ্] স্বর্ণময়। Golden.

রৌক্ষ্য ক্লী০ [রুক্ষ+ষ্যঞ্] পারুষ্য, অচিক্কণতা। Harshness, roughness.

রৌদ্র ক্লী০ [রুদ্র+অণ্] সূর্যতাপ, উগ্ররস। ত্রি০ ভীষণ, উগ্ররসযুক্ত। স্ত্রী০ রৌদ্রী—দুর্গা, রুদ্রজটাবৃক্ষ। Solar heat; violent; an epithet of Durgā.

রৌপ্য ক্লী০ [রূপ্য+অণ্] রজত। Silver.

রৌরব পু০ [রু+যঙ্-ক্বিপ্-অণ্] নরকবিশেষ। ত্রি০ চঞ্চল, ধূর্ত, ঘোর। ক্লী০ সামবিশেষ। Name of one of the hells; fickle, clever.

রৌহিণেয় পু০ [রোহিণী+ঢক্] বুধগ্রহ, বলরাম, শনৈশ্চর, গোবৎস। ক্লী০ মরকতমণি। The planet Mercury, a calf; an emerald.

রৌহিষ পু০ [রোহিষ+অণ্] মৃগবিশেষ। [রুহ-টিষচ্] তৃণবিশেষ। স্ত্রী০ রৌহিষী—দূর্বা, রোহিতমৃগী। A kind of deer, a kind of grass.

ল

ল পু০ [লা-ক] তৃতীয় অন্তঃস্থবর্ণ, ইন্দ্র, ব্যাকরণশাস্ত্র এবং ছন্দঃশাস্ত্রোক্ত সংজ্ঞাবিশেষ। ক্লী০ তন্ত্র-শাস্ত্রোক্ত মন্ত্রবিশেষ। A technical term used in Sanskrit grammar and prosody; a tantric mantra.

লকুচ পু০ [লক-উচন] মাদার বৃক্ষ। A kind of bread fruit tree.

লক্তক পু০ [লক-ক্ত+কন্] আলতা, জীর্ণবস্ত্রখণ্ড। Lac, rag.

লক্ষ ক্লী০ [লক্ষ-অচ্] চিহ্ন, ব্যাজ, পদ, শরব্য। স্ত্রী০ লক্ষা—দশাযুতসংখ্যা। Sign, pretence; target; one lac.

লক্ষক ত্রি০ [লক্ষ-ণ্বুল্] লক্ষণার্থবোধক। Conveying secondary meaning.

লক্ষণ ক্লী০ [লক্ষ-ল্যুট্] ইতরভেদানুমাপক চিহ্ন, স্বরূপ, ব্যবহারোপযোগী চিহ্ন, শব্দসাধুতাপ্রতি-পাদক ব্যাকরণাদিসূত্র। স্ত্রী০ লক্ষণা—শব্দের বৃত্তিবিশেষ। Distinctive mark, a mark for use; the power of indication in a word.

লক্ষণীয় ত্রি০ [লক্ষ-অনীয়র্] দর্শনীয়। Fit to be seen.

লক্ষিত ত্রি০ [লক্ষ-ক্ত] দৃষ্ট, জ্ঞাত, অনুমিত। Seen, noticed, guessed.

লক্ষ্মন্ ক্লী০ [লক্ষ-মনিন্] চিহ্ন, প্রধান। Mark, chief.

लक्ष्मण पु० [लक्ष्मण+अण्] সুমিত্রানন্দন, সারসপক্ষী। স্ত্রী० লক্ষ্মণা—ঔষধবিশেষ। Son of Sumitrā, crane.

लक्ष्मी स्त्री० [लक्ष-ई] বিষ্ণুর পত্নী, শোভা, কান্তি, সম্পত্তি, ঋদ্ধি ও বৃদ্ধিনামক ঔষধ, ফলিনীবৃক্ষ, স্থলপদ্মিনী, হরিদ্রা, মুক্তা, দ্রব্য, পীড়া, বারযোষিৎ। The wife of Viṣṇu, loveliness, a species of lotus, pearl.

लक्ष्मीकान्त पु० [लक्ष्मी+कान्त] বিষ্ণু, রাজা। An epithet of Viṣṇu, king.

लक्ष्मीपति पु० [लक्ष्मी+पति] বিষ্ণু, লবঙ্গ, পূগবৃক্ষ। An epithet of Viṣṇu, clove.

लक्ष्मीवत् त्रि० [लक्ष्मी+मतुप्] শ্রীযুক্ত। पु० পনস, শ্বেতরোহিতকবৃক্ষ। Fortunate, handsome; jack-fruit, a kind of tree.

लक्ष्मीश पु० [लक्ष्मी+ईश], **लक्ष्मीश्वर** पु० [लक्ष्मी+ईश्वर] বিষ্ণু। An epithet of Viṣṇu.

लक्ष्मीसहोदर पु० [लक्ष्मी+सहोदर] চন্দ্র। The moon.

लक्ष्य क्ली० [लक्ष-यत्] শরব্য। त्रि० উদ্দেশ্য, জ্ঞেয়, অনুমেয়, লক্ষণাবোধ্য অর্থ। Target; aim, perceptible, inferable, secondary meaning.

लगित त्रि० [लग-क्त] সংযুক্ত। Attached.

लगुड पु० [लग-उलच्] দণ্ডাকার কাষ্ঠনির্মিত পদার্থ, লাঠি। A club, stick.

लग्न क्ली० [लस्ज-क्त] মেষাদিরাশির উদয়কাল। त्रि० লজ্জিত। [लग-क्त] সংসক্ত। पु० স্তুতিপাঠক। The moment of rising of the zodiacal signs; ashamed, attached to.

लग्नक पु० [लग्न+कन्] প্রতিভূ। Surety.

लग्नपत्र क्ली० [लग्न+पत्र] বিবাহাদি কার্যের লগ্ন-নির্দেশক লেখ। The document of assent connected with marriage etc.

लघिमन् पु० [लघु+इमनिच्] লঘুত্ব, সিদ্ধিবিশেষ। Lightness, a kind of supernatural power.

लघिष्ठ त्रि० [लघु+इष्ठन्], অতিশয় লঘুত্বযুক্ত। Extremely light.

लघीयस् त्रि० [लघु+ईयसुन्] লঘুতর। Lighter.

लघु त्रि० [लघ-कु] হ্রস্ব, লাঘবগুণান্বিত, নিঃসার, মনোহর। क्ली० শীঘ্র, কৃষ্ণাগুরু। पु० ব্যাকরণ ও ছন্দঃশাস্ত্রোক্ত সংজ্ঞাবিশেষ, পুষ্যাদি নক্ষত্র। Short, light, pleasant; swift; a technical term in Sanskrit grammar and prosody.

लघुचित्त त्रि० [लघु+चित्त], **लघुचेतस्** त्रि० [लघु+चेतस्] নীচাত্মা। Mean-minded.

लघुता स्त्री० [लघु+तल्+टाप्] লঘুত্ব। Lightness.

लघुहस्त त्रि० [लघु+हस्त] হস্তের দক্ষতাযুক্ত। पु० দক্ষ ধনুর্ধর। Dexterous; deft bowman.

लघ्वाशिन् त्रि० [लघु+अश-णिनि] অল্পভোজনকারী। One moderate in diet.

लघ्वी स्त्री० [लघु+ङीप्] লাঘবযুক্তা। Short, light.

लङ्का [लक-अच्+टाप्] রাবণের পুরী, সিংহল দ্বীপ। The name of the city of Rāvaṇa, the island of Ceylon.

लङ्काधिप पु० [लङ्का+अधिप], **लङ्कानाथ** पु० [लङ्का+नाथ], **लङ्कापति** पु० [लङ्का+पति], **लङ्केश** [लङ्का+ईश], **लङ्केश्वर** पु० [लङ्का+ईश्वर] রাবণ, কুবের। An epithet of Rāvaṇa or Kuvera.

लङ्घन क्ली० [लघ-ल्युट्] অভোজন, অতিক্রমণ, প্লবন, ক্রমণ, কর্ষণ। Fasting, transgression, jumping.

लङ्घित त्रि० [लघ-क्त] অতিক্রান্ত। Passed over.

लज्जमान त्रि० [लस्ज-शानच्] লজ্জাযুক্ত। Bashful.

लज्जा स्त्री० [लस्ज-अ+टाप्] ব্রীড়া। Shame.

लज्जालु त्रि० [लस्ज-आलुच्] লজ্জাযুক্ত। Bashful.

लज्जित त्रि० [लस्ज-क्त] লজ্জাযুক্ত। Bashful.

लड्डु [क] पु० [लड-डु(+क)] মিষ্টান্নবিশেষ। A kind of sweetmeat.

लता स्त्री० [लत-अच्+टाप्], **लतिका** स्त्री० [लता+कन्+टाप्] বল্লী, শাখা, প্রিয়ঙ্গু, মাধবীলতা, দূর্বা। Creeper, branch, Dūrvā grass.

लतागृह क्ली० [लता+गृह], **लताभवन** क्ली० [लता+भवन] নিকুঞ্জ। Bower.

लपन क्ली० [लप-ल्युट्] মুখ, কথন। Mouth, talking.

लपित क्ली० [लप-क्त] কথন। त्रि० কথিত। Speech, spoken.

लब्ध त्रि० [लभ-क्त] প্রাপ্ত। क्ली० লাভ, প্রাপ্তি। स्त्री० লব্ধা—নায়িকাবিশেষ। Obtained; attainment; a type of nāyikā.

लब्धप्रशमन क्ली० [लब्ध+प्रशमन] প্রাপ্তবস্তুর রক্ষা। Protecting what has been acquired.

लब्धवर्ण पु० [लब्ध+वर्ण] পণ্ডিত। त्रि० প্রসিদ্ধিপ্রাপ্ত। Learned.

লব্ধান্তর ত্রি০ [লব্ধ+অন্তর] লব্ধাবকাশ। One who has found an opportunity.

লব্ধাস্পদ ত্রি০ [লব্ধ+আস্পদ] লব্ধপ্রতিষ্ঠ। One who has secured a position.

লব্ধি স্ত্রী০ [লভ–ক্তিন্] প্রাপ্তি, লাভ। Acquisition, gain.

লভ্য ত্রি০ [লভ–যত্] প্রাপ্তির যোগ্য, উচিত। Attainable, proper.

লম্পট পু০ [রম–অটন্] পরস্ত্রীলোলুপ। ত্রি০ আসক্ত। Profligate, lustful

লম্ফ পু০ [লম্ফ–অচ্] লাফান। Jumping.

লম্ব পু০ [লম্ব–অচ্] নর্তক, কান্ত, অঙ্গ, উৎকোচ, অঙ্কশাস্ত্রে সংজ্ঞাবিশেষ। ত্রি০ লম্বমান, দীর্ঘ। Dancer, lovely, bribe, a mathematical term; pendent, long.

লম্বকর্ণ পু০ [লম্ব+কর্ণ] ছাগ, অঙ্কোটবৃক্ষ, হস্তী, রাক্ষস, শ্যেনপক্ষী, লম্বমান শ্রোত্র। ত্রি০ লম্বশ্রোত্রযুক্ত। Goat, elephant, demon, falcon ; one with long ears.

লম্বন ক্লী০ [লম্ব–ল্যুট্] নাভিদেশপর্যন্ত লম্বমান মাল্য। A garland hanging up to the region of the navel.

লম্বমান ত্রি০[লম্ব–শানচ্]দোলায়মান।Dangling.

লম্বিত ত্রি০ [লম্ব–ক্ত] দোলিত। Suspended.

লম্বোদর পু০ [লম্ব+উদর] গণেশ। ত্রি০ দীর্ঘোদরযুক্ত। স্ত্রী০ লম্বোদরী—তারানামক দেবী। An epithet of Gaṇeśa ; large-bellied ; an epithet of the goddess Tārā.

লম্বোষ্ঠ পু০ [লম্ব+ওষ্ঠ] উষ্ট্র। Camel.

লম্ভিত ত্রি০ [লম–ক্ত] প্রাপিত, প্রদত্ত, বর্ধিত। Procured, given, increased.

লয় পু০ [লী–অচ্] সংশ্লেষ, বিনাশ, নৃত্য-গীত-বাদ্য প্রভৃতির একতানতারূপ সাম্য, প্রলয়কাল, ঈশ্বর। Union, destruction, a technical term in music and dance.

লয়ন ক্লী০ [লী–ল্যুট্] সংশ্লেষ, লীন হওয়া। Adhering, dissolution.

ললন ক্লী০ [লড–ল্যুট] কেলি। পু০ [লল–ল্যু] বালক, শাল ও পিয়ালবৃক্ষ। স্ত্রী০ ললনা—চালন। জিহ্বা, নারী। Sport; child, a kind of tree; tongue, woman.

ললন্তিকা স্ত্রী০ [লড–ঝচ্+ক+টাপ্] নাভিদেশ পর্যন্ত লম্বমান মালা, গোধা। A long necklace, chameleon.

ললাট ক্লী০ [লড–অচ্+অট–অণ্] কপাল। The forehead.

ললাটন্তপ ত্রি০ [ললাট+তপ+ণিচ্–খচ্] ললাটতাপক। পু০ সূর্য। Burning the forehead; the sun.

ললাটিকা স্ত্রী০ [ললাট+ঠন্+ক+টাপ্] ললাটভূষণ, ললাটস্থ চিহ্ন। Ornament worn on the forehead, a mark on the forehead.

ললাম ক্লী০ [লল–অচ্+অম–অণ্] প্রধান, ধ্বজ, শৃঙ্গ, বালধি, চিহ্ন, ভূষা, তিলক, ঘোটক, প্রভাব। The best of its kind, flag, mark, horse.

ললামক ক্লী০ [ললাম+কন্] ললাট পর্যন্ত সম্মুখ ন্যস্ত মাল্যবিশেষ। A garland worn on the forehead.

ললিত ক্লী০ [লল–ক্ত] শৃঙ্গারাম্বগুণ চেষ্টাবিশেষ, চালন। পু০ স্বরবিশেষ। ত্রি০ সুন্দর, ঈপ্সিত। স্ত্রী০ ললিতা—নারী, কস্তূরী, রাধার সখী, নদীবিশেষ, দুর্গা। Amorous gesture; lovely; woman, musk.

ললিতললিত ত্রি০ [ললিত+ললিত] অতিশয় সুন্দর। Very beautiful.

লব পু০ [লু–অপ্] শ্রীরামের পুত্র, কালপরিমাণবিশেষ। ক্লী০ গোলাঙ্গুললোম, বালক, লেশ, বিনাশ, ছেদন, কেশ, জাতীফল, লবঙ্গ, লামজ্জক, ঈষৎ। Name of a son of Rāma; hair, clove, slight.

লবঙ্গ ক্লী০ [লূ–অঙ্গচ্] ফলবিশেষ। Clove.

লবণ পু০ [লূ–ল্যু] রসবিশেষ, সিন্ধুদেশ, সমুদ্র, মধুদৈত্যের পুত্র। ক্লী০ সৈন্ধবসৌবর্চলবিড়াদিরূপ পদার্থ। ত্রি০ লবণরসযুক্ত, লাবণ্যযুক্ত। Salt, the sea ; salty, lovely.

লবণা স্ত্রী০ [লবণ+টাপ্] নদীবিশেষ, দীপ্তি। A river, lustre.

লবণাম্বুরাশি পু০ [লবণ+অম্বু+রাশি] সমুদ্র। The sea.

লবন ক্লী০ [লূ–ল্যুট্] ছেদন। লবনী—বৃক্ষ। Cutting ; tree.

লবলী স্ত্রী০ [লব+লা–ক+ঙীষ্] বৃক্ষবিশেষ, নোয়াড়। A kind of tree.

লবিত্র ক্লী০ [লূ–ইত্র] দাত্র, ছেদনাস্ত্র। An instrument for mowing.

লশু[শূ]ন ক্লী০ [অশ–উ(ঊ)নন্] রশুন। Garlic.

লসিত ক্লী০ [লস–ক্ত] বিলাস, উল্লাস, চেষ্টা। ত্রি০ শোভিত। Sport, flash; adorned.

লহরি[রী] স্ত্রী০ [ল+হৃ–ইন্(+ঙীষ্)] মহাতরঙ্গ। A large wave.

লাক্ষণিক ত্রি০ [লক্ষণা+ঠক্] লক্ষণার দ্বারা অর্থ-বোধক শব্দ। [লক্ষণা+ঠন্+অণ্] লক্ষণযুক্ত। Word denoting secondary meaning.

লাক্ষণ্য ত্রি০ [লক্ষণ+ষ্যঞ্] শুভাশুভলক্ষণজ্ঞ, লক্ষণযুক্ত। Conversant with signs, relating to signs.

লাক্ষা স্ত্রী০ [লক্ষ-অচ্+টাপ্] রঞ্জক পদার্থবিশেষ, জতু। A kind of red dye, lac.

লাক্ষারস পু০ [লাক্ষা+রস] অলক্তক রস। Lac dye.

লাঘব ক্লী০ [লঘু+অণ্] লঘুত্ব, আরোগ্য। Lightness, recovery.

লাঙ্গল ক্লী০ [লগ-কলচ্] ভূমিকর্ষণযন্ত্রবিশেষ, লিঙ্গ, পুষ্পবিশেষ, তালবৃক্ষ, গৃহদারু। Plough, sign, a kind of flower.

লাঙ্গলিক ত্রি০ [লাঙ্গল+ঠন্] লাঙ্গলসম্বন্ধীয়, লাঙ্গলযুক্ত। পু০ বিষবিশেষ। স্ত্রী০ লাঙ্গলিকী—বৃক্ষবিশেষ। Relating to the plough; a kind of venom; a kind of tree.

লাঙ্গলিন্ পু০ [লাঙ্গল+ইনি] বলরাম, নারিকেল-বৃক্ষ। ত্রি০ লাঙ্গলযুক্ত। An epithet of Balarāma, cocoanut tree.

লাঙ্গূল ক্লী০ [লগ-ঊলচ্] লেজ, শেফ। Tail.

লাজ পু০ [লাজ-অচ্] পু০ আর্দ্র তণ্ডুল, ভৃষ্টধান্য, খৈ। ক্লী০ উশীর। Wetted rice, fried grain.

লাঞ্ছন ক্লী০ [লাঞ্ছ-ল্যুট্] চিহ্ন, নাম, অঙ্কন। স্ত্রী০ লাঞ্ছনা—নিন্দা। Stain, name; blame.

লাঞ্ছিত ত্রি০ [লাঞ্ছ-ক্ত] চিহ্নিত। Marked.

লাট পু০ [লট-ঘঞ্] দেশবিশেষ, বস্ত্র, জীর্ণালঙ্কার, বিদগ্ধপুরুষ। A country, clothes.

লাটানুপ্রাস পু০ [লাট+অনুপ্রাস] শব্দালঙ্কারবিশেষ। A kind of figure of speech.

লাপ পু০ [লপ-ঘঞ্] কথন। Talking.

লাভ পু০ [লভ-ঘঞ্] প্রাপ্তি, মূলধন হইতে উপার্জিত ধনাদি। Attainment, profit.

লালন ক্লী০ [লল-ল্যুট্] স্নেহপূর্বক পালন। Fondling.

লালস ত্রি০ [লস+যঙ্লুক্-অচ্] লোলুপ। স্ত্রী০ লালসা [লস+যঙ্-অ+টাপ্]—স্পৃহা, অতিশয় ইচ্ছা, যাচ্ঞা, দোহদ। Ardently longing for; solicitation, longing of a pregnant woman.

লালা স্ত্রী০ [লল+ণিচ্-অচ্+টাপ্] মুখজাত দ্রব-বিশেষ। Saliva.

লালাটিক ত্রি০ [ললাট+ঠঞ্] প্রভুভাগ্যোপজীবী কার্যে অসমর্থ ব্যক্তি, ভাগ্যাধীন, ললাটসম্বন্ধীয়। An worthless fellow depending on the master, dependent on fate.

লালিকা স্ত্রী০ [লালা+কন্+টাপ্] সোপহাস উত্তর। A taunting reply.

লালিত ত্রি০ [লল+ণিচ্-ক্ত] সেবিত, পালিত। Nursed, brought up.

লালিত্য ক্লী০ [ললিত+ষ্যঞ্] মনোহরত্ব। Loveliness.

লাব পু০[লূ-ঘঞ্] পক্ষিবিশেষ। A kind of bird.

লাবণ ত্রি০ [লবণ+অণ্] লবণসংস্কৃত ঔষধ। Salted medicine.

লাবণিক ত্রি০ [লবণ+ঠণ্] লবণসংস্কৃত ঔষধাদি, লবণবিক্রয়োপজীবী বণিক্‌বিশেষ। Cooked or dressed with salt, a salt merchant.

লাবণ্য ক্লী০ [লবণ+ষ্যঞ্] লবণত্ব, দেহসৌন্দর্য-বিশেষ। Saltness, bodily charm.

লাসক পু০ [লস-ণ্বুল্], **লাসিক** পু০ [লস-ঠক্] নর্তক। Dancer.

লাস্য ক্লী০ [লস-ণ্যত্] স্ত্রীনৃত্য, বাদ্য, নৃত্য, এবং গীত—এই তিনটি। Female dance, a dance accompanied with singing and instrumental music.

লিকুচ পু০ মাদার বৃক্ষ। A kind of tree.

লিখন ক্লী০ [লিখ-ল্যুট্] লেখন, লিপি। Writing, inscription.

লিখিত ক্লী০ [লিখ-ক্ত] লেখন, লিপি। পু০ মুনি-বিশেষ। Written; name of a sage.

লিঙ্গ ক্লী০ [লিগ-অচ্] চিহ্ন, পুরুষচিহ্ন, অনুমিতি-সাধনে হেতু, সাংখ্যশাস্ত্রে প্রধান, শিবমূর্তিবিশেষ, ব্যাপ্য, ব্যক্ত, শব্দনিষ্ঠ পদসাধুতাপ্রযোজক ধর্ম-বিশেষ, অর্থপ্রকাশনসামর্থ্য। Mark, penis, gender.

লিঙ্গশরীর ক্লী০ [লিঙ্গ+শরীর] সূক্ষ্মদেহ। The subtle body.

লিঙ্গিন্ ত্রি০ [লিঙ্গ+ইনি] চিহ্নযুক্ত, জীবিকার নিমিত্ত সন্ন্যাসাদিচিহ্নযুক্ত। পু০ প্রশস্তলিঙ্গযুক্ত গজ। Having a mark, a medicant; a type of elephant.

লিপি[পী] স্ত্রী০ [লিপ-ইক্(+ঙীপ্)] লিখিতাক্ষর পত্রাদি, বর্ণ, লেখন। Script.

লিপিক[কা]র পু০ [লিপি+কৃ-অচ্(অণ্)] লেখক। Scribe.

লিপিকরপ্রমাদ পু০ [লিপিকর+প্রমাদ] লেখককৃত ভ্রম। Scribe's error.

লিপ্ত ত্রি০ [লিপ-ক্ত] ভুক্ত, মিলিত। Eaten. united.

লিপ্সা স্ত্রী০ [লভ+সন্-অ+টাপ্] লাভেচ্ছা। Desire for gaining.

লিপ্সু ত্রি০ [লভ+সন্-উ] লাভেচ্ছু। Desirous of getting.

লিম্পাক পু০ [লিপ-আকন্] পাতি লেবু, গর্দভ। The citron, an ass.

লীঢ ত্রি০ [লিহ-ক্ত] আস্বাদিত, স্পৃষ্ট। Tasted, touched.

লীন ত্রি০ [লী-ক্ত] লয়প্রাপ্ত, সংযুক্ত। Dissolved, attached.

লীলা স্ত্রী০ [লী-ক্বিপ্+লা-ক+টাপ্] কেলি, বিলাস, শৃঙ্গারাদিজাত চেষ্টা, প্রিয়ানুকরণ। Play, amorous sport.

লীলাগার ক্লী০ [লীলা+আগার] বিলাসভবন। Pleasure-house.

লীলাবতী স্ত্রী০ [লীলা+মতুপ্+ঙীপ্] বিলাসবতী স্ত্রী, ভাস্করাচার্যের কন্যা, ভাস্করাচার্যকৃত অঙ্কগ্রন্থ-বিশেষ, মণ্ডনাচার্যের ভার্যা, ন্যায়শাস্ত্রের গ্রন্থ-বিশেষ। Amorous lady, the daughter of Bhāskarācārya.

লুক্কায়িত ত্রি০ [লুন্‌চ+ক্বিপ্+কায়+ক্বিপ্-ক্ত] প্রচ্ছন্ন। Concealed.

লুঞ্চিত ত্রি০ [লুন্‌চ+ণিচ্-ক্ত] অপসারিত। Cast off.

লুঠন ক্লী০ [লুঠ-ল্যুট্] অশ্বাদির শ্রমাপনয়নের নিমিত্ত ভূম্যাদিতে পুনঃ পুনঃ অঙ্গচালনা, লোটান। Wallowing.

লুঠিত ত্রি০ [লুঠ-ক্ত] লোটানো। Rolled down.

লুণ্টন ক্লী০ [লুণ্ট-ল্যুট্] অপহরণ। Stealing.

লুণ্টাক ত্রি০ [লুণ্ট-আকন্], **লুণ্টক** ত্রি০ [লুণ্ট-ণ্বুল্] চৌর। Robber.

লুণ্ঠন ক্লী০ [লুণ্ঠ-ল্যুট্] অপহরণ। Plundering.

লুপ্ত ত্রি০ [লুপ-ক্ত] ছিন্ন, নষ্ট। ক্লী০ অপহৃত ধন। Lost, destroyed; stolen property.

লুব্ধ ত্রি০ [লুভ-ক্ত] ব্যাধ, লম্পট, লোলুপ। Hunter, libertine, covetous.

লুব্ধক ত্রি০ [লুব্ধ+কৈ-ক] ব্যাধ, লম্পট। Hunter, covetous.

লুলাপ পু০ [লুল-ক+আপ্+অণ্], **ললায** পু০ [লুল-ক+অয়-অণ্] মহিষ। Buffalo.

লুলিত ত্রি০ [লুল-ক্ত] আন্দোলিত, চালিত। Shaken, tossed about.

লূতা[তিকা] স্ত্রী০ [লূ-তক্+টাপ্ (+ক+টাপ্)] মাকড়সা, পিপীলিকা, রোগবিশেষ। Spider, ant, a kind of disease.

লূতাতন্তুবিতান পু০ [লূতা+তন্তু+বিতান] মাকড়সার জাল। Cobweb.

লূন ত্রি০ [লূ-ক্ত] ছিন্ন, কর্তিত। Severed, cut.

লূনি স্ত্রী০ [লূ-ক্তিন্] ছেদন। Cutting.

লূম ক্লী০ [লূ-মক্] লাঙ্গুল। Tail.

লেখ পু০ [লিখ-ঘঞ্] দেব। ক্লী০ লেখন। ত্রি০ লেখ্য। God, writing.

লেখক ত্রি০ [লিখ-ণ্বুল্] লিপিকর। Writer.

লেখন ক্লী০ [লিখ-ল্যুট্] পত্রাদিতে বর্ণাদিবিন্যাস, ছর্দন, ভূর্জপত্র, কাশ, চূর্ণবিশেষ। স্ত্রী০ লেখনী—রোগ-উৎসারণার্থ অস্ত্রবিশেষ, কলম। Writing, birch-leaf; pen.

লেখনিক ত্রি০ [লেখন+ঠন্] লিপিকর। Scribe.

লেখর্ষভ পু০ [লেখ+ঋষভ] ইন্দ্র। An epithet of Indra.

লেখহার[রক] ত্রি০ [লেখ+হৃ-অণ্ (ণ্বুল্)] পত্র-বাহক। Letter-carrier.

লেখ্য ক্লী০ [লিখ-ণ্যত্] মামলায় ব্যবহৃত দলিল। ত্রি০ লেখনীয়। A document (in law); to be written.

লেপ পু০ [লিপ-ঘঞ্] ভোজন, লেপন, চূণকাম, পিতৃদত্ত পিণ্ডশেষ। Eating, smearing.

লেপক ত্রি০ [লিপ-ণ্বুল্] লেপনকর্তা। One who smears.

লেপন ক্লী০ [লিপ-ল্যুট্] লেপা, তুরস্কনামক গন্ধ-দ্রব্য। Smearing.

লেলিহান পু০ [লিহ+যঙ্+চানশ্] শিব, সর্প। ত্রি০ সাতিশয় বা পুনঃ পুনঃ লেহনকারী। An epithet of Śiva, snake; licking excessively or frequently.

লেশ পু০ [লিশ-ঘঞ্] অল্প, লব। A very small quantity, just a trace.

লেষ্টু পু০ [লিষ-তুন্] লোষ্ট। Clod.

লেহ পু০ [লিহ-ঘঞ্] আহার, আস্বাদ, চাটা। Food, tasting, licking.

লেহন ক্লী০ [লিহ-ল্যুট্] জিহ্বার দ্বারা আস্বাদ। Licking.

লেহ্য ত্রি০ [লিহ-ণ্যত্] জিহ্বার দ্বারা আস্বাদ। ক্লী০ অমৃত, আহার। To be licked.

লৈঙ্গ ক্লী০ [লিঙ্গ+অণ্] মহাপুরাণবিশেষ। ত্রি০ লিঙ্গসম্বন্ধ। A Mahā-purāṇa.

লোক পু০ [লোক-ঘঞ্] ভুবন, জন, দর্শন। The world, human being, seeing.

লোকচক্ষুস্ পু০ [লোক+চক্ষুস্] সূর্য। The sun.

লোকত্রয় ক্লী০ [লোক+ত্রয়] স্বর্গ, মর্ত ও পাতাল এই তিন ভুবন। The three worlds.

वितर्क पु॰ [वि+तर्क–अच्] সন্দেহ, উহ, জ্ঞানসূচক, অর্থালঙ্কারবিশেষ। Doubt, deliberation, a kind of figure of speech.

वितर्दि स्त्री॰ [वि+तृद्–इन्] বেদিকা। Platform.

वितल क्ली॰ [वि+तल] পাতালবিশেষ। त्रि॰ তলশূন্য। One of the nether regions ; without bottom.

वितस्ति पु॰ [वि+तस–क्तिच्] দ্বাদশাঙ্গুল পরিমাণ। A measure of length equal to twelve fingers.

वितान पु॰, क्ली॰ [वि+तन–घञ्] চন্দ্রাতপ। क्ली॰ অবসর, যজ্ঞ, বৃত্তিবিশেষ, বিস্তার। त्रि॰ তুচ্ছ, মন্দ, শূন্য। Canopy ; leisure, sacrifice, extension ; bad, vacant.

वितीर्ण त्रि॰[वि+तॄ–क्त] দত্ত, অবগাঢ়। Bestowed, gone down.

वितृष्ण त्रि॰ [वि+तृष्णा] নিস্পৃহ। Free from desire.

वितृष्णा स्त्री॰ [वि+तृष्णा] অনিচ্ছা, বিরক্তি। Disinclination, disgust.

वित्त क्ली॰ [वित्त–घञ्] ধন। त्रि॰ [विद्–क्त] খ্যাত, বিচারিত, জ্ঞাত, লব্ধ। Wealth ; famous, known, acquired.

वित्ति स्त्री॰ [विद्–क्तिन्] জ্ঞান, লাভ, বিচার। Knowledge, gain, judgement.

वित्तेश पु॰ [वित्त+ईश] কুবের। An epithet of Kuvera.

वित्रस्त त्रि॰ [वि+त्रस्त] অতিভীত। Extremely frightened.

विद् स्त्री॰ [विद्–क्विप्] পণ্ডিত, বুধগ্রহ। Learned, the planet Mercury.

विद पु॰ [विद्–क] পণ্ডিত, বুধগ্রহ। Learned, the planet Mercury.

विदंश पु॰ [वि+दन्श–घञ्] অবদংশ। Pungent food which excites appetite or thirst.

विदग्ध त्रि॰ [वि+दह–क्त] নাগর, নিপুণ, পণ্ডিত, বিশেষরূপে দগ্ধ। Clever, learned, burnt up.

विदग्धता स्त्री॰ [विदग्ध+तल्+टाप्] নৈপুণ্য, পাণ্ডিত্য। Cleverness, learning.

विदर पु॰ [वि+दृ–अच्] ফণিমনসা। [वि+दृ–अप्] বিদলীকরণ। त्रि॰ বিগতভয়। A kind of plant, rending ; fearless.

विदर्भ पु॰ [वि+दर्भ] দেশবিশেষ। Name of a country.

विदर्भजा स्त्री॰ [विदर्भ+जन–ड+टाप्] দময়ন্তী। An epithet of Damayantī.

विदल त्रि॰ [वि+दल–क] দ্বিধাভূত, দলশূন্য। क्ली॰ দাড়িমকল্ক, বংশাদিপাত্র, স্বর্ণাদির অবয়ব, কলায়, রক্তকাঞ্চন, পিষ্টক। Divided; the bark of pomegranate, a basket made of split bamboos, cake.

विदा स्त्री॰ [विद्+अ+टाप्] পাণ্ডিত্য। Learning.

विदार पु॰ [वि+दॄ+णिच्–अच्] বিদারণ, যুদ্ধ, জলোচ্ছ্বাস। Rending, war, splitting into two ; flood.

विदारक पु॰ [वि+दॄ+णिच्–ण्वुल्] বিদারণকর্তা। That which pierces.

विदारण क्ली॰ [वि+दॄ+णिच्–ल्युट्] ভেদন। Rending.

विदित त्रि॰ [विद्–क्त] জ্ঞাত, প্রার্থিত, বিখ্যাত। [विदित+अच्] জ্ঞাতা। Known, solicited, famous ; knower.

विदिश् स्त्री॰ [वि+दिश्] অগ্নি, নির্ঋতি, বায়ু ও ঈশানকোণচতুষ্টয়। The four intermediate points of the quarters.

विदिशा स्त्री॰ নগরীবিশেষ। Name of a city.

विदीर्ण त्रि॰ [वि+दॄ–क्त] ভগ্ন, ভিন্ন। Torn, severed.

विदुर पु॰ [विद्–कुरच्] কৌরব মন্ত্রিবিশেষ, ধীর, নাগর। Name of a character in the Mahābhārata, wise.

विदुल पु॰ [विद्–कुलच्] বেতস, জলবেতস, গন্ধরস, ক্ষত্রিয়বিশেষ। A kind of reed, a class of Kṣattriya,

विदूर त्रि॰ [वि+दूर] অতিদূরস্থ। क्ली॰ অতিদূর। पु॰ বৈদূর্যমণির উৎপত্তিস্থান। Remote ; source place of emerald.

विदूरग त्रि॰ [विदूर+गम–ड] অতিদূরগামী। Going far and wide.

विदूरज क्ली॰ [विदूर+जन–ड] বৈদূর্যমণি। Lapis lazuli.

विदूषक पु॰ [वि+दूष+णिच्–ण्वुल्] নাটকে নায়কের নর্মসচিব সহায়বিশেষ। त्रि॰ পরনিন্দক। The jester in a drama ; vilifier.

विदेश पु॰ [वि+देश] দেশান্তর। A foreign country.

विदेशिन् त्रि॰ [विदेश+इनि] বিদেশবাসী। Foreigner.

विदेह पु॰ জনকরাজা। त्रि॰ [वि+देह] কৈবল্য-মুক্তিযুক্ত, দেহসম্বন্ধশূন্য। स्त्री॰ विदेही—মিথিলা।

The king Janaka ; incorporeal; the ancient Mithilā.

विद्ध त्रি° [व्यध–क्त] ছিদ্রিত, ক্ষিপ্ত, সদৃশ, বাধিত, তাড়িত। Pierced, thrown; resembling.

विद्यमान ত্রি° [विद्–शानच्] বর্তমানকালীন। পু° বর্তমানকাল। Existing ; present.

विद्या স্ত্রী° [विद्–क्यप्+टाप्] জ্ঞান, তত্ত্বসাক্ষাৎকার, দুর্গা, তন্ত্রোক্ত দেবীমন্ত্র। Knowledge, spiritual knowledge, the goddess Durgā.

विद्याचन[ण] ত্রি° [विद्या+चन(ण)], **विद्याचुञ्चु** ত্রি° [विद्या+चुञ्चु] বিদ্যার দ্বারা বিখ্যাত। Famous by learning.

विद्याधन ক্লী° [विद्या+धन] বিদ্যার দ্বারা উপার্জিত ধন,বিদ্যারূপ ধন। The wealth earned by learning or the wealth of learning.

विद्याधर পু° [विद्या+धर] দেবযোনিবিশেষ। ত্রি° বিদ্যাধারক। A class of divine beings ; possessed of learning.

विद्यालय পু° [विद्या+आलय] পাঠশালা। School.

विद्यावत् ত্রি° [विद्या+मतुप्] পণ্ডিত। Learned.

विद्युत् স্ত্রী° [वि+द्युत–क्विप्] তড়িৎ, সন্ধ্যা। ত্রি° নিষ্প্রভ। Lightning, evening ; dim.

विद्युत्वत् ত্রি° [विद्युत्+मतुप्] বিদ্যুৎবিশিষ্ট। Having lightning.

विद्युन्माला স্ত্রী° [विद्युत्+माला] অষ্টাক্ষরপাদ ছন্দোবিশেষ। A type of metre consisting of eight syllables in each foot.

विद्योत পু° [वि+द्योत] প্রভা, দীপ্তি। Effulgence, lustre.

विद्र[द्रा]व পু° [वि+द्रु–अप् (घञ्)] পলায়ন, ক্ষরণ। Flight, melting.

विद्रुत ত্রি° [वि+द्रु–क्त] দ্রবীভূত, পলায়িত। Melted, fled.

विद्रुम পু° [वि+द्रुम] প্রবালরত্নময় বৃক্ষ। The coral tree.

विद्रोह পু° [वि+द्रोह] বিদ্বেষ, অনিষ্টাচরণ। Enmity.

विद्वत्कल्प ত্রি° [विद्वस्+कल्पप्] অল্প বিদ্বান্। Slightly learned.

विद्वत्तम ত্রি° [विद्वस्+तमप्], অতিশয় পণ্ডিত। Very learned.

विद्वत्तर ত্রি° [विद्वस्+तरप्] অধিকতর বিদ্বান্। Wiser.

विद्वद्देशीय, [विद्वस्+देशीयर्] **विद्वद्देश्य** ত্রি° [विद्वस्+देश्य] বিদ্বৎকল্প। Nearly learned.

विद्विष्, পু° [वि+द्विष–क्विप्], **विद्विषत्** ত্রি° [वि+द्विष+शतृ], **विद्विष** ত্রি° [वि+द्विष–अच्] শত্রু। Enemy.

विद्वेष পু° [वि+द्विष–घञ्], **विद्वेषण** ক্লী° [वि+द्विष+णिच्–ल्युट्] বৈরিভাব, শত্রুতা, তন্ত্রশাস্ত্রোক্ত অভিচারকর্ম। Enmity, a Tāntrika exorcism aimed at enemies.

विद्विष्ट ত্রি° [वि+द्विष–क्त] বিদ্বেষভাজন। Hated.

विद्वेषिन् ত্রি° [वि+द्विष–णिनि] শত্রু। Enemy.

विध পু° [विध–क] বেধ, বেতন, গজভক্ষ্য অন্ন। Piercing.

विधवा স্ত্রী° [वि+धव+टाप्] মৃতপতিকা স্ত্রী। Widow.

विधा স্ত্রী° [विध–अङ्+टाप्] প্রকার। A kind or form.

विधातृ পু° [वि+धा–तृच्] প্রজাপতি, ব্রহ্মা, কামদেব, মদিরা, ভৃগুমুনিপুত্র, অধর্ম। ত্রি° বিধানকর্তা। The creator, Brahmā, Cupid, the son of the sage Bhṛgu ; ordainer.

विधान ক্লী° [वि+धा–ल्युट्] করণ, কর্ম, বিধি। Performing, doing, injunction.

विधायक ত্রি° [वि+धा–ण्वुल्] বিধানকর্তা। Performer.

विधि পু° [वि+धा–कि] জগৎস্রষ্টা, ভাগ্য, ক্রম, নিয়োগ, বাক্য, বিষ্ণু, কর্ম, বৈদ্য, অপ্রাপ্তপ্রাপকরূপ বাক্য, ব্যাকরণে সূত্রবিশেষ। The creator Brahmā, fate, injunction, speech, action, rule.

विधिज्ञ ত্রি° [विधि+ज्ञा–क] বিধানক্রমজ্ঞ। One proficient in the rituals or injunctions.

विधित्सा স্ত্রী°[वि+धा+सन्–अ+टाप्] বিধানেচ্ছা। Desire of doing.

विधित्सु ত্রি° [वि+धा+सन्–उ] বিধানেচ্ছু। Desirous to do.

विधिदेशक ত্রি° [विधि+दिश–ण्वुल्] সদস্য, গুরু : Preceptor, instructor.

विधिवत् অব্য° [विधि+वति] বিধি অনুসারে। According to injunction.

विधु পু° [व्यध–कु] চন্দ্র, কর্পূর, বিষ্ণু, ব্রহ্মা, শঙ্কর, রাক্ষস, বায়ু। The moon, camphor, an epithet of Viṣṇu, Brahmā, or Śiva, wind.

विधुत ত্রি° [वि+धु–क्त] কম্পিত, ত্যক্ত। Shaken, forsaken.

विधुनन क्लीं० [वि+धु+णिच्–ल्युट्] কম্পন। Shaking.

विधुन्तुद पुং [विधु+तुद–खश्] রাহু। Rāhu.

विधुर त्रि० [वि+धुर+अ] বিশ্লিষ্ট, বিকল। क्लीं० বৈকল্য, বিশ্লেষ। Separated from, bewildered ; bewilderment.

विधवन क्लीं० [वि+धु–ल्युट्] কম্পন। Shaking.

विधूत त्रि० [वि+धू–क्त] কম্পিত, ত্যক্ত। Shaken, abandoned.

विधूनन क्लीं० [वि+धूनन] কম্পন। Shaking.

विधूनित त्रि० [वि+धू+णिच्–क्त] ত্যক্ত, কম্পিত Abandoned, shaken.

विधृत [वि+धृत] অবলম্বিত। Sustained.

विधेय त्रि० [वि+धा–यत्] বিধানের যোগ্য। Fit to be enjoined.

विध्वंस पु० [वि+ध्वन्स–घञ्] নাশ। Destruction.

विध्वंसिन् त्रि० [वि+ध्वंस–इन्] নাশশীল। Liable to ruin.

विनत त्रि० [वि+नम–क्त] প্রণত, ভুগ্ন, শিক্ষিত। स्त्री० বিনতা—গরুড়মাতা কশ্যপপত্নীবিশেষ। Bowed, curved ; mother of Garuḍa.

विनति स्त्री० [वि+नम–क्तिन्] শিক্ষা, প্রণাম, অনুনয়, বিনয়যুক্ত ব্যক্তি। Training, bowing, modesty, modest.

विनय पु० वि+नी–अच्] শিক্ষা, প্রণাম, অনুনয়, বিনয়যুক্ত ব্যক্তি, নিভৃত, ক্ষিপ্ত, জিতেন্দ্রিয়, বণিগ্জন। Training, learning; solitary, self-controlled, merchant.

विनयग्राहिन् त्रि० [विनय+ग्रह–णिनि] আয়ত্ত। Submissive.

विनयन क्लीं० [वि+नी–ल्युट्] প্রশমন, অপাকরণ। Pacifying, removing,

विनयिन् त्रि० [विनय+इनि] বিনয়বান্। Modest.

विनशन क्लीं० [वि+नश–ल्युट्] বিনাশ, কুরুক্ষেত্রস্থ তীর্থবিশেষ। Destruction, a holy place in Kurukṣetra.

विनश्वर त्रि० [वि+नश्वर] অনিত্য, ধ্বংসশীল। Fleeting, perishable.

विना अव्य० [वि+ना] বর্জন। Without.

विनाकृत त्रि० [विना+कृ–क्त] ত্যক্ত। Abandoned.

विनायक पु० [वि+नी–ण्वुल्] গণেশ, বুদ্ধ, বিঘ্ন, গুরু, গরুড়। An epithet of Gaṇeśa, or Buddha, obstacle, preceptor, Garuḍa.

विनाश पु० [वि+नश–घञ्] ধ্বংস। Destruction.

विनाशक त्रि० [वि+नाशक] সংহারক। Destructive.

विनाशिन् त्रि० [वि+नश–इनि] নশ্বর। Perishable.

विनाशित त्रि० [वि+नश+णिच्–क्त] নিহত। Killed.

विनाह पु० [वि+नह–घञ्] কুয়ার ঢাক্নি। A cover for a well.

विनिगमक त्रि० [वि+नि+गम–ण्वुल्] সংশয়-নিবারক। Deciding between two alternatives.

विनिगमना स्त्री० [वि+नि+गम–युच्+टाप्] অন্যতর-পক্ষপাতিনী যুক্তি। Argument deciding in favour of one of the alternatives.

विनिद्र त्रि० [वि+निद्रा] নিদ্রাহীন, প্রকাশিত। क्लीं० প্রবোধ। Sleepless, opened ; awaking.

विनिपात पु० [वि+नि+पत–घञ्] নিপাত, দৈবাদিকৃত ব্যসন, অপমান। Falling down, calamity, insult.

विनिमय पु० [वि+नि+मि–अच्] পরিবর্ত, বন্ধক। Exchange.

विनियुक्त त्रि० [वि+नियुक्त] অর্পিত, নিযুক্ত। Offered, appointed.

विनियोग पु० [वि+नियोग] ক্রিয়াদিতে প্রবর্তন, অনুষ্ঠানক্রমবিধান। Application, apportionment in sequence of a rite.

विनियोजित त्रि० [वि+नियोजित] প্রবর্তিত। Applied to.

विनिर्गत त्रि० [वि+निर्गत] নিঃসৃত। Come out.

विनिर्णय पु० [वि+निर्णय] নিশ্চয়। Certainty.

विनिवारित त्रि० [वि+निवारित] সম্যক্ নিবারিত। Totally prohibited.

विनिष्पेष पु० [वि+निष्पेष] বিনাশ। Destruction.

विनिवृत्त त्रि० [वि+निवृत्त] নিরস্ত, প্রত্যাগত। Stopped, returned.

विनिवृत्ति स्त्री० [वि+निवृत्ति] বিরাম, সম্যক্ নিবৃত্তি। Stop.

विनिवेशित त्रि० [वि+निवेशित] প্রবেশিত, সংক্রমিত Entered.

विनीत त्रि० [वि+नी–क्त] বিনয়যুক্ত, কৃতদণ্ড, অপনীত, নিভৃত, জিতেন্দ্রিয়, হৃত। पु० সুশিক্ষিত অশ্ব, মদনবৃক্ষ, বণিক্। Modest, chastised, taken away, self-controlled; a trained horse.

विनीय पु० [वि+नी-क्यप्] পাপ, কল্ক। Sin.

विनेतृ त्रि० [वि+नी-तृच्] শিক্ষক। পু০ নৃপ। Teacher ; king.

विनेय त्रि० [वि+नी-यत्] শিক্ষণীয়, প্রাপ্য। Fit to be taught, obtainable.

विनोक्ति স্ত্রী० অর্থালঙ্কারবিশেষ। A kind of figure of speech.

विनोद पु० [वि+नुद+घञ्] **विनोदन** क्ली० [वि+नुद+णिच्-ल्युट्] কৌতূহল। Curiosity.

विन्द त्रि० [विद-श] লাভবান্। Gainer.

विन्दु पु० [विद-उ] জ্ঞাতা, দ্রবদ্রব্যের কণা। Knower, drop.

विन्दुजाल क्ली० [विन्दु+जाल] হস্তিগণ্ডাদিতে বিন্দুসমূহ। A collection of spots on an elephant's face and trunk.

विन्दुसरस् क्ली० [विन्दु+सरस्] সরোবরবিশেষ। Name of a lake.

विन्ध्य पु० [विध-यत्] পর্বতবিশেষ। Name of a mountain.

विन्ध्यवासिनी স্ত্রী० [विन्ध+वस-णिनि+ङीप्] দুর্গা। An epithet of the goddess Durgā.

विन्न त्रि० [विद-क्त] বিচারিত, প্রাপ্ত, জ্ঞাত, স্থিত। Discussed, obtained, known, existent.

विन्यस्त त्रि० [वि+न्यस्त] স্থাপিত। Placed.

विन्यास पु० [वि+नि+अस-घञ्] স্থাপন, রচন। Placing, arrangement.

विपक्त्रिम त्रि० [वि+पच-क्त्रि+मप्] বিপাকনির্বৃত্ত। Fully matured.

विपक्ष पु० [वि+पक्ष] শত্রু, প্রতিকূলপক্ষাবলম্বী, বিরুদ্ধ পক্ষ। Enemy, opponent.

विपञ्ची স্ত্রী० [वि+पच-अच्+ङीप्] বীণা, কেলি। Lute, sport.

विपण पु० [वि+पण-क] বিক্রয়। Sale.

विपणि पु० [वि+पण-इन्], **विपणी** স্ত্রী० [विपणि+ङीप्] পণ্যবিক্রয়শালা। Shop.

विपत्ति স্ত্রী० [वि+पद-क्तिन्] আপদ, নাশ, যাতনা। Calamity, destruction, agony.

विपथ पु०, क्ली० [वि+पथिन्+अच्] নিন্দিতমার্গ, বিভিন্নপথ, পথরহিত। Wrong way, different way.

विपद्[दा] স্ত্রী० [वि+पद-क्विप्(+टाप्)] বিপত্তি। Calamity.

विपन्न त्रि० [वि+पद-क्त] বিপদযুক্ত, নষ্ট। পু০ সর্প। Distressed, destroyed ; snake.

विपरिणत त्रि० [वि+परिणत] অন্যথাভাবপ্রাপ্ত। ক্লী০ পরিবর্তন। Altered ; change.

विपरिणाम पु० [वि+परिणाम] বিকৃতি, পরিবর্তন। Alteration, change.

विपरीत त्रि० [वि+परि+इ-क्त] প্রতিকূল, ত্যক্তক্রম। স্ত্রী০ विपरीता—কামুকী স্ত্রী। Contrary, reversed ; voluptuous woman.

विपर्यय पु० [वि+परि+इ-अच्] ব্যতিক্রম, চিত্তবৃত্তিবিশেষ। Reversal.

विपर्यस्त त्रि० [वि+परि+अस-क्त] ব্যতিক্রান্ত, পরাবৃত্ত। Inverted.

विपर्यास पु० [वि+परि+अस-घञ्] বৈপরীত্য, ব্যতিক্রম, উৎক্ষেপ, বিপর্যয়। Adverseness, exception.

विपल पु० [वि+पल] পলষষ্টিভাগ। A minute fraction of time.

विपश्चित् पु० [वि+प्र+चित-क्विप्] পণ্ডিত। Learned.

विपाक पु० [वि+पच-घञ्] পাক, কর্মফল পরিণাম খেদ। Cooking, result of actions.

विपाट[ठ] पु०[वि+पट(ठ)+णिच्-अच्] স্থূলদন্ত বাণ। A kind of large arrow.

विपाटन क्ली० [वि+पाटन] ছেদন। Splitting.

विपाटित त्रि० [वि+पाटित] ছিন্ন। Torn.

विपादन क्ली० [वि+पद+णिच्-ल्युट्] ব্যাপাদন। Killing.

विपाश[शा] স্ত্রী० [वि+पाश+णिच्-क्विप् (+टाप्)] নদীবিশেষ। Name of a river.

विपिन क्ली० [वप-इनन्] বন। Forest.

विपुल त्रि० [वि+पुल-क] বিস্তীর্ণ। পু০ পর্বতবিশেষ। স্ত্রী০ विपुला—ছন্দোবিশেষ। Wide ; a mountain ; name of a metre.

विपूय पु० [वि+पू-क्यप्] মুঞ্জতৃণ। The Muñja grass.

विप्र पु० [वप-रन्] ব্রাহ্মণ। Brahmin.

विप्रकार पु० [वि+प्र+कृ-घञ्] অপকার, তিরস্কার। Injury, insult.

विप्रकर्ष पु० [वि+प्र+कृष-घञ्] দূরত্ব। Distance.

विप्रकीर्ण त्रि० [वि+प्रकीर्ण] ইতস্ততঃ বিক্ষিপ্ত। Scattered.

विप्रकृत त्रि० [वि+प्र+कृ-क्त] উপদ্রুত, তিরস্কৃত। Haunted, insulted.

विप्रकृष्ट त्रि० [वि+प्र+कृष-क्त] দূরস্থ। Distant.

विप्रचित्ति[त्त] पु० [वि+प्र+चित-क्तिच्] দানববিশেষ। A demon.

विप्रतिपत्ति স্ত্রী० [वि+प्रति+पद-क्तिन्] বিরোধ, সংশয়, বিকার। Conflict, doubt, confusion.

বিপ্রতিপন্ন ত্রি° [বি+প্রতি+পদ্‌–ক্ত] সন্দেহযুক্ত, বিরোধযুক্ত। Confused, disputed.

বিপ্রতিষিদ্ধ ত্রি° [বি+প্রতি+সিধ–ক্ত] নিষিদ্ধ, পরস্পরবিরুদ্ধ। Prohibited, mutually opposed.

বিপ্রতিষেধ পু° [বি+প্রতি+সিধ–ঘঞ্] নিষেধ, নিয়ন্ত্রণ। Prohibition

বিপ্রতি[তী]সার পু° [বি+প্রতি+সৃ–ঘঞ্] অনুতাপ, সংশয়, রোষ। Regret, doubt.

বিপ্রবুদ্ধ ত্রি [বি+প্রবুদ্ধ] জাগরিত। Wakened.

বিপ্রযুক্ত ত্রি° [বি+প্র+যুজ–ক্ত] বিশ্লিষ্ট, বিরহিত। Separated, free from.

বিপ্রযোগ পু° [বি+প্র+যুজ–ঘঞ্] বিপ্রলম্ভ, বিরোধ, বিসংবাদ, বিয়োগ। Disunion, quarrel, separation.

বিপ্রলব্ধ ত্রি°[বি+প্র+লভ–ক্ত] বঞ্চিত। Deceived.

বিপ্রলম্ভ পু° [বি+প্র+লভ–ঘঞ্] বিসংবাদ, বঞ্চন। Quarrel, deceiving.

বিপ্রলাপ পু° [বি+প্র+লপ–ঘঞ্] বিরুদ্ধার্থ কথন, অনর্থক বাক্য। Contradictory statement, unmeaning talk.

বিপ্রবাসন ক্লী° [বি+প্রবাসন] নির্বাসন। Exile.

বিপ্রবিদ্ধ ত্রি° [বি+প্রবিদ্ধ] বিকীর্ণ। Scattered.

বিপ্রশ্নিকা স্ত্রী° [বি+প্রশ্ন+কপ্+টাপ্] দৈবজ্ঞা স্ত্রী। A female fortune-teller.

বিপ্রসাৎ অব্য° [বিপ্র+সাতি] বিপ্রের অধীনতা। – Under the possession of a Brahmin.

বিপ্রিয় ক্লী° [বি+প্রী–ক] অপরাধ, অপ্রিয়। Offence, anything unpleasant.

বিপ্রুষ্ স্ত্রী° [বি+প্রুষ–ক্বিপ্] বিন্দু, বেদপাঠকালে মুখনির্গত জলবিন্দু। Drop, saliva-drop emitted in course of reciting the Vedas.

বিপ্রোষিত ত্রি° [বি+প্র+বস–ক্ত] প্রবাসী। Gone to a foreign land.

বিপ্লব পু° [বি+প্লু–অপ্] রাষ্ট্রোপদ্রব। Uprising.

বিপ্লাব পু° [বি+প্লু–ঘঞ্] অশ্বের গতি, চতুর্দিকে জলপ্লাবন। Horse's gallop, inundation.

বিপ্লুত ত্রি° [বি+প্লু–ক্ত] ব্যসনযুক্ত, উপদ্রুত। Endangered, disturbed.

বিফল ত্রি° [বি+ফল] নিরর্থক, ফলরহিত। স্ত্রী° বিফলা—কেতকী। Unmeaning, fruitless; a kind of flower.

বিবুধ পু° [বি+বুধ–ক] পণ্ডিত, দেব, চন্দ্র। A learned man, the moon.

বিবুধবনিতা স্ত্রী° [বিবুধ+বনিতা] অপ্সরা। Nymph.

বিবোধন ক্লী° [বি+বুধ+ণিচ্–ল্যুট্] উদ্বোধ। Awakening.

বিভক্ত ত্রি° [বি+ভজ–ক্ত] পৃথক্‌কৃত, বিভিন্ন। ক্লী° বিভাগ, ভেদ। Divided ; division.

বিভক্তজ পু° [বিভক্ত+জন–ড] বিভাগানন্তরজাত পুত্র। A son born after the partition of the family property.

বিভক্তি স্ত্রী° [বি+ভজ–ক্তিন্] বিভাগ, ব্যাকরণশাস্ত্রে প্রত্যয়বিশেষ। Division, suffix.

বিভঙ্গ পু° [বি+ভন্‌জ–ঘঞ্] ভেদ। Division.

বিভজনীয় ত্রি° [বি+ভজ–অনীয়র্] বিভক্তব্য। Fit to be divided.

বিভব পু° [বি+ভূ–অপ্] ধন, মোক্ষ, ঐশ্বর্য। Wealth, salvation.

বিভা স্ত্রী° [বি+ভা–অঙ্+টাপ্] কিরণ, শোভা, প্রকাশ। Ray of light, lustre.

বিভাকর পু° [বিভা+কৃ–অচ্] সূর্য, অর্কবৃক্ষ, চিত্রকবৃক্ষ, অগ্নি। Sun, a kind of tree, fire.

বিভাগ পু° [বি+ভজ–ঘঞ্] ভাগ, বৈশেষিকশাস্ত্রে গুণবিশেষ, অংশ, খণ্ড। Division, share, part.

বিভাজ্য ত্রি° [বি+ভজ–ণ্যত্] বিভাগযোগ্য, বিভজনীয় ধনাদি। Divisible.

বিভাণ্ডক পু° ঋষ্যশৃঙ্গমুনির পিতা। Name of a sage.

বিভাত ক্লী° [বি+ভা–ক্ত] প্রভাত। Dawn.

বিভাব পু° [বি+ভূ–ঘঞ্] পরিচয়, অলঙ্কারশাস্ত্রে রসের উদ্দীপক আলম্বনাদি। Acquaintance, the condition which stimulates rasa.

বিভাবনা স্ত্রী° অর্থালঙ্কারবিশেষ। A kind of figure of speech.

বিভাবনীয় ত্রি° [বি+ভূ+ণিচ্–অনীয়র্], **বিভাব্য** ত্রি° [বি+ভূ+ণিচ্–যত্] অবধারণীয়, বিবেচনীয়, দর্শনীয়। To be settled, fit to be considered, worthy of being seen.

বিভাবরী স্ত্রী° [বি+ভা–ক্বনিপ্+ঙীপ্] রাত্রি, হরিদ্রা, কুট্টনী, মুখরা স্ত্রী, মেদা বৃক্ষ। Night, turmeric.

বিভাবসু পু° [বিভা+বসু] সূর্য, অর্কবৃক্ষ, বহ্নি, চিত্রকবৃক্ষ, চন্দ্র, হারবিশেষ। The sun, a kind of tree, fire, the moon.

विभावित त्रि० [वि+भू+णिच्–क्त] বিবেচিত, অনুভূত, দৃষ্ট। Discriminated, conceived, seen.

विभाषा त्रि० [वि+भाष–अ+टाप्] ব্যাকরণশাস্ত্রে বিকল্প। An option in grammar

विभासित त्रि० [वि+भास–क्त] দীপিত। Lighted.

विभिन्न त्रि० [वि+भिद्–क्त] প্রকাশিত, বিদলিত, বিভক্ত। Revealed, torn asunder, divided.

विभीतक पु० [वि+भीत+कन्] বৃক্ষবিশেষ। A kind of tree.

विभीषण पु० [वि+भी+णिच्–ल्यु] রাবণভ্রাতা, নলতৃণ। त्रि० ভয়কারক। Name of the brother of Rāvaṇa ; terrific.

विभीषिका स्त्री० [वि+भी+णिच्–ण्वुल्+टाप्] ভয়প্রদর্শন। Frightening.

विभु पु० [वि+भू–डु] সর্বমূর্তসংযুক্ত কালাদি, মহাদেব, ব্রহ্মা, ভৃত্য, বিষ্ণু, অর্হদ্দেব। त्रि० নিত্য, সর্বব্যাপক,দৃঢ়, পরমমহত্ত্বযুক্ত। All pervading substance like Time etc., an epithet of Śiva or Brahman, servant; eternal, omnipresent, firm.

विभूति स्त्री०[वि+भू–क्तिन्] ভস্ম, অণিমাদি ঐশ্বর্য। Ashes, occult powers.

विभूषण क्ली० [वि+भूष–ल्युट्] শোভাসাধন। Decoration.

विभूषा स्त्री० [वि+भूष–अ+टाप्] শোভা, ভূষণ। Beauty, ornament.

विभूषित त्रि० [वि+भूष–क्त] অলঙ্কৃত, শোভিত। Ornamented, adorned.

विभृत त्रि० [वि+भृ–क्त] প্রতিপালিত। Maintained.

विभेद पु० [वि+भिद्–घञ्] পার্থক্য, বিদারণ। Difference, splitting.

विभ्रम पु० [वि+भ्रम–घञ्] স্ত্রীগণের শৃঙ্গারাঙ্গ-চেষ্টাবিশেষ। Amorous movement of the women.

विभ्राज् त्रि० [वि+भ्राज–क्विप्] ভূষণাদির দ্বারা দীপ্তিযুক্ত। Radiant with decoration.

विभ्रान्त त्रि० [वि+भ्रम–क्त] ভ্রমান্বিত। Mistaken.

विमत त्रि० [वि+मन–क्त] বিরুদ্ধমতিযুক্ত, সন্দিগ্ধ। Disagreed, doubtful.

विमनस् त्रि० [वि+मनस्] ব্যাকুলচিত্ত। Of dejected mind.

विमनीकृत त्रि० [वि+मनस्+च्वि+कृ–क्त] অপ্রফুল্ল। Sad.

विमर्द पु० [वि+मृद–घञ्], **विमर्दन** [वि+मृद–ल्यु] বৃক্ষবিশেষ, মর্দন। A kind of tree, rubbing.

विमर्दित त्रि० [वि+मर्द–क्त] দলিত, মথিত। Trampled, churned.

विमर्श पु० [वि+मृश–घञ्], **विमर्ष** पु० [वि+मृष–घञ्] বিচার, নাটকাঙ্গ সন্ধিবিশেষ। Discussion, one of the sandhis in a drama.

विमर्षण क्ली० [वि+मृष–ल्युट्] বিচার। Deliberation.

विमल त्रि० [वि+मल] স্বচ্ছ, নির্মল, চারু। पु० জিনদেব। क्ली० উপরসবিশেষ। स्त्री० विमला—জগন্নাথক্ষেত্রস্থ দেবীবিশেষ, দুর্গামূর্তিবিশেষ। Transparent, pure ; an epithet of Jina ; name of a goddess.

विमातृ स्त्री० [वि+मातृ] মাতার সপত্নী। Step-mother.

विमातृज पु० [विमातृ+जन–ड] বিমাতার পুত্র। Step-mother's son.

विमान पु० [वि+मन–घञ्] পরিমাণ, অশ্ব। क्ली० [वि+मन–ल्युट्] দেবযান, রথ, সার্বভৌমগৃহ-বিশেষ, যান। Measure, horse ; heavenly car, chariot, assembly-hall, car.

विमानना स्त्री० [वि+मन–युच्+टाप्] অবমান। Humiliation.

विमार्ग पु० [वि+मार्ग] কুপথ, কদাচার। Bad road, bad conduct.

विमुक्त लि० [वि+मुक्त] মুক্তিপ্রাপ্ত। Set free, released.

विमुख त्रि० [वि+मुख] বহির্মুখ, নিবৃত্ত। With the face turned away, stopped.

विमुद्र त्रि० [वि+मुद्रा] মুদ্রারহিত, বিকশিত। Not sealed, opened.

विमृष्ट त्रि० [वि+मृश–क्त] বিবেচিত, বিচারিত। Considered.

विमोक्षण क्ली० [वि+मोक्षण] বিমুক্তি। Release.

विमोक्ष पु० [वि+मोक्ष] উদ্ধার। Liberation, release.

विमोचन क्ली० [वि+मोचन] উদ্ধার। Liberation.

विमोह पु० [वि+मोह] জড়তা। Dullness.

विमोहन क्ली० [वि+मोहन] মুগ্ধকরণ। त्रि० মনোহর। Enchanting ; lovely.

विमोहित लि० [वि+मोहित] মোহপ্রাপিত। Enchanted.

বিম্ব পুং, ক্লীং [বী+বন্] দর্পণাদিতে ভাসমান প্রতিবিম্বের আশ্রয়, কমণ্ডলু, সূর্যাদিমণ্ডল। পুং ক্রকলাস। ক্লীং বিম্বিকাফল। Type of an image, wooden water-pot.

বিম্বা স্ত্রীং [বিম্ব+অচ্+টাপ্] লতাবিশেষ। A kind of creeper.

বিম্বাগত ত্রিং [বিম্ব+আগত] প্রতিবিম্বিত। Reflected.

বিম্বী স্ত্রীং [বিম্ব+ঙীপ্], **বিম্বিকা** স্ত্রীং [বিম্বী+কন্+টাপ্] লতাবিশেষ। A creeper.

বিয়ৎ ক্লীং [বি+যম্-ক্বিপ্] আকাশ। Sky.

বিয়াত ত্রিং [বি+যা-ক্ত] ধৃষ্ট, নির্লজ্জ। Intrepid, shameless.

বিযুক্ত ত্রিং [বি+যুক্ত] বিচ্ছিন্ন, পৃথকৃকৃত। Separated.

বিয়োগ পুং [বি+যুজ-ঘঞ্] বিচ্ছেদ, বিরহ। Separation.

বিয়োগিন্ ত্রিং [বি+যুজ-ঘিনুণ্] চক্রবাকপক্ষী। ত্রিং বিচ্ছেদযুক্ত, পক্ষিযোগযুক্ত। Ruddy goose ; separated.

বিয়োজিত ত্রিং [বি+যুজ+ণিচ্-ক্ত] বিরহিত, পৃথকৃকৃত। Separated.

বিরক্ত ত্রিং [বি+রন্জ-ক্ত] বিশেষরাগযুক্ত। অনহরক্ত। স্ত্রীং বিরক্তা--ছূর্ভগা। Impassioned, indifferent.

বিরক্তি স্ত্রীং [বি+রন্জ-ক্তিন্] অনহুরাগ। Indifference.

বিরচিত ত্রিং [বি+চ্-ক্ত] কৃত, নির্মিত। Made, constructed.

বিরজস্ ত্রিং [বি+রজস্] ধূলিশূন্য, রজোগুণহীন। স্ত্রীং গতার্তবা নারী। Free from dust or passion.

বিরজা স্ত্রীং [বি+রন্জ-ক+টাপ্] দূর্বা, নদীবিশেষ, রাধার সখীবিশেষ, যযাতিমাতা। Dūrvā grass, name of a river, mother of Yayāti.

বিরত ত্রিং [বি+রম্-ক্ত] নিবৃত্ত। Refrained.

বিরতি স্ত্রীং [বি+রম্-ক্তিন্] নিবৃত্তি, বৈরাগ্য। Cessation.

বিরল ত্রিং [বি+রা-কলন্] অবকাশ, বিচ্ছিন্ন, অনিবিড়। স্ত্রীং দধি। Leisure, separated; curd.

বিরস ত্রিং [বি+রস] রসহীন। Sapless.

বিরহ পুং [বি+রহ-অচ্] বিচ্ছেদ, অভাব, শৃঙ্গার-রসের বিপ্রলম্ভনামক অবস্থাবিশেষ। Separation, want, a particular state of a lover separated from the beloved.

বিরহিত ত্রিং [বি+রহ-ক্ত] ত্যক্ত, হীন। Abandoned.

বিরহিন্ ত্রিং [বি+রহ-ণিনি] বিরহযুক্ত। স্ত্রীং বিরহিণী--বৃত্তি। Separated ; wages.

বিরাগ পুং [বি+রন্জ-ঘঞ্] রাগাভাব। ত্রিং রাগশূন্য। Freedom from passion ; free from attachment.

বিরাগিন্ ত্রিং [বিরাগ+ইনি] বিষয়াসক্তিরহিত। Free from worldly attachments.

বিরাজ[জ] পুং [বি+রাজ-ক্বিপ্ (অচ্)] ক্ষত্রিয়, আদিপুরুষ, ছন্দোবিশেষ। A man of the Kṣatriya tribe, the first offspring of Brahmā.

বিরাট পুং [বি+রাট] দেশবিশেষ, নৃপবিশেষ। Name of country, a king.

বিরাদ্ধ ত্রিং [বি+রাধ-ক্ত] অপকৃত, অপমানিত। Wronged, insulted.

বিরাদ্ধৃ ত্রিং [বি+রাধ-তৃচ্] বিপ্রকর্তা। Wrongdoer.

বিরাধ পুং রাক্ষসবিশেষ। Name of a demon.

বিরাধন ক্লীং [বি+রাধ-ল্যুট্] পীড়া। Pain.

বিরাম পুং [বি+রম্-ঘঞ্] অবসান, বিরতি, নিবৃত্তি, ব্যাকরণশাস্ত্রে পরবর্ণাভাব। End, conclusion, cessation.

বিরাল পুং [বি+ডল-ঘঞ্] বিড়াল। Cat.

বিরাব পুং [বি+রু-ঘঞ্] শব্দ। ত্রিং নীরব। Sound.

বিরাবিন্ ত্রিং [বিরাব+ইনি] শব্দকারী। Shouting.

বিরিঞ্চ[ঞ্চি] পুং [বি+রিচ-অচ্ (+ইন্)] শিব, বিষ্ণু, ব্রহ্মা। An epithet of Śiva, Viṣṇu or Brahmā.

বিরিদ্ধ পুং [বি+রিভ-ক্ত] স্বরবিশেষ। A note.

বিরুত ক্লীং [বি+রু-ক্ত] কূজিত, রব। Chirping, cry.

বিরুদ্ধ ত্রিং [বি+রুধ-ক্ত] বিরোধযুক্ত, ন্যায়শাস্ত্রে হেত্বাভাসবিশেষ। Hindered, a fallacy in logic.

বিরূঢ় ত্রিং [বি+রুহ-ক্ত] জাত, অঙ্কুরিত। Grown, germinated.

বিরূপ ত্রিং [বি+রূপ] কুষ্ঠরূপযুক্ত, নিন্দিত। ক্লীং পিপ্পলীমূল। স্ত্রীং বিরূপা--অতিবিষা। Deformed, blamed.

বিরূপাক্ষ পুং [বিরূপ+অক্ষিন্+ঘচ্] মহাদেব। ত্রিং বিকটনেত্র। An epithet of Śiva ; having deformed eyes.

বিরেক পু০ [বি+রিচ–ঘ] মলনিঃসারণ। Purging.

বিরেচক ত্রি০ [বি+রিচ–ণ্বুল্] মলনিঃসারক। Purgative.

বিরেচন ক্লী০ [বি+রিচ+ণিচ্–ল্যুট্] মলাদির নিঃসারণ। Purging.

বিরোক পু০ [বি+রুচ–ঘঞ্] ছিদ্র, সূর্যকিরণ। Hole, ray of the sun.

বিরোচন পু০ [বি+রুচ–যুচ্] সূর্য, অর্কবৃক্ষ, বলিরাজার পিতা, চন্দ্র, বহ্নি। [বি+রুচ+ণিচ্–ল্যু] রোহিতকবৃক্ষ, শ্যোনাকবৃক্ষ, ঘৃতকরঞ্জ। ত্রি০ রুচিকারক। The sun, Arka tree, the moon, fire ; taste-stimulant.

বিরোধ পু০ [বি+রুধ–ঘঞ্] বৈর, বিরুদ্ধতা, ন্যায়শাস্ত্রে হেত্বাভাসবিশেষ, অর্থালঙ্কারবিশেষ, বিপরীতার্থকত্ব। Enmity, opposition, a fallacy in logic, figure of speech.

বিরোধন ক্লী০ [বি+রুধ–ল্যুট্] বৈর। Enmity.

বিরোধিন্ পু০ [বি+রুধ–ণিনি] রিপু, বৎসরবিশেষ। ত্রি০ বিরোধকারক। Enemy ; quarrelsome.

বিরোধোক্তি স্ত্রী০ [বিরোধ+উক্তি] বিরুদ্ধ কথন। Contradictory statement.

বিল ক্লী০ [বিল–ক] ছিদ্র, গুহা। Hole, cave.

বিলক্ষ ত্রি০ [বি+লক্ষ–অচ্] বিস্ময়যুক্ত। Sur prised.

বিলক্ষণ ত্রি০ [বি+লক্ষণ] বিভিন্ন, বিশেষণযুক্ত। Different, having distinguishing marks.

বিলগ্ন ত্রি০ [বি+লস্জ–ক্ত] সংলগ্ন, মধ্যভাগ, কটি। ক্লী০ উদিত মেষাদি রাশি। Clinging, hips; the rising of constellations.

বিলঙ্ঘন ক্লী০ [বি+লঙ্ঘন] উল্লঙ্ঘন, অতিক্রম। Transgressing.

বিলঙ্ঘিত ত্রি০ [বি+লঙ্ঘ–ক্ত] উল্লঙ্ঘিত। Transgressed.

বিলজ্জ ত্রি০ [বি+লজ্জা] নির্লজ্জ। Shameless.

বিলপন ক্লী০ [বি+লপন], **বিলপিত** ক্লী০ [বি+লপ্–ক্ত] বিলাপ। Lamenting.

বিলম্ব পু০ [বি+লব–ঘঞ্] দেরী। Delay.

বিলম্বিত ত্রি০ [বি+লব–ক্ত] অশীঘ্র, মন্দ। ক্লী০ নৃত্যগীতাদির লয়বিশেষ। Delayed, slow ; a measure in dance, music etc.

বিলম্বিন্ ত্রি০ [বিলম্ব+ইনি] লম্বমান, সংসক্ত, অদ্রুত। Hanging down, attached to, delayed.

বিলম্ভ পু০ [বি+লভ–ঘঞ্] অতিদান। A huge gift.

বিলয পু০ [বি+লী–অচ] প্রলয়, নাশ। Dissolution, destruction.

বিলসন ক্লী০ [বি+লস–ল্যুট্], **বিলসিত** ক্লী০ [বি+লস–ক্ত] বিলাস, লীলা। Sporting.

বিলাপ পু০ [বি+লপ–ঘঞ্] পরিদেবন। Lamentation.

বিলাস পু০ [বি+লস–ঘঞ্] স্ত্রীলোকের শৃঙ্গারচেষ্টাবিশেষ, দীপ্তি, স্ত্রীগণের সাত্ত্বিকভাববিশেষ। Feminine gesture indicative of amorous sentiment, elegance.

বিলাসিন্ ত্রি০ [বিলাস+ইনি] বিলাসশালী, ভোগযুক্ত। পু০ সর্প, কৃষ্ণ, বহ্নি, চন্দ্র, স্মর, মহাদেব। স্ত্রী০ বিলাসিনী—নারী। Sportive; snake, fire, the moon ; woman.

বিলিখন ক্লী০ [বি+লিখ–ল্যুট্] অক্ষরবিন্যাস। Writing.

বিলীন ত্রি০ [বি+লী–ক্ত] দ্রবীভূত, বিশ্লিষ্ট, নষ্ট। Liquefied, perished.

বিলুপ্ত ত্রি০ [বি+লুপ–ক্ত] নষ্ট, লুণ্ঠিত। Perished.

বিলুলিত ত্রি০ [বি+লুলিত] চঞ্চল, কম্পিত। Unsteady, shaken.

বিলেখন ক্লী০ [বি+লেখন] খনন, বিদারণ। Scratching, splitting.

বিলেপ পু০ [বি+লেপ], **বিলেপন** ক্লী০ [বি+লেপন] লেপন। Smearing.

বিলোকন ক্লী০ [বি+লোক–ল্যুট্] দর্শন। Seeing.

বিলোকিত ত্রি০ [বি+লোক–ক্ত] দৃষ্ট। Seen.

বিলোচন ক্লী০ [বি+লুচ–ল্যুট্] নেত্র, দর্শন। Eye, seeing.

বিলোডন ক্লী০ [বি+লোড–ল্যুট্] আলোড়ন। Agitating.

বিলোডিত ত্রি০ [বি+লোড–ক্ত] আলোড়িত। ক্লী০ তক্র। Agitated ; buttermilk.

বিলোভন ক্লী০ [বি+লুভ+ণিচ্–ল্যুট্] লোভপ্রদর্শন। Alluring.

বিলোম ত্রি০ [বি+লোমন্+অচ্] বিপরীত। পু০ সর্প, কুক্কুর, বরুণ। Reverse ; snake, dog, an epithet of Varuṇa.

বিলোমজ ত্রি০ [বিলোম+জন–ড] প্রতিলোমজাত। Born in the reverse order.

বিলোল ত্রি০ [বি+লোল] চঞ্চল, বিশেষরূপে তৃষ্ণাযুক্ত। Unsteady, extremely keen or anxious.

বিল্ল ক্লী০ বিল, আলবাল। Hole.

বিল্ব ক্লী০ [বিল-উল্] শ্রীফল। পু০ বেলগাছ। Vilva fruit ; vilva tree.

বিবক্ষা স্ত্রী০ [বচ+সন্-অ+টাপ্] বলিতে ইচ্ছা। Desire to speak.

বিবক্ষিত ত্রি০ [বচ+সন্-ক্ত] বলিতে ঈপ্সিত। Intended to be said.

বিবক্ষু ত্রি০ [বচ+সন্-উ] বলিতে ইচ্ছু। Wishing to speak.

বিবঞ্চিষু ত্রি০ [বন্চ+সন্-উ] প্রতারণেচ্ছু। Wishing to deceive.

বিবৎসা স্ত্রী০ [বস+সন্-অ+টাপ্] বাসেচ্ছা। Desire to reside.

বিবদমান ত্রি০ [বি+বদ-শানচ্] কলহকারী। Quarrelling.

বিবন্দিষু ত্রি০ [বন্দ+সন্-উ] অভিবাদনেচ্ছু। Wishing to salute.

বিবর ক্লী০ [বি+বৃ-অচ্] গর্ত, দোষ। Hole.

বিবরণ ক্লী০ [বি+বৃ-ল্যুট্] ব্যাখ্যান, বেদান্ত গ্রন্থবিশেষ। Explanation, name of a treatise on Vedānta.

বিবর্ণ ত্রি০ [বি+বর্ণ] অধম, নীচ, মলিন। Vile, low, dirty.

বিবর্ত পু০ [বি+বৃত-ঘঞ্] নৃত্য, সমুদায়, কার্যোৎপত্তি-বিশেষ। Dancing, collection, false appearance.

বিবর্তন ক্লী০ [বি+বৃত-ল্যুট্] ভ্রমণ, প্রত্যাবৃত্তি। Revolving, turning round.

বিবর্তিত ত্রি০ [বি+বৃত-ক্ত] প্রত্যাবৃত্ত। Turned round.

বিবশ ত্রি০ [বি+বশ] অস্বতন্ত্র, ব্যাকুল, অরিষ্টবুদ্ধি-যুক্ত। Dependent, anxious.

বিবস্বৎ পু০ [বি+বস-ক্বিপ্+মতুপ্] সূর্য, অর্কবৃক্ষ, অরুণ, দেব। The sun, a kind of tree, an epithet of Aruṇa.

বিবাদ পু০ [বি+বদ-ঘঞ্] কলহ। Quarrel.

বিবাস পু০ [বি+বস-ঘঞ্] বাস, প্রবাস। Residence, living in a foreign land.

বিবাহ পু০ [বি+বহ-ঘঞ্] দারপরিগ্রহ। Marriage.

বিবাহিত ত্রি০ [বিবাহ+ইতচ্] জাতবিবাহ। Married.

বিবাহ্য ত্রি০ [বি+বহ-ণ্যত্] বিবাহযোগ্য, বিশেষরূপে বাহ্য। Fit to be married.

বিবিক্ত ত্রি০ [বি+বিচ-ক্ত] নির্জন, পবিত্র, অসংযুক্ত, বিবেকী। স্ত্রী০ বিবিক্তা—দুর্ভগা স্ত্রী। Lonley pure, detached ; ill-fated woman.

বিবিগ্ন ত্রি০ [বি+বিগ্ন] উদ্বিগ্ন, ভীত। Very much agitated, terrified.

বিবিধ ত্রি০ [বি+বিধা] নানাপ্রকার। Various.

বিবীত পু০ [বি+বীত] প্রচুর তৃণঘাসাদিযুক্ত দেশ। Pasture land.

বিবৃত ত্রি০ [বি+বৃ-ক্ত] বিস্তৃত, বর্ণিত। Expanded, expressed.

বিবৃতি স্ত্রী০ [বি+বৃ-ক্তিন্] বিস্তার, ব্যাখ্যান। Expansion, interpretation.

বিবৃত্ত ত্রি০ [বি+বৃত-ক্ত] ঘূর্ণিত, প্রকটিত। Revolving, revealed.

বিবৃত্তি স্ত্রী০ [বি+বৃত-ক্তিন্] বিবর্তন। Revolution.

বিবৃদ্ধি স্ত্রী০ [বি+বৃদ্ধি] বৃদ্ধিপ্রাপ্ত, প্রচুর। Grown up, plentiful.

বিবেক পু০ [বি+বিচ-ঘঞ্] বিবেচনা, বৈরাগ্য। Discrimination, apathy.

বিবেকদৃশ্বন্ ত্রি০ [বিবেক+দৃশ-ক্বনিপ্] বিবেকী। Discerning.

বিবেকিন্ ত্রি০ [বি+বিচ-ঘিনুণ্] বিবেকশীল। Discriminator.

বিবেচক ত্রি০ [বি+বিচ-ণ্বুল্] বিচক্ষণ। Discriminating.

বিবেচন ক্লী০ [বি+বিচ-ল্যুট্] বিচার। Discrimination.

বিবেচনীয় ত্রি০ [বি+বিচ-ল্যুট্] বিবেচনার যোগ্য। Fit to be judged.

বিবেচিত ত্রি০ [বি+বিচ+ণিচ্-ক্ত] বিচারিত। Judged.

বিবোঢৃ পু০ [বি+বহ-তৃচ্] জামাতা, পতি। Son-in-law, husband.

বিব্বোক পু০ [বি+বা-কু+ওক] স্ত্রীগণের শৃঙ্গারচেষ্টা-বিশেষ। Feminine gesture indicative of amorous sentiment.

বিশ্ পু০ [বিশ-ক্বিপ্] মনুজ, বৈশ্য। Man, the Vaiśya.

বিশ পু০ [বিশ-ক] মৃণাল। ত্রি০ প্রবেশকর্তা। The stalk of the lotus ; one who enters.

বিশঙ্কট ত্রি০ [বি+শঙ্কটচ্] বিশাল। Large.

বিশদ ত্রি০ [বি+শদ-অচ্] শুভ্রবর্ণযুক্ত, ব্যক্ত। পু০ শুভ্রবর্ণ। White, manifest ; white colour.

বিশয় পু০ [বি+শী-অচ্] সংশয়। Doubt.

বিশার পু০ [বি+শৃ-অচ্] বধ। ত্রি০ ত্যক্তবাণ। Killing ; with arrows abandoned.

বিশল্য [বি+শল্য] শল্যহীন, শেলবাথাশূন্য। Free from dart.

বিশস পু০ [ব+শস–অচ্] ঘাতুক। Killer.

বিশসন ক্লী০ [বি+শস–ল্যুট্] মারণ। পু০ খড়্গ। Killing ; sword.

বিশস্ত [বি+শস–ক্ত] ধৃষ্ট, প্রগল্ভ। Ill-mannered.

বিশাখ পু০ [বি+শাখা] কার্ত্তিকেয়, যাচক, পুনর্নবা, স্কন্দাংশজাত দেববিশেষ, শিব। An epithet of Kārttikeya, beggar, name of a god.

বিশাখা স্ত্রী০ [বি+শাখা] নক্ষত্রবিশেষ। A lunar mansion.

বিশারদ পু০ [বিশাল+দা–ক] বকুলবৃক্ষ, পণ্ডিত। ত্রি০ প্রগল্ভ, শ্রেষ্ঠ। The Bakula tree, a learned man; skilful, best.

বিশাল ত্রি০ [বি+শালচ্] বিস্তীর্ণ, বৃহৎ। পু০ মৃগবিশেষ, পক্ষিবিশেষ। স্ত্রী০ বিশালা—উজ্জয়িনী নগরী, নদীবিশেষ, ইন্দ্রবারুণী, মাহেন্দ্র বারুণী, উপোদকী। Extensive, large ; a kind of deer, a kind of bird; the Ujjayini city, of a river.

বিশালতা স্ত্রী০ [বিশাল+তল্+টাপ্] বিস্তৃতি, বৃহত্ত্ব। Extent, greatness.

বিশালাক্ষ পু০ [বিশাল+অক্ষিন্+ষচ্] মহাদেব, গরুড়, বিষ্ণু। ত্রি০ বৃহন্নেত্র। স্ত্রী০ বিশালাক্ষী—পার্বতী, নাগদন্তী, বরস্ত্রী, যোগিনীবিশেষ। An epithet of Śiva, Garuḍa or Viṣṇu ; an epithet of Pārvatī.

বিশিখ পু০ [বি+শিখা] শরবৃক্ষ, বাণ, তোমর। ত্রি০ শিখারহিত। স্ত্রী০ বিশিখা—খনিত্র, নালিকা, রথ্যা। A kind of reed, arrow, iron club ; without flame.

বিশিষ্ট ত্রি০ [বি+শিষ–ক্ত] যুক্ত, বিলক্ষণ। Possessed of, distinctive.

বিশিষ্টাদ্বৈত ক্লী০ [বিশিষ্ট+অদ্বৈত] রামানুজপ্রণীত মতবিশেষ। A philosophical viewpoint attributed to Rāmānuja.

বিশীর্ণ ত্রি০ [বি+শৄ–ক্ত] শুষ্ক, জরাবস্থাপন্ন। Withered, decayed.

বিশুদ্ধ ত্রি০ [বি+শুদ্ধ] দোষরহিত, বিশদ, নিষ্কলঙ্ক। Free from defect, cleansed, stainless.

বিশুদ্ধি স্ত্রী০ [বি+শুদ্ধি] শোধন, দোষরাহিত্য। Purification, removal of defect.

বিশুষ্ক ত্রি০ [বি+শুষ্ক] নীরস। Dry.

বিশৃঙ্খল ত্রি০ [বি+শৃঙ্খলা] শৃঙ্খলাহীন। Chaotic.

বিশেষ পু০ [বি+শিষ–ঘঞ্] প্রভেদ, প্রকার, ব্যক্তি, তিলক, বৈশেষিকশাস্ত্রে পদার্থবিশেষ। Distinction, kind, individual, a category in Vaiśeṣika philosophy.

বিশেষক পু০, ক্লী০ [বি+শিষ+ণিচ্–ণ্বুল্] ললাটকৃত তিলক, তিলবৃক্ষ। ত্রি০ বিশেষকর্তা। A mark on the forehead, sesamum tree.

বিশেষণ ক্লী০ [বি+শিষ–ল্যুট্] ভেদকধর্ম। Differentiator.

বিশেষিত ত্রি০ [বি+শিষ+ণিচ্–ক্ত] ভেদিত, বিশেষণযুক্ত। Differentiated, distinguished by an attributive.

বিশেষোক্তি স্ত্রী০ অর্থালঙ্কারবিশেষ। A kind of figure of speech.

বিশেষ্য ত্রি০ [বি+শিষ–ণ্যৎ] ব্যবচ্ছেদ্য পদার্থ, ধর্মী। To be distinguished, substantive.

বিশোক ত্রি০ [বি+শোক] শোকরহিত। পু০ অশোকবৃক্ষ। স্ত্রী০ বিশোকা—যোগশাস্ত্রোক্তচিত্তবৃত্তিবিশেষ। Free from grief ; a kind of tree ; a state of Yogic attainment.

বিশোধিন্ ত্রি০ [বি+শুধ+ণিচ্–ণিনি] শোধনকারক। স্ত্রী০ বিশোধিনী—নাগদন্তী। Purifying.

বিশ্র[স্র]ব্ধ ত্রি০ [বি+শ্র(স্র)ন্ভ–ক্ত] শান্ত, বিশ্বস্ত অনুদ্ধত, গাঢ়। Confidential, quiet

বিশ্র[স্র]ম্ভ পু০ [বি+শ্র(স্র)ন্ভ–ঘঞ্] বিশ্বাস, প্রণয়, কেলিকলহ, বধ। Confidence, love, love-quarrel, killing.

বিশ্র[স্র]ম্ভিন্ ত্রি০ [বি+শ্র(স্র)ন্ভ–ঘিনুণ্] বিশ্বাসশীল। [বিশ্র(স্র)ম্ভ+ইনি] বিশ্বাসবান্। Confident ; faithful.

বিশ্রবস্ পু০ মুনিবিশেষ। Name of a sage.

বিশ্রাণিত ত্রি০ [বি+শ্রণ+ণিচ্–ক্ত] দত্ত। Given away.

বিশ্রান্ত ত্রি০ [বি+শ্রান্ত] বিগতশ্রম। Reposed.

বিশ্রান্তি স্ত্রী০ [বি+শ্রান্তি] বিশ্রাম। Rest.

বিশ্রা[শ্র]ম পু০ [বি+শ্রম–ঘঞ্] বিরাম, নির্বাণপারস্থিতি। Cessation, rest.

বিশ্রাব পু০ [বি+শ্রু–ঘঞ্] প্রসিদ্ধি। Renown.

বিশ্রুত ত্রি০ [বি+শ্রু–ক্ত] বিখ্যাত। Famous.

বিশ্রুতি স্ত্রী০ [বি+শ্রুতি] খ্যাতি। Fame.

বিশ্লথ ত্রি০ [বি+শ্লথ–অচ্] শিথিল। Loose.

বিশ্লিষ্ট ত্রি০ [বি+শ্লিষ–ক্ত] বিযুক্ত, শিথিল। Disjoined.

विश्लेष पु० [वि+श्लिष–घञ्] বিয়োগ, শৈথিল্য। Disjunction.

विश्व क्ली० [विश–व] জগৎ, বিষ্ণু। পু০ শ্রাদ্ধদেব-বিশেষ, নাগর। ত্রি০ সকল। স্ত্রী০ বিশ্বা—দক্ষকন্যাবিশেষ, অতিবিষা, শতাবরী, বিংশপল পরিমাণ। The universe, name of Viṣṇu; all ; the daughter of Dakṣa.

विश्वकर्मन् पु० [विश्व+कर्मन्] সূর্য, দেবশিল্পী, মুনি-বিশেষ, পরমেশ্বর। The sun, name of the architect of gods name of a sage.

विश्वकृत् पु० [विश्व+कृ–क्विप्] বিশ্বকর্মা, পরমেশ্বর। An epithet of Viśvakarman, god.

विश्वकेतु पु० [विश्व+केतु] অনিরুদ্ধ। An epithet of Aniruddha.

विश्व[ष्व]क्सेन पु० বিষ্ণু। An epithet of Viṣṇu.

विश्व[ष्व]च् अव्य० [विश्व(षु)+अनच्–क्विप्] সর্বতঃ। ত্রি০ সর্বত্রগামী। On all sides ; all-pervading.

विश्वजनीन त्रि० [विश्व+जन–ख] বিশ্বজনহিত। Beneficial to all.

विश्वजित् पु० [विश्व+जि–क्विप्] বিষ্ণু, যজ্ঞবিশেষ। An epithet of Viṣṇu, a kind of sacrifice.

विश्वदेव पु० [विश्व+देव] দেববিশেষ। স্ত্রী০ বিশ্বদেবা —নাগবলা, রক্তপুষ্পদণ্ডোৎপল। A kind of god; a kind of red flowering daṇḍotpala.

विश्वधारिणी स्त्री० [विश्व+धृ–णिनि+ङीप्] পৃথিবী। Earth.

विश्वपा पु० [विश्व+पा–क्विप्] বিশ্বপালক, সূর্য, চন্দ্র। The protector of all.

विश्वम्भर पु० [विश्व+भृ–खच्] ইন্দ্র, বিষ্ণু। স্ত্রী০ বিশ্বম্ভরা—পৃথিবী। An epithet of Indra or Viṣṇu ; earth.

विश्वराज् पु० [विश्व+राज–क्विप्] পরমেশ্বর। God.

विश्वरूप पु० [विश्व+रूप] বিষ্ণু। ত্রি০ নানারূপো-পেত, বিশ্বমূর্তি। An epithet of Viṣṇu ; existing in all forms.

विश्ववेदस् पु० [विश्व+वेदस्] সর্বজ্ঞ। Omniscient.

विश्वश्रवस् पु० মুনিবিশেষ। Name of a sage.

विश्वसित त्रि० [वि+श्वस–क्त] বিশ্বাসী। Trustworthy.

विश्वसृज् पु० [विश्व+सृज–क्विप्] বিধাতা। The creator.

विश्वस्त त्रि० [वि+श्वस–क्त] বিশ্বাসপাত্র। Trustworthy.

विश्वात्मन् पु० [विश्व+आत्मन्] বিষ্ণু। An epithet of Viṣṇu.

विश्वामित्र पु० [विश्व+मित्र] মুনিবিশেষ। Name of a sage.

विश्वावसु पु० [विश्व+वसु] গন্ধর্ববিশেষ। স্ত্রী০ রাত্রি। A celestial being ; night.

विश्वास पु० [वि+श्वस–घञ्] প্রত্যয়, শ্রদ্ধা। Trust, faith.

विश्वासिन् त्रि० [वि+श्वस–णिनि] বিশ্বাসকারী। One who trusts.

विश्वास्य त्रि० [वि+श्वस–ण्यत्] প্রত্যয়ার্হ। Reliable.

विश्वेदेव पु० শ্রাদ্ধদেববিশেষ, বহ্নি। A kind of deity, fire.

विश्वेश पु० [विश्व+ईश] শিব। An epithet of Śiva.

विश्वेश्वर पु० [विश्व+ईश्वर] কাশীপতি। An epithet of Śiva.

विष् स्त्री० [विष–क्विप्] বিষ্ঠা, কন্যা। Excrement, daughter.

विष क्ली० [विष–क] জল, পদ্মকেশর, গন্ধরস, বৎসনাভ। পু০, ক্লী০ গরল। পু০ মৃণাল। Water, filament of the lotus ; poison ; lotus-stalk.

विषकण्ठ पु० [विष+कण्ठ] শিব। An epithet of Śiva.

विषघ्न त्रि० [विष+हन–टक्] শিরীষবৃক্ষ, যবাস, বিভীতক, চম্পকবৃক্ষ। A kind of tree.

विषण्ण त्रि० [वि+सद–क्त] বিষাদযুক্ত। Sorrowful.

विषण्णता स्त्री० [विषण्ण+तल्+टाप्] বিষাদপ্রাপ্তি। Dejection.

विषद पु० [वि+सद–अच्] শুক্লবর্ণ। ক্লী০ পুষ্পকা-সীস। ত্রি০ শুক্লবর্ণযুক্ত। White colour ; white-coloured.

विषदन्त पु० [विष+दन्त], **विषधर** पु० [विष+धृ–अच्], **विषभृत्** पु० [विष+भृ–क्विप्] সর্প। Snake.

विषम त्रि० [वि+सम] অসম, অযুগ্ম, উন্নতাবনত, দারুণ, সঙ্কট। পু০ তালবিশেষ। Unequal, odd, terrible ; a kind of measure in music, uneven.

विषमच्छद ज० [विषम+छद] সপ্তচ্ছদবৃক্ষ। A kind of tree.

विषमनयन पु० [विषम+नयन], **विषमनेत्र** पु० [विषम+नेत्र], **विषमाक्ष** पु० [विषम+अक्षि], **विषमेक्षण** पु० [विषम+ईक्षण] শিব। Epithets of Śiva.

विषमस्थ त्रि० [विषम+स्था–क] উপদ্রবপ্রাপ্ত, সঙ্কটস্থ, উন্নতাবনতদেশস্থ। Injured, being in difficulty.

विषमशिष्ट क्ली० [विषम+शिष्ट] অনুচিত শাসন। Unjust administration.

विषमायुध पु० [विषम+आयुध], **विषमेषु** पु० [विषम+इषु] কামদেব। Epithets of the god of love.

विषय पु० [वि+स–अच्] ভোগসাধন, ইন্দ্রিয়গোচর শব্দাদি, দেশ, নিত্যসেবিত বস্তু, অব্যক্ত, শুক্র, কান্ত, নিয়ামক, আরোপাশ্রয়। Means of enjoyment of sensual objects such as sound, place, primordial element, semen, lover, regulator.

विषयिन् क्ली० [विषय+इनि] জ্ঞান, ইন্দ্রিয়। ত্রি० বিষয়াসক্ত। পু० কামদেব। Knowledge, organ of sense ; attached to worldly affairs ; the god of love.

विषवैद्य पु० [विष+वैद्य] বিষচিকিৎসক। Poison-doctor.

विषहर त्रि० [विष+हर] বিষঘ্ন। স্ত্রী० বিষহরী—মনসাদেবী, বিদ্যাবিশেষ। Antipoisonous, the goddess Manasā, a kind of learning.

विषाण क्ली० [विष–कानच्] পশুশৃঙ্গ, হস্তিদন্ত, কুষ্ঠৌষধ, বরাহদন্ত, ক্ষীরকাকোলী। স্ত্রী० বিষাণী—অজশৃঙ্গী। Horn, ivory, tusk of a boar ; name of a plant.

विषाणिन् पु० [विषाण+इनि] শৃঙ্গী, হস্তী, শৃঙ্গাটক, ঋষভৌষধ। One having horns, elephant.

विषाद पु० [वि+सद–घञ्] অবসাদ, জড়তা। Dejection, dullness.

विषान्तक पु० [विष+अन्तक] শিব। An epithet of Śiva.

विषार पु० [विष+ऋ–अण्] সর্প। Snake.

विषाराति पु० [विष+अराति] কৃষ্ণধুস্তূর, বিষনাশক। A kind of flower.

विषु अव्य० [विष–कु] সাম্য, নানারূপতা। A particle meaning 'equally,' etc.

विषुव क्ली० [विषु+वा–क], **विषुवत्** क्ली० [विषु+मतुप्] সূর্যের তুলা ও মেষরাশির সংক্রান্তি-বিশেষ। The equinox.

विष्कम्भ पु० [वि+स्कन्भ–अच्] সূর্যচন্দ্রযোগজাত যোগমধ্যে প্রথম যোগ, বিস্তার, প্রতিবন্ধ, রূপকাঙ্গবিশেষ, বৃক্ষ, অবষ্টম্ভক, কীলক, পর্বত-বিশেষ। The first of the twentyseven astronomical periods called 'yoga', extension, hinderance, an interlude between the acts of a drama, tree, a mountain.

विष्टप क्ली० [विश–कपन्] ভুবন। World.

विष्टब्ध त्रि० [वि+स्तन्भ–क्त] প্রতিরুদ্ধ, অবরুদ্ধ। Obstructed.

विष्टम्भ पु० [वि+स्तन्भ–घञ्] প্রতিবন্ধ, রোগ-বিশেষ। Obstruction, a disease.

विष्टर पु० [वि+स्तृ–अप्] আসন, আসনবিশেষ, বৃক্ষ, কুশমুষ্টি। Seat, a kind of seat, tree, a handful of Kuśagrass.

विष्टरश्रवस् पु० [विष्टर+श्रवस्] বিষ্ণু। An epithet of Viṣṇu.

विष्टि स्त्री० [विष–क्तिन्] বেতন বিনা ভারাদি বহনজন্য ক্লেশ, বেতন, কর্ম, বর্ষণ, প্রেষণ, কর্মকর ভৃত্য। Unpaid labour, pay, work, raining, servant.

विष्ठा स्त्री० [वि+स्था–क+टाप्] উদর, পুরীষ। Belly, excrement.

विष्णु पु० [विष–नुक्] পরমেশ্বর। [विश–नु] বহ্নি, বসুদেবতা, ধর্মশাস্ত্রকারক মুনিবিশেষ। God ; fire, name of a sage.

विष्णुक्रान्ता स्त्री० [विष्णु+क्रान्ता] অপরাজিতা। Name of a creeper or its flower.

विष्णुगुप्त पु० চাণক্যমুনি। [विष्णु+गुप्त] দেবাদি, কন্দবিশেষ। Name of the sage Cāṇakya; deity.

विष्णुपद क्ली० [विष्णु+पद] আকাশ, ক্ষীরার্ণব, পদ্ম, বিষ্ণুর চরণ, বিষ্ণুরূপ স্থান। Sky, the sea of milk, lotus, feet of Viṣṇu.

विष्णुरथ पु० [विष्णु+रथ] গরুড়, বিষ্ণুর রথ। An epithet of Garuḍa, the chariot of Viṣṇu.

विष्णुरात पु० [विष्णु+रात] পরীক্ষিৎ। An epithet of King Parīkṣit.

विष्णुवाहन पु० [विष्णु+वाहन], **विष्णुवाह्य** पु० [विष्णु+वाह्य] গরুড়। An epithet of Garuḍa.

विष्वणन क्ली० [वि+स्वन–ल्युट्], **विष्व[ण्वा]ण** पु० [वि+स्वन–घञ्] তোজন। Eating.

बिस क्ली० [वि+षो–क] মৃণাল। Lotus-stalk.

विसंवाद पु० [वि+सम्+वद्-घञ्] বঞ্চন। Deception.

विसंष्ठुल त्रि० [वि+सम्+स्था-उलच] বিশৃঙ্খল, অব্যবস্থিত। Disorganized.

विसकण्ठि[ण्ठी]का स्त्री० [विस+कण्ठ+ठन्+टाप्] বলাকা। crane.

विसप्रसून क्ली० [विस+प्रसून] পদ্ম। Lotus.

विसर पु० [वि+सृ-अप्] সমূহ, বিস্তার। Multitude, extent.

विसरण क्ली० [वि+सृ-ल्युट्] সমূহ, বিস্তার। Multitude, extent.

विसर्ग पु० [वि+सृज्-घञ्] দান, ত্যাগ, মলত্যাগ, বিসর্জনীয়াখ্য বর্ণবিশেষ, মোক্ষ, প্রলয়। Gift, giving away, name of a symbol in grammar marked by two perpendicular dots (:), salvation.

विसर्जन क्ली० [वि+सृज-ल्युट्] দান, ত্যাগ। [वि+सृज+णिच्-ल्युट्] প্রেরণ। Gift, abandoning ; sending.

विसर्जनीय त्रि० [वि+सृज-अनीयर्] ত্যাজ্য। Fit to be abandoned.

विसर्प पु० [वि+सृप-घञ्] রোগবিশেষ। A disease.

विसर्पण क्ली० [वि+सृप-ल्युट्] প্রসার। Spreading.

विसर्पिन् त्रि० [वि+सृप-णिनि] বিসরণশীল। Spreading.

विसार पु० [वि+सृ-ण] মৎস্য। Fish.

विसारित त्रि० [वि+सृ+णिच्-क्त] বিস্তারিত। Extended.

विसारिन् त्रि० [वि+सृ-णिनि] প্রসরণশীল। पु० মৎস্য। Spreading ; fish.

विसिनी स्त्री० [विस+इनि+ङीप्] পদ্মসমূহ, পদ্মলতা, মৃণাল। An assemblage of lotus, lotus plant, lotus-stalk.

विसूचि[ची] स्त्री० [वि+सूचि(ची)], **विसूचिका** स्त्री० [वि+सूचि+कन्+टाप्] রোগবিশেষ। Cholera.

विसृत त्रि० [वि+सृ-क्त] বিস্তীর্ণ। Spread-out.

विसृत्वर त्रि० [वि+सृ-क्वरप्] প্রসরণশীল। Extending.

विसृमर त्रि० [वि+सृ-क्मरप्] বিসরণশীল। Creeping along, extending.

विसृष्ट त्रि० [वि+सृज-क्त] প্রেরিত। Sent.

विस्त पु० [विस-क्त] স্বর্ণকর্ষ, আশীরত্তিকাপরিমাণ। A weight of gold.

विस्तर पु० [वि+स्तृ-अप्] বাক্যসমূহ, বিস্তার, প্রণয়, সমূহ, পীঠ। Group of words, extension.

विस्तरशस् अव्य० [विस्तर+शस्] বিস্তারপূর্বক। Extensively.

विस्तार पु० [वि+स्तॄ-घञ्] বিস্তীর্ণতা, সমাসবাক্যস্থ পদসমূহ। Expansion, words of a compound.

विस्तारित त्रि० [वि+स्तॄ+णिच्-क्त] প্রসারিত। Extended.

विस्तीर्ण विस्तृत त्रि० [वि+स्तॄ-क्त] বিস্তারযুক্ত। Spread-out.

विस्तृति स्त्री० [वि+स्तॄ-क्तिन्] বিস্তার। Extension.

विस्पष्ट त्रि० [वि+स्पष्ट] ব্যক্ত, স্ফুট। Quite clear.

विस्फार पु० [वि+स्फार-घञ्] টঙ্কারধ্বনি। The twang of a bow.

विस्फारित त्रि० [वि+स्फार+णिच्-क्त] কম্পিত, ধ্বনিত। Shaken.

विस्फुरित त्रि० [वि+स्फुरित] ধ্বনিত, কম্পিত। Sounded, quivering.

विस्फुलिङ्ग पु० [वि+स्फुलिङ्ग] অগ্নিকণা, বিষবিশেষ। Spark, a kind of poison.

विस्फूर्ज पु० [वि+सफूर्ज-अच्], **विस्फर्जथु** पु० [वि+स्फूर्ज-अथुच्] বজ্রনির্ঘোষ। Thundering.

विस्फोट[क] पु० [वि+स्फुट+णिच्-अच्(क)] ভেদন, ফোড়া। To burst open, boil.

विस्मय क्ली० [वि+स्मि-अच्] আশ্চর্য, স্থায়িভাববিশেষ। Wonder, a kind of abiding sentiment,

विस्मरण क्ली० [वि+स्मृ-ल्युट्] বিস্মৃতি। Forgetting.

विस्मापन पु० [वि+स्मि+णिच्-ल्यु] কুহক, কামদেব। क्ली० গন্ধর্বপুর। Delusion, god of love ; a city of the Gandharvas.

विस्मायन क्ली० [वि+स्मि+णिच्-ल्युट्] বিস্মিত করা। Causing amazement.

विस्मित त्रि० [वि+स्मि-क्त] বিস্ময়যুক্ত। Astonished.

विस्मृत त्रि० [वि+स्मृ-क्त] স্মরণাবিষয়। Forgotten.

विस्मृति स्त्री० [वि+स्मृ-क्तिन्] স্মরণাভাব। Forgetfulness.

विस्र त्रि० [विस-रक्] চিতাধূম, অপক্বমাংসগন্ধ, আমগন্ধ। Smoke of pyre, smell of raw meat.

विस्रंस पु० [वि+स्रनस-घञ्] पतन, ক্ষরণ। Falling down, dripping.

विस्रंसिन् त्रि० [वि+स्रंनस-णिनि] অবপাতী। That which falls down.

विस्रम्भ पु० [वि+स्रन्भ-घञ्] বিশ্বাস, প্রত্যয়, পরিচয়। Trust, confidence, acquaintance.

विस्रम्भिन् त्रि० [वि+स्रन्भ-णिनि] বিশ্বাসযুক্ত, প্রণয়ী। Confident, lover.

विस्रसा स्त्री० [वि+स्रनस-क+टाप्] জরা। Decrepitude.

विस्रस्त त्रि० [वि+स्रन्स-क्त] স্খলিত, অবপতিত। Slipped, fallen.

विस्वन पु० [वि+स्वन], **विस्वान** पु० [वि+स्वान] ধ্বনি, শব্দ। Sound.

विहग पु० [विहायस्+गम-ड], **विहङ्ग** पु०, **विहङ्गम** पु० [विहायस्+गम-खच्] পক্ষী, সূর্য, চন্দ্র, বাণ, মেঘ। Bird, the sun, the moon, arrow, cloud.

विहङ्गराज पु० [विहङ्ग+राजन्+अच्] গরুড়। An epithet of Garuḍa

विहङ्गिका स्त्री० [विहङ्गम+कन्+टाप्] ভারযষ্টি। A pole for carrying burdens.

विहति स्त्री० [वि+हन्-क्तिन्] বিনাশ। Destruction.

विहनन क्ली० [वि+हन-ल्युट्] হিংসা। Killing.

विहर पु० [वि+हृ-अप्], **विहरण** क्ली० [वि+हृ-ल्युट्] বিহার, পরিভ্রমণ। Roaming.

विहसित क्ली० [वि+हस-क्त], **विहसन** क्ली० [वि+हस-ल्युट्] মধ্যমহাস্য। Gentle laugh.

विहस्त त्रि० [वि+हस्त] ব্যাকুল, পণ্ডিত, হস্তশূন্য। पु० পশু। Eager, learned, handless.

विहापित क्ली० [वि+हा+णिच्-क्त] দান। Gift.

विहायस् पु०, क्ली० [वि+हा-असुन्] আকাশ। पु० পক্ষী। Sky ; bird.

विहायस क्ली० [विहायस्+अच्] আকাশ। Sky.

वि[वी]हार पु० [वि+हृ-घञ्] পাদক্রম, পরিক্রম। Walking, roaming.

विहारिन् त्रि० [वि+हृ-णिनि] বিচরণশীল। One who roams about.

विहित त्रि० [वि+धा-क्त] কৃত, বিধিবোধিত। Done, enjoined.

विहित्रिम त्रि० [वि+धा+त्रि+मप्] বিধিনিষ্পন্ন। Done according to rule.

विहीन त्रि० [वि+हा-क्त] ত্যক্ত, বর্জিত। Left, abandoned.

विहृत क्ली० [वि+हृ-क्त] বিহার, স্ত্রীগণের চেষ্টা-বিশেষ। Sport, a feminine mode of indicating love.

विहृत क्ली० [वि+हृ-क्त] বিহার, পরিক্রমণ। Sport, walking.

विह्वल त्रि० [वि+ह्वल-अच्] বিচলিত, অধীর। Agitated, confused.

वीक्षण क्ली० [वि+ईक्ष-ल्युट्] নেত্র, দর্শন। Eye, seeing.

वीक्षित त्रि० [वि+ईक्ष-क्त] দৃষ্ট। Seen.

वीचि पु० [वे-डीचि] তরঙ্গ, অবকাশ, সুখ। Wave, leisure, pleasure.

वीचिमालिन् पु० [वीचिमाला+इनि] সমুদ্র। The ocean.

वीज क्ली० [वी-क्विप्+जन-ड] কারণ, শুক্র, অঙ্কুর, তত্ত্বাবধান, মজ্জন, অব্যক্তগণিতবিশেষ, মন্ত্রবিশেষ, ধান্যাদির ফল। Cause, semen, sprout, Algebra, a form of mantra, seed.

वीजन क्ली० [वीज-ल्युट्] ব্যজন। पु० চামরাদি বস্তু, চক্রবাক। Fan ; chowries, ruddy goose.

वीजपूर पु० [वीज+पूर-घञ्] জম্বীরবিশেষ। Citron.

वीजाकृत त्रि० [वीज+डाच्+कृ-क्त] বীজের দ্বারা কৃষ্ট। Strewn with seed.

वीजिन् पु० [वीज+इनि] উৎপাদক পিতা। त्रि० বীজবিশিষ্ট। Progenitor ; possessed of seed.

वीज्य त्रि० [वि+यज-क्यप्] কুলীন। Nobly-born.

वीटि[टी] स्त्री० [वि+इट्-इन् (+ङीप्)] সজ্জিত তাম্বুল। Spiced betel-leaf.

वीणा स्त्री० [अज-नक्+टाप्] বাদ্যবিশেষ। Lute.

वीत क्ली० [वि+इण-क्त] যুদ্ধাসমর্থ অশ্ব, হস্তী প্রভৃতি সৈন্য, অঙ্কুশকর্ম। त्रि० গত, শান্ত। Horses, elephants etc. that are unfit for war ; gone, quiet.

वीतंस पु० [वि+तनस्-घञ्] মৃগপক্ষিগণের বন্ধনোপকরণ রজ্জু প্রভৃতি। Net for confining beasts or birds.

वीति स्त्री० [वी-क्तिन्] গতি, দীপ্তি, ভোজন, প্রজনন, ধারণ। Motion, lustre, eating, producing.

वीतिहोत्र पु० [वीति+हु-त्रल्] বহ্নি, সূর্য। Fire, the sun.

বীথি[থী] স্ত্রী০ [বিথ–ইন্(+ঙীপ্)] পঙ্‌ক্তি, শ্রেণী, অলিন্দ, বর্ত্ম, দৃশ্যকাব্যবিশেষ। Row, line, way, a terrace, a variety of drama.

বীধ্র ত্রি০ [বি+ইন্ধ–রক্] নির্মল। ক্লী০ নভস্, বায়ু, অগ্নি। Pure ; sky, wind, fire.

বীনাহ পু০ [বি+নহ–ঘঞ্] কূপাদিবন্ধনসাধন পদার্থ। The top or cover of a well.

বীপ্সা স্ত্রী০ [বি+আপ্+সন্–অ+টাপ্] ব্যাপ্তি। Pervasion.

বীর ক্লী০ [বীর–অচ্] পদ্মমূল, মরিচ, কাঞ্জিক, নড, শৃঙ্গী, উশীর, আর্দ্রক। ত্রি০ শৌর্যবীর্যবিশিষ্ট। Root of lotus, a kind of fragrant grass ; valiant.

বীরণ ক্লী০ [বি+ঈর–ল্যু] উশীর, তৃণ। Name of a fragrant grass.

বীরতর ক্লী০ [বীর+তরপ্] বীরণ। ত্রি০ শূরতর। A kind of fragrant grass ; more valiant.

বীরভদ্র পু০ [বীর+ভদ্র] অশ্বমেধীয় অশ্ব, বীরণ, শিবগণবিশেষ। Horse fit for the Aśvamedha sacrifiee, a kind of fragrant grass, an attendant of Śiva.

বীরসূ স্ত্রী০ [বীর+সূ–ক্বিপ্] বীরমাতা। Mother of a hero.

বীরসেন ক্লী০ [বীরা+সেনা] আরুকবৃক্ষ। পু০ নৃপবিশেষ। A kind of tree ; name of a king.

বীরাশংসন ক্লী০ [বীর+আ+শন্স–ল্যুট্] ভয়ঙ্কর যুদ্ধক্ষেত্র। Terrible battle-field.

বীরাসন ক্লী০ [বীর+আসন] তান্ত্রিক আসনবিশেষ। A Tāntrik sitting-posture.

বীরুধ্[ধা] স্ত্রী০ [বি+রুধ–ক্বিপ্ (+টাপ্)] বিস্তৃতা লতা। A spreading creeper.

বীরেশ্বর পু০ [বীর+ঈশ্বর] শিবলিঙ্গবিশেষ। An epithet of Śiva.

বীর্য ক্লী০ [বীর–যত্] শুক্র, পরাক্রম, বল, প্রভাব, তেজস্, দীপ্তি। Semen, virility, valour, strength, lustre.

বীর্যবত্ ত্রি০ [বীর্য+মতুপ্] বলবান্, বীর্যযুক্ত। Strong, powerful.

বুষ[স] ক্লী০ [বুস–ক] ভুষি। Chaff.

বৃংহিত ক্লী০ [বৃংহ–ক্ত] করিগর্জন। ত্রি০ বর্ধিত। Trumpet ; increased.

বৃক পু০ [বৃক–ক] নেকড়ে বাঘ, কাক, বকবৃক্ষ, শৃগাল, ক্ষত্রিয়, অনেকদ্রবজন্য ধূপ, উদরস্থ বহ্নিবিশেষ। Wolf, crow, a kind of tree, jackal, Kṣatriya.

বৃকদংশ পু০ [বৃক+দন্শ–অচ] কুকর। Dog.

বৃকধূর্ত পু০ [বৃক+ধূর্ত] শৃগাল। Jackal.

বৃকোদর পু০ [বৃক+উদর] ভীমসেন। An epithet of Bhīma.

বৃক্‌ণ পু০ [ব্রশ্চ–ক্ত] ছিন্ন। Torn.

বৃক্ষ পু০ [ব্রশ্চ–ক্স] দ্রুম। Tree.

বৃক্ষক পু০ [বৃক্ষ+কন্] স্বল্পবৃক্ষ। Small tree.

বৃক্ষচ্ছায ক্লী০ [বৃক্ষ+ছায়া] বহুবৃক্ষের ছায়া। Shade of many trees.

বৃক্ষবাটিকা স্ত্রী০ [বৃক্ষ+বাটিকা] উপবন। Pleasure garden.

বৃক্ষাদন পু০ [বৃক্ষ+অদ–ল্যু] কুঠারাস্ত্র। Axe.

বৃজিন ক্লী০ [বৃজ–ইনচ্] পাপ। ত্রি০ ভুগ্ন, কুটিল। পু০ কেশ। Sin ; crooked.

বৃত ত্রি০ [বৃ–ক্ত] বর্তুল, প্রার্থিত, কর্মাদিতে প্রার্থনাদ্বারা কৃতনিয়োগ, স্বীকৃত। Round, sought.

বৃতি স্ত্রী০ [বৃ–ক্তিন্] বেষ্টন। Encloser.

বৃত্ত ক্লী০ [বৃত–ক্ত] চরিত্রবিশেষ, পদ্যবিশেষ, গোলাকার ক্ষেত্রবিশেষ। ত্রি০ অতীত, দৃঢ়, বর্তুল, কৃতাবরণ, অধীত, মৃত, জাত। পু০ কূর্ম। Conduct, a kind of poetry ; passed, firm, round, studied, dead, born ; tortoise.

বৃত্তগন্ধি ক্লী০ [বৃত্ত+গন্ধ+ইত্] গদ্যবিশেষ। A kind of prose.

বৃত্তস্থ ত্রি০ [বৃত্ত+স্থা–ক] সদাচারী। Of good conduct.

বৃত্তান্ত পু০ [বৃত্ত+অন্ত] সংবাদ, বাচিকসন্দেশ, প্রক্রিয়া, কার্ৎস্ন্য, প্রস্তাব, অবসর, ভাব, একান্ত। News, message, mode, whole, leisure, nature.

বৃত্তি স্ত্রী০ [বৃত–ক্তিন্] বর্তন, স্থিতি, বিবরণ, জীবিকা, অন্তঃকরণের পরিণামবিশেষ। Livelihood, existence, account.

বৃত্র পু০ [বৃত–রক্] অন্ধকার, রিপু, ত্বষ্টাপুত্র দানববিশেষ, মেঘ, পর্বতবিশেষ, শব্দ। Darkness, enemy, name of a demon, cloud, name of a mountain, sound.

বৃত্রদ্বিষ্ পু০ [বৃত্র+দ্বিষ–ক্বিপ্], **বৃত্রহন্** পু০ [বৃত্র+হন–ক্বিপ্] ইন্দ্র। An epithet of Indra.

বৃথা অব্য০ [বৃ–থাল্] নিরর্থক। Useless.

বৃদ্ধ ত্রি০ [বৃধ–ক্ত] বৃদ্ধিযুক্ত, গতযৌবন। পু০ বৃদ্ধদারক বৃক্ষ। ক্লী০ শৈলজনামক গন্ধদ্রব্য। Increased, aged ; a kind of tree.

বৃদ্ধত্ব ক্লী০ [বৃদ্ধ+ত্ব] বার্ধক্য। Old age.

বৃদ্ধপ্রপিতামহ পুং [বৃদ্ধ+প্রপিতামহ] প্রপিতামহের জনক। Father of the paternal great grand-father.

বৃদ্ধপ্রমাতামহ পুং [বৃদ্ধ+প্রমাতামহ] প্রমাতামহের জনক। Father of the maternal great grand-father.

বৃদ্ধভাব [বৃদ্ধ+ভাব] The state of old age.

বৃদ্ধশ্রবস্ পুং [বৃদ্ধ+শ্রু-অসুন্] ইন্দ্র। An epithet of Indra.

বৃদ্ধি স্ত্রীং [বৃধ-ক্তিন্] সমৃদ্ধি, অভ্যুদয়, সম্পত্তি, সমূহ। [বৃধ-ক্তিচ্] ওষধিবিশেষ। Prosperity, multitude.

বৃদ্ধিশ্রাদ্ধ ক্লীং [বৃদ্ধি+শ্রাদ্ধ] আভ্যুদয়িক শ্রাদ্ধ। An offering made to the manes on any prosperous occasion.

বৃদ্ধোক্ষ পুং [বৃদ্ধ+উক্ষা+অচ্] জরদ্গব। Old bull.

বৃদ্ধ্যাজীব ত্রিং [বৃদ্ধি+আ+জীব-অণ্] বার্ধুষিক। Usurer.

বৃন্ত পুং [বৃ-ক্ত] বোঁটা। Stalk.

বৃন্দ ক্লীং [বৃণ-দন্] সমূহ, দশ অর্বুদ। স্ত্রীং বৃন্দা—রাধিকা, তুলসী। Multitude, large number ; name of Rādhikā.

বৃন্দারক পুং [বৃন্দ+কৈ-ক] দেব, যূথপতি। ত্রিং মুখ্য, মনোহর। Deity ; chief, pleasing.

বৃন্দাবন ক্লীং [বৃন্দা+বন] তীর্থবিশেষ। A holy place.

বৃন্দিষ্ঠ ত্রিং [বৃন্দারক+ইষ্ঠন্] মুখ্যতম। Foremost.

বৃশ্চিক পুং [ব্রশ্চ-কিকন্] কীটবিশেষ, মেষ হইতে অষ্টমরাশি, ওষধিবিশেষ, মদনবৃক্ষ, কর্কট, গোময় কীট, নালিকা। Scorpion, a zodiacal sign, a kind of plant, a kind of tree.

বৃষ পুং[বৃষ-ক] বৃষভ, পুরুষভেদ, মেষ হইতে দ্বিতীয় রাশি, ইন্দ্র, ধর্ম, শৃঙ্গী, মূষিক, বাস্তুস্থানবিশেষ, বাসকবৃক্ষ, শত্রু, কাম, ময়ূরপিচ্ছ, শ্রীকৃষ্ণ। ত্রিং বলযুক্ত, শুক্রযুক্ত। Bull, a type of man, an epithet of Indra, rat, a kind of tree, enemy, an epithet of Kṛṣṇa ; strong.

বৃষণ পুং [বৃষ-ক্যু] অণ্ডকোষ। ত্রিং বীর্যান্বিত। Scrotum ; full of vigour.

বৃষদংশক পুং [বৃষ+দন্শ-ণ্বুল্] বিড়াল। Cat.

বৃষধ্বজ পুং [বৃষ+ধ্বজ] শিব, হেরম্ব। ত্রিং পুণ্য-কর্মযুত। An epithet of Śiva ; virtuous.

বৃষন্ পুং [বৃষ-কনিন্] ইন্দ্র, কর্ণ, দুঃখ, বেদনাজ্ঞান, বৃষ, অশ্ব। An epithet of Indra or Karṇa, sorrow, bull, horse.

বৃষপর্বন্ পুং [বৃষ+পর্বন্] শিব, দৈত্যবিশেষ, ভৃঙ্গাররক্ষ, কেশরী। An epithet of Śiva, a demon, a kind of tree.

বৃষভ পুং [বৃষ-অভচ্] বৃষ, শ্রেষ্ঠ, বৈদর্ভীরীতিবিশেষ, জিনবিশেষ, কর্ণছিদ্র, ঋষভনামক ওষধি। Bull, best, a kind of style of composition, hollow of the ear.

বৃষভানু পুং [বৃষ+ভানু] রাধিকার পিতা। Father of Rādhā.

বৃষল পুং [বৃষ-কলচ্] শূদ্র, ঘোটক, চন্দ্রগুপ্ত নৃপ, অধার্মিক। Śūdra, horse, name of king Candragupta, irreligious.

বৃষবাহন পুং [বৃষ+বাহন] শিব। An epithet of Śiva.

বৃষস্যন্তী স্ত্রীং [বৃষ+ক্যচ্+শতৃ+ঙীপ] কামুকী। Lustful woman.

বৃষাকপায়ী স্ত্রীং [বৃষাকপি+ঙীপ্] লক্ষ্মী, গৌরী, শচী, স্বাহা, জীবন্তী, শতাবরী। An epithet of Lakṣmī, Gauri or Śacī.

বৃষাকপি পুং [বৃষ+ন+কপি] মহাদেব, বিষ্ণু, অগ্নি, ইন্দ্র। An epithet of Śiva, Viṣṇu, Agni or Indra.

বৃষাঙ্ক পুং [বৃষ+অঙ্ক] শিব, ভল্লাতক, ষণ্ড। Śiva.

বৃষি[সী] স্ত্রীং [বৃষ-কি(+ঙীপ্)] কুশময় আসনবিশেষ। A seat made of Kuśa grass.

বৃষোৎসর্গ পুং [বৃষ+উৎসর্গ] শ্রাদ্ধবিশেষে বৃষত্যাগরূপ কর্ম। A setting free of a bull on the occasion of a śrāddha.

বৃষ্ট ত্রিং [বৃষ-ক্ত] বর্ষিত। Showered.

বৃষ্টি স্ত্রীং [বৃষ-ক্তিন্] বর্ষণ। Rain.

বৃষ্ণি পুং [বৃষ-নি] যাদববংশজ নৃপবিশেষ। Name of a king of Yādava dynasty.

বৃষ্য পুং [বৃষ-ক্যপ্] মাষ। ত্রিং শুক্রবৃদ্ধিকারক। ক্লীং বাজীকরণ। স্ত্রীং বৃষ্যা—আমলকী, শতাবরী, ঋষভনামক ওষধি। A kind of pulse, provocative of sexual vigour.

বৃহৎ ত্রিং [বৃহ-অতি] মহৎ। Large.

বৃহতী স্ত্রীং [বৃহৎ+ঙীপ্] মহতী, ক্ষুদ্র বেগুন, নারদের বীণা। Great, lute of Nārada.

বৃহতীপতি পুং [বৃহৎ+ঙীপ্+পতি] বৃহস্পতি। An epithet of Bṛhaspati.

বৃহদ্ভানু পুং [বৃহৎ+ভানু] অগ্নি, চিত্রকবৃক্ষ। Fire.

वितर्क पु० [वि+तर्क–अच्] সন্দেহ, ঊহ, জ্ঞানসূচক, অর্থালঙ্কারবিশেষ। Doubt, deliberation, a kind of figure of speech.

वितर्दि स्त्री० [वि+तृद–इन्] বেদিকা। Platform.

वितल क्ली० [वि+तल] পাতালবিশেষ। त्रि० তলশূন্য। One of the nether regions ; without bottom.

वितस्ति पु० [वि+तस–क्तिच्] দ্বাদশাঙ্গুল পরিমাণ। A measure of length equal to twelve fingers.

वितान पु०, क्ली० [वि+तन–घञ्] চন্দ্রাতপ। क्ली० অবসর, যজ্ঞ, বৃত্তিবিশেষ, বিস্তার। त्रि० তুচ্ছ, মন্দ, শূন্য। Canopy ; leisure, sacrifice, extension ; bad, vacant.

वितीर्ण त्रि०[वि+तॄ–क्त] দত্ত, অবগাঢ়। Bestowed, gone down.

वितृष्ण त्रि० [वि+तृष्णा] নিস্পৃহ। Free from desire.

वितृष्णा स्त्री० [वि+तृष्णा] অনিচ্ছা, বিরক্তি। Disinclination, disgust.

वित्त क्ली० [वित्त–घञ्] ধন। त्रि० [विद–क्त] খ্যাত, বিচারিত, জ্ঞাত, লব্ধ। Wealth ; famous, known, acquired.

वित्ति स्त्री० [विद–क्तिन्] জ্ঞান, লাভ, বিচার। Knowledge, gain, judgement.

वित्तेश पु० [वित्त+ईश] কুবের। An epithet of Kuvera.

वित्रस्त त्रि० [वि+त्रस्त] অতিভীত। Extremely frightened.

विद् स्त्री० [विद–क्विप्] পণ্ডিত, বুধগ্রহ। Learned, the planet Mercury.

विद पु० [विद–क] পণ্ডিত, বুধগ্রহ। Learned, the planet Mercury.

विदंश पु० [वि+दन्श–घञ्] অবদংশ। Pungent food which excites appetite or thirst.

विदग्ध त्रि० [वि+दह–क्त] নাগর, নিপুণ, পণ্ডিত, বিশেষরূপে দগ্ধ। Clever, learned, burnt up.

विदग्धता स्त्री० [विदग्ध+तल्+टाप्] নৈপুণ্য, পাণ্ডিত্য। Cleverness, learning.

विदर पु० [वि+दॄ–अच्] ফণিমনসা। [वि+दॄ–अप्] বিদলীকরণ। त्रि० বিগতভয়। A kind of plant, rending ; fearless.

विदर्भ पु० [वि+दर्भ] দেশবিশেষ। Name of a country.

विदर्भजा स्त्री० [विदर्भ+जन–ड+टाप्] দময়ন্তী। An epithet of Damayantī.

विदल त्रि० [वि+दल–क] দ্বিধাভূত, দলশূন্য। क्ली० দাড়িমকল্ক, বংশাদিপাত্র, স্বর্ণাদির অবয়ব, কলায়, রক্তকাঞ্চন, পিষ্টক। Divided; the bark of pomegranate, a basket made of split bamboos, cake.

विदा स्त्री० [विद+अ+टाप्] পাণ্ডিত্য। Learning.

विदार पु० [वि+दॄ+णिच्–अच्] বিদারণ, যুদ্ধ, জলোচ্ছ্বাস। Rending, war, splitting into two ; flood.

विदारक पु० [वि+दॄ+णिच्–ण्वुल्] বিদারণকর্তা। That which pierces.

विदारण क्ली० [वि+दॄ+णिच्–ल्युट्] ভেদন। Rending.

विदित त्रि० [विद–क्त] জ্ঞাত, প্রার্থিত, বিখ্যাত। [विदित+अच्] জ্ঞাতা। Known, solicited, famous ; knower.

विदिश् स्त्री० [वि+दिश्] অগ্নি, নির্ঋতি, বায়ু ও ঈশানকোণচতুষ্টয়। The four intermediate points of the quarters.

विदिशा स्त्री० নগরীবিশেষ। Name of a city.

विदीर्ण त्रि० [वि+दॄ–क्त] ভগ্ন, ভিন্ন। Torn, severed.

विदुर पु० [विद–कुरच्] কৌরব মন্ত্রিবিশেষ, ধীর, নাগর। Name of a character in the Mahābhārata, wise.

विदुल पु० [विद–कुलच्] বেতস, জলবেতস, গন্ধরস, ক্ষত্রিয়বিশেষ। A kind of reed, a class of Kṣattriya,

विदूर त्रि० [वि+दूर] অতিদূরস্থ। क्ली० অতিদূর। पु० বৈদূর্যমণির উৎপত্তিস্থান। Remote ; source place of emerald.

विदूरग त्रि० [विदूर+गम–ड] অতিদূরগামী। Going far and wide.

विदूरज क्ली० [विदूर+जन–ड] বৈদূর্যমণি। Lapis lazuli.

विदूषक पु० [वि+दूष+णिच्–ण्वुल्] নাটকে নায়কের নর্মসচিব সহায়বিশেষ। त्रि० পরনিন্দক। The jester in a drama ; vilifier.

विदेश पु० [वि+देश] দেশান্তর। A foreign country.

विदेशिन् त्रि० [विदेश+इनि] বিদেশবাসী। Foreigner.

विदेह पु० জনকরাজা। त्रि० [वि+देह] কৈবল্য-মুক্তিযুক্ত, দেহসম্বন্ধশূন্য। स्त्री० বিদেহী—মিথিলা।

The king Janaka ; incorporeal; the ancient Mithilā.

विद्ध त्रि० [व्यध–क्त] ছিদ্রিত, ক্ষিপ্ত, সদৃশ, বাধিত, তাড়িত। Pierced, thrown; resembling.

विद्यमान त्रि० [विद्–शानच्] বর্তমানকালীন। পু০ বর্তমানকাল। Existing ; present.

विद्या स्त्री० [विद्–क्यप्+टाप्] জ্ঞান, তত্ত্বসাক্ষাৎকার, দুর্গা, তন্ত্রোক্ত দেবীমন্ত্র। Knowledge, spiritual knowledge, the goddess Durgā.

विद्याचन[ण] त्रि० [विद्या+चन(ण)], **विद्याचुञ्चु** त्रि० [विद्या+चुञ्चु] বিদ্যার দ্বারা বিখ্যাত। Famous by learning.

विद्याधन क्ली० [विद्या+धन] বিদ্যার দ্বারা উপার্জিত ধন,বিদ্যারূপ ধন। The wealth earned by learning or the wealth of learning.

विद्याधर पु० [विद्या+धर] দেবযোনিবিশেষ। त्रि० বিদ্যাধারক। A class of divine beings ; possessed of learning.

विद्यालय पु० [विद्या+आलय] পাঠশালা। School.

विद्यावत् त्रि० [विद्या+मतुप्] পণ্ডিত। Learned.

विद्युत् स्त्री० [वि+द्युत–क्विप्] তড়িৎ, সন্ধ্যা। त्रि० নিষ্প্রভ। Lightning, evening ; dim.

विद्युत्वत् त्रि० [विद्युत्+मतुप्] বিদ্যুৎবিশিষ্ট। Having lightning.

विद्युन्माला स्त्री० [विद्युत्+माला] অষ্টাক্ষরপাদ ছন্দোবিশেষ। A type of metre consisting of eight syllables in each foot.

विद्योत पु० [वि+द्योत] প্রভা, দীপ্তি। Effulgence, lustre.

विद्र[द्रा]व पु० [वि+द्रु–अप् (घञ्)] পলায়ন, ক্ষরণ। Flight, melting.

विद्रुत त्रि० [वि+द्रु–क्त] দ্রবীভূত, পলায়িত। Melted, fled.

विद्रुम पु० [वि+द्रुम] প্রবালরত্নময় বৃক্ষ। The coral tree.

विद्रोह पु० [वि+द्रोह] বিদ্বেষ, অনিষ্টাচরণ। Enmity.

विद्वत्कल्प त्रि० [विद्वस्+कल्पप्] অল্প বিদ্বান্। Slightly learned.

विद्वत्तम त्रि० [विद्वस्+तमप्], অতিশয় পণ্ডিত। Very learned.

विद्वत्तर त्रि० [विद्वस्+तरप्] অধিকতর বিদ্বান্। Wiser.

विद्वद्देशीय, [विद्वस्+देशीयर्] **विद्वद्देश्य** त्रि० [विद्वस्+देश्य] বিদ্বৎকল্প। Nearly learned.

विद्विष्, पु० [वि+द्विष–क्विप्], **विद्विषत्** त्रि० [वि+द्विष+शतृ], **विद्विष** त्रि० [वि+द्विष–अच्] শত্রু। Enemy.

विद्वेष पु० [वि+द्विष–घञ्], **विद्वेषण** क्ली० [वि+द्विष+णिच्–ल्युट्] বৈরিভাব, শত্রুতা, তন্ত্রশাস্ত্রোক্ত অভিচারকর্ম। Enmity, a Tāntrika exorcism aimed at enemies.

विद्विष्ट त्रि० [वि+द्विष–क्त] বিদ্বেষভাজন। Hated.

विद्वेषिन् त्रि० [वि+द्विष–णिनि] শত্রু। Enemy.

विध पु० [विध–क] বেধ, বেতন, গজভক্ষ্য অন্ন। Piercing.

विधवा स्त्री० [वि+धव+टाप्] মৃতপতিকা স্ত্রী। Widow.

विधा स्त्री० [विध–अङ्+टाप्] প্রকার। A kind or form.

विधातृ पु० [वि+धा–तृच्] প্রজাপতি, ব্রহ্মা, কামদেব, মদিরা, ভৃগুমুনিপুত্র, অধর্ম। त्रि० বিধানকর্তা। The creator, Brahmā, Cupid, the son of the sage Bhṛgu ; ordainer.

विधान क्ली० [वि+धा–ल्युट्] করণ, কর্ম, বিধি। Performing, doing, injunction.

विधायक त्रि० [वि+धा–ण्वुल्] বিধানকর্তা। Performer.

विधि पु० [वि+धा–कि] জগৎস্রষ্টা, ভাগ্য, ক্রম, নিয়োগ, বাক্য, বিষ্ণু, কর্ম, বৈদ্য, অপ্রাপ্তপ্রাপকরূপ বাক্য, ব্যাকরণে সূত্রবিশেষ। The creator Brahmā, fate, injunction, speech, action, rule.

विधिज्ञ त्रि० [विधि+ज्ञा–क] বিধানক্রমজ্ঞ। One proficient in the rituals or injunctions.

विधित्सा स्त्री० [वि+धा+सन्–अ+टाप्] বিধানেচ্ছা। Desire of doing.

विधित्सु त्रि० [वि+धा+सन्–उ] বিধানেচ্ছু। Desirous to do.

विधिदेशक त्रि० [विधि+दिश–ण्वुल्] সদস্য, গুরু : Preceptor, instructor.

विधिवत् अव्य० [विधि+वति] বিধি অনুসারে। According to injunction.

विधु पु० [व्यध–कु] চন্দ্র, কর্পূর, বিষ্ণু, ব্রহ্মা, শঙ্কর, রাক্ষস, বায়ু। The moon, camphor, an epithet of Viṣṇu, Brahmā, or Śiva, wind.

विधुत त्रि० [वि+धु–क्त] কম্পিত, ত্যক্ত। Shaken, forsaken.

विधुनन क्ली० [वि+धु+णिच्-ल्युट्] कम्पन। Shaking.

विधुन्तुद पु० [विधु+तुद-खश्] রাহু। Rāhu.

विधुर त्रि० [वि+धुर+अ] বিশ্লিষ্ট, বিকল। क्ली० বৈকল্য, বিশ্লেষ। Separated from, bewildered ; bewilderment.

विधुवन क्ली० [वि+धु-ल्युट्] কম্পন। Shaking.

विधूत त्रि० [वि+धू-क्त] কম্পিত, ত্যক্ত। Shaken, abandoned.

विधूनन क्ली० [वि+धूनन] কম্পন। Shaking.

विधूनित त्रि० [वि+धू+णिच्-क्त] ত্যক্ত, কম্পিত Abandoned, shaken.

विधृत [वि+धृत] অবলম্বিত। Sustained.

विधेय त्रि० [वि+धा-यत्] বিধানের যোগ্য। Fit to be enjoined.

विध्वंस पु० [वि+ध्वन्स-घञ्] নাশ। Destruction.

विध्वंसिन् त्रि० [वि+ध्वंस-इन्] নাশশীল। Liable to ruin.

विनत त्रि० [वि+नम-क्त] প্রণত, ভুগ্ন, শিক্ষিত। स्त्री० विनता—গরুড়মাতা কশ্যপপত্নীবিশেষ। Bowed, curved ; mother of Garuḍa.

विनति स्त्री० [वि+नम-क्तिन्] শিক্ষা, প্রণাম, অনুনয়, বিনয়যুক্ত ব্যক্তি। Training, bowing, modesty, modest.

विनय पु० वि+नी-अच्] শিক্ষা, প্রণাম, অনুনয়, বিনয়যুক্ত ব্যক্তি, নিভৃত, ক্ষিপ্ত, জিতেন্দ্রিয়, বণিগ্‌জন। Training, learning; solitary, self-controlled, merchant.

विनयग्राहिन् त्रि० [विनय+ग्रह-णिनि] আয়ত্ত। Submissive.

विनयन क्ली० [वि+नी-ल्युट्] প্রশমন, অপাকরণ। Pacifying, removing,

विनयिन् त्रि० [विनय+इनि] বিনয়বান্। Modest.

विनशन क्ली० [वि+नश-ल्युट्] বিনাশ, কুরুক্ষেত্রস্থ তীর্থবিশেষ। Destruction, a holy place in Kurukṣetra.

विनश्वर त्रि० [वि+नश्वर] অনিত্য, ধ্বংসশীল। Fleeting, perishable.

विना अव्य० [वि+ना] বর্জন। Without.

विनाकृत त्रि० [विना+कृ-क्त] ত্যক্ত। Abandoned.

विनायक पु० [वि+नी-ण्वुल्] গণেশ, বুদ্ধ, বিঘ্ন, গুরু, গরুড়। An epithet of Gaṇeśa, or Buddha, obstacle, preceptor, Garuḍa.

विनाश पु० [वि+नश-घञ्] ধ্বংস। Destruction.

विनाशक त्रि० [वि+नाशक] সংহারক। Destructive.

विनाशिन् त्रि० [वि+नश-इनि] নশ্বর। Perishable.

विनाशित त्रि० [वि+नश+णिच्-क्त] নিহত। Killed.

विनाह पु० [वि+नह-घञ्] কুয়ার ঢাক্‌নি। A cover for a well.

विनिगमक त्रि० [वि+नि+गम-ण्वुल्] সংশয়-নিবারক। Deciding between two alternatives.

विनिगमना स्त्री० [वि+नि+गम-युच्+टाप्] অন্যতর-পক্ষপাতিনী যুক্তি। Argument deciding in favour of one of the alternatives.

विनिद्र त्रि० [वि+निद्रा] নিদ্রাহীন, প্রকাশিত। क्ली० প্রবোধ। Sleepless, opened ; awaking.

विनिपात पु० [वि+नि+पत-घञ्] নিপাত, দৈবাদিকৃত ব্যসন, অপমান। Falling down, calamity, insult.

विनिमय पु० [वि+नि+मि-अच्] পরিবর্ত, বন্ধক। Exchange.

विनियुक्त त्रि० [वि+नियुक्त] অর্পিত, নিযুক্ত। Offered, appointed.

विनियोग पु० [वि+नियोग] ক্রিয়াদিতে প্রবর্তন, অনুষ্ঠানক্রমবিধান। Application, apportionment in sequence of a rite.

विनियोजित त्रि० [वि+नियोजित] প্রবর্তিত। Applied to.

विनिर्गत त्रि० [वि+निर्गत] নিঃসৃত। Come out.

विनिर्णय पु० [वि+निर्णय] নিশ্চয়। Certainty.

विनिवारित त्रि० [वि+निवारित] সম্যক্ নিবারিত। Totally prohibited.

विनिष्पेष पु० [वि+निष्पेष] বিনাশ। Destruction.

विनिवृत्त त्रि० [वि+निवृत्त] নিরস্ত, প্রত্যাগত। Stopped, returned.

विनिवृत्ति स्त्री० [वि+निवृत्ति] বিরাম, সম্যক্ নিবৃত্তি। Stop.

विनिवेशित त्रि० [वि+निवेशित] প্রবেশিত, সংক্রমিত Entered.

विनीत त्रि० [वि+नी-क्त] বিনয়যুক্ত, কৃতদণ্ড, অপনীত, নিভৃত, জিতেন্দ্রিয়, হৃত। पु० সুশিক্ষিত অশ্ব, মদনবৃক্ষ, বণিক্। Modest, chastised, taken away, self-controlled; a trained horse.

विनीय पु° [वि+नी–क्यप्] पाप, कल्क। Sin.

विनेतृ त्रि° [वि+नी–तृच्] शिक्षक। पु° नृप। Teacher ; king.

विनेय त्रि° [वि+नी–यत्] शिक्षणीय, प्राप्य। Fit to be taught, obtainable.

विनोक्ति स्त्री° अर्थालङ्कारविशेष। A kind of figure of speech.

विनोद पु° [वि+नुद+घञ्] **विनोदन** क्ली° [वि+नुद+णिच्–ल्युट्] কৌতুহল। Curiosity.

विन्द त्रि° [विद–श] लाभवान्। Gainer.

विन्दु पु° [विद–उ] জ্ঞাতা, দ্রবদ্রব্যের কণা। Knower, drop.

विन्दुजाल क्ली° [विन्दु+जाल] হস্তিগণ্ডাদিতে বিন্দুসমূহ। A collection of spots on an elephant's face and trunk.

विन्दुसरस् क्ली° [विन्दु+सरस्] সরোবরবিশেষ। Name of a lake.

विन्ध्य पु° [विध–यत्] পর্বতবিশেষ। Name of a mountain.

विन्ध्यवासिनी स्त्री°[विन्ध+वस–णिनि+ङीप्] দুর্গা। An epithet of the goddess Durgā.

विन्न त्रि° [विद–क्त] বিচারিত, প্রাপ্ত, জ্ঞাত, স্থিত। Discussed, obtained, known, existent.

विन्यस्त त्रि° [वि+न्यस्त] স্থাপিত। Placed.

विन्यास पु° [वि+नि+अस–घञ्] স্থাপন, রচন। Placing, arrangement.

विपक्त्रिम त्रि° [वि+पच–क्त्रि+मप्] বিপাকনির্বৃত্ত। Fully matured.

विपक्ष पु° [वि+पक्ष] শত্রু, প্রতিকূলপক্ষাবলম্বী, বিরুদ্ধপক্ষ। Enemy, opponent.

विपञ्ची स्त्री° [वि+पच–अच्+ङीप्] বীণা, কেলি। Lute, sport.

विपण पु° [वि+पण–क] বিক্রয়। Sale.

विपणि पु° [वि+पण–इन्], **विपणी** स्त्री° [विपणि+ङीप्] পণ্যবিক্রয়শালা। Shop.

विपत्ति स्त्री° [वि+पद–क्तिन्] আপদ, নাশ, যাতনা। Calamity, destruction, agony.

विपथ पु°, क्ली° [वि+पथिन्+अच्] নিন্দিতমার্গ, বিভিন্নপথ, পথরহিত। Wrong way, different way.

विपद्[दा] स्त्री° [वि+पद–क्विप्(+टाप्)] বিপত্তি। Calamity.

विपन्न त्रि° [वि+पद–क्त] বিপদ্‌যুক্ত, নষ্ট। পু° সর্প। Distressed, destroyed ; snake.

विपरिणत त्रि° [वि+परिणत] অন্যথাভাবপ্রাপ্ত। ক্লী° পরিবর্তন। Altered ; change.

विपरिणाम पु° [वि+परिणाम] বিকৃতি, পরিবর্তন। Alteration, change.

विपरीत त्रि° [वि+परि+इ–क्त] প্রতিকূল, ব্যুৎক্রম। স্ত্রী° विपरीता—কামুকী স্ত্রী। Contrary, reversed ; voluptuous woman.

विपर्यय पु° [वि+परि+इ–अच्] ব্যতিক্রম, চিত্তবৃত্তিবিশেষ। Reversal.

विपर्यस्त त्रि° [वि+परि+अस–क्त] ব্যতিক্রান্ত, পরাবৃত্ত। Inverted.

विपर्यास पु° [वि+परि+अस–घञ्] বৈপরীত্য, ব্যতিক্রম, উৎক্ষেপ, বিপর্যয়। Adverseness, exception.

विपल पु° [वि+पल] পলষষ্টিভাগ। A minute fraction of time.

विपश्चित् पु° [वि+प्र+चित–क्विप्] পণ্ডিত। Learned.

विपाक पु° [वि+पच–घञ्] পাক, কর্মফল পরিণাম খেদ। Cooking, result of actions.

विपाट[ठ] पु°[वि+पट(ठ)+णिच्–अच्] স্থূলদন্ত বাণ। A kind of large arrow.

विपाटन क्ली° [वि+पाटन] ছেদন। Splitting.

विपाटित त्रि° [वि+पाटित] ছিন্ন। Torn.

विपादन क्ली° [वि+पद+णिच्–ल्युट्] ব্যাপাদন। Killing.

विपाश[शा] स्त्री° [वि+पाश+णिच्–क्विप् (+टाप्)] নদীবিশেষ। Name of a river.

विपिन क्ली° [वप–इनन्] বন। Forest.

विपुल त्रि° [वि+पुल–क] বিস্তীর্ণ। পু° পর্বতবিশেষ। স্ত্রী° বিপুলা—ছন্দোবিশেষ। Wide ; a mountain ; name of a metre.

विपूय पु° [वि+पू–क्यप्] মুঞ্জতৃণ। The Muñja grass.

विप्र पु° [वप–रन्] ব্রাহ্মণ। Brahmin.

विप्रकार पु° [वि+प्र+कृ–घञ्]অপকার, তিরস্কার। Injury, insult.

विप्रकर्ष पु° [वि+प्र+कृष–घञ्] দূরত্ব। Distance.

विप्रकीर्ण त्रि° [वि+प्रकीर्ण] ইতস্ততঃ বিক্ষিপ্ত। Scattered.

विप्रकृत त्रि° [वि+प्र+कृ–क्त] উপদ্রুত, তিরস্কৃত। Haunted, insulted.

विप्रकृष्ट त्रि° [वि+प्र+कृष–क्त] দূরস্থ। Distant.

विप्रचित्ति[त्त] पु° [वि+प्र+चित–क्तिच्] দানববিশেষ। A demon.

विप्रतिपत्ति स्त्री° [वि+प्रति+पद–क्तिन्] বিরোধ, সংশয়, বিকার। Conflict, doubt, confusion.

বিপ্রতিপন্ন ত্রি০ [বি+প্রতি+পদ্-ক্ত] সন্দেহযুক্ত, বিরোধযুক্ত। Confused, disputed.

বিপ্রতিষিদ্ধ ত্রি০ [বি+প্রতি+সিধ্-ক্ত] নিষিদ্ধ, পরস্পরবিরুদ্ধ। Prohibited, mutually opposed.

বিপ্রতিষেধ পু০ [বি+প্রতি+সিধ্+ঘঞ্] নিষেধ, নিরন্ত্রণ। Prohibition

বিপ্রতি[তী]সার পু০ [বি+প্রতি+সৃ+ঘঞ্] অনুতাপ, সংশয়, রোষ। Regret, doubt.

বিপ্রবুদ্ধ ত্রি [বি+প্রবুদ্ধ] জাগরিত। Wakened.

বিপ্রযুক্ত ত্রি০ [বি+প্র+যুজ্-ক্ত] বিশ্লিষ্ট, বিরহিত। Separated, free from.

বিপ্রযোগ পু০ [বি+প্র+যুজ্+ঘঞ্] বিপ্রলম্ভ, বিরোধ, বিসংবাদ, বিয়োগ। Disunion, quarrel, separation.

বিপ্রলব্ধ ত্রি০[বি+প্র+লভ্-ক্ত] বঞ্চিত। Deceived.

বিপ্রলম্ভ পু০ [বি+প্র+লভ্+ঘঞ্] বিসংবাদ, বঞ্চন। Quarrel, deceiving.

বিপ্রলাপ পু০ [বি+প্র+লপ্+ঘঞ্] বিরুদ্ধার্থ কথন, অনর্থক বাক্য। Contradictory statement, unmeaning talk.

বিপ্রবাসন ক্লী০ [বি+প্রবাসন] নির্বাসন। Exile.

বিপ্রবিদ্ধ ত্রি০ [বি+প্রবিদ্ধ] বিকীর্ণ। Scattered.

বিপ্রশ্নিকা স্ত্রী০ [বি+প্রশ্ন+কপ্+টাপ্] দৈবজ্ঞা স্ত্রী। A female fortune-teller.

বিপ্রসাৎ অব্য০ [বিপ্র+সাতি] বিপ্রের অধীনতা। — Under the possession of a Brahmin.

বিপ্রিয় ক্লী০ [বি+প্রী-ক] অপরাধ, অপ্রিয়। Offence, anything unpleasant.

বিপ্রুষ্ স্ত্রী০ [বি+প্রুষ্-ক্বিপ্] বিন্দু, বেদপাঠকালে মুখনির্গত জলবিন্দু। Drop, saliva-drop emitted in course of reciting the Vedas.

বিপ্রোষিত ত্রি০ [বি+প্র+বস্-ক্ত] প্রবাসী। Gone to a foreign land.

বিপ্লব পু০ [বি+প্লু-অপ্] রাষ্ট্রোপদ্রব। Uprising.

বিপ্লাব পু০ [বি+প্লু-ঘঞ্] অশ্বের গতি, চতুর্দ্দিকে জলপ্লাবন। Horse's gallop, inundation.

বিপ্লুত ত্রি০ [বি+প্লু-ক্ত] ব্যসনযুক্ত, উপদ্রুত। Endangered, disturbed.

বিফল ত্রি০ [বি+ফল] নিরর্থক, ফলরহিত। স্ত্রী০ বিফলা—কেতকী। Unmeaning, fruitless; a kind of flower.

বিবুধ পু০ [বি+বুধ-ক] পণ্ডিত, দেব, চন্দ্র। A learned man, the moon.

বিবুধবনিতা স্ত্রী০ [বিবুধ+বনিতা] অপ্সরা। Nymph.

বিবোধন ক্লী০ [বি+বুধ+ণিচ্-ল্যুট্] উদ্বোধ। Awakening.

বিভক্ত ত্রি০ [বি+ভজ-ক্ত] পৃথক্কৃত, বিভিন্ন। ক্লী০ বিভাগ, ভেদ। Divided; division.

বিভক্তজ পু০ [বিভক্ত+জন-ড] বিভাগানন্তরজাত পুত্র। A son born after the partition of the family property.

বিভক্তি স্ত্রী০ [বি+ভজ-ক্তিন্] বিভাগ, ব্যাকরণ-শাস্ত্রে প্রত্যয়বিশেষ। Division, suffix.

বিভঙ্গ পু০ [বি+মনজ-ঘঞ্] ভেদ। Division.

বিভজনীয় ত্রি০ [বি+ভজ-অনীয়র্] বিভক্তব্য। Fit to be divided.

বিভব পু০ [বি+ভূ-অপ্] ধন, মোক্ষ, ঐশ্বর্য। Wealth, salvation.

বিভা স্ত্রী০ [বি+মা-অঙ্গ+টাপ্] কিরণ, শোভা, প্রকাশ। Ray of light, lustre.

বিভাকর পু০ [বিভা+কৃ-অচ্] সূর্য, অর্কবৃক্ষ, চিত্রকবৃক্ষ, অগ্নি। Sun, a kind of tree, fire.

বিভাগ পু০ [বি+ভজ-ঘঞ্] ভাগ, বৈশেষিকশাস্ত্রে গুণবিশেষ, অংশ, খণ্ড। Division, share, part.

বিভাজ্য ত্রি০ [বি+ভজ-ণ্যৎ] বিভাগযোগ্য, বিভজনীয় ধনাদি। Divisible.

বিভাণ্ডক পু০ ঋষ্যশৃঙ্গমুনির পিতা। Name of a sage.

বিভাত ক্লী০ [বি+মা-ক্ত] প্রভাত। Dawn.

বিভাব পু০ [বি+ভূ-ঘঞ্] পরিচয়, অলঙ্কারশাস্ত্রে রসের উদ্দীপক আলম্বনাদি। Acquaintance, the condition which stimulates rasa.

বিভাবনা স্ত্রী০ অর্থালঙ্কারবিশেষ। A kind of figure of speech.

বিভাবনীয় ত্রি০ [বি+ভূ+ণিচ্-অনীয়র্], **বিভাব্য** ত্রি০ [বি+ভূ+ণিচ্-যৎ] অবধারণীয়, বিবেচনীয়, দর্শনীয়। To be settled, fit to be considered, worthy of being seen.

বিভাবরী স্ত্রী০ [বি+মা-ক্বনিপ্+ঙীপ্] রাত্রি, হরিদ্রা, কুট্টনী, মুখরা স্ত্রী, মেদা বৃক্ষ। Night, turmeric.

বিভাবসু পু০ [বিভা+বসু] সূর্য, অর্কবৃক্ষ, বহ্নি, চিত্রকবৃক্ষ, চন্দ্র, হারবিশেষ। The sun, a kind of tree, fire, the moon.

বিভাবিত ত্রি০ [বি+ভূ+ণিচ্‌-ক্ত] বিবেচিত্ত, অনুভূত, দৃষ্ট। Discriminated, conceived, seen.

বিভাষা ত্রি০ [বি+ভাষ-অ+টাপ্‌] ব্যাকরণশাস্ত্রে বিকল্প। An option in grammar

বিভাসিত ত্রি০ [বি+ভাস-ক্ত] দীপিত। Lighted.

বিভিন্ন ত্রি০ [বি+ভিদ্‌-ক্ত] প্রকাশিত, বিদলিত, বিভক্ত। Revealed, torn asunder, divided.

বিভীতক পু০ [বি+ভীত+কন্‌] বৃক্ষবিশেষ। A kind of tree.

বিভীষণ পু০ [বি+ভী+ণিচ্‌-ল্যু] রাবণভ্রাতা, নলতৃণ। ত্রি০ ভয়কারক। Name of the brother of Rāvaṇa ; terrific.

বিভীষিকা স্ত্রী০ [বি+ভী+ণিচ্‌-ণ্বুল্‌+টাপ্‌] ভয়প্রদর্শন। Frightening.

বিভু পু০ [বি+ভূ-ডু] সর্বমূর্তসংযুক্ত কালাদি, মহাদেব, ব্রহ্ম, ভৃত্য, বিষ্ণু, অর্হদ্দেব। ত্রি০ নিত্য, সর্বব্যাপক,দৃঢ়, পরমমহত্ত্বযুক্ত। All pervading substance like Time etc., an epithet of Śiva or Brahman, servant; eternal, omnipresent, firm.

বিভূতি স্ত্রী০[বি+ভূ-ক্তিন্‌] ভস্ম, অণিমাদি ঐশ্বর্য। Ashes, occult powers.

বিভূষণ ক্লী০ [বি+ভূষ-ল্যুট্‌] শোভাসাধন। Decoration.

বিভূষা স্ত্রী০ [বি+ভূষ-অ+টাপ্‌] শোভা, ভূষণ। Beauty, ornament.

বিভূষিত ত্রি০ [বি+ভূষ-ক্ত] অলঙ্কৃত, শোভিত। Ornamented, adorned.

বিভৃত ত্রি০ [বি+ভৃ-ক্ত] প্রতিপালিত। Maintained.

বিভেদ পু০ [বি+ভিদ্‌-ঘঞ্‌] পার্থক্য, বিদারণ। Difference, splitting.

বিভ্রম পু০ [বি+ভ্রম-ঘঞ্‌] স্ত্রীগণের শৃঙ্গারাঙ্গ-চেষ্টাবিশেষ। Amorous movement of the women.

বিভ্রাজ্‌ ত্রি০ [বি+ভ্রাজ-ক্বিপ্‌] ভূষণাদির দ্বারা দীপ্তিযুক্ত। Radiant with decoration.

বিভ্রান্ত ত্রি০ [বি+ভ্রম-ক্ত] ভ্রমান্বিত। Mistaken.

বিমত ত্রি০ [বি+মন-ক্ত] বিরুদ্ধমতিযুক্ত, সন্দিগ্ধ। Disagreed, doubtful.

বিমনস্‌ ত্রি০ [বি+মনস্‌] ব্যাকুলচিত্ত। Of dejected mind.

বিমনীকৃত ত্রি০ [বি+মনস্‌+চ্বি+কৃ-ক্ত] অপ্রফুল্ল। Sad.

বিমর্দ পু০ [বি+মৃদ-ঘঞ্‌], **বিমর্দন** [বি+মৃদ-ল্যু] বৃক্ষবিশেষ, মর্দন। A kind of tree, rubbing.

বিমর্দিত ত্রি০ [বি+মর্দ-ক্ত] দলিত, মথিত। Trampled, churned.

বিমর্শ পু০ [বি+মৃশ-ঘঞ্‌], **বিমর্ষ** পু০ [বি+মৃষ-ঘঞ্‌] বিচার, নাটকাঙ্গ সন্ধিবিশেষ। Discussion, one of the sandhis in a drama.

বিমর্ষণ ক্লী০ [বি+মৃষ-ল্যুট্‌] বিচার। Deliberation.

বিমল ত্রি০ [বি+মল] স্বচ্ছ, নির্মল, চারু। পু০ জিনদেব। ক্লী০ উপরসবিশেষ। স্ত্রী০ **বিমলা**—জগন্নাথক্ষেত্রস্থ দেবীবিশেষ, দুর্গামূর্তিবিশেষ। Transparent, pure ; an epithet of Jina ; name of a goddess.

বিমাতৃ স্ত্রী০ [বি+মাতৃ] মাতার সপত্নী। Stepmother.

বিমাতৃজ পু০ [বিমাতৃ+জন-ড] বিমাতার পুত্র। Step-mother's son.

বিমান পু০ [বি+মন-ঘঞ্‌] পরিমাণ, অশ্ব। ক্লী০ [বি+মন-ল্যুট্‌] দেবযান, রথ, সার্বভৌমগৃহ-বিশেষ, যান। Measure, horse ; heavenly car, chariot, assembly-hall, car.

বিমাননা স্ত্রী০ [বি+মন-যুচ্‌+টাপ্‌] অবমান। Humiliation.

বিমার্গ পু০ [বি+মার্গ] কুপথ, কদাচার। Bad road, bad conduct.

বিমুক্ত লি০ [বি+মুক্ত] মুক্তিপ্রাপ্ত। Set free, released.

বিমুখ ত্রি০ [বি+মুখ] বহির্মুখ, নিবৃত্ত। With the face turned away, stopped.

বিমুদ্র ত্রি০ [বি+মুদ্রা] মুদ্রারহিত, বিকশিত। Not sealed, opened.

বিমৃষ্ট ত্রি০ [বি+মৃশ-ক্ত] বিবেচিত, বিচারিত। Considered.

বিমোক্ষণ ক্লী০ [বি+মোক্ষণ] বিমুক্তি। Release.

বিমোক্ষ পু০ [বি+মোক্ষ] উদ্ধার। Liberation, release.

বিমোচন ক্লী০ [বি+মোচন] উদ্ধার। Liberation.

বিমোহ পু০ [বি+মোহ] জড়তা। Dullness.

বিমোহন ক্লী০ [বি+মোহন] মুগ্ধকরণ। ত্রি০ মনোহর। Enchanting ; lovely.

বিমোহিত লি০ [বি+মোহিত] মোহপ্রাপিত। Enchanted.

বিম্ব পু০, ক্লী০ [বী+বন্] দর্পণাদিতে ভাসমান প্রতিবিম্বের আশ্রয়, কমণ্ডলু, সূর্যাদিমণ্ডল। পু০ কুকলাস। ক্লী০ বিম্বিকাফল। Type of an image, woo de water-pot.

বিম্বা স্ত্রী০ [বিম্ব+অচ্+টাপ্] লতাবিশেষ। A kind of creeper.

বিম্বাগত ত্রি০ [বিম্ব+আগত] প্রতিবিম্বিত। Reflected.

বিম্বী স্ত্রী০ [বিম্ব+ঙীপ্], **বিম্বিকা** স্ত্রী০ [বিম্বী+কন্+টাপ্] লতাবিশেষ। A creeper.

বিয়ৎ ক্লী০ [বি+যম-ক্বিপ্] আকাশ। Sky.

বিয়াৎ ত্রি০ [বি+যা-ক্ত] ধৃষ্ট, নির্লজ্জ। Intrepid, shameless.

বিযুক্ত ত্রি০ [বি+যুক্ত] বিচ্ছিন্ন, পৃথক্কৃত। Separated.

বিয়োগ পু০ [বি+যুজ-ঘঞ্] বিচ্ছেদ, বিরহ। Separation.

বিয়োগিন্ ত্রি০ [বি+যুজ-ঘিনুণ্] চক্রবাকপক্ষী। ত্রি০ বিচ্ছেদযুক্ত, পক্ষিযোগযুক্ত। Ruddy goose ; separated.

বিয়োজিত ত্রি০ [বি+যুজ+ণিচ্-ক্ত] বিরহিত, পৃথক্কৃত। Separated.

বিরক্ত ত্রি০ [বি+রন্জ-ক্ত] বিশেষরাগযুক্ত। অননুরক্ত। স্ত্রী০ বিরক্তা-দুর্ভগা। Impassioned, indifferent.

বিরক্তি স্ত্রী০ [বি+রন্জ-ক্তিন্] অননুরাগ। Indifference.

বিরচিত ত্রি০ [বি+চে-ক্ত] কৃত, নির্মিত। Made, constructed.

বিরজস্ ত্রি০ [বি+রজস্] ধূলিশূন্য, রজোগুণহীন। স্ত্রী০ গতার্তবা নারী। Free from dust or passion.

বিরজা স্ত্রী০ [বি+রন্জ-ক+টাপ্] দূর্বা, নদীবিশেষ, রাধার সখীবিশেষ, যযাতিমাতা। Dūrvā grass, name of a river, mother of Yayāti.

বিরত ত্রি০ [বি+রম-ক্ত] নিবৃত্ত। Refrained.

বিরতি স্ত্রী০ [বি+রম-ক্তিন্] নিবৃত্তি, বৈরাগ্য। Cessation.

বিরল ত্রি০ [বি+রা-কলন্] অবকাশ, বিচ্ছিন্ন, অনিবিড়। ক্লী০ দধি। Leisure, separated; curd.

বিরস ত্রি০ [বি+রস] রসহীন। Sapless.

বিরহ পু০ [বি+রহ-অচ্] বিচ্ছেদ, অভাব, শৃঙ্গার-রসের বিপ্রলম্ভনামক অবস্থাবিশেষ। Separation, want, a particular state of a lover separated from the beloved.

বিরহিত ত্রি০ [বি+রহ-ক্ত] ত্যক্ত, হীন। Abandoned.

বিরহিন্ ত্রি০ [বি+রহ-ণিনি] বিরহযুক্ত। স্ত্রী০ বিরহিণী-ভৃতি। Separated ; wages.

বিরাগ পু০ [বি+রন্জ-ঘঞ্] রাগাভাব। ত্রি০ রাগশূন্য। Freedom from passion ; free from attachment.

বিরাগিন্ ত্রি০ [বিরাগ+ইনি] বিষয়াসক্তিরহিত। Free from worldly attachments.

বিরাজ্[জ] পু০ [বি+রাজ-ক্বিপ্ (অচ্)] ক্ষত্রিয়, আদিপুরুষ, ছন্দোবিশেষ। A man of the Kṣatriya tribe, the first offspring of Brahmā.

বিরাট পু০ [বি+রাট] দেশবিশেষ, নৃপবিশেষ। Name of country, a king.

বিরাদ্ধ ত্রি০ [বি+রাধ-ক্ত] অপকৃত, অপমানিত। Wronged, insulted.

বিরাদ্ধৃ ত্রি০ [বি+রাধ-তৃচ্] বিপ্রকর্তা। Wrongdoer.

বিরাধ পু০ রাক্ষসবিশেষ। Name of a demon.

বিরাধন ক্লী০ [বি+রাধ-ল্যুট্] পীড়া। Pain.

বিরাম পু০ [বি+রম-ঘঞ্] অবসান, বিরতি, নিবৃত্তি, ব্যাকরণশাস্ত্রে পরবর্ণাভাব। End, conclusion, cessation.

বিরাল পু০ [বি+ডল-ঘঞ্] বিড়াল। Cat.

বিরাব পু০ [বি+রু-ঘঞ্] শব্দ। ত্রি০ নীরব। Sound.

বিরাবিন্ ত্রি০ [বিরাব+ইনি] শব্দকারী। Shouting.

বিরিঞ্চ[ঞ্চি] পু০ [বি+রিচ-অচ্ (+ইন্)] শিব, বিষ্ণু, ব্রহ্মা। An epithet of Śiva, Viṣṇu or Brahmā.

বিরিধ পু০ [বি+রিভ-ক্ত] স্বরবিশেষ। A note.

বিরুত ক্লী০ [বি+রু-ক্ত] কূজিত, রব। Chirping, cry.

বিরুদ্ধ ত্রি০ [বি+রুধ-ক্ত] বিরোধযুক্ত, ন্যায়শাস্ত্রে হেত্বাভাসবিশেষ। Hindered, a fallacy in logic.

বিরূঢ় ত্রি০ [বি+রুহ-ক্ত] জাত, অঙ্কুরিত। Grown, germinated.

বিরূপ ত্রি০ [বি+রূপ] কুষ্ঠরূপযুক্ত, নিন্দিত। ক্লী০ পিপ্পলীমূল। স্ত্রী০ বিরূপা-অতিবিষা। Deformed, blamed.

বিরূপাক্ষ পু০ [বিরূপ+অক্ষিন্+ঘচ্] মহাদেব। ত্রি০ বিকটনেত্র। An epithet of Śiva ; having deformed eyes.

বিরেক পু০ [বি+রিচ-ঘ্‌] মলনিঃসারণ। Purging.

বিরেচক ত্রি০ [বি+রিচ-ণ্বুল্‌] মলনিঃসারক। Purgative.

বিরেচন ক্লী০ [বি+রিচ+ণিচ্‌-ল্যুট্‌] মলাদির নিঃসারণ। Purging.

বিরোক পু০ [বি+রুচ-ঘঞ্‌] ছিদ্র, সূর্যকিরণ। Hole, ray of the sun.

বিরোচন পু০ [বি+রুচ-যুচ্‌] সূর্য, অর্কবৃক্ষ, বলিরাজার পিতা, চন্দ্র, বহ্নি। [বি+রুচ+ণিচ্‌-ল্যু] রোহিতকবৃক্ষ, শ্যোনাকবৃক্ষ, ঘৃতকরঞ্জ। ত্রি০ রুচিকারক। The sun, Arka tree, the moon, fire ; taste-stimulant.

বিরোধ পু০ [বি+রুধ-ঘঞ্‌] বৈর, বিরুদ্ধতা, ন্যায়শাস্ত্রে হেত্বাভাসবিশেষ, অর্থালঙ্কারবিশেষ, বিপরীতার্থকত্ব। Enmity, opposition, a fallacy in logic, figure of speech.

বিরোধন ক্লী০ [বি+রুধ-ল্যুট্‌] বৈর। Enmity.

বিরোধিন্‌ পু০ [বি+রুধ-ণিনি] রিপু, বৎসরবিশেষ। ত্রি০ বিরোধকারক। Enemy ; quarrelsome.

বিরোধোক্তি স্ত্রী০ [বিরোধ+উক্তি] বিরুদ্ধ কথন। Contradictory statement.

বিল ক্লী০ [বিল-ক] ছিদ্র, গুহা। Hole, cave.

বিলক্ষ ত্রি০ [বি+লক্ষ-অচ্‌] বিস্ময়যুক্ত। Surprised.

বিলক্ষণ ত্রি০ [বি+লক্ষণ] বিভিন্ন, বিশেষণযুক্ত। Different, having distinguishing marks.

বিলগ্ন ত্রি০ [বি+লস্‌জ-ক্ত] সংলগ্ন, মধ্যভাগ, কটি। ক্লী০ উদিত মেষাদি রাশি। Clinging, hips; the rising of constellations.

বিলঙ্ঘন ক্লী০ [বি+লঙ্ঘন] উল্লঙ্ঘন, অতিক্রম। Transgressing.

বিলঙ্ঘিত ত্রি০ [বি+লঙ্ঘ-ক্ত] উল্লঙ্ঘিত। Transgressed.

বিলজ্জ ত্রি০ [বি+লজ্জা] নির্লজ্জ। Shameless.

বিলপন ক্লী০ [বি+লপন], **বিলপিত** ক্লী০ [বি+লপ্‌-ক্ত] বিলাপ। Lamenting.

বিলম্ব পু০ [বি+লব-ঘঞ্‌] দেরী। Delay.

বিলম্বিত ত্রি০ [বি+লব-ক্ত] অশীঘ্র, মন্দ। ক্লী০ নৃত্যগীতাদির লয়বিশেষ। Delayed, slow ; a measure in dance, music etc.

বিলম্বিন্‌ ত্রি০ [বিলম্ব+ইনি] লম্বমান, সংসক্ত, অদ্রুত। Hanging down, attached to, delayed.

বিলম্ভ পু০ [বি+লভ-ঘঞ্‌] অতিদান। A huge gift.

বিলয় পু০ [বি+লী-অচ] প্রলয়, নাশ। Dissolution, destruction.

বিলসন ক্লী০ [বি+লস-ল্যুট্‌], **বিলসিত** ক্লী০ [বি+লস-ক্ত] বিলাস, লীলা। Sporting.

বিলাপ পু০ [বি+লপ-ঘঞ্‌] পরিদেবন। Lamentation.

বিলাস পু০ [বি+লস-ঘঞ্‌] স্ত্রীলোকের শৃঙ্গারচেষ্টাবিশেষ, দীপ্তি, স্ত্রীগণের সাত্ত্বিকভাববিশেষ। Feminine gesture indicative of amorous sentiment, elegance.

বিলাসিন্‌ ত্রি০ [বিলাস+ইনি] বিলাসশালী, ভোগযুক্ত। পু০ সর্প, কৃষ্ণ, বহ্নি, চন্দ্র, স্মর, মহাদেব। স্ত্রী০ বিলাসিনী—নারী। Sportive; snake, fire, the moon ; woman.

বিলিখন ক্লী০ [বি+লিখ-ল্যুট্‌] অক্ষরবিন্যাস। Writing.

বিলীন ত্রি০ [বি+লী-ক্ত] দ্রবীভূত, বিশ্লিষ্ট, নষ্ট। Liquefied, perished.

বিলুপ্ত ত্রি০ [বি+লপ-ক্ত] নষ্ট, লুণ্ঠিত। Perished.

বিলুলিত ত্রি০ [বি+লুলিত] চঞ্চল, কম্পিত। Unsteady, shaken.

বিলেখন ক্লী০ [বি+লেখন] খনন, বিদারণ। Scratching, splitting.

বিলেপ পু০ [বি+লেপ], **বিলেপন** ক্লী০ [বি+লেপন] লেপন। Smearing.

বিলোকন ক্লী০ [বি+লোক-ল্যুট্‌] দর্শন। Seeing.

বিলোকিত ত্রি০ [বি+লোক-ক্ত] দৃষ্ট। Seen.

বিলোচন ক্লী০ [বি+লুচ-ল্যুট্‌] নেত্র, দর্শন। Eye, seeing.

বিলোডন ক্লী০ [বি+লোড-ল্যুট্‌] আলোড়ন। Agitating.

বিলোডিত ত্রি০ [বি+লোড-ক্ত] আলোড়িত। ক্লী০ তক্র। Agitated ; buttermilk.

বিলোভন ক্লী০ [বি+লুভ+ণিচ্‌-ল্যুট্‌] লোভপ্রদর্শন। Alluring.

বিলোম ত্রি০ [বি+লোমন্‌+অচ্‌] বিপরীত। পু০ সর্প, কুক্কুর, বরুণ। Reverse ; snake, dog, an epithet of Varuna.

বিলোমজ ত্রি০ [বিলোম+জন-ড] প্রতিলোমজাত। Born in the reverse order.

বিলোল ত্রি০ [বি+লোল] চঞ্চল, বিশেষরূপে তৃষ্ণাযুক্ত। Unsteady, extremely keen or anxious.

বিল্ল ক্লী০ বিল, আলবাল। Hole.

बिल्व क्लीо [बिल–उल्] श्रीফল। पुо বেলগাছ। Vilva fruit ; vilva tree.

बिवक्षा स्त्रीо [वच+सन्–अ+टाप्] বলিতে ইচ্ছা। Desire to speak.

बिवक्षित त्रिо [वच+सन्–क्त] বলিতে ঈপ্সিত। Intended to be said.

बिवक्षु त्रिо [वच+सन्–उ] বলিতে ইচ্ছু। Wishing to speak.

बिवञ्चिषु त्रिо [वन्च+सन्–उ] প্রতারণেচ্ছু। Wishing to deceive.

बिवत्सा स्त्रीо [वस+सन्–अ+टाप्] বাসেচ্ছা। Desire to reside.

बिवदमान त्रिо [वि+वद–शानच्] কলহকারী। Quarrelling.

बिवन्दिषु त्रिо [वन्द+सन्–उ] অভিবাদনেচ্ছু। Wishing to salute.

बिवर क्लीо [वि+वृ–अच्] গর্ত, দোষ। Hole.

बिवरण क्लीо [वि+वृ–ल्युट्] ব্যাখ্যান, বেদান্ত গ্রন্থবিশেষ। Explanation, name of a treatise on Vedānta.

बिवर्ण त्रिо [वि+वर्ण] অধম, নীচ, মলিন। Vile, low, dirty.

बिवर्त पुо [वि+वृत–घञ्] নৃত্য,সমুদায়, কার্যোৎপত্তিবিশেষ। Dancing, collection, false appearance.

बिवर्तन क्लीо [वि+वृत–ल्युट्] ভ্রমণ, প্রত্যাবৃত্তি। Revolving, turning round.

बिवर्तित त्रिо [वि+वृत–क्त] প্রত্যাবৃত্ত। Turned round.

बिवश त्रिо [वि+वश] অস্বতন্ত্র, ব্যাকুল, অরিষ্টবুদ্ধিযুক্ত। Dependent, anxious.

बिवस्वत् पुо [वि+वस–क्विप्+मतुप्] সূর্য, অর্করৃক্ষ, অরুণ, দেব। The sun, a kind of tree, an epithet of Aruṇa.

बिवाद पुо [वि+वद–घञ्] কলহ। Quarrel.

बिवास पुо [वि+वस–घञ्] বাস, প্রবাস। Residence, living in a foreign land.

बिवाह पुо[वि+वह–घञ्]দারপরিগ্রহ। Marriage.

बिवाहित त्रिо [विवाह+इतच्] জাতবিবাহ। Married.

बिवाह्य त्रिо [वि+वह–ण्यत्] বিবাহযোগ্য, বিশেষরূপে বাহ্য। Fit to be married.

बिविक्त त्रिо [वि+विच–क्त] নির্জন, পবিত্র, অসংযুক্ত, বিবেকী। স্ত্রীо বিবিক্তা—দুর্ভগা স্ত্রী। Lonley pure, detached ; ill-fated woman.

बिविग्न त्रिо [वि+विग्न] উদ্বিগ্ন, ভীত। Very much agitated, terrified.

बिविध त्रिо [वि+विधा] নানাপ্রকার। Various.

बिवीत पुо [वि+वीत] প্রচুর তৃণঘাসাদিযুক্ত দেশ। Pasture land.

बिवृत त्रिо [वि+वृ–क्त] বিস্তৃত, বর্ণিত। Expanded, expressed.

बिवृति स्त्रीо [वि+वृ–क्तिन्] বিস্তার, ব্যাখ্যান। Expansion, interpretation.

बिवृत्त त्रिо [वि+वृत–क्त] ঘূর্ণিত, প্রকটিত। Revolving, revealed.

बिवृत्ति स्त्रीо [वि+वृत–क्तिन्] বিবর্তন। Revolution.

बिवृद्ध स्त्रीо [वि+वृद्धि] বৃদ্ধিপ্রাপ্ত, প্রচুর। Grown up, plentiful.

बिवेक पुо [वि+विच–घञ्] বিবেচনা, বৈরাগ্য। Discrimination, apathy.

बिवेकदृश्वन् त्रिо [विवेक+दृश–क्वनिप्] বিবেকী। Discerning.

बिवेकिन् त्रिо [वि+विच–घिनुण्] বিবেকশীল। Discriminator.

बिवेचक त्रिо [वि+विच–ण्वुल्] বিচক্ষণ। Discriminating.

बिवेचन क्लीо [वि+विच–ल्युट्] বিচার। Discrimination.

बिवेचनीय त्रिо [वि+विच–ल्युट्] বিবেচনার যোগ্য। Fit to be judged.

बिवेचित त्रिо [वि+विच+णिच्–क्त] বিচারিত। Judged.

बिवोढृ पुо [वि+वह–तृच्] জামাতা, পতি। Son-in-law, husband.

बिव्वोक पुо[वि+वा–कु+ओक] স্ত্রীগণের শৃঙ্গারচেষ্টাবিশেষ। Feminine gesture indicative of amorous sentiment.

बिश् पुо [विश–क्विप्] মনুজ, বৈশ্য। Man, the Vaiśya.

बिश पुо [विश–क] মৃণাল। त्रिо প্রবেশকর্তা। The stalk of the lotus ; one who enters.

बिशङ्कट त्रिо [वि+शङ्कटच्] বিশাল। Large.

बिशद त्रिо [वि+शद–अच्] শুভ্রবর্ণযুক্ত, ব্যক্ত। पुо শুভ্রবর্ণ। White, manifest ; white colour.

बिशय पुо [वि+शी–अच्] সংশয়। Doubt.

बिशर पुо [वि+शॄ–अच्] বধ। त्रिо ত্যক্তবাণ। Killing ; with arrows abandoned.

বিশল্য [বি+শল্য] শল্যহীন, শেলব্যথাশূন্য। Free from dart.

বিশস পুং [ব+শস-অচ্] ঘাতুক। Killer.

বিশসন ক্লীং [বি+শস-ল্যুট্] মারণ। পুং খড়্গ। Killing ; sword.

বিশস্ত [বি+শস-ক্ত] ধৃষ্ট, প্রগল্ভ। Ill-mannered.

বিশাখ পুং [বি+শাখা] কার্ত্তিকেয়, যাচক, পুনর্নবা, স্কন্দাংশজাত দেববিশেষ, শিব। An epithet of Kārttikeya, beggar, name of a god.

বিশাখা স্ত্রীং [বি+শাখা] নক্ষত্রবিশেষ। A lunar mansion.

বিশারদ পুং [বিশাল+দা-ক] বকুলবৃক্ষ, পণ্ডিত। ত্রিং প্রগল্ভ, শ্রেষ্ঠ। The Bakula tree, a learned man; skilful, best.

বিশাল ত্রিং [বি+শালচ্] বিস্তীর্ণ, বৃহৎ। পুং মৃগবিশেষ, পক্ষিবিশেষ। স্ত্রীং বিশালা—উজ্জয়িনী নগরী, নদীবিশেষ, ইন্দ্রবারুণী, মাহেন্দ্র বারুণী, উপোদকী। Extensive, large ; a kind of deer, a kind of bird; the Ujjayini city, of a river.

বিশালতা স্ত্রীং [বিশাল+তল্+টাপ্] বিস্তৃতি, বৃহত্ত্ব। Extent, greatness.

বিশালাক্ষ পুং [বিশাল+অক্ষিন্+ষচ্] মহাদেব, গরুড়, বিষ্ণু। ত্রিং বৃহন্নেত্র। স্ত্রীং বিশালাক্ষী—পার্বতী, নাগদন্তী, বরস্ত্রী, যোগিনীবিশেষ। An epithet of Śiva, Garuḍa or Viṣṇu ; an epithet of Pārvatī.

বিশিখ পুং [বি+শিখা] শরবৃক্ষ, বাণ, তোমর। ত্রিং শিখারহিত। স্ত্রীং বিশিখা—খনিত্র, নালিকা, রথ্যা। A kind of reed, arrow, iron club ; without flame.

বিশিষ্ট ত্রিং [বি+শিষ-ক্ত] যুক্ত, বিলক্ষণ। Possessed of, distinctive.

বিশিষ্টাদ্বৈত ক্লীং [বিশিষ্ট+অদ্বৈত] রামানুজপ্রণীত মতবিশেষ। A philosophical viewpoint attributed to Rāmānuja.

বিশীর্ণ ত্রিং [বি+শৃ-ক্ত] শুষ্ক, জরাবস্থাপন্ন। Withered, decayed.

বিশুদ্ধ ত্রিং [বি+শুদ্ধ] দোষরহিত, বিশদ, নিষ্কলঙ্ক। Free from defect, cleansed, stainless.

বিশুদ্ধি স্ত্রীং [বি+শুদ্ধি] শোধন, দোষরাহিত্য। Purification, removal of defect.

বিশুষ্ক ত্রিং [বি+শুষ্ক] নীরস। Dry.

বিশৃঙ্খল ত্রিং [বি+শৃঙ্খলা] শৃঙ্খলাহীন। Chaotic.

বিশেষ পুং [বি+শিষ-ঘঞ্] প্রভেদ, প্রকার, ব্যক্তি, তিলক, বৈশেষিকশাস্ত্রে পদার্থবিশেষ। Distinction, kind, individual, a category in Vaiśeṣika philosophy.

বিশেষক পুং, ক্লীং [বি+শিষ+ণিচ্-ণ্বুল্] ললাটকৃত তিলক, তিলবৃক্ষ। ত্রিং বিশেষকর্তা। A mark on the forehead, sesamum tree.

বিশেষণ ক্লীং [বি+শিষ-ল্যুট্] ভেদকধর্ম। Differentiator.

বিশেষিত ত্রিং [বি+শিষ+ণিচ্-ক্ত] ভেদিত, বিশেষণযুক্ত। Differentiated, distinguished by an attributive.

বিশেষোক্তি স্ত্রীং অর্থালঙ্কারবিশেষ। A kind of figure of speech.

বিশেষ্য ত্রিং [বি+শিষ-ণ্যত্] ব্যবচ্ছেদ্য পদার্থ, ধর্মী। To be distinguished, substantive.

বিশোক ত্রিং [বি+শোক] শোকরহিত। পুং অশোকবৃক্ষ। স্ত্রীং বিশোকা—যোগশাস্ত্রোক্তচিত্তবৃত্তিবিশেষ। Free from grief ; a kind of tree ; a state of Yogic attainment.

বিশোধিন্ ত্রিং [বি+শুধ+ণিচ্-ণিনি] শোধনকারক। স্ত্রীং বিশোধিনী—নাগদন্তী। Purifying.

বিশ্র[স্র]ব্ধ ত্রিং [বি+শ্র(স্র)ন্ভ-ক্ত] শান্ত, বিশ্বস্ত অনুদ্ধত, গাঢ়। Confidential, quiet

বিশ্র[স্র]ম্ভ পুং [বি+শ্র(স্র)ন্ভ-ঘঞ্] বিশ্বাস, প্রণয়, কেলিকলহ, বধ। Confidence, love, love-quarrel, killing.

বিশ্র[স্র]ম্ভিন্ ত্রিং [বি+শ্র(স্র)ন্ভ-ঘিনুণ্] বিশ্বাসশীল। [বিশ্র(স্র)ম+ইনি] বিশ্বাসবান্। Confident ; faithful.

বিশ্রবস্ পুং মুনিবিশেষ। Name of a sage.

বিশ্রাণিত ত্রিং [বি+শ্রণ+ণিচ্-ক্ত] দত্ত। Given away.

বিশ্রান্ত ত্রিং [বি+শ্রান্ত] বিগতশ্রম। Reposed.

বিশ্রান্তি স্ত্রীং [বি+শ্রান্তি] বিশ্রাম। Rest.

বিশ্রা[শ্র]ম পুং [বি+শ্রম-ঘঞ্] বিরাম, নির্বাপারস্থিতি। Cessation, rest.

বিশ্রাব পুং [বি+শ্রু-ঘঞ্] প্রসিদ্ধি। Renown.

বিশ্রুত ত্রিং [বি+শ্রু-ক্ত] বিখ্যাত। Famous.

বিশ্রুতি স্ত্রীং [বি+শ্রুতি] খ্যাতি। Fame.

বিশ্লথ ত্রিং [বি+শ্লথ-অচ্] শিথিল। Loose.

বিশ্লিষ্ট ত্রিং [বি+শ্লিষ-ক্ত] বিযুক্ত, শিথিল। Disjoined.

विश्लेष पु० [वि+श्लिष-घञ्] বিয়োগ, শৈথিল্য। Disjunction.

विश्व क्ली० [विश-व] জগৎ, বিষ্ণু। পু০ শ্রাদ্ধদেববিশেষ, নাগর। ত্রি০ সকল। স্ত্রী০ বিশ্বা—দক্ষকন্যাবিশেষ, অতিবিষা, শতাবরী, বিংশপল পরিমাণ। The universe, name of Viṣṇu; all ; the daughter of Dakṣa.

विश्वकर्मन् पु० [विश्व+कर्मन्] সূর্য, দেবশিল্পী, মুনিবিশেষ, পরমেশ্বর। The sun, name of the architect of gods name of a sage.

विश्वकृत् पु० [विश्व+कृ-क्विप्] বিশ্বকর্মা, পরমেশ্বর। An epithet of Viśvakarman, god.

विश्वकेतु पु० [विश्व+केतु] অনিরুদ্ধ। An epithet of Aniruddha.

विश्व[ष्व]क्सेन पु० বিষ্ণু। An epithet of Viṣṇu.

विश्व[ष्व]च् अव्य० [विश्व(षु)+अनच्-क्विप्] সর্বতঃ। ত্রি০ সর্বত্রগামী। On all sides ; all-pervading.

विश्वजनीन त्रि० [विश्व+जन-ख] বিশ্বজনহিত। Beneficial to all.

विश्वजित् पु० [विश्व+जि-क्विप्] বিষ্ণু, যজ্ঞবিশেষ। An epithet of Viṣṇu, a kind of sacrifice.

विश्वदेव पु० [विश्व+देव]দেববিশেষ। স্ত্রী০ विश्वदेवा —নাগবলা, রক্তপুষ্পদণ্ডোৎপল। A kind of god; a kind of red flowering daṇḍotpala.

विश्वधारिणी स्त्री० [विश्व+धृ-णिनि+ङीप्] পৃথিবী। Earth.

विश्वपा पु० [विश्व+पा-क्विप्] বিশ্বপালক, সূর্য, চন্দ্র। The protector of all.

विश्वम्भर पु० [विश्व+भृ-खच्] ইন্দ্র, বিষ্ণু। স্ত্রী০ विश्वम्भरा—পৃথিবী। An epithet of Indra or Viṣṇu ; earth.

विश्वराज् पु० [विश्व+राज-क्विप्] পরমেশ্বর। God.

विश्वरूप पु० [विश्व+रूप] বিষ্ণু। ত্রি০ নানারূপোপেত, বিশ্বমূর্তি। An epithet of Viṣṇu ; existing in all forms.

विश्ववेदस् पु० [विश्व+वेदस्] সর্বজ্ঞ। Omniscient.

विश्वश्रवस् पु० মুনিবিশেষ। Name of a sage.

विश्वसित त्रि० [वि+श्वस-क्त] বিশ্বাসী। Trustworthy.

विश्वसृज् पु० [विश्व+सृज-क्विप्] বিধাতা। The creator.

विश्वस्त त्रि० [वि+श्वस-क्त] বিশ্বাসপাত্র। Trustworthy.

विश्वात्मन् पु० [विश्व+आत्मन्] বিষ্ণু। An epithet of Viṣṇu.

विश्वामित्र पु० [विश्व+मित्र] মুনিবিশেষ। Name of a sage.

विश्वावसु पु० [विश्व+वसु] গন্ধর্ববিশেষ। স্ত্রী০ রাত্রি। A celestial being ; night.

विश्वास पु० [वि+श्वस-घञ्] প্রত্যয়, শ্রদ্ধা। Trust, faith.

विश्वासिन् त्रि० [वि+श्वस-णिनि] বিশ্বাসকারী। One who trusts.

विश्वास्य त्रि० [वि+श्वस-ण्यत्] প্রত্যয়ার্হ। Reliable.

विश्वेदेव पु० শ্রাদ্ধদেববিশেষ, বহ্নি। A kind of deity, fire.

विश्वेश पु० [विश्व+ईश] শিব। An epithet of Śiva.

विश्वेश्वर पु० [विश्व+ईश्वर] কাশীপতি। An epithet of Śiva.

विष् स्त्री० [विष-क्विप्] বিষ্ঠা, কন্যা। Excrement, daughter.

विष क्ली० [विष-क] জল, পদ্মকেশর, গন্ধরস, বৎসনাভ। পু০, ক্লী০ গরল। পু০ মৃণাল। Water, filament of the lotus ; poison ; lotus-stalk.

विषकण्ठ पु० [विष+कण्ठ] শিব। An epithet of Śiva.

विषघ्न त्रि० [विष+हन-टक्] শিরীষবৃক্ষ, যবাস, বিভীতক, চম্পকবৃক্ষ। A kind of tree.

विषण्ण त्रि० [वि+सद-क्त] বিষাদযুক্ত। Sorrowful.

विषण्णता स्त्री० [विषण्ण+तल्+टाप्] বিষাদপ্রাপ্তি। Dejection.

विषद पु० [वि+सद-अच्] শুক্লবর্ণ। ক্লী০ পুষ্পকাসীস। ত্রি০ শুক্লবর্ণযুক্ত। White colour ; white-coloured.

विषदन्त पु० [विष+दन्त], **विषधर** पु० [विष+धृ-अच्], **विषभृत्** पु० [विष+भृ-क्विप्] সর্প। Snake.

विषम त्रि० [वि+सम] অসম, অযুগ্ম, উন্নতাবনত, দারুণ, সঙ্কট। পু০ তালবিশেষ। Unequal, odd, terrible ; a kind of measure in music, uneven.

विषमच्छद ज० [विषम+छद] সপ্তচ্ছদবৃক্ষ। A kind of tree.

বিষমনয়ন পু° [বিষম+নয়ন], **বিষমনেত্র** পু° [বিষম+নেত্র], **বিষমাক্ষ** পু° [বিষম+অক্ষি], **বিষমেক্ষণ** পু° [বিষম+ঈক্ষণ] শিব। Epithets of Śiva.

বিষমস্থ ত্রি° [বিষম+স্থা–ক] উপদ্রবপ্রাপ্ত, সঙ্কটস্থ, উন্নতাবনতদেশস্থ। Injured, being in difficulty.

বিষমশিষ্ট ক্লী° [বিষম+শিষ্ট] অনুচিত শাসন। Unjust administration.

বিষমায়ুধ পু° [বিষম+আয়ুধ], **বিষমেষু** পু° [বিষম+ইষু] কামদেব। Epithets of the god of love.

বিষয় পু° [বি+সি–অচ্] ভোগসাধন, ইন্দ্রিয়-গোচর শব্দাদি, দেশ, নিত সেবিত বস্তু, অবাক্ত, শুক্র, কান্ত, নিয়ামক, আরোপাশ্রয়। Means of enjoyment of sensual objects such as sound, place, primordial element, semen, lover, regulator.

বিষয়িন্ ক্লী° [বিষয়+ইনি] জ্ঞান, ইন্দ্রিয়। ত্রি° বিষয়াসক্ত। পু° কামদেব। Knowledge, organ of sense ; attached to worldly affairs ; the god of love.

বিষবৈদ্য পু° [বিষ+বৈদ্য] বিষচিকিৎসক। Poison-doctor.

বিষহর ত্রি° [বিষ+হর] বিষঘ্ন। স্ত্রী° বিষহরী—মনসাদেবী, বিদ্যাবিশেষ। Antipoisonous, the goddess Manasā, a kind of learning.

বিষাণ ক্লী° [বিষ–কানচ্] পশুশৃঙ্গ, হস্তিদন্ত, কুষ্ঠৌষধ, বরাহদন্ত, ক্ষীরকাকোলী। স্ত্রী° বিষাণী—অজশৃঙ্গী। Horn, ivory, tusk of a boar ; name of a plant.

বিষাণিন্ পু° [বিষাণ+ইনি] শৃঙ্গী, হস্তী, শৃঙ্গাটক, ঋষভৌষধ। One having horns, elephant.

বিষাদ পু° [বি+সদ–ঘঞ্] অবসাদ, জড়তা। Dejection, dullness.

বিষান্তক পু° [বিষ+অন্তক] শিব। An epithet of Śiva.

বিষার পু° [বিষ+ঋ–অণ্] সর্প। Snake.

বিষারাতি পু° [বিষ+অরাতি] কৃষ্ণধুস্তুর, বিষনাশক। A kind of flower.

বিষু অব্য° [বিষ–কু] সাম্য, নানারূপতা। A particle meaning 'equally,' etc.

বিষুব ক্লী° [বিষু+বা–ক], **বিষুবৎ** ক্লী° [বিষু+মতুপ্] সূর্যের তুলা ও মেষরাশির সংক্রান্তি-বিশেষ। The equinox.

বিষ্কম্ভ পু° [বি+স্কন্‌ভ–অচ্] সূর্যচন্দ্রযোগজাত যোগমধ্যে প্রথম যোগ, বিস্তার, প্রতিবন্ধ, রূপকাঙ্গবিশেষ, বৃক্ষ, অবষ্টম্ভক, কীলক, পর্বত-বিশেষ। The first of the twentyseven astronomical periods called 'yoga', extension, hinderance, an interlude between the acts of a drama, tree, a mountain.

বিষ্টপ ক্লী° [বিশ–কপন্] ভুবন। World.

বিষ্টব্ধ ত্রি° [বি+স্তন্‌ভ–ক্ত] প্রতিরুদ্ধ, অবরুদ্ধ। Obstructed.

বিষ্টম্ভ পু° [বি+স্তন্‌ভ–ঘঞ্] প্রতিবন্ধ, রোগ-বিশেষ। Obstruction, a disease.

বিষ্টর পু° [বি+স্তৃ–অপ্] আসন, আসনবিশেষ, বৃক্ষ, কুশমুষ্টি। Seat, a kind of seat, tree, a handful of Kuśagrass.

বিষ্টরশ্রবস্ পু° [বিষ্টর+শ্রবস্] বিষ্ণু। An epithet of Viṣṇu.

বিষ্টি স্ত্রী° [বিষ–ক্তিন্] বেতন বিনা ভারাদি বহনজন্য ক্লেশ, বেতন, কর্ম, বর্ষণ, প্রেষণ, কর্মকর ভৃত্য। Unpaid labour, pay, work, raining, servant.

বিষ্ঠা স্ত্রী° [বি+স্থা–ক+টাপ্] উদর, পুরীষ। Belly, excrement.

বিষ্ণু পু° [বিষ–নুক্] পরমেশ্বর। [বিশ–নু] বহ্নি, বসুদেবতা, ধর্মশাস্ত্রকারক মুনিবিশেষ। God ; fire, name of a sage.

বিষ্ণুক্রান্তা স্ত্রী° [বিষ্ণু+ক্রান্তা] অপরাজিতা। Name of a creeper or its flower.

বিষ্ণুগুপ্ত পু° চাণক্যমুনি। [বিষ্ণু+গুপ্ত] দেবাদি, কন্দবিশেষ। Name of the sage Cāṇakya; deity.

বিষ্ণুপদ ক্লী° [বিষ্ণু+পদ] আকাশ, ক্ষীরার্ণব, পদ্ম, বিষ্ণুর চরণ, বিষ্ণুরূপ স্থান। Sky, the sea of milk, lotus, feet of Viṣṇu.

বিষ্ণুরথ পু° [বিষ্ণু+রথ] গরুড়, বিষ্ণুর রথ। An epithet of Garuḍa, the chariot of Viṣṇu.

বিষ্ণুরাত পু° [বিষ্ণু+রাত] পরীক্ষিৎ। An epithet of King Parīkṣit.

বিষ্ণুবাহন পু° [বিষ্ণু+বাহন], **বিষ্ণুবাহ্য** পু° [বিষ্ণু+বাহ্য] গরুড়। An epithet of Garuḍa.

বিষ্বণন ক্লী° [বি+স্বন–ল্যুট্], **বিষ্ব[ণা]ণ** পু° [বি+স্বন–ঘঞ্] ভোজন। Eating.

বিস ক্লী° [বি+ষো–ক] মৃণাল। Lotus-stalk.

बिसंबाद पु० [वि+सम्+वद्–घञ्] বঞ্চন। Deception.

बिसंष्ठुल त्रि० [वि+सम्+स्था–उलच] বিশৃঙ্খল, অব্যবস্থিত। Disorganized.

बिसकण्ठि[ण्ठी]का स्त्री० [बिस+कण्ठ+ठन्+टाप्] বলাকা। crane.

बिसप्रसून क्ली० [बिस+प्रसून] পদ্ম। Lotus.

बिसर पु० [वि+सृ–अप्] সমূহ, বিস্তার। Multitude, extent.

बिसरण क्ली० [वि+सृ-ल्युट्] সমূহ, বিস্তার। Multitude, extent.

बिसर्ग पु० [वि+सृज–घञ्] দান, ত্যাগ, মলত্যাগ, বিসর্জনীয়াখ্য বর্ণবিশেষ, মোক্ষ, প্রলয়। Gift, giving away, name of a symbol in grammar marked by two perpendicular dots (:), salvation.

बिसर्जन क्ली० [वि+सृज–ल्युट्] দান, ত্যাগ। [वि+सृज+णिच्–ल्युट्] প্রেরণ। Gift, abandoning ; sending.

बिसर्जनीय त्रि० [वि+सृज-अनीयर्] ত্যাজ্য। Fit to be abandoned.

बिसर्प पु० [वि+सृप-घञ्] রোগবিশেষ। A disease.

बिसर्पण क्ली० [वि+सृप–ल्युट्] প্রসার। Spreading.

बिसर्पिन् त्रि० [वि+सृप–णिनि] বিসরণশীল। Spreading.

बिसार पु० [वि+सृ–ण] মৎস্য। Fish.

बिसारित त्रि० [वि+सृ+णिच्–क्त] বিস্তারিত। Extended.

बिसारिन् त्रि० [वि+सृ–णिनि] প্রসরণশীল। पु० মৎস্য। Spreading ; fish.

बिसिनी स्त्री० [बिस+इनि+ङीप्] পদ্মসমূহ, পদ্মলতা, মৃণাল। An assemblage of lotus, lotus plant, lotus-stalk.

बिसूचि[ची] स्त्री० [वि+सूचि(ची)], **बिसूचिका** स्त्री० [वि+सूचि+कन्+टाप्] রোগবিশেষ। Cholera.

बिसृत त्रि० [वि+सृ–क्त] বিস্তীর্ণ। Spread-out.

बिसृत्वर त्रि० [वि+सृ–क्वरप्] প্রসরণশীল। Extending.

बिसृमर त्रि० [वि+सृ–क्मरप्] বিসরণশীল। Creeping along, extending.

बिसृष्ट त्रि० [वि+सृज–क्त] প্রেরিত। Sent.

बिस्त पु० [बिस–क्त] স্বর্ণকর্ষ, আশীরক্তিকাপরিমাণ। A weight of gold.

बिस्तर पु० [वि+स्तृ–अप्] বাক্যসমূহ, বিস্তার, প্রণয়, সমূহ, পীঠ। Group of words, extension.

बिस्तरशस् अव्य० [विस्तर+शस्] বিস্তারপূর্বক। Extensively.

बिस्तार पु० [वि+स्तॄ–घञ्] বিস্তীর্ণতা, সমাসবাক্যস্থ পদসমূহ। Expansion, words of a compound.

बिस्तारित त्रि० [वि+स्तॄ+णिच्–क्त] প্রসারিত। Extended.

बिस्तीर्ण बिस्तृत त्रि० [वि+स्तॄ–क्त] বিস্তারযুক্ত। Spread-out.

बिस्तृति स्त्री० [वि+स्तॄ–क्तिन्] বিস্তার। Extension.

बिस्पष्ट त्रि० [वि+स्पष्ट] ব্যক্ত, স্ফুট। Quite clear.

बिस्फार पु० [वि+स्फार–घञ्] টঙ্কারধ্বনি। The twang of a bow.

बिस्फारित त्रि० [वि+स्फार+णिच्–क्त] কম্পিত, ধ্বনিত। Shaken.

बिस्फुरित त्रि० [वि+स्फुरित] ধ্বনিত, কম্পিত। Sounded, quivering.

बिस्फुलिङ्ग पु० [वि+स्फुलिङ्ग] অগ্নিকণা, বিষবিশেষ। Spark, a kind of poison.

बिस्फूर्ज पु० [बि+सफूर्ज–अच्], **बिस्फर्जथु** पु० [वि+स्फूर्ज–अथुच्] বজ্রনির্ঘোষ। Thundering.

बिस्फोट[क] पु० [वि+स्फुट+णिच्–अच्(क)] ভেদন, ফোড়া। To burst open, boil.

बिस्मय क्ली० [वि+स्मि–अच्] আশ্চর্য, স্থায়িভাববিশেষ। Wonder, a kind of abiding sentiment,

बिस्मरण क्ली० [बि+स्मृ–ल्युट्] বিস্মৃতি। Forgetting.

बिस्मापन पु० [वि+स्मि+णिच्–ल्यु] কুহক, কামদেব। क्ली० গন্ধর্বপুর। Delusion, god of love ; a city of the Gandharvas.

बिस्मायन क्ली० [वि+स्मि+णिच्–ल्युट्] বিস্মিত করা। Causing amazement.

बिस्मित त्रि० [वि+स्मि–क्त] বিস্ময়যুক্ত। Astonished.

बिस्मृत त्रि० [वि+स्मृ–क्त] স্মরণাবিষয়। Forgotten.

बिस्मृति स्त्री० [वि+स्मृ–क्तिन्] স্মরণাভাব। Forgetfuiness.

बिस्र त्रि० [बिस–रक्] চিতাধূম, অপকমাংসগন্ধ, আমগন্ধ। Smoke of pyre, smell of raw meat.

विस्रंस पु० [वि+स्रनस-घञ्] পতন, ক্ষরণ। Falling down, dripping.

विस्रंसिन् त्रि० [वि+स्रंनस-णिनि] অবপাতী। That which falls down.

विस्रम्भ पु० [वि+स्रन्भ-घञ्] বিশ্বাস, প্রত্যয়, পরিচয়। Trust, confidence, acquaintance.

विस्रम्भिन् त्रि० [वि+स्रन्भ-णिनि] বিশ্বাসযুক্ত, প্রণয়ী। Confident, lover.

विस्रसा स्त्री० [वि+स्रनस-क+टाप्] জরা। Decrepitude.

विस्रस्त त्रि० [वि+स्रन्स-क्त] স্খলিত, অবপতিত। Slipped, fallen.

विस्वन पु० [वि+स्वन], **विस्वान** पु० [वि+स्वान] ধ্বনি, শব্দ। Sound.

विहग पु० [विहायस्+गम-ड], **विहङ्ग** पु०, **विहङ्गम** पु० [विहायस्+गम-खच्] পক্ষী, সূর্য, চন্দ্র, বাণ, মেঘ। Bird, the sun, the moon, arrow, cloud.

विहङ्गराज पु० [विहङ्ग+राजन्+अच्] গরুড়। An epithet of Garuḍa

विहङ्गिका स्त्री० [विहङ्गम+कन्+टाप्] ভারযষ্টি। A pole for carrying burdens.

विहति स्त्री० [वि+हन्-क्तिन्] বিনাশ। Destruction.

विहनन क्ली० [वि+हन-ल्युट्] হিংসা। Killing.

विहर पु० [वि+हृ-अप्], **विहरण** क्ली० [वि+हृ-ल्युट्] বিহার, পরিভ্রমণ। Roaming.

विहसित क्ली० [वि+हस-क्त], **विहसन** क्ली० [वि+हस-ल्युट्] মধ্যমহাস্য। Gentle laugh.

विहस्त त्रि० [वि+हस्त] ব্যাকুল, পণ্ডিত, হস্তশূন্য। पु० পশু। Eager, learned, handless.

विहापित क्ली० [वि+हा+णिच्-क्त] দান। Gift.

विहायस् पु०, क्ली० [वि+हा-असुन्] আকাশ। पु० পক্ষী। Sky ; bird.

विहायस क्ली० [विहायस्+अच्] আকাশ। Sky.

वि[वी]हार पु० [वि+हृ-घञ्] পাদক্রম, পরিক্রম। Walking, roaming.

विहारिन् त्रि० [वि+हृ-णिनि] বিচরণশীল। One who roams about.

विहित त्रि० [वि+धा-क्त] কৃত, বিধিবোধিত। Done, enjoined.

विहित्रिम त्रि० [वि+धा+त्रि+मप्] বিধিনিষ্পন্ন। Done according to rule.

विहीन त्रि० [वि+हा-क्त] ত্যক্ত, বর্জিত। Left, abandoned.

विहृत क्ली० [वि+हृ-क्त] বিহার, স্ত্রীগণের চেষ্টাবিশেষ। Sport, a feminine mode of indicating love.

विह्रुत क्ली० [वि+हृ-क्त] বিহার, পরিক্রমণ। Sport, walking.

विह्वल त्रि० [वि+ह्वल-अच्] বিচলিত, অধীর। Agitated, confused.

वीक्षण क्ली० [वि+ईक्ष-ल्युट्] নেত্র, দর্শন। Eye, seeing.

वीक्षित त्रि० [वि+ईक्ष-क्त] দৃষ্ট। Seen.

वीचि पु० [वे-डीचि] তরঙ্গ, অবকাশ, সুখ। Wave, leisure, pleasure.

वीचिमालिन् पु० [वीचिमाला+इनि] সমুদ্র। The ocean.

वीज क्ली० [वी-क्विप्+जन-ड] কারণ, শুক্র, অঙ্কুর, তত্ত্বাবধান, মজ্জন, অব্যক্তগণিতবিশেষ, মন্ত্রবিশেষ, ধান্যাদির ফল। Cause, semen, sprout, Algebra, a form of mantra, seed.

वीजन क्ली० [वीज-ल्युट्] ব্যজন। पु० চামরাদি বস্ত, চক্রবাক। Fan ; chowries, ruddy goose.

वीजपूर पु० [वीज+पूर-घञ्] জম্বীরবিশেষ। Citron.

वीजाकृत त्रि० [वीज+डाच्+कृ-क्त] বীজের দ্বারা কৃষ্ট। Strewn with seed.

वीजिन् पु० [वीज+इनि] উৎপাদক পিতা। त्रि० বীজবিশিষ্ট। Progenitor ; possessed of seed.

वीज्य त्रि० [वि+यज-क्यप्] কুলীন। Nobly-born.

वीटि[टी] स्त्री० [वि+इट्-इन् (+ङीप्)] সজ্জিত তাম্বুল। Spiced betel-leaf.

वीणा स्त्री० [अज-नक्+टाप्] বাদ্যবিশেষ। Lute.

वीत क्ली० [वि+इण-क्त] যুদ্ধাসমর্থ অশ্ব, হস্তী প্রভৃতি সৈন্য, অঙ্কুশকর্ম। त्रि० গত, শান্ত। Horses, elephants etc. that are unfit for war; gone, quiet.

वीतंस पु० [वि+तनस्-घञ्] মৃগপক্ষিগণের বন্ধনোপকরণ রজ্জু প্রভৃতি। Net for confining beasts or birds.

वीति स्त्री० [वी-क्तिन्] গতি, দীপ্তি, ভোজন, প্রজনন, ধারণ। Motion, lustre, eating, producing.

वीतिहोत्र पु० [वीति+हु-त्रल्] বহ্নি, সূর্য। Fire, the sun.

বীথি[থী] স্ত্রী০ [বিথ–ইন্(+ঙীপ্)] পঙ্‌ক্তি, শ্রেণী, অলিন্দ, বর্ত্ম, দৃশ্যকাব্যবিশেষ। Row, line, way, a terrace, a variety of drama.

বীধ্র ত্রি০ [বি+ইন্ধ–রক্] নির্মল। ক্লী০ নভস্, বায়ু, অগ্নি। Pure ; sky, wind, fire.

বীনাহ পু০ [বি+নহ–ঘঞ্] কূপাদিবন্ধনসাধন পদার্থ। The top or cover of a well.

বীপ্সা স্ত্রী০ [বি+আপ্+সন্–অ+টাপ্] ব্যাপ্তি। Pervasion.

বীর ক্লী০ [বীর–অচ্] পদ্মমূল, মরিচ, কাঞ্জিক, নড়, শৃঙ্গী, উশীর, আরুক। ত্রি০ শৌর্যবীর্যবিশিষ্ট। Root of lotus, a kind of fragrant grass ; valiant.

বীরণ ক্লী০ [বি+ঈর–ল্যু] উশীর, তৃণ। Name of a fragrant grass.

বীরতর ক্লী০ [বীর+তরপ্] বীরণ। ত্রি০ শূরতর। A kind of fragrant grass; more valiant.

বীরভদ্র পু০ [বীর+ভদ্র] অশ্বমেধীয় অশ্ব, বীরণ, শিবগণবিশেষ। Horse fit for the Aśvamedha sacrifiee, a kind of fragrant grass, an attendant of Śiva.

বীরসূ স্ত্রী০ [বীর+সূ–ক্বিপ্] বীরমাতা। Mother of a hero.

বীরসেন ক্লী০ [বীরা+সেনা] আরুকবৃক্ষ। পু০ নৃপবিশেষ। A kind of tree ; name of a king.

বীরাশংসন ক্লী০ [বীর+আ+শন্স–ল্যুট্] ভয়ঙ্কর যুদ্ধক্ষেত্র। Terrible battle-field.

বীরাসন ক্লী০ [বীর+আসন] তান্ত্রিক আসনবিশেষ। A Tāntrik sitting-posture.

বীরুধ[ধা] স্ত্রী০ [বি+রুধ–ক্বিপ্ (+টাপ্)] বিস্তৃতা লতা। A spreading creeper.

বীরেশ্বর পু০ [বীর+ঈশ্বর] শিবলিঙ্গবিশেষ। An epithet of Śiva.

বীর্য ক্লী০ [বীর–যত্] শুক্র, পরাক্রম, বল, প্রভাব, তেজস্, দীপ্তি। Semen, virility, valour, strength, lustre.

বীর্যবত্ ত্রি০ [বীর্য+মতুপ্] বলবান্, বীর্যযুক্ত। Strong, powerful.

বুষ[স] ক্লী০ [বুস–ক] ভুষি। Chaff.

বৃংহিত ক্লী০ [বৃংহ–ক্ত] করিগর্জন। ত্রি০ বর্ধিত। Trumpet ; increased.

বৃক পু০ [বৃক–ক] নেকড়ে বাঘ, কাক, বকবৃক্ষ, শৃগাল, ক্ষত্রিয়, অনেকদ্রব্যজন্য ধূপ, উদরস্থ বহ্নিবিশেষ। Wolf, crow, a kind of tree, jackal, Kṣatriya.

বৃকদংশ পু০ [বৃক+দন্শ–অচ] কুক্কর। Dog.

বৃকধূর্ত পু০ [বৃক+ধূর্ত] শৃগাল। Jackal.

বৃকোদর পু০ [বৃক+উদর] ভীমসেন। An epithet of Bhīma.

বৃক্ণ পু০ [ব্রশ্চ–ক্ত] ছিন্ন। Torn.

বৃক্ষ পু০ [ব্রশ্চ–ক্স] দ্রুম। Tree.

বৃক্ষক পু০ [বৃক্ষ+কন্] স্বল্পবৃক্ষ। Small tree.

বৃক্ষচ্ছায় ক্লী০ [বৃক্ষ+ছায়া] বহুবৃক্ষের ছায়া। Shade of many trees.

বৃক্ষবাটিকা স্ত্রী০ [বৃক্ষ+বাটিকা] উপবন। Pleasure garden.

বৃক্ষাদন পু০ [বৃক্ষ+অদ–ল্যু] কুঠারাস্ত্র। Axe.

বৃজিন ক্লী০ [বৃজ–ইনচ্] পাপ। ত্রি০ ভুগ্ন, কুটিল। পু০ কেশ। Sin ; crooked.

বৃত ত্রি০ [বৃ–ক্ত] বর্তুল, প্রার্থিত, কর্মাদিতে প্রার্থনাদ্বারা কৃতনিয়োগ, স্বীকৃত। Round, sought.

বৃতি স্ত্রী০ [বৃ–ক্তিন্] বেষ্টন। Encloser.

বৃত্ত ক্লী০ [বৃত–ক্ত] চরিত্রবিশেষ, পদ্যবিশেষ, গোলাকার ক্ষেত্রবিশেষ। ত্রি০ অতীত, দৃঢ়, বর্তুল, কৃতাবরণ, অধীত, মৃত, জাত। পু০ কূর্ম। Conduct, a kind of poetry; passed, firm, round, studied, dead, born ; tortoise.

বৃত্তগন্ধি ক্লী০ [বৃত্ত+গন্ধ+ইত্] গদ্যবিশেষ। A kind of prose.

বৃত্তস্থ ত্রি০ [বৃত্ত+স্থা–ক] সদাচারী। Of good conduct.

বৃত্তান্ত পু০ [বৃত্ত+অন্ত] সংবাদ, বাচিকসন্দেশ, প্রক্রিয়া, কার্ৎস্ন্য, প্রস্তাব, অবসর, ভাব, একান্ত। News, message, mode, whole, leisure, nature.

বৃত্তি স্ত্রী০ [বৃত–ক্তিন্] বর্তন, স্থিতি, বিবরণ, জীবিকা, অন্তঃকরণের পরিণামবিশেষ। Livelihood, existence, account.

বৃত্র পু০ [বৃত–রক্] অন্ধকার, রিপু, ত্বষ্টাপুত্র দানববিশেষ, মেঘ, পর্বতবিশেষ, শব্দ। Darkness, enemy, name of a demon, cloud, name of a mountain, sound.

বৃত্রদ্বিষ্ পু০ [বৃত্র+দ্বিষ–ক্বিপ্], **বৃত্রহন্** পু০ [বৃত্র+হন–ক্বিপ্] ইন্দ্র। An epithet of Indra.

বৃথা অব্য০ [বৃ–থাল্] নিরর্থক। Useless.

বৃদ্ধ ত্রি০ [বৃধ–ক্ত] বৃদ্ধিযুক্ত, গতযৌবন। পু০ বৃদ্ধদারক বৃক্ষ। ক্লী০ শৈলজনামক গন্ধদ্রব্য। Increased, aged ; a kind of tree.

বৃদ্ধত্ব ক্লী০ [বৃদ্ধ+ত্ব] বার্ধক্য। Old age.

বৃদ্ধপ্রপিতামহ পু০ [বৃদ্ধ+প্রপিতামহ] প্রপিতামহের জনক। Father of the paternal great grand-father.

বৃদ্ধপ্রমাতামহ পু০ [বৃদ্ধ+প্রমাতামহ] প্রমাতামহের জনক। Father of the maternal great grand-father.

বৃদ্ধভাব [বৃদ্ধ+ভাব] The state of old age.

বৃদ্ধশ্রবস্ পু০ [বৃদ্ধ+শ্রু–অসুন্] ইন্দ্র। An epithet of Indra.

বৃদ্ধি স্ত্রী০ [বৃধ–ক্তিন্] সমৃদ্ধি, অভ্যুদয়, সম্পত্তি, সমূহ। [বৃধ–ক্তিচ্] ওষধিবিশেষ। Prosperity, multitude.

বৃদ্ধিশ্রাদ্ধ ক্লী০ [বৃদ্ধি+শ্রাদ্ধ] আভ্যুদয়িক শ্রাদ্ধ। An offering made to the manes on any prosperous occasion.

বৃদ্ধোক্ষ পু০ [বৃদ্ধ+উক্ষা+অচ্] জরদ্গব। Old bull.

বৃদ্ধ্যাজীব ত্রি০ [বৃদ্ধি+আ+জীব–অণ্] বাধু ষিক। Usurer.

বৃন্ত পু০ [বৃ–ক্ত] বোঁটা। Stalk.

বৃন্দ ক্লী০ [বৃণ–দন্] সমূহ, দশ অর্বুদ। স্ত্রী০ বৃন্দা—রাধিকা, তুলসী। Multitude, large number ; name of Rādhikā.

বৃন্দারক পু০ [বৃন্দ+কৈ–ক] দেব, যূথপতি। ত্রি০ মুখ্য, মনোহর। Deity ; chief, pleasing.

বৃন্দাবন ক্লী০ [বৃন্দা+বন] তীর্থবিশেষ। A holy place.

বৃন্দিষ্ঠ ত্রি০ [বৃন্দারক+ইষ্ঠন্] মুখ্যতম। Foremost.

বৃশ্চিক পু০ [ব্রশ্চ–কিকন্] কীটবিশেষ, মেষ হইতে অষ্টমরাশি, ওষধিবিশেষ, মদনবৃক্ষ, কর্কট, গোময় কীট, নালিকা। Scorpion, a zodiacal sign, a kind of plant, a kind of tree.

বৃষ পু০[বৃষ–ক] বৃষভ, পুরুষভেদ, মেষ হইতে দ্বিতীয় রাশি, ইন্দ্র, ধর্ম, শৃঙ্গী, মূষিক, বাস্তুস্থানবিশেষ, বাসকবৃক্ষ, শত্রু, কাম, ময়ূরপিচ্ছ, শ্রীকৃষ্ণ। ত্রি০ বলযুক্ত, শুক্রযুক্ত। Bull, a type of man, an epithet of Indra, rat, a kind of tree, enemy, an epithet of Kṛṣṇa ; strong.

বৃষণ পু০ [বৃষ–ক্যু] অণ্ডকোষ। ত্রি০ বীর্যান্বিত। Scrotum ; full of vigour.

বৃষদংশক পু০ [বৃষ+দন্‌শ–ণ্বুল্] বিড়াল। Cat.

বৃষধ্বজ পু০ [বৃষ+ধ্বজ] শিব, হেরম্ব। ত্রি০ পুণ্য-কর্মযুত। An epithet of Śiva ; virtuous.

বৃষন্ পু০ [বৃষ–কনিন্] ইন্দ্র, কর্ণ, দুঃখ, বেদনাজ্ঞান, বৃষ, অশ্ব। An epithet of Indra or Karṇa, sorrow, bull, horse.

বৃষপর্বন্ পু০ [বৃষ+পর্বন্] শিব, দৈত্যবিশেষ, ভৃঙ্গারবৃক্ষ, কেশরী। An epithet of Śiva, a demon, a kind of tree.

বৃষভ পু০ [বৃষ–অভচ্] বৃষ, শ্রেষ্ঠ, বৈদর্ভীরীতি-বিশেষ, জিনবিশেষ, কর্ণচ্ছিদ্র, ঋষভনামক ওষধি। Bull, best, a kind of style of composition, hollow of the ear.

বৃষভানু পু০ [বৃষ+ভানু] রাধিকার পিতা। Father of Rādhā.

বৃষল পু০ [বৃষ–কলচ্] শূদ্র, ঘোটক, চন্দ্রগুপ্ত নৃপ, অধার্মিক। Śūdra, horse, name of king Candragupta, irreligious.

বৃষবাহন পু০ [বৃষ+বাহন] শিব। An epithet of Śiva.

বৃষস্যন্তী স্ত্রী০ [বৃষ+ক্যচ্+শতৃ+ঙীপ] কামুকী। Lustful woman.

বৃষাকপায়ী স্ত্রী০ [বৃষাকপি+ঙীপ্] লক্ষ্মী, গৌরী, শচী, স্বাহা, জীবন্তী, শতাবরী। An epithet of Lakṣmī, Gauri or Śacī.

বৃষাকপি পু০ [বৃষ+ন+কপি] মহাদেব, বিষ্ণু, অগ্নি, ইন্দ্র। An epithet of Śiva, Viṣṇu, Agni or Indra.

বৃষাঙ্ক পু০ [বৃষ+অঙ্ক] শিব, ভল্লাতক, ষণ্ড। Śiva.

বৃষি[ষী] স্ত্রী০ [বৃষ–কি(+ঙীপ্)] কুশময় আসন-বিশেষ। A seat made of Kuśa grass.

বৃষোৎসর্গ পু০ [বৃষ+উৎসর্গ] শ্রাদ্ধবিশেষে বৃষ-ত্যাগরূপ কর্ম। A setting free of a bull on the occasion of a śrāddha.

বৃষ্ট ত্রি০ [বৃষ–ক্ত] বর্ষিত। Showered.

বৃষ্টি স্ত্রী০ [বৃষ–ক্তিন্] বর্ষণ। Rain.

বৃষ্ণি পু০ [বৃষ–নি] যাদববংশ্য নৃপবিশেষ। Name of a king of Yādava dynasty.

বৃষ্য পু০ [বৃষ–ক্যপ্] মাষ। ত্রি০ শুক্রবৃদ্ধিকারক। ক্লী০ বাজীকরণ। স্ত্রী০ বৃষ্যা—আমলকী, শতাবরী, ঋষভনামক ওষধি। A kind of pulse, provocative of sexual vigour.

বৃহৎ ত্রি০ [বৃহ–অতি] মহৎ। Large.

বৃহতী স্ত্রী০ [বৃহত্+ঙীষ্] মহতী, ক্ষুদ্র বেগুন, নারদের বীণা। Great, lute of Nārada.

বৃহতীপতি পু০ [বৃহত্+ঙীষ্+পতি] বৃহস্পতি। An epithet of Bṛhaspati.

বৃহদ্ভানু পু০ [বৃহত্+ভানু] অগ্নি, চিত্রকবৃক্ষ। Fire.

वृहन्नल পু০ [वृहत्+नल] দীর্ঘ তৃণবিশেষ। A kind of long weed.

वृहस्पति পু০ [वृहत्+पति] গ্রহবিশেষ, দেবাচার্য। Planet, Jupiter, preceptor of gods.

वेग পু০ [विज-घञ्] প্রবাহ, জব, রেতস্, মূত্রবিষ্ঠাদি-নিঃসারণযত্ন, ন্যায়োক্ত সংস্কারবিশেষ। Current, speed, semen.

वेगवत् ত্রি০ [वेग+मतुप्], **वेगिन्** ত্রি০ [वेग+इनि] শ্যেনপক্ষী। Hawk.

वेगित ত্রি০ [वेग+इतच्] বেগযুক্ত। Speeded.

वेजित ত্রি০ [विज+णिच्-क्त] পীড়িত, সঞ্চালিত। Sick, shaken.

वेण পু০ [वेण-अच्] বর্ণসঙ্করজাতিবিশেষ, নৃপবিশেষ। A mixed caste, name of a king.

वेणि[णी] স্ত্রী০ [वेण-इन्(+ङीप्)] কেশরচনাবিশেষ, জলসমূহ, জলপ্রবাহ, নদীবিশেষ, গঙ্গা, যমুনা ও সরস্বতীর মিলনস্থান। Braid of hair, water, current, name of a river, confluence of the Ganges, Yamunā & Sarasvatī.

वेणु পু০ [वेण-उण्] বংশ, বংশীবাদ্য, নৃপবিশেষ। Bamboo, flute, name of a king.

वेणुक ক্লী০ [वेणु+कन्] তোত্র। Goad.

वेतन ক্লী০ [अज-तनन्] ভৃতি। Salary.

वेतस পু০ [अज-असुन्] বৃক্ষবিশেষ। Name of a plant.

वेतस्वत् ত্রি০ [वेतस+ड्वतुप] বহুবেতসযুক্ত। Abounding in reeds.

वेताल পু০ [अज+विच्+तल्-घञ्] ভূতাধিষ্ঠিত শববিশেষ, মন্ত্রবিশেষ। A kind of ghost.

वेत्तृ ত্রি০ [विद-तृच्] জ্ঞাতা, বোঢ়া, লব্ধ। Knower, bearer.

वेत्र পু০ [अज-त्रल्] বেতসবৃক্ষ। Cane.

वेत्रधर পু০ [वेत्र+धर] দ্বারপাল। Door-keeper.

वेत्रवती স্ত্রী০ [वेत्र+मतुप्+ङीप्] নদীবিশেষ, প্রতিহারিণী। Name of a river, a female door-keeper.

वेत्रासन ক্লী০ [वेत्र+आसन] বেত্রনির্মিত আসন। Cane-seat.

वेद পু০ [विद-घञ्] বিষ্ণু, জ্ঞান, শাস্ত্রজ্ঞান, মন্ত্রব্রাহ্মণাত্মক গ্রন্থবিশেষ, যজ্ঞাঙ্গ, শাস্ত্রোক্ত চরিত্র, কুশমুষ্টিকৃত পদার্থবিশেষ। ত্রি০ [विद-अच्+णिच्-अच्] জ্ঞাপক। An epithet of Viṣṇu, knowledge, scriptures of the Hindus.

वेदन ক্লী০ [विद-ल्युट्] জ্ঞান, সুখদুঃখাদ্যনুভব, বিবাহ। Knowledge, feeling, marriage.

वेदपारग ত্রি০ [वेद+पारग], **वेदविद्** ত্রি০ [वेद+विद-क्विप्] সমস্ত বেদাধ্যায়ী। Proficient in all the Vedas.

वेदमातृ স্ত্রী০ [वेद+मातृ] গায়ত্রীমন্ত্রবিশেষ। Name of a Vedic verse called Gāyatrī.

वेदवृत्त ক্লী০ [वेद+वृत्त] বেদাচার। Vedic practices.

वेदव्यास পু০ [वेद+वि+अस-अण्] মুনিবিশেষ। Name of a sage.

वेदस् ত্রি০ [विद-असुन्] বেত্তা। Knower.

वेदाङ्ग ক্লী০ [वेद+अङ्ग] শিক্ষা প্রভৃতি বেদের ছয়টি অঙ্গ। The six auxiliary parts of the Vedas.

वेदादि পু০ [वेद+आदि] ওঙ্কার। The sacred syllable 'Om'.

वेदाधिप পু০ [वेद+अधिप] বেদাধিপতি গ্রহ, বিষ্ণু। The lord of Vedas, Viṣṇu.

वेदान्त পু০ [वेद+अन्त] উপনিষদ্রূপ গ্রন্থবিশেষ, শারীরকসূত্রভাষ্যাদি। The last part of the Vedas, i.e. the Upaniṣad, one of the six systems of philosophy.

वेदान्तिन् পু০ [वेदान्त+इनि] বেদান্তশাস্ত্রজ্ঞ। One who is well-versed in the Vedānta.

वेदाभ्यास পু০ [वेद+अभ्यास] বেদাবৃত্তি, বেদানুশীলন। Repetition of the Vedas, practice of the Vedas.

वेदि ক্লী০ [विद-इन्] অবষ্ঠা। পু০ পণ্ডিত, ভূমিস্থ দেশবিশেষ। স্ত্রী০ অঙ্গুলিমুদ্রা, পরিষ্কৃতা ভূমি। Scholar, a tract ; seal-ring, altar.

वेदित ত্রি০ [वेद+णिच्+क्त] জ্ঞাপিত। Informed.

वेदितृ ত্রি০ [विद-तृच्] জ্ঞাতা। Knower.

वेदिन् পু০ [विद-णिनि] পণ্ডিত, হিরণ্যগর্ভ। ত্রি০ জ্ঞাতা। Learned ; knower.

वेद्य ত্রি০ [विद-ण्यत्] জ্ঞেয়। Fit to be known.

वेध পু০ [विध-घञ्] বেধন, চাড়া। Piercing, prop.

वेधन ক্লী০ [विध-ल्युट्] মণিরত্নাদি বেধকরণ অস্ত্রবিশেষ। A kind of instrument for perforating jewels.

वेधक ত্রি০ [विध-ण्वुल्] বেধকর্তা। Perforator.

वेधनी স্ত্রী০ [विध-ल्युट्+ङीप्] মণিরত্নাদিবেধকারণ অস্ত্রবিশেষ, হস্তিকর্ণবেধনাস্ত্র, মেথিশাক। A kind of instrument for perforating jewels etc.

वेधस् [वि+धा-असुन्] হিরণ্যগর্ভ, বিষ্ণু, সূর্য, শ্বেত অর্কবৃক্ষ, পণ্ডিত, সূর্যবংশ্য নৃপবিশেষ। Hiraṇyagarbha, Viṣṇu, the sun, a kind of tree, name of a king.

वेधित त्रि० [वेध+इतच्] विद्ध, छिद्रित। Pierced.

वेध्य त्रि० [वेध–ण्यत्] বেধনীয়। Fit to be pierced.

वेपथु पु० [वेप–अथुच्] কম্প। Tremor.

वेपन क्ली० [वेप–ल्युट्] কম্পন। Trembling.

वेर पु० [अज–रन्] দেহ, কুঙ্কুম, বার্তাকু। Body, saffron.

वेला स्त्री० [वेल–अच्+टाप्] সমুদ্রতীর, সময়। Beach, time.

वेल्ल पु० क्ली० [वेल्ल–अच्] বিড়ঙ্গ। पु० [वेल्ल–घञ्] চলন। A kind of medicinal substance; moving.

वेल्लन क्ली०[वेल्ल–ल्युट्] (অশ্বাদির) ভূমিলুণ্ঠন, দোলন। Rolling (of a horse etc).

वेल्लित त्रि० [वेल्ल–क्त] কম্পিত, কুটিল। Shaken, crooked.

वेश पु० [विश–घञ्], **वेष** पु० [विष–घञ्] অলঙ্কারাদির দ্বারা কৃত রূপান্তর, নেপথ্য, বেশ্যা-গৃহ, গৃহ। Attire, residence of prostitutes, house.

वेशन्त पु० [विश–झच्] ক্ষুদ্র সরোবর, অগ্নি। Small pond, fire.

वेशर पु० [विश+रा–क], **वेसर** पु० [वेस–अरन्] অশ্বতর। Mule.

वेश्मन् क्ली० [विश–मनिन्] গৃহ। House.

वेश्य क्ली० [विश–ण्यत्] বেশ্যালয়। Brothel.

वेष्ट पु० [वेष्ट–घञ्] বেষ্টন, বৃক্ষনির্যাস। Surrounding, exudation.

वेष्टन क्ली० [वेष्ट–ल्युट्] কর্ণশষ্কুলী, মুকুট, উষ্ণীষ, গুগ্‌গুল, বৃতি। Orifice of the ear, crown.

वेष्टक क्ली० [वेष्ट–ण्वुल्] উষ্ণীষ, কুষ্মাণ্ড। पु० প্রাচীর। त्रि० বেষ্টনকারক। Turban, gourd; wall; who or what encompasses.

वेष्टवंश पु० [वेष्ट+वंश] বংশবিশেষ। A kind of bamboo.

वेष्टित त्रि० [वेष्ट–क्त] প্রাচীরাদির দ্বারা আবৃত, রুদ্ধ। क्ली० নৃত্যশাস্ত্রোক্ত করণবিশেষ। Surrounded by wall, enclosed.

वेसन क्ली० [वेस–ल्युट्] দ্বিদলচূর্ণ, গমন। A kind of flour made from pulses etc, going.

वेहत् स्त्री० [वि+हन–अति] গর্ভোপঘাতিনী স্ত্রী। A woman that miscarries.

वै अव्य० [वा–डै] পাদপূরণ, অনুনয়, সম্বোধন। A particle signifying request, certainty, address etc.

वैकक्ष[क] क्ली० [वि+कक्ष–अण्(+क)] উত্তরীয়, বক্ষঃস্থলে তির্যগ্‌ভাবে ধৃত মাল্য। A scarf or a garland.

वैकर्तन त्रि० [विकर्तन+अण्] সূর্যসম্বন্ধীয়। Solar.

वैकल्पिक त्रि० [विकल्प+ठक्] পাক্ষিক। Optional.

वैकल्य क्ली०[विकल+ष्यञ्] বিকলত্ব। Deficiency.

वैकुण्ठ पु० [विकुण्ठा+अण्] বিষ্ণু, ইন্দ্র, সিতার্জক, বিষ্ণুধামবিশেষ। An epithet of Viṣṇu, or Indra, the abode of Viṣṇu.

वैकृत क्ली० [विकृत+अण्] বিকার, বীভৎস রস। त्रि० বিকৃতভাব। Change, a kind of sentiment ; modified.

वैखरी स्त्री०[वि+ख+रा–क+अण्+ङीप्] অর্থবোধক কণ্ঠাদিতে উচ্চার্যমাণ বর্ণবিশেষ। Uttered sound or letter.

वैखानस पु० [विखनस्+अण्] বানপ্রস্থাবলম্বী তাপসবিশেষ। A kind of ascetic.

वैगुण्य क्ली० [विगुण+ष्यञ्] রূপান্তরতাপাদন, অন্যায়ত্ব, অসম্পন্নত্ব, দোষ। Modification, impropriety, incompletion, faultiness.

वैचक्षण्य क्ली० [विचक्षण+ष्यञ्] বিচক্ষণভাব। Proficiency.

वैचित्र्य क्ली० [विचित्र+ष्यञ्] নানারূপত্ব, বিলক্ষণত্ব। Variety.

वैजयन्त पु० [वि+जि–झ+अण्] ইন্দ্র, গৃহ, ইন্দ্রধ্বজ, অগ্নিমন্থবৃক্ষ। स्त्री० वैजयन्ती—পতাকা, বৈজয়ন্তী-বৃক্ষ। Name of Indra ; house, the banner of Indra, flag, a kind of tree.

वैजात्य क्ली० [विजात+ष्यञ्] বৈলক্ষণ্য। Difference.

वैजिक पु० [वीज+ठक्] শিগ্রুতৈল। A kind o oil.

वैज्ञानिक पु० [विज्ञान+ठक्] নিপুণ, বৌদ্ধাগম। त्रि० বৌদ্ধসম্বন্ধীয়। Skilful, a Buddhist treatise ; relating to Buddhists.

वैडालव्रत क्ली० [विडाल+अण्+व्रत] গুপ্ত পাপাচার। An hypocrite's conduct.

वैणव क्ली० [वेणु+अण्] বেণুফল, বেণুযব। त्रि० বেণুসম্বন্ধীয়। Fruit of the bamboo ; relating to bamboo.

वैणविक त्रि० [वैणव+ठक्] বংশীবাদক। Flute-player.

वैणुक क्ली० [वेणु+ठक्] বেণুবাদক, গজচালনার্থ লৌহমুখ বংশদণ্ড। Flute-player, goad for elephant.

वैण्य पु० [वेण+यञ्] পৃথুনামক নৃপবিশেষ। Name of a king.

वैतंसिक त्रि० [वितंस+ठक्] মাংসবিক্রয়োপজীবী। Meat-seller.

वैतनिक त्रि० [वेतन+ठक्] বেতনোপজীবী কর্মকর। Labourer.

वैतरणि[णी] स्त्री० [वितरण+अण्(+ङीप्)] যমদ্বারস্থ নদীবিশেষ। Name of the river in Hades.

वैतस पु० [वेतस+अण्] অম্লবেতস। त्रि० বেতসজাত। Made of cane.

वैतान त्रि० [वितान+अण्] যজ্ঞসম্বন্ধীয়। Sacrificial.

वैतानिक पु० [वितान+ठक्] শ্রৌতবিধির দ্বারা অগ্নিস্থাপন। त्रि० বিতানসম্বন্ধীয়। The placing of sacrificial fire according to Vedic rites; relating to sacrifice.

वैतालिक पु० [विताल+ठक्] নিশান্তে বোধনার্থ স্তুতিপাঠকবিশেষ। Bard.

वैतालीय क्ली० মাত্রাবৃত্তবিশেষ। A kind of metre.

वैदग्ध[ग्ध्य] क्ली० [विदग्ध+अण् (+ष्यञ्)] চাতুর্য, ভঙ্গী। Deftness, style.

वैदर्भ पु० [विदर्भ+अण्] বিদর্ভদেশাধিপ। क्ली० বাক্যের কৌটিল্য। स्त्री० वैदर्भी—কাব্যরচনাপদ্ধতিবিশেষ, দময়ন্তী, কৃষ্ণমহিষী, অগস্ত্যপত্নী। Name of the king of a country; a particular style of composition, name of the wife of Kṛṣṇa.

वैदिक पु० [वेद+ठञ्] বেদজ্ঞ ব্রাহ্মণ। त्रि० বেদোক্ত। A Brahmin well-versed in the Vedas; prescribed in the Vedas.

वैदूर्य क्ली० [विदूर+ष्यञ्] মণিবিশেষ। A kind of precious stone.

वैदेशिक त्रि० [विदेश+ठक्] অন্যদেশীয়। पु० অন্যদেশবাসী। Foreign; foreigner.

वैदेह पु० [विदेह+अण्] বিদেহদেশবাসী রাজা জনক, বণিগ্‌জন, সঙ্কর জাতিবিশেষ। त्रि० বিদেহদেশসম্বন্ধীয়। Resident of the Videhas, king Janaka, trader, a mixed caste.

वैद्य त्रि० [विद्या+अण्] পণ্ডিত, ভিষক্, বাসকবৃক্ষ। Learned man, physician, a medicinal plant.

वैद्यक क्ली० [वैद्य+कन्] আয়ুর্বেদ। Science of medicine.

वैद्यनाथ पु० [वैद्य+नाथ] দেশবিশেষ, শিব। Name of a country, Śiva.

वैध त्रि० [विधि+अण्] বিধিপ্রতিপাদ্য। Legal.

वैधव्य क्ली० [विधवा+ष्यञ्] বিধবার ভাব। Widowhood.

वैधर्म्य क्ली० [विधर्म+ष्यञ्] বিরুদ্ধধর্মত্ব। Dissimilarity.

वैधात्र पु० [विधातृ+अण्] সনৎকুমারাদি মুনি। त्रि० বিধাতৃসম্বন্ধীয়। Name of sages Sanatkumar, etc.

वैधृति पु० [वि+धृति] জ্যোতিষযোগবিশেষ। A yoga in astronomy.

वैधेय त्रि० [वि+धा–यत्+अण्] মূর্খ। Stupid.

वैनतेय पु० [विनता+ढक्] গরুড়, অরুণ। An epithet of Garuḍa or Aruṇa.

वैनायिक त्रि० [विनाय+ठक्] বৌদ্ধশাস্ত্রাভিজ্ঞ। पु० বৌদ্ধাগম। One who knows the Buddhist philosophy; the doctrines of a Buddhist school of philosophy.

वैनीतक पु० [वि+नीत+कै–क] পরম্পরাবাহিত শিবিকাদি। A palanquin with bearers relieving one another.

वैपरीत्य क्ली० [विपरीत+ष्यञ्] বিপর্যয়। स्त्री० वैपरीत्या—লজ্জাবতী লতা। Contrariety; a kind of creeper.

वैबधिक त्रि० [वीबध+ठक्] বার্তাবহ। Messenger.

वैबोधिक पु० [विबोध+ठक्] বৈতালিক। Bard.

वैभव क्ली० [विभव+अण्] বিভুত্ব, বিভূতি। Greatness, wealth.

वैभाषिक त्रि० [विभाषा+ठञ्] বৌদ্ধ দার্শনিক সম্প্রদায়বিশেষ। A school of Buddhist philosophy.

वैभ्राज क्ली० [विभ्राज+अण्] দেবোদ্যানবিশেষ। Name of a celestial grove.

वैमात्र पु० [विमातृ+अण्], **वैमात्रेय** पु० [विमातृ+ढक्] সাপত্ন ভ্রাতা। Step-brother.

वैमुख्य क्ली० [विमुख+ष्यञ्] বিমুখতা। Aversion.

वैयाकरण त्रि० [व्याकरण+अण्] ব্যাকরণাভিজ্ঞ। Grammarian.

वैयाघ्रपद्य पु० [व्याघ्रपद+यञ्] গোত্রকারক মুনিবিশেষ। Name of a sage.

वैयात्य क्ली० [वियात+ष्यञ्] নির্লজ্জত্ব। Shamelessness.

वैयासकि पु० [व्यास+इञ्] ব্যাসের পুত্র শুকদেব। An epithet of the son of Vyāsa.

वैयासिकी स्त्री० [व्यास+ठञ्+ङीप्] ব্যাসপ্রণীত সংহিতা। Name of a work composed by Vyāsa.

वैर क्लीং [বীর+অণ্] বিরোধ, বিদ্বেষ। Quarrel, hostility.

वैरक्त्य क्लीং [विरक्त+ष्यञ्] বিরাগ। Absence of desire or attachment.

वैरकार त्रिং [वैर+कृ–ट] বিরোধকারক। Enemy.

वैरनिर्यातन क्लीং [वैर+निर्यातन], **वैरप्रतिकार** पुং [वैर+प्रतिकार], **वैरशुद्धि** स्त्रीং [वैर+शुद्धि] বৈরিকৃত অপকারের প্রতীকার। Requital of enmity.

वैरस्य क्लीং [विरस+ष्यञ्] বিরসতা। Distaste or disagreeablness.

वैराग्य क्लीং [विराग+ष्यञ्] বিষয়বাসনারাহিত্য। Absence of worldly desire.

वैरागिन् त्रिং [विराग+इनि] বিষয়াসক্তিহীন। Free from worldly attachment.

वैरिन् त्रिং [वैर+ईनि] শত্রু। Enemy.

वैरूप्य क्लीং [विरूप+ष्यञ्] বিরূপত্ব, অননুরূপতা, অন্যথাভাব, বস্তুর বিকারবিশেষ। Deformity, incongruity.

वैरोचन[नि] पुং [विरोचन+अण्(इञ्)] অগ্নিপুত্র, সূর্যপুত্র, বলিরাজপুত্র, বুদ্ধবিশেষ, সিদ্ধগণ। Son of fire, son of the sun.

वैलक्षण्य क्लीং [विलक्षण+ष्यञ्] বিলক্ষণত্ব, বৈশিষ্ট্য। Distinction, peculiarity.

वैलक्ष्य क्लीং [विलक्ष+ष्यञ्] লজ্জা, স্বভাব-বৈলক্ষণ্য। Shame, unnaturalness.

वैल्व त्रिং [विल्व+अण] বিল্ববিকার। Made of Vilva.

वैवर्ण क्लीং [विवर्ण+ष्यञ्] বিবর্ণত্ব, মালিন্য। Change of colour, paleness.

वैवस्वत पुং [विवस्वत+अण्] यम, अग्नि, रुद्रविशेष। त्रिং যম, অগ্নি বা রুদ্রসম্বন্ধীয়। Name of Yama, Fire or a Rudra ; relating to Yama, Fire or Rudra.

वैवाहिक त्रिং [विवाह+ठक्] বিবাহযোগ্য, বিবাহের দ্বারা সম্বদ্ধ। Marriageable, matrimonial.

वैशम्पायन पुং মহাভারতবক্তা মুনিবিশেষ। Name of a sage.

वैशस क्लीং [विशस+अण्] হিংসন, বিনাশ। Slaughter, destruction.

वैशाख पुং [विशाखा+अण्+अण्] মাসবিশেষ, গুরু-বর্ষবিশেষ, মন্থানদণ্ড। क्लीং ধনুর্ধরদিগের অবস্থানবিশেষ। Name of a month ; churning stick.

वैशिष्ट्य क्लीং [विशिष्ट+ष्यञ्] বৈলক্ষণ্য। Speciality.

वैशेषिक क्लीং [विशेष+ठञ्] কণাদপ্রণীত শাস্ত্র-বিশেষ। Name of a school of philosophy founded by Kaṇāda.

वैश्य पुং [विश–क्विप+ष्यञ्] বর্ণবিশেষ। Name of a caste.

वैश्रवस पुং [विश्रवस्+अण्] কুবের। An epithet of Kuvera.

वैश्वदेव त्रिং [विश्वदेव+अण्] বিশ্বদেবসম্বন্ধীয়। Relating to the Viśvadevas.

वैश्वानर पुং [विश्वानर्+अण्] বহ্নি, চিত্রকবৃক্ষ, চৈতন্য। Fire, a kind of tree, consciousness.

वैषम्य क्लीং [विषम+ष्यञ्] বিষমভাব। Unevenness.

वैषयिक त्रिং [विषय+ठक्] বিষয়সম্বন্ধী। Relating to objects.

वैष्णव त्रिং [विष्णु+अण्] বিষ্ণুর উপাসক, বিষ্ণুসম্বন্ধীয়, । क्लीং বিষ্ণুধাম, মহাপুরাণবিশেষ। Worshipper of Viṣṇu, relating to Viṣṇu ; abode of Viṣṇu, name of a Purāṇa.

वैसारिण पुং [वि+सृ–णिनि+अण्] মৎস্য। Fish.

वोढव्य त्रिং[वह–तव्य] বহনীয়। To be carried.

वोढृ त्रिং [वह–तृच्] বাহক, স্থানান্তরপ্রাপক, ভারবাহক, মূঢ়। पुং বৃষভ, সূত। Bearer, carrier ; bull, charioteer.

वोल पुং [वा–उलच्] গন্ধরস, গন্ধদ্রব্যবিশেষ। Gum-myrrh.

वौषट् अव्यং [वह–डौषट्] দেবোদ্দেশে হবিত্যাগ মন্ত্রবিশেষ। A formula for offering an oblation to the gods.

व्यंसक पुং [वि+अंस+कप्] ধূর্ত, স্কন্ধশূন্য। Cunning.

व्यंसित त्रिং [वि+अंस–क्त] বঞ্চিত, প্রতারিত। Deceived.

व्यक्त त्रिং [वि+अन्ज–क्त] স্ফুট, প্রকাশিত, প্রাজ্ঞ, স্থূল। पुং বিষ্ণু। Evident, manifested, wise ; name of Viṣṇu.

व्यक्ति स्त्रीং [वि+अन्ज–क्तिच्] প্রকাশ। [वि+अन्ज–क्तिन्] জন। Manifestation; person.

व्यग्र त्रिং [वि+अग्र] ব্যাকুল, ব্যাসক্ত। Eager, busy.

व्यङ्ग क्लीং [वि+अङ्ग] বিকলাঙ্গ। त्रिং অঙ্গহীন। पुং ভেক। Deformity ; maimed ; frog.

ব্যঙ্গ্য ত্রি° [বি+অনূজ–ণ্যৎ] ব্যঞ্জনাবৃত্তির দ্বারা বোধ্য। Suggested.

ব্যজন ক্লী° [বি+অজ–ল্যুট্] তালবৃন্তক। Fan.

ব্যঞ্জক ত্রি° [বি+অনূজ+ণিচ্–ণ্বুল্] হৃদ্গতভাবাদি প্রকাশক অভিনয়, ব্যঞ্জনার্থবোধক। A dramatic action, suggesting a meaning.

ব্যঞ্জন ক্লী° [বি+অনূজ–ল্যুট্] সূপশাকাদি, হল্বর্ণ, চিহ্ন, ভোজনোপকরণ। Condiment, consonant, sign.

ব্যঞ্জিত ত্রি [বি+অনূজ+ণিচ্–ক্ত] প্রকাশিত। Manifested.

ব্যতিকর পু° [বি+অতি+কৃ অপ্] মিশ্রণ, ব্যসন। Mixture, calamity.

ব্যতিক্রম পু° [বি+অতি+ক্রম–ঘঞ্] বিপর্যয়, বিশেষরূপে অতিক্রম। Inverted order, transgressing.

ব্যতিরিক্ত ত্রি° [বি+অতি+রিচ–ক্ত] ভিন্ন। Separated.

ব্যতিরেক পু° [বি+অতি+রিচ–ঘঞ্] বিশেষরূপে অতিক্রম, অভাব, বিনা, অর্থালঙ্কারবিশেষ, ন্যায়শাস্ত্রে ব্যাপ্তিবিশেষ। Violation, want, without, name of a figure of speech.

ব্যতিষক্ত ত্রি° [বি+অতি+সনূজ–ক্ত] মিলিত, গ্রথিত। Joined together, attached.

ব্যতিষঙ্গ পু° [বি+অতি+সনূজ–ঘঞ্] পরস্পর মেলন। Reciprocal connection.

ব্যতি[তী]হার পু° [বি+অতি+হৃ–ঘঞ্] পরিবর্ত, পরস্পর একজাতীয় আচরণ। Exchange.

ব্যতীত ত্রি° [বি+অতি+ই–ক্ত] অতীত। Passed.

ব্যতীপাত পু° [বি+অতি+পত–ঘঞ্] মহোৎপাতবিশেষ, অপমান, যোগবিশেষ। Great portentous calamity, insult.

ব্যত্যয় [বি+অতি+ই–অচ্] ব্যতিক্রম, বিপর্যয়। Violation, inverted order.

ব্যত্যাস পু° [বি+অতি+অস–ঘঞ্] বিপর্যয়। Inverted order.

ব্যথা স্ত্রী° [ব্যথ–অঙ্+টাপ্] পীড়া, দুঃখ। Pain, sorrow.

ব্যথিত ত্রি° [ব্যথ–ক্ত] দুঃখিত, পীড়িত। Troubled, distressed.

ব্যধ পু° [ব্যধ–অচ্] বেধ। [ব্যধ–অপ্] ছিদ্রীকরণ, ভেদন। Piercing; boring, splitting.

ব্যধ্ব পু° [বি+অধ্বন্+অচ্] কুপথ। Bad road.

ব্যপদেশ পু° [বি+অপ+দিশ–ঘঞ্] কথন, সংজ্ঞা, কাপট্য, মুখ্য ব্যবহার। Speaking, designation, fraud.

ব্যপনয়ন ক্লী° [বি+অপনয়ন] অপসারণ। Removal.

ব্যপরোপণ ক্লী° [বি+অপ+রুহ+ণিচ্–ল্যুট্] ছেদন, উৎপাটন। Cutting off, uprooting.

ব্যপরোপিত ত্রি° [বি+অপ+রুহ+ণিচ্–ক্ত] ছিন্ন, উৎপাটিত। Cut, uprooted.

ব্যপবর্জন ক্লী° [বি+অপ+বর্জন] ত্যাগ। Abandoning.

ব্যপবর্জিত ত্রি° [বি+অপ+বর্জিত] ত্যক্ত। Abandoned.

ব্যপবর্তিত ত্রি° [বি+অপ+বৃত+ণিচ্–ক্ত] প্রত্যাবর্তিত। Caused to come back.

ব্যপাকৃতি স্ত্রী° [বি+অপ+আ+কৃ–ক্তিন্] নিরাকরণ, অস্বীকার, নিহ্নব। Expelling, denial.

ব্যপাশ্রয় পু° [বি+অপ+আ+শ্রি–অচ্] আশ্রয়। Resort.

ব্যপায় পু° [বি+অপ+ই–অচ্] অপগম, অবসান। Disappearance, end.

ব্যপেক্ষা স্ত্রী° [বি+অপ+ঈক্ষ–অ+টাপ্] অপেক্ষা। Waiting.

ব্যপোঢ ত্রি° [বি+অপ+বহ–ক্ত] অপনীত, নিরাকৃত। Expelled, removed.

ব্যভিচার পু° [বি+অভি+চর–ঘঞ্] নিন্দিতাচার, ন্যায়শাস্ত্রে হেত্বাভাসবিশেষ। a fallacy (in logic).

ব্যভিচারিন্ ত্রি° [বি+অভি+চর–ণিনি] অলঙ্কারশাস্ত্রে সঞ্চারিভাববিশেষ। A transitory feeling.

ব্যয় পু° [বি+ই–অচ্] বিগম, ধনাদির ত্যাগ, জ্যোতিষশাস্ত্রে লগ্ন হইতে দ্বাদশস্থান। Loss, expenditure.

ব্যয়িত ত্রি° [ব্যয়+ইতচ্] বিগত, বিনষ্ট। Spent, wasted.

ব্যর্ণ ত্রি° [বি+অর্দ–ক্ত] পীড়িত। Harassed.

ব্যর্থ ত্রি° [বি+অর্থ] নিষ্প্রয়োজন, বিফল, অর্থশূন্য। Useless, fruitless, meaningless.

ব্যলীক ক্লী° [বি+অল–ঈকক্] অকার্য, বৈলক্ষ্য, অপরাধ, অপ্রিয়, প্রতারণা, অনৃত, গতিবিপর্যয়। ত্রি° মিথ্যাযুক্ত। Misdeed, offence, unpleasantness, fraud, falsehood.

ব্যবকলন ক্লী° [বি+অব+কল–ল্যুট্] বিযোজন, বিগমন, হীনতাসম্পাদন। Subtraction.

ব্যবকলিত ত্রি° [বি+অব+কল–ক্ত] বিযোজিত। Subtracted.

ব্যবচ্ছিন্ন ত্রি° [বি+অব+ছিদ–ক্ত] ছিন্ন। Cut.

ব্যবচ্ছেদ পুং [বি+অব+ছিদ্‌-ঘঞ্‌] পৃথক্‌করণ, বিশেষকরণ, মোচন, বাণমুক্তি। Separating, particularizing, shooting.

ব্যবধা স্ত্রীং [বি+অব+ধা-অ+টাপ্‌] ব্যবধান। Partition.

ব্যবধান ক্লীং [বি+অব+ধা-ল্যুট্‌] তিরোধান, দ্রব্যান্তরের দ্বারা আচ্ছাদন। Disappearance, covering.

ব্যবধি পুং [বি+অব+ধা-কি] ব্যবধান। Intervention.

ব্যবধায়ক ত্রিং [বি+অব+ধা-ণ্বুল্‌] ব্যবধানকর্তা, আচ্ছাদক। Intervening, covering.

ব্যবসায় পুং [বি+অব+সো-ঘঞ্‌] উদ্যম, উপজীবিকা, অনুষ্ঠান, অবধারণ, বিষ্ণু। Effort, business, determination.

ব্যবসিত ত্রিং [বি+অব+সো-ক্ত] উদ্‌যুক্ত। Determined.

ব্যবস্থা স্ত্রীং [বি+অব+স্থা-অঙ্‌+টাপ্‌] শাস্ত্রীয় বিধি, শাস্ত্রমর্যাদা। Injunction.

ব্যবস্থাপক ত্রিং [বি+অব+স্থাপক] বিধিদায়ক, নিয়ামক। One who gives an injunction.

ব্যবস্থাপিত ত্রিং [বি+অব+স্থাপিত] স্থিরীকৃত। Settled.

ব্যবস্থিত ত্রিং [বি+অব+স্থা-ক্ত] অবস্থিত, শাস্ত্রবিহিত। Placed.

ব্যবহর্তৃ ত্রিং [বি+অব+হৃ-তৃচ্‌] ব্যবহারকর্তা। One who acts.

ব্যবহার পুং [বি+অব+হৃ-ঘঞ্‌] অর্থবিশেষবোধের নিমিত্ত শব্দবিশেষপ্রয়োগ, স্মৃতিশাস্ত্রোক্ত অষ্টাদশ বিবাদ। Use, legal procedure.

ব্যবহারমাতৃকা স্ত্রীং [ব্যবহার+মাতৃকা] ব্যবহারনির্ণয়ের জন্য বিচারপতির কার্যাবলী। Legal processes for administration of justice.

ব্যবহারিক ত্রিং [ব্যবহার+ঠক্‌] ব্যবহারযোগ্য। Customary.

ব্যবহার্য ত্রিং [বি+অব+হৃ-ণ্যত্‌] ব্যবহারযোগ্য। Fit for use.

ব্যবহিত ত্রিং [বি+অব+ধা-ক্ত] ব্যবধানযুক্ত। Intervened.

ব্যবহৃত ত্রিং [বি+অব+হৃ-ক্ত] আচরিত, উপভুক্ত। Practised, used.

ব্যবায় পুং [বি+অব+ই-ঘঞ্‌] মৈথুন, শুদ্ধি, অন্তর্ধান। ক্লীং তেজস্‌। Copulation, purity, appearance, lustre.

ব্যষ্টি স্ত্রীং [বি+অষ্টি] ব্যক্তি বা বস্তুর এককভাব। Individuality.

ব্যসন ক্লীং [বি+অস-ল্যুট্‌] বিপত্তি, ভ্রংশ, পানমৃগয়া-স্ত্রী প্রভৃতিতে আসক্তিরূপ দোষ, দৈবাদিকৃত উপদ্রব, পাপ, নিষ্ফলোদ্যম। Calamity, loss, addiction to drinking, hunting and such other vices.

ব্যসনিন্‌ ত্রিং [ব্যসন+ইনি] ব্যসনযুক্ত, দৈবাদির দ্বারা উপদ্রুত। Addicted to any vice.

ব্যসু ত্রিং [বি+অসু] মৃত। Dead.

ব্যস্ত ত্রিং [বি+অস-ক্ত] ব্যাকুল, ব্যাপ্ত, বিভক্ত, বিপরীত। Eager, pervaded, divided, contrary.

ব্যাকরণ ক্লীং [বি+আ+কৃ-ল্যুট্‌] শব্দসাধুতাবোধক শাস্ত্রবিশেষ। Grammar.

ব্যাকুল ত্রিং [বি+আ+কুল-ক] ইতিকর্তব্যতানিশ্চয়হীন, বিহ্বল। Confused.

ব্যাকৃত ত্রিং [বি+আ+কৃ-ক্ত] প্রকাশিত, নাম ও রূপের দ্বারা প্রকটীকৃত, ব্যাখ্যাত। Manifested, brought into being, explained.

ব্যাকৃতি স্ত্রীং [বি+আ+কৃ-ক্তিন্‌] প্রকাশন, ব্যাখ্যান। Manifestation, explanation.

ব্যাকোশ [বি+আ+কুশ-অচ্‌] প্রফুল্ল। Full-blown.

ব্যাক্ষেপ পুং [বি+আ+ক্ষিপ-ঘঞ্‌] বিক্ষোভ। Distraction.

ব্যাখ্যা স্ত্রীং [বি+আ+খ্যা-অঙ্‌+টাপ্‌] বিবরণাত্মক গ্রন্থবিশেষ, বিশেষ কথন। Commentary, exposition.

ব্যাখ্যান ক্লীং [বি+আ+খ্যা-ল্যুট্‌] বিবরণ। Exposition.

ব্যাখ্যাত ত্রিং [বি+অ+খ্যা-ক্ত] বিবৃত। Explained.

ব্যাঘট্টন ক্লীং [বি+আ+ঘট্ট-ল্যুট্‌] ঘর্ষণ, আলোড়ন। Rubbing, stirring.

ব্যাঘাত পুং [বি+আঘাত] বিঘ্ন, কাব্যালঙ্কারবিশেষ। Obstacle, a kind of speech.

ব্যাঘ্র পুং [বি+আ+ঘ্রা-ক] জন্তুবিশেষ, রক্তএরণ্ড, করঞ্জ। Tiger, a plant.

ব্যাঘ্রনখ ক্লীং [ব্যাঘ্র+নখ] নখানামক গন্ধদ্রব্য, নখক্ষত, স্নুহীবৃক্ষ, কন্দবিশেষ, বাঘের নখ। A kind of perfume, a kind of tree; tiger's claw.

ব্যাজ পুং [বি+অজ-ঘঞ্‌] কপট। Fraud.

ব্যাজস্তুতি স্ত্রীং [ব্যাজ+স্তুতি] কপটস্তুতি, অর্থালঙ্কারবিশেষ। Artful praise, a kind of figure of speech.

ব্যাজোক্তি স্ত্রী০ [ব্যাজ+উক্তি] ছলপূর্বক উক্তি, অর্থালঙ্কারবিশেষ। Dissimulating statement, a kind of figure of speech.

ব্যাড পু০ [বি+আ+অড–অচ্] মাংসভক্ষক ব্যাঘ্রাদি পশু, সর্প, ইন্দ্র। ত্রি০ বঞ্চক। Carnivorous animal such as tiger, snake, name of Indra ; villain.

ব্যাডি পু০ ব্যাকরণের সংগ্রহাখ্যগ্রন্থকার, মুনিবিশেষ। Name of a grammarian, name of a sage.

ব্যাত্যুক্ষী স্ত্রী০ [বি+অতি+উক্ষ–অচ্+অণ্+ঙীপ্] পরস্পর সেচনরূপ জলক্রীড়াবিশেষ। Mutual splashing and sporting in water.

ব্যাদান ক্লী০ [বি+আ+দা–ল্যুট্] প্রসারণ, বিস্তার। Opening wide, expansion.

ব্যাধ পু০ [ব্যধ–ণ] মৃগাদিহিংসক সঙ্করজাতিবিশেষ। [ব্যধ–ঘঞ্] পীড়ন, বেধন। ত্রি০ দুষ্ট। Fowler by caste, oppression, piercing ; wicked.

ব্যাধি পু০ [বি+আ+ধা–কি] রোগ, নায়কের কামকৃত অবস্থাবিশেষ। Disease, a particular state of a lover.

ব্যাধিত ত্রি০ [ব্যাধি+ইতচ্] ব্যাধিযুক্ত। Sick.

ব্যাধু[ধূ]ত ত্রি০ [বি+আ+ধু(ধূ)–ক্ত] কম্পিত। Shaken.

ব্যান পু০ [বি+অন–ঘঞ্] প্রাণধারণসাধন দেহস্থ –বায়ুবিশেষ। A kind of vital air in the body.

ব্যাপক ত্রি০ [বি+আপ–ণ্বুল্] অধিকদেশবৃত্তি, আচ্ছাদক। পু০ তন্ত্রশাস্ত্রে সর্বাঙ্গসম্বন্ধী ন্যাসবিশেষ। Widely extending, encompassing.

ব্যাপত্তি স্ত্রী০ [বি+আপত্তি], **ব্যাপদ্** স্ত্রী০ [বি+আপদ্] আপদ্, মৃত্যু। Calamity, death.

ব্যাপন ক্লী০[বি+আপ–ল্যুট্] ব্যাপ্তি। Pervasion.

ব্যাপন্ন ত্রি০ [বি+আ+পদ–ক্ত] মৃত, বিপদ্যুক্ত। Dead, fallen into misfortune.

ব্যাপাদ পু০ [বি+আ+পদ–ঘঞ্], **ব্যাপাদন** ক্লী০ [বি+আ+পদ+ণিচ্–ল্যুট্] দ্রোহচিন্তন, মারণ, পরানিষ্টচিন্তন। Malice, killing, evil design.

ব্যাপার পু০ [বি+আ+পৃ–ঘঞ্] ক্রিয়া, নিয়োগ, বণিকের ব্যবসায়। Act, employment, transaction.

ব্যাপারিন্ ত্রি০ [ব্যাপার+ইনি] ব্যাপারযুক্ত। পু০ বণিগ্জন। One who exerts ; a businessman.

ব্যাপিন্ ত্রি০ [বি+আপ–ণিনি] ব্যাপক। Pervading.

ব্যাপৃত ত্রি০ [বি+আ+পৃ–ক্ত] ব্যাপারযুক্ত। পু০ কর্মসচিব। Engaged ; official.

ব্যাপ্ত ত্রি০ [বি+আপ–ক্ত] পূর্ণ, খ্যাত, স্থাপিত, ব্যাপ্তিযুক্ত, সমাক্রান্ত। Full, famous, placed, pervading.

ব্যাপ্তি স্ত্রী০ [বি+আপ–ক্তিন্] ঐশ্বর্যবিশেষ, ন্যায়শাস্ত্রে অনুমিতির কারণ। A kind of divine attribute, invariable concomitance.

ব্যাপ্য ত্রি০ [বি+আপ–ণ্যৎ] ব্যাপনীয়, অল্পদেশবৃত্তি, সাধন, কুষ্ঠৌষধি। ক্লী০ অনুমিতিসাধন লিঙ্গ। To be pervaded ; the middle term of a syllogism.

ব্যাপ্যবৃত্তি ত্রি০ [ব্যাপ্য+বৃত্তি] অল্পদেশবৃত্তি পদার্থে বর্তমান। Pervading.

ব্যাম পু০ [বি+অম–ঘঞ্] তির্যগ্রূপে পার্শ্বভাগে বিস্তৃত বাহুদ্বয়ের অন্তরাল পরিমাণ। A measure of length equal to the space between the two extended arms.

ব্যামিশ্র ত্রি০ [বি+আ+মিশ্র–অচ্] বিশেষমিশ্রিত। Intermixed.

ব্যায়ত ত্রি০ [বি+আ+যম–ক্ত] দীর্ঘ, ব্যাপৃত, দৃঢ়, অতিশয়। ক্লী০ দৈর্ঘ্য, আয়াম। Long, engaged, firm, intense ; length.

ব্যায়াম পু০ [বি+আ+যম–ঘঞ্] শ্রম, শ্রমসাধন ব্যাপার, পৌরুষ, দুর্গসংস্কার, বিষম, মল্লক্রীড়া, ব্যামপরিমাণ। Labour, physical exercise, vigour, wrestling, measure of distance.

ব্যায়োগ পু০ [বি+আ+যুজ–ঘঞ্] দৃশ্যকাব্যবিশেষ। A kind of drama.

ব্যাল পু০ [বি+অল–ঘঞ্] সর্প, হিংসক পশু, দুষ্টগজ, নৃপ। ত্রি০ শঠ, ধূর্ত। Snake, cruel animal, vicious elephant, king ; cheat, rogue.

ব্যালগ্রাহ পু০ [ব্যাল+গ্রহ–অণ্], **ব্যালগ্রাহিন্** পু০ [ব্যাল+গ্রহ–ণিনি] সাপুড়ে। Snake charmer.

ব্যাবক্রোশী স্ত্রী০ [বি+অব+ক্রুশ–ণিন্+অণ্+ঙীপ্] পরস্পর আক্রোশ। Reciprocal imprecation.

ব্যাবর্তন ক্লী০ [বি+আ+বৃত–ল্যুট্] পরাঙ্মুখীভাব। Averting.

ব্যাবর্তিত ত্রি০ [বি+আ+বৃত+ণিচ্–ক্ত] পরাঙ্মুখীকৃত। Made to turn away.

ব্যাবহারিক ত্রি০ [ব্যবহার+ঠক্] ব্যবহারসম্বন্ধীয়। Relating to practice.

ব্যাবহারী স্ত্রী০ [বি+অব+হৃ-ণিচ্+অণ্+ঙীপ্] পরস্পরহরণ। Mutual seizing.

ব্যাবহাসী স্ত্রী০ [বি+অব+হস-ণিচ্+অণ্+ঙীপ্] পরস্পরহসন। Mutual derision.

ব্যাবৃত্ত ত্রি০ [বি+আ+বৃত-ক্ত] বৃত, নিবৃত্ত। Covered, returned from.

ব্যাবৃত্তি স্ত্রী০ [বি+আ+বৃত-ক্তিন্] নিবারণ। Prohibition.

ব্যাস পু০ [বি+অস-ঘঞ্] পরাশরসুত মুনিবিশেষ, সমাসাদিসমানার্থক বিগ্রহবাক্য, বিস্তার, পুরাণ-পাঠক বিপ্র, মানবিশেষ। Name of a sage, analysis of a compound, extension, a Brāhmaṇa who recites the Purāṇas.

ব্যাসক্ত ত্রি০ [বি+আ+সন্‌জ-ক্ত] আসক্ত, সংলগ্ন। Devoted to, attached to.

ব্যাসঙ্গ পু০ [বি+আ+সন্‌জ-ঘঞ্] আসক্তি। Attachment.

ব্যাসিদ্ধ ত্রি০ [বি+আ+সিধ-ক্ত] নিষিদ্ধ, রাজাজ্ঞার দ্বারা অবরুদ্ধ। Prohibited.

ব্যাহত ত্রি০ [বি+আ+হন-ক্ত] ব্যাঘাতযুক্ত। Obstructed.

ব্যাহার পু০[বি+আ+হৃ-ঘঞ্] উক্তি। Utterance.

ব্যাহৃত [বি+আ+হৃ-ক্ত] উক্ত। Spoken.

ব্যাহৃতি স্ত্রী০ [বি+আ+হৃ-ক্তিন্] উক্তি, ভূর্ভুব-স্বরাদিলোক সপ্তাত্মক মন্ত্রবিশেষ। Speech, name of a mantra.

ব্যুৎক্রম পু০ [বি+উৎ+ক্রম-ঘঞ্] ক্রমবৈপরীত্য, অতিক্রম। Inverted order, transgression.

ব্যুত্থান ক্লী০ [বি+উৎ+স্থা-ল্যুট্] বিরোধকরণ, স্বাতন্ত্র্যকরণ, প্রতিরোধন, নৃত্যবিশেষ, যোগশাস্ত্রে চিত্তের অবস্থাবিশেষ। Opposition, obstruction, a kind of dance, awakening from a deep trance in Yoga.

ব্যুৎপত্তি স্ত্রী০ [বি+উৎ+পদ-ক্তিন্] বিশেষরূপে উৎপত্তি, শব্দের অর্থাববোধক শক্তি। Production, etymology.

ব্যুৎপন্ন ত্রি০ [বি+উৎ+পদ-ক্ত] ব্যুৎপত্তিযুক্ত, বিশেষরূপে উৎপন্ন। Learned, produced.

ব্যুদস্ত ত্রি০ [বি+উদ্+অস-ক্ত] নিরাকৃত। Rejected.

ব্যুদাস পু০ [বি+উৎ+অস-ঘঞ্] নিরাকরণ। Rejection.

ব্যুষ্ট ত্রি০ [বি+উষ-ক্ত] দগ্ধ, পর্যুষিত, প্রভাত। ক্লী০ দিবস, ফল। Burnt, stale, day-break ; day, fruit.

ব্যুষ্টি স্ত্রী০ [বি+উষ-ক্তিন্] সমৃদ্ধি, স্তুতি, ফল। Prosperity, praise, fruit.

ব্যূঢ ত্রি০ [বি+বহ-ক্ত] নিবেশনবিশেষের দ্বারা স্থাপিত, বিন্যস্ত, সংহত, পৃথুল, পরিহিত, বিবাহিত। Arrayed, combined, worn, married.

ব্যূত ত্রি০ [বি+বে-ক্ত] তন্তুর দ্বারা গ্রথিত। Inter-woven.

ব্যূতি স্ত্রী০ [বি+বে-ক্তিন্] বস্ত্রাদি বপনকর্ম, বপনকর্মের বেতন। Weaving.

ব্যূহ পু০ [বি+ঊহ-ঘঞ্] সমূহ, নির্মাণ, সম্যক্ তর্ক, দেহ, সৈন্য, যুদ্ধের নিমিত্ত সৈন্যসন্নিবেশনবিশেষ। Multitude, body, army, battle array.

ব্যোমকেশ পু০ শিব। An epithet of Śiva.

ব্যোমচারিন্ পু০ [ব্যোমন্+চর-ণিনি] বিহগ, দেব, গ্রহনক্ষত্রাদি। ত্রি০ আকাশগামী, আকাশচারী নগরবিশেষ। Bird, god, heavenly bodies, one traversing in the sky, a sky-floating city.

ব্যোমন্ ক্লী০ [ব্যে-মনিন্] আকাশ, অভ্রক, জল। Sky, mica, water.

ব্যোমযান ক্লী০ [ব্যোমন্+যান] আকাশগমনযোগ্য যান। Aerial car.

ব্রজ পু০ [ব্রজ-ক] সমূহ, গোষ্ঠ, পথ, মথুরাসমীপস্থ দেশবিশেষ। Multitude, cowshed, road, name of a place near Mathurā.

ব্রজনাথ পু০ [ব্রজ+নাথ], **ব্রজমোহন** পু০ [ব্রজ+মোহন], **ব্রজবল্লভ** পু০ [ব্রজ+বল্লভ], **ব্রজেন্দ্র** পু০ [ব্রজ+ইন্দ্র] শ্রীকৃষ্ণ। Epithets of Kṛṣṇa.

ব্রজ্যা স্ত্রী০ [ব্রজ-ক্যপ্+টাপ্] পর্যটন, গমন, জিগীষুর যুদ্ধার্থ প্রয়াণ। Wandering about, going.

ব্রণ পু০, ক্লী০ [ব্রণ-অচ্] ক্ষত। Wound.

ব্রণিত ত্রি০ [ব্রণ+ইতচ্] ব্রণযুক্ত। Wounded.

ব্রত পু০, ক্লী০ [ব্রজ-ঘ] ভক্ষণবিশেষ, পুণ্যসাধন উপবাসাদি নিয়মবিশেষ। Eating of a particular food, vow.

ব্রততি[তী] স্ত্রী০ [বৃত-অতি(+ঙীপ্)] লতা। Creeper.

ব্রতিন্ ত্রি০ [ব্রত+ইনি] ব্রতধারক, যজমান। One who observes a vow.

ব্রশ্চন ক্লী০ [ব্রশ্চ-ল্যুট্] স্বর্ণাদিচ্ছেদনার্থ অস্ত্র-বিশেষ, ছেদন। Small saw, cutting.

ব্রাত পু০ [বৃ-অতচ্] সমূহ। Multitude.

ব্রাতীন [ব্রাত+খ] সংঘজীবী। Living by the profession of a group.

ব্রাত্য ত্রি০ [ব্রাত+যৎ] সংস্কারহীন। Outcaste.

ব্রীড পু০ [ব্রীড-ঘঞ্] লজ্জা। Shame.

ব্রীড়ন ক্লী০ [ব্রীড-ল্যুট] লজ্জা। Shame.

ব্রীড়িত ত্রি০ [ব্রীড-ক্ত] লজ্জিত। Ashamed.

ব্রীহি পু০ [ব্রী-হি] ধান্যবিশেষ, আশুধান্য। A kind of paddy.

ব্রীহিময় পু০ [ব্রীহি+ময়ট্] ব্রীহিবিকার। Made of paddy.

ব্রৈহেয় ক্লী০ [ব্রীহি+ঢক্] ধান্যোৎপাদনযোগ্য ক্ষেত্র। Field fit for growing paddy.

শ

শ ক্লী০ [শী-ড] উষ্মবর্ণবিশেষ, মঙ্গল। পু০ মহাদেব, শস্ত্র। A palatal sibilant, good; an epithet of Śiva, weapon.

শংযু [শম্+যুস] শুভান্বিত। Propitious.

শংবর ক্লী০ [শম্+বৃ-অচ্] জল। Water.

শংসন ক্লী০ [শন্স-ল্যুট্], **শংসা** স্ত্রী০ [শন্স-অ+টাপ্] বাক্য, বাঞ্ছা, প্রশংসা। Speech, desire, praise.

শংসিত ত্রি০ [শন্স-ক্ত] নিশ্চিত, হিংসিত, কথিত, স্তুত। Certain, injured, spoken, praised.

শংসিতব্রত ত্রি০ [শংসিত+ব্রত] যাহার ব্রত বা যম ও নিয়ম প্রশংসিত। One whose vow is praised.

শংস্য ত্রি০ [শন্স-ণ্যৎ] হিংস্য, স্তুত্য, বাচ্য। Fit to be injured, fit to be praised, fit to be spoken.

শংসিন্ ত্রি০ [শন্স-ইনি] সূচক, কথক। Indicating, speaker.

শক পু০ [শক-অচ্] জাতিবিশেষ, দেশবিশেষ, নৃপবিশেষ, বৎসরবিশেষ। Name of a tribe, name of a country, name of a king, an era.

শকট পু০, ক্লী০ [শক-অটন্] যানবিশেষ, দ্বিসহস্রপলপরিমাণ। Carriage, a measure.

শকটহন্ পু০ [শকট+হন-ক্বিপ্], **শকটারি** পু০ [শকট+অরি] শ্রীকৃষ্ণ। An epithet of Kṛṣṇa.

শকল পু০, ক্লী০ [শক-কলচ্] খণ্ড, একভাগ, ত্বক্, বল্কল। ক্লী০ আঁশ। Portion, part, skin, bark ; scale.

শকলিত ত্রি০ [শকল+ণিচ্-ক্ত] খণ্ডিত, চূর্ণিত। Divided, broken into pieces.

শকলিন্ পু০ [শকল+ইনি] মৎস্য। Fish.

শকাব্দ পু০ [শক+অব্দ] শকপ্রবর্তিত বৎসর। A year of the Śaka era.

শকার পু০ রাজার অনূঢ়া স্ত্রীর ভ্রাতা। The brother of a king's concubine.

শকারি পু০ [শক+অরি] বিক্রমাদিত্য। An epithet of king Vikramāditya.

শকুন পু০ [শক-উনন্] পক্ষী, পক্ষিবিশেষ। ক্লী০ শুভাশুভসূচক নিমিত্ত। Bird, vulture; any omen presaging good or evil.

শকুনজ্ঞ ত্রি০ [শকুন+জ্ঞা-ক] নিমিত্তাভিজ্ঞ। Knower of omens.

শকুনি পু০ [শক-উনি] পক্ষী, চিল, দুর্যোধনের মাতুল, ববাদি করণবিশেষ, দুঃসহনৃপপুত্র, বিকৃতিনামক নৃপপুত্রবিশেষ। স্ত্রী০ শকুনী—শ্যামাপক্ষী। Bird, kite, the maternal uncle of Duryodhana, son of the king Duḥsaha ; hen-sparrow.

শকুন্ত পু০ [শক-উন্ত] পক্ষী, ভাসপক্ষী, কীটবিশেষ। Bird, a kind of bird, a kind of insect.

শকুন্তলা স্ত্রী০ [শকুন্ত+লা-ক+টাপ্] বিশ্বামিত্রের ঔরসে মেনকার গর্ভজাত কন্যা, Name of the daughter of Viśvāmitra by the nymph Menakā.

শকুল পু০ [শক-উলচ্] মৎস্যবিশেষ। A kind of fish.

শকৃৎ ক্লী০ [শক-ঋতন্] বিষ্ঠা। Excrement.

শকৃৎকরি পু০ [শকৃৎ+কৃ-ইন্]। গোপ্রভৃতির বৎস। Calf.

শক্ত ত্রি০ [শক-ক্ত] সমর্থ। Able.

শক্তি স্ত্রী০ [শক-ক্তিন্] সামর্থ্য, স্ত্রীদেবতা, ন্যায়শাস্ত্রে কারণনিষ্ঠ কার্যোৎপাদনযোগ্য ধর্মবিশেষ, অস্ত্রবিশেষ। Ability, goddess, the power inherent in a cause to produce its effect as in Nyāya philosophy.

শক্তিগ্রহ পু০ [শক্তি+গ্রহ] শক্তির অর্থবোধকতারূপ বৃত্তির জ্ঞান। Apprehension of meaning.

শক্তিধর পু০ [শক্তি+ধর], **শক্তিভৃৎ** পু০ [শক্তি+ভৃ-ক্বিপ্] কার্তিকেয়। ত্রি০ সামর্থ্যধর। An epithet of Kārttikeya ; powerful.

শক্তিমৎ ত্রি০ [শক্তি+মতুপ্] বলবান্, শক্তিশালী। Strong, powerful.

শক্তিহীন ত্রি০ [শক্তি+হীন] শক্তিরহিত। Powerless.

শ[স]ক্তু পু০, ক্লী০ [শ(স)চ-তুন্] ছাতু। Flour of pulse.

শক্নু ত্রি০ [শক-নু] প্রিয়ভাষী। Sweet-tongued.

শক্য ত্রি০ [শক-যত্] শক্তিযুক্ত, শক্তির দ্বারা বোধ্য, সমর্থনীয়, সাধনের যোগ্য। Powerful, directly expressed, fit to be effected.

শক্যতাবচ্ছেদক ত্রি০ [শক্যতা+অবচ্ছেদক] শক্য-পদার্থের অসাধারণ ধর্ম। Determinant of denotation.

শক্র পু০ [শক-রক্] ইন্দ্র, কুটজবৃক্ষ, অর্জ্জুনবৃক্ষ, জ্যেষ্ঠানক্ষত্র, পেচক, চতুর্দ্দশসংখ্যা। Name of Indra, a kind of tree, owl, the number fourteen.

শক্রগোপ পু০ [শক্র+গোপ] ইন্দ্রগোপ। A kind of insect.

শক্রজিত্ পু০ [শক্র+জি-ক্বিপ] রাবণাত্মজ মেঘনাদ। ত্রি০ ইন্দ্রজেতা। An epithet of Meghanāda ; conqueror of Indra.

শক্রধনুস্ [শক্র+ধনুস্] রামধনু। Rain-bow.

শক্রধ্বজ পু০ [শক্র+ধ্বজ] ভাদ্রশুক্লদ্বাদশীতে রাজ-পূজ্য ইন্দ্রদেবতার উদ্দেশে ধ্বজাকার স্তম্ভ। A kind of post in honour of Indra.

শক্রাণী স্ত্রী০ [শক্র+ঙীপ্] ইন্দ্রপত্নী। Wife of Indra.

শক্রোত্থান ক্লী০ [শক্র+উত্থান], **শক্রোত্সব** পু০ [শক্র+উত্সব] ভাদ্র শুক্লদ্বাদশীতে কর্তব্য ইন্দ্রধ্বজের উত্থান বা তদুপলক্ষ্যে উৎসববিশেষ। A festival in honour of Indra.

শঙ্কনীয় ত্রি০ [শঙ্ক-অনীয়র্] শঙ্কাযোগ্য। Fit to be disputed.

শঙ্কর পু০ [শম্+কৃ-অচ্] মহাদেব। ত্রি০ কল্যাণ-কর। স্ত্রী০ শঙ্করী—শিবপত্নী, মঞ্জিষ্ঠা, শমী। Name of Śiva ; auspicious ; wife of Śiva.

শঙ্কা স্ত্রী০ [শঙ্ক-অ+টাপ্] ত্রাস, বিতর্ক, সংশয়। Fear, supposition, doubt.

শঙ্কিত ত্রি০ [শঙ্কা+ইতচ্] ভীত, সন্দিগ্ধ, বিতর্কিত। Fearful, suspected.

শঙ্কিতবর্ণ পু০ [শঙ্কিত+বর্ণ] চোর। Thief.

শঙ্কু পু০ [শঙ্ক-উণ্] স্থাণু, মৎস্যবিশেষ, শল্যাস্ত্র, কালক, দশকোটিসংখ্যা, মহাদেব, কলুষ, মেঢ্র, ছায়াপরিমাপের নিমিত্ত কাষ্ঠাদি নির্মিত কীলক-বিশেষ, জনমেজয়পুত্রবিশেষ, নবরত্নান্তর্গত কবি-বিশেষ। Pillar, a kind of fish, dart, ten millions.

শঙ্কুকর্ণ পু০ [শঙ্কু+কর্ণ] গর্দ্দভ, স্কন্দানুচরবিশেষ। Ass.

শঙ্কুলা স্ত্রী০ [শক-উলচ্+টাপ্] জাঁতী, উৎপল-পত্রিকা। A pair of nippers.

শঙ্খ পু০, ক্লী০ [শাম-খ] সমুদ্রজাত পদার্থ, ললাটাস্থি, নিধিবিশেষ, নাগবিশেষ দশনিখর্ব-পরিমিতসংখ্যা। Conch-shell, bone of the forehead.

শঙ্খক ক্লী০ [শঙ্খ-বুন্] শঙ্খজাত বলয়াকার পদার্থ। পু০ শিরোরোগ। Bracelet made of conch-shell ; headache.

শঙ্খকার পু০ [শঙ্খ+কৃ-অণ্] শাঁখারী। Shell-cutter.

শঙ্খচূর্ণা স্ত্রী০ উপদেবতাবিশেষ। A kind of demigod.

শঙ্খধ্মা ত্রি০ [শঙ্খ+ধ্মা-ক্বিপ্] শঙ্খবাদক। Conch-blower.

শঙ্খনখ পু০ [শঙ্খ+নখ] ক্ষুদ্রশঙ্খ, গন্ধদ্রব্যবিশেষ। Small conch, a kind of perfume.

শঙ্খমালা স্ত্রী০ [শঙ্খ+মালা] শাঁখের মালা, অশ্বাভরণবিশেষ। A necklace of conches.

শঙ্খিন্ পু০ [শঙ্খ+ইনি] বিষ্ণু, সমুদ্র। An epithet of Viṣṇu, ocean.

শচি[চী] স্ত্রী০ [শচ-ইন্(+ঙীপ্)] ইন্দ্রপত্নী, করণান্তর। Wife of Indra.

শচীন্দ্র পু০ [শচী+ইন্দ্র], **শচীপতি** পু০ [শচী+পতি] ইন্দ্র। Epithet of Indra.

শটি[টী] স্ত্রী০ [শট-ইন্(+ঙীপ্)] ওষধিবিশেষ। A kind of plant.

শটিত ত্রি০ [শট-ক্ত] পচা। Rotten.

শঠ ক্লী০ [শঠ-অচ] কুঙ্কুম, লৌহ, তগর। পু০ নায়কবিশেষ, ধুস্তূর, মধ্যস্থপুরুষ। ত্রি০ ধূর্ত। Saffron, iron ; a type of nāyaka ; clever.

শঠতা স্ত্রী০ [শঠ+তল্+টাপ্] শাঠ্য, বঞ্চনা। Dishonesty, fraud.

শণ পু০[শণ-অচ্]ক্ষুপবিশেষ। A kind of hemp.

শণতান্তব ত্রি০ [শন+তান্তব] শণসূত্রনির্মিত। Made of hempen string.

শণ্ড পু০, ক্লী০ [শণ্ড-অচ্] পদ্মাদিসমূহ, নপুংসক, বৃষ। Collection of lotus, eunuch, bull.

শণ্ডিল পু০ [শড-ইলচ্] মুনিবিশেষ। Name of a sage.

শণ্ঢ পু০ [শণ-ঢ] অন্তঃপুররক্ষক, নপুংসক, বৃষ, বন্ধ্যাপুরুষ, পাগল। Guard of the harem, eunuch, bull, a mad man.

शत क्लीं॰ [शो-डतच्] সংখ্যাবিশেষ, বহুসংখ্যা। Hundred, a large number.

शतक क्लीं॰ [शत+कन्] শতসংখ্যা। ত্রি॰ শতসংখ্যা-বিশিষ্ট। Hundred ; containing a hundred.

शतकुम्भ পু॰ [शत+कुम्भ] স্বর্ণখনি-পর্বতবিশেষ। Name of a mountain.

शतकोटि পু॰ [शत+कोटि] বজ্র, শতগুণিত কোটিসংখ্যাযুক্ত। Thunderbolt, a thousand millions.

शतक्रतु পু॰ [शत+क्रतु] ইন্দ্র। An epithet of Indra.

शतघ्नी স্ত্রী॰ [शत+हन-टक्+ङीप्] অস্ত্রবিশেষ, করঞ্জ। A kind of weapon.

शततम ত্রি॰ [शत+तमप्] শতসংখ্যার পূরণ। The hundredth.

शतद्रु স্ত্রী॰ [शत+द्रु-कु] নদীবিশেষ। Name of a river.

शतधा স্ত্রী॰ [शत+धा-क+टाप्] দূর্বা। অব্য॰ [शत+धाच्] শতপ্রকার। Dūrvā-grass ; hundred ways.

शतधामन् পু॰ [शत+धामन्] বিষ্ণু। An epithet of Viṣṇu.

शतधार পু॰ [शत+धारा] বজ্র। ত্রি॰ শতধারাযুক্ত। Thunderbolt ; having a hundred edges.

शतधृति পু॰ [शत+धृति] ইন্দ্র, ব্রহ্ম স্বর্গ। An epithet of Indra, name of Brahman, heaven.

शतपत्र ক্লীং॰ [शत+पत्र] পদ্ম, ময়ূর, সারসপক্ষী। Lotus, peacock, crane.

शतपथ পু॰ [शत+पथिन्+अच्] যজুর্বেদের অন্তর্গত ব্রাহ্মণাত্মক গ্রন্থবিশেষ। Name of a part of Yajurveda.

शतपद ক্লীং॰ [शत+पद] নামকরণার্থ প্রথমবর্ণসূচক চক্রচিহ্নবিশেষ। An astronomical circle used for selecting the initial letter of a proper name.

शतपर्वन् পু॰ [शत+पर्वन्] বংশ, ইক্ষুবিশেষ। স্ত্রী॰ শতপর্বা—কটুকা, বচা, দূর্বা, ভার্গী, কোজাগর-পূর্ণিমা। Bamboo, a kind of sugarcane ; a kind of plant, Dūrvā-grass.

शतभिषज् স্ত্রী॰ [शत+भिषज] নক্ষত্রবিশেষ। A star.

शतमख পু॰ [शत+मख], **शतमन्यु** পু॰ [शत+मन्यु] ইন্দ্র, পেচক। Epithets of Indra, owl.

शतमारिन् পু॰ [शत+मृ+णिच्-णिनि] বিশিষ্ট চিকিৎসক। A distinguished physician.

शतमुख পু॰[शत+मुख] সম্মার্জনী। ত্রি॰ শতমুখযুক্ত। Broomstick, hundred-faced.

शतवर्ष ক্লীং॰ [शत+वर्ष] একশত বৎসর। ত্রি॰ শতবর্ষবয়স্ক। A hundred years.

शतसाहस्र ত্রি॰ [शतसहस्र+अण्] লক্ষসংখ্যাবিশিষ্ট। Containing a hundred thousand.

शतह्रदा স্ত্রী॰ [शत+ह्राद+टाप्] বিদ্যুৎ, বজ্র, দক্ষকন্যাবিশেষ। Lightning, thunderbolt.

शतशस् অব্য॰ [शत+शस] শতবার। In hundred ways.

शनैस् অব্য॰ [शण-डैसि] ধীরে। Slowly.

शपथ পু॰ [शप-अथन्], **शपन** ক্লীং॰ [शप-ल्युट्] প্রতিজ্ঞা। Oath.

शप्त ত্রি॰ [शप-क्त] অভিশাপগ্রস্ত। Cursed.

शफ ক্লীং॰ [शम-अच्] গবাদির খুর, বৃক্ষমূল। Hoof, the root of a tree.

शफर পু॰ [शफ+रा-क] মৎস্যবিশেষ। A kind of fish.

शबल ত্রি॰ [शबल+अच्] নানাবর্ণযুক্ত। Variegated.

शब्द পু॰ [शब्द-घञ्] ধ্বনি, রব, নাদ, প্রমাণবিশেষ, শ্রোত্রেন্দ্রিয়গ্রাহ্য, আকাশগুণবিশেষ। Sound, voice, tone, verbal testimomy.

शब्दपातिन् ত্রি॰ [शब्द+पत-णिनि] শব্দভেদী Hitting at any object by mere sound.

शब्दप्रवृत्ति স্ত্রী॰ [शब्द+प्रवृत्ति] বৈখরী, মধ্যমা, পশ্যন্তী ও সূক্ষ্মা এই চতুর্বিধ বাঙ্‌নিষ্পত্তি। The four forms of speech.

शब्दब्रह्मन् ক্লীং॰ [शब्द+ब्रह्मन्] বেদাত্মক ও স্ফোটাত্মক নিত্য শব্দরূপ ব্রহ্ম। The Logos.

शब्दभेदिन् পু॰ [शब्द+भिद-णिनि] বাণবিশেষ, দশরথ, অর্জুন। A kind of arrow, an epithet of Daśaratha or Arjuna.

शब्दवेधिन् পু॰ [शब्द+विध-णिनि] বাণবিশেষ, দশরথ, অর্জুন। A kind of arrow, an epithet of Daśaratha or Arjuna.

शब्दशक्ति স্ত্রী॰ [शब्द+शक्ति] শব্দের অর্থাব বোধকতা সামর্থ্য। The expressive power of a word.

शब्दानुशासन ক্লীং॰ [शब्द+अनुशासन] শব্দসাধুতা-জ্ঞাপক ব্যাকরণ। Grammar.

शब्दित ত্রি॰ [शब्द-क्त] আহূত। Called.

शम् পু॰ কল্যাণ, নিবৃত্তি। Welfare, stop.

শম পু০ [শম্-ঘঞ্] শান্তি, মোক্ষ। Tranquillity; salvation.

শমথ পু০ [শম-অথচ্] শান্তি, মন্ত্রী। Tranquillity, minister.

শমন পু০ [শম্+ণিচ্-ল্যু] যম। ক্লী০ [শম্+ণিচ্-ল্যুট্] শান্তিকরণ, চর্বণ, হিংসা, মৃগবিশেষ। Name of Yama; alleviating, chewing, injuring, a kind of deer.

শমনস্বসৃ স্ত্রী০ [শমন+স্বসৃ] যমুনা। An epithet of river Yamunā.

শময়িতৃ ত্রি০ [শম+ণিচ্-তৃচ্] উপশমকারক। Pacifier.

শমল ক্লী০ [শম-অলচ্] বিষ্ঠা, পাপ। Excrement, sin.

শমি[মী] স্ত্রী০ [শম-ইন্(+ঙীপ্)] বৃক্ষবিশেষ, শিশু। A kind of tree.

শমিত ত্রি০ [শম-ক্ত] উপশান্ত। Pacified.

শমিন্ ত্রি০ [শম-ণিনি] শান্ত। Calm.

শমীক পু০ [শম-ঈক] মুনিবিশেষ। Name of a sage.

শমীগর্ভ পু০ [শমী+গর্ভ] বহ্নি। Fire.

শমীর পু০ [শমী+র] ক্ষুদ্র শমী। A kind of tree.

শম্পা স্ত্রী০ [শম্+পা-ক] বিদ্যুৎ। Lightning.

শম্ব পু০ [শম্ব-অচ্] বজ্র, মুষলাগ্রস্থিত লৌহ, লৌহকাঁকী, দরিদ্র। ত্রি০ ভাগ্যবান্। Thunderbolt, iron head of a pestle, iron chain, a poor man; fortunate.

শম্বর ক্লী০ [শম্ব-অরন্] জল, ধন, ব্রত, চিত্র, বৌদ্ধব্রতবিশেষ। পু০ দৈত্যবিশেষ, মৃগবিশেষ, মৎস্যবিশেষ, পর্বতবিশেষ, জিনবিশেষ, যুদ্ধ, চিত্রকরক, লোধ্র, অর্জুনবৃক্ষ। ত্রি০ শ্রেষ্ঠ। Water, wealth, a kind of religious observance; name of a demon, a kind of fish, name of a mountain, war; best.

শম্বরারি পু০ [শম্বর+অরি] কামদেব। An epithet of Cupid.

শম্বল পু০, ক্লী০ [শম্ব-কলচ্] কূল, পাথেয়, মাৎসর্য। Bank, resource, envy.

শম্বাকৃত ত্রি০ [শম্ব+ডাচ্+কৃ-ক্ত] অনুলোমভাবে দুইবার কৃষ্ট। Doubly tilled.

শম্বু[ম্বূ] পু০, স্ত্রী০ [শম্ব-উন্(কু)] শামুক। Bivalve shell.

শম্বু[ম্বূ]ক পু০ [শম্বু(ম্বূ)+কন্] শামুক, শঙ্খ, গজকুম্ভান্তর্ভাগ, শূদ্রতাপস। Bivalve shell,

conch-shell, name of a Śūdra mendicant.

শম্ম ত্রি০ [শম্+ম] কল্যাণযুক্ত। Blessed.

শম্ভল পু০ [শম্ভ+লা-ক] কল্কিঅবতারের জন্মস্থান। স্ত্রী০ শম্ভলী—কুটিনী। Name of the birthplace of Kalki; procuress.

শম্ভু পু০ [শম্+ভূ-ডু]. মহাদেব, ব্রহ্মা, বিষ্ণু, বুদ্ধ, সিদ্ধ, শ্বেতার্ক। An epithet of Śiva, Brahmā or Visnu, an old man.

শয় পু০ [শী-অচ্] হস্ত, সর্প, শয্যা। Hand, snake, bed.

শয়ন ক্লী০ [শী-ল্যুট্] নিদ্রা, শয্যা, মৈথুন। Sleeping, bed, copulation.

শয়নীয় ক্লী০ [শী-অনীয়র্] শয্যা। Bed.

শয়নৈকাদশী [শয়ন+একাদশী] আষাঢ়মাসের শুক্লা একাদশী। The eleventh day of the bright half of Āsādha.

শয়ান ত্রি০ [শী-শানচ্] শয়িত, নিদ্রিত। Lying down, asleep.

শয়ালু ত্রি০ [শী-আলুচ্] নিদ্রাশীল। পু০ অজগর, কুকুর। Sleepy; a kind of snake, dog.

শয়িত ত্রি০ [শী-ক্ত] নিদ্রিত। ক্লী০ নিদ্রা। Asleep; sleep.

শয়ু পু০ [শী-উ] অজগর সর্প। A kind of snake.

শয্যা স্ত্রী০ [শী-ক্যপ্+টাপ্] খট্টা, শয়ন, গুঞ্চন। Couch, lying.

শর ক্লী০ [শৃ-অচ্] জল, বাণ। পু০ দধিচ্ছদ্মাদির অগ্রসার, তৃণবিশেষ। [শৃ-অপ্] হিংসা। Water, arrow; upper part of cream, a kind of grass; envy.

শরজন্মন্ পু০ [শর+জন্মন্] কার্তিকেয়। An epithet of Kārttikeya.

শা[স]রট পু০ [শৃ-অটন্] রুকলাস, কুম্ভণ্ডশাক। Chameleon.

শরণ ক্লী০ [শৃ-ল্যুট্] গৃহ, রক্ষক, রক্ষণ, বধ, ঘাতক। স্ত্রী০ শরণা—প্রসারণী। House, protector, protection, killing.

শরণাগত ত্রি০ [শরণ+আগত] শরণাপন্ন। One who comes for protection.

শরণার্থিন্ ত্রি০ [শরণ+অর্থ-ণিনি]] শরণাভিলাষী। One seeking refuge.

শরণি[ণী] স্ত্রী০ [শৃ-অনি(+ঙীপ্)] পথ, পৃথিবী, প্রসারণী, জয়ন্তী। Road, earth.

শরণ্য ত্রি০ [শরণ+যত্] শরণাগতের ত্রাণসমর্থ। Affording shelter.

शरद् स्त्री० [शॄ–अदि] বৎসর, আশ্বিনকার্ত্তিক-মাসাত্মক ঋতু। Year, autumnal season.

शरधि পু০ [शर+धा–कि] তূণ। Quiver.

शरभ পু০ [शॄ–अभच्] মৃগবিশেষ, করভ, বানর-বিশেষ, উষ্ট্র, শিশুপালপুত্রবিশেষ, দানববিশেষ। A kind of deer, young elephant, a kind of monkey, camel, name of a demon.

शरभू পু০ [शर+भू–क्विप्] কার্ত্তিকেয়। An epithet of Kārttikeya.

शरयु[यू] স্ত্রী০ [शॄ–अयु(+ऊङ्)] নদীবিশেষ। Name of a river.

शरल ত্রি০ [शॄ–अलच्] সুগম, অকুটিলচিত্ত। পু০ বৃক্ষবিশেষ। Straight, honest; a kind of tree.

शरव्य ক্লী০ [शरु+यत्] লক্ষ্য। Target.

शराटि, शराडि, शरालि স্ত্রী০ [शर+अट–इन्] পক্ষিবিশেষ। A kind of bird.

शरारु ত্রি০ [शॄ+आरु] হিংস্র। Ferocious.

शराव পু০ [शर+अव–अण्] মৃন্ময় পাত্রবিশেষ, পরিমাণবিশেষ। Earthen vessel, a kind of measure.

शरावती স্ত্রী০ [शर+मतुप्+ङीप्] নদীবিশেষ। Name of a river.

शरासन ক্লী০ [शर+आसन] ধনু, তূণ। Bow, quiver.

शरीर ক্লী০ [शॄ–ईरन्] দেহ। Body.

शरीरज পু০ [शरीर+जन–ड] রোগ, কামদেব, পুত্র। ত্রি০ দেহজাত। Disease, the god of love, son ; produced from the body.

शरीरभाज् ত্রি০ [शरीर+भज–ण्वि], **शरीरिन्** ত্রি০ [शरीर+इनि] দেহধারী, জীব। One having a body, living being.

शरु পু০ [शॄ–उन्] ক্রোধ, বজ্র, বাণ, আয়ুধ। Anger, thunderbolt, arrow.

शर्करा স্ত্রী০ [शॄ–करन्+टाप्] চিনি, উপলখণ্ড, কর্পরখণ্ড, রোগবিশেষ, শকল। Sugar, pebble, a kind of disease, fragment.

शर्करिक ত্রি০ [शर्करा+ठक्], **शर्करिल** ত্রি০ [शर्करा+इलच्] বহুশর্করাযুক্ত দেশ। Full of pebbles.

शर्ध পু০ [शृध–घञ], **शर्धन** ক্লী০ [शृध–ल्युट्] অপান বায়ুর উৎসর্গ। Breaking wind.

शर्मद ত্রি০ [शर्म+दा–क] সুখদায়ক। পু০ বিষ্ণু। Conferring happiness ; an epithet of Viṣṇu.

शर्मन् ক্লী০ [शॄ–मनिन्] সুখ। পু০ ব্রাহ্মণোপাধি। ত্রি০ সুখযুক্ত। Pleasure ; an affix added to the name of a Brāhmaṇa ; happy.

शर्व পু০ [शर्व–अच्] মহাদেব, বিষ্ণু। An epithet of Śiva or Viṣṇu.

शर्वरी স্ত্রী০ [शॄ–वनिप्+ङीप्] রাত্রি, হরিদ্রা। Night, turmeric.

शर्वाणी স্ত্রী০ [शर्व+ङीप्] দুর্গা। An epithet of Durgā.

शलभ পু০ [शल–अभच्] কীটবিশেষ। A kind of locust.

शलाका স্ত্রী০ [शल–आकन्+टाप्] শল্য, মদনবৃক্ষ। Rod, a kind of tree.

शलाटु ত্রি০ [शल–आटु] অপক্ব। পু০ মূলবিশেষ বিল্ব। Unripe ; a kind of root.

शल्क ক্লী০ [शल–क], **शल्कल** ক্লী০ [शल्क+कलन्] বৃক্ষবল্কল, মৎস্যত্বক্। Bark, scale of a fish.

शल्कलिन् পু০ [शल्कल+इनि], **शल्किन्** পু০ [शल्क+इनि] মৎস্য। Fish.

शल्य ক্লী০ [शल–यत्] বাণ, তোমর, ক্রোড়, বংশাঙ্কুর, যন্ত্রণাদায়ক বস্তু, দুর্বাক্য, পাপ, চিকিৎসাঙ্গ, যন্ত্রবিশেষ, অস্থি, নৃপতিবিশেষ। Arrow, javelin, sin.

शल्ल ক্লী০ [शल्ल–अच्] ত্বক্। পু০ ভেক, শোণবৃক্ষ। স্ত্রী০ শল্লা—গজভক্ষ্যাবৃক্ষ। Bark ; frog, a kind of tree.

शल्लक পু০ [शल्ल–ण्वुल्] সজারু। স্ত্রী০ শল্লকী—গজভক্ষ্যাবৃক্ষ। Porcupine; a kind of tree.

शल्लित ত্রি০ [शल्ल+इतच्] ত্বক্‌যুক্ত। With a bark.

शव পু০, ক্লী০ [शव–अच्] মৃতদেহ, দেহ। ক্লী০ জল। Dead body; water.

शवर ক্লী০ [शव–अरन्] ম্লেচ্ছজাতিবিশেষ। পু০ শিব, পানীয়, শাস্ত্রবিশেষ, হস্ত, মীমাংসাভাষ্যকার পণ্ডিতবিশেষ। Name of a barbarian tribe ; name of Śiva, drink, hand, name of a learned commentator.

शवरथ পু০ [शव+रथ] শববাহনার্থ যানবিশেষ। A sort of litter for carrying a corpse.

शवल পু০ [शव–कलन्] কর্বুরবর্ণ। ত্রি০ কর্বুরবর্ণযুক্ত। স্ত্রী০ শবলী—বিচিত্রবর্ণ ধেনু। Variegated ; cow.

शश পু০ [शश–अच्], **शशक** পু০ [शश–क] খরগোস। Hare.

शशधर পু০ [शश+धर], **शशभृत्** পু০ [शश+भृ–क्विप्] চন্দ্র, কর্পূর। Moon, camphor.

শশলাঞ্ছন পুং [শশ+লাঞ্ছন], **শশাঙ্ক** পুং [শশ+অঙ্ক], **শশিন্** পুং [শশ+ইনি] চন্দ্র, কর্পূর। Moon, camphor.

শশিপ্রভ ত্রিং [শশিন্+প্রভা] কুমুদ, মুক্তা। Water-lily, pearl.

শশিভূষণ পুং [শশিন্+ভূষণ], **শশিভৃত্** পুং [শশিন্+ভৃ–ক্বিপ্], **শশিশেখর** পুং [শশিন্+শেখর] মহাদেব। Epithets of Śiva.

শশিবদনা স্ত্রীং [শশিন্+বদন+টাপ্] চন্দ্রমুখী, ছন্দোবিশেষ। A woman with a beautiful face, name of a Sanskrit metre.

শশ্বত্ অব্যং [শশ+বতি] সর্বদা, পুনঃপুনঃ। Always.

শষ্কু[স্কু]ল পুং [শষ(স)–কুলচ্] বৃক্ষ, কর্ণরন্ধ্র, মৎস্যবিশেষ। স্ত্রীং অপূপবিশেষ। Tree, hole of the ear, a kind of fish ; a kind of cake.

শষ্প[স্প] ক্লীং [শষ(স)–পক্] বালতৃণ, ঘাস। পুং প্রতিভাক্ষয়। Tender grass ; loss of intellect.

শসন ক্লীং [শস–ল্যুট্] যজ্ঞার্থ পশুহনন। Immolation of an animal at sacrifice.

শস্ত্র ক্লীং [শস–ষ্ট্রন্] লৌহ, খড়্গাদি অস্ত্র। [শংস–তন্] প্রগীত মন্ত্রবিশেষ। Iron, weapon ; a hymn of praise.

শস্ত্রভৃত্ ত্রিং [শস্ত্র+ভৃ–ক্বিপ্], **শস্ত্রিন্** ত্রিং [শস্ত্র+ইনি] শস্ত্রধারী। One carrying arms.

শস্য ক্লীং [শস–যত্] বৃক্ষাদির ফল, ফসল। Fruit of trees, crop.

শাক পুং, ক্লীং [শক–ঘঞ্] পত্রপুষ্পাদি। পুং বৃক্ষবিশেষ, শিরীষবৃক্ষ, বৎসরপ্রবর্তক নৃপবিশেষ। Vegetables ; a kind of tree.

শাকটায়ন পুং [শকট+ফক্] বৈয়াকরণ মুনিবিশেষ। Name of a grammarian.

শাকম্ভরী স্ত্রীং [শাক+ভৃ–খচ্+ঙীষ্] দুর্গা। An epithet of the Goddess Durgā.

শাকশাকট ক্লীং [শাক+শাকটচ্], **শাকশাকটিনচ্** ক্লীং [শাক+শাকটিনচ] শাকক্ষেত্র। A field of vegetables.

শাকিনী স্ত্রীং [শাক+ইনি+ঙীপ্] সবজীখেত, দেবীর সহচরীবিশেষ। A field of vegetables.

শাকুন পুং [শকুন+অণ্] শকুনজ্ঞানসাধক গ্রন্থ। A book relating to omens.

শাকুনিক ত্রিং [শকুন+ঠঞ্] পক্ষিঘাতক। Fowler.

শাকুন্তলেয় পুং [শকুন্তলা+ঢক্] ভরত নৃপবিশেষ। Name of a king.

শাক্ত ত্রিং [শক্তি+অণ্] তন্ত্রোক্ত শক্তিদেবতোপাসক। Worshipper of Śakti or a female deity.

শাক্তীক পুং [শক্তি+ঈকক্] শক্তি-অস্ত্রের দ্বারা যুদ্ধকারী। One who fights with a lance.

শাক্য পুং [শক–ঘঞ্+যত্], **শাক্যসিংহ** পুং [শাক্য+সিংহ] বুদ্ধবিশেষ। Epithets of the Buddha.

শাখ পুং [শাখ–অচ্] গ্রন্থপরিচ্ছেদ, কুমারানুচরগণবিশেষ, কৃত্তিকাপুত্র। Son of Kṛttikā.

শাখা স্ত্রীং [শাখ–অচ্+টাপ্] বৃক্ষের অংশবিশেষ, বেদের অংশবিশেষ। Bough, branch of the Veda.

শাখাগ্র ক্লীং [শাখা+অগ্র] শাখাপ্রান্ত। The end of a bough.

শাখানগর ক্লীং [শাখা+নগর] মূলনগরসমীপস্থ ক্ষুদ্র নগর। Suburb.

শাখামৃগ পুং [শাখা+মৃগ] বানর। Monkey.

শাখিন্ পুং [শাখা+ইনি] বৃক্ষ, নৃপবিশেষ, ম্লেচ্ছবিশেষ। Tree, name of a king.

শাখোট পুং [শাখ–ওটন্] বৃক্ষবিশেষ। Name of a tree.

শাট পুং [শট–ঘঞ্] বস্ত্র। Cloth.

শাটক ক্লীং [শট–ণ্বুল্], **শাটিকা** স্ত্রীং [শাটক+টাপ্] বস্ত্র। Cloth.

শাটী স্ত্রীং [শাট+ঙীষ্] বস্ত্র। Cloth.

শাঠ্য ক্লীং [শঠ+ষ্যঞ্] শঠতা। Trickery.

শাণ ক্লীং [শণ–অণ্] শণসূত্রনির্মিত বস্ত্র। [শণ–ঘঞ্] কষ্টিপাথর, অস্ত্রাদির তীক্ষ্ণীকরণযন্ত্রবিশেষ, করাত, মাষচতুষ্কপরিমাণ। Hempen cloth, touchstone, whetstone, saw, a weight of four Māṣas.

শাণিত ত্রিং [শণ+ণিচ্–ক্ত] তীক্ষ্ণীকৃত। Whetted.

শাণ্ডিল্য পুং [শণ্ডিল+যঞ্] গোত্রপ্রবর্তক ও ভক্তিশাস্ত্রকারক মুনিবিশেষ, বিল্ব, বহ্নিবিশেষ। Name of a sage, a kind of tree, a kind of fire.

শাত ত্রিং [শো–ক্ত] সুখযুক্ত, দুর্বল, নিশিত, ছিন্ন, কৃশ। ক্লীং সুখ। পুং ধুস্তূর। Happy, weak, sharp, torn ; happiness.

শাতকুম্ভ ক্লীং [শতকুম্ভ+অণ্] হিরণ্য। পুং ধুস্তূর, করবীর। Gold ; thorn-apple.

শাতন ক্লীং [শো+ণিচ্–ল্যুট্] শানানো। Whetting.

শাত্রব পুং [শত্রু+অণ্] রিপু। ক্লীং বৈর, রিপুসমূহ। Enemy ; enmity, a collection of enemies.

শাদ পুং [শদ্‌–ঘঞ্‌] কর্দম, হরিততৃণ। Mud, green grass.

শাদহরিত পুং [শাদ+হরিত] শাদ্বল দেশ। A place green with young grass.

শাদ্বল পুং [শাদ+ড্বলচ্‌] বহুল হরিততৃণযুক্ত দেশ। A place full of green grass.

শান ক্লীং [শান–অচ্‌] অস্ত্রাদির তীক্ষ্ণতাকারক যন্ত্রবিশেষ। Whetstone.

শান্ত ত্রিং [শম–ক্ত] শমযুক্ত, অভিযুক্ত। [শম+ণিচ্‌–ক্ত] শান্তিপ্রাপ্ত। পুং রসবিশেষ। স্ত্রীং শান্তা—লোমপাদরাজকন্যা, শমীবিশেষ। Quiet, pacified ; a kind of sentiment ; name of a princess.

শান্তনব পুং [শান্তনু+অণ্‌] ভীষ্ম। A name of Bhīṣma.

শান্তনু পুং দ্বাপরযুগভব চন্দ্রবংশীয় নৃপবিশেষ। Name of a king.

শান্তি স্ত্রীং [শম–ক্তিন্‌] কামক্রোধাদিজয়, বিষয় হইতে মনের নিবারণ, উপদ্রব নিবারণ। Tranquillity, indifference to all worldly affairs.

শাপ পুং [শপ–ঘঞ্‌] আক্রোশরূপ শপথ। Curse.

শাপাস্ত্র পুং [শাপ+অস্ত্র] মুনি। Sage.

শাব্দ ত্রিং [শব্দ+অণ্‌] শব্দসম্বন্ধীয়। Relating to word.

শাব্দিক ত্রিং [শব্দ+ঠক্‌] ব্যাকরণশাস্ত্রাভিজ্ঞ। Grammarian.

শামিত্র ক্লীং [শম+ণিচ্‌–ইত্রচ্‌] পশুবন্ধনস্থান। [শামিতৃ+অণ্‌] পশুহননকর্তৃত্ব। A place for the sacrificial victim.

শাম্বরী স্ত্রীং [শম্বর+অণ্‌+ঙীপ্‌] মায়া। Jugglery.

শাম্বু[ম্বূ]ক পুং [শম্বু(ম্বূ)ক+অণ্‌] শামুক। Bivalve shell.

শাম্ভব পুং [শম্ভু+অণ্‌]. কর্পূর, গুগ্‌গুল, শিবভল্লিকা, বিষবিশেষ, শম্ভুপুত্র। ত্রিং শম্ভুসম্বন্ধীয়। Camphor, a kind of poison ; relating to Sambhu.

শায়ক পুং [শো–ণ্বুল্‌] বাণ, খড়্গ। Arrow, sword.

শার ত্রিং [শ–ঘঞ্‌] কর্বুরবর্ণযুক্ত। ক্লীং কর্বুরবর্ণ। পুং বায়ু। Variegated ; variegated colour ; wind.

শারঙ্গ পুং [শার+অঙ্গ] চাতকপক্ষী, হরিণ, গজ, ভৃঙ্গ, ময়ূর। স্ত্রীং শারঙ্গী—বাদ্যযন্ত্রবিশেষ। A kind of bird, deer, elephant, bee, peacock ; a kind of musical instrument.

শারদ পুং [শরদ+অণ্‌] কাশ, বকুল, হরিদ্বর্ণমুদগ, বানরবিশেষ। ক্লীং শ্বেতপদ্ম। ত্রিং শরৎকালসম্বন্ধীয়, নূতন, অপ্রতিভ, শালীন। A kind of flower, a kind of monkey ; white lotus ; autumnal, new.

শারদীয় ত্রিং [শরদ+ছণ্‌] শরৎকালে কর্তব্য। Autumnal.

শারি[রী] স্ত্রীং [শৃ–ইঞ্‌(+ঙীপ্‌)] অক্ষক্রীড়ার উপকরণবিশেষ, পক্ষিবিশেষ, যুদ্ধার্থ গজের পর্যাণ ব্যবহারবিশেষ, কপট। Pieces used in the game of dice, a kind of bird, housings of war-elephants.

শারিফল[ক] পুং, ক্লীং [শারি+ফল(ক)] পাশকক্রীড়াসাধন দ্রব্য। Chequered cloth or board for playing at dice.

শারীর[ক] ত্রিং [শরীর+অণ্‌(+ক)] দেহসম্বন্ধ। পুং জীব, বৃষ। Relating to the body ; living being.

শারীরিক ত্রিং [শরীর+ঠক্‌] দেহসম্বন্ধীয়। Corporeal.

শারুক ত্রিং [শৄ–উকঞ্‌] হিংসক। Injurious.

শার্কর ত্রিং [শর্করা+অণ্‌] শর্করাযুক্ত। পুং ফাণিত, দুগ্ধফেন। Full of gravels; the froth of milk.

শার্ঙ্গ ত্রিং [শৃঙ্গ+অণ্‌] শৃঙ্গজাত। ক্লীং বিষ্ণুর ধনু। Made of horn ; name of the bow of Viṣṇu.

শার্ঙ্গপাণি পুং [শার্ঙ্গ+পাণি], **শার্ঙ্গিন্‌** পুং [শার্ঙ্গ+ইনি] বিষ্ণু, ত্রিং ধনুর্ধারী। Epithets of Viṣṇu ; archer.

শার্দূল পুং [শৄ–ঊলচ্‌] ব্যাঘ্রবিশেষ, পশুবিশেষ, শরভ, রাক্ষসবিশেষ, শ্রেষ্ঠ, পক্ষিবিশেষ, চিত্রক। A kind of tiger, a kind of animal, name of a demon, best, a kind of bird.

শার্দূলললিত ক্লীং [শার্দূল+ললিত] অষ্টাদশাক্ষরপাদ ছন্দোবিশেষ। A metre of eighteen syllables.

শার্দূলবিক্রীড়িত ক্লীং [শার্দূল+বিক্রীড়িত] ঊনবিংশত্যক্ষরপাদ ছন্দোবিশেষ। A metre of nineteen syllables.

শার্বর ক্লীং [শর্বরী+অণ্‌] অত্যন্ত তমঃ। ত্রিং রাত্রিসম্বন্ধী। Thick gloom ; nocturnal.

শাল পুং [শল–ঘঞ্‌] মৎস্যবিশেষ, বৃক্ষবিশেষ, নৃপবিশেষ। A kind of fish, a tree.

শালগ্রাম পু০ [শাল+গ্রাম] পর্বতবিশেষ, বিষ্ণুমূর্তিবিশেষ। Name of a mountain, a form of Viṣṇu.

শালনির্যাস পু০ [শাল+নির্যাস] ধুনা। Resin.

শালভঞ্জিকা স্ত্রী০ [শাল+ভঞ্জ-ণ্বুল্+টাপ্] কাষ্ঠনির্মিতপুত্তলিকা, বেশ্যা। Wooden doll, harlot.

শালাবৃক পু০ [শালা+বৃক] কুক্কুর, শৃগাল, বিড়াল, মৃগ, বানর। Dog, jackal, cat, deer, monkey.

শা[সা]লি পু০ [শ(স)ল+ইঞ্] কলমাদি ধান্য। A kind of paddy.

শালিন্ ত্রি০ [শাল+ইনি] যুক্ত, শোভমান। **শালিনী** স্ত্রী০ একাদশাক্ষরপাদ ছন্দোবিশেষ। Possessed of, bedecked with ; A metre of eleven syllables.

শালিবাহন পু০ [শালি+বাহন] শকাব্দপ্রবর্তক নৃপবিশেষ। Name of a king.

শালীন ত্রি০ [শালা+খ] অধৃষ্ট, সলজ্জ। Modest, bashful.

শালু[লূ]ক ক্লী০ [শাল-উ(ঊ)কঞ্] কুমুদাদিমূল। Root of the water-lily.

শালূর পু০ [শাল-ঊরচ্] ভেক। Frog.

শালোত্তর ক্লী০ গ্রামবিশেষ। A village.

শালোত্তরীয় পু০ [শালোত্তর+ছ] পাণিনিমুনি। An epithet of Pāṇini.

শাল্মল পু০ [শাল-মলচ্] শিমূলবৃক্ষ, দ্বীপবিশেষ। A kind of tree, one of the seven dvīpas.

শাল্মলি পু০, স্ত্রী০ [শাল-মলিচ্], **শাল্মলী** স্ত্রী০ [শাল্মলি+ঙীপ্] বৃক্ষবিশেষ। A kind of tree.

শাল্ব পু০ [শাল-ব] দেশবিশেষ, নৃপবিশেষ। Name of a country, name of a king.

শাব ত্রি০ [শব-ঘঞ্+ক] শবসম্বন্ধীয়। Relating to dead body.

শাবক পু০ [শব-ণ্বুল্] শিশু। The young of any animal.

শাবর পু০ [শবর+ণিচ্-অরন্] পাপ, লোধ্রদ্রুম। [শবর+অণ্] শবরসম্বন্ধী, মীমাংসাভাষ্যবিশেষ। Sin, a kind of tree ; relating to Śavara, a commentary on Mīmāṁsā.

শাবরী স্ত্রী০ [শবর+অণ্+ঙীপ্] শূকশিম্বী, বিদ্যাবিশেষ। A kind of science.

শাশ্বত ত্রি০ [শশ্বৎ+অণ্], **শাশ্বতিক** ত্রি০ [শশ্বৎ+ঠক্] সতত, নিত্য। Constant, eternal.

শাসন ক্লী০ [শাস-ল্যুট্] প্রবর্তনবিধি, রাজদত্ত ভূমি, রাজলেখ্যবিশেষ। Rule, a royal grant.

শাসনপত্র ক্লী০ [শাসন+পত্র] ধাতু বা প্রস্তরে খোদিত রাজকীয় আদেশ লিপি। Edict-plate.

শাসনহারিন্ ত্রি০ [শাসন+হারিন্] বার্তাবহ। Messenger.

শাসনীয় ত্রি০ [শাস-অনীয়র্] শাসনযোগ্য। Fit to be ruled.

শাসিত ত্রি০ [শাস-ক্ত] দণ্ডিত। Punished.

শাসিতৃ ত্রি০ [শাস-তৃচ্] শাসনকর্তা। Ruler.

শাস্তি স্ত্রী০ [শাস-তি] শাসন, দণ্ড। Rule, punishment.

শাস্তৃ ত্রি০ [শাস-তৃচ্] শাসনকর্তা। পু০ বুদ্ধ। Ruler ; a name of Buddha.

শাস্ত্র ক্লী০ [শাস-ষ্ট্রন্] হিতানুশাসন গ্রন্থ। Any sacred treatise.

শাস্ত্রকার পু০ [শাস্ত্র+কার], **শাস্ত্রকৃৎ** পু০ [শাস্ত্র+কৃ-ক্বিপ্] মন্বাদি ঋষি। Author of the śāstras.

শাস্ত্রজ্ঞ ত্রি০ [শাস্ত্র+জ্ঞা-ক], **শাস্ত্রতত্ত্বজ্ঞ** ত্রি০ [শাস্ত্রতত্ত্ব+জ্ঞা-ক], **শাস্ত্রদর্শিন্** ত্রি০ [শাস্ত্র+দৃশ-ণিনি], **শাস্ত্রবিদ্** ত্রি০ [শাস্ত্র+বিদ-ক্বিপ্] শাস্ত্রতাৎপর্যবেত্তা, জ্যোতিষজ্ঞ। Acquainted with the śāstras.

শাস্ত্রসিদ্ধ ত্রি০ [শাস্ত্র+সিদ্ধ] শাস্ত্রনির্দিষ্ট। Established by the śāstras.

শাস্ত্রিন্ ত্রি০ [শাস্ত্র+ইনি] শাস্ত্রজ্ঞ। Acquainted with the sacred books.

শাস্ত্রীয় ত্রি০ [শাস্ত্র+ছ] শাস্ত্রসম্বন্ধীয়। Relating to the śāstras.

শাস্ত্রোক্ত ত্রি০ [শাস্ত্র+উক্ত] শাস্ত্রে কথিত। Prescribed by the śāstras.

শাস্য ত্রি০ [শাস-ণ্যৎ] অনুশাসনীয়। Fit to be instructed or ruled.

শিংশপা স্ত্রী০ [শিশ+পা-ক] শিশুবৃক্ষ। Name of a tree.

শিক্থ ক্লী০ [শিচ-থক্] মধূচ্ছিষ্ট। Bee's wax.

শিক্ষক ত্রি০ [শিক্ষ-ণ্বুল] শিক্ষাদাতা। Teacher.

শিক্ষণ ক্লী০ [শিক্ষ-ল্যুট্] শিক্ষা। Learning.

শিক্ষয়িতৃ ত্রি০ [শিক্ষ+ণিচ্-তৃচ্] শিক্ষক। Teacher.

শিক্ষা স্ত্রী০ [শিক্ষ-অ+টাপ] অভ্যাস, বেদাঙ্গবিশেষ, শ্যোনাকবৃক্ষ। Habit, one of the six Vedāṅgas, a kind of tree.

শিক্ষিত ত্রি° [শিক্ষা+ইতচ্] শিক্ষাপ্রাপ্ত, কৃতাভ্যাস, নিপুণ, বিজ্ঞ। Learned, trained, skilful, conversant.

শিখণ্ড পু° [শিখা+অম–ড] ময়ূরপিচ্ছ, চূড়া। Peacock's tail, crest.

শিখণ্ডক [শিখণ্ড+কন্] ময়ূরপিচ্ছ, চূড়া, কাকপক্ষ। Peacock's tail, lock of hair.

শিখণ্ডিক পু° [শিখণ্ড+ঠন্] কুক্কুট। Cock.

শিখণ্ডিন্ পু° [শিখণ্ড+ইনি] ময়ূর, দ্রুপদরাজার পুত্রবিশেষ, ময়ূরপুচ্ছ, কুক্কুট। Peacock, name of the son of the king Drupada, peacock's tail, cock.

শিখর পু°, ক্লী° [শিখা+অরচ্] পর্বতাগ্র, বৃক্ষাগ্র রত্নবিশেষ, কোটি। Peak of the mountain, top of a tree, a kind of gem, point.

শিখরবাসিনী স্ত্রী° [শিখর+বস–ণিনি+ঙীপ্] পর্বতাগ্রবাসিনী, দুর্গা। A female residing on the top of a mountain, an epithet of Durgā.

শিখরিন্ পু° [শিখর+ইনি] পর্বত, বৃক্ষ, কুন্দুরুক। ত্রি° শিখরবিশিষ্ট। Mountain, tree ; having a crest.

শিখরিণী স্ত্রী° [শিখরিন্+ঙীপ্] সপ্তদশাক্ষরপাদ ছন্দোবিশেষ, মল্লিকা, নারীরত্ন। A metre of seventeen syllables, an excellent woman.

শিখা স্ত্রী° [শী–খক্+টাপ্] অগ্নিজ্বালা, মস্তকমধ্যকেশপুঞ্জ, শাখা, বর্হিচূড়া, অগ্র, প্রধান। Flame ; a tuft of hair on the crown of the head, branch, peacock's comb, top, chief.

শিখাজট পু° [শিখা+জটা] জটাময় শিখাবিশিষ্ট ব্রহ্মচারিবিশেষ। One with matted tuft of hair.

শিখাবত্ পু° [শিখা+মতুপ্] বহ্নি, চিত্রকবৃক্ষ, কেতুগ্রহ। ত্রি° শিখাযুক্ত। স্ত্রী° শিখাবতী—মূর্বা। Fire, a kind of tree ; one having a tuft of hair.

শিখাবল পু° [শিখা+বলচ্] ময়ূর, ময়ূরশিখাবৃক্ষ। Peacock, a kind of tree.

শিখিধ্বজ পু° [শিখিন্+ধ্বজ] ধূম, কার্ত্তিকেয়। Smoke, an epithet of Kārttikeya.

শিখিন্ পু° [শিখা+ইনি] ময়ূর, বহ্নি, চিত্রকবৃক্ষ, কেতুগ্রহ, কুক্কুট, বৃক্ষ, বৃষ, শর, অশ্ব, অজলোম, পর্বত, ব্রাহ্মণ, সিতাবর, মেথিকা। ত্রি° শিখাযুক্ত। Peacock, fire, a kind of tree, cock, tree, bull, arrow, horse, mountain, brahmin.

শিখিবাহন পু° [শিখিন্+বাহন] কার্ত্তিকেয়। Name of Kārttikeya.

শিগ্রু পু° [শি–রুক্] সজিনা বৃক্ষ, শাক। A kind of tree, pot-herb.

শিঙ্ঘাণ ক্লী° [শিঘ–আনচ্] কাচপাত্র, লোহমল, নাসিকামল। Glass-vessel, rust of iron, mucus of nose.

শিঞ্জ পু° [শিজ–অচ্] ভূষণধ্বনি। স্ত্রী° শিঞ্জা—ভূষণধ্বনি, ধনুর্গুণ। Sound of ornaments, string of a bow.

শিঞ্জিত ক্লী° [শিজ–ক্ত] ভূষণধ্বনি। The tinkling of ornaments.

শিঞ্জিন্ ত্রি° [শিজ–ণিনি] অব্যক্তধ্বনিকারক। স্ত্রী° শিঞ্জিনী—নূপুর, ধনুর্গুণ। That which tinkles; anklet.

শিত [শো–ক্ত] দুর্বল, শাণিত, কৃশ। Weak, whetted, thin.

শিতদ্রু স্ত্রী° [শত+দ্রু–কু] নদীবিশেষ। Name of a river.

শিতি পু° [শি–ক্তিচ্] ভূর্জপত্রবৃক্ষ, কৃষ্ণবর্ণ, শুক্লবর্ণ। ত্রি° কৃষ্ণবর্ণযুক্ত, শুক্লবর্ণযুক্ত। Birch tree, black or white colour; black, white.

শিতিকণ্ঠ পু° [শিতি+কণ্ঠ] শিব, দাত্যূহপক্ষী। An epithet of Śiva, a kind of bird.

শিতিবাসস্ পু° [শিতি+বাসস্] বলদেব। ত্রি° নীলাম্বর। A name of Baladeva.

শিথিল ত্রি° [শ্লথ–কিলচ্] শ্লথ, অদৃঢ়, মন্দ। Loose, not rigid, slow.

শিথিলিত ত্রি° [শিথিল+ণিচ্–ক্ত] শিথিলীকৃত। [শিথিল+ইতচ্] শ্লথীভূত। Loosened, loose.

শিনি পু° [শি–ণিক্] যদুবংশ্য ক্ষত্রিয়বিশেষ। Name of a class of Kshatriyas belonging to the Yādavas.

শিপ্রা স্ত্রী° [শি–রক্+টাপ্] নদীবিশেষ। Name of a river.

শিফা স্ত্রী° [শি+ফক্+টাপ্] জটাকৃতি শিকড়, নদী, মাতা, শতপুষ্পা, হরিদ্রা, পদ্মকন্দ। Fibrous root, river, mother, turmeric.

শিম্ব পু° [শম–ডম্বচ্] চক্রমর্দ। স্ত্রী° শিম্বা—শিম। A shrub, a pod.

শিম্বি[ম্বী] স্ত্রী° [শম–বি(+ঙীপ্)] শিমলতা, এরকা। A kind of plant.

शिर क्ली० [शॄ–क] मস্তক, পিপ্পলীমূল, শয্যা, অজগর। Head, root of pepper plant, bed, large serpent.

शिरस् क्ली० [शॄ–असुन्] মস্তক, শিখর, প্রধান, সেনাগ্র, অগ্রে স্থিত। Head, top, chief.

शिरसिज पु० [शिरस्+जन–ड] কেশ। Hair.

शिरस्क क्ली० [शिरस्+कै–क], **शिरस्त्र** क्ली० [शिरस्+त्रै–क], **शिरस्त्राण** क्ली० [शिरस्+त्राण] শিরোরক্ষণ। Helmet.

शिरस्य पु० [शिरस+यत्] নির্মল কেশ। त्रि० শিরোজাত। Clean hair ; born on the head.

शि[सि]रा स्त्री० [श(सृ)–क+टाप] নাড়ী। Nerve.

शिराल क्ली० [शिरस्+लच्] কামরাঙা। त्रि० শিরাযুক্ত। One with prominent veins.

शिरीष पु० [शॄ–ईषन्] বৃক্ষবিশেষ। A kind of tree.

शिरोगृह क्ली० [शिरस्+गृह] চন্দ্রশালা। A room on the top of a house.

शिरोधि स्त्री० [शिरस्+धा–कि], **शिरोधरा** स्त्री० [शिरस्+धर+टाप्] গ্রীবা। Neck.

शिरोमणि पु०, स्त्री० [शिरस्+मणि] চূড়ামণি। Crest-jewel.

शिरोरुह पु० [शिरस्+रुह–क] কেশ। Hair.

शिरोवेष्ट पु० [शिरस्+वेष्ट], **शिरोवेष्टन** क्ली० [शिरस्+वेष्टन] উষ্ণীষ। Turban.

शिल क्ली० [शिल–क] বৃত্তিবিশেষ, পাষাণ, দ্বারের অধঃস্থিত কাষ্ঠখণ্ড, স্তম্ভশীর্ষ, কর্পূর। स्त्री० शिला— মনঃশিলা। Occupation, rock, lower timber of a door, top of a column, camphor.

शिलाजतु क्ली० [शिला+जतु] পর্বতজাত উপধাতুবিশেষ। Bitumen.

शिलातल क्ली० [शिला+तल] শিলাপৃষ্ঠ। A slab, rock

शिलापट्ट पु० [शिला+पट्ट] গন্ধাদিপেষণ প্রস্তর। Slab for grinding.

शिलापुत्र पु० [शिला+पुत्र] পেষণসাধন প্রস্তরখণ্ডবিশেষ। A grindstone.

शिलारस पु० [शिला+रस] গন্ধদ্রব্যবিশেষ। Rock-exudation.

शिलि पु०[शिल–कि] ভূর্জপত্রবৃক্ষ। स्त्री० গোবরাট্। Birch tree ; lower timber of a door.

शिली स्त्री० [शिल–क+ङीप्] ভেকী, ছত্রাকপুষ্প, স্তম্ভশীর্ষ। Female frog, a kind of flower, top of a pillar.

शिलीन्ध्र पु० [शिली+धृ–क] কন্দলীপুষ্প, কবক, ত্রিপুটা। Flower of plantain tree, mushroom.

शिलीन्ध्रक क्ली० [शिलीन्ध+कन्] গোময়ছত্রাক। Fungus.

शिलीपद पु० [शिली+पद] রোগবিশেষ। A kind of disease.

शिलीमुख पु० [शिली+मुख] ভ্রমর, বাণ, যুদ্ধ, মূর্খ। Bee, dart, war, a fool.

शिलोच्चय पु० [शिला+उच्चय] পর্বত। Mountain.

शिलोञ्छ क्ली० [शिला+उञ्छ–घञ्] ক্ষেত্রপতিত শস্যের অবশেষ চয়ন। Gleaning ears of corn.

शिल्प क्ली० [शिल–पक्] চিত্রকলাদিকর্ম। Art.

शिल्पकार त्रि० [शिल्प+कृ–घञ्], **शिल्पकारिन्** त्रि० [शिल्प+कृ–णिनि] চিত্রাদিকর্তা। Artisan.

शिल्पशाला स्त्री० [शिल्प+शाला] চিত্রকরাদিগৃহ। Workshop.

शिल्पिन् त्रि० [शिल्प+इनि] চিত্রাদিকর্মকর। Artisan.

शिव पु० [शो–वन्] মহাদেব, মোক্ষ, কীলগ্রহ, বালুক, গুগ্গুল, বেদ, পুণ্ডরীকবৃক্ষ, পারদ, দেব, লিঙ্গ, যোগবিশেষ। क्ली० মঙ্গল, সুখ, জল, সৈন্ধবলবণ, শ্বেতটঙ্কণ, অদ্বৈতব্রহ্ম। त्रि० মঙ্গলযুক্ত। Name of a deity, salvation, Veda, a kind of tree, quicksilver, welfare ; auspicious.

शिवताति स्त्री० [शिव+तातिल्] মঙ্গলপরম্পরা। A series of welfare.

शिवदारु क्ली० [शिव+दारु] দেবদারুবৃক্ষ। A kind of tree.

शिवदूती स्त्री० [शिव+दूत+ङीप्] দুর্গামূর্তিবিশেষ, যোগিনীবিশেষ। A form of goddess Durgā.

शिवद्रुम पु० [शिव+द्रुम] বিল্ববৃক্ষ। The Bilva tree.

शिवरात्रि स्त्री० [शिव+रात्रि] ফাল্গুনমাসের কৃষ্ণচতুর্দশী। The fourteenth day of the dark half of Phālguna.

शिवलिङ्ग क्ली० [शिव+लिङ्ग] শিবের লিঙ্গমূর্তি। Śiva in the form of phallus.

शिवलोक पु० [शिव+लोक] কৈলাস। Kailasa—the abode of Śiva.

शिवसुन्दरी स्त्री० [शिव+सुन्दरी] দুর্গা। An epithet of the goddess Durgā.

शिवानी স্ত্রী° [शिव+अन+णिच्-अच्+ङीप्] জয়ন্তীবৃক্ষ, দুর্গা। A kind of tree, name of Durgā.

शिवाराति পু° [शिव+अराति] কুক্কুর। Dog.

शिवि পু° [शि-वि] হিংস্রপশু, ভূর্জবৃক্ষ, নৃপবিশেষ। Ferocious animal, birch tree, name of a king.

शिविका স্ত্রী° [शिव+णिच्-ण्वल्+टाप्] যানবিশেষ। Palanquin.

शिविर ক্লী°[शो-किरच्] সৈন্যনিবাসস্থান। Camp.

शिशिर ক্লী° [शश-किरच्] হিম, মাঘ ও ফাল্গুনমাস দ্বয়াত্মক ঋতুবিশেষ, শীতলস্পর্শ। ত্রি° শীতলস্পর্শযুক্ত। Dew, cold season ; cool.

शिशिरकर পু° [शिशिर+कर], **शिशिररश्मि** [शिशिर+रश्मि], **शिशिरांशु** [शिशिर+अंशु] চন্দ্র। The moon.

शिशु পু° [शो-कु] বালক, স্বল্প। Child, youngling.

शिशुक পু° [शिशु+कन्] জলজন্তুবিশেষ, বালক, বৃক্ষবিশেষ। Porpoise, a child, a kind of tree.

शिशुत्व ক্লী° [शिशु+त्व] বাল্য। Infancy.

शिशुपाल পু° দমঘোষাত্মজ চেদিদেশীয় রাজবিশেষ। Name of a king.

शिशुपालहन् পু° [शिशुपाल+हन-क्विप्] শ্রীকৃষ্ণ। An epithet of Kṛṣṇa.

शिशुमार পু° [शिशु+मृ+णिच्-अण्] জলজন্তুবিশেষ, গগনস্থ তারাচক্রবিশেষ। Porpoise.

शिश्न পু° [शश-नक्] মেঢ্র। Penis.

शिश्नोदरपरायण ত্রি° [शिश्न+उदर+परायण] আত্মসুখসর্বস্ব, ভোগসর্বস্ব। Epicurean, licentious.

शिष्ट ত্রি° [शास-क्त] শান্ত, বেদবাক্যে বিশ্বাসযুক্ত, সুবোধ, ধীর। Polite, virtuous, gentle.

शिष्टता স্ত্রী° [शिष्ट+तल्+टाप्] সাধুতা। Politeness.

शिष्टि স্ত্রী°[शास-क्तिन्] আজ্ঞা, অনুশাসন, তাড়ন। Command, injunction, chastisement.

शिष्य ত্রি° [शास-क्यप्] শিক্ষণীয়, ছাত্র। Fit to be taught, pupil.

शीकर ক্লী° [शीक-अरण्] সরলবৃক্ষের নির্যাস, জলকণা। পু° বায়ু। Resin of Sarala tree ; wind.

शीघ्र ক্লী° [शिघ-रक्] বিলম্বাভাব। ত্রি° ত্বরাযুক্ত। Quickness ; speedy.

शीघ्रग ত্রি° [शीघ्र+गम-ड] শীঘ্রগামী। Speedy.

शीत ক্লী° [श्यै-क्त] শীতলস্পর্শ, জল, হিম, ত্বচ্। পু° বহুবারবৃক্ষ, বেতসবৃক্ষ, পর্পট, নিম্ব, কর্পূর, হিম ঋতু। ত্রি° শীতস্পর্শযুক্ত, অলস, কথিত। Chillness, water, dew, a kind of tree, camphor, winter ; cold.

शीतकर পু° [शीत+कर], **शीतकरण** পু° [शीत+करण], **शीतगु** পু° [शीता+गौ], **शीतमयूख** পু° [शीत+मयूख], **शीतरश्मि** পু° [शीत+रश्मि] চন্দ্র, কর্পূর। The moon, camphor.

शीतल ত্রি° [शीत+ला-क] শীতস্পর্শযুক্ত। পু° শীতস্পর্শ, বহুবারবৃক্ষ, চম্পক, ধুনা, চন্দ্র, কর্পূর। ক্লী° চন্দন, শৈলেয় পুষ্পকাসীস, পদ্মক, মৌক্তিক, বীরণমূল। Cold ; chillness, a kind of tree, the moon, camphor ; sandal.

शीतला স্ত্রী° দেবীবিশেষ। Name of a goddess.

शीतांशु পু° [शीत+अंशु] চন্দ্র, কর্পূর। The moon, camphor.

शीताद পু° [शीत+आ+दा-क] দন্তমূলগত রোগবিশেষ। A form of dental ailment.

शीताभ ত্রি° [शीता+आभा] চন্দ্র, কর্পূর। The moon, camphor.

शीतार्त ত্রি° [शीत+ऋत] শীতালু। Stricken with cold.

शीतालु ত্রি° [शीत+आलुच्] শীতপীড়িত। Stricken with cold.

शीत्कार [शीत्+कृ-घञ्], **शीत्कृत** [शीत्+कृ-क्त] পু° স্ত্রীগণের রতিকালে অব্যক্ত ধ্বনিবিশেষ। Sound of pleasure during sexual enjoyment.

शीधु পু°, ক্লী° [शी-धुक्] ইক্ষুরসজাত মদ্যবিশেষ। A kind of wine.

शीन ত্রি° [श्यै-क्त] ঘনীভূত। পু° মূর্খ, অজগর। Congealed, fool, large snake.

शीर পু° [शी-रक्] অজগর সর্প। Large snake.

शीर्ण ত্রি° [शॄ-क्त] কৃশ, শুষ্কতাপ্রাপ্ত। পু° স্থৌণেয়ক। Thin, withered, a kind of perfume.

शीर्ष ক্লী° [शॄ-क] মস্তক, কৃষ্ণাগুরু। Head.

शीर्षक ক্লী° [शीर्ष+कै-क] শিরস্ত্রাণ, শিরঃঅস্থি, জয়পরাজয়পত্রে জ্ঞাপ্য দণ্ডবিশেষ। ক্লী° মস্তক, রাহুগ্রহ। Helmet, skull, judicial sentence ; head.

शीर्षच्छेद ত্রি° [शीर्ष+छेद-यत्] বধ্য। Fit to be beheaded.

শীর্ষণ্য ক্লী০ [শীর্ষ+যত্] শিরস্ত্রাণ। পু০ বিশদকেশ। ত্রি০ বিশদকেশযুক্ত। Helmet ; clean hair.

শীল ক্লী০ [শীল–অচ্] স্বভাব, মহত্ত্ব, চরিত্রবিশেষ। পু০ অজগরসর্প, রাগদ্বেষপরিত্যাগ। স্ত্রী০ শীলা—কৌণ্ডিন্যমুনিপত্নী। Nature, greatness, character ; large snake, wife of the sage Kauṇḍinya.

শীলন ক্লী০ [শীল–ল্যুট্] অভ্যাস, অতিশায়ন, প্রবর্তন। Practice, excelling.

শীলবত্ ত্রি০ [শীল+মতুপ্] শীলযুক্ত। Of good conduct.

শীলিত ত্রি০ [শীল–ক্ত] অভ্যস্ত, সেবিত। Practised.

শীবন্ পু০ [শী–ক্বনিপ্] অজগরসর্প। Large snake.

শুক ক্লী০ [শুক–ক] শিরস্ত্রাণ, বস্ত্র, বস্ত্রাঞ্চল, গ্রন্থিপর্ণ। পু০ পক্ষিবিশেষ, রাবণমন্ত্রিবিশেষ, শিরীষবৃক্ষ, বৃক্ষ। স্ত্রী০ শুকী—কশ্যপপত্নী। Helmet or turban, cloth, end of garment, parrot, a kind of tree.

শুকতরু [শুক+তরু], **শুকদ্রুম** পু০ [শুক+দ্রুম] শিরীষবৃক্ষ। A kind of tree.

শুকনাস পু০ [শুক+নাসা] শ্যোণাকবৃক্ষ, কাদম্বরী বর্ণিত চরিত্রবিশেষ। ত্রি০ শুকতুল্যনাসাযুক্ত। A kind of tree ; having an aquiline nose.

শুকাদন পু০ [শুক+অদ–ল্যুট্] দাড়িম। Pomegranate tree.

শুক্ত ক্লী০ [শুচ–ক্ত] মাংস, কাঞ্জিক, অভিষুত দ্রবদ্রব্যবিশেষ। ত্রি০ নির্জন, শ্লিষ্ট নিষ্ঠুর। Flesh, sour gruel, a kind of beverage; lonely.

শুক্তি স্ত্রী০ [শুচ–ক্তিন্] ঝিনুক, কপাল। Oyster, skull.

শুক্তিকা স্ত্রী০ [শুক্তি+কন্+টাপ্] ঝিনুক, মুক্তাস্ফোট। Oyster, pearl.

শুক্তিজ ক্লী০, [শুক্তি+জন–ড] মুক্তা। Pearl.

শুক্র ক্লী০ [শুচ–রক্] দেহজ ধাতুবিশেষ, নেত্ররোগবিশেষ। পু০ দৈত্যগুরু, গ্রহবিশেষ, অগ্নি, চিত্রক বৃক্ষ, জ্যৈষ্ঠমাস, যাগবিশেষ। Semen, a kind of disease; name of the preceptor of the Asuras, fire, a kind of tree; a kind of sacrifice.

শুক্রশিষ্য পু০ [শুক্র+শিষ্য] দৈত্য। Demon.

শুক্রলা স্ত্রী০ [শুক্র+লা–ক+টাপ] উষ্টবৃক্ষ। A kind of tree.

শুক্ল ক্লী০ [শুচ–লক্] রজত, নবনীত, অক্ষিরোগবিশেষ, শ্বেতবর্ণ। ত্রি০ শ্বেতবর্ণযুক্ত। পু০ যাগবিশেষ, শ্বেত এরণ্ড, শুক্লপক্ষ। Silver, fresh butter, a kind of disease of the eye, white colour ; white ; a kind of sacrifice, the bright half of a lunar month.

শুক্লকর্মন্ ত্রি০ [শুক্ল+কর্মন্] পবিত্র, শুভচরিত্র। Pure, pure in conduct.

শুক্লাপাঙ্গ পু০ [শুক্ল+অপাঙ্গ] শুক্ল নেত্রান্ত, ময়ূর। White corners of the eye, peacock.

শুক্লিমন্ পু০ [শুক্ল+ইমনিচ্] শুক্লত্ব। Whiteness.

শুঙ্গ পু০ [শম–গ] বটবৃক্ষ, শূক, আম্রাতক, পর্পটিবৃক্ষ। A kind of tree, awn of corn.

শুঙ্গা স্ত্রী০ [শুঙ্গ+টাপ্] ধান্যাদির শূক। Awn of corn.

শুচ্[চা] স্ত্রী০[শুচ–ক্বিপ্(+টাপ্)] শোক। Grief.

শুচি পু০ [শুচ–কি] বহ্নি, চিত্রকবৃক্ষ, আষাঢ়মাস, শৃঙ্গাররস, জ্যৈষ্ঠমাস, শুদ্ধাচরণ, গ্রীষ্ম ঋতু, অগ্নিবিশেষ, শ্বেতবর্ণ, অর্কবৃক্ষ। ত্রি০ শ্বেতবর্ণযুক্ত, শুদ্ধ, অনুপহত। Fire, a kind of tree, name of a month, sentiment of love, white colour ; white-coloured.

শুচিরোচিস্ পু০ [শুচি+রোচিস্] চন্দ্র, কর্পূর। The moon, camphor.

শুচিব্রত ত্রি০ [শুচি+ব্রত] পবিত্র, ধার্মিক। Holy, virtuous.

শুচিস্মিত ত্রি০ [শুচি+স্মিত] বিশুদ্ধহাস্যযুক্ত। Having a sweet smile.

শুণ্ঠি স্ত্রী০ [শুঠ–ইন্], **শুণ্ঠী** স্ত্রী০ [শুঠ–ইন্+ঙীপ্], **শুণ্ঠিকা** স্ত্রী০ [শুণ্ঠি+কন্+টাপ্] শুষ্ক আর্দ্রক। Dried ginger.

শুণ্ড পু০ [শুন–ড] হাতির শুঁড়। স্ত্রী০ শুণ্ডা—মদিরা। Elephant's trunk ; spirituous liquor.

শুণ্ডার পু০ [শুণ্ডা+র] শৌণ্ডিক, হস্তী। Distiller, elephant.

শুণ্ডাল পু০ [শুণ্ডা+লচ্] হস্তী। Elephant.

শুণ্ডিন্ পু০ [শুণ্ড–ইনি] হস্তী। Elephant.

শুদ্ধ ক্লী০ [শুধ–ক্ত] সৈন্ধবলবণ, মরিচ। ত্রি০ কেবল, নির্দোষ, পবিত্র, শুভ্র। Rock-salt ; only, innocent, holy, white.

শুদ্ধদত্ ত্রি০ [শুদ্ধ+দন্ত] শুদ্ধদন্তযুক্ত। Having sparkling teeth.

শুদ্ধধী ত্রি০ [শুদ্ধা+ধী], **শুদ্ধমতি** ত্রি০ [শুদ্ধা+মতি] শুদ্ধান্তঃকরণ। Pure-minded.

শুদ্ধান্ত পু০ [শুদ্ধ+অন্ত] রাজার অন্তঃপুর, অশৌচান্ত। Seraglio.

শুদ্ধি স্ত্রী০ [শুধ–ক্তিন্] মার্জন, নৈর্মল্যসম্পাদন, বৈদিককর্মযোগ্যত্ব-সম্পাদক সংস্কারবিশেষ, দুর্গা। Purification, purificatory ceremony, an epithet of goddess Durgā.

শুদ্ধিপত্র ক্লী০ [শুদ্ধি+পত্র] সংস্কারসাধক পত্র। Corrigendum.

শুন পু০ [শুন–ক] কুক্কুর। Dog.

শুনক পু০ [শুন+কন্] মুনিবিশেষ, কুক্কুর। Name of a sage, dog.

শুনঃশেফ পু০ [শুনঃ+শেফ] বিশ্বামিত্রশিষ্য মুনিবিশেষ। Name of a sage.

শুনাশী[সী]র পু০ [সু+নাশী(সী)র] ইন্দ্র, পেচক। Name of Indra, owl.

শুভ ক্লী০ [শুভ–ক] মঙ্গল, খেচরপুরবিশেষ, পদ্মকাষ্ঠ। ত্রি০ শুভযুক্ত। Welfare ; auspicious.

শুভঙ্কর ত্রি০ [শুভ+কৃ–খচ্] মঙ্গলকারক। স্ত্রী০ শুভঙ্করী — দুর্গা। Auspicious ; an epithet of the goddess Durgā.

শুভদ পু০ [শুভ+দা–ক] অশ্বত্থবৃক্ষ। ত্রি০ মঙ্গলদাতা। Name of a tree ; auspicious.

শুভংযু ত্রি০ [শুভম্+যুস্] শুভান্বিত। Auspicious.

শুভশংসিন্ ত্রি০[শুভ+শন্স–ণিনি] শুভকামনাকারী। One wishing well.

শুভাশুভপরিত্যাগিন্ ত্রি০ [শুভাশুভ+পরি+ত্যজ–ণিনি] শুভাশুভপরিত্যাগকারী। One who has forsaken both good and evil.

শুভ্র পু০, ক্লী০ [শুভ–রক্] অভ্র, রৌপ্য, কাসীস, শুভ্রলবণ, চন্দন। পু০ শ্বেতবর্ণ। ত্রি০ শ্বেতবর্ণযুক্ত। Mica, silver, rock-salt, sandal; white colour ; white.

শুভ্রকর পু০ [শুভ্র+কর], **শুভ্ররশ্মি** পু০ [শুভ্র+রশ্মি], **শুভ্রাংশু** পু০ [শুভ্র+অংশু] চন্দ্র, কর্পূর। Moon, camphor.

শুভ্রদন্তী স্ত্রী০ [শুভ্র+দন্ত+ঙীষ্] পুষ্পদন্ত নামক দিগ্গজের পত্নী। Name of the female mate of Puṣpadanta.

শুম্ভ পু০ [শুন্ভ–অচ্] দানববিশেষ। Name of a demon.

শুম্ভমর্দিনী স্ত্রী০ [শুম্ভ+মৃদ–ণিনি+ঙীপ্] দুর্গা। An epithet of the goddess Durgā.

শুল্ক পু০, ক্লী০ [শুল্ক–ঘঞ্] রাজগ্রাহ্য করবিশেষ, স্ত্রীধনবিশেষ, পণ। Tax particularly levied at ferries roads, etc., woman's private property, dowry.

শুল্কগ্রাহিন্ পু০ [শুল্ক+গ্রহ–ণিনি] করসংগ্রাহক। Tax-collector.

শুল্কদ পু০ [শুল্ক+দা–ক] শুল্কদাতা। Taxpayer.

শুশ্রুবস্ ত্রি০ [শ্রু–ক্বসু] শ্রবণকারী। One who has heard.

শুশ্রূষণ ক্লী০ [শ্রু+সন্–ল্যুট্], **শুশ্রূষা** স্ত্রী০ [শ্রু+সন্–অ+টাপ্] শ্রবণেচ্ছা, সেবা। Desire to hear, service.

শুশ্রূষু ত্রি০ [শ্রু+সন্–উ] শ্রবণেচ্ছু, পরিচর্যাকারী। Desirous of hearing, serving.

শুষি স্ত্রী০ [শুষ–কি] শোষণ, ছিদ্র। Drying, hole.

শুষির ক্লী০ [শুষ–কিরচ্] গর্ত, বংশী প্রভৃতি বাদ্য। Hole, musical wind-instruments.

শুষ্ক ত্রি০ [শুষ–ক্ত] অনার্দ্র। ক্লী০ শোষণ। Dry; drying.

শুষ্ককলহ পু০ [শুষ্ক+কলহ] নিষ্ফল বিসংবাদ। A futile altercation.

শুষ্ম ক্লী০ [শুষ–মন্] তেজ, পরাক্রম। পু০ অগ্নি, সূর্য, চিত্রকবৃক্ষ, বায়ু, পক্ষী। Lustre, prowess ; fire, sun, wind, bird.

শুষ্মন্ ক্লী০ [শুষ–ম্ননিপ্] তেজ, শৌর্য। পু০ অগ্নি, চিত্রকবৃক্ষ। Lustre, prowess ; fire.

শূক পু০, ক্লী০ [শো–ঊকক্] তীক্ষ্ণাগ্র, শিখা, দয়া। Sharp point, kindness.

শূককীট পু০ [শূক+কীট] শুঁয়াপোক। A kind of insect.

শূকধান্য ক্লী০ [শূক+ধান্য] শূকযুক্ত ধান্য। An awned grain.

শূকর পু০ [শূ+কৃ–অচ্] পশুবিশেষ। Hog.

শূদ্র পু০ [শুচ–রক্] চতুর্থবর্ণের অন্তিম বর্ণ। স্ত্রী০ শূদ্রা—শূদ্রজাতীয়া স্ত্রী। The last of the four original castes ; a śūdra-woman.

শূদ্রযাজক পু০ [শূদ্র+যাজক] শূদ্রযাজনকারী। One who works as a priest of the śūdras.

শূদ্রাবেদিন্ পু০ [শূদ্রা+বিদ–ণিনি] শূদ্রকন্যা বিবাহকারী। One who has married a śūdra-woman.

শূদ্রী স্ত্রী০ [শূদ্র+ঙীপ্] শূদ্রভার্যা। Wife of a śūdra.

শূন ত্রি০ [শ্বি–ক্ত] বৃদ্ধিপ্রাপ্ত, স্ফীত। Increased, bulged.

শূনা স্ত্রী০ [শূন+টাপ্] প্রাণিবধস্থান, অধোজিহ্বা। Slaughter-house.

শূন্য ক্লী০ [শূন+যত্] নির্জন স্থান, আকাশ, বিন্দু, অভাব। ত্রি০ অসম্পূর্ণ, ঊন, তুচ্ছ। Lonely place, sky, dot, void.

শূন্যমনস্ ত্রি০ [শূন্য+মনস্], **শূন্যহৃদয়** ত্রি০ [শূন্য +হৃদয়] অনবহিত চিত্ত। Absent-minded.

শূন্যবাদ পু০ [শূন্য+বাদ] বৌদ্ধ মতবিশেষ। The doctrine of nihilism.

শূন্যবাদিন্ পু০ [শূন্য+বদ-ণিনি] বৌদ্ধবিশেষ। A school of Buddhist philsophy.

শূর পু০ [শূর-অচ্] বীর, বসুদেব নামক যাদব, সূর্য, সিংহ, চিত্রকবৃক্ষ, শূকর, সাল, নিকুচ, মসূর। ত্রি০ বিক্রান্ত। Hero, the sun, lion, a kind of tree, boar.

শূরণ পু০ [শূর-ল্যু] মূলবিশেষ, শোনাকবৃক্ষ। A kind of root, a kind of tree.

শূরসেন পু০ [শূর+সেন] দেশবিশেষ, নৃপবিশেষ। Name of a country, name of a king.

শূর্প পু০, ক্লী০ [শূর্প-ঘঞ্] কুলা, দ্রোণদ্বয়পরিমাণ। Winnowing basket.

শূর্পকর্ণ পু০ [শূর্প+কর্ণ], **শূর্পশ্রুতি** পু০ [শূর্প+শ্রুতি] গজ। Elephant.

শূর্পণখা স্ত্রী০ [শূর্প+নখ+টাপ্] রাবণভগিনী। Name of a sister of Rāvaṇa.

শূর্মি[র্মী] স্ত্রী০ [সু+ঊর্মি (+ঙীপ্)] লৌহাদি-প্রতিমা। Iron-image.

শূল পু০, ক্লী০ [শূল-ক] রোগবিশেষ, ত্রিশূল, ব্যথা, মৃত্যু, সুতীক্ষ্ণ অয়ঃফাল, চিহ্ন। পু০ মুনিবিশেষ, জ্যোতিষশাস্ত্রোক্ত যোগবিশেষ। A kind of disease, trident, colic, death, name of a sage.

শূলধর পু০ [শূল+ধর] শিব। An epithet of Śiva.

শূলধারিন্ পু০ [শূল+ধৃ-ণিনি] শিব। স্ত্রী০ শূল-ধারিণী—দুর্গা। An epithet of Śiva; an epithet of Durgā.

শূলপাণি পু০ [শূল+পাণি] শিব। An epithet of Śiva.

শূলভৃৎ পু০ [শূল+ভৃৎ] মহাদেব। An epithet of Śiva.

শূলা স্ত্রী০ [শূল+অচ্+টাপ] বেশ্যা, দুষ্টবধার্থ কীলক। Harlot, a sharp iron stake.

শূলাকৃত [শূল+ডাচ্+কৃ-ক্ত], **শূল্য** [শূল+যত্] ত্রি০ লৌহাদি কীলকের দ্বারা বিদ্ধ পক্ব মাংস। Roasted meat.

শূলাপাল পু০ [শূলা+পাল] গণিকাধ্যক্ষ। A keeper of a brothel.

শূলিন পু০ [শূল+ইনন্] ভাণ্ডীর বৃক্ষ। A kind of tree.

শৃগাল পু০ [অসৃজ+লা-ক] শেয়াল, দৈত্য-বিশেষ, বাসুদেব, নিষ্ঠুর ব্যক্তি, খল, ভীরু। Jackal, ill-natured man, cheat, coward.

শৃগালিকা স্ত্রী০ [শৃগাল+ঙীষ্+কন্+টাপ্] জম্বুকী। Female jackal.

শৃঙ্খল পু০ [শৃঙ্গ+স্খল-অচ্] নিগড়, কণ্ঠাভরণ, কটিবন্ধন। Chain.

শৃঙ্খলক পু০ [শৃঙ্খল+কৈ-ক] উষ্ট্র। Camel.

শৃঙ্খলিত ত্রি০ [শৃঙ্খলা+ইতচ্] নিগড়িত। Chained.

শৃঙ্খলা স্ত্রী০ [শৃঙ্খল+টাপ্] নিগড়, বন্ধন, কণ্ঠাভরণ, কটিবন্ধন। Chain.

শৃঙ্গ ক্লী০ [শৃ-গন্] পর্বতোপরিভাগ, প্রভুত্ব, চিহ্ন, পিচকারী, বিষাণ, উৎকর্ষ, ঊর্ধ্ব, তীক্ষ্ণ, পদ্ম, মহিষ-শৃঙ্গনির্মিতবাদ্যবিশেষ। পু০ মুনিবিশেষ। Top of mountain, lordship, mark, horn, lotus.

শৃঙ্গবের ক্লী০ [শৃঙ্গ+বের] আর্দ্রক, শুণ্ঠী, গুহক-চণ্ডালের নগরী। Ginger, name of a town on the Ganges.

শৃঙ্গাট[ক] ক্লী০ [শৃঙ্গ+অট-অণ্+(কন্)] উত্তরস্থ পর্বতবিশেষ, চতুষ্পথ, জলকণ্টকিবৃক্ষ। Name of a mountain, a place where four roads meet.

শৃঙ্গার পু০, ক্লী০ [শৃঙ্গ+ঋ-অণ্] রসবিশেষ, লবঙ্গ, সিন্দূর। Erotic sentiment, clove.

শৃঙ্গিন্ পু০, [শৃঙ্গ+ইনি] মেষ, কুলাচলবিশেষ, মুনিবিশেষ, পর্বত, বৃক্ষ। ত্রি০ শৃঙ্গযুক্ত। স্ত্রী০ শৃঙ্গিণী—ধেনু, জ্যোতিষ্মতী। Sheep, name of a mountain, sage, tree; horned; cow.

শৃঙ্গী স্ত্রী০ [শৃঙ্গ+অচ্+ঙীষ্] শিঙিমাছ, অতি-বিষা, বৃষভৌষধি, কর্কটশৃঙ্গী, প্লক্ষ, বিষ। A kind of fish.

শৃঙ্গীকনক ক্লী০ [শৃঙ্গী+কনক] ভূষণার্থ স্বর্ণ। Gold used for ornaments.

শৃত ত্রি০ [শ্রৈ-ক্ত] পক্ব, কথিত। Cooked, boiled.

শেখর পু০ [শিখি-অরন্] শিখা, মস্তকস্থিত মাল্য, গীতাঙ্গ ধ্রুববিশেষ। Peak, garland of flowers worn on the head.

शेफ पु०, क्ली० [शी–फन्] शिश्न। त्रि० शयनकारी। Penis ; one who sleeps.

शेफालि[ली, लिका] स्त्री० [शेफ+अलि(+ङीप्) (+कप्+टाप्)] पुष्पविशेष। A kind of flower.

शेमुषी स्त्री० [शी–विच्+मुष–क+ङीप्] बुद्धि। Intellect.

शेवधि पु० [शे+अवधि], [शेव+धा–कि] नवविध निधि। Valuable treasure.

शेष पु० [शिष–अच्] अनन्त, बलदेव, अवशेष, गज, भगवानेर कालसंज्ञक मूर्ति। The serpent Ananta, name of Baladeva, residue.

शेषशायिन् पु० [शेष+शायिन्] अनन्तशय्याशायी विष्णु। An epithet of Viṣṇu.

शेषिन् त्रि० [शेष+इनि] शेषयुक्त। One having an end or residue.

शैघ्र्य क्ली० [शीघ्र+ष्यञ्] शीघ्रभाव। Quickness.

शैत्य क्ली० [शीत+ष्यञ्] शीतलत्व। Coldness.

शैथिल्य क्ली० [शिथिल+ष्यञ्] शिथिलता। Slackness.

शैल क्ली० [शिला+अण्] गन्धद्रव्यविशेष। पु० पर्वत। Bitumen ; hill.

शैलज क्ली० [शैल+जन–ड] गन्धद्रव्यविशेष। Bitumen.

शैलजा स्त्री० [शैलज+टाप्] पार्वती। An epithet of Pārvatī.

शैलपति पु० [शैल+पति], **शैलराज** पु० [शैल+राजन्+टच्] हिमालय। Epithets of the Himālaya.

शैलतनया स्त्री० [शैल+तनया], **शैलपुत्री** स्त्री० [शैल+पुत्री], **शैलसुता** स्त्री० [शैल+सुता], **शैलात्मजा** स्त्री० [शैल+आत्मजा] पार्वती, गङ्गा। Epithets of Pārvatī or the Ganges.

शैलाधिप पु० [शैल+अधिप], **शैलाधिराज** पु० [शैल+अधिराज] गिरिराज, हिमालय। Epithets of the Himālaya.

शैलूष पु० [शिलूष+अण्] नट। Actor.

शैलूषिक पु० [शैलूष+ठक्] नटप्रधान। A top-ranking actor.

शैलेन्द्र पु० [शैल+इन्द्र] पर्वतश्रेष्ठ, हिमालय। The king of mountains, an epithet of the Himālaya.

शैलेय क्ली० [शिला+ढक्] शैलजाख्य गन्धद्रव्यविशेष। त्रि० पर्वतजात। पु० सिंह, भ्रमर। Bitumen ; produced from rocks ; lion, bee.

शैव क्ली० [शिव+अण] महापुराणविशेष, शैवल। त्रि० शिवभक्त, शिवसम्बन्धी। Name of a Purāṇa, moss ; devotee of Śiva.

शैवल क्ली० [शी–वलञ्] पद्मकाष्ठ। पु० शैवाल। A kind of fragrant wood ; moss.

शैवाल पु०, क्ली० [शी–वालञ्] जलजात पदार्थविशेष। Moss.

शैवलिनी स्त्री० [शैवल+इनि+ङीप्] नदी। River.

शैव्य पु० [शिबि+ष्य] राजविशेष। Name of a king.

शैव्या स्त्री० [शैव्य+टाप्] हरिश्चन्द्रपत्नी। Wife of Hariścandra.

शैशव क्ली० [शिशु+अण्] शिशुत्व, तारुण्य। Childhood.

शैशिर त्रि० [शिशिर+अण्] शिशिरसम्बन्धी। Belonging to the cold season.

शोक पु० [शुच–घञ्] वियोगज दुःख। Sorrow.

शोकाकुल त्रि० [शोक+आकुल], **शोकाभिभूत** त्रि० [शोक+अभिभूत] **शोकाविष्ट** त्रि० [शोक+आविष्ट] **शोकोपहत** त्रि० [शोक+उपहत] शोकविह्वल। Afflicted by grief.

शोकाग्नि पु० [शोक+अग्नि], **शोकानल** [शोक+अनल] शोकरूप अग्नि, दुःसह शोक। The fire of grief.

शोचन क्ली० [शुच–ल्युट्] शोक करा। Grieving.

शोचना स्त्री० [शुच्–ल्यु+टाप्] शोक करा। Grieving.

शोचिष्केश [शोचिस्+केश] वह्नि, चित्रकवृक्ष। Fire, a kind of tree.

शोचिस् क्ली० [शुच–इसि] दीप्ति। Lustre.

शोचनीय त्रि० [शुच–अनीय], **शोच्य** त्रि० [शुच–ण्यत्] अनुकम्पनीय, नीच। Pitiable, vile.

शोण क्ली० [शोण–अच्] सिन्दूर, रुधिर, रक्त इक्षु, श्योणाकविशेष, मङ्गल ग्रह, अग्नि, चित्रक, नदविशेष। पु० रक्तवर्ण। त्रि० रक्तवर्णयुक्त। Vermilion, blood, the planet Mars, fire, name of a river ; red colour ; reddish.

शोणित क्ली० [शोण–इतच्] रुधिर, कुङ्कुम। पु० रक्तवर्ण। त्रि० रक्तवर्णयुक्त। Blood, saffron ; red colour ; reddish.

शोणितचन्दन क्ली० [शोणित+चन्दन] रक्तचन्दन। Red sandalwood.

शोणितपुर क्ली० [शोणित+पुर] बाणासुरेर नगर। Name of the city of demon Bāṇa.

शोणिमन् पु० [शोण+इमनिच्] रक्तिमा। Redness.

শোথ[ক] পু° [শু–থন্(ক)] রোগবিশেষ। Dropsy.

শোধ পু° [শুধ–ঘঞ্] শুদ্ধি। Purification.

শোধক ত্রি° [শুধ+ণিচ্–ণ্বুল্] শুদ্ধিকারক। Purifier.

শোধন ক্লী° [শুধ+ণিচ্–ল্যুট্] শৌচ, বিষ্ঠা, কাসীস, বিহিতাবিহিতমাসাদির বিচার, মলাদির বিরেচন, দোষনিবারণ, ঋণাদির পরিশোধ। পু° [শুধ+ণিচ্–ল্যু] নিম্বুক। ত্রি° শুদ্ধিকারক। স্ত্রী° শোধনী—সম্মার্জনী, তাম্বুলবল্লী, নীলী। Cleansing, purging, correction; citron tree; purifier; broomstick.

শোধনীয় ত্রি° [শুধ–অনীয়র্] শোধনের যোগ্য। Fit to be purified.

শোধিত ত্রি° [শুধ+ণিচ্–ক্ত] সংস্কৃত, মার্জিত। Purified, cleansed.

শোভ ত্রি° [শুভ–অচ্] শোভনশীল। Brilliant.

শোভন ক্লী° [শুভ–ল্যুট্] পদ্ম। পু° [শুভ–ল্যু] জ্যোতিষোক্ত যোগবিশেষ, গ্রহ। ত্রি° শোভাযুক্ত, সুন্দর। Lotus; beautiful.

শোভা স্ত্রী° [শুভ–অ+টাপ] দীপ্তি, হরিদ্রা, গোরোচনা, গোপীবিশেষ। Lustre, turmeric.

শোভাঞ্জন পু° [শোভা+অঞ্জন] বৃক্ষবিশেষ। A kind of tree.

শোভিক ত্রি° [শোভ+ঠক্] ইন্দ্রজালিক। Juggler.

শোভিত ত্রি° [শোভা+ইতচ্] দীপিত, দ্যোতিত। Shining, adorned.

শোষ পু° [শুষ–ঘঞ্] শুষ্কতাপাদন। [শুচ+ণিচ্–অচ্] যক্ষ্মারোগ। Drying up; consumption.

শোষক ত্রি° [শুষ–ণ্বুল্] শোষয়িতা। Absorber.

শোষণ ক্লী° [শুষ–ল্যুট্] চোষণপূর্বক রসকর্ষণ, শ্যোণাকবৃক্ষ। পু° [শুষ্+ণিচ্–ল্যু] কামদেবের শরবিশেষ। Absorption, a kind of tree.

শোষিত ত্রি° [শুষ+ণিচ্–ক্ত] নীরসীকৃত। Dried up.

শোষিন্ ত্রি° [শুষ–ণিনি] শোষয়িতা। Absorber.

শৌকর ক্লী° [শূকর+অণ্] তীর্থবিশেষ। ত্রি° শূকরসম্বন্ধীয়। A place of pilgrimage; relating to the hog.

শৌক্ল্য ক্লী° [শুক্ল+ষ্যঞ্] শ্বেততা, শ্বেতবর্ণ। Whiteness.

শৌক্তিক ত্রি° [শুক্তি+ঠক্] শুক্তিসম্বন্ধী। Relating to a pearl.

শৌক্লেয় পু° [শুক্লা+ঢক্] গরুড়। Name of Garuḍa.

শৌচ ক্লী° [শুচ–অণ্] শুদ্ধি। Purity.

শৌচদ ত্রি° [শৌচ+দা–ক] শুদ্ধিপ্রদ। Purifying.

শৌটীর পু° [শৌট–ঈরন্] বীর, ত্যাগী। ত্রি° গর্বান্বিত। Hero; haughty.

শৌটীর্য ক্লী° [শৌটীর+ষ্যঞ্] বীর্য। Strength.

শৌণ্ড ত্রি° [শুণ্ডা+অণ্] মত্ত, দক্ষ। Intoxicated, skilled.

শৌণ্ডিক পু° [শুণ্ডা+ঠক্] মদ্যবিক্রেতা, জাতিবিশেষ। Wine-seller, name of a caste.

শৌণ্ডীর ত্রি° [শুণ্ডা+ঈরন্+অণ্] গর্বান্বিত। Haughty.

শৌদ্ধোদনি পু° [শুদ্ধোদন+ইঞ্] গৌতম বুদ্ধ। Name of Buddha.

শৌদ্র ত্রি° [শূদ্র+অণ্] শূদ্রসম্বন্ধীয়। পু° জাতিবিশেষ। Relating to Śūdra; name of a caste.

শৌনক পু° [শুনক+অণ্] মুনিবিশেষ। Name of a sage.

শৌনিক পু° [শুনা+ঠক্] মাংসবিক্রেতা। Butcher.

শৌভ ক্লী° [শোভা+অণ্] ব্যোমগামী পুরবিশেষ। A moving city in the air.

শৌরি পু° [শূর+ইঞ্] বিষ্ণু, শনৈশ্চর। An epithet of Viṣṇu or Saturn.

শৌর্য ক্লী° [শূর+ষ্যঞ্] বীর্য। Prowess.

শৌবস্তিক ত্রি° [শ্বস্+ঠক্] পরদিনস্থায়ী। Lasting till tomorrow.

শ্চ্যোত পু° [শ্চ্যুত–ঘঞ্] চতুর্দিকে সেচন। Sprinkling all around.

শ্মন্ ক্লী° [শী–মনিন্] মুখ, শব। Face, corpse.

শ্মশান ক্লী° [শ্মন্+শী–আনচ্] শবদাহস্থান। Burning ground.

শ্মশানবাসিন্ পু° [শ্মশান+বস–ণিনি] মহাদেব, বটুকভৈরব। ত্রি° শ্মশানবাসকারী। An epithet of Śiva; one who resides in the burial ground.

শ্মশানবৈরাগ্য ক্লী° [শ্মশান+বৈরাগ্য] ক্ষণিক বৈরাগ্য। A temporary feeling of detachment.

শ্মশ্রু ক্লী° [শ্ম+শ্রু–ডু] পুরুষমুখস্থ লোমসংঘ। Beard.

শ্মশ্রুল ত্রি° [শ্মশ্রু+লচ্] শ্মশ্রুযুক্ত। Bearded.

শ্যান ত্রি° [শ্যৈ–ক্ত] ঘনীভূত। Congealed.

শ্যাম পু° [শ্যৈ–মক্] বৃদ্ধদারকবৃক্ষ, কোকিল, মেঘ, কৃষ্ণবর্ণ, প্রয়াগতীর্থস্থ বট, হরিদ্বর্ণ, ধুস্তর,

পীলুবৃক্ষ, শ্যামাক। স্ত্রী০ সিন্ধুজ লবণ, মরিচ। ত্রি০ কৃষ্ণবর্ণবিশিষ্ট, হরিদ্বর্ণবিশিষ্ট। A kind of tree, cuckoo, cloud, black colour; sea-salt ; black.

শ্যামল পু০ [শ্যাম+লা-ক] শ্যামবর্ণ, পিপ্পল। ত্রি০ কৃষ্ণবর্ণযুক্ত। স্ত্রী০ শ্যামলী—অশ্বগন্ধা, কটভী, জম্বু, কস্তূরী। Dark-blue colour; blackish; a species of plant, musck.

শ্যামলতা স্ত্রী০ [শ্যামল+তল্+টাপ্] কৃষ্ণবর্ণ, হরিদ্বর্ণ। Black, green.

শ্যামলিমন্ পু০ [শ্যামল+ইমনিচ্] শ্যামলত্ব। Greenness.

শ্যামা স্ত্রী০ [শ্যৈ-মন্+টাপ্] রাত্রি, নীলী, সোমলতা, গুড়ূচী, কস্তূরী, হরিদ্রা নীলদূর্বা, তুলসী, যমুনা, পক্ষিবিশেষ, স্ত্রীবিশেষ। Night, the soma plant, musk, turmeric, the river Jamuna, a kind of bird.

শ্যামাক পু০ [শ্যামা+কৈ-ক] ধান্যবিশেষ। A kind of grain.

শ্যামিকা স্ত্রী০ [শ্যাম+ঠন্+টাপ্] শ্যামত্ব, স্বর্ণাদির মালিন্য। Blackness, impurity of gold etc.

শ্যাল[ক] পু০ [শ্যৈ-কালন্ (+ক)] পত্নীর ভ্রাতা। Wife's brother.

শ্যাব পু০ [শ্যৈ-বন্] কৃষ্ণপীতমিশ্র বর্ণ। Dark brown.

শ্যেত পু০ [শ্যৈ-ইতচ্] শুক্লবর্ণ। ত্রি০ শুক্লবর্ণযুক্ত। White colour ; white.

শ্যেন পু০ [শ্যৈ-ইনন্] পক্ষিবিশেষ, পাণ্ডরবর্ণ। ত্রি০ পাণ্ডরবর্ণযুক্ত। A kind of bird, white colour.

শ্যৈনম্পাতা স্ত্রী০ [শ্যেন+পাত+অণ্+টাপ্] মৃগয়া। Hunting.

শ্রৎ অব্য০ [শ্রী-ডতি] শ্রদ্ধা। Reverence.

শ্রথন ক্লী০ [শ্রথ-ল্যুট্] বধ, যত্ন, প্রতিহর্ষ। Killing, effort.

শ্রদ্ধা স্ত্রী০ [শ্রৎ+ধা-অঙ্+টাপ্] শুদ্ধি, আদর, বিশ্বাস। Purity, regard, faith.

শ্রদ্ধাল ত্রি০ [শ্রদ্ধা+আলুচ্] শ্রদ্ধাযুক্ত। স্ত্রী০ স্পৃহাবতী স্ত্রী। Full of faith ; woman longing for anything.

শ্রন্থন ক্লী০ [শ্রন্থ-ল্যুট্] গ্রন্থন। Tying.

শ্রপণ ক্লী০[শ্রা+ণিচ্-ল্যুট্] পাক করা। Cooking.

শ্রপিত ত্রি০ [শ্রা+ণিচ্-ক্ত] ঘৃতাদি বিনা সিদ্ধ। Cooked without butter etc.

শ্রম পু০ [শ্রম-ঘঞ্] তপস্, খেদ, আয়াস। Penance, distress, effort.

শ্রমণ পু০[শ্রম-যুচ্] যতিবিশেষ। ত্রি০ ভিক্ষাজীবী। স্ত্রী০ শ্রমণা—জটামাংসী, শবরীবিশেষ, সুদর্শনা স্ত্রী। A kind of ascetic ; mendicant ; lovely woman.

শ্রমবারি ক্লী০ [শ্রম+বারি] ঘর্ম। Perspiration.

শ্রমিন্ ত্রি০ [শ্রম-ইনি] শ্রমশীল। Laborious.

শ্রয পু০ [শ্রি-অচ্] আশ্রয়। Resort.

শ্রয়ণ ক্লী০[শ্রি-ল্যুট্] আশ্রয় গ্রহণ, সেবন, ধারণ। The act of taking refuge, adherence.

শ্রব পু০ [শ্র-অপ্] কর্ণ, খ্যাতি। Ear, fame.

শ্রবণ ক্লী০ [শ্রু-ল্যুট্] কর্ণ, আকর্ণন। Ear, hearing.

শ্রবণেন্দ্রিয় ক্লী০ [শ্রবণ+ইন্দ্রিয়] কর্ণ। Ear.

শ্রবস্ ক্লী০ [শ্রু-অসি] কর্ণ, কীর্তি। Ear, fame.

শ্রব্য ত্রি০ [শ্রু-যৎ] শ্রবণীয়। ক্লী০ কাব্যবিশেষ। Fit to be heard ; a kind of kāvya.

শ্রাণ ত্রি০ [শ্রা-ক্ত] ঘৃতাদিবিনা পক। স্ত্রী০ শ্রাণা—যবাগূ। Cooked without butter etc ; rice-gruel.

শ্রাণন ক্লী০ [শ্রৈ+ণিচ্-ল্যুট্] দান, বিতরণ। Gift.

শ্রাদ্ধ ক্লী০[শ্রদ্ধা+অণ্] মৃত পিত্রাদির উদ্দেশে শ্রদ্ধা-সহকারে দেয় দ্রব্য। ত্রি০ শ্রদ্ধাযুক্ত। Offering in funeral rites in honour of departed relatives ; respectful.

শ্রাদ্ধদেব পু০ [শ্রাদ্ধ+দেব] যম, বৈবস্বত মনু। An epithet of Yama.

শ্রান্ত ত্রি০ [শ্রম-ক্ত] শ্রমযুক্ত, শান্ত, জিতেন্দ্রিয়। ক্লী০ শ্রম। Tired, calm ; labour.

শ্রান্তি স্ত্রী০ [শ্রম-ক্তিন্] ক্লান্তি। Fatigue.

শ্রায পু০ [শ্রি-ঘঞ্] আলয়। Shelter.

শ্রাবক পু০ [শ্রু-ণ্বুল্] শ্রবণকর্তা, বৌদ্ধ মুনি-বিশেষ, কাক। Listener, a Buddhist monk, crow.

শ্রাবণ পু০ [শ্রবণা+অণ্+ঙীপ্+অণ্] মাসবিশেষ, বর্ষবিশেষ। ত্রি০ [শ্রবণ+অণ্] প্রত্যক্ষবিশেষ। Name of a month, name of a year.

শ্রাবণিক পু০ [শ্রাবণী+ঠন্] চান্দ্রশ্রাবণমাস। Name of a lunar month.

শ্রাবণী স্ত্রী০ [শ্রাবণ+ঙীপ্] শ্রাবণমাসের পূর্ণিমা। The day of full-moon in Śrāvaṇa.

শ্রাবিত ত্রি০ [শ্রু+ণিচ্-ক্ত] যাহা শোনান হইয়াছে। Narrated.

শ্রাব্য ত্রি০ [শ্রু-ণ্যৎ] শ্রবণযোগ্য। Fit to be heard.

শ্রিত ত্রি০ [শ্রি–ক্ত] সেবিত, আশ্রিত। Served, resorted to.

শ্রী স্ত্রী০ [শ্রি–ক্বিপ্] লক্ষ্মী, লবঙ্গ, শোভা, বাণী, বেশরচনা, সরলবৃক্ষ, সম্পত্তি, প্রকার, উপকরণ, বুদ্ধি, বিভূতি, অধিকার, প্রভা, কীর্তি, বৃদ্ধি, সিদ্ধি, কমল, বিল্ববৃক্ষ, বৃদ্ধিনামক ওষধি। পু০ সঙ্গীতশাস্ত্রোক্ত রাগবিশেষ। The goddess of wealth, clove, a kind of tree, property, intellect, lustre.

শ্রীকণ্ঠ পু০ [শ্রী+কণ্ঠ] শিব, দেশবিশেষ। Name of Śiva.

শ্রীকর ক্লী০ [শ্রী+কর] রক্তোৎপল। পু০ বিষ্ণু, পণ্ডিতবিশেষ। ত্রি০ শোভাকারক। Red lotus ; an epithet of Viṣṇu.

শ্রীকান্ত পু০ বিষ্ণু। An epithet of Viṣṇu.

শ্রীখণ্ড পু০, ক্লী০ [শ্রী+খণ্ড] চন্দন। Sandal.

শ্রীঘন পু০ [শ্রী+ঘন] বুদ্ধবিশেষ। An epithet of Buddha.

শ্রীদ পু০ ত্রি০ [শ্রী+দা–ক] কুবের। An epithet of Kuvera.

শ্রীদাম পু০ [শ্রী+দাম] শ্রীকৃষ্ণের সখা। Name of a consort of Kṛṣṇa.

শ্রীধর পু০ [শ্রী+ধর] বিষ্ণু। ক্লী০ শালগ্রামমূর্তি-বিশেষ। Name of Viṣṇu.

শ্রীনিকেতন পু০ [শ্রী+নিকেতন] বিষ্ণু। ক্লী০ লক্ষ্মীর নিবাস। Name of Viṣṇu.

শ্রীনিবাস পু০ [শ্রী+নিবাস] বিষ্ণু। An epithet of Viṣṇu.

শ্রীফল পু০ [শ্রী+ফল] বিল্ববৃক্ষ, রাজাদনী। স্ত্রী০ শ্রীফলা—নীলী, ক্ষুদ্র বেল। শ্রীফলী—আমলকী। A kind of tree ; indigo plant, myrobalan.

শ্রীভ্রাতৃ পু০ [শ্রী+ভ্রাতৃ] চন্দ্র, অশ্ব। The moon, horse.

শ্রীমৎ পু০ [শ্রী+মতুপ্] তিলবৃক্ষ, অশ্বত্থবৃক্ষ, বিষ্ণু, শিব, কুবের। ত্রি০ শোভাযুক্ত, ধনী। স্ত্রী০ শ্রীমতী—রাধিকা। A kind of tree, name of Viṣṇu ; beautiful ; a name of Rādhikā.

শ্রীযুক্ত ত্রি০ [শ্রী+যুক্ত], **শ্রীযুত** [শ্রী+যুত] শোভাযুক্ত, ঐশ্বর্যশালী। Beautiful, prosperous.

শ্রীরঙ্গপত্তন ক্লী০ [শ্রী+রঙ্গ+পত্তন] দাক্ষিণাত্যের নগরবিশেষ। Name of a city in South India.

শ্রীল ত্রি০ [শ্রী+লচ্] শোভাযুক্ত, সম্পদাদিযুক্ত। Beautiful, wealthy.

শ্রীবৎস পু০ [শ্রী+বদ–স] বিষ্ণু, বক্ষের শ্বেতরোমাবর্তবিশেষ, তুরঙ্গবিশেষ। Name of a Viṣṇu, a curl of white hair on the breast.

শ্রীবৎসলাঞ্ছন পু০ [শ্রীবৎস+লাঞ্ছন] বিষ্ণু। An epithet of Viṣṇu.

শ্রীবৃক্ষ[ক] পু০ [শ্রী+বৃক্ষ(+কন্)] অশ্বত্থবৃক্ষ, বিল্ববৃক্ষ অশ্বের হৃদয়স্থ শ্বেতরোমাবর্তবিশেষ। Fig tree, vilva tree, a curl of white hair on the breast of a horse.

শ্রীবৃক্ষকিন্ ত্রি০ [শ্রীবৃক্ষক+ইন্] হৃদয়স্থ শ্বেত-রোমাবর্তবিশিষ্ট। Marked with a curl of white hair on the breast as of a horse.

শ্রীশ পু০ [শ্রী+ঈশ] বিষ্ণু, রাম। Name of Viṣṇu or Rāma.

শ্রুত ক্লী০ [শ্রু–ক্ত] শাস্ত্র, শাস্ত্রের জ্ঞান। ত্রি০ শ্রবণের দ্বারা গৃহীত, অবধৃত। Scripture, sacred knowledge ; heard.

শ্রুতকীর্তি স্ত্রী০ [শ্রুত+কীর্তি] শত্রুঘ্নপত্নী। ত্রি০ বিখ্যাতযশস্ক। Name of the wife of Śatrughna ; renowned.

শ্রুতবোধ পু০ [শ্রুত+বোধ] ছন্দোগ্রন্থবিশেষ। Name of a book on metres.

শ্রুতশ্রবস্ পু০ [শ্রুত+শ্রবস্] শিশুপালের পিতা। Name of the father of Śiśupāla.

শ্রুতি স্ত্রী০ [শ্রু–ক্তিন্] বেদ, কর্ণ, শ্রবণেন্দ্রিয়জন্য জ্ঞান, অঙ্কশাস্ত্রোক্ত রেখাবিশেষ, শ্রবণক্রিয়া, বার্তা, শ্রবণানক্ষত্র। The Vedas, ear, hearing, news.

শ্রুতিকটু পু০ [শ্রুতি+কটু] অলঙ্কারশাস্ত্রোক্ত কাব্য-দোষবিশেষ। A kind of defect in poetical composition.

শ্রুতিধর ত্রি০ [শ্রুতি+ধর] শ্রবণমাত্রেই ধারণাযুক্ত। Having a retentive memory.

শ্রুতিপরায়ণ ত্রি০ [শ্রুতি+পরায়ণ] বেদনিষ্ঠ। Devoted to the Vedas.

শ্রুতিমূল ক্লী০ [শ্রুতি+মূল] কর্ণমূল। Root of the ear.

শ্রুত্যনুপ্রাস পু০ [শ্রুতি+অনুপ্রাস] শব্দালঙ্কারবিশেষ। A kind of figure of speech.

শ্রুব পু০ [শ্রু–ক] যাগ। Sacrifice.

শ্রেঢী স্ত্রী০ [শ্রেণী+ঢৌক–ড+ঙীষ্] গণনাঙ্গবিশেষ। Numerical notation of figures.

শ্রেণি[ণী] স্ত্রী০ [শ্রি–ণি(+ঙীপ্)] পঙ্ক্তি। Row.

श्रेयस् क्লী০ [প্রশস্য+ঈয়সুন্] ধর্ম, মোক্ষ, শুভ। ত্রি০ অতিপ্রশস্ত, শুভযুক্ত। স্ত্রী০ শ্রেয়সী—হরীতকী, পাঠা, গজপিপ্পলী, রাস্না। Virtue, salvation ; auspicious ; myrobalan.

श्रेयस्कर ত্রি০ [শ্রেয়স্+কৃ—ট] মঙ্গলকর। Beneficial.

श्रेष्ठ পু০ [প্রশস্য+ইষ্ঠন্] কুবের, নৃপ, বিপ্র, বিষ্ণু। ক্লী০ গোদুগ্ধ। ত্রি০ অত্যন্তপ্রশস্ত। Kuvera, king, Brahmin, name of Viṣṇu ; cow's milk ; best.

श्रेष्ठिन् পু০ [শ্রেষ্ঠ+ইনি] শিল্পী ও বণিক্‌দিগের শ্রেষ্ঠ। A chief among merchants.

श्रैष्ठ्य ক্লী০ [শ্রেষ্ঠ+ষ্যঞ্] শ্রেষ্ঠতা। Superiority.

श्रोणि[णी] [শ্রোণ-ইন্ (+ঙীপ্)] কটী, পথ। Hip, road.

श्रोणिफलक ক্লী০ [শ্রোণি+ফলক] প্রশস্তকটি, কটিপার্শ্ব। Broad hip.

श्रोणिसूत्र ক্লী০ [শ্রোণি+সূত্র] শ্রোণিস্থ বন্ধনসূত্র। A string worn round loins.

श्रोतस् ক্লী০ [শ্রু-অসুন্] কর্ণ, নদীবেগ, ইন্দ্রিয়। Ear, current, organ of sense.

श्रोतव्य ত্রি০ [শ্রু-তব্য] শুনিবার যোগ্য। Fit to be heard.

श्रोतृ ত্রি০ [শ্রু-তৃচ্] শ্রবণকারী। One who hears.

श्रोत्र ক্লী০ [শ্রোত্র+অণ্] কর্ণ। Ear.

श्रोत्रिय পু০ [ছন্দস্+ঘ] বেদাধ্যয়নানুরত। Attached to the study of the Vedas.

श्रौत ত্রি০ [শ্রুতি+অণ্] বেদবিহিত। পু০ গার্হপত্য, আহবনীয় ও দক্ষিণাগ্নি। Sanctioned by the Vedas ; the three sacrificial fires.

श्रौतसूत्र ক্লী০ [শ্রৌত+সূত্র] বেদাঙ্গ কল্পসূত্রের বিভাগবিশেষ। A Vedic literature in aphorisms.

श्लक्ष्ण ত্রি০ [শ্লিষ-ক্স্ন] অল্প, চিক্কণ, মনোহর। ক্লী০ পূগফল। Small, smooth, charming.

श्लथ ত্রি০ [শ্লথ-অচ্] শিথিল, দুর্বল। Slack, weak.

श्लाघनीय ত্রি০ [শ্লাঘ-অনীয়র্], **श्लाघ्य** ত্রি০ [শ্লাঘ-ণ্যত্] প্রশস্য। Praiseworthy.

श्लाघा স্ত্রী০ [শ্লাঘ-অ+টাপ্] প্রশংসা, পরিচর্যা, অভিলাষ, স্বগুণাবিষ্করণ। Praise, service, desire.

श्लिष्ट ত্রি০ [শ্লিষ-ক্ত] আলিঙ্গিত, সংস্পৃষ্ট, শ্লেষরূপ শব্দালঙ্কারযুক্ত। Embraced, adhered to, having a double meaning.

श्लीपद ক্লী০ [শ্রী+পদ] রোগবিশেষ। A kind of disease.

श्लील [শ্রী+লচ্] শোভাযুক্ত। Beautiful.

श्लेष পু০ [শ্লিষ-ঘঞ্] সংসর্গ, আলিঙ্গন, শব্দালঙ্কারবিশেষ, দাহ। Embrace, a kind of figure of speech.

श्लेष्मन् পু০ [শ্লিষ-মনিন্] কফ। Phlegm.

श्लेष्मातक পু০ [শ্লেষ্ম+অত-ণ্বল্] বহুবারকবৃক্ষ। A kind of tree.

श्लेष्मान्तक পু০ [শ্লেষ্ম+অন্তক] বৃক্ষবিশেষ। A kind of tree.

श्लोक পু০ [শ্লোক-অচ্] চরণচতুষ্টয়াত্মক কবিকৃতি, যশ। Verse, fame.

श्वःश्रेयस ক্লী০ [শ্বস্+শ্রেয়স্+অচ্] মঙ্গল, সুখ, পরমাত্মা। ত্রি০ কল্যাণযুক্ত। Welfare, the Supreme Soul.

श्वधूर्त পু০ [শ্বন্+ধূর্ত] শৃগাল। Jackal.

श्वन् পু০ [শ্বি-কনিন্] কুক্কুর। Dog.

श्वपच পু০ [শ্বন্+পচ-অচ্] চণ্ডাল। A caṇḍāla.

श्वपाक পু০ [শ্বন্+পচ-ঘঞ্] জাতিবিশেষ। Name of a low caste.

श्वभीरु [শ্বন্+ভীরু] শৃগাল। Jackal.

श्वभ्र ক্লী০ [শ্বভ্র-অচ্] ছিদ্র। Hole.

श्वयथु পু০ [শ্বি-অথুচ্] শোথ। Swelling.

श्ववृत्ति স্ত্রী০ [শ্বন্+বৃত্তি] দাস্য। Servitude.

श्वशुर পু০ [আশু+অশ-উরচ্] পতির পিতা, ভার্যার পিতা। Husband's or wife's father.

श्वशुर्य পু০ [শ্বশুর+যত্] দেবর, শ্যালক। Younger brother of husband, brother-in-law.

श्वश्रू স্ত্রী০ [শ্বশুর+ঊঙ্] শ্বশুরভার্যা। Mother-in-law.

श्वस् অ০ আগামী দিবস। To-morrow.

श्वसन পু০ [শ্বস-ল্যুট্] বায়ু, মদনবৃক্ষ। ক্লী০ নিশ্বাস। Wind, a kind of tree ; breath.

श्वसित ক্লী০ [শ্বস-ক্ত] নিশ্বাস। Breath.

श्वस्तन ত্রি০ [শ্বস্-ট্যু লু], **श्वस्त्य** ত্রি০ [শ্বস্-ত্যপ্] আগামীদিন পর্যন্ত স্থায়ী। Lasting till the morrow.

श्वागणिक् পু০ [শ্বগণ+ঠঞ্] ব্যাধবিশেষ। A kind of fowler.

श्वान পু০ [শ্বন্+অণ্] কুক্কুর। Dog.

श्वापद পু০ [শ্বন্+পদ] হিংস্র পশু, ব্যাঘ্র। Wild beast, tiger.

श्वाविध् পু০ [শ্বন্+আ+ব্যধ-ক্বিপ্] সজারু। Porcupine.

শ্বাস পু০ [শ্বস–ঘঞ্] নিশ্বাস, রোগবিশেষ, শিক্ষা-শাস্ত্রোক্ত বর্ণোচ্চারণের নিমিত্ত বাহ্যপ্রযত্নবিশেষ। Breathing, a kind of disease.

শ্বিত্র ক্লী০ [শ্বিত–রক্] শ্বেতকুষ্ঠবিশেষ। White leprosy.

শ্বিত্রিন্ ত্রি০ [শ্বিত্র–ইনি] শ্বেতকুষ্ঠযুক্ত। Having white patches.

শ্বেত পু০ [শ্বিত–অচ্] শুক্লবর্ণ দ্বীপবিশেষ, পর্বত-বিশেষ, কপর্দক, শুক্রগ্রহ, শঙ্খ। ত্রি০ শুক্লবর্ণ-বিশিষ্ট। White colour, name of an island, a mountain, conch ; white.

শ্বেতকেতু পু০ [শ্বেত+কেতু] কেতুগ্রহবিশেষ। ঋষি-বিশেষ, বুদ্ধ। Name of a comet, name of a sage, the Buddha.

শ্বেতগরুত্‌ পু০ [শ্বেত+গরুত্], **শ্বেতচ্ছদ** পু০ [শ্বেত+ছদ] হংস। ত্রি০ শুভ্রপক্ষযুক্ত। ত্রি০ শ্বেতবর্ণ-পতাকাবিশিষ্ট। Swan.

শ্বেতধামন্ পু০ [শ্বেত+ধামন্] চন্দ্র, কর্পূর, সমুদ্রফেন। Moon, camphor.

শ্বেতপুষ্প পু০ [শ্বেত+পুষ্প] সিন্দুবারবৃক্ষ, শুভ্র করবীর। ক্লী০ শুভ্র পুষ্প। ত্রি০ শুভ্রবর্ণপুষ্পযুক্ত। A kind of tree ; white flower.

শ্বেতরক্ত পু০ [শ্বেত+রক্ত] পাটলবর্ণ। ত্রি০ পাটল-বর্ণযুক্ত। Rosy colour.

শ্বেতরোচিস্ পু০ [শ্বেত+রোচিস্] চন্দ্র, কর্পূর। Moon, camphor.

শ্বেতবাজিন্ পু০ [শ্বেত+বাজিন্] চন্দ্র, অর্জুন, কর্পূর। Moon, an epithet of Arjuna.

শ্বেতা স্ত্রী০ [শ্বিত–অচ্+টাপ্] বরাটিকা, কাষ্ঠপাটলা, শঙ্খিনী, অতিবিষা, শ্বেত অপরাজিতা, শুভ্র কণ্টকারী, পাষাণভেদিনী, শুভ্রদূর্বা, বংশরোচনা, শর্করা, শিলাবল্কলা, শ্বেতবৃহতী। White dūrvā grass, bamboo-manna, sugar.

শ্বৈত্য ক্লী০ [শ্বেত+ষ্যঞ্] শুভ্রতা। Whiteness.

শ্বোবসীয়স ক্লী০ [শ্বস্+বসু+অচ্] পরদিনভাবী মঙ্গল। ত্রি০ পরদিনভাবিমঙ্গলযুক্ত। A future welfare.

ষ

ষ পু০ [ষো–ক] উষ্মবর্ণবিশেষ, কেশ, গর্ভবিমোচন, সর্ব, শ্রেষ্ঠ। ত্রি০ বিজ্ঞ। Second of three sibilants, hair, all, best ; wise.

ষট্ক ক্লী০ [ষষ্+ক] ষট্‌সমূহ। A group of six.

ষট্‌কর্মন্ ক্লী০ [ষষ্+কর্মন্] যজন, যাজন, অধ্যয়ন, অধ্যাপন, দান ও প্রতিগ্রহ—এই ছয় বিপ্রকর্ম। পু০ যাগাদিযুক্ত বিপ্র। The six acts or duties enjoined on a Brahmin.

ষট্‌চক্র ক্লী০ [ষষ্+চক্র] তন্ত্রোক্ত দেহস্থ সুষুম্নানাড়ী-মধ্যবর্তী দ্বিদল, চতুর্দলাদি, ষট্‌চক্রপ্রতিপাদক গ্রন্থবিশেষ। The six mysterial circles described in the Tantras.

ষট্‌চত্বারিংশত্ স্ত্রী০ [ষষ্+চত্বারিংশত্] ছেচল্লিশ সংখ্যা, তৎসংখ্যক। Forty-six.

ষট্‌চরণ পু০ [ষট্+চরণ], **ষট্‌পদ** পু০ [ষট্+পদ] ভ্রমর, যূকা। Bee, leech.

ষডঙ্ঘ্রি পু০ [ষষ্+অঙ্ঘ্রি] ভ্রমর। Bee.

ষট্‌ত্রিংশত্ স্ত্রী০ [ষষ্+ত্রিংশত্] ছত্রিশ সংখ্যা, ছত্রিশ সংখ্যাযুক্ত। Thirty-six.

ষট্‌পঞ্চাশত্ স্ত্রী০ [ষষ্+পঞ্চাশত্] ছাপ্পান্ন সংখ্যা, ছাপ্পান্ন সংখ্যাযুক্ত। Fifty-six.

ষট্‌পদী স্ত্রী০ [ষষ্পদ+ঙীষ্] ভ্রমরী, যূকা, ষট্‌-চরণযুক্ত ছন্দোবিশেষ। Female bee, a stanza consisting of six feet.

ষট্‌প্রজ্ঞ ত্রি০ [ষষ্+প্রজ্ঞ] ধর্মার্থাদি অভিজ্ঞ। পু০ বৌদ্ধ, কামুক। Proficient in dharma etc; a Buddhist lustful.

ষট্‌ষষ্টি স্ত্রী০ [ষষ্+ষষ্টি] ছেষট্টি সংখ্যা, ছেষট্টি সংখ্যাযুক্ত। Sixty-six.

ষট্‌সপ্ততি স্ত্রী০ [ষষ্+সপ্ততি] ছিয়াত্তর সংখ্যা। Seventy-six.

ষডঙ্গ ক্লী০ [ষট্+অঙ্গ] বাহুদ্বয়, জঙ্ঘাদ্বয়, কটি ও মস্তক—এই ছয় দেহাবয়ববিশেষ, শিক্ষা, কল্প, ব্যাকরণ, নিরুক্ত, ছন্দস্ ও জ্যোতিষ—এই ছয় বেদাঙ্গ। পু০ গোমূত্র, গোময়, দুগ্ধ, দধি, ঘৃত ও গোরোচনা এই ছয় গব্য মাঙ্গল্য দ্রব্য, ক্ষুদ্র গোক্ষুরক্ষুপ। The six principal parts of the body viz., arms etc., the six supplementary parts of the vedas, viz., pronunciation etc., the six things obtained from a cow.

ষডঙ্গন্যাস পু০ [ষডঙ্গ+ন্যাস] হৃদয়, শির, শিখা কবচ, নেত্রত্রয় ও অস্ত্র—মন্ত্রোচ্চারণপূর্বক এই ছয় অঙ্গ স্পর্শ। A tāntrik process for purifying the six parts of the body.

ষডভিজ্ঞ পু০ [ষষ্+অভিজ্ঞ] দিব্য চক্ষুঃ ও শ্রোত্র, পরচিত্তজ্ঞান, পূর্বজন্মস্মরণ, আত্মজ্ঞান, বিয়দ্গতি ও কায়ব্যূহসিদ্ধি এই ছয় বিষয়ে অভিজ্ঞ বৌদ্ধবিশেষ। A Buddhist who has attained six occult powers.

ষডশীতি স্ত্রী০ [ষষ্+অশীতি] ছিয়াশী সংখ্যা, ছিয়াত্তর সংখ্যাযুক্ত। Eighty-six.

षडानन पु० [षष्+आनन] কার্ত্তিকেয়। An epithet of Kārttikeya.

षड्गव त्रि० [षष्+गो+अच्] ছয় গরুর দ্বারা আকৃষ্ট হলাদি। [षष्+गो+षच्] ছয়টি গরুর সমাহার। A plough drawn by six cows, a collection of six cows.

षड्गुण पु०, त्रि० [षष्+गुण] সন্ধি, বিগ্রহ, যান, আসন দ্বৈধীভাব ও সমাশ্রয়—রাজার এই ছয় গুণ। The six expedients to be used by a king.

षड्ग्रन्थि क्ली० [षष्+ग्रन्थि] পিপ্পলীমূল। त्रि० ষট্পর্বযুক্ত। स्त्री० षड्ग्रन्थी—বচা। षड्ग्रन्था—শটী। Root of long pepper ; six-knotted.

षड्ज पु० [षष्+जन–ड] স্বরবিশেষ। The first of the seven notes in music.

षड्दर्शन क्ली० [षष्+दर्शन] আস্তিকমতসিদ্ধ পূর্ব-মীমাংসা, বেদান্ত, সাংখ্য, পাতঞ্জল, ন্যায় ও বৈশেষিক নামক দর্শনশাস্ত্র। The six principal systems of Hindu philosophy.

षड्दुर्ग क्ली० [षष्+दुर्ग] ধন্বদুর্গ, অবদুর্গ, গিরিদুর্গ, মনুষ্যদুর্গ, মৃদ্দুর্গ, ও বনদুর্গ এই ছয় প্রকার দুর্গ। A collection of six kinds of fortresses.

षड्धा अव्य० [षष्+धाच्] ষট্প্রকার। Of six kinds.

षड्रस क्ली० [षष्+रस] মধুর, লবণ, তিক্ত, কষায়, অম্ল ও কটু এই ছয় রস। A collection of six tastes as sweet, salty, sour etc.

षड्रिपु पु० [षष्+रिपु], **षड्वर्ग** पु० [षष्+वर्ग] কাম, ক্রোধ, লোভ, মোহ, মদ ও মাৎসর্য—এই ছয় রিপু। A collection of six internal enemies such as anger, lust etc.

षड्विंशति स्त्री० [षष्+विंशति] ছাব্বিশ সংখ্যা, ছাব্বিশসংখ্যা যুক্ত। Twenty-six.

षड्विध त्रि० [षष्+विधा] ছয় প্রকার। Six-fold.

षण्ड पु० [सन–ड] বৃষ, নপুংসক। पु०, क्ली० পদ্মাদিসমূহ। Bull, ennuch ; a collection of lotuses.

षण्डक पु० [षण्ड+कन्] নপুংসক, বৃষ। Ennuch.

षण्ढ पु० [सन–ढ] নপুংসক। Ennuch.

षण्णवति स्त्री० [षष्+नवति] ছিয়ানব্বই সংখ্যা, নব্বই সংখ্যাযুক্ত। Ninety-six.

षण्मुख पु० [षष्+मुख] কার্ত্তিকেয়। An epithet of Kārttikeya.

षत्व क्ली० [षष्+त्व] মূর্ধন্য ষকারের ভাব। Cerebralisation.

षष् त्रि० [षो–क्विप्] ছয়সংখ্যা। Six.

षष्टि स्त्री० [षष्+ति] ষাট সংখ্যা, ষাট সংখ্যাযুক্ত। Sixty.

षष्टिक पु० [षष्टि+कन्] ধান্যবিশেষ। त्रि० ষষ্টি-সংখ্যার দ্বারা ক্রীত। A kind of rice ; bought with sixty.

षष्टितम त्रि० [षष्टि+तमप्] ষষ্টিসংখ্যার পূরণ। Sixtieth.

षष्टिधा अव्य० [षष्टि+धाच्] ষাটপ্রকার। Of sixty kinds.

षष्ठ त्रि० [षष्+डट्] ষট্সংখ্যার পূরণ। Sixth.

षष्ठी स्त्री० [षष्ठ+ङीप्] তিথিবিশেষ। Sixth lunar day of either fortnight.

षाट्कौशिक त्रि० [षट्कोष+ठक्] ষট্কোশাবৃত। Enveloped in six sheaths.

षाडव पु० [षट्+अव–अच्+अण्] গান, রস, রাগ-বিশেষ। Music, sentiment, a Rāga in Indian music.

षाड्गुण्य क्ली० [षड्गुण+ष्यञ्] সন্ধিবিগ্রহাদি গুণ-সমুদায়। A collection of six expedients of statecraft.

षाण्मातुर पु० [षष्+मातृ+अण्] কার্ত্তিকেয়। An epithet of Kārttikeya.

षाण्मासिक त्रि० [षष्ठमास+ठञ्] ষষ্ঠমাসসম্বন্ধী Related to the sixth month.

षिड्ग पु० [षिट्–गन्] লম্পট, কামুক। Lustful.

षोडश त्रि० [षोडशन्+डट्] ষোড়শসংখ্যার পূরণ। स्त्री० षोडशी—ত্রিপুরসুন্দরী। Sixteenth ; an epithet of goddess Tripurasundarī.

षोडशक क्ली० [षोडश+कन्] ষোড়শসঙ্খ্যাত। Numbering sixteenth.

षोडशकला स्त्री० [षोडश+कला] চন্দ্রের ষোড়শ-সংখ্যক কলা। The sixteenth digit of the moon.

षोडशन् त्रि० [षष्+दशन्] সংখ্যাবিশেষ, ষোড়শ-সংখ্যান্বিত। Sixteen, numbering sixteen.

षोडशमातृका स्त्री० [षोडशन्+मातृका] গৌরী প্রভৃতি ষোড়শমাতৃকাগণ। The sixteen divine mothers.

षोडशाङ्ग पु० [षोडशन्+अङ्ग] গুগ্গুল প্রভৃতি ষোড়শগন্ধদ্রব্যরচিত ধূপবিশেষ। A kind of perfume having sixteen ingredients.

षोडशिन् पु० [षोडश+इनि] সোম, যজ্ঞাঙ্গ পাত্রবিশেষ। Soma, a kind of vessel.

षोडशोपचार पु० [षोडशन्+उपचार] পূজাঙ্গ ষোড়শ দ্রব্য। Sixteen articles for offering homage to a deity.

षोढा अव्य० [षष्+धाच्] षट्प्रकার। In six-ways.

ष्ठीवन क्ली० [ष्ठीव–ल्युट्], **ष्ठेवन** क्ली० [ष्ठिव–ल्युट्] থুৎকার। Spitting.

ष्ठ्यूत त्रि० [ष्ठि(ष्ठी)व–क्त] বান্ত, নিরস্ত। Spilled, ejected.

स

स पु० [सो–ड] তৃতীয় উষ্মবর্ণ, বিষ্ণু, সর্প, ঈশ্বর, বিহগ, বর্ষগণ, ছন্দস্ শাস্ত্রে সংজ্ঞাবিশেষ। The last of the three sibiliants, an epithet of Viṣṇu, snake, god, bird.

संक्षेप पु० [सम्+क्षिप–घञ्] স্বল্পীকরণ। Abridgment.

संक्षोभ पु० [सम्+क्षुभ–घञ्] ক্ষোভ, চাঞ্চল্য। Agitation, unsteadiness.

संग्राहिन् त्रि० [सम्+ग्रह–णिनि] সঞ্চয়কারক, ধারক। पु० কুটজ বৃক্ষ। Collector ; a kind of tree.

संघ पु० [सम+हन–ड] সমূহ। Multitude.

संघट्ट पु० [सम्+घट्ट–अच्] অন্যোন্যবিমর্দ। Rubbing together.

संघर्ष पु० [सम्+घृष–घञ्] অন্যোন্যদৃঢ়সংযোগ, স্পর্ধা, সংমর্দন। Friction, rivalry, rubbing.

संज्ञ क्ली० [सम+ज्ञा–क] গন্ধদ্রব্যবিশেষ। त्रि० সংহতজানু। A kind of purfume ; knock-kneed.

संज्ञा स्त्री० [सम्+ज्ञा–अङ्+टाप्] চেতনা, বুদ্ধি, আখ্যা, হস্তাদির দ্বারা অর্থসূচন, গায়ত্রী, সূর্যপত্নী। Consciousness, intellect, designation, hint, a wife of the Sun.

संज्ञापन क्ली० [सम्+ज्ञा+णिच्–ल्युट्] জ্ঞাপন, মারণ। Informing, killing.

संज्ञित त्रि० [सम्+ज्ञा+णिच्–क्त] আখ্যাত। Named.

संज्ञ त्रि० [सम्+जानु]সংহতজানু। Knock-kneed.

संज्वर पु० [सम्+ज्वर–अप्] সন্তাপ। Great heat.

संडीन क्ली० [सम्+डीन] পক্ষীর গতিবিশেষ। One of the modes of flight of birds.

संप्रतिष्ठा स्त्री० [सम्+प्रतिष्ठा] সমাশ্রয়। Footing.

संयत् स्त्री० [सम्+यम–क्विप्] যুদ্ধ। त्रि० সংযমনকর্তা। War ; one who restrains.

संयत त्रि० [सम्+यम–क्त] বদ্ধ, কৃতসংযম, নিয়মিত। Bound up, restrained.

संयम पु० [सम्+यम–घञ्] নিয়মবিশেষ, ইন্দ্রিয়নিগ্রহ, বন্ধন। A kind of penance, restraint.

संयमित त्रि० [सम्+यम+णिच्–क्त] বদ্ধ, নিয়মিত। Restrained.

संयमिन् पु० [सम्+यम–णिनि] মুনিবিশেষ। त्रि० ইন্দ্রিয়সংযমযুক্ত। An ascetic ; one who controls one's passion.

संयात्रा स्त्री० [सम्+यात्रा] মিলিতভাবে গমন। Travelling together,

संयाव पु० [सम्+यु–घञ्] ঘৃতাদির দ্বারা পক্বগোধূমচূর্ণ। Fried wheat.

संयुक्त त्रि० [सम्+युज–क्त] সংযোগযুক্ত পদার্থ, স্বরবর্ণের দ্বারা অব্যবহিত ব্যঞ্জনবর্ণ। Joined, conjunct consonant.

संयुग पु० [सम्+युज–क] যুদ্ধ। War.

संयुज त्रि० [सम्+युज–क्विप्] সংযুক্ত, গুণাঢ্য। Connected, possessed of merits.

संयुत त्रि० [सम्+यु–क्त] সংযুক্ত। Joined.

संयोग पु० [सम्+युज–घञ्] মেলন, সম্বন্ধ। Conjunction, relation.

संयोजन क्ली० [सम्+युज+णिच्–ल्युट्] মৈথুন। সম্যক্ যোজন। Copulation, union.

संयोजित त्रि० [सम्+युज+णिच्–क्त] কৃতমেলন। United.

संरक्षण क्ली० [सम्+रक्षण] সম্যক্ রক্ষা। Protection.

संरक्त त्रि० [सम्+रक्त] সম্যক্ লোহিত, সম্যক্ আসক্ত। Red, enamoured.

संरब्ध त्रि० [सम्+रभ–क्त] ক্রুদ্ধ, ত্বরাযুক্ত। Enraged, quick.

संरम्भ पु० [सम्+रभ–घञ्] কোপ, আটোপ, উৎসাহ, বেগ। Wrath, zeal, speed.

संरम्भिन् त्रि० [सम्+रम्भ+इनि] সংরম্ভযুক্ত। Enraged.

संराधन क्ली० [सम्+राध–ल्युट्] সম্যক্ আরাধনা। Propitiation.

संराव पु० [सम्+रु–घञ्] শব্দ। Sound.

संरुद्ध त्रि० [सम्+रुध–क्त] নিরুদ্ধ, প্রতিবদ্ধ। Checked, resisted.

संरूढ त्रि० [सम्+रुह–क्त] প্রৌঢ়, জাতাঙ্কুর। Grown up, sprouted.

संरोध पु० [सम्+रुध–घञ्] রোধন, ক্ষেপ। Impediment, throwing.

संलग्न त्रि० [सम्+लग–क्त] মিলিত। Adhering.

संलय पु० [सम्+ली–अच्] নিদ্রা, প্রলয়। Sleep, universal destruction.

संलाप पु० [सम्+लप-घञ्] পরস্পর কথন। Dialogue.

संलीन त्रि० [सम्+ली-क्त] সম্যক্ লীন। Concealed.

संवत् अव्य० [सम्+वद-क्विप्] বিক্রমাদিত্যের সময় হইতে প্রবর্তিত বৎসর। A year of Vikrama era.

संवत्सर पु० [सम्+वत्सर] বৎসর। A year.

संवदन क्ली० [सम्+वद-ल्युट्], **संवनन** क्ली० [सम्+वन-ल्युट्] আলোচন, বশীকরণ। Conversing, subduing.

संवर क्ली० [सम्+वृ-अप्] জল। पु० [सम्+वृ-अच्] দৈত্যবিশেষ, মৎস্যবিশেষ, মৃগবিশেষ। Water ; name of a demon, a kind of fish or deer.

संवरण क्ली० [सम्+वृ-ल्युट्] নিবারণ, সংগোপন। preventing, concealing.

संवर्त पु० [सम्+वृत+णिच्-अच्] প্রলয়কাল, মুনিবিশেষ, মেঘ। Deluge, cloud.

संवर्तक क्ली० [सम्+वृत+णिच्-ण्वुल्] বলদেবের লাঙ্গল। पु० বাড়বানল। [संवर्तक+अच्] বলদেব। The plough of Baladeva ; an epithet of Baladeva.

संवर्तिका स्त्री० [सम्+वृत-ण्वुल्+टाप्] দীপাদির শিখা, পদ্মাদির কেশরসমীপস্থ দল, নবপত্র। Flame of lamp, petal near the filament, new leaf.

संवर्धक त्रि० [सम्+वृध+णिच्-ण्वुल्] সম্মাননাকারী, বৃদ্ধিকারক। One who honours, causing growth.

संवर्धन क्ली० [सण्+वृध+णिच्-ल्युट्] বৃদ্ধি, সম্মাননা। Increasing, reception.

संवर्धित त्रि० [सम्+वृध+णिच्-क्त] সম্যক বর্ধিত। Adequately increased.

संवलित त्रि० [सम्+वल-क्त] মিলিত। Joined.

संवसथ पु० [सम्+वस-अथच्] গ্রাম, জনসমূহের-নিবাসস্থান। Place of human habitation.

संवह पु० [सम्+वह-अच्] বায়ুসপ্তকের অন্যতম বায়ুবিশেষ। Name of one of the seven winds.

संवाद पु० [सम्+वाद] বৃত্তান্ত, পরস্পর কথাবার্তা। News, conversation.

संवादिन् त्रि० [सम्+वद+णिनि] তুল্য, সম্ভাষণশীল। Similar.

संवार पु० [सम्+वृ-घञ्] বর্ণোচ্চারণনিমিত্ত বাহ্যপ্রযত্নবিশেষ, সংগোপন। A mode of pronouncing a letter, concealing.

संवास पु० [सम्+वस-घञ्] গৃহ, নগরের বাহিরে পুরবাসিগণের বাসযোগ্য অনাবৃতস্থান। House, open space for dwelling.

संवाह पु० [सम्+वह+णिच्-अच्], **संवाहक** त्रि० [सम्+वह+णिच्-ण्वुल्] অঙ্গসংমর্দক। Shampooer.

संवाहन क्ली० [सम्+वह+णिच्-ल्युट्] অঙ্গসংমর্দন। Shampooing.

संवाहित त्रि० [सम्+वह+णिच्-क्त] সম্যক্ বাহিত, মর্দিত। Properly carried, shampooed.

संविग्न त्रि० [सम्+विज-क्त] উদ্বিগ্ন। Anxious.

संविज्ञात त्रि० [सम्+विज्ञात] সম্যক্ জ্ঞাত। Properly known.

संवित्ति स्त्री० [सम्+विद-क्तिन्] জ্ঞান, বুদ্ধি, অঙ্গীকার, যুদ্ধ। Knowledge, intellect.

संविद् स्त्री० [सम्+विद-क्विप्] জ্ঞান, সম্ভাষা, বুদ্ধি, ক্রিয়াকরণ, যুদ্ধ, অঙ্গীকার, নাম, আচার, সঙ্কেত, তোষ, সমাধি। Knowledge, understanding, intellect, war, name.

संविदा स्त्री० [सम्+विद-क्विप्+टाप्] জ্ঞান, বুদ্ধি, প্রতিজ্ঞা, সম্ভাষণ। Knowledge, intellect, promise.

संविदित त्रि० [सम्+विद-क्त]অঙ্গীকৃত, সম্যগজ্ঞাত। Promised, understood.

संविधा स्त्री० [सम+विधा] রচনা, আয়োজন, সংঘটন, বৈচিত্র্য। Preparation, arrangement.

संविधान क्ली० [सम्+वि+धा-ल्युट्] উপায়, আয়োজন, রচনা। Means, arrangement.

संविधानक क्ली० [संविधान+क] কারণভেদে কার্যরূপ ভেদ, আয়োজন, সংঘটন। Variety of causal relation, arrangement, occurrence.

संविष्ट त्रि० [सम्+विश-क्त] শয়িত, নিবিষ্ট। Lying down, absorbed.

संवीक्षण क्ली० [सम्+वि+ईक्ष-ल्युट्] সম্যগদর্শন। Proper survey.

संवीत त्रि० [सम्+व्ये-क्त] আবৃত, রুদ্ধ। [सम्+वि+इण-क्त] সঙ্গত। Covered, united.

संवृत त्रि०, [सम्+वृ-क्त] আবৃত, গুপ্ত। Covered, concealed.

संवृति त्रि० [सम+वृ-क्तिन्] আবরণ। Covering.

संवृत्त त्रि० [सम्+वृत्-क्त] নিষ্পন্ন। Accomplished.

संवेग पु० [सम्+विज-घञ्] ভয়াদি জনিত ত্বরা, সম্যগ্ বেগ। Flurry, violent speed.

संवेद पु० [सम्+विद-घञ्] জ্ঞান। Knowledge.

संवेदन क्ली॰ [सम्+विद+णिच्–ल्युट्] জ্ঞান। Knowledge.

संवेश पु॰ [सम्+विश-घञ्] নিদ্রা, পীঠ, স্ত্রীরতি-বন্ধবিশেষ। Sleep, seat.

संव्यान क्ली॰ [सम्+व्ये-ल्युट्] উত্তরীয় বস্ত্র, বস্ত্র। Upper garment, cloth.

संशप्तक पु॰ [सम्+शप्त+कप्] নারায়ণীয় সৈন্য-বিশেষ। The army of Nārāyaṇa.

संशय पु॰ [सम्+शी–अच्] সন্দেহ। Doubt.

संशयच्छेदिन् त्रि॰ [संशय+छिद–णिनि] সন্দেহ-নাশক। Decisive.

संशयस्थ त्रि॰ [संशय+स्था–क] সংশয়যুক্ত। Doubtful.

संशयात्मन् त्रि॰ [संशय+आत्मन्] সন্দিগ্ধান্তঃকরণ। Doubtful.

संशयान त्रि॰ [सम्+शयान], **संशयालु** त्रि॰ [सम+शी–आलुच्], **संशयितृ** त्रि॰ [सम्+शी–तृच्] সংশয়যুক্ত। Doubtful.

संशित क्ली॰ [सम्+शी–क्त] অনুষ্ঠিত ব্রতবিষয়ক-যত্ন। त्रि॰ ব্রতবিষয়ক যত্নবান্। Effort for the performance of a vrata.

संशुद्ध त्रि॰ [सम्+शुध–क्त] সম্যক্ শুদ্ধ। Completely purified.

संशुद्धि स्त्री॰ [सम्+शध–क्तिन्] সম্যক্ শোধন। Complete purification.

संशोधक त्रि॰ [सम्+शोधक] শোধনকর্তা। Purifier.

संशोधन क्ली॰ [सम्–शोधन] পরিষ্করণ। Cleansing.

संशोधित त्रि॰ [सम्+शोधित] পরিষ্কৃত। Cleansed.

संश्यान त्रि॰ [सम्+श्यै–क्त] সঙ্কুচিত। Contracted.

संश्रय पु॰ [सम्+श्रि–अच्] আশ্রয়। Residence.

संश्र[श्रा]व पु॰ [सम्+श्रु–अप् (घञ्)] অঙ্গীকার। Promise.

संश्रित त्रि॰ [सम्+श्रि–क्त] আশ্রিত। Sheltered.

संश्रुत त्रि॰ [सम्+श्रु–क्त] অঙ্গীকৃত, সম্যক্ শ্রুত। Promised, well-heard.

संश्लिष्ट त्रि॰ [सम्+श्लिष–क्त] আলিঙ্গিত, সম্বদ্ধ। Embraced, closely connected.

संश्लेष पु॰ [सम्+श्लिष–घञ्] আলিঙ্গন। Embracing.

संसक्त त्रि॰ [सम्+सन्ज–क्त] সংলগ্ন, মিলিত, অব্যবহিত। Stuck together, closely united.

संसद् स्त्री॰ [सम्+सद–क्विप्] সভা। Assembly.

संसरण क्ली॰ [सम्+सृ–ल्युट्] সংসার, রণারম্ভ, সম্যক্ গতি, ঘণ্টাপথ। World, commencement of battle, highway.

संसर्ग पु॰ [सम्+सृज–घञ्] সম্বন্ধ। Relation.

संसर्गाभाव पु॰ [संसर्ग+अभाव] অভাববিশেষ। A kind of non-existence.

संसर्गिन् त्रि॰ [सम्+सृज–घिनुण्] সংসর্গযুক্ত। Associated with.

संसर्प पु॰ [सम्+सृप–घञ्] মন্দগমন, ক্রমশঃ বিস্তৃতি। Gentle motion, gradual extension.

संसर्पिन् त्रि॰ [सम्+सृप–णिनि] প্রসরণশীল। Expanding.

संसार पु॰[सम्+सृ–घञ्] বিশ্ব, মিথ্যাজ্ঞানজন্য সংস্কার-রূপ বাসনা, দেহারম্ভক অদৃষ্টবিশেষ, স্বাদৃষ্টোপনি-বদ্ধ দেহপরিগ্রহ, সঙ্গতি। The world.

संसारिन् त्रि॰ [सम्+सृ–णिनि] শরীরাভিমানী জীব। Sentient being.

संसिद्ध त्रि॰ [सम्+सिध–क्त] স্বভাবসিদ্ধ, সম্যগ্-নিষ্পন্ন। Natural, fully accomplished.

संसिद्धि स्त्री॰ [सन्+सिध–क्तिन्] স্বভাব, সম্যগ্ নিষ্পত্তি, মুক্তি। Nature, complete accomplishment.

संसूचित त्रि॰ [सम्+सूचित] সম্যক্ সূচিত। Properly indicated.

संसृति स्त्री॰ [सम्+सृ–क्तिन्] সংসার, প্রবাহ, সঙ্গতি। Worldly life, current.

संसृष्ट त्रि॰, क्ली॰ [सम्+सृज–क्त] সংযুক্ত, সম্বন্ধ। United, attached.

संसृष्टि स्त्री॰ [सम्+सृज–क्तिन्] সংসর্গ, অলঙ্কার-বিশেষ। Association, a kind of figure of speech.

संसृष्टिन् त्रि॰ [संसृष्ट+इनि] বিভাগানন্তর মিলিত। Reunited.

संस्कर्तृ त्रि॰ [सम्+कृ–तृच्] সংস্কারকারক, পাচক। One producing impression, a cook.

संस्कार पु॰ [सम्+कृ–घञ्] প্রতিযত্ন। Embellishment.

संस्कृत त्रि॰ [सम्+कृ–क्त] কৃতসংস্কার, পক্ক, ভূষিত Consecrated.

संस्क्रिया स्त्री॰ [सम्+क्रिया] সংস্কার। Consecration.

संस्तर पु॰ [सम्+स्तॄ–अप्] যজ্ঞ, শয্যা। Sacrifice, bed.

संस्तम्भ पु॰ [सम्+स्तन्भ–घञ्]; **संस्तम्भन** क्ली॰ [सम्+स्तन्भ+णिच्–ल्युट्] প্রতিবন্ধক। Impediment.

संस्तव पु० [सम्+स्तु–अप्] পরিচয়, স্তুতি। Acquaintance with, praise.

संस्ताव पु० [सम्+स्तु–घञ्] যজ্ঞার্থ সংস্তাবক ব্রাহ্মণগণের বাসভূমি। Dwelling place of Brahmins in a sacrifice.

संस्तुत त्रि० [सम्+स्तुत] পরিচিত। Acquainted.

संस्त्याय पु० [सम्+स्त्यै–घञ्] সংঘাত, নিবিড়-সংযোগরূপ সন্নিবেশ, বিস্তৃতি, সংস্থান, গৃহ। Collection, expansion, house.

संस्थ त्रि० [सम्+स्था–क] অবস্থিত, মৃত, নিবারক, ব্যবস্থিত, সমাপ্ত। पु० চর, ব্যক্তি, ক্রতুপ্রকার-বিশেষ, প্রলয়। Situated, dead ; spy, destruction.

संस्था स्त्री० [सम्+स्था–अङ्+टाप्] স্থিতি, নাশ, যজ্ঞবিশেষ, ব্যবস্থা, ব্যক্তি, সাদৃশ্য, প্রান্ত। Stay, destruction, resemblance.

संस्थान क्ली० [सम्+स्था–ल्युट्] সন্নিবেশ, আকার, সংযোগবিশেষ, চতুষ্পথ, মৃত্যু, চিহ্ন, সম্যক্‌স্থিতি। Position, appearance, death, mark.

संस्थापन क्ली० [सम्+स्था+णिच्–ल्युट्] স্থাপন করা। Placing.

संस्थित त्रि० [सम्+स्था–क्त] সম্যক্‌স্থিত, মৃত। Established, dead.

संस्थिति स्त्री० [सम्+स्था–क्तिन्] একত্র স্থিতি, সংস্থাপন। Staying together, establishment.

संस्पर्श पु० [सम्+स्पृश–घञ्] সম্যক্‌স্পর্শ। Touch.

संस्पर्शज त्रि० [संस्पर्श+जन–ड] সংস্পর্শজনিত। Produced by contact.

संस्फोट पु० [सम्+स्फुट–घञ्] যুদ্ধ। War.

संस्मृति स्त्री० [सम्+स्मृति] সম্যক্ স্মরণ। Remembrance.

संस्रव पु० [सम्+स्रु–अप्] সংসর্গ, প্রবাহ, সংস্পর্শ। Connection, flowing water.

संहत त्रि० [सम्+हन–क्त] মিলিত, দৃঢ়, সম্যগ্‌হত। क्ली० সংঘাত। United, firm, killed ; assemblage.

संहति स्त्री० [सम्+हन–क्तिन्] সমূহ, সংযোগ, সম্যগ্ হনন। Assemblage, union.

संहनन क्ली० [सम्+हन–ल्युट्] দেহ, সঙ্ঘাত, বধ। Body, compactness, killing.

संहरण क्ली० [सम्+हृ–ल्युट्] বিনাশ, সংগ্রহ। Ruining, collecting.

संहर्तृ त्रि० [सम्+हृ–तृच्] সংহারকর্তা। Destroyer.

संहर्ष पु० [सम्+हृष–घञ्] আনন্দ, স্পর্ধা, বায়ু। Delight, challenge, wind.

संहार पु० [सम्+हृ–घञ्] প্রলয়, নাশ, সংক্ষেপ, নরকবিশেষ, বিসর্জন, ভৈরববিশেষ। Destruction, compression, a kind of hell.

संहित त्रि० [सम्+हित] মিলিত, সংগৃহীত। United, collected.

संहिता स्त्री० [सम्+हित+टाप्] মন্বাদিপ্রণীত ধর্ম-শাস্ত্র, কর্মকাণ্ডপ্রতিপাদক বেদভাগ, পুরাণ, ইতিহাস। A compendium or compilation of laws, a part of the Vedas.

संहूति स्त्री० [सम्+ह्वे–क्तिन्] বহুজনকর্তৃক কৃত আহ্বান। Shouting by many.

संहृत त्रि० [सम्+हृ–क्त] কৃতসংহার, সঙ্কুচিত। Destructed, contracted.

संहृति स्त्री० [सम्+हृ–क्तिन्] সংহার। Destruction.

संहृष्ट त्रि० [सम्+हृष–क्त] সম্যক্ হৃষ্ট। Thrilled with joy.

संह्राद पु० [सम्+ह्रद–घञ्] মহাধ্বনি। Loud noise.

संह्रादिन् त्रि० [सम्+ह्रद–णिनि] শব্দায়মান। Sounding.

संह्लाद पु० [सम्+ह्लद–घञ्] আনন্দবিশেষ। Delight.

सकण्टक पु० [सह+कण्टक] শৈবাল, করঞ্জবিশেষ। त्रि० কণ্টকযুক্ত। Moss, thorny or horripilated.

सकम्प त्रि० [सह+कम्प], **सकम्पन** त्रि० [सह+कम्पन] কম্পমান। Trembling.

सकरुण त्रि० [सह+करुण] করুণরসযুক্ত। Compassionate.

सकर्मक त्रि० [सह+कर्म+कप्] ব্যাকরণশাস্ত্রে কর্ম-যুক্ত ক্রিয়াবোধক (ধাতু)। Transitive (verb).

सकल त्रि० [सह+कल] সম্পূর্ণ, কলাসহিত। Whole, having all the digits.

सकल्प त्रि० [सह+कल्प] যজ্ঞবিদ্যাসহিত। Attended with the science of ritual.

सकाम त्रि० [सह+काम] কামসহিত, কামনাবিশিষ্ট। Lustful, impassioned.

सकारण त्रि० [सह+कारण] হেতুযুক্ত। Having a cause.

सकाल त्रि० [सह+काल] প্রত্যুষ। Early morning.

सकाश त्रि० [सह+काश–घञ्] প্রকাশযুক্ত, সমীপস্থ। Having manifestation, near.

सकुल पु० [सह+कुल] शकुलमत्स्य। त्रि० समानवंश। A kind of fish ; belonging to the same family.

सकुल्य त्रि० [सकुल+यत्] समान कुलोৎপন্ন, সপিণ্ডের উর্ধ্বতন পুরুষত্রয় ও অধস্তন পুরুষত্রয়। One of the same family.

सकृत् अव्य० একবার। Once.

सकृत्प्रज पु० [सकृत्+प्र+जन-ड] কাক, একবার জাতাপত্য পুরুষ। Crow, one having a single issue.

सकृत्फला स्त्री० [सकृत्+फल-अच्+टाप्] কদলী-বৃক্ষ। The plantain tree.

सकोप त्रि० [सह+कोप] ক্রোধযুক্ত। Enraged.

सक्त त्रि० [सन्ज-क्त] আসক্ত, লগ্ন। Addicted, attached.

सक्ति स्त्री० [सन्ज-क्तिन्] আসক্তি, অনুরাগ। Attachment, devotion.

सक्तु पु०, क्ली० [सन्ज-तुन्] ছাতু। Flour of barley.

सक्थि क्ली० [सन्ज-क्थिन्] ঊরু, শকটাবয়ব-বিশেষ। Thigh, part of carriage.

सखि त्रि० [सह+ख्या-डिन्] সৌহার্দযুক্ত। पु० সুহৃৎ। Friendly ; friend.

सखिता स्त्री० [सखि+तल्+टाप्] সখিভাব, মিত্রতা। Friendship.

सखी स्त्री० [सखि+ङीप्] সহচরী, বয়স্যা। Female friend.

सख्य क्ली० [सखी+यत्] মিত্রতা, সৌহার্দ। Friendship.

सगण त्रि० [सह+गण] গণসহিত। Attended by troops or flocks.

सगद्गद त्रि० [सह+गद्गद] মন্দকণ্ঠধ্বনিযুক্ত। With choked voice.

सगन्ध त्रि० [सह+गन्ध] গন্ধযুক্ত। पु० জ্ঞাতি। Scented ; kinsman.

सगर पु० [सह+गर] সূর্যবংশ্য নৃপবিশেষ। त्रि० বিষযুক্ত। Name of a king of the solar race ; poisonous.

सगर्भ पु० [सह+गर्भ] সহোদর। त्रि० গর্ভযুক্ত। Brother of whole blood ; pregnant.

सगर्भ्य [सगर्भ+यत्] সোদর। Brother of whole blood.

सगर्भा स्त्री० [सगर्भ+टाप्], **सगर्भ्या** स्त्री० [सगर्भ्य+टाप्] সহোদরা। Sister of whole blood.

सगुण त्रि० [सह+गुण] গুণযুক্ত। Possessed of qualities.

सगोत्र क्ली० [सह+गोत्र] কুল। त्रि० জ্ঞাতি। Lineage ; kinsmen.

सङ्कट त्रि० [सम्+कटच्] অল্পাবকাশ স্থান, সংবাধ, দুঃখ। स्त्री० सङ्कटा—দেবীবিশেষ। Narrow space, crisis, pain ; name of a goddess.

सङ्कथा स्त्री० [सम+कथ-अ+टाप्] পরস্পরকথন। Conversation.

सङ्कर पु० [सम्+क-अप्] মেলন, সঙ্কীর্ণ, সম্মার্জনী প্রভৃতির দ্বারা ক্ষিপ্ত ধূলি, জাতিবিশেষ, ন্যায়শাস্ত্রে দোষবিশেষ। Union, sweepings, name of a mixed caste.

सङ्कर्षण पु० [सम्+कृष-युच्] বলদেব। क्ली० [सम्+कृष-ल्युट्] আকর্ষণ, স্থানান্তরনয়ন। An epithet of Balarāma ; attracting.

सङ्कलन क्ली० [सम्+कल-ल्युट्] সংযোজন, সংগ্রহ। Adding collection.

सङ्कलित त्रि० [सम्+कल-क्त] যোজিত, সংগৃহীত, রেখাদির দ্বারা সংবৃত। Added, collected.

सङ्कल्प पु० [सम्+कृप-घञ्] অভীষ্টসিদ্ধির নিমিত্ত মানসব্যাপার, অভিলাপ বাক্য। Mental resolve, a verbal expression signifying a resolve.

सङ्कल्पजन्मन् पु० [सङ्कल्प+जन्मन्], **सङ्कल्पयोनि** पु० [सङ्कल्प+योनि] কামদেব। Epithets of Cupid.

सङ्कल्पप्रभव त्रि० [सङ्कल्प+प्रभव] সঙ্কল্পজাত। Born of desire.

सङ्कल्पित त्रि० [सङ्कल्प+इतच्] অভীপ্সিত। Intended.

सङ्कसु[सू]क त्रि० [सम्+कस-उ(ऊ)कन्] অস্থির, মন্দ, দুর্বল, সঙ্কীর্ণ, অপবাদশীল। Unsteady, bad, weak, narrow.

सङ्काश त्रि० [सम्+काश-अच्] সদৃশ, অন্তিক। Similar, at hand.

सङ्कीर्ण त्रि० [सम्+कॄ-क्त] মিশ্রিত, সঙ্কট, অশুদ্ধ, ব্যাপ্ত। पु० জাতিবিশেষ, মিলিতরাগ। Mixed, confused, spread, impure ; name of a caste.

सङ्कीर्तन क्ली० [सम्+कीर्त-ल्युट्] স্তুতি, দেবতাদির নামোচ্চারণ। Praising, repeating the name of deities.

सङ्कुचित त्रि० [सम+कुच-क्त] কৃতসঙ্কোচ, সংক্ষিপ্ত, অপ্রফুল্ল, সুপ্ত। Contracted, abridged, asleep.

सङ्कुल त्रि० [सम्+कुल-क] আকীর্ণ, ব্যাপ্ত। क्ली० যুদ্ধ। Crowded.

सङ्केत पु॰ [सम+कित–घञ्] ইসারা, পদের অর্থবোধনশক্তিবিশেষ, প্রিয়সঙ্গমার্থ গুপ্তস্থান। Hint denotation hiding place.

सङ्केतित त्रि॰ [सङ्केत+इतच्] সঙ্কেতযুক্ত। Fixed by convention.

सङ्कोच पु॰ [सम्+कुच–घञ्] আকুঞ্চন, জড়ীভাব, বোধ, বন্ধ। [सम्+कुच–अच्] মৎস্যবিশেষ। क्ली॰ কুঙ্কুম। Contraction, shutting up ; a kind of fish ; saffron.

सङ्कोचन क्ली॰ [सम्+कुच–ल्युट्] সঙ্কোচকরণ। Contracting.

सङ्कोचनी स्त्री॰ [सम्+कुच–ल्यु+ङीष्] লজ্জাবতী লতা। Name of a creeper.

सङ्क्रन्दन पु॰ [सम्+क्रन्द+णिच्–ल्यु] ইন্দ্র। क्ली॰ [सम्+क्रन्द–ल्युट्] সম্যক্ ক্রন্দন। Name of Indra.

सङ्क्रम[ण] पु॰, क्ली॰ [सम्+क्रम–घञ्(ल्युट्)] রবি প্রভৃতির অন্যরাশিতে গমন। The sun's passage from one zodiacal sign to another.

सङ्क्र[क्रा]म पु॰ [सम्+क्रम–घञ्] সাঁকো, একত্রস্থিত বস্তুর অন্যত্র গমন। Bridge, passing from one point to another.

सङ्क्रमित त्रि॰ [सम्+क्रम–णिच्–क्त] প্রবেশিত, গমিত। Entered.

सङ्क्रान्त त्रि॰ [सम्+क्रान्त] সংক্রান্তিযুক্ত, সংক্রমণকারী, প্রাপ্ত। क्ली॰ দায়াদিরূপে স্বামীর নিকট হইতে প্রাপ্ত স্ত্রীধন। Having a saṁkrānti, obtained ; a property of woman obtatained from her husband.

सङ्क्रान्ति स्त्री॰ [सम्+क्रम–क्तिन्] সংক্রমণ, ব্যাপ্তি। Transition.

सङ्क्षय पु॰[सम्+क्षय] নাশ, প্রলয়। Destruction.

सङ्क्षिप्त त्रि॰ [सम्+क्षिप–क्त] অল্পীকৃত, সঞ্চিত, একত্রীকৃত। Shortened, stored, combined.

सङ्क्षीयमाण त्रि॰ [सम्+क्षि–शानच्] হ্রাসপ্রাপ্ত। Decaying.

सङ्क्षेप पु॰ [सम्+क्षिप–घञ्] সঙ্কোচ, অল্পীকরণ। Compressing, abridging.

सङ्क्षोभ पु॰ [सम्+क्षुभ–घञ्] চাঞ্চল্য, অতিক্ষোভ। Agitation, disturbance.

सङ्ख्य क्ली॰ [सम्+ख्या–क] যুদ্ধ, বিচার, সম্যগ্‌বুদ্ধি। War, judgement.

सङ्ख्या स्त्री॰ [सम्+ख्या–अङ्+टाप्] একত্বদ্বিত্বাদি গুণবিশেষ। Numeral.

सङ्ख्यात त्रि॰ [सम्+ख्या–क्त] কৃতসংখ্য, গণিত, সম্যক্ খ্যাত। Enumerated, calculated.

सङ्ख्यान क्ली॰ [सम्+ख्या–ल्युट्] গণনা Counting.

सङ्ख्यापन स्त्री॰ [सम्+ख्या+णिच्–ल्युट्] নির্ধারণ। Ascertainment.

सङ्ख्यावत् त्रि॰ [संख्या+मतुप्] সংখ্যাযুক্ত। Numbered.

सङ्ख्येय त्रि॰ [सम्+ख्या–यत] গণনীয়, সংখ্যাকরণযোগ্য। Worthy of being taken into account.

सङ्ग पु॰ [सनूज–घञ्] মেলন, সম্বন্ধ, বিষয়াদিরাগ। Union, contact, attachment to worldly ties.

सङ्गत क्ली॰ [सम्+गम–क्त] সৌহার্দ, সঙ্গতি। त्रि॰ মিলিত, সঙ্গতিযুক্ত, যুক্তিসংসিদ্ধ। Friendship, united, well-reasoned.

सङ्गति स्त्री॰ [सम्+गम–क्तिन्] সঙ্গম, মেলন, দর্শনশাস্ত্রোক্ত প্রসঙ্গাদি পদার্থ। Union.

सङ्गम पु॰ [सम्+गम–घञ्] সঙ্গতি। पु॰, क्ली॰ স্ত্রী ও পুরুষের সংভোগ. নদনদ্যাদির সমাগমস্থান। Union ; sexual union, confluence of rivers.

सङ्गर पु॰ [सम्+गृ–अप्] আপদ্, প্রতিজ্ঞা, যুদ্ধ। [सम्+गृ–अच्] ক্রিয়াকারক, বিপ্র। क्ली॰ শমীবৃক্ষফল। Promise, war ; brahmin, a kind of fruit.

सङ्गिन् त्रि॰ [सनूज–घिनुण्] সঙ্গযুক্ত। Attached to.

सङ्गीत क्ली॰ [सम्+गै–क्त] নৃত্য, গীত ও বাদ্য। त्रि॰ সম্যগ্‌গীত। Vocal and instrumental music and dancing ; properly sung.

सङ्गीर्ण त्रि॰ [सम्+गृ–क्त] স্বীকৃত। Agreed.

सङ्गृहीत त्रि॰ [सम्+गृहीत] সঙ্কলিত। Collected.

सङ्गोपन क्ली॰ [सम्+गुप–ल्युट्] সম্যগ্ গোপন, Complete concealment.

सङ्ग्रह पु॰ [सम्+ग्रह–अप्] একত্রীকরণ সঞ্চয়। Compiling, storing.

सङ्ग्रहण क्ली॰ [सम्+ग्रहण] একত্রীকরণ, সঞ্চয়। Compiling, storing.

सङ्ग्राम पु॰ [सम्+ग्राम–अच्] যুদ্ধ। War.

सङ्ग्राह पु॰ [सम्+ग्रह–घञ्] ফলকের মুষ্টিবন্ধনস্থান। The handle of a shield.

सङ्ग्राहक त्रि॰ [सम्+ग्रह–ण्वुल्] সংগ্রহকর্তা। Collector.

सङ्ग्राहिन् पु० [सम्+ग्रह–णिनि] কুটজবৃক্ষ। ত্রি০ সংগ্রহকারক, মলাবষ্টম্ভক। A kind of tree ; collector.

सङ्घ पु० [सम्+हन–अप्] সমূহ, সজাতীয়জন্তুসমূহ। ত্রি০ সংহত। Multitude ; united.

सङ्घटन क्ली० [सम्+घट–ल्युट्] সংযোজন। Uniting.

सङ्घटना स्त्री० [सम्+घट–युच्+टाप्] সংযোজনা, গ্রন্থন। Joining together, combination.

सङ्घट्ट पु० [सम्+घट्ट–अच्] পরস্পর সংঘর্ষণ, সংযোজন লতা। ত্রি০ চালক। Rubbing together, joining together creeper.

सङ्घट्टन क्ली० [सम्+घट्ट–ल्युट्] মেলন, গঠন, রচনা। Union.

सङ्घट्टना स्त्री० [सम्+घट्ट–युच्+टाप्] রচনা। Composition.

सङ्घट्टित त्रि० [सम्+घट्ट–क्त] বিমর্দিত। Rubbed.

सङ्घर्ष पु० [सम्+घृष–घञ्] অন্যোন্যঘর্ষণ, স্পর্ধা। Rubbing together.

सङ्घर्षण क्ली० [सम्+घृष–ल्युट्] সংঘর্ষ। Rubbing together.

सङ्घशस् अव्य० [सङ्घ+शस्] বহুশঃ। Collectively.

सङ्घस पु० [सम्+घस–अच्] খাদ্য। Food.

सङ्घात पु० [सम्+हन्–घञ्] সমূহ, নরকবিশেষ। Multitude.

संघुषित, संघष्ट त्रि० [सम्+घुष–क्त] শব্দিত। क्ली० শব্দ। Sounded ; sound.

सचि[ची] स्त्री० [सच–इन(+ङीप्)] ইন্দ্রাণী। Wife of Indra.

सचिव पु० [सच–इन्+वा–क] সহায়, মন্ত্রী, কৃষ্ণ, ধুস্তূর। Friend, minister.

सचेतन त्रि० [सह+चेतना] চেতনাযুক্ত। Conscious.

सचेष्ट त्रि० [सह+चेष्टा] চেষ্টাযুক্ত। पु० আম্র। Active ; mango.

सच्चिदानन्द पु० [सत्+चित्+आनन्द] নিত্যজ্ঞানসুখময় ব্রহ্ম। The Absolute as Existence, Consciousness and Bliss.

सजाति त्रि० [समाना+जाति] তুল্যজাতি। Of the same kind or class or caste.

सजातीय त्रि० [सजाति+छ] সমানধর্মযুক্ত। similar.

सजुष् त्रि०[सह+जुष–क्विप्]প্রীতিযুক্ত।अव्य०সহিত। Loving; a particle meaning with.

सज्ज त्रि० [सस्ज–अच्] উদ্যুক্ত। Ready.

सज्जन क्ली० [सस्ज+णिच्–ल्युट्] রণার্থ সৈন্যস্থাপন, ঘট্ট, আয়োজন। पु० সৌজন্যযুক্ত পুরুষ। ত্রি০ সৎকুলোদ্ভব। Battle-array, preparing ; gentleman.

सज्जना स्त्री० [सस्ज+णिच्–युच्+टाप्] হস্তীর অলংকরণ। Caparisoning an elephant.

सज्जा स्त्री० [सज्ज–अ+टाप्] বেশ। Dress.

सज्जित स्त्री० [सज्जा+इतच्] কৃতবেশ, ভূষিত, সন্নদ্ধ। Dressed, decorated.

सञ्चय पु० [सम्+चि–अच्] সমূহ, সংগ্রহ। Multitude.

सञ्चयन क्ली० [सम्+चि–ल्युट्] সঞ্চয়, সংগ্রহ। Storing, collecting.

सञ्चयिन् त्रि० [सम्+चि–इनि] সংগ্রহকারক। Collector.

सञ्चर पु० [सम्+चर–क] সেতু, দেহ, সম্যগ্গতি। Bridge, body.

सञ्चरण क्ली० [सम्+चर–ल्युट्] সঞ্চার, সঞ্চলন। Moving, shaking.

सञ्चरित त्रि० [सम्+चर–क्त] প্রসৃত, পরিব্যাপ্ত। Extended.

सञ्चरिष्णु त्रि० [सम्+चर–इष्णुच्] সঞ্চরণশীল। Moving.

सञ्चलन क्ली० [सम्+चल–ल्युट्] বিস্পন্দন। Trembling.

सञ्चाय्य त्रि० [सम+चि–ण्यत्] যজ্ঞবিশেষ। Name of a sacrifice.

सञ्चार पु० [सम्+चर–घञ्] সঞ্চরণ, গতি, গ্রহাদির এক রাশি হইতে অন্য রাশিতে গমন। Movement, motion, transit from one zodiacal sign to another.

सञ्चारित त्रि० [सम्+चर+णिच्–क्त] পরিব্যাপ্ত। Spread.

सञ्चारिन् पु० [सम्+चर–णिनि] ধূপ, বায়ু, অলঙ্কারশাস্ত্রে ভাববিশেষ। ত্রি০ সঞ্চারকারক। स्त्री० সঞ্চারিণী—সঞ্চরণশীলা, হংসপদী। Incense, wind, a kind of sentiment.

सञ्चित त्रि० [सम्+चि–क्त] সংগৃহীত, অনুষ্ঠিত। Collected.

सञ्जवन क्ली० [सम्+जु–ल्युट्] চতুঃশালগৃহবিশেষ A group of four houses.

सञ्जात त्रि० [सम्+जन–क्त] সমুৎপন্ন। Produced.

सञ्जीवन त्रि० [सम्+जीव–ल्युट्] চতুঃশালগৃহ, সম্যক্প্রাণধারণ। A group of four houses, animating.

सञ्जीवनी स्त्री० [सञ्जीवन+ङीप्] ওষধিবিশেষ। A kind of elixir.

सटा स्त्री० [सट-अच्+टाप्] জটা, শিখা, সিংহাদির কেশর। Matted hair, mane.

सत् त्रि० [अस-शतृ] সত্য, সাধু, পুজিত, ধীর, প্রশস্ত, বিদ্যমান। क्ली० ব্রহ্ম, সৌরাষ্ট্রমৃত্তিকা। अव्य० আদর। स्त्री० सती—পতিব্রতা স্ত্রী। True, virtuous, steady, existing ; the Supreme Spirit ; chaste woman.

सतत क्ली० [सम्+तन-क्त] নিরন্তর। Constant.

सततग पु० [सतत+गम-ड], **सततगति** पु० [सतत+गति] বায়ু। त्रि० সর্বদা গমনশীল। Wind ; constantly moving.

सततयुक्त त्रि० [सतत+युक्त] নিত্যযুক্ত। Constantly united.

सतर्क त्रि० [सह+तर्क] তর্কসহিত, সাবধান। Versed in reasoning, careful.

सतानन्द पु० মুনিবিশেষ। Name of a sage.

सतीन पु० [सती+नी-ड] বংশবিশেষ, কলায়-বিশেষ। A kind of bamboo or pulse.

सतीत्व क्ली० [सती+त्व] সতীধর্ম, পাতিব্রত্য। Chastity.

सतीर्थ्य पु० [समान+तीर्थ+यत्] একগুরুর শিষ্য বা ছাত্র। Fellow student.

सतील पु० [सती+लच-ड], **सतीलक** पु० [सतील+कै-क] কলায়। Pulse.

सतृष्ण त्रि० [सह+तृष्णा] পিপাসিত, সম্পৃহ। Thirsty, covetous.

सत्कार पु० [सत्+कृ-घञ्], **सत्कृति** स्त्री० [सत्+कृ-क्तिन्], **सत्क्रिया** स्त्री० [सत्+कृ-श+टाप्] সম্মানন, পূজন। Reverence, worship.

सत्कृत त्रि० [सत्+कृ-क्त] পূজিত, সম্মানিত। Worshipped, honoured.

सत्तम त्रि० [सत्+तमप्] অতিশয় সাধু। Most virtuous.

सत्ता स्त्री० [सत्+तल्+टाप्] বিদ্যমানতা, দ্রব্যগুণ-কর্মবৃত্তি জাতিবিশেষ। Existence.

सत्त्र क्ली० [सत्-ष्ट्रन्] স্থান, যজ্ঞবিশেষ, সততদান, আচ্ছাদন, অরণ্য, কৈতব, ধন, গৃহ, দান, সরোবর। Place, a kind of sacrifice, covering, wealth, gift.

सत्रम् अव्य० [सद+त्रमु] সহ। A particle signifying 'with'.

सत्राजित् पु० [सत्र+आ+जि-क्विप्] রাজ-বিশেষ। Name of a king.

सत्त्रिन् त्रि० [सत्त्र+इनि] গৃহপতি। Householder.

सत्त्व क्ली० [सत्+त्व] গুণবিশেষ, দ্রব্য, প্রাণ, ব্যবসায়, বল, স্বভাব, পিশাচাদি, চিত্ত, রস, আয়ু, ধন, আত্মা। पु०, क्ली० জন্তু। One of the three guṇas, life, strength, nature, mind, vitality ; animal.

सत्त्वसंशुद्धि स्त्री० [सत्त्व+संशुद्धि] চিত্তপ্রসন্নতা। Purity of mind.

सत्त्वानुरूप त्रि० [सत्त्व+अनुरूप] স্বভাবানুগুণ। According to one's character.

सत्पात्र क्ली० [सत्+पात्र] যোগ্যপাত্র। A fit receptacle.

सत्प्रतिग्रह पु० [सत्+प्रतिग्रह] সাধুব্যক্তিদত্ত ধনের প্রতিগ্রহ। Acceptance of gifts from a virtuous person.

सत्प्रतिपक्ष पु० [सत्+प्रतिपक्ष] ন্যায়শাস্ত্রে হেত্বাভাসবিশেষ, প্রতিযোগী। One of the five kinds of fallacious hetus.

सत्य क्ली० [सत्+यत्] শপথ, যাথার্থ্য, সত্যযুগ। पु० অশ্বত্থবৃক্ষ, নান্দীমুখশ্রাদ্ধীয় দেববিশেষ, সিদ্ধান্ত। त्रि० যথার্থ। Promise, reality ; a kind of tree ; real.

सत्यकाम त्रि० [सत्य+काम] সত্যদ্রষ্টা। Seer of truth.

सत्यङ्कार पु० [सत्य+कृ-घञ्] শপথকরণ, বায়না দেওয়া। Promise, advance payment.

सत्यदर्शिन् त्रि० [सत्य+दर्शिन्] সত্যানুধ্যায়ী। One who has seen the truth.

सत्यभामा स्त्री० শ্রীকৃষ্ণের ভার্যা। Wife of Kṛṣṇa.

सत्यम् अव्य० [सत्+यमु] স্বীকার। A particle signifying yes or acceptance.

सत्यवचस् पु० [सत्य+वचस्] মুনিবিশেষ। त्रि० সত্যবাদী। Name of a sage ; truthful.

सत्यवत् पु० [सत्य+मतुप्] নৃপবিশেষ, মুনিবিশেষ। स्त्री० सत्यवती—ব্যাসের মাতা, নারদপত্নী, ঋচীকমুনিপত্নী। Name of a king or a sage ; name of the mother of Vyāsa.

सत्यवाच् पु० [सत्या+वाक्] ঋষি, কাক। त्रि० সত্যবদনশীল। Sage, crow ; truthful,

सत्यवादिन् त्रि० [सत्य+वद-णिनि] যথার্থবাদী। Truthful.

सत्यव्रत पु० [सत्य+व्रत] ত্রিশঙ্কুনামক রাজবিশেষ। त्रि० সত্যপরায়ণ। Name of a king ; devoted to truth.

सत्यसङ्कर पु० [सत्य+सङ्कर] কুবের। ত্রি০ সত্যপ্রতিজ্ঞ। An epithet of Kuvera.

सत्यसन्ध त्रि० [सत्या+सन्धा] সত্যপ্রতিজ্ঞ। পু০ শ্রীরাম, ভরত, জনমেজয়। Keeping one's promise; an epithet of Rāma, Bharata and Janamejaya.

सत्याकृति स्त्री० [सत्य+डाच्+कृ-क्तिन्] সত্যকরণ। Making a promise.

सत्यानृत अव्य० [सत्य+अनृत] বণিগ্বৃত্তি, বাণিজ্য। Trade.

सत्यापन क्ली० [सत्य+णिच्-ल्युट्] সত্যাকৃতি। Making a promise.

सत्र क्ली० [सत्र-अच्] বহুদিনসাধ্য যজ্ঞবিশেষ, শ্রীকৃষ্ণশ্বশুর নৃপবিশেষ। Name of a sacrifice.

सत्रिन् त्रि० [सत्र+इनि] যাগশীল। One who performs a sacrifice.

सत्वर क्ली० [सह+त्वरा] শীঘ্র। ত্রি০ ত্বরান্বিত। Quickly; quick.

सत्सङ्ग पु० [सत्+सङ्ग] সজ্জনসঙ্গ। Company of the good.

सत्सन्निधान क्ली० [सत्+सन्निधान] সাধুসহবাস। Association with the good.

सद पु० [सद्-अच्] ফল। Fruit.

सदन क्ली० [सद-ल्युट्] ভবন, স্থিতি, জল। House, stay, water.

सदय त्रि० [सह+दया] দয়ান্বিত। Kind.

सदस् स्त्री० [सद-असि] সভা। Assembly.

सदस्य पु० [सदस्+यत्] যজ্ঞের যথাবিহিত অনুষ্ঠানবিধানে নিযুক্ত ঋত্বিক্। ত্রি০ সভাসদ্। Superintending priest at a sacrifice; member of an assembly.

सदा अव्य० [सर्व+दाच्] সর্বদা। Always.

सदागति पु० [सदा+गति] বায়ু, সূর্য, নির্বাণ। ত্রি০ সর্বদাগতিযুক্ত। Wind, the sun, liberation; always moving.

सदाचार पु० [सत्+आचार] শিষ্টাচার। ত্রি০ ধর্মপরায়ণ। Good conduct; pious.

सदातन त्रि० [सदा+ट्युल्] নিত্য। পু০ বিষ্ণু। Eternal; an epithet of Viṣṇu.

सदात्मन् त्रि० [सत्+आत्मन्] সাধুচিত্ত। Virtuous.

सदादान पु० [सदा+दान] গজ, ঐরাবত, গণেশ। ত্রি০ সর্বদা দানশীল। Elephant, an epithet of Gaṇeśa; always making gifts.

सदानन्द पु० [सदा+आनन्द] সদাশিব। ত্রি০ অনবরত আনন্দযুক্ত। An epithet of Śiva; always happy.

सदानीरा स्त्री० [सदा+नीर+टाप्] করতোয়া নদী। Name of a river.

सदाशिव पु० [सदा+शिव] মহাদেব। A name of Śiva.

सदृक्ष त्रि० [समान+दृश+क्स], **सदृश्** त्रि० [समान+दृश-क्विन्], **सदृश** त्रि० [समान+दृश-कञ्] তুল্যরূপ। Similar.

सदेश त्रि० [सह+देश] সমানদেশীয়। পু০ নিকট। Belonging to the same country; proximate.

सद्भाव पु० [सत्+भाव] বিদ্যমানত্ব, সাধুভাব। Existence, honesty.

सद्मन् क्ली० [सद-मनिन्] গৃহ, জল। House, water.

सद्यस् अव्य० [सम+अहन्] তৎক্ষণ, একদিনে। Immediately, on the same day.

सद्यस्क त्रि० [सद्यस्+कन्] সদ্যোজাত। Newly born.

सद्व त्रि० [सद्-क्] গমনশীল। Goer.

सद्वंश त्रि० [सत्+वंश] উচ্চকুলজাত। পু০ উচ্চকুল। Of a high pedigree.

सद्वृत्त क्ली० [सत्+वृत्त] সাধু স্বভাব। ত্রি০ সচ্চরিত্রযুক্ত। Honesty; endowed with good character.

सद्वृत्ति स्त्री० [सत्+वृत्ति] উত্তমচরিত্র, উত্তমব্যাখ্যানরূপগ্রন্থ। Good conduct, a good explanatory work.

सधर्मचारिणी स्त्री० [सह+धर्म+चर-णिनि] ভার্যা। Wife.

सधर्मन् त्रि० [समान+धर्म+अनिच्] সদৃশ। Similar.

सधर्मिन् त्रि० [समान+धर्म+इनि] সমানধর্মা। Having similar nature.

सधवा स्त्री० [सह+धव+टाप्] জীবৎপতিকা স্ত্রী। A woman whose husband is living.

सध्रयच् त्रि० [सह+अन्च-क्विप्] সহচর। স্ত্রী০ সধ্রীচী—ভার্যা, সখী। Companion; wife.

सनक पु० [सन-वुन्] মুনিবিশেষ। Name of a sage.

सनत् पु० [सन-अति] ব্রহ্মা। অব্য০ সদা। Brahmā; always.

सनत्कुमार पु० [सनत्+कुमार] মুনিবিশেষ। Name of a sage.

सनन्द पु० [सह+नन्द] মুনিবিশেষ। ত্রি০ আনন্দযুক্ত। Name of a sage; glad.

सना अव्य० সর্বদা। Always.

सनातन त्रि॰ [सदा+ट्युल्] নিত্য, নিশ্চল। পু॰ ব্রহ্মা, বিষ্ণু, শিব, দিব্যমনুষ্য, পিতৃদিগের অতিথি। স্ত্রী॰ সনাতনী—দুর্গা, সরস্বতী, লক্ষ্মী। Eternal, firm; an epithet of Brahmā; Viṣṇu or Śiva ; a name of Durgā, Lakṣmī or Sarasvatī.

सनाथ त्रि॰ [सह+नाथ] যুক্ত, আশ্রয়বান্। Connected.

सनाभि पु॰ [समान+नाभि] জ্ঞাতি। পু॰ মধ্যযুক্ত, স্নেহযুক্ত, তুল্য। Relative, similar.

सनि पु॰ [सन-इन्] পূজা, দান, সৎকারপূর্বক নিয়োগ। স্ত্রী॰ সনী—দিক্। Worship, gift ; quarter.

सनीड त्रि॰ [सह+नीड] নিকটস্থ, নীড়যুক্ত। Poximate, possessing the nest.

सन्तत क्ली॰ [सम्+तन-क्त] সতত, বিস্তীর্ণ। ত্রি॰ নৈরন্তর্যযুক্ত। Constant, stretched.

सन्तति स्त्री॰ [सम्+तन-क्तिच्] গোত্র, পুত্র, কন্যা। [सम्+तन-क्तिन्] বিস্তার, পঙ্‌ক্তি, অবিচ্ছিন্নধারা। Lineage, son, daughter, expanse, row, continuity.

सन्तप्त त्रि॰ [सम्+तप-क्त] পরিশ্রান্ত, অগ্নিতপ্ত, ব্যথিত। Exhausted, heated, tormented.

सन्तमस क्ली॰ [सन्तत+तमस्+अच्] গাঢ়ান্ধকার, মহামোহ। Deep darkness, great delusion.

सन्तरण क्ली॰ [सम्+तृ-ल्युट्] উত্তরণ, সাঁতার। Crossing, swimming.

सन्तर्पण त्रि॰ [सम्+तृप+णिच्-ल्यु] সম্যক্ তর্পক। ক্লী॰ [सम्+तृप-ल्युट्] প্রীণন, খাদ্যবিশেষ। Satiating ; a kind of food.

सन्तान पु॰ [सम्+तन-घञ्] বংশ, কল্পবৃক্ষ, অপত্য, বিস্তার। Race, a kind of tree, offspring, expanse.

सन्तानिका स्त्री॰ [सम्+तन-ण्वुल्+टाप्] ক্ষীরসর, মাকড়সার জাল, ফেন, ছুরিকাফল। Cream of milk, cobweb.

सन्ताप पु॰ [सम्+ताप] বহ্নিজাত তাপ, সম্যক্‌তাপ। Heat.

सन्तापन पु॰ [सम्+तप+णिच्-ल्यु] কামদেবের শরবিশেষ। ত্রি॰ সন্তাপকারক। Name of one of the five arrows of Cupid; tormenting.

सन्तापित त्रि॰ [सम्+तप+णिच्-क्त] উষ্ণ, সন্তপ্ত, ব্যথিত। Hot, heated, tormented.

सन्तुष्ट त्रि॰ [सम+तुष-क्त] সন্তোষযুক্ত। Quite satisfied.

सन्तुष्टि त्रि॰ [सम्+तुष-क्तिन्] সম্যক্ তুষ্টি, পরিতৃপ্তি। Complete satisfaction.

सन्तोष पु॰ [सम्+तुष-घञ्] সম্যক্ তুষ্টি, ধৈর্য, স্বাস্থ্য। Satisfaction, patience.

सन्त्रास पु॰ [सम्+त्रास] সম্যক্ ভয়। Terror.

सन्दंश पु॰ [सम्+दन्श-अच्] সাঁড়াশী। A pair of pincers.

सन्दर्भ पु॰ [सम्+दृभ-घञ्] রচনা, গ্রথন, বক্তৃতাৎপর্যবিশেষ। Composition.

सन्दर्शन क्ली॰ [सम्+दर्शन] অবলোকন, জ্ঞান। Seeing, knowledge.

सन्दर्शित त्रि॰ [सम्+दर्शित] যাহাকে দেখান হইয়াছে। One who has been shown.

सन्दष्ट त्रि॰ [सम्+दन्श-क्त] সম্যগ্‌ভাবে কৃতদংশন, সংশ্লিষ্ট। Bitten, presssed closely together.

सन्दान क्ली॰ [सम्+दो-ल्युट्] রজ্জু, শৃঙ্খল, সম্যক্ খণ্ডন। [सम्+दा-ल्युट्] সম্যগ্‌দান। Rope, chain.

सन्दानित त्रि॰ [सन्दान+इतच्], **सन्दित** त्रि॰ [सम्+दो-क्त] বদ্ধ। Bound.

सन्दानितक क्ली॰ [सन्दानित+कन्] শ্লোকত্রয়ঘটিত বাক্য। A collection of three verses forming one sentence.

सन्दिग्ध त्रि॰ [सम्+दिह-क्त] সন্দেহযুক্ত, সন্দেহবিষয়, সম্যক্ লিপ্ত। Doubtful, doubted, besmeared.

सन्दिष्ट क्ली॰ [सम्+दिश-क्त] বার্তা। ত্রি॰ উপদিষ্ট। News ; instructed.

सन्दिहान त्रि॰ [सम्+दिह-शानच्] সন্দেহযুক্ত। Doubtful.

सन्दी स्त्री॰ [सम्+दो-ड+ङीष्] খট্টা। Couch.

सन्दीपन क्ली॰ [सम्+दीप+णिच्-ल्युट्] প্রজ্বলন, উদ্দীপন। Enkindling, exciting.

सन्दीप्त त्रि॰ [सम्+दीप-क्त] প্রজ্বলিত, উদ্দীপিত। Enkindled.

सन्दीप्य पु॰ [सम्+दीप-श] ময়ূরশিখাবৃক্ষ। A kind of tree.

सन्दृब्ध त्रि॰ [सम्+दृभ-क्त] গ্রথিত। Strung together.

सन्देश पु॰ [सम्+दिश-घञ्] বার্তা। Message.

सन्देशहर पु॰ [सन्देश+हर], **सन्देशहारक** पु॰ [सन्देश+हृ-ण्वुल्] দূত। Messenger.

सन्देह पु॰ [सम्+दिह-घञ्] সংশয়, অলংকারবিশেষ। Doubt, name of a figure of speech.

সন্দোহ পু০ [সম্+দুহ–ঘঞ্] সমূহ, সম্যগ্ দোহ, দুগ্ধ। Multitude, milk.

সন্দ্রাব পু০ [সম্+দ্রু–ঘঞ্] পলায়ন। Flight.

সন্ধা স্ত্রী০ [সম্+ধা–অঙ্+টাপ্] স্থিতি, প্রতিজ্ঞা, সন্ধান। State, promise, search.

সন্ধান ক্লী০ [সম্+ধা–ল্যুট্] অনুসন্ধান, সজ্ঘটন, ধনুকে শরযোজন, সুরাদিসম্পাদনানুগুণ ব্যাপার, কাঞ্জিক, মদিরা, অবদংশ, সৌরাষ্ট্র। Search, joining together, fixing an arrow to the bow-string, distillation.

সন্ধি পু০ [সম্+ধা–কি] সংযোগ, নৃপের উপায়-বিশেষ, সংঘটন, অস্থিদ্বয়ের সংযোগস্থান, ভগ, নাটকের অঙ্গবিশেষ, ব্যাকরণশাস্ত্রোক্ত প্রক্রিয়া-বিশেষ, ভেদ, তিথ্যাদির অবান্তর ভাগবিশেষ। Connection, one of the six expeditions in foreign policy, a division in drama, euphonic combination in grammar.

সন্ধিত ত্রি০ [সন্ধা+ইতচ্] মিলিত। United.

সন্ধিদূষণ ক্লী০ [সন্ধি+দূষণ] সন্ধিভঙ্গ। Violation of treaty.

সন্ধিনী স্ত্রী০ [সন্ধা+ইনি+ঙীপ্] ধৃতগর্ভা গাভী, অকালদুগ্ধা গাভী। A pregnant cow, a cow milked unseasonably.

সন্ধুক্ষণ ক্লী০ [সম্+ধুক্ষ–ল্যুট্] সন্দীপন। Kindling.

সন্ধুক্ষিত ত্রি০ [সম্+ধুক্ষ–ক্ত] উদ্দীপিত। Kindled.

সন্ধেয় ত্রি০ [সম্+ধা–যৎ] সংযোজ্য, সন্ধি-করণযোগ্য। To be joined, to be made peace with.

সন্ধ্যা স্ত্রী০ [সম্+ধৈ–অঙ্+টাপ্] দিবা ও রাত্রির মধ্যবর্তিকাল, যুগসন্ধিকাল, নদীবিশেষ, ব্রহ্মপত্নী-বিশেষ, চিন্তা। Morning or evening twilight, the time intervening betwen two yugas.

সন্ধ্যাংশ পু০ [সন্ধ্যা+অংশ] সত্যযুগাদির অংশ-বিশেষ। Part of a cycle of time.

সন্ধ্যারাগ পু০ [সন্ধ্যা+রাগ] সিন্দূর, সন্ধ্যাকালীন রক্তবর্ণ। Vermillion, red glow of the twilight.

সন্ধ্যাবন্দন ক্লী০ [সন্ধ্যা+বন্দন] সন্ধ্যায় করণীয় দেবার্চন। The morning and evening worship.

সন্ন ত্রি০ [সদ–ক্ত] অবসন্ন। পু০ পিয়ালবৃক্ষ। Exhausted ; a kind of tree.

সন্নত ত্রি০ [সম্+নম–ক্ত] প্রণত, ধ্বনিযুক্ত। Bent down.

সন্নতগাত্র ত্রি০ [সন্নত+গাত্র] সঙ্কুচিতগাত্রযুক্ত। One with bent body.

সন্নতি স্ত্রী০ [সম্+নম–ক্তিন্] প্রণাম, ধ্বনি, নম্রতা, হোমবিশেষ। Respectful salutation, sound, a kind of sacrifice.

সন্নদ্ধ ত্রি০ [সম্+নহ–ক্ত] কৃতসন্নাহ, ব্যূহরচনায় অবস্থিত, সম্যক্ বদ্ধ, আততায়ী। Bound together, clad in armour, arrayed.

সন্নহন ক্লী০ [সম্+নহ–ল্যুট্] বর্মগ্রহণ, উদ্যোগ, সম্যগ্ বন্ধন। Arming oneself, preparation, fastening properly.

সন্নাহ পু০ [সম্+নহ–ঘঞ্] বর্ম, সম্যক্ বন্ধন। Armour.

সন্নাহ্য ত্রি০ [সম্+নহ–ণ্যৎ] সমরোচিত গজ। War-elephant.

সন্নিকর্ষ পু০ [সম্+নি+কৃষ–ঘঞ্] সান্নিধ্য, ন্যায়মতে বিষয়েন্দ্রিয়সম্বন্ধ, প্রত্যক্ষসাধন উপায়বিশেষ। Proximity, connection of an organ of sense with its object.

সন্নিকৃষ্ট ত্রি০ [সম্+নি+কৃষ–ক্ত] নিকটস্থ। Proximate.

সন্নিধ ক্লী০ [সম্+নি+ধা–ক] নৈকট্য। ত্রি০ সমীপস্থিত। Nearness ; proximate.

সন্নিধান ক্লী০ [সম্+নি+ধা–ল্যুট্] নৈকট্য, আশ্রয়। Nearness, resort.

সন্নিধি পু০ [সম্+নি+ধা–কি] সামীপ্য। Proximity.

সন্নিপতিত ত্রি০ [সম্+নি+পত–ক্ত] মিলিত, উপস্থিত, মৃত। United, present, dead.

সন্নিপাত পু০ [সম্+নি+পত–ঘঞ্] মেলন, নাশ, উপস্থিতি, তালবিশেষ, জ্বরবিশেষ। Union, destruction, presence.

সন্নিপাতন ক্লী০ [সম্+নি+পত+ণিচ্–ল্যুট্] একত্র পাতিত করা। Causing to fall together.

সন্নিবন্ধন ক্লী০ [সম্+নিবন্ধন] একত্র সঙ্কলন। ত্রি০ সম্যগ্বন্ধনযুক্ত। Collecting together; bound firmly together.

সন্নিভ ত্রি০ [সম্+নি+ভা–ক] সদৃশ। Similar.

সন্নিবিষ্ট ত্রি০ [সম্+নি+বিশ–ক্ত] উপবিষ্ট, অবস্থিত। Seated, staying.

সন্নিবৃত্ত ত্রি০ [সম্+নি+বৃত–ক্ত] প্রতিনিবৃত্ত। Desisted.

সন্নিবৃত্তি স্ত্রী০ [সম্+নি+বৃত–ক্তিন্] প্রতিনিবৃত্তি। Returning.

सन्निवेश पु० [सम्+नि+विश-घञ्] উপবেশন, অবস্থান। Sitting, staying.

सन्निहित त्रि० [सम्+नि+धा-क्त] নিকটস্থ, সম্যক্ স্থাপিত। क्ली० নৈকট্য। Near at hand, well placed ; proximity.

सन्न्यसन क्ली० [सम्+नि+अस-ल्युट्] পরিত্যাগ, নিক্ষেপ। Giving up, deposit.

सन्न्यस्त त्रि० [सम्+नि+अस-क्त] ত্যক্ত, সমর্পিত, নিক্ষিপ্ত। Abandoned, entrusted, deposited.

सन्न्यास पु० [सम्+नि+अस-घञ्] সম্যক্ ত্যাগ, চতুর্থাশ্রম, শিবব্রতবিশেষ। Renunciation, the fourth order of religious life.

सन्न्यासिन् त्रि० [सम्+नि+अस-णिनि] সন্ন্যাসযুক্ত। ত্যাগী। पु० পরিব্রাজক। Renouncing ; a religious mendicant.

सपक्ष त्रि०[समान+पक्ष] তুল্যরূপ। पु० নিশ্চিতসাধ্যক পক্ষ। त्रि० [सह+पक्ष] পক্ষযুক্ত। Similar ; similar instance; winged.

सपक्षता स्त्री० [सपक्ष+तल्+टाप्] সপক্ষের ভাব, আনুকূল্য। Similarity, favour.

सपत्न पु० [सह+पत-न] শত্রু। Enemy.

सपत्नी स्त्री० [सह+पति+ङीप्] একভর্তৃকা স্ত্রী। Co-wife.

सपत्नीक त्रि०[सह+पत्नी+कप्] সস্ত্রীক। Attended by a wife.

सपत्राकृत त्रि० [सपत्र+डाच्+कृ-क्त] বাণবেধাদির দ্বারা পীড়িত। Wounding with an arrow.

सपदि अव्य० [सह+पद-इन्] তৎক্ষণে। Instantly.

सपर्या स्त्री० [सपर+यक्+टाप्] পূজা, অর্চনা। Worship, honouring.

सपिण्ड त्रि० [समान+पिण्ड] পিণ্ডসম্বন্ধযুক্ত জাতি। A kinsman connected by the offering of the Piṇḍa.

सपिण्डीकरण क्ली० [सपिण्ड+च्वि+कृ-ल्युट्] শ্রাদ্ধবিশেষ। A form of obsequies.

सप्तक क्ली० [सप्त+कन्] সপ্তসংখ্যা। An aggregate of seven.

सप्तकी स्त्री० [सप्त+कै-क+ङीप्] মেখলা। Girdle.

सप्तचत्वारिंशत् स्त्री० [सप्त+चत्वारिंशत्] সাত চল্লিশ। Forty-seven.

सप्तच्छद पु० [सप्त+छद] ছাতিম বৃক্ষ। Name of a tree.

सप्तजिह्व पु० [सप्त+जिह्वा] বহ্নি। Fire.

सप्ततन्तु पु० [सप्त+तन-तुन्] যজ্ঞ। Sacrifice.

सप्तति स्त्री० [सप्त+दशति] সত্তর। Seventy.

सप्ततितम त्रि०[सप्तति+तमप्] সপ্ততি সংখ্যার পূরণ। Seventieth.

सप्तत्रिंशत् स्त्री० [सप्तन्+त्रिंशत्] সাঁইত্রিশ। Thirty-seven.

सप्तदश, सप्तदशन् त्रि० [सप्त+दशन्] সতেরো। Seventeen.

सप्तद्वीपपति पु० [सप्तद्वीप+पति] সপ্তদ্বীপের অধীশ্বর। Lord of the seven dvīpas.

सप्तद्वीपा स्त्री० [सप्तन्+द्वीप+टाप्] সপ্তদ্বীপময়ী পৃথিবী। The entire universe comprising of seven dvīpas.

सप्तधा अव्य० [सप्तन्+धाच्] সপ্তপ্রকার। Of seven kinds.

सप्तन् पु० [सप-तनिन्] সপ্তসংখ্যা। त्रि० সপ্তসংখ্যান্বিত। Seven ; numbering seven.

सप्तपत्र पु० [सप्तन्+पत्र] ছাতিম গাছ। A kind of tree.

सप्तपर्ण पु० [सप्तन्+पर्ण] ছাতিম গাছ। Name of a tree.

सप्तपदी स्त्री० [सप्तन्+पद+ङीप्] বিবাহকালে অনুষ্ঠানবিশেষ। A ceremony of taking seven steps during wedding.

सप्तम त्रि० [सप्तन्+मट्] সপ্তসংখ্যার পূরণ। Seventh.

सप्तर्षि पु० [सप्तन्+ऋषि] মরীচি, অত্রি, পুলহ, পুলস্ত্য, ক্রতু, অঙ্গিরস্, বশিষ্ঠ এই সাত ঋষি। The seven seers.

सप्तर्षिमण्डल क्ली० [सप्तर्षि+मण्डल] নক্ষত্রমণ্ডলবিশেষ। The seven stars of the constellation called Ursa Major.

सप्तला स्त्री० [सप्तन्+ला-क+टाप्] নবমালিকা, চর্মকষা, গুঞ্জা, পাটলা। A kind of jasmine.

सप्तलोक पु० [सप्तन्+लोक] ভূঃ, ভুবঃ, স্বঃ মহঃ, জন, তপস্ ও সত্য উপরিস্থিত এই সাত ভুবন। The seven worlds.

सप्तविंशति स्त्री० [सप्तन्+विंशति] সাতাশ সংখ্যা। Twenty-seven.

सप्तशती स्त्री० [सप्तन्+शत+ङीप्] সপ্ত শতের সমাহার, মার্কণ্ডেয় চণ্ডী। An aggregate of seven hundred, the Caṇḍī under Mārkaṇḍeya Purāṇa.

सप्तशलाक पु० [सप्तन्+शलाका] জ্যোতিষোক্ত চক্রবিশেষ। A kind of astrological diagram.

सप्तसप्ति पु० [सप्तन्+सप्ति] সূর্য, অর্কবৃক্ষ। The sun, a kind of tree.

सप्तसागर पु० [सप्तन्+सागर], **सप्तार्णव** पु० [सप्तन्+अर्णव] লবণ, ইক্ষুরস, সুরা, ঘৃত, দধি, ক্ষীর ও স্বাদূদক এই সাত সমুদ্র। The seven oceans.

सप्तसाम क्ली० [सप्तन्+सामन्] রথন্তর, বৃহৎসাম, বামদেব্য, বৈরূপ, পাবমান, বৈরাজ, চান্দ্রমস এই সাত সাম। The seven sāmans.

सप्तहय पु० [सप्तन्+हय] সূর্য। The sun.

सप्तांशु पु० [सप्तन्+अंशु], **सप्तार्चिस्** पु० [सप्तन्+अर्चिस्] বহ্নি। An epithet of Agni.

सप्ताङ्ग क्ली० [सप्तन्+अङ्ग] স্বামী, অমাত্য, সুহৃৎ, কোষ, রাষ্ট্র, দুর্গ ও বল এই সাত রাজ্যাঙ্গ। Seven constituent parts of a kingdom.

सप्ताशीति स्त्री० [सप्तन्+अशीति] সাতাশী সংখ্যা। Eighty-seven.

सप्ताश्व पु० [सप्तन्+अश्व] সূর্য, অর্কবৃক্ষ। The sun, a kind of tree.

सप्ताह पु० [सप्तन्+अहन्+टच्] সপ্তদিবসের সমবায়। A week.

सप्ति पु० [सप्+ति] অশ্ব। Horse.

सप्रणय त्रि० [सह+प्रणय] সস্নেহ, সানুরাগ। Affectionate.

सप्रश्रय त्रि० [सह+प्रश्रय] সবিনয়। Modest.

सफर पु० [सफ-अरन्] মৎস্যবিশেষ। A kind of fish.

सफल त्रि० [सह+फल] ফলযুক্ত। Fruitful.

सबल त्रि० [सह+बल] বলবান্, সৈন্যযুক্ত। Strong, having an army.

सबाध त्रि० [सह+बाधा] বাধাযুক্ত। Attended with obstacles.

सब्रह्मचारिन् पु० [समान+ब्रह्मचारिन्] সতীর্থ। Fellow-student.

सभर्तृका स्त्री० [सह+भर्तृ+कप्+टाप्] বিদ্যমান-পতিকা স্ত্রী। A woman having her husband living.

सभा स्त्री० [सह+भा-अ+टाप्] বহুর সমাবেশস্থান, গৃহ, সমূহ, দ্যূত। Assembly, house, collection.

सभाजन क्ली० [सभाज-ल्युट्] পূজন, সম্ভাষণ। Honouring.

सभाजित त्रि० [सभाज-क्त] সম্মানিত। Honoured.

सभापति पु० [सभा+पति] সভার অধ্যক্ষ। Chairman of a meeting.

सभासद् त्रि० [सभा+सद-क्विप्] সামাজিক, সভ্য। Member of an assembly.

सभास्तार त्रि० [सभा+स्तृ-अण्] সভ্যবিশেষ। A member of society.

सभिक पु० [सभा+ठन्] দ্যূতকারক। Keeper of a gaming house.

सभीक पु० [सभा+ईक] দ্যূতকার। Gambler.

सभ्य पु० [सभा+यत्] সামাজিক, দ্যূতকার। त्रि० বিশ্রব্ধ। Member of a society, gambler.

सभ्यता स्त्री० [सभ्य+तल्+टाप्] সামাজিকতা। Civility.

सम् अव्य० [सो-कमु] সম্যগর্থ, প্রকর্ষ, সঙ্গতি, শোভন, সমুচ্চয়। A particle signifying propriety, excellence etc.

सम त्रि० [सम-अच्] তুল্য, সর্ব, সাধু, যুগ্ম, রাশি। क्ली० তালবিশেষ, শত্রুমিত্রভিন্ন গ্রহ। Similar, all, honest, name of certain zodiacal signs.

समकालीन त्रि० [समकाल+ख] এককালে উৎপন্ন। Contemporary.

समक्न त्रि० [सम+अनूच-क्त] সঙ্গত। Moving together.

समक्ष अव्य० [सम्+अक्षि+अच्] চক্ষুঃসন্নিকর্ষ। त्रि० প্রত্যক্ষবিষয়। Before the very eyes; visible.

समग्र त्रि० [सम+ग्रह-ड] সকল, পূর্ণ। All, complete.

समचित्तत्व क्ली० [सम+चित्त+त्व] সমদর্শিত্ব। Equanimity.

समज पु० [सम्+अज-अप्] বন, সমূহ, পশুর সঙ্ঘ, মূর্খবৃন্দ। Forest, multitude, a number of fools.

समज्ञा स्त्री० [सम+ज्ञा-क+टाप्] কীর্তি। Fame.

समज्या स्त्री० [सम्+अज-क्यप्+टाप्] সভা, কীর্তি। Assembly, fame.

समञ्जस त्रि० [सम+अञ्जस्+अच्] উচিত, যুক্ত। क्ली० ঔচিত্য, সমাধান, অভ্যস্ত। Proper, reasonable; propriety, settlement.

समता स्त्री० [सम+तल्+टाप्] সাম্য, অলংকারশাস্ত্রে গুণবিশেষ। Equality, a guṇa in poetics.

समतीत त्रि० [सम्+अतीत] অতীত। Past.

समद त्रि० [सह+मद] মত্ত, সহর্ষ। Intoxicated, joyful.

समदर्शन त्रि० [सम+दृश-ल्युट्] সর্বভূতে সমদৃষ্টি, সমানাকৃতি। Looking on all with equal eyes, of similar appearance.

समदर्शिन् त्रि० [सम+दृश-णिनि], **समदृष्टि** त्रि० [सम+दृष्टि] সর্বত্র তুল্যদর্শনযুক্ত। One who looks on all equally.

समदुःखसुख त्रि० [सम+दुःख+सुख] যাহার সুখ-দুঃখ সমান। One to whom joys and sorrows are equal.

समधिक त्रि० [सम्+अधिक] অত্যন্তাধিক। Very much.

समधिगत त्रि० [सम्+अधि+गम-क्त] সম্যক্ জ্ঞাত, প্রাপ্ত। Well-known, obtained.

समधिगम पु० [सम्+अधिगम] সম্যক্ অভ্যাস, প্রাপ্তি। Proper practice, obtaining.

समन्त पु० [सम्यक्+अन्त] সমগ্র, সীমা। Ultimate end, complete, boundary.

समन्ततस् अव्य० [समन्त+तसिल्] সর্বত্র ব্যাপ্তি। All pervading.

समन्तात् अव्य० [समन्त+आति] সর্বত্র ব্যাপ্তি। All around.

समन्तपञ्चक क्ली० [समन्त+पञ्चक] কুরুক্ষেত্রস্থ তীর্থবিশেষ। Name of a place of pilgrimage in Kurukṣetra.

समन्तभद्र पु० [समन्त+भद्र] বুদ্ধ। A Buddha.

समन्यु त्रि० [सह+मन्यु] সক্রোধ, দুঃখিত। Enraged, afflicted.

समन्वय पु० [सम्+अनु+इ-अच्] সংযোগ। Connection.

समन्वित त्रि० [सम्+अनु+इ-क्त] সঙ্গত। Combined with.

समबुद्धि त्रि० [सम+बुद्धि] সর্বত্র রাগদ্বেষশূন্যবুদ্ধি। Of equal outlook.

समभाव पु० [सम+भाव] সমতা। Sameness.

समभिव्याहार पु० [सम्+अभि+वि+आ+हृ-घञ्] সাহিত্য, পূর্বাপরীভাব। Association.

समभिव्याहारिन् त्रि०[सम्+अभिव्याहारिन्] সহচর। Companion.

समभिव्याहृत त्रि० [सम्+अभिव्याहृत] একত্রিত। Combined.

समभिहार पु० [सम्+अभि+हृ-घञ्] পৌনঃপুন্য, অত্যন্ত। Repetition, excess.

समभ्यर्चन क्ली० [सम+अभि+अर्चन] সম্যক্ পূজা। Proper worship.

समभ्यर्चित त्रि० [सम+अभि+अर्च-क्त] সম্যক্ পূজিত। Properly worshipped.

समम् अव्य० [सम+अमु] এককালীন, সাহিত্য। A particle signifying simultaneity etc.

समय पु० [सम+इ-अच्] কাল, শপথ, আচার, সিদ্ধান্ত, অঙ্গীকার, ক্রিয়াকারক, নির্দেশ, সঙ্কেত, ভাষা, সম্পদ, নিয়ম, অবসর, কালবিজ্ঞান, নিয়মবন্ধ, শাস্ত্র। Time, oath, conventional practice, conclusion, direction, hint, law, leisure.

समयाध्युषित क्ली० [समय+अध्युषित] সূর্যতারকারহিত কাল। Time at which neither the sun nor the stars are visible.

समयोचित त्रि० [समय+उचित] কালোচিত। Suited to the occasion.

समया अव्य० [सम+इ-आ] নৈকট্য, মধ্য। A particle signifying proximity, within etc.

समर पु० [सम+ऋ-अप्] যুদ্ধ। War.

समरमूर्धन् पु० [समर+मूर्धन्], **समरशिरस्** क्ली० [समर+शिरस्] যুদ্ধের অগ্রভাগ। The front of battle.

समरेख त्रि०[सम+रेखा]সমানরেখাযুক্ত। Straight-lined.

समरोद्देश पु० [समर+उद्देश] যুদ্ধক্ষেত্র। Battle-field.

समर्चन क्ली० [सम्+अर्चन] সম্যক্ পূজন। Proper worshipping.

समर्ण त्रि० [सम+अर्द-क्त] সম্যক্ পীড়িত। Afflicted.

समर्थ त्रि० [सम्+अर्थ-अच्] শক্ত, যোগ্য। पु० বাক্যগত পদসমূহের পরস্পরসম্বন্ধ। Strong, competent ; coherence of words in a sentence.

समर्थन क्ली० [सम्+अर्थ-ल्युट्] দৃঢ়ীকরণ, নিশ্চায়ক হেতুর উপন্যাস। Vindication, corroboration.

समर्थित त्रि० [सम्+अर्थ-क्त] দৃঢ়ীকৃত। Vindicated.

समर्पण क्ली० [सम्+अर्पण] দান। Giving.

समर्पित त्रि० [सम्+अर्पित] দত্ত। Given.

समर्याद त्रि० [सह+मर्यादा] সীমাযুক্ত। पु० সমীপ। Limited ; near.

समल त्रि० [सह+मल] কলুষ। पु० [सम्+मल] বিষ্ঠা। Dirty ; excrement.

समवकार पु० [सम्+अव+कृ-घञ्] দৃশ্যকাব্যবিশেষ। A kind of drama.

समवतार पु० [सम्+अव+तृ-घञ्] জলাবতরণ সোপান। A descent to a bathing place.

समवधान क्ली० [सम्+अव+धा-ल्युट्] সম্যক্ অবধান। Proper attention or alertness.

समवस्था स्त्री० [सम्+अवस्था] অবস্থা, দশা। State, condition.

समवाप्ति स्त्री० [सम्+अव+आप-क्तिन्] সম্প্রাপ্তি। Acquisition.

समवाय पु० [सम्+अव+इ-अच्] সমূহ, মেলন, সম্বন্ধবিশেষ। Collection, union, co-inherence.

समवायिन् त्रि० [समवाय+इनि] সমবায়বিশিষ্ট। Closely connected.

समवृत्त क्ली० [सम+वृत्त] সমভাবে গোল, প্রতিপাদে সমসংখ্যকবর্ণযুক্ত চতুষ্পাদ ছন্দোবিশেষ। Uniformly round, metre with four equal pādas.

समवृत्ति त्रि० [सम+वृत्ति] সমান আচরণকারী। Of uniform conduct.

समवेत त्रि० [सम्+अव+इ-क्त] মিলিত, ন্যায়শাস্ত্রে সমবায়সম্বন্ধে স্থিত। United, related through co-inherence.

समष्टि स्त्री० [सम्+अश-क्तिन्] সম্যগ্ ব্যাপ্তি, সমুদয়ভাব। [सम्+अश-क्तिच्] সংঘীভূত। Thorough pervasion, totality, aggregate.

समसन क्ली० [सम्+अस-ल्युट्] সমাস, সংক্ষেপ। Compounding, contraction.

समस्त त्रि०[सम्+अस-क्त]সংক্ষিপ্ত, সকল, সমাসবদ্ধ। Contracted, all, compounded.

समस्या स्त्री० [सम्+अस-क्यप्+टाप्] সংক্ষেপসাধন, শ্লোকাংশের উল্লেখ করিয়া শ্লোকপূরণার্থ প্রশ্ন। Contracting, proposing part of a stanza to be completed.

समा स्त्री० [सम्-अच्+टाप्] সংবৎসর, যোষিৎ। A year, a female.

समांसमीना स्त्री० [समा+समा+ख+टाप्] প্রতিবর্ষ প্রসূতা গাভী। A cow bearing a calf every year.

समाकर्षिन् पु० [सम्+आ+कृष-णिनि] অতিদূরগামী গন্ধ। Diffusing fragrance.

समाकुल त्रि० [सम्+आकुल] ব্যাকুল, পরিব্যাপ্ত। Greatly agitated, pervaded.

समाक्रान्त त्रि० [सम्+आक्रान्त] অধিষ্ঠিত, সম্প্রাপ্ত। Possessed, obtained.

समाख्या स्त्री० [सम्+आ+ख्या-अङ्+टाप्] কীর্তি, সংজ্ঞা, যোগ বলে অর্থবোধন। Fame, name.

समाख्यात त्रि० [सम्+आ+ख्या-क्त] অভিহিত। Declared.

समागत त्रि० [सम्+आगत] সমবেত, উপস্থিত। Assembled, present.

समागति स्त्री० [सम्+आ+गम-क्तिन्] সমাগম। মেলন। Approach, union.

समागम पु० [सम्+आगम] সঙ্গম। Union.

समाघात पु० [सम्+आ+हन-घञ्] যুদ্ধ, সম্যগ আঘাত। War, killing.

समाचार पु० [सम्+आचार] সম্যগ্ অনুষ্ঠান, লৌকিকব্যবহার। Proper practice, conduct.

समाज पु० [सम्+अज-घञ्] সমূহ, সভা, হস্তী। Collection, assembly, elephant.

समादर पु० [सम्+आदर] সম্মাননা। Veneration.

समादृत त्रि०[सम्+आदृत] সম্মানিত। Respected.

समादेश पु० [सम्+आदेश] আজ্ঞা। Command.

समाधा स्त्री० [सम+आ+धा-अङ्+टाप्] নিষ্পত্তি, বিবাদভঞ্জন, সম্যগ্ অর্থাবধারণ। Completion, clearing of doubt.

समाधान क्ली० [सम+आ+धा-ल्युट्] নিষ্পাদন, বিবাদনিরসন। Completion, clearing of doubt.

समाधि पु० [सम्+आ+धा-कि] সমাধা, ধ্যানবিশেষ। Completion, deep meditation.

समाध्मात त्रि० [सम्+आ+ध्मा-क्त] সম্যগ্ গর্বিত সম্যক্ শব্দিত। Proud, sounded.

समान त्रि० [सम+अन-अण्] তুল্য, সাধু। पु० [सम्+अन+णिच्-अच्] বায়ুবিশেষ। Same, virtuous; one of the five vital breaths.

समानजन्मन् त्रि० [समान+जन्मन्] সমবয়স্ক। Of the same age.

समानधर्मन् त्रि० [समान+धर्म+अनिच्] তুল্যধর্মবিশিষ্ট। Possessed of the same qualities.

समानयन क्ली० [सम्+आनयन] একত্র আনয়ন। Bringing together.

समानाधिकरण त्रि० [समान+अधिकरण] একাধিকরণবৃত্তিক, একবিভক্তিক। Having a common substratum.

समानीत त्रि० [सम्+आनीत] একত্র আনীত। Brought together.

समानोदक पु० [समान+उदक] একাদশাবধি চতুর্দশপুরুষপর্যন্ত জ্ঞাতিবিশেষ। Kinsman.

समानोदर्य पु० [समान+उदर+यत्] সহোদর। स्त्री० সমানোদর্যা—সহোদরা। Brother of whole blood; sister.

समाप पु० [सम्+आप-अच्] দেবযজনস্থান। A place for divine worship.

समापक त्रि० [सम्+आप-ण्वल्] সমাপয়িতা। Finishing.

समापत्ति स्त्री० [सम्+आ+पद-क्तिन्] স্বচ্ছন্দমেলন। Union at will.

সমাপন ক্লী০ [সম্+আপ-ল্যুট্] সমাপ্তি, পরিচ্ছেদ, বধ, সমাধান, লাভ। Completion, killing, acquisition.

সমাপন্ন ত্রি০ [সম্+আ+পদ-ক্ত] সমাপ্ত, প্রাপ্ত, ক্লিষ্ট, হত। ক্লী০ সমাপ্তি। Finished, obtained, killed ; completion.

সমাপিত ত্রি০[সম্+আপ+ণিচ্-ক্ত] সম্পূর্ণ অনুষ্ঠিত। Fully accomplished.

সমাপ্ত ত্রি০ [সম+আপ-ক্ত] অবসানপ্রাপ্ত, সম্যক্ প্রাপ্ত। Finished, obtained.

সমাপ্তি স্ত্রী০ [সম্+আপ-ক্তিন্] অবসান, প্রাপ্তি, সমর্থন। End, obtaining.

সমাপ্লুত ত্রি০ [সম্+আপ্লুত] সম্যক্ সিক্ত, স্নাত। Inundated, bathed.

সমাম্নায পু০ [সম্+আম্নায] পুনরুক্তি, পরম্পরা-প্রাপ্ত শাস্ত্রবাক্যসমূহ, সমাহার, সংহার। Repetition, traditional collection of sacred texts.

সমাযুক্ত ত্রি০ [সম্+আ+যুজ-ক্ত] সংযুক্ত, আক্রান্ত। Joined, attacked.

সমাযোগ পু০ [সম্+আ+যুজ-ঘঞ্] সংযোগ-সমবায়াদিরূপ সম্বন্ধ। Connection.

সমারম্ভ পু০ [সম্+আ+রম-ঘঞ্] আরম্ভ, উপক্রম। Beginning.

সমারাধন ক্লী০ [সম+আরাধন] শুশ্রূষা। Attendance.

সমারোপণ ক্লী০ [সম+আরোপণ] অধ্যারোপ। Placing in or upon.

সমারোপিত ত্রি০ [সম্+আরোপিত] অধিষ্ঠাপিত, সজ্জীকৃত। Placed upon.

সমারোহ পু০[সম্+আরোহ]আরোহণ। Ascending.

সমালব্ধ ত্রি০ [সম্+আ+লভ-ক্ত] সম্যগ্রূপে প্রাপ্ত। Obtained properly.

সমালম্ভ পু০ [সম্+আ+লভ-ঘঞ্] কুঙ্কুমাদির দ্বারা গাত্রলেপন। Smearing the body with unguents.

সমাবর্জিত ত্রি০ [সম্+আবর্জিত] নম্রীকৃত। Bent down.

সমাবর্তন ক্লী০ [সম্+আ+বৃত-ল্যুট্] ব্রহ্মচর্যানন্তর গুরুকুল হইতে প্রত্যাবর্তনরূপ সংস্কারবিশেষ। A consecrating ceremony at the end of the period of studentship.

সমাবিদ্ধ ত্রি০ [সম্+আ+ব্যধ-ক্ত] সংঘট্টিত। Stirred.

সমাবিষ্ট ত্রি০ [সম্+আ+বিশ-ক্ত] যুক্ত, অভিনিবেশযুক্ত। Connected, engrossed.

সমাবৃত ত্রি০ [সম্+আ+বৃত-ক্ত] সম্যগ্ আচ্ছাদিত, পরিব্যাপ্ত। Well-covered, encompassed.

সমাবৃত্ত ত্রি০ [সম্+আ+বৃত-ক্ত] কৃতসমাবর্তন-সংস্কার। One who has returned home after finishing one's course of study.

সমাবেশ পু০ [সম্+আ+বিশ-ঘঞ্] একত্র স্থাপন, প্রবেশ। Placing together.

সমাবেশন ক্লী০ [সম্+আ+বিশ+ণিচ্-ল্যুট্] একত্র উপবেশন বা শয়ন। Sitting or lying together.

সমাবেশিত ত্রি০ [সম্+আ+বিশ+ণিচ্-ক্ত] কৃত-সমাবেশন। Made to sit or lie together.

সমাশ্রয পু০ [সম্+আ+শ্রি-অচ্] বাস, আশ্রয়-স্থান। Residence, place of refuge.

সমাশ্রিত ত্রি০ [সম্+আ+শ্রি-ক্ত] অবস্থিত। Situated.

সমাশ্বাস পু০ [সম্+আ+শ্বস-ঘঞ্] সান্ত্বনা। Relief.

সমাস পু০ [সম্+অস-ঘঞ্] সংক্ষেপ, সমর্থন, সমাহার, ব্যাকরণশাস্ত্রে প্রক্রিয়াবিশেষ। Abridgement, aggregation, a compound.

সমাসক্ত ত্রি০ [সম্+আ+সন্জ-ক্ত] সংযুক্ত, অত্যন্তাসক্ত, অভিনিবিষ্ট। Joined, very much attached.

সমাসক্তি স্ত্রী০ [সম+আ+সন্জ-ক্তিন্] অত্যন্তানুরাগ। Extreme attachment.

সমাসন্ন ত্রি০ [সম্+আ+সদ-ক্ত] সন্নিহিত। Proximate.

সমাসাদন ক্লী০ [সম্+আসাদন] প্রাপ্তি। Obtaining.

সমাসাদিত ত্রি০ [সম্+আসাদিত] প্রাপ্ত, নিকটস্থ। Obtained, near.

সমাসীন ত্রি০ [সম্+আসীন] একত্র উপবিষ্ট। Seated together.

সমাসোক্তি স্ত্রী০ [সমাস+উক্তি] অর্থালঙ্কার-বিশেষ। A kind of figure of speech.

সমাহার পু০ [সম্+আ+হৃ-ঘঞ্] সমুচ্চয়, সংগ্রহ, সমূহ, সংক্ষেপকরণ। Collection, assemblage, abridgement.

সমাহিত ত্রি০ [সম্+আ+ধা-ক্ত] স্থাপিত, নিষ্পন্ন, প্রতিজ্ঞাত, শুদ্ধ, কৃতসমাধান। ক্লী০ সমাধান। Placed, finished.

সমাহৃত ত্রি০ [সম্+আ+হৃ-ক্ত] সংগৃহীত। Collected.

समाहृति স্ত্রী° [सम्+आ+हृ-क्तिन्] সংক্ষেপ, সমুচ্চয়, সংগ্রহ। Abridgement, collection.

समाह्वय পু° [सम्+आ+ह्वे-अच्] আহ্বান, প্রাণিকরণক দ্যূত। Calling out, betting on animals.

समाह्वान ক্লী° [सम्+आ+ह्वे-ल्युट्] যুদ্ধার্থ আহ্বান। Challenge.

समित् স্ত্রী° [सम्+इ-क्विप्] যুদ্ধ। War.

समित ত্রি° [सम्+इ-क्त] মিলিত। United.

समिति স্ত্রী° [सम्+इ-क्तिन्] সভা, যুদ্ধ, সঙ্কেত, সংহতি। Meeting, war, hint, union.

समिदाधान ক্লী° [समिद्+आधान] সমিৎস্থাপন। Placing of fuel in the sacrificial fire.

समिद्ध ত্রি° [सम्+इन्ध-क्त] সম্যগ্ দীপ্ত। Lighted up.

समिध् স্ত্রী° [सम्+इन्ध-क्विप्] কাষ্ঠ, হোমীয় কাষ্ঠবিশেষ। Wood, sacrificial wood.

समिन्धन ক্লী° [सम्+इन्ध-ल्युट्] কাষ্ঠ, সম্যগ্ দীপ্তি। Wood, kindling.

समीक ক্লী° [सम्+ईकक्] যুদ্ধ। War.

समीकरण ক্লী° [सम्+च्वि+कृ-ल्युट्] বীজগণিতের প্রক্রিয়াবিশেষ। Equation.

समीक्ष ক্লী° [सम्+ईक्ष-घञ्] সম্যক জ্ঞান। Deliberation.

समीक्ष्यकारिन् ত্রি° [समीक्ष्य+कृ-णिनि] বস্তুস্বরূপ পর্যালোচনাপূর্বক কার্যকারক। One who acts prudently.

समीचीन ত্রি° [सम्+अन्च+क्विप्-ख] সঙ্গত। Proper.

समीप ত্রি° [सम्+अप्+अच्] সন্নিকৃষ্ট। Near.

समीपवर्तिन् ত্রি° [समीप+वृत-णिनि] সন্নিহিত। Proximate.

समीर পু° [सम+ईर-अच्] বায়ু, শমীবৃক্ষ। Wind, a kind of tree.

समीरण পু° [सम्+ईर-ल्यु] বায়ু, মরুবকবৃক্ষ, পথিক। ক্লী° [सम्+ईर-ल्युट्] সম্যগ্ উক্তি। Wind, a kind of tree, traveller.

समीरित ত্রি° [सम्+ईर-क्त] কথিত, উচ্চারিত। Spoken, uttered.

समीहा স্ত্রী° [सम्+ईह-अ+टाप्] অভিলাষ, সম্যক্ চেষ্টা। Longing, proper effort.

समीहित ত্রি° [सम्+ईह-क्त] অভীষ্ট। ক্লী° সম্যক্‌চেষ্টিত। Desired, undertaken.

समुचित ত্রি° [सम्+उचित] সমঞ্জস। Adequate.

समुच्चय [सम्+उद्+चि-अच्] সমাহার, অর্থালঙ্কারবিশেষ, পরস্পরনিরপেক্ষ অনেকের একক্রিয়ার সহিত অন্বয়। Collection, a kind of figure of speech.

समुच्चित ত্রি° [सम्+उद्+चि-क्त] সমাহৃত। Collected.

समुच्च[च्चा]र পু° [सम्+उद्+चर-अप्(घञ्)] সম্যগ্ উচ্চারণ, সম্যক্ ত্যাগ। Proper pronunciation, giving up.

समुच्छलित ত্রি° [सम्+उच्छलित] চতুর্দিকে বিস্তীর্ণ। Extended all around.

समुच्छेद পু° [सम्+उद्+छिद-घञ्] বিনাশ, সমূলোৎপাটন। Destruction, eradication.

समुच्छ्र[च्छ्रा]य পু° [सम्+उद्+श्रि-अच्(घञ्)] অত্যন্ত উন্নতি, বিরোধ। Elevation, enmity.

समुच्छ्रित ত্রি° [सम्+उद्+श्रि-क्त] সমুন্নত। Elevated.

समुच्छ्वसित ত্রি° [सम्+उद्+श्वस-क्त] সম্যগ্ উচ্ছ্বাসযুক্ত, প্রত্যুজ্জীবিত। Sighing deeply.

समुच्छ्वास পু° [सम्+उच्छ्वास] নিশ্বাস, প্রশ্বাস। Breathing.

समुज्झित ত্রি° [सम्+उज्झित] পরিত্যক্ত। Abandoned.

समुत्कर्ष পু° [सम्+उत्कर्ष] সম্যক্ উৎকর্ষ। Exaltation.

समुत्कीर्ण ত্রি° [सम्+उत्कीर्ण] বিদ্ধ, নির্ভিন্ন। Pierced, severed.

समुत्क्रम পু° [सम्+उत्क्रम] ঊর্ধ্বগমন। Rising upwards.

समुत्थ ত্রি° [सम्+उद्+स्था-क] সম্যক্ উৎপন্ন, সমুদ্গত। Risen, sprung.

समुत्थित ত্রি° [सम्+उद्+स्था-क्त] সম্যক্ উত্থিত, সমুদ্গত। Risen, sprung.

समुत्थान ক্লী° [सम्+उत्थान] সমুদ্যোগ, উত্তোলন, ব্যাধিনির্ণয়। Rising together, raising.

समुत्पतन ক্লী° [सम्+उत्पतन] উড্ডয়ন। Flying.

समुत्पत्ति স্ত্রী° [सम्+उत्+पद-क्तिन्] সমুদ্ভব। Production.

समुत्पन्न ত্রি° [सम्+उत्पन्न] সমুদ্ভূত। Produced.

समुत्पाट পু° [सम+उत्+पट-अच्] উন্মূলীকরণ। Eradicating.

समुत्पाटन ক্লী° [सम्+उत्+पट+णिच्-ल्युट्] সম্যক্ উন্মূলন। Eradication.

समुत्पाटित ত্রি° [सम्+उत्+पट+णिच-क्त] উন্মূলিত। Uprooted.

समुत्पिञ्ज ত্রি° [सम्+उत्+पिञ्ज-अच्] অত্যাকুল। পু° আকুল সৈন্য। Excessively confused.

समुत्सारण क्লী० [सम्+उत्+सृ+णिच-ल्युट्] অপনয়ন। Removal.

समुत्सुक ত্রি० [सम्+उत्सुक] অত্যন্ত উৎসুক, ইষ্ট-বস্তুলাভের নিমিত্ত ত্বরান্বিত। Very eager.

समुत्सृष्ट ত্রি० [सम्+उत्+सृज-क्त] সম্যক্ ত্যক্ত। Completely abandoned.

समुदक्त ত্রি० [सम्+उद्+अनूच-क्त] কূপাদি হইতে উদ্ধৃত। Water etc. drawn up from a well.

समुदय পু० [सम्+उद्+इ-अच्] সমূহ, অভ্যুদয়, যুদ্ধ, সমুদ্গম, দিবস। ক্লী० লগ্ন, ঘন্নাড়ীচক্রান্তর্গত নক্ষত্রবিশেষ। Multitude, prosperity, war, day.

समुदाचार পু० [सम्+उद्+आ+चर-घञ्] অভিপ্রায়, সম্যগ্ আচার। Intention, proper conduct.

समुदाय পু० [सम्+उद्+अय-घञ्] সমূহ, সমবায়। Multitude, collection.

समुदित ত্রি० [सम्+उद्+इ-क्त] সম্যগ উদিত। [सम्+वद-क्त] সম্যক্ কথিত। Fully risen, properly spoken.

समुदीरण ক্লী० [सम्+उद्+ईर-ल्युट्] সম্যক্ কথন। Speaking.

समुदीरित ত্রি० [सम्+उद्+ईर-क्त] সম্যক্ কথিত। Spoken.

समुद्ग[क] পু० [सम्+उद्+गम-ड(+क)] সম্পুটক। Casket.

समुद्गत ত্রি० [सम्+उद्गत] নির্গত। Issued.

समुद्गम পু० [सम्+उद्गम] ঊর্ধ্বগতি, সমুৎপত্তি। Rising up.

समुद्गीत ত্রি० [सम्+उद्गीत] উচ্চৈঃস্বরে গীত। Loudly sung.

समुद्गीर्ण ত্রি० [सम्+उद्+गॄ-क्त] বমিত, উত্তোলিত, কথিত। Vomited, raised, spoken.

समुद्दिष्ट ত্রি० [सम+उद्+दिश-क्त] কথিত। Spoken of.

समुद्देश পু० [सम्+उद्+दिश-घञ्] সম্যগ্ অভিসন্ধি, স্থান। Purpose, referring.

समुद्धत ত্রি० [सम्+उद्+हन-क्त] অত্যন্ত অবিনীত, সমুদ্গত। Impudent, uplifted.

समुद्धरण ক্লী० [सम्+उद्+हृ-ल्युट्] উত্তোলন, কূপাদির জলোন্নয়ন, ভুক্তান্নের বমন, উন্মূলন। Upraising, vomiting, eradicating.

समुद्धर्तृ ত্রি० [सम्+उद्+हृ-तृच्] উত্থাপক, বমনকারী, উন্মূলয়িতা, হৃতদ্রব্যের পুনরাদানকারী। One who lifts up, extirpator.

समुद्धृत ত্রি० [सम्+उद्+हृ-क्त] উত্তোলিত, অপনীত, সমুৎকীর্ণ, উন্মূলিত। Upraised, deducted, uprooted.

समुद्भव পু० [सम्+उद्+भू-अप्] সমুৎপত্তি। Production.

समुद्भूत ত্রি० [सम्+उद्+भू-क्त] সমুৎপন্ন। Produced.

समुद्यत ত্রি० [सम्+उत्+यम-क्त] সম্যগ্ উদ্যমযুক্ত। Prepared.

समुद्यम পু० [सम्+उत्+यम-क्त] সম্যক্ প্রযত্ন। Great effort.

समुद्र পু० [सम्+उत्+रा-क] সাগর। ত্রি० [सह+मुद्रा] মুদ্রাসহিত। Ocean ; bearing a seal.

समुद्रकान्ता স্ত্রী० [समुद्र+कान्ता] নদী, শাকবিশেষ। River.

समुद्रग ত্রি० [समुद्र+गम-ड] সমুদ্রগামী। স্ত্রী० সমুদ্রগা—নদী। Sea-faring ; river.

समुद्रनवनीत ক্লী० [समुद्र+नवनीत] অমৃত, চন্দ্র। Nectar, moon.

समुद्रमेखला স্ত্রী० [समुद्र+मेखला], **समुद्ररसना** স্ত্রী० [समुद्र+रसना], **समुद्राम्बरा** স্ত্রী० [समुद्र+अम्बरा] পৃথিবী। The earth.

समुद्रयात्रा স্ত্রী० [समुद्र+यात्रा] সমুদ্রপথে গমন। Sea-voyage.

समुद्रिय ত্রি० [समुद्र+घ] সমুদ্রভব। Born in ocean.

समुद्वह ত্রি० [सम्+उद्+वह-अच्] শ্রেষ্ঠ, সম্যগ্ উদ্বহনকর্তা। Best, bearer.

समुद्वाह ত্রি० [सम्+उद्+वह-घञ्] পরিণয়। Marriage.

समुद्वेग পু० [सम्+उद्+विज-घञ्] অতিভয়। Great fear.

समुन्न ত্রি० [सम्+उन्द-क्त] ক্লিন্ন, আর্দ্র। Moist.

समुन्नत ত্রি० [सम्+उद्+नम-क्त] অত্যুচ্চ। পু० স্তম্ভবিশেষ। Lofty ; a kind of pillar.

समुन्नति স্ত্রী० [सम्+उद्+नम-क्तिन्] উচ্চতা, উৎসেধ। Height.

समुन्नद्ध ত্রি०[सम्+उद्+नह-क्त]সমুদ্ধত, উৎক্ষেপণপূর্বক বদ্ধ, গর্বিত। Upraised, arrogant.

समुन्नय পু० [सम+उद्+नी-अच्] উৎক্ষেপণ, সমুদ্ভাবন। Throwing up.

समुन्नयन ক্লী० [सम्+उन्नयन] উৎক্ষেপণ। Throwing up.

समुन्मूलन ক্লী० [सम्+उन्मूलन] সমুৎপাটন, বিনাশন। Uprooting, destruction.

समुन्मूलित त्रि० [सम्+उन्मूलित] সমুৎপাটিত, বিধ্বংসিত। Uprooted, destroyed.

समुपगम पु० [सम्+उपगम] সম্যক্ গমন। Approach.

समुपचित त्रि० [सम्+उप+चि-क्त] সুবহুলীকৃত, সংবর্ধিত। Augmented, developed.

समुपजोषम् अव्य० [सम्+उप+जोषम्] অত্যন্ত আনন্দিতভাবে। Contentedly.

समुपधान क्ली० [सम्+उप+धा-ल्युट्] উৎপাদন, স্থাপন। Production, placing.

समुपभोग पु० [सम्+उपभोग] সম্যক্ উপভোগ। Enjoyment.

समुपवेशन क्ली० [सम्+उपवेशन] আসনগ্রহণ। Taking one's seat.

समुपस्थान क्ली० [सम्+उपस्थान] উপস্থিতি, সমীপে অবস্থিতি। Presence.

समुपस्थिति स्त्री० [सम्+उपस्थिति] সমুপস্থান। Presence.

समुपार्जन क्ली० [सम्+उपार्जन] উপার্জন। Acquiring.

समुपेत त्रि० [सम्+उप+इ-क्त] সঙ্গত, মিলিত। United.

समुपेयिवस् त्रि० [सम्+उप+इ-क्वस] সমীপগত। Near at hand.

समुपोढ त्रि० [सम्+उप+वह-क्त] মিলিত, উদিত। United, risen.

समुल्लास पु० [सम्+उल्लास] সম্যগ আনন্দ। Great joy.

समुल्लेख पु० [सम्+उल्लेख], **समुल्लेखन** क्ली० [सम्+उल्लेखन] বিদারণ, উৎসাদন। Splitting, uprooting.

समूढ त्रि० [सम्+वह-क्त] পুঞ্জীকৃত। Accumulated.

समूरु पु० [सम्+ऊरु] মৃগবিশেষ। A kind of deer.

समूल[क] त्रि० [सह+मूल(क)] মূলসহিত। Along with roots.

समूह पु० [सम्+ऊह-घञ्] সমুদয়, সম্যক্ তর্ক। Collection, proper reasoning.

समूह्य पु० [सम्+ऊह-ण्यत्] যজ্ঞিয় অগ্নি। त्रि० সম্যগ্ বিচারণীয়। A kind of sacrificial fire.

समृद्ध त्रि० [सम्+ऋध-क्त] অধিকসম্পত্তিযুক্ত, অতিবৃদ্ধ। Prosperous.

समृद्धि स्त्री० [सम्+ऋध-क्तिन्] অতিসম্পত্তি, সম্যগ্ বৃদ্ধি। Prosperity, increase.

समेत त्रि० [सम्+आ+इ-क्त] সমাগত, সঙ্গত। Assembled, united.

समेधित त्रि० [सम्+एध+णिच्-क्त] সংবর্ধিত। Developed.

सम्पत्ति स्त्री० [सम्+पद-क्तिन्] ঐশ্বর্য, বিভূতি। Prosperity.

सम्पद् स्त्री० [सम्+पद-क्विप्] বিভব, গুণোৎকর্ষ। पु० হারবিশেষ। Prosperity, excellence of merits.

सम्पन्न त्रि० [सम्+पद-क्त] সাধিত, সম্পদযুক্ত। Performed, wealthy.

सम्पराय पु० [सम्+परा+इ-अच्] যুদ্ধ, আপদ, উত্তরকাল। War, calamity, future.

सम्परायिक क्ली० [सम्पराय+ठन्] যুদ্ধ। War.

सम्परिग्रह पु० [सम्+परिग्रह] স্বীকার। Acceptance.

सम्पर्क पु० [सम्+पृच-घञ्] সম্বন্ধ, সহবাস, মেলন। Relation, sexual intercourse, union.

सम्पर्किन् त्रि० [सम्पर्क+इनि] সম্বন্ধযুক্ত। Related.

सम्पा स्त्री० [सम्+पत-ड+टाप्] বিদ্যুৎ। Lightning.

सम्पात पु० [सम्+पत-घञ्] পক্ষির গতিবিশেষ, সম্যক্‌পতন। A particular mode of the flight of birds, falling down.

सम्पाति पु० [सम्+पत+णिच्-इन्] পক্ষিবিশেষ। A kind of bird.

सम्पातिन् त्रि० [सम्+पत-णिनि] সম্পতনশীল। Falling.

सम्पादक त्रि० [सम्+पाद-ण्वुल्] সাধক, কারক, গ্রন্থের সঙ্কলয়িতা। Accomplishing, editor.

सम्पादन क्ली० [सम+पाद-ल्युट्] সাধন। Act of accomplishing.

सम्पादकीय त्रि० [सम्पादक+छ] সম্পাদকসম্বন্ধীয়। Editorial.

सम्पादनीय त्रि० [सम्+पाद-अनीयर्], **सम्पादयितव्य** त्रि० [सम्+पाद+णिच्-तव्य], **सम्पाद्य** त्रि० [सम्+पाद-यत्] সাধনীয়। Fit to be accomplished.

सम्पादित त्रि० [सम्+पाद-क्त] সাধিত, অনুষ্ঠিত। Performed, accomplished.

सम्पिण्डित [सम्+पिण्ड-क्त] পিণ্ডীকৃত, সংবদ্ধ। Formed into a mass.

सम्पीड पु० [सम्+पीड-अच्] নিপীড়ন, প্রেরণ। Pressing, sending.

सम्पीडन क्लीং [सम्+पीड–ल्युट्]নিপীড়ন, নিষ্পেষণ। Squeezing.

सम्पुटक পুং [सम्+पुट–अच्+वुन्] বাক্স। Box.

सम्पूर्ण ত্রিং [सम्+पूर–क्त] সমগ্র, সম্যক্ পূরিত, পরিপূর্ণ। Whole, filled, complete.

सम्पृक्त ত্রিং [सम्+पृच–क्त] মিশ্রিত, সম্বদ্ধ। Mixed, connected.

सम्प्रति অং [सम्+प्रति] ইদানীম্। At present.

सम्प्रतिपत्ति স্ত্রীং [सम्+प्रति+पद–क्तिन्] পরস্পর সম্মতি, প্রত্যর্থিকর্তৃক অর্থীর অভিযোগ স্বীকাররূপ উত্তরবিশেষ। Agreement, a particular kind of defence reply in law.

सम्प्रीति স্ত্রীং [सम्+प्र+इ–क्तिन्] খ্যাতি, বিশ্বাস। Fame, confidence.

सम्प्रदातृ ত্রিং [सम+प्र+दा–तृच्] দানকর্তা। One who gives away.

सम्प्रदान ক্লীং [सम्+प्र+दा–ल्युट्] সম্যক্ প্রদান, বিবাহে কন্যাদান। Giving completely, bestowing.

सम्प्रदानीय ত্রিং [सम्+प्र+दा–अनीयर्] সম্প্রদানার্হ, দেয়। Fit to be given.

सम्प्रदाय পুং [सम्+प्र+दा–घञ्] গুরুপরম্পরাগত উপদেশ। Tradition.

सम्प्रधारण ক্লীং [सम्+प्र+धृ+णिच्–ल्युट्], **सम्प्रधारणा** স্ত্রীং [सम्+प्र+धृ+णिच्–युच्+टाप्] যুক্তাযুক্ত বিবেচনার্থ সমর্থন। Deliberation.

सम्प्रयाण ক্লীং [सम्+प्र+या–ल्युट्] স্বর্গারোহণ। Ascension to heaven.

सम्प्रयोग পুং [सम्+प्र+युज–घञ्] বৃদ্ধির নিমিত্ত ধনাদি বিনিয়োগ, রমণ, নিধুবন, অন্বয়, সন্দিগ্ধ, ইন্দ্রিয়বিষয়সম্বন্ধ। Investment of money, sexual union, sense-contact.

सम्प्रश्न পুং [सम्+प्रच्छ्–नक्] জিজ্ঞাসা। Enquiry.

सम्प्रसाद পুং [सम्+प्र+सद–घञ] সম্যক্ প্রসন্নতা, যোগশাস্ত্রে চিত্তের নৈর্মল্যসম্পাদক প্রযত্নবিশেষ, সুষুপ্তি। Lucidity, sound sleep.

सम्प्रसारण ক্লীং [सम्+प्र+सृ+णिच्–ल्युट्] সম্যগ্ বিস্তার, ব্যাকরণশাস্ত্রে সংজ্ঞাবিশেষ। Expansion, substitution of vowels.

सम्प्रहार পুং [सम्+प्र+हृ–घञ्] যুদ্ধ, সম্যক্ প্রহরণ, গমন। War, striking, going.

सम्प्राप्त ত্রিং [सम्+प्र+आप–क्त] সমাগত, লব্ধ। Come, obtained.

सम्प्राप्ति স্ত্রীং [सम+प्र+आप–क्तिन्] প্রাপ্তি, উপস্থিতি। Attainment, presence.

सम्प्रीति স্ত্রীং [सम्+प्रीति] সম্যক্ প্রণয়। Affection.

सम्प्रोक्षण ক্লীং [सम्+प्र+उक्ष–ल्युट्] জলাদিসেচনের দ্বারা পদার্থের সংস্কার। Sprinkling water for consecration.

सम्प्लव পুং [सम्+प्लु–अच्] সংক্ষোভ। Agitation

सम्फुल्ल ত্রিং [सम्+फुल्ल] প্রফুল্ল। Cheerful.

सम्ब ক্লীং [सम्ब–अच्] কৃষ্টক্ষেত্রে পুনরায় কর্ষণ, জল। The second ploughing of a field, water.

सम्बद्ध ত্রিং [सम्+बन्ध–क्त] সম্বন্ধীয়। ক্লীং সম্যগ্ বন্ধন। Related ; tied.

सम्बन्ध পুং [सम्+बन्ध–घञ्] সংযোগ, সংসর্গ, সমৃদ্ধি, সম্যগ্ বন্ধন, নৃপের সংজ্ঞাবিশেষ। Connection, association, prosperity.

सम्बन्धिन् ত্রিং [सम्बन्ध+इनि] সম্বন্ধযুক্ত, সংযোগবিশিষ্ট। Related to, connected.

सम्बर ক্লীং [सम्ब–अरन्] জল, বৌদ্ধব্রতবিশেষ। ত্রিং সংযম। পুং সেতু, দৈত্যবিশেষ, মৃগবিশেষ, মীনবিশেষ, পর্বতবিশেষ, জৈনবিশেষ। Water; restraint ; bridge, a kind of demon, a kind of deer.

सम्बरारि পুং [सम्बर+अरि] দৈত্যবিশেষ। Name of a demon.

सम्बल পুং [सम्ब–अलच्] জল। পুং, ক্লীং পাথেয়। Water; travelling expenses.

सम्बलित ত্রিং [सम्+बल–क्त] যুক্ত, মিশ্রিত। Joined with.

सम्बाकृत ত্রিং [सम्ब+डाच्+कृ–क्त] দ্বিতীয়বার কর্ষিত (ক্ষেত্র)। (A field) ploughed a second time.

सम्बाध পুং [सम्+बाध–घञ्] কষ্ট। Affliction.

सम्बुद्धि স্ত্রীং [सम्+बुद्धि] জাগরণ। Awakening.

सम्बोधन ক্লীং [सम्+बोधन] আহ্বান, কারকবিশেষ। Addressing, the vocative case.

सम्भव পুং [सम्+भू–अप्] উৎপত্তি। Birth.

सम्भार পুং [सम्+भृ–घञ्] সমূহ, উপকরণ। Collection, requisites.

सम्भावन ক্লীং [सम्+भू+णिच्–युच्] যোগ্যতা, উৎকটকোটিক সংশয়, সৎকার, অর্থালঙ্কারবিশেষ। Competency, supposition, honour.

सम्भावना स्त्री० [सम्+भू+णिच्-युच्+टाप्] সম্যক্ চিন্তা, যোগ্যতা, সৎকার। Proper thought, competency, honour.

सम्भावित त्रि० [सम्+भू+णिच्-क्त] পূজিত, যোগ্যতার বিষয়ীভূত। Honoured.

सम्भाव्य त्रि० [सम्+भू+णिच्-यत्] ভাবনীয়, শ্লাঘ্য। क्ली० সম্ভাবনা। To be thought; honourable.

सम्भाष पु० [सम्+भाष-घञ्] সম্ভাষণ। क्ली० সংলাপ। Address; conversation.

सम्भाषण क्ली० [सम्+भाष-ल्युट्] সম্যক্ কথন, পরস্পর কথন। Conversation.

सम्भाषा स्त्री०[सम्+भाष+टाप्] সম্যগ্বচন। Discourse.

सम्भिन्न त्रि० [सम्+भिद-क्त] বিদলিত, ভেদান্বিত, সম্যগ্ বিকসিত। Trodden, fully bloomed.

सम्भूत त्रि० [सम्+भू-क्त] সঞ্জাত, মিলিত। Born, united.

सम्भूति स्त्री० [सम+भू-क्तिन्] বিভব, ঈশ্বরের ঐশ্বর্যবিশেষ। Wealth.

सम्भूयसमुत्थान क्ली० [सम्भूय+समुत्थान] বণিগাদির মিলিত হইয়া ক্রিয়ানুষ্ঠান। Joint-stock business.

सम्भृत त्रि० [सम्+भृ-क्त] সম্যক্ পুষ্ট, একত্র ধৃত। Properly nourished.

सम्भृति स्त्री० [सम्+भृ-क्तिन्] সম্যক্ পোষণ। Proper nourishment.

सम्भेद पु० [सम्+भिद-घञ्] নদীর সঙ্গমস্থান, সঙ্গম, সম্যগ্ ভেদন, স্ফুটন, মিলন। Junction of rivers, union, splitting.

सम्भोग पु० [सम्+भुज-घञ्] সম্যগ্ ভোগ, সুরত, হর্ষ, কেলিনাগর, শৃঙ্গারের অবস্থাবিশেষ, মিত্রশাসনবিশেষ। Enjoyment, sexual union, delight.

सम्भ्रम पु० [सम्+भ्रम-घञ्] ত্বরা, ত্বরাদিহেতুক ভয়, আদর, অতিশয় ভ্রম, সুত্র। Haste, fear, respect, mistake.

सम्भ्रान्त त्रि० [सम्+भ्रम-क्त] অতিভ্রান্ত, শঙ্কিত। Perplexed.

सम्मत त्रि० [सम्+मन-क्त] অনুমত, অভিমত, অভীষ্ট। Permitted, agreed, desired.

सम्मति स्त्री० [सम्+मन-क्तिन्] অনুমতি, অভিলাষ, আত্মজ্ঞান। Agreement, desire, knowledge of the self.

सम्मद पु० [सम्+मद-क] হর্ষ। त्रि० [सम्मद+अच्] হর্ষযুক্ত। Delight; delighted.

सम्मर्द पु० [सम्+मृद-घञ्] যুদ্ধ, পরস্পর সংঘর্ষ। War, friction.

सम्मान पु० [सम्+मन-घञ्] আদর। Respect.

सम्मानन क्ली० [सम्+मन+णिच-ल्युट्] শ্রদ্ধাপ্রদর্শন। Honouring.

सम्मानना स्त्री० [सम्+मन+णिच्-युच्+टाप्] আদর। Respect.

सम्मानित त्रि० [सम्+मन+णिच्-क्त] সমাদৃত। Respected.

सम्मार्जन क्ली० [सम्+मृज-ल्युट्] সংশোধন। Purifying.

सम्मार्जनी स्त्री० [सम+मृज-ल्युट्+ङीप्] ঝাঁটা। Broomstick.

सम्मित त्रि० [सम्+मा-क्त] সদৃশ, তুল্যপরিমাণ। Similar, of equal measure.

सम्मिलित त्रि० [सम्+मिल-क्त] সমাগত, মিলিত। Assembled, united.

सम्मिश्र त्रि० [सम्+मिश्र-अच्] সম্যগ্ মিশ্রিত। Mixed.

सम्मिश्रित त्रि० [सम्+मिश्रित] সম্পৃক্ত, সংযুক্ত। Connected.

सम्मीलन क्ली० [सम्+मील-ल्युट्] সঙ্কোচন, নিমেষণ। Contraction.

सम्मीलित त्रि० [सम्+मील-क्त] সঙ্কুচিত। Contracted.

सम्मुख [सम्+मुख], **सम्मुखीन** त्रि० [सम्मुख+ख] অভিমুখাগত। Confronting.

सम्मूर्छन क्ली० [सम्+मूर्छ-ल्युट्] সম্যগ্ বিস্তার, উন্নতি, মোহ। Expansion, height, fainting.

सम्मृष्ट त्रि० [सम्+मृज-क्त] কৃতমার্জন, শোধিত। Swept, purified.

सम्मोद पु० [सम्+मुद-घञ्] হর্ষ, প্রীতি। Delight.

सम्मोह पु० [सम्+मुह-घञ्] মোহ, বিস্মরণ। Infatuation, oblivion.

सम्मोहन त्रि० [सम्+मुह-ल्युट्] মোহজনক। पु० কামশরবিশেষ। क्ली० অস্ত্রবিশেষ। Fascinating; one of the five arrows of Cupid.

सम्यच् अव्य० [सम्+अन्च-क्विन्] শোভনভাবে, সঙ্গতভাবে, মনোজ্ঞভাবে। क्ली० সত্যবাক্য। त्रि० সত্যবাক্যযুক্ত। Accurately, pleasantly; truth.

सम्राज् पु० [सम्+राज-क्विप्] ভূপতি। Emperor.

सर पु० [सृ-अच्] সরোবর, জল, লবণ, বাণ, দধির অগ্রভাগ, দধ্যগ্রজাত নবনীত, ভেদন, গমন।

त्रि॰ সারক। Lake, water, salt, arrow, cream; purgative.

सरक पु॰, क्ली॰ [सृ–वुन्] মদ্যপানপাত্র, মদ্য-পরিবেশন, ইক্ষুজমদ্য। ত্রি॰ গতিশীল। Drinking vessel, distribution of spirituous liquor ; moving.

सरघा स्त्री॰ [सर+हन–ड+टाप] মধুমক্ষিকা। Bee.

सरज क्ली॰ [सर+जन–ड] নবনীত। Fresh butter.

सरजस त्रि॰ [सह+रजस्] রজোযুক্ত। স্ত্রী॰ ঋতুমতী স্ত্রী। Dusty ; a woman having menstruation.

सरजस त्रि॰ [सरजस्+अच्] রজোযুক্ত। Dusty.

सरट पु॰ [सृ–अटन्] কৃকলাস। Lizard.

सरटि पु॰ [सृ–अटिन्] বায়ু, মেঘ। Wind, cloud.

सरण क्ली॰ [सृ–ल्युट्] গমন, লৌহমল। স্ত্রী॰ सरणा—লতা, ত্রিবৃতা। Going, iron rust ; creeper.

सरणि[णी] स्त्री॰ [सृ–अनि(+ङीप्)] পথ, পঙ্‌ক্তি, প্রসারণী, ত্রিবৃতা। Road, line.

सरण्ड पु॰ [सृ–अण्डच्] খগ, কামুক, ধূর্ত, সরট, ভূষণবিশেষ। Bird, a lustful person, rogue, lizard.

सरभस् त्रि॰ [सह+रभस्] বেগযুক্ত। Speedy.

सरमा स्त्री॰ [सह+रम–अच्+टाप्] কুক্কুরী, দেবশুনী, রাক্ষসীবিশেষ। Bitch, a divine bitch, name of a demoness.

सरयु[यू] स्त्री॰ [सृ–अयु(+ऊङ्)] নদীবিশেষ। Name of a river.

सरल पु॰ [सृ–अलच्] পীতশাল, ধূপকাষ্ঠবিশেষ। ত্রি॰ উদার, ঋজু। স্ত্রী॰ सरला—ত্রিপুটা। A kind of pine tree ; simple.

सरस् क्ली॰ [सृ–असुन्] জল, সরোবর। Water, lake.

सरसी स्त्री॰ [सरस्+ङीप्] সরোবর। Pond.

सरस क्ली॰ [सह+रस] সরোবর। ত্রি॰ রসান্বিত, সার্দ্র। Pond ; juicy, watery.

सरसिज क्ली॰ [सरसि+जन–ड], **सरसिरुह** क्ली॰ [सरसि+रुह–क] পদ্ম। পু॰ সারসপক্ষী। Lotus; a kind of bird.

सरस्वत् पु॰ [सरस्+मतुप्] সরোবর, সাগর, নদ। ত্রি॰ রসিক। স্ত্রী॰ सरस्वती—নদী, বাণী, গাভী, স্ত্রীরত্ন, জ্যোতিষ্মতী, ব্রাহ্মী, দেবীবিশেষ, সোমলতা, বুদ্ধশক্তিবিশেষ, দুর্গা। Pond, sea, river ; cow, excellent woman, name of the goddess of learning.

सरहस्य त्रि॰[सह+रहस्य] রহস্যসহিত, সোপনিষদ্। Possessing anything secret, along with the secret wisdom.

सराग त्रि॰ [सह+राग] রঙ্গবিশিষ্ট, সানুরাগ। Coloured, impassioned.

सराव पु॰ [सर+अव–अण्] জলাধার, মৃণ্ময় পাত্রবিশেষ। ত্রি॰ [सह+राव] সশব্দ। Tank, earthen vessel ; sounding.

सरित् स्त्री॰ [सृ–इति] নদী, সূত্র, দুর্গা। River, thread.

सरित्पति पु॰ [सरित्+पति], **सरिद्वत्** पु॰ [सरित्+मतुप्] সমুদ্র। Ocean.

सरित्सुत पु॰ [सरित्+सुत] গঙ্গাপুত্র ভীষ্ম। An epithet of Bhīṣma.

सरिताम्पति पु॰ [सरिताम्+पति] সমুদ্র। Ocean.

सरीसृप पु॰ [सृप–यङ्+अच्] সর্প, সর্পণশীল প্রাণী, জ্যোতিষশাস্ত্রে মীন, বৃশ্চিক ও কর্কটরাশি। Snake, creeping animals.

सरु पु॰ [सृ–उन्] খড়্গাদিমুষ্টি। Handle of a sword etc.

सरूप त्रि॰ [समान+रूप] তুল্যরূপ। Having the same form.

सरूपता स्त्री॰ [सरूप+तल्+टाप्] সরূপভাব, সাদৃশ্য। Likeness, similarity.

सरोज क्ली॰ [सरस्+जन–ड], **सरोजन्मन्** क्ली॰ [सरस्+जन्मन्] পদ্ম। পু॰ সারসপক্ষী। ত্রি॰ তড়াগজাত। Lotus ; a kind of bird.

सरोजिन् पु॰ [सरोज+इनि] চতুর্মুখ ব্রহ্মা। An epithet of Brahmā.

सरोजिनी स्त्री॰ [सरोज+इनि+ङीप्] পদ্মসমূহ, পদ্মলতা, দীর্ঘিকা। Lotuses, lotus plant, a pool of water.

सरोरुह् क्ली॰ [सरस्+रुह–क्विप्], **सरोरुह** क्ली॰ [सरस्+रुह–क] পদ্ম। Lotus.

सरोवर पु॰ [सरस्+वृ–अप्] তড়াগ। Pond.

सरोष त्रि॰ [सह+रोष] সক্রোধ। Angry.

सर्ग पु॰ [सृज–घञ्] স্বভাব, সৃষ্টি, কাব্যাদির পরিচ্ছেদ, ত্যাগ, নিশ্চয়, উৎসাহ, অনুমতি। Nature, creation, canto, energy.

सर्गबन्ध पु॰ [सर्ग+बन्ध–घञ्] মহাকাব্য। An epic poem having several cantos.

सर्ज पु॰ [सृज–अच्] শালবৃক্ষ, শালবৃক্ষের রস, পীতশাল। A kind of tree, resinous exudation of the Śāla tree.

সর্জন ক্লী০ [সৃজ–ল্যুট্] সৃষ্টি, সৈন্যের পশ্চাদ্ভাগ। Creation.

সর্জরস পু০ [সর্জ+রস] শালবৃক্ষের রস। Resin.

সর্জি[র্জী] স্ত্রী০ [সৃজ–ইন্(+ঙীপ্)] নদীবিশেষ, সাজিমাটী। Name of a river.

সর্প পু০ [সৃপ–অচ্] ভুজঙ্গম, নাগকেশর, গমন, অশ্লেষানক্ষত্র। Serpent, movement.

সর্পণ ক্লী০ [সৃপ–ল্যুট্] গতি। Motion.

সর্পভুজ্ পু০ [সর্প+ভুজ–ক্বিপ্] ময়ূর, সর্পভক্ষক। Peacock, an eater of serpents.

সর্পরাজ পু০ [সর্প+রাজন্+টচ্] বাসুকি। Name of Vāsuki.

সর্পসত্র ক্লী০ [সর্প+সত্র] সর্পনাশের নিমিত্ত যজ্ঞ-বিশেষ। Name of a sacrifice for the destruction of snakes.

সর্পারি পু০ [সর্প+অরি] গরুড়। An epithet of Garuḍa.

সর্পাশন পু০ [সর্প+অশন] ময়ূর, গরুড়। Peacock, an epithet of Garuḍa.

সর্পিন্ ত্রি০ [সৃপ–ণিনি] কুটিলগামী। Creeping, tortuously.

সর্পিস্ ক্লী০ [সৃপ–ইসি] ঘৃত। Clarified butter.

সর্ব পু০ [সৃ–ব] শিব, বিষ্ণু। ত্রি০ সম্পূর্ণ, সকল। Name of Śiva or Viṣṇu ; all, entire.

সর্বংসহ ত্রি০ [সর্ব+সহ–খচ্] সর্বসহনশীল। স্ত্রী০ সর্বংসহা—পৃথিবী। That which endures all; the earth.

সর্বকর্মীণ ত্রি০ [সর্বকর্ম+খ] সর্বকরণসমর্থ। One capable of doing every work.

সর্বগ ত্রি০ [সর্ব+গম–ড] সর্বগামী। ক্লী০ জল। পু০ শিব, পরমেশ্বর, বায়ু, আত্মা। স্ত্রী০ সর্বগা—প্রিয়ঙ্গুবৃক্ষ। All-pervading ; water ; Śiva, god, wind, soul; a kind of tree.

সর্বগত ত্রি০ [সর্ব+গত] সর্বব্যাপী। All-pervading.

সর্বঙ্কষ পু০ [সর্ব+কষ–খচ্] পাপ। ত্রি০ সর্বাতিরেকী। Sin ; excelling all.

সর্বজনীন ত্রি০ [সর্বজন+খ] সর্বজন-হিতকর, সর্বত্র বিখ্যাত। Salutary to everyone, famous in all places.

সর্বজ্ঞ পু০ [সর্ব+জ্ঞা-ক] শিব, বুদ্ধ, পরমেশ্বর। ত্রি০ সর্ববিষয়ে জ্ঞানবান্। স্ত্রী০ সর্বজ্ঞা—দুর্গা। An epithet of Śiva, Buddha or God ; omniscient ; name of Durgā.

সর্বতস্ অব্য০ [সর্ব+তসিল্] চতুর্দিকে। On all sides.

সর্বতোভদ্র পু০, ক্লী০ [সর্বতস্+ভদ্র] চতুর্দ্বারযুক্ত গৃহবিশেষ, পূজ্য দেবতাগণের মণ্ডলবিশেষ, অলঙ্কারশাস্ত্রে চিত্রকাব্যবিশেষ। পু০ নিম্ববৃক্ষ। স্ত্রী০ সর্বতোভদ্রা—গাম্ভারী, নটী। A temple or place having openings on all sides ; a kind of tree ; an actress.

সর্বতোমুখ ক্লী০ [সর্বতস্+মুখ] জল। পু০ আকাশ, শিব, ব্রহ্মা, পরমেশ্বর, আত্মা, ব্রাহ্মণ, স্বর্গ, অগ্নি। Water ; sky, an epithet of Śiva or Brahmā, soul, heaven, fire.

সর্বত্র অব্য০ [সর্ব+ত্রল্] সর্বকালে, সর্বদেশে, সর্বদিকে। At all times, everywhere.

সর্বত্রগ ত্রি০ [সর্বত্র+গম–ড] বায়ু। ত্রি০ সর্বত্রগামী। Wind ; all-pervading.

সর্বথা অব্য০ [সর্ব+থাল্] সর্বপ্রকার, অতিশয়, প্রতিজ্ঞা, হেতু। A particle signifying by all means, exceedingly, oath, cause etc.

সর্বদমন পু০ [সর্ব+দম+ণিচ্–ল্যু] দুষ্মন্তপুত্র। ত্রি০ সর্বদমনকর্তা। Name of a king ; all-subduing.

সর্বদর্শিন্ পু০ [সর্ব+দৃশ–ণিনি] পরমেশ্বর, বুদ্ধ। ত্রি০ সর্বদ্রষ্টা। God ; all-seeing

সর্বদা অব্য০ [সর্ব+দাচ্] সকল সময়ে। At all times.

সর্বধুরীণ ত্রি০ [সর্ব+ধুর+খ] সকল ভারবাহক। Bearer of all burdens.

সর্বনাম পু০ [সর্ব+নামন্] ব্যাকরণশাস্ত্রে বিশেষ্যের পরিবর্তে প্রযোজ্য সর্বাদি শব্দ। A pronoun.

সর্বপথীন ত্রি০ [সর্ব+পথিন্+খ] সকল পথগামী, সর্বপথজ্ঞ। Going in every direction, one who knows all paths.

সর্বভূতময় ত্রি০ [সর্বভূত+ময়ট্] সর্বভূতাত্মা। All-pervading spirit.

সর্বভূতস্থ ত্রি০ [সর্বভূত+স্থা–ক] সকল প্রাণীতে স্থিত। Residing in all creatures.

সর্বভূতহিত ক্লী০ [সর্বভূত+হিত] সর্বভূতের মঙ্গল। Good for all.

সর্বভূতাত্মন্ পু০ [সর্বভূত+আত্মন্] নিখিল ভূতের আত্মা। All-pervading spirit.

সর্বভৃত্ ত্রি০ [সর্ব+ভৃ–ক্বিপ্] সর্বধারক, সর্বপোষক। All-sustaining.

সর্বমঙ্গলা স্ত্রী০ [সর্ব+মঙ্গল+অচ্+টাপ্] দুর্গা। An epithet of Durgā.

সর্বময় ত্রি০ [সর্ব+ময়ট্] সর্বাত্মক। পু০ পরমেশ্বর। Universal ; God.

सर्वमेध त्रि० [सर्व+मेध] সর্বসংহারক। পু০ সর্বযজ্ঞ। All destructive; a universal sacrifice.

सर्वरी স্ত্রী০ [সৃ–বনিপ্+ঙীপ্] রাত্রি। Night.

सर्वलोकपितामह पु० [सर्वलोक+पितामह] ব্রহ্মা। An epithet of Brahmā.

सर्वविक्रयिन् त्रि० [सर्व+विक्रयिन्] সকল প্রকার দ্রব্য বিক্রেতা। Selling all kinds of things.

सर्वविद् त्रि० [सर्व+विद्–क्विप्] সর্বজ্ঞ। পু০ পরমেশ্বর। Omniscient ; God.

सर्ववेदस् पु० [सर्व+विद्+णिच्–असि] সর্বস্বদক্ষিণা-দানপূর্বক বিশ্বজিৎনামক যাগকর্তা। A performer of sacrifice who bestows all his belongings.

सर्वशस् अव्य० [सर्व+शस्] সমগ্রভাবে, সর্ব-প্রকারে। A particle signifying entirely.

सर्वस्व क्ली० [सर्व+स्व] সকল ধন। Entire wealth.

सर्वस्वार पु० [सर्वस्व+आर] যজ্ঞবিশেষ। A sacrifice.

सर्वाङ्गीण त्रि० [सर्वाङ्ग+ख] সর্বাবয়বব্যাপক। Pervading through the whole body.

सर्वाणी स्त्री० [सर्व+आ+नी–ड+ङीप्] দুর্গা। An epithet of Durgā.

सर्वार्थसिद्ध पु० [सर्व+अर्थ+सिद्ध] বুদ্ধ। ত্রি০ সকলাভীষ্টসিদ্ধিযুক্ত। An epithet of Buddha ; one who has attained all his objects.

सर्वाशिन् त्रि० [सर्व+अश–णिनि] সর্বভোজী। Omnivorous.

सर्वेश्वर पु० [सर्व+ईश्वर] শিব। ত্রি০ সকলের প্রভু। An epithet of Śiva; a paramount lord.

सर्वौषधि स्त्री० [सर्व+ओषधि] কুষ্ঠ, মাংসী, হরিদ্রা, বচা, শৈলেয়, চন্দন, চম্পক, মুরা, কর্পূর, মুস্তা এই দশটি ঔষধি। A group of herbs.

सर्षप पु० [सृ–अप] সরিষা। Mustard.

सलज्ज त्रि० [सह+लज्जा] লজ্জাযুক্ত। Bashful.

सलिल क्ली० [सल–इलच्] জল। Water.

सलील त्रि० [सह+लीला] লীলাযুক্ত। Sportive.

सल्लकी स्त्री० [सल–वुन्+ङीष्] গজভক্ষ্যা। A kind of tree.

सव पु० [सु–अच्] যজ্ঞ, সন্তান, সূর্য, অর্কবৃক্ষ। Sacrifice, offspring.

सवन क्ली० [सु–ल्युट्] যজ্ঞাঙ্গ স্নান, সোম-অভিষব, সোমপান, যজ্ঞ, প্রসব, মত্তসন্ধান। Sacrificial bathing, extraction of Soma, drinking of Soma, bringing forth children.

सवयस् त्रि० [समान+वयस्] বয়স্য। Friend.

सवर पु० শব। Dead body.

सवर्ण त्रि० [समान+वर्ण] তুল্যরূপ, একজাতীয়, সমস্থানে প্রযত্নোচ্চারিত বর্ণ। স্ত্রী০ सवर्णा— সজাতীয়া নারী। Of the same colour, of the same caste, letters belonging to the same class of sounds; a woman of the same caste.

सविकल्पक क्ली० [सह+विकल्प+कप्] সমাধিবিশেষ, জ্ঞানবিশেষ। A variety of meditation, a kind of knowledge.

सविकाश त्रि० [सह+विकाश] প্রফুল্ল। Blossomed.

सवितृ पु० [सू–तृच्] সূর্য, জগৎস্রষ্টা পরমেশ্বর, অর্কবৃক্ষ। Sun, the creator god, a kind of tree.

सविद्य त्रि० [सह+विद्या] বিদ্যাবান্। Learned.

सविध त्रि० [सह+विध–क] নিকট, তুল্যরূপ, প্রকার-যুক্ত, বিধানযুক্ত। Near, of the same kind.

सविनय त्रि० [सह+विनय] বিনয়যুক্ত। Modest.

सविशेष त्रि० [सह+विशेष] বিশেষযুক্ত, সাতিশয়। Qualified, excessive.

सविस्तर त्रि० [सह+विस्तर] বিস্তরসহিত। Detailed.

सविस्मय त्रि० [सह+विस्मय] বিস্ময়াপন্ন। Surprised.

सवृद्धिक [सह+वृद्धि+कप्] বৃদ্ধিসহিত। Increasing.

सवेश[ष] त्रि० [सह+वेश(ष)] বেশযুক্ত। Attired.

सव्य त्रि० [सु–यत्] বাম, দক্ষিণ, প্রতিকূল। পু০ বিষ্ণু। Left, right, contrary; an epithet of Viṣṇu.

सव्यपेक्ष त्रि० [सह+व्यपेक्षा] ব্যপেক্ষাযুক্ত। Dependent on.

सव्यभिचार त्रि० [सह+व्यभिचार] অনৈকান্তিকরূপ হেত্বাভাসবিশেষ। A kind of fallacy in logic.

सव्यसाचिन् पु० [सव्य+सच–णिनि] অর্জুন। An epithet of Arjuna.

सव्याज त्रि० [सह+व्याज] কপট। Cunning.

सव्यापार त्रि० [सह+व्यापार] ব্যাপারবান্। Engaged.

सव्येष्ठ पु० [सव्य+स्था–क], **सव्येष्टृ** [सव्य+स्था–तृन्] সারথি। Charioteer.

सव्रीड त्रि० [सह+व्रीडा] লজ্জাযুক্ত। Bashful.

सशङ्क त्रि० [सह+शङ्का] ভীত। Fearful.

सशल्य त्रि० [सह+शल्य] শল্যবিদ্ধ, সকণ্টক। Pierced by dart, thorny.

ससज्ज [सह+सज्जा] সজ্জিত। Dressed.

ससत्त्व त्रि० [सह+सत्त्व] সত্ত্বযুক্ত। स्त्री० ससत्त्वा—গর্ভবতী স্ত্রী। Possessed of vitality ; a pregnant woman.

ससन क्ली० [सस–ल्युट्] যজ্ঞের নিমিত্ত পশু হনন। Immolation.

ससाध्वस त्रि० [सह+साध्वस] সভয়। Alarmed.

सस्त्रीक त्रि० [सह+स्त्री+कप्] ভার্যাসহিত। Accompanied by wife.

सस्पृह त्रि० [सह+स्पृहा] সতৃষ্ণ। Eager.

सस्मित त्रि० [सह+स्मित] হাস্যযুক্ত। Smiling.

सस्य क्ली० [सस–यत्] বৃক্ষাদির ফল, ক্ষেত্রগত ধান্য, শস্ত্র, গুণ। Fruit, corn, weapon.

सह अव्य० [सह–अच्] সাহিত্য, সাকল্য, সাদৃশ্য, যৌগপদ্য, বিদ্যমানত্ব, সমৃদ্ধি, সম্বন্ধ, সামর্থ্য। पु० অগ্রহায়ণমাস। पु०, क्ली० গন্ধলবণ, বল। त्रि० ভারসহিষ্ণু। A particle meaning with, together, simultaneously, relation etc.

सहकार पु० [सह+कृ–अण्] আম্রবিশেষ। [सह+कृ–घञ्] সহকর্মকর। Mango, working together.

सहकारिन् त्रि० [सह+कृ–णिनि] হেতুবিশেষ, সাহায্যকারী। A kind of cause, auxiliary.

सहकृत् त्रि०[सह+कृ–क्विप्] সহকারী। Colleague.

सहकृत्वन् त्रि० [सह+कृ–क्वनिप्] সহকারী। Colleague.

सहगमन क्ली० [सह+गम–ल्युट्] সহমরণ, একসঙ্গে গমন। A woman's burning herself with her deceased husband's body, going together.

सहचर पु० [सह+चर–अच्] বয়স্য, পীতঝিণ্টি, নীলঝিণ্টি, প্রতিবন্ধক। त्रि० সহায়, অনুচর। Companion, hindrance ; attendant.

सहचारिन् त्रि० [सह+चर–णिनि] সহচর। Companion.

सहज पु० [सह+जन–ड] সহোদর, নিসর্গজ। त्रि० সহোত্থিত। A brother of whole blood, the natural state ; born together.

सहजेतर त्रि० [सहज+इतर] সহজভিন্ন, অস্বাভাবিক। Unnatural.

सहदेव पु० [सह+देव] মাদ্রীসুত। स्त्री० सहदेवा—মহাবলা, দণ্ডোৎপলা। सहदेवी—সর্পাক্ষী। Name of one of the Pāṇḍavas.

सहधर्मिणी स्त्री० [सह+धर्म+इनि+ङीप्] পত্নী। Wife.

सहधर्मचारिणी स्त्री० [सह+धर्म+चर–णिनि+ङीप्] পত্নী। Wife.

सहन क्ली० [सह–ल्युट्] ক্ষমা। त्रि० [सह–ल्यु] সহিষ্ণু, ক্ষমাশীল। Forgiving ; enduring.

सहनीय त्रि० [सह+अनीयर्] সহনযোগ্য। Bearable.

सहभाविन् त्रि०[सह+भाविन्]সহায়। Attendant.

सहमरण क्ली० [सह+मरण] মৃত পতির সহিত এক চিতায় আরোহণপূর্বক মরণ। Voluntary burning of a Hindu woman on the funeral pyre of her dead husband.

सहयज्ञ त्रि० [सह+यज्ञ] যজ্ঞের সহিত। Along with sacrifice.

सहर्ष त्रि०[सह+हर्ष] হর্ষযুক্ত। पु० হর্ষ। Glad; joy.

सहवसति स्त्री० [सह+वसति] সহবাস। Dwelling together.

सहस् क्ली० [सह–असि] বল, জ্যোতিস্। पु० মার্গশীর্ষমাস। Power ; the month called Mārgaśīrṣa.

सहसा अव्य० [सह+सो–डा] হঠাৎ। Suddenly.

सहस्य पु० [सहस्+यत्] পৌষমাস। A name of the month Pauṣa.

सहस्र क्ली० [समान+हस–र] দশশত সংখ্যা, বহু সংখ্যা। त्रि० বহু সংখ্যাযুক্ত। Thousand ; innumerable.

सहस्रकर पु० [सहस्र+कर], **सहस्रकिरण** पु० [सहस्र+किरण] সূর্য। The Sun.

सहस्रदंष्ट्र पु०[सहस्र+दंष्ट्रा] বোয়ালমাছ। A kind of fish.

सहस्रदीधिति पु० [सहस्र+दीधिति], **सहस्रधामन्** पु० [सहस्र+धामन्] সূর্য। The Sun.

सहस्रदृश् पु० [सहस्र+दृश–क्विप्], **सहस्रनयन** पु० [सहस्र+नयन], **सहस्रनेत्र** पु० [सहस्र+नेत्र] ইন্দ্র। त्रि० সহস্রনেত্রযুক্ত। An epithet of Indra ; thousand-eyed.

सहस्रधा अव्य० [सहस्र+धाच्] সহস্র প্রকার। Thousandfold.

सहस्रपत्र क्ली० [सहस्र+पत्र] পদ্ম, সারস, পক্ষী। Lotus, a kind of bird, bird.

सहस्रपाद् पु० [सहस्र+पाद्] বিষ্ণু, পরমেশ্বর। An epithet of Viṣṇu, God.

सहस्रपाद पु० [सहस्र+पाद+अच्] বিষ্ণু, পরমেশ্বর, সূর্য, অর্কবৃক্ষ, কারণ্ডপক্ষী। An epithet of Viṣṇu, God, the Sun, a kind of tree.

सहस्रबाहु [सहस्र+बाहु] বাণাসুর, কার্তবীর্যার্জুন, বিষ্ণু। Name of a demon, name of Viṣṇu.

सहस्रभुज पु० [सहस्र+भुज] বিষ্ণু, কার্তবীর্যার্জুন। स्त्री० सहस्रभुजा—মহালক্ষ্মী। An epithet of Viṣṇu, name of a king; an epithet of the goddess Mahālakṣmī.

सहस्रमरीचि पु० [सहस्र+मरीचि], **सहस्ररश्मि** पु० [सहस्र+रश्मि] সূর্য। The Sun.

सहस्रलोचन त्रि० [सहस्र+लोचन] সহস্রনয়নবিশিষ্ট। पु० ইন্দ্র, বিষ্ণু। Having thousand eyes; an epithet of Indra or Viṣṇu.

सहस्रवीर्या स्त्री० [सहस्र+वीर्य+टाप्] দূর্বা, মহাশতাবরী। Dūrvā grass.

सहस्रशस् अव्य० [सहस्र+शस्] হাজারে হাজারে। By thousands.

सहस्रांशु पु० [सहस्र+अंशु] সূর্য। त्रि० সহস্রকিরণবিশিষ্ট। An epithet of the Sun; thousand-rayed.

सहस्राक्ष पु० [सहस्र+अक्षि+षच्] ইন্দ্র, বিষ্ণু, পেচক। त्रि० সহস্রনেত্র। An epithet of Indra or Viṣṇu, owl; one having a thousand eyes.

सहस्रार त्रि० [सहस्र+आर] সহস্রকোটিক। पु०, क्ली० শিরঃস্থিত সুষুম্নানাভিমধ্যস্থ সহস্রদলকমল। Thousand-spoked; the thousand-petalled lotus at the top of the head.

सहस्रार्चिस् त्रि० [सहस्र+अर्चिस्] সহস্রকিরণযুক্ত। पु० সূর্য। Thousand-rayed; the Sun.

सहस्रास्य त्रि० [सहस्र+आस्य] One having a thousand mouths.

सहस्रिन् त्रि० [सहस्र+इनि] সহস্রসৈন্যযুক্ত। Possessing of a thousand soldiers.

सहाय पु० [सह+इ—अच्] সহচর, অনুকূল। Companion, helper.

सहायता स्त्री० [सहाय+तल्+टाप] সাহায্য। Help.

सहित त्रि० [सम्यक्+हित] সম্যক্ হিত। [सह+इतच्] সমভিব্যাহৃত। [सह+हित] হিতের সহিত। Proper good, along with.

सहितृ त्रि० [सह—तृच्] সহনশীল। Patient.

सहिष्णु त्रि० [सह—इष्णुच्] সহনশীল। Patient.

सहिष्णुता स्त्री० [सहिष्णु+तल्+टाप्] ক্ষমা, সহনশীলতা। Patience, endurance.

सहृदय त्रि० [सह+हृदय] প্রশস্তচিত্ত, কাব্যার্থভাবনাধীন পরিপক্কবুদ্ধিযুক্ত। One with a broad heart, connoisseur.

सहोक्ति स्त्री० [सह+उक्ति] সহকথন, অর্থালঙ্কারবিশেষ। Telling together, name of a figure of speech.

सहोटज पु०, क्ली० [सह+उटज] মুনিদিগের পর্ণশালা। A hut made of leaves.

सहोढ त्रि० [सह+उढा] পরিণয়কালে সহানীত। पु० অজ্ঞাতগর্ভা পরিণীতার গর্ভ। Brought along with marriage.

सहोदर पु० [सह+उदर] এক গর্ভজাত ভ্রাতা। स्त्री० सहोदरा—এক গর্ভজাতা ভগিনী। Uterine brother; a sister of whole blood.

सह्य त्रि० [सह—यत्] সহনীয়। क्ली० আরোগ্য, সাম্য, মাধুর্য। पु० পর্বতবিশেষ। Bearable; recovery of health; name of a mountain.

सांक्रमिक त्रि० [संक्रम+ठञ्] সংক্রমনশীল। Infectious.

सांख्य क्ली० [संख्या+अण्] সম্যগ্ দর্শন, কপিলপ্রণীত দর্শনশাস্ত্র। पु० সাংখ্যোক্ত যাগবিশেষ। Proper insight, name of a system of philosophy.

सांग्रामिक क्ली० [संग्राम+ठञ्] যুদ্ধসাধন রথাদি। त्रि० যুদ্ধসম্বন্ধী। Chariots and other materials of war; relating to war.

सांघातिक त्रि० [संघात+ठञ्] সংঘাতকারক। क्ली० জন্মনক্ষত্রাবধিক ষোড়শ নক্ষত্র। Destructive; a star in Astrology.

सांयात्रिक पु० [संयात्रा+ठञ्] পোত-বণিক্। A merchant trading by sea.

सांयुगीन त्रि० [संयुग+खञ्] রণকুশল। Skilled in war.

सांराविण क्ली० [संराव+णिनि] কোলাহল, উচ্চ ভাষণ। Tumultuous uproar.

सांवत्सर पु० [संवत्सर+अण्] জোতির্বেত্তা। त्रि० বর্ষসম্বন্ধী। Astrologer.

सांवत्सरिक क्ली० [संवत्सर+ठञ्] শ্রাদ্ধবিশেষ। त्रि० বার্ষিক। A form of yearly Śrāddha; annual.

सांसारिक त्रि० [संसार+ठक्] সংসারভব, সংসারোপযোগী। Worldly.

सांसिद्धिक [संसिद्धि+ठञ्] স্বভাবসিদ্ধ। Natural.

साकम् अव्य० [सह+अक—अमु] সহিত। With.

साकल्य क्ली० [सकल+ष्यञ्] সমুদায়। Totality.

साकाङ्क्ष त्रि० [सह+आकाङ्क्षा] সাভিলাষ, আকাঙ্ক্ষাযুক্ত, পরস্পর অন্বিত। Desirous, requiring a complement.

साकार ত্রি° [সহ+আকার] মূর্তিবিশিষ্ট। Having form.

साकूत ত্রি° [সহ+আকূত] অভিপ্রায়সহিত। Significant.

साकेत পু°, ক্লী° [সহ+আকেত] অযোধ্যাপুরী। Name of the city of Ayodhyā.

साक्षर ত্রি° [সহ+অক্ষর] অক্ষরযুক্ত। Containing syllables.

साक्षात् অব্য° [সহ+অক্ষ–আতি] প্রত্যক্ষ। Before the very eyes.

साक्षात्कार পু° [সাক্ষাৎ+কৃ–ঘঞ] প্রত্যক্ষীকরণ। Perception.

साक्षिन् ত্রি° [সহ+অক্ষি+ইনি] সাক্ষাৎ দ্রষ্টা। পু° পরমেশ্বর। Eye-witness ; God.

साक्ष्य ক্লী° [সাক্ষিন্+ষ্যঞ্] সাক্ষিকর্ম। Evidence.

सागर পু° [সগর+অণ্] সমুদ্র, মৃগবিশেষ, সংখ্যাবিশেষ। Ocean, a kind of deer.

सागरगामिनी স্ত্রী° [সাগর+গম–ণিনি+ঙীপ্] নদী, ছোট এলাচ। River.

सागरनेमि স্ত্রী° [সাগর+নেমি] পৃথিবী। The Earth.

सागरमेखला স্ত্রী° [সাগর+মেখলা] পৃথিবী। The Earth.

सागराम्बरा স্ত্রী° [সাগর+অম্বরা] পৃথিবী। The Earth.

सागरालय [সাগর+আলয়] বরুণ। An epithet of Varuṇa.

साग्नि [क] পু° [সহ+অগ্নি(+কপ্)] শ্রৌতস্মার্তাগ্নিযুক্ত বা অগ্নিহোত্রী ব্রাহ্মণ। A Brahmin maintaining the sacrificial fires.

साङ्कर्य ক্লী° [সঙ্কর+ষ্যঞ্] মিশ্রণ, ন্যায়শাস্ত্রে দোষবিশেষ। Mixture, a fallacy in logic.

साचि অব্য° [সচ–ইন্] বক্র। Obliquely.

साचिव्य ক্লী° [সচিব+ষ্যঞ্] মন্ত্রিত্ব। Ministership.

साचीकृत ত্রি° [সাচি+চ্বি+কৃ–ক্ত] বক্রীকৃত। Made crooked.

साज्य ত্রি° [সহ+আজ্য] সঘৃত। With clarified butter.

साञ्चारिक ত্রি° [সঞ্চার+ঠক্] সঞ্চারযোগ্য। Movable.

साटोप ত্রি° [সহ+আটোপ] সগর্ব, বিকট। Proudly.

सात ক্লী° [সাত–অচ্] সুখ। [সন–ক্ত] দত্ত, নষ্ট। Happiness, given.

सातत्य ক্লী° [সতত+ষ্যঞ্] অবিচ্ছেদ। Continuity.

साति স্ত্রী° [সন–ক্তিন্] অবসান, দান, তীব্রপীড়া। End, gift, sharp pain.

सातिशय ত্রি° [সহ+অতিশয়] অধিক। Excessive.

सात्यकि পু° [সত্যক+ইঞ্] বৃষ্ণিবংশীয় ক্ষত্রিয়বিশেষ। Name of a great warrior.

सात्वत् পু° [সাত+ক্বিপ্+মতুপ্] বিষ্ণুর উপাসক। Worshipper of Viṣṇu.

सात्वत পু° [সাত্ব+তন–ড] বিষ্ণু, জাতিবিশেষ। Name of Viṣṇu, name of a tribe.

सात्त्विक ত্রি° [সত্ত্ব+ঠঞ্] সত্ত্বগুণজাত। পু° চতুর্মুখ ব্রহ্মা, বিষ্ণু, শৃঙ্গারাদিরসানুগুণ ভাববিশেষ। Relating to Sattva ; an epithet of Brahmā or Viṣṇu.

साद পু° [সদ–ঘঞ্] অবসন্নতা, নাশ। Weariness, destruction.

सादन ক্লী° [সদ+ণিচ্–ল্যুট্] বিনাশ, পাত্র। Destroying, vessel.

सादि পু° [সদ–ইন্] সারথি, যোদ্ধা, বায়ু। ত্রি° অবসন্ন। Charioteer, warrior, wind ; exhausted.

सादित ত্রি° [সদ–ক্ত] বিনাশিত। Destroyed.

सादिन् পু° [সদ–ণিনি] অশ্ব, গজ ও রথাদির আরোহণকর্তা। ত্রি° অবসন্ন। Horseman, charioteer etc. ; exhausted.

सादृश्य ক্লী° [সদৃশ+ষ্যঞ্] তুল্যতা। Likeness.

साधक ত্রি° [সাধ–ণ্বুল্] সাধনকর্তা, তন্ত্রশাস্ত্রে মন্ত্রাদিসিদ্ধিকারক (শিষ্য), অনুমাপক। Accomplisher, devotee.

साधन ক্লী° [সিধ+ণিচ্–ল্যুট্] করণ কারক, মারণ, মৃতসংস্কার, গতি, দ্রব্য, ধন, নিষ্পাদন, উপকরণ, অশ্বগজাদি যুদ্ধসামগ্রী, অনুগমন, সৈন্য, উপায়, সিদ্ধৌষধ, মেঢ্র, মৈত্রী, সিদ্ধি, প্রমাণ, ব্যাপা, মোহন। Instrumental case in grammar, killing, wealth, army, means, friendship.

साधना স্ত্রী° [সিধ+ণিচ্–যুচ্+টাপ্] উপাসনা, নিষ্পাদনা। Worship, accomplishment.

साधर्म्य ক্লী°[সধর্ম+ষ্যঞ্]তুল্যধর্মতা। Similarity.

साधारण ত্রি° [সহ+ধারণ+অণ্] সদৃশ, অনেক সম্বন্ধী। স্ত্রী° সাধারণী—কুঞ্চিকা, বেশ্যা। পু° হেত্বাভাসবিশেষ। Like, belonging to many; harlot ; a kind of fallacy in logic.

साधारण्य ক্লী° [সাধারণ+ষ্যঞ্] সামান্যত্ব। Commonness.

साधित त्रि॰ [सिध+णिच्–क्त] निष्पादित, प्रमाणित, दापित, শোধিত। Accomplished, proved.

साधिदैव त्रि॰ [सह+अधिदेव+अण्] অধিদেবতার সহিত। Along with the presiding deity.

साधिमन् पु॰ [साधु+इमनिच्] সাধুত্ব। Goodness.

साधिष्ठ त्रि॰ [साध+इष्ठन्] অতিসাধু, অত্যন্ত দৃঢ়, অতিশোভন, ন্যায্য। Most honest, most firm, best, proper.

साधीयस् त्रि॰ [साधु+ईयसुन्] সাধুতর, দৃঢ়তর, ন্যায্য। Better, harder, proper.

साधिष्ठान त्रि॰ [सह+अधिष्ठान] সন্নিহিত। क्लौ॰ তন্ত্রশাস্ত্রে সুষুম্নামধ্যস্থ চক্রবিশেষ। Near at hand ; name of a plexus in the Tantras.

साधु त्रि॰ [साध–उन्] উত্তমকুলজাত, সুন্দর, উচিত। Well-born, good, proper.

साधुवाद पु॰ [साधु+वाद] ধন্যবাদ, 'সাধু সাধু' এই বাক্য। A cry of approbation.

साध्य त्रि॰ [साध+णिच्–यत्] সাধনীয়। पु॰ গণদেবতাবিশেষ, জ্যোতিষোক্ত একবিংশ যোগবিশেষ। To be accomplished.

साध्यता स्त्री॰ [साध्य+तल्+टाप्] ন্যায়শাস্ত্রে সাধ্যনিষ্ঠধর্ম। A technical term in logic.

साध्यतावच्छेदक त्रि॰ [साध्यता+अवच्छेदक] ন্যায়শাস্ত্রে ধর্ম ও সম্বন্ধবিশেষ। A kind of property and relation in logic.

साध्यसिद्धि स्त्री॰ [साध्य+सिद्धि] সাধ্যের নির্ণয়। Establishment of the probandum.

साध्वस क्लौ॰ [साधु+अस–अच्] ভয়। Fear.

साध्वी स्त्री॰ [साधु+ङीप्] সচ্চরিত্রা স্ত্রী, মেদা। Chaste woman.

सानन्द त्रि॰ [सह+आनन्द] আনন্দযুক্ত। पु॰ গুবকবিশেষ, গুচ্ছকরঞ্জ। Gladly.

सानिका स्त्री॰ [सन–ण्वुल्+टाप्] বংশী। Flute.

सानु पु॰, क्लौ॰ [सन–ञुन्] পর্বতস্থ সমভূমি। Level-ground on the top of a mountain.

सानुज क्लौ॰ [सानु+जन–ड] প্রপৌণ্ডরিক। पु॰ তম্বরুবৃক্ষ। त्रि॰ [सह+अनुज] অনুজসহিত। A kind of tree ; accompanied by brother.

सानुनय पु॰ [सह+अनुनय] অনুনয় সহকারে। Humbly.

सानुमत् पु॰ [सानु+मतुप्] পর্বত। Mountain.

सानुराग त्रि॰ [सह+अनुराग] অনুরাগযুক্ত। Passionate.

सान्तपन क्लौ॰ [सन्तपन+अण्] দুইদিন সাধ্য ব্রতবিশেষ। A kind of penance.

सान्तर क्लौ॰ [सह+अन्तर] বিরল। त्रि॰ ব্যবধানসহিত। Having intervals.

सान्तराल त्रि॰ [सह+अन्तराल] সাবকাশ Having an interval.

सान्तानिक त्रि॰ [सन्तान+ठक्] সন্তানসম্বন্ধীয় Relating to progeny.

सान्त्व क्लौ॰ [सान्त्व–अच्] অত্যন্তমধুর শব্দ, আনুকূল্য। Sweet conciliatory words, help.

सान्त्वन क्लौ॰ [सान्त्व–ल्युट्] আনুকূল্যকরণ। Propitiating.

सान्दीपनि पु॰ [सन्दीपन+इञ्] মুনিবিশেষ। Name of a sage.

सान्द्र त्रि॰ [सह+अद–रक्] নিবিড়, মৃদু, স্নিগ্ধ, মনোজ্ঞ। क्लौ॰ বন। Thick, smooth, pleasing ; forest.

सान्धिक पु॰ [सन्धा+ठक्] শৌণ্ডিক। त्रि॰ [सन्धि+ठञ्] সন্ধিকর্তা। Distiller ; one who makes truce.

सान्ध्य त्रि॰ [सन्ध्या+अण्] সন্ধ্যাকালীন। Pertaining to the evening.

सान्नाय्य क्लौ॰ [सम्+नी–ण्यत्] মন্ত্রাদির দ্বারা সংস্কার্য ঘৃত প্রভৃতি। Consecrated materials of worship.

सान्निध्य क्लौ॰ [सन्निधि+ष्यञ्] নৈকট্য। Proximity.

सान्निपातिक त्रि॰ [सन्निपात+ठञ्] রোগবিশেষ। A kind of disease.

सान्वय त्रि॰[सह+अन्वय] অন্বয়যুক্ত। Connected.

सापत्न्य पु॰ [सपत्न+ष्यञ्] শত্রু। Enemy.

सापराध त्रि॰ [सह+अपराध] অপরাধযুক্ত। Guilty.

सापवाद त्रि॰ [सह+अपवाद] অপবাদযুক্ত। Having slander.

सापिण्ड्य क्लौ॰ [सपिण्ड+ष्यञ्] দায়, অশৌচগ্রহণ প্রভৃতি জ্ঞাতিধর্মবিশেষ। Relationship of a sapiṇḍa.

सापेक्ष त्रि॰ [सह+अपेक्षा] অধীন, সাকাঙ্ক্ষ, আদরযুক্ত। Dependent.

साप्तपदीन क्लौ॰ [सप्त+पद+खञ्] সখ্য, সৌহার্দ। Friendship, intimacy.

साप्तपौरुष त्रि॰ [सप्त+पुरुष+अण्] সপ্তপুরুষব্যাপক। Extending to seven generations.

साफल्य क्लीं० [सफल+ष्यञ्] सम्पूर्णता। Success.
साभ्यसूय त्रि० [सह+अभ्यसूया] ईर्षान्वित। Envious.
सामग पुं० [साम+गै–ड] সামবেদাধ্যায়ী। One who chants the Sāmaveda.
सामग्री स्त्री० [समग्र+ष्यञ्+ङीष्] সাকল্য, করণসমূহ, দ্রব্য। Totality, thing.
सामग्र्य क्लीं० [समग्र+ष्यञ्] সাকল্য। Entirety.
सामज पुं० [सामन्+जन–ड] গজ। ত্রি० সামপাঠজ স্বরাদি। Elephant; the notes produced by the chanting of the Sāmaveda.
सामञ्जस्य क्लीं० [समञ्जस+ष्यञ्] ঔচিত্য। Propriety.
सामन् क्लीं० [सो–मनिन्] বেদবিশেষ, গানবিশেষ, শত্রুবশীকরণের উপায়বিশেষ, প্রিয়বচন। স্ত্রী० সামনী—পশুবন্ধন রজ্জু। One of the four Vedas, conciliatory means, appeasing words; a rope to tie animals.
सामन्त पुं०[सम्+अन्त+अण्] नृपविशेष। [समन्तात् +अण्] শ্রেষ্ঠ প্রজ্ঞা। A feudatory king.
सामन्य पुं० [सामन्+यत्] সামগানকুশল। An expert in chanting the Sāmaveda.
सामयिक त्रि० [समय+ठञ्] সময়োচিত, নিয়মানুযায়ী। Timely, conventional.
सामयोनि पुं० [सामन्+योनि] হস্তী। স্ত্রী० ব্রহ্মা। Elephant, an epithet of Brahmā.
सामर्थ्य क्लीं० [समर्थ+ष्यञ्] শক্তি, যোগ্যতা, সঙ্গতার্থতা। Strength, ability.
सामर्ष त्रि० [सह+अमर्ष] সক্রোধ। Angry.
सामवाद पुं० [सामन्+वाद] প্রিয়বাক্য। Kind words.
सामवायिक पुं० [समवाय+ठञ्] মন্ত্রী। ত্রি० সমবায়সম্বন্ধীয়। Minister; relating to inseparable connection.
सामाजिक त्रि० [समाज+ठक्] সভ্য, সমাজসম্বন্ধীয়। Civilised, relating to society.
सामानाधिकरण्य क्लीं० [समानाधिकरण+ष्यञ्] একাধিকরণবৃত্তিত্ব। The state of being in the same locus.
सामान्य क्लीं० [समान+ष्यञ्] সাদৃশ্যপ্রযোজক ধর্ম। General character.
सामान्यतोदृष्ट क्लीं० [सामान्यतः+दृष्ट] অনুমানবিশেষ। A form of inference.
सामान्यलक्षणा स्त्री० [सामान्य+लक्षणा] ন্যায়শাস্ত্রে অলৌকিক-প্রত্যক্ষের সাধন উপায়বিশেষ। In Nyāya one of the three sannikarsas in alaukika perception.

सामि अव्य० [साम–इन्] অর্ধ। Half.
सामिधेनी स्त्री०[सम्+इन्ध–ल्युट्+ङीप्] অগ্নিসমিন্ধনসাধন ঋগ্‌বিশেষ, সমিৎকাষ্ঠ। A kind of sacrificial prayer, fuel for sacrifice.
सामीप्य क्लीं० [समीप+ष्यञ्] নৈকট্য। Proximity.
सामुद्र क्लीं० [समुद्र+अण्] সমুদ্রজাত লবণ। ত্রি० সমুদ্রভব। Sea-salt; born of sea.
सामुद्रक क्लीं० [समुद्र+वुण्] সমুদ্র ঋষি প্রণীত গ্রন্থবিশেষ। [सामुद्र+क] সমুদ্র লবণ। An work of the seer Samudra, sea-salt.
सामुद्रिक क्लीं० [समुद्र+ठञ्] দেহস্থ শুভাশুভলক্ষণজ্ঞাপক শাস্ত্র। ত্রি० সমুদ্রসম্বন্ধীয়। The science of palmistry; sea-born.
सामोद्भव पुं० [सामन्+उद्भव] সামযোনি। Born of the Sāman.
साम्पराय त्रि० [सम्पराय+अण्] উত্তরকাল বা পরলোকসম্বন্ধী। পুং० যুদ্ধ। Relating to future or the other world; war.
साम्परायिक क्लीं० [सम्पराय+ठक्] যুদ্ধ। ত্রি० পরলোকসাধন। War; relating to the other world.
साम्प्रतम् अव्य० [सम्+प्र+तन–डमु] উচিত, ইদানীম্। A particle signifying propriety or now.
साम्प्रतिक त्रि० [सम्प्रति+ठक्] সম্প্রতি, ন্যায্য, তৎকালিক। Fit, belonging to the present time.
साम्प्रदायिक त्रि० [सम्प्रदाय+ठक्] সম্প্রদায় হইতে আগত। Traditional.
साम्मुख्य क्लीं० [सम्मुख+ष्यञ्] সম্মুখভাব, আনুকূল্য। The state of being in front, favour.
साम्य क्लीं० [सम+ष्यञ्] সমভাব। Equality.
साम्राज्य क्लीं० [सम्राज्+ष्यञ्] সার্বভৌমত্ব, দশলক্ষগ্রামাধিপত্য। Universal sovereignty.
साय पुं० [सो–घञ्] দিনান্ত, বাণ। Close of day, arrow.
सायक पुं०[सो–ण्वुल्]বাণ, খড়্গ। Arrow, sword.
सायन्तन त्रि० [साय+ट्युल्] দিনান্তভব। Belonging to the evening.
सायम् अव्य० [सो–अमु] দিনান্ত। A particle signifying evening.
सायाह्न पुं० [साय+अहन्+टच्] দিনান্ত। Evening.

सायुज्य क्ली० [सह+युज–क्विप्+ष्यञ्] অভীষ্ট দেবতার সহিত সংযোগরূপ মুক্তিবিশেষ, সহযোগ, একত্ব। A from of liberation involving absorption into the deity, identification.

सार क्ली० [सृ–घञ्] জল, ধন, নবনীত। পু০ বল, স্থিরাংশ, মজ্জা, বায়ু, রোগ, পাশক, দধ্যগ্র। ত্রি০ শ্রেষ্ঠ। Water, wealth, strength ; essence, wind ; best.

सारक त्रि० [सृ+णिच्–ण्वुल्] রেচক। Purgative.

सारघ क्ली० [सरघा+अण्] মধু। Honey.

सारङ्ग पु० [सृ–अङ्गच्] চাতকপক্ষী, হরিণ, গজ, ভৃঙ্গ, পক্ষিবিশেষ, ছত্র, রাজহংস, চিত্রমৃগ, বাদ্য-বিশেষ, বস্ত্র, বিচিত্রবর্ণ, ময়ূর, কামদেব, চাপ, স্বর্ণ, আভরণ, পদ্ম, শঙ্খ, চন্দন, কর্পূর, পুষ্প, কোকিল, মেঘ, সিংহ, রাত্রি, ভূমি, দীপ্তি। A kind of bird, deer, elephant, variegated colour, gold, lotus, cloud, lion, night.

सारण क्ली० [सृ+णिच्–ल्युट्] গন্ধদ্রব্য। পু০ [सृ+णिच्–ल्यु] অতিসাররোগ, রাবণের মন্ত্রী, ভদ্রবলা, আম্রাতক। A kind of perfume ; a minister of Rāvaṇa.

सारथि पु० [सृ–अथिन्] রথচালক। Charioteer.

सारथ्य क्ली० [सारथि+ष्यञ्] সারথিকর্ম। Charioteering.

सारदा स्त्री० [सार+दा–क+टाप्] সরস্বতী। Name of Sarasvatī.

सारमेय पु० [सरमा+ढक्] কুক্কুর। Dog.

सारल्य क्ली० [सरल+ष्यञ्] সরলতা। Simplicity.

सारस क्ली० [सरस्+अण्] পদ্ম, কটীর আভরণ ; পু০ চন্দ্র, পক্ষিবিশেষ। ত্রি০ সরোবরসম্বন্ধীয়। Lotus, girdle; a kind of bird ; belonging to a lake.

सारसन क्ली० [सार+सन–अच्] স্ত্রী-কটির আভরণ, পট্টিকা। Girdle of a woman.

सारस्वत पु० [सरस्वती+अण्] ব্রাহ্মণবিশেষ, বিল্বদণ্ড, দেশবিশেষ, মুনিবিশেষ। ত্রি০ সরস্বতীসম্বন্ধীয়। A class of Brahmin, name of a country ; relating to Sarasvatī.

सारि पु० [सृ–इण्] পাশক, পক্ষিবিশেষ। Chessman, a kind of bird.

सारिका स्त्री० [सृ–ण्वुल्+टाप्] পক্ষিবিশেষ। A kind of bird.

सारिणी स्त्री० [सृ–णिनि+ङीप्] লতাবিশেষ, কার্পাসী। A kind of creeper.

सारूप्य क्ली० [सरूप+ष्यञ्] সরূপভাব, অনুরূপতা। Sameness of form, likeness.

सार्गल त्रि० [सह+अर्गल] অর্গলসহিত। Barred.

सार्थ पु० [सृ–थन्+अण्] সমূহ, জন্তুসমূহ, বণিক্সমূহ। ত্রি০ ধনী, অর্থসহিত। Multitude ; rich.

सार्थक त्रि० [सार्थ+कप्] সফল, যথার্থ। Success, significant.

सार्थवाह पु० [सार्थ+वह–अण्] বণিক্। Merchant.

सार्ध त्रि० [सह+अर्ध] অর্ধসহিত। Having a half.

सार्धम् अव्य० [सह+ऋध–अमु] সহিত। A particle signifying with.

सार्व त्रि० [सर्व+ठञ्] সর্বহিতকর। Relating to all.

सार्वकालिक त्रि० [सर्व+काल+ठञ्] সর্বকালসম্বন্ধী, নিত্য। Eternal.

सार्वजनीन त्रि० [सर्व+जन+खञ्] সর্বলোকবিদিত। Universal.

सार्वत्रिक त्रि० [सर्वत्र+ठक्] সর্বকালে ভব। Belonging to every place.

सार्वधातुक क्ली० [सर्व+धातु+ठक्] ব্যাকরণশাস্ত্রে সংজ্ঞাবিশেষ। A technical term in Sanskrit grammar.

सार्वभौम पु० [सर्वभूमि+अण्] চক্রবর্তী নৃপ, উত্তরদিকের দিগ্‌গজ। ত্রি০ সকলভূমিসম্বন্ধী। Emperor ; relating to all spheres.

सार्वभौमिक क्ली० [सर्वभूमि+ठक] সর্বত্র বিদিত। Universally known.

सार्वलौकिक त्रि० [सर्वलोक+ठञ्] সর্বলোকবিদিত। Known to all people.

सार्वविभक्तिक त्रि० [सर्वविभक्ति+ठञ्] সর্ববিভক্তিসম্বন্ধীয়। Related to all cases.

सार्षप त्रि० [सर्षप+अण्] সর্ষপসম্বন্ধীয়। Derived from mustard.

सार्ष्टि स्त्री० [समान+ऋष्टि] মুক্তিবিশেষ। A type of salvation.

साल पु० [सल–घञ्] বৃক্ষবিশেষ, প্রাকার, মৎস্যবিশেষ। Tree, wall, a kind of fish.

सालनिर्यास पु० [साल+निर्यास] ধুনা। Resin.

सालभञ्जिका स्त्री० [साल+भन्ज–ण्वुल्+टाप्] কাষ্ঠাদিনির্মিত পুত্তলিকাবিশেষ, বেশ্যা। A wooden doll, harlot.

सालोक्य क्ली० [सलोक+ष्यञ्] পঞ্চবিধ মুক্তির অন্যতম। One of the five states of liberation.

साल्व पु० সৌমদেশ, নৃপবিশেষ। Name of a country.

सावधान त्रि० [सह+अवधान] সতর্ক, মনোভিনিবেশযুক্ত। Careful, attentive.

सावधि त्रि० [सह+अवधि] অবধিসহিত। Limited.

सावन पु० [सवन+अण्] মাসবিশেষ। त्रि० সবনসম্বন্ধী। Name of a month ; relating to libations.

सावरण त्रि० [सह+आवरण] আবরণসহিত। Covered.

सावर्ण पु० [सवर्ण+अण्] মুনিবিশেষ। त्रि० সমানবর্ণসম্বন্ধী। Name of a sage ; relating to similar letters.

सावर्णि पु० [सवर्ण+इञ्] সূর্যপত্নী ছায়ার পুত্র। Name of the son of Chāyā.

सावर्ण्य क्ली० [सवर्ण+ष्यञ्] সমান বর্ণত্ব। The state of being of the same caste or similar letters.

सावलेप त्रि० [सह+अवलेप] সগর্ব। Proud.

सावशेष त्रि० [सह+अवशेष] অবশেষসহিত। Having a residue.

सावित्र पु० [सवितृ+अण्] সূর্য, মহাদেব, গর্ভ, বিপ্র। त्रि० সবিতৃদেবতাসম্বন্ধীয়। क्ली० যজ্ঞোপবীত। Relating to the sun ; sacred thread.

सावित्री स्त्री० [सावित्र+ङीप्] ঋগ্বিশেষ, ব্রহ্মার পত্নী, দুর্গা। The Gāyatrī verse, wife of Brahmā, an epithet of Durgā.

सावित्रीपतित पु० [सावित्री+पतित] সাবিত্রীদানের অযোগ্য। A fallen Brahmin.

सावित्रीव्रत क्ली० [सावित्री+व्रत] জ্যৈষ্ঠ মাসের কৃষ্ণা চতুর্দশীতে অনুষ্ঠেয় সাবিত্রীপূজনার্থ ব্রত। Name of a particular vow.

साविनी स्त्री० নদীবিশেষ। Name of a river.

साशंस त्रि० [सह+आशंसा] ইচ্ছাযুক্ত। Desirous.

साशङ्क त्रि० [सह+आशङ्का] আশঙ্কাসহিত। Apprehensive.

साष्टाङ्ग त्रि० [सह+अष्टाङ्ग] জানুপদাদি অষ্টাঙ্গসহিত। (Prostration) performed with eight limbs of the body.

सासूय त्रि० [सह+असया] অসূয়াসহিত। Jealous.

सास्ना स्त्री० [सस–न+टाप] গলকম্বল। The dewlap.

सास्र त्रि० [सह+अस्र] অশ্রুযুক্ত। Full of tears.

साहङ्कार त्रि० [सह+अहङ्कार] অহঙ্কারযুক্ত। Haughty.

साहचर्य क्ली० [सहचर+ष्यञ्] সহচরত্ব, সান্নিধ্য। Company, contiguity.

साहस क्ली० [सहसा+अण्] বলপূর্বক কৃত। पु० দণ্ডবিশেষ। Forcibly done ; a punishment.

साहसिक त्रि० [साहस+ठक्], **साहसिन्** त्रि० [साहस+इनि] চোর, হঠকারী, পারদারিক, পারুষ্যকারী। Thief, freebooter, intrepid.

साहस्र क्ली० [सहस्र+अण्] সহস্রসমূহ, সহস্রসংখ্যা। त्रि० সহস্রসংখ্যান্বিত। पु० সহস্রসংখ্যান্বিত গজসমূহ। Thousandfold, thousand ; consisting of a thousand.

साहायक क्ली० [सहाय+वुण्] সাহায্য। Help.

साहाय्य क्ली० [सहाय+ष्यञ्] সহায়তা। Help.

साहित्य क्ली० [सहित+ष्यञ्] মেলন, পরস্পরসাপেক্ষ তুল্যরূপ পদসমূহের একক্রিয়ান্বয়িত্ব, বুদ্ধিবিশেষবিষয়ত্ব, পদ্যাত্মক কাব্য। Combination, poetical composition.

साह्वय त्रि० [सह+आह्वय] অভিধানসহিত। Along with appellation.

सिंह पु० [हिन्स–अच्] পশুবিশেষ। Lion.

सिंहद्वार क्ली० [सिंह+द्वार] পুরপ্রবেশদ্বার। Main entrance of a palace.

सिंहध्वनि पु० [सिंह+ध्वनि] সিংহের শব্দ। Growl of a lion.

सिंहनाद पु० [सिंह+नाद] সিংহের শব্দ। Growl of a lion.

सिंहमुख त्रि०[सिंह+मुख] সিংহের ন্যায় মুখযুক্ত। स्त्री० सिंहमुखी—বাসক। Lion-faced ; a kind of medicinal plant.

सिंहल पु० [सिंह+लच्] দেশবিশেষ। क्ली० রঙ্গনামক ধাতু, রীতি, ত্বক্। Ceylon ; tin.

सिंहवाहिनी स्त्री० [सिंह+वाहिनी] দুর্গা। An epithet of Durgā.

सिंहसंहनन त्रि० [सिंह+संहनन] সিংহতুল্য দৃঢ়াঙ্গ। One of strong limbs like a lion.

सिंहान पु० [शिघ–आनच्] লোহমল, নাসিকামল। Rust.

सिंहासन क्ली० [सिंह+आसन] রাজাসনবিশেষ। Throne.

सिंहिका स्त्री० [सिंह+कप्+टाप्] রাহুর মাতা। Name of the mother of Rāhu.

सिंही स्त्री० [हिन्स–अच्+ङीष्] সিংহযোষিৎ, বার্তাকী, কণ্টকারী, বাসক, বৃহতী, রাহুমাতা। Lioness, name of a kind of herb.

सिकता स्त्री० [सिक–अतच्+टाप्] বালুকা, সিকতাযুক্ত দেশ। Sand, sandy soil.

सिकतामय त्रि० [सिकता+मयट्] बालुकामय। Sandy.

सिकतावत् त्रि० [सिकता+मतुप्] बालुकायुक्त। Sandy.

सिकतिल त्रि० [सिकता+इलच्] बालुकायुक्त। Sandy.

सिक्त त्रि० [सिच–क्त] आर्द्रीकृत। Wet.

सिक्थ क्ली० [सिच–थक्] मधुच्छिष्ट। Bee's wax.

सिक्थक क्ली० [सिक्थ+क] मधुच्छिष्ट। Bee's wax.

सिक्य क्ली० [सिक–यत्] रज्जुनिर्मित पदार्थ। Made of rope.

सिच् त्रि० [सच–क्विप्] সেচনকর্তা। স্ত্রী० বস্ত্র। One who sprinkles ; cloth.

सिचय पु० [सिच–अयच्] বস্ত্র, জীর্ণবস্ত্র। Cloth.

सिञ्चिता स्त्री० [सिच–इतच+टाप्] পিপ্পলী। Pepper.

सित पु० [सो–क्त] রৌপ্য, মূলক, চন্দন, শর, শুক্রগ্রহ, শুক্লবর্ণ। ত্রি০ শুক্লবর্ণযুক্ত, সমাপ্ত, বদ্ধ, জ্ঞাত। Silver, sandalwood, white colour ; white.

सितकर पु० [सित+कर] চন্দ্র, কর্পূর। The moon, camphor.

सितच्छद पु० [सित+च्छद] হংস। স্ত্রী० सितच्छदा —শ্বেতদূর্বা। Swan ; a kind of grass.

सितदीधिति पु० [सित+दीधिति] চন্দ্র। The moon.

सितरश्मि पु० [सित+रश्मि] চন্দ্র। The moon.

सितपक्ष पु० [सित+पक्ष] হংস, শুক্লপক্ষ। Swan, the bright fortnight.

सितमणि पु० [सित+मणि] স্ফটিক। Crystal.

सितवासर पु० [सित+वासर] শুক্রবার। Friday.

सितशिव क्ली० [सित+शिव] সৈন্ধবলবণ। Salt.

सितशूक पु० [सित+शूक] যব। Barley.

सितसप्ति पु० [सित+सप्ति] শ্বেতাশ্ব। A white horse.

सिता स्त्री० [सो–क्त+टाप्] শর্করা, মল্লিকা, শ্বেতকণ্টকারী, শ্বেতদূর্বা, চণ্ডিকা, সুরা, ত্রায়মানলতা, তেজনী, পার্বত্য অপরাজিতা। Sugar, name of various plants.

सितांशु पु० [सित+अंशु] চন্দ্র, কর্পূর। ত্রি০ শ্বেতকিরণবিশিষ্ট। The moon, camphor ; white-rayed.

सिताभ पु० [सित+आभा] চন্দ্র, কর্পূর। ত্রি০ শ্বেত। স্ত্রী০ सिताभा—দধি। The moon, camphor ; white ; whey.

सिताभ्र पु० [सित+अभ्र] শ্বেতমেঘ। White cloud.

सिताश्व पु० [सित+अश्व] অর্জুন, চন্দ্র। An epithet of Arjuna, the moon.

सिति पु० [सो–क्तिच्] শুক্লবর্ণ, কৃষ্ণবর্ণ। ত্রি০ শুক্লবর্ণযুক্ত। White colour ; white.

सितिकण्ठ पु० [सिति+कण्ठ] শিব। An epithet of Śiva.

सितिमन् पु० [सित+इमनिच्] শ্বেতত্ব। Whiteness.

सितिवासस् पु० [सिति+वासस्] বলদেব। An epithet of Balarāma.

सितेतर त्रि० [सित+इतर] শ্বেতভিন্ন। পু০ শ্যামধান্যবিশেষ। Different from white ; a kind of dark-coloured paddy.

सितोपल पु० [सित+उपल] স্ফটিক। ক্লী০ খড়ি। স্ত্রী০ सितोपला—শর্করা। Crystal ; chalk ; sugar.

सिद्ध त्रि० [सिध–क्त] নিষ্পন্ন, পক্ব, নিত্য, নিশ্চিত, গূঢ়। ক্লী০ সৈন্ধবলবণ। পু০ ব্যাসদেব, গুড়, দেবযোনিবিশেষ, কৃষ্ণধুস্তূর, ব্যাপার। Accomplished, boiled ; rock-salt ; an epithet of Vyāsa, name of a class of divine being.

सिद्धगङ्गा स्त्री० [सिद्धा+गङ्गा] মন্দাকিনী। The Ganges.

सिद्धपीठ पु० [सिद्ध+पीठ] সিদ্ধস্থান, মন্ত্রসিদ্ধার্থ জপস্থানবিশেষ। A holy spot.

सिद्धरस पु० [सिद्ध+रस] পারদ। ত্রি০ ধাতু। Quick-silver ; metal.

सिद्धविद्या स्त्री० [सिद्ध+विद्या] কালী, তারা, ছিন্নমস্তা, ষোড়শী, ভুবনেশ্বরী, ভৈরবী, ধূমাবতী, বগলা, মাতঙ্গী ও কমলা এই দশ মহাবিদ্যা। The ten Mahāvidyās.

सिद्धसिन्धु स्त्री० [सिद्ध+सिन्धु] গঙ্গা। An epithet of Gaṅgā.

सिद्धान्त पु० [सिद्ध+अन्त] জ্যোতিষশাস্ত্রবিশেষ, পূর্বপক্ষনিরাসপূর্বক উত্তরপক্ষের স্থাপন। Astronomical literature, conclusion.

सिद्धान्तिन् त्रि० [सिद्धान्त+इनि] সিদ্ধান্তকারী। One who makes the conclusion.

सिद्धार्थ पु० [सिद्ध+अर्थ] শাক্যসিংহ, শ্বেতসর্ষপ বটবৃক্ষ। ত্রি০ প্রসিদ্ধার্থ। An epithet of the Buddha, white mustard ; of known purport.

सिद्धि स्त्री० [सिध–क्तिन्] ঋদ্ধি নামক ওষধি, যোগবিশেষ, অন্তর্ধান, নিষ্পত্তি, পাক, পাদুকা, বৃদ্ধি, মোক্ষ, সম্পত্তি, অণিমাদি অষ্টবিধৈশ্বর্য, বুদ্ধ,

সাধ্যবত্তার নিশ্চয়, সাংখ্যশাস্ত্রে উহাদি সিদ্ধিহেতু-বিশেষ। A kind of plant, a kind of Yoga, accomplishment, emancipation.

सिद्धिद পু০ [सिद्धि+दा–क] বটুকভৈরব। ত্রি০ সিদ্ধিদাতা। An epithet of Vaṭuka-bhairava; conferring success.

सिद्धियोग পু০ [सिद्धि+योग] জ্যোতিষশাস্ত্রে তিথি-বিশেষ। An auspicious time.

सिध्म ক্লী০ [सिध–मन्] কিলাসরোগ। Leprosy.

सिध्मन् ক্লী০[सिध–मनिन्]কিলাসরোগ। Leprosy.

सिध्मल ত্রি০ [सिध्मन्+लच्] কিলাসরোগযুক্ত। স্ত্রী০ सिध्मला—মৎস্যবিকার। One attacked with leprosy.

सिध्य ত্রি০ [सिध+णिच्–यत] পুষ্যনক্ষত্র। Name of a planet.

सिन পু০ [सि–क्त] গ্রাস। Village.

सिनीवाली স্ত্রী০ [सिनी+वल–अण्+ङीप्] দৃষ্টচন্দ্র অমাবস্যা। The first day of new moon when it rises with a scarcely visible creascent.

सिन्दूर ক্লী০ [स्यन्द–ऊरन्] রক্তবর্ণ চূর্ণবিশেষ। পু০ বৃক্ষবিশেষ। Vermilion; a kind of tree.

सिन्धु পু০[स्यन्द–उ]সমুদ্র, নদবিশেষ, রক্তচেলিলতা, গজমদ, সিন্ধুবারবৃক্ষ, শ্বেতটঙ্কণ, রাগবিশেষ, দেশবিশেষ। Ocean, name of a river, a musical tune, name of a country (Sind).

सिन्धज ক্লী০ [सिन्धु+जन–ड] সৈন্ধবলবণ। পু০ চন্দ্র, কর্পূর। স্ত্রী০ सिन्धुजा—লক্ষ্মী। Rock-salt; the moon, camphor; an epithet of Lakṣmī.

सिन्धनाथ পু০ [सिन्धु+नाथ] সমুদ্র। Ocean.

सिन्धुपुष्प পু০ [सिन्धु+पुष्प–अच्] শঙ্খ। Conch-shell.

सिन्धपुत्र পু০ [सिन्धु+पुत्र] চন্দ্র। স্ত্রী০ सिन्धुपुत्री—লক্ষ্মী। The moon; Lakṣmī.

सिन्धुर পু০ [सिन्धु+र] হস্তী। Elephant.

सिन्धुवार পু০ [सिन्धु+वार] নিসিন্দা বৃক্ষ। A kind of tree.

सिन्धुसङ्गम পু০ [सिन्धु+सङ्गम] নদীসমুদ্রের মিলন। The meeting of a river and the ocean.

सिप्र পু০ [सप–रक्] সরোবরবিশেষ, চন্দ্র, নিদাঘজল, ঘর্ম। স্ত্রী০ सिप्रा—উজ্জয়িনীসমীপস্থ নদীবিশেষ। A lake, the moon, perspiration; name of a river.

सिम ত্রি০ [सि–मन्] সর্ব। All.

सिषाधयिषा স্ত্রী০ [साध+सन्–अ+टाप्] সাধনের ইচ্ছা। Desire to accomplish.

सिसृक्षा স্ত্রী০ [सृज+सन्–अ+टाप्] সৃজনের ইচ্ছা। Desire to create.

सिसक्षु ত্রি০ [सृज+सन्–उ] সৃষ্টি করিতে ইচ্ছুক। Desirous of creating.

सीकर পু০ [सीक–अरन्] জলকণা। Water drop.

सीता স্ত্রী০ [सि–त+टाप्] লাঙ্গলরেখা, জনকরাজদুহিতা, স্বর্গগঙ্গা, লক্ষ্মী, উমা, শস্যাধিদেবতা, মদিরা। A furrow, name of the daughter of king Janaka, an epithet of Lakṣmī or Umā.

सीतानाथ পু০ [सीता+नाथ] শ্রীরাম। An epithet of Rāmacandra.

सीतापति পু০ [सीता+पति] শ্রীরাম। An epithet of Rāmacandra.

सीत्कार পু০ [सीत्+कृ–घञ्] অনুরাগজ শব্দ। A shriek made in amorous sport.

सीत्कृत ক্লী০ [सीत्+कृ–क्त] অনুরাগজ শব্দ। A shriek made in amorous sport.

सीधु ক্লী০ [सिध–उ] মদ্যবিশেষ। Wine.

सीमन् স্ত্রী০ [सि–इमनिच्] মর্যাদা, স্থিতি, ক্ষেত্র, বেলা। Limit, shore.

सीमन्त পু০ [सीमन्+अन्त] সিঁথি, কেশরচনাবিশেষ, গর্ভসংস্কারবিশেষ। Parting of the hair, a purificatory ceremony.

सीमन्तक ক্লী০ [सीमन्त+कै–क] সিন্দূর। Vermilion.

सीमन्तित ত্রি০ [सीमन्त+इतच्] দ্বিধাবিভক্ত। Parted in two.

सीमन्तिनी স্ত্রী০ [सीमन्त+इनि+ङीप्] নারী। Woman.

सीमन्तोन्नयन ক্লী০ [सीमन्त+उन्नयन] গর্ভসংস্কার-বিশেষ। A purificatory ceremony.

सीमा স্ত্রী০ [सीमन्+टाप्] মর্যাদা, গ্রামাদির অন্তর্ভাগ। Limit, boundary of a village.

सीमाविवाद পু০ [सीमा+विवाद] বিবাদবিশেষ। Border dispute.

सीर পু০[सि–रक्] সূর্য, অর্কবৃক্ষ, লাঙ্গল, শিশুমার। The sun, plough, a kind of tree.

सीरध्वज পু০ [सीर+ध्वजा] চন্দ্রবংশীয় নৃপবিশেষ। Name of a king.

सीरपाणि পু০ [सीर+पाणि] বলদেব। An epithet of Balarāma.

सीरिन् পু০ [सीर+इनि] বলদেব। An epithet of Balarāma.

सीवन क्লী০ [সিব–ল্যুট্] সেলাই করা। স্ত্রী০ সীবনী —সূচা, লিঙ্গমণির অধস্থসূত্র। Sewing ; needle.

सीस ক্লী০ [সি–ক্বিপ্+সো–ক] ধাতুবিশেষ। Lead.

सीसक ক্লী০ [সীস+ক] ধাতুবিশেষ। Lead.

सीहुण्ड পু০ সিজগাছ। A kind of tree.

सु অব্য০ [সু–ভু] পূজা, অতিশয়, সম্যক্, অনুমতি, সমৃদ্ধি, অনায়াস। A particle signifying worship, excess, perfectly, assent.

सुकर ত্রি০ [সু+কৃ–অচ্] অনায়াসে করণীয়। Easy to perform.

सुकर्मन् পু০ [সু+কর্মন্] বিষ্কম্ভাদিমধ্যে সপ্তমযোগ, বিশ্বকর্মা। ক্লী০ শোভন কৃত্য। ত্রি০ শোভন-কর্মকারী। Name of a Yoga in Astronomy, an epithet of Viśvakarman ; a good act ; one doing a good act.

सुकल ত্রি০ [সু+কল–অচ্] দাতৃত্বাদিহেতু বিখ্যাত জন। One famous for generosity etc.

सुकालिन् পু০ [সু+কালিন্] পিতৃগণবিশেষ। A class of pitṛs.

सुकुमार পু০ [সু+কুমার+অচ্] শ্যামাক, জাতীবৃক্ষ, বনচম্পক। স্ত্রী০ সুকুমারী—নবমালিকা। সুকুমারা —পৃক্কা, মালতী, কদলী। ত্রি০ অতিকোমল, সুন্দর কৌমার্যাবস্থাযুক্ত। A kind of grain or tree; a flower, plantain; extremely tender, beautifully young.

सकृत् ত্রি০ [সু+কৃ–ক্বিপ্] সৎকর্মকারী। পু০ ত্বষ্টা, শিল্পী। One doing a good act ; an epithet of Tvaṣṭṛ, artist.

सुकृत ক্লী০ [সু+কৃ–ক্ত] সুকর্ম। ত্রি০ সম্যগনুষ্ঠিত। Virtuous act ; properly done.

सुकृति স্ত্রী০ [সু+কৃ–ক্তিন্] পুণ্য, মঙ্গল, সৎকর্ম। Virtue, good deed.

सुकृतिन् ত্রি০ [সুকৃত+ইনি] পুণ্যশীল, শুভযুক্ত, সৎকর্মযুক্ত। Virtuous, auspicious.

सुकेतु পু০ [সু+কেতু] যক্ষরাজবিশেষ। Name of a Yakṣa king.

सुकेश ত্রি০ [সু+কেশ] শোভন কেশযুক্ত। One having good hair.

सुख ক্লী০ [সুখ+অচ্] আনন্দ, অনুকূল বেদনীয়। Happiness, agreeable.

सुखकर ত্রি০ [সুখ+কর] প্রীতিজনক। Pleasant.

सुखजात ত্রি০ [জাত+সুখ] আনন্দপ্রাপ্ত। One having joy.

सुखद ত্রি০ [সুখ+দা–ক] সুখদাতা। পু০ বিষ্ণু। স্ত্রী০ সুখদা—স্বর্গবেশ্যা, শমীবৃক্ষ। Giving pleasure ; an epithet of Viṣṇu ; an Apsaras.

सुखदायक ত্রি০ [সুখ+দায়ক] সুখকর। Pleasing.

सुखबोध পু০ [সুখ+বোধ] অনায়াসবোধ্য। Easily intelligible.

सुखभागिन् ত্রি০ [সুখ+ভাগিন্] সুখযুক্ত। Happy.

सुखभाज ত্রি০ [সুখ+ভজ–ণ্বি] সুখযুক্ত। Happy.

सुखरात्रि[का] স্ত্রী০ [সুখ+রাত্রি(+ক+টাপ)] দীপান্বিতা অমাবস্যারাত্রি। The Divāli night.

सुखसङ्ग পু০ [সুখ+সঙ্গ] সুখাসক্তি। Attachment to pleasure.

सखसङ्गिन् ত্রি০ [সুখ+সঙ্গিন্] বিষয়সুখাসক্ত। One attached to wordly pleasure.

सुखानुभव ত্রি০ [সুখ+অনুভব] অনায়াসবোধ্য। Easily intelligible.

सुखावह ত্রি০ [সুখ+আ+বহ–অচ্] সুখজনক। Pleasing.

सुखाश পু০ [সুখ+আশা] বরুণ, রাজতিনিশবৃক্ষ। ত্রি০ সুখভোজ্য। An epithet of Varuṇa ; pleasant to eat.

सुखित ত্রি০ [সুখ+ইতচ্] জাতসুখ। Happy.

सखिन् ত্রি০ [সুখ+ইনি] সুখযুক্ত। Happy.

सुखोद्य ত্রি০ [সুখ+বদ–ক্যপ্] সুখে কথনীয়। Easy to utter.

सुगत পু০ [সু+গত] বুদ্ধ। ত্রি০ সুষ্ঠুগতিযুক্ত। An epithet of Buddha ; going well.

सुगन्ध পু০ [সু+গন্ধ] নীলোৎপল, চন্দন, গন্ধতৃণ, গ্রন্থিপর্ণ, গন্ধক, চম্পক, ভূতৃণ। ত্রি০ সুগন্ধযুক্ত। Blue lotus, sandalwood ; fragrant.

सुगन्धि পু০ [সগন্ধ+ইন্] গন্ধক, মহাশালী, তুরস্ক। ত্রি০ সুগন্ধযুক্ত। ক্লী০ এলবালুক, মুস্তা, কশেরু, গন্ধতৃণ, ধন্যাক, পিপ্পলীমূল। Sulphur ; fragrant ; name of various perfumed plants.

सुगम ত্রি০ [সু+গম–খল্] অনায়াসলভ্য। Easily accessible.

सुगृहीतनामन् ত্রি০ [সগৃহীত+নামন্] প্রাতঃস্মরণীয়। A memorable name.

सुग्रीव পু০ [সু+গ্রীবা] শ্রীকৃষ্ণের অশ্ব, সূর্যপুত্র বানররাজবিশেষ। ত্রি০ সুন্দর গ্রীবাযুক্ত। Name of Kṛṣṇa's horse, a monkey chief ; one having a fine neck.

सुघोष পু০ [সু+ঘোষ] নকুলের শঙ্খ। Name of the conch of Nakula.

সুচরিত ত্রি০ [সু+চরিত] সম্যগনুষ্ঠিত, সচ্চরিত্র। ক্লী০ শোভনানুষ্ঠান। Properly done, virtuous ; proper conduct.

সুচারু ত্রি০ [সু+চারু] সুমনোহর। Beautiful.

সুচির ক্লী০ [সু+চির] সুদীর্ঘ কাল। Very long time.

সুচেতস্ ত্রি০ [সু+চেতস্] শোভন হৃদয়। Good-hearted.

সুজন পু০ [সু+জন] সজ্জন। Good man.

সুজন্মন্ ত্রি০ [সু+জন্মন] শোভনোৎপত্তি। Of noble birth.

সুজয ত্রি০ [সু+জি–অচ্] সুখে জেয়। Easily conquerable.

সুজাত ত্রি০ [সু+জাত] শোভনজন্মা, মনোজ্ঞ। Well-born, beautiful.

সুজেয ত্রি০ [সু+জেয়] সুখে জেয়। Easily conquerable.

সুত পু০ [সু–ক্ত] পুত্র, রাজা। স্ত্রী০ সুতা—তনয়া, দুরালভা। ত্রি০ উৎপন্ন, সম্বদ্ধ, নিষ্পীড়িত। Son ; daughter ; produced.

সুতক ক্লী০ [সু–ক্ত+কন্] জননাশৌচ, অশৌচ। Period of impurity due to the birth of some one in the family.

সুতনু স্ত্রী০ [স+তনু] নারী, সুন্দর শরীর। ত্রি০ অত্যন্ত সূক্ষ্ম, সুন্দরকায়বিশিষ্ট। Woman, beautiful form ; extremely thin.

সুতনূ স্ত্রী০ [সু+তনু+ঊঙ্] নারী। Woman.

সুতপস্ পু০ [সু+তপ–অসি] সূর্য, অর্কবৃক্ষ, মুনি। ক্লী০ সুন্দর তপস্যা। ত্রি০ সুন্দর তপস্যাযুক্ত। The sun ; good austerity; practising severe austeriy.

সুতরাম্ অব্য০ [সু+তরপ্+আমু] অতিশয়। A particle signifying excessively.

সুতল ক্লী০ [স+তল] পাতালবিশেষ। ত্রি০ শোভনতলবিশিষ্ট। One of the nether regions, having fine storey.

সুতহিবুক পু০ [সুত+হিবক] বিবাহের যোগবিশেষ। An auspicious time for wedding.

সুতিন্ পু০ [সুত+ইনি] পুত্রবান্। One having a son.

সুতীক্ষ্ণ ত্রি০ [সু+তীক্ষ্ণ] তীক্ষ্ণধারবিশিষ্ট, অত্যুগ্র। পু০ শোভাঞ্জনবৃক্ষ, মুনিবিশেষ। Very sharp, extremely fierce ; name of a sage.

সুত্যা স্ত্রী০ [সু–ক্যপ্+টাপ্] সবন। Oblation.

সুত্রামন্ পু০ [স+ত্রৈ–মনিন্] ইন্দ্র। An epithet of Indra.

সুত্বন্ পু০ [সু–ক্বনিপ্] কৃতাভিষেক, কৃতসোম-নিষ্পীড়ন। One who has performed sacrificial ablutions, one who has pressed Soma.

সুদক্ষিণ ত্রি০ [সু+দক্ষিণ] অতি উদার। Extremely gracious.

সুদৎ ত্রি০ [সু+দন্ত] শোভন দন্তযুক্ত। স্ত্রী০ সুদতী —যুবতী। পু০ জীবশাক। One having fine teeth ; a young woman.

সুদম ত্রি০ [সু+দম–খল্] অনায়াসে দমনীয়। Easily controllable.

সুদর্শ পু০ [সু+দৃশ–খল্] বিষ্ণু। An epithet of Viṣṇu.

সুদর্শন পু০ [সু+দৃশ–যুচ্] বিষ্ণুচক্র, মেরু, জম্বু-বৃক্ষ। The wheel in the hand of Viṣṇu.

সুদামন্ পু০ [সু+দা–মনিন্] মেঘ, পর্বতবিশেষ, গোপবিশেষ, সমুদ্র, ঐরাবত। ত্রি০ শোভন দাতা। স্ত্রী০ সুদামা, সুদাম্নী—রাজগৃহসমীপস্থ নদী-বিশেষ। Cloud, name of a friend of Kṛṣṇa ; a great benefactor ; river.

সুদিন ক্লী০ [সু+দিন] প্রশস্তদিবস। ত্রি০ প্রশস্ত। Auspicious day; auspicious.

সুদীর্ঘ ত্রি০ [সু+দীর্ঘ] অতিদীর্ঘ। Very long.

সুদুঃখিত ত্রি০ [সু+দুঃখিত] অতিদুঃখিত। Extremely unhappy.

সুদুরাচার ত্রি০ [সু+দুরাচার] অত্যন্ত বিগর্হিত কর্মকারী। One of gross misconduct.

সুদুর্লভ ত্রি০ [সু+দুর্লভ] অতিশয় দুষ্প্রাপ্য। Very rare.

সুদুর্দর্শ ত্রি০ [সু+দুর্দর্শ] অত্যন্ত কষ্টে দর্শনীয়। Extremely difficult to be seen.

সুদুশ্চর ত্রি০ [সু+দুশ্চর] সুদুষ্কর, সুদুর্গম। Extremely difficult to perform or access.

সুদুষ্কর ত্রি০ [সু+দুষ্কর] অত্যন্ত দুঃসাধ্য। Extremely difficult to do.

সুদুস্তর ত্রি০ [সু+দুস্তর] অতিদুঃখে উত্তরণীয়। Extremely difficult to cross.

সুদূর ত্রি০ [সু+দূর] অতিদূরস্থ। At a great distance.

সুধন্বন্ ত্রি০ [সু+ধনু+অনঙ্] সুন্দর ধনুর্ধর। পু০মান্ধাতৃবংশীয় নৃপবিশেষ, আঙ্গিরস মুনিবিশেষ, অনন্ত নাগ, বিশ্বকর্মা। A good bowman ; name of a king or a sage, an epithet of Ananta Nāga or Viśvakarman.

सुधर्मन् त्रि० [सु+धृ–मनिन्] দেবসভা, কুটুম্ব। The assembly of gods, the maintainer of a family.

सुधा স্ত্রী० [सु+धा–क+टाप्] অমৃত, লেপনদ্রব্য, মূর্বা, গঙ্গা, ইষ্টকা, বিদ্যুৎ, রস, জল, ধাত্রী, হরীতকী, মধু, শালপর্ণী। Nectar, an epithet of Gaṅgā, water, honey.

सुधांशु পু० [सुधा+अंशु] চন্দ্র, কর্পূর। The moon, camphor.

सुधाकर পু० [सुधा+कर] চন্দ্র, কর্পূর। The moon, camphor.

सुधाधार পু० [सुधा+आधार] চন্দ্র, কর্পূর। The moon, camphor.

सुधानिधि পু० [सुधा+निधि] চন্দ্র, কর্পূর। The moon, camphor.

सुधामयूख পু० [सुधा+मयूख] চন্দ্র, কর্পূর। The moon, camphor.

सुधासूति পু० [सुधा+सूति] চন্দ্র, কর্পূর। The moon, camphor.

सुधिति স্ত্রী०[सु+धा–क्तिच्] কুঠার। Axe.

सुधी ত্রি० [सु+ध्यै–क्विप्] সুপণ্ডিত, বুদ্ধিযুক্ত। স্ত্রী० [सु+धी] শোভনা বুদ্ধি। Wise, intelligent ; fine intellect.

सुनन्द ক্লী० [सु+नन्द–अच्] বলরামের মুষল, শ্রীকৃষ্ণের পার্শ্বচর। ত্রি० অত্যন্ত আনন্দযুক্ত। স্ত্রী० সুনন্দা—উমা, গোরোচনা, নারী। The club of Balarāma ; extremely happy; an epithet of Umā, woman.

सुनासीर পু० [सु+नासीर] ইন্দ্র। An epithet of Indra.

सुनीति স্ত্রী० [सु+नीति] উত্তানপাদের পত্নীবিশেষ, শোভনা নীতি। ত্রি० সুন্দর নীতিযুক্ত। Name of the queen of Uttānapāda, good policy.

सुन्द পু० দৈত্যবিশেষ। Name of a demon.

सुन्दर ত্রি० [सु+उन्द–अरन्] মনোহর। পু० কামদেব, বৃক্ষবিশেষ। স্ত্রী० সুন্দরী—উত্তমা স্ত্রী, যোগিনীবিশেষ, অর্ধসমবৃত্তবিশেষ, ত্রিপুরসুন্দরী। Beautiful ; an epithet of Cupid, a kind of tree ; beautiful woman, name of the goddess Tripurasundarī.

सुपक्व পু० [सु+पच–क्त] সুগন্ধি আম্রবিশেষ। ত্রি० সুন্দররূপে পরিণত। A variety of mangoes ; thoroughly ripe.

सुपच ত্রি० [सु+पच–खल्] লঘুপাক। Easily digestible.

सुपत्र ত্রি० [सु+पत्र] সুন্দর পত্রযুক্ত। ক্লী० তেজপত্র। পু० আদিত্যপত্র, পল্লিবাহতৃণ। স্ত্রী० সুপত্রী—রুদ্রজটা, শতাবরী, পালঙ্কী, শমী, শালপর্ণী। Having fine leaves ; name of some leaves of herbs.

सुपथ পু० [सु+पथिन्+अच्] শোভন মার্গ; সদাচার। ত্রি० সুন্দর পথযুক্ত। Fine road, right conduct.

सुपर्ण পু० [सु+पर्ण] গরুড়, স্বর্ণচূড়পক্ষী, কৃতমালবৃক্ষ, নাগকেশর, সপ্তচ্ছদ। ত্রি० সুন্দর পর্ণযুক্ত। An epithet of Garuḍa, name of a kind of tree ; having fine leaves.

सुपर्वन् পু० [सु+पर्वन्] বংশ, শর, ধূম। ত্রি० শোভনপর্বযুক্ত। Bamboo, shaft ; having nice joints.

सुप्त ক্লী० [स्वप–क्त] নিদ্রা, শয়ন, সুষুপ্তি। ত্রি० নিদ্রিত। Sleep ; asleep.

सुप्ति স্ত্রী० [स्वप–क्तिन्] শয়ন, নিদ্রা, স্বপ্ন। Sleep, dream.

सुप्रतिष्ठित ত্রি० [सु+प्रतिष्ठित] দৃঢ়স্থিত। পু० উডুম্বর বৃক্ষ। Well-established.

सुप्रतीक পু० [सु+प्रतीक] ঈশানকোণস্থিত দিগ্‌গজ, শিব, কাম। ত্রি० সুন্দর অঙ্গযুক্ত। Name of an elephant of quarters, an epithet of Śiva or Cupid ; having fine limbs.

सुप्रभ ত্রি० [सु+प्रभा] শোভন প্রভাযুক্ত। স্ত্রী० সুপ্রভা—শোভনা দীপ্তি, অগ্নির জিহ্বাবিশেষ। Lustrous ; effulgence.

सुप्रभात ক্লী० [सु+प्रभात] শুভসূচক প্রাতঃকাল, প্রাতঃকালে পাঠ্য মাঙ্গল্যকাব্য। Good morning, auspicious recitation in early morning.

सुफल ক্লী० [सु+फल] দাড়িম, বদর, মুদ্গ, কর্ণিকার কপিত্থ। ত্রি० সুন্দরফলযুক্ত। স্ত্রী० সুফলা—কদলী, ইন্দ্রবারুণী, কুষ্মাণ্ডী, কপিলদ্রাক্ষা, কাশ্মরী। Pomegranate, plum ; having nice fruit ; plantain.

सुबुद्धि ত্রি० [सु+बुद्धि] উত্তম বুদ্ধিযুক্ত। Highly intelligent.

सुबोध ত্রি० [सु+बोध] উত্তম জ্ঞানযুক্ত। [सु+बुध–खल्] সুখবোধ্য। One having a good knowledge, easily understandable.

सुभग পু० [सु+भग] চম্পক, অশোক, রক্তাম্লান, টঙ্কণ। ত্রি० প্রিয়, সুদৃশ্য, শোভনৈশ্বর্যযুক্ত। স্ত্রী० সুভগা—কৈবর্তীমুস্তা, শালপর্ণী, হরিদ্রা, নীলদূর্বা, তুলসী, প্রিয়ঙ্গু, কস্তুরী, স্বর্ণকদলী, বনমল্লিকা,

পতিপ্রিয়া স্ত্রী। Name of a flower; lovely, wealthy ; name of some herbs, devoted wife.

सुभगम्मन्य ত্রি০ [সুভগ+মন-খশ্] যে আপনাকে সুন্দর মনে করে। One who thinks oneself beautiful.

सुभद्र পু০ [সু+ভদ্র] বিষ্ণু, রাজবিশেষ। ত্রি০ শোভনমঙ্গলযুক্ত। স্ত্রী০ সুভদ্রা—শ্রীকৃষ্ণের ভগিনী, শ্যামালতা। An epithet of Viṣṇu, name of a king ; auspicious ; name of the sister of Kṛṣṇa.

सुभाषित ক্লী০ [সু+ভাষিত] সুবচন। ত্রি০ সম্যগ্ কথিত। Good saying ; properly said.

सुभिक्ष ত্রি০ [সু+ভিক্ষা] প্রচুর ভিক্ষাবিশিষ্ট, প্রভূত খাদ্যযুক্ত। Having abundance of alms, having enough eatables.

सुभ्रू ত্রি০ [সু+ভ্রূ] শোভন ভ্রূবিশিষ্ট। One having a fine brow.

सुभ्रू স্ত্রী০ [সু+ভ্রু+ঊঙ্] নারী। Woman.

सुम ক্লী০ [সু+মা-ক] পুষ্প। Flower.

सुमति স্ত্রী০ [সু+মতি] শোভনা বুদ্ধি, সগররাজপত্নী, কল্কিমাতা, অর্হন্মাতা। ত্রি০ শোভন বুদ্ধিযুক্ত, সুধী। Good intellect, name of a queen of Sagara ; of fine intellect, wise.

सुमधुर ত্রি০ [সু+মধুর] অতিমিষ্ট। Very sweet.

सुमध्यम ত্রি০ [সু+মধ্যম] উত্তম কটিযুক্ত। One having a fine waist.

सुमनस् ক্লী০ [সু+মনস্] উদার চিত্ত। ত্রি০ প্রশস্তচিত্তযুক্ত। পু০ দেব, পণ্ডিত, পূতিকরঞ্জ, নিম্ব, গোধূম। স্ত্রী০ সুমনস্—পুষ্প, মালতী, শতপত্রী। Good mind ; one having a good mind ; god, learned ; flower, a kind of flower.

सुमन्तु পু০ [সু+মন-তুন্] অথর্ববেদাধ্যায়ী ব্যাসশিষ্য মুনিবিশেষ। ত্রি০ অত্যন্ত অপরাধযুক্ত। Name of a sage ; very guilty.

सुमित्रा স্ত্রী০ দশরথপত্নীবিশেষ। Name of a queen of Daśaratha.

सुमुख পু০ [সু+মুখ] গণেশ, শাকবিশেষ, নাগবিশেষ, গরুড়পুত্রবিশেষ, নক্ষত্রবিশেষ, সিতার্জক, বর্বর। ত্রি০ সুপ্রসন্নবদনযুক্ত, মনোহর। স্ত্রী০ সুমুখা—প্রশস্ত দ্বারবিশিষ্ট। সুমুখী—সুন্দরী স্ত্রী। An epithet of Gaṇeśa ; one having a cheerful face ; having a good entrance, beautiful woman.

सुमेधस् স্ত্রী০ [সু+মেধা+অসিচ্] জ্যোতিষ্মতী লতা। ত্রি০ সুন্দরমেধাযুক্ত। A kind of creeper ; of fine intelligence.

सुमेरु পু০ পর্বতবিশেষ। Name of a mountain.

सुम्भ [শুম্ভ-অচ্] দেশবিশেষ। Name of a country.

सुयन्त्रित ত্রি০ [সু+যন্ত্র-ক্ত] সুষ্ঠু নিয়ন্ত্রিত। Properly controlled.

सुयात्र পু০ [সু+যাত্রা] বিষ্ণু, বৎসরাজ, প্রাসাদবিশেষ, পর্বতবিশেষ, মেঘবিশেষ। An epithet of Viṣṇu or Vatsarāja, a palace, a mountain, a cloud.

सुयोग পু০ [সু+যোগ] কার্যানুকূল সময়। Opportune moment.

सुयोधन পু০ [সু+যুধ-যুচ্] দুর্যোধন। An epithet of Duryodhana.

सुर পু০ [সু+রা-ক] দেব, সূর্য, পণ্ডিত। God, the sun, learned.

सुरक्त ত্রি০ [সু+রক্ত] উত্তমরঞ্জিত, অনুরক্ত। Properly dyed, devoted.

सुरगुरु পু০ [সুর+গুরু] বৃহস্পতি। An epithet of Bṛhaspati.

सुरङ्ग ক্লী০ [সু+রঙ্গ] হিঙ্গুল, পতঙ্গ, নাগরঙ্গ পু০ গর্তবিশেষ। Vermilion, an insect.

सुरज्येष्ठ পু০ [সুর+জ্যেষ্ঠ] চতুর্মুখ ব্রহ্মা। An epithet of Brahmā.

सुरत ক্লী০ [সু+রম-ক্ত] স্ত্রী পুরুষের সঙ্গমরূপ রমণবিশেষ। ত্রি০ অত্যন্ত রত, দয়ালু। Sexual intercourse ; rightly engaged, kind.

सुरथ পু০ [সু+রথ] চন্দ্রবংশ্য নৃপবিশেষ। ত্রি০ সুন্দররথযুক্ত। Name of a king ; one having a fine chariot.

सुरदारु পু০ [সুর+দারু] দেবদারুবৃক্ষ। The Deodar tree.

सुरदीर्घिका স্ত্রী০ [সুর+দীর্ঘিকা] গঙ্গা। An epithet of Gaṅgā.

सुरद्विष् পু০ [সুর+দ্বিষ-ক্বিপ্] অসুর। ত্রি০ দেবদ্বেষ্টা। Demon ; enemy of the gods.

सुरधनुस् ক্লী০ [সুর+ধনুস্] ইন্দ্রধনু। Rainbow.

सुरधुनी স্ত্রী০ [সুর+ধুনী] গঙ্গা। An epithet of Gaṅgā.

सुरनदी স্ত্রী০ [সুর+নদী] গঙ্গা। An epithet of Gaṅgā.

सुरनिम्नगा স্ত্রী০ [সুর+নিম্নগা] গঙ্গা। An epithet of Gaṅgā.

सुरपति पु० [सुर+पति] ইন্দ্র। An epithet of Indra.

सुरपथ पु०[सुर+पथिन्+अच्] আকাশ। The sky.

सुरपादप पु० [सुर+पादप] কল্পবৃক্ষ। The celestial tree.

सुरभि क्ली० [सु+रभ-इन्] স্বর্ণ, সুগন্ধ, সুন্দর, চম্পক, জাতীফল, বসন্ত ঋতু, গন্ধাশ্ম, শমীবৃক্ষ, কদম্ব, কর্ণগুগ্‌গুল, গন্ধতৃণ, বকুলবৃক্ষ, ধূপ, চৈত্রমাস, পণ্ডিত। পু০ গন্ধফল। স্ত্রী০ শল্লকী, রুদ্রজটা, মাতৃকাবিশেষ, সুরা, বনমালিকা, তুলসী, প্রাচী, পৃথিবী, গোমাতা। ত্রি০ সুগন্ধযুক্ত, মনোহর, বিখ্যাত, ধীর। Gold, sweet scent, a kind of flower, the spring season, earth, cow ; sweet scented.

सुरभूमि स्त्री० [सुर+भूमि] স্বর্গ। Heaven.

सुरयुवति स्त्री० [सुर+युवति] অপ্সরা। Nymph.

सुरर्षि पु० [सुर+ऋषि] নারদাদি দেবর্ষি। Heavenly seer.

सुरलोक पु० [सुर+लोक] স্বর্গ। Heaven.

सुरवर्त्मन् क्ली० [सुर+वर्त्मन्] আকাশ। The sky.

सुरवैरिन् पु० [सुर+वैरिन्] অসুর। Demon.

सुरशत्रु पु०[सुर+शत्रु] অসুর। Demon.

सुरस क्ली० [सु+रस-क] বোল, গন্ধতৃণ। পু০ সিন্ধুবার। ত্রি০ সুন্দর রসবিশিষ্ট। Gum-myrrh bark ; juicy.

सुरसद्मन् क्ली० [सुर+सद्मन्] স্বর্গ, দেবালয়। Heaven.

सुरसरित् स्त्री० [सुर+सरित्] গঙ্গা। The Ganges.

सुरसिन्धु स्त्री० [सुर+सिन्धु] গঙ্গা। The Ganges.

सुरसुन्दरी स्त्री० [सुर+सुन्दरी] মেনকাদি অপ্সরা, যোগিনীবিশেষ। Celestial nymph.

सुरस्त्री स्त्री० [सुर+स्त्री] মেনকাদি অপ্সরা, যোগিনীবিশেষ। Celestial nymph.

सुराङ्गना स्त्री० [सुर+अङ्गना] মেনকাদি অপ্সরা, যোগিনীবিশেষ। Celestial nymph.

सुरा स्त्री० [सुर-क+टाप्] মদ্য, চষক। Wine, drinking vessel.

सुराकर पु० [सुरा+आकर] মদ্যোৎপত্তিস্থান। Distillery.

सुराग्र क्ली० [सुरा+अग्र] অমৃত। Nectar.

सुराचार्य पु० [सुर+आचार्य] বৃহস্পতি। An epithet of Bṛhaspati.

सुराजीव पु० [सुरा+आजीव] শৌণ্ডিক। [सुर+आजीव] বিষ্ণু। A wine merchant, an epithet of Viṣṇu.

सुराजीविन् त्रि० [सुरा+आ+जीव-णिनि] শৌণ্ডিক। A wine merchant.

सुराप त्रि० [सुरा+पा-क] মদ্যপানকারক। Drunkard.

सुरापगा स्त्री० [सुर+आपगा] সুরনদী, গঙ্গা। The Ganges.

सुरापीत त्रि० [सुरा+पीत] মদ্যপায়ী। Drunkard.

सुरारि पु० [सुर+अरि] অসুর। Demon.

सुरालय पु० [सुरा+आलय] সুমেরুপর্বত, স্বর্গ। The Sumeru mountain, heaven.

सुराष्ट्र पु० [सु+राष्ट्र] দেশবিশেষ। Name of a country.

सुरुङ्ग पु० [सु+रुज-अङ्गच्] শোভাঞ্জনবৃক্ষ। স্ত্রী০ সুরুঙ্গা—সিঁধ। Name of a tree ; subterranean passage.

सुरूप त्रि० [सु+रूप] সুন্দররূপযুক্ত। ক্লী০ তুলা, সুন্দর রূপ। স্ত্রী০ সুরূপা—শালপর্ণী, ভার্গী। পু০ পণ্ডিত। Handsome; cotton, lovely form.

सुरेन्द्र पु० [सुर+इन्द्र] দেবরাজ ইন্দ্র। An epithet of Indra.

सुरेन्द्रलोक पु० [सुरेन्द्र+लोक] ইন্দ্রলোক। The sphere of Indra.

सुरेश्वर पु० [सुर+ईश्वर] সুরশ্রেষ্ঠ। স্ত্রী০ সুরেশ্বরী—স্বর্গগঙ্গা, দুর্গা। An epithet of Indra ; the Ganges, an epithet of Durgā.

सुरोत्तम पु० [सुर+उत्तम] সূর্য। ত্রি০ দেবশ্রেষ্ঠ। The sun ; best of the gods.

सुलक्षण त्रि० [सु+लक्षण] শুভলক্ষণযুক্ত। Endowed with auspicious characteristics.

सुलभ त्रि० [सु+लभ-खल्] অনায়াসলভ্য। Easily available.

सुलू त्रि० [सु+लू-क्विप्] উত্তমছেদনকর্তা। One who cuts well.

सुलोचन त्रि० [सु+लोचन] শোভননেত্রযুক্ত। পু০ হরিণ। Having lovely eyes ; deer.

सुवचन क्ली० [सु+वचन] শোভন উক্তি। স্ত্রী০ সুবচনী—দেবীবিশেষ। Good word ; name of a goddess.

सुवर्ण क्ली० [सु+वर्ण] কাঞ্চন, হরিচন্দন, স্বর্ণগৈরিক, ধন, নাগকেসর। পু০ যজ্ঞবিশেষ, ধুস্তুর, কর্ণগুগ্‌গুল। ত্রি০ সুরূপ, সুন্দরাক্ষরযুক্ত। স্ত্রী০ সুবর্ণা—কালাগুরু, হরিদ্রা। Gold, wealth ; a kind of aloe ; handsome ; black aloe, turmeric.

सुवर्णकार पु० [सुवर्ण+कार] স্বর্ণকার। Goldsmith.

सुवर्णवणिज् পু০ [सुवर्ण+वणिज्] সঙ্কর জাতিবিশেষ। Name of a mixed caste.

सुवह ত্রি০[सु+वह-अच्] সুখবাহ্য। Easy to carry.

सुवास পু০ [सु+वास] সৌরভ। ত্রি০ সুগন্ধযুক্ত। Fragrance ; sweet-scented.

सुवासिनी স্ত্রী০ [सु+वासिनी] পিতৃকুলবাসিনী স্ত্রী। A married woman living with her parents.

सुविद् পু০ [सु+विद-क्विप्] পণ্ডিত। স্ত্রী০ গুণাঢ্যা স্ত্রী। Savant ; a woman of rich qualities.

सुविद পু০ [सु+विद-क] কঞ্চুকী, রাজা। Chamberlain, king.

सुविदत् পু০ [सुविद्+अत-क्विप्] নৃপ। King.

सुविदल्ल পু০ [सुविदत्+ला-क] কঞ্চুকী। Chamberlain.

सुविदित ত্রি০ [सु+विदित] সম্যক্ অবগত। Well-known.

सुविहित ত্রি০ [सु+विहित] সুব্যবস্থাপিত। Properly enjoined.

सुवृत्त পু০ [सु+वृत्त] ওল। ত্রি০ সচ্চরিত্র, সুবর্তুল। স্ত্রী০ सुवृत्ता—শতপত্রী, কাকলী, দ্রাক্ষা। A kind of round bulb ; of good conduct.

सुवेल পু০ [सु+वेला] ত্রিকূট পর্বত। ত্রি০ শান্ত, প্রণত। Name of a mountain; quiet.

सुवेश পু০ [सु+वेश] শ্বেত ইক্ষু। ত্রি০ সুন্দর বেশযুক্ত। White sugarcane ; well-dressed.

सुव्रत ত্রি০ [सु+व्रत] সুন্দর ব্রতযুক্ত। পু০ জিনবিশেষ। স্ত্রী০ सुव्रता—সুশীলা গাভী। Strict in the observance ; a good cow.

सुशर्मन् পু০ [सु+शर्मन्] নৃপবিশেষ, তৃতীয়মনুপুত্রবিশেষ, কুৎসিত ব্রাহ্মণবিশেষ। ত্রি০ অত্যন্ত সুখী। Name of a king ; very happy.

सुशासित ত্রি০ [सु+शासित] সুনিয়ন্ত্রিত। Properly ruled.

सुशिक्षित ত্রি০ [सु+शिक्षित] সুষ্ঠু শিক্ষিত। Properly trained.

सुशीत ত্রি০ [सु+शीत] অতিশয় শীতল স্পর্শযুক্ত। পু০ হ্রস্ব প্লক্ষ। ক্লী০ পীতচন্দন। Extremely cold ; a kind of tree.

सुशीतल ত্রি০ [सु+शीतल] অতিশয় শীতল। ক্লী০ গন্ধতৃণ। Extremely cold ; a kind of fragrant grass.

सुशील ত্রি০ [सु+शील] সচ্চরিত্র। পু০ বিষ্ণুর সহচরবিশেষ। স্ত্রী০ सुशीला—কৃশাশ্বনৃপের মহিষীবিশেষ। Of good conduct ; an attendant of Viṣṇu; name of a queen of king Kṛśāśva.

सुशीलता স্ত্রী০ [सुशील+तल्+टाप्] নম্রতা। Modesty.

सुश्रीक ত্রি০[सु+श्री+कप्] শ্রীযুক্ত। স্ত্রী০ सुश्रीका—সল্লকীবৃক্ষ। Lovely ; a kind of tree.

सुश्रुत পু০ [सु+श्रु-क्त] চিকিৎসাশাস্ত্রকর্তা মুনিবিশেষ। ত্রি০ সুন্দর শ্রুত, শ্রুতিজ্ঞানসম্পন্ন, লোকে প্রসিদ্ধ। Name of the author of a system of medicine ; well-heard, versed in the Vedas, well-known.

सुश्लिष्ट ত্রি০ [सु+श्लिष-क्त] সুসংযুক্ত, দৃঢ়মিলিত, সুসংগত। Well-connected, firmly joined.

सुषम ত্রি০[सु+सम] শোভনসম। স্ত্রী০ सुषमा—পরমা শোভা। Harmonious; excelling beauty.

सुषि স্ত্রী০ [शुष-इन्] ছিদ্র। Hole.

सुषिर ক্লী০ [शुष-किरच्] ছিদ্র। Hole.

सुषुप ক্লী০ [सु+स्वप-क्त] সুনিদ্রা। ত্রি০ সুনিদ্রিত। Deep sleep.

सुषुप्ति স্ত্রী০ [सु+स्वप-क्तिन्] সুনিদ্রা, বেদান্তমতে জীবের অবস্থাবিশেষ। Deep sleep.

सुषुम्ना স্ত্রী০ [सुषु+म्ना-क+टाप्] মেরুদণ্ডবাহ্যস্থ ইড়া ও পিঙ্গলা নাড়ীর মধ্যস্থ নাড়ীবিশেষ। Name of a nadī.

सुषेण পু০ [सु+सेन-अच्] করমচা, বেতস, চিকিৎসক, বানরবিশেষ। A kind of fruit, name of a physician, name of a monkey.

सुष्ठु অব্য০ [सु+स्था-कु] অতিশয, প্রশংসা, সত্য। A particle signifying excess etc.

सुसह ত্রি০ [सु+सह-अच्] সুখসহ্য। Easily bearable.

सुसाध्य ত্রি০ [सु+साध्य] সুখনিষ্পাদ্য। Easy to accomplish.

सुसुख ত্রি০ [सु+सुख] অতিসুখকর। Very pleasant.

सुस्तना স্ত্রী০ [सु+स्तन+टाप्] শোভনপয়োধরা। A woman with a lovely breast.

सुस्तनी স্ত্রী০ [सु+स्तन+ङीष्] শোভনপয়োধরা। A woman with a lovely breast.

सुस्थ ত্রি০ [सु+स्था-क] আরোগ্যযুক্ত, সুখী। Cured, happy.

सुस्थता স্ত্রী০ [सुस्थ+तल्+टाप्] স্বাস্থ্য। Health.

सुस्थिति স্ত্রী০ [सु+स्थिति] শোভন স্থিতি, সুখ। Good condition, happiness.

सुस्थिर ত্রি০ [सु+स्थिर] অচঞ্চল। Well-fixed, firm.

সুস্নাত ত্রি০ [সু+স্নাত] উত্তমরূপে কৃতস্নান। Well-bathed.

সুহিত ত্রি০ [সু+ধা–ক্ত] তৃপ্ত, বিহিত। ক্লী০ সুন্দর হিত। স্ত্রী০ সুহিতা—অগ্নিজিহ্বাবিশেষ। Satisfied ; proper well-being ; a tongue of fire.

সুহৃদ্ পু০ [সু+হৃদয়] মিত্র, জ্যোতিষশাস্ত্রে লগ্ন হইতে চতুর্থস্থান। Friend.

সুহৃদয় ত্রি০ [সু+হৃদয়] প্রশস্তমনাঃ। ক্লী০ সচ্চিত্ত। A large-hearted man.

সহ্ম পু০ দেশবিশেষ। Name of a country.

সূ স্ত্রী০ [সূ–ক্বিপ্] প্রসব, ক্ষেপ, প্রেরণ। Giving birth to, throwing, impelling.

সূক পু০ [সু–ক্বিপ্+কন্] পদ্ম, বাণ, বাত। Lotus, arrow.

সূকর পু০ [সূ+কৃ–অচ্] বরাহ, কুম্ভকার, মৃগবিশেষ। স্ত্রী০ সূকরী—বরাহক্রান্তা, বরাহাযোষিৎ। Boar.

সূক্ত ক্লী০ [স+বচ–ক্ত] সুন্দর কথন, একার্থপ্রতিপাদক দেবতাবিশেষসম্বন্ধী বেদমন্ত্রসমুদয়। Good saying, hymn.

সূক্তি স্ত্রী০ [সু+উক্তি] শোভন উক্তি। Good saying.

সূক্ষ্ম ক্লী০ [সূচ+মন্] কৈতব, অধ্যাত্মপদার্থ, অলঙ্কারবিশেষ। পু০ কতকবৃক্ষ। ত্রি০ অণুপরিমাণযুক্ত, অল্প। Fraud, a kind of figure of speech ; of a very small measure.

সূক্ষ্মদর্শিন্ ত্রি০ [সূক্ষ্ম+দর্শিন্] কুশাগ্রীয়বুদ্ধিযুক্ত। Sharp-witted.

সূক্ষ্মদৃষ্টি ত্রি০ [সূক্ষ্ম+দৃষ্টি] তীক্ষ্ণদৃষ্টিযুক্ত। Keen-sighted.

সূক্ষ্মদেহ পু০ [সূক্ষ্ম+দেহ] সূক্ষ্মশরীর। Subtle body.

সূক্ষ্মভূত ক্লী০ [সূক্ষ্ম+ভূত] অপঞ্চীকৃত মহাভূত। Subtle element.

সূক্ষ্মবল্লী স্ত্রী০ [সূক্ষ্ম+বল্লী] তাম্রবল্লী, জতুকা। A kind of medicinal plant.

সূচক ত্রি০ [সূচ–ণ্বুল্] খল, বোধক। পু০ কাক, কুক্কুর, বিড়াল, পিশাচ, সিদ্ধগণ, বুদ্ধ, সূত্রধার নামক নট, কথক, সূক্ষ্ম শালি, সূচ। Fiend, indicator ; crow, dog, cat, the manager of a play, a kind of rice, needle.

সূচন ক্লী০ [সূচ–ল্যুট্] জ্ঞাপন, হিংসন। Indication.

সূচনা স্ত্রী০ [সূচ–যুচ্+টাপ্] অভিনয়, দৃষ্টি, পীড়া। Acting in a drama, glance.

সূচি[চী] স্ত্রী০ [সূচ–ইন্ (+ঙীপ্)] ছুঁচ, শিখা, নৃত্যবিশেষ। Needle, pointed tip, a kind of dance.

সূচিক পু০ [সূচি+ঠন্] দর্জি। Tailor.

সূচিকাভরণ ক্লী০ [সূচিকা+মরণ] বৈদ্যকোক্ত ঔষধবিশেষ। A kind of drug.

সূচিত ত্রি০ [সূচ–ক্ত] কথিত, বোধিত, হিংসিত। Said, indicated.

সূচিপুষ্প ক্লী০ [সূচি+পুষ্প] কেতকবৃক্ষ। A kind of tree.

সূত পু০ [সূ–ক্ত] সূর্য, ক্ষত্রিয়জাত ব্রাহ্মণাগর্ভজ বর্ণসঙ্করবিশেষ, ত্বষ্টা, সারথি, মাগধ, লোমহর্ষণনামক পুরাণবক্তা। পু০, ক্লী০ পারদ। ত্রি০ প্রসূত, প্রেরিত। The sun, a mixed tribe, charioteer; quicksilver; given birth to.

সূতক ক্লী০ [সূত+কন্] জন্ম। Birth.

সূততনয় পু০ [সূত+তনয়] রাধেয় কর্ণ, সারথিপুত্র। An epithet of Karṇa, son of a charioteer.

সূতপুত্র পু০ [সূত+পুত্র] রাধেয় কর্ণ, সারথিপুত্র। An epithet of Karṇa, son of a charioteer.

সূতাত্মজ পু০ [সূত+আত্মজ] সূতপুত্র। Son of a charioteer.

সূতি স্ত্রী০ [সূ–ক্তিন্] প্রসব, সোমাভিষব ভূমি। Giving birth to, the place of soma pressing.

সূতিকা স্ত্রী০ [সূ–ক্ত+ক+টাপ্] নবপ্রসূতা স্ত্রী। A woman who has newly delivered a child.

সূতিকাগার ক্লী০ [সূতিকা+আগার] প্রসবগৃহ। Delivery chamber.

সূতিকাগৃহ ক্লী০ [সূতিকা+গৃহ] প্রসবগৃহ। Delivery chamber.

সূত্থান ত্রি০ [সু+উত্থান] চতুর। Clever.

সূ[সু]ত্যা স্ত্রী০ [সূ(সু)–ক্যপ্+টাপ্] যজ্ঞাঙ্গস্নানবিশেষ, সোমরসনিষ্কাশন। A purificatory bath in sacrifice, extraction of soma-juice.

সূত্র ক্লী০ [সূত্র–অচ্] তন্তু, সংক্ষিপ্ত শাস্ত্রবাক্যবিশেষ, নাটকোপকরণ প্রস্তাব। Thread, aphorism, prologue.

সূত্রকার পু০ [সূত্র+কৃ–ঘঞ্] সূত্রকর্তা। The writer of aphorisms.

সূত্রকৃৎ পু০ [সূত্র+কৃ–ক্বিপ্] সূত্রকর্তা। The writer of aphorisms.

सूत्रधर पु० [सूत्र+धर] ছুতার। Carpenter.

सूत्रधार पु० [सूत्र+धृ+णिच्-अण्] নাটকপ্রস্তাবক প্রধান নট, ইন্দ্র, শিল্পিবিশেষ। Stage-manager, Indra, carpenter.

सूत्रात्मन् पु० [सूत्र+आत्मन्] হিরণ্যগর্ভ, প্রাণ। An epithet of Hiraṇyagarbha.

सूत्रामन् पु० [सु+त्रै-मनिन्] ইন্দ্র। An epithet of Indra.

सूत्रित त्रि० [सूत्र-क्त] গ্রথিত। Strung together.

सूद पु० [सूद्-अच्] স্থপকারক, ব্যঞ্জনবিশেষ, সারথ্য, অপরাধ, লোধ্র, পাপ। Cook, curry, sin.

सूदन क्ली० [सूद्-ल्युट्] হিংসন, নিঃক্ষেপ, অঙ্গীকার। Killing, throwing.

सून क्ली० [सू-क्त] পুষ্প, প্রসব। ত্রি০ বিকসিত, জাত। Flower, birth ; born.

सूना स्त्री० [स-क्त+टाप्] প্রাণিবধস্থান, তনয়া, গজশুণ্ডা, মাংসবিক্রয়। The place for slaughter, selling of meat.

सनु पु० [सू-नु] পুত্র। Son.

सूनृत क्ली० [सु+नृत-क] সত্য, প্রিয়বাক্য, মঙ্গল। ত্রি০ মঙ্গলযুক্ত। Truth, pleasing words ; auspicious.

सूप पु० [सु+पा-क] ব্যঞ্জনবিশেষ। [सु+वप-क] স্থপকার পাচক, আধার, ভাণ্ড। Soup, cook.

सूपकर्तृ पु० [सूप+कर्तृ] পাচক। Cook.

सूपकार पु० [सूप+कृ-अण्] পাচক। Cook.

सूर पु० [सू-क्रन्] সূর্য, অর্কবৃক্ষ। [सूर-क] পণ্ডিত, জিনবিশেষ। The sun; a learned man.

सूरण पु० [सूर-ल्युट्] ওল। Name of a root.

सूरसुत पु० [सूर+सुत] অরুণ। The charioteer of the sun.

सूरि पु० [सू-क्रिन्] সূর্য, অর্কবৃক্ষ, পণ্ডিত। স্ত্রী০ সূরী—রাজসর্ষপ। The sun, a learned man ; black mustard

सूरिन् त्रि० [सूर-णिनि] পণ্ডিত। Learned.

सूर्प पु०, क्ली० কুলা, দ্রোণপরিমাণ। Winnowing basket, a kind of measure.

सूर्पणखा स्त्री० [सूर्प+नख+टाप्] রাবণ-ভগিনী। Name of the sister of Rāvaṇa.

सूर्मि [र्मी] स्त्री० লোহময়ী স্ত্রীমূর্তি। An iron image of a woman.

सूर्य पु० [सृ-क्यप्] আদিত্য, অর্কবৃক্ষ, দান বিশেষ। The sun.

सूर्यकान्त पु० [सर्य+कान्त] স্ফটিকমণি। Crystal.

सूर्यग्रहण क्ली० [सूर्य+ग्रहण] রাহুকর্তৃক সূর্যগ্রাস। Solar eclipse.

सूर्यतनय पु० [सूर्य+तनय] সাবর্ণি মনু, শনি, যম, কর্ণ, সুগ্রীব। The son of Sūrya, name of Saturn, Yama, Karṇa and Sugrīva.

सूर्यपुत्र पु० [सूर्य+पुत्र] সাবর্ণি মনু। The son of Sūrya.

सूर्यप्रभव त्रि० [सूर्य+प्रभव] সূর্যোৎপন্ন। Born of the sun.

सूर्यमणि पु० [सूर्य+मणि] সূর্যকান্তমণি। A kind of gem.

सूर्यवंश पु० [सूर्य+वंश] সূর্যপ্রভব রাজবংশ। The solar dynasty.

सूर्यावर्त पु० [सूर्य+आवर्त] ক্ষুপবিশেষ, শাক। স্ত্রী০ সূর্যাবর্তা—আদিত্যভক্তা। A kind of herb.

सृक पु० [सृ-कक्] কৈরব, বাণ, পদ্ম, বায়ু। Lily, arrow, lotus.

सृक्क क्ली० [सृज-कन्] ওষ্ঠপ্রান্ত। End of the lips.

सृक्कन् क्ली० [सृज-क्वनिप्] ওষ্ঠপ্রান্ত। End of the lips.

सृगाल पु० [सृ-गालन्] জম্বুক, দৈত্যবিশেষ। Jackal.

सृणि पु० [सृ-निक्] শত্রু। স্ত্রী০ সৃণী—অঙ্কুশ। Enemy.

सृणि [णी] का स्त्री० [सृणि+कन् (ईकन्)+टाप्)] লালা। Saliva.

सृत त्रि० [सृ-क्त] গত, প্রস্থিত। Gone, left.

सृति स्त्री० [सृ-क्तिन्] গমন, পথ। Going, way.

सृत्वर त्रि० [सृ-क्वरप्] গমনশীল। Going.

सृमर पु० [सृ-क्मरच्] মৃগবিশেষ। ত্রি০ গমনশীল। স্ত্রী০ সৃমরী—গোবিশেষ। A kind of deer ; a kind of cow.

सृष्ट त्रि० [सृज-क्त] নির্মিত, যুক্ত, নিশ্চিত, বহুল, ভূষিত, ত্যক্ত। Created, forsaken.

सृष्टि स्त्री० [सृज-क्तिन्] নির্মাণ, স্বভাব, নির্গুণতা, সগুণতা। Creation, nature, absence or existence of qualities.

सेक पु० [सिच्-घञ्] সেচন। Sprinkling.

सेक्तृ पु० [सिच-तृच्] পতি। ত্রি০ সেচক। Husband ; sprinkler.

सेचक त्रि० [सिच-ण्वुल्] সেচনকর্তা। পু০ মেঘ। Sprinkler ; cloud.

सेचन क्ली० [सिच-ल्युट्] জলাদির দ্বারা আর্দ্রীকরণ। স্ত্রী০ সেচনী—ক্ষুদ্র সেচন পাত্র। Sprinkling.

सेतिका स्त्री० অযোধ্যা। Name of the city of Ayodhyā.

सेतु पु० [सि-तुन्] জলবন্ধ। Bridge.

सेतुबन्ध पु० [सेतु+बन्ध] রামায়ণবর্ণিত সেতু-বিশেষ, আলিবন্ধ। The bridge on the ocean described in the Rāmāyaṇa, making of a bridge.

सेना स्त्री० [सि-न+टाप्] সৈন্য। Army.

सेनाङ्ग क्ली० [सेना+अङ्ग] হস্তী, অশ্ব, রথ ও পদাতি প্রভৃতি সেনার অবয়ব। A component part of an army.

सेनाचर त्रि० [सेना+चर-ट] সেনানুগামী। Following the army.

सेनानिवेश पु० [सेना+निवेश] সেনাবাস। Cantonment.

सेनानी पु० [सेना+नी-क्विप्] কার্ত্তিকেয়, সেনাপতি। An epithet of Kārttikeya, general of an army.

सेनानायक पु० [सेना+नायक] সেনাপতি। Leader of an army.

सेनापति पु० [सेना+पति] কার্ত্তিকেয়, সেনাধ্যক্ষ। An epithet of Kārttikeya, general of an army.

सेनामुख क्ली० [सेना+मुख] সেনার সম্মুখভাগ। The fornt of an army.

सेफ पु० [सि-फ] পুরুষের অসাধারণ চিহ্ন। Penis.

सेव क्ली० [सेव-क] ফলবিশেষ। A kind of fruit.

सेवक पु० [सिव-ण्वुल्] সীবনকর্তা। त्रि० [सेव-ण्वुल्] ভৃত্য, অনুচর। Sewer ; servant, attendant.

सेवधि पु० [सेव+धा-कि] শঙ্খপ্রভৃতি নিধি। Treasure.

सेवन क्ली० [सेव-ल्युट्] সূচাদির দ্বারা বস্ত্রাদির যোজন, আশ্রয়ণ, উপভোগ, বন্ধন, পূজন। स्त्री० सेवनी—সূচ। Sewing, resorting to, enjoying.

सेवा स्त्री० [सेव-अ+टाप्] ভজন, আরাধন, উপভোগ, আশ্রয়ণ। Devotion, serving, enjoying, resorting to.

सेवाधर्म पु० [सेवा+धर्म] সেবাবৃত্তি। The vow of service.

सेवित त्रि० [सेव-क्त] আরাধিত, আশ্রিত। क्ली० সেওফল। Adored, adhered to ; a kind of fruit.

सेविन् त्रि० [सेव-णिनि] সেবাকারক। Servant.

सेव्य क्ली० [सेव-ण्यत्] বীরণমূল। पु० অশ্বত্থবৃক্ষ। त्रि० সেবার্হ। A kind of root ; fit to be served.

सेव्यमान त्रि० [सेव-शानच्] যাহাকে সেবা করা হয়। One being served.

सैंहिक पु० [सिंहिका+ठक्] রাহু। An epithet of Rāhu.

सैंहिकेय पु० [सिंहिका+ढक्] রাহু। An epithet of Rāhu.

सैकत क्ली० [सिकता+अण्] বালুকাময় নদ্যাদির তট। त्रि० বালুকাময়। Sandy bank.

सैकतिक पु० [सैकत+ठन्] সন্ন্যাসী, ক্ষপণক। त्रि० সন্দেহজীবী। क्ली० মঙ্গলসূত্র। Mendicant ; living in doubt.

सैकतिल त्रि० [सिकता+इलच्] বালুকাময়। Sandy.

सैनापत्य क्ली० [सेनापति+ष्यञ्] সেনাপতির ধর্ম। The duties of an army general.

सैनिक पु० [सेना+ठक्] সৈন্য, অশ্বগজাদির সমবায়। Soldier, a body of forces.

सैन्धव पु० [सिन्धु+अण्] লবণবিশেষ, ঘোটক-বিশেষ। A kind of salt, a kind of horse.

सैन्य क्ली० [सेना+ष्य] সেনা। Army.

सैर[रि]न्ध्री स्त्री० [सीर+धृ-क+ङीष्] পরগৃহস্থ স্বাধীন শিল্পকারিণী। An independent female artisan working in another person's house.

सैरिक पु० [सीर+ठक्] হালিক, লাঙ্গলবাহক বৃষ। Ploughman, plough-ox.

सैरिभ पु० [सीर+इभ+अण्] মহিষ। Buffalo.

सैवाल क्ली० [सेवा+अल-अच्+अण्] শেওলা। Moss.

सोढ त्रि० [सह-क्त] ক্ষান্ত, শীতাদিসহনশীল। Endured.

सोढृ त्रि० [सह-तृच्] সহনকর্তা, ক্ষমাশীল। One who endures, forbearing.

सोत्कण्ठ त्रि० [सह+उत्कण्ठा] উৎকণ্ঠান্বিত। Anxious.

सोत्प्रास त्रि० [सह+उत्+प्र+अस-घञ्] সপরিহাস। Ironical.

सोत्सव त्रि० [सह+उत्सव] উৎসবসহিত। Connected with festival.

सोत्साह त्रि० [सह+उत्साह] উৎসাহযুক্ত। Energetic.

सोत्सेध त्रि० [सह+उत्सेध] উৎসেধযুক্ত। High.

सोदर त्रि० [समान+उदर] একোদরজাত। पु० সহোদর ভ্রাতা। Co-uterine; full brother.

सोदर्य त्रि० [सह+उदर+यत्] একোদরজাত। पु० সহোদর ভ্রাতা। Co-uterine; full brother.

सोपपद त्रि० [सह+उपपद] উপপদযুক্ত। স্ত্রী০ সোপপদা—তিথিবিশেষ। With an upapada; name of a tithi.

सोपप्लव त्रि० [सह+उपप्लव] উপদ্রবযুক্ত। Afflicted with calamity.

सोपसर्ग त्रि० [सह+उपसर्ग] উপসর্গসহিত, বিঘ্নযুক্ত, দুর্লক্ষণযুক্ত। Attended with symptoms, full of troubles, portentous.

सोपहास त्रि० [सह+उपहास] উপহাসযুক্ত। Sarcastic.

सोपाधिक त्रि० [सह+उपाधि+कप्] উপাধিযুক্ত। Restricted by conditions.

सोपान क्ली० [सह+उप+अन-घञ्] সিঁড়ি। A staircase.

सोम पु० [सु—मन्] চন্দ্র, কর্পূর, কুবের, যম, বায়ু, বসুবিশেষ, জল, সোমলতা, বানর, সোমরস, অমৃত, দীধিতি, শিব, সুগ্রীব। The moon, camphor, soma plant or juice, an epithet or Śiva.

सोमज पु० [सोम+जन—ड] বুধ। क्ली० দুগ্ধ। त्रि० চন্দ্রজাত। Mercury; produced from the moon.

सोमतीर्थ क्ली० [सोम+तीर्थ] তীর্থবিশেষ। Name of a holy place.

सोमनाथ पु० [सोम+नाथ] শিব। An epithet of Śiva.

सोमप पु० [सोम+पा—क] যজ্ঞ, পিতৃগণবিশেষ। Sacrifice, a group of manes.

सोमपा पु० [सोम+पा—क्विप्] যজ্ঞ, পিতৃগণবিশেষ। Sacrifice, a group of manes.

सोमपीति[थि]न् पु० [सोम+पीत+इनि] সোমরসপায়ী। One who drinks Soma.

सोमयाजिन् पु० [सोम+यज—णिनि] সোমযাগকর্তা। One who performs a Soma sacrifice.

सोमराजी स्त्री० [सोम+राज—अच्+ङीष्] ওষধিবিশেষ, চন্দ্রকলা, ষড়ক্ষরপাদ ছন্দোবিশেষ। A kind of herb, a thin digit of the moon, a six-syllabled metre.

सोमलता स्त्री० [सोम+लता] লতাবিশেষ। A kind of plant.

सोमलतिका स्त्री० [सोम+लतिका] সোমলতা, গুড়ূচী। A kind of plant.

सोमसिद्धान्त पु० [सोम+सिद्धान्त] চন্দ্রপ্রোক্ত জ্যোতিষসিদ্ধান্তগ্রন্থবিশেষ। An astrological book.

सोमसुत् पु० [सोम+सु—क्विप्] যজ্ঞের নিমিত্ত কৃত সোমরসনিষ্কাশন। Pressing of Soma juice for a sacrifice.

सोमसुता स्त्री० [सोम+सुता] নর্মদানদী। An epithet of the river Narmadā.

सोमोद्भवा स्त्री० [सोम+उद्भव+टाप्] নর্মদা। An epithet of Narmadā.

सोमसूत्र क्ली० [सोम+सूत्र] শিবলিঙ্গস্থ গৌরীপট্টে জলনির্গমপ্রণালী। A channel for conveying water from Śivaliṅga.

सोल्लुण्ठ त्रि०[सह+उल्लुण्ठ] ভূমিতে পার্শ্বপরিবর্তাদিযুক্ত (অশ্বাদি), প্রিয়বদ্-ভাসমান অপ্রিয় (বাক্য)। Rolling on the ground as of horse, sarcastic (remark).

सोल्लुण्ठन क्ली० [सह+उल्लुण्ठन] প্রিয়বদ্-ভাসমান অপ্রিয়বাক্য। Sarcasm.

सौकर्य क्ली० [सुकर+ष्यञ्] অনায়াস-সাধ্যত্ব। Ease.

सौकुमार्य क्ली० [सुकुमार+ष्यञ्] কোমলতা। Tenderness.

सौखशायनिक त्रि० [सुख+शयन+ठञ्] সুখশয়নজিজ্ঞাসু। An inquirer of (another's) happy sleep.

सौखसुप्तिक त्रि० [सुख+सुप्ति+ठञ्] সুখশয়নজিজ্ঞাসু। An inquirer of (another's) happy sleep.

सौख्य क्ली० [सुख+ष्यञ्] সুখ। Happiness.

सौगत पु० [सुगत+अण्] বুদ্ধবিশেষ। त्रि० সুগতসম্বন্ধীয়, সুগতমতাধ্যায়ী। An epithet of the Buddha; relating to the Buddha.

सौगन्ध क्ली० [सुगन्ध+अण्] সৌরভ। Fragrance.

सौगन्धिक क्ली० [सुगन्ध+ठन्] কহ্লার। पु० গন্ধক। त्रि० সুগন্ধব্যবহর্তা। Lotus; sulpher; dealer in scents.

सौजन्य क्ली० [सुजन+ष्यञ्] সুজনতা, সদ্ব্যবহার। Courtesy.

सौति पु० [सुत+इञ्] সুতপুত্র মুনিবিশেষ, কর্ণ। Name of a sage, an epithet of Karṇa.

सौत्र पु० [सूत्र+अण्] বিপ্র। त्रि० সূত্রসম্বন্ধী। The Brahmin; relating to thread or aphorism.

सौत्रिक पु० [सूत्र+ठन्] বিপ্র, তন্তুবায়। The Brahmin, weaver.

सौत्रान्तिक पु० [सूत्रान्त+ठक्] বৌদ্ধ সম্প্রদায়বিশেষ। A school of Buddhists.

सौत्रामण त्रि° [सुत्रामन्+अण्] ঐন্দ্র। স্ত্রী° সৌত্রামণী—যজ্ঞবিশেষ। Relating to Indra; a kind of sacrifice.

सौदामनी[मिनी, म्नी] स्त्री° [सुदामन्+अण+ङीप्] বিদ্যুৎ, অপ্সরাবিশেষ, ঐরাবতপত্নী। Lightning, name of a nymph.

सौदायिक क्ली° [सुदाय+ठञ्] স্ত্রীধনবিশেষ। Property of a wife.

सौध पु° [सुधा+अण्] প্রাসাদ, দগ্ধপাষাণ। ক্লী° রৌপ্য। ত্রি° সুধাসম্বন্ধীয়। Palace; silver; relating to nectar.

सौनिक पु° [सूना+ठन्] মাংসক্রয়বিক্রয়োপজীবী। Meat-seller.

सौन्दर्य क्ली° [सुन्दर+ष्यञ्] চারুতা। Loveliness.

सौपर्ण पु° [सुपर्ण+अण्] মরকতমণি, শুণ্ঠী। ত্রি° গরুড়সম্বন্ধীয়। স্ত্রী° সৌপর্ণী—পাতালগরুড়ীলতা। Emerald; relating to Garuḍa; a kind of creeper.

सौप्तिक क्ली° [सुप्ति+ठञ्] রাত্রিযুদ্ধ, মহাভারতান্তর্গত পর্ববিশেষ। A night attack, a section of the Mahābhārata.

सौभ क्ली°[सु+भा—क+अण्]শাল্বের পুরী, হরিশ্চন্দ্রের নগরী। পু° রাজবিশেষ। Name of an aerial city of Śālva or Hariścandra.

सौभद्र, सौभद्रेय पु° [सुभद्रा+अण् (ढक्)] সুভদ্রাপুত্র, বিভীতকবৃক্ষ। The son of Subhadrā, a kind of tree.

सौभरि पु° মুনিবিশেষ। Name of a sage.

सौभागिनेय पु° [सुभगा+ढक्] সুভগাপুত্র। The son of Subhagā.

सौभाग्य क्ली° [सुभगा+ष्यञ्] পতিপ্রিয়ত্ব, সিন্দূর, টঙ্কণ। পু° বিষ্কম্ভাদি মধ্যে চতুর্থ যোগ। Conjugal felicity, vermilion.

सौभ्रात्र क्ली° [सुभ्रातृ+अण्] ভ্রাতৃসৌহার্দ, সখ্য। Accord among brothers, friendship.

सौमदत्ति पु° [सोमदत्त+इञ्] সোমদত্তপুত্র। The son of Somadatta.

सौमनस्य क्ली° [सुमनस्+ष्यञ्] প্রশস্তচিত্তত্ব। Broadmindedness.

सौमित्र[त्रि] पु° [सुमित्रा+अण् (इञ्)] লক্ষ্মণ। An epithet of Lakṣmaṇa.

सौम्य पु° [सोम+ष्यञ्] বুধগ্রহ, উডুম্বরবৃক্ষ, দ্বীপবিশেষ, সোমপায়ী বিপ্র। ত্রি° সোমদেবতাসম্বন্ধীয়। [सोम+य+अण्] মনোহর, প্রিয়দর্শন, অনুগ্র, ভাস্বর। The planet Mercury; relating to Soma, lovely.

सौम्यत्व क्ली° [सौम्य+त्व] সৌম্যভাব। Loveliness.

सौर पु° [सूर+अण्] শনি, যম, উডুম্বরবৃক্ষ। ত্রি° সূর্যোপাসক, সূর্যদেবতাসম্বন্ধীয়। An epithet of Saturn or Yama; worshipper of Sun; relating to the Sun.

सौरभ[भ्य] क्ली° [सुरभ+अण् (ष्यञ्)] সদ্গন্ধ। কুঙ্কুম, মুকুল। Fragrance.

सौरभेय पु° [सुरभि+ढक्] গরু। ত্রি° সুরভিসম্বন্ধীয়। Cow; relating to fragrance.

सौरसैन्धव त्रि° [सुरसिन्धु+अण्] সুরসিন্ধুসম্বন্ধীয়। Relating to the Ganges.

सौराज्य क्ली° [सुराजन्+ष्यञ्] সুরাজভাব। Good government.

सौराष्ट्र पु° [सु+राष्ट्र+अण्] দেশবিশেষ, কুন্দুরুক। ক্লী° কাংস্য। ত্রি° সুরাষ্ট্র দেশসম্বন্ধীয়। স্ত্রী° সৌরাষ্ট্রী—সুগন্ধি মৃত্তিকাবিশেষ। Name of a country; bell-metal.

सौरि पु° [सूर+इञ्] শনি, যম, কর্ণ, সুগ্রীব, অসনবৃক্ষ, আদিত্যভক্তা। An epithet of Saturn, Yama, Karṇa and Sugrīva.

सौवर्चल क्ली° [सुवर्चल+अण्] কৃষ্ণলবণ। Black salt.

सौवर्ण त्रि° [सुवर्ण+अण्] সুবর্ণময়। Golden.

सौवस्तिक पु° [स्वस्ति+ठक्] পুরোহিত। Priest.

सौविद पु° [सु+विद—क+अण्] অন্তঃপুররক্ষক। Chamberlain.

सौविदल्ल पु° [सु+विदत्+ला—क+अण्] অন্তঃপুররক্ষক। Chamberlain.

सौवीर क्ली° [सुवीर+अण्] বদরফল। পু° বদরবৃক্ষ। Plum; plum tree.

सौष्ठव क्ली° [सुष्ठु+अण्] উৎকর্ষ। Excellence.

सौस्नातिक पु° [सुस्नात+ठक्] যজ্ঞান্তে সুস্নাতবিষয় জিজ্ঞাসাকারী। An inquirer of a happy ablution after a sacrifice.

सौहार्द[र्द्य] क्ली° [सुहृद+अण् (ष्यञ्)] স্নেহ, মিত্রত্ব। Affection, friendship.

सौहृद[द्य] क्ली° [सुहृद्+अण् (यत्)] মিত্রত্ব। Friendship.

सौहित्य क्ली° [सुहित+ष्यञ्] তৃপ্তি। Satisfaction.

स्कन्द पु° [स्कन्द—अच्] কার্তিকেয়, নৃপতি, দেহ, পারদ, বালগ্রহবিশেষ। An epithet of Kārttikeya, king, body.

स्कन्दन क्ली॰ [स्कन्द्–ल्युट्] রেচন, ক্ষরণ, গতি, শোষণ। Purging, draining out.

स्कन्ध पु॰ [स्कन्द्–घञ्] কাঁধ, বৃক্ষের কাণ্ড, নৃপ, যুদ্ধ, সমূহ, কায়, ছন্দোবিশেষ, পথ, গ্রন্থপরিচ্ছেদ, ব্যূহ। Shoulder, trunk, king, battle, name of a metre, chapter.

स्कन्धबाह[क] पु॰ [स्कन्ध+वह+णिच्–अच् (ण्वुल्)] স্কন্ধের দ্বারা বহনকারী বৃষ। An ox trained to carry burden.

स्कन्धशाखा स्त्री॰ [स्कन्ध+शाखा] বৃক্ষের প্রধান শাখা। Main branch of a tree.

स्कन्धावार पु॰ [स्कन्ध+आ+वृ–घञ्] যুদ্ধার্থে উদ্যুক্ত সৈন্যদিগের স্থাপন। Array of army.

स्कन्न त्रि॰ [स्कन्द्–क्त] চ্যুত, গলিত, ক্ষরিত, শুষ্ক। क्ली॰ ক্ষরণ। Fallen, spilt, drained; draining out.

स्कम्भन क्ली॰ [स्कम्भ–ल्युट्] শব্দরোধ। Throttling.

स्कान्द त्रि॰ [स्कन्द–अण्] স্কন্দসম্বন্ধী, শিবসম্বন্ধী। Relating to Skanda or Śiva.

स्खदन क्ली॰ [स्खद–ल्युट्] বিদারণ। Splitting.

स्खलन क्ली॰ [स्खल–ल्युट्] চলন, পতন। Fall.

स्खलित त्रि॰ [स्खल–क्त] পতিত, বিশীর্ণ। Fallen.

स्तन पु॰ [स्तन–अच्] পয়োধর। Breast.

स्तनन क्ली॰ [स्तन–ल्युट्] ধ্বনি, মেঘের শব্দ। Sound, rumbling of the cloud.

स्तनन्धय पु॰ [स्तन+धे–खश्] অতিশিশু। Sucking baby.

स्तनप पु॰ [स्तन+पा–क] অতিশিশু। Sucking baby.

स्तनयित्नु पु॰ [स्तन–इत्नु] মেঘ, বিদ্যুৎ, মুস্তক, মৃত্যু, রোগ। Cloud, lightning.

स्तनान्तर क्ली॰ [स्तन+अन्तर] হৃদয়, স্তনমধ্য। Heart, space between the two breasts.

स्तनित क्ली॰ [स्तन–क्त] মেঘশব্দ, সুরতাদি শব্দ। त्रि॰ শব্দিত। Rattling of clouds; sounded.

स्तन्य क्ली॰ [स्तन–यत्] স্তনজাত দুগ্ধ। Breast-milk.

स्तब्ध त्रि॰ [स्तन्भ–क्त] জড়ীভূত। Paralysed.

स्तब्धकर्ण त्रि॰ [स्तब्ध+कर्ण] ঊর্ধ্বকর্ণ। Stiff-eared.

स्तब्धता स्त्री॰ [स्तब्ध+तल्+टाप्] নিশ্চলতা। Stillness.

स्तब्धि स्त्री॰ [स्तनभ्–क्तिन्] নিশ্চলতা। Stillness.

स्तम्ब पु॰ [स्था–अम्बच्] কাণ্ডরহিত বৃক্ষ, বৃক্ষগুল্ম, তৃণাদির গুচ্ছ। A shrub having no decided stem, shrub, a clump of grass.

स्तम्बकरि पु॰ [स्तम्ब+कृ–इन्] ব্রীহিধান্য। A kind of corn.

स्तम्बेरम पु॰ [स्तम्बे+रम–अच्] গজ। Elephant.

स्तम्भ पु॰ [स्तम्भ–अच्] থাম। [स्तम्भ–घञ्] জড়ীভাব। Pillar, numbness.

स्तम्भन पु॰ [स्तम्भ+णिच्–ल्यु] কামদেবের বাণবিশেষ। क्ली॰ [स्तम्भ+णिच्–ल्युट्] জড়ীকরণ, তন্ত্রোক্ত অভিচারকর্মবিশেষ। A kind of arrow; benumbing; a kind of black magic.

स्तम्भित त्रि॰ [स्तम्भ+णिच्–क्त] জড়ীকৃত। Stunned.

स्तर पु॰ [स्तृ–अच्] আচ্ছাদক। [स्तृ–अप्] শয্যা। Cover; bed.

स्तव पु॰ [स्तु–अप्] প্রশংসা। Praise.

स्तवक पु॰ [स्तु–वुन्] গুচ্ছ, গ্রন্থপরিচ্ছেদ, সমূহ। Cluster, chapter.

स्तवकित त्रि॰ [स्तवक+इतच्] সঞ্জাতস্তবক। Clustered.

स्तवन क्ली॰ [स्तु–ल्युट्] স্তুতি। Praise.

स्तावक त्रि॰ [स्तु–ण्वुल्] স্তুতিকারক। Sycophant.

स्तिमित त्रि॰ [स्तिम–क्त] অচঞ্চল, আর্দ্র। क्ली॰ আর্দ্রতা, অচাঞ্চল্য। Steady, wet; wetness.

स्तुत त्रि॰ [स्तु–क्त] কৃতস্তব। Praised.

स्तुति स्त्री [स्तु–क्तिन्] স্তব। Praise.

स्तुतिपाठक त्रि॰ [स्तुति+पाठक] রাজাদির চারণ। Bard.

स्तुतिवाद पु॰ [स्तुति+वाद] প্রশংসাবচন। Words of praise.

स्तुत्य त्रि॰ [स्तु–क्यप्] স্তবার্হ। Fit to be praised.

स्तूप पु॰ [स्तूप–अच्] রাশীকৃত মৃত্তিকাদি, সংঘাত, সাধু প্রভৃতির চিতাস্থানে নির্মিত স্তম্ভাদি। Heap of earth etc., collection, a kind of monument for preservation of relics.

स्तेन क्ली॰ [स्तेन–अच्] চৌর্য। पु॰ চোর। Theft; thief.

स्तेम पु॰ [स्तिम–घञ्] আর্দ্রীভাব, স্নেহ। Moisture, liquid substance.

स्तेय क्ली॰ [स्तेन–यत्] চৌর্য। Theft.

स्तैन[न्य] क्ली॰ [स्तेन–अण् (ष्यञ्)] চৌর্য। त्रि॰ [स्तेन–ण्य] চোর। Theft; thief.

स्तैमित्य क्ली॰ [स्तिमित+ष्यञ्] জাড্য, আর্দ্রীভাব, স্নেহ। Numbness, moisture.

स्तोक पु॰ [स्तुच–घञ्] চাতক, বিন্দু। त्रि॰ অল্প। The Cātaka bird, drop; a little.

स्तोतव्य त्रि॰ [स्तु–तव्य] স্তবনীয়। Fit to be praised.

स्तोतृ त्रि॰ [स्तु–तृच्] স্তুতিকারক। One who praises.

स्तोत्र क्ली॰ [स्तु–ष्ट्रन्] স্তব। Hymn.

स्तोभ पु॰ [स्तुभ–घञ्] গানাদির স্বরপরিপূরণার্থ অর্থশূন্য শব্দবিশেষ। Meaningless sound used for completing a song.

स्तोम पु॰ [स्तु–मन्] সমূহ, যজ্ঞ, স্তব, স্তুতিবিশেষ, মস্তক, ধন, শস্য। ক্লী॰ লৌহাগ্রদণ্ড। ত্রি॰ বক্র। Collection, hymn ; iron-tipped rod ; curved.

स्त्यान क्ली॰ [स्त्यै–क्त] ঘনত্ব, সংহতি, আলস্য, প্রতিশব্দ, স্নেহ। ত্রি॰ সংহতিকারক, ধ্বনিকারক। Density, collection, sloth, echo.

स्त्री स्त्री॰ [स्तु–ड्रट्+ङीप्] নারী। Woman.

स्त्रीचिह्न क्ली॰ [स्त्री+चिह्न] স্ত্রীগণের অসাধারণ চিহ্ন স্তনাদি। Woman's mark.

स्त्रीजननी स्त्री॰ [स्त्री+जननी] কন্যাজনয়িত্রী। Mother of a daughter.

स्त्रीजित पु॰ [स्त्री+जित] স্ত্রীবশ্য। Dominated by a woman.

स्त्रीत्व क्ली॰ [स्त्री–त्व] নারীত্ব। Womanhood.

स्त्रीधन क्ली॰ [स्त्री+धन] স্ত্রীস্বত্ববিশিষ্ট ধন। Property or wealth belonging to a woman.

स्त्रीधर्म पु॰ [स्त्री+धर्म] স্ত্রীর কর্তব্য, স্ত্রীরজঃ। Duties of woman, menstruation.

स्त्रीधर्मिणी स्त्री॰ [स्त्रीधर्म+इनि+ङीप्] ঋতুমতী স্ত্রী। A woman who has had her menstruation.

स्त्रीपर पु॰ [स्त्री+पर] লম্পট। Libertine.

स्त्रीपुंधर्म पु॰ [स्त्री+पुमस्+धर्म] স্ত্রীপুরুষ ব্যবহার। The law regulating the duties of man and wife.

स्त्रीपुंस पु॰ [स्त्री+पुमस्+अच्] স্ত্রী ও পুরুষ। Man and woman.

स्त्रीपुंसलक्षणा स्त्री॰ [स्त्रीपुंस+लक्षण+टाप्] স্তন, শ্মশ্রু প্রভৃতি স্ত্রী এবং পুরুষের চিহ্নধারিণী স্ত্রী। A woman having sign of both male and female.

स्त्रीबुद्धि स्त्री॰ [स्त्री+बुद्धि] স্ত্রীলোকের বুদ্ধি। The female understanding.

स्त्रीरत्न क्ली॰ [स्त्री+रत्न] উৎকৃষ্ট স্ত্রী। An excellent woman.

स्त्रीलिङ्ग त्रि॰ [स्त्री+लिङ्ग] নারীচিহ্নবিশিষ্ট। ক্লী॰ স্ত্রীচিহ্ন স্তনাদি, ব্যাকরণে স্ত্রীসূচক শব্দ। Having signs of a woman ; signs of a woman; feminine gender in grammar.

स्त्रीवश पु॰ [स्त्री+वश] স্ত্রীবশীভূত। Submissive to woman.

स्त्रीविधेय पु॰ [स्त्री+विधेय] স্ত্রীবশীভূত। Submissive to a woman.

स्त्रीसंस्थान त्रि॰ [स्त्री+संस्थान] স্ত্রী-আকৃতিযুক্ত। Of the form of a woman.

स्त्रीसभ क्ली॰ [स्त्री+सभा] স্ত্রীসমাজ। An assembly of women.

स्त्रैण क्ली॰ [स्त्री+अण्] স্ত্রীস্বভাব। The nature of a woman.

स्थ त्रि॰ [स्था–क] স্থিতিশীল। পু॰ স্থল। Staticnary ; land.

स्थगन क्ली॰ [स्थग–ल्युट्] আচ্ছাদন। Covering.

स्थगित त्रि॰ [स्थग–क्त] আবৃত, তিরোহিত। Coverd, concealed.

स्थण्डिल क्ली॰ [स्थल–इलच्] চত্বর, যজ্ঞার্থ পরিষ্কৃত স্থান। Courtyard, a sacrificial altar.

स्थण्डिलशायिन् पु॰ [स्थण्डिल+शी–णिनि], **स्थण्डिलेशय** पु॰ [स्थण्डिले+शी–अच्] ব্রতের নিমিত্ত চত্বরে শয়ান তপস্বী। An ascetic who sleeps on the sacrificial ground.

स्थपति पु॰ [स्थ+पति] কঞ্চুকী, শিল্পিবিশেষ। Chamberlain, architect.

स्थपुट त्रि॰ [स्थ+पुट] বিষমোন্নত। পু॰ বিষমস্থানে সঞ্চারী জীব। Undulating.

स्थल क्ली॰ [स्थल–अच्] জলশূন্য অকৃত্রিম ভূভাগ। Land.

स्थलचर त्रि॰ [स्थल+चर] স্থলবাসী। Creatures living on land.

स्थलीय त्रि॰ [स्थल+छ] স্থলসম্বন্ধী। Relating to land.

स्थविर त्रि॰ [स्था–किरच्] অচল, স্থির, বৃদ্ধ। ক্লী॰ পর্বতজাত গন্ধদ্রব্য। পু॰ চতুর্মুখ ব্রহ্মা। স্ত্রী॰ স্থবিরা—মহাশ্রাবণী। Old, immobile.

स्थविष्ठ त्रि॰ [स्थूल+इष्ठन्] বৃদ্ধতম। Oldest.

स्थवीयस् त्रि॰ [स्थूल+ईयसुन्] বৃদ্ধতর। Older.

स्था स्त्री॰ [स्था–क्विप्] স্থিতি। Stay.

स्थाणु पु॰ [स्था–नु] শিব, শাখাশূন্য বৃক্ষ, অস্ত্রবিশেষ। ত্রি॰ বৃদ্ধ। An epithet of Śiva, a branchless trunk of a tree ; old.

स्थातव्य त्रि॰ [स्था–तव्य] স্থিতিযোগ্য। Fit to stay.

स्थान क्ली॰ [स्था–ल्युट्] স্থিতি, সাদৃশ্য, অবকাশ, সন্নিবেশ, বসতি, গ্রন্থসন্ধি, ভাজন নিকট,

ব্যাকরণোক্ত প্রসঙ্গ, নীতিবিদ্গণের উপচয় অপচয়-হীন সাম্যাবস্থা। Stay, similarity, place, abode.

स्थानिन् ত্রি০ [স্থান+ইনি] স্থানরক্ষক, ব্যাকরণোক্ত প্রসঙ্গবিশেষ। One who guards a place, a technical term in grammar.

स्थानीय ক্লী০ [স্থা-অনীয়র্] নগর। [স্থান+ছ] ত্রি০ বাসযোগ্য, সদৃশ, স্থানসম্বন্ধীয়। City; fit to inhabit, relating to place.

स्थाने অব্য০ [স্থা-নে] ঔচিত্য, সত্য, সাদৃশ্য। A particle implying propriety, truth, similarity etc.

स्थानेश्वर পু০ [স্থান+ঈশ্বর] কুরুক্ষেত্র। A name of Kurukṣetra.

स्थापक ত্রি০ [স্থা+ণিচ্-ণ্বুল্] নাট্যে সূত্রধার। An epithet of the Sūtradhāra in a drama.

स्थापन ক্লী০ [স্থা+ণিচ্-ল্যুট্] আরোপণ, পুংসবন নামক গর্ভসংস্কার। Placing.

स्थापित ত্রি০ [স্থা+ণিচ্-ক্ত] ন্যস্ত, নিবেশিত, নিশ্চিত। Placed, entrusted.

स्थाप्य ত্রি০ [স্থা+ণিচ্-যত্] স্থাপনীয়, ন্যাসার্হ। Fit to be placed.

स्थामन् ক্লী০ [স্থা-মনিন্] সামর্থ্য। Strength.

स्थायिन् ত্রি০ [স্থা-ণিনি] স্থিতিশীল। পু০ অলঙ্কারশাস্ত্রে রসানুকূল রত্যাদিভাব। Stable; abiding sentiment.

स्थायुक ত্রি০ [স্থা-উকঞ্] স্থিতিশীল। পু০ একগ্রামাধিকৃত। Stable.

स्थाल ক্লী০ [স্থল-ঘঞ্] থালা। Dish.

स्थावर ত্রি০ [স্থা-বরচ্] অচঞ্চল। পু০ পর্বত। ক্লী০ ধনুর্গুণ। Immovable; mountain.

स्थाविर ক্লী০ [স্থবির+অণ্] বৃদ্ধত্ব। Old age.

स्थासक পু০ [স্থা-স+ক] অলঙ্কার, চর্চিকা, জলবুদ্বুদ। Ornament, smearing with unguents, water-bubble.

स्थास्नु ত্রি০ [স্থা-গ্স্নু] স্থিতিশীল, শাশ্বত। পু০ বৃক্ষ। Stable, eternal; tree.

स्थित ত্রি০ [স্থা-ক্ত] নিশ্চল, প্রতিজ্ঞাযুক্ত, স্থিতিশীল। Unmoving, faithful to a promise, staying.

स्थितधी পু০ [স্থিত+ধী-ক্বিপ্] নিশ্চলবুদ্ধিসম্পন্ন ব্যক্তি। One with a stable mind.

स्थितप्रज्ञ পু০ [স্থিত+প্রজ্ঞ] নিশ্চল বুদ্ধিসম্পন্ন ব্যক্তি। One firm in judgement and wisdom.

स्थिति স্ত্রী০ [স্থা-ক্তিন্] ন্যায্যপথাবস্থান, মর্যাদা, স্থান। Standing upright, stay.

स्थितिस्थापक পু০ [স্থিতি+স্থাপক] ন্যায়শাস্ত্রে সংস্কারবিশেষ। A guṇa in Nyāya philosophy.

स्थिर পু০ [স্থা-কিরচ্] পর্বত, দেব, বৃক্ষ, কার্ত্তিকেয়, শনি, মোক্ষ, বৃষ, জ্যোতিষশাস্ত্রে বৃষ, সিংহ, বৃশ্চিক ও কুম্ভরাশি। ত্রি০ কঠিন, নিশ্চল। স্ত্রী০ স্থিরা—পৃথিবী, শাল্মলী, কাকোলী, শালপর্ণী। Mountain; hard; the earth.

स्थिरचित्त ত্রি০ [স্থির+চিত্ত] দৃঢ়মনস্ক। One with a stable mind.

स्थिरचेतस् ত্রি০ [স্থির+চেতস্] দৃঢ়মনস্ক। One with a stable mind.

स्थिरतर ত্রি০ [স্থির+তরপ] অত্যন্ত স্থির। পু০ ঈশ্বর। Very stable; God.

स्थिरता স্ত্রী০ [স্থির+তল্+টাপ্] স্থৈর্য। Stability.

स्थिरबुद्धि ত্রি০ [স্থিরা+বুদ্ধি] নিশ্চল মতিযুক্ত। Stable-minded.

स्थिरमति স্ত্রী০ [স্থিরা+মতি] স্থিরবুদ্ধি। Stable mind.

स्थिरयौवन ত্রি০ [স্থির+যৌবন] চিরস্থায়ী যৌবনযুক্ত। পু০, ক্লী০ বিদ্যাধরাদি দেবযোনিবিশেষ। One with eternal youth.

स्थिररागा স্ত্রী০ [স্থির+রাগ+টাপ্] নিশ্চলরাগযুক্তা, দারুহরিদ্রা। A girl of firm devotion.

स्थूणा স্ত্রী০ [স্থা-ণক+টাপ্] খুঁটী, লৌহপ্রতিমা। Prop, iron image.

स्थूर পু০ [স্থা-ঊরন্] বৃষ, মনুষ্য। Bull, man.

स्थूरिन् ত্রি০ [স্থূর+ইনি] বৃষাদিবৎ পৃষ্ঠে ভারবাহক। One carrying load like a bull.

स्थूरीपृष्ठ পু০ [স্থূরী+পৃষ্ঠ] নবারূঢ় অশ্ব। A new riding horse.

स्थूल ত্রি০ [স্থূল-অচ্] পীবর, কূট। ক্লী০ সমূহ। পু০ পনস। স্ত্রী০ স্থূলা—গজপিপ্পলী, বৃহদেলা। Fat, collection.

स्थूललक्ष[क्ष्य] ত্রি০ [স্থূল+লক্ষ(ক্ষ্য)] বহুদাতা। A great benefactor.

स्थूलोच्चय পু০ [স্থূল+উচ্চয়] গণ্ডশৈল, গজমধ্যগতি, অসাকল্য, গজদন্তচ্ছিদ্র। Mound, the middle pace of an elephant.

स्थेय ত্রি০ [স্থা+যত্] স্থির। পু০ পুরোহিত। Stable; priest.

स्थेयस् ত্রি০ [স্থির+ঈয়সুন্] স্থিরতর, শাশ্বত। More stable.

স্থেষ্ঠ ত্রি০ [স্থির+ইষ্ঠন্] স্থিরতম। Most stable.

স্থৈর্য ক্লী০ [স্থির+ষ্যঞ্] স্থিরতা। Stability.

স্থৌল্য ক্লী০ [স্থূল+ষ্যঞ্] পীবরত্ব। Fatness.

স্নপন ক্লী০ [স্নু+ণিচ্-ল্যুট্] জলাদির দ্বারা অভিষেক। Sprinkling with water.

স্নপিত ত্রি০ [স্নপ+ণিচ্-ক্ত] অভিষিক্ত। Sprinkled with water, bathed.

স্নব পু০ [স্নু-অপ্] স্রবণ, ক্ষরণ। Flowing, dripping.

স্নাত ত্রি০ [স্না-ক্ত] অভিষিক্ত। Bathed.

স্নাতক পু০ [স্না-ক্ত+ক] ব্রহ্মচর্যানন্তর সমাবর্তন-সময়ে স্নানকারী। One who has taken the purificatory bath.

স্নাতকব্রত ক্লী০ [স্নাতক+ব্রত] স্নাতকের কর্তব্য ব্রতবিশেষ। The vow of a student.

স্নাতকব্রতিন্ ত্রি০ [স্নাতক+ব্রতিন্] স্নাতক ব্রতাবলম্বী। One who has taken the vow of a student.

স্নান ক্লী০ [স্না-ল্যুট্] অবগাহন, শোধন। Bath, purification.

স্নানীয় ত্রি০ [স্না-ছ] স্নানসাধন তৈলাদি। Oil and such other ingredients of bath.

স্নাপন ক্লী০ [স্না+ণিচ্-ল্যুট্] স্নান করান। Bathing.

স্নায়ু স্ত্রী০ [স্না-উণ্] শরীরাস্থ্যাদি বন্ধন নাড়ীবিশেষ। Sinew.

স্নিগ্ধ ত্রি০ [স্নিহ-ক্ত] মসৃণ, চিক্কণ, স্নেহযুক্ত। পু০ রক্ত এরণ্ড, সরলবৃক্ষ। ক্লী০ ভাতের মাড়। স্ত্রী০ স্নিগ্ধা—মেদা। Smooth, oily, affectionate.

স্নিগ্ধতা স্ত্রী০ [স্নিগ্ধ+তল্+টাপ্] স্নেহ, প্রিয়ত্ব। Affection, dearness.

স্নুত ত্রি০ [স্নু-ক্ত] ক্ষরিত। Exuded.

স্নুষা স্ত্রী০ [স্নু-সক্+টাপ্] পুত্রবধূ, স্নুহীবৃক্ষ। Daughter-in-law, the spurge plant.

স্নুহি[হী] স্ত্রী০ [স্নুহ-ইন্ (+ঙীপ্)] মনসাগাছ। The spurge plant.

স্নেহ পু০ [স্নিহ-ঘঞ্] প্রেম, তৈলাদি রসবিশেষ, ন্যায়শাস্ত্রে গুণবিশেষ। Affection, oily substance.

স্নেহন ক্লী০ [স্নিহ-ল্যুট্] তৈলাদি মর্দন, স্নিগ্ধতাসাধন। Rubbing of oil etc, making smooth.

স্নেহবৎ ত্রি০ [স্নেহ+মতুপ্] স্নেহযুক্ত। Full of affection, oily.

স্নেহিন্ ত্রি০ [স্নেহ-ণিনি] স্নেহযুক্ত। পু০ বন্ধু। Full of love ; friend.

স্পন্দ পু০ [স্পন্দ-ঘঞ্] ঈষচ্চলন। Vibration.

স্পন্দন ক্লী০ [স্পন্দ-ল্যুট্] ঈষৎ কম্পন। Vibration.

স্পন্দিত ত্রি০ [স্পন্দ-ক্ত] কম্পিত, স্ফুরিত। Vibrated.

স্পর্ধা স্ত্রী০ [স্পর্ধ-অ+টাপ্] সংঘর্ষ, পরাভিভবেচ্ছা, সাম্য, ক্রমোন্নতি। Rivalry, defiance.

স্পর্ধিন্ ত্রি০ [স্পর্ধ-ণিনি] স্পর্ধাকারী। Bragging.

স্পর্শ পু০ [স্পর্শ-অচ্] ত্বগিন্দ্রিয়গ্রাহ্য গুণবিশেষ, বর্গীয় বর্ণ, গ্রহণ, রোগ, যুদ্ধ, গুপ্তচর, উপতপ্ত, বায়ু। ত্রি০ স্পর্শক। [স্পৃশ+ণিচ্-অচ্] দান। Touch, any consonant from 'k' to 'm', disease, war, wind.

স্পর্শন ক্লী০ [স্পর্শ-ল্যুট্] গ্রহণ, স্পর্শ। [স্পৃশ+ণিচ্-ল্যুট্] দান। পু০ [স্পৃশ-ল্যু] বায়ু। Touching ; wind.

স্পর্শমণি পু০ [স্পর্শ+মণি] স্পর্শ-প্রস্তর। Touchstone.

স্পর্শবৎ ত্রি০ [স্পর্শ+মতুপ্] স্পর্শগুণযুক্ত, সুখস্পর্শ। Tangible, agreeable to touch.

স্পর্শিন্ ত্রি০ [স্পৃশ-ণিনি] স্পর্শকারী। One who touches.

স্পশ পু০ [স্পশ-অচ্] চর, যুদ্ধ। Spy, battle.

স্পষ্ট ত্রি০ [স্পশ-ক্ত] ব্যক্ত, স্ফুট। Clear, distinct.

স্পষ্টবাদিন্ ত্রি০ [স্পষ্ট+বদ-ণিনি] স্পষ্টবক্তা। One who speaks out boldly.

স্পৃশা স্ত্রী০ [স্পৃশ-ক+টাপ্] সর্পঘাতিনী বৃক্ষ, কণ্টকারী। A kind of tree or plant.

স্পৃশ্য ত্রি০ [স্পৃশ-যৎ] স্পর্শযোগ্য। Touchable.

স্পৃষ্ট ত্রি০ [স্পৃশ-ক্ত] স্পর্শ করা হইয়াছে এমন। ক্লী০ স্পর্শ, আভ্যন্তর প্রযত্নবিশেষ। Touched ; touch.

স্পৃষ্টক ক্লী০ [স্পৃশ-ক্ত+কন্] আলিঙ্গনবিশেষ। A form of embrace.

স্পৃহণীয় ত্রি০ [স্পৃহ-অনীয়র্] বাঞ্ছনীয়, শ্লাঘ্য। Covetable.

স্পৃহয়ালু ত্রি০ [স্পৃহ-আলুচ্] স্পৃহাশীল। One who covets.

স্পৃহা স্ত্রী০ [স্পৃহ-অঙ্+টাপ্] ইচ্ছা। Desire.

স্ফট পু০ [স্ফট-অচ্] সর্পফণা। Hood of a serpent.

স্ফটি[টী] স্ত্রী০ [স্ফট-ইন্ (+ঙীপ্)] ফট্‌কিরি। Alum.

स्फटि[टी]क पु० [स्फटि(टी)+कै–क] মণিবিশেষ। Crystal.

स्फटिकाचल पु० [स्फटिक+अचल] কৈলাসপর্বত, স্ফটিকময় পর্বত। Name of Kailāsa mountain, crystal-mountain.

स्फटिकोपल पु० [स्फटिक+उपल] স্ফটিক প্রস্তর। Crystal stone.

स्फाति स्त्री० [स्फाय–क्तिन्] বৃদ্ধি। Swelling,

स्फार पु०[स्फाय–रक्] স্বর্ণবুদ্বুদ। त्रि० বিপুল, বিকট, প্রচুর। Gold-bubble; vast, abundant.

स्फारण क्ली० [स्फुर+णिच्–ल्युट] বিকাশন। Unfolding.

स्फाल पु० [स्फल–घञ्] কম্পন। Quiver.

स्फिच् स्त्री० [स्फाय–डिच्] কটিপ্রোথ, বাতজ রোগবিশেষ। Buttock, a kind of rheumatism.

स्फिर त्रि० [स्फाय–किरच्] প্রচুর, বৃদ্ধ। Abundant, old.

स्फीत त्रि० [स्फाय–क्त] বৃদ্ধ, সমৃদ্ধ। Swollen, enriched.

स्फीति स्त्री० [स्फाय–क्तिन्] প্রবৃদ্ধি, সমৃদ্ধি। swelling, prosperity.

स्फुट त्रि० [स्फुट–क] বিকশিত, ব্যক্ত, ভিন্ন, শুক্ল। पु० জ্যোতিষোক্ত মেষাদিরাশির অংশবিশেষ। Bloomed, clear, separate.

स्फुटन क्ली० [स्फुट–ल्युट्] বিকশন। Blooming.

स्फुटि[टी] स्त्री० [स्फुट–इन्(+ङीप्)] ফোড়া, ফলবিশেষ। Boil, a kind of fruit.

स्फुटित त्रि० [स्फुट–क्त] বিকশিত, ভিন্ন, ব্যক্তীকৃত, পরিহাসিত। Bloomed, separated, clarified, laughed at.

स्फुरण क्ली० [स्फुर–ल्युट्] ঈষৎ স্পন্দন। Quivering.

स्फुरित त्रि० [स्फुर–क्त] কম্পিত, শোভিত। Quivered, bedecked,

स्फु[स्फू]र्जथु पु० [स्फु(स्फू)र्ज–अथु] বজ্রনির্ঘোষ। Rumbling of thunder.

स्फुर्जा[स्फूर्जा] स्त्री० [स्फुर्ज–अ+टाप्] বজ্রনির্ঘোষ। The crashing sound of thunder.

स्फुलिङ्ग त्रि० [स्फुल–इङ्गच्] অগ্নিকণা। Fire-spark.

स्फूर्ति स्त्री० [स्फुर–क्तिन्] স্ফুরণ, বিকশন, প্রতিভা। Pulsating or quiverning, blooming, genius.

स्फूर्तिमत् त्रि० [स्फूर्ति+मतुप्] বিকাশযুক্ত, প্রতিভাযুক্ত। पु० পাশুপতাখ্য শৈববিশেষ। Blooming, talented.

स्फोट पु० [स्फुट–घञ्] ব্যাকরণশাস্ত্রে বাচকশব্দ, ব্রণবিশেষ। The expressive word in grammar, boil.

स्फोटन क्ली० [स्फुट–ल्युट्] বিদারণ, বিকাশন। Rending, blossoming.

स्फय पु० [स्फाय–यत] খড়্গাকার যজ্ঞার্থ কাষ্ঠবিশেষ। A sacrificial wooden utensil.

स्म अव्य० [स्मि–ड] অতীত, পাদপূরণার্থক। A particle signifying past time.

स्मय पु० [स्मि–अच्] গর্ব, অদ্ভুত রসের স্থায়িভাব। Pride, name of an abiding sentiment.

स्मर पु० [स्मृ–अप्] কামদেব, স্মরণ। An epithet of Cupid.

स्मरण क्ली० [स्मृ–ल्युट्] পূর্বানুভূতের জ্ঞান, চিন্তন। Remembrance.

स्मरणीय त्रि० [स्मृ–अनीयर्] স্মর্তব্য। Fit to be remembered.

स्मरदशा स्त्री० [स्मर+दशा] কামিগণের স্মরকৃত অঙ্গসৌষ্ঠবাদিরূপ দশদশা। Love-sickness.

स्मरप्रिया स्त्री० [स्मर+प्रिया] রতি। An epithet of Rati—the wife of Cupid.

स्मररिपु पु० [स्मर+रिपु] মহাদেব। An epithet of Śiva.

स्मरवैरिन् पु० [स्मर+वैरिन्] মহাদেব। An epithet of Śiva.

स्मरसख पु० [स्मर+सखा+टच्] বসন্ত। Vernal season.

स्मरहर पु० [स्मर+हर] মহাদেব। An epithet of Śiva.

स्मराराति पु० [स्मर+अराति] মহাদেব। An epithet of Śiva.

स्मरारि पु० [स्मर+अरि] শিব। An epithet of Śiva.

स्मर्तव्य त्रि० [स्मृ–तव्य] স্মরণীয়। Fit to be remembered.

स्मार त्रि० [स्मर+अण्] মদনসম্বন্ধী। पु० প্রতিবন্ধ কাম হইতে উৎপন্ন দ্বেষ। Relating to Cupid; hatred born of frustrated love.

स्मारक त्रि० [स्मृ+णिच्–ण्वुल्] স্মারয়িতা। क्ली० চিহ্ন। One who reminds; a memorial.

स्मार्त त्रि० [स्मृति+अण्] স্মৃতিবিহিত, স্মৃতিশাস্ত্রাভিজ্ঞ। Enjoined by the smṛtis, one who possesses knowledge of smṛti.

स्मित क्ली० [स्मि–क्त] ঈষদ্ধাস্য। त्रि० বিকশিত, ঈষদ্ধাস্যান্বিত। Smile ; bloomed.

स्मृत त्रि० [स्मृ–क्त] কৃতস্মরণ। Remembered.

स्मृति स्त्री० [स्मृ–क्तिन्] স্মরণ, ধর্মশাস্ত্রবিশেষ। Remembrance, a kind of Scripture.

स्मृतिमत् त्रि० [स्मृति+मतुप्] প্রশস্ত স্মরণশক্তিযুক্ত। Having a sharp memory.

स्मेर त्रि० [स्मि–रन्] বিকশিত, ঈষৎ হাস্যযুক্ত। Blooming, smiling.

स्यद पु० [स्यन्द–क] বেগ। Speed.

स्यन्द पु० [स्यन्द–घञ्] ক্ষরণ। Dripping.

स्यन्दन पु० [स्यन्द–ल्युट्] ক্ষরণ, রথ, তিনিসবৃক্ষ। ক্লী০ জল। Dripping, chariot ; water.

स्यन्दनारोह पु० [स्यन्दन+आरोह] রথারূঢ় যোদ্ধা। A warrior who fights mounted on a chariot.

स्यन्दिन् त्रि० [स्यन्द–णिनि] ক্ষরণশীল। স্ত্রী০ স্যন্দিনী—লালা। Dripping ; saliva.

स्यन्न त्रि० [स्यद–क्त] স্রুত। Oozed.

स्यमन्तक पु० [स्यम–झच्+कन्] শ্রীকৃষ্ণের হস্তস্থ মণিবিশেষ, বৃক্ষবিশেষ। A gem of Kṛṣṇa.

स्याद्वाद पु० [स्यात्+वाद] অনেকান্তদর্শন। A Jaina doctrine.

स्यूत त्रि० [सिव–क्त] সূচাদির দ্বারা গ্রথিত। পু০ সূত্ররচিত পাত্র। Sewn.

स्यूति स्त्री० [सिव–क्तिन्] সূচাদির দ্বারা বস্ত্রাদির সীবন। Sewing.

स्यून पु० [सिव–नक्] সূর্য, কিরণ, সূচাদির দ্বারা খণ্ডবস্ত্রনির্মিত পদার্থ। The sun, ray.

स्रंसन क्ली० [स्रन्स+णिच्–ल्युट्] অধোনয়ন, পাতন। Bringing down, felling down.

स्रंसिन् त्रि० [स्रंस–णिनि] অধঃপতনশীল। পু০ পীলুবৃক্ষ। That which falls down ; a kind of tree.

स्रग्धर त्रि० [स्रज्+धर] মাল্যধারী। স্ত্রী০ স্রগ্ধরা—একবিংশতি অক্ষরপাদ ছন্দোবিশেষ। One wearing a garland; a metre of twenty one syllables.

स्रग्वत् त्रि० [स्रज्+मतुप्] মাল্যযুক্ত। One with a garland.

स्रग्विन् त्रि० [स्रज्+विनि] মাল্যধারী। One wearing a garland.

स्रज् स्त्री० [सृज–क्विन्] মাল্য। Garland.

स्रव पु० [स्रु–अप्] ক্ষরণ। [स्रु–अच्] নির্ঝর। Oozing, waterfall.

स्रवण क्ली० [स्रु–ल्युट्] ক্ষরণ, মূত্রজল, ঘর্ম। Flow, urine, perspiration.

स्रवन्ती स्त्री० [स्रु–णिच्+ङीप्] নদী, ওষধিবিশেষ। River, a kind of herb.

स्रष्ट पु० [सृज–तृच्] চতুর্মুখ, শিব। ত্রি০ সৃজনকর্তা। An epithet of Brahmā or Śiva ; creator.

स्रस्त त्रि० [स्रन्स–क्त] চ্যুত। Fallen.

स्रस्तर पु० [स्रन्स–तरच्] আসন। Seat.

स्राव पु० [स्रु–घञ्] ক্ষরণ। Oozing.

स्रुघ्न पु० দেশবিশেষ। স্ত্রী০ স্রুঘ্নী [स्रुघ्न+अच्+ङीष्] সর্জিকা ক্ষার। Name of a country.

स्रुच्[चा] स्त्री० [स्रु–क्विप् (+टाप्)] যজ্ঞপাত্রবিশেষ। A sacrificial ladle.

स्रुत त्रि० [स्रु–क्त] ক্ষরিত, গত। Oozed, gone.

स्रुति स्त्री० [स्रु–क्तिन्] ক্ষরণ, পতন। Flowing.

स्रुव पु० [स्रु–क] খদিরকাষ্ঠনির্মিত হস্তপরিমিত যজ্ঞপাত্রবিশেষ। A sacrificial ladle.

स्रोत क्ली० [स्रु–तन्] বেগে স্বতঃ জলনিঃসরণ। Current.

स्रोतस् क्ली० [स्रु–तसि] বেগে স্বতঃ জলনিঃসরণ, দেহস্থ ছিদ্র, রেতস্। Current, an aperture of the body.

स्रोतस्वत् त्रि० [स्रोतस्+मतुप्] জলযুক্ত। স্ত্রী০ স্রোতস্বতী—নদী। Having current ; river.

स्रोतस्विन् त्रि० [स्रोतस्+विनि] স্রোতোযুক্ত। স্ত্রী০ স্রোতস্বিনী—নদী। Having current ; river.

स्रोतोवहा स्त्री० [स्रोतस्+वह–अच्+टाप्] নদী। River.

स्व पु० [स्वन–ड] আত্মা, জ্ঞাতি। ক্লী০ ধন। ত্রি০ আত্মীয়। One's own self ; wealth ; kinsman.

स्वक त्रि० [स्व+कन्] স্বীয়, আত্মীয়। One's own.

स्वकीय त्रि० [स्व+छ] স্বীয়, আত্মীয়। One's own.

स्वकर्मन् क्ली० [स्व+कर्मन्] স্ববর্ণোচিত কৃত্য। One's own duty.

स्वगत [स्व+गत] মনোগত, আত্মগত, নাটকীয় উক্তিবিশেষ। To oneself, aside.

स्वगुण पु० [स्व+गुण] আত্মগুণ। One's quality.

स्वच्छ त्रि० [सु+अच्छ] অতিনির্মল, রোগবিমুক্ত, শুক্ল। পু০ মুক্তা, স্ফটিক। স্ত্রী০ স্বচ্ছা—শ্বেতদূর্বা। Crystal clear, healthy, white ; pearl, crystal ; white grass.

स्वच्छन्द त्रि० [स्व+छन्द] স্বাধীন। Free.

स्वज त्रि० [स्व+जन–ड] আত্মজাত। ক্লী০ রুধির। পু০ পুত্র। স্ত্রী০ স্বজা—কন্যা। Born of oneself ; blood; son; daughter.

स्वजन पु० [स्व+जन] জ্ঞাতি, Kinsman.
स्वजाति स्त्री० [स्व+जाति] নিজ শ্রেণী। Of the same class or caste.
स्वतन्त्र त्रि० [स्व+तन्त्र] স্বাধীন, কর্তা। Free.
स्वतस् अव्य० [स्व+तसिल्] আত্মতঃ। Of one's own self.
स्वता स्त्री० [स्व+तल्+टाप्] স্বকীয়ত্ব। The state of belonging to one's self.
स्वत्व क्ली० [स्व+त्व] স্বকীয়ত্ব। Relationship to one's self.
स्वत्वाधिकारिन् त्रि० [स्वत्व+अधिकारिन्] স্বামী। Proprietor.
स्वदन क्ली० [स्वद्–ल्युट्] আস্বাদন, লেহন। Tasting, licking.
स्वधर्म पु० [स्व+धर्म] নিজধর্ম। One's own duty.
स्वधा अव्य० [स्वद्–आ] পিতৃদেবোদ্দেশে হবির্দান। स्त्री० [स्व+धे–क+टाप्] মাতৃকাবিশেষ। Offering to the fathers.
स्वधाभुज् पु० [स्वधा+भुज–क्विप्] লোকান্তরিত পিতৃগণ, দেব। Departed ancestors.
स्वधिति पु० [स्व+धा–क्तिच्] কুঠার। Axe.
स्वन पु० [स्वन–अप्] শব্দ। Sound.
स्वनित त्रि० [स्वन–क्त] শব্দিত। क्ली० মেঘগর্জন শব্দ। Sounded ; a thunderclap.
स्वनुष्ठित त्रि० [सु+अनुष्ठित] সম্যগ্ অনুষ্ঠিত। Properly performed.
स्वन्त त्रि० [सु+अन्त] শুভ সমাপ্তিযুক্ত। Having good end.
स्वपन क्ली० [स्वप–ल्युट्] শয়ন, নিদ্রা। Lying, sleep.
स्वप्न पु० [स्वप–नन्] নিদ্রা, শয়ন, নিদ্রিতের মানসিক জ্ঞানবিশেষ। Sleep, dream.
स्वप्नज् त्रि० [स्वप–नजिङ्] নিদ্রালু। Sleepy.
स्वभाव पु० [स्व+भाव] নিসর্গ, স্বকীয় ধর্ম। Nature. habit.
स्वभावज त्रि० [स्वभाव+जन–ड] নৈসর্গিক Natural.
स्वभावनियत त्रि० [स्वभाव+नियत] স্বভাবজ। Determined by nature
स्वभावप्रभव त्रि० [स्वभाव+प्रभव] প্রকৃতিজাত। Born of one's nature.
स्वभावोक्ति स्त्री० [स्वभाव+उक्ति] অর্থালঙ্কারবিশেষ, স্বভাবের কথন। A kind of figure of speech, statement of things as it is.
स्वभू पु० [स्व+भू–क्विप्] ব্রহ্মদেব, বিষ্ণু, শিব, কাম, ঈশ্বর। स्त्री० [स्व+भू] স্বদেশ। An epithet of Brahmā, Viṣṇu, Śiva, or Cupid ; motherland.
स्वयंवर पु० [स्वयम्+वर] স্ত্রীকর্তৃক স্বয়ং পতিবরণ। The choosing of the husband by the bride herself.
स्वयंवरा स्त्री० [स्वयंवर+टाप्] স্বয়ং পতিবরণকারিণী কন্যা। A girl choosing her own husband.
स्वयङ्कृत त्रि० [स्वयम्+कृत] আত্মকৃত। पु० কৃত্রিম পুত্র। Done by oneself ; adopted son.
स्वयंदत्त पु० [स्वयम्+दत्त] নিজেকে স্বয়ং দানকারী দত্তক পুত্র। A boy who has given himself to be adopted.
स्वयम् अव्य० [सु+अय–अमु] নিজে। Oneself.
स्वयम्भु पु० [स्वयम्+भू–डु] ব্রহ্মা। An epithet of Brahmā.
स्वयम्भू पु० [स्वयम्+भू–क्विप्] ব্রহ্মা, বিষ্ণু, শিব, কামদেব, কাল, জিনবিশেষ, পরমেশ্বর, কুচ। An epithet of Brahmā, Viṣṇu, Śiva or Kāmadeva, Supreme Spirit.
स्वयोनि त्रि० [स्व+योनि] সপিণ্ড। Of one's own relation.
स्वर् अव्य० [स्वर–अच्] স্বর্গ, স্বজাতীয়, একযোনিজাত, শোভন। Heaven.
स्वर पु० [स्वर–अच्] উদাত্ত, অনুদাত্ত, ও স্বরিতরূপ বর্ণোচ্চারণপ্রযত্নবিশেষ, ব্যঞ্জনভিন্নবর্ণ, তন্ত্রশাস্ত্রে প্রাণাদি বায়ুর ব্যাপারবিশেষ, কাকুপ্রভৃতি উচ্চারণধ্বনিবিশেষ। Accent, vowel, air breathed through the nostrils.
स्वरस पु० [स्व+रस] স্বাভিপ্রায় শিলাপিষ্ট কল্কবিশেষ, কাথবিশেষ। One's purport, extract.
स्वराज् पु० [स्व+राज–क्विप्] ঈশ্বর। God.
स्वरापगा स्त्री० [स्वः+आपगा] গঙ্গা। An epithet of the celestial Ganges.
स्वरित पु० [स्वर+इतच्] জাতস্বর, উদাত্ত ও অনুদাত্তের সমাহাররূপ স্বরবিশেষ। Middle pitch of accent.
स्वरु पु० [स्वृ–उ] বজ্র, যূপখণ্ড, বাণ, যজ্ঞ, সূর্যকিরণ, বৃশ্চিকবিশেষ। Thunder, arrow, sacrifice.
स्वरूप क्ली० [स्व+रूप] স্বভাব, লক্ষণ। [स्व+रूप–अण्] যথাস্বরূপাভিজ্ঞ পণ্ডিত। त्रि० মনোজ্ঞ। Nature, definition ; lovely.
स्वरूपयोग्य त्रि० [स्वरूप+योग्य] কার্যসাধনযোগ্য। Fit to accomplish a thing.

स्वरूपयोग्यता स्त्री॰ [स्वरूप+योग्यता] কার্যসাধন-যোগ্যতা। Fitness for accomplishing a thing.

स्वरूपसम्बन्ध पु॰ [स्वरूप+सम्बन्ध] ন্যায়শাস্ত্রে স্বাত্মক সম্বন্ধ। Relation of identity.

स्वर्ग पु॰ [स्वर्+गै–क] সুরলোক, দুঃখাসম্ভিন্ন সুখ। Heaven.

स्वर्गति स्त्री॰ [स्वर्+गति]ইন্দ্রলোকপ্রাপ্তি। Attainment of heaven.

स्वर्गपति पु॰ [स्वर्ग+पति] ইন্দ্র। An epithet of Indra.

स्वर्गबधू स्त्री॰ [स्वर्ग+बधू] অপ্সরা। Nymph.

स्वर्गलोक पु॰ [स्वर्ग+लोक] দেবলোক। Heaven.

स्वर्गाचल पु॰ [स्वर्ग+अचल] সুমেরু পর্বত। The Sumeru mountain.

स्वर्गापगा स्त्री॰ [स्वर्ग+आपगा] গঙ্গা। The celestial Ganges.

स्वर्गिन् पु॰ [स्वर्ग+इनि] দেব, গরুড়। त्रि॰ দেবলোকগামী। God ; one who attains heaven.

स्वर्गौकस् पु॰ [स्वर्ग+ओकस्] দেব। Denizen of heaven.

स्वर्ग्य त्रि॰ [स्वर्ग+यत्] স্বর্গসাধক। Leading to heaven.

स्वर्गीय त्रि॰ [स्वर्ग+छ] স্বর্গসম্বন্ধীয়। Relating to heaven.

स्वर्ण क्ली॰ [सु+अर्ण] কাঞ্চন, ধুস্তূর, নাগকেশর, গৌরবর্ণশাক। Gold, a kind of flower.

स्वर्णकार पु॰ [स्वर्ण+कृ–अण्] জাতিবিশেষ। Goldsmith.

स्वर्णज त्रि॰ [स्वर्ण+जन–ड] স্বর্ণজাত। Golden.

स्वर्णदी स्त्री॰ [स्वर्+नदी] গঙ্গা। [स्वर्ण+दो–क+ङीष्] বৃশ্চিকালী। The celestial Ganges.

स्वर्णदीधिति पु॰ [स्वर्ण+दीधिति] অগ্নি, চিত্রকবৃক্ষ। Fire.

स्वर्णद्रु पु॰ [स्वर्ण+द्रु] আরগ্বধ। A kind of tree.

स्वर्णपक्ष पु॰ [स्वर्ण+पक्ष] গরুড়। An epithet of Garuḍa.

स्वर्णवर्ण त्रि॰ [स्वर्ण+वर्ण] সুবর্ণবর্ণ। स्त्री॰ स्वर्णवर्णा—হরিদ্রা। Of golden colour ; turmeric.

स्वर्धुनी स्त्री॰ [स्वर्+धुनी] স্বর্গস্থা নদী, গঙ্গা। A celestial river, an epithet of Gaṅgā.

स्वर्भानु पु॰ [स्वर्+भानु] রাহু। An epithet of Rāhu.

स्वर्यात त्रि॰ [स्वर्+यात] স্বর্গগত। Gone to heaven.

स्वर्लोक पु॰ [स्वर+लोक] স্বর্গলোক। Heavenly sphere.

स्वर्वापी स्त्री॰ [स्वर्+वापी] গঙ্গা। An epithet of Gaṅgā.

स्वर्वैद्य पु॰ [स्वर+वैद्य] অশ্বিনীকুমারদ্বয়। An epithet of the Aśvins.

स्वल्प त्रि॰ [सु+अल्प] অত্যল্প, ক্ষুদ্র। Very little, small.

स्ववासिनी स्त्री॰ [स्व+वस–णिनि+ङीप्] পিতৃগৃহবাসিনী বিবাহিতা বা অবিবাহিতা নারী। A lady residing in her parent's house.

स्वसृ स्त्री॰ [सु+अस–ऋन्] ভগিনী। Sister.

स्वस्ति अव्य॰ [सु+अस–क्तिच्] ক্ষেম, আশিষ, পুণ্য, স্বীকার। A particle signifying well-being, benediction etc.

स्वस्तिक पु॰ [स्वस्ति+ठन्] তণ্ডুলচূর্ণনির্মিত ত্রিকোণাকার দ্রব্যবিশেষ, আসনবিশেষ, সিতাবর শাক, চতুষ্পথ, জিনধ্বজবিশেষ, লম্পট। Symbol made of groundrice and formed like triangle.

स्वस्तिवाचन क्ली॰ [स्वस्ति+वाचन] কর্মারম্ভে স্বস্তিশব্দের উচ্চারণ। Utterance of benediction.

स्वस्तिवाचनिक त्रि॰ [स्वस्तिवाचन+ठन्] স্বস্তিবাচনসম্বন্ধীয়, স্বস্তিবাচনসাধন। Relating to utterance of benediction.

स्वस्त्ययन क्ली॰ [स्वस्ति+अयन] শুভার্থক গ্রহযাগাদি। Benefactory sacrifice.

स्वस्थ त्रि॰ [स्वर्+स्था–क] ভাবস্থ, স্বর্গস্থ, সুখে অবস্থিত। Being in one's natural state, residing in heaven, contented.

स्वस्रीय पु॰ [स्वसृ+छ] ভাগিনেয়। Nephew.

स्वहस्तिका स्त्री॰ [स्वहस्त+ठन्+टाप्] কুঠার। Axe.

स्वागत क्ली॰ [सु+आगत] সুখে আগমন, কুশল, কুশলপ্রশ্ন। Safe arrival, welfare, enquiry as to health.

स्वाच्छन्द्य क्ली॰ [स्वच्छन्द+ष्यञ्] স্বাধীনত্ব, স্বাস্থ্য। Freedom, well-being.

स्वातन्त्र्य क्ली॰ [स्वतन्त्र+ष्यञ्] স্বাধীনত্ব। Freedom.

स्वाति[ती] स्त्री॰ [स्व+अत–इन्(+ङीप्)] অশ্বিনী প্রভৃতি পঞ্চদশ নক্ষত্র, সূর্যপত্নীবিশেষ, খগবিশেষ। Name of a star, a bird.

स्वाद पु॰ [स्वद–घञ्] রসানুভব, প্রীতি, প্রীণন, লেহন। Relishing, love, licking.

स्वादन क्ली० [स्वाद्-ल्युट्] রসাস্বাদ। Tasting.

स्वादित त्रि० [स्वद्-क्त] আস্বাদিত, ভক্ষিত। Tasted.

स्वादिष्ठ त्रि० [स्वादु+इष्ठन्] অতিশয় মধুর। Most tasteful.

स्वादीयस् त्रि० [स्वादु+ईयसुन्] অতি মধুর। Very tasteful.

स्वादु पु० [स्वद्-उण्] মধুররস, গুড়, জীবকৌষধি। त्रि० ইষ্ট, মধুর, মনোজ্ঞ। Sweet flavour; desirable, pleasant, enjoyable.

स्वाधीन त्रि० [स्व+अधीन] স্বায়ত্ত, স্বতন্ত্র। Free.

स्वाधीनता स्त्री० [स्वाधीन+तल्+टाप्] স্বাধীনভাব। Freedom.

स्वाधीनपतिका स्त्री० [स्वाधीन+पति+कप्+टाप्] নায়িকাবিশেষ। A type of heroine.

स्वाधीनभर्तृका स्त्री० [स्वाधीन+भर्तृ+कप्+टाप्] নায়িকাবিশেষ। A type of heroine.

स्वाध्याय पु० [स्व+अध्याय] দ্বিজপাঠ্য বেদভাগবিশেষ। [सु+आ+अधि+इ-घञ्] বেদপাঠ। The portion of the Veda to be recited by Brahmins, the recitation of Veda.

स्वाध्याययज्ञ त्रि० [स्वाध्याय+यज्ञ] বেদপাঠরূপ যজ্ঞ। The sacrifice of daily Vedic recital.

स्वाध्यायवत् त्रि० [स्वाध्याय+मतुप्] বেদাভ্যাসরত। One engaged in compulsory Vedic recitation.

स्वान पु० [स्वन-घञ्] শব্দ। Sound.

स्वान्त क्ली० [स्व+अन्त] নিজ নাশ। [स्वन-क्त]মন, গহ্বর। One's own death, mind.

स्वाप पु० [स्वप-घञ्] নিদ্রা, শয়ন, অজ্ঞান, স্পর্শাজ্ঞতা। Sleep, lying, senselessness.

स्वापतेय क्ली० [स्वपति+ढञ्] ধন। Wealth.

स्वाप्यय पु० [स्व+अप्यय] সুষুপ্তি। Deep sleep.

स्वाभाविक त्रि० [स्वभाव+ठञ्] স্বভাবসিদ্ধ। Natural.

स्वामिन् पु० [स्व+मिनि] ভর্তা, রাজা, কার্ত্তিকেয়, বিষ্ণু, পরিব্রাজকবিশেষ, হরি, হর, বাৎস্যায়ন মুনি, জৈনবিশেষ। त्रि० অধিপতি। Husband, king, mendicant ; lord.

स्वाम्य क्ली० [स्वामिन्+ष्यञ्] স্বামিত্ব, প্রভুত্ব। Lordship, ownership.

स्वायम्भुव पु० [स्वयम्भू+अण्] স্বয়ম্ভুর পুত্র মনু। त्रि० স্বয়ম্ভুসম্বন্ধীয়। The son of Svayambhū ; relating to Svayambhū.

स्वाराज् पु० [स्वर्+राज-क्विप] ইন্দ্র। An epithet of Indra.

स्वाराज्य क्ली० [स्वराज्+ष्यञ्] ব্রহ্মত্ব। The state of Brahman.

स्वारोचिष पु० [स्वरोचिष+अण्] দ্বিতীয় মনু। The name of the second Manu.

स्वार्जित त्रि० [स्व+अर्जित] স্বানুষ্ঠিত। Self-earned.

स्वार्थ पु० [स्व+अर्थ] স্বপ্রয়োজন, স্বাভিধেয়। Self-interest, one's own meaning.

स्वार्थपर त्रि० [स्वार्थ+पर] স্বকার্যসাধনরত। Selfish.

स्वार्थपरता स्त्री० [स्वार्थपर+तल्+टाप] Selfishness.

स्वार्थिक त्रि० [स्वार्थ+ठन्] ব্যাকরণশাস্ত্রে স্বার্থে বিহিত প্রত্যয়। A kind of suffix in grammar.

स्वास्थ्य क्ली० [स्वस्थ+ष्यञ्] আরোগ্য, সন্তোষ। Health.

स्वाहा अव्य० [सु+आ+ह्वे-डा] দেবতার উদ্দেশে হবিস্ত্যাগ। स्त्री० অগ্নিভার্যা। Offering to the gods ; wife of Agni.

स्वाहाभुज् पु० [स्वाहा+भुज-क्विप्] দেবতা। An epithet of the gods.

स्विक त्रि० [स्व+ठक्] স্বকীয়। One's own.

स्वित् अव्य० [स्विद्-क्विप्] প্রশ্ন, বিতর্ক, পাদপূরণ। A particle signifying question, speculation etc.

स्विन्न त्रि० [स्विद्-क्त] ঘর্মযুক্ত, পক্ব। Perspiring, ripe.

स्वीक त्रि० স্বকীয়। One's own.

स्वीकार पु० [स्व+च्वि+कृ-घञ्] অঙ্গীকার। Acceptance, owning.

स्वीकृत त्रि० [स्व+च्वि+कृ-क्त] অঙ্গীকৃত। Accepted.

स्वीय त्रि० [स्व+छ] স্বকীয়। स्त्री० स्वीया—নায়িকাবিশেষ। One's own ; a kind of heroine.

स्वेच्छा स्त्री०[स्व+इच्छा] স্বাভিলাষ। Own wish.

स्वेच्छाचारिन् त्रि० [स्वेच्छा+चर-णिनि] যদৃচ্ছাচরণশীল। Despot.

स्वेद पु० [स्विद्-घञ्] ঘর্ম। Sweat.

स्वेदज त्रि० [स्वेद+जन-ड] স্বেদজাত। Generated by sweat.

स्वेदन क्ली० [स्विद्-ल्युट्] ঘর্মনিঃসরণ। Perspiration.

स्वैर त्रि० [स्व+ईर-अच्] স্বতন্ত্র। क्ली० স্বেচ্ছা। Free.

स्वैरिन् त्रि० [स्व+ईर्-णिनि] স্বেচ্ছাচারী। Despot.

स्वोपार्जित त्रि० [स्व+उपार्जित] স্বয়ম্ অর্জিত। Selfearned.

ह

ह पु० [हा-ड] চতুর্থ উষ্মবর্ণ, শিব, জল, শূন্য, আকাশ, রক্ত, ধারণ, পাপহরণ, চন্দ্র, শুষ্ক। অব্য০ সম্বোধন, নিয়োগ, ক্ষেপ, পাদপূরণ, নিগ্রহ, প্রসিদ্ধি। The last consonant, an epithet of Śiva, water, cipher, sky, blood ; a particle signifying address, employment, reproach etc.

हंस पु० [हस-अच्] পক্ষিবিশেষ, বিষ্ণু, সূর্য, পরমাত্মা, নির্লোভ নৃপ, মতিবিশেষ, মন্ত্রবিশেষ, দেহস্থবায়ুবিশেষ, অশ্ববিশেষ, গুরু, পর্বত, শিব, মৎসর, অজপা মন্ত্ররূপ বর্ণ। Swan, an epithet of Viṣṇu or the Sun, Supreme Spirit, a kind of mantra.

हंसक पु० [हंस+कै-क] পাদকটক। [हंस+कन्] রাজহংস। [हंस+क] তালবিশেষ। Anklet, goose.

हंसगामिनी स्त्री० [हंस+गम-णिनि] হংসতুল্য মৃদুগামী। A woman who moves elegantly like a swan.

हंसनादिनी स्त्री० [हंस+नादिनी] নারীবিশেষ। A type of woman.

हंसपदी स्त्री० [हंस+पद+ङीप्] লতাবিশেষ। A kind of creeper.

हंसरथ पु० [हंस+रथ], **हंसवाहन** पु० [हंस+वाहन] চতুর্মুখ ব্রহ্মা। An epithet of Brahmā.

हंहो अव्य० [हम्+हा-डो] সম্বোধন, দর্প, প্রশ্ন। A particle signifying address, pride.

हञ्जे अव्य० [हम्+जप-डे] নাটকে চেটীর সম্বোধন। A particle for addressing a maidservant in a drama.

हट्ट पु० [हट-ट] ক্রয়বিক্রয়স্থান। Market-place.

हट्टविलासिनी स्त्री० [हट्ट+विलासिनी] গন্ধদ্রব্যবিশেষ, হরিদ্রা। A kind of perfume, turmeric.

हठ पु० [हठ-अच्] বলাৎকার, নির্বন্ধশীলতা। Violence.

हठकारिन् त्रि०[हठ+कारिन्]অশিষ্ট। Impudent.

हठकारिता स्त्री० [हठ+कारिता] বলাৎকার। Violence, impudence.

हठयोग पु० [हठ+योग] যোগবিশেষ। A form of Yoga.

हड्ड क्ली० [हठ-ड] অস্থি। Bone.

हड्डि पु० [हठ-इन्] পশুমারণসাধন কাষ্ঠযন্ত্রবিশেষ। A scaffold for killing animals.

हड्डिक पु० [हठ-इकक्] নীচজাতিবিশেষ। A tribe of outcastes.

हड्डुक पु० [हड्डु+कन्], **हड्डिक** पु० [हड्डि+क] নীচজাতিবিশেষ। A tribe of outcastes.

हण्डा स्त्री० [हन-डा] বৃহৎ মৃৎপাত্রবিশেষ। অব্য০ নাট্যোক্তিতে নীচব্যক্তির সম্বোধন। A big earthen vessel ; a form of addressing the lower characters in a drama.

हण्डिका स्त्री० [हण्डा+कन्+टाप्] ক্ষুদ্র মৃৎপাত্র। A small earthen vessel.

हण्डी स्त्री० মৃৎপাত্রবিশেষ। A kind of earthen vessel.

हण्डे अव्य०[हन-डे] নাট্যোক্তিতে নীচসম্বোধন। A form of address of a lower character in a drama.

हत त्रि० [हन-क्त] নাশিত, প্রতিহত, প্রতিবদ্ধ, আশারহিত, গুণিত। क्ली० হনন, গুণন। Killed, thwarted ; killing.

हतक पु० [हत+कन्] নীচ বা হতভাগ্য ব্যক্তি। त्रि० নষ্টপ্রায়। Low person, miserable person.

हताश त्रि० [हता+आशा] আশাশূন্য, নির্দয়, পিশুন, বন্ধ্যা। Disappointed, unkind.

हति स्त्री० [हन-क्तिन्] হনন, মারণ, ব্যাঘাত, অপকর্ষ, গুণন। Killing, thwarting.

हत्या स्त्री० [हन-क्यप्+टाप्] মারণ। Slaughter.

हनन क्ली० [हन-ल्युट्] বধ। Killing.

हनु[नू] पु० [हन-उन् (ऊङ्)] চোয়াল, হট্টবিলাসিনী, রোগ, অস্ত্রবিশেষ, মৃত্যু। Jaw, a prostitute, a kind of weapon.

हनु[नू]मत् पु० [हनु(नू)+मतुप्] রামের অনুচর বানরবিশেষ। Name of a monkey-chief, who was a devotee of Rāma.

हन्त अव्य० [हन-त] হর্ষ, অনুকম্পা, বিষাদ, বাক্যারম্ভ, আর্তি, বাদ, সম্ভ্রম, খেদ। A particle signifying joy, pity, grief etc.

हन्तकार पु० [हन्त+कार] হন্তশব্দের প্রয়োগ, অতিথিকে অন্নদান। An exclamation of the word 'hanta'.

हन्तव्य त्रि० [हन-तव्य] হননীয়, বধ্য। Fit to be killed.

हन्तृ त्रि० [हन-तृच्] হননকর্তা। One who kills.

हम् अव्य० [हा–तमु] ক্রোধোক্তি, অনুনয়। A particle signifying anger or entreaty.

हम्मा स्त्री० [हम्+मा–अङ्+टाप्] গরুর ধ্বনি। The lowing of cattle.

हय पु० [हय–अच्] ঘোটক। Horse.

हयग्रीव पु० [हय+ग्रीवा] বিষ্ণুর অবতারবিশেষ, দৈত্যবিশেষ, রাজর্ষিবিশেষ। स्त्री० हयग्रीवा—দুর্গা। An incarnation of Viṣṇu, name of a demon ; an epithet of goddess Durgā.

हयङ्कष पु० [हय+कष–खच्] মাতলি, অশ্বচালক। An epithet of Mātali, charioteer.

हयवाहन पु० [हय+वाहन] সূর্যপুত্র রেবন্ত। त्रि० অশ্ববাহনযুক্ত। क्ली० অশ্বের চালন। Rebanta-the son of Sun ; driving of a horse.

हयशाला पु० [हय+शाला] অশ্বশালা। A stable.

हयशीर्ष पु० [हय+शीर्ष] বিষ্ণুমূর্তিবিশেষ। A form of Viṣṇu.

हया स्त्री० [हय+अच्+टाप्] অশ্বগন্ধা। A kind of medicinal plant.

हयी स्त्री० [हय+ङीप्] ঘোটকী। A mare.

हर पु० [हृ–अच] রুদ্র, অগ্নি, গর্দভ, বিভাজক। [हृ–अप्] হরণ, বিভাজন। An epithet of Śiva or fire ; taking away.

हरगौरी स्त्री० [हर+गौरी] অর্ধনারীশ্বররূপ শিব-পার্বতীমূর্তিবিশেষ। An epithet of Śiva and Pārvatī conjoined.

हरण क्ली० [हृ–ल्युट्] স্থানান্তরকরণ, অপহরণ, বিভাজন, যৌতুকাদিতে দেয় ধন, ভুজ। Removing, stealing, dividing.

हरतेजस् क्ली० [हर+तेजस्], **हरबीज** क्ली० [हर+बीज] পারদ, শিববীর্য। Quicksilver.

हराद्रि पु० [हर+अद्रि] কৈলাসপর্বত। The mount Kailāsa.

हरि पु० [हृ–इन्] বিষ্ণু, সিংহ, সর্প, বানর, ভেক, শুকপক্ষী, চন্দ্র, সূর্য, বায়ু, অশ্ব, যম, হর, ব্রহ্ম, কিরণ, জম্বুদ্বীপের বর্ষবিশেষ, ইন্দ্র, ময়ূর, কোকিল হংস, বহ্নি, পিঙ্গলবর্ণ, হরিদ্বর্ণ, পীতবর্ণ। An epithet of Viṣṇu, lion, snake, monkey, frog.

हरिकेश पु० [हरि+केश] শিব, শিবভক্ত যক্ষ-বিশেষ। An epithet of Śiva.

हरिचन्दन क्ली० [हरि+चन्दन] দেবতরুবিশেষ, শ্বেতচন্দন, জ্যোৎস্না, কুমকুম, পদ্মকেশর, সুন্দর অঙ্গ। A kind of celestial tree, white sandalwood.

हरिण पु० [हृ–इनन्] পশুবিশেষ, শিব, বিষ্ণু, হংস, শুক্লবর্ণ, পাণ্ডুবর্ণ। Deer, white colour.

हरिणाक्षी स्त्री० [हरिण+अक्षि+षच्+ङीष्] হরিণ-তুল্য নেত্রাযুক্তা রমণী, হট্টবিলাসিনী নামক গন্ধদ্রব্য। A gazal-eyed woman.

हरिणाङ्क पु० [हरिण+अङ्क] চন্দ্র, কর্পূর। An epithet of the moon, camphor.

हरिणाश्व पु० [हरिण+अश्व] বায়ু। Wind.

हरित् पु० [हृ–इति] নীলপীতমিশ্রিতবর্ণ, সূর্যাশ্ব, মুদগ, সিংহ, সূর্য, বিষ্ণু। क्ली० তৃণ। स्त्री० দিক্। Greenish yellow, the sun's horses, lion ; grass.

हरित पु० [हृ–इतच्] সিংহ, মন্থানতৃণ, হরিদ্বর্ণ। त्रि० হরিদ্বর্ণবিশিষ্ট। स्त्री० हरिती—দূর্বা, জয়ন্তী, হরিদ্রা, কপিলদ্রাক্ষা। हरिता—নীলদূর্বা। Lion, a kind of grass, greenish colour.

हरितक क्ली० [हरित+कै–क] শাক। A kind of herb.

हरिताल क्ली० [हरि+ताल] পীতবর্ণ উপধাতুবিশেষ। A kind of yellow pigment.

हरितालिका स्त्री० [हरित+अल–ण्वुल्+टाप्] দূর্বা। [हरिताल+कप्+टाप्] সৌর ভাদ্রের শুক্লচতুর্থী। A kind of grass.

हरिताली [हरिताल+अण्+ङीप्] দূর্বা। Dūrvā grass.

हरिताश्मन् क्ली० [हरित+अश्मन्+अच्] মণিবিশেষ, তুঁত। A kind of gem.

हरिदश्व पु० [हरित्+अश्व] সূর্য, অর্কবৃক্ষ। An epithet of the sun.

हरिद्रा स्त्री० [हरि+द्रु–ड+टाप्] হলুদ। Turmeric.

हरिद्राभ पु० [हरिद्रा+आ+भा–क] পীতবর্ণ, পীত-সাল, কর্বুরক। त्रि० পীতবর্ণযুক্ত। Yellowish.

हरिद्वार क्ली० [हरि+द्वार] তীর্থবিশেষ। Name of a place for pilgrimage.

हरिन्मणि पु० [हरित्+मणि] মরকত মণি। A kind of gem.

हरिप्रिय क्ली० [हरि+प्रिय] কালীয়ক চন্দন, উশীর। पु० কদম্ব, পীত ভৃঙ্গরাজ, বিষ্ণুকন্দ, করবী, শঙ্খ, বন্ধুক, শিব, বাতুল। स्त्री० हरिप्रिया—লক্ষ্মী, তুলসী, পৃথিবী, দ্বাদশী তিথি। त्रि० হরিবল্লভ। A kind of sandalwood ; the kadamba tree, conch-shell ; an epithet of Lakṣmī the tulasī plant ; dear to Hari.

हरिप्रस्थ क्ली० [हरि+प्रस्थ] ইন্দ্রপ্রস্থ নগর। Name of a city.

हरिवर्ष क्ली० [हरि+वर्ष] जम्बुद्वीपस्थ वर्षविशेष। Name of one of the varṣas in the Jambudvīpa.

हरिवासर क्ली० [हरि+वासर] একাদশী দিবস, দ্বাদশার প্রথমপাদ। The eleventh day of a lunar fortnight.

हरिशयन क्ली० [हरि+शयन] বিষ্ণুনিদ্রা, আষাঢ়ের শুক্লদ্বাদশী হইতে কার্ত্তিকের শুক্লদ্বাদশী পর্যন্ত সময়। The sleep of Viṣṇu.

हरिश्चन्द्र पु० [हरिः+चन्द्र] সূর্যবংশ্য নৃপবিশেষ। Name of a king.

हरिहय पु० [हरि+हय] ইন্দ্র। An epithet of Indra.

हरीतकी स्त्री० [हरि+इण-क्त+कन्+ङीप्] ফলবিশেষ। Myrobalan.

हर्तृ त्रि० [हृ-तृच्] হরণকারী। पु० চৌর, সূর্য। Remover ; thief.

हर्मन् क्ली० [हृ-मनिन्] জৃম্ভণ। Yawning.

हर्यक्ष पु० [हरि+अक्षिन्+षच्] সিংহ, কুবের। Lion, an epithet of Kuvera.

हर्यश्व पु० [हरि+अश्व] ইন্দ্র। An epithet of Indra.

हर्ष पु० [हृष-घञ्] সুখ, ইষ্টলাভজনিত আনন্দ, কন্দর্পপিতা। Delight.

हर्षण पु० [हृष+णिच्-ल्यु] জ্যোতিষোক্ত বিষ্কম্ভাদিমধ্যে চতুর্দশ যোগ। त्रि० হর্ষকারক। The fourteenth of the astronomical Yogas.

हर्षमाण पु० [हृष-चानश्] হৃষ্টচিত্ত। Delight.

हर्षित त्रि० [हृष-क्त] আনন্দিত। Delighted.

हल क्ली० [हल-क] লাঙ্গল। Ploughshare.

हलधर पु० [हल+धर] বলরাম। त्रि० কৃষক। An epithet of Balarāma ; ploughman.

हलभृत् पु० [हल+भृ-क्विप्] বলদেব। त्रि० লাঙ্গলধারক। An epithet of Balarāma ; ploughman.

हलन्त पु० [हल्+अन्त] ব্যঞ্জন বর্ণ। Consonants.

हला अव्य० [ह+ला-क+टाप्] নাট্যোক্তিতে সখিসম্বোধন। The form of addressing a female friend in a drama.

हलायुध पु० [हल+आयुध] বলদেব, ব্রাহ্মণসর্বস্বগ্রন্থকর্তা। An epithet of Balarāma.

हलाहल पु० [हल+आ+हल-अच्] বিষবিশেষ, ব্রহ্মচর্য, অজ্ঞান। Poison.

हलि पु० [हल-इन्] বৃহৎ হল। A big plough.

हलिन् पु० [हल+इनि] বলরাম। त्रि० কৃষক। स्त्री० হলিনী—হলসমূহ। An epithet of Balarāma ; ploughman.

हलिप्रिय पु० [हलि+प्रिय] কদম্ববৃক্ষ। स्त्री० হলিপ্রিয়া—মদিরা। A kind of tree ; wine.

हलीशा स्त्री० [हल+ईशा] লাঙ্গলদণ্ড। The handle of a plough.

हल्य त्रि० [हल-यत्] হলকর্ষণযোগ্য, হলসম্বন্ধীয়। स्त्री० হল্যা—হলসমূহ। Arable ; a multitude of ploughs.

हल्लक क्ली० [हल्ल-ण्वुल्] রক্তকহ্লার। A kind of lily.

हल्लीष[स] पु० [हल-क्विप्+लष-अच्] উপরূপকবিশেষ। A type of uparūpaka.

हव पु० [हु-अप्] যজ্ঞ, আজ্ঞা, হোম, আহ্বান। Sacrifice, order, invocation.

हवन क्ली० [हु-ल्युट्] হোম। Sacrificial offering in fire.

हवनीय त्रि० [हु-अनीयर्] হোমীয়। Fit for oblation.

हविर्गेह क्ली० [हविस्+गेह] যজ্ঞমণ্ডপসমীপস্থ হবনীয়দ্রব্যস্থাপনার্থ গৃহবিশেষ। A sacrificial pandal.

हविर्भुज् पु० [हविस्+भुज-क्विप] অগ্নি। An epithet of fire.

हविष्य क्ली० [हविस्+यत्] ঘৃত। Clarified butter.

हविष्कृत क्ली० [हविस्+कृ-क्त] যে হব্যের কিয়দংশ হোম করা হইয়াছে। A sacrificial offering of which a portion has been already offered.

हविस् क्ली० [हु-असुन्] ঘৃত, হবনীয় দ্রব্য, হোম। Clarified butter, article for sacrifice.

हव्य क्ली० [हु-यत्] দেবযোগ্য অন্ন, হোম। त्रि० হবনীয়। Food fit to be offered to the gods, oblation ; fit for oblation.

हव्यपाक पु० [हव्य+पाक] চরু। Cooked rice.

हव्यवाह् पु० [हव्य+वह-क्विप्] অগ্নি। An epithet of fire.

हव्यवाह पु० [हव्य+वह-अण्] অগ্নি। An epithet of fire.

हव्याश पु० [हव्य+अश-अण्] অগ্নি। An epithet of fire.

हव्याशन पु० [हव्य+अश-ल्यु] অগ্নি। An epithet of fire.

हस पु० [हस–अप्] हास्य। Smile.

हसन क्ली० [हस–ल्युट्] हास्य। Smile.

हसन्ती स्त्री० [हस–श्तृ+ङीप्] शाकिनीविशेष, मल्लिकाविशेष। A kind of demoness.

हसित क्ली० [हस–क्त] हास्य। Smile.

हस्त पु० [हस–तन्] हात, चतुर्विंशति अङ्गुलि परिमाण, समूह। Hand.

हस्तपाठ पु० [हस्त+पाठ] मृदङ्गादि वाद्ययन्त्रेर बोल। Time beating in musical instrument.

हस्तपाद क्ली० [हस्त+पाद] करचरण। Hand and foot.

हस्तलेख पु० [हस्त+लेख] हस्ताक्षर। Handwriting.

हस्तामलक क्ली० [हस्त+आमलक] हस्ते स्थित आमलक फल, आयासलभ्य पदार्थ, वेदान्तप्रसिद्ध ग्रन्थविशेष। A myrobalan held in hand, what is easy to get, name of a treatise on Vedānta.

हस्तिदन्त पु० [हस्ति+दन्त] करिदन्त। क्ली० मूलक। Tusk ; peg.

हस्तिन् पु० [हस्त+इनि] गज, चन्द्रवंश्य नृपविशेष। Elephant.

हस्तिनख पु० [हस्ति+नख] पुरद्वारस्थ अथवा दुर्गद्वारे आवरणेर निमित्त क्रमनिम्नोन्नत मृत्तिकाकूट। A sort of turret protecting the approach to the gate of a city or fort.

हस्तिनापुर क्ली० चन्द्रवंशीय राजगणेर राजधानीविशेष। Name of a city.

हस्तिप[क] पु० [हस्तिन्+पा–क(+कन्)] हस्तिपालक। An elephant-tamer.

हस्तिमद पु० [हस्तिन्+मद] करिकरनिःसृत मदजल। Ichor.

हस्तिमल्ल पु० [हस्ति+मल्ल] ऐरावत, गणेश, शङ्ख, नाग। Indra's elephant.

हस्ते अव्य० [हस्त+ए] स्वीकार, पाणिस्थित। A particle signifying acceptance, in hand etc.

हस्त्यारोह पु० [हस्तिन्+आरोह] हस्तिपक। An elephant-tamer.

हहा पु० [हृ+हा–क्विप्] गन्धर्वविशेष। A class of Gandharvas.

हा अव्य० [हा+का] विषाद, पीड़ा, कुत्सा। A particle signifying grief, pain, censure.

हाङ्गर पु० [हा+अङ्ग+रा–क] जलजन्तुविशेष। Shark.

हाटक पु० [हट–ण्वुल्] देशविशेष। क्ली० हाटक देशज स्वर्ण, धुस्तूर। त्रि० स्वर्णनिर्मित। Name of a country ; gold ; golden.

हातव्य त्रि० [हा–तव्य] वर्जनीय। Fit to be forsaken.

हान क्ली० [हा–ल्युट्] परित्याग। Forsaking.

हानि स्त्री० [हा–क्तिन्] क्षति, अपचय। Loss.

हायन पु० [हा–ल्यु] वत्सर। Year.

हार पु० [हृ–घञ्] मुक्तामालाविशेष, भाजक। Necklace of pearls, divisor.

हारक पु० [हृ–ण्वुल्] चोर, धूर्त, भाजकाङ्क। त्रि० हरणकर्ता। Stealer, cheat; one who carries off things.

हारि[री] स्त्री० [हृ+णिच्–इन्(+ङीप्)] द्यूतादिते पराजय, द्यूतादिभङ्ग, पथिकसमूह। Defeat in gambling etc., losing a game of dice.

हारित त्रि० [हृ+णिच्–क्त] प्रापित, चोरित, विमोहित। Carried, stolen.

हारिद्र त्रि० [हरिद्रा+अण्] हरिद्रारञ्जित। पु० कदम्बवृक्ष, हरिद्रावर्ण। Besmeared with turmeric ; a kind of tree, yellow.

हारिन् त्रि० [हृ–णिनि] हारक, वाहक, मनोहारी। Stealer, carrier, captivating.

हारीत पु० [हृ+णिच्–ईतच्] स्मृतिकर्ता मुनिविशेष, पक्षिविशेष, धूर्त। Name of a sage, a kind of bird.

हार्द[र्द्य] क्ली० [हृदय+अण् (ष्यञ्)] स्नेह, प्रेम, हृदयेर भाव। त्रि० हृदयसम्बन्धी, हृदयस्थ, हृदयवेद्य। Affection, love ; relating to the heart.

हार्य त्रि० [हृ–ण्यत्] हरणीय। पु० विभीतकवृक्ष। Fit to be carried or stolen; a kind of tree.

हाल पु० [हल+अण्] बलराम, हल, शालिवाहन नृप। An epithet of Balarāma, plough, name of a king.

हाला स्त्री० [हल–घञ्+टाप्] मद्य, तालरसज मद्य। Wine.

हालाहल पु०, क्ली० [हाला+हल–अच्] विषविशेष, कीटविशेष। स्त्री० हालाहली—मद्य। Poison ; wine.

हालिक त्रि० [हल+ठक्] हलकर्षक, हलेर द्वारा योद्धा, हलसम्बन्धी। Ploughman, relating to the plough.

हाव पु० [ह्वे–घञ्] आह्वान, स्त्रीगणेर शृङ्गारभावज चेष्टाविशेष। Call, a woman's amorous gesture.

हास पु० [हस–घञ्] হাস্য। Laughter.

हासक पु० [हस–ण्वुल्] বিদূষক। Jester.

हासिका स्त्री० [हस–ण्वुल्+टाप्] হাস্য। Laughter.

हास्तिक क्ली० [हस्तिन्+वुञ्] হস্তিসমূহ। A herd of elephants.

हास्तिन क्ली० [हस्तिन्+अण्] হস্তিনাপুর। त्रि० হস্তিপ্রমাণ। Name of a city ; of the height of an elephant.

हास्य क्ली० [हस–ण्यत्] হাস, অলঙ্কারশাস্ত্রে রসবিশেষ। Laughter, name of a rasa.

हाहा पु० গন্ধর্ব। A class of Gandharvas.

हाहाकार पु० [हाहा+कृ–घञ्] যুদ্ধশব্দ, শোকধ্বনি। The din of battle, wails of grief.

हि अव्य० [हा–डि] হেতু, অবধারণ, বিশেষ, প্রশ্ন, সম্ভ্রম, শোক, অসূয়া, পাদপূরণ। A particle signifying because, indeed, verily etc.

हिंसक पु० [हिन्स–ण्वुल्] ব্যাঘ্রাদি হিংস্র পশু, শত্রু। त्रि० হিংসাকারক। Ferocious animals, enemy ; assailant.

हिंसन क्ली० [हिन्स–ल्युट्] বধ, বিনাশ। Killing.

हिंसा क्ली० [हिन्स–अ+टाप्] বধ, চৌর্যাদিকর্ম। Killing.

हिंसालु त्रि० [हिंसा+आलुच्] হিংসাশীল। Injurious.

हिंस्य त्रि० [हिन्स–ण्यत्] হিংসনীয়। Fit to be killed.

हिंस्र त्रि० [हिन्स–र] হিংসাশীল, ঘোর। पु० ভয়, ভীমসেন, শিব। स्त्री० हिंस्रा—মাংসী, কাকাদনী, জটামাংসী, গবেড়ুকা, শিরা। Ferocious, violent ; a kind of herb.

हिक्का स्त्री० [हिक्क–अ+टाप्] অব্যক্ত শব্দ। [हिक्क–अच्+टाप्] হেঁচকী। Hiccough.

हिङ्ग पु० [हिम्+गम–डु] হিঙ্। Asa fœtida.

हिङ्गुलक पु० [हिङ्गु+ला–क] রক্তবর্ণ, বর্ণকদ্রব্যবিশেষ। स्त्री० हिङ्गुली—বার্তাকী, বৃহতী। Cinnabar.

हिङ्गुलु पु० [हिङ्गु+ला–डु] হিঙ্গুল। Cinnabar.

हिज्जल पु० [हि–क्विप्+जल] বৃক্ষবিশেষ। A kind of tree.

हिञ्जीर पु० হস্তিপাদবন্ধন রজ্জু। A rope for tying an elephant's foot.

हिडिम्बा पु० রাক্ষসীবিশেষ। Name of a demoness.

हिडिम्बजित् पु० [हिडिम्ब+जि–क्विप्] ভীমসেন। An epithet of Bhīma.

हिडिम्बरिपु पु० [हिडिम्ब+रिपु] ভীমসেন। An epithet of Bhīma.

हिडिम्बापति पु० [हिडिम्बा+पति] ভীমসেন। An epithet of Bhīma.

हिण्डन क्ली० [हिड–ल्युट्] ভ্রমণ, রমণ, লেখন। Travel, sexual intercourse.

हिण्डि[ण्डी]र पु० [हिड–इरन्(ईरन्)] সমুদ্রফেন, বার্তাকু, পুরুষ, রুচক। Cuttle-fish bone, brinjal.

हित त्रि० [धा–क्त] পথ্য, ইষ্টসাধন, মঙ্গল, গত। Beneficial, salutary.

हितकर त्रि० [हित+कर] মঙ্গলকর। Beneficial.

हितकारिन् त्रि० [हित+कृ–णिनि] শুভকারক। Beneficent.

हितकाम त्रि० [हित+काम] হিতৈষী। Well-wisher.

हितकाम्या स्त्री० [हित+काम्या] আত্মহিতেচ্ছা। Desire for welfare.

हितवादिन् त्रि० [हित+वद–णिनि] সৎপরামর্শদাতা। Friendly counsellor.

हितैषिन् त्रि० [हित+इष–णिनि] হিতেচ্ছাকারী। Well-wisher.

हितोपदेश पु० [हित+उपदेश] বিষ্ণুশর্মকৃত নীতিগ্রন্থবিশেষ, হিতার্থে উপদেশ। Name of a book of fables, beneficial advice.

हिन्ताल पु० [हीन+ताल] বৃক্ষবিশেষ। A kind of tree.

हिन्दु पु० [हीन+दुष–डु] হিন্দুধর্মাবলম্বী। A Hindu.

हिन्दोल पु० [हिल्लोल–घञ्] দোলন, শ্রাবণশুক্লপক্ষবিহিত ভগবানের উৎসববিশেষ, রাগবিশেষ। Swinging, a religious festival, name of a musical tune.

हिम क्ली० [हि–मक्] আকাশচ্যুত জলকণা, শীতলস্পর্শ। त्रि० শীতলস্পর্শযুক্ত। पु० ঋতুবিশেষ। Frost, coldness ; cold ; cold season.

हिमकर पु० [हिम+कर] চন্দ্র, কর্পূর। The moon, camphor.

हिमगिरि पु० [हिम+गिरि] হিমালয় পর্বত। The Himālaya.

हिमदीधिति पु० [हिम+दीधिति] চন্দ্র। The moon.

हिमद्युति पु० [हिम+द्युति] চন্দ্র। The moon.

हिमरश्मि पु० [हिम+रश्मि] চন্দ্র। The moon.

हिमरोचिस् पु० [हिम+रोचिस्] চন্দ্র। The moon.

हिमवत् पु० [हिम+मतुप्] হিমালয় পর্বত। The Himālaya.

हिमबालुका स्त्री० [हिम+वालका] কর্পূর। Camphor.

हिमशैल पु० [हिम+शैल] হিমাচল। The Himālaya.

हिमशैलजा स्त्री० [हिमशैल+जन-ड+टाप्] পার্বতী, গঙ্গা। An epithet of Pārvatī, the Ganges.

हिमांशु पु० [हिम+अंशु] চন্দ্র, কর্পূর। The moon, camphor.

हिमागम पु० [हिम+आगम] হেমন্ত। One of the six seasons of the year.

हिमाद्रि पु० [हिम+अद्रि] হিমালয়। The Himālaya.

हिमाद्रिजा स्त्री० [हिमाद्रि+जन-ड+टाप्] পার্বতী, গঙ্গা, ক্ষীরিণী। An epithet of Pārvatī or the Ganges.

हिमाद्रितनया स्त्री० [हिमाद्रि+तनया] দুর্গা, গঙ্গা। An epithet of Durgā or the Ganges.

हिमाद्रिसुता स्त्री० [हिमाद्रि+सुता] দুর্গা, গঙ্গা। An epithet of Durgā or the Ganges.

हिमानी स्त्री० [हिम+ङीप्] হিমসমূহ। A mass of snow.

हिमालय पु० [हिम+आलय] হিমাচল, শুক্লখদির, আমলকী। The Himālaya, a kind of tree.

हिमिका स्त्री० [हिम+कन्+टाप्] শিশির, কুজ্ঝটিকা। Dew, hoar-frost.

हिरण क्ली० [हृ-ल्युट्] স্বর্ণ, রেতস্, বরাটক। Gold, semen, a cowrie.

हिरण्मय त्रि० [हिरण्य+मयट्] সুবর্ণময়। Golden.

हिरण्य क्ली० [हिरण+यत्] সুবর্ণ, রেতস্, ধুস্তূর, দ্রব্য, বরাটক, অক্ষয়, মানবিশেষ, রজত, ধন। Gold, semen, substance.

हिरण्यकशिपु पु० দৈত্যবিশেষ। Name of a demon.

हिरण्यगर्भ पु० [हिरण्य+गर्भ] ব্রহ্মা, শালগ্রামমূর্তি-বিশেষ, সূত্রাত্মা। An epithet of Brahmā, the soul invested with the subtle body.

हिरण्यवाह[हु] पु० [हिरण्य+वाह(हु)] মহাদেব, শোণ। An epithet of Śiva, name of a river.

हिरण्यरेतस् पु० [हिरण्य+रेतस्] বহ্নি, চিত্রকবৃক্ষ। Fire, a kind of tree.

हिरण्याक्ष पु० [हिरण्य+अक्षिन्+षच्] দৈত্যবিশেষ। Name of a demon.

हिरुक् अव्य० [हि-उकिक्] বর্জন, বিনা, মধ্য, সামীপ্য। A particle signifying forsaking, without, midst, proximity etc.

हिलमोचि[ची] स्त्री० [हिल-क+मुच-इन्(+ङीप्)] হেলেঞ্চা শাক। A kind of herb.

हिल्लोल पु० [हिल्लोल-अच्] তরঙ্গ, দোলন। Wave, swing.

हिवुक क्ली० [हिव-उकक्] জ্যোতিষশাস্ত্রে লগ্ন হইতে চতুর্থস্থান। Name of the fourth astrological sign.

ही अव्य० [हि-डी] বিস্ময়, দুঃখ, হেতু। A particle signifying wonder, sorrow, reason etc.

हीन त्रि० [हा-क्त] ঊন, অধম, নিন্দ্য। Deficient, low.

हीनाङ्ग त्रि० [हीन+अङ्ग] ন্যূন অঙ্গযুক্ত। One with deformed limbs.

हीर पु० [हृ-क] শিব, সর্প, হার, সিংহ। ক্লী০ হীরক। স্ত্রী০ হীরা—লক্ষ্মী, পিপীলিকা। An epithet of Śiva, serpent, lion ; diamond.

हीरक पु० [हीर+कन्] মণিবিশেষ। Diamond.

हीही अव्य० [ही+ही] বিষাদাদির অতিশয়। A particle signifying excessive grief.

हुंङ्कार पु० [हुम्+कार] প্রতিষেধসূচক শব্দোচ্চারণ। Uttering the sound 'hum'.

हुङ्कृत क्ली० [हुम्+कृ-क्त] প্রতিষেধকসূচক শব্দোচ্চারণ, মন্ত্রবিশেষ, বরাহাদির শব্দ, বজ্রনির্ঘোষ। Uttering the sound 'hum', incantation, grunt of a boar, the roar of thunder.

हुङ्कृति स्त्री० [हुम्+कृति] প্রতিষেধকসূচক শব্দোচ্চারণ। Uttering the sound 'hum'.

हुड पु० [हुड-क] মেঘ, চৌর্যনিবারণার্থ ভূমিতে নিখাত লৌহকীলক। Cloud, iron-stake.

हुडु पु० মেঘ। Cloud, iron-bar.

हुत त्रि० [हु-क्त] দেবতার উদ্দেশে মন্ত্রদ্বারা অগ্নিতে প্রক্ষিপ্ত। ক্লী০ হোম। Offered as an oblation in sacrifice ; sacrifice.

हुतभुज् पु० [हुत+भुज-क्विप्] অগ্নি, চিত্রকবৃক্ষ। Fire.

हुतवह पु० [हुत+वह-अच्] অগ্নি, চিত্রকবৃক্ষ। Fire.

हुताश पु० [हुत+अश-अण्] অগ্নি, চিত্রকবৃক্ষ। Fire.

हुताशन पु० [हुत+अश-ल्यु] বহ্নি। Fire.

हुति स्त्री० [हु-क्तिन्] হোম। Oblation.

हुम् अव्य० [हु–डुमि] স্মরণ, প্রশ্ন, অনুজ্ঞা, নিবারণ। A particle signifying remembrance, question, command, negation etc.

हुलहुली [हुल–क+ङीष्] স্ত্রীগণের মঙ্গলধ্বনি-বিশেষ। An auspicious sound made by woman,

हूङ्कार पु० [हूम्+कृ–घञ्] অবজ্ঞাহেতুক শব্দ-বিশেষ। A sound signifying contempt.

हून[ण] पु० [ह्वे–नक्] ম্লেচ্ছজাতিবিশেষ, দেশ-বিশেষ। Name of a mleccha tribe.

हूत त्रि० [ह्वे–क्त] আহূত, কৃতাহ্বান। Called, invoked.

हूति स्त्री० [ह्वे–क्तिन्] আহ্বান। Invocation.

हूहू पु० গন্ধর্ববিশেষ। A class of Gandharvas.

हृच्छय पु० [हृद्+शी–अच्] কামদেব। त्रि० হৃদয়-শায়ী। An epithet of Cupid ; lying in the heart.

हृणीया स्त्री० [हृणीय–अ+टाप्] নিন্দা। Censure.

हृत् त्रि० [हृ–क्विप्] হারী। क्ली० হৃদয়, মনস্। Attractive ; heart, mind.

हृत्पति पु० [हृत्+पति] অন্তর্যামী। The lord of the heart.

हृत त्रि० [हृ–क्त] অপহৃত, স্থানান্তর গমিত। Stolen, carried away.

हृतज्ञान त्रि० [हृत+ज्ञान] জ্ঞানহীন, প্রাপ্তজ্ঞান। Devoid of knowledge, one who has gathered knowledge.

हृदय क्ली०[हृ–कयन्]মনস্, বক্ষস্। Mind, heart.

हृदयग्राहिन् त्रि० [हृदय+ग्रह–णिनि] মনোহর। Charming.

हृदयङ्गम त्रि० [हृदय+गम–खं] মনোহর। Charming.

हृदयेश पु० [हृदय+ईश] ভর্তা। Husband.

हृदिकासुत पु० কৃপাচার্য। An epithet of Kṛpācārya.

हृदिस्पृश् त्रि० [हृदि+स्पृश–क्विन्] মনোজ্ঞ, মর্ম-স্পর্শী। Charming, touching the heart.

हृद्ग त्रि० [हृद्+गम–ड] হৃদয়গামী। Reaching up to the heart.

हृद्गत त्रि० [हृद्+गत] মনোগত। Cherished.

हृद्य त्रि० [हृद्+यत्] মনোজ্ঞ। क्ली० দারুচিনি। Charming.

हृद्यता स्त्री० [हृद्य+तल्+टाप्] সৌহার্দ। Friendship.

हृल्लास पु० [हृदय+लास] হিক্কারোগ। Hiccough.

हृल्लेख पु० [हृदय+लिख–अ] জ্ঞান, তর্ক, তন্ত্রোক্ত মন্ত্রবিশেষ। स्त्री० হৃল্লেখা—ঔৎসুক্য। Knowledge, deliberation, a kind of mantra.

हृषित त्रि० [हृष–क्त] প্রীত, বিস্মিত, জাতরোমাঞ্চ, প্রতিহত, প্রণত। Delighted, astonished.

हृषीक क्ली० [हृष–ईकक्] বিষয়গ্রাহক চক্ষুরাদি ইন্দ্রিয়। Sense-organ.

हृषीकेश पु० [हृषिक+ईश] বিষ্ণু। An epithet of Viṣnu.

हृष्ट त्रि० [हृष–क्त] প্রীত, জাতহর্ষ, জাতরোমাঞ্চ, বিস্মিত, প্রতিহত। Delighted, amazed.

हृष्टरोमन् त्रि० [हृष्ट+रोमन्] জাতরোমাঞ্চ। Horripilated.

हृष्टि स्त्री० [हृष–क्तिन्] আনন্দ, জ্ঞান। Delight, knowledge.

हे अव्य० [हा–डे] সম্বোধন, আহ্বান, অসূয়া। A particle signifying address, invocation etc.

हेठ पु० [हेठ–घञ्] বাধা, বিঘাত। Obstruction, thwarting.

हेति पु० [हन–क्तिन्] অস্ত্র, অগ্নিশিখা, সূর্যকিরণ, তেজস্, সাধন। Weapon, tongues of fire, rays of the sun.

हेतु पु० [हि–तुन्]কারণ, অনুমিতিসাধন ব্যাপ্য, ফল। Cause, the reason of an inference, result.

हेतुता स्त्री० [हेतु+तल्+टाप्] হেতুত্ব, সঙ্গতিবিশেষ। The nature of being a cause.

हेतुमत् त्रि० [हेतु+मतुप्] কার্য। Effect.

हेतुवाद पु०[हेतु+वाद] হেতুকথন। A statement of reasons.

हेत्वाभास पु०[हेतु+आभास] হেতুর দোষ, দুষ্ট হেতু। Fallacy.

हेम क्ली० [हि–मन्] স্বর্ণ, ধুস্তুর, মাষকপরিমাণ। पु० কৃষ্ণবর্ণ অশ্ব, বুধগ্রহ। Gold, a kind of flower.

हेमकूट पु० [हेम+कूट] পর্বতবিশেষ। Name of a mountain.

हेमन् क्ली० [हि+मनिन्] স্বর্ণ, ধুস্তুর, নাগকেশর, হিম। Gold, a kind of flower.

हेमन्त पु० [हि–झ] ঋতুবিশেষ। One of the six seasons.

हेमाङ्ग पु०[हेम+अङ्ग]গরুড়,সিংহ,সুমেরু,ব্রহ্ম,চম্পক-বৃক্ষ, বিষ্ণু। त्रि० স্বর্ণবর্ণ অঙ্গযুক্ত। क्ली० হেমতুল্য অঙ্গ। An epithet of Garuḍa, lion ; one of golden limbs ; gold-like limb.

हेमाद्रि पु० [हेम+अद्रि] সুমেরু পর্বত। Name of a mountain.

हेय त्रि० [हा-यत्] ত্যাজ্য। Fit to be abandoned.

हेर क्ली० [हि-रन्] হরিদ্রা, মুকুটবিশেষ। Turmeric, a kind of head-gear.

हेरम्ब पु० [हे+रब-अच्] গণেশ। An epithet of Gaṇeśa.

हेलन क्ली० [हिल-ल्युट्] অবজ্ঞা। Contempt.

हेला स्त्री० [हेड-अ+टाप्] অনাদর, স্ত্রীদিগের শৃঙ্গারভাবজ সুরতোৎসব, জ্যোৎস্না। Amorous sport.

हेलि पु० [हिल-इन्] সূর্য, অর্কবৃক্ষ। The sun.

हेलिन् पु० [हिल-णिनि] সূর্য, অর্কবৃক্ষ। The sun.

हेवाक पु० [हेवा+कन्] আগ্রহ। Eagerness.

हेवाकिन् त्रि० [हेवाक+इनि] আগ্রহান্বিত। Ardently desirous of.

हेषा स्त्री० [हेष-अ+टाप्] অশ্বের শব্দ। Neighing of a horse.

हेहे अव्य०[हे+हे]সম্বোধন। A vocative particle.

है अव्य० [हा-कै] সম্বোধন, আহ্বান। A particle signifying address, invocation etc.

हैतुक त्रि० [हेतु+ठण्] সযুক্তিক। Argumentative.

हैम त्रि०[हिम+अण्]স্বর্ণময়। पु० ভূনিম্ব। Golden.

हैमन्त पु० [हेमन्त+अण्] হেমন্ত ঋতু। त्रि० হেমন্তকালীন। One of the six seasons.

हैमन्तिक त्रि० [हेमन्त+ठक्] হেমন্তসম্বন্ধীয়। Relating to the season of Hemanta.

हैमवत त्रि० [हिमवत्+अण्] হিমালয়সম্বন্ধীয়। क्ली० বর্ষবিশেষ। Relating to the Himālaya.

हैयङ्गवीन क्ली० [ह्यस्+गो+ख] নবনীত, পূর্বদিন দুগ্ধোদ্ভব ঘৃত। Butter.

हैहय पु० দেশবিশেষ। Name of a country.

हो अव्य० [ह्वे-डो] সম্বোধন। A vocative particle.

होड[ढ] पु० [होड-अच्] সমুদ্রগামী নৌকাবিশেষ, চৌরচিহ্ন। A kind of sea-going boat.

होतृ पु० [हु-तृच्] ঋগ্বেদাভিজ্ঞ ঋত্বিক্। त्रि० হোমকর্তা। A Rgvedic priest ; invoker.

होत्र क्ली० [हु-ष्ट्रन्] হোম, ঘৃত। स्त्री० होत्रा—স্তুতি। Oblation, clarified butter.

होत्रिन् त्रि० [होत्र+इनि] হোমকর্তা। Sacrificer.

होत्रीय क्ली० [होत्र+छ] হবির্গৃহ। त्रि० হোতৃসম্বন্ধীয়। The sacrificial chamber ; relating to the Hotr.

होम पु० [हु-मन्] দেবতার উদ্দেশে বহ্নিতে ঘৃতাদি ত্যাগরূপ হবন। Offering of oblation in fire.

होमिन् त्रि० [होम+इनि] হোমকর্তা। Offerer of oblations.

होरा स्त्री० [हु-रन्+टाप्]শাস্ত্রবিশেষ, জ্যোতিষোক্ত লগ্ন, রেখা। Horoscopy.

होलाका स्त्री० [हु-विच्+ला-क+कन्+टाप्] বসন্তোৎসববিশেষ। A spring festival.

होम्य क्ली० [होम+यत्] হোমোপযুক্ত ঘৃতাদি। Articles for homa.

ह्यस् अव्य० গতদিবস। Yesterday.

ह्यस्तन त्रि० [ह्यस्+ट्युल्] গতদিবসসম্বন্ধী। Relating to yesterday.

ह्रद पु० [ह्राद-अच्] অগাধজলাশয়। Lake.

ह्रदिनी स्त्री० [ह्रद+इनि+ङीप्] নদী। River.

ह्रसितायुस् त्रि० [ह्रसित+आयुस्] অল্পায়ুঃ। Short-lived.

ह्रसिष्ठ त्रि० [ह्रस्व+इष्ठन्] হ্রস্বতম। Shortest.

ह्रसीयस् त्रि० [ह्रस्व+ईयसुन्] হ্রস্বতর। Shorter.

ह्रस्व क्ली० [ह्रस-वन्] পরিমাণবিশেষ। पु० লঘুবর্ণ। त्रि० খর্ব। Short ; short vowel ; dwarf.

ह्रस्वता स्त्री० [ह्रस्व+तल्+टाप्] Shortness.

ह्राद पु० [ह्राद-घञ्] শব্দ। [ह्राद-अच्] হিরণ্যকশিপুর পুত্রবিশেষ। Sound.

ह्रादिन् त्रि०[ह्राद-णिनि] হ্রাদবিশিষ্ট। स्त्री० ह्रादिनी—বিদ্যুৎ, বজ্র, নদী, শল্লকী। Sounding ; lightning, thunder, river.

ह्रास पु० [ह्रस-घञ्] অপচয়, শব্দ। Decrease.

ह्रि[ह्री]णीया स्त्री० [ह्रिणी-यक्+अ+टाप्] লজ্জা। Bashfulness.

ह्री स्त्री० [ह्री-क्विप्] লজ্জা। Bashfulness.

ह्रीजित त्रि० [ह्री+जित] লজ্জাশীল। Bashful.

ह्रीण[त] त्रि० [ह्री-क्त] লজ্জিত। Ashamed.

ह्रीनिषेव त्रि० [ह्री+निषेव] লজ্জাশীল। Bashful.

ह्रीवेर क्ली० [ह्री+वेर] গন্ধদ্রব্যবিশেষ, সঙ্কুচিত দেহ। A kind of perfume.

ह्रेपित त्रि० [ह्रेप-क्त] লজ্জাপ্রাপিত। Put to shame.

ह्रेषा स्त्री० [ह्रेष-अ+टाप्] অশ্বশব্দ। Neighing of a horse.

ह्लाद पु० [ह्लाद-घञ्] আহ্লাদ। Delight.

ह्लादिन् त्रि० [ह्लाद-णिनि] আহ্লাদযুক্ত। Delighted.

ह्वान क्ली० [ह्वे-ल्युट्] আহ্বান। Call.